Hartmut Zelinsky
Richard Wagner - ein deutsches Thema

Eigenhändig gezeichneter Entwurf
Kaiser Wilhelms II. zu dem Richard Wagner-Denkmal
in Berlin (siehe Seite 96—100)

Hartmut Zelinsky
Richard Wagner - ein deutsches Thema

Eine Dokumentation zur Wirkungsgeschichte Richard Wagners

1876–1976

Medusa

Vorbemerkung

Dieses Buch handelt nicht von Wagners Musik, sondern von den Wirkungen des Wagnerschen Werkes und seiner Weltanschauung, die in einem Traditionszusammenhang mit protestantischer Innerlichkeit, subjektivem Idealismus und der deutschen Revolution des Geistes stehen. Wagner konzipierte sein musikdramatisches Werk nach seinem dem Hegelschen Denken verdankten System des Gesamtkunstwerkes als Selbsterlösungs- und Erlösungsinstrument und seine Weltanschauung gehört gerade in Verbindung mit der Verführungskraft seiner Musik zu seiner Wirkungsgeschichte. In einem durch die preußisch-protestantische Befehls- und Gehorsamsdevise geprägten erstarkenden Deutschland, an dessen „Wesen die Welt genesen" sollte, mußte Wagners Erlösungs- und Herrschaftsanspruch auf fruchtbaren Boden fallen. Sein Werk ist untrennbar von der deutschen Geschichte, die durch seine von der Idee der Erlösung durch Vernichtung beherrschte Weltanschauung mitbeeinflußt wurde. Es stellt eine einzigartige, raffinierte, aber vor allem durch die im *Parsifal* präsentierte Grundvorstellung vom „arischen Christus" auch folgenreiche Konstruktion dar, deren Systemcharakter auch in der musikalischen Praxis nachgewiesen werden sollte. Wagner hat sein Schaffen bewußt und kunstvoll mythisiert und es gilt, den die Welt bis heute faszinierenden Mythisierungsmantel zu öffnen, um der Konstruktion auf die Spur zu kommen. Die Rolle der sich auf Wagner berufenden antisemitischen Deutschtumsideologie vor allem im Umkreis des „Bayreuther Idealismus", der zu Wagners Schutz- und Kampftruppen gehört, kann im Rahmen der nationalistischen und schließlich nationalsozialistischen Verwertung und Ausbeutung Wagners kaum überschätzt werden. Hitler war konsequenterweise Wagnerianer, aber nicht erst er hat Wagner zu einem deutschen Thema gemacht.

Essay und Dokumentation sind aufeinander bezogen, die Wirkungsgeschichte mit ihren weitverzweigten Verästelungen weist auf Wagner zurück. Die Auswahl der chronologisch geordneten und kommentierten Bild- und Textdokumente erfolgte unter dem Gesichtspunkt „Richard Wagner — ein deutsches Thema". So weit wie möglich wurden sie dem jeweiligen zeitgenössischen Fundort entnommen. Hinweise auf weitere Dokumente sind erwünscht. Bewußt ausgelassen wurde Friedelind Wagners respektabler aktiver Widerstand und Kampf gegen den Familienfreund Hitler, da sie darüber in ihrem eigenen Buch *Nacht über Bayreuth* berichtet.

Ein entscheidender Anteil an der Entstehung dieses Buches ist Stephan Wiesehöfer zu verdanken, der mit gleichmäßiger und ausdauernder Geduld bei der oft schwierigen Beschaffung der Dokumente geholfen hat. Aufrichtig sei denjenigen gedankt, die freundlicherweise den Abdruck von Bildern und Texten gestatten. Das Buch konnte nur zustandekommen durch die großzügige Ausleihpraxis der Staatsbibliothek, durch die Hilfe der Monacensia-Bibliothek und des Theatermuseums in München und durch zahlreiche hilfreiche Gespräche, Informationen und Leihgaben. Dafür danke ich ausdrücklich:
Herbert Barth, Bayreuth; Dr. Manfred Eger, Richard Wagner-Gedenkstätte der Stadt Bayreuth; Familie Fehr, Bayreuth; Janos Frecot, Berlin; Frau Hanna Hipp, Kiefersfelden; Frau Gertrud Strobel, Richard-Wagner-Archiv Bayreuth; Dr. Egon Voss, Richard-Wagner-Gesamtausgabe München; Frau Gertrud Wagner, Keitum; Frau Winifred Wagner, Bayreuth; Wolfgang Wagner, Bayreuth.

München, 23. Juli 1976 H. Z.

Vorwort zur Neuauflage

Dieses Buch erschien zuerst im August 1976 in einer Ausgabe, die nicht für den Buchhandel bestimmt war, und trotz zahlreicher lobender und zustimmender Besprechungen blieb es einer breiteren Öffentlichkeit unbekannt, zumal es seit über drei Jahren vergriffen ist. Nur so ist die heftige, verwunderte und gereizte Reaktion auf die Thesen des Verfassers zum PARSIFAL zu verstehen, die in drei zufällig kurz hintereinander erschienenen, von drei verschiedenen Auftraggebern angeregten Veröffentlichungen im Sommer 1982 zu lesen waren: Rettung ins Ungenaue. Zu Martin Gregor-Dellins Wagner-Biographie (Musikkonzepte 25, edition text und Kritik München, Juni 1982); Gespräch im Spiegel (19. Juli, Nr. 26 und Spiegel-Buch ,,Richard Wagner — ein deutsches Ärgernis'', her. von Klaus Umbach); Richard Wagners letzte Karte. Anmerkungen zum Gehalt des Bühnenweihfestspieles PARSIFAL (Süddeutsche Zeitung v. 24. Juli). Denn die Grundthese, daß die ,,Erlösung vom Judentum'' das ideologische Zentrum des Denkens und der Werke Wagners und daher auch des ,,Bayreuther Idealismus'' darstellt und daß die Schlußformel des PARSIFAL ,,Erlösung dem Erlöser'' als geheimes Losungswort auf die vom Bayreuther Festspiel-Tempel ausgehende Verkündigung eines vom Judentum gereinigten und erlösten reinen, arischen Jesus abzielt, ist neben anderen Thesen und Analysen seit bald sieben Jahren in dem Rahmenessay zu diesem Buch ,,Richard Wagner und die Folgen'' nachzulesen. Die nach Fertigstellung dieses Buches herausgekommenen Tagebücher Cosima Wagners, deren Bedeutung als neue, einzigartig reiche Quelle für die religiös-antisemitische ,,Kunst- und Weltanschauung'' Wagners noch zu entdecken ist, haben unerwarteterweise jene Grundthese neben anderen bestätigt und auch bezeugt, in welchem Maße die in diesem Buch auch breit und zusammenhängend dokumentierte völkisch-antisemitische Wirkungsgeschichte Wagners auf seine Werkidee und das von ihm begründete ,,Bayreuther Christentum'' (Heinrich von Stein) zurückweist. Deshalb ist der Verfasser in weiteren Veröffentlichungen auf diese vergessene und vergessen gemachte kunstmessianische Werkidee der Erlösung durch Vernichtung und den mit ihr verknüpften macht- und kampfwilligen Werkplan des Gesamtkunstwerkes der Zukunft für ein eigenes Theater der Zukunft seit 1849 eingegangen (s. S. 284).

Wie schon in der vorliegenden Dokumentation wurde auch hier die Betonung auf den Religionsstifter, Ideologen und Schriftsteller Wagner gelegt, da es nach 1945 üblich geworden ist, den Musiker und Künstler Wagner immer mehr in den Vordergrund zu stellen (siehe den Anschlag Seite 251). Für die Durchsetzung seiner Werkidee führte Wagner einen schonungslosen und unerbittlichen ,,erlösungskampf'' (25. 1. 1852, an Franz Brendel) mit ,,ungeheuer viel lust, etwas künstlerischen terrorismus auszuüben'' (4. 6. 1849, an Liszt), denn er wußte, ,,wenn ich zu etwas komme, geschieht es nur durch terrorismus'' (9. 8. 1852, an Th. Uhlig). Ein zentrales Kampfmittel bilden seine Schriften, von denen er neun Bände noch selbst veröffentlicht hat, und diese ,,Lust'' steht vor allem hinter der Kampfschrift DAS JUDENTUM IN DER MUSIK (1850), die in genauer innerer Verbindung steht zu den Werkplan-Schriften DAS KUNSTWERK DER ZUKUNFT (1849) und OPER UND DRAMA (1851), und zu den Dramenentwürfen SIEGFRIEDS TOD (1848) und JESUS VON NAZARETH (1849), und die einen von der Werkidee abhängigen Verfolgungskampf und -wahn einleitet, der daher bis zu Wagners Tode unaufhebbar bleibt. Es ist völlig konsequent, daß Wagner während der Arbeit am SIEGFRIED im März 1869 DAS JUDENTUM IN DER MUSIK nun als Broschüre unter seinem Namen wieder veröffentlicht und einen Brief ,,Aufklärungen über das Judentum in der Musik'' hinzufügt, in welchem er sich höhnisch mit dem Beckmesser-Vorbild Hanslick als einem Vertreter des ihn angeblich verfolgenden ,,Musikjudentums'' auseinandersetzt und von der Möglichkeit spricht, daß ,,der Verfall unserer Kultur durch eine gewaltsame Auswerfung des zersetzenden Elementes aufgehalten werden könne''. Es ist auch konsequent, wenn Cosima Wagner sich am 11. 10. 1879 notiert, sie hätten darüber gelacht, daß wirklich, wie es scheinen würde, Wagners Aufsatz über die Juden den Anfang dieses Kampfes gegen die Juden gemacht habe, an dessen Schluß seit 1850 den Juden ,,die

Erlösung Ahasvers: der Untergang" als einzig mögliche Erlösung vor Augen gestellt wird. In der Gestalt der Kundry — Sinnbild des buhlerischen, ahasverischen, weltverfallenen Judentums — hat Wagner diese Erlösung durch Vernichtung in den PARSIFAL aufgenommen, und Cosima Wagner hat in bezug auf die Taufe Kundrys den Vernichtungsklang der Pauke hervorgehoben und Wagners Bemerkung, daß der Eintritt der g-Pauke das Schönste sei, was er je gemacht habe (3. 2. 1879). Um einen noch angemesseneren Vernichtungsklang zu erreichen, ersetzt Wagner in der Partitur die g-Pauke durch Violincello und Kontrabaß, und so kann man in handschriftlichen Aufzeichnungen über die PARSIFAL-Aufführungen 1882 und 1883, an denen Cosima Wagner im Haus ,,Wahnfried" mitwirkte, lesen: ,,. . . Mit der Taufe hat Kundry das Ziel ihres Sehnens erreicht, ihre gänzliche Vernichtung (wie es auch die Musik — Bässe Pizzicato —, als sie ganz zur Erde niedersinkt, angibt)."

Hier wird erkennbar, wie genau Wagner seine Musik als Weltanschauungsträger und Bedeutungsträger verstand und einsetzte, wofür gerade die Cosima-Wagner-Tagebücher ein reiches, aber bisher kaum gewürdigtes Belegmaterial enthalten, das durch andere Quellen bestätigt wird. So, wenn Wagner am 19. 8. 1861 an Mathilde Wesendonk schreibt: ,,. . . keines kennt aber eigentlich die Gefahr, in die ich sie mit meinem Tristan bringe, und vielleicht wird noch alles unmöglich, wenn sie dahinterkommen. Nur Isolde, mit der ich kürzlich ein wenig ihre Partie durchging, ahnt, worum es sich handelt. Was werden sie alle erschrecken, wenn ich ihnen eines Tages offen sage, daß sie alle mit mir zugrunde gehen müssen!" — Wagners Musik hat eine Vernichtungs-Bedeutung und eine Vernichtungs-Aufgabe, die wiederum Wagner genau bewußt waren, der mit diesem Bewußtsein seine Musik als Hauptkampfmittel und Vehikel seiner Werkidee und seiner neuen Religion einsetzte. Er erreichte die Wirkungen, das heißt die vernichtungsseligen Rauschzustände, die Überwältigungen und ,,wunderbar erhabenen Seufzer des Ohnmachtsbekenntnisses" (24. 8. 1859, an M. Wesendonk), die er erreichen wollte. Bis heute verkündet er als abgefeimter Musikpapst seinen Zivilisations- und Welthaß und seinen Wunsch, als der ,,Plenipotentarius des Untergangs" mit Untergang und Vernichtung zu drohen. Die Musik bedeutete und transportierte nicht nur die Wagnersche Werkidee und Weltanschauung, sondern stellte auch das unbedingt sichere Propagandamittel dar, auf das man sich wie auf eine Droge verlassen konnte: Der Wagnerianer, den es gibt, seit Wagner bewußt eine Gemeinde und Kampftruppe um sich zu scharen begann, lebte von und für Wagner und wurde selbstverständlich ein Anhänger und Vertreter des geheimen Losungswortes ,,Erlösung dem Erlöser" und des Bayreuther Antisemitismus. Dessen andere Losung hat Wagner in einem Brief an Ludwig II. kurz und bündig formuliert: ,,. . . Wir w o l l e n niederträchtig sein: diess ist die Losung, seitdem die Jesuiten den Juden unsere Welt in die Hände geliefert haben." (26. 1. 1876) Die Einheit des Wagnerschen Werkes liegt in seiner Werkidee seit 1849, die die Eindeutigkeit, Genauigkeit und Starrheit der Wagnerschen Sprach- und Musikmittel, aber auch diese willentliche Niederträchtigkeit dem Judentum und deshalb auch dem Jesuitentum und der ,,semitisch-lateinischen Kirche" gegenüber zur Folge hat. Durch die Anziehung seiner Musik, die keinesfalls nur den Musikwissenschaftler angeht, und seiner Erlösungsthematik hat Wagner, der sich selbst als den deutschesten Menschen, als den deutschen Geist verstand und mit dem deutschen Volk verwechselte, es dahin gebracht, daß das deutsche Volk sich schließlich in breiten Teilen mit Richard Wagner verwechselte. Der nach Wilhelm II. (siehe S. 2, 96ff., 111, 140) folgenreichste Wagnerianer Hitler (siehe S. 169, 170) war jedenfalls wie viele andere ein Wagnerhörer und ein Wagnerleser (siehe S. 231ff.), und er konnte in Deutschland und Österreich mit einem breit gestreuten und fanatischen Antisemitismus bereits rechnen, zu dessen Vorgeschichte auch Wagner, sein Werk und seine Gemeinde gehörten. Hermann Rauschning hat in seinen GESPRÄCHEN MIT HITLER überliefert, daß Hitler Wagner als seinen einzigen Vorläufer anerkannt und als die größte Prophetengestalt, die das deutsche Volk besessen habe, bezeichnet hat. Dort hebt er auch hervor, daß es im PARSIFAL das reine Blut sei, das in seiner Reinheit zu hüten und zu verherrlichen die Brüderschaft der Wissenden sich zusammengefunden habe: Nürnberg, die Stadt der MEISTERSINGER, wurde nicht zufällig gewählt, um 1935 die Rassengesetze als Nürnberger Gesetze zu verkünden und um die Reichsparteitage mit ihren monströsen Totenfeiern abzuhalten (siehe Seite 238).

Als der jüdische Wagnerianer und PARSIFAL-Dirigent Hermann Levi im Januar 1879 im Hause Wagner von einer großen Bewegung gegen die Juden auf allen Gebieten berichtet und davon, daß man sie in München aus dem Magistrat entfernen wolle, notiert Cosima Wagner: ,,er (Levi) hofft, in zwanzig Jahren würden sie mit Stiel und Stumpf ausgerottet und das Publikum des ‚Ringes' ein anderes Volk abgeben, ‚Wir wissen es anders'! . . ." So weit hatte Wagner einen Juden, der ihm ,,mit Leib und Seele verfallen war" (Levi an Heyse, 13. 12. 1880), mit seiner Werkidee zu bringen vermocht. Levis Hoffnung hat sich auf furchtbare Weise erfüllt, das heutige deutsche Publikum des RINGES und des PARSIFAL, der unbeirrt weiter zum Karfreitag gegeben wird, ist ,,ein anderes Volk", ein deutsches Volk ohne Juden, das Wagner verehrt und feiert wie eh und je, und das kaum mehr weiß und würdigt, was die deutsche Kultur Juden verdankt.

Hans-Jürgen Syberberg kann sogar im Dunstkreis der von ihm mitgeschürten und ausgemünzten Wagner-, Hitler- und Gralskonjunktur seine auf ,,Politik durch Kunst" abzielende traurige Wagner-Nachfolge in Szene setzen, deren symbolischer Anfang der Film über Winifrid Wagner war (siehe S. 272ff.).

Wagnerianer gibt es nach wie vor, doch sind sie nun aus ,,historischen" Gründen keine Antisemiten mehr und versichern, daß es ihnen nur um den großen Künstler und die Musik Wagners gehe und um sein geniales Theater. Doch woran man sie am genauesten erkennt, das ist der Eifer, mit dem sie vorgeblichen Ambivalenzen und Widersprüchen bei Wagner das alles erklärende Wort zu reden versuchen, und der willentlich niederträchtige Ton, den sie höhnisch anschlagen, wenn jemand nicht mehr der Schutzbehauptung Glauben schenkt, daß die Beziehung Hitlers zu Wagner und auf Wagner ein Mißverständnis sei und Hitler und die Nazis Wagner lediglich vereinnahmen wollten. Obwohl es Gregor-Dellin als Mitherausgeber der Cosima-Wagner-Tagebücher besser wissen könnte, zählt er Wagners Antisemitismus sogar ernsthaft — und für seine Schutzwilligkeit aufschlußreich — zu den Dingen, welche ,,sich durch Hitler und die Nazis mißbrauchen" ließen, und deshalb rechnet er sich zu denen, ,,die Wagner von Hitler befreit haben" (Bunte Ill. 23. 8. 82), was nun auch durch seine Biographie als unanfechtbar sich erwiesen hat. Sein dankenswertes Wort vom ,,Zelinsky-Effekt" hat inzwischen durch den regen Gebrauch auch weniger Aufmerksame auf die Rolle und Bedeutung der antisemitischen Werkidee hingewiesen, zumal es sich dem Verachtungsarsenal Wagners verdankt, der Meyerbeer mit dem Vorwurf des Effektes — sein ureigenstes Gebiet — treffen wollte. Die Niederträchtigkeit des heutigen, des verkappten Wagnerianers zeigt sich vor allem daran, daß er nun nicht laut und ,,kritisch" genug davon sprechen kann, daß Wagner selbstverständlich ein Antisemit war und daß das jeder wisse, nur — sein Werk ist frei davon, und eine Werkidee ist eine fixe Idee, die man schon gar nicht ernst nehmen müsse. Ruhiges Argumentieren ist seine Sache nicht, und seine Treue könnte neben all den subtilen und groben Verleumdungen, Diffamierungen, Unterstellungen und blanken Gehässigkeiten nicht eindrucksvoller demonstriert werden als gerade durch die Tatsache, daß dem Verfechter der Werkidee eben solche Eigenschaften angehängt werden, die man bei Wagner zu sehen sich aus affektiven Gründen versagen muß, wie z. B.:

Monomane, Fall für Psychologen, Mann des Holzhammers (Gregor-Dellin), fixe Idee, Savonarola des letzten Kreuzzuges gegen Bayreuth, still fanatische Argumentationen, Demagoge (Reinhart Baumgart), Zelotentum, Obsession, sektiererische Obstination (Dieter Borchmeyer).

Das Material für weitere Dokumentationen liegt bereit, aber auch für weitere interdisziplinäre Forschungen, für die die vorliegende Dokumentation ein Beispiel geben wollte.

Die Kommentartexte sind durchweg mit einem Seitenstrich gekennzeichnet, einige Druckfehler wurden berichtigt, doch erscheint sie, auch als Dokument des Wissens- und Bewußtseinsstandes des Verfassers vor sieben Jahren, sonst unverändert. Gewidmet ist diese Neuauflage Isa von Bernus und Nomi Baumgartl.

H. Z.

München, 6. Februar 1983

Richard Wagner und die Folgen

Hast Schulden übern Kopf gemacht
Hast deinen König ausgesogen,
Die Zwietracht hast du angefacht,
Und B . . . um die Frau betrogen.

Doch eine wahre Wunderwelt,
Sie lebt in jedem deiner Stücke,
Die Schönheit, sie ist dargestellt,
Doch manchmal Sinnlichkeit und Tücke.
Friederike Kempner

Ein Thor, wer der Thorheit entgegenstrebt,
Man muß es der Zeit übergeben;
Habe die Hegel'sche Philosophie überlebt,
Werd' auch die Zukunftsmusik überleben.
Franz Grillparzer

1. Wagner — der „Erbe Hegels", der „deutscheste Mensch", der konservative Revolutionär

1.1. Die Revolution des Geistes — der Idealismus

Der Maler Friedrich Pecht hat folgendes Erlebnis mit Wagner in Dresden aus dem Jahr 1845 in seinen Erinnerungen festgehalten: „Wie diese unersättliche Natur nach allen Seiten um sich griff, mag das folgende Erlebnis zeigen, das ich in dieser Zeit mit ihm hatte. Bei einem Besuche, den ich ihm eines Tages machte, fand ich ihn in Feuer und Flammen über Hegels Phänomenologie, die er gerade studierte, und in seiner excentrischen Art mir als das erste aller Bücher pries. Zum Beweis las er mir eine Stelle vor, die ihm eben besonders imponiert hatte. Da ich sie nicht ganz verstand, bat ich ihn, sie noch einmal zu lesen, wo wir sie dann beide nicht verstanden. Er las sie also zum dritten- und viertenmal, bis wir uns endlich ansahen und fürchterlich zu lachen anfingen, wo es denn mit der Phänomenologie ein Ende hatte" [1].

Ob es nun tatsächlich „mit der Phänomenologie ein Ende hatte" oder nicht, mag dahingestellt bleiben, doch ist die Tatsache aufschlußreich genug, daß Wagner, der im Sommer dieses Jahres 1845 die Prosaskizze der drei *Meistersinger*-Akte niederschreibt, am 19. Oktober die Uraufführung des *Tannhäusers* leitet und im November seinen *Lohengrin*-Text beendet, — daß Wagner gerade die Hegel'sche *Phänomenologie* „als das erste aller Bücher pries". Denn dieser 1807 erschienene erste Teil eines „Systems der Wissenschaft" steht mit seinem dialektischen dreiphasigen Denkschema am Anfang jener links- und rechtshegelianischen politischen und revolutionären „Umwälzungen" des 19. und 20. Jahrhunderts, deren philosophisches Programm es darstellt. In der Vorrede heißt es: „Es ist übrigens nicht schwer zu sehen, daß unsere Zeit eine Zeit der Geburt und des Übergangs zu einer neuen Periode ist. Der Geist hat mit der bisherigen Welt seines Daseins gebrochen und steht im Begriffe, es in die Vergangenheit hinabzuversenken, und in der Arbeit seiner Umgestaltung. Zwar ist er nie in Ruhe, sondern in immer fortschreitender Bewegung begriffen. Aber wie beim Kinde nach langer stiller Ernährung der erste Atemzug jene Allmählichkeit des nur vermehrenden Fortgangs abbricht — ein qualitativer Sprung — und jetzt das Kind geboren ist, so reift der sich bildende Geist langsam und stille der neuen Gestalt entgegen, löst ein Teilchen des Baues seiner vorhergehenden *Welt* nach dem andern auf, ihr Wanken wird nur durch einzelne Symptome angedeutet; der Leichtsinn wie die Langeweile, die im Bestehenden einreißen, die unbestimmte Ahnung eines Unbekannten sind Vorboten, daß etwas anderes im Anzuge ist. Dies allmähliche Zerbröckeln, das die Physiognomie des Ganzen nicht veränderte, wird durch den Aufgang unterbrochen, der, ein Blitz, in einem Male das Gebilde der neuen Welt hinstellt. Allein eine vollkommene Wirklichkeit hat dies Neue so wenig als das eben geborene Kind; und dies ist wesentlich nicht außer acht zu lassen. Das erste Auftreten ist erst seine Unmittelbarkeit oder sein Begriff. Sowenig ein Gebäude fertig ist, wenn sein Grund gelegt worden, so wenig ist der erreichte Begriff des Ganzen das Ganze selbst ... So ist die Wissenschaft, die Krone einer Welt des Geistes, nicht in ihrem Anfang vollendet. Der Anfang des neuen Geistes ist das Produkt einer weitläufigen Umwälzung von mannigfaltigen Bildungsformen, der Preis eines vielfach verschlungenen Weges und ebenso vielfacher Anstrengung und Bemühung . . ." [2]

Ein Großteil der Hoffnungen auf eine „neue Welt", auf das „Ganze", auf ein Reich der Freiheit, und schließlich auch auf ein „drittes Reich" am Ende jenes „Übergangs", jenes Zustandes der Entzweiung und Zerrissenheit, knüpften sich an den Begriff der Revolution, ein Begriff, der vor allem seit der *Philosophie der Weltgeschichte* Hegels, der wie Fichte in seiner Tübinger Jugend ein Anhänger Rousseaus und der Französischen Revolution von 1789 war und für dessen Werk dieses Erlebnis von entscheidender und prägender Bedeutung war, aus dem Denken der Moderne nicht mehr wegzudenken ist. An einer Stelle der *Philosophie der Weltgeschichte*, die Wagner, um der „Sache von dem Absolutum ... auf den Grund zu gehen", im Winter 1848/49 bis zur Mai-„Revolution" 1849 in Dresden liest, ist die nachhaltige Kraft dieses Erlebnisses abzulesen: „Solange die Sonne am Firmamente steht und die Planeten sie umkreisen, war das nicht gesehen worden, daß der Mensch sich auf den Kopf, das heißt auf den Gedanken stellt und die Wirklichkeit nach diesem erbaut. Anaxagoras hatte zuerst gesagt, daß der νοῦς die Welt regiert, nun aber erst ist der Mensch dazu gekommen, zu erkennen, daß der Gedanke die geistige Wirklichkeit regieren solle. Es war dieses somit ein herrlicher Sonnenaufgang. Alle denkenden Wesen haben diese Epoche mitgefeiert" [3]. Die hier erkennbare deutsche Neigung, vor allem das geistige Moment der Revolution hervorzuheben, wird bestätigt in einem Athenäumsfragment Friedrich Schlegels, das lautet:

„Die französische Revolution, Fichtes Wissenschaftslehre und

[1] Friedrich Pecht, Aus meinem Leben, München 1894, I, 293

[2] G. W. F. Hegel, Werke III, Phänomenologie des Geistes, Frankfurt/M. 1970, 46, 47

[3] G. W. F. Hegel, Werke XII, Vorlesungen über die Philosophie der Geschichte, Frankfurt/M. 1970, 529
Richard Wagner, Mein Leben, München 1963 (= ML), 501; die ganze Stelle über Wagners Hegel-Lektüre „in der letzten Periode (s)eines Dresdener Aufenthaltes" lautet: „... Ich wählte nun zu meiner Einführung in die Philosophie Hegels *Philosophie der Geschichte.* Hier imponierte mir vieles, und es schien mir, als müßte ich auf diesem Weg in das Innere des Heiligtumes gelangen. Je unverständlicher viele im spekulativen Sinne resümierende Phrasen des ungeheuer berühmten, als Schlußstein aller philosophischen Erkenntnis mir gepriesenen gewaltigen Geistes erschienen, desto mehr fühlte ich mich angeregt, der Sache von dem ‚Absolutum' und was damit zusammenhing auf den Grund zu gehen. Die Revolution kam dazwischen . . ."

Goethes Meister sind die größten Tendenzen des Zeitalters. Wer an dieser Zusammenstellung Anstoß nimmt, wem keine Revolution wichtig scheinen kann, die nicht laut und materiell ist, der hat sich noch nicht auf den hohen, weiten Standpunkt der Geschichte der Menschheit erhoben." Und in Verbindung mit einem weiteren Athenäumsfragment Schlegels, in welchem „der revolutionäre Wunsch, das Reich Gottes zu realisieren" als „der elastische Punkt der progressiven Bildung und der Anfang der modernen Geschichte" [4] bezeichnet wird, ist hier die Eigentümlichkeit der deutschen Revolution als einer Revolution des Geistes umrissen. Diese hängt, wie Jürgen Gebhardt dargelegt hat, zusammen mit dem „Aufbruch der seit der Reformation in den sozialen Untergrund abgedrängten Schwärmer- und Sektiererbewegung christlich-gnostischer Tradition", deren Chiliasmus sich gegen die leeren Dogmatiken und Fundamentalismen der geistlichen und weltlichen Orthodoxien in der individuellen Brust oder der Sektengemeinde der „Stillen im Lande" sein eigenes Reich der Innerlichkeit geschaffen habe, und die sich im 18. Jahrhundert im Medium des Bürgertums in die Geheimgesellschaft der Freimaurer, Illuminaten, Rosenkreuzler und Geheimorden transformiert habe. In dieser „metapolitischen" Sphäre seien dann die *arcana* der Selbsterlösung den *arcana imperii* des absoluten Staates gegenübergestellt worden, dem von den Denkern der deutschen Revolution eine das „Reich Gottes" stiftende Geschichtsapokalypse entgegengestellt wird, „in der die Welt vom gegenwärtigen Zustand absoluter Korruption in einen solchen der Fülle transformiert wird in einer spekulativen Tat der Selbsterlösung des Denkers, die zumeist als Divinisierung des Ich oder Bewußtseins vorgestellt wird"; durch die Traditionen der überkommenen Gesittung und durch die Konzentration auf den Aufbau einer industriellen Zivilisation sei diese „Revolution des Geistes" im 19. Jahrhundert noch domestiziert worden, doch habe sie unter der Voraussetzung der Auflösung der alten Strukturen von Staat und Gesellschaft im totalitären Experiment ihren wahren Charakter historisch belegt [5]. Diese deutsche Revolution der Innerlichkeit hat nun Friedrich Schlegel in dem Bruchstück eines dritten Gespräches zu Lessings Gesprächen für Freimaurer *Ernst und Falk* — ein Dokument der eminenten politischen Bedeutung der Freimaurerei im absoluten Staat — über die Französische Revolution gestellt und als „Erfindung des Idealismus" bezeichnet. Die Gesprächsstelle lautet:

„F. ... Du warst ein Augenzeuge und genauer Beobachter der Revolution; mir schien sie in der Einsamkeit der Spekulation nicht sehr bedeutend, wenigstens bei weitem nicht so wichtig, als eine andre, größere, schnellere, umfassendere Revolution, die sich unterdessen im Innersten des menschlichen Geistes selbst ereignet hat.

E. Und die wäre?

F. Die Erfindung des Idealismus ..." [6]

Gerade die in diesem Gesprächsfragment aufscheinende Entgegensetzung von französischer und deutscher Revolution wird auch, vor allem in seiner Spätzeit, von Wagner übernommen und spielt in Gestalt der Begriffspaare: Zivilisation — Kultur, Materialismus — Idealismus, Realismus — Idealismus, Judentum — Deutschtum (siehe Seite 139) im Umkreis des wagnernachfolgenden und wagnergläubigen „Bayreuther Idealismus" eine für die Wirkungsgeschichte Wagners zentrale verhängnisvolle Rolle. Doch auch mit den Momenten der Selbsterlösung, des Innerlichkeitskults einer Sektengemeinde und der Divinisierung des Ich gehören Wagner und die Anhänger seiner „Sache" in die Tradition des deutschen Idealismus als einer Revolution des Geistes, deren zu erwartenden Umschlag in eine wirkliche Revolution Heinrich Heine 1834 bereits, hundert Jahre vor Beginn des Dritten Reiches, hellsichtig und präzise vorweggenommen hat. Am Ende des dritten Buches seiner Schrift *Zur Geschichte der Religion und Philosophie in Deutschland* heißt es:

„Die deutsche Philosophie ist eine wichtige das ganze Menschengeschlecht betreffende Angelegenheit, und erst die spätesten Enkel werden darüber entscheiden können, ob wir dafür zu tadeln oder zu loben sind, daß wir erst unsere Philosophie und hernach unsere Revolution ausarbeiteten. Mich dünkt, ein methodisches Volk wie wir, mußte mit der Reformation beginnen, konnte erst hierauf sich mit der Philosophie beschäftigen, und durfte nur nach deren Vollendung zur politischen Revolution übergehen. Diese Ordnung finde ich ganz vernünftig ... Laßt Euch aber nicht bange sein, Ihr deutschen Republikaner; die deutsche Revolution wird darum nicht milder und sanfter ausfallen, weil ihr die Kantsche Kritik, der Fichtesche Transzendental-Idealismus oder gar die Naturphilosophie vorausging. Durch diese Doktrinen haben sich revolutionäre Kräfte entwickelt, die nur des Tages harren, wo sie hervorbrechen und die Welt mit Entsetzen und Bewunderung erfüllen können. Es werden Kantianer zum Vorschein kommen, die auch in der Erscheinungswelt von keiner Pietät etwas wissen wollen, und erbarmungslos, mit Schwert und Beil, den Boden unseres europäischen Lebens durchwühlen, um auch die letzten Wurzeln der Vergangenheit auszurotten. Es werden bewaffnete Fichteaner auf den Schauplatz treten, die in ihrem Willensfanatismus weder durch Furcht noch durch Eigennutz zu bändigen sind ... solche Transzendental-Idealisten wären bei einer gesellschaftlichen Umwälzung sogar noch unbeugsamer als die ersten Christen, da diese die irdische Marter ertrugen, um dadurch zur himmlischen Seligkeit zu gelangen, der Transzendental-Idealist aber die Marter selbst für eitel Schein hält und unerreichbar ist in der Verschanzung des eigenen Gedankens. Doch noch schrecklicher als Alles wären Naturphilosophen, die handelnd eingriffen in eine deutsche Revolution und sich mit dem Zerstörungswerk selbst identifizieren würden ... der Naturphilosoph (wird) dadurch furchtbar sein, daß er mit den ursprünglichen Gewalten der Natur in Verbindung tritt, daß er die dämonischen Kräfte des altgermanischen Pantheismus beschwören kann, und daß in ihm jene Kampflust erwacht, die wir bei den alten Deutschen finden, und die nicht kämpft, um zu zerstören, noch um zu siegen, sondern bloß um zu kämpfen. Das Christentum ... hat jene brutale, germanische Kampflust einigermaßen besänftigt, konnte sie jedoch nicht zerstören, und wenn einst der zähmende Talisman, das Kreuz zerbricht, dann rasselt wieder empor die Wildheit der alten Kämpfer, wovon die nordischen Dichter so viel singen und sagen. Jener Talisman ist morsch, und kommen wird der Tag, wo er kläglich zusammenbricht. Die alten steinernen Götter erheben sich dann aus dem verschollenen Schutt, und reiben sich den tausendjährigen Staub aus den Augen, und Thor mit dem Riesenhammer springt endlich empor und zerschlägt die gotischen Dome. Und wenn Ihr dann das Gepolter und Geklirre hört, hütet Euch, Ihr Nachbarskinder, Ihr Franzosen, und mischt Euch nicht in die Geschäfte, die wir zu Hause in Deutschland vollbringen ... Lächelt nicht über den Phantasten, der im Reich der Erscheinungen dieselbe Revolution erwartet, die im Gebiete des Geistes stattgefunden. Der Gedanke geht der Tat voraus, wie der Blitz dem Donner ... und wenn Ihr es einst krachen hört, wie es noch niemals in der Weltgeschichte gekracht hat, so wißt: der deutsche Donner hat endlich sein Ziel erreicht ... Es wird ein Stück aufgeführt werden in Deutschland, wogegen die französische Revolution nur wie eine harmlose Idylle erscheinen möchte" [7]. Wagner, der 1841 in Paris die Bekanntschaft Heines gemacht hatte und sich in einem Artikel in der Dresdner Abend-Zeitung vom 4. August 1841 dagegen aussprach, „daß wir geduldig zusehen, wie unsere Polizei dies herrliche Talent von seinem vaterländischen Boden verjagt" und „daß wir gleichgültig und kleinmütig dieser Ver-

[4] Friedrich Schlegel, Schriften zur Literatur, dtv text-bibliothek 6006, 45/46, 48

[5] Jürgen Gebhardt, Zur Physiognomie einer Epoche, in: Die Revolution des Geistes, Politisches Denken in Deutschland 1770—1830 (Goethe — Kant — Fichte — Hegel — Humboldt), herausgegeben von Jürgen Gebhardt, München 1968, 7 ff.

[6] Gotthold Ephraim Lessing, Ernst und Falk, mit den Fortsetzungen Johann Gottfried Herders und Friedrich Schlegels, herausgegeben von Ion Contiades, Frankfurt/M. 1968, 79

[7] Heinrich Heine, Sämtliche Schriften III, München 1971, 638 ff.

stümmelung eines Talentes zusehen, das bei glücklicherer Pflege an die größten Namen unserer Literatur gereicht haben würde"[8], sollte es nach der Rückkehr aus Paris während seiner Hofkapellmeisterzeit in Dresden von 1843 bis 1849 und nach seiner eigenen durch die Teilnahme an dem Dresdner Maiaufstand 1849 nötig geworden Flucht immer wichtiger werden, sich dem „deutschen Altertum" zuzuwenden und sein „Ideal des urgermanischen Mythos"[9] aufzufinden, welches schließlich in den Mittelpunkt seiner künstlerischen Pläne rückte.

1.2. Wagner — der „deutscheste Mensch"

Gerade diese germanisierende Ausstaffierung seiner Werke erfährt, ohngeachtet ihres privatmythologischen Charakters, nach der Reichsgründung eine zunehmende nationalistische Ausbeutung und Verwertung (siehe Seite 86), so daß sich 1905 in Berlin eine „Richard Wagner-Gesellschaft für germanische Kunst und Kultur" bildet (siehe Seite 106), Wilhelm II. im Jahre 1908 Wagner bereits völlig selbstverständlich „den markigen gewaltigen Schöpfer unserer neuen germanischen Tonwelt" (siehe Seite 111) nennt, und nach dem Ersten Weltkrieg Anhänger des „Bayreuther Idealismus" in der Nachfolge Wagners sich als Germanenschwärmer in völkischen, antidemokratischen Kampfverbänden für „Germanien und sein freies Volk" sammeln (siehe Seite 184). Wie ironisch hingegen Wagner selber über seine bevorzugte Verwendung des „urgermanischen Mythos", den er eher als frei verfügbares und veränderbares künstlerisches Material ansah, sich zu äußern vermochte, zeigt eine Stelle in einem Brief an Liszt vom 8. Mai 1859, die lautet: „... Übrigens bin ich begierig, wie es mit meiner projektierten Übersiedlung nach Paris wird. Es ist doch schrecklich unpatriotisch, sich mitten im Hauptnest des Feindes der germanischen Nation es behaglich machen zu wollen. Die guten Deutschen sollten wirklich etwas tun, um ihrem germanischesten aller germanischen Opernkomponisten diese gräßliche Prüfung zu ersparen ... So will mich denn also Deutschland mit Gewalt dem Feind zuschanzen! Auch gut!"[10] (siehe auch das den Kontext unterschlagende Zitat aus diesem Brief am Anfang des Textes von Ferdinand Pfohl aus dem Jahre 1938 auf Seite 239).
Dennoch bewahrte die Ironie Wagner nicht davor, sich in sein Tagebuch vom 11. September 1865, nach der rettenden Begegnung mit Ludwig II., zu notieren: „Fragt den unvergleichlichen Zauber meiner Werke, haltet sie mit allem Übrigen zusammen: Ihr könnt für jetzt nichts anderes sagen, als — es ist deutsch" und die Behauptung aufzustellen: „... ich bin der deutscheste Mensch, ich bin der deutsche Geist" (siehe Seite 29). Die Mitwelt hat ihm diese Behauptung abgenommen — die Pickelhaubenkarikaturen auf Seite 31 belegen auf ihre Weise deren Richtigkeit — und die Wagnerianer der Nachwelt haben aus der sich an Wagner und Bayreuth anschließenden Deutschtumsideologie ein, vor allem nach dem Ersten Weltkrieg, politisches Kampfmittel zurechtgemacht, das in Verbindung mit deutscher Innerlichkeit, deutschem Idealismus, deutscher Kultur und Antisemitismus weite Teile des national und völkisch gesinnten Bürgertums noch anfälliger für die „Erlösungsversprechungen" Hitlers machte. Anders als Wagner es meinte, war er tatsächlich „der deutscheste Mensch" und „der deutsche Geist", da er auf merkwürdige Weise zentrale und disparate Ausformungen des deutschen Geistes in seiner Person vereinigt und symbolisiert und daher mit Recht als *der* Repräsentant des 19. Jahrhunderts in Deutschland angesehen werden kann und angesehen wird: von der, um mit Wagner selbst zu sprechen, „Revolution" bis zur „Regeneration". Doch was bei ihm gerade noch gelang, und zwar gelang durch die verwirklichte Vision eines eigenen Festspielhauses für seine Musikdramen, mußte bei seinen gläubigen Jüngern zum Sektengeist verkommen, den Cosima Wagner selber in einem Brief an den Fürsten Hohenlohe vom 11. Oktober 1892 in dem Wort von der „Bayreuther Freimaurerei"[11] anspricht und auf ihre Weise bestätigt. Und Cosima, die in anderen Briefen erhofft, daß die Festspiele „das Bewußtsein des Deutschthums kräftigen", die germanische Rasse als die „kulturbefähigte" „zum Herrschen bestimmt" sei und die „mit *Lohengrin*, *Parsifal* und *Tannhäuser* unser christlich germanisches Kunstbekenntnis aus tiefster Seele ablegen"[12] möchte, muß als die Schlüsselfigur angesehen werden, die vor allem auch durch ihren penetranten Antisemitismus (siehe Seite 75/76 und 141), unterstützt von ihren nachmaligen Schwiegersöhnen Houston Stewart Chamberlain und Henry Thode, von Ludwig Schemann und anderen Vertretern des „Bayreuther Idealismus", für die Germanisierung Bayreuths die Weichen stellte. Erst Neu-Bayreuth nach 1945 sollte es gelingen, sich dieser Weichenstellung zu entziehen und einem unbefangenen, kritischen und unorthodoxen Verständnis Wagners den Weg frei zu machen. Die historische Weichenstellung für die verstärkte nationale Einordnung Wagners erfolgte jedoch mit der Reichsgründung 1870/71, die aber keineswegs die erhoffte staatliche Unterstützung mit sich brachte, weshalb Wagner dem neuen Reich durchaus distanziert gegenüberstand. Ein Beispiel für die ausdrückliche Zusammenstellung von Reichsgründung und Wagners „echtdeutschem Nationaldrama" sei hier angeführt. In seiner 1873 erschienenen Schrift *Richard Wagner und das Deutschtum* nennt Franz Merloff Wagner den „geistigen Vorkämpfer unserer Siege" und den „Vorgänger, ein neues Zion verkündenden Propheten des deutschen Einigungswerkes, das deutsche Waffen in deutscher Treue und Einheit verbunden, späterhin glorreich besiegelten" und bemerkt an anderer Stelle: „Es war Zeit, daß die Erweckung aus diesem lethargischen Schlafe kam und es ist zu danken, daß das Jahr 1870—71 die Ermunterung und Neugeburt vollbracht und zur besiegelten Tatsache gemacht hat. Nach den Aufregungen dieser Tage .. konnte man sich die männlich großartigen, deutschkräftigen Tonweisen Wagner's mit ganz anderm, erhöhtem, neuem Genusse anhören; nach dem Kanonendonner und den Flintensalven des Kriegsjahres, das ganz andere Nerven und Organe herangebildet hatte, als die weichliche Zeit von ehedem, klang es ganz herzerfrischend und drang zum Gemüte erwärmend und belebend, was Wagner mit seinen Tönen, mit seinen germanischen Dramenbildern uns vor die Seele führte! ... Der Nibelungencyclus aber verdient es wahrlich, daß das Höchste dafür aufgeboten, dafür geleistet werde, um so mehr jetzt, wo Alldeutschland einig und treu um das deutsche Banner geschart die Früchte des glorreichsten Sieges genießt. Genießen wir auch die Früchte des Sieges auf musikalisch-dramatischem Gebiete und feiern wir die Wiedergeburt des deutschen Nationaldramas!"[13]. Doch andere zeitgenössische Stimmen sprechen in einem weniger verquollenen Stil in bezug auf Wagner klar von der „rücksichtslosen Geltendmachung einer absolutistischen Persönlichkeit", nennen die Art, wie er seinen Bestrebungen gehuldigt sehen will „geradezu einen Anachronismus" (siehe Seite 47) und bezweifeln die Glaubwürdigkeit von Wagners „Urdeutschtum" wie der Berliner Kritiker Gustav Engel. Nach den ersten Festspielen im Jahr 1876 schreibt er am 9. September 1876 in der Vossischen Zeitung: „Wagners Urdeutschtum ist undeutsch; er vertritt nur eine einzelne Richtung in dem Leben unseres Volkes, die eigensinnig deutsche: das Streben nach Tiefe ohne Klarheit, nach Wahrheit ohne Schönheit, das Geltenlassen der losgebundenen Subjektivität ohne objektive Schranke. Mit einem Wort:

[8] Richard Wagner, Gesammelte Schriften VII, herausgegeben von Julius Kapp, Leipzig 1914 (= RW), 235

[9] ML 378

[10] Briefwechsel zwischen Richard Wagner und Franz Liszt, herausgegeben von Erich Kloss, Leipzig 1910 (= WL), II, 265

[11] Briefwechsel zwischen Cosima Wagner und Fürst Ernst zu Hohenlohe-Langenburg, Stuttgart 1937 (= CH), 27; Auf diesen „Sektengeist" kommt der liberale Publizist Julius Fröbel, der Wagner seit der Dresdner Revolution kannte und ihn wieder 1865 in München erlebte, zu sprechen: „Wenn Richard Wagner es nicht bis zum Stifter einer neuen Religion gebracht, in welcher das Theater sich an die Stelle der Kirche hätte setzen müssen, so hat er in seinen Anhängern wenigstens einen Sektengeist zu erzeugen gewußt, welcher, wie jede derartige Erscheinung, mir widerwärtig und abstoßend gewesen ist ..." (Dok. 213; siehe Anmerkung 14)

[12] CH 3, 45, 66

[13] Franz Merloff, Richard Wagner und das Deutschthum, München 1873, 3, 4, 15

in Wagner's Schaffen ist etwas Gothisches, Barbarisches — in dem Sinn, wie Goethe diese Ausdrücke einstmals gebrauchte — und von diesem Gothischen, Barbarischen müssen wir frei zu werden suchen" [14].

1.3. Wagners „losgebundene Subjektivität" und sein System

An diesen Äußerungen ist nun nicht nur die Bemerkung über Wagners bezweifelbares Deutschtum aufschlußreich, sondern vor allem der Hinweis auf seine „losgebundene Subjektivität ohne objektive Schranke". Denn gerade dieses Moment anarchischer und rücksichtsloser Subjektivität muß als der entscheidende Ausgangspunkt seiner künstlerischen Planungen, oder genauer gesagt seines musikalisch-poetischen Systems einer „reinmenschlichen" Kunst, angesehen werden. Dieses führte ihn zu einer immer weiter von der Realität sich entfernenden, sich steigernden Selbststilisierung und Selbstmythisierung, bis er es — wie in seinem Tagebuch vom August 1865 zu lesen ist — für nötig fand, sich, da er nur in einer Art von Wolke leben und als Kunstmensch nur ein künstliches Leben führen könne, „wie ein tropisches Gewächs im Wintergarten gegen die Atmosphäre der Wirklichkeit ab (zu) schließen" und sich mit Ludwig XIV. identifizierend, für unsterblich zu halten (siehe Seite 34). Ein deutscher Des Esseintes, der sich und seinen Musikdramen Erlösungsfunktion zuschrieb und sich Gedanken darüber machte, „ob der Verfall unserer Kultur durch eine gewaltsame Auswerfung des zersetzenden fremden Elementes (der Juden) aufgehalten werden könne" [15]. Besonders aufschlußreich ist, daß zahlreiche Wagner gerade freundschaftlich verbundene Zeitgenossen auf diese ihm eigentümliche extreme Subjektivität ausdrücklich hingewiesen haben. Drei Beispiele seien hier angeführt. Der Politiker Julius Fröbel, den Wagner 1867 veranlaßte nach München zu ziehen und dort die Zeitschrift „Süddeutsche Presse" zu gründen, in der neben kleineren Aufsätzen auch Teile seiner Schrift *Deutsche Kunst und Deutsche Politik* erschienen, nannte Wagner einen naiven Egoisten, der, hätte er die Macht, den ganzen Staat in ein einziges Opernhaus verwandeln und sich auf den Thron setzen würde (siehe Seite 65). Der Komponist Peter Cornelius schreibt in einem Brief an seinen und Wagners Wiener Freund Josef Standhartner am 24. Januar 1864 aus München: „Mein Verhältnis zu Wagner ist der Welt gegenüber nicht haltbar, und ich selber komme auch dabei um. Wagner weiß und glaubt es nicht, *wie er anstrengt*. . . . Von *sich* sprechen, lesen, singen muß unser großer Freund, sonst ist ihm nicht wohl. Deswegen begehrt er auch immer nur nach einem intimen Kreis, weil es mit anderen Leuten nicht so geht . ." [16]. Und als Jakob Sulzer, der von Wagner selber als ein „wohl geschulter Hegelianer" bezeichnet wird und der zu Wagners Freundeskreis von 1849 bis 1858 gehörte, in einem Brief von Mathilde Wesendonck vom 17. August 1887 gefragt wird, ob er sich nicht entschließen könne, Erinnerungen „aus der denkwürdigen Zürcher Periode unseres gemeinsamen Freundes" aufzuzeichnen, begründet er seine Ablehnung auch mit folgendem Argument: „Wagner war eine extrem subjektive Natur, er kannte die Welt einzig und allein und wollte sie allein kennen nach dem unwillkürlichen Reflex, den er von ihr in seinem Bewußtsein trug. Zu einem Versuch objektiver Controlle gelangte er nie . . ." [17].

Es ist nun zu zeigen, daß Wagner mit seiner extremen Subjektivität und dem auch ihn kennzeichnenden Syndrom von Handlungshemmung, Reflexionshang, Weltflucht und -verlust, Einsamkeit, Hypochondrie, Resignation, Ekel und Weltverachtung ein genauer Exponent jenes von der Beteiligung an der politischen Herrschaft ausgeschlossenen und auf seine eigene Innerlichkeit zurückgeworfenen Bürgertums darstellt, das mit Burschenschaft, Tugend- und Turnerbund, mit Poesie, mit philosophischen Systemen und einer „Revolution des Geistes" vorlieb zu nehmen hatte und das schließlich nach vergeblichem Kampf um politische Rechte willig und begierig Wagners musikalisch-dramatisches „Erlösungs"-Angebot annahm [18] und seiner nun als Politik- und Religionsersatz fungierenden Weltanschauung anhing. Diese extreme Subjektivität und das Leiden an ihr scheint es nun aber auch gewesen zu sein, die zu Wagners Wendung während der Dresdner Jahre von 1843—1849 führte, als deren Folgen man folgende einer verhaßten und verachteten modernen Nützlichkeitswelt und Kunstöffentlichkeit entgegengesetzten bereits als Erlösungsprogramm konzipierten drei Theorien bezeichnen kann:

1. die dem Mythos der Ganzheit verdankte, als Vereinigung aller einzelnen Gattungen der Kunst gedachte, Theorie des Gesamtkunstwerkes
2. die Theorie der Vernichtung, von der auch Wagners Begriff der Revolution abhängig ist, die als konservative Revolution zu verstehen ist
3. die Theorie eines „Künstlertums der Zukunft", nach der „das Unbewußte" als „das Unwillkürliche, Notwendige und Schöpferische" durch den „Naturtrieb" des „Volkes" das „Neue" zustandebringt und der Dichter nur schafft, „als er die Schöpfung des Volkes begreift, ausspricht und darstellt [19]". Als den äußeren zeitlichen Abschluß von Wagners Wendung zum „künstlerischen Ideal" und zum „künstlerischen Menschen", die man auch als eine kalkulierte Wendung zu einem „künstlerischen" System bezeichnen könnte, dessen ideologisches Zentrum nun die Begriffe des Unbewußten, des Unwillkürlichen, des Naturtriebes, der Notwendigkeit, des Volkes und des Ganzen als Untrennbarkeit und Wiedervereinigung [20] bilden, — als diesen zeitlichen Abschluß kann man das Jahr 1849 ansehen.

1.4. Wagner — der konservative Revolutionär

Anfang Mai dieses Jahres nimmt Wagner an dem durch den Verfassungsbruch König Friedrich Augusts II. von Sachsen ausgelösten und durch das Heranholen von preußischen Truppen verschärften Aufstand in Dresden teil und kann, während seine Mitstreiter August Röckel und Michail Bakunin verhaftet werden und (Röckel für dreizehn Jahre) ins Zuchthaus kommen, mit der Hilfe Liszts und dessen Freundin, der Fürstin Wittgenstein und der Großherzogin von Weimar (über Weimar) in die Schweiz fliehen, und in diesem Jahr entstehen eine Reihe von Programmschriften, in denen Wagner seine neuen jeweils aufeinander bezogenen und miteinander verzahnten Theorien veröffentlicht, denen in den ersten Jahren des Zürcher Exils weitere folgen. Die Titel dieser Schriften lauten:

Der Mensch und die bestehende Gesellschaft (10. Februar 1849 abgedruckt in August Röckels „Volksblättern")
Die Revolution (8. April 1849, in Röckels „Volksblättern")
Die Kunst und die Revolution (Juli 1849)
Das Künstlertum der Zukunft. Zum Prinzip des Kommunismus (August 1849, erst 1885 veröffentlicht)
Das Kunstwerk der Zukunft (November 1849, gewidmet Ludwig Feuerbach)
Oper und Drama. 1. Die Oper und das Wesen der Musik
2. Das Schauspiel und das Wesen der dramatischen Dichtkunst
3. Dichtkunst und Tonkunst im Drama der Zukunft (Januar/Februar 1851)

Eine Mitteilung an meine Freunde (August 1851)

[14] Vossische Zeitung, Berlin, 9. September 1876; zitiert nach: Wagner, Dokumentarbiographie, herausgegeben von Herbert Barth, Dietrich Mack und Egon Voss, Vorwort von Pierre Boulez, Wien 1975 (= Dok.), 237
[15] RW XIII, 50
[16] Peter Cornelius, Ausgewählte Briefe, Leipzig 1905, II, 25
[17] ML 502; Neue Zürcher Zeitung 20./21. März 1976, 61
[18] siehe hierzu: Wolf Lepenies, Melancholie und Gesellschaft, Frankfurt 1969, und Hartmut Zelinsky, Brahman und Basilisk/Hugo von Hofmannsthals poetisches System und sein lyrisches Drama *Der Kaiser und die Hexe*, München 1974, Kapitel I
[19] Richard Wagner, Ausgewählte Schriften, herausgegeben von Dietrich Mack, insel taschenbuch 66, Frankfurt/M. 1974 (= Mack) 125 f.
[20] Mack 123 ff.

Würde man lediglich die Titel dieser Schriften und den Zeitpunkt ihrer Entstehung beachten, könnte der Eindruck entstehen, daß Wagner tatsächlich hoffnungsfroh und zukunftssicher jenen politisch-gesellschaftlichen Vorstellungen eines neuen von Entfremdung und Ausbeutung befreiten einigen und demokratischen Deutschland anhing, die sich in den revolutionären Aufständen der Jahre 1848 und 1849 mit den Begriffen der Revolution, der Zukunft und des Kommunismus verbanden. Doch verhielt es sich trotz rhetorischer Zugeständnisse an das soziale Kampfvokabular der Zeit genau umgekehrt. Sprechen Marx und Engels in ihrem im Februar 1848 veröffentlichten *Kommunistischen Manifest* von Kommunismus, dann verstehen sie darunter Aufhebung des Privateigentums und Sieg des Proletariats, die durch eine Revolution verwirklicht werden sollen, während Wagner unter Revolution die durch das System seines Gesamtkunstwerks zu erfolgende Aufhebung der überlieferten Opernform und daher die „Vernichtung der sinnlichen Form der Gegenwart" und Erlösung durch Selbstvernichtung des „männlichen Egoismus" verstand. Eine hierfür aufschlußreiche Stelle über *Lohengrin* aus der *Mitteilung an meine Freunde* lautet: „. . . der verlorene Pfeil, den ich nach dem geahnten, noch nicht aber gewußten, edlen Funde abschoß, war eben mein Lohengrin, den ich verloren geben mußte, um mit Sicherheit dem wahrhaft Weiblichen auf die Spur zu kommen, das mir und aller Welt die Erlösung bringen soll, nachdem der männliche Egoismus, selbst in seiner edelsten Gestaltung, sich selbstvernichtend vor ihm gebrochen hat. — Elsa, das Weib, — diese notwendigste Wesensäußerung der reinsten, sinnlichen Unwillkür, — hat mich zum vollständigen Revolutionär gemacht. Sie war der Geist des Volkes, nach dem ich auch als künstlerischer Mensch zu meiner Erlösung verlangte"[21]. Hier sind zentrale Bausteine seines Systems, mit dem er seine extrem egoistische und private Revolution des Geistes verwirklichen will, versammelt: Selbsterlösung als Selbstvernichtung des männlichen Egoismus, das reinmenschliche Weib als Geist des Volkes, das zu Selbsterlösung und damit zu Revolution als der Selbstvernichtung verhilft. Mit dem Begriff des Volkes assoziiert Wagner die Begriffe der Natur, der Unwillkür, des Unbewußten, des Lebens und der Notwendigkeit, und schon hier ist erkennbar, daß die Lebenswende Wagners an Hand verschiedener Hauptbegriffe genau ablesbar ist, die alle auf den Zwang zur Ganzheit, zur Vereinigung als Aufhebung aller Zersplitterungen und Trennungen zurückgeführt werden können: aus gesellschaftlichen Verhältnissen werden Naturverhältnisse, aus der „egoistischen Zerstückelung (der Kunst) in die modernen Einzelkünste"[22] wird das Gesamtkunstwerk, das „Kunstwerk der Zukunft", oder genauer gesagt, das einzig noch gültige „Kunstwerk der Zukunft", aus dem „kunstverneinenden, sozialistisch rechnenden, politischen Mathematiker unserer Tage" wird das „reinmenschliche Wesen"[23], aus dem Bewußtsein das Unbewußte und aus dem Egoismus der Kommunismus. Doch versteht Wagner unter diesem Begriff des Kommunismus eben das „Volk in dem Sinne der unvergleichlichen Produktivität der vorgeschichtlichen Urgemeinschaftlichkeit", das er sich „im vollendetsten Maße als allgemeinschaftliches Wesen der Zukunft wiederhergestellt dachte"[24]. Ihm ging es um eine konservative, um eine wiederherstellende, ursprüngliche Ganzheiten wie zum Beispiel das „große Gesamtkunstwerk der Tragödie" der griechischen Antike wiederherstellende Revolution, und die Tatsache, daß er Begriffe wie Revolution, Kommunismus, Volk, Zukunft ausdrücklich benutzte, läßt die Vermutung zu, daß er sie als genaue Gegenbegriffe gegen das „Kommunistische Manifest" von Marx und Engels in einer bestimmten von ihm deshalb mitgetragenen revolutionären Situation verstand, weil er sie für seine privat-revolutionären Pläne nutzbar machen wollte. So notiert sich Robert Schumann am 15. Mai 1849 treffsicher in sein Tagebuch das Wort von Wagners „Theaterrepublik" und Michail Bakunin gibt bei seiner Vernehmung am 19. September zu Protokoll, daß er in Wagner sofort den Phantasten erkannt, aber sich mit ihm, obwohl sie über Politik gesprochen hätten, nie zu einem gemeinsamen Handeln verbunden habe[25]. Doch bereits in einem Brief vom 23. November 1847 an Ernst Kossak — wenige Tage später nehmen Marx und Engels am zweiten Kongreß des *Bundes der Kommunisten* in London teil, wo sie beauftragt werden, ein *Kommunistisches Manifest* zu verfassen — stellt Wagner den Zusammenhang zwischen einer von ihm aus genauen persönlichen Gründen für notwendig gehaltenen Theaterreform und dem Begriff der Revolution selber her. Dort heißt es: „Bester Freund, was ist all unser Hineinpredigen in das Publikum? Wie bedaure ich, daß Sie sich damit so viel Mühe und am Ende gar noch meinetwillen machen! Hier ist ein Damm zu durchbrechen und das Mittel heißt: Revolution! Die positive Basis muß gewonnen werden; was wir für gut und recht halten, das muß das Gegebene, Feste und Unabänderliche werden, dann löst sich das jetzt herrschende Schlechte von selbst zur albernen, leicht besiegbaren Opposition auf. Ein einziger vernünftiger Entschluß des Königs von Preußen für sein Operntheater und alles ist mit einmal in Ordnung!"[26]. Aber noch im Schweizer Exil, in eben dem Jahr 1851, in welchem er in seiner *Mitteilung an meine Freunde* eine sorgfältig stilisierte Darstellung seiner Lebenswende vorlegt, erhofft Wagner sich nach der fertigen Konzeption des *Ringes* eine Revolution, damit er zu einem „großen dramatischen Fest" — und hier findet sich eine erste Spur der späteren Bayreuther Festspiele — einladen könne. In einem Brief an Theodor Uhlig schreibt er am 12. November 1851: „Mit dieser meiner neuen Konzeption trete ich gänzlich aus allem Bezug zu unserem heutigen Theater und Publikum heraus: ich breche bestimmt und für immer mit der formellen Gegenwart. An eine *Aufführung* kann ich erst *nach der Revolution* denken, erst die Revolution kann mir die Künstler und die Zuhörer zuführen, die nächste Revolution muß notwendig unserer ganzen *Theaterwirtschaft* das Ende bringen: sie müssen und werden alle zusammenbrechen, dies ist unausbleiblich. Aus den Trümmern rufe ich mir dann zusammen, was ich brauche: ich werde, was ich bedarf, *dann* finden. Am Rheine schlage ich dann ein Theater auf, und lade zu einem großen dramatischen Feste ein: nach einem Jahre Vorbereitung führe ich dann im Laufe von vier Tagen mein ganzes Werk auf. Mit ihm gebe ich den Menschen der Revolution dann die *Bedeutung* dieser Revolution, nach ihrem edelsten Sinne, zu erkennen. *Dieses* Publikum wird mich verstehen; das jetzige kann es nicht"[27]. An diesem Brief ist genau abzulesen, wie Wagner die revolutionäre Zerstörung einzig und allein deswegen für notwendig hält, damit sein „großes dramatisches Fest" stattfinden kann. Er war nicht nur aus allem „Bezug zu unserem heutigen Theater und Publikum" herausgetreten, sondern aus der Realität überhaupt und die Dimension der Zukunft behielt einzig und allein in bezug auf seine „neue Konzeption" Gültigkeit: nicht nur sein Blick und seine Kunst wurden mythisch, sondern er wurde sich allmählich selber zu einem Mythos. Aus einem „Kopf ohne Welt" wurde, mit Elias Canetti zu sprechen, eine „Welt im

21 RW I 130/131
22 RW I 165
23 RW I 92/138
24 Mack 218; die systemabhängige Entgegensetzung von „Kommunismus" und „Egoismus" findet sich bereits in Wagners Schrift *Das Künstlertum der Zukunft. Zum Prinzip des Kommunismus* (August 1849). Dort heißt es: „Die vollkommenste Befriedigung des Egoismus erreicht sich im Kommunismus, d. h. durch vollständige Verneinung, Aufhebung des Egoismus . . ." (Mack 126). Wie sehr Wagner hier die Position Feuerbachs, dem er im November 1849 *Das Kunstwerk der Zukunft* widmet, in seinem Sinne „aufgehoben" hat, zeigt eine Tagebuchnotiz von diesem: „Was mein Prinzip ist? ‚Egoismus' und ‚Kommunismus', denn beide sind unzertrennlich wie Kopf und Herz. Ohne Egoismus hast du keinen Kopf, ohne Kommunismus kein Herz." (Ludwig Feuerbach, Sämtliche Werke, herausgegeben von W. Bolin und F. Jodl, Stuttgart 1903—1911, II, 391)

25 Georg Eismann, Robert Schumann, Leipzig 1956, I, 159; Woldemar Lippert, Richard Wagners Verbannung und Rückkehr 1849—1862, Dresden 1927, 214
26 Richard Wagner, Sämtliche Briefe, herausgegeben im Auftrag des R. Wagner-Familienarchivs von Gertrud Strobel und Werner Wolf, Leipzig 1970, II, 578
27 Richard Wagners Briefe an Th. Uhlig, W. Fischer, F. Heine, Leipzig 1888, 119 ff.

Kopf" [28]. Die Spuren dieser Ablösung von der realen Welt und die mit ihr verbundene Selbstmythisierung sind genau zu verfolgen und sollen hier wenigstens angedeutet werden. Auch hier kann man als den Beginn dieser von der weiteren Ausarbeitung des künstlerischen Systems diktierten Realitätsflucht die reale Flucht in die Schweiz nach dem Dresdner Aufstand ansehen, bei welchem ein winziges, von Wagner selbst mitgeteiltes Detail seine revolutionäre Sonderrolle beleuchtet. In *Mein Leben* berichtet er, daß er am 6. Mai 1849 ein zweites Mal auf den Kreuzturm gestiegen sei, „um immer den größtmöglichen Überblick über die Gesamtheit der Vorgänge zu haben", und daß er dort auf dem „erhabenen Posten" die nähere Bekanntschaft eines Lehrers Berthold gemacht habe, mit welchem er sich in ernsthafter philosophischer Diskussion bis in die weitesten Gebiete der Religion verloren und mit dem er dort oben eine der merkwürdigsten Nächte seines Lebens verbracht habe [29]. Vor allem die Briefe an August Röckel und die Tagebuchblätter und Briefe an Mathilde Wesendonck, die seit September 1854 die Spuren der Lektüre Schopenhauers durchziehen, der Wagner durch seine zentrale These von der Verneinung des Willens zum Leben in seiner seit dem *Fliegenden Holländer* seine Werke bestimmenden Privatmythologie der Vernichtung, der Verneinung und der Entsagung in ungeahntem Maße bestärkt, — vor allem sie offenbaren seine zunehmende Entfremdung und Entfernung von der Realität und seine Wendung nach innen. Konsequenterweise nehmen in diesen Briefen die Hinweise auf seine Weltverachtung, seinen Lebensekel, seine Resignation und Hypochondrie unübersehbar zu, die ein reales Gegenstück seiner realen politischen Machtlosigkeit und Unsicherheit darstellen, welche sein Wort von seinem „instinktiven Haß gegen Reiche" [30] anzudeuten scheint. In einem Brief an Theodor Uhlig äußert Wagner sich jedoch noch weitaus präziser über sein soziales Selbstverständnis und dessen materielle Abhängigkeit während seiner Zürcher Jahre. Dort schreibt er über Julie Ritter, die ihm seit 1851 eine bis 1859 gezahlte jährliche Rente von 800 Talern ausgesetzt hatte: „... ich komme mir manchmal so ungeheuer undankbar gegen sie vor! Ohne diese großherzige Frau wäre ich ja jetzt der bejammernswürdigste Mensch; — ja, alle Vorstellung, alles Denken geht mir aus, wenn ich mir vorstellen und denken soll, was ich jetzt ohne sie wäre. .. Und doch — lebt ein Geist der Unzufriedenheit in mir, der wie zur Selbstvernichtung gegen mein Liebstes, selbst gegen diese Frau antreibt. .. Wäre sie in meiner Nähe, und könnte ich mit dieser Familie im trauten Verkehr zusammenleben, so würde, denke ich, diese peinigende Unzufriedenheit schwinden! So will ich denn hoffen, daß auch dieser Wunsch mir in Erfüllung gehe, denn ohne dem beginnt mich fast alles schon zu ängstigen, was Ritters für mich tun, — ich komme mir — lache nicht! — manchmal nur wie für den *Tannhäuser* bezahlt vor. Es ist dies eben das verfluchte Mißtrauen des Proletariers gegen den Kapitalisten!" [31]. Dieses „Mißtrauen" ist, wenn man so will, die soziologische Kehrseite des Systemdenkens, der Ganzheitsmythologie und des Rückzuges in die eigene Innerlichkeit bei Wagner, der schon am Anfang seiner künstlerischen Laufbahn den bis zur zehrenden Sehnsucht gehenden Drang hatte, „aus der Kleinheit und Erbärmlichkeit der mich beherrschenden Verhältnisse herauszukommen" [32].

1.5. Wagners Wirklichkeit des „Idealen"

Jenes „Mißtrauen" wirft aber auch ein konturierendes Licht auf Äußerungen wie die folgenden: „Für meine Kunst habe ich immer weniger mehr die Welt nötig; ich könnte, solange die Gesundheit mir's erlaubt, immer fortarbeiten, wenn ich auch nie etwas davon aufgeführt hörte." — „Nichts kann mich recht betrüben, nichts erschüttern: mein Dasein ist so gar nicht an Zeit und Raum gefesselt. Ich weiß, daß ich noch leben werde, solange ich zu schaffen habe: so kümmere ich mich denn nicht ums Leben, sondern schaffe". — „Von der Welt hatte ich mich, schmerzlich, immer bestimmter losgelöst. Alles war zur Verneinung, zur Abwehr geworden. Schmerzlich war selbst mein Kunstschaffen. . . ." — „Da drin, tief im Innern, da ist die Welt: nicht da draußen, wo der Wahnsinn einzig herrscht . . ." [33]. Durch die Liebe Mathilde Wesendoncks, die Wagner als seine „Erlösung" empfindet und der er in seiner Entsagungsoper *Tristan und Isolde* ein Denkmal setzt, und durch das bei Schopenhauer bestätigt gefundene „Mitleiden", in welchem er den „stärksten Zug (s)eines moralischen Wesens" und auch den „Quell (s)einer Kunst" sieht, ist sein Leben nun zu Ruhe, „Stillstand" und „Sättigung" gelangt, das „Ideale" gewinnt eine solche Realität, daß es nun Wagners Wirklichkeit ausmacht, und er ist in diesem „zukunftslosen Dasein" „unwillkürlich zum Buddhisten geworden" [34]. Hier finden sich nun auch bereits die ideologischen Grundlagen für die Mitleidslehre und auch das Gurnemanzwort: „Du siehst, mein Sohn, zum Raum wird hier die Zeit" [35] im *Parsifal,* dessen Inhalt Wagner Mathilde Wesendonck in seinem Brief vom 30. Mai 1859 ausführlich und launig mitteilt. Analog zu den nach der Aufhebung, das heißt Verneinung und Vernichtung der Zeit und der Zukunft nun am Ende der fünfziger Jahre vorherrschenden Momenten des „heiligen Stillstandes", der Zukunfts-, Hoffnungs-, Wunsch- und Furchtlosigkeit mythisiert Wagner sich nun zu einem Heiligen, genauer gesagt zu einem möglichen Heiligen, der er werden könnte, wenn er nicht Künstler wäre [36]. Sah Wagner sich auch nach der Vernichtung aller egoistischen, zeit- und realitätsabhängigen Momente nun aufgehoben in dem ewigen Ganzen, das heißt, war er nun dazu gekommen, sein künstlerisches System auch auf sein Leben zu übertragen, so blieb er dennoch, mit Heinrich Heine zu sprechen, unerreichbar in der „Verschanzung seines Gedankens" und war dazu verurteilt, sich in seinen Werken, da er durch sein System gefangen war, immer neu zu wiederholen. Wie bewußt Wagner sich dieser systembedingten Begrenzung seiner Werkkonzeptionen war, offenbart ein Brief an Mathilde Wesendonck vom 2. Mai 1860 aus Paris, der deswegen von besonderem Interesse ist, weil Wagner in ihm auf den „Weltgeist" Hegels zu sprechen kommt und damit, liest man es richtig, dem geistigen Vater seines eigenen und höchst eigenwilligen künstlerischen Systems insgeheim seine Reverenz zu erweisen scheint. Die entscheidende Briefstelle lautet: „Ich bin mir nun klar geworden, über die Wahl, die mir vorsteht: noch nicht aber darüber, wie ich wählen soll, — und wahrscheinlich wird die Wahl auch gar nicht von mir abhängen, sondern Es wird wählen, das *Brahm,* das Neutrum. So heißt's: — entweder meine Werke *aufführen,* oder neue *ausführen.* Das erste heißt so viel, als alle Konsequenzen

[28] Elias Canetti, Die Blendung, München 1948; die drei Teile des Romans sind überschrieben: 1. Ein Kopf ohne Welt, 2. Kopflose Welt, 3. Welt im Kopf

[29] ML 466/467

[30] Richard Wagner an Mathilde Wesendonck, Tagebuchblätter und Briefe 1853—1871, herausgegeben von Wolfgang Golther, Leipzig 1920 (= MW), 102 (1. Oktober 1858)

[31] Julius Kapp, Richard Wagner und die Frauen, Berlin 1919, 108/109

[32] RW I 84

[33] MW 164, 204, 96, 209

[34] MW 171, 102, 115, 134, 139, 99, 209

[35] RW V 200

[36] MW 136; am 4. April 1857 schreibt Wagner: „. . . O Himmel! ich erkenne ihn: dies ist der Weg zur Heiligkeit! Das Leben, die Wirklichkeit immer traumartiger: die Sinne erstumpft; das Auge — weit geöffnet — sieht nicht mehr, — das willige Ohr säumt den Schall der Gegenwart. Wo wir sind, sehen wir uns nicht; nur, wo wir nicht sind, da weilt unser Blick auf uns. So ist die Gegenwart unvorhanden, und jede Zukunft nichtig . . .". An August Röckel, der seit dem Maiaufstand 1859 in Dresden im Zuchthaus Waldheim sitzt, schreibt Wagner am 23. August 1856 aus seinem Zürcher Exil: „Ich bin nur Künstler: — und das ist mein Segen und mein Fluch; sonst möchte ich gern Heiliger sein, und das Leben auf die einfachste Weise für mich abgethan wissen . . ." (Briefe an August Röckel von Richard Wagner, eingeführt durch La Mara, Leipzig 1894 (= AR), 69). Ähnlich äußert sich Wagner auch in einem Brief an Hans von Bülow vom 27. September 1858 aus Venedig: „. . . ich fühle mich jetzt fast ganz losgelöst von allen Wünschen und Verlangen. .. Mir sagt alles so bestimmt und entschieden, was ich soll, daß ich nicht mehr schwanken soll: wäre ich nicht Künstler, so könnte ich Heiliger werden, diese Erlösung ist mir aber nicht bestimmt: auch das Leben kann ich mir nicht nehmen, denn wollte ich's, so würde mir auch dieser Wille zum Kunstobjekt werden und mich jedenfalls für so lange wieder ins Leben zurückziehen, bis ich das Kunstobjekt verwirklicht, somit in den ganzen Kreis des Jammers und Elends, wie er sich daran hängt, wieder eingetreten wäre. So ist's einmal mit mir und das ist Fatum, daran ist nichts zu ändern." (Richard Wagners Briefe an Hans von Bülow, Jena 1916, 106)

der Bejahung des Lebens bis zum Untergang über sich nehmen. Will ich meine fertigen Werke der Welt eigentlich erst erschließen, und ihr durch ganz entsprechende Aufführungen genau zu Gefühl zu bringen, was sie an ihnen besitzt, so ist dies einzige ein Unternehmen, das eine stärkste Lebenskraft vollkommen aufzehren muß. Dann — ist alles andere Abweg, alles Vertiefen nach innen Verrat an meinem Vorhaben, dann — nach außen, alles nach außen, die Welt mir unterwerfen, der Welt nur angehören, von ihr mich verraten, demütigen, quälen, vernichten lassen, um so in ihr Gewissen überzugehen. Dann sage ich ihr, wie Jesus seinen Jüngern beim Abendmahle: ‚ihr kennt nur die Milch meiner Lehre; jetzt sollt ihr ihr Blut kennen lernen; kommt und trinkt, auf das ich in Euch sei‘. Oder: das Zweite. Ich entsage aller Möglichkeit, meine Werke zu hören, und je somit sie der Welt ganz zu erschließen: es ist ein Opfer. ... Was mag nun das Schwerere sein? Oder woran mag *mehr* gelegen sein? Ich glaube fast mehr an dem ersteren. Ob noch einige neue Werke dieser Art der Welt geschenkt werden, ist dem Weltgeiste wahrscheinlich gleichgültiger, als daß diese Art Werke überhaupt, ihrem Wesen nach, der Welt vollkommen verständlich erschlossen werden. Es leuchtet ein. Für das Wesen der Dinge handelt es sich nie um die Vielheit: diese ist unwesentlich, aber die Hauptsache ist der innere Gehalt der ganzen Art. Erschließe ich diesen vollkommen, so werfe ich dadurch ein zündendes Bewußtsein in einzelne, die damit fähig werden, das Empfangene in Vielheit zu vermannigfaltigen. ... Somit glaube ich sicher zu erkennen, liegt dem Weltgeiste weit mehr daran, daß ich meine fertigen Werke der Welt durch vollkommene Aufführungen erschließe, und zwar auf allermöglichst breitem Terrain, weil die wenigen, auf die es hier für das Zünden ankommt, sehr selten, wie in der Zeit, so auch im Raum sehr zerstreut sind. Denn in einem gewissen sehr tiefen, und dem Weltgeist einzig verständlichen Sinn, kann ich mit neuen Werken jetzt mich nur noch wiederholen: ich kann keine andere Wesenhaftigkeit mehr offenbaren“ [37]. — Dieser Brief ist aus mehrfachen Gründen ein kostbares Dokument. Einmal stellt er klar, wie weit sich Wagner zu diesem Zeitpunkt in eine Messiasrolle hineingelebt hatte, die das Bühnenweihfestspiel *Parsifal* als den zum einzigen Heil verhelfenden Erlösungskatechismus seines „Kunstchristentums“ erkennbar werden läßt, das sich Wagner — wie Eduard Kulke treffend schreibt (siehe Seite 65) — in seinem „künstlerischen Cäsarenwahnsinn“ zurechtgeschnitzt hatte. Die Wagner'sche Ersatzreligion, von Nietzsche als „der schwärzeste Obskurantismus“ gekennzeichnet, „den er in die Lichthüllen des Ideals“ verbergen, mit dem er „jedem nihilistischen (— buddhistischen) Instinkte“ schmeicheln und den er in die Musik verkleiden wolle (siehe Seite 68), — sie bildet das ideologische und psychologische Zentrum des „Bayreuther Idealismus“, dessen Vertreter häufig nicht zufällig aus dem Umkreis des ihnen fremd gewordenen oder nicht mehr genügenden preußischen Protestantismus sich der „Sache“ Wagners zuwandten (siehe auch Seite 60, 84/85, 139). So schreibt der orthodoxe Wagnerbiograph Karl Friedrich Glasenapp nach dem Tod Wagners am 29. April 1883 an Ludwig Schemann (siehe Seite 42): „Aber nun sollten wir uns sagen, daß es eben unsere Aufgabe ist, als wahre Apostel und Evangelisten eines neuen Bundes und als lebendige Zeugen das von uns Erschaute weiter zu überliefern“ [38]. Die wenigen, die Apostel, „auf die es — wie Wagner schreibt— hier für das Zünden ankommt“, hatten sich durchaus finden lassen, doch der ideologische Zündstoff, den *sie* sich aus Wagner herausdestillierten, führte im Verein mit der zunehmenden nationalen Vulgarisierung seines künstlerischen Werkes zu anderen Wirkungen, als er sich erhofft hatte.

Es ist weiter von Interesse, wie Wagner in dem Brief an Mathilde Wesendonck das Entscheidungszentrum der unentschiedenen Wahl in das bei Schopenhauer gefundene „Brahm“, das heißt „Brahman“, verlegt, das Jahrzehnte später aus sehr ähnlichen historischen, soziologischen und psychologischen Gründen als das Ganze, Unteilbare, Unzerstörbare, Unaussprechliche und Namenlose den Mittelpunkt, den Eckstein von Hugo von Hofmannsthals poetischem System bildet, in welchem konsequenterweise die von Wagner so genannte „Selbstvernichtung“ als „Auflösung des Selbst“ und als „Selbstaufgabe“ ebenfalls eine zentrale Rolle spielt [39]. Seit der Schopenhauerlektüre im Jahre 1854 wird Buddha zu der entscheidenden Leitfigur der Wagner'schen Existenz: 1856 schreibt er die Prosaskizze zu einem buddhistischen Drama *Die Sieger*, 1858 will er den „herrlichen Buddha, diesen vollkommen befreiten, aller Leidenschaft enthobenen Menschen ... für die dramatische und namentlich musikalische Darstellung geeignet machen“, er liest buddhistische Literatur und weist — wie schon erwähnt — in einem Brief darauf hin, wie er unwillkürlich zum Buddhisten geworden sei und es unbewußt auch immer mit der buddhistischen Bettlermaxime gehalten habe [40]. Es steht außer Frage, daß Buddha für die Konzeption der Parsifalfigur — die Briefe an Mathilde Wesendonck weisen unübersehbar darauf hin — von entscheidender Bedeutung war, und wenn Parsifal zu der namenlosen Kundry sagt: „Riefest du mich Namenlosen?“ [41] ist auf das Brahman, das Namenlose, ausdrücklich Bezug genommen. Doch soll das in diesem Zusammenhang nicht weiter verfolgt werden. Der Buddhismus konnte aber in Wagner nur deshalb einen so entschiedenen und leidenschaftlichen Befürworter finden — und das macht die große Wertschätzung des Vermittlers Schopenhauer aus —, weil die Idee der Vernichtung und der Selbstvernichtung spätestens seit seinem *Fliegenden Holländer* sein Denken bestimmte. In einem Brief an Liszt vom Dezember 1854, also kurz nach der ersten Lektüre von Schopenhauers Hauptwerk, äußert sich Wagner darüber, daß dessen Hauptgedanke nicht neu für ihn gewesen sei: „...Was sind vor diesem alle Hegels etc. für Charlatan's! Sein Hauptgedanke, die endliche Verneinung des Willens zum Leben, ist von furchtbarem Ernste, aber einzig erlösend. Mir kam er natürlich nicht neu, und Niemand kann ihn überhaupt denken, in dem er nicht bereits lebte. Aber zu dieser Klarheit erweckt hat mir ihn erst dieser Philosoph. Wenn ich auf die Stürme meines Herzens den furchtbaren Krampf, mit dem es sich — wider Willen — an die Lebenshoffnung anklammerte, zurückdenke, ja, wenn sie noch jetzt oft zum Orkan anschwellen, — so habe ich dagegen doch nun ein Quietiv gefunden, das mir endlich in wachen Nächten einzig zu Schlaf verhilft; es ist die herzliche und innige Sehnsucht nach dem Tod: volle Bewußtlosigkeit, gänzliches Nichtsein, Verschwinden aller Träume — einzigste endliche Erlösung! —“ [42]. Schon den „Fliegenden Holländer“ — Uraufführung am 2. Januar 1843 in Dresden — konnte „sein Weib nur durch ihren und seinen Untergang erlösen“, wie Wagner in seiner *Mitteilung an meine Freunde* schreibt; und ebenfalls dort heißt es über Elsa aus dem *Lohengrin* (1847): „Elsa ist das Unbewußte, Unwillkürliche, in welchem das bewußte, willkürliche Wesen Lohengrin's sich zu erlösen sehnt; dieses *Verlangen* ist aber selbst wiederum das unbewußte Notwendige, Unwillkürliche im Lohengrin, durch das er dem Wesen Elsa's sich verwandt fühlt ... (sie ist) dieses Weib, das in ihrer Berührung gerade mit Lohengrin untergehen mußte, um auch diesen der Vernichtung preiszugeben ...“ [43]. In genauem Kontext hierzu bestimmt Wagner in seiner Schrift *Künstlertum der Zukunft* im Jahre 1849 nach seiner nun dem System angepaßten Kunsttheorie, die noch zur Sprache kommen soll, „das Unbewußte“ als das „Schöpferische, Notwendige, Unwillkürliche“ und das unbewußt, aus Naturtrieb handelnde Volk zum Schöpfer der Kunst [44]. Nicht nur die den Schriften

[37] MW 272 ff.

[38] Winfried Schüler, Der Bayreuther Kreis/Wagnerkult und Kulturreform im Geiste völkischer Weltanschauung, Münster 1971 (= Schüler), 53; dort noch weitere Zitate zur „Bayreuther Religionslehre“.

[39] siehe hierzu: Hartmut Zelinsky, Brahman und Basilisk/Hugo von Hofmannsthals poetisches System und sein lyrisches Drama *Der Kaiser und die Hexe*, München 1974, 65 ff. und 137 ff., und Hartmut Zelinsky, Hofmannsthal und Asien, in: Fin de siècle-Aufsatzsammlung, Klostermann Verlag, Frankfurt/M. 1976

[40] MW 108, 109, 154

[41] RW V 213

[42] WL II 42

[43] RW I 97, 130

[44] Mack 125, 126, 127

dieser Jahre eigene und von Wagner perfekt ausgebildete und gehandhabte Systemsprache gibt einen nicht zu übersehenden Hinweis darauf, daß sein System, dessen ideologisches Gerüst er dem Hegel'schen Denken verdankt, vollendet und ausgeprägt ist. Daß Wagner in dem oben zitierten Brief an Liszt aus dem Jahr 1854 Hegel, getreu dem Hegelhaß Schopenhauers, unter die „Charlatane" einreiht, kann nur auf den ersten Blick als Zeugnis dafür gelten, daß Hegel Wagner nichts bedeutet hat. Viel eher ist es von prägnanter Folgerichtigkeit, daß Wagner gerade in diesem Schopenhauerenthusiastischen Brief den Namen Hegels erwähnt als den Namen desjenigen, auf den das von Wagner zu dieser Zeit schon unnachsichtig abgelehnte und verpönte politische Fortschrittsdenken zurückzuführen ist. Und es ist von ebensolcher prägnanter Folgerichtigkeit, daß Wagner in seinem großen Brief an Mathilde Wesendonck vom 2. Mai 1860, der auch jene bereits besprochenen Brahman- und Messiaspassagen enthält, auf den Hegel'schen Weltgeist zu sprechen kommt, dem, wie er dort schreibt, weit mehr daran liege, „daß ich meine fertigen Werke der Welt durch vollkommene Aufführungen erschließe . . ., (d)enn in einem gewissen sehr tiefen, und dem Weltgeist einzig verständlichen Sinn, kann ich mit neuen Werken jetzt mich nur noch wiederholen: ich kann keine andere Wesenhaftigkeit mehr offenbaren". Auf den Hegel'schen „Weltgeist", der sich mit dem „Unbewußten, Notwendigen, Unwillkürlichen" ausgezeichnet vertrug, brauchte Wagner nicht zu verzichten, doch mußte ihm nun der optimistische, in die Zukunft und auf eine neue Welt weisende Gedanke der dialektischen „immer fortschreitenden Bewegung" als „Übergang zu einer neuen Periode" — um diese Stellen aus der anfangs zitierten Passage aus der Einleitung zur *Phänomenologie* anzuführen — ein Greuel sein, wo für ihn Zukunft, Hoffnung, Zeit und Furcht bedeutungslos geworden waren, er einen „heiligen Stillstand" erreicht und sich von der „Welt immer bestimmter losgelöst" hatte, der gegenüber er ein immer stärkeres „Gefühl der Fremde" empfand[45]. Durch sein System hatte Wagner jenen „Übergang zu einer neuen Periode" für sich aufgehoben, um gleichzeitig aber sich durch sein System, das heißt durch sein Gesamtkunstwerk, zum Künder und geheimen Herrscher dieser „neuen Periode" seines die Welt „erlösenden" Gesamtkunstwerks und seiner Regenerationslehre, und zum Repräsentanten und Vollzieher des „Weltgeistes" zu mythisieren. Und weil er sich an sein System gekettet hatte, das er so genial und schaurig konsequent wie einem Zwang folgend ausgeklügelt und abgedichtet hatte, konnte er keine andere „Wesenhaftigkeit" als die von seinem System bestimmte mehr offenbaren und konnte sich „mit neuen Werken jetzt nur noch wiederholen". Der einzige Ausweg, der ihm blieb, war das Prinzip der Steigerung, der Steigerung der Vernichtung, der Reinheit, der Schmerzen, der Erlösung, und er gelangte auf diese Weise ganz systematisch zu der Formel „Erlösung dem Erlöser" am Schluß des *Parsifal,* durch die Wagner ein Heer von bayreuthergebenen Wagnerschriftstellern für Jahrzehnte mit Arbeit versorgte, und mußte jetzt dieses gesteigertste Werk „ein Bühnen*weih*festspiel" nennen. Die dem Idealismus, als jener „größeren, schnelleren, umfassenderen Revolution im Innersten des menschlichen Geistes", verdankte oder zumindest von ihr dauernd genährte „extreme Subjektivität", die desto stärker werden mußte, je mehr er die Selbstvernichtung und den Buddhismus pries, führte Wagner auf den Weg zu seinem System und seiner Selbstmythisierung und Selbstvergottung. Je höher er sich selber zu stellen angewöhnte, desto schärfer mußte alles verdammt werden, was er gemäß seinem Systemdenken verdammen mußte, das seine Zerrissenheit, seine Entfremdung und Melancholie, von denen es erlösen sollte, erst recht zementierte: der Preis des „heiligen Stillstandes", der Verlegung der Welt in das Innere war der Lebensekel. Und je höher Wagner sich erhoben hatte, desto unbarmherziger mußte er die Realität, die optimistische „Nützlichkeitswelt" der Technik und des sozialen Fortschritts ablehnen und desto bereitwilliger bejahte er immer kritikloser alles, was in sein Systemdenken hineinzupassen schien: schließlich auch Vegetarismus, Antivivisektionismus, und immer leidenschaftlicher den Antisemitismus. Selbst den „heutigen Sozialismus" — schrieb er 1880 in *Religion und Kunst* — würde er von seiten unserer staatlichen Gesellschaft als sehr beachtenswert ansehen, „sobald er mit den drei . . . Verbindungen der Vegetarier, der Tierschützer und der Mäßigkeitspfleger, in eine wahrhaftige und innige Vereinigung trete"[46]. Und gemäß seinem Systembegriff des Volkes, der 1849 in seiner Schrift *Künstlertum der Zukunft* völlig ausgeprägt ist, schreibt er 1878 in *Was ist deutsch?:* „Ich stehe nicht an, die seitdem vorgekommenen Revolutionen in Deutschland als ganz undeutsch zu bezeichnen. Die ‚Demokratie' ist in Deutschland ein durchaus übersetztes Wesen. Sie existiert nur in der ‚Presse', und was diese Presse ist, darüber muß man sich eben klar werden. Das Widerwärtige ist nun aber, daß dem verkannten und dem verletzten Volksgeiste diese übersetzte französisch-jüdisch-deutsche Demokratie wirklich Anhalt, Vorwand und eine täuschende Umkleidung entnehmen konnte . . ."[47]. Völkische Reformbewegungen und andere Gruppierungen fanden gerade in den letzten Schriften Wagners ein reiches Arsenal (siehe Seite 173 f. und 178 f.), das sich hervorragend zu einer Weltanschauung und zum Nachbeten eignete. Da er sich mit seinem System sicher und, um noch einmal das treffende Heinewort zu zitieren, in der „Verschanzung seines Gedankens" unerreichbar fühlte, mußten Kritik an Wagner abprallen und Applaudeure bei ihm sich einfinden, ichschwache, anlehnungsbedürftige Jasager und Diener, die ohne ihren Wagnerglauben nicht mehr leben konnten. Und die Freunde Wagners waren deshalb Freunde, weil sie bedingungslos zustimmten oder, wie Ludwig II., ebenfalls ein „künstliches Leben" führten (siehe Seite 34). Die Begegnung mit Ludwig II. mußte Wagner in seiner Selbstmythisierung bestärken, da sie zur endlichen Verwirklichung seines Planes führte, für seine Werke ein eigenes Festspielhaus zu errichten. In einem Brief nach den ersten Festspielen schreibt Ludwig II. am 12. August 1876 nun auch genau das, was Wagners Erwartungen entsprach; der König verhält sich völlig systemimmanent: „Großer, unvergleichlicher, über alles, Alles theurer Freund! Mit welchen Eindrücken ich von dem Besuch des über alle Maßen beseligenden Bühnenfestspieles zu Bayreuth und dem glücklichen Wiederzusammensein mit Ihnen, angebeteter Freund, zurückkehrte, diess Ihnen zu beschreiben ist mir unmöglich . . . Sie sind ein Gottmensch, der wahre Künstler von Gottes Gnaden, der das heilige Feuer vom Himmel auf die Erde brachte, um sie zu läutern, zu beseligen, zu erlösen! Der Gottmensch, der in Wahrheit nicht fehlen und nicht irren kann! Durch das Miterleben dieser hinreißenden, wunderbar herrlichen, tiefsinnigen Dichtung, durch die wonnevolle Verklärung und echte Weihe, welche dieselbe durch jene gottentstammte Tonsprache erhält, bin ich in einen solchen Rausch nie empfundener Beseligung versetzt, von einem solchen Hochgefühl nie empfundenen Glückes erfüllt, daß Sie Selbst, Großer, Unvergleichlicher, Ihre Freude daran hätten, könnten Sie einen Blick in meine Seele werfen. Je mehr ich über dieses einzige, dieses wahrhafte Wunderwerk nachsinne, um so überwältigender faßt mich Staunen und stets wachsende Bewunderung des Riesengeistes, der es gottgleich geschaffen! — Glückliches Jahrhundert, das einen solchen Geist in seiner Mitte aufsteigen sah! wie werden kommende Geschlechter alle jene beneiden, denen das nicht genug zu schätzende Glück erblühte, Ihre Zeitgenossen zu sein! O wie stolz bin ich durch Ihre Freundschaft, Sie Herrlicher! . . . O diese Todesankündigung der Walküre an den Wälsung! . . . mehr denn alles aber Siegfried's erschütterter Sterbegesang und Brünhilden's Abschiedsworte und Gesänge! Das sind Eindrücke, die nur mit dem Leben schwinden und welche die höchsten Wonnen umschließen, welche der Seele im Dieß- wie im Jenseits zu theil werden können! Es gibt keine Seligkeit über diese! Und so erlebt' ich nun den höchsten Augen-

[45] MW 96, 98, 99, 320

[46] RW XIV 159

[47] Richard Wagner, Die Kunst und die Revolution/Das Judenthum in der Musik/Was ist deutsch?, herausgegeben und kommentiert von Tibor Kneif, München 1975 (= Kneif), 98

blick. Seien Sie, Himmlischer, gelobt und gepriesen aus jauchzender Seele jetzt und immerdar! — ... Schwelgend im vergangenen, mich glühend sehnend nach dem — Gott gebe es! — bevorstehenden, hehren Genusse, bleibe ich bis in den Tod des einzigen, wahren Freundes felsenfest und ewig treues Eigen Ludwig"[48]. Dieser schwelgerische Stil herrscht auch sonst in der orthodoxen Wagnerliteratur vor, in der Wagners extremer Subjektivismus und Ichbezogenheit in Dämonie und Göttlichkeit verwandelt und verklärt werden. Der kalt und klug sein System kalkulierende Wagner, der von Wahnsinn und Verzweiflung bedrohte, der seiner Hybris bewußte Wagner, von dem eine, wie immer fragwürdige, von Theodor Lessing mitgeteilte Anekdote (siehe Seite 109) berichtet, daß ihn das Geschrei auf einem Kinderspielplatz vor seinen Fenstern so gestört habe, daß er seinen Diener beauftragt habe, Glasscherben zu besorgen, zu zerkleinern und über Nacht auf dem Sandplatz zu verteilen, — dieser Wagner ist allmählich aus dem Blickfeld entschwunden.

1.6. Hegel und das „nagelneue Musiksystem"

Doch haben Zeitgenossen Wagners auch aus den früheren Lebensperioden gerade auf sein System und seine Hegelnachfolge hingewiesen, und es ist zu beobachten, daß die unbefangensten und kritischsten Beurteiler Wagners in Süddeutschland und Österreich zu finden sind, wo der Katholizismus einen wirksamen Schutz gegen den aus dem Geist protestantischer Innerlichkeit erwachsenen subjektiven Idealismus bildete und für dessen Gefahren und Versuchungen den Blick schärfte[49]. Erinnert sei hier vor allem an die konsequente Hegelgegnerschaft Franz Grillparzers, die folgende auch die Hegelschule einbeziehenden Verse und Epigramme bezeugen:

> Freund Hegel gibt euch einen neuen Gott,
> Und Schelling stutzt euch zu auf neu den alten.
> Die Welt aus nichts, war schon ein hart Gebot,
> Doch Nichts — das eine Welt — will gar nicht halten ...
>
> Hegel
>
> Möglich, daß du uns lehrst, prophetisch das göttliche Denken,
> Aber das menschliche, Freund, richtest du wahrlich zu Grund.
>
> Frei seid ihr schon zu dieser Zeit
> Nach Heglisch feinsten Schliff,
> Zwar Negation die Wirklichkeit,
> Doch wirklich der Begriff.
>
> Ein Hegelsches Kapitel
>
> Die deutsche Jugend, tüchtig stark von Haus,
> Ist negativ in sich zurück gedrungen,
> Als Junges Deutschland breitet' sie sich aus
> Und reflektiert sich jetzt als deutsche Jungen.
>
> Marodeurs
>
> Das Hegelsche Kriegsvolk, entlassen
> Aus dem Dienst der Philosophie,
> Macht jetzt unsicher die Straßen
> Der Geschichte und Poesie[50].

Wagner kann zu diesem „Hegelschen Kriegsvolk" gezählt werden und die Verse von Grillparzer „Zwar Negation die Wirklichkeit,/Doch wirklich der Begriff" finden eine glänzende Bestätigung in dieser Briefstelle: „Alle Welt ist eben nur praktisch; bei mir aber gewinnt das Ideale solche Realität, daß sie meine Wirklichkeit ausmacht, an der ich nichts gestört dulden kann"[51]. Ob das Hegelverständnis von Grillparzer zutreffend ist, muß hier unberücksichtigt bleiben, doch sei angemerkt, daß für ihn wie aus ganz anderen Gründen für Wagner der Aspekt der Vermittlung ohne Bedeutung ist; zutreffend ist aber Grillparzers Heraushebung des enormen Einflusses von Hegel auf das Junge Deutschland, auf die Junghegelianer und die Historische Rechtsschule, kurz auf die Parteigänger des Links- und Rechtshegelianismus, die auch zum intellektuellen Umkreis Wagners gehören. Als dieser nun im Juli 1848 nach Wien fährt, um mit einem ausgearbeiteten Entwurf seinen konkreten „Ideen für eine Reform des Theaters wirksam Eingang zu verschaffen", sucht er in diesen „Theaterreform-Angelegenheiten" auch Grillparzer auf, der allerdings nach Darstellung „des mir vorschwebenden, zu großem und entscheidendem Einfluß auf die menschliche Gesellschaft bestimmten Kunstideals" sein Befremden keineswegs zu verbergen suchte, „welches ihm meine unmittelbaren Bestrebungen und sogar an ihn gerichteten Zumutungen einflößten"[52]. Mit welchem genauen Blick Grillparzer nun das Hegel'sche Gerüst von Wagners „Kunstideal" des Gesamtkunstwerkes erkannte — und genau darauf scheint sich sein „Befremden" zu beziehen —, ist einem weiteren Epigramm zu entnehmen:

> „Ein Tor, wer der Torheit entgegenstrebt,
> Man muß es der Zeit übergeben
> Habe die Hegelsche Philosophie überlebt,
> Werd auch die Zukunftsmusik überleben"[53].

Auf andere Weise bestätigt Eduard Kulke diesen Sachverhalt, wenn er 1884 schreibt (siehe Seite 63), daß im Gegensatz zu den mäßigen und toleranten Wagnerianern der Fünfziger-Jahre eine „neue Secte ... mit Wagner, dem Gegenstand ihrer Verehrung, einen geradezu abscheulichen Götzendienst" treibe, und daß Franz Brendel, Schumanns Nachfolger als Redacteur der „Neuen Zeitschrift für Musik", „den ersten Anstoß zu dieser neuen widerlichen Erscheinung" gegeben habe: „Brendel war nämlich noch ein persönlicher Schüler von Hegel gewesen und blieb sein ganzes Leben lang auf dem Standpunkte der Hegel'schen Philosophie, von welchem Standpunkte er seine Geschichte der Musik schrieb". Nach der dialektischen Methode Hegels habe Brendel nun auch die ganze Künstlererscheinung Wagners als eine historische Notwendigkeit betrachtet und habe Kulke, der in einem Gespräch einmal Kant erwähnte, entgegnet: „Ihr Österreicher seid doch in allem zurück! Wer spricht heute noch von Kant? Kant ist seit Hegel ein überwundener Standpunkt!"[54]. Der entscheidende Hinweis darauf, „daß Wagner in der Zeit, wo Hegel und Schelling die Geister verführten, jung war" und „daß er errieth, daß er mit Händen griff, was allein der Deutsche ernst nimmt — ‚die Idee' ...", ist Nietzsche zu verdanken, der ebenfalls den Hegelstil der Wagnerschule hervorhebt (siehe Seite 67, 68). Die zentrale Stelle lautet: „Er machte bloß die Nutzanwendung auf die Musik — er erfand sich einen Stil, der ‚Unendliches' bedeutet, — er wurde der *Erbe Hegel's* ... Die Musik als ‚Idee' — Und wie man Wagnern verstand! — Dieselbe Art Mensch, die für Hegel geschwärmt, schwärmt heute für Wagner; in seiner Schule *schreibt* man sogar Hegelisch!..."[55]. Stammen diese Äußerungen aus der Zeit nach der Trennung von Wagner, so hat Nietzsche doch auch schon in seiner selber noch von Wagner schwärmenden Schrift *Richard Wagner in Bayreuth* diese Einsicht angedeutet, wenn er dort schreibt: „Der Ring des Nibelungen ist ein ungeheures Gedankensystem ohne die begriffliche Form des Gedankens"[56]. Gerade den Bemerkungen Nietzsches kommt durch seinen jahrelangen vertrauten Umgang mit Wagner eine gewisse Authentizität zu. Gleiches gilt für die folgenden weiteren den Systemcharakter des Wagnerschen Vorgehens ebenfalls betonenden Äußerungen von Heinrich Laube und Franz Liszt, die außerdem bezeugen, wie selbstverständlich für Wagner nahestehende Zeitgenossen eine Tatsache war, die durch die Verklärungs-, Heroisierungs- und Mythi-

[48] König Ludwig II. und Richard Wagner, Briefwechsel, mit vielen anderen Urkunden in vier Bänden herausgegeben vom Wittelsbacher Ausgleichsfond und von Winifred Wagner, bearbeitet von Otto Strobel, Karlsruhe 1936 (= LW), III, 82 ff.
[49] Roger Bauer, Der Idealismus und seine Gegner in Österreich, Heidelberg 1966
[50] Franz Grillparzer, Sämtliche Werke, München 1969, I, 271, 435, 468, 419, 547
[51] MW 139
[52] ML 431/432
[53] Grillparzer, I, 540
[54] Eduard Kulke, Richard Wagner, seine Anhänger und seine Gegner, Prag/Leipzig 1884, 46, 42
[55] Friedrich Nietzsche, Werke in drei Bänden, herausgegeben von Karl Schlechta, München 1960, II, 924
[56] Nietzsche I 413

sierungsarbeit vor allem von seiten des „Bayreuther Idealismus“ und der nach Verehrung und Kunsterlebnis statt Kunsterkenntnis süchtigen Wagnerianer bereits in der Generation nach Wagners Tod aus dem Blickfeld verschwand. Doch bereits 1842 spricht Wagner selber von Berlioz' „nagelneuem Musiksystem“. Mit dem scharfen Blick des Konkurrenten schreibt er in seiner *Autobiographischen Skizze:* „... dieser zog mich trotz seiner abstoßenden Natur bei weitem mehr an, er unterscheidet sich himmelweit von seinen Pariser Collegen, denn er schreibt seine Musik nicht für's Geld. Für die reine Kunst kann er aber auch nicht schreiben. Ihm entgeht aller Schönheitssinn. Er steht in seiner Richtung völlig isoliert, an seiner Seite hat er nichts als eine Schar Anbeter, die, flach und ohne das geringste Urteil, in ihm den Schöpfer eines nagelneuen Musiksystems begrüßen und ihm den Kopf vollends verdreht machen; alles Übrige weicht ihm aus wie einem Wahnsinnigen“ [57]. Diese aus dem Mund von Wagner besonders bemerkenswerten Urteile weisen auf entscheidende Momente und Konsequenzen seines eigenen geplanten Systems und geplanten Lebens hin: die Tatsache, daß er wegen seiner Idee von der reinen Kunst nicht für Geld schreibe, wobei es gerade diese Idee ist, die Wagner zu seiner Verachtung und Verdammung der Geld- und Nützlichkeitswelt treibt und die, da er die Juden mit dieser Welt identifiziert, zu seinem Antisemitismus maßgeblich beiträgt (auch gegen die angeblich einzig vom Geld bestimmte Musikwelt und gegen „Pariser Kollegen“, die für's Geld schreiben, verfaßt er 1850 schließlich sein Pamphlet *Das Judenthum in der Musik*); — die Tatsache, daß auch er „in seiner Richtung völlig isoliert“ stehe und nur Anbeter ohne Urteil um sich habe; und nicht zuletzt die Tatsache, daß man ihm wie einem „Wahnsinnigen“ ausweiche. Wagner hat nun nicht nur diese Isoliertheit, die selbstgeschaffene, selbstgewählte, ja erzwungene Isoliertheit, durch seine immer wiederkehrenden Hinweise auf seine Einsamkeit bestätigt, sondern er war sich auch bewußt, daß er nach außen mit seinem nicht durchschaubaren planvollen System wie ein „Wahnsinniger“ erscheinen *mußte*. An einer Stelle in seiner *Mitteilung an meine Freunde* (1851) hat er sich auch ausdrücklich im Zusammenhang mit seinem Verhältnis zum Publikum dazu geäußert:

„Das allmählich entstehende Interesse eines Teiles des Publikums für mein Werk dünkte mich so als die gutmütige Teilnahme befreundeter Menschen an dem Schicksale eines teuren Wahnsinnigen: ... selbst Gleichgültigere drängen sich dann wohl herbei, denen es eine pikante Unterhaltung gewährt, die Mitteilungen eines Wahnsinnigen zu vernehmen, und an den ab und zu verständlichen Zügen seines Gespräches in eine spannende Ungewißheit darüber zu geraten, ob der Wahnsinnige plötzlich vernünftig, oder ob sie selbst verrückt geworden seien. So und nicht anders begriff ich von nun an meine Stellung zum ‚Publikum'“ [58].

Als besonders zutreffend und gewichtig müssen die beiden Urteile von Heinrich Laube und Franz Liszt angesehen werden. Laube, ein führender Vertreter des von Hegel mitgeprägten Jungen Deutschland, bei dessen Hauptorgan, der Leipziger „Zeitung für die elegante Welt“, er 1833 Redakteur wird, und der seit diesem Jahr mit Wagner befreundet war, machte es, wie Wagner in *Mein Leben* schreibt, nachdem er 1843 von neuem die Redaktion dieser Zeitung übernommen hatte, „ersichtlich Freude, mich ... triumphierend auch der literarischen Welt vorzuführen“. Doch sei er — wie Wagner anmerkt — nach einiger Zeit besorgt und befangen im Urteil über seine Leistungen geworden, „da er wahrnahm, mit welcher Ausdauer und mit welch zunehmender Sicherheit diese immer mehr verkleinert, herabgesetzt und geschmäht wurden“ [59]. Diese „zunehmende Sicherheit“ verdankte Wagner seinem seit Anfang der vierziger Jahre sich verdichtenden System, das nun gerade Laube nicht entgehen konnte und das zweifellos seiner Besorgnis zugrundelag. Die Tatsache, daß Laube als Direktor des Wiener Burgtheaters von 1847 bis 1867 sich auch mehr den Wagner schärfer und, was den idealistischen Hintergrund anbetrifft, kritischer beurteilenden „Wiener Blickwinkel“ auf ihn zu eigen machte, verschärfte auch sein „besorgtes“ Urteil über Wagner. So verwundert es nicht, wenn er am 25. August 1868 in der Wiener „Neuen Freien Presse“, in der auch Eduard Hanslick und Daniel Spitzer (in seinen *Wiener Spaziergängen*) ihre unbestechlich scharfen „österreichischen“ Wagnerkritiken veröffentlichten, schreibt:

„Wagner ist von einem tiefen Selbsterhaltungstriebe; er ist von großer geistiger Gewandtheit und hat einen außerordentlichen Unternehmungssinn. Aus diesen Eigenschaften hat er ein System erbaut, welches all' das zum Gesetz erhebt, was er kann. Und nur das. Und welches all' das beseitigt, was er nicht kann. Er steckt die Grenzen seiner Fähigkeit zeitig dahin, wo die Schwäche seiner Fähigkeit beginnt und es ist bewundernswert, mit welchen Sophismen er das verhüllt. Vielleicht auch am Ende vor sich selbst verhüllt. Wenn er nicht durchaus Apartes wollte, so hätte er Zeug genug, ein interessanter Componist zu werden, aber freilich kein maßgebender oder doch nur maßgebend in Einzelheiten. Seine Combinationskraft ist viel stärker als sein Talent und aus ihr nur flammt die musikalische Bewegung, welche er anrichtet“ [60]. Das „durchaus Aparte“ zielt auf die dem System verdankte Theorie des Gesamtkunstwerks, deren Entstehung und Verwirklichung Laube jahrzehntelang Gelegenheit hatte zu verfolgen, so daß er durchaus weiß, wovon er spricht. Der in dem Begriff der Combinationskraft steckende Aspekt der Rationalität des Wagner'schen Schaffensprozesses, der nun weiterverfolgt werden soll, wird von Liszt in einer musikästhetischen Untersuchung über den *Lohengrin* aus dem Jahr 1852 ebenfalls ausdrücklich angesprochen, wobei auch Liszt sich des Systembegriffes bedient. Liszt nennt den *Lohengrin* eine „kolossale Conception“, der eine „einzige Idee“ zugrundeliege:

„Es gibt Menschen, die mit Hülfe einer einzigen Idee, einer einzigen Erfindung, einer dem Scheine nach kleinlichen Entdeckung, ungeheuere Veränderungen in der Sphäre hervorrufen, welcher diese Entdeckungen angehören ... Wagner ist ein Neuerer ... sein System knüpft sich an die Überlieferung Gluck's durch die Wichtigkeit, welche er der Beredtsamkeit der dramatischen Deklamation gibt und an die Weber's durch die deklamierende Beredtsamkeit und das tiefe Empfinden der Instrumentation ... Aber er geht weiter als Gluck und Weber in der praktischen Anwendung ihrer Theorien. Mit seltenem Glücke und dem kühnsten Verstande sich aller Errungenschaften, welche die Musik seit dem Tode dieser großen Männer gemacht hat, bemächtigend, alle Hülfsmittel, welche die neuen Instrumente und ihre schöne, durch Meyerbeer und besonders durch Berlioz versuchte Anwendung bieten, sich zu Nutzen machend, läßt er seinem Zwecke alle Mittel, die wir den Fortschritten der neueren Zeit danken, dienen, und versucht, in einem großartigeren Systeme, als das Gluck's, durch ein absoluteres Prinzip als das Weber's, das Vorherrschen des dichterischen Sinnes zu sichern, welchem beide Gesang und Orchester unterordneten. So lange man Wagner's Partituren nicht gesehen und gehört hat, so lange man ihr gelehrtes Machwerk und ihre scenischen Wirkungen nicht studirt hat, ist es nicht leicht, sich eine richtige Vorstellung von dem Resultate zu machen, das er durch die vollständige Vereinigung, welche er zu diesen beiden Quellen, oder besser zu sagen, diesen beiden Strömen der Aufregung macht, erlangt hat. Es ist ihm gelungen, zu gleicher Zeit ein ebenso außergewöhnlicher Symphonist, als großer Dramaturge zu sein ... Alles verbindet, verkettet und steigert sich; Alles ist mit dem Sujet auf's engste verwachsen und könnte nicht von demselben getrennt werden. Es würde selbst schwer werden, einzelne, der Tondichtung, in der nichts musivisch angebracht, eingeschaltet, überflüssig eingeschoben ist, entnommene Bruchstücke richtig zu beurteilen, da alles in derselben sich verkettet und ineinandergreift, wie die Maschen eines Netzes, da alles genau erwogen

[57] RW I 52 ff.
[58] RW I 121/122
[59] ML 298

[60] Neue Freie Presse, Wien, 25. August 1868

und folgerichtig bestimmt ist, jeder Progression der Harmonie ein entsprechender Gedanke vorhergeht oder folgt; eine durch ihre systematische Strenge ganz und gar deutsche Prämeditation, welche uns von diesem großen Werke sagen lassen kann, daß es die durchdachteste aller Inspirationen ist ..."[61].

1.7. Das Volk als „Dichter" und „Künstler der Zukunft"

Auch wenn Wagner in seiner 1851 geschriebenen *Mitteilung an meine Freunde* Liszt als seinem immer hilfsbereiten Freund öffentlich seinen Dank abstattet und über die oben zitierten anläßlich der von Liszt geleiteten Uraufführung des *Lohengrin* am 28. August 1850 in Weimar entstandenen Ausführungen bemerkt: „er legte dem Publikum seine eigene Anschauung und Empfindung von dem Werke in einer Weise vor, die an überzeugender Beredtheit und hinreißender Wirksamkeit ihres Gleichen noch nicht gehabt"[62], — so hat Liszt sich seine „eigene Anschauung" auch in bezug auf den Schaffensprozeß Wagners bewahrt, den dieser in obiger Schrift bereits völlig abgeblendet und mythisiert hat. Spricht Liszt korrekt von „System", „kühnem Verstand", „gelehrtem Machwerk", von „genau erwogen" und „folgerichtig bestimmt", weist er also wie auch Laube in seinem Urteil auf die Rationalität und Reflektivität des Wagner'schen Arbeitens hin, wobei der ausdrückliche Hinweis auf die „systematische Strenge" als „ganz und gar deutscher Prämeditation" dezent die Hegel'sche Erbschaft anzudeuten scheint, so bedeutet das Wort von der „durchdachtesten Inspiration" eine gewisse Kritik an Wagner. Denn spätestens nach seiner äußeren und inneren Lebenswende nach dem Dresdner Maiaufstand 1849, die man auch als den endgültigen und unaufhebbaren Durchbruch seines Systemdenkens und seiner Systemsprache ansehen kann, hatte Wagner im Zusammenhang mit seinem Zwang zur Ganzheit, zur Wiedervereinigung und seiner systematischen Abwendung von der Welt des Egoismus, der Nützlichkeit, des Geldes, der Willkür, der Intelligenz, des Verstandes und der Reflexion — um nur diese Hauptbegriffe hier anzuführen — das Zentrum seines Schaffens in das „Unbewußte", das heißt in den unbewußten, unwillkürlichen, notwendigen Naturtrieb des Volkes verlegt, dessen Schöpfung der Dichter nur begreifen, aussprechen und darstellen könne[63]. Wie die Hegel'sche Historische Rechtsschule das Volk in ihrer organischen Rechtsauffassung als Quelle des Rechts ansah, worauf sich dann die nationalsozialistischen Hegelianer beriefen[64], so wird für Wagner nun das Volk zur Quelle der Kunst, oder anders gesagt, verlangen Selbstvernichtung und Selbstmythisierung auch die Mythisierung des künstlerischen Schaffensprozesses, der im Grunde immer bewußter, immer egoistischer wird und werden muß. Den Werken der Jahre 1849, 1850, 1851 ist diese Mythisierung unschwer zu entnehmen. Hier ist, wenn man so will, auch die ideologische Nahtstelle für die Mythisierung des *deutschen* Volkes, auf das Wagner dann 1871 die sich selber zugeschriebene Erlösungsfunktion überträgt, wenn er mit Bezug auf einen Text von Thomas Carlyle die „heroischen Weisen", welche dieser zur Abkürzung der Zeiten der grauenhaften Weltanarchie seit der Französischen Revolution aufrufen würde, „in diesem deutschen Volk, welchem durch seine vollbrachte Reformation eine Nötigung zur Teilnahme an der Revolution erspart zu sein scheint, als urvorbestimmt geboren" zu erkennen glaubt und dann weiterfährt:

„Denn mir ist es aufgegangen, daß, wie mein Kunstideal sich zu der Realität unseres Daseins überhaupt verhalte, dem deutschen Volke die gleiche Bestimmung in seinem Verhältnisse zu der in ihrer ‚Selbstverbrennung' begriffenen, uns umgebenden politischen Welt zugeteilt sei —"[65].

Solche Äußerungen fielen durchaus auf einen von den Vertretern und Apologeten der auf die Bismarck'sche Politik übertragenen Hegel'schen Machtstaatideologie bereiteten Boden. Genannt sei hier die den Krieg von 1866 im Sinne des absoluten Obrigkeitsstaates rechtfertigende Schandschrift *Das Kulturideal und der Krieg* des Hegelianers Adolf Lasson, der darin 1868 verkündet, daß der machtvollere Staat der bessere Staat, sein Volk das bessere Volk, seine Kultur die wertvollere Kultur sei, und daß ein Volk von hoher Kultur mit vollem Recht einem Barbaren gehorchen müsse, dessen politische Organisation der seinen überlegen sei[66]. Auch nicht zufällig findet sich der ehemals idealistisch gemeinte Vers von Geibel aus dem Jahre 1861: „Und es mag am deutschen Wesen / Einmal noch die Welt genesen" in einem Gedicht in dem *Praktischen Wegweiser für Bayreuther Festspielbesucher* für das Jahr 1908 auf Wagner übertragen wieder: „Deutsch bist, deutsch! An deinem Wesen woll'n wir genesen ..."[67] (siehe Seite 100)

Der Begriff des Reinmenschlichen entspricht genauestens dem des deutschen Wesens, der konsequent von dem unbedingten Linzer Wagnerianer Hermann Bahr (siehe Seite 122) nach Ausbruch des Ersten Weltkrieges in einem in Bayreuth am 12. August 1914 geschriebenen Text mit dem Titel „Das deutsche Wesen ist uns erschienen" verherrlicht wird. Darin heißt es: „Denn uns ist das deutsche Wesen erschienen. Wo war es so lange geblieben! Über Nacht stand es auf. Und steht so stark da, daß nichts daneben mehr Platz hat auf der deutschen Erde ... Wir haben uns wieder, nun sind wir nichts als deutsch ... Alle deutschen Wunden schließen sich. Wir sind genesen. Gelobt sei dieser Krieg, der uns am ersten Tag von allen deutschen Erbübeln erlöst hat! ... Wir heutigen Deutschen sind niemals einer so rein geistigen Existenz teilhaftig gewesen als jetzt, da uns das deutsche Wesen erschienen ist"[68]. Und es ist ebenfalls konsequent, wenn der Wagnerforscher Otto Strobel (siehe Seite 215 und 219) im Juli 1933 für das von ihm herausgegebene Heft der nationalsozialistischen Monatsschrift „Richard Wagner und das neue Deutschland" den Titel „Deutsches Wesen" wählt. Das leicht veränderte Geibel-Wort: „Und es mag am Reinmenschlichen, am Gesamtkunstwerk / Einmal noch die Welt genesen" kann als triviales aber präzises Motto des Wagner'schen Lebensplanes angesehen werden, in welchem die systemnotwendige und mit der zwanghaften Idee der Vernichtung in genauem Zusammenhang stehende Wendung zum „Volk", als einem Systembegriff, auf den auch der Begriff der Revolution übertragen wird und der immer stärker nationalisiert wird, die politisch folgenreichste und verhängnisvollste Systemspur wird. „Ihr irrt nun also — lautet eine der Schlüsselstellen im *Künstlertum der Zukunft* (1849) —, wenn ihr die revolutionäre Kraft im Bewußtsein sucht — und demnach durch die Intelligenz wirken wollt: eure Intelligenz ist falsch und willkürlich ... Nicht ihr, sondern das Volk, — das — unbewußt — deshalb aber eben aus Naturtrieb handelt, — wird das Neue zustande bringen; die Kraft des Volkes ist aber eben noch so lange gelähmt, als es von einer veralteten Intelligenz, von einem hemmenden Bewußtsein sich fesseln und leiten läßt: erst wenn diese vollständig von und in ihm vernichtet sind, — erst wenn wir alle wissen und begreifen, daß wir nicht unserer Intelligenz, sondern der Notwendigkeit der Natur uns überlassen müssen, wenn wir also so kühn geworden sind, unsre Intelligenz zu verneinen, erhalten wir alle die Kraft aus natürlichem Unbewußtsein, aus der Not heraus das Neue zu produzieren, den Drang der Natur durch seine Befriedigung uns zum Bewußtsein zu bringen"[69]. Diese Stelle, die ein treffendes Beispiel für Wagners todernste

[61] Dok. 177/178
[62] RW I 171
[63] Mack 125 ff.
[64] Hubert Kiesewetter, Von Hegel zu Hitler/Eine Analyse der Hegelschen Machtstaatsideologie und der politischen Wirkungsgeschichte des Rechtshegelianismus, Hamburg 1974, 155, 233 ff.
[65] Mack 220
[66] Kiesewetter, 182 f., 409 f.; siehe auch: Hermann Voss, Deutsche Selbstkritik, Starnberg 1947, 89, 90
[67] August Sturm, Richard Wagner, in: Praktischer Wegweiser für Bayreuther Festspielbesucher 1908, 188
[68] Das Eiserne Buch, Die führenden Männer und Frauen zum Weltkrieg 1914/15 (Veröffentlichung der „Deutschen Gesellschaft zur Verbreitung guter Schriften und Bücher e. V.", Berlin-Wilmersdorf/Ehrenpräsidium: Reichskanzler Fürst von Bülow), herausgegeben von Georg Ellert, Hamburg 1915, 76 ff.
[69] Mack 127

dem System verdankte und zu immer neuen Verkettungen, Verzahnungen und raffinierten Differenzierungen führende Sprachspiele ist, enthält nun nicht nur zentrale Begriffe seines Systemdenkens sondern auch seiner davon geprägten Poetologie, das heißt musikalischen Poetologie des Musikdramas, in deren Mittelpunkt Wagner systemkonform seinem Zwang zur Ganzheit als einem Zwang zum Mythos gemäß eben den Mythos rücken *mußte*. So schafft er sich sein höchst privates und eigenwilliges „Ideal des urgermanischen Mythos" [70], das sein „Künstlertum" und sein „Kunstwerk der Zukunft" ausschließlich bestimmt. Die Gestalt des „fliegenden Holländers" interessiert ihn als das „mythische Gedicht des Volkes" und in bezug auf Siegfried, den „wirklichen, nackten, *wahren* Menschen", bemerkt er: „... auch von dieser Seite her leitete mich der Mythos gerade wieder einzig auf diesen Menschen als den unwillkürlichen *Schöpfer* der Verhältnisse hin, die in ihrer dokumental-monumentalen Entstellung als Geschichtsmomente, als überlieferte irrthümliche Vorstellungen und Rechtsverhältnisse, endlich den Menschen zwangvoll beherrschten, und seine Freiheit vernichteten" [71]. Wagners Systemzwang bedingte seinen Ausstieg aus der Realität, aus der Überlieferung und aus der Geschichte, da er mit seinem kunstmessianischen Anspruch die endgültige Aufhebung aller Trennungen erreicht und mit seinem Gesamtkunstwerk die am Ende des Übergangs auftauchende „neue Welt" und „neue Periode" [72] — um ein weiteres Mal Hegel zu zitieren — bereits eingeläutet hatte. Für das „Neue" Wagners wie auch für seine „Revolution", die keinesfalls zur Verwirklichung politischer Freiheit dienen sollte, deren „Rechtsverhältnisse" Wagner in obigem Zitat ausdrücklich als geschichtliche abweist, — für sie gilt in genauem Sinne das, was Walter Benjamin bei Baudelaire für sehr wichtig gehalten hat, nämlich „daß das Neue bei Baudelaire keinerlei Beitrag zum Fortschritt leistet" [73]. Auch deshalb hat Baudelaire sich in dem Wagner'schen Werke so enthusiastisch wiedererkennen können (siehe Seite 69). Und auch George, der Baudelaires „Fleurs du Mal" übersetzt hat, übernimmt mit der ausdrücklichen Ablehnung von „weltverbesserungen und allbeglückungsträumen in denen man gegenwärtig bei uns den Keim zu allem neuen sieht" [74] (siehe Seite 81 bis 83) den Wagner'schen Führungsanspruch und gründet neun Jahre nach Wagners Tod, 1892, als Konkurrenz- und Gegengründung zu den „Bayreuther Blättern" seine „Blätter für die Kunst". Er konzipiert vom *Algabal* (1892) — darin vor allem in den Gedichten „Im Unterreich" — über den *Siebenten Ring* (1907) — als seinem *Ring des Nibelungen* — bis zum *Neuen Reich* (1928) sein Modell einer künstlerischen und politischen Gegenwelt, und wird schließlich von seinem Freund und Jünger Friedrich Gundolf als Verkörperung des *„ewigen* Menschentums" und als einziger Dichter des „Gesamtmenschen" gefeiert. Doch Gundolf lehnt sich nicht nur an den Wagner'schen Begriff des Reinmenschlichen" sondern auch an seinen gegen den „Fortschritt" gerichteten Begriff des Volkes an, wenn er schreibt:
„Sein Dienst am ewigen Menschen ist die keimartige *Neubildung* eines allmählich mitten in den Fortschritt rundum vordringenden Eigen- und Gegenreiches. ... Er weiß daß jede echte Kraft unmittelbar nur das Verwandte verwandelt, und nur wenig Verwandtes findet heut der Ewige Mensch, darum sucht sein Dichter die Wenigen und nicht gleich die Masse. ... Das Volk ehrt er als dunklen Behälter des Wachstums, nicht als öffentliche Meinung — und nicht den rasch wechselnden lauten Wünschen der Allgemeinheit kann er lauschen, wenn er den stillen Ruf des ewigen Lebens vernehmen will, das langsam unterirdisch heranreift zu seiner neuen Gestalt. Die Gestaltung, die Gemeindung und — langsam stufenweise — die Volkwerdung des Ewigen Menschen, dessen letzter Ruf Nietzsche gewesen, und damit das Ende des Fortschritts, die Vollendung des Gesamtmenschentums, das ist Georges besondere Sende" [75]. Um den von George und dem George-Kreis zum Mythos verklärten Nietzsche herausstellen zu können, muß Gundolf hier 1920 Wagner aussparen (siehe auch Seite 150 bis 154, 166 bis 168, 220 bis 222).
Wie genau diese Äußerungen mit dem Systemdenken Wagners in Verbindung stehen, zeigt die Tatsache, daß dieser siebzig Jahre vor dem Gundolf-Text, in seiner Schrift *Das Kunstwerk der Zukunft* von 1849, gegen den „verbrecherischen Zusammenhang unserer gesellschaftlichen und staatlichen Zustände", gegen den „absoluten Egoismus" der Nützlichkeitswelt, kurz gegen die „moderne Zivilisation" und den „intelligenten Künstleregoismus der Gegenwart" *„das Volk* als den Künstler der Zukunft" mit Notwendigkeit erkannt zu haben erklärt. Darin findet sich auch die Erzählung von *Wieland der Schmied*, an deren Schluß es heißt:
„... Aus Not, aus furchtbar allgewaltiger Not, lernte der geknechtete Künstler erfinden, was noch keines Menschen Geist begriffen hat. *Wieland fand es wie er sich Flügel* schmiedete! *Flügel*, um kühn sich zu erheben zur Rache an seinem Peiniger. ... Er tat es, er vollbrachte es, was die höchste Not ihm eingegeben. Getragen von *dem Werke seiner Kunst* flog er auf zu der Höhe. ... *O einziges, herrliches Volk! Das hast du gedichtet, und du selbst bist dieser Wieland! Schmiede deine Flügel, und schwinge dich auf!"* [76]. Weil Wagner sich mit seinem System etwas erfunden hatte, „was noch keines Menschen Geist begriffen hat" und dadurch ein Instrument sich geschaffen hatte, sich von der Welt der „modernen Zivilisation" und des „intelligenten Künstleregoismus der Gegenwart" zu entfernen und sich über sie mit Hilfe der „Flügel" dieses Systems zu erheben, mußte er, da das System die Ersetzung des „Egoismus" durch den „Kommunismus", der „Willkür" durch die „Unwillkür", der „Geschichte" durch den „Mythos", das „Bewußtsein" durch das „Unbewußte", und der „Intelligenz" durch das „bewußtlose Walten der Natur" verlangte, auch die eigene Verstandesarbeit und Reflexionstätigkeit in das „Volk" verlegen, wobei die zentralen Begriffe der Not und der Notwendigkeit hier vorerst noch zurückgestellt werden sollen.

1.8. Wagners „Verdeckung" und „Mythisierung" seines Schaffens

Adorno hat wohl zuerst darauf hingewiesen, daß die Kunst Wagners „umso mehr den falschen Naturalcharakter des Produkts hervorkehren (mußte), je weiter sie sich in der Reflexion von der ästhetischen Naturwüchsigkeit abgelöst, dem Artifiziellen überantwortet hat", und daß dieser Vorgang in genauem Zusammenhang mit der Arbeitswelt des neunzehnten Jahrhunderts steht. So heißt es bei Adorno weiter:
„Das Wagnersche œuvre findet darin sich zusammen mit jenem Typus von Konsumgütern des neunzehnten Jahrhunderts, der keinen höheren Ehrgeiz kennt, als jegliche Spur der Arbeit zuzudecken — vielleicht, weil damals diese Spur noch allzu vehement an gefühltes Unrecht, an die Aneignung fremder Arbeit erinnert hätte. Läßt überhaupt keine Autonomie der Kunst ohne Verdeckung der Arbeit sich denken, so wird diese im Hochkapitalismus, unter der totalen Herrschaft des Tauschwerts und der gerade kraft solcher Herrschaft anwachsenden Widersprüche problematisch und zum Programm. Das ist der objektive Grund dessen, was psychologisch Wagners Verlogenheit heißt. Die Magisierung des Kunstwerks läuft darauf hinaus, daß Menschen die eigene Arbeit als heilig verehren, weil sie sie als solche nicht

[70] ML 378
[71] RW I 93, 141
[72] siehe Anmerkung 2
[73] Walter Benjamin, Illuminationen, Frankfurt 1961, 261
[74] Blätter für die Kunst, Berlin 1892, 1. Heft, Einleitungstext; der letzte Satz dieses Textes lautet: „In der kunst glauben wir an eine glänzende wiedergeburt." Auch mit diesem Begriff der Wiedergeburt, der auf das Gebiet der Kunst begrenzt wird, ist der Bezug zu Wagner und dessen Zentralbegriff der Regeneration hergestellt.

[75] Friedrich Gundolf, George, Berlin 1920, 30, 31; auch dieses Buch erschien wie die auf Seite 150, 166, 167 angeführten Bücher aus dem George-Kreis mit dem Signet der „Blätter für die Kunst", dessen Mitte das den „Ewigen Menschen" und das diesem zugeordnete „Eigen- und Gegenreich" symbolisierende Hakenkreuz bildet.
[76] RW X 179 ff.

erkennen können ...[77]. Die „Verdeckung" seiner Arbeit ist Wagner vollständig gelungen und läßt sich unübersehbar an der sich zwischen 1847 und 1849 verstärkenden negativen Besetzung der Begriffe der Reflexion, des Verstandes, der Intelligenz ablesen, die dazu führte, daß Wagners Arbeit wenn nicht „als heilig verehrt" so doch, wie zum Beispiel in einem Vortrag des Wagnerianers und „Bayreuther Idealisten" Ludwig Schemann im Jahre 1877 (siehe Seite 42), als *„völlig naives,* und gerade dann wieder recht frisches und unmittelbares (Schaffen)"[78] verklärt wird; und das Berliner Denkmal (1903, siehe Seite 98/99) sowie ein Denkmalsentwurf aus dem Jahr 1933 zeigen dann einen bereits völlig zu einem nationalen und germanischen Heros stilisierten „Meister in der Stunde genialer Empfängnis" und „in der Inspiration" (siehe Seite 229). Auf eine konkrete Spur der „Verdeckung" und „Verklärung" des Wagner'schen Schaffensprozesses durch Wagner selber sei im folgenden an Hand des Begriffes der Reflexion, zu dem allerdings die Begriffe der Intelligenz, des Verstandes und der Berechnung assoziiert werden können, hingewiesen. Hegel hatte in seiner *Ästhetik* bereits darauf hingewiesen, daß es eine falsche Ansicht sei, wenn man „bei der künstlerischen Produktion alles Bewußtsein über die eigene Tätigkeit nicht nur für überflüssig, sondern auch für nachteilig" halte und daß zu einer Fertigkeit in der Poesie keine Begeisterung verhelfe, „sondern nur Reflexion, Fleiß und Übung"[79]. Ganz in diesem Sinne äußert sich nun Wagner in einem bedeutenden Brief an den Wiener Kritiker Eduard Hanslick vom 1. Januar 1847 aus Dresden, in welchem er schreibt: „... Je mehr ich mit immer bestimmterem künstlerischen Bewußtsein produziere, je mehr verlangt es mich, einen ganzen Menschen zu machen. ... Schlagen Sie die Kraft der Reflexion nicht zu gering an; das bewußtlos produzierte Kunstwerk gehört Perioden an, die von der unseren fern abliegen: das Kunstwerk der höchsten Bildungsperiode kann nicht anders als im Bewußtsein produziert werden. Die christliche Dichtung des Mittelalters z. B. war diese unmittelbare, bewußtlose: das vollgültige Kunstwerk wurde aber damals nicht geschaffen, das war Goethe in unserer Zeit der Objektivität vorbehalten. Daß nur die reichste menschliche Natur die wunderbare Vereinigung dieser Kraft des reflektierenden Geistes mit der Fülle der unmittelbaren Schöpferkraft vereinigen kann, darin ist die Seltenheit der höchsten Erscheinungen bedingt, und wenn wir mit Recht bezweifeln müssen, daß für das von uns besprochene Kunstgebiet eine solche Begabtheit so bald sich zeigen werde, so ist doch die mehr oder weniger glückliche Mischung beider Geistesfähigkeiten schon jetzt in jedem der Kunst wirklich förderlich sein sollenden Künstler als auffindbar vorauszusetzen — und die Getrenntheit dieser Gaben als zum höheren Zweck, genau genommen, unwirksam anzusehen"[80]. Aus diesem Brief kann man einen umfassenden Eindruck von Wagners bewußter Mythisierung des eigenen Schaffensprozesses gerade deshalb gewinnen, weil er hier mit einer gewissen Offenheit über seine tatsächliche künstlerische Verfahrensweise Auskunft gibt. Doch ist auch in diesem Brief die Stilisierung nicht zu verkennen, wenn er bezweifelt, ob jene „reichste menschliche Natur", jene „Begabtheit" sich zeigen werde, die in sich die „Kraft des reflektierenden Geistes mit der Fülle der unmittelbaren Schöpferkraft" vereinige, wobei er zweifellos längst sich als diese „Begabtheit" versteht. Von besonderer Bedeutung ist dieser Brief aber deshalb, weil er einmal den Begriff des „ganzen Menschen" als den vor allem in der gleichzeitig konzipierten Siegfriedgestalt verkörperten Repräsentanten des „Reinmenschlichen" enthält, zum anderen aber den Begriff der Reflexion als für Wagners künstlerisches Selbstverständnis unverzichtbaren ausdrücklich zustimmend und positiv bewertend hervorhebt. Doch dabei sollte es nicht bleiben: die das System und das Gesamtkunstwerk in die Welt setzende private Revolution des Geistes, die zur notwendigen Erlösung durch Selbstvernichtung führen soll, hat zur Folge, daß Wagner — wie schon erwähnt wurde — gerade sein „vollgültiges Kunstwerk" der Zukunft als durch das „Volk" „unmittelbar und bewußtlos produziertes Kunstwerk" auszugeben und daher die Begriffe der Reflexion, des Verstandes, des Bewußtseins und der Intelligenz vollständig und endgültig negativ zu besetzen beginnt. Dieser Vorgang ist vor allem in den Schriften *Künstlertum der Zukunft* und *Mitteilung an meine Freunde* unschwer zu verfolgen. Da das *Künstlertum der Zukunft* erst 1885, zwei Jahre nach Wagners Tod, veröffentlicht wird, sei hier vor allem die *Mitteilung an meine Freunde* aus dem Jahre 1851 herangezogen. Darin wird Wagner nicht müde, zu versichern, daß er zum Beispiel „in der Wahl des Tannhäuserstoffes gänzlich ohne Reflexion" verfahren sei, daß er sich „ohne kritisches Bewußtsein, durchaus unwillkürlich" zu seiner Entscheidung bestimmt gefühlt habe, oder daß er in einem anderen Fall „ohne reflektierte Absichtlichkeit zu Werke" gegangen sei[81]. Doch daß Wagner Freunden gegenüber auf die Mythisierung und Abblendung der technischen Seite seines künstlerischen Verfahrens durchaus verzichtete, bezeugt eine Stelle in seinem großen Nibelungen-Brief an den seit fünf Jahren im Zuchthaus Waldheim gefangengehaltenen August Röckel vom 24. Januar 1854. Darin gesteht er, daß er sich „vor einem allzu großen Deutlichmachungseifer" gehütet habe, da „ein zu offnes Aufdecken der Absicht das richtige Verständnis durchaus" stören würde. Dann fährt er fort: „... es gilt im Drama — wie im Kunstwerk überhaupt — nicht durch Darlegung von Absichten, sondern durch Darstellung des Unwillkürlichen zu wirken. Dieß unterscheidet auch meinen dichterischen Stoff von dem jetzt fast einzig nur noch gekannten politischen Stoff. Wenn Du z. B. dem Auftreten Wodan's im ‚jungen Siegfried' mehr Absicht eingeprägt wissen möchtest, als ich ihn jetzt ausdrücken lasse, so schadest Du der von mir zu höchst beabsichtigten Unwillkür in der Entwicklung des Ganzen sehr empfindlich"[82]. So ist es nicht verwunderlich, daß Eduard Hanslick, dem gegenüber Wagner in dem oben zitierten Brief das unverzichtbare Moment der Reflexion so ausdrücklich betont hat, zu einem zunehmend schärferen Wagnerkritiker wird und gerade Wagners bewußte Absichtlichkeit und Systemdenken herausstellt. So schreibt er in einer *Meistersinger*-Kritik vom Juni 1868: „Wagner weiß vollkommen, was er will; die bewußte Absicht spricht aus jeder Note dieser Partitur, kein Zufall findet Raum darin, aber auch nicht jene schöne Zufälligkeit, welche den Schöpfungen der künstlerischen Phantasie wie jenen der Natur den letzten Reiz gibt. ... Nicht die Schöpfung eines echten Musik-Genies haben wir kennengelernt, sondern die Arbeit eines geistreichen Grüblers, welcher — ein schillerndes Amalgam von Halb-Poet und Halb-Musiker — sich aus der Specialität seines in der Hauptsache lückenhaften, in Nebendingen blendenden Talentes ein neues System geschaffen hat, ein System, das in seinen Grundsätzen irrig, in seiner konsequenten Durchführung unschön und unmusikalisch ist ..."[83].

1.9. „Not" und „Notwendigkeit"

Wagner hat mit dem Röckel gegenüber verwendeten Wort von seiner „zu höchst *beabsichtigten* Unwillkür" sein wahres neues „Verfahren" gekennzeichnet, das er in seiner *Mitteilung* wieder konsequent in einer bloßen „Stimmung" ohne jede Reflexionsbeteiligung begründet. Um sich von innen heraus zu befreien, müsse er — schreibt Wagner — einen durch die äußere Erfahrung ihm noch nicht angewiesenen Weg als Künstler einschlagen, und was dazu dränge, sei Notwendigkeit, „tief empfundene, nicht aber mit dem praktischen Verstand gewußte, zwingende Notwendigkeit"[84]. Dieser Begriff der drängenden, „tief emp-

[77] Theodor W. Adorno, Versuch über Wagner, Frankfurt 1952, 104, 105
[78] Ludwig Schemann, Richard Wagner in seinen künstlerischen Bestrebungen und seiner Bedeutung für eine nationale Kultur, Vortrag gehalten zu Goslar am 21. Dezember 1877, Wolfenbüttel 1878, 49
[79] Hegel, Werke XIII, Vorlesungen über die Ästhetik I, 46/47
[80] Richard Wagner, Gesammelte Briefe, herausgegeben von Julius Kapp und Emerich Kastner, Leipzig 1914, II, 227 ff.

[81] RW I 101, 112
[82] AR 37/38
[83] Neue Freie Presse, Wien, 24.—26. Juni 1868; zitiert in: Dok. 215
[84] RW I 95

fundenen Notwendigkeit" steht nun, wie die folgende Passage über *Lohengrin* zeigt, in genauer Verbindung mit den Begriffen des Unbewußten, des Unwillkürlichen, des Volkes, und des „wahrhaft Weiblichen, das mir und aller Welt die Erlösung bringen soll, nachdem der männliche Egoismus ... sich selbstvernichtend vor ihm gebrochen hat": „Elsa ist das Unbewußte, Unwillkürliche, in welchem das bewußte, willkürliche Wesen Lohengrin's sich zu erlösen sehnt; dieses *Verlangen* ist aber selbst wiederum das unbewußte Nothwendige, Unwillkürliche im Lohengrin, durch das er dem Wesen Elsa's sich verwandt fühlt. Durch das Vermögen dieses ‚unbewußten Bewußtseins', wie ich es selbst mit Lohengrin empfand, kam mir auch die weibliche Natur .. zu immer innigerem Verständnisse ... Elsa, das Weib .. diese nothwendigste Wesensäußerung der reinsten, sinnlichen Unwillkür, — hat mich zum vollständigen Revolutionär gemacht. Sie war der Geist des Volkes, nach dem ich auch als künstlerischer Mensch zu meiner Erlösung verlangte" [85]. Hier bestimmt Wagner nun *seine* „Revolution" als die „notwendige Erlösung" seines „bewußten, egoistischen, willkürlichen Wesens" durch das „Unbewußte, Unwillkürliche", das Elsa als der „Geist des Volkes" verkörpert, und diese Erlösungsrevolution endet in „Selbstvernichtung", „Vernichtung" und „Untergang"; als das „Verlangen" zu dieser „Erlösung" wird das „Unbewußte, Notwendige, Unwillkürliche in Lohengrin", das heißt sein „unbewußtes Bewußtsein" angegeben, wobei der Begriff des unbewußten Bewußtseins zu jenen paradoxen Formulierungen gehört, die Wagner dank seines Systems konstruiert und konstruieren kann und die seine Systemsprache auszeichnen. An allen oben zitierten Äußerungen Wagners gilt es einen Begriff hervorzuheben, da er — wie sich erweisen wird — als der Wagner'sche Schlüsselbegriff bezeichnet werden kann: er steckt in dem immer wieder angeführten Begriff der Notwendigkeit und es ist der Begriff der Not, die „gewendet" werden muß.

Diese von Wagner tief empfundene und an unzähligen Stellen seines Werkes angeführte, beschriebene und gestaltete „Not" muß neben den soziologischen und historisch-geistigen Bedingungen als der entscheidende Gefühlsantrieb angesehen werden, der das System für Wagner im wahrsten Sinne notwendig machte. Diese „Not" entspricht genauestens dem schmerzlich gefühlten „unglücklichen Bewußtsein" der Entfremdung und Entzweiung, das Wagner in der *Phänomenologie des Geistes* von Hegel beschrieben fand und das er deshalb, mit Hegel zu sprechen, so restlos aufheben, das heißt vernichten, wollte, weil er es nicht nur als schmerzliches *Bewußtsein,* als Reflexionszwang, rastlose Verstandestätigkeit und Intelligenz empfand, sondern weil es das schmerzliche Bewußtsein war, ein Jude oder wie ein Jude zu sein. Vor diesem Hintergrund erweist sich seine Schrift *Das Judentum in der Musik,* gegen den Strich gelesen, als die zentrale autobiographische Bekenntnisschrift, die er verfaßt hat, und es ist von genauer Bedeutung, daß er sie im gleichen Zeitraum schreibt und veröffentlicht wie seine anderen Bekenntnisschriften, deren Reihenfolge nun lautet: *Die Kunst und die Revolution* (Juli 1849), *Das Künstlertum der Zukunft. Zum Prinzip des Kommunismus* (August 1849; veröffentlicht 1885), *Das Kunstwerk der Zukunft* (November 1849), *Das Judentum in der Musik* (veröffentlicht im September 1850, siehe Seite 28), *Oper und Drama* (Januar/Februar 1851), *Eine Mitteilung an meine Freunde* (August 1851).

In Wagners Schrift verkörpert der „Jude" nun genau alle die Eigenschaften, alle die Momente der geistigen und wirklichen Welt, von denen Wagner sich mit Hilfe seines „notwendigen" Systems abgewendet und die er „vernichtet", das heißt für sich und vor sich aus der Welt geschaffen hat, wenn auch die Spuren dieser Aktivität diese Schrift unüberlesbar durchziehen. Die dort angeführte Vereinsamung des „unglücklichen, heimatlosen gebildeten Juden", dem es, abgelöst von seinen ehemaligen Leidensgenossen, unmöglich sei, „einen neuen Zusammenhang mit *der* Gesellschaft zu finden, zu der er sich aufschwang", und der „fremd und teilnahmslos" in der Mitte einer Gesellschaft stehe, „die er nicht versteht, mit deren Bestrebungen und Ringen er nicht sympathisiert, deren Geschichte und Entwicklung ihm gleichgültig geblieben sind" [86], — diese Vereinsamung war und blieb allerdings auch — das System vermehrte sie eher noch — Wagners eigene. Hierin ist auch die psychologische Begründung für seine systembestimmten Konstruktionen eines deutschen Kunstvolkes, eines Kunstgermanentums und eines Kunstchristentums zu suchen. Wenn Wagner dort sagt, daß der gebildete Jude von der Berührung mit dem Volk auf das empfindlichste abgestoßen und jedenfalls gänzlich unvermögend sei, den Geist dieses Volkes zu erfassen, und daß die Lieblosigkeit seines Zusammenhanges mit der Gesellschaft diesem immer offenbarer werden müsse, „wenn er, um Nahrung für sein künstlerisches Schaffen zu gewinnen, auf den Boden dieser Gesellschaft hinabsteigt", dann wird aus der ausdrücklichen Frage: „Wo findet der gebildete Jude nun dieses Volk?" erkennbar, wie sehr hier Wagner von seiner eigenen Sehnsucht spricht, im „Volk" aufzugehen [87]. Eine weitere Stelle bezeugt das noch genauer: „... was seitens der höheren, reflektierenden jüdischen Intelligenz hier geschah, ist aber eben nur ein ... fruchtloses Bemühen von oben, das noch nie in dem Grade Wurzel fassen konnte, daß dem gebildeten Juden, der für seinen Kunstbedarf eben die eigentliche Quelle des Volkes im Leben sucht, der Spiegel seiner intelligenten Bemühungen als diese Quelle entgegenspringen könnte. Er sucht das Unwillkürliche und nicht das Reflektierte, welches eben *sein* Produkt ist, — und als dieses Unwillkürliche gibt sich gerade nur jener verzerrte Ausdruck kund ... [88]. Dieses „Zurückgehen auf den Volksquell bei dem gebildeten Juden" hatte Wagner dank seines Systems für sich auf höchst systemimmanente Weise erreicht und so kann er nun mit seinem Systembegriff des Reinmenschlichen vor Augen den Juden „zur künstlerischen Äußerung rein menschlichen Wesens überhaupt für unfähig" ausgeben, und zu dem angeblichen „tragischen Zug in Mendelssohns Erscheinung" bemerken, „daß das Tragische seiner Situation Mendelssohn mehr anhing, als zum wirklichen schmerzlichen Bewußtsein kam" [89]. Hier wird auch erkennbar, warum Wagner, der genau von sich spricht, wenn er von dem „gebildeten Juden" sagt, „er sucht das Unwillkürliche und nicht das Reflektierte, welches eben *sein* Produkt ist", den Begriff der Reflexion ausschalten und seine Privatpoetologie vom „Volk als Dichter" konstruieren *mußte,* wollte er sich selbst nicht mehr als einen Vertreter der „höheren, reflektierenden jüdischen Intelligenz" fühlen. Er war sich seines „schmerzlichen Bewußtseins" im Gegensatz zu Mendelssohn bewußt geworden und an entlegener, unauffälliger Stelle hat er über den Zusammenhang zwischen seinem „schmerzlichen Bewußtsein", der Suche nach dem „Unwillkürlichen, Reinmenschlichen, Unbewußten", der „Flucht vor diesem Leben" und der „Selbstvernichtung als Erlösung" auf seine Weise Auskunft gegeben. Sie findet sich in der *Mitteilung an meine Freunde* und lautet: „Diese vereinsamte traurige Stellung als künstlerischer Mensch mußte mir aber gerade hieran wiederum zum schmerzlichsten Bewußtsein kommen, und der nagenden Wirkung dieses Schmerzes konnte ich nur durch Befriedigung meines rastlosen Triebes zu neuen Entwürfen wehren. Es drängte mich Etwas zu dichten, das gerade dieses mein schmerzliches Bewußtsein, auf eine dem gegenwärtigen Leben verständliche Weise mitteile. Wie ich mit dem *Siegfried* durch die Kraft meiner Sehnsucht auf den Urquell des ewig Reinmenschlichen gelangt war, so kam ich jetzt, wo ich diese Sehnsucht dem modernen Leben gegenüber durchaus unstillbar, und von Neuem nur die Flucht vor diesem Leben, mit Aufhebung seiner Forderungen an mich durch Selbstvernichtung, als Erlösung erkennen mußte, auch an den Urquell aller modernen Vorstellungen von diesem Verhältnisse an, nämlich dem menschlichen *Jesus von Nazareth.*" Dessen Selbstopfer bestimmt Wagner im Anschluß als die unvollkommene Äußerung desjenigen Triebes, der das Individuum zur Empörung gegen eine

[85] RW I 130/131

[86] Kneif 58, 62
[87] Kneif 64
[88] Kneif 66
[89] Kneif 57, 71, 72

lieblose Allgemeinheit drängen würde: „eine Empörung, die der durchaus Einzelne allerdings nur durch Selbstvernichtung beschließen kann, die gerade aus dieser Selbstvernichtung heraus aber noch ihre wahre Natur dahin kundgibt, daß sie wirklich nicht auf den eigenen Tod, sondern auf die Verneinung der lieblosen Allgemeinheit ausging" [90]. Gerade die Erfahrung der Lieblosigkeit der Allgemeinheit hat Wagner nun dem „gebildeten Juden" zugeschrieben. Wenn er dort hinzusetzt, daß diesem in der Gesellschaft, in die er hinabgestiegen sei, um Nahrung für sein künstlerisches Schaffen zu gewinnen, nicht nur alles fremder und unverständlicher werde, sondern der unwillkürliche Widerwille des Volkes gegen ihn ihm mit verletzender Nacktheit entgegentreten würde, dann ist daraus zu ersehen, daß auch konkrete Erfahrungen Wagner zur Modellierung seines Gegen- und Kunstvolkes veranlaßt haben. Auch deshalb entstand sein Vorsatz, seine Musikdramen nicht für Geld zu schreiben. Da er auf diese Weise sein eigenes Herrschinstrument sich geschaffen hatte, konnte er für den Kampf „um Emanzipation von den Juden" plädieren, da der Jude „*herrscht* und solange herrschen wird als das Geld die Macht bleibt" [91]. Hierin liegt der einzige Ansatz von Wagners Kapitalismuskritik, die auch, noch ohne direkten Bezug auf den „Juden", sein im März 1849 entstandenes großes Gedicht *Die Not* durchzieht. Es geißelt die „Selbstsucht", den „Egoismus", den „Mammonsdienst", die Welt der „Lüge" und der „Gaunerrenten", die durch die Brandfackel der „Gottheit Not" verzehrt und vernichtet werden müssen. Einige Verse lauten:

„. . . die tugendhaften sabbath-christen
die höchstglücksel'gen egoisten,
sie sehn die zehn gebot,
doch dich nicht, hehre noth.

Sie haben capital und renten
und lieben sehr den staat,
darin sie leben von prozenten,
und ärndten ohne saat,
sie treiben künst und wissenschaften
vergnügen sich am tugendhaften,
und leben bis zum tod,
ohn dich zu kennen: noth!

Philosophie nach Kant und Hegel
sie bildet ihren geist,
denn wer sie kennt, nach höhrer regel
nun schläft und trinkt und speist:
mit hunderttausend Geistespfiffen
wird da ihr wesen abgeschliffen
von jedem irdschen Koth:
sie kennen dich nicht, noth! . . .

Diese Welt der Städte, deren Verachtung Wagner schließlich auch gegen Berlin und München zur Wahl Bayreuths als Wirkungszentrum bestimmte, muß vernichtet werden, damit das „Leben" und die „Natur" desto reiner hervortreten. So lautet der Schluß:

Denn über allen trümmerstätten
blüht auf des lebens glück:
es blieb die menschheit, frei von Ketten
und die natur zurück.
Natur und mensch — ein elemente!
Vernichtet ist, was je sie trennte!
Der freiheit morgenroth,
entzündet hat's — die noth! [92]

Wagner hat zu diesem Zeitpunkt durchaus mit der Hilfe des Hegel'schen Begriffsinstrumentariums sein Wesen „mit hunderttausend Geistespfiffen von jedem irdischen Kot abgeschliffen", um seine eigene „Not", die nur den Namen mit dem hier verwendeten sozialen Notbegriff gemeinsam hat und den er durch diesen abblendet, zu wenden. Desto leichter kann er „Kant und Hegel" der Egoistenwelt zuschlagen, denn auch dies dient der Abblendung. Wenn Wagner weiter oben von der „Aufhebung seiner (des modernen Lebens) Forderungen an mich durch Selbstvernichtung, als Erlösung" spricht, dann verwendet er genau den Hegel'schen Begriff der Aufhebung, dessen eine Bedeutung er allerdings nur für sich reklamiert: die der Vernichtung, der, wie Hegel auch sagt, Annihilation oder auch Verzehrung. Gerade auch dieser Begriff der Verzehrung wird von Wagner ebenfalls mit Vorliebe herangezogen, um die Vernichtung zu kennzeichnen. Da Wagner notwendigerweise auf der „Vernichtung" bestehen muß, muß er auch den für Hegel unverzichtbaren Gedanken der Vermittlung und Versöhnung ausschalten. Hier ist der Ansatzpunkt seiner manichäisch-unbedingten Zweiweltentheorie, die auch völlig seine Sprache bestimmt, die daher seit dem Jahr 1849 von absoluter Zuverlässigkeit ist: das System war unaufhebbar. Es war eben dieser Gedanke der Zerstörung und Vernichtung, der ihn mit Bakunin verband, der auch ein — schlechter — Hegelianer war und von dem Wagner berichtet, daß es 1848 in Berlin die Hegelsche Philosophie war, „welche er als herrschende antraf und in welcher er sich schnell so weit schulte, daß er die renommiertesten Jünger des Meisters mit einem in streng Hegelscher Dialektik sich bewegenden Aufsatze aus dem Sattel ihrer eigenen Philosophie warf" [93].

1.10. „Die Erlösung Ahasvers: der Untergang"

Wagner mußte der „Vernichtung" aber deshalb das Wort reden, weil er in seiner „Erlösung" die „Erlösung Ahasvers", des ewigen Wanderers, sah, die mit dessen Untergang enden mußte. Schon zu seinem *Fliegenden Holländer* bemerkt er, daß er „ganz wie Ahasveros" am Ende seiner Leiden den Tod ersehnen würde, aber diese, dem ewigen Juden noch verwehrte Erlösung, nur gewinnen könne durch „ein Weib, das sich aus Liebe zu ihm opfert . . . das Weib der Zukunft [94]. Der Schluß vom *Judentum in der Musik* wird angesichts des bisher Ausgeführten unschwer als verstecktes autobiographisches Bekenntnis erkennbar. Dort kommt Wagner auf Ludwig Börne zu sprechen, der „aus seiner Sonderstellung Erlösung suchend unter uns" getreten sei: „. . . Gemeinschaftlich mit uns Mensch werden, heißt für die Juden aber allernächst so viel, als — aufhören, Jude zu sein: Börne hatte aufgehört, dies zu sein. Aber gerade Börne lehrt Euch, wie diese Erlösung nicht in Behagen und gleichgültig kalter Bequemlichkeit erreicht werden kann, sondern daß sie, wie uns, nur durch Schweiß, Not und Fülle des Leidens und der Schmerzen zu erkämpfen ist. Nehmt rückhaltlos an diesem selbstvernichtenden, blutigen Kampfe teil, so sind wir einig und untrennbar! Aber bedenkt, daß nur Eines Eure Erlösung von dem auf Euch lastenden Fluche sein kann, die Erlösung Ahasvers: *der Untergang!*" [95]. Wagner hatte um den Preis des Systems seine „Not" gewendet, da er mit seiner selbstvernichtenden „Erlösung" als der „Erlösung Ahasvers" aufgehört hatte, „Jude zu

[90] RW I 160, 161, 162
[91] Kneif 55
[92] RW XII 39 ff.; da Martin Gregor-Dellin statt „Geistespfiffen" „Geistespfaffen" liest, kommt er zu folgendem Urteil über Wagners Verhältnis zu Hegel: „. . . Es ist sicher, daß Wagner nicht viel von Hegel gehalten hat, denn er hat ihn in einem seiner Revolutionsgedichte mit den anderen ‚Geistespfaffen' der Philosophie seit Kant in einen Topf geworfen und verspottet . . ." (Martin Gregor-Dellin, Richard Wagner — die Revolution als Oper, München 1973, Reihe Hanser 129,29). Der in dem Gedicht *Die Not* auftauchende Begriff des Mammonsdienstes wird später einer der Zentralbegriffe der antisemitischen Zivilisationskritik in der Nachfolge Wagners, zum Beispiel in dem Briefwechsel H. S. Chamberlain — Wilhelm II. (siehe Seite 139, 140). Doch noch im *Parsifal*-Programmheft 1958 der Bayreuther Festspiele verwendet Anton Orel in seinem Aufsatz „Der blinde Seher/Richard Wagner in katholischer Sicht" das Wort vom „todbringenden Mammonismus".
[93] ML 452; für Wagner wie für Bakunin gilt, was Albert Camus unter dem Stichwort „Die Preisgabe der Tugend", die auch in Wagners Gedicht *Die Not* anklingt, über den russischen Nihilisten und leidenschaftlichen Hegelianer Belinskij anmerkt: „Diese Folgerungen (die er Hegel verdankt, aber gegen ihn kehrt) sind diejenigen des rebellierenden Individualismus. Das Individuum kann die Geschichte, wie sie abläuft, nicht hinnehmen. Es muß die Wirklichkeit zerstören, um zu bestätigen, was es ist, aber nicht mit ihr zusammenarbeiten. ‚Die Verneinung ist mein Gott, wie zuvor die Wirklichkeit. Meine Helden sind die Zerstörer des Alten: Luther, Voltaire, die Enzyklopädisten, die Terroristen, Byron im *Cain*.' So finden wir auf einen Schlag alle Themen der metaphysischen Revolte." (Albert Camus, Der Mensch in der Revolte, Hamburg 1961, 162 ff.)
[94] RW I 94/95
[95] Kneif 77

sein". Eben deshalb mußte die „Vernichtung" im Zentrum seiner Werke stehen. Im *Ring des Nibelungen* wird dann aus dem ewigen Juden und Wanderer — Wodan, mit dem Wagner sich ausdrücklich vergleicht, da er derjenige ist, der „das Notwendige" *wollte*. An August Röckel schreibt er in seinem großen Nibelungen-Brief vom 25. Januar 1854: „... deswegen ist er nun auch ‚Wanderer' geworden: sieh Dir ihn recht an! Er gleicht *uns* aufs Haar; er ist die Summe der Intelligenz der Gegenwart, wogegen Siegfried der von uns gewünschte, gewollte Mensch der Zukunft ist, der aber nicht durch uns gemacht werden kann, und der sich selbst schaffen muß durch unsre Vernichtung ... Wodan schwingt sich bis zu der tragischen Höhe, seinen Untergang — zu *wollen*. Dieß ist Alles, was wir aus der Geschichte der Menschheit zu lernen haben: das *Nothwendige* zu *wollen* und selbst zu vollbringen. Das Schöpfungswerk dieses höchsten, selbstvernichtenden Willens ist der endlich gewonnene *furchtlose*, stets liebende Mensch: Siegfried ..." [96]. Und wenn Wagner hier ausdrücklich den Begriff der Intelligenz verwendet, mit dem er gewöhnlich die „egoistische" oder „reflektierende jüdische Intelligenz" verbindet und brandmarkt, ist Ahasver angesprochen. Da die „Not" nur im Kunstwerk aufgehoben und „erlöst" werden konnte, blieb sie in Wirklichkeit bestehen und an gewissen, eher beiläufigen Stellen hat Wagner das auch bekannt. So wenn er am 21. Juni 1859 an Mathilde Wesendonck schreibt, daß er sich hüten müsse, eine Passion für das Pferd aufkommen zu lassen, da „der Wanderung des ewigen Juden kein Pferd beigegeben sein" dürfe, und ihr in einem Brief vom 10. April 1860 aus Paris gesteht, daß er von der Welt und Europa nicht loskommen würde: „.. o, dafür sorgt schon der Dämon. Die sicherste Garantie für meine unausbleibliche Einwirkung auf Europa ist — meine Not!" [97]. Wagners „Not" bedingte aber auch seinen Rückzug aus der Welt und aus der Zeit in eine künstliche Traumwelt des „ewigen Stillstandes", in der er nach Plan und System seine Werke schuf. Doch war er sich, wie ein Brief vom 8. Juni 1853 an Röckel zeigt, im klaren darüber, „daß meine Kunst jetzt immer mehr das Lied der geblendeten, sehnsüchtigen Nachtigall wird, und daß diese Kunst plötzlich allen Grund verlieren würde, wenn ich eben die Wirklichkeit des Lebens umarmen dürfte" [98]. Die äußere Wanderschaft Wagners endete erst mit dem eigenen Haus in Bayreuth, hinter dessen Inschrift: „Hier wo mein Wähnen Frieden fand / Wahnfried sei dieses Haus von mir benannt" auch eine geheime Anspielung auf die „Not" vermutet werden kann: Wahnfried soll auch Notfried sein. Doch insgeheim ging die ruhelose und rastlose Wanderschaft weiter: auf dem Sgraffito über dem Eingang von Haus Wahnfried ist Wodan mit Wanderstab, Umhang und Schlapphut als Wanderer dargestellt: Wagners Wodan bleibt Ahasver, der ewige Jude. Für einen Augenblick taucht die Frage auf, was aus Deutschland hätte werden können, wenn nicht der Hegelerbe Wagner zusammen mit anderen Hegelerben mit seiner künstlichen, konstruierten Privatmythologie und seiner kunstvoll in Szene gesetzten herrschsüchtigen Erlösungsideologie, für deren auch gesellschaftlichen Erfolg wie für den Gedanken der „ewigen Wiederkunft" — worauf Benjamin aufmerksam gemacht hat — die Tatsache ihre Bedeutung hat, „daß die Bourgeoisie der bevorstehenden Entwicklung der von ihr ins Werk gesetzten Produktionsordnung nicht mehr ins Auge zu blicken wagte" [99] — wenn nicht die Hegelerben zu so weitreichenden und folgenreichen künstlerischen und gesellschaftlich-politischen Wirkungen gelangt wären, sondern, um nur diese Namen zu nennen, Lichtenberg, Lessing, der, was Grillparzer zustimmend zitiert, gesagt hat: „Wer mich ein Genie nennt, den schlag ich hinter die Ohren" [100], oder der andere Bayreuther Jean Paul, der eine Generation vor Wagner in seinem *Clavis Fichtiana seu Leibgeberiana* und vor allem in seinem unvergleichlichen *Titan* subjektiven Idealismus und deutschen Titanismus bloßgestellt hat.

[96] AR 36, 38
[97] MW 198, 266
[98] AR 19
[99] Walter Benjamin, Illuminationen, Frankfurt 1961, 257
[100] Grillparzer I 444

2. Der „Bayreuther Idealismus"

> Überhaupt dass es gar keinen Begriff des Deutschen mehr giebt — oder nur einen ganz schlechten, Gemisch aus dem trivialisierten Bismarck und dem undeutschesten was es gibt dem Wotan Richard Wagners. ...
> K. Riezler, Tagebuch, Berlin 17. 2. 1915

Am 18. August 1865 notiert Wagner sich in sein *Braunes Buch* die folgenden Gedanken im Zusammenhang mit der erhofften Unterstützung seiner Theaterpläne durch Ludwig II.: „Ich kann und muß nur in einer Art von Wolke leben. Wie ich einzig ein Kunstmensch bin, kann ich auch nur ein künstliches Leben führen. ... Wenn der König (auf) meine Vorschläge eingeht, und ich dadurch mein Leben bis zum Tode angenehm gesichert und von jeder Sorge befreit sehe, denke ich nur noch an das Schaffen, nicht aber mehr an das Wirken. Ich richte mir dann einen vollständigen Hof ein. Hans muß alles ‚Wirken' übernehmen: Schule, Aufführungen u.s.w. Ich verkehre mit der Welt nur noch durch ihn. ... Das muß ganz künstlich eingerichtet werden, und dann geht es wie zu Versailles, bei Louis XIV. her: mit steifster Etiquette, wie auf Fäden gezogen ..." [101] (siehe Seite 34). Der König ging auf die Vorschläge Wagners ein und so war der Weg frei zur „Nebenregierung" [102] in Bayreuth. Wie ernst dieser Regierungsanspruch genommen wurde, bezeugen nicht nur die unzähligen Zeugnisse von aufopferungswilligen und dienstbereiten Teilnehmern, Dirigenten und Förderern der endlich verwirklichten Festspiele, sondern vor allem die bis in die dreißiger Jahre des 20. Jahrhunderts agierenden „Soldaten des Bayreuther Idealismus" [103], um dieses Wort aus einem Nachruf auf den Nietzscheschwager, Berufsantisemiten und Wagnerapostel Bernhard Förster in den *Bayreuther Blättern* 1889 aufzunehmen (siehe Seite 57). Doch selbst Franz Liszt schreibt am 24. November 1882 aus Venedig in einem Brief an den Herausgeber der *Bayreuther Blätter* Hans von Wolzogen, der gerade dank dieser Tätigkeit einer der einflußreichsten und ob seiner absoluten Gläubigkeit verhängnisvollsten Ideologen des „Bayreuther Idealismus" wurde: „Es versteht sich von selbst, daß Wagner als legitimer Monarch herrschen und regieren soll, bis zur vollständigen äußeren Realisierung seiner Bayreuther Idee: die Mustervorstellung seiner *Gesammtwerke*, unter seiner Aegide und Anordnung in Bayreuth. Dieses Ziel anzustreben gebührt allen Theilnehmenden an der historisch-civilisierten Cultur der Kunst in den nächsten Jahren des endenden 19ten Jahrhunderts" [104]. Wie später im George-Kreis stand bei der „äußeren Realisierung" der „Bayreuther Idee" das Prinzip von Herrschaft und Dienst im Zentrum des Bayreuther Selbstverständnisses, denn je sicherer Wagner sich geworden war, desto weniger drang Kritik — die Briefe an Röckel lassen dies deutlich erkennen — an ihn heran. Hatte ihn der nach seiner Flucht aus Deutschland in Amerika wirkende Carl Schurz in Zürich im Herbst 1849 schon als „äußerst anmaßenden, herrischen Gesellen, mit dem niemand umgehen könne" empfunden, der unter seinen damaligen Schicksalsgenossen keineswegs beliebt gewesen sei [105], so wurde aus dieser „anmaßenden, herrischen" Haltung schließlich ein absoluter Anspruch auf Herrschaft. Kurz vor Beendigung des *Parsifal* bemerkt Wagner einem Jüngeren gegenüber: „Mein Taktstock wird noch einmal das Zepter der Zukunft werden, er wird die Zeiten lehren, welchen Gang sie zu nehmen haben" [106], und hält man sich vor Augen, daß *sein* Taktstock ein von Gottfried Semper entworfener und ihm von Mathilde Wesendonck nach einem Konzert Ende März 1858 in ihrem Haus

[101] Richard Wagner, Das Braune Buch, Tagebuchaufzeichnungen 1865—1882, herausgegeben von Joachim Bergfeld, Zürich 1975, 42
[102] Adorno 179
[103] Bayreuther Blätter 1889, 307
[104] Franz Liszt, Briefe, herausgegeben von La Mara, Leipzig 1893, II, 339
[105] Carl Schurz, Denkwürdigkeiten, Berlin 1906, I, 253
[106] Carl Friedrich Glasenapp, Das Leben Richard Wagners in sechs Büchern, Berlin 1905—1912, IV, 199

geschenkter elfenbeinerner geschnitzter „Runenstab" war (siehe Seite 86, 87), dann werden im Zusammenhang mit seiner Tagebuchnotiz: „.. ich bin der deutscheste Mensch, ich bin der deutsche Geist" [107] (siehe Seite 29) seine auf Deutschland bezogenen Herrscherabsichten ersichtlich. Sein „Deutscher Geist" ist ein der Hegel'schen Geschichtsphilosophie verpflichteter Systembegriff, der mit der deutschen Wirklichkeit nichts zu tun hatte. Sein künstliches Wolkenleben konnte ihn über den Ausgang des dreißigjährigen Krieges kalt und gleichgültig teilnahmslos sagen lassen: „Das Volk war vernichtet, aber der deutsche Geist hatte bestanden" [108]: er beurteilt die Realität nach seinem Systemdenken. Hatte er den ihm notwendigen Rückzug nach „innen" angetreten, so bestimmt er in seiner Rede anläßlich der Grundsteinlegung des Festspielhauses in Bayreuth am 22. Mai 1872, seinem neunundfünfzigsten Geburtstag, als das Wesen des deutschen Geistes, „daß er von innen baut: der ewige Gott lebt in ihm wahrhaftig, ehe er sich auch den Tempel seiner Ehre baute. Und dieser Tempel wird dann gerade so den inneren Geist auch nach außen kundgeben, wie er in seiner reichsten Eigentümlichkeit sich selbst angehört" [109]. Das Festspielhaus nennt er das „Gebäude unserer edelsten deutschen Hoffnung" und den Grundstein den Zauberstein, „dessen Kraft die verschlossenen Geheimnisse jenes Geistes Ihnen lösen soll". Der im Grundstein eingeschlossene Spruch lautet:

„Hier schließ' ich ein Geheimnis ein,
da ruh' es viele hundert Jahr':
so lange es verwahrt der Stein,
Macht es der Welt sich offenbar."

Diese Verse, die als eine Art magische Formel des „Bayreuther Idealismus" gelten können, dessen Vertreter nicht müde werden, sie heranzuziehen, wenn ihnen die Worte fehlen, die Tiefe und Größe Wagners auszudrücken, bedeuten nichts mehr als eine Verabsolutierung *seines* Begriffes des deutschen Geistes, dessen Geheimnis der Welt offenbar gemacht werden soll, und enthalten einen genauen Hinweis auf Wagners absichtsvolle und genau kalkulierte Mystifizierungsaktivität: in dem Bayreuther „Tempel" sollen sich Geheimnisse offenbaren, die Gefühle sollen angesprochen werden, nicht der Verstand oder das erkennende Bewußtsein. So gibt Wagner in den *Ring*-Textbüchern des Jahres 1876 den Hinweis, man möge die Texte in der Pause lesen, da der Zuschauerraum während der Aufführung verdunkelt werde. Diese beabsichtigte Verdunkelung, die man hundert Jahre lang unbeirrt und unbefragt beibehalten hat, zielt auch auf die Verdunkelung des — um Wagner'sche Worte zu verwenden — Kopfes, damit das Herz desto reiner empfinden könne. Begriffe wie „unendliche Melodie", „mystischer Abgrund", „tönendes Schweigen", „Tonsprache", „Wort-Tondichter", „unbewußtes Bewußtsein" [110] — um diese zu nennen —, die alle lediglich der systemabhängigen Vereinigungsideologie der Theorie des Gesamtkunstwerks und des Musik-Dramas verdankt werden, tun ein Übriges, diese „Verdunkelung" zu erreichen und zu steigern. Wagners letztlich geheimnisloses, immer absichtsvolles Schaffen bedingte die konsequente Mythisierung; sollte das System nicht „offenbar" werden, mußte das „Geheimnis" offenbar gemacht werden, noch dazu das „Geheimnis des deutschen Geistes". Dieses eigentlich, moralisch gesprochen, auf einer Lüge beruhende „Bayreuther Ideal", mit dem nicht wenige und nicht nur „Bayreuther Idealisten" *den* Begriff der deutschen Kultur verbanden und mit dem nicht wenige als nationalistischem und militant-antisemitischem Kampfbegriff operierten, hat Wagner selbst zuzeiten als unerträgliche Belastung empfunden, da er wußte, mit welch kalkulierter, absichtsvoller Planung es entstanden war. Ludwig II. gegenüber, bei dem solche Geständnisse gut aufgehoben waren, hat er sich in einem Brief vom 31. März 1880, in welchem er auch von dem Plan der „vollständigen Übersiedlung nach Amerika" spricht (siehe Seite 46), darüber geäußert: „Meine eigenen Thaten, Schöpfungen und Entwürfe folgen mir wie nagende Schlangen überall hin nach, umschlingen und pressen mich gleich einem Laokoon. Zu meinem Unglück erfand ich die Idee von einem Bayreuther Ideal!" [111]. Dieses „Bayreuther Ideal" ist ebenfalls ursprünglich sein alleiniges, höchst privates Systemideal, das 1858 so genannte „rein angeschaute Ideal", das bei ihm solche Realität gewinnen würde — und diese Stelle sei hier wiederholt —, „daß sie meine Wirklichkeit ausmacht, an der ich nichts gestört dulden kann" [112]. Zu diesem „Ideal" gehört aber seit Mitte der fünfziger Jahre die Vorstellung, „daß der ursprüngliche Gedanke des Christentums seine Heimat in Indien hat" und daß „die ungeheure Schwierigkeit, ja Unmöglichkeit, diesen reinen, durchaus weltverachtenden und dem Willen zum Leben abgewandten Gedanken auf den Stamm des vor allem durch Paulus vertretenen Judentums zu pfropfen", einzig alle die Widersprüche verursacht habe, die das Christentum bis heute so traurig entstellt und fast unkenntlich gemacht hätten; deshalb bestimmt Wagner den „geist- und herzlosen Optimismus" als den „eigentlichen Kern des Judenthums" [113]. Sein „Ideal" ist daher seit dieser Zeit mit der Vorstellung des „reinen Ariers" untrennbar verbunden — dieses Moment wird zentral für den *Parsifal* —, weshalb sich Wagners Kampf gegen das „Judentum", vor allem nach der Begegnung mit dem rassistischen französischen Grafen Gobineau (siehe Seite 42, 162), verschärft. Nicht zuletzt auch deswegen, weil er — und mit ihm seine Apostel und Anhänger — im „Judentum" nicht nur den Träger des bereits 1849 im Gedicht *Die Noth* angeführten „Mammonsdienstes" oder „Mammonismus" und „Materialismus" wie er später genannt wird (siehe Seite 128, 139), sondern gerade auch den Träger des optimistischen Fortschrittsdenkens und damit der demokratischen Bewegung sieht, die daher gebrandmarkt werden müssen. Hier ist der Ansatzpunkt für Wagners Bejahung der Blutideologie, der Regenerationslehre, des Vegetarismus und des Antivivisektionismus, die dann bei den Anhängern seiner Sache Schule macht, und vor allem von Cosima konsequent weitergepflegt wird. Ihre Briefwechsel mit Houston Stewart Chamberlain, der die Vorstellung vom reinen arischen Menschen und arischen Jesus ins Zentrum seiner 1899 erscheinenden *Grundlagen des 19. Jahrhunderts* rückt, und mit dem Fürsten Ernst zu Hohenlohe-Langenburg sind dafür beredte Zeugnisse (siehe Seite 75, 76, 139, 141).

In einem durch einen wegen seiner Ausfälle gegen die Geistlichkeit zu kürzenden Aufsatz von Bernhard Förster veranlaßten Brief an Hans von Wolzogen vom 17. Januar 1880 aus Neapel kommt Wagner auf die Schwierigkeit zu sprechen, „mit unseren Freunden und Gönnern zu einem Einverständnis darüber zu gelangen, was uns für alle Zukunft der wahrhaft erkannte, von aller alexandrinisch-judaisch-römisch despotischen Verunstaltung gereinigte und erlöste, unvergleichlich erhaben einfache Erlöser in der historisch erfaßbaren Gestalt des Jesus von Nazareth bedeutet und ist" [114]. Hieraus wird die *Parsifal*schlußformel:

[107] Braunes Buch, 86; über den „Runenstab" schreibt Wagner in *Mein Leben:* „... Das Unerhörte eines solchen Hauskonzertes schien alles in eine sehr erregte Stimmung zu versetzen; mir ward beim Beginn der Aufführung durch die junge Tochter des Hauses ein schöner, nach Sempers Zeichnung in Elfenbein geschnitzter Taktstock (der erste und einzige mir zum Ehrengeschenk gemachte) überreicht ..." (ML 652)
[108] Kneif 92
[109] Mack 225
[110] MW 119; RW I 147, 130

[111] LW III 172
[112] MW 108, 139
[113] AR 60, 61 (Juni 1855)
[114] Richard Wagner an seine Künstler, „Bayreuther Briefe", herausgegeben von Erich Kloss, Berlin/Leipzig 1908, II, 386, 387. Zu den „Freunden und Gönnern" gehörten vor allem auch der Herausgeber des „Berliner Börsenkuriers" George Davidsohn und der Münchner Mathematiker Alfred Pringsheim, die alles daran setzten, „der antisemitischen Agitation Bayreuths einen Riegel vorzuschieben" (Schüler 249). Die einzige Tochter Alfred Pringsheims, der ein leidenschaftlicher früher Förderer Wagners war, wurde später die Frau Thomas Manns. Auch wenn Wagner durch eine antisemitische Bemerkung Pringsheim veranlaßte, die persönlichen Beziehungen abzubrechen, blieb dieser doch weiter ein Förderer und Verteidiger Wagners. Durch eine direkte schriftliche Eingabe an Hitler erreichte Winifred Wagner ihrer Erinnerung nach, daß Alfred Pringsheim im November 1939 mit seiner Frau nach Zürich emigrieren konnte.

Fortsetzung des Essays Seite 278

Sinnige Bilderbogen für grosse Kinder. №1.

Walle, Wagner, Du Weiser, Deine Wege so fein.
Wage, Wagner, Waghals'ger, das Wagniss allein.

Woher und wohin wirst wohl wonnig Du sehn,
Jm Wogen der Wellen im Wagen so schön

Wagala weia wallalatrallala. etc etc.

Wo Wesendonks Schatten, und Wülows Dir wehn,
Wirst wirkender Weber wohl wankend vergehn!

Nach Rheingold Melodie zu singen.

Leipzig. M. G. Priber's Verlag

Lith. Anst. v. A. Kürth. Lpzg.

Leipziger Flugblatt. Um 1869

Der fliegende Holländer.

Motiv des Holländers.

Tannhäuser und der Sängerkrieg auf der Wartburg.

1891. 1892. 1894.

Erster Aufzug.
Jagdruf.

Zweiter Aufzug.
Wartburg-Fanfare.

Dritter Aufzug.
Verheissungsklänge.

Lohengrin.

1894.

Erster Aufzug.
Trompeten des Königs.

Zweiter Aufzug.
Motiv des Frageverbots.

Dritter Aufzug.
Gralmotiv.

Tristan und Isolde.

1886. 1889. 1891. 1892.

Erster Aufzug.
Motiv des jungen Seemanns.

Zweiter Aufzug.
Todes-Motiv.

Dritter Aufzug.
Motiv des Hirten.

Die Meistersinger von Nürnberg.

1888. 1889. 1892. 1899.

Erster Aufzug.
Motiv der Meistersinger.

Zweiter Aufzug.
Motiv von Beckmesser's Ständchen.

Dritter Aufzug.
Trompetenfanfare der Stadtmusikanten.

Der Ring des Nibelungen.

1876.

I. Das Rheingold.

Motiv des Donners.

II. Die Walküre.

Motiv des Schwertes.

III. Siegfried.

Siegfried-Motiv.

IV. Götterdämmerung.

Walhalla-Motiv.

III. Siegfried.

1896. 1897. 1899. 1901.

Erster Aufzug.

Siegfried's Hornruf.

Zweiter Aufzug.

Sieg-Motiv.

Dritter Aufzug.

Siegfried-Motiv.

IV. Götterdämmerung.

1896. 1897. 1899. 1901.

Erster Aufzug.

Motiv des Fluches.

Zweiter Aufzug.

Hochzeitsruf.

Dritter Aufzug.

Walhalla-Motiv.

Parsifal.

1882. 1883. 1884. 1886. 1888. 1889. 1891. 1892. 1894. 1897. 1899. 1901.

Erster Aufzug.

Motiv vom Abendmahle.

Zweiter Aufzug.

Motiv des Parsifal.

Dritter Aufzug.

Motiv der Erlösung.

Die Aufführungsjahre der im Bayreuther Festspielhaus seit 1876 gespielten Werke Richard Wagners sind hier bis zum Jahre 1901 unter dem jeweiligen Titel angegeben. Da der *Parsifal* bis zum Ende der dreißigjährigen Schutzfrist am 31. 12. 1913 — mit wenigen zu harten Kämpfen führenden Ausnahmen (siehe Seite 106 und 121 bis 123) — nach dem Willen Wagners nur in Bayreuth gezeigt wurde, ist er auch das meistgespielte Werk. Mit Ausnahme des Jahres 1896, der Kriegsjahre 1940 bis 1944 und des Jahres 1974 wurde er von 1882 bis 1975 jedes Jahr in insgesamt 572 Aufführungen gespielt. Auf ihn folgen die vier Ringwerke mit insgesamt 730 und die *Meistersinger* mit 271 Aufführungen. Während der Kriegsfestspiele 1943 und 1944 wurden nur die *Meistersinger* gegeben (siehe Seite 243).

RICHARD WAGNER — DER SCHRIFTSTELLER UND POLITIKER

Die Einzigartigkeit und Modernität Richard Wagners liegen nicht zuletzt darin, daß er auch als Schriftsteller über seine künstlerische Arbeit und sein vor allem auch politisches Denken Rechenschaft ablegen mußte. In der Nachfolge des Systemdenkens Hegels gelangte er zu seiner Theorie des Gesamtkunstwerks, die zum *Ring des Nibelungen* und zur Festspielidee führte. Titel wie *Die Kunst und die Revolution* (1850), *Das Kunstwerk der Zukunft* (1850) und *Zukunftsmusik* weisen auf das allerdings von vornherein mythisch eingefärbte utopische Moment des Wagner'schen Denkens, das schließlich in den resignativ-illusionären Erlösungsmystizismus des *Parsifal* und des Regenerationsgedankens mündete.

Inhaltsübersicht

der „Gesammelten Schriften und Dichtungen".

Erster Band.

Inhaltsübersicht.

Zweiter Band.

Dritter Band.

Vierter Band.

Fünfter Band.

Die Kunst

und

die Revolution.

Von

Richard Wagner.

Wo einst die Kunst schwieg, begann die Staatsweisheit und Philosophie: wo jetzt der Staatsweise und Philosoph zu Ende ist, da fängt wieder der Künstler an.

Leipzig,
Verlag von Otto Wigand.
1850.

Sechster Band.

Siebenter Band.

Achter Band.

Neunter Band.

Zehnter Band.

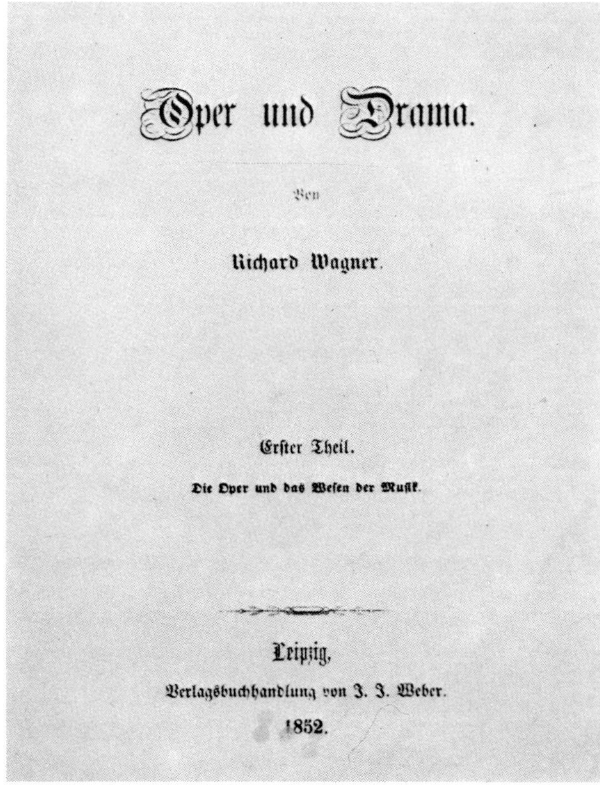
Oper und Drama.

Von

Richard Wagner.

Erster Theil.

Die Oper und das Wesen der Musik.

Leipzig,
Verlagsbuchhandlung von J. J. Weber.
1852.

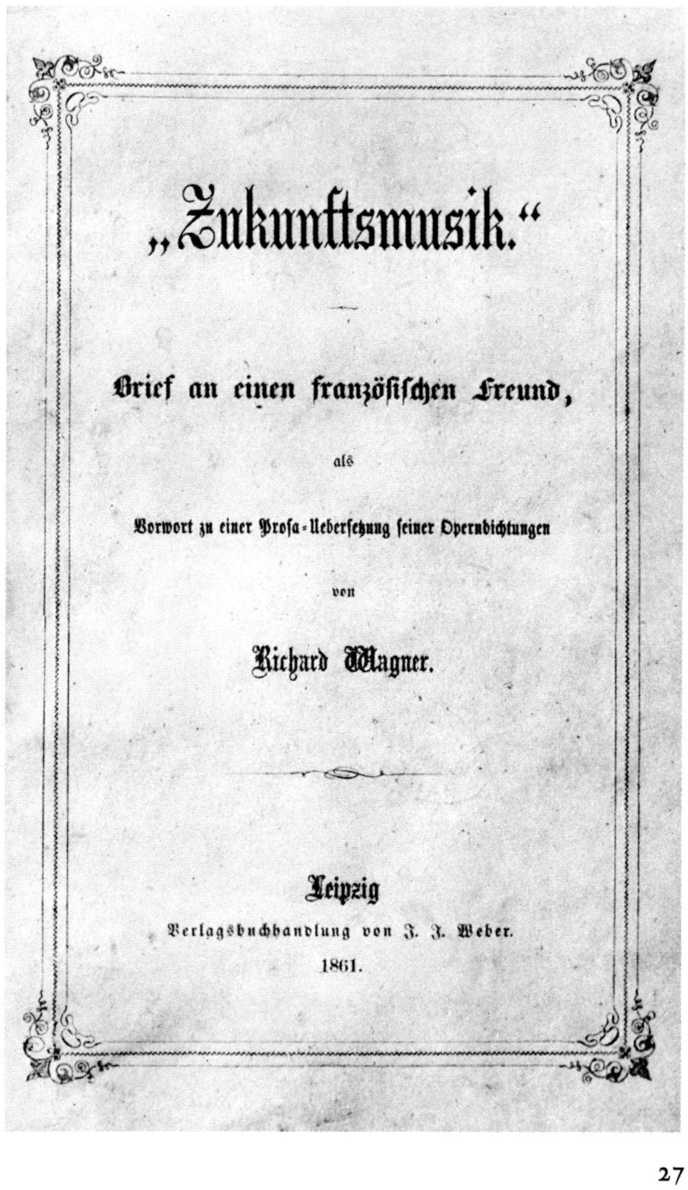
„Zukunftsmusik."

Brief an einen französischen Freund,

als

Vorwort zu einer Prosa-Uebersetzung seiner Operndichtungen

von

Richard Wagner.

Leipzig
Verlagsbuchhandlung von J. J. Weber.
1861.

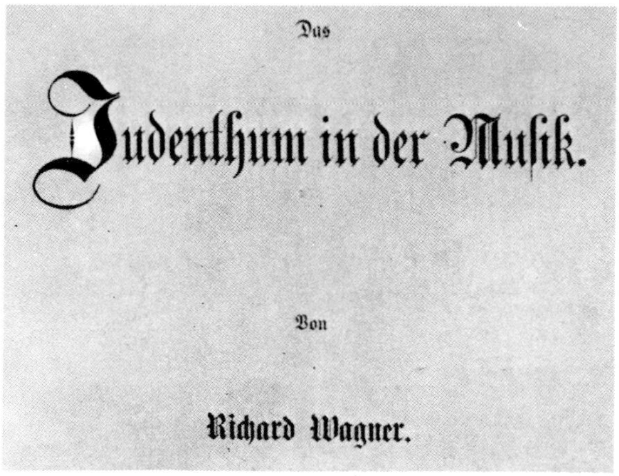
Das
Judenthum in der Musik.
Von
Richard Wagner.

Die weitreichendste und verhängnisvollste Wirkung hat Wagners Schrift *Das Judenthum in der Musik* gehabt. Sie erschien am achten und neunten September 1850 in der von Robert Schumann gegründeten „Zeitschrift für Musik" unter dem Pseudonym K. Freigedank und 1869 unter Wagners Namen als Broschüre mit einer Widmung an Marie von Mouchanoff-Kalergis, die 1860 das Defizit von Wagners Konzerten in Paris mit 10 000 Frs. gedeckt hatte. Aus einem Brief an ihre Tochter geht hervor, daß sie sich zwar durch diese Widmung geehrt fühlte, aber dennoch gern einen Satz über die „Wohltätigkeit und Mässigkeit dieser ausdauernden und energischen Rasse" eingeschaltet gesehen hätte. Die Rezension Gustav Freytags zeigt, daß Wagners Pamphlet auch schon scharfe zeitgenössische Kritiker gefunden hat. Der unbelehrbare und rabiat-idealistische Anhänger und Vertreter der „Weltanschauung" und „Sache" Richard Wagners — stellvertretend seien Glasenapp, Schemann, Wolzogen und Chamberlain genannt — war selbstverständlich Antisemit, auch wenn Richard Wagner — wie später auch sein Sohn Siegfried — mit vielen Juden zusammenarbeitete (Josef Rubinstein, Karl Tausig, Angelo Neumann) und Hermann Levi sogar — einem Tagebucheintrag Cosimas zufolge allerdings erst nach vorheriger Taufe und gemeinsam eingenommenem Abendmahl (28. 4. 1880) — die Uraufführung des *Parsifal* am 26. Juli 1882 dirigieren ließ; dieser bringt daher in dem untenstehenden Brief an seinen Vater Verständnis für Wagners „Kampf" auf, unter dem er nach dem Tod Wagners von seiten Cosimas dann doch zu leiden hatte.

Die Spuren des Bayreuther Antisemitismus, die sich kontinuierlich bis zum Dritten Reich verfolgen lassen, werden daher — auch an Hand von Briefen Cosimas — in ihrer immer erschreckenderen Verschärfung und Verbreiterung konsequent dokumentiert.

Der Schriftsteller Gustav Freytag rezensiert Wagners 1869 in Buchform erschienene Abhandlung „Das Judentum in der Musik", die erstmals 1850 in der Neuen Zeitschrift für Musik *veröffentlicht worden war:*

Wir haben gar nicht die Absicht, zu untersuchen, ob jüdische Componisten und Virtuosen, welche dem Zuge der Zeit ebenso folgten wie die Christen, der modernen Musik mehr Segen oder Unsegen gebracht haben. Denn wir Nichtjuden haben auch in der Musik das Recht verloren, unseren jüdischen Künstlern Einseitigkeiten vorzuwerfen, und zwar befürchten wir, daß gerade Herr Wagner in seinen eigenen Werken die Eigenthümlichkeiten und Schwächen, welche nicht selten an jüdischen Künstlern getadelt worden sind, in höchst ausgezeichneter Weise an den Tag gelegt hat, wenn er dieselben auch ein wenig anders drapirt zeigt, als seine Vorgänger. Im Sinne seiner Broschüre erscheint er selbst als der größte Jude. Die Effecthascherei, das prätentiöse und kalt überlegte Streben nach Wirkungen, welche nicht durch sicheren Kunstgeschmack regulirt werden, der Mangel an Fähigkeit, musikalischer Empfindung ihren melodischen und harmonischen Ausdruck rein und voll zu geben, die übergroße, nervöse Unruhe, Freude am Seltsamen und Gesuchten, das Bestreben, durch witzigen Einfall und äußerliche Kunstmittel die gelegentliche Schwäche seiner musikalischen Erfindung zu decken, dazu selbst das große Talent für raffinirte Regie der Effecte, endlich hinter Allem statt eines sicheren, starken Künstlergemüths, in welchem die Form mit dem Inhalt mühelos sich ausbildet, unerzogene Prätension eines eigenwilligen Dilettanten, welcher begehrlich über die Grenzen seiner Kunst hinausfährt und Gesetzen der Schönheit auch deshalb widerspricht, weil er ihnen zu folgen außer Stande ist; ein abenteuerlicher Sinn, der im Ungeheuerlichen Befriedigung sucht, unbekümmert darum, ob durch seine Arbeit Sänger, Orchester und der schöne Organismus des musikalischen Drama's verwüstet werden. Solche Schwäche und Unart finden wir überall in seinen Werken neben Fragmenten von wahrhaft schöner, zuweilen wahrhaft hinreißender Erfindung. Diese Beschaffenheit seines merkwürdigen und für unsere Musik verhängnißvollen Talentes scheint uns gerade eine solche zu sein, welche in seinem Sinne als eine dem Judenthum eigenthümliche aufgefaßt werden müßte. Da nun Herr Wagner keineswegs der Meinung sein wird, daß er selbst zu dem Judenthum in der Musik gehöre, so haben wir Andern zuverlässig alles Recht verloren, von Beschränktheiten der jüdischen Musiker zu sprechen. Und das scheint uns der Humor bei diesem langen Streit um Kaisers Bart.

Gustav Freytag, „Der Streit über das Judenthum in der Musik", *Die Grenzboten* XXVIII, Leipzig 1869, S. 336

---

13. April 1882

Dein letzter, urfrischer, reizender Brief hat mir die größte Freude gemacht. Du schreibst: „Könnte ich Wagner nur auch recht gut sein!" — Das kannst Du gewiß und sollst es! Er ist der beste und edelste Mensch. Daß ihn die Mitwelt mißversteht und verleumdet, ist natürlich; es pflegt die Welt das Strahlende zu schwärzen; Goethe ist es auch nicht besser ergangen. Aber die Nachwelt wird einst erkennen, daß W. ein ebenso großer Mensch als Künstler war, wie dies jetzt schon die ihm Nahestehenden wissen. Auch sein Kampf gegen das, was er „Judentum" in der Musik und in der modernen Literatur nennt, entspringt den edelsten Motiven, und daß er kein kleinliches Risches hegt, wie etwa ein Landjunker oder ein protestantischer Mucker, beweist sein Verhalten zu mir, zu Joseph Rubinstein und seine frühere intime Beziehung zu Tausig, den er zärtlich geliebt hat. — Das schönste, was ich in meinem Leben erfahren habe, ist, daß es mir vergönnt wurde, solchem Manne nahe zu treten, und ich danke Gott täglich dafür. Also sei nur auch Du ihm von Herzen gut. Liszt will ich nicht verteidigen, der ist ein alter Schwätzer und Komödiant und Wagner selbst empfindet nichts für ihn, nur ist er ihm Dank schuldig, da er der Erste war, der seine (Wagner's) Bedeutung erkannt hat. — — Die 600 M. habe ich als stetige Zulage erhalten, was in Anbetracht meiner künftigen Pension ganz annehmbar ist. Wenn ich jetzt, nach 10jähriger Tätigkeit, invalide werde, habe ich 5600 M Pension; das steigert sich dann mit jedem weiteren Jahrzehnt. — In Bayreuth bekomme ich außer meinem fortlaufenden Gehalt 500 M. monatlich, was mir ganz genügend ist.

11 Sept. *[1865]*

Die Illustrirte Zeitung brachte einen Bericht über das Burschenschafts-jubiläum in Jena, und dazu Zeichnungen. Unter den drei Nestoren der noch lebenden Gründer ist ein Pastor Riemann: sein Kopf hat mich tief, tief angesprochen. Ich möchte diesen Mann kennen lernen. Das Fest, die alt-deutsche Tracht, Vieles u. Manches dabei hat mich – sonderbarer Weise! – sehr anregend berührt, ja – gerührt. Ich brach' in sanfte Thränen aus. – Himmel! Etwas wie – Hoffnung überkam mich! Sollte es möglich sein? – Sollte aus diesem deutschen Volke noch etwas werden können? Sollten die Keime wirklich vorhanden sein? Mein Herz sagte mir, welch Edles, ganz unvergleichlich Schönes daraus werden müsste, wenn es das einzig Rechte würde. Sieh diesen Kopf Riemann's. Das ist deutsche Idealität. Ganz unbeschreiblich! Wenig Bewegung, keine ungarische, polnische oder Französische Gelenkigkeit, etwas schwer, unzierlich: aber, diess sinnende Gemüth! Der naive Blick, der wunderliche Glaube drin, die Schwärmerei! Diese Burschenschaft! Giebt es etwas Sonderbareres? Mit was irgend in der Welt nur zu vergleichen? Durchaus einzig. Alles streift so hart an das Lächerliche: und nun – da giebt es ruhige, fast philisterhafte Männer, – die glauben daran! Und, wir dürfen sie nicht verspotten. Hinter dem Enthusiasmus des französischen Volkes, als es 1793 in das Heerlager, an die Gränzen sich anwerben liess, stand am häuslichen Herde der Schrecken, das Schaffot, das Elend. Der Franzose ist blutdürstig: er blieb, nachdem das Vaterland gerettet, de gaité de cœur, Soldat, machte sich einen Soldatenkaiser, und prahlte in der Welt herum. Das war anno 1813 in Deutschland anders: da liefen die 14 jährigen Knaben und die 60 jährigen Männer auch in die Heerlager! Das war eine innige, heilige Sache: dazu wurden fast fromm klingende Lieder gesungen. Das war eine Hoffnung! Ein Deutschland sollte werden. Was das sein sollte, das zeigte sich, als gesiegt und verrathen worden war. Da kam die Burschenschaft dran. Da ward der Tugendbund gestiftet. Alles so phantastisch, dass kein Mensch es begreifen konnte. Aber ich hab' es begriffen. Jetzt begreift mich kein Mensch: ich bin der deutscheste Mensch, ich bin der deutsche Geist. Fragt den unvergleichlichen Zauber meiner Werke, haltet sie mit allem Übrigen zusammen: Ihr könnt für jetzt nichts anderes sagen, als – es ist deutsch. Aber was ist dieses Deutsche? Es muss doch etwas wunderbares sein, denn es ist menschlich schöner als alles Übrige? – O Himmel! sollte dieses ‹Deutsche› einen Boden haben! Sollte ich mein Volk finden können! Welch herrliches Volk müsste das werden? Nur diesem Volke könnte ich aber angehören. –

Sieh Dir den ‹Riemann› an, und die Burschenschafter da in Jena! – Ich sollte in solch einer deutschen Universitätsstadt leben! –

Geht mir mit Rom – und Ungarn! – Das ist Alles Galimathias[1]! –

Wagners Identifizierung mit dem „deutschen Geist“, die aus obenstehendem Tagebucheintrag aus dem *Braunen Buch* deutlich wird, läßt ihn trotz seines Mißtrauens gegen die Deutschen nach dem Krieg von 1870/71 das nebenstehende dem siegreichen Heer gewidmete Gedicht verfassen, das er zunächst an Bismarck schickt, der am 21. Februar 1871 antwortet.

Kaiserlied.
(für das Heer.)

Heil! Heil dem Kaiser!
König Willhelm!
Aller Deutschen Hort und Freiheitswehr!
Höchste der Kronen,
Wie ziert Dein Haupt sie hehr!
Ruhmreich gewonnen
soll Frieden Dir lohnen!
Der neu ergrünten Eiche gleich
erstand durch Dich das deutsche Reich:
Heil seinen Ahnen,
seinen Fahnen,
die Dich führten, die wir trugen,
als mit Dir wir Frankreich schlugen!
Trutz dem Feind,
Schutz dem Freund
allem Volk das deutsche Reich
zu Heil u. Nutz!

16 März. 71

Dem deutschen Heer — Januar 1871

Was schweigt es doch im deutschen Dichterwald?
Versang ‹Hurrah, Germania!› sich so bald?
Schlief bei der Liedertafel – Wacht am Rhein
beruhigt sanft ‹lieb Vaterland› schon ein?
die deutsche Wacht,
da steht sie nun in Frankreich's eitlem Herzen;
von Schlacht zu Schlacht
vergiesst ihr Blut sie unter heissen Schmerzen:
mit stiller Wucht
in frommer Zucht
vollbringt sie nie geahnte Thaten,
zu gross für euch, nur ihren Sinn zu rathen.

Das eitle Wort, das wusste freilich Rath,
da im Geleis' es sich gemüthlich trat;
der deutschen Lieder-Klang und Singe-Sang,
man wähnte selbst Franzosen macht' er bang.
Du treues Heer,
hast Du's mit deinen Siegen nun verbrochen,
dass jetzt nur mehr
in Kammerreden wird von Dir gesprochen?
Das hohe Lied
dem Siege-Fried
jetzt singen ängstlich Diplomaten,
vereint mit ärgerlichen Demokraten!

‹Zu viel des Sieg's! Mög't ihr bescheid'ner sein:
begnügt euch friedlich mit der Wacht am Rhein!
Lasst uns Paris, wo sich's so hübsch verschwört,
und seid zufrieden mit der Schlacht bei Wörth!›
doch unbethört
in ernstem Schweigen schläg'st du deine Schlachten;
was unerhört,
das zu gewinnen ist dein männlich Trachten.
Dein eig'nes Lied
in Krieg und Fried',
wirst Du, mein herrlich Volk, Dir finden,
mög' drob auch mancher Dichterruhm verschwinden!

Das Lied, blick' ich auf Deine Thaten hin,
aus ihrem Werthe ahn' ich seinen Sinn:
Fast klingt's wie: ‹Muth zeigt auch der Mameluck›.
Dem folgt: ‹Gehorsam ist des Christen Schmuck›. –
Es ruft der Herr:
und ihn versteht ein ganzes Volk in Waffen,
dem Ruhmgeplärr'
des Übermuth's ein Ende da zu schaffen.
Es rafft im Krampf
zu wildem Kampf
sich auf des eitlen Wahn's Bekenner;
der Welt doch züchtet Deutschland nur noch Männer.

Drum soll ein Deutscher nur noch Kaiser sein;
im welschen Lande solltet ihr ihn weih'n:
der treuen Muth's sein Werbeamt erfüllt,
dem sei nun seiner Thaten Werth enthüllt.
Die uns geraubt,
die würdevollste aller Erdenkronen,
auf seinem Haupt
soll sie der Treue heil'ge Thaten lohnen.
So heisst das Lied,
vom Siege-Fried,
von deutschen Heeres That gedichtet:
Der Kaiser naht: in Frieden sei gerichtet!

Nachdem Wagner ursprünglich zum Einzug der Truppen in Berlin einen Marsch schreiben wollte, an dessen Schluß das umstehende gemeinsam zu singende *Kaiserlied* stand, komponierte er nach schweigender Reaktion aus Berlin einen *Kaisermarsch* (siehe unten), dessen Berliner Erstaufführung er am 5. Mai 1871 in Anwesenheit Kaiser Wilhelms I. dirigierte. Die untenstehende Karikatur spielt auf Wagners im November 1870 entstandenes im belagerten Paris Ende 1870 spielendes Lustspiel *Eine Kapitulation* an, in welchem er zeigen wollte, wie die Deutschen „in der ekelhaften Nachahmung" der Franzosen „bis tief unter die Lächerlichkeit herabsinken", das heißt vor dem französischen Theater kapitulieren würden. Doch empfanden die Franzosen dieses Lustspiel, das 1873 im neunten Band der „Sämtlichen Schriften und Dichtungen" veröffentlicht wurde, mit Recht als Verhöhnung ihrer Niederlage.

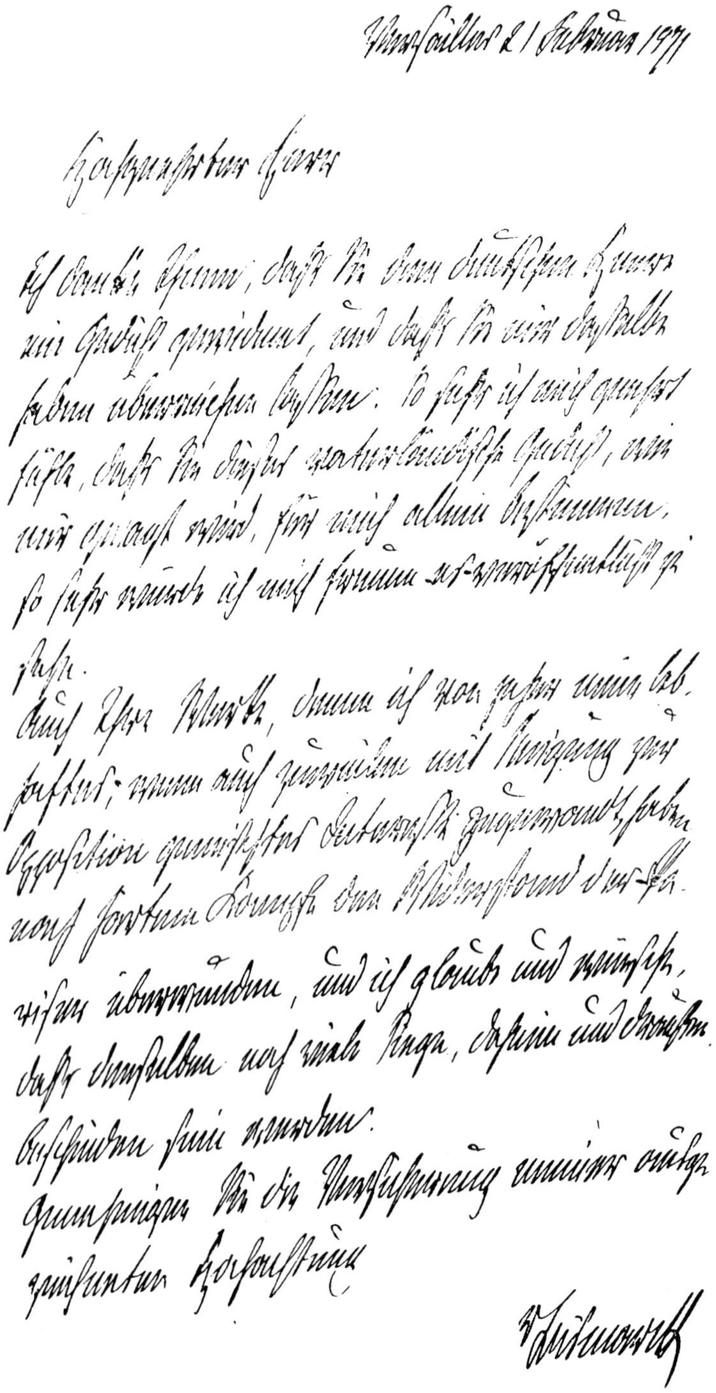

Brief Graf Ottos von Bismarck an Richard Wagner vom 21. Februar 1871

Versailles 21. Februar 1871

Hochgeehrter Herr

Ich danke Ihnen, daß Sie dem deutschen Heere ein Gedicht gewidmet, und dass Sie mir dasselbe soeben überreichen lassen. So sehr ich mich geehrt fühle, daß Sie dieses vaterländische Gedicht, wie mir gesagt wird, für mich allein bestimmen, so sehr würde ich mich freuen es veröffentlicht zu sehen.

Auch Ihre Werke, denen ich von jeher mein lebhaftes, wenn auch zuweilen mit Neigung zur Opposition gemischtes Interesse zugewandt, haben nach hartem Kampfe den Widerstand der Pariser überwunden, und ich glaube und wünsche, daß denselben noch viele Siege, daheim und draußen, beschieden sein werden.

Genehmigen Sie die Versicherung meiner ausgezeichneten Hochachtung

v. Bismarck

Der Teufel gibt Wagner *Eine Kapitulation* ein (Zeichnung von J. Blass)

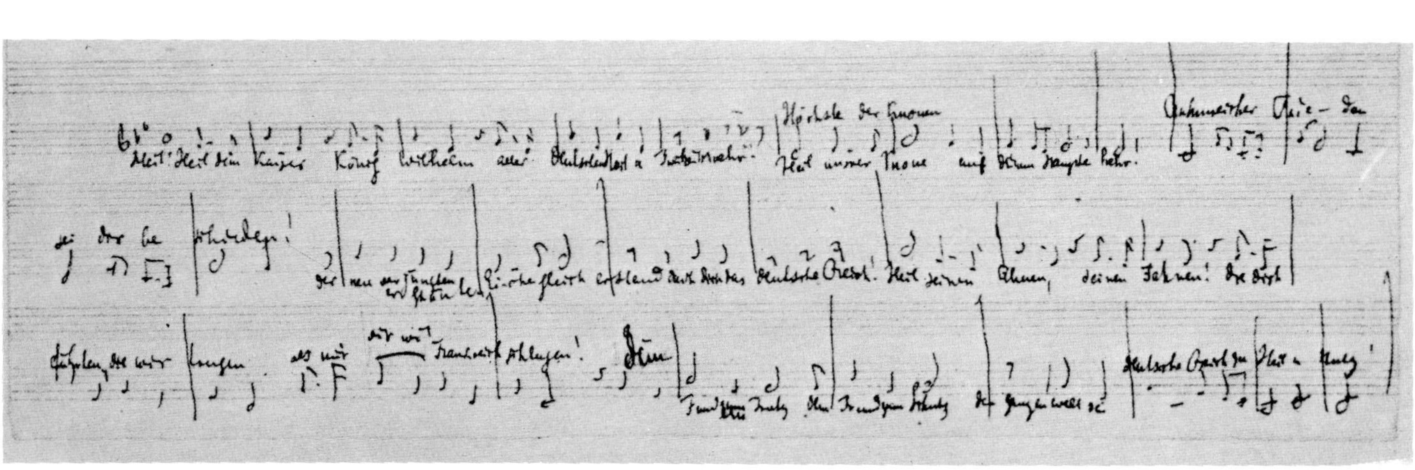

Wagner kommt in Paris an und preist seinen Tannhäuser an (J. Blass). Mitte oben: (J. Blass). Rechts oben: Wagner als Generalissimus der deutschen Armee (Draner; Eclipse, August 1870). Unten links: Wagner (Faustin; Figaro, London, 20. 9. 1876). Rechts: Wagner, der Zukunftsmusiker (Le Sifflet, 27. 8. 1876)

Diese Karikaturen sind vor allem durch die ihnen gemeinsame preußische Pickelhaube, mit der man Wagner kennzeichnet, ein genaues Indiz dafür, wie sehr man in Frankreich und in England Wagner mit Preußen und dem Bismarckreich identifiziert. Dieses erfüllt allerdings Wagners Hoffnungen auf Unterstützung seiner Festspielpläne keineswegs.

WAGNER ALS „KAISER“ UND „GOTT“

Aus der modernen Mythologie — Wagners Gottwerdung in Bayreuth (Ulk, Berlin 1876)
„Hier erscheint Wagner über sein Werk emporgehoben und ist ein personifizierter Gott. Seinen Thronsitz überwölbt eine Aureole von Leitmotiven aus der Walküre. Er ist Wotan, der Allvater selber, bewacht von den beiden Wölfen. Soeben sendet er seine Raben Hugin und Munin mit der Botschaft seiner durch zwei getreue Adoranten — ‚Blumenvater‘ H. Porges und E. v. Hagen — verbrieften Gottwerdung ins Land hinaus. Das Zeichen der Herrscherwürde schwingt er zugleich als Taktstock. Heute ist Festspieltag. Und nun tritt zum komischen Moment das satirische. Gerade treffen zwei Walküren ein. Sie schleppen ‚Patrone‘ herbei. Der eine ist ein ‚gekröntes Haupt‘, der andere ein Bürgerlicher, der unterwegs von der Musik schon Ohrenschmerzen bekommen hat. Auch der Fürst wird halbtot abgeliefert. Jetzt wissen wir es: Wotan-Wagner wirbt um Abnehmer für die Patronatsscheine; er braucht Geld für seine Festspiele in Bayreuth. Wigalaweia!“ (E. Kreowski)

Wagner empfängt Kaiser Wilhelm I. (Die Bombe, Wien, August 1876)
Ich bin mit Ihrer Haltung im Ganzen zufrieden, lieber alter Wilhelm. Sie können Augusta schreiben, daß Wörth, Gravelotte, Metz und Sedan gegen die vier Siege in Bayreuth das reine Potsdamer Manöver waren. Gehen Sie nur ruhig nach Hause, mein rother Rheingoldorden wird Ihnen nachgeschickt.

Diese drei Blätter entstanden unmittelbar unter dem Eindruck der ersten Festspiele 1876, die als Bestätigung von Wagners Selbsterhöhung, ja Selbstvergottung gesehen werden. In ihrer karikativen Übertreibung kommen sie der Wahrheit dennoch nahe: bereits im Tagebuch vom 18. August 1865 erhofft Wagner sich durch die Hilfe Ludwigs II. ein Leben wie bei Louis XIV. in Versailles und notiert sich dann am 13. November 1865: „Wir werden glücklicher sein, als je Sterbliche waren, denn wir drei sind unsterblich.“ (Siehe Seite 34)

CARICATURES SUR LA VIE DE WAGNER.

WAGNER ET L'EMPEREUR GUILLAUME

I. Kleine Wagner Legenden.

Petites légendes wagnériennes.

Auch eine wahre Begebenheit : Der deutsche Kaiser schickt seinen Flügeladjutanten zu Wagner auf die Bühne, Se. Majestät wünsche den Meister dringend zu sprechen. Der Meister hat sich in sein Zimmer zurückgezogen mit dem strengen Wunsche : « Ich will absolut nicht gestört sein. »Niemand will den Adjutanten melden. Der aber öffnet mit gut preussischer Kühnheit die heilige Pforte. Wer untersteht sich.....? schreit Wagner. Der Kaiser lässt Sie bitten, sich einen Moment zu ihm in die Loge zu verfügen. «« » Ich bedaure ; bin im Moment sehr beschäftigt. « »» Der Kaiser læsst dringend bitten. «« Und der Meister musste mit saufter Gewalt in die Fürstenloge transportirt werden, wo ihm der Kaiser folgende historische Worte zuflüsterte : « Lieber Wagner, ich bin doch froh, dass ich nicht wie mein grosser Ahnherr die Flöte blase, sonst hätten Sie mich am Ende gezwungen in Ihrem Orchester mitzuwirken. Das wollte ich Ihnen nur gesagt haben.

(*Die Bombe*, de Vienne, nº 35, 1876.)

Die Beurteilung Wagners durch Marx zeigt, wie weit die beiden Anhänger einer Revolution sich 1876 voneinander — zumindest nach außen hin — entfernt haben. Dennoch verbindet sie mehr als nur die fast identische Lebenszeit (1813 und 1818 geboren, sterben sie im selben Frühjahr 1883). Als Schüler Hegels bleiben sie beide Anhänger einer Revolution am Ende des dialektischen Prozesses: erhofft sie Marx durch die gesetzmäßige Veränderung der ökonomischen Verhältnisse, so Wagner durch die Wirkung *seines* in Bayreuth gespielten Gesamtkunstwerks.

Marx an Engels
in Ramsgate

19. August 1876
Germania, Karlsbad

Lieber Fred,

Ich schreibe unter der Londoner Adresse, da ich nicht weiß, ob Du noch an der See hausest.[39]

Zunächst unser Reiseabenteuer.[48] Meinem Plan gemäß blieben wir über Nacht in Köln – reisten von da morgens 6 Uhr ab mit Nürnberg als nächsten Rastplatz. Ungefähr 5 Uhr nachmittags kamen wir in Nürnberg an, von wo wir erst den folgenden Abend (es war der 14. und wir hatten der Karlsbader Wirtin den 15. als Tag unserer Ankunft angegeben) uns nach Karlsbad aufmachen wollten. Die Koffer wurden abgeladen, einem Mann mit einer Karre übergeben, der uns zum nächsten, gleich bei der Eisenbahn, vor der Stadt gelegnen Gasthof begleiten sollte. Aber in diesem Gasthof gab's nur noch ein freies Zimmer, und zugleich kündete uns der Wirt die schauerliche Mär, daß wir schwerlich anderswo ein Unterkommen finden würden, indem die Stadt überschwemmt sei, teils infolge eines Müller- und Bäckerkongresses, teils durch Leute aus allen Weltteilen, die sich von dort zu dem Bayreuther Narrenfest des Staatsmusikanten Wagner[53] begeben wollten. Und so war's. Wir irrten lange in der Stadt neben dem Karren herum; weder die kleinste Kneipe noch das größte Hotel bot Asyl; alles was wir gewannen, war eine oberflächliche Bekanntschaft mit dem Ursitz (höchst interessantem) des deutschen Knotentums. Also zur Eisenbahn zurück; dort hieß es, die Karlsbad nächstgelegne Stadt, wohin wir noch transportiert werden könnten, sei Weiden; nahmen tickets für Weiden. Der Herr Kondukteur hatte aber schon einen Tropfen (oder auch mehr) zu viel im Kopf; statt uns aussteigen zu machen bei Neunkirchen, von wo eine neu angelegte Zweigbahn nach Weiden, führte er uns bis Irrelohe (so ungefähr heißt das Nest)

Marx an Jenny Longuet
in Hastings

[Karlsbad, Ende August/Anfang September 1876]

Mein liebes Herz,

Ich war sehr erfreut, aus Deinen Briefen, wovon leider einer verlorengegangen, zu ersehn, daß es besser mit Deiner Gesundheit geht und daß dem braven Kleinen[1] Hastings bekommt und er schon seine Rolle spielt. Macte puer virtute![2]

Wir leben hier in den Tag hinein, so gedankenlos, wie es der Erfolg der Kur erfordert.[48] In den letzten Tagen sind unsere Wanderungen durch die Bergwaldungen mehr oder minder unterbrochen infolge des jähen Wetterwechsels, bald Aprilregen, bald Wolkenbruch, dann wieder Sonnenschein. Die Kälte, die plötzlich nach der anhaltenden Hitze eingetreten war, ist jedoch wieder ganz verschwunden.

Bekanntschaften haben wir in der letzteren Zeit viele gemacht; einige Polen ausgenommen meist deutsche Universitätsprofessoren und andre Doktoren.

Allüberall wird man mit der Frage gequält: Was denken Sie von Wagner? Höchst charakteristisch für diesen neudeutsch-preußischen Reichsmusikanten: Er nebst Gattin (der von Bülow sich getrennt habenden), nebst Hahnrei Bülow, nebst ihnen gemeinschaftlichem Schwiegervater Liszt hausen in Bayreuth alle vier einträchtig zusammen, herzen, küssen und adorieren sich und lassen sich's wohl sein. Bedenkt man nun außerdem, daß Liszt römischer Mönch und Madame Wagner (Cosima mit Vornamen) seine von Madame d'Agoult (Daniel Stern) gewonnene „natürliche" Tochter ist – so kann man kaum einen besseren *Operntext* für Offenbach ersinnen als diese Familiengruppe mit ihren patriarchalischen Beziehungen. Es ließen sich die Begebenheiten dieser Gruppe – wie die Nibelungen[53] – auch in einer Tetralogie darstellen.

Ich hoffe, liebes Kind, daß ich Dich wohl und heiter wiederfinden werde. Grüße Longuet bestens von mir und gib meinem Enkelchen ein Dutzend Küsse von seinem granny.

Adio

[1] J.-L.-F. Longuet – [2] Heil Jüngling, Dir und Deinem Heldenlauf! (Vergil: Aeneis, L. IX)

13 Marx/Engels, Werke, Bd. 34

Der entzückte Patron in Bayreuth.

Ha, wie umwogen
Mich noch des Genusses
Selige Wonnen,
Dieser des Rheingold's!
Vorspiel nur und
Doch: Wigilawein
Ist es ein Kunstwerk
Vollendet in sich
Und brünstige Sehnsucht
Sengt mir die Seele
Nach den „Walkyren"
Darum und dem „Siegfried".

Aeschylos, Shakespeare
Werden zu Zwergen,
Sage nicht ich es,
Doch sagen's die Andern,
Und Heinrich Porges
Weiss es gewiss.
Meisterhaft formt er
Ja doch die Sprache
Zu staunlichem Stabreim
Wie Aeschylos niemals,
Sage nicht ich es,
Doch sagt es der Porges.

Hagen und Siegfried
Im Rüstungssilber
Und auch die andern
Nibelungungen,
Wie sie mich packen
Im Geiste der Dichtung,
Die eine der ältesten,
Wie man mir sagte.

Ach, wie es lenzet
In diesen Noten
Ewiger Frühling
Deutschland ist dein!
Reckiges Leben
Hebt mir den Busen
Und es entströmt ihm
Jauchzender Schwall,
Heilruf entquillt nur
Brausenden Lippen
Für ihn den Meister,
Der dieses schuf!

Händel und Haydn,
Mozart, Beethoven,
Schumann und Schubert,
Meyerbeer, Weber
Judenthum ist es
In der Musik.
Wagner nur hebt uns
Hoch in die Lüfte
Und zieht uns wieder
Hinab in die Tiefe
Wo ewig Dunkles
Flammiger hellet,
Schaurige Schönheit
Nennet es Porges.

Die Wiege Woglindens
Und Niffelheim's Nebel,
Die Riffe des Rheingold's,
Und die Jungfrau'n des Rheines!
Kaum kann ich's fassen,
Dass von dem allen
Auf Grund Patronatscheins
Ich bin Patron!

[18. August 1865]

[[Vernünftig kann ich nur leben, wenn ich die Wirklichkeit anerkenne, und mich mit ihr arrangire, d.h. mich ganz aus allem Rapport mit ihr bringe. Ich kann u. muss nur in einer Art von Wolke leben. Wie ich einzig Kunstmensch bin, kann ich auch nur ein künstliches Leben führen. Dazu gehört: fast gar nicht mehr mit den Leuten verkehren; gar nicht mehr sprechen, oder nur im Scherz, nie ernsthaft, denn das wird immer gleich leidenvoll und unnütz. Wenn der König meine Vorschläge eingeht, und ich dadurch mein Leben bis zum Tode angenehm gesichert u. von jeder Sorge befreit sehe, denke ich nur noch an das Schaffen, nicht aber mehr an das Wirken. Ich richte mir dann einen vollständigen Hof ein. Hans muss Alles ‹Wirken› übernehmen: Schule, Aufführungen u.s.w. Ich verkehre mit der Welt nur noch durch ihn; und zwar immer nur eigentlich scherzend. Unmittelbar bekümmere ich mich um nichts mehr. Alle Wochen soll einmal Hofhaltung bei mir sein: da empfange ich den Rapport meines Generals und seiner Adjutanten: was zu Stande kommt, freut mich, was nicht zu Stande kommt, betrübt mich nicht, denn ich habe es mir nicht erwartet. Das geht nun so seinen Lauf. Aber mit dem Arzt werd' ich eine richtige Diät verabredet haben: da werd' ich meinen Tag so einrichten, dass ich den allergrössesten Vortheil für meine Arbeiten daraus ziehe. Das muss ganz künstlich eingerichtet werden, und dann geht es wie zu Versailles, bei Louis XIV her: mit steifster Etiquette, wie auf Fäden gezogen. Unwohlsein darf mich nie mehr stören. Cosima muss immer bei mir sein – immer dabei: das geht nicht anders. Aber wir sprechen nie, besonders nie ernst. Dann, glaube ich, bringe ich den ganzen Ernst meiner Kunstwerke noch zu Stande: aber der Ernst muss einzig da liegen, Alles übrige muss leicht und heiter sein. Cosima ist aber heimlich mit ernst: das versteht sich! –

Aber sie lässt sich's nicht merken. Bloss Brünnhilde, und wie all diese Personen heissen, sollen es merken lassen, wie ernst das Alles gemeint ist. Nicht wahr? – So soll's werden! –

Wenn der König nicht kann! Dann Alles umgekehrt: dann nur noch ‹Wirken› – und gar kein Schaffen.

19 Aug *[1865]*

[[Es scheint, mein Lebensplan soll sich gegen die Versailler Einrichtung hin neigen, d.h. raffinirte Stille, angenehme Zurückgezogenheit, grenzenlose Arbeit. Wenigstens entnehme ich Parzival's Briefe, dass er Alles, was ich wünsche, für möglich hält. – Seltsam! Wie wird es mir sein, wenn ich wieder ganz und einzig an diesem Wunderwebestuhl sitze. Es ist das Einzige, was mir ziemt. Die Welt, die ich nicht formen kann, muss ich nur vergessen: es ist diess das einzige Verhältniss, in welchem ich zu ihr stehen kann. Ganz künstlich, wie ein tropisches Gewächs im Wintergarten, muss ich mich gegen die Athmosphäre der Wirklichkeit abschliessen, es geht nicht anders. Alles Andre ist Misbrauch, Aufreibung – nutzlose Vergeudung meiner Lebenskräfte. –

Nun, Seele, mach' mir Sonne u. Wärme! Du sollst mein Klima, meine Athmosphäre sein!

Schlimm ist Eines! –]] Ein gewisser Ekel vor dem Dasein erzeugt sich daraus, dass die Vorstellung endlich mit dem wesentlichen Bild der Welt erfüllt ist, und daran sich nicht mehr viel ändern, auch nichts Neues mehr hinzukommen kann. Ich mag sinnen was ich will, so wende ich mich endlich mit einem gewissen Überdruss ab, weil ich fühle, das habe ich Alles schon einmal gesonnen. Ich treffe in Allem auf Ideen, die ich schon hatte: der Reiz der Entdeckung ist gänzlich geschwunden. So bleibt denn nichts Fesselndes mehr übrig, als – die Ausführung der Form, die reine künstlerische Freude am Vollenden der Darstellung. Ich hoffe es, hieran wieder grosses Genügen zu finden.

Die einzigartige Freundschaft Wagners zu Ludwig II., die im Jahre 1865 beginnt, führt unverhofft zur Verwirklichung seines kühnen seit seinem Züricher Exil bestehenden Planes, für die Aufführung seiner Werke ein eigenes Festspielhaus zu bauen. Durch die unermüdlichen Finanzhilfen des bayerischen Königs, mit dem ihn vor allem auch der Drang nach einem von der Realität unbelästigten „künstlichen Leben" verband, gelang das. Rechts ein Tagebucheintrag Wagners vom 13. November 1865.

Parzival hörte mit ungemeinem Ernst zu, und musste immer wieder prachtvoll lachen. Wahrlich, erst jetzt bin ich der ganzen Erhabenheit und Schönheit seiner Liebe bewusst worden: ich bekenne, dass mein Vorstellungsvermögen durch die widrige Feile der Lebenserfahrungen zu stumpf bereits abgenützt war, um einer solchen Offenbarung ganz angemessen frisch und scharf genug zu sein. Er übertrifft Alles Vorstellbare. Er ist Ich, in neuer schöner jugendlicher Widergeburt: ganz Ich, und nur soviel Er, um schön und machtvoll zu sein. Da ist aber keine Falte: eine Liebe, die nur Liebe ist. Diesem wunderbaren Vertrauen nun ganz erfüllend gewachsen zu sein, ist meine letzte herrliche Lebensaufgabe. [[O, meine Cosima! Wir werden glücklicher sein, als es je Sterbliche waren, denn wir Drei sind unsterblich. Der Tod kann unsren Bund nicht lösen, und doch hoffe ich, ich werde durch grosses Alter ergänzen, was an Lebensdauer uns unterschieden machen könnte. O Cosima! Nun sind nur noch die Werke zu schaffen. Glücklicher können wir nicht mehr werden. Es ist nicht möglich. Der Lenz des Dreilebens steht in vollster Blüthe: der Sommer kann nur noch die Früchte reifen! –

Glaub', ich kann Dir nicht viel mehr in das braune Buch schreiben. Mir schwindet die Besinnung des Erlebten, und über dessen Inhalt ist weder zu sprechen noch zu schreiben. Nur traulich zu plaudern, zu scherzen, – wie über mein früheres Leben: dann nur zu schaffen, zu wirken, echt, schön, treu, gut zu sein. Nichts Andres mehr ist zu thun. Glaub' mir, wir sind im Himmel!

O ruhe! ruhe! – Wie glücklich sind wir und wie wunderselig werden wir nun immer sein! Es ist nicht anders mehr möglich! –

Sieh, ich bring' nichts weiter heraus. – Nur anschauen können wir uns, thätig, tüchtig sein, uns lieben und – Schweigen! Wir sind nicht von dieser Welt, – Du, Er – und Ich. Wir können nur staunen, uns so zu finden, weil wir uns eben in der Welt finden. Aber nun hat auch das Staunen keinen Sinn mehr: jetzt wissen wir, schweben, und beglücken uns gegenseitig. –]]

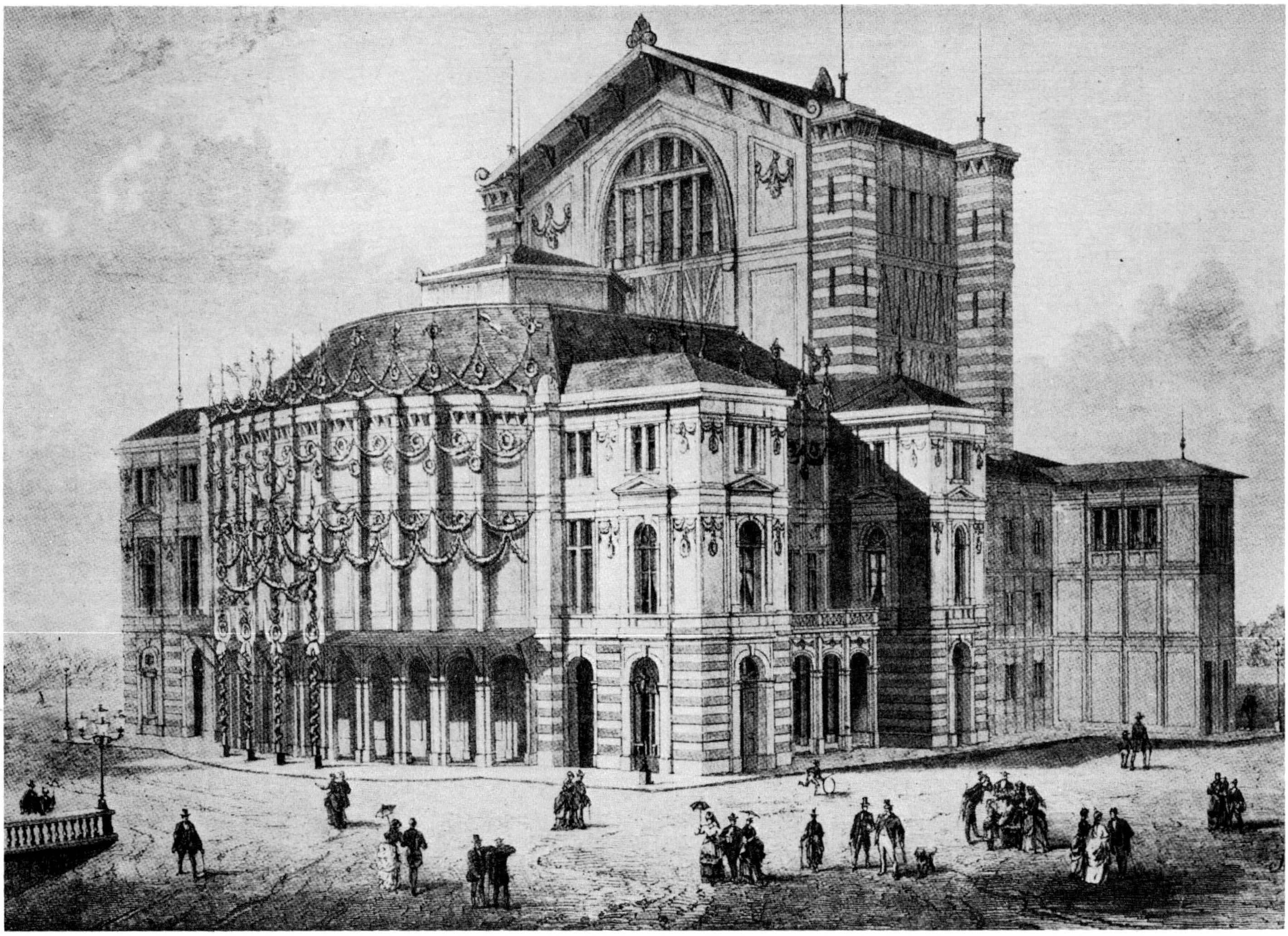

DIE BAYREUTHER FESTSPIELE

SIND VON RICHARD WAGNER 1876 INS LEBEN GERUFEN WORDEN UND STANDEN SEITHER UNTER DER LEITUNG VON

Richard Wagner
1876 – 1882

Interimszustand nach dem Tode Richard Wagners
1883 – 1884

Cosima Wagner geb. Liszt
1886 – 1906

Siegfried Wagner
1908 – 1930

Winifred Wagner
1930 – 1944

Wieland Wagner
Wolfgang Wagner
1951 –

NACH DEM TOD WIELAND WAGNERS IST SEIN BRUDER WOLFGANG WAGNER ALLEINVERANTWORTLICHER LEITER DER BAYREUTHER FESTSPIELE GEWORDEN.

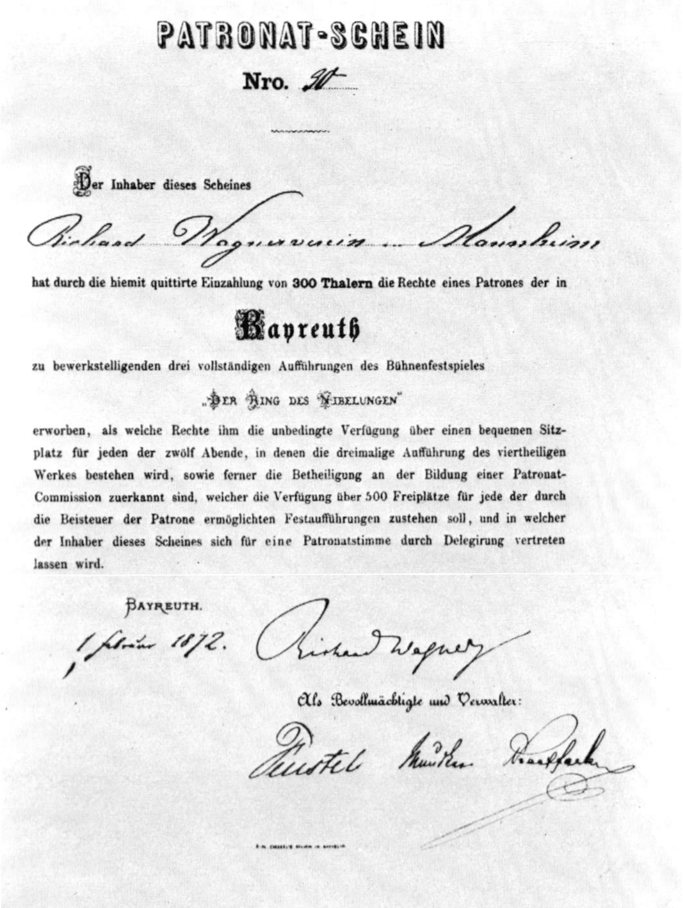

PATRONAT-SCHEIN

Nro. 30

Der Inhaber dieses Scheines

Richard Wagnerverein in Mannheim

hat durch die hiemit quittirte Einzahlung von **300 Thalern** die Rechte eines Patrones der in

Bayreuth

zu bewerkstelligenden drei vollständigen Aufführungen des Bühnenfestspieles

„Der Ring des Nibelungen"

erworben, als welche Rechte ihm die unbedingte Verfügung über einen bequemen Sitzplatz für jeden der zwölf Abende, in denen die dreimalige Aufführung des viertheiligen Werkes bestehen wird, sowie ferner die Betheiligung an der Bildung einer Patronat-Commission zuerkannt sind, welcher die Verfügung über 500 Freiplätze für jede der durch die Beisteuer der Patrone ermöglichten Festaufführungen zustehen soll, und in welcher der Inhaber dieses Scheines sich für eine Patronatstimme durch Delegirung vertreten lassen wird.

Bayreuth.

1 Februar 1872. Richard Wagner

Als Bevollmächtigte und Verwalter:

Feustel Muncker Käfferlein

Aufruf

zum

Eintritt in den Allgemeinen Richard Wagner-Verein.

Der grossartige Bayreuther Gedanke, der Gedanke allen für wahre Kunst empfänglichen Gemüthern und insbesondere dem deutschen Volke nationale Bühnenfestspiele zu bereiten, ist lebendig geblieben und hat in den letzten Festspieljahren durch die beispiellosen Erfolge, welche mit der Einreihung „Der Meistersinger" und des „Tristan" erreicht wurden, eine wesentliche Stärkung erfahren.

Nach 2jähriger Pause wird das Festspielhaus in diesem Jahre wieder vom 19. Juli bis 19. August seine Pforten öffnen.

Die Leitung der Festspiele, durchdrungen von der durch den Meister ihr überkommenen hohen Aufgabe, durch die volksthümlichen Festspiele segensreich einzuwirken auf die Hebung deutscher Kunst und Cultur, hat die Einfügung des „Tannhäuser" in den diesjährigen Festspielplan beschlossen und ist dadurch ihrem Ziele um einen Schritt näher gerückt, die Aufführung aller Werke im Festspielhause allmählich zu ermöglichen. Die wie immer streng im Geiste Richard Wagners und nach seinen eigensten künstlerischen Absichten in sorgfältigster Weise erfolgten grossartigen Vorbereitungen lassen uns mit freudiger erwartungsvoller Spannung der Wiedergeburt des echt volksthümlichen Werkes im Festspielhause entgegenblicken. — Wie früher wird der „Parsifal" jeden dem Werke sich Hingebenden zu jener weihevollen heiligen Stimmung emporheben, welche einen Schritt der Besserung und Veredelung am inneren Menschen empfinden lässt. — Auch werden wiederum einige Aufführungen von „Tristan und Isolde" in jener erhabenen stilgemässen Wiedergabe ihre hinreissende Wirkung üben.

Möchten doch Alle, welche in der gebildeten Welt der Kunst Wagners zugethan sind, und ganz besonders die Deutschen, für welche der grosse Meister in Worten und Tönen dichtete, den Ruf vernehmen, der von dem Festspielhause an sie ergeht! Möchten die Letzeren des nationalen Schatzes sich bewusst werden, der ihnen dort an idealen Gütern geboten wird und möchten sie, in dem Bewusstsein, dieses Schatzes in erster Reihe theilhaftig zu sein, in beträchtlicher würdiger Anzahl bei den Festspielen erscheinen!

Den Besuch der Festspiele nach Möglichkeit zu erleichtern soll die Aufgabe des Allgemeinen Richard Wagner-Vereins sein, indem er Eintrittskarten ankauft und an seine Mitglieder vertheilt. Einen gleichen Zweck verfolgt in Verbindung mit dem Verein auch die Richard Wagner-Stipendienstiftung, welche ihre Mittel zum Theil vom Allgemeinen Richard Wagner-Verein erhält. In demselben Maasse, als die Mitgliederzahl wächst, können die Vergünstigungen gesteigert werden, welche den Mitgliedern zu verschaffen die Zentralleitung bestrebt ist.

Besonders ist der in den nächsten Monaten Februar, März und April erfolgende Beitritt neuer Mitglieder von wesentlichem Einflusse auf die in diesem Jahre satzungsgemäss schon Ende April vorzunehmenden Abrechnungen, nach deren Ergebniss die Vergünstigungen für die Vereinsmitglieder zu bemessen sind. Der einfache Mitgliedsbeitrag von jährlich nur 4 Mark ermöglicht Vielen, den Zielen des Vereins ihre Unterstützung zuzuwenden. Alle nebenstehend aufgeführten Zweigvereine und Ortsvertretungen, beziehungsweise die dabei bezeichneten Herren Vorstände, vermitteln ohne Weiteres den Beitritt zum Verein. An Orten, wo eine Vertretung bis jetzt nicht besteht, wird die Begründung einer solchen durch mehrere sich zusammenfindende Freunde Wagner'scher Kunst mit freudigem Danke begrüsst werden und bitten wir, in solchen Fällen der Zentralleitung hiervon sogleich Mittheilung zu machen. Auch Vereine, Korporationen etc. können gegen einen Jahresbeitrag von 4 Mark Mitglieder des Allgemeinen Richard Wagner-Vereins werden.

Schliesslich richten wir an alle Freunde und Gesinnungsgenossen im In- und Auslande die herzliche Bitte, für den gesicherten Fortbau des grossen Planes unseres Meisters — die Erhaltung der Festspiele in Bayreuth — im Allgemeinen, wie für einen möglichst glänzenden Verlauf der bevorstehenden Aufführungen im Besonderen, ihre Theilnahme und Thätigkeit den Vereinsinteressen mit regem Eifer zuwenden zu wollen und namentlich durch thunlichste Verbreitung dieses Aufrufs im Bekanntenkreise neue Kräfte unserer Sache zuzuführen.

Berlin, im Januar 1891.
SW., Dorotheenstr. 38/39.

Die Zentralleitung

des

Allgemeinen Richard Wagner-Vereins.

Freiherr von Seckendorff, I. Vorsitzender. — Dr. B. A. Wagner, II. Vorsitzender.

von Vignau, I. Schriftführer. — von Chelius. — Erdtmann, Kassirer.

Sucher. — P. Thelen.

Freiherr von Wolzogen, Redakteur der „Bayreuther Blätter".

Deutsche Festspiel-Stiftung Bayreuth

Hierdurch wird bescheinigt daß
Herr Dr. phil. Karl Grunsky
in Stuttgart
durch Einzahlung von M. 1000.– an unsere Stiftungskasse
die Rechte eines Patrones
gemäß unserer Satzung vom 7. Juni 1921 erworben hat.
Zu Urkund dessen wird hiermit dieser

Patronatsschein

erteilt. Die umstehenden Bestimmungen sind Bestandteil dieser Urkunde.

Bayreuth, den 22. Mai, 1922.
Der Verwaltungsrat der Deutschen Festspielstiftung Bayreuth.

Der Schatzmeister

Nr 0067

Bevor Ludwig II. den Theaterbau und die ersten Festspiele 1876 durch einen Kredit vom 20. 4. 1874 von 300 000 Mark (dem nach dem defizitären Ablauf ein zweiter von 100 000 Mark folgte) finanziell absicherte, hatte Wagner den Versuch gemacht, durch Ausgabe von 1000 Patronatsscheinen à 300 Taler sein Ziel zu erreichen, doch wurden bis 1876 weniger als die Hälfte abgesetzt. Zur Finanzierung der ersten Festspiele nach dem Ersten Weltkrieg 1924 wurden von der im Mai 1921 gegründeten Festspielstiftung wieder Patronatsscheine ausgegeben. Die Veränderung der graphischen Gestaltung der Patronatsscheine (1872 und 1922) spiegelt die Verschärfung und Verengung der nationalen Aspekte der Festspiele: an die Stelle unaufdringlicher Sachlichkeit tritt 1922 die weihevoll gefühlsverschlungene Umrahmung von Franz Stassen, in der Wagners Kopf als Wurzelstock eines Festspiellebensbaumes fungieren muß. Der Inhaber Karl Grunsky tat sich 1920 mit einer antisemitischen Hetzbroschüre *Richard Wagner und die Juden* hervor (siehe Seite 164). Auch die „Deutsche Schrift" weist auf eine nationalistische Verengung des Blickes.

BAYREUTHER BLÄTTER.

Monatschrift

des

Bayreuther Patronatvereines

unter Mitwirkung Richard Wagner's redigirt von H. v. Wolzogen

Verlag von **Ernst Schmeitzner** in Chemnitz.

Januar. Erstes Stück. **1878.**

Inhalt: — Zur Einführung. Von Richard Wagner. — Unsere Lage. Von Hans von Wolzogen. — Geschäftlicher Theil. I. Bekanntmachungen: An die Vorstände der lok. Wagnervereine. Von R. Wagner. — Erklärung des Verwaltungsrathes. — Bitten der Redaktion. — Erklärung des Verlegers. — II. Statistik: Einnahmen des Vereines vom 16. September 1877 bis zum 1. Januar 1878. — Verzeichniss der Vertretungen.

Zur Einführung.

Wiederholt bin ich vor meinen Freunden als Schriftsteller erschienen, noch nicht aber an der Spitze einer Zeitschrift. Gab zu dem Ersteren mir der Drang der Umstände die Veranlassung, so hat auch den letzteren Entschluss mehr der Zufall als ernstere Erwägung hervorgerufen: durch seine Ausführung soll vorläufig die Verbindung, welche die Freunde meiner Kunst zum Zwecke der Förderung der praktischen Tendenzen derselben vereinigt, in möglichst erspriesslicher Weise erhalten und sinnvoll befestigt werden.

Ich kann, als den betreffenden Vereinen wohlbekannt, die letzte Veranlassung zur Herausgabe dieser „Bayreuther Blätter“ übergehen; wogegen ich auf meine Eröffnungen vom 15. September des verflossenen Jahres mich zu beziehen habe, um für jetzt zu bestätigen, dass von dem, dort in weit ausgedehntem Plane vorgelegten Entwurfe, nur die Herstellung eben dieser Blätter zunächst als ausführbar sich bewährt hat.

Die Wunder unserer Zeit produziren sich auf einem anderen Gebiete als dem der deutschen Kunst und deren Förderung durch die Macht. Ein Wunder unerhörtester Art wäre es aber gewesen, wenn mein vorgelegter Plan zur Ausbildung einer vollkommen tüchtigen musikalisch-dramatischen Künstlergenossenschaft, welche die andauernde Pflege eines uns Deutschen durchaus

BAYREUTHER BLÄTTER.

Monatschrift

des

Bayreuther Patronatvereines

unter Mitwirkung Richard Wagner's redigirt von H. v. Wolzogen.

Verlag von **Ernst Schmeitzner** in Chemnitz.

Februar. Zweites Stück. **1878.**

Inhalt: — Was ist Deutsch? Von Richard Wagner. — Beiträge zur Kritik des modernen Kunstgeschmackes. I. Feuerzauber. — Geschichtlicher Theil: Mittheilungen aus der Gegenwart. — Geschäftlicher Theil: Verbesserungen zum ersten Stücke. — Zur Einzahlung der Beiträge. — Bitte der Redaktion.

Was ist Deutsch?

Aus dem Jahre 1865 fand ich, bei einer neuerlichen Untersuchung meiner Papiere, in zerstückelten Absätzen das Manuskript vor, von welchem ich heute den grösseren Theil, auf den Wunsch des mir für die Herausgabe dieser Blätter verbundenen jüngeren Freundes, der Veröffentlichung für unsere ferneren Freunde des Patronatvereines zu übergeben mich bestimmt habe. —

War die hier vor mir stehende Frage: „was ist deutsch?“ überhaupt so schwierig zu beantworten, dass ich meinen Aufsatz, als unvollendet, der Gesammt-Ausgabe meiner Schriften noch nicht beizugeben mich getraute, so beschwerte mich neuerdings wiederum die Auswahl des Mitzutheilenden, da ich mehre in diesen Aufsätzen behandelte Punkte bereits anderswo, namentlich in meiner Schrift über „deutsche Kunst und deutsche Politik“, weiter ausgeführt und veröffentlicht hatte. Mögen hieraus Mängel des vorliegenden Aufsatzes erklärt werden. Jedenfalls habe ich aber diessmal die Reihe meiner damals niedergelegten Gedanken erst noch zu schliessen, und es wird dieser Schluss, welchem ich nun, nach dreizehnjähriger neuer Erfahrung, allerdings eine besondere Färbung zu geben habe, demnach mein letztes Wort im Betreff des angeregten, so traurig ernsten Themas enthalten. —

BAYREUTHER BLÄTTER.

Monatschrift

des

Bayreuther Patronatvereines

unter Mitwirkung Richard Wagner's redigirt von H. v. Wolzogen.

Verlag von **Ernst Schmeitzner** in Chemnitz.

März. Drittes Stück. **1878.**

Inhalt: — Ueber die Begründung der Kunst durch die Religion. Von Heinrich Porges I. — Modern. Von Richard Wagner. — Zuverlässigkeit der Presse. — Geschichtlicher Theil: Geschichte der selbständigen Wagner-Vereine in Leipzig, Berlin, Frankfurt, München, Wien seit den Festspielen 1876 I.—III. — Mittheilungen aus der Gegenwart. — Stimmen aus der Vergangenheit. — Geschäftlicher Theil: Statistik: Einnahmen des Vereines in dem ersten Halbjahre seines Bestehens, vom 16. September 1877 bis zum 15. März 1878. — Anzeige und Empfehlung.

Ueber die Begründung der Kunst durch die Religion.

Von Heinrich Porges.

I.

Wer jemals mit eindringendem Blicke das Verhältniss betrachtet hat, in welchem die Persönlichkeit des schöpferischen Künstlers, und die Menge der nur an dem schon fertigen Kunstwerke Antheil nehmenden Individuen, zur Kunst stehen, dem musste hierbei ein wesentlicher Unterschied auffallen. Denn, während die Kunst für den Nicht-Künstler meist nur den Reiz einer, das Gemüth mehr oder weniger tief berührenden, flüchtig an den Sinnen vorüberschwebenden Erscheinung besitzt, ist sie für den Künstler selbst eine ernste Angelegenheit seines innersten geistigen und sittlichen Lebens. Mit einem Worte: für den Künstler ist die Kunst Religion, für den Nichtkünstler ist sie diess nicht. Damit haben wir auch die Hauptursache erkannt, warum das öffentliche Kunstleben unserer Zeit in einem so schmählich entarteten Zustande sich befindet, und dieser Zustand wird sich nur ändern, wenn die Gesammtheit des Volkes dahin gelangt mit einer gleichen, der religiösen innig verwandten

An den Titelblättern der von 1878 bis 1938 erscheinenden und von Hans von Wolzogen herausgegebenen „Bayreuther Blätter“ läßt sich die allmähliche Verbreiterung der Wagnergemeinde und deren sich verstärkende Deutschtumsideologie mühelos ablesen. Die drei ersten Texte der ersten Nummern weisen auf drei zentrale weltanschauliche Leitmotive hin, die den besonderen verbissen-kämpferischen Charakter dieser Zeitschrift bis 1938 bestimmen werden: die antizivilisatorische Gebärde, das Deutschtum, Religiosität der Kunst.

Bayreuther Blätter.

Monatschrift
des Bayreuther Patronatvereines.

Unter Mitwirkung

Richard Wagner's

redigirt

von

HANS VON WOLZOGEN.

Erster Jahrgang 1878.

Bayreuther Blätter.

Zeitschrift

zur

Verständigung über die Möglichkeiten einer deutschen Kultur.

Redigirt und herausgegeben

von

HANS VON WOLZOGEN.

Sechster Jahrgang 1883.

Im Verlage der Redaktion.

Druck von Th. Burger, Bayreuth.

Bayreuther Blätter.

Monatschrift,

unter der Redaktion

von

HANS VON WOLZOGEN

herausgegeben

vom

Allgemeinen Richard Wagner-Verein.

Siebenter Jahrgang 1884.

Bayreuther Blätter.

Deutsche Zeitschrift

im Geiste

RICHARD WAGNERS

herausgegeben

von

HANS VON WOLZOGEN.

(Mittheilungen des Verwaltungs-Rathes der Bayreuther Bühnen-Festspiele und des Allgemeinen Richard Wagner-Vereines.)

Siebzehnter Jahrgang 1894.

Bayreuther Blätter.

Deutsche Zeitschrift

im Geiste

RICHARD WAGNERS

herausgegeben

von

HANS VON WOLZOGEN.

(Mitteilungen des Verwaltungsrates der Bayreuther Bühnen-Festspiele, des Allgemeinen Richard Wagner-Vereines und des Richard Wagner-Verbandes deutscher Frauen.)

Siebenunddreißigster Jahrgang 1914.

Bayreuther Blätter.

Deutsche Zeitschrift

im Geiste

Richard Wagners

herausgegeben

von

Hans von Wolzogen.

(Mitteilungen des Verwaltungsrates der Bayreuther Bühnenfestspiele, des Allgemeinen Richard Wagner-Vereins und des R. Wagner-Verbandes deutscher Frauen.)

Einundvierzigster Jahrgang 1918.

Deutsche Schrift.

Nun also erscheinen unsere Blätter in deutscher Schrift; und danach, wie die erste Hindeutung darauf von Näheren und Ferneren aufgenommen worden ist, darf ich annehmen, daß dieser Wandel den Lesern eine Freude bereiten wird. Weshalb durch 40 Jahre die Antiqua festgehalten ward, obwohl immer öfter der Wunsch nach deutschem Kleide des deutschen Geistes dieser Blätter zu uns drang: das habe ich schon genügend ausgesprochen, und es wird verstanden worden sein, daß eine auf den Wunsch des Begründers selbst begründete Form einen großen Zeitraum hindurch einheitlich zu erhalten war. Man hätte kaum gedacht, daß dieser Zeitraum ganze vier Jahrzehnte umfassen würde; aber etwa auch noch das fünfte abzuwarten, ehe eine Änderung gewagt ward, das würde wohl mir wenigstens nicht mehr erlaubt haben, unsern Lesern jene Freude zu machen! Und nun ist der Weltkrieg noch dazwischen getreten und hat uns Alle mit Übermacht vor die Pforte einer neuen Zeit geführt. In dieser neuen Zeit wird gewiß nichts so notwendig für uns Deutsche sein, als wie die vollbewußte, alles durchdringende und umfassende Pflege und Betätigung dessen, was deutsch ist. Hierzu gehört auch, und nicht nur als eine Äußerlichkeit, die deutsche Schrift. Das sagte denen, welche den Wandel in unseren Blättern so froh begrüßt haben, mit vielen Andern, aber auch mit mir selber: das Gefühl, das Gefühl des Deutschtums. Dies kann wohl mannigfach gestört, geschwächt, irregeleitet werden, durch Gewohnheit, durch „Theorie", durch besondere Geschmacksbildung, woraus ein Vorurteil sich ergibt, welches den Verstand gegen das Gefühl verhärtet. Wo aber das Gefühl lebendig und frei waltet, da — glaube ich — findet der Deutsche in seiner Schrift etwas ihm innerlich Eigenes, etwas Lebendig-Warmes, Ausdrucksvolles, etwas der Art, die man in der Kunst als Gotik begreift, also eben etwas Echtdeutsches, — wie Goehte sagte: „eine Offenbarung deutschen Gemütes." —

Es ist erfreulich, daß nun auch die Wissenschaft so weit gekommen ist, dies einzusehen und begründen zu können. Der große Jakob Grimm, dem einst Richard Wagner gläubig nachgefolgt war, hatte hierin noch nicht klar gesehen. Von ihm stammt das — theoretische — Vorurteil, daß man es in der deutschen „Fraktur" mit einer „Mönchsschrift" zu tun habe, welche die reine klassische Antiqua in emsiger Schreibspielerei verschnörkelt hätte. Ich habe, noch ehe ich von Wagner wußte, als junger Germanist gleichfalls von Grimm mich bestimmen lassen, Jahre lang jene von ihm angewandte römische Schrift mit den kleinen Anfangsbuchstaben zu schreiben, und ich weiß aus Erfahrung, daß dabei noch etwas Anderes, als nur ein geschichtlicher Irrtum, mitgewirkt hat. Schon die kleinen Anfangsbuchstaben, noch mehr eine wissenschaftlich gereinigte Rechtschreibung, wie die junge Humanistik sie anstrebte, dies ließ sich weit leicher anwenden, wenn man es eben nicht der gewohnten, alten deutschen Schrift aufzwang; es erschien in der fremderen Schrift alsbald viel weniger auffallend, störend, fremd. Hatte man sich dann aber einmal an die Lateinschrift gewöhnt, so mochte man sie auch beibehalten, nachdem man die radikale Rechtschreibung wieder aufgegeben hatte. Mir selber erging es anders, indem ich ungefähr von dem selben Zeitpunkt an, da ich nach Bayreuth kam, also gewissermaßen den Meister Grimm mit dem Meister Wagner vertauschte, geradezu aus verstärktem Deutschgefühle zugleich mit der schülerhaft nachgeahmten wissenschaftlichen Rechtschreibung auch die Lateinschrift fallen ließ

So wie Hans von Wolzogen, nachdem er 1878 nach Bayreuth gekommen war „aus verstärktem Deutschgefühle ... auch die Lateinschrift fallen ließ", so entschied er sich nach dem Ersten Weltkrieg aus übersteigertem „Deutschgefühle" für das „deutsche Kleid des deutschen Geistes", der allerdings in den „Bayreuther Blättern" aber auch in den „Bayreuther Festspielführern" immer mehr zu einem militant-antisemitischen unbelehrbar-völkischen „Geist" verdarb. Führte das sich verstärkende „Deutschgefühl" 1894 zur Umbenennung in „Deutsche Zeitschrift im Geiste Richard Wagners" — nachdem man im Trauerjahr 1883 noch bescheidener von einer „Zeitschrift zur Verständigung über die Möglichkeiten (!) einer deutschen Kultur" gesprochen hatte —, so bedeutet die Entscheidung für die „Deutsche Schrift" 1918 eine Entscheidung gegen die „undeutsche" Demokratie.

Bayreuther Blätter.

Deutsche Zeitschrift

im Geiste

Richard Wagners

herausgegeben

von

Hans von Wolzogen.

(Mitteilungen des Verwaltungsrates der Bayreuther Bühnenfestspiele, des Allgemeinen Richard Wagner-Vereins, des R. Wagner-Verbandes deutscher Frauen und des Bayreuther Bundes.)

Vierundvierzigster Jahrgang 1921.

Bayreuther Blätter.

Deutsche Zeitschrift

im Geiste

Richard Wagners

herausgegeben

von

Hans von Wolzogen.

(Mitteilungen des Verwaltungsrates der Bayreuther Bühnenfestspiele, der Deutschen Festspielstiftung Bayreuth, des Allgemeinen Richard Wagner-Vereins, des R. Wagner-Verbandes deutscher Frauen und des Bayreuther Bundes.)

Sechsundvierzigster Jahrgang 1923.

Bayreuther Blätter.

Deutsche Zeitschrift

im Geiste

Richard Wagners

herausgegeben

von

Hans von Wolzogen.

(Mitteilungen des Verwaltungsrates der Bayreuther Bühnenfestspiele, der Richard Wagner-Stipendien-Stiftung, der Deutschen Festspiel-Stiftung Bayreuth, des Allgemeinen Richard Wagner-Vereines, des Richard Wagner-Verbandes deutscher Frauen, des Bayreuther Bundes und des Bayreuther Bundes der deutschen Jugend.)

Achtundvierzigster Jahrgang 1925.

Bayreuther Blätter.

Deutsche Zeitschrift

im Geiste

Richard Wagners

herausgegeben

von

Hans von Wolzogen.

(Mitteilungen des Verwaltungsrates der Bayreuther Bühnenfestspiele, der Rich. Wagner-Stipendien-Stiftung, der Deutschen Festspiel-Stiftung Bayreuth, des Allgemeinen Rich. Wagner-Vereines, des Rich. Wagner-Verbandes deutscher Frauen, des Bayreuther Bundes, der Rich. Wagner-Gesellschaft und des Bayreuther Bundes der deutschen Jugend.)

Dreiundfünfzigster Jahrgang 1930.

Bayreuther Blätter.

Deutsche Zeitschrift

im Geiste

Richard Wagners

herausgegeben

von

Hans von Wolzogen.

(Mitteilungen des Verwaltungsrates der Bayreuther Bühnenfestspiele, der Rich. Wagner-Stipendien-Stiftung, des Allgemeinen Rich. Wagner-Vereines, des Rich. Wagner-Verbandes deutscher Frauen, der Rich. Wagner-Gesellschaft und des Bayreuther Bundes der deutschen Jugend.)

Fünfundfünfzigster Jahrgang 1932.

Bayreuther Blätter.

Deutsche Zeitschrift

im Geiste

Richard Wagners

herausgegeben

von

Hans von Wolzogen.

Mitteilungen des Verwaltungsrates der Bayreuther Bühnenfestspiele, der Richard Wagner-Stipendienstiftung, ves Allgem. Richard Wagner-Vereins, des Richard Wagner-Verbandes deutscher Frauen, der Richard Wagner-Gesellschaft und des Bayreuther Bundes.)

Sechsundfünfzigster Jahrgang 1933.

Bayreuther Blätter.

Deutsche Zeitschrift

im Geiste

Richard Wagners

herausgegeben

von

Hans von Wolzogen.

Mitteilungen des Allgemeinen Richard Wagner-Vereins, des Bayreuther Bundes, der Richard Wagner-Stipendienstiftung, des Richard Wagner-Verbandes deutscher Frauen, der Richard Wagner-Gesellschaft.

Achtundfünfzigster Jahrgang 1935.

Schriftleitung: Bayreuth, Lisztstraße 2.
Geschäftsstelle: Lorenz Ellwanger, Bayreuth, Maxstraße 60.
Jahresbezugspreis ℳ 6.—.

Die abgebildeten Titelblätter bis zum Jahre 1935 zeigen, wie die „Bayreuther Blätter“ immer mehr Vereinigungen, die sich im Namen der seit 1918 nur noch völkischen „Sache“ Wagners konstituieren, als Organ dienen. Es kommen hinzu:

1921: Bayreuther Bund (seit 1920)
1923: Deutsche Festspielstiftung Bayreuth (seit 1921)
1925: Richard Wagner-Stipendienstiftung und Bayreuther Bund deutscher Jugend (seit 1925)
1930: Richard Wagner-Gesellschaft (seit 1926; diese nahm in ihre Satzungen einen Arierparagraphen auf, siehe Seite 235)

Nach 1930 scheiden aus:
1932: Bayreuther Bund (nur für das Jahr 1932)
1933: Bayreuther Bund der deutschen Jugend
1935: Verwaltungsrat der Bayreuther Bühnenfestspiele

LUDWIG SCHEMANN — DER GOBINEAU-ÜBERSETZER

Ludwig Schemann (1852—1938) wurde bekannt durch seine Übersetzung des *Essai sur l'inégalité des races humaines*, die er „den Manen Richard Wagners" widmete, und anderer Schriften des nicht zufälligerweise vor allem in Deutschland zu Ehren kommenden Rassenmythologen Gobineau, der im Mai/Juni 1881 vier Wochen als Gast Wagners in Bayreuth verbringt. Schemann gründet 1894 eine deutsche Gobineau-Vereinigung und wird der Ehrenvorsitzende der „Neuen Gobineauvereinigung" nach dem Ersten Weltkrieg, die eng mit dem „Alldeutschen Verband" liiert ist (siehe Seite 162).

Richard Wagner

in seinen künstlerischen Bestrebungen

und

seiner Bedeutung für eine nationale Kultur.

Ein Vortrag

gehalten zu Goslar am 21. Dezember 1877

von

Dr. Ludwig Schemann.

Wolfenbüttel.

Druck und Verlag von Julius Zwißler.

1878.

Indem ich hier endlich meine Schilderung des Musikdrama's beschließe, möchte ich Sie nur noch eindringlich davor warnen, in Dem, was ich Ihnen als das „System" Wagner's mitgeteilt habe, wie dies leider so häufig geschehen ist, eine *vorgefaßte Theorie* zu erblicken, nach der Wagner dann mit bewußter, reflectirter Absichtlichkeit an's Werk gegangen sei. Vielmehr sind alle diese Sätze ja erst aufgestellt, als Wagner die ganze erste Reihe seiner künstlerischen Arbeiten, einschließlich des „Lohengrin", schon vollendet hatte. Er selbst betont es jeden Augenblick, wie sein Schaffen stets ein *völlig naives*, und gerade dann wieder ein recht frisches und unmittelbares gewesen sei, als ihm Jahre lang durch seine persönlichen Schicksale und das seltsam-betrübende Unverstandenbleiben seiner künstlerischen Arbeiten die Production verleidet und er gezwungen worden war, auch als Theoretiker sich mitzuteilen. Wie wenig es Wagner's Sache sei, sich in Theorien und Principien zu verbeißen, dafür geben uns nach mehr als einer Richtung einen sprechenden Beweis seine „Meistersinger von Nürnberg". Hier hat er nicht nur, wo die *Situation* es mit sich brachte, die musikalischen Formen des Liedes, des Ensembles, des Chores aufs Freieste sich entfalten lassen: er hat auch den dichterischen Boden der *Sage* verlassen und uns gezeigt, daß, um das deutsche Wesen bei seiner einfach innigen, treuen, glückselig heiteren Seite zu erfassen, man von der *Wirklichkeit* nicht abzugehen brauche. Aus den Kreisen des ächten, alten Bürgertums heraus hat er uns ein Bild deutschen Lebens entworfen, das geliebt und bewundert werden wird, so lange es überhaupt deutsches Leben giebt!

Aber selbst so kühn und umstürzlerisch, wie man uns hat glauben machen wollen, sind die sämmtlichen Wagner'schen Neuerungen keineswegs. Sie sind ja vor allen Dingen durchaus nicht unvermittelt. Vergegenwärtigen wir uns hier nur nochmals, daß Wagner *durchweg und überall* auf den Schultern seiner Vorgänger steht — wie denn überhaupt die weittragendsten neuen Ideen niemals eigentlich von einem Einzelnen „erfunden" sind, sondern immer früher bereits angeklungen waren und dann nur von einem einzelnen Gewaltigen nach der ganzen ihnen innewohnenden Lebenskraft erfaßt und verwertet werden. *Wagner traf mehr oder minder alle* die Elemente, die, organisch vereinigt, sein „Kunstwerk der Zukunft" bilden, bereits bei seinen Vorgängern an: auf die Wieder-Vereinigung der Künste, und zwar durch *Hebung der Oper*, hatten Lessing, Herder, Schiller hingewiesen, Gluck und Weber solche versucht; *Göthe* (im Faust) und *Weber* (im Freischütz) wiesen auf die Sage als die wahre Heimstätte unserer nationalen Poesie, und derselbe *Göthe* zeigt, wie von selbst die Musik sich einstellt, um ins Zauberreich der Sage zu geleiten; *Beethoven* bot das zu ungeahntem Sprachvermögen erhobene Orchester, und abermals *Weber* hat die Natur der Leitmotive aufs Deutlichste vorgefühlt und an einzelnen schlagenden Beispielen klargelegt („Euryanthe"). In der Tat hat man sich ja auch von gewissen Seiten her nicht gescheut, wenn das Zeterrufen über „allgemeinen Umsturz" nicht mehr verfangen wollte, es schlechtweg auszusprechen, daß ja eigentlich an Wagner „gar nichts Originales" sei! Wir aber werden, nun wir gesehen haben, daß *seine Reconstruction des Gesammtdrama's*, obgleich vielleicht die kühnste Tat, die die Kunstgeschichte kennt, doch nicht eine Schöpfung aus dem Nichts, sondern eine großartige Zusammenfassung der Errungenschaften *sämmtlicher* großer Vorgänger ist, nicht anstehen, dieselbe für *unanfechtbar* und für *alle Zeiten* fest *begründet* zu erklären. So sehen wir denn auch schon jetzt die Kunstgattungen, die sich im Widerspruche mit Wagner auf das Alte stützen, langsam absterben. Unsere gesprochenen Schauspiele werden mehr und mehr Bücher- und Litteraturdramen, und *Opern* alten Stiles vollends, die jetzt noch auftauchen, sinken, wie wir dies fort und fort erleben, nach jämmerlicher Fristung eines ephemeren Daseins in die verdiente Vergessenheit zurück.

Werfen wir zum Schlusse noch einen Ausblick in die Zukunft, um zu sehen, welchen Einfluß ein Durchdringen von Wagner's Tendenzen im weitesten Begriffe auf die Ausbildung einer nationalen Kultur äußern muß. Wagner hat in seiner Festschrift zur Säcularfeier des Geburtstages Beethoven's nach Hervorhebung der deutschen Tapferkeit uns die große Lehre gegeben: „sei das deutsche Volk nun auch tapfer im Frieden; hege es seinen wahren Wert, und werfe es den falschen Schein von sich: möge es nie für etwas gelten wollen, was es nicht ist, und dagegen Das in sich erkennen, worin es einzig ist. Ihm ist das Gefällige versagt; dafür ist sein wahrhaftes Dichten und Thun innig und erhaben." Wenn wir nun gegenwärtig, kurz nach einem so beispiellos großen Aufschwunge wie dem des Jahres 1870, eine erschreckende Depression, ja Verwahrlosung auf fast allen Gebieten des öffentlichen Lebens gewahren, sollten wir da nicht befürchten, daß wir uns doch von einem „falschen Scheine" haben blenden und verführen lassen, unserer wahren Bestimmung untreu zu werden? Wir müssen es Berufeneren überlassen, dies für die übrigen Gebiete nachzuweisen. Am Betrübendsten aber wird unzweifelhaft die Antwort auf jene Frage ausfallen, wenn wir unsere öffentlichen Kunstzustände gerade der letzten Jahre ins Auge fassen. Da sehen wir denn unsere Theater, die „berühmtesten" voran, in rapidem Verfall begriffen — dergestalt, daß jüngst sogar der Nothschrei um Hülfe durch den Staat ergehen konnte, gerade als ob ein Machtspruch einem in Grund und Boden verfaulten Organismus neues Leben zu verleihen vermöchte, dem vielleicht der geschickteste Arzt kaum mehr Rettung wüßte! Und ist es denn zu verwundern? Im Felde die glorreichsten Besieger wälscher Anmaßung und Eitelkeit, haben wir uns in unserem Geschmack, in unseren Moden, knechtischer als je unter die französische Herrschaft gebeugt. Immer hohler wird der in unseren theatralischen Aufführungen herrschende Geist, immer undeutscher der Geschmack in der Auswahl des Aufzuführenden. Schon erhalten sich die sittenlosesten Pariser Scandaldramen und die Offenbachiaden unbestritten als Repertoirebestandteile unserer Hoftheater; und auch, was von einheimischen Kräften Jahr aus Jahr ein, um die Concurrenz auszuhalten, geliefert wird, ist wenig geeignet, Hoffnungen für die Zukunft zu erwecken, wohl aber häufig die allerschlimmsten Befürchtungen — wie man sich denn in einem Momente, wo ein Werk wie Lindau's „Maria und Magdalena" möglich erschien, ja mit Beifall begrüßt wurde, des Gedankens nicht erwehren konnte, daß dies den Anfang vom Ende des deutschen Theaters bedeute.

Wo sollen wir also heute den deutschen Geist aufsuchen, der in Luther die deutsche Reformation heraufgeführt und in Bach und Beethoven die deutsche Musik zur erlösenden Kulturmacht erhoben hat? Er lebt aber, dieser Geist, und es lebt ein Mann, der aus der deutschen Musik ein zweischneidiges Schwert geschmiedet hat zum Kampfe mit dem von allen Seiten hereinbrechenden Materialismus; der uns eine deutsche Tragödie schenkt, vor deren lichtem Glanze die welschen Gebilde zerstieben werden, wie Spuk und Gespenster der Nacht!

Und haben wir uns erst hier einmal wiedergefunden, so werden wir uns bald überall wieder auf Das besinnen, was uns Not tut! O, so lassen Sie uns denn an der einzigen gewaltigen Gestalt nicht achtlos vorübergehen, die, festgewurzelt, unentwegt, im ringsum drohenden Verfall dem deutschen Geiste treu geblieben ist und die, ob auch tausendmal verschmäht und verkannt, doch immer wieder uns liebevoll die Hand bietet, um auch uns wieder zu ihm zurückzuführen! Das „Kunstwerk der Zukunft" — so hat einst Wagner sein Kunstwerk genannt, weil er sich sagte, daß es erst dann zu vollem, herrlichem Leben würde erblühen können, wenn die Menschen, für die es geschaffen, es als ein Stück ihres eigenen Lebens würden erfassen lernen. Soll es ewig ein Kunstwerk der Zukunft bleiben? Nein, und aber nein! Die Bayreuther Tage des Jahres 1876 waren der erste Schritt, es zu einer Macht der Gegenwart zu erheben, und schon mehren sich die Anzeichen, daß diese Gegenwart sich mit den Ideen seines Schöpfers zu erfüllen beginne. Sehen wir nicht alle wahrhaft begabten und hoffnungsvollen jungen Musiker, Sänger und Mimen in glühender Begeisterung dem Gewaltigen huldigen? Und stände nicht schon jetzt, wenn es auf sie allein ankäme, das Beste für unsere Kunst zu hoffen? Betrachten Sie doch einmal unbefangen, welchen Anblick Ihnen dieses neue Kunsttreiben gewährt! Zugegeben immerhin, daß unter den Patronen der Bühnenfestspiele Viele gewesen sein mögen, die im letzten Grunde nicht das wahre und weitgehende Verständniß besessen haben, wie es der Meister ersehnt; gewiß aber ist die große Mehrzahl Derer, die am Zustandekommen jenes Ereignisses mitgearbeitet haben, geleitet gewesen vom reinsten Drange der Aufopferung für einen höchsten idealen Zweck, der zugleich dem deutschen Namen unvergänglichen Ruhm sichern sollte. Zur Feier der Grundsteinlegung des neuen Kunsttempels erschallen die Töne des Wagner'schen Kaisermarsches — des Werkes, das der größte Künstler auf den Stufen des Thrones der neuen deutschen Herrlichkeit huldigend niedergelegt hatte — und der 9. Symphonie Beethoven's, als derjenigen Schöpfung, die, zugleich die Macht der Musik in erschütterndster Größe darstellend und die Erlösung der Musik im Schwesterbunde der Poesie versinnbildlichend, so am Sprechendsten jenen Geist bezeichnet, der hier herrschen soll. Vereinstätigkeit und Concerte, Beisteuern Einzelner und endlich das hochherzige Eingreifen eines edlen deutschen Fürsten ermöglichen ein in der Kunstgeschichte einziges Ereigniß, dem ihrerseits die Künstler, die edelsten und besten, mit treuester Hingebung vorgearbeitet haben. Und wenn Wagner am Schlusse der Aufführung als die Lehre, die jene Tage enthielten, die Worte aussprach: „wollen Sie, so haben wir eine Kunst!", scheint es da noch möglich, daß er mißverstanden werde, wie es trotzdem geschehen ist? Denken Sie Sich im Sinn und Geiste jener Bayreuther Aufführungen, ich will nicht sagen unsere ganze öffentliche Kunstpflege vor sich gehend (denn Das wagen auch die hoffnungsvollsten unter uns nicht zu erhoffen) aber doch alle unsere wahrhaft großen älteren und neueren nationalen Kunstwerke in möglichst vielen Kunstinstituten dargestellt, und diese Institute fortwährend beeinflußt und geleitet von einer Centralstätte aus — gleichsam einem Vestalen-Heerde des deutschen Geistes — als welche ich jenes von uns angestrebte nationale stehende Bühnenfestspielhaus bezeichne — denken Sie Sich dies, und dann glauben Sie mit uns an eine neue Kunst! Können Sie zweifeln, daß eine solche Kunstpflege, wurzelnd im innersten Kerne der Nation und von ihr als Existenzbedürfniß empfunden, auch in die junge Generation der schaffenden Künstler neues Leben bringen werde? Gewiß ist der Schatz schon jetzt unermeßlich, den unsere großen Dichter und Musiker uns hinterlassen haben; aber es wäre arg verfehlt, wollten wir darum, in ächt epigonenhafter Resignation, aufhören, neue herrliche Kunsttaten uns zu erhoffen; ja, es wäre wenig in Wagner's eigenem Sinne, dem Gedanken zu entsagen, daß aus dem reichen von ihm ausgestreuten Samen nicht bis in die fernste Zeit die edelsten Früchte erblühen sollen. Der Bann, der bisher auf der Oper lag, ist gebrochen, und die größten Dichter werden in Zukunft die Ersten sein, die stolz und freudig dem Musiker ihre Gedichte als Liebesgabe darbieten. Unsere heimische Vorzeit ist uns wieder erschlossen, die Liebe zu ihr mächtig wachgerufen, was keiner gelehrten Forschung und Unterweisung bisher hat gelingen können. Muß es als ein beklagenswerter Umstand betrachtet werden, daß unser deutsches Altertum den Dichtern unserer großen klassischen Zeit so gut wie gänzlich unbekannt war und daß die vornehmsten Erzeugnisse desselben von einem Friedrich dem Großen mit Naserümpfen bei Seite geworfen werden konnten, so ist es ein um so erhebenderer Anblick, wie die von uns fast vergessenen Gestalten jener Zeit, von einem gewaltigen Dichtergenius erweckt, jetzt endlich wundervoll wieder aufleben. Schon heute sind Tannhäuser nnd Lohengrin uns National-Typen geworden, jedem noch ächt und unverdorben empfindenden Deutschen unauslöschlich in die Seele geschrieben; und Jungsiegfried vollends und Brünnhild, das verstoßene Wotanskind, das der Held aus dem langen Zauberschlafe küßt, werden dies werden, wenn auch sie erst den Bann beschränkter Vorurteile durchbrochen haben. Und noch mancher Held und manche Jungfrau mag dort im Zauberwalde deutscher Sage und Dichtung ruhen, die dereinst vor unseren staunenden Augen erstehen werden!

Wie Wagner, indem er das Element der Sage erschloß und zugleich mit dem Geiste der culturellen Errungenschaften unserer historischen Entwicklungszeit, d. h. vor allen dem Geiste des Christentums, durchdrang, für die verschiedensten Gebiete das lösende Wort gesprochen hat, dafür nur ein hervorragendes Beispiel. Wie ist es im Gebiete der bildenden Künste? Wir beobachten in der Geschichte derselben, daß sie dann vor allen Dingen einen gewaltigen Aufschwung nahmen, wenn ihnen ein fester Gegenstand durch einen Impuls aus anderen Sphären gegeben wurde, der die Künstler fesselte und begeisterte. So in der griechischen Welt, wo dieser Impuls aus dem Bereich der Sage und Poesie, und in der herrlichen Blütezeit der bildenden Künste in Italien, wo er aus dem religiös-kirchlichen Leben hervorging. Unsere bildenden Künstler hatten längst keine Probleme mehr, die sie beschäftigt hätten: gerade für sie beklagt ja schon Göthe so schwer das Tasten und die Mißgriffe in der Wahl der Stoffe. Jetzt haben auch sie wieder einen Gegenstand, und sie sind sich dessen schon bewußt geworden, daß sie ihn haben. Gewiß ist es nicht Zufall, daß so viele von ihnen (alle berühmten lebenden Maler!) dem Bayreuther Ereignisse beigewohnt haben, und es möchte vielleicht der größte Triumph sein, den die Wagner'sche Kunst errungen hat, daß im vorigen Winter in Wien eine ganze Ausstellung von Gemälden, Zeichnungen, Bildwerken aller Art, die seinen Dichtungen entnommen waren, zusammengebracht werden konnte. Und so wird auch hier der gleiche Geist befruchtend und segensreich fortwirken, der unsere theatralische Kunst regenerirt hat!

Wir sagten vorhin, daß es der gelehrten Forschung bisher nicht gelungen sei, in weiteren Kreisen die Liebe zum heimischen Altertume wachzurufen. Wohl aber wird in Zukunft der Unterricht der Jugend mehr und mehr es als eine Hauptaufgabe erfassen, jene Liebe früh schon anzuregen und zu entwickeln, in welcher Entwicklung ihn die spätere Erziehung durch die Kunst segensreich ablösen wird. Und diese Liebe wird auch den Grund legen zu einem ächten und fruchtbaren „Patriotismus", einem anderen und ungleich tiefer im deutschen Wesen begründeten, als ihn der Jubel über unsere jüngsten Siege, verbunden vielleicht mit etwas mittelalterlicher Kaiser- und Freiheitskriegs-Geschichte, haben erzeugen können!

Dies sind die erhebenden und hoffnungsvollen Ausblicke, die sich uns in ein Leben eröffnen, das von einer großen nationalen Kunst im Sinne Wagner's veredelt und verklärt wird. Wieder und wieder ruft er uns allen zu: „Wollen Sie, so haben wir eine Kunst", — eine Kunst, so dürfen wir hinzusetzen, nicht eines Einzelnen, wie man uns hat glauben machen wollen, sondern der ganzen Gemeinschaft der Auserwählten, in die wir uns immer tiefer hineinleben sollen; eine Kunst, die auch nicht von Einzelnen nur genossen werden soll, sondern eine gemeinsam von Allen erlebte und durchlebte Kunst; eine Kunst, die, weil ihre Zeit jetzt erst recht eigentlich gekommen scheint, uns Leben in die fernsten Zeiten verheißt, weil sie fähig ist, es aus sich zu ergießen. Wenn wir diese Kunst uns ganz zu eigen machen, werden wir in ganz anderem Sinne uns wieder als Deutsche fühlen können, als zur Zeit, wo alle stolzen Denkmäler, die wir errichten, uns nicht über die innere Unbefriedigung hinwegtäuschen können, die uns alle erfaßt hat. Dieser Kunst werden zur Zeit keine monumentalen Bauten errichtet, und sie begehrt solche auch nicht; sie ringt und strebt vorerst, sich nach innen fest und würdig auszubauen, damit sie dereinst, in ferner Zeit vielleicht, einen stolzen Wunderbau ausfüllen könne, der ihre Herrlichkeit durch die Jahrhunderte trage und dem dann vielleicht ein dankbareres Geschlecht, fern dem wirren Getriebe des Tages, den Namen eines „Wagner-Theater's" beilegen wird. Unser aller Aufgabe aber ist es, die wir noch fähig sind, für deutsche Größe und deutsche Geistestaten zu erglühen, mitzustreben und mitzuringen, um jenen inneren Ausbau zu vollenden; und in diesem Sinne lassen Sie mich auch Ihnen schließlich zurufen: „unterstützen Sie Wagner's Kunst, so fördern Sie damit eine nationale Kultur in einer ihrer vornehmsten und edelsten Aeußerungen!"

Der Schluß der Schemann-Rede ist ein aufschlußreiches Beispiel für die Glaubenswilligkeit eines Wagneradepten und für die auf Wagner sich stützende Hoffnung auf ein Erstarken der „nationalen Kultur". Durchaus seinem eigenen Selbstverständnis entsprechend wird Wagner zu einem deutschen Heros und zur Inkarnation des *„deutschen Geistes ... im ringsum drohenden Verfall"* stilisiert. Diesem Gobineau'schen Grundgedanken vom „Verfall des Menschengeschlechts" hing auch Wagner an, der in *Heldentum und Christentum* 1881 diesem „Verfall" entgegenwirkende Heilsvorstellungen entwickelt und noch in seiner Widmung für den Grafen in das Exemplar seiner „Sämtlichen Schriften und Dichtungen" auf diese gemeinsame Grundauffassung anspielt: „Das wäre ein Bund / Normann und Sachse. / Was da noch gesund, / Daß es blühe und wachse."

Siegfried-Wagner hebt den „Schatz“ der Nibelungen.

Da lieg auch du — dunkler Wurm!
Den gleißenden Hort heb' ich hurtig.

C. v. Grimm. Schalk. Leipzig. 1879

Diese Zeichnung spricht freimütig die materielle Seite der Aktivität Wagners an, die von seinen Anhängern mit einem idealistischen Deckmantel möglichst verhüllt wird. Aufmerksamkeit verdient das Schild: „Juden kein Eintritt gestattet“ vor dem Eingang der Villa Wahnfried, der von den Karyatiden Hans von Wolzogen und Heinrich Porges (siehe das Gedicht Seite 33) bewacht wird, während Liszt und seine Tochter Cosima sich seitlich herausneigen.

Richard Wagners Preis: 1 Million Dollar

REINHARD BEUTH, **Bonn**

Deutsche Heldensagen enden meistens traurig. Ein Jahrhundert lang war der Sachse Richard Wagner einer stets wachsenden Wagnerianer-Schar von Adolf H. bis zur Begum musikalischer Künder germanischer Ehre, ritterlicher Tugend und deutscher Ehre. Bayreuth, wo einst Wagners „Wähnen Frieden fand", wurde zum Wallfahrtsort seiner Anhänger.

Ausgerechnet wenige Monate vor dem hundertjährigen Jubiläum der Bayreuther Festspiele ist nun ein Brief aufgetaucht, aus dem hervorgeht: Für eine Million Dollar hätte Richard Wagner sich auf der Höhe seines Ruhms an Amerika verkauft.

An Dr. Newell Sill Jenkins in Dresden, einen amerikanischen Freund und Zahnarzt schrieb er 1880 als 67jähriger folgenden Brief:

„Lieber, sehr geehrter Herr und Freund! Es kommt mir so vor, als ob mir sehr bald die Geduld im Betreff meiner Hoffnungen auf Deutschland und seine Zukunft ausgehen, und ich dann bereuen dürfte, den Samen meiner künstlerischen Ideen nicht längst schon einem fruchtbareren und hoffnungsreicheren Boden übergeben zu haben.

Ich halte es nicht für unmöglich, daß ich mich noch entschließe, mit meiner ganzen Familie und meinem letzten Werke für immer nach Amerika auszuwandern. Da ich nicht mehr jung bin, bedürfte ich hierfür ein sehr bedeutendes Entgegenkommen von jenseits des Oceanes. Es müßte sich dort eine Association bilden, welche mir zu meiner Niederlassung und als einmalige Bezahlung aller meiner Bemühungen ein Vermögen von einer Million Dollars zur Verfügung stellte, deren eine Hälfte auf meine Niederlassung in einem klimatisch vorteilhaft gelegenen Staate der Union, deren andere jedoch als Kapital-Vermögen in einer Staatsbank zu 5 Prozent anlegbar zu verwenden sein würde, Hiermit hätte mich Amerika Europa für alle Zeiten abgekauft. Die Association hätte ferner den Fonds für die alljährlich zu veranstaltenden Festspiele zusammenzubringen, mit denen ich allmählich meine sämmtlichen Werke mustergültig zur Aufführung bringen würde: diese würden alsbald mit der ersten Aufführung meines neuesten Werkes ‚Parsifal' beginnen, welches ich bis dahin nirgends anders wo zur Aufführung übergeben würde. Alle künftigen Leistungen meinerseits, sei es als Leiter von Aufführungen, oder als schöpferischer Künstler, würden, auf Grund des mir übergebenen Vermögens, für alle Zeiten unentgeltlich der amerikanischen Nation angehören.

Mir kam nun in Erinnerung, daß Sie in freundlichem Eifer, bei Ihrem letzten Besuche sich mir erboten, wenn ich eine sogenannte Kunstreise in Amerika machen wollte, meine Geschäfte führen zu wollen. Mögen Sie es nun begreiflich finden, dass ich jetzt auf Sie, und keinen Anderen verfalle, um Ihnen meinen bei weitem durchgreifenderen Gedanken mitzutheilen. Eine blosse Kunstreise, um so u. so viel Geld mit Konzertgeben zu verdienen, und dann wieder nach Deutschland zurückzukehren, würde nie meine Sache sein. Nur eine vollständige Übersiedelung hätte für mich einen Sinn!

Wollen Sie gütigst hierüber ein wenig mit sich zu Rath gehen, und, falls Ihnen diess gut dünkt, Ihre Ansicht mir mittheilen!

Mit größter Freundschaft Ihr hochachtungsvoll ergebener Richard Wagner.

8. Febr. 1880
Neapel — Villa Angri, Posilipo."

So weit der Text des Briefes, den das amerikanische „High Fidelity Magazine" jetzt in seiner Dezember-Ausgabe veröffentlicht.

Schon in den 50er Jahren des vergangenen Jahrhunderts hatte Wagner an seine erste Frau, die Schauspielerin Minna Planer, geschrieben: „Amerika, Amerika, Du mußt helfen!" Es war der Aufschrei eines Mannes, der die Flucht aus dem Finanzruin suchte. Der Brief an Minna ist seit langem bekannt. Die Wagnerianer goutieren ihn als Jagdsünder; da damals Bayerns Ludwig statt Amerika half, blieb Richard Wagner den Deutschen erhalten. Der bisher unbekannte Brief an den Zahnarzt, der vermuten läßt, daß der Komponist seinen „Parsifal" genauso gern in den Rocky Mountains wie auf dem grünen Hügel von Bayreuth gesehen hätte, läßt das Idol der Wagnerianer nun in einem anderen Licht erscheinen.

SEHNSUCHTSLAND AMERIKA

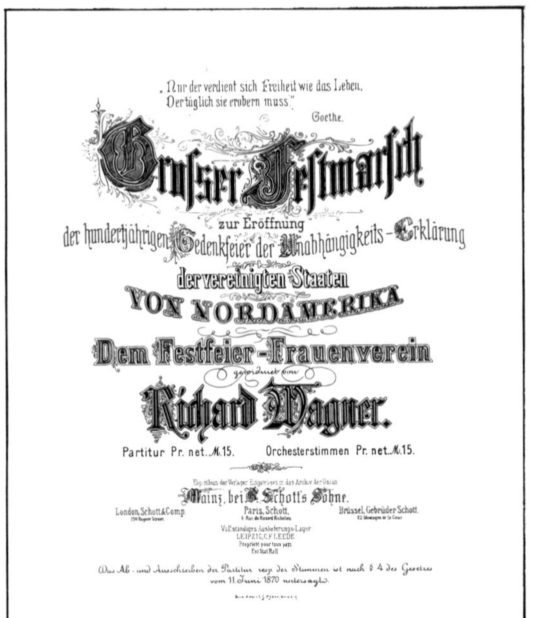

Über den amerikanischen Marsch notiert Cosima sich am 14. Februar 1876 ins Tagebuch: „Richard klagt darüber, daß er sich bei der Composition des amerikanischen Marsches gar nichts vorstellen könne, beim Kaisermarsch sei es anders gewesen, selbst bei Rule Britannica, wo er sich ein großes Schiff gedacht, hier aber gar nichts außer die 5000 Dollars, welche er gefordert und welche er vielleicht nicht bekäme."

Bereits in einem Brief an Ernst Benedict Kietz vom 30. 12. 1851, in dem Wagner seine „ganze Politik nichts weiter mehr als der blutigste Haß unserer ganzen Civilisation" nennt, findet sich die Amerikasehnsucht: „An einer *Zukunft* verzweifle ich dennoch nicht; nur die furchtbarste und zerstörendste Revolution kann aber aus unseren zivilisierten Bestien wieder ‚Menschen' machen. Ich denke jetzt viel an Amerika! Nicht als ob ich das Rechte dort finden würde, sondern weil dort leichter zu pflanzen ist." Und in einem Brief an Ludwig II. vom 31. 3. 1880 — also eine Woche vor dem Brief an den amerikanischen Zahnarzt —, der ein genaues Bild von der verzweifelten Stimmung vermittelt, die zu dem Amerikaplan führte, spricht Wagner auch davon, daß er schon ernstlich „an eine vollständige Übersiedlung nach Amerika gedacht" habe, weil er dort die Mittel erhalten würde, „alle zugestandenen Aufführungsrechte zurückzukaufen".

Diese in München geschriebene und auch auf die Münchner Wagnerianer eingehende Schrift hält der Autor nur für notwendig „gegen den kritiklosen Enthusiasmus der Wagnerianer“ und die „götterhafte Anbetung, die ihm von seinen Vasallen zuteil ward“ (130, 141).

Der

Messias von Bayreuth.

Feuilletonistische Briefe

an

einen Freund in der Provinz.

Von

Theodor Goering.

Motto: „Wenn die ganze Welt verrückt wird, so fühlen sich die Deutschen am seligsten dabei!“

Richard Wagner. Ges. Schr. u. Dichtgn. III. 328.

Stuttgart,
Verlag von Richter & Kappler.
1881.

Aber Wagner ist der verkörperte Absolutismus — er duldet keine anderen Götter neben sich. Seine despotischen Gelüste versteigen sich bis zu dem Ukas „das Publicum solle keine Zeitungen mehr lesen“[1] (ausser den Bayreuther Blättern, natürlich!). —

Er ist allein da und repräsentirt die Kunst. Die Vergangenheit dient ihm als Sockel, die Gegenwart beherrscht er, und, wehe der Zukunft, die ihn nicht mehr besitzt oder seinesgleichen! Denn in jeder Ketzerei wider sein Dogma erblickt er eine Gefährdung der Kunst, die sich, im Zusammenhang mit der von ihm vorgezeichneten Gestaltung der allgemeinen Verhältnisse, entweder in seinen Bahnen fortentwickeln, oder — untergehen muss!

Wagner ist Historiker; er hat den Geist der Zeiten studirt und sie haben ihm ihr Angesicht enthüllt. Es finden sich in seinen Schriften einzelne Stellen, welche die Fähigkeit eminentesten Klarsehens verrathen — wahre Prophetenblicke. Allein in der Gesammtheit seiner politischen und socialen Anschauungen, mit welchen ja seine künstlerischen Bestrebungen unlösbar verwachsen sind, irrlichterirt ein Wirrwarr von Widersprüchen, der ebenso erstaunlich ist, wie sein Geist und seine Energie. Er verkennt den Character der Gegenwart, und wie er sich die Zukunft vorstellt, das wissen nur er und die unsterblichen Götter. Er hadert mit seinem Jahrhundert und stellt an dasselbe mit unerhörter Rücksichtslosigkeit die unmöglichsten Anforderungen. Wenn ich je versuchte, mir aus der Summe der Vorstellungen, welche seine und seiner Anhänger Schriften wiederspiegeln, das klare Bild eines realen Zustandes herauszuschälen, so ging es mir wie ein Mühlrad im Kopf herum. Der Gegenwart und ihren Gebrechen erklärt er den Krieg und baut seine Zukunft auf neuer, nur von ihm geschauter Grundlage auf. Aber in das Nebelbild seines Utopiens verwebt er Züge aus ferner Vergangenheit und Elemente aus einer überwundenen, nie wiederkehrenden Periode. Er leiht die Schwingen seiner Phantasie dem körperlosesten Ideal, und in demselben Augenblick schreckt er die Welt mit dem emphatischen Klageruf des hoffnungslosesten, schwärzesten Pessimismus! Wenn wir aber sehen, was er inmitten einer, dem Idealen abgewandten Zeit — inmitten einer Welt, die er verachtet und die ihn anfeindet (?), wirklich erreicht und verkörpert hat, so muss es uns schier wie ein Märchentraum erscheinen. Wir sehen das Aufbäumen einer übergewaltigen Individualität gegen den Strom der widerstrebenden Elemente; sein Wirken zeigt sich uns nicht als ein normales Glied in jener Kette allmäliger Entwicklung, welche sich durch die Geschichte hinzieht, sondern als die rücksichtslose Geltendmachung einer absolutistischen Persönlichkeit, die kein Gesetz kennt als sich selbst. Wir sehen Resultate, welche ein unbeugsamer Wille mit wahrhaft dämonischer Energie ertrotzt hat; sehen ein Heer von dienenden Geistern zu einem Organismus vereinigt, welchen dieser eine Wille beherrscht und welcher — mit dieser Centralkraft zugleich wieder dahinsinken wird. Zaghaften Gemüthern, die diesen gewaltigen Geist und den von ihm geschaffenen Körper von aussen anstaunen, mag allerdings angst und bange werden bei den Aeusserungen seines Zorns und unheimlich bei dem Gedanken an das, was da werden soll, wenn nicht Alles nach seinem Willen geht. — Ich gehöre nicht zu diesen ängstlichen Naturen, sondern glaube an eine gedeihliche Entwicklung der Menschheit und der Kunst — auch ohne Richard Wagner und seinen Zukunftsstaat.

Ich betrachte die Art, wie Wagner seinen Bestrebungen gehuldigt sehen will, geradezu als einen Anachronismus. Sein Verlangen beruht auf Voraussetzungen, die schlechterdings nicht zu erfüllen sind, in unserer gegenwärtigen Zeit ebenso wenig, als in irgend einer künftigen. Denn überall da in der Weltgeschichte, wo wir eine den Wagner'schen Forderungen entsprechende grossartige Kunstentwicklung sehen — bis in die neueste Zeit — geschah diess auf der Basis von Verhältnissen, die nicht mehr wiederkehren werden, aus dem einfachen Grund, weil sie sich — sagen wir es gerade heraus! — mit dem modern demokratischen Gerechtigkeitssinn nicht vertragen. Die Ueberbleibsel aus jenen Perioden erfüllen uns mit Wehmuth und mit Sehnsucht nach dem „goldenen Zeitalter“: es ist jammerschade um die Akropolis wie um die Eichendorff'schen Parks. Wie schön muss das gewesen sein! Aber leider erblicken wir überall neben dem Licht auch den Schatten. Wie wir in der vorrevolutionären Zeit an zahlreichen grossen und kleinen Höfen die ganze bevorrechtete Kaste, von dem hochgebildeten, feinsinnigen Aristokraten bis zu dem nichtsnutzigsten Hofschranzen und ehrlosen Lakaien sich amüsiren sehen auf Kosten des unterdrückten ausgesaugten Volkes — so sehen wir auch die grossen Kunstepochen erblühen auf der Basis ungerechter Vertheilung — nur ermöglicht durch das materielle und geistige Elend grosser Volksclassen. Es hat jede grosse Kunstepoche ihre Kehrseite. Wäre das perikleïsche Zeitalter möglich gewesen ohne das Vorhandensein von Sclaven, welche die Arbeit thun mussten und in Finsterniss schmachteten? Wer möchte die herrlichen Erzeugnisse jener Zeit missen? Vielleicht könnte man sagen: wie stünde es um die ästhetische Bildung unserer Zeit, wenn jene nicht existirt hätte! Und doch — wer möchte heute die Wiederkehr eines solchen Zeitalters mit allen begleitenden Umständen (denn diese sind *conditio sine qua non!*) wünschen — und welche Macht der Erde könnte sie herbeiführen?

Die (quantitativ) grossartigste Entwicklung der Künste zeigt das alte Rom. Dahin — oder an den Hof Nopoleon's des Grossen mit seinem „Parterre voll Königen" — hätte auch Richard Wagner am besten gepasst mit seinen Unternehmungen. Aber hätte die Idee eines Circus maximus irgendwo anders entstehen können, als in einer Stadt wo die Reichthümer einer ganzen Welt von unterjochten Provinzen zusammenflossen? Nicht viel anders ist es im Mittelalter und in der neueren Zeit: überall sehen wir analoge Bedingungen. Betrachten Sie das neue (päpstliche) Rom — Florenz — Madrid — das Dresden August's des Starken — das *siècle de Louis XIV* und sofort, bis zu dem kleinen Weimar! Und immer unbedeutender werden die Kunstepochen unter dem nivellirenden Einfluss des modernen Geistes. Heutigen Tags giebt es keine bevorrechteten Classen mehr (das Geschwätz der socialdemokratischen Volksverführer ist ja Unsinn!) — es giebt kaum noch bevorzugte Länder, seitdem der Fortschritt der Verkehrsmittel bestrebt ist den Unterschied in der Productionskraft auszugleichen. Und die Nachzügler unter den Kunstepochen sind kein Gegenbeweis — sind auch Anachronismen, heute so unbegreiflich als unausführbar — wie die Schöpfung von Bayreuth unbegreiflich und ihr Fortbestand unausführbar sein wird, wenn einmal die ganz exceptionelle Willensenergie des Meisters nicht mehr darüber waltet.

Sie verweisen mich auf Bayern, wo mitten im aufgeklärten neunzehnten Jahrhundert unter dem grossen König Ludwig die Künstlerstadt München aus der Erde gewachsen ist, und eine Kunstepoche, die sich mit den älteren messen kann — Sammlungen und Baudenkmäler, die in allen Zeiten und Zonen ihresgleichen suchen? Das ist ganz gut und schön, in Bayern gab es damals weder Sclaven noch Revenüen aus eroberten Provinzen! Aber seinen Haken hat die Sache doch. Denn, meinen Sie, dass Isar-Athen hätte entstehen können, wenn es nicht einerseits vor 1848 im Innern noch Ungerechtigkeiten (nach unsren heutigen Begriffen) gegeben hätte? wenn nicht andererseits bis 1866 das arme Preussen die Lasten für die nothwendige Wehrkraft des deutschen Volkes fast allein getragen hätte? — Die Stadt mit ihren Bauten und Denkmälern ist geblieben — die Bevölkerung aber, die doch auch zu einer Kunstepoche gehört, ist verschwunden, oder hat sich wenigstens von Grund aus geändert. — Erinnern Sie sich noch der Rede beim Abschiedssouper eines hiesigen akademischen Lehrers, dem wir als Fachgenossen beiwohnten? Der abziehende Professor warf einen Rückblick auf das Menschenalter, während dessen er hier gewirkt, und wies darauf hin, wie ehedem alle Welt lebendigen Antheil an der Kunst genommen habe: wie heute ein neues Drama erschienen sei von Paul Heyse oder Melchior Meyr — morgen ein Suite von Lachner, für welche sich die ganze Stadt interessirte — wie man im Hofbräuhaus wusste, was Kaulbach gerade für ein Bild male und dass Genelli sein neues Werk verkauft oder nicht verkauft habe — und wie sich das Alles geändert habe, seit wir eine Nation geworden sind; weil der Antheil an den politischen Strömungen ein so concentrirtes Interesse an der Kunst seitens einer ganzen Bevölkerung nicht mehr gestattet! — — Nein, lieber Freund! ein Zeitalter des Perikles ist heute nicht mehr möglich; auch kein Zeitalter Ludwigs I. von Bayern; das ist für ewige Zeiten vorbei!

Wir brauchen deshalb die Hoffnung auf ein Fort- oder Wiederaufblühen der Kunst nicht aufzugeben. Es mögen auch neue Kunstepochen erstehen; aber aufbauen müssen sie sich auf anderer, auf demokratischer Basis (wobei ich weder an Herrn Lassalle noch an die Pariser Commune denke) — auf der Basis des Gemeinsinns, welcher die Kunstdenkmäler der alten Reichsstädte erzeugt hat — — und dieser duldet keine Alleinherrschaft des Individuums — keinen despotischen Absolutismus à la Richard Wagner.

Ich selbst bin viel zu sehr Optimist, um nicht an die Zukunft der Kunst zu glauben. Denn was auch immer die Verhältnisse sein mögen: Die Entwicklung des Menschengeschlechts schreitet vorwärts und der Genius der Geschichte — mag er vorübergehend in der Toga erscheinen, oder in der Kapuze, im Harnisch oder im Frack — sein Götterantlitz kann er nicht dauernd verhüllen; und aus dem verzweifelten Gewirr der Allgemeinheit werden immer ungewöhnlich begabte Geister auftauchen, welche, bald in dieser Gestalt, bald in jener — in einer Farbe, die den Lebensbedingungen der jeweiligen Epoche angepasst ist, die erhabenen Ziele der Menschheit weiter fördern. — Ein solcher Genius ist ja auch Richard Wagner — wenn er auch in mancher Beziehung übers Ziel schiesst!

Im Jahre 1882, ein Jahr vor Wagners Tod, erscheint der erste Band des *Katalogs einer Richard Wagner-Bibliothek* als „Festgabe zu den Bühnenfestspielen im Jahr 1882“, dessen vierter Band bereits bis zu der Nummer 10 180 reicht. Die darin zu lesende Widmung: „Ein Denkmal zur Erinnerung an die erste Heimstatt des Richard Wagner-Museums in Wien und ein Geleitsgruß in seinen neuen Wirkungskreis Deutschland“ weist darauf hin, das dies Museum 1895 nach Eisenach verkauft wurde, wo es sich heute noch befindet (siehe Seite 97). Dieser Katalog und das bereits im Todesjahr erscheinende *Wagner-Lexikon* bezeugen die ungewöhnliche Faszination und Popularität Wagners.

Katalog

einer

Richard Wagner-Bibliothek

Nach den vorliegenden Originalien
systematisch-chronologisch geordnetes und mit Citaten
und Anmerkungen versehenes

authentisches Nachschlagebuch

durch die

gesammte Wagner-Litteratur

von

Nikolaus Oesterlein.

Vierter Band.

Eine Ergänzung zu Band I—III.
Mit einer Innenansicht des Museums.
Abgeschlossen: 13. Februar 1883.
(Nummer 9471 bis 10180.)

Leipzig
Druck und Verlag von Breitkopf und Härtel
1895.

WAGNER-LEXIKON.

HAUPTBEGRIFFE

DER

KUNST- UND WELTANSCHAUUNG

RICHARD WAGNER'S

IN WÖRTLICHEN ANFÜHRUNGEN AUS SEINEN SCHRIFTEN
ZUSAMMENGESTELLT

VON

CARL FR. GLASENAPP UND HEINRICH VON STEIN.

MDCXL

STUTTGART.
VERLAG DER J. G. COTTA'SCHEN BUCHHANDLUNG.
1883.

Beschreibendes Verzeichniß

des

Richard Wagner-Museums

in Wien.

Ein bibliographisches Gesammtbild

der

kulturgeschichtlichen Erscheinung

Richard Wagner's

von den Anfängen seines Wirkens bis zu seinem Todestage
dem 13. Februar 1883

dargestellt durch

Nikolaus Oesterlein,

Ritter des Königl. Bayer. Verdienst-Ordens vom heil. Michael IV. Cl.

IV.

(Des Kataloges einer Richard Wagner-Bibliothek vierter Band.)
Eine Ergänzung zu Band I—III.
Mit einer Innenansicht des Museums.

Leipzig
Druck und Verlag von Breitkopf und Härtel
1895.

Wagnerbüste von Lorenz Gedon (1883)

DER TOD WAGNERS

Nach dem Tod Wagners am 13. Februar 1883 in Venedig findet in Wien ein Trauerkommers statt, bei dem Hermann Bahr eine führende Rolle spielt. Wegen der antisemitischen Tendenz dieses Kommers' tritt Theodor Herzl, der nachmalige Begründer des Zionismus, aus der Burschenschaft „Albia" aus. Der zweite Brief Bahrs an seinen Vater bezeugt, wie sehr man Wagner als Politiker sah, hier in Wien als Garanten des „großdeutschen Gedankens". Bahr heiratet später die Wagnersängerin Anna von Mildenburg, mit der zusammen er 1912 im Rowohlt-Verlag ein Buch über Bayreuth veröffentlicht. 1912 erscheint auch seine Broschüre *Parsifalschutz ohne Ausnahmegesetz* (siehe Seite 122).

Gegen den Strom

Am 13. Februar 1883 war Richard Wagner in Venedig gestorben. Eduard Hanslick, in seinen Jugendjahren Anhänger, dann unversöhnlicher Gegner Wagners, hatte 1876 gelegentlich der ersten Bayreuther Festspiele mit der Uraufführung vom „Ring des Nibelungen" geschrieben, die Analogie des Musikers Wagner mit dem Maler Makart und dem Dichter Hamerling liege auf der Hand: „Durch ihren sinnlich berückenden Zauber wirkt diese Musik als direkter Nervenreiz so mächtig auf das große Publikum, das weibliche zumal . . .". Das „große Publikum" bestand durchaus nicht nur aus „Wagnerianern", wie aus einem Bericht Theodor Helms über die „Meistersinger"-Aufführung vom 27. Februar 1870 in der Hofoper geschlossen werden kann:

Mitten im zweiten Akt, nachdem bis dahin den starken Beifallsbezeigungen nur vereinzelte Zischlaute entgegengebracht wurden, brach der Spektakel los. So übertönte nun, von jener Serenade des Beckmesser an, eine höllische Katzenmusik von Zischen und unartikuliertem Gebrüll auf der einen Seite, beantwortet von verdoppeltem und verdreifachtem Applaus der andern Partei, bis zum wunderbar poetischen Abschluß (der damals gänzlich verloren ging) vollständig die Sänger und das Orchester. Auf ein Haar hätte sich die auf der Bühne spielende Prügelszene in den Zuschauerraum verpflanzt . . .

Zitiert nach: E. Castle, Geschichte der deutschen Literatur in Österreich-Ungarn im Zeitalter Franz Josephs I. Bd 1, 1936, S. 638

Gleichwohl überwog die häufig leidenschaftliche Parteinahme für Wagner die ebenso heftige Ablehnung des Komponisten. Die hohe Zahl der Aufführungen in den letzten drei Jahrzehnten des 19. Jahrhunderts ist Beweis dafür. Johann Strauß, der schon im Revolutionsjahr 1848 auf einem großen Studentenkommers den „Tannhäuser"-Marsch spielte und dafür demonstrativen Beifall erhielt, hatte in seine Konzerte immer wieder Orchesterpartien aus den Opern des Bayreuthers aufgenommen. Im Mai 1872 brachte ein von Wagner im Großen Musikvereinssaal gegebenes Konzert zu Gunsten seines Festspielhauses, zu dem bald darauf der Grundstein gelegt wurde, einen Reinertrag von 16 000 Gulden. — Die Kritik an Wagner kam zum überwiegenden Teil aus dem liberalen Lager und hatte keineswegs nur musik-ästhetische Kriterien als Maßstab, sondern einen stark politischen Akzent. Richard Wagners antisemitische Einstellung — in den gewiß nicht immer sachlichen Angriffen gegen ihn sah er eine Rache des Judentums — und die seinem Schaffen zugrundeliegende nationale Komponente stimulierten gleichermaßen Protest und Beifall. Nach der Erstaufführung des „Ringes" donnerte Ludwig Speidel, unechtes und daher gefährliches Pathos spürend, im Wiener „Fremdenblatt" vom 15. Oktober 1876:

Das deutsche Volk hat mit dieser nun offenbar gewordenen musikalisch-dramatischen Affenschande nichts gemein, und sollte es an dem falschen Golde des ‚Nibelungenringes' einmal wahrhaftes Wohlgefallen finden, so wäre es durch diese bloße Tatsache ausgestrichen aus der Reihe der Kunstvölker des Abendlandes!

Und Wagners Beckmesser Hanslick, den der Komponist schon Jahre zuvor für jüdische Racheneigungen als besonders zugänglich beschuldigt hatte, erhoffte im Jahr vor Wagners Tod anläßlich der Aufführung des „Parsifal":

Trotz der Anstrengung von hundert Wagner-Vereinen, in der christlichen Mystik die rettende Zukunft der Kunst zu begrüßen, wird die Gegenwart wohl kaum nötig haben, Goethes Feldzug gegen die ‚neudeutsche religiös-patriotische Kunst' ernstlich wieder aufzunehmen. Wir wollen — wie Scherer mit Bezug auf Wagners ‚Nibelungen' ausrief — im Sinne Goethes weiterleben und weiterwirken, ‚unbekümmert um den barbarischen Unsinn halbverstandener nordischer Mythologie, die man uns als neues Evangelium aufdrängen will'. Auch das allerneueste Kunstevangelium, das der christlichen Mystik, dürfte im ‚Parsifal' trotz der glänzenden Verkörperung isoliert bleiben.

Zitiert nach: E. Castle, Geschichte der deutschen Literatur in Österreich-Ungarn im Zeitalter Franz Josephs I. Bd 1, S. 640 und 641

Die politischen Beweggründe für Anhänger- und Gegnerschaft ließ der Trauer-Kommers Wiener Studenten-Verbindungen vom 6. März 1883 zum Tode Wagners und die öffentliche Reaktion darauf deutlich zu Tage treten.

TRAUER-COMMERS DER DEUTSCHEN STUDENTENSCHAFT WIENS FÜR RICHARD WAGNER

Privatdepesche der „Allgemeinen Zeitung" vom 6. März 1883

Der von der deutschen Studentenschaft Wiens veranstaltete Trauer-Commers für Richard Wagner im Sophiensaal hat sich zu einer imposanten deutsch-nationalen Kundgebung gestaltet. Es waren erschienen die Abgeordneten Schönerer, Weitlof (Obmann des Deutschen Schulvereins), Bareuther, Wiesenburg (Wien), zahlreiche Professoren, Deputirte der österreichischen Städte und Universitäten, eine Deputation der oberösterreichischen Bauernschaft, geführt vom Obmann Landtagsabgeordneten Krenmayer, sowie zahlreiche Notabilitäten Wiens. Studiosus Kaan und Professor Blume sprachen über die Bedeutung Wagners für die christlich-deutsche Kunst. Von zahlreichen Zuschriften erregte besonders rauschenden Jubel die des Feldmarschalls Moltke. Studiosus v. Schram vom Verein Deutscher Studenten in Breslau überbringt stammesbrüderlichen Gruß und schließt mit einem Hoch auf das im Volksbewußtsein begründete unauflösliche Bündniß zwischen einem kraftvollen Oesterreich und dem Deutschen Reiche. Lauten Jubel erregt die Erklärung Krenmayers, daß unmittelbar hinter den deutschen Studenten Wiens sechstausend oberösterreichische Bauern stehen. Weitere Reden Pernerstorfers, des Gründers des Deutschen Schulvereins, Professor Polzers, des Studiosus Bahr trugen einen durchaus nationalpolitischen Charakter. Die letztere Rede verursacht eine mißverständliche Einmischung des Polizeicommissärs, welche der Abgeordnete Schönerer durch schnelles und energisches Eingreifen beendet. Der Commers wird programmmäßig vom Präsidenten Dafert, Obmann des Vereins der deutschen Studenten, mit einem Trauer-Salamander geschlossen. Die Theilnehmer entfernen sich langsam unter den Klängen der „Wacht am Rhein".

Der in der Depesche erwähnte Hermann Bahr, seit Oktober 1881 in Wien studierend, geriet bei diesem Kommers zum ersten Mal ins Licht der Öffentlichkeit und blieb von nun an das enfant terrible der Familie.
Das Furore, das der Trauer-Kommers in der Öffentlichkeit verursachte, spiegelt die Österreich-Korrespondenz vom 7. März, am 9. März in der „Allgemeinen Zeitung" erschienen, wider:

Die Vorgänge bei dem von einigen Wiener akademischen Verbindungen vorgestern veranstalteten Trauercommerse zu Ehren Richard Wagners, in dessen Verlauf leidenschaftlich deutsch-nationale und antisemitische Reden gehalten wurden, werden heute von allen officiösen Blättern einer scharfen Kritik unterzogen. Die „Presse" glaubt gar auf eine „eigenthümliche Störung der normalen Gehirnthätigkeit" vieler dieser Studenten schließen zu dürfen, die sich von einem Mann, wie Schönerer, den Niemand mehr ernst nehme, und dessen Name nur durch Skandale widerwärtigster Art die allgemeine Aufmerksamkeit errege, am Gängelbande führen lassen. „Sollen das wirklich, fragt die ‚Presse', deutsche Studenten sein, die das schöne Land, das sie geboren, für das ihre Väter stritten und ihr Blut hergaben, verläugnen; sollten das wirklich deutsche Studenten sein, die an dem ersten Dogma des Liberalismus, der confessionellen Gleichberechtigung aller Staatsbürger, rütteln; sollten das, fragen wir nochmals, deutsche Studenten sein, die aller Errungenschaften des menschlichen Geistes, der Forschung nach Licht und Wahrheit höhnen und sich für den gelben Fleck des Mittelalters begeistern?" Das „Fremdenblatt" fordert, daß diesen „Verführern der Jugend, welche den Jünglingen die Köpfe mit deutsch-nationalen Phrasen füllen, sie zu Thorheiten aufhetzen, auf falsche Bahnen drängen, den Geist des Fanatismus und der Unbildung unter dieselbe tragen, die Möglichkeit weiterer Corrumpirung benommen werden sollte. Gelinge dies nicht, dann werde, wie das Blatt meint, auch die Wiener Hochschule die Folgen bald verspüren."

In den Berichten der „Neuen Freien Presse" fällt der Name Hermann Bahrs überhaupt nicht, er ist hier, am 6. März 1883, nur als „Student der Philosophie" bezeichnet:

Professor Polzer der in seinem Enthusiasmus für die deutsche Einheit auch Wünsche aussprach, welche aus preßgesetzlichen Gründen nicht wiederzugeben sind, und ein Student der Philosophie, welcher gleiche Anschauungen aussprach und überdies Phrasen aus antisemitischen und socialistischen Vereinen aufwärmte, wurde von dem anwesenden Polizei-Commissär unterbrochen. ... Der Präses theilte nun mit, daß der Regierungsvertreter alle weiteren Reden untersagt habe. Da begab sich Ritter v. Schönerer demonstrativ auf die Tribüne. Seine jugendlichen Anhänger riefen stürmischen Beifall. Der Polizei-Commissär beorderte nun den Obmann, den Redner zum Verlassen der Tribüne aufzufordern. Dieser hatte inzwischen in leidenschaftlichem Tone ausgerufen: „Wir ließen uns schon so Manches anthun, wir ließen uns unterdrücken, aber so weit geht unsere Geduld nicht. Dort, wo ich mich meiner Immunität erfreue, habe ich Aehnliches erst jüngst gesagt ..." Der Obmann kam herbei, um der Weisung des Commissärs Folge zu geben. Herr v. Schönerer schrie wieder mit donnernder Stimme in die Versammlung, aus der Hurrahs seinen Kampfesmuth belohnten. Die Luft wurde eine schwüle, man harrte, was nun folgen werde. Nach einigen Minuten erschien Ober-Polizei-Commissär Boogh in voller Uniform; er begab sich in Begleitung des Präses zu Herrn v. Schönerer und pflanzte sich neben ihm auf. Schönerer sprach immer weiter. Im Publicum herrschte die Befürchtung, daß es zur Anwendung von Gewalt kommen werde. Endlich schloß der Redner und verließ, ohne den Vertreter der Polizei anzusehen, die Tribüne. Dieser wollte jetzt das Wort nehmen; es dauerte lange, bis das Tosen im Saale ihm möglich machte, sich vernehmbar zu machen. Vor Erregung zitternd, erklärte er, daß er die Versammlung auflösen werde, wenn nicht Ruhe eintrete. Und als höhnische Rufe laut wurden, fügte er erbittert hinzu: „Ich werde Sie auseinander treiben!" Wie wir schon gemeldet, wurde schließlich von dem Regierungsvertreter gestattet, daß der Trauer-Salamander gerieben werde; nachdem dies geschehen war, verließ die heißblütige Gesellschaft lärmend zwar, aber doch ohne weitere Ausschreitungen den Saal.

Hermann Bahrs Sicht der Dinge geben zwei Briefe an den Vater wieder. Am 11. März schreibt er, mit der deutlichen Absicht, den Vater zu beruhigen:

Vom Kommers haben die Zeitungen wohl mehr als genug gebracht an Hohn, Spott, Verleumdungen und Denunzierungen. Ihrer bodenlosen Gemeinheit ist es denn auch gelungen, uns als Nihilisten und Bombenwerfer zu verdächtigen, und wie mir Schönerer gestern mitteilte, soll die Strafanzeige gegen ihn, Professor Polzer und mich bereits erstattet sein (wegen §§ 58 und 65). Gleichzeitig ist der Verein der deutschen Studenten bereits aufgelöst und gegen seine Funktionäre die Strafanzeige erstattet. Die Burschenschaften sollen in die Luft gehen, und der akademische Senat will über die kompromittiertesten studentischen Teilnehmer (Kaan, Dafert und mich) die Disziplinaruntersuchung verhängen.

H. Bahr, Briefwechsel mit seinem Vater. 1971, S. 14

HERMANN BAHR AN DEN VATER
Wien, 13. März 1883 (35)

Was das Meritorische meiner Rede betrifft, so habe ich in derselben (die übrigens, wie mir Schönerer sagte, von den amtierenden Polizisten Wort für Wort mitstenographiert wurde) Wagner als Politiker, und zwar als großdeutschen Politiker charakterisiert. Die gravierendste Stelle ist die, wo ich Österreich eine „schwerbüßende Kundry, die sehnsüchtig des Erlösers harrt", nenne; ferner, wo ich sage, daß R. Wagner keine kleinliche Anhänglichkeit an den sächsischen Hof vorschützte, sondern offen in der Revolution mittat, für die „heiligste Sache, die großdeutsche Republik"; dann die Aufforderung zum Schwur, nicht eher zu ruhen und zu rasten, als bis R. Wagners heiliges Vermächtnis, der großdeutsche Gedanke, erfüllt sei...

Hermann Bahr wurde auf Grund seiner Rede auf dem Kommers relegiert und ging zur Fortsetzung des Studiums nach Graz. Ein anderer, einstiger Aktiver in der Burschenschaft „Albia", zog aus freiem Willen die Konsequenz aus dem Eklat, an dem seine Verbindung Anteil hatte: Theodor Herzl.

Aus den Tagesblättern habe ich mit großem Bedauern entnommen, daß der „Richard-Wagner"-Kommers, unter dessen Veranstaltern auch die Couleur sich befand, der als inaktives Mitglied anzugehören ich die Ehre habe, daß dieser Kommers sich in seinem Verlaufe zu einer antisemitischen Demonstration gestaltete. — Es fällt mir nicht ein, hier gegen diese rückschrittliche Mode des Tages zu polemisieren, ich will nur beiläufig erwähnen, daß ich vom Standpunkt der Freiheitsliebe selbst als Nichtjude diese Bewegung verurteilen müßte, der sich allem Anschein nach auch meine Burschenschaft angeschlossen hat.

...

Es ist ziemlich einleuchtend, daß ich, behaftet mit dem Hindernis des Semitismus (zur Zeit meines Einsprungs war das Wort noch unbekannt), heute nicht um Aufnahme in die B[urschenschaft] A[lbia] ansuchen würde, die mir aus dem angegebenen Grunde auch verweigert würde — und daß ich dort nicht bleiben will, wo ich dies voraussetze, das ist jedem anständigen Menschen klar.

... als inaktiver Bursch komme ich um Auflösung meines Verhältnisses zum Couleur ein.

Theodor Herzl an die Burschenschaft Albia. Wien, 7. März 1883. Zitiert nach: Herzl-Briefe. Hrsg. u. eingel. von Manfred Georg. Berlin o. J., S. 18 f.

Ankunft der Leiche Wagners auf dem Münchner Bahnhof

Auf Richard Wagner's Tod.

Kampf vertobte, Schatten dämmern nieder
Auf das sturmbewegte Feld der Schlacht,
Bergt die Schwerter, senkt die müden Glieder,
Kampfgenossen, denn es ist vollbracht.

Ueber's Feld erbrausen die Drommeten,
Jubeln Sieg und künden Euch den Preis,
Reicht die Hände, lasst zum Kreis uns treten,
Von den Stirnen löscht den bittern Schweiss.

Aus dem Freundesauge des Gefährten,
Der Euch schweigend in das Auge blickt,
Les't, Getreue, les't, Ihr Kampfbewährten,
Siegesfreude, die Euch selbst beglückt. —

Also steh'n sie, eine grosse Runde,
Da erhebt sich's fragend, bang und schwer,
Und von Munde rollt das Wort zum Munde:
»Unser Feldherr, Brüder, wo ist er?

Als die Lanzen brachen und die Speere,
Allen sichtbar stand er, wie der Stern,
Nun, da Ruhe winkt und Sieg und Ehre,
Bleibt er jetzt von seinen Treuen fern?

Wo ist er, der unsern schwanken Schritten
Pfad gewiesen und den Weg gebahnt,
Der den Sieg, den heute wir erstritten,
Eh' die Schlacht begann, vorausgeahnt?

Dem kein Unmuth je das Ziel verschattet,
Das er sah, als Keiner es gewahrt,
Dem die Hand am Banner nicht ermattet,
Als sich Tausende um ihn geschaart,

Der im Sturme der empörten Geister
Wie ein Leuchtthurm stand im wilden Meer,
Unser Führer, unser Held und Meister,
Unser Feldherr, Brüder, wo ist er?« —

Suchet ihn, Ihr werdet ihn entdecken,
Denn der Nimmermüde rastet tief,
Rufet ihn, Ihr werdet ihn nicht wecken,
Ewig schläft, wer einmal so entschlief.

Seht Ihr dort den Königsadler steigen,
Finster breitend seiner Schwingen Macht?
Dahin eilt, der Adler wird Euch zeigen,
Wen er in der Tiefe dort bewacht. —

Ja, dort liegt er, sammelt Euch im Kreise —
Seine Stirn umleuchtet letztes Roth —
Heilig ist die Stätte, redet leise,
Leise gebt es weiter: »Er ist todt.«

Wie ein König liegt er da in Ehre,
Wie ein Held auf narbenvollem Schild, —
Hemmt den Jammer, wehret noch der Zähre,
Die vom Auge übermächtig quillt;

Denn es naht mit feierlichen Schritten
Eine, der das erste Wort gebührt,
Welche mehr erlitt als Ihr gelitten,
Eine Mutter, die den Sohn verliert.

Senkt die Augen, heisst die Lippen schweigen,
Ehrfurcht banne jeden Klageton,
Deutschland naht, die Mutter will sich neigen
Einmal noch zu ihrem grossen Sohn.

Einmal noch die Lippen will sie fragen,
Die sich schlossen über Lust und Leid,
Wer nach ihnen singen soll und sagen
Vaterlandes süsse Herrlichkeit;

Will noch einmal an den Busen pressen
Diesen Widerschein erloschner Gluth,
Dieses Herz, das ihrer nie vergessen,
Diesen Nacken, voller Kraft und Muth,

Der sich vor dem seichten Hohn der Spötter
Keines Zolles Breite je gebeugt,
Diesen Mann, der für die Vatergötter
Deutschen Volkes lebenslang gezeugt.

Wehrt den Thränen — wo in Todestrauer
Sich zur Bahre neigt ein Volksgeschlecht,
Da gebührt dem Einzelnen der Schauer,
Doch zur Klage fehlet ihm das Recht.

Tretet rückwärts, denn es kommen Gäste,
Uebermenschlich, eine heil'ge Schaar,
Schweigend drängen sich zum düstern Feste
Die Gewaltigen, die er gebar:

Seht sie kommen, ihrem mächt'gen Gange
Ruft ein Echo dröhnend nach das Feld,
Faust am Schwerte, Wange dicht an Wange,
Eine schönheitstrunkne Götterwelt.

Kennt Ihr jenen dort in blonden Locken,
Der, ein Leu, voran den Andren geht,
Den, wie Frühlingshauch aus Blüthenglocken,
Ew'ger Jugend süsser Duft umweht?

Seht Ihr jene, die in wildem Herzen
Die Erinn'rung einst'ger Gottheit trägt,
Und das Weib, um das in Todesschmerzen
Sünd'ge Liebe ihren Mantel schlägt?

Seht Ihr dort den Herrlichen, den Reinen,
Welchen Monsalvat mit Kraft bewehrt?
Höret Ihr der Liebe leises Weinen,
Die am Lichte starb, das sie begehrt?

Wie im Meere Wogen über Wogen
Endlos steigen aus dem Born der Kraft,
Also kommen sie dahergezogen,
Ströme nie versiegter Leidenschaft.

Ihre Hände schlingen sich zur Kette,
Aus dem Reigen brausend tönt der Chor:
»Wache auf von Deiner Schlummerstätte,
Deine Kinder rufen, fahr' empor!

Der Du ew'ges Leben uns gegeben,
Dich bezwingt kein Sterben und kein Tod« —
Da zerreisst der Erde Brust im Beben,
Auf den Bergen drüben leuchtet's roth.

Und von Purpurflammen-Gluth umflossen
Donnernd öffnet sich der Himmelssaal,
Und das Heiligthum, das er erschlossen,
In den Wolken leuchtend steht der Graal.

Seht den Pfad, der in die Wolken leitet,
Dieser Pfad, er heisset Ewigkeit —
Seht den Thron, in Wolken dort bereitet,
Dieser Thron, er heisst Unsterblichkeit.

Beugt Euch, Menschenknie' und Menschengeister,
Der Entschlaf'ne hebt sich aus der Ruh' —
Schweigend wandelt Deutschlands grosser Meister
Seiner Heimath bei den Göttern zu.

Ernst von Wildenbruch.

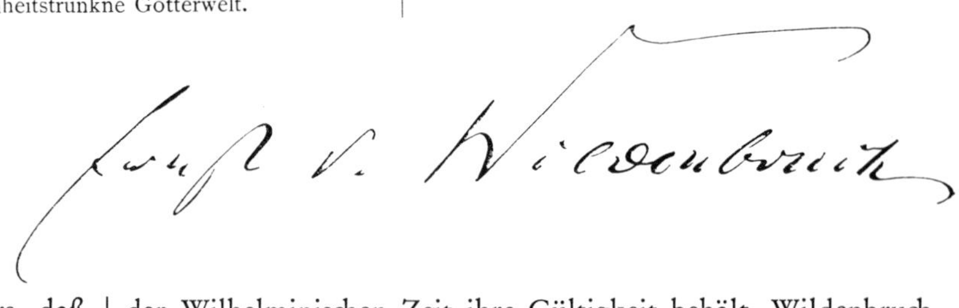

Es ist bezeichnend für die nationale Wirkung Wagners, daß ausgerechnet Felix Dahn und Ernst von Wildenbruch Gedichte auf seinen Tod verfassen, deren Verklärungs- und Vergöttlichungstendenz ein Kennzeichen für die Gründerzeit-Poesie „machtgeschützter Innerlichkeit" (Thomas Mann) ist, die in der Wilhelminischen Zeit ihre Gültigkeit behält. Wildenbruch, der Wagner für den größten deutschen Dramatiker hielt, wird schließlich als Dichter des Preußen- und Hohenzollerntums der Lieblingsdichter Wilhelms II. und wie Felix Dahn einer der Erfolgsautoren der Wilhelminischen Zeit.

Chor der Menschen.

Wehe, stimmt das Lied der Trauer,
Stimmet laute Klagen an:
Mich erfasst mit bangem Schauer
Gram um den entrückten Mann!
Ach es stieg in lichtre Hallen
Unser Zauberer hinauf,
Und den Stab, der ihm entfallen,
Nimmt kein Andrer wieder auf!
Ach! es ruht sein Schwert, das scharfe,
Es erschwieg im Tod sein Mund,
Und entsaitet steht die Harfe
Und verwaist das Tempelrund!

Chor der Götter, Göttinnen, Walküren und Einherier.

Ende die Trauer und lass von der Klage,
Unten auf Mitgard, sterbliche Schar!
Siehe, er lebt unvergängliche Tage
Oben in Asgards seligem Klar.

Als ihn zu uns, den gewaltigen Helden,
Brünnhild gebracht auf der wolkigen Bahn,
Trat ihm begrüssend Wotan entgegen,
Wie er dem herrlichen Helgi gethan,
Bot ihm das Trinkhorn Freia, die Holde,
Ewiger Jugend Aepfel Idun:
Aber die Harfe von klingendem Golde
Reichte für immer ihm Bragi nun.
Lasst, ihr Germanen, Trauer und Klagen.
Schauet: hier lebt er in Asgards Licht.
Und so lang sein Gesang euch auf Flügeln wird tragen,
So lang dämmern eure Götter nicht! —

Felix Dahn.

Felix Dahn.

En mort de Richard Wagner
Zeichnung von Fantin-Latour

Zum 22. Mai.

Dem allergrössten Meister uns'rer Zeit
Sei heut' ein volles, stilles Glas geweiht!
Es gilt dem Helden, den der Tod befreit.
Des Lebens Sorge und der Menschen Neid,
Sie gaben ihm gar treulich das Geleit;
Denn überall macht sich die Mittelmässigkeit
Zu jeder Frist so widerwärtig breit —
Ihr schafft das Grosse nur Verlegenheit.
Kommt ein Genie, — hui! wie sie tobt und schreit:
An's Kreuz mit ihm! Er sei vermaledeit!
Und Hinz und Kunz, und Barthel, Jobst und Veit,
Und Tausend noch, die sonst wohl ganz gescheidt,
Sie nehmen Theil am wüsten Meinungsstreit,
Zur Waffe greift sogar — die zarte Maid,
Und schnell ist dann die ganze Welt entzweit!
Ein gütig Schicksal hatte Ihn gefeit
Durch Willenskraft und seines Geistes Schneid',
Und als er starb, — da klang sein Ruhm gar weit!
Ihr Freunde, wo Ihr auch versammelt seid,
Nun merket auf, und haltet Euch bereit:
Dem allergrössten Meister uns'rer Zeit
Sei heut' ein volles, stilles Glas geweiht!

Wilhelm Tappert.

Cliché der Autotype-Company München (Patent Meisenbach).

Nach einer Kohlenzeichnung von Professor August Spiess.

„Regeneration“.

Leisem Athem, Ahnung gleich
Weilt in allen Weiten Gott,
Wartend, dass der Mensch ihn wecke. —
Des Südens Sonne breitet das Gras
Zu Blättern aus und üppigem Grün,
Das im Norden der neidische Himmel
Des Winters bedroht.
Wie dauert es doch?
Zum Halme gehärtet,
Zur Aehre verengt,
Verdichtet zu reifendem Korn;
Das ruht in der Erde, als Keim bewahrt
Vor Wintersnoth.
Nahrung ward uns aus solcher Noth;
Was dem Froste wehrt, wird uns zur Frucht.
An ihr erstarkt der Erdentstammte:
Herbe Geschicke adeln den Helden,
Er nennt seine Stärke
Nordischen Himmels Geschenk.
Weist das All die Würdigen weiter,
Leitet es sie zu edlerer Art?
Starrheit belebt es, doch liebt es die Fülle;
Stark ist der Held, doch stärker der Weise,
Der das Allwaltende weiss und erfüllt.
Er nutzt als Nahrung
Des Nordens Frucht,
Heilig doch gilt ihm
Des helleren Himmels
Freudiger Segen zu Gunst und Besitz.
Tiefeignes Leid
Tiefeigne Liebe,
Kern der Wesen
Keim der Welten,
Das Unnahbare nährt er in sich. —
So deutest du zu seinem Sinn,
Was dort und hier die Erde beut,
Keimen und Blüh'n.
Dem Korn der Aehre gleicht sie selbst
Die deutend und dichtend
Verkündende Kunst:
Die der Noth uns entschafft, Noth schuf ihren Keim,
Aus Sehnens Kraft ein Seelen-Heim:
Trauteste Schauer
Friedvolle Sucht,
Freude aus Trauer,
Trieb und Frucht.

HEINRICH VON STEIN.

Heinrich von Stein war der Erzieher Siegfried Wagners. Der Regenerations-Begriff wird als „Erneuerung“ oder „Wiedergeburt“ einer der Leitbegriffe des „Bayreuther Idealismus“, der sich ihrer seit der Veröffentlichung der „Regenerationsschriften“ Wagners in den „Bayreuther Blättern“ seit 1880 als Rettungsformel gegen den behaupteten „Verfall der Menschheit“ bedient.

Vertretung für den gesammten Buchhandel: EDWIN SCHLOEMP in LEIPZIG.

PARSIFAL.

Halbmonatsschrift zum Zwecke der Erreichung der Richard Wagner'schen Kunst-Ideale.

Erscheint am 1. und 15. jeden Monates. — Chef-Redacteur: EM. KASTNER.

Pränumerations-Preise: Ganzjährig ö. W. fl. 2.50 = Mark 5.— = Francs 7.— Halbjährig die Hälfte. — **Redaction und Administration:** Wien, I., Volksgartenstrasse 5.
Man abonnirt direct bei der Administration, wie auch bei jeder Postanstalt, Buch- und Musikalienhandlung. — Inserate werden mit 15 kr. = 25 Pfg. pro zweigespaltene Petitzeile berechnet.

—✥ **Jede Nummer umfasst in der Regel 4 Seiten.** ✥—

(Manuscripte werden nicht zurückgestellt. — Unversiegelte Zeitungs-Reclamationen sind portofrei.)

Nr. 1. **Wien, 13. Februar 1884.** **I. Jahrgang.**

☛ Wir eröffnen hiemit ein Probe-Abonnement auf die Zeitschrift «PARSIFAL», laufend vom 13. Februar bis zum 30. Juni 1884 für den Betrag von ö. W. fl. 1.— = Mark 2.— = Francs 3.—.

☛ Wir bitten Jedermann, ob für oder wider, sich am Probe-Abonnement zu betheiligen und sich so zu überzeugen, dass wir nichts im Auge haben, als die Förderung der Sache unseres verewigten Meisters. — Unsere Freunde bitten wir, uns an die Hand zu gehen durch Zusendung von Nachrichten und Urtheilen über neue Erscheinungen, von Ausschnitten oder Exemplaren solcher Zeitungen, die irgend etwas auf Richard Wagner bezügliches enthalten; ferner durch Berichte und Kritiken über Bühnen- und Concert-Aufführungen Wagner'scher Werke; über etwa gehaltene Vorträge; durch kurze Aufsätze und Abhandlungen über einschlagende Themata, etc. — Probenummern zur Verbreitung im Freundeskreise stehen Jedermann gerne franco und gratis zur Verfügung. — Regelmässigen Berichterstattern senden wir unser Blatt natürlich kosten- und portofrei zu. — Denjenigen geschätzten Herren, die uns durch ihre Zuschriften ihre Theilnahme an unserem Unternehmen bewiesen haben, sprechen wir hier unsern innigsten Dank aus.

Unser Programm.

Wenn wir heute, am erſten Jahrestage des Todes unſeres erhabenen Meiſters mit einer ihm gewidmeten Zeitſchrift zum erſtenmal vor die Oeffentlichkeit treten, ſo ſind wir uns der moraliſchen Verantwortung für dieſen Schritt wohl bewußt. Was wir mit deren Herausgabe anſtreben, das wollen wir jetzt unſeren geſchätzten Freunden und Leſern in Kurzem darlegen.

Unſer Programm umfaßt drei Hauptpunkte:

1.) Die Sammlung, Sichtung und Zuſammenfaſſung aller großen und kleinen Erſcheinungen und Vorkommniſſe, die irgend auf Richard Wagner Bezug haben:

2.) Die Pflege der durch den Meiſter geſchaffenen nationalen Kunſt und damit in erſter Linie die Förderung und Erhaltung der Bühnenfeſtſpiele;

3.) Die Herſtellung einer geiſtigen Verbindung aller Geſinnungsgenoſſen und Anhänger des Dichter-Componiſten.

Unſer verewigter Meiſter hat durch die Herausgabe der «Bayreuther Blätter» die Nothwendigkeit einer in regelmäſſigen Zwiſchenräumen erſcheinenden Zeitſchrift, welche einen verknüpfenden Faden bilden ſollte zwiſchen ihm und ſeinen Jüngern und durch die er ihnen über ſeine Anſchauungen und Gedanken Mittheilung machen könnte, deutlich bekundet. Hauptsächlich hat dies auf die ethisch-philosophischen Hinstrebungen unseres unsterblichen Meistes Bezug und es haben die «Bayreuther Blätter» die ihnen von Beginn an durch Wager gegebene Richtung im Geiste des Meisters auch nach dessen Tode unter der Leitung eines berufenen Freundes getreu eingehalten, und so ihrem Zweck in bester Weise entsprochen. Die bahnbrechenden Cultur-Ansichten des Meisters werden auf diese Weise einer bewundernden Mit- und Nachwelt bewahrt und finden Besprechungen und Weiterungen derselben in den Spalten des Blattes ihren berechtigten und sichern Platz. — Nicht so ist es mit dem Componisten und Dichter Richard Wagner bestellt. Die Rieseneiche Wagner sprosst tausend und tausend Aeste, Zweige, Blätter und Blüthen; jeder Tag bringt Bemerkenswerthes hervor, mit jedem Tage mehren sich die Erscheinungen. Doch ermangelt es bis nun fühlbar eines Brennpunktes, wo alles sich zusammenfindet, alles registrirt wird, was über die Kunst Richard Wagners und für dieselbe geschieht; es mangelt an einem Organ zur Verständigung und zur geistigen Verbindung sämmtlicher Musiker und Musikfreunde der Richtung des Meisters, einem Blatte, das gute, fördernde, fruchtbringende Gedanken, Vorschläge und Ansichten der Einzelnen zur Kenntniss Aller zu bringen berufen wäre; einem Organ endlich, das sich speciell die Pflege der von unserem Meister begründeten Kunstrichtung zur Aufgabe machen und der freien Discussion über dieselbe seine Spalten offen halten würde. — Das ist es, was wir neben den «Bayreuther Blättern» gleichsam als Ergänzung derselben zu bieten versuchen wollen und wozu wir uns die Mithilfe aller Freunde der Kunst des grossen Dahingeschiedenen angelegentlichst erbitten.

Wir wollen neben der ſtets feſtgehaltenen Abſicht, den Beſtand der Bühnen-Feſtſpiele getreulich zu pflegen und zu hüten, hauptſächlich dahin arbeiten, daß keine, jetzt vielleicht für geringfügig angeſehene Notiz der Vergeſſenheit anheimfalle, um ſo den zukünftigen Biographen, welche nicht das Glück hatten, zur Zeit des Selbſtwirkens Richard Wagner's zu leben, ein reiches, geordnetes Material zu übergeben. Hätte man in den Zeiten Mozart's, Bach's und Beethoven's alle, auch die kleinſten Notizen geſammelt, ſo wäre unſere Kenntniß von dem Leben dieſer Meiſter kein ſo lückenhaftes als dies beſonders bei dem Letztgenannten der Fall iſt. — Kleinlich wird dieſer Punkt unſeres Programmes demjenigen gewiß nicht erſcheinen, der bedenkt, daß es Zeiten gab, wo man Leſſing's «Nathan» als ein «Drama von skandalöſem Inhalte in Rückſicht auf Religion» (Frankfurt 1779), und den Symphoniker Beethoven als «reif für das Irrenhaus» erklärte; wenn man erwägt, daß Mozarts «Don Giovanni» in Wien (7. Mai 1788) ohne Erfolg in Scene ging und

Emerich Kastner (1847—1916), der Herausgeber des „Parsifal", spielte eine führende Rolle im Wiener Akademischen Wagner-Verein und verfaßte mehrere Wagneriana: *Richard Wagner Katalog* (Offenbach 1878); *Verzeichnis der Briefe Richard Wagners an seine Zeitgenossen* (Berlin 1897); *Bühnenfestspiele in Bayreuth 1884. Ein Handbüchlein für Parsifalpilger* (Wien 1884).

Parsifal-Nachklänge.

Allerhand Gedanken

über

Deutsche Cultur, Wissenschaft, Kunst, Gesellschaft

von Mehreren empfunden, aufgezeichnet

von

Bernhard Förster.

„Weisst Du, was Du sahst?"

Inhalt:

I. **Das Kunstwerk der Zukunft.**
II. **Kunst und Kultur der „Idealisten".**
III. **Das „Bühnen-Weihefestspiel".**
IV. **Sänger und Held.**
V. **Kampf gegen die Vivisection. Empfehlung des Vegetarismus.**
VI. **Die sociale Frage.**
VII. **Neu-Germanien.**

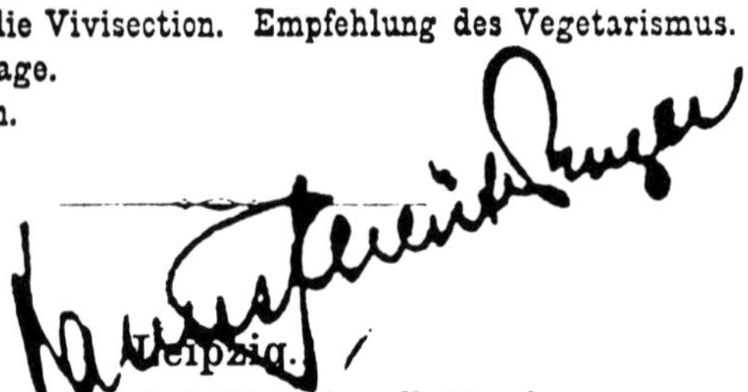

Leipzig.

In Commission bei Theodor Fritsch.
(Windmühlenstr. 13.)
1883.

Allen ächten Anhängern Richard Wagners,

insonderheit seinem lieben Freunde und verehrten Mitstreiter, dem

Freiherrn Hans Paul von Wolzogen

in **Bayreuth**

mit herzlichstem Abschieds-Grusse gewidmet

von

dem Verfasser.

Einleitung.

„Selig im Glauben!
Selig in Liebe!"

Mit Eifer und Andacht folgten wir im Sommer 1882 der Einladung des kühnen Meisters, die uns in die stille oberfränkische Stadt am rothen Main rief; mit unbeschreiblicher Ergriffenheit genossen wir jenes Schauspiel, welches er als ein wohlvorbereitetes und herrlich gelungenes uns dort anbot. Hatte Richard Wagner zunächst wohl nur an die intimeren Anhänger seines Werkes gedacht, als er die Einladungen zum Genusse des „Bühnenweihefestspieles" erliess, so hatte er doch nichts dagegen, dass auch die weitläufigen Freunde seiner Kunst in grosser Anzahl von allen Seiten herbeikamen. Schliesslich — „damit mein Haus voll werde!" — folgte denn auch jener stets bereite, grosse Tross des Marktes, die schaulustige und neugierige Menge der Reisenden, denen es ihre Herrin, die Mode, gebietet, überall zu sein, wo es etwas zu sehen giebt. Zu Tausenden, Woche für Woche, kamen sie nach dem kleinen Bayreuth und füllten die ernsten Räume des Wagnertheaters, um sich schliesslich doch von dem Zauber jenes noch nicht erlebten Kunstwerkes bestricken zu lassen, dessen kühne seelenkundige Gestaltungskraft uns die geheimsten Falten des Menschenherzens enthüllt, indem gleichzeitig eine tiefsinnige Symbolik uns mit dem philosophischen Gehalte der schönsten Legenden unseres christlichen Glaubens vertrauter macht, und unerhört sublimirte Mittel der Poesie und Musik, der Malerei und Scenerie uns diese dramatischen und religiösen Ideen sinnlich nahe bringen und so glaubhaft, wie nur möglich, erscheinen lassen. Mit stets höher gesteigerter Theilnahme folgten wir den Lehren der Wagnerschen Kunst, auch der Festeste fiel und gab sich diesem Banne mit Lust und Liebe gefangen: nur wer zugleich ein Thor und unsaubrer Gesinnung war, löste sich frei — auch an solchen fehlte es während der Festwochen nicht in Bayreuth!

Und nachdem am Abend des 29. August die weihevollen Klänge der Gralsmusik zum letzten Male erklungen und verklungen waren, da hätte das Bayreuther Werk vom Jahre 1882 seinen Abschluss erreicht, — „ein Schauspiel, aber ach! ein Schauspiel nur" —? Und wir sollten nun herabsteigen aus dem Paradiese reinen Kunstempfindens, aus der geweihten Umgebung der Gralsburg etwa wiederum in die alte Werkeltagsstimmung — so ohne alle weiteren Folgen?

Nicht so! Mir ahnt, ein wichtig Werk hat der Gral noch zu wirken! —

Wir haben im „Parsifal" den ächten in der Fülle der Kraft erzeugten Sohn eines grössten Genius vor uns: solche Göttersöhne pflegen ihre verklärende und befruchtende Kraft oft nach Richtungen hin und auf Gebieten zu äussern, mit denen sie auf den ersten Anblick keinen direkten Zusammenhang zu haben scheinen. Ueberall regen sie zum Wirken, Schaffen, Denken an und befördern heilsames Thun.

Mit dem „Parsifal“ jedoch hat es, wenn ich recht sehe, noch eine weitere Bewandtniss. Wenn wir im „Bühnenweihefestspiel“ das letzte, sicherste und entscheidendste Wort zu erkennen haben, welches Wagner zu uns spricht, das reifste Werk seiner gedankenreichen Kunst, den Schlussstein seines musikalisch dramatischen Gebäudes, dann wird uns dieses Werk den Schlüssel nicht nur zu seiner Kunst, sondern zum Verständniss der deutschen Kunst und Kultur überhaupt darbieten können.

Die Parsifal-Empfindungen im Herzen, müssen wir die Fragen stellen und ihre Beantwortung versuchen:

Wie verhält sich der „Parsifal“ zu den sonstigen Erzeugnissen der Wagnerschen Kunst?

Welche Stellung nimmt Richard Wagner in der Entwickelung der deutschen, der arischen Kultur ein? —

Und so folgen weitere Fragen, die eine ruft die andere hervor, bis wir schliesslich auch Rede stehen müssen auf diese letzten: Warum musste der Künstler zum Reformator, zum Propheten seines Volkes werden? Welches T h u n schreiben uns Wagners Werke und Worte vor?

Wer die Natur an Einer Stelle ganz erfasst hat, der ist fähig, sie allerorts zu erkennen, wer die normalste Erscheinung eines Volkes begriffen hat, wird sich die Erkenntniss der gesammten Entwickelung dieses Volkes leichter erwerben können.

„Auf denn ans Werk! —
Herauf, hierher! zu mir! —
Erwachst Du?“

BERNHARD FÖRSTER —
DER „SOLDAT DES BAYREUTHER IDEALISMUS“

Die *Parsifal-Nachklänge* des Schwagers von Nietzsche dokumentieren die enge Verknüpfung des Antisemitismus mit der Zwangsvorstellung von einer „deutschen, arischen Kultur“ im Namen Wagners, der hier bereits zum „Propheten seines Volkes“ erhoben wird und dessen Werke und Worte ein bestimmtes „Thun“ vorschreiben. Die Widmung an Hans von Wolzogen, den „Mitstreiter“, deutet hin auf die enge Beziehung zu den „Bayreuther Blättern“, für die Förster auch mehrere Artikel verfaßte. Das Wort von dem Abschiedsgruß bezieht sich darauf, daß Förster, nachdem er jahrelang mit antisemitischer Agitation (zum Beispiel mit seiner Förster-Petition 1881) — von der sich aber Nietzsche wie Wagner distanzierten — in Deutschland zu wirken versucht hatte, nun in der Nachfolge Richard Wagners in Paraguay eine rein-deutsche, arische Kolonie „Neu-Germania“ gründen will. Dort stirbt er 1889 als, wie es in einem Nachruf in den „Bayreuther Blättern“ heißt, „Soldat des Bayreuther Idealismus“.

Theodor Fritsch, der die *Parsifal-Nachklänge* in „Commission“ übernommen hat, war neben Paul de Lagarde, Eugen Dühring, Liebermann von Sonnenberg, Adolf Stöcker, Houston Stewart Chamberlain und anderen einer der führenden Köpfe des wilhelminischen Antisemitismus. 1887 veröffentlicht er seinen *Antisemiten-Catechismus*, der vor allem nach dem Ersten Weltkrieg und nach der Machtergreifung Hitlers als *Handbuch der Judenfrage* weite Verbreitung erlangt (1937 erscheint seine 41. Auflage). Seit 1902 gibt Fritsch die Zeitschrift „Der Hammer — Blätter für deutschen Sinn“, ein antisemitisches Hetzblatt, heraus.

Frühere Schriften desselben Verfassers:

Richard Wagner als Begründer eines deutschen Nationalstils mit vergleichenden Blicken auf die Kulturen anderer indogermanischer Nationen. Chemnitz 1880. Ernst Schmeitzner.

Das Verhältniss des modernen Judenthums zur deutschen Kunst. 59 S. Berlin 1881.

Dieses ästhetische Glaubensbekenntniss des Verfassers wurde, abgesehen von einem sehr eingehenden Referate der „Post“, von der periodischen Presse unbeachtet gelassen. Die Schrift betont gegenüber dem offiziellen Kunsttreiben unserer Professoren in den Akademien und Museen das Wesen der n a t i o n a l e n Kunst.

Der Vegetarismus ein Teil der socialen Frage. 20 S. Hannover, Schmorl & von Seefeld. 1882.

rnere culturgeschichtliche und philosophische Arbeiten s Verfassers, zum Teil Ausführungen der hier berührten Themata, werden die „Bayreuther Blätter“ bringen.

Im Verlage des **Mühlentechnischen Büreau's in Leipzig**, Windmühlenstrasse 13, erscheinen:

Brennende Fragen!

Nationale Flugblätter zur Erweckung des deutschen Volksbewusstseins und zur Klärung der öffentlichen Meinung.

Diese Flugblätter erscheinen in Zwischenräumen von 2 bis 3 Wochen, $^1/_2$ Bogen stark, gross Octav, und sind dazu bestimmt, die s o c i a l e F r a g e, die ja gegenwärtig bekanntlich in der J u d e n f r a g e gipfelt, dem allgemeinen Verständniss näher zu führen. Deshalb ist eine Erscheinungsform gewählt, welche ohne grossen Kostenaufwand Jedem gestattet, für eine weite Verbreitung der hierin ausgesprochenen Ideen mitzuwirken.

Eine Serie von 10 aufeinander folgenden Nummern kostet im Abonnement incl. Zusendung unter Kreuzband 60 Pf.

= Partien zu sehr billigen Preisen! =

Durch denselben Verlag sind zu beziehen:

Leuchtkugeln.

Antisemitische Kernsprüche

von

Thomas Frey.

Diese 200 gereimten Verslein voll treffenden Witzes geisseln in schneidigster Weise das Hauptgebrechen unserer Zeit — die Schwäche der Deutschen, die zunehmende Macht der Juden. Hinter dem leichten Humor und der scherzhaften Form birgt sich ein zorniger Ernst.

Einzel-Exemplare Mark 0,40 incl. Franco-Zusendung,
10 Exemplare „ 2,50 „ „

G r ö s s e r e P a r t i e n b i l l i g e r.

CONSTANTIN FRANTZ' HOFFNUNG AUF „VÖLKER-VERBRÜDERUNG" IN BAYREUTH

Constantin Frantz war ein Gegner der 1866 erfolgten Abtrennung Österreichs von Deutschland und sah als Gegenspieler Bismarcks im Deutschen Reich nur ein Provisorium auf dem Weg zu einem mitteleuropäischen Bund als Ausgangsbund einer abendländischen Völkergemeinschaft. Er beeinflußte das politische Denken Wagners, der mit ihm auch korrespondierte, seit Herbst 1865. Ihn bittet Wagner am Schluß seiner Schrift *Was ist Deutsch?* (siehe Seite 37) um eine Antwort in dieser Frage, die dann in Form eines offenen Briefes im Juniheft der „Bayreuther Blätter" 1878 erscheint. Frantz' Hoffnung, daß die Festspiele ein „Organ der Völkerverbrüderung" und eine „internationale Friedensanstalt" werden mögen, hebt sich wohltuend von der sektiererischen Enge der Vertreter des „Bayreuther Idealismus" ab, und korrespondiert mit Wagners eigenen Wünschen. Die internationale Zusammensetzung der „Bayreuther Festblätter 1884", denen dieser Aufsatz entnommen ist, wird erst in den Programmheften seit 1951 wieder selbstverständlich sein.

BAYREUTHER FESTBLAETTER

in Wort und Bild.

Gesammelte Beiträge

deutscher, französischer, belgischer, schweizerischer, spanischer, englischer, amerikanischer und italienischer Schriftsteller und Künstler

mit

Facsimiles aus den Original-Partituren Richard Wagners.

Zum Besten der Bayreuther Festspiele

herausgegeben von der

Central-Leitung

des

Allgemeinen Richard Wagner-Vereines.

München 1884.

Redactions-Comité:

Karl Freiherr von Ostini, Max von Baligand, Alfred Schmid, Julius Hey (verantwortlich für den literarischen Theil), **Joseph Ritter von Schmaedel** (verantwortlich für den artistischen Theil).

Alle Rechte vorbehalten.

VERLAG DER AUTOTYPE-COMPANY MÜNCHEN.

DRUCK DER KGL. HOF-BUCHDRUCKEREI E. MÜHLTHALER IN MÜNCHEN

Wagner's politische Denkweise.

Mit der Aufforderung beehrt, zu der dem Andenken unsres verewigten Meisters geweihten Festschrift einen Beitrag zu liefern, glaubte ich solcher Aufforderung am besten entsprechen zu können durch den Versuch einer kurzen Schilderung seiner politischen Denkweise. Denn dadurch gerade möchte wohl das Bild des ganzen Mannes, als eines öffentlichen Charakters, am deutlichsten hervortreten. Jedenfalls ist dies diejenige Seite seines Wesens, worüber allein zu reden ich mich für befugt erachten darf. Desgleichen ist es allein auch das politische Gebiet, auf welchem ich ihm persönlich nahe getreten war, indem ich die Freude hatte, dass meine politischen Schriften bei ihm zustimmungsvolle Theilnahme fanden, die er mir ebenso mündlich wie in einer Reihe von Briefen bezeugte, worin zugleich die liebenswürdige Offenheit und das Gütevolle seines Wesens mir wahrhaft erquickend entgegentrat. Ein theures Andenken und eine um so grössere Genugthuung für mich, je einsamer ich mit den von mir entwickelten Ansichten dastand und bis heute noch dastehe.

In jenen Schriften nämlich hatte ich mich zumeist über den Beruf Deutschlands ausgelassen. Ich warf dabei einen Rückblick auf das ehemalige heilige römische Reich, welches seiner Idee nach ein die ganze abendländische Welt umfassendes Band bilden sollte und wollte. Ausdrücklich also kein blos nationaler sondern zugleich internationaler Körper, und damit über die Beschränktheit blosser Staatsinteressen oder nationaler Sonderbestrebungen von vornherein hinweggehoben, bot andrerseits dieses Reich eben deshalb den freiesten Spielraum für zahllose individuelle Bildungen, durch Corporationen, Bündnisse und Stiftungen verschiedenster Art. Freilich vollzog sich dies Alles inmitten der noch von der Völkerwanderung her in wilder Aufregung begriffenen, auch zum guten Theil noch halb barbarischen Volkselemente, und darum auch nur unter der Zuchtruthe der Hierarchie und unter der Zwangsherrschaft des Feudalismus. Aber dahin ging nun eben meine Ansicht: dass jetzt — auf der Basis der Geistesfreiheit, der Völkerverbrüderung und der genossenschaftlichen Organisation, wie auf der Basis unserer gemilderten Sitten und hochentwickelten Cultur, — ein neues Reich erblühen sollte, welches wiederum das ganze abendländische Europa zu einem Ganzen zusammenfasste. Und solcher Entwicklung zum realen Stützpunkt zu dienen, — das erst erschien mir als Deutschlands wahrer Beruf.

Ich musste mir diese Anführung gestatten, weil die darin ausgesprochene Idee zugleich für Wagner's eigne Weltansicht bezeichnend ist, die eben in diesem Punkte so innig mit der meinigen zusammentraf, dass er sich dadurch bewogen fühlte, mir ein öffentliches Zeugniss seiner Zustimmung zu geben. Er that dies durch die Widmung der im Jahre 1869 erschienenen neuen Auflage seines in die ganze Kunsttheorie so tief eingreifenden Werkes über »Oper und Drama«; mir dadurch eine Ehre erweisend, worauf ich, in Betracht meines geringen Kunstverständnisses, gar keinen Anspruch machen durfte. Zugleich liegt hier der Punkt vor, der, wenn er bei Wagner's Widersachern den ärgsten Anstoss erregte, — nämlich die in jenem Werke ausgesprochene Forderung »des Unterganges des Staates«, — doch gerade das hellste Licht über seine Ansicht verbreiten kann. Man muss nur überlegen, wie die Sache eigentlich gemeint war. Und darüber kann die nachfolgende Stelle aus dem an mich gerichteten Vorwort keinen Zweifel lassen.

»Es war kein Zufall, sagt er dort, dass Sie von meinen musikalischen Dramen angezogen wurden, während ich von Ihren politischen Schriften mich erfüllte. Wer ermisst die Bedeutung meines freudigen Erstaunens, als Sie mir aus dem so sehr verkannten Mittelpunkte meines schwierigen Buches verständnissvoll zuriefen: »Ihr Untergang des Staates ist die Gründung meines deutschen Reiches!« Selten ist wohl eine so vollständige gegenseitige Ergänzung eingetreten, als sie hier auf breitester und umfassendster Grundlage zwischen dem Politiker und dem Künstler sich vorbereitet hatte. Und an diesen deutschen Geist, der uns, von den äussersten Gegensätzen der gewohnten Anschauung ausgehend, in der tiefempfundenen Anerkennung der grossen Bestimmung unseres Volkes so überraschend zusammenführte, dürfen wir nun wohl mit gestärktem Muthe glauben.«

Hat er dann in der Folgezeit mir auch zu meinen später erschienenen Schriften, selbst in den wärmsten Ausdrücken, seine Zustimmung erklärt, so darf ich danach auch annehmen, seine politische Denkweise richtig zu charakterisiren, wenn ich als seine Grundanschauung die Föderation bezeichne.

Wie es aber fast allen grossen Geistern begegnete, dass sie zuvor eine Periode der Gährung durchlebten, ehe sie zur Klärung gelangten, so war auch Wagner, so lange noch das erste Jugendfeuer in ihm loderte, wirklich anders gesinnt gewesen als in seinem gereiften Alter. Die darüber vorliegenden Thatsachen sind allbekannt. Darauf hinweisend, hatten es dann seine Widersacher leicht genug, indem sie ihn als einen gefährlichen Umstürzler verdächtigten, dadurch zeitweilig auch seine künstlerische Wirksamkeit zu lähmen. Jenes an und für sich allerdings auffallende Wort, von dem Untergang des Staates, erklärt sich aber daraus, dass der Staat dem auf das allgemein Menschliche gerichteten Geiste Wagner's eine viel zu beschränkte Entwicklungssphäre darbot, sondern ihm vielmehr zu einer Verengerung und Verrenkung der ganzen Menschennatur zu führen schien;

als der typische Repräsentant alles blos conventionellen, reglementirten und dressirten Wesens, was zu seinem eigenen, so durchaus originellen Wesen in dem schneidendsten Gegensatz stand. Er wollte nichts als den reinen, sich frei aus seiner Natur heraus entfaltenden Menschen, dem nichts von aussen her angeflogen, angewöhnt oder aufgedrückt wäre, und der sich dann auch überall so zu geben hätte, wie er wirklich wäre. Es lag etwas von Rousseau's Denkweise darin.

Seine herzliche Freude hatte er darum an allen aus freien Trieben hervorgegangenen Vereinen, wie z. B. unsere Schützenvereine, Turnvereine, Gesangvereine u. s. w. Darin erschien ihm das eigenthümlich deutsche Wesen in seiner reinsten Gestalt. Und unbestreitbar gehört dieser Vereinstrieb gar sehr zur Charakteristik des Deutschthums. Selbst in Nordamerika machen unsere dortigen Landsleute sich durch ihre derartigen Vereine bemerkbar. In solcher Weise sollten darum auch seine eigenen Kunstbestrebungen die erforderliche materielle Basis finden. Und daraus ist ja wirklich die Schöpfung von Bayreuth hervorgegangen.

Nicht jedoch dass er etwa, infolge seiner Liebe zu den auf freien Trieben beruhenden Bildungen, hingegen die Nothwendigkeit einer mit Zwangsgewalt ausgerüsteten Organisation überhaupt verkannt hätte; aber diese Seite des öffentlichen Lebens sprach ihn eben nicht an, und hatte vielmehr für sein künstlerisches Gefühl etwas Abstossendes. Denn unbeschadet der seltenen Vielseitigkeit seines Geistes, dem kaum irgend etwas fremd blieb, was menschliches Interesse erregen kann, war er doch dem Kern seines Wesens nach eine Künstlernatur. Und offenbar wird der praktische Staatsmann, oder der Staatsgelehrte, das öffentliche Leben doch mit anderen Augen betrachten als der Künstler. Jener wird sich auf die freien Triebe der Menschen nicht gross verlassen wollen; ihm kommt es vorweg auf Sicherstellung des Staatszweckes an durch Institutionen und Gesetze, die unabhängig von dem guten Willen der Menschen bestehen sollen. In solchem Bestreben aber wird leider der Staatsmann nur allzu leicht dahin gerathen, den Werth der freien Triebe zu unterschätzen; ja die menschliche Würde überhaupt zu untergraben, indem ihm der Staatsbürger nur noch als ein Rädchen oder Stiftchen der grossen Staatsmaschinerie gilt, so dass der Mensch von Staatswegen dressirt und zu Staatsinteressen verbraucht wird. Oder selbst noch schlimmer, wenn unsere Manchestermänner in dem Menschen nur ein Werkzeug zur industriellen Production, wie ein Object zu capitalistischer Ausbeutung erblicken. Gegen diese Versündigung an der menschlichen Persönlichkeit richtet sich dann Wagner's moralischer Zorn. Alle der Glanz und Schimmer, den eine hoch entwickelte Civilisation über solchen Zustand verbreiten möchte, kann ihn über die innere Fäulniss nicht täuschen. Denn was ist eine Civilisation, unter deren Herrschaft der Mensch zu Grunde geht? Auf den Menschen aber kam es ihm allein an, die blossen Institutionen und Gesetze galten ihm nichts; wie sie ja auch dem Christenthum nichts gelten. Fand er überhaupt die Grundursache aller moralischen Versunkenheit in der Abstumpfung und Verrohung der menschlichen Empfindungen, so forderte er darum auch eine rücksichtsvolle Behandlung der Thierwelt. Und mit der ganzen Energie seines Wesens ist er gegen die wissenschaftliche Thierfolter aufgetreten.

War er eine Künstlernatur, so hegte er zugleich die höchsten Begriffe von der Würde und Bestimmung der Kunst. Hatte einst Schiller den Künstlern zugerufen:

»Erhebet euch mit kühnem Flügel
Hoch über euren Zeitenlauf!
Fern dämm're schon in eurem Spiegel
Das kommende Jahrhundert auf,«

das traf in vollem Maasse bei Wagner ein. Seine Sehnsucht und sein ahnungsvoller Drang war auf einen neuen edleren Zustand der menschlichen Gesellschaft gerichtet. Blieb es dabei nicht aus, dass seine darauf bezüglichen Aeusserungen zuweilen etwas Ueberschwängliches und Excentrisches annahmen, wie er sich dessen auch selbst bewusst war, immerhin doch konnte darin noch eine tiefe Wahrheit zu Grunde liegen. Und überhaupt gilt hier, was Schopenhauer von dem Martyrium des Genius sagt, der sich in die Bedingungen des Alltagslebens nicht recht zu finden wisse, daher oft Anstoss errege, und ungerecht beurtheilt werde, nach einem nur für Durchschnittsmenschen passenden Massstab. Allein es ist einmal nicht anders: je höher und kühner der Menschengeist sich aufschwingt, um so näher liegt ihm auch die Gefahr von Verirrungen, vor denen freilich gesichert bleibt, wer immer nur auf der breiten Heerstrasse einherzieht. Ein solcher aber wird auch die Welt um keinen Schritt breit vorwärts bringen, Wagner hingegen gehörte zu den bahnbrechenden Geistern, zu den Männern der Initiative.

Je idealer nun das Bild war, welches er sich von dem wahren Menschen, und der damit übereinstimmenden menschlichen Gesellschaft, entworfen hatte, um so verkümmerter und trostloser musste ihm dem gegenüber die nackte Wirklichkeit erscheinen. Daher seine Hinneigung zum Pessimismus. Wollte man daraus einen Vorwurf machen, — der träfe jedenfalls nicht ihn allein. Im Gegentheil, gerade in den auf das Ideale gerichteten, tiefernsten Geistern tritt auch immer ein pessimistischer Zug hervor. So ist für Schelling die ganze Weltgeschichte doch nur eine grosse Tragödie. Und was heisst es wohl, wenn Schiller sagt: »Freiheit ist nur in dem Reich der Träume«, oder wenn Calderon sagt: »La vida es sueño« und sogar: »El mayor delito es el haber nacido«. Der unverkennbarste Ausdruck des Pessimismus. In seiner pessimistischen Stimmung also entschwand ihm dann oft alle Hoffnung auf eine Verbesserung der menschlichen Zustände, wohin doch seine Sehnsucht ging, und vielmehr eröffnete sich ihm dann die bedrohlichste Perspective in die Zukunft. Ein Rückfall in die Barbarei, schrieb er mir einmal, scheine ihm im nächsten Jahrtausend bevorzustehen. Doch Aehnliches haben ja auch Andere gesagt. Wir brauchen dabei nur des Geschichtsforschers Niebuhr zu gedenken, der kaum minder schwarz in die Zukunft sah; noch mehr gehört dahin der Staatsgelehrte Vollgraff. Selbst an seiner eigenen künstlerischen Wirksamkeit wollte Wagner oft verzweifeln, indem ihm alle seine unsäglichen Arbeiten als rein vergeblich erschienen. Glücklicherweise eine Selbsttäuschung, wie schon heute die unwiderleglichste Erfahrung zeigt.

Trotz solcher pessimistischen Anwandlungen aber auf dem Kunstgebiet unermüdet fortstrebend, bewahrte er nicht minder ein reges Interesse für die öffentlichen Angelegenheiten. Und natürlich, dass er sich dabei zunächst den vaterländischen Zuständen zuwandte. Tief betrübt hatte ihn da die schon seit so lange auf Deutschland lastende politische Stagnation und die Verkümmerung, welcher das Deutschthum in der kleinstaatlichen Zerklüftung entgegenging. Er empfand das als eine persönliche Bedrängniss. Darum war er durch die Begründung des neuen Reiches freudig erregt. Denn jedenfalls war doch eine Aufrüttlung der Geister damit gegeben, und aus der gewissermassen bisher nur privaten Existenz war jetzt Deutschland ruhmvoll auf die grosse Weltbühne herausgetreten. Das war zunächst Wagner's Gefühl nach den Ereignissen von 1870. Allein bald darauf änderte sich seine Stimmung. Der in den Vordergrund tretende militärische Charakter, der seitdem von Preussen aus sich auf ganz Deutschland übertrug, dazu der scharf realistische Zug, der durch das neue Reich hindurchging, stiess ihn ab, und das banausische Treiben, welches sich darin namentlich durch die Gründereien breit machte, musste gerade einer idealen Künstlernatur am widerwärtigsten sein.

In innerster Seele sich als Deutscher fühlend, war ihm Erhaltung und Pflege alles ächt deutschen Wesens eine Herzenssache; wie denn auch seine Werke nicht wenig dazu beigetragen haben, insbesondre Sinn und Verständniss für die altdeutschen Ueberlieferungen zu erwecken. Allein darin setzte er die Würde und den Beruf des Deutschthums nicht, dass es sich durch äussere Herrschermacht hervorthun und sich im Ruhmesglanze sonnen sollte. Wie hätte er, der überall nur den Menschen suchte, das Deutschthum über das allgemein Menschliche setzen, und dieses jenem wohl gar dienstbar machen wollen? Nein, nur deshalb fühlte er sich als Deutscher, weil und insofern ihm das Deutschthum als Träger allgemein menschlicher Bildung galt, ohne doch demselben eine ausschliessliche Bedeutung zuzuschreiben; vielmehr tief davon überzeugt, dass unsere ganze moderne Cultur auf dem Zusammenwirken aller strebsamen Nationen beruhe. Unter diesem Gesichtspunkte aber trat ihm dann auch die Thatsache vor Augen, dass eben Deutschland — zufolge seiner centralen Lage und seiner geschichtlichen Antecedenzien, wie auf Grund des universalen Geistes, der, schon durch Leibnitz repräsentirt, seit Lessing und Herder die deutsche Literatur so entschieden charaktererisirt, — dass also Deutschland der natürliche Boden sei zur Vereinigung und Vermittlung aller geistigen Bestrebungen. Und warum sollten die fremden Nationen diesen so augenfälligen Beruf Deutschlands, der doch für keine andere Nation etwas Kränkendes haben kann, aus übelverstandenem Patriotismus verkennen wollen? Deutschland bildet einmal das Mittelstück des europäischen Körpers, in welchem darum die grossen Blutgefässe zusammenlaufen.

Liegt es nun vor, dass, wie Wagner's Werke sich bereits über die ganze gebildete Welt zu verbreiten beginnen, so auch die Bayreuther Festspiele schon zahlreiche Besucher aus weitester Ferne herbeiziehen, so würden ja eben diese Festspiele, je mehr sie sich zu einer internationalen Feier gestalteten, sich zugleich als ein Organ der Völkerverbrüderung erweisen. Und gerade ein kleines, stilles, den grossen Weltverhältnissen durchaus entrücktes Städtchen erscheint unter diesem Gesichtspunkt als der dazu glücklichst gewählte Ort, während hingegen die Hauptstadt irgend eines grossen Landes durchaus ungeeignet dazu wäre. Denn in solcher Hauptstadt concentrirt sich vielmehr der besondere Nationalgeist, und mit den nationalen Aspirationen verbinden sich zugleich die nationalen Eifersüchteleien, Gehässigkeiten und Feindseligkeiten, statt dessen das kleine Bayreuth gewissermassen als ein neutraler Boden gelten darf, wo alle politischen Stürme schweigen. Und wie dort die Kunst, frei von allen fremdartigen Beimischungen, am reinsten empfunden werden kann, so wird sie dann auch um so mehr besänftigend auf alle etwaigen politischen Leidenschaften wirken; die Gemüther auf das allgemein Menschliche richtend, was allein über die nationalen Gegensätze hinwegführen und das Gefühl der Gemeinschaft erwecken kann.

Darum glaube ich, zum Schluss der vorstehenden Erörterungen, noch die Mahnung an die Freunde und Gönner der Bayreuther Festspiele richten zu sollen, auch diese Seite der Sache nicht für gering zu achten. Würden sie dann ihrerseits dazu helfen, den dauernden Fortbestand und die Fortentwicklung des bis jetzt Unternommenen sicher zu stellen, damit würden sie nicht nur das Andenken des verewigten Meisters, dessen Lieblingswerk gerade die Begründung dieser Festspiele gewesen war, am besten ehren, sondern sie dürften überzeugt sein, damit zugleich einem allgemein menschheitlichen Zwecke zu dienen. Denn so erwüchse eine Stiftung, die, obwohl an und für sich allen politischen Tendenzen fern bleibend, eben deshalb thatsächlich um so eher als eine internationale Friedensanstalt wirken würde. Gewiss der schönste Beruf, welchem die Kunst nachstreben kann.

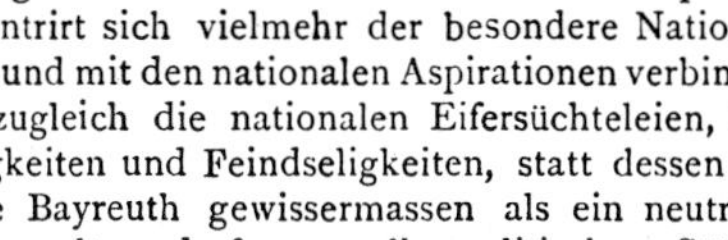

DR. C. FRANTZ.

EINE NÜCHTERNE ANALYSE BAYREUTHS AUS WIEN

Allein die Widmung dieser Schrift an Ernst Mach, der in einer Fußnote seiner „Antimetaphysischen Vorbemerkungen" in seinem 1886 erschienenen Werk *Beiträge zur Analyse der Empfindungen* das Wort vom „unrettbaren Ich" prägte, läßt die Vermutung zu, daß ihr Verfasser keiner der Bayreuther Idealisten sein kann, deren meist protestantisch-preußische Herkunft sie zu der ichbesessenen verklärungssüchtigen Bayreuther Ersatzreligion prädestinierte. Das vom Katholizismus geprägte Österreich und auch Bayern waren dagegen gefeiter.

Richard Wagner,

seine Anhänger und seine Gegner.

Mit besonderer Berücksichtigung

des

Fundamental-Motivs

im

„Ring des Nibelungen".

Von

Eduard Kulke.

(Mit dreißig in den Text gedruckten Notenbeispielen.)

Prag, F. Tempsky. 1884. Leipzig, G. Freytag.

Meinem hochverehrten Freunde

Dr. Ernst Mach,

Professor der Physik

an der deutschen Universität in Prag

zugeeignet.

IV.
Bayreuth.

Der Weg, welchen Richard Wagner von unbedeutenden und nichtssagenden, auf Nachahmung flacher französischer und trivialer italienischer Opernmusik beruhenden Anfängen bis zu der aus kühnster Neuerung hervorgegangenen Höhe seines Kunstschaffens durchlaufen hat, nimmt das Interesse des Psychologen, wie des Kunsthistorikers, des specifischen Musikers, wie des Ästhetikers, des Theater- und Opernliebhabers in Anspruch. Es ist von psychologischem Interesse, die geistigen Energien eines Mannes anzuschauen, welcher, an einem Kunstprincip festhaltend, sich durch nichts abhalten läßt, seine Ideen zu objectiviren und seinen Intentionen äußere Gestalt zu geben. Es ist von kunsthistorischem Interesse, den Mann, sein Streben, sein Schaffen und Thun, sowie den großen Kampf, den er gegen sich und seine Richtung heraufbeschworen, zu betrachten und mit anderen Erscheinungen in der Kunstgeschichte zu vergleichen. Der specifische Musiker findet in Wagners Partituren ein reiches Material für seine Studien, und er kann trotz des bedenklichen Kopfschüttelns des Contrapunktisten einer älteren Schule*) die neueren harmonischen Errungenschaften Wagners heutzutage kaum mehr ignoriren. Der Ästhetiker wird Wagners Kunstprincip ins Auge fassen, er wird Wagners theoretische Schriften studiren, und wird entweder beistimmend oder abwehrend suchen mit denselben ins Reine zu kommen. Der Theater- und Opernliebhaber liest des Morgens beim Frühstück ein Feuilleton, in welchem der Zukunftsmusiker schon wieder so geistreich „heruntergemacht" wird; des Abends geht er ins Theater, findet das Haus zum Erdrücken voll und sieht, daß Wagner denn doch die Partie gewonnen habe.

Die unerbittliche Consequenz, der tiefe sittliche Ernst, mit welchem Richard Wagner das in ihm lebende Kunstideal zu realisiren bemüht war, muß jedermann, Freund und Feind, das höchste Interesse für diese ganz eigengeartete Persönlichkeit einflößen, umsomehr, als Wagner diese Consequenz in ihrer vollen Stärke in einem Alter, wo andere Menschen in der Regel zu ermatten beginnen, mit unermüdlichster Anstrengung an den Tag legte. Es ist in der That keine Kleinigkeit, was dieser vielgeprüfte, von inneren und äußeren Sorgen tiefgequälte Mann auf seiner dornenvollen Künstlerlaufbahn zu Stande gebracht hat.

Das Theater hat er sich erschlossen, die Theilnahme des Publicums erobert, die Kritik theils zur Anerkennung gezwungen, theils durch seine großartigen Erfolge unschädlich gemacht: aber man hätte meinen sollen, jetzt, da alle Theater der Welt ihm offen stehen, nachdem seine Werke nicht nur in ganz Deutschland, sondern auch in außerdeutschen Städten auf die Bühne gebracht wurden, jetzt werde er sich des eroberten Schauplatzes auch bedienen und mit den Triumphen, die ihm allerorts bereitet wurden, zufrieden, in Ruhe und Heiterkeit auf den durchkämpften Kampf zurückblickend, die Früchte einer langjährigen, mühevollen und angestrengten Thätigkeit genießen. Nein! — so leicht ließ er sich's nicht geschehen! Für ihn begann nun erst auf der Höhe seines Ruhmes ein erneuerter Kampf, und wie ein munterer Jüngling, der ins Leben eintritt, schickte sich der nahezu siebzig Jahre alte Meister an, diesen Kampf aufzunehmen.

*) Ein alter Wiener Musiker, ein Mann von mehr als 70 Jahren, der aus der Sphäre der katholischen Kirchenmusik (Hayden, Mozart und ihrer Nachfolger) nie herausgekommen, lernte neulich Einiges aus Wagners Nibelungenmusik kennen. Er sagte: — „eine ganz eigene Musik das! aber — man kann nichts sagen — Alles schön vorbereitet und schön aufgelöst." — Ist das nicht köstlich?

*

Richard Wagner zeigt sich in allen seinen Schriften, namentlich in „Oper und Drama“, in der „Mittheilung an meine Freunde“, in dem akademischen Vortrag „über die Bestimmung der Oper“ als entschiedenster Gegner unserer bestehenden Theaterzustände. Sein reformatorisches Auftreten gieng hervor aus der Reaction gegen die Verkünstelung, gegen die Schablone und den Schlendrian, in welche unser Theaterwesen nach seiner Ansicht immer tiefer und tiefer hinein gerathen.

Das Muster, nach welchem sich sein Theater-Ideal innerlich ausgebildet, ist bekanntlich in dem Theater der Griechen aufzusuchen. Wagner hatte nichts Geringeres im Sinne, als die griechischen Kunstzustände wieder aufleben zu lassen auf germanischem Boden.*) Wie die Griechen scharenweise zu ihren olympischen Spielen herbeieilten, um da die Werke eines Aeschylos, Sophokles oder Euripides zu bewundern, so sollte das ganze deutsche Volk sich bei besonders festlichen Veranlassungen an einem gemeinsamen Punkte vereinigen zu einem großartigen, glanzvollen, geistig, sittlich und künstlerisch erhebenden Schauspiele. Da sollte das Volk, vergessend seine täglichen Obliegenheiten und strengen Pflichten, sich gänzlich frei fühlen und freudig hingeben dem großen (nach Wagners Ansicht) religiösen Acte der Darstellung eines Kunstwerkes.

Aus diesem Grunde müßte eine solche Festvorstellung in einem Theater stattfinden, welches keine Traditionen hat, welches in der gewöhnlichen Schablone noch nicht verkommen ist; aus diesem Grunde müßte das Werk von darstellenden Künstlern zur Anschauung gebracht werden, die des Abends nicht abgehetzt und abgemattet auf die Bühne kommen, denen vielmehr die nöthige Muße gegönnt ist, sich für ihre Aufgabe würdig vorzubereiten; aus eben diesem Grunde endlich müßte das Werk dargestellt werden vor einem Publicum, welches zu der bevorstehenden Aufführung wie zu einem religiösen Acte eine weihevolle, gehobene Stimmung mitbringt und deshalb die Fähigkeit noch nicht verloren hat, von tragischen Schauern erfüllt und tragisch erschüttert zu werden.

Hat der Künstler seine Absicht verwirklicht gesehen?

Das große Ereignis hat stattgefunden. Es hat stattgefunden im Jahre 1876 und es hat sich im Sommer 1882*) wiederholt. Der „Ring des Nibelungen“ und der „Parsifal“ sind in Bayreuth zur Aufführung gekommen und — das läßt sich nicht leugnen, es waren festliche Tage. Es war von Interesse eine große Anzahl von Menschen in einer so feierlichen Stimmung zu sehen. Wenn man diese Bayreuthpilger betrachtete, so konnte man sich in der That der Täuschung hingeben, alle Noth des Daseins sei plötzlich aus der Welt hinweggeschwunden. Wotan, Brunhilde, Rheintöchter, Alberich, Mime, Siegmund, Sieglinde, Niemann, Beetz, Materna, Hill, Schlosser — andere Fragen gab es nicht. Der Erdball hätte können in Flammen aufgehen, für die Festspielbesucher gab es nichts, als das Wagnertheater. Ich habe im Jahre 1876 in Bayreuth nicht ein Wort von Politik, von Wissenschaft oder auch nur von Kunst im allgemeinen vernommen, allenthalben nichts anderes als Nibelungentheater, Tetralogie, Alliteration, Richard Wagner, Hanns Richter, vertieftes Orchester u. s. w. Es war eine Art condensirter Begeisterung, die man nicht leicht im Leben wieder sehen kann. Bei der Aufführung des „Parsifal“ im Jahre 1882 mag allerdings der Reiz der Neuheit nicht mehr so groß gewesen sein. Demungeachtet konnten die Zeitungen von einer so außerordentlich gehobenen Stimmung des Publicums berichten, wie man sie bei gewöhnlichen Theatervorstellungen in unseren großen Städten nicht findet. So ist denn Bayreuth heutzutage das Losungswort der ganzen Wagnerpartei und alles dasjenige, was Sinn und Unsinn jemals in dem Worte „Zukunftsmusik“ zusammenfaßte, was den erbitterten Gegnern Wagners als eitle Chimäre, den begeisterten Anhängern des Dichtercomponisten als kühnes, zu erstrebendes Ideal erschien, das alles wird heute vieldeutiger und vielsagender durch den Namen Bayreuth ausgedrückt. Gleichwohl wird die Frage, ob Wagner in und durch Bayreuth seine Intentionen wirklich erreicht habe, gestattet sein.

Ob die Vorstellungen in Bayreuth (ich rede vom Jahre 1876) sogenannte Mustervorstellungen gewesen seien, darin liegt nicht der Schwerpunkt der Frage. Die Gegner des Dichtercomponisten fanden rasch genug an diesen Vorstellungen allerlei zu tadeln und zu bemängeln. Dem Einen schien durch das tiefer liegende und gedeckte Orchester der Glanz der Streichinstrumente verwischt, dem Andern wollten die Maschinen nicht klappen, und die Decorationen ließen viel zu wünschen übrig. Den Einen störten die zischenden Dämpfe bei den Verwandlungen, ein Anderer machte sich lustig über die Nürnberger Spielwaarenfabrikate, welche das Widdergespann der Göttin Fricka repräsentiren sollten, oder man machte Witze über den gemüthlichen Lindwurm, welcher Dämpfe von sich bläst und mit dem Schweife nach allen Seiten hin schlägt, nur dahin nicht, wo Siegfried sich befindet, der in aller Gemüthsruhe um das Ungethüm herumspaziert, als ob er in einem harmlosen Krautgarten lustwandelte. Dem Einen war die Regenbogenbrücke, über welche die Götter nach Walhall schreiten, nicht glänzend genug, dem Andern dünkte Wotan zu grell beleuchtet, und selbst die darstellenden Kräfte mußten sich manchen Tadel gefallen lassen. Dem Einen wollte Kindermann in München besser gefallen haben als Beetz, ein Anderer wieder gab der Stehle vor der Materna den Vorzug u. dgl. mehr.

Daß bei dem ersten Versuche eines so eigenartig angelegten Unternehmens nicht alles genau klappt, darf nicht wundern, und bei aller Anerkennung für die Bayreuther Aufführungen kann man sehr gerne zugeben, daß manches hätte besser sein können, als es war: allein um das handelt es sich nicht, wenn von Wagners Intentionen und ihrer Verwirklichung die Rede ist. Solche Äußerlichkeiten, die sich als mangelhaft erwiesen, können bei einem nachfolgenden Versuche verbessert werden, und dies ist ja seither in manchen Städten bereits geschehen.

Die Fragen, um die es sich hier handelt, sind diese: Waren die Aufführungen in Bayreuth wirklich ein derartiges Fest, wie es etwa die olympischen Spiele der Griechen gewesen sind? Und ferner: Ist zu erwarten, daß durch die Aufführungen in Bayreuth an den Einrichtungen und Zuständen unserer be-

*) Eigentlich wollte Wagner noch weit mehr. In der Abhandlung: „Die Kunst und die Revolution“ (Gesammelte Schriften und Dichtungen B. III., S. 37) sagt Wagner: „Die Aufgabe, die wir vor uns haben, ist unendlich viel größer, als die, welche bereits einmal gelöst worden ist. Umfaßte das griechische Kunstwerk den Geist einer schönen Nation, so soll das Kunstwerk der Zukunft den Geist der freien Menschheit über alle Schranken der Nationalität hinaus umfassen, das nationale Wesen in ihm darf nur ein Schmuck, ein Reiz individueller Mannigfaltigkeit, nicht eine hemmende Schranke sein. Etwas ganz Anderes haben wir daher zu schaffen, als etwa eben nur das Griechenthum wieder herzustellen.“ — Dies schrieb Wagner allerdings zu einer Zeit, da sein Geist von nationaler Bornirtheit und Vorurtheilen des Racenhaßes noch nicht umdunkelt war; er hatte damals noch nicht die berüchtigte Abhandlung: „Das Judenthum in der Musik“ geschrieben; kurz er war damals noch kein Antisemit.

*) Über den Erfolg der eben jetzt wieder stattgehabten Parsifal-Aufführungen (Juli 1883) lauten die Berichte sehr verschieden; die Wagnerianer halten auch für die Zukunft die Aufführungen in Bayreuth für gesichert, während gegnerische Stimmen die Möglichkeit, eine solche Exclusivität aufrecht zu halten, sehr bezweifeln.

stehenden Theater, welche Wagner so hartnäckig bekämpft, etwas Wesentliches werde geändert werden? Diese beiden Fragen wird kein Unbefangener bejahen, und Wagner selbst gab sich hierüber wohl am wenigsten einer Täuschung hin.

Bei den Griechen waren die Spiele zu Olympia nationale und religiöse Feste. Sie waren national, weil sich das gesammte Volk an denselben betheiligte und weil bei den Griechen sämmtliche Institutionen national waren. Die Griechen waren die ausschließlichen Träger aller höheren Cultur und die einzigen Pfleger der Kunst. Was nicht griechisch war, das wurde als barbarisch bezeichnet, und so mußte den Griechen das Reinmenschliche und das Nationale in einen Begriff zusammenfließen. Die olympischen Spiele trugen aber auch einen religiösen Charakter an sich, weil den Griechen die Übung der tragischen Kunst und auch die Betheiligung an derselben als ein religiöser Act galt. Kunst und Religion standen bei den Griechen in einem intimen Zusammenhange. Bei uns besteht dieser Zusammenhang nicht. Auch sind (was die nationale Seite betrifft) die Deutschen weder die ausschließlichen Träger der Cultur noch die einzigen Pfleger der Kunst. Von einem wirklich nationalen oder religiösen Charakter der Aufführungen im Bühnenfestspielhause zu Bayreuth kann also doch nur in sehr bedingter Weise die Rede sein.

Wenn auch mehrere deutsche Fürsten, Kaiser und Könige Wagners Unternehmen durch ihre Anwesenheit verherrlichten, so kann daraus nur auf die Bedeutung, welche man dem künstlerischen Ereignisse allenthalben beigelegt, ein Schluß gezogen werden, keineswegs wurde das Fest in Bayreuth hiedurch zu einem nationalen; denn es fehlte hiezu der Hauptbestandtheil: das deutsche Volk, wie zahlreich und geräuschvoll die Festtheilnehmer in dem kleinen Städtchen sich auch ausgenommen haben mögen; auch wurde ja beim Verkaufe der Patronatsscheine kein Käufer um Geburt, Heimat und Abstammung befragt. Die Gesammtheit des deutschen Volkes hätte sich aber, selbst wenn für eine weitaus größere Zuschauermenge Raum gewesen wäre, an dem Feste nicht betheiligen können, weil die Erwerbung eines Drittel-Patronatsscheines mit Kosten verbunden war, wie sie die Griechen bei den olympischen Spielen nicht gekannt haben.*)

Daß die Preise, wenn das Unternehmen überhaupt zu Stande kommen sollte, hoch berechnet werden mußten, versteht sich bei einem für anderthalb Tausend Zuschauer berechneten Raume von selbst. Bei den Aufführungen des „Parsifal" konnte wegen der größeren Anzahl der Wiederholungen der Preis schon in bedeutender Weise herabgesetzt werden: wer aber soll den Eintrittspreis bezahlen? das Volk? immer nur die Auserwählten. Nicht gegen die Höhe des Preises, der sich als nothwendig erwies, wird hiemit eine Einwendung erhoben, wohl aber dagegen, daß die Festspiele in Bayreuth ein nationales Fest gewesen seien im Sinne der olympischen Spiele. Das deutsche Volk im großen und ganzen blieb von dem Unternehmen in Bayreuth ziemlich unberührt. Es wird dem Ereignis in Bayreuth von seiner großen künstlerischen Bedeutung hiedurch nichts abgedungen: nur mit den olympischen Spielen der Griechen, welche eine Angelegenheit des ganzen Volkes waren, muß man die Bayreuther Festspiele nicht vergleichen wollen.

*) „Das Publicum müßte unentgeltlichen Zutritt zu den Vorstellungen des Theaters haben." (R. Wagner „Die Kunst und die Revolution". — Gesammelte Schriften und Dichtungen B. III., S. 48).

Noch ein wichtiger Umstand tritt hinzu, der einen solchen Vergleich als gänzlich unstatthaft erscheinen läßt. Die olympischen Spiele bestanden bekanntlich in Wettkämpfen. Ein Aeschylos und ein Sophokles kämpften da mit einander um den Preis. Das Bayreuther Bühnenfestspielhaus war schon seinem Namen nach als Wagnertheater bezeichnet, und von einem Wettkampfe mit tragischen Kunstgenossen konnte gar nicht die Rede sein. Hieraus soll natürlich dem Manne, der nach jahrelangem Sinnen und Trachten ein so großes Unternehmen zu Stande gebracht, kein Vorwurf gemacht werden. Mit wem unter den Lebenden sollte Wagner auch um die Palme ringen? Es wäre in der That lächerlich, Richard Wagner zuzumuthen, daß er sich mit den größten geistigen und körperlichen Anstrengungen der Ausführung eines so großen Unternehmens widme, um sich dann am erreichten Ziele von einigen tausend Zuschauern die Frage beantworten zu lassen, wem es den Vorzug ertheile, dem „Ring des Nibelungen" oder etwa „Romeo und Julie" von Gounod.

Weil aber ein solcher Wettkampf eben außer aller Möglichkeit lag, so lasse man die olympischen Spiele bei Seite und nehme das Bayreuther Festspiel einfach für das, was es war, für eine ganz eigenartige Unternehmung, würdig der höchsten Aufmerksamkeit eines jeden Kunstfreundes, würdig des außerordentlichen Interesses, das man derselben in weitesten Kreisen entgegengebracht, aber keineswegs für ein nationales Fest.

Die andere Frage beantwortet sich so ziemlich von selbst. Es ist gar wohl möglich, daß sich im Laufe der Zeit das eine oder andere Theater dazu entschließen mag, einige von den in Bayreuth eingeführten Neuerungen, wie die Tieferlegung des unsichtbaren Orchesters, die Verdunkelung des Zuschauerraumes u. dgl. anzuwenden; allein das sind Äußerlichkeiten und um diese handelt es sich nicht. Wagners Kampf gegen die bestehenden Theater ist ein Principienkampf und gegen ihre wesentlichen Institutionen gerichtet. Da nach seiner Meinung die an unseren Theatern herrschenden Einrichtungen ihrem Wesen nach schlecht sind, so müßten diese, wenn sein Einfluß auf dieselben sich geltend machen sollte, in der Art, wie sie bestehen, zu bestehen aufhören. Ob dies infolge der Bayreuther Aufführung geschehen wird, frage ruhig ein jeder sich selbst. Die unveränderte Weiterführung unserer Theater in ihrer altgewohnten Form gibt ihm die bündigste Antwort auf diese Frage. Ob jedoch, was heute noch so ganz und gar nicht realisirbar erscheint, einmal in der Zukunft sich erfüllen werde, kann heute ebenso wohl behauptet wie verneint werden; aber das Eine wie das Andere wäre unfruchtbar.

Wagner hat in Bayreuth den Beweis geliefert, was er anstrebe, sei kein Hirngespinnst, wie man anfänglich allenthalben ihm entgegen gehalten, sondern ein Ding der Möglichkeit. Die Aufführung der Nibelungentetralogie ist in Bayreuth eine Thatsache geworden und eine Thatsache läßt sich nicht bezweifeln. Die Aufführung hat eine große Anzahl von Menschen erhoben, begeistert und entzückt. Diejenigen, welche an dem Feste in Bayreuth Theil genommen haben, waren Zeugen dieser Thatsache und werden, das läßt sich hoffen, die Erinnerung an die empfangenen Eindrücke ihr ganzes Leben lang bewahren.

Begnügen sich aber auch die Wagnerianer mit dieser Empfindung einer still beglückenden Erinnerung? d. h. die Wagnerianer von heute! Tönt ihr Schlachtgeschrei: Bayreuth! Bayreuth! nicht auch heute nach dem Tode ihres Herrn und Meisters fort in unser Ohr?

Als Richard Wagner in der Verbannung lebte, während seine ersten Werke: „Holländer", „Tannhäuser" und „Lohengrin" sich auf den deutschen Opernbühnen Eingang zu verschaffen suchten, gab es allerorten, wo man Gelegenheit hatte, mit diesen Werken Bekanntschaft zu machen, im Gegensatze zur Kritik, die sich oppositionell, und zum großen Publicum, welches sich ablehnend oder mindestens theilnahmslos verhielt, einige Wenige, die sich von der Macht des Wagnerschen Genius berührt fühlten*) und die den Muth hatten, der allgemeinen Strömung entgegen, für die künstlerische Bedeutung der Werke Wagners öffentlich einzutreten. Diese Muthigen wurden von den Gegnern der neuen Richtung mit dem Spottnamen: Wagnerianer — bezeichnet; sie ließen sich diese Bezeichnung gerne gefallen in der Überzeugung, es werde einst eine Zeit kommen, da das gesammte Publicum sich zu der verspotteten Partei der Wagnerianer bekennen werde. Der Begriff, den man in jener Zeit mit dem Namen Wagnerianer verbunden, hat sich jedoch im Laufe der Zeiten sehr verändert und ist von dem, was man sich heutzutage unter dieser Bezeichnung vorzustellen hat, so weit verschieden, daß die Feststellung und Abgrenzung dieser Verschiedenheit den neuesten Vorgängen und Erscheinungen gegenüber als eine Art literarischer Pflicht erscheint.

Der Wagnerianer in den Fünfziger-Jahren unterschied sich von dem Gegner Wagners factisch durch nichts als durch die Anerkennung dieses damals noch so verkannten und isolirten Künstlers. Der Wagnerianer der Fünfziger-Jahre hielt den Componisten des „Tannhäuser" und „Lohengrin" für einen Musiker ersten Ranges, während der Gegner ihm eine solche Bedeutung nicht zuzuerkennen vermochte; im übrigen konnten der Anhänger und der Gegner Wagners in allen ästhetischen und kunstgeschichtlichen Fragen sehr gut miteinander übereinstimmen. Ein Robert Schumann z. B., welcher Wagner Mangel an reicher melodischer Erfindung vorwarf, war im übrigen weit entfernt, dessen Bedeutung als Musiker zu ignoriren; während andererseits ein Franz Brendel, Schumanns Nachfolger als Redacteur der „Neuen Zeitschrift für Musik", der an der Spitze der gesammten Wagner-Partei stand, bei aller Anerkennung der bedeutenden Fähigkeiten des eigengearteten Genies noch sehr weit davon entfernt war, den Dichtercomponisten des „Tannhäuser" und „Lohengrin" mit Mozart oder mit Goethe auf gleiche Stufe zu stellen. Brendel betont ausdrücklich, daß Wagner weder als Musiker mit Mozart noch als Dichter mit Goethe verglichen werden dürfe, wenn man ihm gerecht werden wolle. Der Musikhistoriker fand die Bedeutung Wagners vielmehr gerade in dem Umstande, daß die Fähigkeiten des Musikers und Dichters bei diesem Künstler in einer bisher noch nicht dagewesenen Vereinigung sich zusammenfinden, wodurch er, obgleich als specifischer Musiker kleiner als Mozart, und als Wortdichter geringer als Goethe, dennoch befähigt wurde, Werke eines ganz eigenthümlichen Genres hervorzubringen, wie sie in dieser Gesammtconception von Wort und Ton, in dieser Zusammenstimmung von Poesie und Musik weder von einem Dichter wie Goethe noch von einem Musiker wie Mozart in ihrer Vereinzelung hätten hervorgebracht werden können. Und die so entstehende Eigenthümlichkeit des Wagnerschen Kunstschaffens veranlaßte den wackern Brendel in Hinsicht auf die vorhandenen Leistungen, dem eigengearteten, originellen Künstler einen ersten Platz in der Kunstgeschichte anzuweisen.

Wir Anderen, die wir für Wagner begeistert waren, scharten uns um Brendel und hatten von Wagners Bedeutung keine wesentlich abweichende Anschauung. Wir waren froh, wenn man uns mit unserer Begeisterung in Ruhe ließ und machten noch keineswegs Anspruch auf das Privilegium, jeden Anderen, der den „Tannhäuser" nicht so hoch stellte, wie wir, für einen Dummkopf erklären zu dürfen. Wie maßvoll waren doch die Urtheile eines Louis Köhler, eines Peter Cornelius und Anderer.

Heutzutage ist das nun aber ganz anders geworden; heutzutage existirt eine neue Secte, welche mit Wagner, dem Gegenstande ihrer Verehrung, einen geradezu abscheulichen Götzendienst treibt, so daß ein Wagnerianer von ehemals beim Anblicke dieses abgeschmackten Treibens es für nöthig erachtet, dasselbe zu kennzeichnen auf die Gefahr hin, sich durch solch offene Darlegung des Sachverhalts in den Ruf eines Gegners der Wagner'schen Richtung zu bringen.

Den ersten Anstoß zu dieser neuen widerlichen Erscheinung hat allerdings, wenn auch unbewußt und unwillkürlich, schon Franz Brendel gegeben. Brendel war nämlich noch ein persönlicher Schüler von Hegel gewesen und blieb sein ganzes Leben lang auf dem Standpunkte der Hegel'schen Philosophie, von welchem Standpunkte aus er seine Geschichte der Musik schrieb. Da nach der dialektischen Methode Hegels alles und jedes dem Principe der Entwicklung gemäß sich als Nothwendigkeit darstellen ließ, so betrachtete Brendel die ganze Künstlererscheinung Wagners eben auch als eine historische Nothwendigkeit, zu welcher die vorausgegangenen Kunstphasen gleichsam als die ebenso nothwendigen Entwicklungsstufen zu betrachten waren. Hiemit war nach Brendels Meinung zwar keineswegs gesagt, daß Wagner größer sei als Beethoven, es war damit nur gesagt, daß nach Beethoven nicht wieder ein Beethoven, sondern eben ein Richard Wagner kommen mußte.*)

Ich erinnere mich noch sehr genau des Platzes in Leipzig, wo ich im Laufe des Gespräches einmal gelegentlich Kant erwähnte und Brendel mir befremdet zur Antwort gab: „Ihr Österreicher seid doch in allem zurück! Wer spricht heute noch von Kant? Kant ist seit Hegel ein überwundener Standpunkt!"

Allein die relative Stellung, welche der Leipziger Musikhistoriker dem Schöpfer des „Lohengrin" in seiner Geschichtsdarstellung anweist, wird heutzutage von den Wagnerianern zu einer absoluten gemacht, und so figurirt Richard Wagner in den literarischen Auslassungen seiner Anhänger heutzutage in der That als der größte und bedeutendste Künstler, Musiker und Dichter aller Zeiten und aller Völker.

So haben sich die Zeiten geändert. Der Traum der Wagnerianer von ehemals hat sich erfüllt. Wagner ist heute als Künstler, als Musiker, wie als Dichter allgemein anerkannt, die Gegner sind in der Minorität: aber zugleich mit der breiteren Basis, welche der ehemals vereinsammte Künstler allmählich im Publicum errungen, hat er sich eine wenig vornehme Leibgarde verschafft, die ein wüthendes Geschrei erhebt,

*) Im Jahre 1855 wurde der „Tannhäuser" in Prag zum erstenmal aufgeführt. Ganz unvorbereitet, ohne von Richard Wagner mehr als den Namen zu kennen, besuchte ich in Gesellschaft eines Freundes die Vorstellung. Schon die ersten Takte der Ouverture waren für mich entscheidend. Bei den ersten Klängen des Pilgergebetes hatte ich das Genie erkannt. Ich wußte, der Mann, der diese Takte componirt hat, ist ein Componist, würdig den großen Meistern unserer großen Vergangenheit angereiht zu werden. Als wir nach der Vorstellung das Theater verließen, sagte mein freundlicher Begleiter, und er glaubte gewiß hiemit dem Componisten des „Tannhäuser" ein außerordentliches Lob zu ertheilen: Hören Sie — sagte er — dieser Wagner ist gar kein Spaß! Das ist ein zweiter Meyerbeer! — Sie irren — entgegnete ich — er ist kein zweiter Meyerbeer, er ist ein erster Richard Wagner.

*) Man muß Hegels „Philosophie der Geschichte" gelesen haben, um sich über das Willkürliche einer solchen logischen Geschichtsconstruction nicht zu ärgern.

sobald es jemand wagt, auch nur in irgend einem Punkte einer anderen Ansicht zu sein als sie. Mystik und Scholastik haben zu Gunsten Wagners auf dem Gebiete der Ästhetik einen ganz eigenthümlichen Bund geschlossen und die Ablagerungen dieser seltsamen Vereinigung findet man in der periodischen Zeitschrift „Bayreuther Blätter".

Kurze Zeit nach den Aufführungen des Bühnenfestspieles in Bayreuth kam Richard Wagner auf die Idee, daselbst eine Musikschule im großen Style ins Leben zu rufen. Die Schule sollte den Zweck haben, den von dem Schöpfer des Nibelungenwerkes intentionirten musikalisch-dramatischen Styl den Zöglingen der Anstalt einzuprägen und vermöge dieses Mittels auf die Nachwelt zu bringen. Gegen diese Idee an sich ist nichts einzuwenden und gewiß wird jedermann den Wunsch eines Künstlers begreiflich finden, auf die Nachwelt zu wirken, ebenso begreiflich dessen Bestrebungen, diesen Zweck zu fördern. Es hat zwar große Meister gegeben, welche sich in dieser Beziehung einer ziemlichen Sorglosigkeit überlassen zu haben scheinen; so haben wir z. B. niemals etwas davon gehört, daß Mozart, Beethoven, Schiller, Goethe schon bei Lebzeiten derartige Veranstaltungen für ihren Nachruhm zu treffen für nöthig befunden hätten. Wenn nun Richard Wagner in diesem Punkte anders empfindet, so soll ihm daraus kein Vorwurf gemacht werden; verräth sich in seiner Art zu empfinden auch eine Ängstlichkeit, die Manchem vielleicht als Eitelkeit erscheint, was thuts? Man kann selbst bei dieser Charaktereigenschaft noch immer ein sehr großer Künstler sein, und ein sehr großer Künstler ist Richard Wagner zweifellos: allein — wenn solche Bestrebungen, welche rein persönlicher Natur sind, nicht den Unwillen der Zeitgenossen wachrufen sollen, so dürfen sie nicht mit der Prätension auftreten, als ob sie ein allgemeines, sei es menschliches oder auch nur nationales, Interesse repräsentirten. Ob der „Ring des Nibelungen" in fünfzig Jahren so aufgeführt werden wird, wie Richard Wagner sich die Aufführung dachte, oder ob ein künftiger Theaterdirector mit dem Werke so umspringen werde, wie etwa in unseren Tagen es Baron Dingelstedt mit Shakespeare gethan, das mochte für Richard Wagner persönlich eine sehr wichtige Herzensangelegenheit sein; für den Lauf der Welt und für das Glück der Menschheit, ja selbst für die Kunst ist diese Frage wahrhaftig eine höchst gleichgiltige, und es wird sich über die so oder anders geartete Aufführung des Wagner'schen Kunstwerkes zu jener Zeit „der Meridian nicht um eine Secunde verspäten".

Nun ist aber Richard Wagner genau mit den hier bezeichneten Prätensionen aufgetreten, als er sein Project einer in Bayreuth zu errichtenden Musikschule in die Öffentlichkeit brachte. Wagner meinte wirklich, sein Nibelungenwerk sei nicht bloß ein Kunstwerk, wie andere auch, sondern er hielt es für das Kunstwerk katexochen, für eine Art Culturwerk, bestimmt, eine Epoche in der Geschichte der Menschheit zu bilden.*) Nach Wagners theoretischen Kunstanschauungen von dem Gesammtkunstwerke hätten sofort alle Dichter, Musiker, Maler, Bildhauer, Architekten ihre vereinzelte Thätigkeit einzustellen; die einzelnen Künste sind nach seiner Ansicht egoistisch und haben keine Berechtigung; alle Theater, Concertsäle, Bildergalerien müßten geschlossen werden und offen bliebe nur Ein Tempel zur Aufführung der Wagner'schen Musikdramen.*) Diese Auf-

*) Diese Anschauung sprechen auch alle literarischen Anhänger Wagners zur Verwunderung des unbefangenen Publicums in mehr oder minder bombastischer Weise aus. Ein Blick in solche Schriften genügt, sich hievon zu überzeugen. Man lese z. B. in der Wagnerbiographie von Ludwig Nohl (Universal-Bibliothek Nr. 1700) S. 27 folgende Stelle: „— und wir haben gesehen, daß ein armer Künstler mit der Macht seines Zauberstabes Welten neuen Lebens erstehen zu lassen, und was unendlich mehr ist, den Genius seines Volkes, ja den Geist der Menschheit wieder zu erwecken und seine Zeit und Nation zu neuen dauernden geistigen Thaten zu führen vermag". S. 71 desselben Bändchens wird Wagner hingestellt als „ein geistiger Erretter seiner Nation und seiner Zeit".

*) R. Wagner „Die Kunst und die Revolution" (Gesammelte Schr. und Dichtgn. B. III. S. 35) —: „Das Drama löste sich in seine Bestandtheile auf: Rhetorik, Bildhauerei, Malerei, Musik u. s. w. verließen den Reigen, in dem sie vereint sich bewegt hatten, um nun jede ihren Weg für sich zu gehen, sich selbständig, aber einsam, egoistisch fortzubilden."

S. 36, —: „die eigentliche wirkliche Kunst ist aber durch und seit der Renaissance noch nicht wiedergeboren worden:" —

„Das Kunstwerk der Zukunft" (B. III. S. 74): — „Das große Gesammtkunstwerk, das alle Gattungen der Kunst zu umfassen hat, um jede einzelne dieser Gattungen als Mittel gewissermaßen zu verbrauchen, zu vernichten zu Gunsten der Errichtung des Gesammtzweckes aller, nämlich der unbedingten, unmittelbaren Darstellung der vollendeten menschlichen Natur."

S. 82 —: „daß jede einzelne (Tanzkunst, Tonkunst und Dichtkunst) aus dem Reigen losgelöst, lebens- und bewegungslos nur ein künstlich angehauchtes, erborgtes Leben noch fortführen kann, —"

S. 87 —: „dies ist der wahre Egoismus, in welchem jede einzelne Kunstart sich als allgemeine Kunst gebärden möchte, —"

S. 119 —: „Unser modernes Concertpublicum, welches der Kunstsymphonie gegenüber sich warm und befriedigt anstellt, lügt und heuchelt, und die Probe dieser Lüge und Heuchelei können wir jeden Augenblick erhalten, sobald — wie es denn auch in den berühmtesten Concertinstituten geschieht — nach einer solchen Symphonie ein modern melodiöses Operntonstück vorgetragen wird, wo wir dann den eigentlich musikalischen Puls des Auditoriums in ungeheuchelter Freude sogleich schlagen hören."

S. 127 —: „dieser ganze undurchdringliche Wust der aufgespeicherten Literatur ist in Wahrheit nichts anderes, als das — trotz Millionen Phrasen — ewig nicht zu Wort kommende, Jahrhunderte lang — in Versen und in Prosa — sich abmühende Stammeln des nach seinem Aufgehen in der natürlichen Unmittelbarkeit verlangenden, sprachunfähigen Gedankens."

S. 138 —: „Genug von dem beispiellosen Jammer unserer theatralischen Dichtkunst, —"

S. 142 —: „Die Oper, als scheinbare Vereinigung aller drei verwandten Kunstarten, ist der Sammelpunkt der eigensüchtigsten Bestrebungen dieser Schwestern geworden."

S. 143 —: „So wird die Oper zum gemeinsamen Vertrage des Egoismus der drei Künste."

S. 145 —: „Somit wird das Drama der Zukunft genau dann von selbst dastehen, wenn nicht Schauspiel, nicht Oper, nicht Pantomime mehr zu leben vermögen; —"

S. 166 —: „Erst wenn der Drang des künstlerischen Bildhauers in die Seele des Tänzers, des mimischen Darstellers, des singenden und sprechenden übergegangen ist, kann dieser Drang als wirklich gestillt gedacht werden."

S. 174—175: „Was sie (die Malerkunst) bei redlichem Bemühen zu erreichen strebt, erreicht sie am vollkommensten, wenn sie ihre Farbe und ihr Verständnis in der Anordnung auf die lebendige Plastik des wirklichen dramatischen Darstellers überträgt: wenn von Leinwand und Kalk herab sie auf die tragische Bühne steigt, um den Künstler an sich selbst das ausführen zu lassen, was sie vergebens sich bemüht, durch Häufung der reichsten Mittel ohne wirkliches Leben zu vollbringen."

S. 179 —: „Im gewöhnlichen Nutzgebäude hat der Baukünstler nur dem niedrigsten Zwecke der Menschheit zu entsprechen: Schönheit ist ihm Luxus. Im Luxusgebäude hat er einem unnöthigen und unnatürlichen Bedürfnisse zu entsprechen: sein Schaffen ist daher willkürlich, unproductiv, unschön. Bei der Construction desjenigen Gebäudes hingegen, das in allen seinen Theilen einzig einem gemeinsamen künstlerischen Zwecke entsprechen soll, — also des Theaters, hat der Baumeister einzig als Künstler und nach den Rücksichtsnahmen auf das Kunstwerk zu verfahren."

S. 181—182: „Was der Landschaftsmaler bisher im Drange nach Mittheilung des Ersehnten und Begriffenen in den engen Rahmen des Bildstückes einzwängte, — das er an der einsamen Zimmerwand des führungen müßten selten stattfinden und in Folge dessen eine feierliche Stimmung erzeugen; sie müßten eine religiöse Bedeutung haben, wie es bei den Aufführungen der antiken Tragödie in Griechenland der Fall war; kurz, Richard Wagner ist in der That jener naive Egoist, als welchen ihn einmal Fröbel bezeichnete, indem er sagte: Wenn Richard Wagner die Macht hätte, so würde er den ganzen Staat in ein einziges Opernhaus verwandeln und sich auf den Thron setzen.

Ob sich diese horrenden Kunsttendenzen bei Wagner aus einer vom Hause aus angelegten egoistischen Natur erzeugt haben, oder ob umgekehrt sein künstlerischer Egoismus aus diesen verkehrten Ansichten abzuleiten sei, das ist ein psychologisches Problem, dessen Auflösung man dem künftigen Biographen Wagners überlassen muß. Für uns ist heute bloß von Interesse, daß die deutsche Nation, trotz der großen Verehrung, deren sich der Künstler zu erfreuen hat, doch noch nicht so sehr auf den Kopf gefallen sei, Richard Wagner zuliebe alle Traditionen ihrer großen Vergangenheit auszulöschen und in dem Nibelungenwerke Wagners den alleinigen Repräsentanten des deutschen Geistes zu erblicken. Wagner verlangte die Theilnahme der ganzen Nation, die deutsche Nation ist an seinem Projecte trotz des starken Besuches der Bühnenfestspiele theilnahmslos vorübergegangen; er verlangte, die in Bayreuth zu errichtende Musikschule solle aus Reichsmitteln erhalten werden, aber Bismarck ist am allerwenigsten der Mann, auf Wagners Chimären einzugehen. Wagner hat eine große Enttäuschung erlitten. Man konnte dies bedauern, wenn man dabei bloß Wagners Person im Auge hatte; man muß sich aber darüber freuen, wenn man die Sache im großen und allgemeinen betrachtet.

Diese Enttäuschung erzeugte in Wagner eine leicht begreifliche Verbitterung, und um dem deutschen Volke, gelegentlich auch dem Reichskanzler, seine Meinung sagen zu können, schuf er sich das vorhin genannte officielle Organ unter dem Namen „Bayreuther Blätter".

Dieses, zwar nicht im großen Publicum, wohl aber unter den intimsten Anhängern Richard Wagners verbreitete Organ diente anfänglich bloß dazu, über jeden Beistrich in dem „Ring des Nibelungen" tiefsinnige Untersuchungen anstellen zu lassen, und da fanden sich denn weise Thebaner genug, welche diese Arbeit im Schweiße ihres Angesichtes verrichteten. Die in ermüdendem Dissertationsstyl mit minutiösester Pedanterie angestellten Forschungen über nichtssagende Themen waren zwar von einer entsetzlichen Langweile, aber das that nichts; man lachte darüber, weil man sich sagte, diese Dinge sind nicht von denkenden Köpfen für denkende Köpfe geschrieben. Nach und nach aber haben die „Bayreuther" angefangen, im höchsten Grade anmaßend zu werden. So z. B. hat Herr Hans v. Wolzogen es unternommen, in einer Abhandlung, für welche er schon ihres Titels wegen: „Über die Verrottung und Errettung der deutschen Sprache", von einem ehrlichen Schulmeister aus früherer Zeit eine derbe Rüge bekommen hätte, dem Dichter Paul Heyse Lectionen über deutsche Sprache zu lesen. Eingeleitet war dieses Elaborat durch einige Zeilen von Richard Wagner, worin der berühmte Künstler den Sprachenreiniger redivivus seinen jungen Freund nennt.

Ein andermal wird von dem Clavierspieler Josef Rubinstein der arme Robert Schuman abgekanzelt wie ein Schulknabe, der sein Pensum nicht zur Zufriedenheit des Professors gearbeitet hat; alles wird ihm abgesprochen, es wird kein gutes Haar an ihm gelassen, und wo man irgend einen seiner Vorzüge nicht wegraisonniren kann, wird ihm sofort mit der linken Hand wieder genommen, was ihm mit der rechten gegeben wurde.

Man weiß, daß Richard Wagner bis zu seinem Lebensende der geistige Leiter der „Bayreuther Blätter" gewesen ist, daß man es also in den Auslassungen der Mitarbeiter dieser Zeitschrift gleichsam mit der officiellen Wagner-Ästhetik zu thun hatte.

Man hat Wagner, wie früher schon erzählt wurde, häufig den Vorwurf gemacht, daß er mit Geringschätzung von Mozart spreche. Ich habe oben mit geringer Mühe durch Wagners Schriften den Beweis hergestellt, daß er die Bedeutung und das Genie Mozarts in vollem Maße zu schätzen wußte: erst neulich veröffentlichte das „Archivio Musikale" in Neapel einen Brief Richard Wagners aus dem Jahre 1880, der gar nicht wie eine Geringschätzung Mozarts aussieht. Wagner spricht in seinen Schriften mit Begeisterung von Beethoven, mit Verehrung von Mozart, mit Hochachtung von Sebastian Bach, mit sympathischem Verständnisse von Gluck, mit Liebe und inniger Anhänglichkeit von Weber: man kann ihm jedoch den Vorwurf nicht ersparen, daß er sich gegen seine Zeitgenossen und zwar gegen die hervorragendsten derselben, namentlich gegen Meyerbeer, Rossini, Berlioz, Mendelssohn und Schumann in seinen Urtheilen sehr hart und lieblos zeigte. Seit seinem berühmt gewordenen Ausspruche über den hundertfünfzigjährigen Irrthum der Oper hat aber kein Wort aus seinem Munde eine so große Erbitterung hervorgerufen als dasjenige, welches er 1876 nach der Aufführung der Nibelungen in Bayreuth laut und öffentlich sprach: „Wenn Sie wollen, haben wir eine Kunst!" — Überhaupt war sein Verhalten von dieser Zeit an ein ganz sonderbares; er befand sich in einer Art von künstlerischem Cäsarenwahnsinn. Nicht nur die theatralischen und künstlerischen Zustände in Deutschland erregten sein Mißfallen, sondern alles was besteht, war für ihn ein Stein des Anstoßes. Er predigte gegen die Fleischnahrung, schüttete seinen Groll aus gegen die Juden, ward ein wüthender Gegner der Vivisection und dgl. m. und schnitzte sich eine Art von Kunstchristenthum zurecht, mit welchem sich, wie es scheint, weder das Christenthum, noch die Kunst einverstanden erklären will. Aus diesen Stimmungen heraus schuf er sein letztes großes Werk, den „Parsifal". Die Aufführung des „Parsifal" bildete den letzten großen Triumph in Wagners Leben und den äußersten Höhepunkt seiner künstlerischen Laufbahn. Eine Wiederholung dieses Triumphes im Jahre 1883 zu erleben war ihm nicht gegönnt. Der Tod trat mit kalter Hand dazwischen und löschte ein Leben aus, welches nun in seiner Abgeschlossenheit als ein würdiges Object der Betrachtung offen liegt.

Egoisten aufhängte, oder zu beziehungsloser, unzusammenhängender und entstellter Übereinanderschichtung in einem Bilderspeicher dahingab — damit wird er nun den weiten Rahmen der tragischen Bühne erfüllen, den ganzen Raum der Scene zum Zeugnis seiner naturschöpferischen Kraft gestaltend. Was er durch den Pinsel und durch feinste Farbenmischung nur andeuten, der Täuschung nur annähern konnte, wird er hier durch künstlerische Verwendung aller ihm zu Gebote stehenden Mittel der Optik, der künstlerischen Lichtbenützung zur vollendet täuschenden Anschauung bringen. S. 185 —: „Nicht eine reich entwickelte Fähigkeit der einzelnen Künste wird in dem Gesammtkunstwerke der Zukunft unbenützt verbleiben, — „

S. 189—190: „Diese Absicht, die des Dramas, ist aber zugleich die einzige wahrhaft künstlerische Absicht, die überhaupt auch nur verwirklicht werden kann; was von ihr abliegt, muß sich nothwendig in das Meer des Unbestimmten, Unverständlichen, Unfreien verlieren. Diese Absicht erreicht aber nicht eine Kunstart für sich allein, sondern nur alle gemeinsam, und daher ist das allgemeinste Kunstwerk zugleich das einzig wirkliche, freie, d. h. das allgemein verständliche Kunstwerk."

Der in München geborene und in Prag und Wien lehrende Philosoph Friedrich Jodl (1849—1914) bestätigt von seiner Warte die mit dem Katholizismus liebäugelnde „Halt- und Marklosigkeit“ des norddeutschen Protestantismus und weist mit unabhängigem Blick auf die für Wagner kennzeichnende Verschränkung von Reaktion und Fortschritt hin.

Aus einem Brief an Jodls Frau 20. Februar 1886, nach einer Aufführung aus Parsifal, 1. Akt Finale und Abendmahlfeier und Beethovens IX. Sinfonie.

„. . . Vom Parsifal kann man doch nur sagen: 's ist rein zum Katholisch-Werden! Eine beredtere gewaltigere Apologie des katholischen Kultus ist noch nie geschrieben worden. In Deutschland wenigstens nicht. Vielleicht wird man bei uns in 50 Jahren von diesem Werke sagen, was man von Chateaubriand's ‚Génie du Christianisme‘ zu sagen pflegt, es habe Frankreich nach der Revolution wieder katholisch gemacht. Man staunt vor dieser Macht der künstlerischen Phantasie bei einem Manne, der selber nicht Katholik gewesen und es so versteht alle äußeren Mittel dieses Glaubens in einem Brennpunkt zu sammeln. In jedem der Katholik war muß das Werk Seiten zum Tönen bringen, die er vielleicht längst verstummt glaubte; und jeden phantasiebegabten Menschen, der es nicht war, läßt es in eine Welt voll mystisch religiöser Glut hineinsehen, zu welcher er im Leben den Zugang nur zu leicht findet. Nicht Alle haben den Verstand ihr Leben frei zu halten von der bestrickenden Macht einer ästhetischen Erregung, die nur Spiel sein kann, nur Spiel sein darf.

Dann die neunte Symphonie, die einen auch an allen Fibern des Herzens zerrt, und das Tiefste aufwühlt. Wunderlicher Gegensatz zwischen den beiden Meistern und Werken: gibt viel zu denken! Beethoven der geborene Katholik ringt sich los, in furchtbaren Herzenskämpfen. Zwei Messen; die eine noch gläubig kirchlich; in der großen Missa solemnis in D aber steht der Mensch der Gottheit schon Macht gegen Macht gegenüber: die Kirchenform ist zerbrochen. Das ist die Aufklärung. Aber noch wird der Versuch gemacht, den neuen Geist mit dem alten Buchstab zu vereinen: Kyrie eleyson, Gloria in excelsis, Benedictus qui venit — die Worte hör' ich wohl, allein mir fehlt der Glaube. Endlich geht es nicht länger; das furchtbare, markerschütternde Miserere des Agnus Dei in der Missa solemnis ist wirkungslos verhallt: keine Hand greift aus den Wolken, der Mensch steht ganz allein auf sich, umdräut von Zweifel und Finsternis — das ist der Anfang der neunten Symphonie; nun und das Weitere magst Du selbst in der geistreichen Wagner'schen Paraphrase die Du kennst, nachlesen. Die Brücke aber von jenem Anfang zum Lied an die Freude nach meinem Gedankengang kannst Du Dir selber bauen. Du weißt es ja, die Menschheit muß sich selber helfen — es hilft ihr kein Gott — und sie kann es!

Das ist mir heute klar geworden: das Ringen des Beethoven'schen Geistes ist typisch für den Aufbau unserer Lichtwelt: dieser unbegreifliche, nach außen so rätselhaft abgeschlossene, knorrige Mensch, hat wie Goethe die größten Gedanken der kommenden Zeit in sich erlebt und er stellt diese ganze Geisteswelt sozusagen von innen gesehen dar; nicht in Worten und Gedanken, sondern in Tönen dar. Aber je mehr ich mich in diese Helligkeit, ja laß mich das Wort aussprechen, rationalistische Klarheit des Beethoven'schen Geistes versenke, umso greller fühle ich den Kontrast gegen Wagner, der Alles in sich vereinigt was unser Jahrhundert an hemmenden Schwächen aufzuweisen hat. Hier hausen im Dämmerschein alle bösen Geister: Romantik und Mystik, höchstes Pathos der Leidenschaft und trüber Pessimismus; ausgelassene Sinnenlust und ein marterndes Erlösungsbedürfniß, hier verrücken sich die klaren Grenzen von Jenseit und Diesseit: und diese Zukunftsmusik des Protestanten und Freimaurers ist in Wahrheit die Reaktion, in den gleißenden Farben des Fortschritts, die Ursünde des 19. Jahrhunderts, seine geistige Trägheit und Genußsucht zum künstlerischen Prinzip erhoben. Ist das wirklich die Zukunft? Mir graut vor ihr. Ich könnte Wagner hassen, grade wegen seiner künstlerischen Größe, wie man die Sünde haßt, die man mit dem Denken verabscheut und mit der man sich doch im Herzen Eins weiß — wenn ich mir nicht wieder sagte: er ist der Künstler, der bewunderungswürdige Spiegel durch den wir in die tiefsten Herzensfalten unserer Zeit hineinsehen: und alle Kunst ist nur ein Gleichniß. Aber weh denen, die da wollen, daß wir den Künstler in ihm vergessen sollen und den Propheten verehren.“

V. 4 s. S. 124. Zu Parsifal und der Neubelebung des Katholizismus und religiöser Stoffe. (Aus Brief an Amira 3. Oktober 1888.)

„. . . Die Wagner'sche Kunst ist ja sicher nicht der absolute musikalische Stil, wie ihre verstiegenen Apostel verkündigen, aber daß sie Stil und zwar großen Stil besitzt, wird man angesichts des imposanten künstlerischen Eindrucks, den man in Bayreuth empfängt, nicht mehr leugnen können. Der Zauber, mit welchem man an Ort und Stelle durch musikalische und scenische Kunst umfangen wird, ist so groß, daß man keine Zeit übrig behält, um auf das grob-materialistische und mittelalterliche katholische Blendwerk zu reflektieren, mit welchem der Erlösungs-Gedanke umgeben wird. Will man sich die Freude an dem Kunstwerke nicht vergällen lassen, so kann man sich die Sache mit Hülfe der Trilogie und Schopenhauer's ohne Mühe zurechtlegen, der ja, wie ich nächstens einmal zu zeigen hoffe, durchaus die philosophischen Leitmotive für Wagner abgegeben hat. Daß freilich der Kunst unserer Tage eine derartige Wiederbelebung religiöser Stoffe gelingt, ist eine Erscheinung, die mir im Zusammenhang mit mancher anderen viel zu denken gegeben hat. ‚Ist es ein Nachklang‘ einer früheren Zeit; ‚soll es ein Vorspiel neuer Liebe sein?‘ Manchmal kommt es mir so vor, als sei unsere Zeit, oder wenigstens die Kreise, auf die unser Einer zu wirken hofft, es gründlich müde sich in diesen Dingen Vernunft predigen zu lassen; als sei sie im Begriffe mit einem wahren Heißhunger sich auf das verschmähte Manna von ehemals zu stürzen.

Ich habe auf einer Reise durch Norddeutschland, wo ich mit Vertretern norddeutscher Beamten und Richterkreise in Berührung trat, seltsame mich tief betrübende Beobachtungen gemacht; und was mich am allermeisten befremdete, war nicht nur das starre Festhalten am religiösen Prinzip, sondern vor allem das Liebäugeln mit dem Katholizismus. Ein kaum versteckter Neid auf ihn, der ganz vergißt, was der Protestantismus will und bedeutet und der wenn es so fortgeht, den deutschen Protestantismus in Folge seiner eigenen inneren Halt- und Marklosigkeit, der rüstig und mit wachsender Geschäftigkeit arbeitenden Kurie in die Hände liefern muß.“ . . .

Nietzsches Kritik an seinem ehemaligen Freund Wagner wird vor allem in der Nietzsche-Literatur des George-Kreises wieder aufgenommen (siehe Seite 150, 166, 167). Aufschlußreich ist die zweifellos auf Grund eigener Erfahrung legitimierte Darlegung der Hegelnachfolge Wagners und die „Verachtung" für dessen Antisemitismus.

4.

— Ich erzähle noch die Geschichte des „Rings". Sie gehört hierher. Auch sie ist eine Erlösungsgeschichte: nur daß dies Mal Wagner es ist, der erlöst wird. — Wagner hat, sein halbes Leben lang, an die *Revolution* geglaubt, wie nur irgend ein Franzose an sie geglaubt hat. Er suchte nach ihr in der Runenschrift des Mythus, er glaubte in *Siegfried* den typischen Revolutionär zu finden. — „Woher stammt alles Unheil in der Welt?" fragte sich Wagner. Von „alten Verträgen": antwortete er, gleich allen Revolutions-Ideologen. Auf deutsch: von Sitten, Gesetzen, Moralen, Institutionen, von Alledem, worauf die alte Welt, die alte Gesellschaft ruht. „Wie schafft man das Unheil aus der Welt? Wie schafft man die alte Gesellschaft ab?" Nur dadurch, daß man den „Verträgen" (dem Herkommen, der Moral) den Krieg erklärt. Das *thut Siegfried*. Er beginnt früh damit, sehr früh: seine Entstehung ist bereits eine Kriegserklärung an die Moral — er kommt aus Ehebruch, aus Blutschande zur Welt ... *Nicht* die Sage, sondern Wagner ist der Erfinder dieses radikalen Zugs; an diesem Punkte hat er die Sage *corrigirt* ... Siegfried fährt fort, wie er begonnen hat: er folgt nur dem ersten Impulse, er wirft alles Überlieferte, alle Ehrfurcht, alle *Furcht* über den Haufen. Was ihm mißfällt, sticht er nieder. Er rennt alten Gottheiten unehrerbietig wider den Leib. Seine Hauptunternehmung aber geht dahin, *das Weib zu emancipiren*, — „Brünnhilde zu erlösen" ... Siegfried und Brünnhilde; das Sakrament der freien Liebe; der Aufgang des goldnen Zeitalters; die Götterdämmerung der alten Moral — *das Übel ist abgeschafft* ... Wagner's Schiff lief lange Zeit lustig auf *dieser* Bahn. Kein Zweifel, Wagner suchte auf ihr sein höchstes Ziel. — Was geschah? Ein Unglück. Das Schiff fuhr auf ein Riff; Wagner saß fest. Das Riff war die Schopenhauerische Philosophie; Wagner saß auf einer *conträren* Weltansicht fest. Was hatte er in Musik gesetzt? Den Optimismus. Wagner schämte sich. Noch dazu einen Optimismus, für den Schopenhauer ein böses Beiwort geschaffen hatte, — den *ruchlosen* Optimismus. Er schämte sich noch einmal. Er besann sich lange, seine Lage schien verzweifelt ... Endlich dämmerte ihm ein Ausweg: das Riff, an dem er scheiterte, wie? wenn er es als *Ziel*, als Hinterabsicht, als eigentlichen Sinn seiner Reise interpretirte? Hier zu scheitern — das war auch ein Ziel. Bene navigavi, cum naufragium feci ... Und er übersetzte den „Ring" in's Schopenhauerische. Alles läuft schief, alles geht zu Grunde, die neue Welt ist so schlimm wie die alte: — das Nichts, die indische Circe winkt ... Brünnhilde, die nach der ältern Absicht sich mit einem Liede zu Ehren der freien Liebe zu verabschieden hatte, die Welt auf eine socialistische Utopie vertröstend, mit der „alles gut wird", bekommt jetzt etwas Anderes zu thun. Sie muß erst Schopenhauer studieren; sie muß das vierte Buch der „Welt als Wille und Vorstellung" in Verse bringen. *Wagner war erlöst* ... Allen Ernstes, dies *war* eine Erlösung. Die Wohlthat, die Wagner Schopenhauern verdankt, ist unermeßlich. Erst der *Philosoph der décadence* gab dem Künstler der décadence *sich selbst* — —

10.

Anbei noch ein Wort über die Schriften Wagner's: sie sind, unter Anderem, eine Schule der *Klugheit*. Das System von Prozeduren, das Wagner handhabt, ist auf hundert andre Fälle anzuwenden, — wer Ohren hat, der höre. Vielleicht habe ich einen Anspruch auf öffentliche Erkenntlichkeit, wenn ich den drei werthvollsten Prozeduren einen präcisen Ausdruck gebe.

Alles, was Wagner *nicht* kann, ist verwerflich.

Wagner könnte noch vieles: aber er will es nicht, aus Rigorosität im Princip.

Alles, was Wagner *kann*, wird ihm niemand nachmachen, hat ihm keiner vorgemacht, *soll* ihm keiner nachmachen ... Wagner ist göttlich ...

Diese drei Sätze sind die Quintessenz von Wagner's Litteratur; der Rest ist — „Litteratur".

— Nicht jede Musik hat bisher Litteratur nöthig gehabt; man thut gut, hier nach dem zureichenden Grund zu suchen. Ist es, daß Wagner's Musik zu schwer verständlich ist? Oder fürchtete er das Umgekehrte, daß man sie zu leicht versteht, — daß man sie *nicht schwer genug* versteht? — Thatsächlich hat er sein ganzes Leben Einen Satz wiederholt: daß seine Musik nicht nur Musik bedeute! Sondern mehr! Sondern unendlich viel mehr! ... „*Nicht nur Musik*" — so redet kein Musiker. Nochmals gesagt, Wagner konnte nicht aus dem Ganzen schaffen; er hatte gar keine Wahl, er mußte Stückwerk machen, „Motive", Gebärden, Formeln, Verdopplungen und Verhundertfachungen, er blieb Rhetor als Musiker, — er *mußte* grundsätzlich deshalb das „es bedeutet" in den Vordergrund bringen. „Die Musik ist immer nur ein Mittel": das war seine Theorie, das war vor Allem die einzige ihm überhaupt mögliche *Praxis*. Aber so denkt kein Musiker. — Wagner hatte Litteratur nöthig, um alle Welt zu überreden, seine Musik ernst zu nehmen, tief zu nehmen, „weil sie Unendliches *bedeute*"; er war zeitlebens der Commentator der „Idee". — Was bedeutet Elsa? Aber kein Zweifel: Elsa ist „der *unbewußte Geist des Volks*" (— „mit dieser Erkenntniß wurde ich nothwendig zum vollkommnen Revolutionär" —).

Erinnern wir uns, daß Wagner in der Zeit, wo Hegel und Schelling die Geister verführten, jung war; daß er errieth, daß er mit Händen griff, was allein der Deutsche ernst nimmt — „die Idee", will sagen etwas, das dunkel, ungewiß, ahnungsvoll ist; daß Klarheit unter Deutschen ein Einwand, Logik eine Widerlegung ist. Schopenhauer hat, mit Härte, die Epoche Hegel's und Schelling's der Unredlichkeit geziehn, — mit Härte, auch mit Unrecht: er selbst, der alte pessimistische Falschmünzer, hat es in Nichts „redlicher" getrieben als seine berühmteren Zeitgenossen. Lassen wir die Moral aus dem Spiele: Hegel ist ein *Geschmack* ... Und nicht nur ein deutscher, sondern ein europäischer Geschmack! — Ein Geschmack, den *Wagner* begriff! — dem er sich gewachsen fühlte! den er verewigt hat! — Er machte bloß die Nutzanwendung auf die Musik — er erfand sich einen Stil, der „Unendliches" bedeutet, — er wurde der *Erbe Hegel's* ... Die Musik als „Idee" — —

Und wie man Wagnern verstand! — Dieselbe Art Mensch, die für Hegel geschwärmt, schwärmt heute für Wagner; in seiner Schule schreibt man sogar Hegelisch! — Vor Allen verstand ihn der deutsche Jüngling. Die zwei Worte „unendlich“ und „Bedeutung“ genügten bereits: ihm wurde dabei auf eine unvergleichliche Weise wohl. Es ist nicht die Musik, mit der Wagner sich die Jünglinge erobert hat, es ist die „Idee“: — es ist das Räthselreiche seiner Kunst, ihr Versteckspielen unter hundert Symbolen, ihre Polychromie des Ideals, was diese Jünglinge zu Wagner führt und lockt; es ist Wagner's Genie der Wolkenbildung, sein Greifen, Schweifen und Streifen durch die Lüfte, sein Überall und Nirgendswo, genau dasselbe, womit sie seiner Zeit Hegel verführt und verlockt hat! — Inmitten von Wagner's Vielheit, Fülle und Willkür sind sie wie bei sich selbst gerechtfertigt — „erlöst“ —. Sie hören mit Zittern, wie in seiner Kunst die großen Symbole aus vernebelter Ferne mit sanftem Donner laut werden; sie sind nicht ungehalten, wenn es zeitweilig grau, gräßlich und kalt in ihr zugeht. Sind sie doch sammt und sonders, gleich Wagnern selbst, verwandt mit dem schlechten Wetter, dem deutschen Wetter! Wotan ist ihr Gott: aber Wotan ist der Gott des schlechten Wetters . . . Sie haben Recht, diese deutschen Jünglinge, so wie sie nun einmal sind: wie könnten sie vermissen, was wir Anderen, was wir Halkyonier bei Wagnern vermissen — la gaya scienza; die leichten Füße; Witz, Feuer, Anmuth; die große Logik; den Tanz der Sterne; die übermüthige Geistigkeit; die Lichtschauder des Südens; das glatte Meer — Vollkommenheit . . .

Die Anhängerschaft an Wagner zahlt sich theuer. Messen wir sie an ihrer Wirkung auf die Cultur. Wen hat eigentlich seine Bewegung in den Vordergrund gebracht? Was hat sie immer mehr in's Große gezüchtet? — Vor Allem die Anmaaßung des Laien, des Kunst-Idioten. Das organisirt jetzt Vereine, das will seinen „Geschmack“ durchsetzen, das möchte selbst in rebus musicis et musicantibus den Richter machen. Zuzweit: eine immer größere Gleichgültigkeit gegen jede strenge, vornehme, gewissenhafte Schulung im Dienste der Kunst; an ihre Stelle gerückt den Glauben an das Genie, auf deutsch: den frechen Dilettantismus (— die Formel dafür steht in den Meistersingern). Zudritt und zuschlimmst: die Theatrokratie —, den Aberwitz eines Glaubens an den Vorrang des Theaters, an ein Recht auf Herrschaft des Theaters über die Künste, über die Kunst . . . Aber man soll es den Wagnerianern hundert Mal in's Gesicht sagen, was das Theater ist: immer nur ein Unterhalb der Kunst, immer nur etwas Zweites, etwas Vergröbertes, etwas für die Massen Zurechtgebogenes, Zurechtgelogenes! Daran hat auch Wagner nichts verändert: Bayreuth ist große Oper — und nicht einmal gute Oper . . Das Theater ist eine Form der Demolatrie in Sachen des Geschmacks, das Theater ist ein Massen-Aufstand, ein Plebiscit gegen den guten Geschmack . . . Dies eben beweist der Fall Wagner: er gewann die Menge, — er verdarb den Geschmack, er verdarb selbst für die Oper unsern Geschmack! —

Die Anhängerschaft an Wagner zahlt sich theuer. Was macht sie aus dem Geist? befreit Wagner den Geist? — Ihm eignet jede Zweideutigkeit, jeder Doppelsinn, alles überhaupt, was die Ungewissen überredet, ohne ihnen zum Bewußtsein zu bringen, wofür sie überredet sind. Damit ist Wagner ein Verführer großen Stils. Es giebt nichts Müdes, nichts Abgelebtes, nichts Lebensgefährliches und Weltverleumderisches in Dingen des Geistes, das von seiner Kunst nicht heimlich in Schutz genommen würde, — es ist der schwärzeste Obskurantismus, den er in die Lichthüllen des Ideals verbirgt. Er schmeichelt jedem nihilistischen (— buddhistischen) Instinkte und verkleidet ihn in Musik, er schmeichelt jeder Christlichkeit, jeder religiösen Ausdrucksform der décadence.

Wie ich von Wagner loskam.

1.

Schon im Sommer 1876, mitten in der Zeit der ersten Festspiele, nahm ich bei mir von Wagner Abschied. Ich vertrage nichts Zweideutiges; seitdem Wagner in Deutschland war, condescendirte er Schritt für Schritt zu Allem, was ich verachte — selbst zum Antisemitismus . . . Es war in der That damals die höchste Zeit, Abschied zu nehmen: alsbald schon bekam ich den Beweis dafür. Richard Wagner, scheinbar der Siegreichste, in Wahrheit ein morsch gewordner verzweifelnder décadent, sank plötzlich, hülflos und zerbrochen, vor dem christlichen Kreuze nieder . . . Hat denn kein Deutscher für dies schauerliche Schauspiel damals Augen im Kopfe, Mitgefühl in seinem Gewissen gehabt? War ich der Einzige, der an ihm — litt? — Genug, mir selbst gab das unerwartete Ereigniß wie ein Blitz Klarheit über den Ort, den ich verlassen hatte, — und auch jenen nachträglichen Schauder, den jeder empfindet, der unbewußt durch eine ungeheure Gefahr gelaufen ist. Als ich allein weiter gieng, zitterte ich; nicht lange darauf war ich krank, mehr als krank, nämlich müde, — müde aus der unaufhaltsamen Enttäuschung über Alles, was uns modernen Menschen zur Begeisterung übrig blieb, über die allerorts vergeudete Kraft, Arbeit, Hoffnung, Jugend, Liebe, müde aus Ekel vor der ganzen idealistischen Lügnerei und Gewissens-Verweichlichung, die hier wieder einmal den Sieg über einen der Tapfersten davongetragen hatte; müde endlich, und nicht am wenigsten, aus dem Gram eines unerbittlichen Argwohns — daß ich nunmehr verurtheilt sei, tiefer zu mißtrauen, tiefer zu verachten, tiefer allein zu sein als je vorher. Denn ich hatte Niemanden gehabt als Richard Wagner . . . Ich war immer verurtheilt zu Deutschen . . .

Im folgenden Brief an Peter Gast berichtet Nietzsche von seiner Entdeckung der Bekanntschaft Wagners mit Baudelaire.

Nizza, Pension de Genève
26. Febr. 1888

Lieber Freund,

trübes Wetter, Sonntag Nachmittag, große Einsamkeit: ich weiß nichts Angenehmeres mir zu erfinden, als etwas zu und mit Ihnen zu reden. Eben merke ich, daß die Finger blau sind: meine Schrift wird nur Dem errāthlich sein, der die Gedanken erräth ...

Was Sie über den Stil Wagner in Ihrem Briefe sagen, erinnert mich an eine eigne irgendwo geschriebene Auslassung darüber: wie sein „dramatischer Stil" nichts weiter ist als eine Species des schlechten Stils, ja sogar des Nicht-Stils in der Musik. Aber unsre Musiker sehn darin einen Fortschritt ... Eigentlich ist Alles ungesagt, ja wie ich argwöhne, fast ungedacht auf diesem Bereiche von Wahrheiten: Wagner selber, als Mensch, als Thier, als Gott und Künstler geht tausendfach über den Verstand und Unverstand unsrer Deutschen hinaus. Ob auch über den der Franzosen? –

Ich hatte heute das Vergnügen, mit einer Antwort Recht zu bekommen, wo schon die Frage außerordentlich hasardirt scheinen konnte: nämlich – „wer war bisher am besten vorbereitet für Wagner? wer war am naturgemäßesten und innerlichsten Wagnerisch, trotz und ohne Wagner?" – Darauf hatte ich mir seit lange gesagt: das war jener bizarre Dreiviertels-Narr Baudelaire, der Dichter der Fleurs du Mal. Ich hatte es bedauert, daß dieser grundverwandte Geist Wagnern nicht bei Lebzeiten entdeckt habe; ich habe mir die Stellen seiner Gedichte angestrichen, in denen eine Art Wagner'scher Sensibilität ist, welche sonst in der Poesie keine Form gefunden hat (– Baudelaire ist libertin, mystisch, „satanisch", aber vor allem Wagnerisch). Und was muß ich heute erleben! Ich blättere in einer jüngst erschienenen Sammlung von Oeuvres posthumes dieses in Frankreich auf's Tiefste geschätzten und selbst geliebten Genie's: und da, mitten unter unschätzbaren Psychologicis der décadence („mon cœur mis à un" von der Art, wie man sie im Falle Schopenhauer's und Byron's verbrannt hat) springt mir ein unedirter Brief Wagner's in die Augen, bezüglich auf eine Abhandlung Baudelaire's in der Revue européenne, April 1861. Ich schreibe ihn ab:

Mon cher Monsieur Baudelaire, j'étais plusieurs fois chez vous sans vous trouver. Vous croirez bien, combien je suis désireux de vous dire quelle *immense satisfaction* vous m'avez preparée par votre article qui m'honore et qui m'encourage plus que tout ce qu'on a jamais dit sur mon pauvre talent. Ne serait-il pas possible de vous dire bientôt, à haute voix, comment je m'ai senti enivré en lisant ces belles pages qui me racontaient – comme le fait le meilleur poème – les impressions que je me dois vanter d'avoir produites sur une organisation si supérieure que la vôtre? Soyez mille fois remercié de ce bienfait que vous m'avez procuré, et croyez-moi bien fier de vous pouvoir nommer ami. – A bientôt, n'est-ce pas?

Tout à vous Richard Wagner.

(Wagner war damals 48 Jahr alt, Baudelaire 40: der Brief ist rührend, obschon in miserablem Französisch.)

Im selben Buche finden sich Skizzen Baudelaire's, in denen er auf eine leidenschaftliche Weise Heinrich Heine gegen französische Kritik (Jules Janin) in Schutz nimmt. – Man hat, in der letzten Zeit seines Lebens noch, wo er halb irre war und langsam zu Grunde gieng, Wagner'sche Musik wie Medicin an ihm angewandt; und selbst, wenn man nur Wagner's Namen nannte, „il a souri d'allégresse". (– Einen Brief dieser Art Dankbarkeit und selbst Enthusiasmus hat, wenn mich nicht Alles trügt, Wagner nur noch einmal geschrieben: nach dem Empfang der Geburt der Tragödie.)

(Aus einem Briefe Baudelaire's: „Ich wage nicht mehr von Wagner zu reden: man hat sich zu sehr über mich lustig gemacht. Diese Musik ist eine der ganz großen Freuden meines Daseins gewesen: ich habe gut fünfzehn Jahre keine solche Erhebung (vielmehr enlèvement) gefühlt." –)

– Wie geht es jetzt, lieber Freund? Ich habe mir geschworen, eine Zeit lang nichts mehr ernst zu nehmen. Auch dürfen Sie ja nicht glauben, daß ich wieder „Litteratur" gemacht hätte: diese Niederschrift war für mich; ich will alle Winter von jetzt ab hintereinander eine solche Niederschrift für mich machen, – der Gedanke an „Publicität" ist eigentlich ausgeschlossen.

Der Fall Fritzsch ist telegraphisch in Ordnung gebracht. – Herr Spitteler hat geschrieben, nicht übel, sich für seine „Unverschämtheit" (– so sagt er selbst) entschuldigend.

Der Winter ist hart; es fehlt mir aber augenblicklich Nichts, es wäre denn eine göttliche und stille Musik, Ihre Musik, lieber Freund!

Ihr N.

An Richard Wagner.

Der du an jeder Fessel krankst,
friedloser, unbefreiter Geist,
siegreicher stets und doch gebundener,
verekelt mehr und mehr, zerschundener,
bis du aus jedem Balsam Gift dir trankst —,
Weh! daß auch du am Kreuze niedersankst!
Auch du! auch du — ein Überwundener!

Vor diesem Schauspiel steh' ich lang,
Gefängnis atmend, Gram und Groll und Gruft,
dazwischen Weihrauch-Wolken, Kirchen-Duft,
mir fremd, mir schauerlich und bang.
Die Narrenkappe werf' ich tanzend in die Luft,
denn ich entsprang!

Parsifal-Musik.

— Ist das noch deutsch?
Aus deutschem Herzen kam dies schwüle Kreischen?
Und deutschen Leibs ist dies Sich-selbst-Zerfleischen?
Deutsch ist dies Priester-Hände-Spreizen,
dies weihrauchdüftelnde Sinne-Reizen?
Und deutsch dies Stürzen, Stocken, Taumeln,
dies zuckersüße Bimbambaumeln?
dies Nonnen-Äugeln, Ave-Glockenbimmeln,
dies ganze falsch verzückte Himmel-Überhimmeln? . . .

— Ist das noch deutsch?
Erwägt! Noch steht ihr an der Pforte . . .
Denn was ihr hört, ist Rom, —
Roms Glaube ohne Worte!

Bayreuther Taschenbuch
mit Kalendarium
für das Jahr
1889.

Fünfter Jahrgang des „Bayreuther Taschen-Kalender".

Mit einer Phototypie:
Wilhelm II., Deutscher Kaiser und König von Preussen
Originalaufnahme und Verlag von F. Hanfstaengl in München.

Herausgegeben
vom
Allgemeinen Richard Wagner-Verein.
Von der Zentralleitung mit der Redaktion betraut:
Ferdinand Graf Sporck und Oskar Merz.

Alle Rechte vorbehalten.

Berlin,
bei Ed. Bote & G. Bock,
Königliche Hof-Musikalienhandlung
Leipziger-Strasse 37.
Leipzig, E. F. Steinacker.

Die seit 1885 vom „Allgemeinen Richard Wagner-Verein" herausgegebenen Taschenkalender sollten, wie Hans von Wolzogen in seinem Vorwort zum ersten schreibt, dazu dienen, die „große Sache Richard Wagners ... mehr und mehr zu einer wahrhaft nationalen Sache werden zu lassen" und den vierhundert offiziellen Vertretern des Vereines zu Selbstbelehrung oder Aufklärung anderer zu verhelfen. Der Jahrgang 1889 enthält anläßlich des Regierungsantritts Wilhelms II., der im Vorwort ausdrücklich gefeiert wird, dessen Bildnis. Am 17. August dieses Jahres besucht Wilhelm II. das einzige Mal während seiner Regierungszeit eine Aufführung in Bayreuth: *Die Meistersinger.* Aufschlußreich ist in dem Vorwort die Occupierung und Verinnerlichung des Revolutionsbegriffes, die auch den Aufsatz „Richard Wagner als Revolutionär" von C. F. Glasenapp kennzeichnet. Das Kalendarium enthält außerdem ein „Verzeichnis germanischer Namen, Monatsversen, Sprüchen und Thierkreisbildern mit darauf bezüglichen Versen" aus den Werken Wagners. Der ausführlichste Teil des Kalenders ist den „Christlichen Monatsheiligen" gewidmet, nachdem im vorangegangenen Jahr die „Deutschen Monatsgötter" behandelt worden waren.

Vorwort.

Zum fünften Male erscheint hier unser „Bayreuther Taschenbuch“ in der seinem Leserkreise liebgewordenen Gestaltung. Seiner Bestimmung als „Zeitweiser“ entsprechend, hat dieser kleinste Mitarbeiter am Werke der „Kunst der Zukunft“ seine alljährliche Hilfsthätigkeit stäts an Meister und Lehrer aus der Vergangenheit angeknüpft. Bach, Weber, Gluck und Schopenhauer waren die adeligen Ehrenholde, welche an den Pforten der neuen Zeit uns kündeten, wohin die Schritte des deutschen Geistes führen sollen.

Das Jahr 1889 ruft die Erinnerung wach an ein hundertjähriges Ereigniss, durch welches romanischer Geist seine Weltherrschaft über das Persönliche hinaus begründen zu wollen schien. Die grosse Revolution von 1789 hat aber Denjenigen, welche den Schritten des deutschen Geistes dennoch zu folgen wussten, etwas ganz Anderes eingetragen als die undeutsche Herrschaft der Mode und Politik. Durch die grossen deutschen Meister und Künstler des „Revolutions-Zeitalters“ ward jene gewaltige Weltbewegung zur Wahrheit und Freiheit für uns Deutsche hinüber gerettet aus dem Spiele der Phrase und der Fremde in die Möglichkeit einer germanischen Reformation, einer rein menschlichen Regeneration. Wer unseres Meisters Schriften kennt, von „Kunst und Revolution“ bis „Religion und Kunst“, der weiss, was jener grosse Wandel aus brutaler Wirklichkeit in ideale Möglichkeit einem Jeden von uns an wahrhaft „konservativen“ und „liberalen“ Pflichten gegen deutsche Kultur und Kunst auferlegt hat. Da wir aber wünschen müssen, dass unser Taschenbuch gerade in solche Kreise dringen möge, welche von jenen Schriften bisher zu wenig kannten, so hatte es für das Jahr 1889 die Aufgabe, vorbereitend darauf hinzuleiten, was der Begriff der „Revolution“ uns, als des Meisters Schülern und Anhängern, einzig noch bedeuten kann.

Hier fiel nun, bezeichnend genug, die Erinnerung an eine — äusserlich — fremde Vergangenheit zusammen mit einer neuen Betrachtung der Bedeutung und Wirksamkeit unseres deutschen Meisters selber. „R i c h a r d W a g n e r a l s R e v o l u t i o n ä r“, von C. Fr. Glasenapp besprochen, steht demgemäss dem Zeitweiser an Stelle der ehemaligen Ehrenholde voran und setzt dabei zugleich die Reihe der sonst der Zeittafel sich anschliessenden Sonderbetrachtungen (R. Wagner's Lebensgang, R. Wagner als Mensch) bedeutsam ergänzend fort.

Der Begriff der „Revolution“, zur deutschen „Idee“ erhoben, gelangt aber auch in den übrigen Hauptstücken des 89er Jahrgangs zur Geltung. Wie das Jahr 48 dem Dresdener „Revolutionär“ einen „Jesus von Nazareth“ in der schöpferischen Phantasie auftauchen liess, so treten auch hier bei uns die „c h r i s t l i c h e n M o n a t s h e i l i g e n“ in den erweiterten Kreis des eigentlichen Zeitweisers für das Revolutions-Gedenkjahr ein. Wer es ernstlich erwägt, was jene grösste seelische Menschheitsrevolution des Christenthums auf religiös-sittlichem Gebiete für den deutschen Geist nicht nur reformatorisch, sondern regeneratorisch zu erwirken vermocht hat und weiterhin vermögend bleiben soll: der wird es uns auch nicht verdenken, dass wir die zwölf Apostel Jesu als „gute Revolutionäre“ unsern „deutschen Monatsgöttern“ (wie Parsifal dem Ringe) urverwandtschaftlich zugesellt haben. Ueberdiess verfahren wir ganz im deutschen Sinne „revolutionär“, indem wir es wagen, mit solchen Arbeiten, allen drohenden Missverständnissen trotzend, theilzunehmen an der grossen Kulturaufgabe des neuen Jahrtausends: wie Bildung zu schaffen sei nicht durch die Ausbildungskraft der Wissenschaft allein, sondern auch durch die Einbildungskraft der Phantasie. Sicherlich stehen wir damit recht im Dienste von „Religion und Kunst“.

Aber auch die Kunst als solche hat uns mit des Meisters eigenen Wort' und Weisen im letzten Jahre, der nahen romanischen Jubelfeier in's Gesicht, das grosse Lied der „deutschen Revolution“ gesungen: das reformatorische: „Wach' auf, es nahet gen den Tag“ — und das regeneratorische: „Erlösung dem Erlöser“! Der „R ü c k b l i c k“ auf diese herrlichen Erlebnisse von 1888 mag unsere Leser an solche Bedeutung der Bayreuther Festspiele erinnern helfen. Auch hier hatten wir nicht nach dem beschränkten Maasse eines modern-wissenschaftlichen Geistes „Kritik“ zu üben, sondern freien und frohen Ausdruck zu geben der überwältigenden und schöpferischen Bedeutung des „Enthusiasmus“, welcher selber die wurzelhafte Wirklichkeit bedeutet für alle idealen Blüthen der Phantasie und damit für alle neuen Weltbewegungen zur menschenwürdigen Umgestaltung von Kunst und Kultur.

Aus einem solchen Enthusiasmus entsprangen endlich auch die d r e i G e d i c h t e dieses Jahres auf edle und geliebte deutsche F ü r s t e n. Sie erinnern uns an einen reichen und köstlichen Besitz, den w i r D e u t s c h e h a b e n, allen Denen voraus, welche auf „Revolutionen“ hoffen oder auch „Revolutionen“ fürchten. Musste es doch schon im Bereiche der Phantasie für „revolutionär“ und staatsgefährlich gelten, als noch einmal im modernen Jahrhundert die „Romantik“ den deutschen Königsthron bestieg, — ähnlich jener künstlerischen Thronbesteigung, die sie zum Schrecken und Wüthen der gleichen stabilen Gegnerschaft in der Kunst eines Liszt gefeiert hatte. So etwas vertragen unsere „Philister“ schlecht. Nun aber thront gar auf deutschem Kaisersitze selbst ein realpolitisch-gewaltiges, geschichtliches Geschlecht „deutscher Revolutionäre“. Von jenem ersten geborenen Könige Friedrich Wilhelm an, der sich „Republikaner“ nannte, bis zu Wilhelm dem Sieger, der einst das Wort gesprochen: „Wer in dem Streben der Völker, ihre Zustände zu verbessern, Revolutionen sieht, der macht erst Revolutionen; es ist die Pflicht der Regierung, sich an die Spitze der Bewegung zu stellen“: während zwei Jahrhunderten selbstbewussten Ringens mit zäher und hohler Welt haben die Hohenzollern-Fürsten durch deutschen Geist und deutsche That die Krone der Reichserneuerung sich verdient. Wer sie dabei „Revolutionäre“ schalt, der sprach eine Wahrheit aus in demselben Irrthume, welcher auch unserm Meister diesen Namen gegeben hat. Sie — wie er — waren „Reformatoren“, — Reformatoren des Heeres, des Staates, des Reiches. F e i e r n w i r d e s s h a l b i m R e v o l u t i o n s g e d e n k j a h r e v o r A l l e m u n s e r n d e u t s c h e n K a i s e r! Sein Bildniss schmücke in diesem Jahre unseren Bayreuther Zeitweiser. Der Heldenklage um den erhabenen Reichsbegründer, den greisen Kaiser-„Erfüller“, sei der Jubelgruss für die jugendliche Majestät des Ersten der hohen fürstlichen „Vollender“ zugesellt, von denen wir uns und unsern Nachkommen die Führung erhoffen im Weltkampfe für die K u l t u r d e r Z u k u n f t! Denn nach diesem Ziele wandern und weisen wir Bayreuther — durch die Z e i t.

München,
Ende Oktober 1888.

Die Redaktion.

Dieser vermutlich von Engelbert Pernerstorfer selber verfaßte Aufsatz ist ein weiteres Beispiel für den unverblendeten österreichischen Blick auf Wagner, den auch Eduard Hanslick und Daniel Spitzer in ihren unveralteten scharfzüngigen Wagnerschriften bezeugen.

Deutsche Worte.

Monatshefte

herausgegeben von

Engelbert Pernerstorfer.

Richard Wagner und der Sozialismus.

An der Aufklärung des Volkes wird jetzt, besonders in wirtschaftlichen Dingen, man kann wohl sagen, viel gearbeitet, wenigstens mehr als im letzten Jahrzehnt, ganz entsprechend der langsamen Umgestaltung des wirtschaftlichen Lebens. Die wirkliche Volkspresse dehnt sich, wenn auch langsam, immer mehr aus. Gefördert, wenn auch unfreiwillig, wird die Aufklärung noch durch den — profitsüchtigen Buchhandel. Was nicht der Konfiskation verdächtig ist, sucht man zu kolportiren und vor allem als Geschenkliteratur anzupreisen. Wiewohl deutsche Bücher immer noch zu theuer sind, so macht das buchhändlerische Geschäftsinteresse auch diese immer billiger und die Werke der besten Schriftsteller immer größeren Volkskreisen zugänglich, ja macht ihre Verbreitung schnell zu einer internationalen.

Dieser unfreiwilligen Pflege der Volksaufklärung durch den Buchhandel wird es nun auch Richard Wagner verdanken, daß die große Volksmasse ihn kennen lernt; denn endlich erschienen dessen Schriften, wenn auch leider noch nicht in billiger Volksausgabe, so doch zu einem herabgesetzten Preise, der es jedem, der eine Hausbibliothek nicht für einen Luxus hält, ermöglicht, sich dieselben anzuschaffen.

Fast eine Ueberraschung wird es da für sehr Viele sein, wenn sie erfahren, daß von den großen Männern, die das deutsche Volk hervorgebracht zu haben sich rühmt, deren Zahl und Ansehen aber sich sehr reduzirt, wenn man ihr Verdienst mit der Fackel der Menschheitsliebe beleuchtet, daß von den großen deutschen Männern auch Richard Wagner einer ist, und zwar einer, auf den das Volk, ja die Menschheit immer mehr stolz zu werden Ursache hat. Je mehr die neue Zeit heranrückt, je deutlicher sich ihre Symptome zeigen, je mehr wird man ihn würdigen, nicht blos als einen Propheten, sondern auch als einen Bahnbrecher der neuen Zeit. Das Volk wird ihn feiern, weil er im Dienste der Freiheit und Gerechtigkeit gearbeitet, gekämpft hat, weil er mehr als Andere ein Volksmann ist, dann auch, weil er als ein Forscher mit der größten Selbstlosigkeit im Dienste der Wahrheit und der Kunst gestanden hat. Gerade aus seinen Schriften erkennt man ihn am besten, und wie leider auch für die meisten Gebildeten das Studium der Wagner'schen Schriften fast erst zum Entdecken desselben führt, so ist es um so größere Pflicht, ihn dem Volke als einen der Seinigen zu zeigen, je mehr heute der Staat die Volksbildung vernachlässigt und je mehr der Volkswille zu einem das geistige wie das wirtschaftliche Leben bestimmenden Faktor sich gestaltet.

Wagner ist, um es kurz zu sagen, ein sozialistischer Künster, nicht ein Künstler, der sich für den Sozialismus nur interessirt, weil er denselben als wissenschaftliches, als welthistorisches Prinzip erkannt hat, — solche Kunstjünger gibt es schon manche, — nicht auch ein Künstler, der nach christlich-nationalem sozialreformatorischen Rezepte der leidenden Menschheit helfen will, sondern ein Künstler, den seine Freiheits- und Gerechtigkeitsliebe einer-, seine Liebe zur Kunst anderseits zu einem echten, zu einem demokratischen Sozialismus führten. Und, was besonders ehrenvoll für ihn, ist, daß er ganz selbständig zur Forderung des Sozialismus gekommen ist, zu einer Zeit, wo von einer sozialistischen Bewegung im heutigen wissenschaftlichen Sinne keine Rede war, noch sein konnte.

Er gelangte zu seiner Forderung der sozialistischen Gesellschaft, die dem Volke, der Menschheit allein die Grundlage für ein wahres Kunstleben geben könne, freilich einfach, nämlich von seinem Standpunkte des Atheismus und der Demokratie aus, zu welchem er, ein begeisterter Jünger Feuerbachs, schon früh sich aufgeschwungen hatte und von dem aus er ja nur unerbittlich die Konsequenz zur praktischen Gleichheit, zur ökonomischen Freiheit zu ziehen brauchte. Der Sozialismus ist gewöhnlich die letzte Etappe für einen Denker; er war es auch für Wagner, wie eine kurze Betrachtung seines Entwicklungsganzes zeigen wird.

Nach ihm müssen also die alten nationalen Schranken einst fallen; erst die internationale Gemeinschaft ist ihm der Raum, auf welchem ein brüderliches Menschen- und Völkerleben gedeihen kann, wie es der revolutionäre Märtyrer von Nazareth schon vor 2000 Jahren angestrebt hat. Auf die Frage nach der „allgewaltigen" Kraft, welche mittelst der Revolution zum Ziele führt, sagt er: „Die Natur und nur die Natur kann auch die Entwirrung des großen Weltgeschickes allein vollbringen. Hat die Kultur im Glauben an die Nothwendigkeit der Sklaverei und in dem christlichen Wahn der Verwerflichkeit der menschlichen Natur dieselbe verleugnet (die Menschennatur also negirt), so wird diese Kultur, soweit sie irrthümlich, schädlich ist, von der (Menschen-) Natur auf nun höherer Stufe abgestreift, vernichtet werden." Und klar zeichnet Wagner den künftigen Zustand der Gesellschaft, sowie auch den Weg, um die durch unsere barbarische Zivilisation gefesselte Natur zu erlösen. „In dem menschenfeindlichen Fortschreiten der Kultur sehen wir jedenfalls dem glücklichen Erfolge entgegen, daß die Last und Einschränkung der Natur durch sie so riesenhaft anwachsen wird, daß sie der zusammengepreßten unsterblichen Natur endlich die nöthige Schnellkraft gibt, mit einem einzigen Rucke die ganze Last und Beengung weit von sich zu schleudern. *Aus ihrem Zustande zivilisirter Barbarei kann die wahre Kunst sich nur auf den Schultern unserer großen sozialen Bewegung zu ihrer Würde erheben:* sie hat mit ihr ein gemeinschaftliches Ziel und beide können es nur erreichen, wenn sie es gemeinschaftlich erkennen." Es mußte ihm auch klar sein, daß eine solche Umwälzung, einerlei, ob sie friedlich oder gewaltsam verlaufen wird, nicht durch einige unruhige Geister angestiftet werden kann; denn „nichts wird gemacht in der Geschichte, sondern alles macht sich selbst nach seiner innern Notwendigkeit... Diese natürliche Entwicklung wird das Ergebnis geschichtlichen (respective politischen) Ringens und der Wissenschaft sein; denn — Wissen ist Macht! — und was die Menschheit in ihrer großen Gesammtheit wirklich weiß, das wird ihr als ein erkämpftes Wissen ewig verbleiben... Hat die brüderliche Menschheit ein für allemal die geisttödtende tägliche Lebenssorge von sich geworfen und sie, wie der Grieche dem Sklaven, so der Maschine zugewiesen, diesem künstlichen Sklaven des freien, schöpferischen Menschen, den dieser bis jetzt bediente, so wird all sein befreiter Thätigkeitstrieb sich nur noch als künstlerischer Trieb kundgeben. Die Industrie ist dann nicht mehr unsere Herrin, sondern unsere Dienerin... Die Tragödien werden die Feste der Menschheit sein; in ihnen wird, losgelöst von jeder Konvention und Etikette, der freie, starke und schöne Mensch die Wonne und Schmerzen seiner Liebe feiern; denn nur starke Menschen kennen die Liebe, nur die Liebe erfaßt die Schönheit, nur die Schönheit bildet die Kunst.... Wir werden den Zweck des Lebens in die Freude am Leben setzen und zu dem wirklichsten Genusse dieser Freude unsere Kinder durch Erziehung fähig und tüchtig zu machen streben. Die Erziehung, von der Uebung der Kraft, von der Pflege der körperlichen Schönheit ausgehend, wird schon aus Liebe zum Kinde und aus Freude am Gedeihen seiner Schönheit eine rein künstlerische werden; und jeder Mensch wird in irgend einer Hinsicht in Wahrheit Künstler sein", wenigstens, wie wir hinzufügen wollen, Kunstfreund und Kunstverständiger.

Dieser Auszug aus Wagners Schrift wird genügen, um ihn als vollständig sozialistischen Künstler zu zeigen. Es ist, als ob wir einen Marx oder Engels in ihren geschichtsphilosophischen Auseinandersetzungen hörten. Auch er beherrscht nach allen Richtungen die moderne Weltanschauung, die in ihrem Kern heute eine materialistisch-demokratisch-sozialistische ist, und was am beachtenswertesten, ist, daß er einer der frühesten und berufensten Vertreter derselben ist.

Leider gerieth er später auf Abwege; um so mehr müssen wir uns dieser aus der reinsten Begeisterung und dem muthigsten Idealismus betreffs eines höheren Geisteslebens der Menschen eingegebenen Schrift freuen; so kurz, wie sie ist, dürfen wir die „Kunst und die Revolution“ als Wagners reifste Schrift ansehen. Man muß sie selbst lesen, seine geharnischten Zornesausbrüche, um zugleich die große Beredsamkeit derselben zu hören. Seine Schrift machte großes Aufsehen; allein in den Wirrnissen des Jahres 1849 und der nachfolgenden Jahre, in welchen die Reaktion dafür sorgte, das Volk einzuschüchtern, verhallte sie wie eine Stimme in der Wüste.*) Klare sozialistische Köpfe waren indes wenige vorhanden, und so nannte man ihn einen Schwärmer, einen Utopisten. Erst spät schrieb Brendel, einer der bedeutendsten Geschichtsschreiber in der Musikgeschichte: „Man lernte das Unrecht erkennen, das an Wagner begangen war, indem man die Größe und Tragweite dieser Weltanschauung, indem man diesen geistigen Hintergrund gewahrte. Nicht exzentrische Wunderlichkeiten, an die wir Fernerstehenden noch geglaubt hatten, sondern eine konsequent durchgebildete Weltanschauung, eine reiche Schöpferkraft ist in diesen theoretischen Schriften niedergelegt.“ Ein leichtfertiges Abthun seiner Schrift hatte Wagner erwartet; schon am Schlusse begegnet er deshalb diesen Einwendungen. Er sagt: „Utopien, Utopien! höre ich sie rufen, die großen Weisen und Ueberzuckrer unserer modernen Staats- und Kunstbarbarei, die sogenannten praktischen Menschen, die in der Handhabung ihrer Praktik sich täglich nur durch Lügen und Gewaltstreiche oder — wenn sie nämlich ehrlich sind — höchstens durch Unwissenheit helfen können . . .“ „Kennt die Geschichte ein wirkliches Utopien, so war es das Christenthum; denn sie hat klar und deutlich gezeigt und zeigt es noch jeden Tag, daß seine Prinzipien sich nicht verwirklichen ließen. Denn das Christenthum predigt Entsagung, Verachtung alles Irdischen, und wenn seine innerste Konsequenz sich erfüllt hätte, müßte es den Menschen eigentlich gänzlich von der Erde vertilgt haben, da ja auch die Enthaltung von der Geschlechtsliebe als höchste Tugend in ihm begriffen war. Es hat sich gegen die wahre, gesunde Natur des Menschen versündigt; doch wie stark diese Natur ist, zeigt sich schon darin, daß trotz jener allmächtigen Kirche der Mensch in solcher Fülle vorhanden ist, daß eine christlich-ökonomische Staatsweisheit nicht einmal weiß, was sie mit dieser Fülle anfangen soll, so daß sie sich nach sozialen Mordmitteln zu ihrer Vertilgung umsieht. . . . Schon jetzt vermögen die wirklichen Künstler an dem Kunstwerk der Zukunft zu bauen, und in Wahrheit hat jede der Schwesterkünste von jeher in zahlreiche Schöpfungen ihr hohes Bewußtsein von sich abgegeben. Doch deren begeisterte Schöpfer haben gelitten, vor allem in unserm heutigen Zustande (des Kapitalismus, der Lohnarbeit). Was empört den Architekten, wenn er seine Schöpferkraft auf Bestellung an Kasernen und Miethwohnhäusern zersplittern muß? Was kränkt den Musiker, wenn er Tafelmusiken komponiren, was den Maler, wenn er die widerliche Fratze eines Millionärs portrătiren, was den Dichter, wenn er Leihbibliothekromane schreiben muß? Daß er seine Schöpfungskraft an den Erwerb vergeuden, seine Kunst zum Handwerk machen muß, das ist dann sein Leiden.“ — Sehr bemerkenswert sind auch Wagners Vorschläge, die den Versuch zeigen, schon jetzt aus den zerfahrenen heutigen Kunstverhältnissen herauszuführen. „Die Theater sollen von Staat und Gemeinde gerade so weit unterstützt werden, daß ihre Verwaltung nur noch eine rein künstlerische sein darf, die Niemand besser zu führen im Stande sein wird, als alle die Künstler selbst, die sich zum Kunstwerk vereinigen und durch eine zweckmäßige Verfassung ihre gegenseitige gedeihliche Wirksamkeit sich gewährleisten, während der Richter ihrer Leistungen die freie Oeffentlichkeit sein wird.“ Auch Wagner verficht also den Standpunkt, daß nur demokratisch verwaltete Genossenschaften im Stande sind, eine freie und darum natürliche, wahre Kunst zu produziren und darzustellen, wie denn nur freie, nicht bureaukratisch von Oben kommandierte und gegängelte Genossenschaften in der Kunstausübung, im Unterrichtswesen wie in allen landwirtschaftlichen und industriellen Unternehmungen allein das leisten können, was ihrem Ideal entspricht. Nur solches Thun, solche Arbeit ist freier Männer würdig, und die moralische Verantwortung wird dann, wo für die Entwicklung eines richtigen Ehrgefühls wirklich Raum wird, den Erfolg verbürgen. „Nur der Freie begreift die Kunst, nicht der Sklave des Erwerbs, nicht die Krämerseele.“ . . . „Heute sind unsere Theater industrielle Unternehmungen, selbst da, wo Staaten oder Fürsten sie besonders dotiren; ihre Leitung wird meistens denselben Männern übertragen, die sich gestern als Junker mit Spekulationen in Getreide befaßten, falls sie nicht ihre Kenntnisse für das Erfassen der theatralischen Würde auf dem Exercierplatze, in den Mysterien des Kammerherrendienstes und ähnlichen Funktionen ausgebildet haben . . . Das Publikum muß vor allem unentgeltlichen Eintritt zu den Vorstellungen des Theaters haben, und wo die Kräfte zur Unterhaltung des letzteren nicht ausreichen, würde es für jetzt und für immer besser sein, ein Theater gänzlich eingehen zu lassen, so lange das Bedürfnis in der Gemeinde sich zu den nöthigen Opfern nicht kräftig genug erweist!“ Gewiß sind diese wohlgemeinten Vorschläge schätzenswert; doch würde der heutige Staat sich natürlich nicht zu solchen Opfern verstehen, wo der Staatsbürger sauer arbeiten muß, um den ungeheuren internationalen Rüstungen des „bewaffneten Friedens“ beizusteuern. Der heutige Staat ist überhaupt unfähig, einer freien individuellen oder kollektiven Thätigkeit Raum zu geben; ein Blick in unsere Staatsinstitute, wo nur das recht und geboten ist, was die Herren Geheimräthe bestimmen, z. B. in unsere Unterrichtsanstalten, wo die Wissenschaft, in die Kirchen, wo der Gott verstaatlicht ist, zeigen dies deutlich. Zwecklos ist es daher, wenn Wagner ausruft: „Ist es euch redlichen Staatsmännern wahrhaft um eine höhere Kultur zu thun, so helft uns nach allen Kräften, die Kunst sich und ihrem edlen Berufe selbst wiederzugeben!“ Die Erhaltung der heutigen Unordnung der Dinge — vulgo „Gesellschaftsordnung“ — liegt eben in ihrem Interesse, und es ist daher nur natürlich, daß von je fast alle Kulturfortschritte den Regierungen und Machthabern erst abgerungen sind. Kurzsichtig ist es daher und auch widerspruchsvoll von Wagner, wenn er meint, die Theaterreform solle den sozialen Reformbestrebungen vorangehen; denn ehe nicht der Mensch seine edelste Thätigkeit, die künstlerische, frei ausüben könne, sei nicht zu hoffen, nach niedern Richtungen hin frei und selbständig zu werden.

Solche einseitige Auffassung von der Macht der wirtschaftlichen Verhältnisse ist indes von geringem Belang. Wagner hat durch Anwendung des materialistischen Geschichtsprinzips eine bisher unübertroffene Kritik der Kunstgeschichte gegeben; er hat gezeigt, daß die heutige Kunst unsern verderbten wirtschaftlichen Zuständen entsprechen muß und nur dann eine menschenwürdige sein kann, wenn „auf den Schultern der sozialen Bewegung“ in demokratischen Genossenschaften die Arbeit derart in ihre Rechte eingesetzt ist, daß sie „bei gleicher Vertheilung an Alle mit ihrer entstellenden Mühe und Last geradenwegs aufgehoben ist und nur noch eine Beschäftigung bleibt, die zum Bedürfnis wird, die eine stärkende Uebung sein und durch ihre Annehmlichkeit oft einen künstlerischen Charakter annehmen wird?“ (Vgl. Bd. VIII. S. 5, Ueber Staat und Religion.) Wagner hat uns das Ziel zu einer höheren Kultur und den Weg dazu vorgezeichnet, zu einer Kultur, in welcher die ewig jugendliche Kunst sich immer aus sich selbst und dem edelsten Geiste der Zeit zu erfrischen vermag, wirkungsvoller und ergreifender ist als eine unfähige, lange an sich irre gewordene Staatsweisheit und auch als eine gealterte, durch den Geist der Oeffentlichkeit verleugnete Religion; er will die Kunst, d. h. das edle Gesammtkunstwerk, als eine zweite, höhere Religion dem ganzen Volke zugänglich und es selbst zum Dichter, zum Künstler machen, der es einst gewesen ist. Das sollten wir ihm danken und bedenken, daß mit der Anerkennung eines großen Mannes auch seine Nacheiferung verbunden sein soll.

Und daß er ein solcher ist, das zeigen, wie gesagt, seine Kunstschöpfungen, wie seine kunstphilosophischen Schriften. Seine Musikdramen haben sich endlich nicht nur alle deutschen Bühnen erobert, sondern erfreuen sich in der ganzen Welt einer noch steigenden Anerkennung und Bewunderung. Betreffs ihrer sagt Brendel: „Wagner hat das Größte auf dem Gebiete der Oper in unserer Zeit geleistet und steht in Folge davon den Genien ersten Ranges ebenbürtig zur Seite.“ Und hinsichtlich der musikalischen Theorie, die seinen Werken zu Grunde liegt: „Sie ist das Größte und Bedeutendste, das Folgenschwerste, was in neuerer Zeit auf künstlerischem Gebiete geleistet worden ist.“ Seine Schriften dagegen sind immer noch zu wenig bekannt, und von den tonangebenden Männern im künstlerischen Leben der Gegenwart werden sie vornehm und geflissentlich ignorirt, abgesehen davon, daß die meisten nicht den Muth haben, auf der von ihm eingeschlagenen Bahn fortzugehen. Erst von einem reformatorischen Jugendunterricht, der mit der Einführung in die Kunst als einen nothwendigen Stück der allgemeinen Bildung wirklich Ernst macht, sodann von einer billigen Volksausgabe von Wagner's Werken und Schriften ist eine Popularisirung des trefflichen Mannes zu erwarten, an dem das Volk soviel zu genießen, von dem es so viel zu lernen hat. Dann wird das arbeitende Volk erkennen, daß auch er zu den Pionnieren des anbrechenden Zeitalters gehört, daß er einer der Ihrigen ist. Es wird auch seine Schwächen aus den späteren Jahren begreifen und das Große, was er in seinen jüngeren, reiferen Jahren geleistet, trotzdem zu würdigen wissen. Denn leider ist es ihm wie manchem großen Künstler gegangen: in seinen späteren Jahren wurde sein Urtheil einseitiger, hie und da sogar widerspruchsvoll. Immerhin findet sein Verhalten eine entschuldbare Erklärung in den vielen Drangsalen, die er zu bestehen hatte und die sein Briefwechsel mit Liszt so rührend schildert. Ihm, der sein Vaterland so lieb hatte, mußte es sehr wehe thun, daß, wollte er nicht in langer Festungshaft seine besten Jahre vertrauern, er nicht den deutschen Boden betreten durfte, ja nicht einmal die durch Liszt bewerkstelligten Aufführungen seiner Werke erleben konnte, sondern lange Jahre in Armut in seinem schweizerischen Asyl bleiben mußte, und hätten ihm nicht die Unterstützungen seiner Freunde, sowie klägliche Einnahmen aus seinen Werken ermöglicht, ganz seiner Kunst zu leben, die Mensch-

*) Ebenso seine zweite längere Schrift: „Das Kunstwerk der Zukunft“, ein Werk, in welchem er in lebendiger, freier Sprache gediegene Ausführungen über den Entwicklungsgang der einzelnen Künste, die gescheiterten Versuche zu ihrer Wiedervereinigung gibt, den Aufbau des Gesammtkunstwerks zeigt und auch das Volk in der neuen Gesellschaft zeigt und begründet, wie nur wahre, edle, künstlerische Menschen unbezahlt und genossenschaftlich ein Kunstwerk aufführen werden, wie Wagner in seinem Nibelungenring ein Muster dazu gibt. Die Schrift gibt erweiterte Ausführungen zu der ersten, welche eigentlich nur die Quintessenz jener ist; daher ihre große Bedeutung als Grundlage der Wagner'schen Reformarbeit.

heit hätte ihm nichts weiter zu verdanken gehabt. Er wäre in der Einsamkeit geradezu untergegangen, wenn nicht das Jahr 1861 ihm Amnestie gebracht hätte, wozu freilich nöthig gewesen war, daß er sich aller Politik streng enthalten hatte. Nach mehreren Kunstreisen wurde er 1864 von dem jungen bayerischen König Ludwig II., dessen „Begeisterung für ihn rühmlichst anzuerkennen ist", nach München berufen. Die Freundschaft mit diesem kunstsinnigen Könige machte ihn optimistisch, so daß er sich am „Ziele seines Strebens" glaubte.

Wie die Ereignisse von 1866 und 1870 Zahllose begeistert, wie sie u. A. Freiligrath zu poetischen Verherrlichungen veranlaßt haben, so gab auch Wagner seinen dichterischen und musikalischen Beitrag dazu. Etwas Franzosen- und etwas Judenhaß trüben sein Bild, doch nur vorübergehend; seine Hochschätzung des Nationalen machte ihn bitter und pessimistisch; er gestand, daß es ihm „allmälig im neuen deutschen Reiche sonderbar zu Muthe wurde". Und noch wenige Jahre vor seinem 1883 in Bayreuth erfolgten Tode, wohin er seit 1871 von München, um dem unruhigen Treiben der Hauptstadt fern zu sein, übersiedelt war, geißelt er in seiner Schrift „Religion und Kunst" den Militarismus und die heutigen Eigenthumsverhältnisse. Er spottet, daß eine fast größere Heiligkeit als die Religion das Eigenthum in unserer Gesellschaft erhalten habe, und daß nicht Alle Eigenthum besitzen und sogar der größte Theil der Gesellschaft enterbt zur Welt kommt, dünkt ihn desto schädlicher, da das Eigenthum als die Grundlage alles gesellschaftlichen Bestehens gilt. Eine Gesetzgebung zum Schutze des Eigenthums kann ihm nichts anderes heißen, als Beschützung der Besitzenden gegen die Nichtbesitzenden. Gleichwohl schloß er sich den „großen Arbeiter-Vereinigungen nicht an, deren Berechtigung wohlwollenden Freunden der Humanität nicht unbeachtet bleiben dürfte" ... „Er gehörte zu keiner Partei, sondern suchte das Heil einzig in einem Erwachen des Menschen zu seiner einfach-heiligen Würde ... Der heutige Sozialismus würde ihm sehr beachtenswert sein, sobald er mit den drei Verbindungen: der Vegetarianer, der Thierschützer und der Mäßigkeitspfleger, in eine innige Verbindung träte; von diesen Vereinigungen erwartete er die tiefste Umwandlung und Veredlung der menschlichen Natur".

Durch die Beschäftigung mit dem zur Zeit berühmten Pessimisten Schopenhauer angekränkelt von dessen Philosophie und Ethik war Wagner in seinen letzten Lebensjahren nämlich zu der Entdeckung gekommen, daß der tiefe und uralte Verfall des historischen Menschengeschlechtes in dem Abfall von seiner natürlichen Nahrung, der Pflanzennahrung zu suchen sei. Aus der Urzeit heraustretend, zeige die frühste Geschichte den Menschen bereits als ein in stetem Fortschritt sich ausbildendes Raubthier, welches Länder erobert, fruchtgenährte Geschlechter unterjocht, durch Unterjochung anderer Unterjocher große Reiche gründet, Staaten bildet, Zivilisationen einrichtet, um seinen Raub in Ruhe zu genießen.

Da indes mehr als die Hälfte der Menschheit nicht auf den Raubthier-Abweg des Thiermordes gerathen sei, so sei eine vernunftgemäß geleitete Völkerwanderung in solche Länder unseres Planeten, die eine üppige Vegetation aufweisen, die einzige Möglichkeit zur menschheitlichen Regeneration. Wagners übertriebene Schonung der Thierwelt entsprang seiner Achtung vor Darwin, einem „redlich forschenden, wahrhaft wissenschaftlichen Thierfreunde und dem Verständnis für dessen Lehre, die Lehre verschollener Urweisheit, nach welcher in den Thieren das Gleiche athmet, was uns das Leben gibt, ja daß wir unzweifelhaft von ihnen selbst abstammen".

In allen seinen Schriften zeigt sich Wagner als der tieffühlende Mensch, als der Künstler und Dichter, der alles philosophisch auffaßt. Wohl ist sein Mißverstehen unserer idealen, eine menschliche Wiedergeburt bezweckende und schon weltgeschichtlich bedeutsamen Arbeiterbewegung, sein Fernhalten von derselben ein Schatten, der das herrliche Bild trübt. Doch welchem großen Manne, der das Unglück hatte, von unserer Aristokratie anerkannt, bejubelt zu werden, wäre nicht ein Rückfall zu schon überwundenen Ansichten passirt? Gelangte doch ein Goethe in seinem Alter von seinem Atheismus zu religiös-mystischen Anschauungen, wurde doch der hochmoralische Kant, der in seinem Innersten, wie auch in schriftlichen Kundgebungen durchaus Republikaner war und in seiner Hauptschrift durch seine „kritische Vernunft" alle Metaphysik und somit auch alle Religion zerstört hatte, sich selbst untreu, ebenso wie unser Schiller, der schließlich zu kleinbürgerlichen, reaktionären Ideen zurückkehrte. Indes wie Schiller ein bedeutender Dramatiker ist, so dürfen wir unbedingt auch Wagner diese Stellung einräumen. Dazu ist Wagner als Kunstkritiker eine Größe, die wir einem Winkelmann und Lessing ebenbürtig anreihen dürfen. Was diese auf plastischem, bezw. poetischem Gebiet geleistet, das leistete seine Kritik besonders auf musikalischem Gebiet und gab dadurch der Aesthetik eine wichtige Ergänzung.

Und dann, was ihm zum größten Ruhme gereichen dürfte, ist er in seinen reifsten Schriften aus seinen besten Jahren mehr als der Republikaner Beethoven, er ist ein sozialistischer und demokratischer Freiheitskämpfer, eine Erscheinung mit stolzem, demokratischem Trotz. Noch hat Wagner nicht seinen würdigen Biographen gefunden; hoffen wir, daß von den vielen für ihn schwärmenden Wagnerianern bald einmal einer sich dazu aufrafft und sich so um die ganze neuere Zeitgeschichte verdient macht. Möchten alle Freunde der Musik und Kunst überhaupt sich sammeln um Wagner, der sowohl den tiefen Verfall der heutigen öffentlichen Kunst als auch die soziale Umwälzung als einzige Erlösung des nothleidenden und gedrückten Volkes und auch der Kunst nachgewiesen hat. Möchten die begeisterten Wagnerianer inne werden, daß es ihrer unwürdig, ja daß es ein Verrath an ihrer Kunst ist, wie an ihrem großen Meister, wenn sie nicht mitarbeiten an dem Werke der sozialen Befreiung der Menschheit und daß es nicht genug ist, nach Bayreuth zu pilgern. Es ist eine Ehrensache für sie, den unermüdlichen Vorkämpfern des Sozialismus zu folgen, die als das wahre „junge Deutschland" für eine Verjüngung der abendländischen Kultur streiten. Möchten aber auch alle Anhänger des Sozialismus erkennen, daß, ebenso wie es einseitig ist, sich blos der Kunst oder gar einem Zweige derselben sich hinzugeben, das wirtschaftliche Leben nicht alles ist und die Musik nicht minder wie die Poesie eine neue Welt des Gefühlslebens erschließt.

Caritas!

Eine Bayreuther Pfingst-Bitte.

Eine treue Anhängerin unserer Sache, die sich auch schriftstellerisch unter dem Namen „E. Barden" als Verfasserin einer ziemlich bekannt gewordenen Erläuterung des Nibelungen-Ringes bethätigt hat, ehedem selbst christliche Krankenpflegerin, aber durch zunehmende Kränklichkeit arbeitsunfähig geworden, ist jetzt ohne alle Hilfsquellen dem äussersten Elend verfallen und bedarf zur nothdürftigen Erhaltung des Lebens einer raschen Unterstützung. Ich habe geglaubt, in einer solchen ernsten Sache mich an das Gemeinschaftsgefühl unserer Gesinnungsgenossen wenden zu dürfen, und bitte hierdurch unsere werthen Freunde, Leser und Mitglieder, um gütige baldige Zusendung beliebiger Geldbeiträge zu dem letzten noch möglichen Rettungswerke. Gedenken wir des Berufes der frommen Ritter, deren Tempelglocken uns nun bald wieder hier versammeln sollen — „selig im Glauben — selig in Liebe!"

Hans Paul Freiherr von Wolzogen.

Beilage zu den „Bayreuther Blättern" Juni 1892

ANTISEMITISCHE ÄSTHETIK IN DEN „BAYREUTHER BLÄTTERN"

Dieser Text belegt, zu welchen grotesken Konsequenzen der dünkelhafte und unbelehrbare Antisemitismus des „Bayreuther Idealismus" führte. Hier ist das sich an Wagner anlehnende Konstruktionsmodell von der deutschen metaphysischen Idealität im Gegensatz zur „semitisch-realistischen Geistesrichtung", der der „Materialismus" zugeordnet wird, völlig ausgearbeitet und wird immer rabiatere Übersteigerungen nach sich ziehen. Auch den Briefwechsel Cosima—Fürst Hohenlohe durchzieht wie ein roter Faden der konsequente „Bayreuther" Antisemitismus als Gegenstück der Verklärung des „Deutschtums", das die „Bayreuther Gralsritter" hüten. ⟶

Drei Kapitel:

von Franz Liszt, von der „heiligen Elisabeth" in Karlsruhe, und von unserm ethischen Defekt.

I.

In dem Aufsatz „Das Publikum in Zeit und Raum" hat unser Meister uns darüber belehrt, dass jene blinde Verkennung, welche die Musikerwelt den „ewigen" Werken des erhabenen Franz Liszt entgegengestellt, keineswegs auf Kunsturtheil, sondern auf „frechem Misswollen" beruhe. — Dieses kraftvolle Wort ist Freunden und Feinden unserer Sache männiglich bekannt geworden, nur über die Ursache dieses frechen Misswollens bin ich auch bei unsern Freunden auf sehr getheilte Meinungen, auf unklare Anschauungen gestossen. Aber grade über diese Ursache gilt es ins Reine zu kommen, wenn wir jenes Misswollen mit Erfolg bekämpfen wollen.

So oft ich nach jener Ursache frug — und ich frage seit sechsunddreissig Jahren — wurden mir Schlagwörter entgegengehalten, deren eigentlichen Sinn ich mir nicht mit absoluter Klarheit zu deuten vermochte. In den letzten zwei Jahrzehnten war das Schlagwort von der arischen und semitischen Kunstanschauung am meisten im Schwange. — Gut, ich will es acceptiren, aber nur nachdem wir uns über die ureigentliche Bedeutung dieses Schlagwortes hinreichend verständigt haben. Eine solche Verständigung muss um so nothwendiger dem Gebrauche dieses Wortes vorangehen, als es Keime zu einer Begriffsverwirrung d a d u r c h in sich trägt, dass zu dem was wir, bezüglich der Musik, arische Kunstanschauung nennen, sich viele unserer jüdischen Mitbürger und Kunstgenossen bekennen, während hinwiederum Viele von unzweifelhaft deutscher, arischer Abstammung, mit ungezügelter Begeisterung D e m huldigen, was hier unter semitischer Kunstanschauung verstanden wird. — Ohne die Korrektheit dieses Ausdrucks hier irgendwie vertreten zu wollen, dies vielmehr Anderen, Berufeneren überlassend, acceptire ich ihn eben nur einstweilen, und schicke, nicht eine erschöpfende Definition, sondern nur eine möglichst präzise Andeutung dessen, was wir unter diesem Ausdruck begreifen wollen, voraus.

Die a r i s c h e K u n s t a n s c h a u u n g erkennt in der Musik
eine uns durch metaphysische Einflüsse verliehene S p r a c h e, welche berufen ist das Idealste, was des Menschen inneres Auge erschaut, auszudrücken.

Die s e m i t i s c h e K u n s t a n s c h a u u n g erkennt in der Musik
ein durch physische Auffindungen angesammeltes Material, an welchem die unheimliche Beweglichkeit und technische Geschicklichkeit des trockenen Verstandes sich in Bildung tönender Formen zu erproben habe.

Die erstere dieser Auffassungen: Musik = Ausdruck, ist offenbar die ursprüngliche, von je bestandene, von allen deutschen Meistern bis zu Beethoven gehegte. Das Erscheinen der zweiten Auffassung fällt erst in die neuere Zeit.

Der semitisch-realistischen Geistesrichtung dieser Zeit genügte nicht mehr die bereits errungene Oberherrschaft auf materiellen Gebieten; sie begann mit erhöhter Energie die Oberherrschaft auch auf allen kulturellen Gebieten anzustreben. Das ging nun ganz wohl auf dem Gebiete der Wissenschaft; auch auf manchem Kunstgebiete konnte dieser Geist recht wohl eingreifen und sich thätig betheiligen. Nur vor der Musik musste er Halt machen. Hier gab es für ihn nichts zu thun, denn er hatte nichts auszudrücken, wozu die Wortsprache nicht ausreichte.

Also beiseite steh'n? Nicht „mitthun" auf so wichtigem Gebiete? Nein, das wäre ja undenkbar! Es galt ein Mittel aufzufinden, welches dem semitisch-realistischen Geist den Zutritt auch zu diesem Gebiete ermögliche. Und wenn dieses Mittel auch von cynischester Frechheit zeugte, — was thut's? es wird dann vielleicht um so besser durch allgemeine Verblüffung wirken.

Und Herr Prof. Hanslick erliess seine Proklamation über das musikalisch-Schöne!

Bayreuth. Wahnfried den 22. August 1891.

Lieber und hochgeehrter Erbprinz,

Der Abschiedstag — („aller Seelen" nannte ihn sinnig ein Freund) — ist nun vorüber, und in eigenthümlicher Stimmung blickt man auf das zurück, was gewesen.

Ist etwas erreicht, wurde dauernd gewirkt, oder hätten wir nur mühsam Künstlerisches und Menschliches der Ungunst der Dinge abgerungen?

Inmitten dieses schwermüthigen Fragens ertönt als Hoffnung ermuthende Antwort Ihr Schreiben an mich, für welches ich an diesem ersten stillen Morgen von ganzem Herzen danken möchte.

Gewiß hat Ihr edler Sinn, lieber Herr Erbprinz, es Ihnen eingegeben, mir gleichsam durch theilnehmende Worte eine Stärkung zukommen zu lassen. In welchem Grade aber dies geschehen ist, könnte Ihnen nur zu Bewußtsein kommen, wenn Sie wüßten, welche Furchen der schwere Pflug der Erfahrung in mir gegraben hat, und mit welcher Bangigkeit ich in die Welt blicke, die sich um uns gestaltet hat.

In der Schrift: „Deutsche Kunst und deutsche Politik"[1]) wird am Schluß an die Theilnahme des Adels an unserer Kunst appellirt. Der unserer Sache sehr wohlgesinnte damalige Minister in Bayern, Fürst Chlodwig Hohenlohe[2]), meinte, als er um seine Theilnahme angerufen wurde, nicht zehn Standesgenossen würden sich finden, welche dem Theater diese Wichtigkeit für das Kulturleben zuerkennen und dem Adel den Beruf für das Ideal einzutreten zugestehen würden. — Die Dinge nahmen ihren langsamen, gehemmten Lauf; nicht wie der ursprüngliche Gedanke war, hat sich alles verwirklicht; unter Langen und Bangen, mit Hülfe der „Fremden"[3]), und unter manchem Ungehörigen fördern wir das zu Tage, was unter fürstlichem Schutze hätte gedeihen sollen.

Dennoch, oder vielleicht um so mehr ist das Gefühl, welches mich am Schlusse eines jeden Festspieles einnimmt, das einer tiefen Dankbarkeit. Es ist wirklich möglich das Bild des Ideales hier aufzustellen, während wir rings herum eine Verrohung des Geschmackes und der Sitte gewahren, die uns wohl beängstigen muß.

Und es ist mir vergönnt Zeichen der Theilnahme zu empfangen, wie Sie, hochgeehrter Prinz, mir ein solches zukommen ließen.

Als wir gestern Abend im kleinen Kreis der Letztzurückgebliebenen uns frugen, wie man wohl dasjenige bezeichnen möchte, was die Zugehörigkeit zu Bayreuth ausmacht, und welche wir als zugehörig ansehen würden, erwiderte mein Schwiegersohn Thode , daß der absolute Idealismus ihm als die Bezeichnung erschiene, die wir suchten, und unter der kleinen Zahl, die wir aufstellten (es kam nicht ein Dutzend heraus!) wurden Sie, lieber Erbprinz, einstimmig aufgenommen.

So lassen Sie mich Sie denn als Zugehörigen von ganzem Herzen begrüßen. Ihr Bekenntniß, ein leidenschaftlicher Deutscher zu sein, hat mich sehr ergriffen, das will etwas bedeuten, jetzt, wo wir vor fremdartiger Überwucherung, die uns unseren Glauben, unsere Sitte, unsere ganze Art untergräbt, kaum mehr wissen, wer wir sind. Ich zögere nicht zu versichern, daß der Gedanke, unsere Festspiele tragen dazu bei, das Bewußtsein des Deutschthumes zu kräftigen und zu erheben, mir die größte Genugthuung gewährt und die Hoffnung mir erhält.

Seien Sie also bedankt, nochmals und immer wieder! Und sollte Ihnen, lieber und hochgeehrter Erbprinz, im Lauf der Tage der Wunsch ankommen sich mir von Neuem auszusprechen, so seien Sie überzeugt, daß es mir eine Freude sein wird von Ihnen zu hören.

Mit der Bitte, mich den verehrten Ihrigen auf das Angelegentlichste zu empfehlen, verbinde ich die Versicherung größter Hochachtung und inniger Ergebenheit!

C. Wagner

Die Meinigen tragen mir die herzlichsten Grüße an Sie auf.

[1]) Aus den „Gesammelten Schriften" Richard Wagners.

[2]) Der spätere Reichskanzler.

[3]) Der Juden. — Mit diesen Worten bzw. mit „Fremdlingen" oder „Dalmatiner" bezeichnete C. W. vorwiegend die Juden.

Langenburg, den 26. August 1891.

Wenn ich es neulich wagte, Ihnen schriftlich meine Dankbarkeit auszusprechen, so geschah es in der Voraussetzung, daß mein Brief Ihnen, abgesehen von den auf das Durchlesen desselben verwendeten Minuten, **keine Zeit** rauben würde. Neben dem Gefühl freudigster Überraschung, welches ich beim Empfange des Schreibens aus Bayreuth empfand, bemächtigte sich meiner daher ein gewisser Schrecken, indem ich mir den Vorwurf machen mußte, Ihnen zu einer Zeit, wo Sie nach den großen Anstrengungen der Ruhe gewiß sehr bedürftig sind, die Mühe einer Antwort aufgebürdet zu haben. Aber beim Durchlesen Ihres so überaus gütigen Briefes wich bald der Schrecken einer egoistischen Freude über das freundliche Wohlwollen, welches mir aus jeder Zeile entgegenleuchtete.

Wenn man schon lange eine Persönlichkeit gewissermaßen „durch ein Fernrohr" bewundert hat und es Einem dann zu Theil wird, von derselben mit einem warmen Händedruck begrüßt zu werden, so ist das eine wahre Herzensfreude. Meine große Verehrung für Sie, gnädigste Frau, bestand aber schon lange, ehe ich die Ehre hatte, Ihnen persönlich nahe zu treten, indem mir Ihr Wesen und Wirken durch die bei den Bayreuther Festspielen gewonnenen Eindrücke vertraut und bekannt erschien.

Diese Eindrücke haben auf meine innere Entwickelung den größten Einfluß ausgeübt, leider nicht wegen des Besitzes gelehrter Fachkenntniß oder eingehender musikalischer Bildung, sondern lediglich wegen der unmittelbaren Wirkung der dargestellten Kunstwerke auf mein innerstes Empfinden. Da ich also zur großen Masse des ungelehrten Publikums gehöre, darf ich aus dieser meiner persönlichen Erfahrung wohl schließen, daß sich der in Bayreuth gepflegte Idealismus ebenso auch anderen ungelehrten Zuhörern mittheilt, und daß somit, wenn auch langsam und durch äußere Einflüsse gehemmt, die Erkenntniß von der nationalen Bedeutung unserer deutschen Kunst sich immer mehr Bahn brechen wird.

Die Taube schwebt nicht nur über den Häuptern der Gralsritter, sondern über der ganzen Zuhörerschaft. Das habe ich oft beobachten können, wenn ich am Schlusse einer Aufführung die allgemeine Ergriffenheit wahrnahm, welche durch diese sinnbildliche „Ausgießung des heiligen Geistes" hervorgebracht wurde. — Als ich mir einmal das Wesen der Dreieinigkeit durch näher liegende Begriffe klar zu machen suchte, verfiel ich auf folgenden Vergleich: Gott-Vater = die Natur; Christus = die Liebe; der heilige Geist = die Kunst. Der Vergleich paßt insofern, als sich auf die drei genannten auf den Menschen mächtigst wirkenden Faktoren das in der Bibel von den drei Personen der Gottheit gebrauchte Wort: — „Diese Drei sind Eins" — anwenden ließe. Auch scheint mir die Wirkung eines Kunstwerkes derjenigen ganz ähnlich zu sein, welche nach der biblischen Erzählung die Ausgießung des heiligen Geistes auf die Betheiligten ausübte: Jeder glaubte seine eigene Muttersprache zu hören; nur die Spötter meinten: „Sie sind voll süßen Weines!" Wie oft habe ich bei der Ansammlung von Vertretern aller Nationalitäten in Bayreuth an jene Episode denken müssen: „Parther, Meder und Elamiter" etc. („Juden und Judengenossen", welche dort auch mit aufgeführt werden, dürften hier freilich mit Vorsicht zu nennen sein!)

Wie damals unter den Anwesenden wohl Mancher gewesen sein mag, welcher, ohne von den Aposteln gekannt zu sein, mit überzeugtem Herzen von dannen zog, so gibt es gewiß unter den Festbesuchern in Bayreuth viele Unbekannte, welche Sie mit Freuden der kleinen Zahl derjenigen zurechnen würden, unter welche Sie mir die Ehre erwiesen haben mich aufzunehmen. Welche Freude mir Ihre gütige an mich als „Einen der Ihrigen" gerichtete Begrüßung bereitet hat, brauche ich wohl kaum zu sagen.

Nicht minder glücklich war ich, aus Ihrem Schreiben entnehmen zu dürfen, daß der Ausdruck meiner dankbaren Verehrung Ihnen, gnädigste Frau, wirklich eine kleine Freude bereitet hat.

Ein Sieg über die herrschende materielle Geistesrichtung ist jede Festspielzeit. Denn es ist etwas unschätzbar Großes, in einer Zeit, wo der Zeitungsreporter und der Börsenspekulant sich in die Herrschaft der Welt theilen, und wo an allen Enden dem Deutschthum Feinde erwachsen, der Nation alljährlich durch ihre heimische Kunst die Antwort auf die Frage: „Was ist deutsch?" ertheilen zu können. Gewiß darf man glauben, daß unser Volk sich noch rechtzeitig auf sich selbst besinnen und die Mahnungen seiner großen Meister nicht ungehört verhallen lassen wird!

Mit dem erneuten Ausdrucke meines tiefgefühlten Dankes für all' Ihre Güte und Liebenswürdigkeit ...

Ihr treu ergebener
E Hohenlohe.

Pension Stutz. Luzern
d. 7ten[– 10ten] September 1893.

Ich hege den Wunsch, daß diese Zeilen Sie am nächsten 13ten begrüßen möchten, weiß aber nicht recht, wie ich es veranstalten soll, denn wie lange Ihr Aufenthalt in Schottland dauert, stelle ich mir nicht vor. Wie dem auch sei, und ob das Glück sich mir hold zeige, ich beginne heute und spreche Ihnen die innigsten, wärmsten Wünsche zu Ihrem Geburtsfeste aus, welches Keiner mit herzlicherer Theilnahme in der Stille loben wird als ich, die ich eine solche Freude an Ihnen, theuerster Erbprinz, und an Ihrem schönen Zug zu unserer Kunst stets fühle. Gott segne Sie!

Ich lege meinen Wünschen ein kleines Zeichen bei [1], das ich freundlich zu empfangen in Anbetracht dessen bitte, daß Gobineau freundschaftlich zu uns gehörte, und daß sowohl sein großes Werk, als seine kleineren Schriften von dem Geist durchweht sind, den wir nunmehr als den arischen bezeichnen, indem wir bestimmt empfinden, was wir damit aussprechen. Daß dies eine Übersetzung ist, wollen Sie nachsichtig aufnehmen, da sie ein nicht ganz unbedeutsames Moment in der jetzigen litterarischen Bewegung vorstellt.

Noch eine Kleinigkeit wollte ich beilegen. In den Tagen meines Unwohlseins, da ich an das nicht denken sollte, was mich sonst fast immer beschäftigt, begann ich wieder zu fabuliren, wie in meinen Jugendjahren; die Skizze zu einem Drama entstand, und auf Ihre Güte bauend, widmete ich es Ihnen. Reicht die Zeit, so sollen Sie es noch erhalten; ich bitte mich nicht zu königlich zu finden.

„Tugend ist wie ein Schwamm, sie wächst unter Thränen", sagt Carmen Sylva! Diese mir ganz neue Fähigkeit der Pilze, von Thränen begossen zu werden, hat mir viel Zerstreuung verschafft, und mir das Eigenthümliche des weiblichen Dichtens und Trachtens so nahe gebracht, daß ich nicht umhin konnte, bei Gelegenheit meines Schaffens es zu erwähnen ...

Was Sie von dem deutschen Kaiser die Güte hatten mir mitzutheilen, hat mich u n a u s s p r e c h l i c h gefreut! Er ist unsere ganze Hoffnung, und es liegt in seinem offenen, durchaus vorurtheilsfreien Wesen ein Zug der Frische, welcher mir durchaus dem neuen, noch so unfaßlichen Zustand besonders entsprechend scheint. Daß seine Persönlichkeit populär ist, dünkt mich kein unbedeutender Factor in der jetzigen Figuration der Dinge ... Wie wäre diesem muthig bestrebten Herrn eine weise, edle Umgebung zu wünschen ...

In München manschen sie in Kunst. Da die Sache aber nicht ungefährlich ist, so danke ich Ihnen herzlich, theuerster Erbprinz, unsere Fahne in England aufrecht erhalten zu haben. Die kleinen Ausschnitte, welche ich hier beilege, zeigen Ihnen, worauf es abgesehen ist et qu'on m'embrasse pour mieux m'étouffer.

Ich habe die stete Hoffnung gehegt, daß, wenn wir in Bayreuth weiter emsig arbeiten und eines nach dem anderen, möglichst ihnen entsprechend, alle Werke brächten, endlich von Oben her sich etwas regen würde und ich befragt würde, worauf ich dann den Gedanken des Monumental-Theaters, am Ausfluß des Maines in den Rhein, für gesammtnationale Spiele vorgelegt hätte. Diesem behutsamen, schlichten Weg greifen affenartig Mime und Alberich[2] vor und verwandeln den großen Gedanken, den ich auszuführen nie aufgab, in eine schnöde Spekulation, so daß wir es handgreiflich vor uns haben, was das jüdische Unwesen dem deutschen Geiste ist. Ich baue auf Gott und hoffe, von den Deutschen nicht ganz verlassen zu werden, wenn wir im nächsten Jahr den „Lohengrin" mit aller Liebe, aller Hingebung und aller Arbeit, die nur in unseren Kräften liegt, aufführen und mit ihm, „Parsifal" und „Tannhäuser" unser christlich germanisches Kunstbekenntniß aus tiefster Seele ablegen.

---

[1]) Die soeben erschienene Ludw. Schemannsche Übersetzung der „Asiatischen Novellen" Gobineaus.

[2]) Levi und Possart in München.

Max Nordau, der eigentlich Südfeld hieß, verschafft dem Begriff der Entartung durch sein 1892 erschienenes vielgelesenes Buch eine traurige Berühmtheit. Dennoch trifft sein Wort vom „größenwahnsinnigen, teutschthümelnden Chauvinismus“ in „all diesem antisemitischen, kneippschen, jägerschen, vegetarischen und anti-viviosektionistischen Wahnsinn“ einen entscheidenden Bereich der Wagnernachfolge.

Entartung.

Von

Max Nordau.

Billige Ausgabe.

Erster Band.

Berlin W. 35

Verlag von Carl Duncker,

Herzogl. Bayer. Hof- und Erzherzogl. Kammer-Buchhdl.

V. Der Richard-Wagner-Dienst.

Wir haben in einem frühern Kapitel gesehen, daß die ganze mystische Zeitbewegung in der Romantik wurzelt, also ursprünglich von Deutschland ausgeht. Die deutsche Romantik erfuhr in England die Umgestaltung in den Präraphaelismus, dieser zeugte mit den letzten Ueberbleibseln seiner Befruchtungskraft in Frankreich die Mißgeburten des Symbolismus und Neo-Katholizismus und dieses zusammengewachsene Zwillingspaar schloß mit dem Tolstoismus eine Bankisten-Ehe nach Art derjenigen zwischen einem Jahrmarkt-Krüppel und einem Schaubuden-Wunder. Während die fast bis zur Unkenntlichkeit veränderten Abkömmlinge des Auswanderers, der schon bei seinem Wegzug aus der deutschen Heimat alle Keime der späteren Geschwülste und Entstellungen in sich trug, in den verschiedenen Ländern heranwuchsen und sich anschickten, in das alte Stammland zurückzukehren, um die Wiederanknüpfung der Familien-Beziehungen zu den daheim gebliebenen Verwandten zu versuchen, gebar Deutschland ein neues Phänomen, das zwar nur sehr mühselig großgezogen werden konnte und lange Jahre wenig Beachtung und Schätzung fand, schließlich aber auf der großen Narren-Kirmeß der Gegenwart eine unvergleichlich mächtigere Zugkraft bewährte als alle seine Wettbewerber. Dieses Phänomen ist die Richard Wagnerei. Es ist der deutsche Beitrag zum modernen Mysticismus und er wiegt weitaus Alles auf, was die übrigen Völker zu diesem geliefert haben. Denn Deutschland ist gewaltig in Allem, im Schlimmen wie im Guten, und das Ungeheure seiner Urkraft gibt sich in seinen Entartungs- wie in seinen Veredelungs-Bestrebungen überwältigend kund.

Der eine Richard Wagner ist allein mit einer größern Menge Degeneration vollgeladen als alle anderen Entarteten zusammengenommen, die wir bisher kennen gelernt haben. Die Stigmate dieses Krankheitszustandes finden sich bei ihm mit unheimlicher Vollständigkeit und in üppigster Entfaltung vereinigt. Er zeigt in seiner allgemeinen Geistesverfassung Verfolgungswahnsinn, Größenwahn und Mysticismus, in seinen Trieben verschwommene Menschenliebe, Anarchismus, Auflehnungs- und Widerspruchssucht, in seinen Schriften alle Merkmale der Graphomanie, nämlich Zusammenhanglosigkeit, Gedankenflucht und Neigung zu blödsinnigen Kalauern, und als Grundlage seines Wesens die kennzeichnende Emotivität von gleichzeitig erotomanischer und glaubensschwärmerischer Färbung.

Für Wagners Verfolgungswahnsinn haben wir das Zeugniß seines jüngsten Biographen und Freundes Ferdinand Praeger, der erzählt, daß er Jahrzehnte lang fest überzeugt war, die Juden hätten sich zusammengethan, um die Aufführung seiner Opern zu verhindern, eine Wahnvorstellung, die ihm seinen grimmigen Antisemitismus eingab. Sein Größenwahn ist von seinen Schriften, seinen mündlichen Aeußerungen, seiner ganzen Lebensführung her so bekannt, daß der einfache Hinweis auf ihn genügt. Zuzugeben ist übrigens, daß er durch das tolle Treiben der Umgebung Wagners wesentlich gesteigert wurde. Auch ein sehr viel sichereres Gleichgewicht als das, welches im Geiste Wagners herrschte, wäre durch den ekelhaften Götzendienst, der in Bayreuth seine Stätte hatte, unfehlbar gestört worden. Die „Bayreuther Blätter“ sind eine einzige Erscheinung. Mir wenigstens ist kein zweites Beispiel einer Zeitung bekannt, die ausschließlich zur Vergötterung eines lebenden Menschen gegründet worden wäre und in deren jeder Nummer lange Jahre hindurch die bestellten Tempelpriester ihrem Hausgotte mit dem wilden Glaubens-Fanatismus heulender und tanzender Derwische Weihrauch verbrannt, Kniebeugungen und Niederwerfungen dargeboten und Gegner als Opfer geschlachtet hätten.

Ich glaube, es darf kaum bezweifelt werden, daß jeder große Krieg eine Ursache von Massen-Hysterie ist und weitaus die meisten Soldaten aus dem Feldzuge, wenn auch ihnen selbst gänzlich unbewußt, ein etwas gestörtes Nervenleben heimbringen. Gewiß gilt dies für den Sieger weit weniger als für den Besiegten, denn der Triumph ist eins der höchsten Lustgefühle, die ein Menschenhirn empfinden kann, und die krafterzeugende („dynamogene") Wirkung dieses Lustgefühls ist wohl geeignet, den zerstörenden Einflüssen der Kriegs-Eindrücke entgegenzuarbeiten. Ganz wird sie diese aber doch schwerlich aufheben können und der Sieger läßt wohl auch ein gut Theil Nervenkraft und sittlicher Gesundheit auf dem Schlachtfelde und im Biwack.

Das Wort von der Massen-Verrohung nach jedem Kriege ist zum Gemeinplatze geworden. Es geht aus der Wahrnehmung hervor, daß nach dem Feldzuge der Ton im Volke heftiger und gröber wird und die Statistik mehr Gewaltthätigkeiten verzeichnet. Die Thatsache ist richtig, ihre Deutung oberflächlich. Wenn der heimgekehrte Krieger leichter aufbraust und selbst zum Messer greift, so ist dies nicht, weil ihn der Krieg roher, sondern weil er ihn reizbarer gemacht hat. Diese erhöhte Reizbarkeit aber ist nur eine Erscheinungsform der Nervenschwäche.

Siegfried von Hans Thoma

Unter der Wirkung der beiden großen Kriege, im Zusammenhange mit der Entwickelung des Großgewerbes und dem Anwachsen der Großstädte, hat also im deutschen Volke seit 1870 die Hysterie außerordentlich zugenommen und wir sind recht nahe daran, den wenig beneidenswerthen Vorsprung, den Engländer und Franzosen in dieser Richtung vor uns hatten, einzuholen. Nun erhält aber jede Hysterie, wie jeder Wahnsinn, wie jede Krankheit überhaupt, von der Eigenart des Kranken ihre besondere Gestalt. Der Bildungsgrad, der Charakter, die Neigungen und Gewohnheiten des Gestörten geben der Störung ihre eigenthümliche Färbung. Bei den von jeher zur Frömmigkeit neigenden Engländern mußte die Entartung und Hysterie eine mystisch-religiöse werden. Bei den Franzosen mit ihrem hochentwickelten Geschmack und der unter ihnen weit verbreiteten Liebhaberei für alle Kunstübungen war es natürlich, daß die Hysterie eine künstlerische Richtung einschlug und zu den bekannten Ausartungen in der Malerei, im Schriftthum und in der Musik führte. Wir Deutsche sind im Allgemeinen weder sehr fromm noch sehr ästhetisch gebildet. Unser Verständniß für das Schöne in der Kunst äußert sich meist nur in dem blödsinnigen „reizend!" und „entzückend!" das die höhere Tochter mit spitzem Kopfton und verdrehten Augen wahllos beim Anblick eines putzig geschorenen Pudels und vor der Holbeinschen Mutter Gottes in Darmstadt quiekt, und dem behaglichen Grunzen, womit der Spießbürger beim Vortrag einer Liedertafel sein Bier einpumpt. Nicht als ob uns von Natur der Sinn für das Schöne fehlte; ich glaube im Gegentheile, daß wir im tiefsten Wesen mehr davon haben als die meisten anderen Völker; aber weil dieser Sinn wegen der Ungunst der Verhältnisse nicht zur Entwickelung kommen konnte. Wir waren seit dem dreißigjährigen Kriege zu arm, wir hatten zu hart mit der Noth des Lebens zu kämpfen, um für irgend einen Luxus etwas übrig zu haben, und die herrschenden Klassen unseres Volkes, tief verwälscht, Sklaven französischer Mode, hatten sich den breiten Massen so entfremdet, daß diese zwei Jahrhunderte lang keinen Antheil an der Bildung, dem Geschmacke, den ästhetischen Befriedigungen der von ihnen durch eine unüberbrückbare Kluft getrennten oberen Schichten gewinnen konnten. Da nun das deutsche Volk in seiner großen Mehrheit keine Kunstinteressen hatte und sich wenig um sie kümmerte, so konnte auch die deutsche Hysterie keine künstlerisch-ästhetische sein.

Sie nahm andere Formen an, theils abscheuliche, theils niedrige, theils lächerliche. Die deutsche Hysterie gibt sich im Antisemitismus kund, dieser gefährlichsten Form des Verfolgungswahnsinns, in welcher der sich für verfolgt Haltende zum wilden, jedes Verbrechens fähigen Verfolger wird („persécuté persécuteur" der französischen Irrenheilkunde)[1]. Der deutsche Hysteriker beschäftigt sich nach Art der Hypochonder und Staatshämorrhoidarier ängstlich mit seiner theuern Gesundheit. Seine Delirien drehen sich um seine Hautausdünstungen und die Verrichtungen seines Bauches. Er fanatisirt sich für Jägers

[1]) Legrand du Saulle nennt den sich verfolgt glaubenden Verfolger „persécuté actif". Siehe sein grundlegendes Buch: „Le délire des persécutions". Paris, 1871. S. 194.

Flanell-Leibchen und das selbstgemahlene Schrotmehl der Vegetarier. Er geräth in heftige Emotion bei Kneipps Wasserbegießungen und barfüßigem Herumlaufen auf nassem Grase. Zwischendurch regt er sich in krankhafter Thierfreundlichkeit („Zoophilie" von Magnan) wegen der Leiden des bei physiologischen Versuchen benutzten Frosches auf und als Grundton klingt in all diesen antisemitischen, kneippschen, jägerschen, vegetarischen und anti-viviſektionistischen Wahnsinn ein größenwahnsinniger, teutschthümelnder Chauvinismus, vor dem der edle Kaiser Friedrich vergebens gewarnt hat. Alle diese verschiedenen Störungen treten in der Regel zusammen auf und man wird in zehn Fällen neunmal nicht fehl gehen, wenn man den in Jägertracht Einherstolzirenden für einen Chauvinisten, den Kneipp-Schwärmer für einen Schrotbrod-Wütherich und den nach Professorenblut lechzenden Frosch-Anwalt für einen Antisemiten hält.

Wagners Hysterie nun nahm sämmtliche Formen der deutschen Hysterie an. Mit einer leichten Aenderung des Terenzschen „Homo sum" konnte er von sich sagen: „Ich bin ein Gestörter und keinerlei Störung ist mir fremd." Er konnte als Antisemit Stöcker Punkte vorgeben.[1]) Er handhabte die chauvinistische Phraseologie mit unnachahmlicher Meisterschaft.[2]) War er doch sogar im Stande, seiner Gemeinde von hypnotisirten Hysterikern weiszumachen, daß die Helden seiner Stücke urdeutsche Gestalten seien, diese Franzosen, diese Brabanter, diese Isländer und Norweger, diese palästinischen Frauenzimmer, alle die Fabelwesen, die er sich aus provençalischen und nordfranzösischen Dichtungen, aus der nordischen Saga, aus dem Evangelium geholt hatte und die — wenn man von „Tannhäuser" und den „Meistersingern" absieht — auch nicht einen Tropfen deutschen Blutes in den Adern, auch nicht eine deutsche Faser in ihrem Leibe haben! Aehnlich beschwatzte ein Hypnotisir-Gaukler in öffentlichen Schaustellungen seine Opfer, rohe Kartoffeln als Pfirsiche zu essen. Wagner trat für den Vegetarismus ein und da das zur Volksernährung in seinem Sinne nöthige Obst nur in den warmen Erdgegenden reichlich vorhanden ist, rieth er unbedenklich, „eine vernunftgemäß angeleitete Völkerwanderung in solche Länder unseres Erdballs auszuführen, welche, wie dies von der einzigen südamerikanischen Halbinsel behauptet worden ist, vermöge ihrer überwuchernden Produktivität die heutige Bevölkerung aller Welttheile zu ernähren im Stande sind."[1]) Er zog sein Ritterschwert gegen die Physiologen, welche Thierversuche anstellen.[2]) Für Wolle begeisterte er sich nicht, weil er persönlich Seide vorzog, und dies ist die einzige Lücke in dem sonst vollständigen Bilde. Die Größe des hochwürdigen Pfarrers Kneipp hat Wagner nicht erlebt; andernfalls würde er wahrscheinlich auch für die urdeutsche Weihe der nassen Füße und die Erlöserkraft des Kniegusses tiefsinnige Worte gefunden haben.

Als daher die schwärmerische Freundschaft des Königs Ludwig von Bayern für Wagner diesem erst das nöthige Ansehen gegeben und die allgemeine Aufmerksamkeit Deutschlands auf ihn gelenkt, als das deutsche Volk Wagner mit seinen Eigenheiten kennen gelernt hatte, da mußten ihm alle Mystiker des jüdischen Blutopfers, der wollenen Hemden, des pflanzlichen Küchenzettels und der Sympathiekuren nothwendig zujauchzen, denn er war die Verkörperung aller ihrer Zwangsvorstellungen. Seine Musik nahmen sie blos mit in den Kauf. Die weitaus größere Mehrheit der Wagner-Fanatiker verstand nichts von ihr. Die Gemüthserregungen, die sie bei den Werken ihres Abgottes empfanden, gingen nicht von den Sängern und dem Orchester aus, sondern zum Theil von der malerischen Schönheit der Bühnenbilder und zum größern Theil von den besonderen Delirien, die sie ins Theater mitbrachten und als deren Wortführer und Vorkämpfer sie Wagner verehrten.

Ich gehe indeß nicht so weit, zu behaupten, daß es einzig und allein der Skat-Patriotismus und der heldenmüthige Naturheil-, Reis mit Obst-, Juden raus- und Flanell-Idealismus war, der die Herzen der Wagner-Frommen beim Anhören seiner Musik in wonniger Bewegung rascher schlagen machte. Diese Musik war gewiß ebenfalls dazu angethan, Hysteriker zu entzücken. Ihre starken Orchester-Wirkungen brachten bei ihnen hypnotische Zustände hervor — in der Pariser Salpetrière erzeugt man häufig die Hypnose durch plötzliches Anschlagen eines Gongs — und die Formlosigkeit der unendlichen Melodie entsprach ganz dem träumenden Schweifen ihres eigenen Denkens. Eine klare Melodie erweckt und fordert Aufmerksamkeit, widersetzt sich also der Gedankenflucht hirnschwacher Entarteter. Ein schwimmendes Rezitativ ohne Anfang und Ende dagegen stellt an den Geist keinerlei Anforderungen — denn um das Versteckensspiel der Leitmotive kümmern sich die meisten Zuhörer ja doch entweder gar nicht oder nur sehr kurze Zeit —; man kann sich von ihm wiegen und treiben lassen und taucht beliebig aus ihm auf, ohne besondere Erinnerung, blos mit dem wollüstigen Gefühl, ein nervenerregendes heißes Tonbad genossen zu haben. Die unendliche Melodie verhält sich zur eigentlichen wie das launenhafte, tausendmal wiederholte, nichts Bestimmtes darstellende Rankenwerk einer maurischen Flächendekoration zu einem Genre- oder Geschichtsbilde und der Morgenländer weiß von jeher, wie günstig der Anblick seiner Arabesken dem „Kef" ist, jenem Traumzustand, in welchem der Verstand eingelullt ist und die tolle Einbildungskraft allein als Herrin im Hause schaltet.

---

[1]) Wagner, „Das Judenthum in der Musik." Ges. Schr. Band 5, S. 83. „Aufklärungen über das Judenthum in der Musik." Band 8, S. 299.

[2]) Wagner, „Deutsche Kunst und deutsche Politik." Ges. Schr. Band 8, S. 39. „Was ist deutsch?" Band 10, S. 51 und passim.

[1]) Wagner, „Religion und Kunst." Ges. Schr. Band 10, S. 311.

[2]) Wagner, „Offenes Schreiben an Herrn Ernst von Weber, Verfasser der Schrift: Die Folterkammern der Wissenschaft." Ges. Schr. Band 10, S. 251.

Wagners Musik weihte die deutschen Hysteriker in die genußreichen Geheimnisse des türkischen Kef ein. Nietzsche mag darüber mit seiner idiotischen Wortwitzelei „Sursum — Bumbum“ und seinen Bemerkungen über den deutschen Jüngling, der „Ahnung“ suche, spotten, die Thatsache ist nicht zu leugnen, daß ein Theil der Wagner-Gemeinde, derjenige Theil, der in das Theater krankhafte Mystik mitbrachte, bei ihm Befriedigung fand, da nichts so geeignet ist, „Ahnungen“, das heißt vieldeutige, schattenhafte Grenz-Vorstellungen, heraufzubeschwören wie eine Musik, die selbst aus nebeligen Gedanken-Schatten hervorgewachsen ist.

Die hysterischen Frauen gewann Wagner sich zwar hauptsächlich durch die geile Erotik seiner Musik, aber auch durch seine dichterische Darstellung des Verhältnisses vom Manne zur Frau. Nichts entzückt ein überspanntes Weib so sehr wie dämonische Unwiderstehlichkeit beim Weibe und zitternde Anbetung ihrer übernatürlichen Gewalt beim Manne. Anders als Friedrich Wilhelm I., der zornig rief: „Nicht fürchten sollt ihr mich, sondern lieben“, möchten Frauen dieser Art am Liebsten jedem Manne zurufen: „Nicht lieben sollt ihr mich, sondern voll Angst und Grauen vor mir im Staube liegen.“ Frau Venus, Brunhilde, Isolde und Kundry haben Wagner sehr viel mehr weibliche Bewunderung geworben als Elisabeth, Elsa, Senta und Gudrune.

Nachdem Wagner einmal Deutschland erobert hatte und der inbrünstige Glaube an ihn der erste Artikel im Katechismus der deutschen Vaterlandsliebe geworden war, konnte auch das Ausland sich seinem Dienste nicht lang entziehen. Die Bewunderung eines großen Volks hat eine außerordentliche Ueberzeugungsgewalt. Selbst seine Verirrungen nöthigt es mit unwiderstehlicher Suggestion den anderen Völkern auf. Einer der Haupt-Sieger der deutschen Kriege ist Wagner gewesen. Sadowa und Sedan sind für ihn geschlagen worden. Zu dem Manne, den Deutschland für seinen National-Tondichter erklärte, mußte die Welt, sie mochte wollen oder nicht, Stellung nehmen. Er trat seinen Siegeszug um den Erdball gedeckt von der deutschen Reichsflagge an. Die Feinde Deutschlands waren auch seine Feinde und das zwang selbst solche Deutsche, die ihm kühl gegenüberstanden, dem Auslande gegenüber für ihn einzutreten. Ich schlage mir an die Brust: ich habe auch in Wort und Schrift den Franzosen gegenüber für ihn ge-

Aufstieg zur Gralsburg von Max Klinger, 1884

Auch in nebenstehender Schrift, die vermutlich in der Nachfolge Nordaus steht, wird die „Richard Wagnerei“ eine „internationale Krankheit“ genannt, der gegenüber die Jugend wieder für den Idealismus begeistert werden müsse. Der Standpunkt, daß es sich bei Wagner um eine „deutsch-nationale Sache“ handle, sei vollständig falsch, und, heißt es kurz darauf, „gerade weil wir die idealen Güter der deutschen Musik und der deutschen Kunst nicht verlieren wollen, weil wir um den Ruhm der deutschnationalen Kunst besorgt sind, wenden wir uns gegen den Richard Wagner-Taumel“. (9, 10)

Der

Richard Wagner-Taumel.

Ein Mahnruf

gegen den Verfall der Künste.

Von

Wilhelm Hoffmann.

Leipzig, 1894.

Druck und Verlag von Siegismund & Volkening.

BAYREUTHER BLÄTTER.

Monatschrift

des

Bayreuther Patronatvereines

unter Mitwirkung Richard Wagner's redigirt von H. v. Wolzogen.

Verlag von **Ernst Schmeitzner** in Chemnitz.

April. Viertes Stück. **1878.**

Inhalt: — Publikum und Popularität. Von Richard Wagner. I. — Ueber die Begründung der Kunst durch die Religion Von Heinrich Porges. II. — Kundry in Richard Wagners Bühnenweihfestspiel Parsifal. Von J. H. Löffler. I. — Grossstädtisches: Wiener Briefe. Von V. K. Schembera. I. — Kritik: Die Musik und ihre Klassiker. — Geschichtlicher Theil: Mittheilungen aus der Gegenwart. — Geschäftlicher Theil: Bekanntmachung und Berichtigungen.

Publikum und Popularität.

I.

„Schlecht ist nicht das Schlechte, denn es täuscht nur selten;
das Mittelmässige ist schlecht, weil es für gut kann gelten."

So sagt ein indischer Weisheitsspruch.

Wer ist nun das *Publikum,* dem das Schlechte wie das Mittelmässige dargeboten wird? Woher nimmt es das Urtheil zur Unterscheidung, und namentlich die, wie es scheint, so schwierige Erkenntniss des Mittelmässigen, da das Gute selbst sich ihm gar nicht darbietet, sondern das Merkmal des Guten eben darin besteht, dass es für sich selbst da ist, und das im Mittelmässigen und Schlechten erzogene Publikum sich erst erheben muss, um an das Gute heranzutreten?

Nun hat aber Alles, ausser eben das Gute, sein Publikum. Niemals wird ein Ausbeuter der Wirkung des Mittelmässigen sich auf den Bund seiner Mitinteressenten berufen, sondern immer auf das *Publikum,* nach welchem er sich zu richten habe. Hier ein Beispiel. Vor einiger Zeit wendete sich einer meiner jüngeren Freunde an den, nun verewigten, Herausgeber der *Gartenlaube* mit

Blätter für die Kunst

Der name dieser veröffentlichung sagt schon zum teil was sie soll: der kunst besonders der dichtung und dem schrifttum dienen, alles staatliche und gesellschaftliche ausscheidend.

Sie will die GEISTIGE KUNST auf grund der neuen fühlweise und mache — eine kunst für die kunst — und steht deshalb im gegensatz zu jener verbrauchten und minderwertigen schule die einer falschen auffassung der wirklichkeit entsprang. sie kann sich auch nicht beschäftigen mit weltverbesserungen und allbeglückungsträumen in denen man gegenwärtig bei uns den keim zu allem neuen sieht, die ja sehr schön sein mögen aber in ein andres gebiet gehören als das der dichtung.

Wir halten es für einen vorteil dass wir nicht mit lehrsätzen beginnen sondern mit werken die unser wollen behellen und an denen man später die regeln ableite.

Zwar werden wir auch belehrend und urteilend die neuen strömungen der literatur im in- und ausland einführen, uns dabei aber so sehr wie möglich aller schlagworte begeben* die auch bei uns schon auftauchten und dazu angethan sind die köpfe zu verwirren.

Es sei hervorgehoben dass wir jeder fehde abgeneigt sind: wenn wir diese blätter verbreiten so geschieht es um zerstreute noch unbekannte ähnlichgesinnte zu entdecken und anzuwerben.

Welche gestalt das unternehmen (ob einfacher ob vergrössert) gewinnt wird unsern lesern mitgeteilt.

Enthalte man sich auch allen streites und spottes über das leben wobei — wie Goethe meint — nicht viel heraus kommt.

In der kunst glauben wir an eine glänzende wiedergeburt.

IM UNTERREICH

Ihr hallen prahlend in reichem gewande
Wisst nicht was unter dem fuss euch ruht –
Den meister lockt nicht die landschaft am strande
Wie jene blendend im schoosse der flut.

Die häuser und höfe wie er sie ersonnen
Und unter den tritten der wesen beschworen
Ohne beispiel die hügel die bronnen
Und grotten in strahlendem rausche geboren.

Die einen blinken in ewigen wintern ·
Jene von hundertfarbigen erzen
Aus denen juwelen als tropfen sintern
Und flimmern und glimmen vor währenden kerzen.

Die ströme die in den höheren stollen
Wie scharlach granat und rubinen sprühten
Verfärben sich blässer im niederrollen
Und fliessen von nun ab wie rosenblüten.

Auf seen tiefgrün in häfen verloren
Schaukeln die ruderentbehrenden nachen ·
Sie wissen auch in die wellen zu bohren
Bei armige riffe und gähnende drachen.

Der schöpfung wo er nur geweckt und verwaltet
Erhabene neuheit ihn manchmal erfreut ·
Wo ausser dem seinen kein wille schaltet
Und wo er dem licht und dem wetter gebeut.

Der saal des gelben gleisses und der sonne.
Sie herrscht auf flacher kuppel unter sternen ·
In blitzen schnellen aus dem feuerbronne
Topase untermengt mit bernstein-kernen.

An allen seiten aufgereiht als spiegel
– Gesamter städte ganzer staaten beute –
Die ungeschmückten platten goldnen ziegel
Und an der erde breiten löwenhäute.

Nur nicht des Einen scharfen blick zu blenden
Vermag die stechend grelle weltenkrone
Und dreimal tausend schwere urnen spenden
Den geist von amber weihrauch und zitrone.

Daneben war der raum der blassen helle
Der weisses licht und weissen glanz vereint ·
Das dach ist glas · die streu gebleichter felle
Am boden schnee und oben wolke scheint.

Der wände matte täfelung aus zedern ·
Die dreissig pfauen stehen dran im kreis ·
Sie tragen daunen blank wie schwanenfedern
Und ihre schleppen schimmern wie das eis.

Für jede zier die freunden farbenstrahlen:
Aus blitzendem und blinderem metall ·
Aus elfenbein und milchigen opalen ·
Aus demant alabaster und kristall ·

Und perlen! klare gaben dumpfer stätte
Die ihr wie menschliche gebilde rollt
Und doch an einer wange warmer glätte
Das nasse kühl beharrlich wahren sollt.

Da lag die kugel auch von murra-stein
Mit der in früher jugend er gespielt ·
Des kaisers finger war am tage rein
Wo tränend er sie vor das auge hielt.

Mein garten bedarf nicht luft und nicht wärme ·
Der garten den ich mir selber erbaut
Und seiner vögel leblose schwärme
Haben noch nie einen frühling geschaut.

Von kohle die stämme · von kohle die äste
Und düstere felder am düsteren rain ·
Der früchte nimmer gebrochene läste
Glänzen wie lava im pinien-hain.

Ein grauer schein aus verborgener höhle
Verrät nicht wann morgen wann abend naht
Und staubige dünste der mandel-öle
Schweben auf beeten und anger und saat.

Wie zeug ich dich aber im heiligtume
– So fragt ich wenn ich es sinnend durchmass
In kühnen gespinsten der sorge vergass –
Dunkle grosse schwarze blume?

Parsifal von Fidus, 1890

Die Verbindungslinien zwischen George und Wagner gehen über die beobachtbaren Äußerlichkeiten hinaus. Es ist anzunehmen, daß die Gründung der „Blätter für die Kunst" im Jahr 1892 als eine zur „glänzenden Wiedergeburt" der Kunst verhelfende Gegengründung zu den „Bayreuther Blättern" gedacht war, auch wenn beiden die Exclusivität, der Anspruch des Auserwähltseins und die Weigerung, sich mit „weltverbesserungen und allbeglückungsträumen" zu beschäftigen, gemeinsam ist. Wagner und George, der auch dessen Meister-Gebärde übernahm und sich ebenfalls Meister nennen ließ, verband der Drang nach dem „künstlichen Leben", nach der künstlerischen Gegenwelt, der in den „Unterreich"-Gedichten im *Algabal* (1892) zum Ausdruck kommt, und die Ganzheitsmythologie des „Ringes". Nicht zufällig widmet George seinen *Algabal* „dem Gedächtnis Ludwigs des Zweiten" mit einer „Aufschrift", um wenigstens auf diese Weise sich auch dem Bayernkönig zu verbinden.
Die nebenstehende Passage über Mallarmé aus einem Brief Cosimas an den Fürsten Hohenlohe vom 10. Januar 1894 kann auch als eine indirekte Bayreuther Einordnung Georges angesehen werden, der Mallarmé übersetzt hat und während seiner Pariser Zeit zu dessen Freundeskreis gehörte.

Dagegen zeigte mir Chamberlain einen Band lyrischer Gedichte von Stephane Mallarmé , der jetzt als der Bedeutendste und zumal der Sprachkundigste unter Frankreichs Poeten gilt; und ich erschrak förmlich über den Eindruck, den ich davon erhielt. Erstens fand ich die Sprache so „**contournée**" und „**alambiquée**", Allem zusteuernd, nur nicht der Deutlichkeit, daß ich mich frug, wie aus dieser klaren, präcisen, scharfen Sprache derlei hat werden können. Dann ist eine Traurigkeit darin, die mir wie der Ausdruck der Sterilität erscheint, und ein ewiges Spielen mit unerfreulichen Bildern. Auf mich wirkt das wie ein November-Morgengrauen und gewisse den Kopf umnebelnde Parfums, von denen man nicht weiß, sind sie gut oder schlecht. Das quälendste dabei ist das Talent und die Mittheilung, daß der Autor ein liebenswürdiger, begabter Anhänger unserer Sache ist! . . .

Der Antisemitismus Stöckers, der hier den *Parsifal* ausschließlich christlich interpretiert und Bayreuth mit Oberammergau vergleicht, war durch seinen offiziösen Anstrich von besonders verhängnisvoller Breitenwirkung. Cosima, die auch Gottesdienste von ihm in Berlin besuchte, schätzte ihn, und Wolzogen schrieb einen Nachruf auf ihn in den „Bayreuther Blättern".

Hofprediger Stöcker über „Parsifal" und Bayreuth.*)

Auch die Gegner Wagner's haben wenigstens das Eine als Verdienst anerkennen müssen, dass der grosse Meister die germanischen Heldensagen durchforschte, um ihnen die Gegenstände seiner Kunst zu entnehmen. Man kann sehr verschiedener Meinung sein über die Art, wie er diese Aufgabe gelöst und die alten Stoffe umgedichtet hat. Aber die Thatsache selbst, dass er die herrlichen Erzeugnisse deutschen Geistes für seine Kunst entdeckte und damit die Oper aus den Nichtigkeiten und Windbeuteleien der bisherigen Texte heraushob, ist ein Ereigniss, dem Niemand eine grosse und ernsthafte Bedeutung absprechen kann. Besonders die Beschäftigung mit „Parsifal", dieser tiefsinnigsten Dichtung des gesammten Mittelalters, ist für den Künstler und die Kunst zu einer Ursache grosser Wirkungen geworden. Wer sich in den „Bayreuther Blättern" seines Aufsatzes aus dem Anfang der achtziger Jahre über Kunst und Religion erinnert, der muss eine wahrhafte Genugthuung empfinden, dass Wagner in jenen Gedankengängen nicht dauernd geblieben, sondern über sie hinausgekommen ist. Wir glauben nicht zu irren, wenn wir die Arbeit an „Parsifal" und die Versenkung in diesen christlich-romantischen Stoff vor allem Anderen als den Weg bezeichnen, auf dem sich diese Befreiung vollzogen hat. Die Gralsage ergriff den Künstler mit ihrer geweihten und majestätischen Schönheit; sie machte ihm den künstlerischen und damit den sittlich-religiösen Reichthum des Christenthums zur Gewissheit. Mit seiner ganzen ungeheuren Energie ging er dann darauf ein und gab sich der Erforschung hin; seitdem war ihm „Parsifal" sein höchstes und liebstes Kunstwerk.

Aus der unermesslichen Fülle des Epos hat er mit sicherem Griff herausgenommen, was ihm wirksam erschien. Nur wenige Gestalten und Geschichten sind es, die er für sein Festspiel verwerthet. — Mit dem kranken Amfortas beginnt er die Dichtung. Wie der Gralskönig seine Wunde empfangen und den Speer, der ihn allein heilen konnte, verloren hat, bleibt im Verborgenen. Nur seine Noth und Verzweiflung wird geschildert. In sie hinein tritt Parsifal. Die Gralsburg thut ihm durch Gurnemanz ihre Geheimnisse auf; aber er versteht sie nicht und muss von Neuem auf seine ritterliche Pilgerfahrt gehen. In Klingsor's Zauberschloss wird er von sinnlicher Lust angefochten, zuletzt von Kundry, diesem wundersamen Wesen, mit aller Macht versucht; aber er überwindet die Versuchung und wird dadurch innerlich fähig, den Speer wieder zu erlangen und das Königthum des Gral zu erringen. In dieser Würde tauft er zuerst Kundry, die dadurch von dem alten Fluch ihrer Christus-Lästerung erlöst wird, heilt Amfortas und feiert wieder den Gral, der lange Jahre geruht hatte. Mit dieser Feier schliesst die Dichtung ergreifend ab.

Der Grundgedanke des Ganzen tritt in diesem einfachen Gang der Geschichte klar hervor. Der Gral und sein Geheimniss, d. h. das Leiden Christi, verleiht Leben. Wer sich von irdischer Lust überwältigen lässt, wird dieses Geheimnisses unwürdig und verliert Freude wie Leben. Nur der reine Thor, der dem Weltwesen fremde keusche Sinn, kann dem Erlöser dienen und zur Erlösung mitwirken. Weil Parsifal diesen Sinn hat, wird er der Retter.

Selbstverständlich ist in dem Kunstwerk dieser Gedanke in eigenthümlicher Weise zum Ausdruck gebracht. Die Schale des heiligen Grals und der Speer sind Symbole, die den Inhalt des Christenthums in romantischer Form wiedergeben. Der Geist des Mittelalters, des Ritterthums wie der Zauberei, spielt überall hinein. Aber das ist ja eben die Kunstform des Festspiels; und die Dichtung Wolfram's ging darin voran. — Ebenso ist die Versuchung Parsifal's in Klingsor's Wundergarten von Zauberspuk umgeben. Aber wir werden zugeben müssen, diese Scene ist von einer ausserordentlichen Schönheit und Zartheit, sodass Niemand daran Anstoss nehmen kann. Gerade an diesem Punct tritt der ganze unermessliche Unterschied des gewöhnlichen Opernwesens und einer weihevollen Kunst lichtvoll hervor. — Gläubige Christen könnten meinen, dass das Mahl der Gralsritter am Schluss des ersten Acts eine ungebührliche Darstellung des heiligen Abendmahls sein sollte. Aber wer genau zuhört und unbefangen zuschaut,

*) Wir entnehmen diese interessante Kundgabe seitens eines hervorragenden Geistlichen der „D. Evang. Kirchenzeit."
D. Red.

BAYREUTHER PARSIFALDARSTELLER VON 1882 BIS 1906

Dr. Alfred von Bary 1904

Hermann Winkelmann 1882

Erik Schmedes 1899

wird auf den Gedanken, dass es sich um den Empfang des heil. Sacraments handle, nicht leicht verfallen. Wohl ertönt aus der Kuppel wie eine Erinnerung an die Einsetzung des Abendmahls der Gesang: „Nehmet hin mein Blut, nehmet hin meinen Leib!" Aber die eine Reihe der Ritter singt bei dem Mahl selbst: „Nehmet vom Brot, wandelt es kühn zu Leibes Kraft und Stärke"; die andere Reihe: „Nehmet vom Wein, wandelt ihn neu zu Lebens feurigem Blute!" Damit ist doch klar ausgesprochen, dass Speise und Trank der Gralsritter ganz verschieden — man könnte sagen — das Gegentheil von dem Sacrament der Kirche sind. — Und gerade bei dieser Scene erhebt sich die Musik zu einer so wunderbaren Schönheit des Klanges und der Feier, dass Darstellung und Ton sich zu vollendeter Einheit verbinden und verklären.

Ueberhaupt ist das Musikalische von grandioser Schönheit. Und wie die Geschichte des Kunstwerks ist die Musik einfach. Auch ein Laie, der nicht ganz von musikalischem Verständniss entblösst ist, kann die Themata und Motive leicht erkennen und verfolgen. Dabei ist die Instrumentation herrlich, dem Auf und Ab der Gefühle, dem Hin und Her der Gestalten charaktervoll angepasst, sodass die ganze Tonleiter menschlicher Empfindungen widertönt, die volle Macht höllischer und himmlischer Gedanken den Hörer umrauscht. Dabei ist aber das Recitativ wunderbar melodiös und der Chor ergreifend schön. Mit magnetischer Gewalt zieht uns die eigenthümliche Kunst Wagner's in ihre Kreise und hält uns fest.

Noch ein Wort ist über das Ganze zu sagen. Bayreuth steht in den Tagen der Darstellung völlig unter dem Zeichen des dahingeschiedenen Meisters. Die Stadt wird für Wochen zu einer Residenz der Kunst; das Gewühl der Menschen, das Rollen der Wagen, das Zusammenströmen von Fremden aus allen Ländern und Erdtheilen, von Persönlichkeiten jedes Standes und Berufs hat nur Einen Grund, Einen Zweck. Und die bewunderungswürdige Energie, mit welcher Wagner der Feindschaft einer ganzen Künstlerwelt getrotzt und dieselbe zuletzt überwunden hat, spiegelt sich in dem originalen Kunsttempel wieder, der auf dem Hügel Bayreuths mit dem Blick auf die schlichte, schöne Gegend dasteht als Denkmal einer gewaltigen Arbeit, die in ihrer Weise an der Erneuerung des deutschen Lebens mitzuwirken gedachte.

Wem es dann noch vergönnt war, am Abend nach der Darstellung eine Stunde im Kreise der Familie des heimgegangenen Künstlers zu verkehren und den in allen Gliedern desselben pulsirenden ebenso gemüthvollen wie national gestimmten Geist zu spüren, der wird die Empfindung von Bayreuth mit nach Hause nehmen, dass hier noch heute in einem edlen Sinne Grosses erstrebt, Grosses erreicht wird.

Sucht man zu Bayreuth und „Parsifal" eine Parallele, so kann man nur an Oberammergau und das Passionsspiel denken. Was hier ein naives Volk Gott zu Ehren alle zehn Jahre vollbringt, nämlich der modernen Welt in Einsamkeit und Abgeschiedenheit der Berge die unergründliche Tragödie von Golgatha vor die Augen und die Seele zu malen, das geschieht dort durch ein Künstlerthum an einem anderen Stoff, in einem anderen Sinn und Geist und doch mit demselben Erfolg: aus einer Welt des Mammons und des Haders, der Richtungen und Parteien wird der Mensch des neunzehnten Jahrhunderts in eine Atmosphäre deutsch-christlichen Wesens versetzt, die ihn über sich selbst erhebt, und hier wie dort ist der Glaube, dies tiefste Thema der Weltgeschichte, auch der Gegenstand der höchsten Kunst.

Alois Hadwiger 1906

Fritz Rémond 1904

Emil Gerhäuser 1899

Sgraffito über dem Eingang von Haus Wahnfried von Robert Krausse (1874)
Wagner schreibt an Ludwig II:
„Dieses stellt in monumentaler Zeichnung das ‚Kunstwerk der Zukunft' dar. Die Mitte nimmt der germanische Mythos ein . . .; ihm fliegen von beiden Seiten die Raben Wotan's zu, und er kündet nun die empfangene Mähre zweien Frauengestalten, von denen die eine die antike Tragödie, mit der Porträtähnlichkeit der Schroeder-Devrient, die andere aber die Musik, mit dem Kopfe und der Gestalt Cosima's, darstellt; ein kleiner Knabe, als Siegfried gewappnet, mit dem Kopf meines Sohnes, blickt an ihrer Hand mit muthiger Lust zur Mutter Musik auf . . ." (III, 49)

Wotan von Hans Thoma

In Religiosität, Waffenmacht, Poesie, Kunst und Wissenschaft bewährt sich eines Volkes Kraft. Waffenmächtig steht Deutschland da, religiös ist es noch, die Poesie freilich schweigt, unsere Litteratur herrscht nicht einmal bei uns, wird im Auslande gar nicht gelesen. Allerdings das patriotische Genie eines Richard Wagner ersetzt uns immerhin durch seine großartigen Schöpfungen einigermaßen den fehlenden Shakespeare. In der Wissenschaft dürfen wir es als gutes Zeichen begrüßen, daß gerade unsere Historiker so Hervorragendes leisten, mit so lebhaft entwickeltem Verständnisse für das geschichtliche Leben.

Fricka von Hans Thoma

Wagners Verfügung über den Germanischen Mythos spiegelt sich auch in seiner Wirkungsgeschichte. Kennzeichnet den Wotan mit dem Schlapphut auf dem Sgraffito noch ein gewisser privater Charakter in einer intimen Umgebung, so ist er bei Thoma bereits heroisiert, dämonisiert und, die Runen am unteren Rand weisen darauf hin, germanisiert. Eine ähnliche Germanisierungsneigung verraten die erkünstelten runenartig geschriebenen Buchstaben auf den Titelblättern kurz vor der Jahrhundertwende (rechte Seite). Die nebenstehende Zeichnung stellt einen „Runenstab als Taktstock für Richard Wagner" dar, die Gottfried Semper im Februar 1858 für Mathilde Wesendonk anfertigte; auf den sich verbreiternden Schlangenleibern sind die Operntitel *Nibelungenring, Rheingold, Walküre* eingeschrieben. Ein nach dieser Zeichnung gefertigter elfenbeinerner Taktstock wurde Wagner nach seinem Konzert im Hause Wesendonk von der Tochter überreicht. Über seine Beziehung zu Semper während des gemeinsamen Dresdner Aufenthaltes berichtet Wagner in *Mein Leben:* „. . . er hielt mich beständig für den Repräsentanten einer mittelalterlich-katholizierenden Richtung, die er oft mit wahrer Wut bekämpfte. Sehr mühselig gelang es mir, ihn endlich dahin zu belehren, daß meine Studien und Neigungen eigentlich auf das deutsche Altertum und die Auffindung des Ideals des urgermanischen Mythus ausgingen. Sowie wir nun ins Heidentum gerieten, war er ein anderer Mensch . . ."
Der Text entstammt York von Wartenburgs *Weltgeschichte in Umrissen* (1897).

VORABEND:
DAS RHEINGOLD
ERSTER TAG:
DIE WALKÜRE
ZWEITER TAG:
SIEGFRIED
DRITTER TAG:
GÖTTERDÄMMERUNG

DIE WALKÜRE
English Translation by FREDERICK JAMESON
VOLLSTÄNDIGER KLAVIERAUSZUG
Erleichterte Bearbeitung von
K. KLINDWORTH.
EIGENTHUM DER VERLEGER
MAINZ: B. SCHOTT'S SÖHNE,
BRÜSSEL: SCHOTT FRERES, LONDON: SCHOTT & Co, PARIS: EDITIONS SCHOTT.

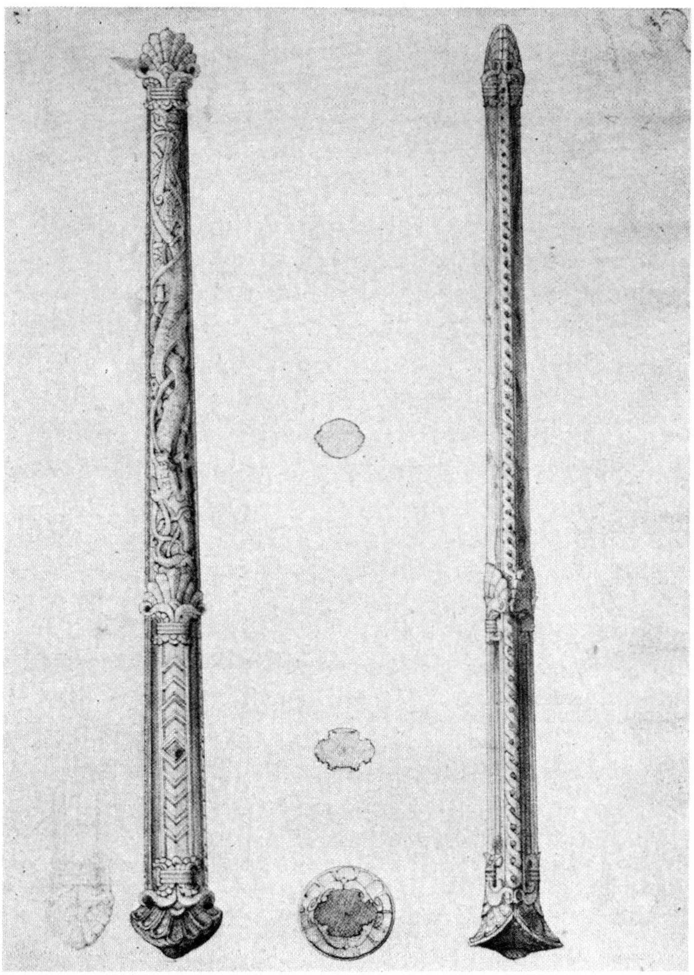

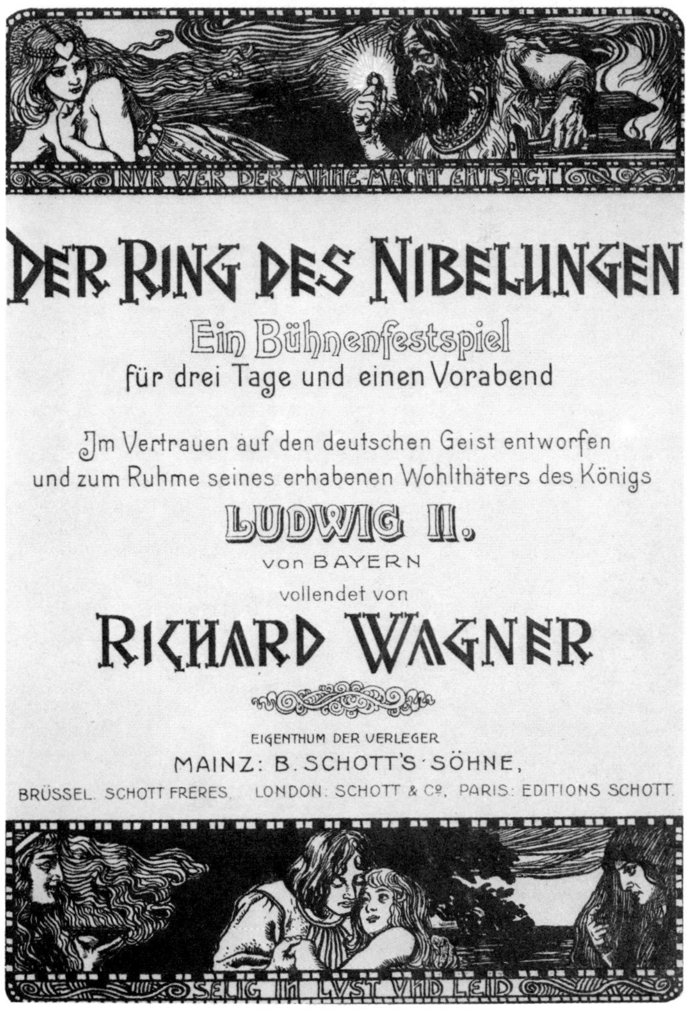

NUR WER DER MINNE MACHT ENTSAGT
DER RING DES NIBELUNGEN
Ein Bühnenfestspiel
für drei Tage und einen Vorabend
Im Vertrauen auf den deutschen Geist entworfen
und zum Ruhme seines erhabenen Wohlthäters des Königs
LUDWIG II.
von BAYERN
vollendet von
RICHARD WAGNER
EIGENTHUM DER VERLEGER
MAINZ: B. SCHOTT'S SÖHNE,
BRÜSSEL. SCHOTT FRERES. LONDON: SCHOTT & Co. PARIS: EDITIONS SCHOTT.
SELIG IN LUST UND LEID

X.—XI.

Es kommt nicht auf die Worte an, sondern auf den Glauben, der dahinter steckt. (Bismarck.)

Steht nur erst der Glaube fest,
Dann hebt sich auch die Liebe wieder. (Goethe.)

---

†

Bismarck.

Dem deutschen Volke, diesem Volke der Helden und grossen Männer, ist es beschieden worden, dass es aus dem endenden Jahrhundert in das neue hinübergehen soll: seines edelsten Eigens beraubt, verwaist, der Helden bar. Als es in das XIX. Jahrhundert eintrat, leuchtete ihm voran der 50jährige Goethe, und der 30jährige Beethoven begann ihm seine grossen Weisen zu singen. Und mit dem wachsenden jungen Jahrhundert wuchs auch Schopenhauers Genius empor, es ward Richard Wagner geboren, und Bismarck. Diese fünf Grossen und Grössten waren die deutschen Helden des selben merkwürdigen Jahrhunderts, welches man sonst rühmt oder schilt als eine Zeit, darinnen das Persönliche und Eigenartige in verflachter Allgemeinheit sich zu verlieren begann, wo die materiellen und technischen Fortschritte, die dem realen Nutzen und Gewinne dienen, schier zahllos und unbegrenzt ihre ganz anderen Werthe erdrückend auszubreiten schienen über die herrliche Erbschaft des deutschen Idealismus vom Ende des vorigen Jahrhunderts. Dennoch wird es in der Geschichte gelten als das Jahrhundert jener grossen Männer, seiner Unsterblichen, der Führer des Volksgeistes auf der Bahn zum Ideal. Das Ideal liegt immer in der Zukunft; und weit hinweg reichend über alle die staunenswerthen realen Errungenschaften dieser Jahre, ist gerade durch die Helden unserer Zeit, von Goethe bis zu Bismarck, der Grund erst gelegt worden, den wir zunächst nur zu bewahren und zu festigen haben, damit auf ihm sich all das Grosse, Schöne, Freie noch auf- und ausbaue, dessen die kommenden Jahrhunderte zur Ergänzung und Erfüllung der Leistungen des schwindenden dringend bedürfen. —

Vor Allem sind solche Grundleger für künftigen Ausbau, solche Hausbauer für künftiges Leben, die letzten Helden gewesen, die uns nun verlassen haben: Wagner und Bismarck. Sie haben nicht nur mit der Vergangenheit in unvergleichlich entscheidender Weise siegreich abgeschlossen; sie haben nicht nur in der Gegenwart ein bewunderungswürdig überragendes Neue geschaffen, ein Denkmal, worauf alle Völker schauen, wodurch Deutschland wieder zum Mittelpunkte der Welt geworden ist. Sie haben eben damit diesem Deutschland eine Zukunft eröffnet; sie haben, ein Jeder in seiner Art, dem Deutschen selbst, der deutschen Kunst wie dem deutschen Volke, eine Heimstatt zum Leben geschaffen. Sie haben sie gleichsam auf ein weithin sichtbares Piedestal gestellt, auf dessen fester Grundlage sie befähigt seien, all die harrenden grossen Zukunftsaufgaben im deutschen Geiste für die Menschheit zu lösen. Die Welt war es gewohnt worden, auf die Frage, was Deutschland sei, nur hinzuweisen auf die einzelnen grossen deutschen Männer; da kam ein gewaltiger Einziger, der Letzte dieser Grossen, der gab auf die Frage eine neue Antwort: er schuf uns ein Deutschland als weltmächtiges Reich. Und als die Völker davor erschraken und meinten, nun sei der friedevolle Idealismus des deutschen Geistes verkehrt in eine gefahrdrohend bewaffnete Machterscheinung, da erhob sich mitten in der neuen Heimat des jungen Reiches, als zweites, zeitgenössisches Heldenwerk, die ragende Hochburg jenes unsterblichen Idealismus: das lebende Beispiel des „Kunstwerks der Zukunft“ in Bayreuth. Damit waren von beiden Seiten die Vorarbeiten gethan für das, was der Zukunft sollte vorbehalten bleiben: dass diese grossen Werke und Erbtheile der beiden letzten deutschen Helden in Einem sich einst verbinden, und dann erst das grösste Werk sich vollendet: die deutsche Kultur. —

Der geistige Begründer des deutschen Reiches war keine künstlerische Natur; er liess jenes ideal Deutsche, die Kunst, bei seinem realen Werke ganz ausser Acht. Wahrhaftig, wie jeder echte Grosse es ist — und Bismarcks Wahrhaftigkeit erschien um so mehr als ein Wunder, weil er damit so hoch sichtbarlich vor aller Welt und als Wirkender inmitten einer Welt der List und Lüge stand: — so war er auch wahrhaftig im Negativen, darin, was seinem scharfen Blicke für das Wahre sich entzog. Niemals setzte er eine blosse Phrase dafür ein, auch nicht für eine ihm ferne liegende Kunst, die es in der Befriedung der Völker weiter gebracht als alle Politik. So blieb sie auf sich selber angewiesen, und sie konnte dies; denn auch sie lag in eines Meisters Hand, und sein Bayreuth durfte immerhin stolz sein, dass es ward und wuchs und bewahrt blieb ohne Hilfe von der anderen, mächtigen Seite her, ganz aus eigener Kraft, eine freie Kunst im einigen Reich. Wohl entbehrt nun noch dieses der beseelenden Durchdringung mit dem Geiste jener, wie jener die Grundlage staatlich-nationaler Anerkennung fehlt. Dazu war die Zeit dieses reichen Jahrhunderts noch nicht reif. Nun aber steht das XX. Jahrhundert vor der Thür. Möge es denn das Jahrhundert der Erfüllung werden! Und ist unser letzter Held von uns geschieden, treten wir so wunderlich heldenlos in die neue Zeit: wie müssen wir Deutsche der Helden Vorbilder und Lehren beachten und bewahren, damit wir in ihrem Geiste das uns allein vermachte Edle, Schöne, Echte, das Deutsche hinüberretten in jene Zeit, wann unseren Enkeln ein neuer Grosser, ein führender und vereinender Held, wiederum gesendet wird, die deutsche Kultur zu fördern oder gar zu vollenden! —

Vielleicht — wenn wir an Gräbern träumen wollen — knüpft dieser Zukünftige wieder an den Vorgänger unserer fünf Grossen an: — Luther. Auch dann wäre er wohl eine Bismarck-Natur, aber der Geist der grossen Kunst würde gleichfalls in ihm lebendig sein, und Beides wüchse vereint im heiligen Frieden des deutschen Glaubens. Das ist der evangelische Glaube an den Welterlöser, dessen göttliche Kraft frei wirkt in allem Grossen, die Erfüllung der Zeit mit Ewigkeitswerthen durch die Jahrhunderte zu vollbringen. Die Luther-, die Bismarck-, die Wagner-Naturen predigen diesen ihren Glauben in Thaten. Wohl Recht hatte der deutsche Mann und Christ, Adolf Stöcker, als er den grossen Thatenmenschen Bismarck jüngst einen Helden nannte „im Nibelungenstyl.“ Dieser letzte echte Wotansprosse aus Niedersachsen, dessen Grösse vornehmlich sich darin bekundete, dass er uns herausriss aus dem Kleinen: so recht wesentlich gross war er doch vielmehr darin, dass er, diese leidenschaftlich urkräftige Willensnatur, durch sein tiefinneres Christenthum die schöne Möglichkeit sich gewonnen jener erhabenen Mässigung im Siege. Erst dadurch ward seine hellblickende Weisheit befähigt, die grössten seiner Thaten, sein Werk, zu wirken und aus dem Argen und Feindlichen ein Gutes und Friedevolles zu schaffen. Gewiss hätte dies Christliche in Bismarck noch viel unbedingter, fruchtbarer und segensvoller sich auswirken können, wäre nicht dem Deutschen in ihm das Christenthum in seiner Welt nur entgegengetreten unter den beiden Formen einer ihm feindlichen römischen und einer leider unfreien evangelischen Kirche. Zu wenig traf er von Luther an, und von Wagner sah er nichts: so musste er einzig Bismarck bleiben, einsam wie alles Grosse, und auch dafür mögen wir dankbar sein. Ward das Christliche in Bismarck zwar nicht das eigentlich Herrschende seines Werkes, so gab es doch ihm selber die edle Beherrschung, und es hat ihn dienen gelehrt. Sein ganzes grosses Leben, all seine Thaten waren ein Dienst, für seinen Herrn, für sein Volk, für seinen Gott, ohne welche drei er sie nicht begonnen und vollendet hätte; und wir haben es von ihm erst recht zu lernen: dass es eben deutsche Art ist zu dienen, nicht als jene verächtliche „Bedientenhaftigkeit“, die man uns einst spottend nachsagen mochte, sondern als ein Dienen dem Höheren, dem Grossen, dem Allgemeinen, der Menschheit und der Gottheit. Daher hat dieser dienende deutsche Held bei seinem Scheiden aus Dienst und Leben keinen jähen Zusammensturz hinterlassen des mächtigen Werkes seiner so persönlich gestämpelten Thaten. Vielmehr durfte er scheiden in einem kräftigen Frieden, der auch Schwächen und Irrungen überdauern mag, und mit dem Bewusstsein, dass — muss auch die Jugend vielfach andere Wege schreiten, und rascheren Schrittes, erregteren Geistes als das Alter — er selber doch dem edelsinnig vorausstrebenden Erben seines lieben Herrn die grosse Möglichkeit gegeben hat, als ein rechter Friedenskaiser mit eigenster kühner Hand die freien Meerespforten zur weiten Welt hinaus aufzuthun für eine neue, atemfreudige Zukunft seines deutschen Volkes. — Bismarck der Deutsche, Bismarck der Christ, in solcher Zukunft lebt der Geist seiner Thaten fort — so Gott uns Deutschen gnädig bleibt! —

Wir Bayreuther aber wollen an dem Grabe dieses Grossen, der so ganz ein Mann der Thaten war, nicht weiter viele „Worte“ machen. Wir wollen ehrfürchtig verstummen, in Trauer verstummen, weil nun — nach der vor Jahren schon abgeschlossenen Vollendung seiner Thaten — auch keine wahren „Bismarck-Worte“ jemals mehr zu uns geredet werden können. Verstummt wollen wir bleiben, während der nordische Winter den Frieden seines Schnees über den Sachsenwald und die Ruhestatt des deutschen Mannes im deutschen Walde deckt; — und erst im jungen Lichte des ersten Lenzes, der Deutschland erblühend, aber heldenlos finden wird, soll es uns wieder an der Zeit dünken, im Sinne unserer Grossen, noch einmal mit besonnener Ruhe alledas zu erwägen und unter uns an dieser Stelle zu besprechen, was sich über das Verhältniss von „Bismarck und Bayreuth“ noch sagen und daraus Gutes und Ernstes von Beidem und für uns erlernen lässt. — H. v. W.

Zu Seite 88: In dieser Todesanzeige Bismarcks aus den „Bayreuther Blättern“ ist die Formel „Wagner und Bismarck“ ein Hinweis auf die Verklärungsabsichten der Wagner-Idealisten, deren reales Gegenstück in der Tatsache liegt, daß Cosima von Ernst Schweninger, dem Arzt Bismarcks, betreut wurde.

Auch Adolf Bartels, der Wagner distanziert gegenüberstehende antisemitische Germanist, kommt gleich nach Wagner auf Bismarck zu sprechen, der für ihn allerdings der „deutscheste, germanischste Geist dieses Zeitalters“ ist.

Adolf Bartels.

Geschichte

der

deutschen Litteratur.

Zweiter Band. Das neunzehnte Jahrhundert. Eduard Avenarius. **Leipzig.** 1902.

Der Pessimismus unserer Poeten stammt im übrigen kaum direkt aus Schopenhauer, stammt eher aus dem Leben der Zeit und aus überreizten Nerven. Nur bei Richard Wagner ist ein starker Einfluß des pessimistischen Philosophen nachweisbar.

Er, Wilhelm Richard Wagner aus Leipzig, geboren am 22. Mai 1813, gestorben am 13. Februar 1883 in Venedig, das künstlerische Genie der Zeit, hat dann noch viel stärker auf sie eingewirkt als der Philosoph, ist alles in allem der charakteristische Vertreter der Gesamtkultur im letzten Drittel des neunzehnten Jahrhunderts und in Liebe oder Haß für fast alle seine Zeitgenossen von Bedeutung geworden. Ein Altersgenosse Hebbels und Ludwigs, hat er mit ersterem im Charakter, mit letzterem in der Begabung einiges gemein, ist kein Nichtdichter, wie die übrigen führenden Persönlichkeiten dieses Zeitalters, aber freilich auch kein reiner Dichter, ebensowenig reiner Musiker, vielmehr eine künstlerische Komplexerscheinung, die aber als Höhe einer ganzen Entwickelung einen durchaus einheitlichen Eindruck hervorruft. Vielleicht haben die Recht, die behaupten, daß der Schauspieler und Regisseur, oder mit einem Wort, der Theatermensch in Wagner am stärksten gewesen sei. Soviel ist sicher, daß ein abschließendes Urteil über ihn in unserer Zeit noch völlig unmöglich ist, und jedenfalls hat jeder, der über ihn urteilt, das Nietzschesche Wort zu beherzigen: „Gegen Wagner bekommt man leicht zu sehr Recht.“ Seine Entwickelung im allgemeinen ist ziemlich klar: Er kommt aus der Romantik, ja, er ist und bleibt Vollblutromantiker im Guten und Bösen, Tieck und E. T. A. Hoffmann, Zacharias Werner und vor allem Bettina sind seine nächsten Verwandten, aber auch das große volkstümliche Erbe der Deutschromantik fällt an ihn, wenn er auch einen sehr besonderen Gebrauch davon macht. Weiter jedoch bleibt ihm auch der genialische und zugleich der radikale jungdeutsche Geist nicht fremd und ebensowenig der bizarre und exotische jungfranzösische, und so ist er denn für die Aufnahme der Schopenhauerschen „modernen“ Weltanschauung wohl vorbereitet, kehrt aber zuletzt ganz konsequent zu seiner ersten Liebe, der romantischen Mystik zurück. Seine musikalische Entwickelung geht uns hier weiter nichts an, das aber muß doch bemerkt werden, daß die Anschauung, als habe er mit der bisherigen Opernform gebrochen und eine ganz neue Gattung an ihre Stelle gesetzt, falsch ist; Wagners Musikdrama wäre auch dann als der Gipfelpunkt der Entwickelung der Oper anzusehen, wenn es nicht auf den von Gluck aufgestellten Grundsätzen beruhte, ja, man darf aus dieser Entwickelung nicht einmal die von Wagner bekämpfte große Oper wegdenken, gerade diese hat er, indem er den Mythus als Stoff wählte und das musikalische Element dem dichterisch-dramatischen Zweck unterordnete, zu einem natürlichen Kunstwerk erhoben, über das es nun freilich kein Hinaus mehr giebt, ja, das vielleicht nicht einmal als perennierende Gattung erhalten werden kann, da es die Komplexbegabung Wagners zur Voraussetzung hat — was natürlich nicht ausschließt, daß die dramatische Musik in künftigen Jahrhunderten ähnliche Gipfelungen sehen wird. Mit dem „Kunstwerk der Zukunft“, das Wagner in der gleichnamigen Schrift (1850) und dann in „Oper und Drama“ (1851) theoretisch begründet, ist es also schwerlich etwas, und im besonderen ist ganz ausgeschlossen, daß das Musikdrama je das Wortdrama ersetzen könnte, dessen Aufgabe nach Hebbels Ausdruck erst da anfängt, wo jenes aufhört, und zwar im Einzelnen, in jedem Vers, wie im Ganzen, im Gesamtorganismus — weshalb, nebenbei bemerkt, die vernünftigen Anhänger Wagners denn auch stets erklärt haben, daß es unstatthaft sei, die Dichtungen Wagners getrennt von ihrer musikalischen Ausgestaltung zu beurteilen. Ist aber Wagners Musikdrama schwerlich das „Kunstwerk der Zukunft“ in dem Sinne, daß es als die höchste Gattung der Kunst anerkannt wird und die Bühne allein beherrscht, so ist es jedenfalls das Kunstwerk der Gegenwart gewesen und ist es zum Teil noch, und wir wollen das keineswegs bedauern: denn wenn es auch vielleicht das deutsche Drama und Schauspiel in mancher Hinsicht, schon durch die hohen Anforderungen, die es an die Theater stellte, schädigte, u. a. auch die Werke Grillparzers, Hebbels und Ludwigs jahrzehntelang von der Bühne zurückhielt, die gemeinen Stücke der Franzosen und ihrer deutschen Nachahmer aber durchaus nicht in ihrer unheilvollen Wirksamkeit beschränkte, so dürfen wir andererseits nicht vergessen, daß es wirklich große Kunst war, ja vielleicht die einzige Kunst, die in der bösen Zeit nach Nietzsches Ausdruck „die Kunst als eine wichtige und großartige Sache ins Gedächtnis brachte“. Sehr früh, lange vor Nietzsche hat man gegen sie die Anklage erhoben, daß sie eine Decadence-Kunst sei — mir fällt eben Friedrich Spielhagens groteske Charakteristik in der „Sturmflut“ ein, und ich setze sie als Zeitstimme hierher: „Welches aber sind die springenden Punkte unseres Jahrhunderts? Fragen Sie unsere Philosophen: Schopenhauer, Hartmann — sie werden ihnen antworten: Die tiefe Überzeugung von der Unzulänglich keit, Jämmerlichkeit, Erbärmlichkeit, sprechen wir das Wort aus: Nichtsnutzigkeit dieses unseres Erdenlebens, und als Korrelat dazu: das bewußt-unbewußte Sichsehnen nach der Nirwana, dem süßen Nichts, dem Ab- und Urgrund der Dinge, in welchen wiederum zu versinken der geängsteten Natur mit Recht als einzige Rettung und letzter Zufluchthafen aus dieses Lebens Wüste und Irrsal erscheint, und in welchen sie auch unzweifelhaft flüchten würde, wenn nicht der Wille wäre, der riesenstarke, unüberwindliche, unausrottbare Wille, der nichts weiter will als leben, genießen, den schäumenden Kelch des Lebens, Liebens ausschwelgen und ausschlürfen bis auf den letzten bitteren Tropfen. Entsagung dort, Genuß hier, beide im Übermaß, weil eines von dem anderen weiß, eines das andere haßt wie die feindlichen Geschwister. Und nun, dieser Streit und Widerstreit ewig unvereinbarer Gegensätze, dies Sichhinüber- und -herübergerissenfühlen in tollstem Durcheinander, wahnsinnigstem Taumel, wirrstem Schwindel, dieser Hexensabbath, dieser Irrlichtertanz und diese Sternschnuppenglorie der modernen Menschheit, von der Hölle in den Himmel, vom Himmel zur Hölle hastend, rasend, verschwebelnd und vernebelnd — dies alles und noch ein wenig mehr übersetzt in endlosen Singsang und unendlichen Klingklang: graueste Vergangenheit zu einer rosenroten Fratze der Gegenwart umgeschminkt, während aus den leeren Augenhöhlen eine gespenstische Zukunft starrt — die Schmeichelflöten süßester Lust, hinsterbende Geigenklänge verhauchender Wonne, übertäubt von den schmetternden Trompeten und dröhnenden Posaunen der Vernichtung — da haben Sie den Venusberg und den Büßer, die Brautnacht und Monsalvat, den chronischen Liebesjammer und die Zaubertränke nach Vorschrift; da haben Sie, nehmen Sie alles nur in allem, ihn, dessen Gleichen man nimmer sah und wieder sehen wird — da haben Sie Richard Wagner." Es ist kein Zweifel, daß die zeitgenössische decadente Menschheit in Wagners Kunst alles das fand und auch gerade finden wollte, was Spielhagen hier in ihr entdeckt, aber jedenfalls hat auch die Zeitstimmung in ihr jene dämonische Größe des Ausdrucks empfangen, die zeitlos macht, und dann sind, vom „Fliegenden Holländer" über „Tannhäuser" und „Lohengrin", den „Meistersingern" und „Tristan und Isolde" bis zum „Ring der Nibelungen" und „Parsifal", wohl noch andere Elemente in Wagners Kunst als die decadenten — unsere Zeit ist doch schon eine andere geworden, und sie wirkt immer noch, schwerlich bloß, weil man sich an das „Gift" gewöhnt hat. Das will ich nicht leugnen, daß mich persönlich nie etwas zu Wagner gezogen hat, und daß ich stutzte, als ich bei Nietzsche Aufzeichnungen wie die folgenden las: „Furchtbare Wildheit, das Zerknirschte, Vernichtete, der Freudenschrei, die Plötzlichkeit, kurz, die Eigenschaften, welche den Semiten innewohnen". Aber ich halte Nietzsche nicht für den Mann, der das letzte Wort über Wagner gesprochen hat und sprechen konnte, und wenn Anmut und Innigkeit sicher auch deutsche Eigenschaften sind, so fehlt den Germanen doch die wilde Leidenschaft ebensowenig. Eine germanisch-slawische Mischung, in der das Theaterblut absonderlich stark geworden war — ich glaube, damit können wir uns Wagner ganz gut erklären, und es giebt für uns keine Veranlassung, auf diesen entschiedenen Vorkämpfer des Deutschtums und Bekämpfer des Judentums zu verzichten, mag immerhin ein starker Zug der Juden zu seiner Kunst bestehen.

Der deutscheste, germanischeste Geist dieses Zeitalters ist aber allerdings nicht Wagner, sondern Otto v. Bismarck aus Schönhausen an der Elbe (1815—1898), nicht das Kunst-, sondern das Thatgenie der Periode. Man hat oft genug auf die Ähnlichkeit des Reichsgründers mit Luther hingewiesen, und in der That ist sie in den Hauptzügen, der konservativen Grundanlage, der schweren, gleichsam erdigen Leidenschaft, der Mächtigkeit des Willens, der Wahrhaftigkeit, dem schlichten Sinn, geradezu frappant und tritt, je genauer wir Bismarck kennen lernen, um so schärfer hervor, auch sie den Beweis liefernd, daß der Grundcharakter eines Volkes von der geschichtlichen Entwickelung mehr, als man denkt, unabhängig ist.

Apotheose. Der Meister schreitet vom Festspielhaus nach Walhall hinüber, wo er ungestraft „Gott-Vater" spielen darf (Die Bombe, Wien, 3. September 1876)

Festblatt aus Christian Sammet's „Goldenem Buch".
(Café Sammet's Künstlerzimmer, Bayreuth.)

BAYREUTH UND DER RING DES NIBELUNGEN

von Camille Saint-Saëns

Nicht ohne Zagen gehe ich an eine Besprechung*) Richard Wagners und seiner Werke. Seit Jahren beschäftigt sich die Presse mit dem Schöpfer des Tannhäuser; die Kritik stösst dabei auf Hindernisse, über die sie nicht hinweg zu kommen scheint.

Wird es mir ebenso ergehen? Werde ich meine Ruhe, meine Selbstbeherrschung bewahren? Nun, ich denke, ich werde nicht schlechter urteilen, wie so viele andere; denn ich habe vor manchen mindestens das eine voraus, dass ich keiner musikalischen Partei angehöre.

Vor allen Dingen muss man sich hüten, den Nationalitätenstreit mit der Kunstfrage zu verquicken. Richard Wagner ist ein Feind der Franzosen; kann das aber dem Werte seiner Schöpfungen Abbruch thun? Die Presse erklärt ihn für undankbar und überhäuft ihn seit 15 Jahren mit den gröbsten Beleidigungen und Schmähungen. Vielleicht haben sie ihm genützt; denn nichts konnte mehr zu seiner Popularität beitragen, als diese fortwährenden Angriffe. Doch gleichviel; seine Abneigung gegen Frankreich fing an, tragikomisch zu werden von dem Augenblick, wo aus seiner Feder ein Werk hervorging mit dem verblüffenden Titel: „Eine Kapitulation". Eine widerwärtige Parodie, die kein deutsches Theater zur Aufführung bringen wollte, und die ihrem Verfasser nur schaden kann. Die Verhöhnung des Besiegten klingt aus dem Munde des Siegers immer gehässig; und doch hört sie auf gehässig zu sein, wenn der Beleidiger hierin das Lob der Verbrüderung singt. Wer weiss, ob ihm der Verbrüderungshymnus nicht dermaleinst noch den Titel eines Hauptdichters und Propheten eintragen wird!

Aber nicht um deswillen etwa hat man de Tannhäuser ausgezischt, nicht um deswillen nannte Fétis in seiner allgemeinen Musiker-Biographie den „Lohengrin" eine Missgeburt, und schliesslich hat auch nicht um deswillen ein deutscher Arzt ein Buch verfasst, das die Anzeichen des Wahnsinns bei Wagner nachweisen soll.

Lassen wir also den Verfasser von „Eine Kapitulation" aus dem Spiel und beschäftigen wir uns lediglich mit dem „Ring des Nibelungen", dessen Dichtung schon 1863 abgeschlossen und veröffentlicht wurde und darum nichts mit den Streitigkeiten zu thun haben kann, die später Frankreich und Deutschland entzweiten.

Die berühmte Tetralogie gilt als der Gipfel der Wagnerischen Kunst; ihre Aufführung bietet also die beste Gelegenheit, diese Kunst kennen zu lernen, zu studieren.

Bevor ich näher auf die Dichtung eingehe, dürften ein paar Bemerkungen über Wagnerianer und Antiwagnerianer wohl am Platze sein. Ich habe mich eingehend mit den Werken Richard Wagners beschäftigt; ihr Studium hat mir den höchsten Genuss bereitet, und die Werke, die ich auf der Bühne sah, haben auf mich einen so nachhaltigen Eindruck gemacht, dass keine Theorie der Welt sie mich vergessen oder verleugnen lassen wird. Infolgedessen schimpfte man mich zu Hause Wagnerianer; ich hielt mich selbst eine Zeitlang dafür.

Das war ein Fehler, ein Irrtum meinerseits.

Ich habe Wagnerianer kennen gelernt und eingesehen, dass ich nicht zu ihnen gehöre, nie zu ihnen gehören werde.

Für einen Wagnerianer gab es vor Wagner überhaupt keine Musik, oder sie steckte mindestens noch in den Kinderschuhen. Wagner hat sie erst auf die Höhe der Kunst erhoben. Sebastian Bach, Beethoven und zum Teil Weber haben die Ankunft des Messias vorbereitet; das ist ihr einziges Verdienst. Die anderen zählen überhaupt nicht mit: Händel, Haydn, Mozart, Mendelssohn haben auch nicht eine brauchbare Note geschrieben, französische und italienische Schulen giebt es nicht. Jeder Genuss einer anderen Musik als der Wagnerischen dünkt dem Urbild des Wagnerianers eine Erniedrigung; dagegen muss er bei einer Aufführung seines Meisters, und wäre es nur das Ballett aus Rienzi, in einen Zustand der Verzückung geraten, der schwer zu beschreiben ist.

Ich habe einmal eine merkwürdige Scene miterlebt, die sich zwischen dem Meister und einer verzückten Dame abspielte, einer recht begabten Schriftstellerin und enthusiastischen Wagnerianerin. Die Dame bat den Meister, auf dem Klavier einen noch nie dagewesenen Accord anzuschlagen, den sie in der Partitur des Siegfried entdeckt haben wollte.

Teurer Meister, diesen Accord!

Aber Verehrteste, erwiderte der Meister mit gütigem Lächeln, das ist ja ein ganz gewöhnlicher E-moll-Accord; Sie können ihn genau ebenso gut anschlagen wie ich.

Teurer Meister, ich bitte Sie inbrünstig — diesen Accord!!

Der Meister, des Streites müde, ging ans Klavier und schlug den Accord e g h an; die Dame fiel mit einem lauten Schrei rücklings auf den Divan. Das war mehr als sie ertragen konnte.

Ein andermal sah ich einen Musiker, einen Mann von Talent und Geschmack, rot, grün und blau werden, sobald er den Göttermarsch aus Rheingold vernahm, der sich bekanntlich in feierlich gemessenen Dur-Accorden bewegt. Schon beim sechsten Takte hatte er Schaum vor dem Mund, die Augen traten aus dem Kopfe, wie bei einem Wahnsinnigen. Er schien sich vor sich selbst zu schämen, konnte es aber nicht ändern.

Was soll man von Leuten sagen, die sich in ihrem Patriotismus verletzt fühlen, weil Wagner jetzt seine Tetralogie in einer bayrischen Provinzialstadt aufführen lässt? Der Patriotismus hat sicherlich seine guten Seiten und hätte sie vielleicht in noch höherem Masse, wenn er nicht anfinge, die besten Regungen des menschlichen Herzens völlig zu ersticken. Jeder spricht sich hier selbst sein Urteil.

Andere wiederum, und darunter auch nachweislich gute Franzosen, würden sich freudig auf dem Altar ihres Abgottes opfern, wenn es ihm einfiele, Menschenopfer zu beanspruchen.

Ich bedaure alle diese Gefühle nicht teilen zu können: doch ich respektiere sie. Im allgemeinen aber gehöre ich zu denen, die Wagners unleugbare Überlegenheit anerkennen, die nicht mit ihrer Bewunderung zurückhalten, sondern aus vollster Überzeugung das Gute, das Phänomenale würdigen. Ich verachte die, die keine Meinung haben oder keine haben wollen, die sich fürchten, Farbe zu bekennen.

*) Unter den zahlreichen Urteilen und Meinungen, die in retrospektiver Tendenz gelegentlich der Vierteljahrhundert-Feier Bayreuths veröffentlicht wurden, dürfte die kritische Betrachtung, die der bedeutendste lebende Vertreter französischer Tonkunst an die ersten Bayreuther Aufführungen knüpfte, unzweifelhaft Interesse und Beachtung beanspruchen. Sie ist der demnächst bei Herm. Seemann Nachf. in Leipzig erscheinenden Essays-Sammlung entnommen: Harmonie und Melodie von C. Saint-Saëns. Autorisierte deutsche Ausgabe mit Vorwort von Dr. Wilhelm Kleefeld.

Dieser Text aus dem Jahr 1901 zeigt, wie sehr man Wagners Schrift vom Herbst 1870 *Eine Kapitulation* als Dokument der „Abneigung gegen Frankreich" noch in Erinnerung hatte. Dennoch ist Saint-Saëns bereit, den Verfasser von *Eine Kapitulation* aus dem Spiel zu lassen und den Nationalitätenstreit nicht mit der Kunstfrage zu verquicken. Aus dem Kreis des „Bayreuther Idealismus" sind solche maßvollen und vernünftigen Töne allerdings nicht zu vernehmen.

Dieser eindrucksvolle Text des Altliberalen Friedrich Naumann aus dem Jahre 1902 verzichtet auf die Heroisierungsformel „Wagner und Bismarck“ und bezeichnet Marx, Darwin und Bismarck als die drei größten Zeitgenossen Wagners, an dessen Werk Naumann, dessen Blick zukunftsorientiert ist, vor allem das Moment der Geschichtslosigkeit betont.

Richard Wagner

Wenn jemand, der zum erstenmal nach Bayreuth ging, von dort heimkehrt, wird er vielfach mit der alltäglichen Frage empfangen, wie es ihm gefallen habe. Was aber soll er sagen? Kann man sagen, daß einem das Meer gefällt oder die Wüste oder Shakespeare? Die Eindrücke der Wagnerschen Kunst sind so mannigfach, so verwickelt, so bunt und so merkwürdig, daß niemand gedacht werden kann, der nicht von einem Teil der Gesamtwirkung innerlichst gepackt und tief befriedigt würde. Welcher Teil der Gesamtwirkung es ist und welcher nicht, das allein kann von dem einzelnen Besucher festgestellt werden. Diese Feststellung ändert an Wagner und seiner Kunst nichts, sie kennzeichnet nur den Grad der Entfernung, in der sich der einzelne von ihm befindet. Ich meinesteils muß gestehen, daß mich das Gefühl weiter Entfernung bei der Darstellung nicht verlassen hat und bei aller nachherigen Überlegung nicht geringer geworden ist. Die Musik hat mich gefesselt, wie es bei einem nicht musikalisch geschulten Menschen nur immer möglich ist. Parsifal und der Fliegende Holländer tönen weiter durch die Seele, und wenn ich nichts gehört hätte als diese Musik, so wären die Tage in Bayreuth für mich schon unvergeßlich geworden. Und dann der Eindruck des Bühnenbildes! Die Szenerie des Fliegenden Holländers und die meisten Dekorationen des Parsifal waren von beglückender Pracht. Dazu gesellte sich der Umstand, daß mitten in soviel gehörter und gesehener Schönheit wirkliche Gedanken lebten. Mehr an Inhalt kann gar nicht in kurze Stunden hineingeschoben werden als im Parsifal geschieht, und für den, dem dieser Inhalt innerlich verwandt ist, kann es keine größere Harmonie geben als Parsifal. Das letztere aber traf bei mir nicht zu und deshalb wogten Bewunderung und Befremdung beständig durcheinander und die Befremdung war von beiden das tiefere. Worin sie liegt, suche ich darzustellen, um anderen, die in ähnlicher geteilter Stimmung sind, bei ihrem Nachdenken über die Mysterien des neuen Eleusis ein wenig zu helfen. Es handelt sich um die innere Scheidung zweier Arten von Weltanschauung, wenn man will, zweier Arten von Glauben. Wagner ist der letzte hohe Romantiker, wir sind aus der Romantik heraus. Noch wissen wir, daß die Romantik ein Teil unserer eigenen Jugend war, ja daß sie um alles unser Denken noch immer leise farbige Fäden zieht, aber gerade die gewaltig konzentrierte Romantik des Parsifal drängt zur inneren Entscheidung. Ist die Welt Parsifals unsere Welt?? Nein, abermals nein! Aller ihr unsagbar schöner Zauber reicht nicht aus, den zu binden, der grundsätzlich nicht mehr romantisch denkt. Das, wofür ich Bayreuth danke, ist nicht am wenigsten der Zwang, längst gefühlte Unterschiede stärker zu begreifen und genauer zu formulieren.

Natürlich wird der Begriff Romantik verschieden von denen gefäßt, die in ihr und die außer ihr stehen. Die in ihr stehenden sehen sie als Gegensatz gegen alle bloß nüchterne Verständigkeit der Aufklärung an. Dabei haben sie im allgemeinen die alte Aufklärung im Auge, die vor der Romantik liegt, die kahle Welt der allmählich leer gewordenen Vernunftbegriffe. Im Zeitalter geschichtsloser Alltagsverständigkeit bedeutete die Romantik den Sprung in die Geschichte und ihre Herrlichkeiten. Dem kahlen Heute wurde ein leuchtendes gegenübergestellt, eine Vergangenheit von Übermenschen, Heiligen, Helden, Riesen und Elfen. Der wunderlosen Gegenwart wurde der Zaubertrank wundergesättigter Märchenzustände gereicht. Der Welt der Technik und des Profites wird eine andere Welt enthüllt, in der noch höhere Mächte walten als Maschine und Gold. Der Schwäche unserer Leidenschaften, Schmerzen und Seligkeiten werden Zeiten gezeigt, in der es Seelen gab, deren Lachen wie Glockenton der Ewigkeit klingt und deren Stöhnen wie die Verzweiflung ganzer Gebirge wirkt. Man geht durch die Gefilde der Gestorbenen und sucht bei ihnen Länder aller Träume der Menschheit, Erlösungsländer für die von der Gegenwart mürbe und klein gewordenen Seelen. So ging man nach Griechenland, Palästina, zu den alten Deutschen und ins Mittelalter. Was man dort suchte und fand, war nicht die einstige Wirklichkeit. Gerade diese einstige Wirklichkeit wird nicht gesucht. Wer sie aufzudecken sich bemüht, erscheint als Frevler. Daß auch in Hellas, Galiläa, in den Wäldern der Nibelungenzeit und in den Pyrenäen der Gralsepoche Menschen lebten, die wie wir ihr kleines Schicksal durch den Wechsel grauer und sonniger Tage dahinschleppten, das will man nicht sehen und sagen. Wozu nämlich dient die Vergangenheit, wenn sie nicht anders war als unser Dasein?

Verhältnismäßig einfach ist nun die Romantik da, wo sie nur ein heiliges Land mit ihrer Phantasie verklärt. Goethes Iphigenie ist der reinste und feinste Typus einer solchen Romantik. Daß Goethe mehr war als ein hellenischer Romantiker, braucht kaum gesagt zu werden, hier aber kommt er nur als Teilhaber eines Teils der romantischen Gesamtströmung in Betracht. Neben der hellenischen Romantik trat die galiläische Romantik bei den Nazarenern beider Konfessionen rein und in sich klar hervor. Das Wiedererwachen des Glaubenslebens im 19. Jahrhundert ist voll von neuer Verklärung des alten heiligen Landes. Auch die germanische Romantik ist bei den Neuentdeckern der Edda und des Nibelungenliedes rein und einfach gewesen. Erst allmählich fließen die heiligen Länder ineinander über. Alle Helden und Heiligen der Vergangenheit werden zu Brüdern. Die Begriffe eines Traumlandes werden ohne viel Sorgen auf das andere übertragen, alle Legenden und Sagen mischen sich immer willkürlicher. Christus und Venus sind zwei Sterne an demselben Himmel, Jehovah und Wuotan sitzen in denselben Wolken. Eine Zeit lang, vor etwa 50 Jahren, war es geradezu charakteristisch für die Romantiker, daß sie Götter, Gott und Götzen nicht mehr unterscheiden konnten. Man sah nicht, daß ein Gott in der Wüste gewachsen war und ein anderer am Strande der Nordsee. Der palästinensische Erlösungsgedanke ward in germanischen Naturdienst hineingetragen, Eva, Maria Magdalena, Ahasverus mußten bis ins Mittelalter hinein leben können, alle wirkliche Geschichte ertrank in einer Überschwemmung zeitloser Gestaltungen, die keinen festen Mutterboden mehr unter ihren Füßen hatten.

Diese gemischte Romantik ist der Untergrund zu Parsifal. Nie sonst hat jemand so souverän mit den Geistern aller Zeiten geschaltet wie Wagner. Er entwurzelt sie alle und sammelt ihre stärksten Seelentöne zu einem unheimlich volltönigen Orchester. Alle Wirklichkeit muß gestorben, aller Geschichtssinn begraben sein, ehe man diesen Sturm geschichtslos gewordener Motive ertragen kann. Mit allem Glanz, der zwischen Klopstock und Böcklin verstreut liegt, werden wir mit einem Male überschüttet. Damit ist die Romantik bei ihrem Anfang angelangt, bei der Geschichtslosigkeit. An Stelle der alten Aufklärungsideen schweben neue mystische Ideen über der Menschheit, die aus der Geschichte nur eins herausgenommen haben, was der alte Rationalismus nicht hatte: Farben, Worte, Töne aus allen Jahrhunderten. Keine versunkene Glocke kann heller klingen als diese gehäufte Wagnersche Mystik. Parsifal bleibt die Höhe der Romantik.

Und doch, so groß der Zauber ist, er greift nicht mehr. Wir glauben ihn nicht mehr. Schon seine Schöpfer glaubten ihn nicht in einfacher Weise. Wenn man im Mittelalter geschichtslos war und den Virgil zu den Heiligen führte, so geschah das in Naivität, denn auch die höchsten Geister des Mittelalters hatten kein Empfinden für den Unterschied der Zeiten und Völker. Als Wagner den Parsifal dichtete, war die Geschichtslosigkeit bereits etwas Künstliches und Wagner selbst hat in seinen Schriften genug Beweise dafür gegeben, daß er für den Unterschied der Rassen und ihrer Kulturen nicht blind war. Er war ein Freund von Gobineau, dem Vater neuer Rassegedanken. Das hinderte ihn aber nicht, die Stammbäume seiner Ideen zu vergessen. Er persönlich stand schon an der Wende zur nachromantischen Zeit, sobald er aber als Künstler schuf, gehörte er dem alten Geschlechte an, denn das neue ist seiner Natur nach immer zuerst unkünstlerisch, herb, hart und unpoetisch. Wir, die wir im neuen Denken um ein Menschenalter weiter sind, verstehen, daß er das Neue nicht zur poetischen Machtwirkung gestalten konnte. Auch heute kann das noch niemand. Aber ihn so aus seiner Zeit verstehen, heißt noch lange nicht, ihn als Ausdruck unseres Denkens und Fühlens vertragen können. Parsifal ist historisch geworden und kann von uns nur noch auf dem Umweg historischen Nachdenkens über die Romantik begriffen werden. Das ist es, was den quält, der sich bemüht, sich unmittelbarem Genusse hinzugeben.

Wie aber ist die neue nachromantische Geisteswelt beschaffen oder was ist es eigentlich, das wir anders sehen und fühlen als Wagner? Die Antwort ist teilweise im vorigen enthalten, muß aber für sich klar gestellt werden. Aus der Romantik wuchsen zwei Kinder heraus: die neue geschichtslose Phantastik und die neue methodische Geschichtsbetrachtung. Da einmal Romantik in ihrem Anfang Hinwendung zur Historie war, versteht es sich leicht, wie sie neben dem oben beschriebenen in Wagner gipfelnden Gebirgszug der Phantastik noch andere weniger pittoreske Gestaltungen aus sich heraus setzte. Man studierte die heiligen Länder der Romantik genauer, und je besser man das tat, desto mehr verloren sie ihren übermenschlichen Charakter. Die Helden und Heiligen, die Riesen und Zauberer wurden zu Menschen bestimmter Rasse, Zeit und Anlage. Man sah sie nicht mehr in der Luft schwebend, sondern irgendwo auf festem Boden wandelnd. Und was für die Stellung zu Wagner noch wesentlicher ist: das innere Verhältnis zu den Sagen wurde ein anderes. Die dichtende Romantik sieht in der Sage die ewigen moralischen Wahrheiten anschaulich und lebendig geworden. Sagen sind ihr Offenbarungen, Göttergedanken, heilige Ströme. Die methodische Geschichtsarbeit lokalisiert die Sagen und erklärt sie aus ganz bestimmten Verhältnissen heraus. Um ein einfaches Musterbeispiel zu nennen: einst war die Geschichte von Kain und Abel der ewige Kampf von Böse und Gut, jetzt ist sie der zeitgeschichtliche Kampf zwischen Ackerbau und Hirtentum in Vorderasien. Sagen ohne derartigen zeitgeschichtlichen Untergrund empfinden wir als inhaltlos, mag in sie noch soviel psychologischer und moralischer Tiefsinn hineingeheimnißt werden. Das ist es, was ich bei Parsifal nicht loswerden kann: das, was uns Wagner im Parsifal bietet, ist gar keine echte Sage mehr, denn hinter seiner Sage liegt kein reeller Sagengrund. Immer wenn man den Parsifal-Inhalt weiter nach rückwärts denken will, gerät man ins völlig Uferlose. Beispiel: Ein um ein neu entstandenes Heiligtum gescharter Ritterorden ist in der Epoche der Kreuzzüge natürlich sehr gut möglich, ein solcher Orden kann aber nicht anders bestehen als auf einer nach den Regeln des Lehnsystems geordneten Agrarherrschaft, er muß Herrschaftsorganisation sein. Anders als so ist er von vornherein ein nicht Existierendes. Der Begriff Ritterorden enthält nämlich für jeden geschichtlich Denkenden von vornherein gewisse feststehende Merkmale, mag es sich um Rhodus, Malta, Ostpreußen oder Nordspanien handeln. Er ist eine Unterart der Gattung Rittertum überhaupt. Anders als innerhalb seiner Gattung ist er so unmöglich wie ein Säugetier ohne Rückgrat. Nun beginne man aber einmal damit, sich die heilige Tafelrunde des Amfortas als Herrschaftsorganisation im Sinn des Rittertums zu denken! Sofort zerstiebt der Geist der barmherzigen Jungfräulichkeit, wie ihn diese Tafelrunde haben soll. Der ursprüngliche Nazarenergeist, der reine Franziskanergeist, kann nicht in das Gefäß einer feudalen Rittergemeinschaft hineingegossen werden. Der Nazarenergeist ist Geistesatem armer Leute, die sich um den Gott scharen, der um ihretwillen arm und niedrig wurde. Dieser Geist baut keine Kathedralen und Burgen. Man denke sich Jesus im Gralstempel! Wagner verlangt von uns, daß wir einen Ritterbund sehen, der eine Seelenzartheit pflegt wie sie niemals in einem Rittertum sein kann und darf. Und wer baute eigentlich den Gralstempel? Große, herrliche Bauwerke sind nie ohne aristokratische Herrschaft entstanden, am wenigsten im Mittelalter. Hinter jeder Burg und Kathedrale schaut das Auge ganz von selbst die Landschaften, deren Zehent und Tribut das Heiligtum ermöglichte. So wenig ich im Schloß von Versailles oder im Zwinger von Dresden stehen kann, ohne des Volkes zu gedenken, das diese Pracht erarbeiten mußte, ebenso wenig kann ich mir die Gralsburg ohne Ausbeutung entstanden denken. Darin liegt kein Vorwurf gegen die Erbauer, nur die Aussprache eines geschichtlich notwendigen Zusammenhanges. Muß ich nicht sehen, daß dort die teuersten Steine verarbeitet sind? Mit Absichtlichkeit rückt mir die Szenerie die Frage nach den geschichtlichen Möglichkeiten in die Seele hinein. Je vorzüglicher der Marmor und der Goldbelag dargestellt werden, desto weniger kann ich auf die Vorfragen verzichten. Und nebenbei stört es mich noch ein klein wenig, daß der Stil des Tempels um 300 Jahre von der Zeit der Sage entfernt liegt. Wagner zwar fragt nicht nach diesen Vorbedingungen seiner Zauberwelt, von ihm verlangen wir auch nach seiner inneren Struktur gar nicht, daß er so fragt, wir aber, wir können unseren durch historische Erziehung in feste Bahnen gebundenen Gedanken nicht plötzlich Halt gebieten: Ihr, die ihr eintretet, laßt alle Historie draußen!

Und wie ist es mit den Wundern des Parsifal? Es wimmelt von Wundern: heiliger Gral, heiliger Schwan, heilige Lanze, heiliger Quell, Stimme aus dem Grabe, verzauberter Gehorsam, mystische Heilung. Diese Wunder sind in wundergläubigen Zeiten völlig an ihrem Platze. Man kann sie im Mittelalter tragen so gut wie man den Erdgeist des Doktor Faust tragen kann. Dann aber muß wirkliches Mittelalter geboten werden, wie es Goethe im Faust tut. Im Parsifal wird im Grund eine Gegenwartswelt geboten. Der Geist ist in ganz anderem Sinn modern als im ersten Teil des

Faust. Schon die Musik zwingt uns zur Annahme moderner Seelen. Seelen, die so mikroskopisch empfinden wie die Wagnerschen Seelen, sind niemals wundergläubig im Sinn des Mittelalters. Vielleicht glauben sie an Spiritismus oder etwas ähnliches, aber nie daran, daß der Besitz eines erinnerungsreichen Speeres oder sonst einer Reliquie heilt. Man hat also auch hier wieder eine Disharmonie, die sich nicht auflöst, eine Zwangslage voll Qual für den von zwei historischen Zeiten zugleich mit Macht ergriffenen Hörer. Ein Wunder im Alten und Neuen Testament oder bei Martinus von Tour oder in einer italienischen Wallfahrtskapelle ist an seinem richtigen Platze, aber hier vor dem Weltpublikum der wunderlos gewordenen Neuzeit wirken alle diese Wunder anachronistisch, gerade diese alten braven Wunder von einstmals.

Man stelle Wagner neben seine drei größten Zeitgenossen: Marx, Darwin und Bismarck! Er ist in seiner Art bedeutend genug, um mit den ersten Größen seiner Zeit verglichen zu werden, aber der Vergleich zeigt, daß er geistig vor den drei anderen gelebt hat und nicht mit ihnen. So wenig die drei unter sich eines Wesens sind, so ist jeder von ihnen ein Totschläger der Romantik. Alle drei sehen den Kampf ums Dasein als das erste Element des Fortschrittes an und versagen sich einer Ethik, wie sie in der Gralsrunde waltet, nicht weil sie etwa unmoralischer wären als die Romantiker, sondern weil sie nur darauf verzichten, sich ihre Lebensmoral aus allerlei alten Gedankenbeständen zusammenzusetzen. Niemand, der sich auch nur in einen dieser drei vertieft hat, wird dadurch sittlich ärmer geworden sein, wer es aber tat, der wallfahrtet nicht mehr deshalb nach den Mysterien von Bayreuth, um dort sein sittliches Lebensbrot zu finden. Ohne Zweifel sind Mitleid und Keuschheit zwei starke Faktoren des sittlichen Lebens, aber sie allein umfassen die Sittlichkeit nicht. Das Mitleid hat seine Grenze an der Notwendigkeit, daß immer die alten Formen von neuem verdrängt werden müssen, und die Keuschheit hat ihre Grenze an der Notwendigkeit der Fortpflanzung des Menschengeschlechts. Mitleid und Keuschheit sind regulierende Motive innerhalb einer die zukünftigen Menschheitsformen suchenden Gesamtsittlichkeit, aber sie für sich sind nicht der Kern des sittlichen Lebens. Als solcher aber wollen sie im Parsifal erscheinen. Es fehlt der Hinweis auf den positiven Zweck der Gralsreligion, biblisch gesprochen, die Idee des Reiches Gottes. Was gegeben wird, ist Kontemplation und Jungfräulichkeit, ein Klosterideal, kein Menschheitsideal.

Von hier aus ist auch das Verhältnis des Parsifal zur christlichen Religion zu betrachten. Ohne Zweifel gehen viele Besucher nach Bayreuth, um dort Religion zu finden, und es ist gar nicht zu bestreiten, daß viele Menschen mit gesteigertem Innenleben und neuer Lust an göttlichen Offenbarungen von dort zurückkehren. Auch Leute, die ihrem Pastor oder Priester keine Wunder glauben, werden hier an ihrer Alltagsweisheit irre, und Menschen, die seit ihrer Konfirmation kein Abendmahl mehr besucht haben, bekommen weihewolle Neigung zum heiligen Kelch. Das will heißen: die Romantik Wagners ist so stark, daß sie Seelen, die mit keiner festen anderen Lebensanschauung gesättigt sind, einfach in sich hineinzieht. Das ist für viele, im Vergleich zu der seelischen Armut, in der sie vorher lebten, ein fast unbezahlbarer Gewinn. Damit ist aber noch keineswegs gesagt, daß die Romantik auch in dieser ihrer gesteigertsten Form die Religionsart bietet, die unser Volk nach seiner bisherigen geistigen Entwicklung braucht. Wenn unsere Religion tatsächlich mit der Romantik lebt und stirbt, dann stirbt sie trotz aller Weihestunden von Bayreuth. Man lasse nur die vorhin genannten drei, Marx, Darwin und Bismarck, noch ein Menschenalter hindurch wirken, sich gegenseitig umschlingen, sich in neue Denkformen umgießen, man lasse Entwicklungslehre und Staatsgedanken weiter schaffen, so wird man den Boden für die Gralsreligion nicht mehr haben! Was dann? Ist dann das Christentum zu Ende?

Niemand, der im religiösen Leben unserer Tage mitten drin lebt, verkennt die ungeheuren Schwierigkeiten, in denen sich unsere Religion befindet. Die Entzauberung der heiligen Länder, von der ich vorhin gesprochen habe, hat das alte Palästina des Glaubens umgeschaffen. Die theologisch-historische Arbeit fast eines Jahrhunderts verbietet die naive Überspringung des Zeitraums, der zwischen uns und den biblischen Geschichten liegt. Auch die Heilsgeschichte ist Historie geworden. Man versteht das Damals aus den Verhältnissen von damals. In dieser Lage begreift es sich leicht, daß ängstliche Gemüter unsicher werden, ob nicht der Religionsgehalt an sich auch zur bloßen Erinnerung herabsinkt, und daß sie aus ihrer Angst heraus sich an den klammern, der es versteht, sie über alle Geschichte hinweg zur unmittelbaren Gemeinschaft der Offenbarungsperiode emporzuheben. Nur kann er sie nicht dauernd heben. Wenn die Töne von Bayreuth verklingen, wenn das elektrische Licht im heiligen Becher erlischt, dann tritt die Gegenwart wieder in ihr Recht, diese auf anderer geistiger Grundlage erbaute unromantische Gegenwart. Was in Bayreuth erlebt wird, ist künstliche Belebung. Besser als hier ist sie nirgends, aber doch ist es Religion auf Grund künstlerischer Illusion, was man da findet.

Und dazu tritt ein zweites: da Wagner, wie schon gesagt, die Sagenkreise vermischt, so verdirbt er das, was in der älteren einfachen christlichen Romantik vorhanden war, die Konzentrierung auf die von Palästina her kommende Religion. Er ist in seiner religiösen Romantik ein großer Alchymist, der den Geschmack an der Reinheit der Urelemente durch seine Mischungen zerstört. Die Einzigartigkeit der Offenbarung Gottes in Palästina verschwindet unter dem Eindruck einer zeitlosen Allerweltsoffenbarung. Wer mag in Bayreuth das schlichte Evangelium vertragen? Neben den alten wirklichen Heiland tritt ein neuer erdachter Heiland, neben Golgatha der Gral. Der Theolog wird verstehen, wenn ich sage: Wagner verhält sich zum Heiland der Kirche wie die Verkündigung der Gnostiker sich zum Kanon der Urgemeinde verhielt. Die Gnostiker waren geistvoller als ihre zeitgenössischen Normalchristen, aber aller ihr Geist machte sie nicht religiös stärker.

Es hilft uns nichts, die Schwierigkeit der religiösen Probleme auf dem von Wagner gewiesenen Wege umgehen zu wollen, so gern wir anerkennen, daß Wagner für einzelne Seelen Erhebung bedeutet und daß er am Wiedererwachen allgemein religiösen Interesses beteiligt ist. Das Hauptproblem liegt ganz wo anders als da, wo der Parsifal einsetzt. Wir sind nicht Christen, weil das Christentum uns Weihestunden schafft, sondern weil wir nach unserer ganzen abendländischen Vorgeschichte gar nichts anderes sein können. Wir sind Christen mit demselben historischen Zwange wie wir Germanen sind. Das Christentum ist als unentrinnbare geistige Grundströmung vorhanden, ganz gleich, ob wir es im einzelnen Augenblick als Last oder Lust empfinden, es ist, wenn man das Wort richtig verstehen will, eine uns von Gott durch die Geschichte gegebene Zwangsvorstellung, der sich unter Umständen der einzelne entziehen kann, nicht aber das Volk als ganzes. Alle Versuche, sich vom Christentum zu lösen, sterben an der Übergewalt des mit Christus verlebten Jahrtausend. Wir sind im objektiven Sinne Christen, auch wenn wir es subjektiv nicht sein möchten. Das Christentum ist keine Sache unserer Wahl. Nur so ordnet es sich in die Weltanschauung der Notwendigkeiten ein. Wir können nicht los von ihm, also müssen wir uns in ihm zurechtfinden. Hat man es als notwendig, als unentrinnbar erfaßt, dann findet man von selbst, daß es voll von Lebenskräften ist wie alles Notwendige. Die entwicklungsgeschichtliche Betrachtung zeigt uns, wie das Christentum kommen mußte. Es wird bleiben, solange die Verhältnisse bleiben, aus denen es geboren wurde. Diese Verhältnisse aber bleiben immer: Sünde, Not, Elend, Tod, Druck und Schwachheit. Nicht, weil es schön ist, behalten wir es, sondern weil wir sterblich sind. Der Gral ist ein Mahl für Selige, und wenn die Seligen zu Sündern werden, verliert er sein Licht. Amfortas weint um sein Heiligtum herum, weil es ihn nicht trösten kann. Was wird, wenn später auch Parsifal sündigt? Das Kreuz von Golgatha hätte den Amfortas eher getröstet, denn dieses Kreuz bedeutet, daß allezeit in aller Not auch ohne heilige Speere der Weg zur Gnade offen steht. Dieses ist die Religion, die Sünder brauchen, mag sie schön sein oder nicht.

Es zeigt sich also, daß wir unsere Erlösungslehre nicht in Bayreuth suchen können, ebensowenig wie unsere sonstige Weltanschauung. Das, was unsere Seelen suchen, liegt nicht in der Vergangenheit, sondern in der Zukunft. Freilich zu künstlerischer Gestaltung ist die neue Weltanschauung, die aus der Entwickelungslehre aufsteigt, noch nicht gereift, noch nicht einmal zur neuen Philosophie ist sie geworden. Darum sind wir alle, die wir Nachromantiker sind, der hohen Kunst der romantischen Epoche gegenüber in einer eigentümlichen Lage. Wir müssen diese Kunst in ihrer Höhe anerkennen, ohne sie doch unsere Kunst nennen zu können. Das große Thema der neuen Kunst, das Werden der Dinge und Ideen, liegt noch in der Tiefe der Gemüter und findet nur stammelnden Ausdruck. Der Sang von den heiligen und heilsamen Notwendigkeiten kann noch nicht gesungen werden, weil er noch nicht zu Ende gedacht ist. Inzwischen pilgern wir zur Kunst der geschichtlichen Willkürlichkeiten, weil sie die beste ist, die wir jetzt haben und haben können. In diesem Sinne grüße auch ich dankbar den Tempel von Bayreuth. 1902

Das Berliner Richard Wagner-Denkmal.

Kurt Mey.

Ein wilder Streit ist um den toten Wagner entbrannt, wie einst um den lebenden. Einige Privatleute haben sich zusammengetan, um ihm ein Denkmal zu setzen in Berlin, der Stadt, die sich um den lebenden Richard Wagner eigentlich nur gekümmert hat, um ihn zu bekämpfen. Nun wäre das an und für sich weiter keine aufregende Sache, denn mit der Zeit wird Wagner in deutschen Großstädten und in Orten, wo er gewirkt und gelitten hat, sicherlich mindestens ebensoviele Denkmäler aus Erz und Stein erhalten — innerhalb wie außerhalb des Deutschen Reiches, wie nur irgend ein Geistesheld. Außerdem wird sich die deutsche Nation eines Tages auf ihre Verpflichtungen besinnen, ihrem Richard Wagner auch ein Nationalmonument zu setzen. Dagegen ist auch gar nichts einzuwenden, denn warum soll gerade Richard Wagner nur durch seine Kunst und durch seine Lehre weiterleben, während man alle übrigen großen Künstler außerdem auch in Stein verewigt und in Erz? — Was aber in der Berliner Wagner-Denkmalsfrage so viel Staub aufwirbelt, ist der Umstand, daß die genannten Privatleute sich gebärden, als hätten sie das Nationaldenkmal Richard Wagners hervorgerufen; daß sie alle möglichen und unmöglichen Männer des In- und Auslandes zur Einweihungsfeier einluden und dazu ein Programm aufgestellt haben, welches für einen Richard Wagner paßt wie die Faust aufs Auge, welches aber echt berlinisch, nämlich sinnlos, aber geräuschvoll ist. Das von Eberlein ausgeführte Berliner Denkmal stellt den Komponisten Richard Wagner dar, der die „schönen Stücke" geschrieben hat und dabei leider nur etwas zu geräuschvoll verfahren sein soll. Sockelfiguren aus seinen „Opern" gruppieren sich in nicht gerade sinnvoller Auswahl um den oben sitzenden Greis. Weiß man denn in Berlin nicht, daß Richard Wagner gleich groß war als Dichter, Denker und Komponist und daß seine unsterbliche Tat in der Vereinigung aller Künste zum Gesamtkunstwerk, zum deutschen Drama, besteht? Aber so „wagnerianisch" ist man in Berlin — einige Ausnahmen natürlich abgerechnet — nicht, und man erkennt Wagner nur als Opernkomponisten an. Nun, so stelle man denn das Denkmal dieses Komponisten in den Berliner Tiergarten, wo er sich unter den vielen anderen langweilen möge in Ewigkeit, als Auch-Einer, aber nicht der Einzige! Wenn die Berliner mit diesem Denkmal zufrieden sind, so ist das ihre Sache und geht das übrige deutsche Volk nichts an. Aber wir übrigen Deutschen müssen laut dagegen protestieren, daß das Berliner Monument das deutsche Nationaldenkmal Richard Wagners sei.

Die Frage, ob dieses Nationaldenkmal nach Berlin gehöre, ist aus verschiedenen Gründen zu verneinen. Ein Nationaldenkmal muß der Ausdruck des Gesamtwillens des Volkes sein, unbeeinflußt vom Sonderwillen und Sondergeschmack des Regierenden; und das ist nun einmal in Berlin unmöglich. Kaum ein Nichtpreuße wird z. B. in dem Denkmal Kaiser Wilhelms I., das in Waffen starrt, das ideale Nationalmonument des ersten Kaisers sehen! Das ist das Denkmal des siegreichen Preußenkönigs, der auch deutschen Brüdern Wunden schlagen mußte. Das Nationaldenkmal steht auf dem Kyffhäuser! Da steht der greise Friedenskaiser, den ganz Deutschland liebte und die ganze Welt verehrte; da trägt er die Kaiserkrone, die jahrhundertelang im Berg dahinter schlummerte; da hält er Wacht und ermahnt dauernd die deutschen Stämme, fest zusammenzuhalten, was so schwer zusammengeschweißt! — Auch das Berliner Bismarckdenkmal ist mehr ein Staatsdenkmal, das man dem großen „Handlanger" errichtet hat, denn ein Nationaldenkmal. Diese sind vielmehr die zahlreichen Bismarcktürme im ganzen Deutschen Reiche, deren Feuer an Gedenktagen dem großen Toten leuchten wie die Flammen von Dankopfern! Das einzige wirkliche Nationaldenkmal in Berlin ist eigentlich das eiserne Denkmal auf dem Kreuzberge, zur Erinnerung an die Befreiungskriege von 1813 bis 1815. Es ist völlig unpersönlich, wie es denn das ganze deutsche Volk war, das sich gegen den frechen Korsen erhob, und nicht ein einzelner regierender Fürst.

Zu einem Nationaldenkmal Richard Wagners eignet sich Berlin schon deshalb nicht, weil es zwar zufällig und ohne Verdienst die deutsche Reichshauptstadt, aber durchaus nicht die erste Repräsentantin deutschen Wollens und deutschen Empfindens ist, sondern nur der Zentralpunkt aller möglichen Interessen, auch besonders Vertreterin der goldnen und der roten Internationale. Wer über deutschen Idealismus nichts hat als geistreichelnden Witz und beschmutzende Satire, der soll dem großen deutschen Idealisten kein Denkmal setzen, es sei denn als Karikatur! — Der dritte Grund, weshalb Berlin nicht der Ort für das zukünftige Richard Wagner-Denkmal des deutschen Volkes ist, ist einfach der, daß Berlin weder wesentliche persönliche Beziehungen zu, noch irgend welches Verdienst um Wagner gehabt hat! Ich weiß, daß ich mit diesem Urteil die verehrten Berliner und Berlin-Potsdamer Wagnervereine nicht verletze, denn diese dürften meine Ansicht wohl teilen. Wie ist Berlin bei der Verbreitung der Wagnerischen Kunst nachgehinkt! Wie hat mit wenigen, um so rühmlicheren Ausnahmen, die gesamte Berliner Presse über Wagner gelogen und ihn verunglimpft! Hat man doch sogar die Aufführung des Kaisermarsches zum Truppeneinzug 1871, wofür er als herrlichste Huldigung für den siegreichen, greisen, ersten deutschen Kaiser einzig geschaffen worden war, durch gemeinste Schikanen unterdrückt, so daß der Kaiser ihn erst vier Wochen vor seinem Tode — gleichsam als letzte Huldigung der deutschen Kunst — in seinem Opernhause zu hören bekam! Kurz, man nenne nur ein Verdienst Berlins um Richard Wagner und seine Kunst: man wird wohl kaum eins finden! Man könnte nun fragen, wo denn das Nationalmonument Richard Wagners errichtet werden soll. In Leipzig, wo er geboren? Diese Stadt ist ihrem größten Sohn ein richtiger Stiefvater gewesen! Zudem will sie ihm jetzt, wohl um eine alte, böse Schuld auf irgend eine Weise abzubüßen, ein eigenes Denkmal setzen, welches sie jedenfalls in würdiger Weise und ohne Berliner Geschrei und Klimbim weihen wird! Und Dresden? Hier schuf und entwarf Wagner unermeßlich viel; aber die Erbärmlichkeiten seiner Stellung drohten ihn zu erdrücken, so daß er diese Fesseln, zu seinem und zu unserm Heile, gewaltsam brechen mußte. Übrigens ist auch hier schon ein Grundstock zu einem eignen Wagnerdenkmal vorhanden. Die außerdeutschen Orte, wo Wagner als unfreiwillig oder freiwillig Verbannter lebte, kommen natürlich für ein Nationaldenkmal nicht in Betracht, denn dieses muß im Deutschen Reiche stehen. Vielleicht in München? Dort verweigerte man Wagner vor bald vierzig Jahren das echte Festspielhaus und begnüge sich nun mit dem imitierten; dort ekelte man den Meister damals direkt hinaus und entweihte die Stadt damit dauernd für sein Nationaldenkmal. Aber Bayreuth? Nun, wenn einmal, und hoffentlich recht bald, ein massives Festspielhaus den lieblichen Hügel krönt, so würde sich davor eine Kolossalbüste des Meisters nicht übel ausnehmen. Aber notwendig ist sie nicht! Denn Bayreuth ist das lebendige Denkmal Richard Wagners, das Denkmal des siegenden und triumphierenden Meisters — und der treue deutsche Gott erhalte es noch recht lange, den giftigen Feinden und niedrigen Geiferern zum Trutz und der heiligsten deutschen Kunst zum Schutz! —

Das Nationaldenkmal Richard Wagners aber setze man nach Eisenach! Hier steht die herrliche Wartburg, die deutscheste Warte, die Wagner so liebte, wo er in ernsten wie in heiteren Tagen weilte, und deren erste Glanzzeit er in seinem „Tannhäuser" zu neuem Leben erschuf. Hier ist der Boden geweiht als deutsche Stätte durch die Minnesinger Walter von der Vogelweide und Wolfram von Eschenbach. Hier wurde Martin Luther beschützt und aus schwerer Gefahr errettet. Hier wurde Sebastian Bach geboren, der eigentliche Vater der deutschen Musik. Hier stehen schon die Denkmäler dieser beiden Geistesheroen und harren ihres großen Bruders im Geiste. Hier wehte oft der Freiheitshauch jungdeutscher, nationaler Begeisterung. Hier steht endlich das Richard Wagner-Museum, dem man hoffentlich bald einen würdigen Bau errichtet. Es ist das Denkmal des kämpfenden und ringenden Wagner. Hier, in den heiligen deutschen Wald, stelle man auch das deutsche Nationaldenkmal Richard Wagners hin. Er, dessen Leben rastloses Ringen, unermüdliches Schaffen und stärkstes Wollen war, der nur für seine Sache lebte, diese aber auch mit erbarmungsloser Energie zum Ziele führte, er stehe hier als deutschester Künstler, als ewige Mahnung an sein Volk, deutsch zu sein und deutsch zu bleiben, das heißt, jede Sache nur um ihrer selbst willen zu tun und zu vollenden; er stehe hier als das Vorbild des unerschrockenen und zielbewußten Kämpfers, dem allein der Sieg und des Wähnens Frieden beschieden ist! — Das dünkt mich die beste Lösung der Frage eines deutschen Nationaldenkmals für Richard Wagner.

Das Richard Wagner-Denkmal in Berlin.

Der Schöpfer des am 1. Oktober 1903 in Berlin enthüllten Richard Wagner-Denkmales ist Professor Gustav Eberlein. Das Werk, ganz aus griechischem Marmor gemeisselt, erhebt sich auf einem zweistufigen Granitplateau von 14 Metern in Quadrat. Ein breiter Stufenunterbau führt zu drei weiteren Marmorstufen, und auf einen Sockel gründet sich dann das viereckige, an der Rückseite abgerundete Postament in gedrungener Form und von romanischem Charakter; es ist mit Ziersäulen, Bögen und Ornamenten geschmückt. Vorn zeigt es die einfache Inschrift: „Richard Wagner". Oben thront der Dichter-Komponist auf einem reichen romanischen Sessel; als Lehnabschlüsse dienen heraldisch behandelte Löwinnen in nordischer Art. Wagner ist in lebendiger Bewegung, gleichsam in schaffender Tätigkeit aufgefasst. Das nach links gewandte, charakteristisch dargestellte Haupt scheint beseelt von den Eingebungen seiner Kunst, die linke Hand berührt den Löwenkopf des Sessels und sucht wie tastend nach den Tönen, während die rechte, zur Faust geballten Hand, auf Notenblättern ruhend, den gefundenen Akkorden einen kraftvoll schmetternden Ausdruck gibt. Eberlein benützte für seine Darstellung die ihm aus Hamburg zur Verfügung gestellte Totenmaske und einen Abguss der Hand Richard Wagners. Auch die Kleidung mit dem grossen abgerundeten Kragen ist nach überlieferten Bildern modelliert; die Beine werden verdeckt durch den übergelegten Mantel, der über die Rücklehne des Sessels herabfällt. Vorn am Postament huldigt Wolfram v. Eschenbach mit der begeistert erhobenen Rechten dem Genius Wagners. Der edle Minnesänger erscheint in einem prächtigen Kostüm des 13. Jahrhunderts; zu seinen Füssen liegt ein von Eichenzweigen durchzogener Lorbeerkranz. Der Gestalt Wolfram v. Eschenbachs liegt eine eigenhändige Zeichnung des Deutschen Kaisers zugrunde. Die drei anderen Seiten des Postamentes werden von Figuren aus Richard Wagners Werken belebt. Links ist Tannhäuser, im grob behandelten Pilgergewande, am Sockel niedergesunken; den lorbeerspriessenden Stab in der Linken, stützt der lebensmüde Wanderer trostlos das gramdurchfurchte Haupt mit der Rechten. An der entgegengesetzten Seite erhebt sich eine andere tragische Gruppe: Brünnhildens Walkürengestalt mit aufgelöstem Haar, in stummer, herber Klage um den getöteten Siegfried. Aufrechtstehend, richtet Brünnhilde ihren tränenlosen Blick ins Leere. An der Rückseite ist ein malerisches und mehr launiges Motiv aus „Rheingold" zur Darstellung gewählt. Getragen von den am Felsen aufschäumenden Wellen, erscheint eine der Rheintöchter in graziös bewegter Haltung; mit der rechten Hand zaust sie neckisch den Bart des Alberich, der den Nibelungenschatz hütend mit beiden Armen umspannt. Professor Eberlein erhielt für das Werk die Summe von M. 100.000.

Das Richard Wagner-Denkmal in Berlin

Die Kosten für das Denkmal wurden durch Sammlungen von einem Komitee aufgebracht, an dessen Spitze Kommerzienrat Leichner stand, dessen Name mehrfach mit Wagner verbunden ist. Als das Oesterleinsche, jetzt in Eisenach aufgestellte Richard Wagner-Museum nach Amerika verkauft werden sollte und die Presse ein allgemeines Wehklagen darüber erhob, dass diese Sammlung wertvoller Erinnerungen an den deutschen Meister dem Auslande anheimfalle, da gab ein Grossindustrieller, dessen Name sorgfältig verschwiegen wurde, die noch fehlende Ankaufssumme von M. 40.000 her, um diesen Wagner-Schatz der Heimat zu erhalten. Erst nach drei Jahren stellte es sich heraus, dass dieser x, der in Mainz geborene und in Berlin ansässige Fabrikant L. Leichner 13 Jahre lang unter seinem Künstlernamen als Baritonist auf deutschen Bühnen tätig gewirkt und unter anderem bei der ersten Aufführung der „Meistersinger" in Stettin den Hans Sachs mit solchem Erfolge gesungen hatte, dass Richard Wagner, dessen persönliche Bekanntschaft er vorher in Luzern gemacht, ihm schriftlich mit wärmsten Worten zu diesem Erfolge beglückwünschte.

Die Tatsache, daß Wilhelm II. für dies Denkmal, das durch die Initiative des Fabrikanten Leichner zustandekam, eine eigenhändige Zeichnung anfertigte (siehe Seite gegenüber dem Innentitel), belegt sein Interesse an der nationalen Verwertung Wagners. So schickte er auch jährlich tausend Mark nach Bayreuth und ließ seine Autohupe das Donnerhallmotiv aus *Rheingold* verkünden.

EINWEIHUNG DES RICHARD-WAGNER-DENKMALS AM 3. OKTOBER 1903 IM BERLINER TIERGARTEN NACH EINEM GEMÄLDE VON ANTON VON WERNER

1 BILDHAUER PROFESSOR GUSTAV EBERLEIN SCHÖPFER DES DENKMALS
2 KOMMERZIENRAT JOHANN LUDWIG LEICHNER STIFTER DES DENKMALS
3 PRINZ EITEL FRIEDRICH 2. SOHN KAISER WILHELMS II.
4 ADOLPH VON MENZEL, DIE KLEINE EXZELLENZ

Der von Wilhelm II. favorisierte Schlachtenmaler Anton von Werner malte im Auftrag von Leichner die Enthüllung des Richard Wagner-Denkmals im Tiergarten am 3. Oktober 1903. Ein Gedicht „Eine neue Nornenszene“ von Alexander Moszkowski in den „Lustigen Blättern“ spielt auf den von Wilhelm II. gezeichneten Wolfram von Eschenbach an. Der Anfang lautet:

Die erste Norn: Welch Licht leuchtet dort?
Die zweite Norn: Marmor ist's,
Weißer Marmor im Glühlicht,
Des weihlichen Wagner
Mächtiges Monument.
Die dritte Norn: Unten am Sockel
Sind die Figuren gruppiert
Aus Wagners Werken;
Schönes schuf er!
Da ist zum Beispiel
Siegmund der Held: —
Weißt du, was aus ihm ward?
Die erste Norn: Er ist nicht drauf!
Nicht reichte der Marmor
Für Siegmund den Helden,
Aber Wolfram ist drauf . . .

Ein Nationaldenkmal für Richard Wagner.

Wir veröffentlichen weiter die Namen solcher Persönlichkeiten, die sich für die von uns im vorigen Hefte gebrachten Ausführungen in dieser Sache durch Namensunterschrift und zum Teil unter Hinzufügung begeistert zustimmender Worte erklärt haben.

Univ.-Prof. Dr. Guido Adler-Wien. — Alfred Beetschen, Schriftsteller, München. — Hans Bollmann, Theaterdirektor, Freiburg i. B. — Dr. Fritz Burger, Kunsthistoriker, Freiburg i. B. — Dr. Max Burkhardt, Leiter der Singakademie, Köln. — Stabsarzt Dr. C. Eckert, Charlottenburg. — Ernst Ege, Musikschriftsteller, Stuttgart. — Joh. Gr. Engl, Instituts-Direktor, Salzburg. — C. Fr. Glasenapp, Riga. — Dr. Carl Hagemann, Feuilleton-Redakteur der „Rheinisch-Westfälischen Zeitung", Essen. — Amtsrichter Dr. jur. Harsch-Emden. — Paul Hiller, Kunsthistoriker und Schriftsteller, Köln. — Kamillo Horn, Komponist, Wien. — Georg Irrgang, Schriftsteller und Redakteur, Dresden. — Dr. Edgar Istel, Tonkünstler, München. — Alois John, Schriftsteller, Antonienhöhe. — Dr. phil. Viktor Joß, Musikschriftsteller, Prag. — C. Kahle, Stadtkantor, Ilmenau. — Joachim Kromer, Hofopernsänger, Mannheim. — Cand. jur. Carl G. von Maassen, Kassel. — Hans Maier, Redakteur der Pfälzischen Presse, Kaiserslautern. — Prof. Dr. Oskar Meyer, Kgl. Oberbibliothekar, Straßburg i. E. — Frau Oberbürgermeister Elisabeth Mülberger-Eßlingen. — Oberstleutnant a. D. Müller-Freiburg i. Br. — Dr. Otto Neitzel-Köln. — Ernst Otto Nodnagel, Komponist und Schriftsteller, Königsberg i. Pr. — Louis Oertel, Musikverlag, Hannover. — Albert Pfeiffer, Schriftsteller, Bonn. — H. Platzbecker, Komponist und Redakteur, Dresden. — Pochhammer, Direktor der Aachener Hochschule für Musik, Aachen. — Prof. Dr. Prüfer-Leipzig. — F. Rappaport, Kapellmeister, Breslau. — Karl Söhle, Schriftsteller, Dresden. — Univ.-Prof. Dr. med. et phil. R. Sommer-Gießen. — Rechtsanwalt F. Schenk-Ilmenau. — R. Stratz, Schriftsteller, Heidelberg. — Univ.-Prof. Dr. L. Träger-Marburg. — Gerichtsassessor Dr. jur. U. Vering-Hamburg. — E. Vogel, Präs. des Allg. D. Mus.-Verb., Berlin. — Dr. Fritz Volbach-Mainz. — Hans Winderstein, Direktor d. Philharmonischen Orchesters, Leipzig. — Otto Winkelmann, Pianofortefabrikant, Braunschweig.

Wir danken für das Vertrauen, das man in eine Anregung setzt, die von uns zuerst rein litterarisch gedacht war. Aus den vielen Zuschriften, die uns von den ersten Stellen unseres künstlerischen Lebens im Umfange und mit den Absichten einer Denkschrift zugingen, wuchs uns sozusagen eine umfassende Antwort zu auf die Grundfrage:

Wie soll das deutsche Volk seinen Richard Wagner ehren?

Der Richard Wagner-Verein, der seine litterarische Vertretung in den von Hans von Wolzogen geleiteten Bayreuther Blättern sieht, erstrebt ja ein konkretes Ziel zur Jubelfeier im Jahre 1913: ein massives Festspielhaus auf dem Hügel zu Bayreuth. Diesem Plane unterordnen wir selbstverständlich den von uns aufgeworfenen, wir ordnen ihn aber ein in einen Gesamtplan, dem wir für die nächsten Jahre unsere litterarischen und organisatorischen Mittel leihen werden. Wir geben das Wort einem Verehrer Richard Wagnerscher Kunst und Weltanschauung, Herrn Kammerherr Dr. Stephan Kekule von Stradonitz in Groß-Lichterfelde. Er schreibt uns:

„Ich habe Ihnen meinen Namen gerne zur Verfügung gestellt für den Aufruf zur Errichtung eines deutschen Volksdenkmals für Richard Wagner. Namentlich für ein solches auf dem Felsen des Breitengescheids bei Eisenach.

Ich bin grundsätzlich mit jeder Ehrung einverstanden, die dem Gedächtnis dieses großen, **echt deutschen** Mannes, Denkers und Künstlers gewidmet sein soll. Mit seinem Auftreten beginnt für mich ein neuer Zeitabschnitt deutscher Geistesgeschichte.

Ich halte den in Aussicht genommenen Platz bei Eisenach für einen in jeder Beziehung glücklich gewählten.

Ich möchte aber nicht unterlassen, mit dem größten Nachdrucke zu betonen, daß ich der Meinung bin, wichtiger als die Errichtung eines Denkmals in Stein und Erz, sei **vorerst** der Bau eines Festspielhauses aus edlem und beständigem Stoff in Bayreuth: prächtig und deutsch, der Wagnerschen Kunst und dem deutschen Volke gleichermaßen zur Ehre gereichend.

Wenn hierfür aber die Hoffnung auf eine Bewilligung der Mittel seitens des deutschen Reichstages gesetzt wird, so muß ich der festen Überzeugung Ausdruck geben, daß dieser sich **niemals** zu einer solchen Höhe des Kunstverständnisses in seiner Mehrheit erheben wird. Dazu ist er auch gar nicht da.

Ich vermag weiter nicht zu glauben, daß durch selbstlose Hingabe großer Beträge durch edle Besitzenden die Mittel zusammengebracht werden können, um diesen Plan zu verwirklichen.

Ich schlage daher vor, die Gedanken: der „Verewigung" des Festspielhauses zu Bayreuth und des deutschen Volksdenkmals bei Eisenach zu verbinden.

Große Mittel werden für dieses und jenes, wie für beides zusammen, erforderlich sein.

Nur eine eifrige, sorgsame, planvolle, über alle Gebiete des Erdballs, so weit die deutsche Zunge klingt, ausgedehnte Tätigkeit wird sie zu beschaffen vermögen.

Ich bin aber andererseits überzeugt, daß sie, wenn das richtig in die Wege geleitet wird, in einer Höhe zusammenkommen müssen, die man heute kaum zu ahnen vermag.

Auch das Ausland wird nicht zurückbleiben, wenn es erfährt, es handele sich auch um die Mittel zur Beschaffung eines massiven Festspielhauses.

Man tue daher einen kühnen, aber den gebotenen Schritt: man **vereinige** beide Gedanken.

Eine gleichzeitige Sammlung für ein deutsches Volksdenkmal für Richard Wagner und für ein Festspielhaus, ‚dauernder als Erz', werde in die Wege geleitet!

Jedenfalls will ich bei dieser Gelegenheit alle Denkenden ernstlich davor gewarnt haben, daß nunmehr innerhalb der nächsten Jahrzehnte aller Orten in Deutschland, wie für unser großes Dichterpaar, große, mittlere und kleine, bessere und schlechtere Denkmäler in Erz oder Stein auch für Richard Wagner entstünden.

Die zweifellos vorhandenen, bisher nur gebundenen Kräfte sind nur einmal zu entfesseln. Durch solches Verfahren würden sie aber zersplittert, die Herstellung eines beständigen Festspielhauses voraussichtlich für alle Zeiten unmöglich gemacht werden.

Die Gefahr liegt nahe!"

Die Losung muß also sein: Zusammenschluß aller Kräfte zum Bau des Festspielhauses und eines Nationaldenkmals, freundschaftliches Zusammenarbeiten neuer Arbeiter am Erbe Wagners mit den altbewährten, die durch die Traditionen Bayreuths gesammelt werden.

Wenn wir der Hoffnung Ausdruck geben, daß für die Stadt Eisenach schon jetzt keinerlei Bedenken vorhanden sein dürften, das hier vorhandene wertvolle Wagner-Museum und die Wagnerbibliothek zu einem Wagnerianischen Institute für deutsche Kulturgeschichte (wie Herr Univ.-Professor Dr. Sommer in Gießen dieses vorschlägt) auszubauen, so ist dieser dreiteilige Gesamtbau allerdings geeignet, uns zu freudiger Arbeit zu beflügeln. Wir geben, vielleicht schon gleichzeitig mit dem Novemberheft der „Wartburgstimmen", eine Broschüre heraus unter dem Titel:

Richard Wagner in der Verehrung des deutschen Volkes,

die unsere Organisationsvorschläge zur Erreichung des von uns entrollten Gesamtplanes entwickeln wird. Vorläufig wollen die „Wartburgstimmen" in aller Stille arbeiten an der Sammlung der Kräfte, und sie werden darin nach wie vor von ihren musikwissenschaftlichen Mitarbeitern dankenswert unterstützt.

Plan eines „Deutschen Volksdenkmals für Richard Wagner" im „heiligen deutschen Wald" bei Eisenach

Richard Wagner.

Du bist der Schwanenritter, du!
Der aus der Seligen Gefild
Zur Freude kam.
Du bist der Wildsturm, du die Ruh,
Du unsre Sonne, hold und mild!
Und vor dir flieht des Tages Gram.
In sel'ger Stille
Ruhn Wunsch und Wille.
Frau Musika, das Götterweib,
Sie wurde dein mit Seel und Leib,
Du gabst uns neu ein Heldengeschlecht,
Deutscher Liebe, deutschem Manne recht.
Deutsche Liebe führtest du auf den Thron,
Du Königssohn,
Dein Kampfbild machte die Sehnen stark
Bis tief ins Mark.
Deutsch bist, deutsch! An deinem Wesen
Woll'n wir genesen. —
Einer verfolgt mich überall
Mit dem Geistergesicht:
Ist's Klingsor, ist es Parzival?
Ich weiß es nicht —.
Da erklingt deine ewige Harmonie,
Deine himmlische Sternenmelodie:
Nun weiß ich's, woher kein Wort mir drang,
Kam mir dein Klang.

Aug. Sturm.

Aber nicht, um Nietzsche einer Inkonsequenz zu überführen, habe ich ihn citiert; sondern um seinen Worten gegenüber zu zeigen, wie das Problem der Menschheit nicht lösbar ist ohne eine Lösung des Problems der Frau. Denn wem die Forderung überflüssig hoch gespannt scheint, daß der Mann die Frau um der Idee, um des Noumenon willen zu achten, und nicht als Mittel zu einem außer ihr gelegenen Zweck zu benützen, daß er ihr darum die gleichen Rechte, ebenso aber die gleichen Pflichten (der sittlichen und geistigen Selbstbildung) zuzuerkennen habe wie sich selbst: der möge bedenken, daß der Mann das ethische Problem für seine Person nicht lösen kann, wenn er in der Frau die Idee der Menschheit immer wieder negiert, indem er sie als Genußmittel benützt. Der Koitus ist in allem Asiatismus die Bezahlung, welche der Mann der Frau für ihre Unterdrückung zu leisten hat. Und so sehr es die Frau charakterisieren mag, daß sie um diesen Preis sicherlich stets auch dem ärgsten Sklavenjoch sich gerne fügt, der Mann darf auf den Handel nicht eingehen, weil auch er sittlich dabei zu kurz kommt.

Also selbst technisch ist das Menschheitsproblem nicht lösbar für den Mann allein; er muß die Frau mitnehmen, auch wenn er nur sich erlösen wollte, er muß sie zum Verzicht auf ihre unsittliche Absicht auf ihn zu bewegen suchen. Die Frau muß dem Koitus innerlich und wahrhaft, aus freien Stücken entsagen. Das bedeutet nun allerdings: das Weib muß als solches untergehen, und es ist keine Möglichkeit für eine Aufrichtung des Reiches Gottes auf Erden, eh dies nicht geschehen ist. Darum sind Pythagoras, Platon, das Christentum (im Gegensatze zum Judentum), Tertullian, Swift, Wagner, Ibsen für die Befreiung, für Erlösung des Weibes eingetreten, nicht für die Emanzipation des Weibes vom Manne, sondern für die Emanzipation des Weibes vom Weibe. Und in solcher Gemeinschaft den Bannfluch Nietzsches zu tragen ist ein Leichtes.

Aus eigener Kraft aber kann das Weib schwer zu solchem Ziele gelangen. Der Funke, der in ihr so schwach ist, müßte am Feuer des Mannes immer wieder sich entzünden können: das Beispiel müßte gegeben werden. Christus hat das Beispiel gegeben; er hat Magdalena erlöst; er ist zu diesem Teile seiner Vergangenheit zurückgekehrt, und hat auch ihn gesühnt. Wagner, der größte Mensch seit Christus, hat auch dies am innerlichsten verstanden: bevor das Weib nicht aufhört, für den Mann als Weib zu existieren, kann es selbst nicht aufhören, Weib zu sein; Kundry kann nur von Parsifal, vom sündelosen, unbefleckten Manne aus Klingsors Banne wirklich befreit werden. So deckt sich diese psychologische mit der philosophischen Deduktion, wie sie hier mit Wagners »Parsifal«, der tiefsten Dichtung der Weltliteratur, in völliger Übereinstimmung sich weiß. Erst die Sexualität des Mannes gibt dem Weibe Existenz als Weib. Alle Materie hat nur so viel Existenz, als die Schuldsumme im Universum beträgt: auch das Weib wird nur so lange leben, bis der Mann seine Schuld gänzlich getilgt, bis er die eigene Sexualität wirklich überwunden hat.

Nur so erledigt sich der ewige Einspruch gegen alle antifeministischen Tendenzen: das Weib sei nun einmal da, so wie es sei, nicht zu ändern, und darum müsse man mit ihm sich abzufinden suchen; der Kampf nütze nichts, weil er nichts beseitigen könne. Es ist aber gezeigt, daß die Frau nicht ist, und in dem Augenblicke stirbt, da der Mann gänzlich nur sein will. Das, wogegen der Kampf geführt wird, ist keine Sache von ewig unveränderlicher Existenz und Essenz: es ist etwas, das aufgehoben werden kann, und aufgehoben werden soll.

GESCHLECHT

UND

CHARAKTER

EINE PRINZIPIELLE UNTERSUCHUNG

VON

OTTO WEININGER

ZWÖLFTE UNVERÄNDERTE AUFLAGE

WIEN UND LEIPZIG
WILHELM BRAUMÜLLER
K. U. K. HOF- UND UNIVERSITÄTS-BUCHHÄNDLER
1910

Der Wiener Otto Weininger, aus dessen beiden einzigen Büchern hier die wichtigsten Passagen über Wagner aufgenommen sind, erschoß sich am 4. Oktober 1903 im Sterbehaus Beethovens mit dreiundzwanzig Jahren. Für ihn war Wagner der größte Mensch seit Christus.

DR. OTTO WEININGER

ÜBER DIE LETZTEN DINGE

MIT EINEM
BIOGRAPHISCHEN VORWORT
VON DR. MORIZ RAPPAPORT

SECHSTE UNVERÄNDERTE AUFLAGE

WIEN UND LEIPZIG
WILHELM BRAUMÜLLER
UNIVERSITÄTS-VERLAGSBUCHHANDLUNG
GESELLSCHAFT M. B. H.
1920

Über den Gedankengehalt der Werke Richard Wagners, insbesondere seines „Parsifal"

Noch nie hat eine Kunst das Kunstverlangen irgend einer Zeit so völlig zu fesseln und so ganz und gar auszufüllen vermocht, wie die Schöpfungen Wagners. Alle Bestrebungen zur Hervorrufung einer neuen Literatur, zur Begründung einer neuen Kunst nehmen sich vor dem, was wir in seinen Werken bewundern, wie gemacht und unwahr aus. Daß diese gänzliche Befriedigung von so vielen nur bei Wagner gefunden wird, entspricht der wohl unbezweifelbaren Tatsache, daß es nie zuvor einen Menschen von so ungeheuer gewaltigem Bedürfnis des *Ausdruckes* gegeben hat als ihn. Der ihm hierin am nächsten kommt, ist, wie Wagner selbst stets empfunden hat, *Beethoven*; und auch dieser bleibt hier weit hinter ihm zurück. Nur darum aber findet beinahe ein jeder bei Wagner das, was der *Erfüllung* am nächsten kommt; denn er hatte selbst den höchsten Begriff vom Kunstwerk, den je ein Künstler gefaßt, und die größte Forderung an sich gestellt, die je ein Schaffender zu stellen gewagt. Die gleiche Vollendung, das gleiche Erfülltsein atmet darum von einem gewissen Zeitpunkt an (von „Lohengrin" bis zum „Parsifal") alles, was er geschaffen; und das Eigentümliche gerade der Wagnerschen Motive ist auch musikalisch ein Maximum von *Dichtigkeit*, wenn ich so sagen darf; sie sind nie verdünnt, sondern sagen immer *alles*. Die höchste Prägnanz und Konzentration und Unwiderstehlichkeit seiner Melodien, die weiteste Entfernung von allem Sauerstoffmangel, das Gegenteil aller Luftverdünntheit und Leerheit an Masse, das kennzeichnet die Motive Wagners selbst dort, wo er über Bergesgipfeln schwebt und am Gletscher sich berauscht und jene Höhenluft atmet, für die niemand so viel Sinn hatte wie er. Ich verstehe zu wenig von der Lehre der Musik, um in ihrer Sprache genau bezeichnen zu können, woran dieses Eigenartige der Wagnerschen Musik gerade in ihren Melodien liegt. Wagners Musik ist aber eben durch all das eigentümlich, um was sie mehr ist als Mathematik, was sie alles noch ist außer einer Sprache von Raum und Zeit; wie hier die ganze *Physik* des Weltalls *resorbiert* ist in die Mathematik, oder die Mathematik nur zum Mittel der Physik geworden. Wagner ist der Mensch mit dem größten Naturempfinden, das je ein Mensch besessen hat: Gegen sein „Rheingold" gehalten, verblassen selbst *Goethes* Lieder von allem Wasser in Nebel, Wolke und Fluß. Wohl mag zu den Sternen Beethoven im Scherzo der neunten Symphonie (das Wagner, eben darum, wohl gänzlich mißverstanden hat) ein tieferes Verhältnis offenbart haben als Wagner im „Tannhäuser", vielleicht *Schubert* den Bach, *Weber* das Dämonische des Waldes besser verstanden haben; aber ein Naturgefühl von solcher Intensität und einem Umfang, der die ganze Erde, alles in ihrer Fläche, ihrer Hülle, ihrem Inneren beherrscht, ist noch in keinem Menschen in einem Ausmaße verwirklicht gewesen wie hier.

Aber nicht davon wollte ich sprechen, warum die Wagnersche *Musik* alle anderen Eindrücke der Kunst, selbst *Goethes* „Faust" und *Beethovens* „Waldstein-Sonate" und selbst *Bachs* „Präludien" und selbst *Michel Angelos* „Jeremias" hinter sich läßt. Was ich ernstlich zu zeigen versuchen will nicht weil mir alles außerordentlich erscheint, was Wagner geschaffen hat — ist, daß die Wagnersche Dichtung der Tiefe ihrer Konzeption nach die größte Dichtung der Welt ist.

Es sind die gewaltigsten Probleme, die je ein Künstler sich zum Vorwurf gewählt hat, bedeutender noch als die Probleme des Aischylos und Dante, Goethes, Ibsens und Dostojewskys um von den Problemen Shakespeares zu schweigen.

———

Motive der Rheintöchter:

„Wagalaweia"-Motiv ist die spielende Unschuld des Paradieses; vollkommen *monistisch*, vor dem Sündenfall, ohne Kenntnis des Dualismus; voraussetzungsloser, naiver, *überall nur sich selbst antreffender, an sich selbst sich freuender Monismus*. (Vor dem Sündenfall = Alberichs Aufgeben der Liebe.)

Motiv aus der Götterdämmerung, 3. Akt, Anfang:[1]

Motiv der absoluten Trennung. Motiv der völligen Loslösung vom Absoluten gleichsam ein Abfinden mit der Einsamkeit und doch eine Resignation; wunderbar ist, wie hier die in der Vergangenheit erfolgte Schuld doch zugleich als Gegenwart, als Strafe konstatiert wird, wunderbar das Verhältnis von Zeit zum Zeitlosen.

Sehnsucht, Wille ist hier nicht mehr; vollkommene Reduktion ist eingetreten, vollkommene Abfindung mit dem Sündenfall, schmerzlos zugleich und doch überschmerzhaft.

Motiv am Schluß der Götterdämmerung:

Aufnahme des Verlorenen in die Gemeinschaft, Erlösung von der Erbsünde und zugleich selig überquellendes *Staunen* darüber, *daß das Wunder sich vollzieht* (der Ring zu den Rheintöchtern, das Böse zur Lust und zum ewigen Lächeln zurückkehrt); *denn das Lächeln ist wohl das Gefühl, das sich nach dem Tode* (d. h. *im ewigen Leben*) *über das Leben* (d. h. *über allen Tod*) *am stärksten einstellt*.

———

Das Baßmotiv des Orchesters in „Tristan", 3. Akt, nach jener furchtbaren Prostration vor der Schönheit, bei den Worten: „Und Kurwenal, wie, du sähst sie nicht?" usw., ist das größte Motiv des *Todes*, das je erdacht worden ist. Es liegt darin der scheinbar aktive Verzicht auf das Leben, auf die Freiheit, das in Wahrheit schon die passive Hingabe und Gefangenschaft ist; das Einswerden des Willens mit den Trieben, sein Kapitulieren vor diesen; *es ist Identifikation mit dem eigenen Schicksal*, der Punkt, an dem Wille in Trieb, Freiheit in Unfreiheit übergeht, sich an sie knüpft, sich ihr übergibt.

Zum Parsifal

Der Mensch empfindet allem Unmoralischen der ganzen Natur, der ganzen Geschichte gegenüber eine tiefe Schuld; denn Welt und Mensch sind Wechselbegriffe, alles Übel in der Welt ist nur durch den Menschen, mit dem Menschen da. Dieses Gefühl ist das Gefühl, das in Jesus Christus am lebendigsten war, so lebendig, daß er diese Schuld mit dem Tode büßen und die Welt entsühnen wollte, indem er für alle diese Schuld, seine Schuld, auch die Strafe erleiden wollte. In ihm ist das Gefühl der universellen Verantwortlichkeit, das Gefühl, welches die ganze Welt tragen will, die Genialität, der Wille, am größten gewesen.

[1] Gemeint ist hier die ganze Rheintöchterszene, insbesondere der aufsteigende Terzsextengang. (Anmerkung des Herausgebers.)

Jesus erlöst, indem er die Welt von der Schuld erlöst, eben sich und nur sich von der Schuld: das ist der Sinn des Wortes „Erlösung dem Erlöser".

In Bayreuth wird der „Parsifal" gespielt, als ob man ihn dort verstünde; wer Glück mit den Sängern hat, kann dort das einzige erleben: eine Vorführung eines Kunstwerkes, bei dem die Darstellung nicht stört. So stark ist die Nachwirkung Richard Wagners, so intensiv hat er den anderen einzuprägen gewußt, was er wollte.

Als besonders großartig habe ich diese Regie im zweiten Akte empfunden, in der Szene zwischen Kundry und Parsifal. Gerade wie hier die Leidenschaft gedämpft, die Farben nicht dick und doch bengalisch-grell sind, die Gebärden einfacher, mehr gezeichnet als gemimt, ohne Othello-Verzerrungen, gerade das hat mich so stark angesprochen. So tritt der symbolische Charakter des Ganzen mit tiefer Deutlichkeit hervor.

Wer die Bilder des Buonaventura Genelli (in Berlin und München) kennt, wird mich hier am besten verstehen. Die lange Kleidung und Schleppe der Kundry, ihre vorgehaltenen Arme und ihr vorgebeugter Körper bei der Bitte an Parsifal erinnern an jene Bilder. Wo so viel Raum wäre für leidenschaftliche Rufe und Bewegungen, erscheint alles gedämpft, gemalt, wie als ein Glasgemälde auf einem Kirchenfenster; das Rot brennt und das Grün funkelt; und doch hält der Mensch den Atem an.

Das Orchester — eine reinste Orgel aus seligster Höhe, nicht aus der Tiefe! Woher, fragt der Hörer zitternd? aber ... wohin?

Die Moralität des Mannes empfindet den Geschlechtsverkehr als Sünde (Verwundung des Amfortas durch den Speer).

Das Weib hat keinen Sinn mehr, wenn der Mann keusch ist; dagegen wehrt es sich; es ruft unmerklich das Gefühl zur Mutter in Parsifal wach („wann dann ihr Arm dich wütend umschlang ..."), hält ihm auch die von Wagner früher festgehaltene Erlösung des Mannes durch die Liebe als Möglichkeit vor.

Kundry in „Parsifal" (das „Sehnen" ist's, das ihn verhindert, zum Gral, d. i. zum Sittlichen, Göttlichen zu kommen): das ist der „Fluch der Kundry".

Das alles stellt Wagner hoch über Goethe, dessen letztes Wort doch nur das vom „Ewig-Weiblichen", die Erlösung des Mannes durch das Weib, war.

Kundry müßte freilich schon im 2. Akte sterben, da Parsifal ihr widersteht.

Die Fußsalbung durch Maria Magdalena. Evang. Joh. 12, 3 ff. 8, 3 ff.

Parsifal und Klingsor: das Transsexuelle und das Sexuelle im Mann, auf 2 Personen verteilt.

Das Weib als Sklavin des Sexuellen im Manne (Klingsor). Vgl. „Geschlecht und Charakter".

Gral und Speer sind „verwandt", wie Licht und Gravitation, wie das Etwas und sein Spiegel, das Nichts. Das Nichts ist nur der Reflex des Etwas, und es für real zu halten, das ist der Sündenfall. Diese letzte Identität, das Nicht-Sein des Nichts, muß schließlich erkannt werden. Auch der Empfindung liegt das Ding an sich zugrunde.

Klingsor will das Sittliche nicht im Kampfe erobern und behaupten, sondern durch Entmannung erzwingen, erreichen (der Asket gewordene Verbrecher), um ...... Er fühlt nicht, daß er die Idee des Sittlichen damit bereits prostituiert, wenn er sie fertig haben und ihres Besitzes sich erfreuen und dann irgend etwas beliebiges anderes tun will; er weiß nicht, daß Sittlichkeit ewige Tat, ewige Schöpfung ist. Der Wunsch, Gott zu sein, ist frevelhaft, der Wille, Gott zu werden, nur aktiv zu sein, einzig gut. Klingsors Wunsch ist rein hedonistisch; er will als Gott Ruhe haben vor den eigenen Anfechtungen; indes Gott zwar vollkommen ist, aber eben vollkommen als vollkommen aktiv, niedertretend dem Bösen gegenüber. Klingsor benützt Gott als Mittel zum Zweck, d. h. er bringt ihn in die Zeit.

Bedenkt man, wie das Bewußtsein seiner selbst am stärksten wird nach einer Schuld, so kann als der Sinn der Erbsünde der aufgefaßt werden, daß Gott den Spiegel, das Nichts, braucht, um seiner selbst bewußt zu sein.

Auch Parsifal findet den Gral (die Sittlichkeit, das Gewissen) im Momente, da er (den Schwan) tötet.

„Suche dir Gänser die Gans" heißt heirate, aber dann steck dir nicht das Reich Gottes zum Ziel.

„Zum Raum wird hier die Zeit": hierin liegt, recht dunkel freilich, der Raum als Symbol der Vollendung. Denn wie Zeit zum Raum, so verhält sich das Erdenleben zum Leben nach dem Tode.

Das Motiv der Blumenmädchen ist das Flehen um Existenz. Auftauchen eines Irrlichtes aus dem Nichts, und Untertauchen.

Vergessen unsittlich: „Was alles vergaß ich wohl noch?"

Das Lachen der Kundry geht aufs Judentum. Die metaphysische Schuld des Juden ist Lächeln über Gott.

Am Karfreitag, dem Weltentsühnungstag, findet sich von selbst alles zusammen.

Kundry ist Symbol alles nur Sinnlichen, nicht Sittlichen in der Natur; mit ihr ist die Natur entsühnt: der Mensch als Erlöser seiner selbst ist Erlöser der Welt.

Alle Schuld als die eigene; Parsifal (Christus) spricht:

„Welcher Sünden, welcher Frevel Schuld
Muß dieses Toren Haupt
Seit Ewigkeit belasten!"

Tor: Jesus Abneigung gegen das Judentum wird zur Abneigung gegen die „Gescheitheit", zur Erhebung der Einfalt.

Der Speer ist Symbol des Bösen, Parsifal darf ihn nicht führen.

Die Welt ist nicht ohne den Menschen; und der Mensch nicht ohne die Welt; es gibt keine Welt, in der nicht der Mensch ist.

Der dumpfe Rest des Gefühles für ein Verhängnis über sich (Artur Gerbers Gedicht „Sie sang"),[1] das sind die Schreie der Kundry im 1. und 2. Akte.

Dieses Weib, das menschliche Weib, die Dirne (nicht das tierische, die Mutter) haßt den Mann schwach, aber es haßt ihn doch; darum haßt Kundry dumpf den Amfortas, der ihr zu Willen war, weil er sie auf dem Gewissen hat.

Psychologie des Sakrilegs: Alberich-Klingsor. —
Wotan-Amfortas. Siegfried-Parsifal.

Umdeutung des Sinnes des Rings aus dem Natürlichen ins Moralische.

Am Schluß seines Buches *Die Moral der Musik*, das 1905 erschien, preist der ebenfalls in Wien lebende mit Rilke und Hofmannsthal befreundete Rudolf Kassner das Werk Wagners, weil es jenes „einzige namenlose Erlebnis der ewigen Wiedergeburt" ermögliche.

Mein lieber Freund, ich sollte eigentlich schliessen, jetzt da ich dir schon von dieser Freiheit und Grundlosigkeit des Musikers spreche. Aber eine Stimme mahnt mich zur Vorsicht, und ich frage mich, ob nicht auch diese Freiheit ihre Grenze habe oder besser: irgendwie bedingt und notwendig sei. So weit sind wir ja gekommen, und von hier gehe ich nicht mehr zurück: In Augenblicken eines unerschrockenen Selbstbewusstseins wird der Musiker und nur er jedem Brauche seiner Freunde und Philologen zuwider nicht mehr von Erlebnissen sprechen und in nichts anderem mehr sich bekennen als in der Vollkommenheit seines unendlich bewegten Werkes und sich nichts mehr vorbehalten und nicht mehr behaupten als das, was jeder ganz in seinen Bildern sieht und in seinen Rhythmen hört. Der Musiker wird seine Erlebnisse vergessen haben und nicht mehr wiedererkennen in dem Augenblicke, da er einsieht, dass er die vielen Erlebnisse mit Allen teile, dass er um ihretwillen noch nicht ursprünglich, dass er um der vielen Erlebnisse willen vielleicht ein Freund, ein Philologe, ein Dilettant, aber noch nicht ein Musiker, ein Philosoph, ein Künstler, er selbst, sei. Ja, der Musiker wird sie alle vergessen haben und nicht mehr bei ihren Namen nennen können, da er in sich erfährt, dass er stets nur ein einziges Erlebnis habe, welches er mit niemand anderem teilen und nur sich selbst gestehen und darum, ohne zu lügen, auch verschweigen könne. Die vielen Erlebnisse seiner Freunde, der Philologen und Dilettanten sind nämlich alle stets ganz plötzlich zu Ende und zufällig gleich Allegorien; jenes einzige Erlebnis des Musikers aber ist nie zu Ende, weil es ganz in ihm selbst und die Tugend und Notwendigkeit und der Adel seines Lebens und durchaus symbolisch ist. An ihm erkennst du den Musiker, den Echtgeborenen, überall; alles Andere, „Güter dieser Welt", muss er mit dem Bastard und dem Emporkömmling teilen. Wer es einmal erfahren und begriffen hat, dem sind alle andern Erlebnisse nicht mehr neu, dem wiederholen sich alle andern Erlebnisse, der verwechselt alle andern Erlebnisse, gleichwie man das Unechte mit Recht und gerne verwechselt. Wie nach einem berühmten Verse der Kathaka-Upanishad die Worte vor der Wahrheit, dem Sein, dem Atman, umkehren, also kehren auch vor diesem einzigen, ewigen, namenlosen Erlebnisse alle andern sogenannten Erlebnisse um und verbergen sich und verwischen sich und machen sich unkenntlich. In jedem sogenannten Erlebnisse erfährt der Musiker sich nur, wenn ich so sagen darf, zur Hälfte selbst, zur Hälfte das Andere; in diesem namenlosen Erlebnisse erfährt der Musiker nur und ganz sich selbst, erfährt er, wie die Inder sagten, Atman, in diesem namenlosen Erlebnisse erfährt der Musiker Gott, erfährt er — noch einmal — sich selbst.

Zuerst kommt der Zerrissene, habe ich gesagt, und dann der Staunende und endlich der Musiker: das war der Weg des Lebens zum Musiker, diesen Weg musst du gegangen sein, um zu dir selbst zu kommen und von dir selbst nicht schlecht zu reden. Aber jetzt merke auf! Denselben Weg, nachdem du ihn einmal im vielfachen, bunten, notwendigen Leben gegangen bist, denselben Weg nimmst du in dir selbst stets wieder von neuem gleichsam hin und zurück; in deiner Freiheit, im Eigensten, allwo nichts mehr bunt und vielfach und alles zeit- und raumlos und gefügig ist, dort bist du auf eigene Gefahr hin, auf eigene Kosten gleichsam, immer wieder noch einmal der Zerrissene und dann der Staunende und endlich der Musiker. Nur bist du hier nicht mehr vom Anderen, Fremden losgerissen, nur staunst du hier nicht mehr über das Andere und Fremde, nur gehörst du dir hier nicht mehr im Anderen, im Fremden an, nein, nein, nein: das alles ist überwunden und abgetan, Freund, das alles, das Andere, das Fremde, gilt nicht mehr. Jetzt und hier bist du von dir selbst gleichsam losgerissen, nur von dir selbst, jetzt und hier staunst du gleichsam über dich selbst — zwischen dir und dir ist nichts Fremdes mehr — jetzt und hier kehrst du in dir selbst gleichsam um und vor Gott zu dir selbst zurück, jetzt und hier wiederholst du dich unendlich und rein in dir selbst, nicht gleichwie die Vernunft, sondern gleichwie ein Kind sich wiederholt. Hier überträgst du dich auf dich selbst, hier bist du dein eigenes Bild und liegst auf dir und umarmst dich selbst und liegst in deinem Spiegel wie versunken und siehst in dich selbst. Du bist selbst dein Erlebnis und gehst in dir selbst auf, gleichwie in der Musik das Wesen unmittelbar in der Form aufgeht. Um der andern Erlebnisse willen hattest du viele Worte und viele Farben und viele Mienen, um der andern Erlebnisse willen, Freund, bist du ein Schauspieler gewesen, ja, ja, ein Schauspieler — das darf ich jetzt schon sagen, früher hätte ich es noch nicht zu sagen gewagt — um der andern Erlebnisse bist du nie ganz das gewesen, was du scheinst, um der andern Erlebnisse willen bist du meinetwegen ein Dichter oder ein Maler oder ein Bildhauer oder alles zusammen und ein Charakter noch dazu gewesen, so du in deinem Eigensinn diese Künste allegorisch begreifen und zwischen Inhalt und Form unterscheiden willst, um der anderen Erlebnisse willen bist du vieles und vieles und immer mehr, als du sein wolltest, aber niemals das einzig Mögliche gewesen; doch nur um des einzigen, namenlosen Erlebnisses willen bist du der Einzige und Namenlose, nur um des einzigen, namenlosen Erlebnisses willen bist du der Musiker und du selbst und bist du der Dichter und Maler und Bildhauer, der Künstler, so du diese und alle Künste von innen, symbolisch und als Musik begreifst und nicht mehr zwischen Inhalt und Form unterscheidest.

Und ich will dir dieses Erlebnis jetzt nennen. Du hast von ihm durch mich und andere vielleicht schon gehört, aber ich will dir von ihm jetzt so sprechen, wie du noch nie von ihm reden gehört hast. Wenn es einen Namen dafür gäbe, würde ich dir es beim Namen nennen, so aber muss ich von dem Namenlosen wieder nur in Bildern, aber dennoch so bestimmt wie möglich reden. Merke auf! Gleichwie Hamlets Handeln und Heldentum an seinen Gedanken bleichte und sich brach, genau so bleicht und bricht sich in verlorenen und immer wiederholten und wiedergefundenen Stunden deine Künstlerschaft am grossen, reinen, unmittelbaren, tätigen und zugleich stillen Dasein. Du vergisst und verlierst dich selbst in einer geheimnisvollen, ureigenen Sehnsucht nach dem Sein selbst der Dinge, die du bildest; du wirfst alles von dir, deine ganze Kunst, die dich doch einzig, notwendig und treu dem Leben, dem Sein verbunden hielt, und möchtest dich ohne Kunst und ganz nackt in das Dasein werfen und im Dasein ohne Kunst und mit dem bunten Kleide des unmittelbaren Lebens wiederkehren. Was dir ein Bund, ein Vertrag, ein Frieden, eine Notwendigkeit, ein einzig Mögliches gewesen war, das empfindest du jetzt, in diesen verlorenen und wiederholten und immer wiedergefundenen Stunden, gebrochen und zerrissen, das empfindest du, empört, als deine Grenze, und du fühlst, dass du nur scheinst und nur bilden kannst, was du ewig nicht bist. Es heisst, dass Michel Angelo, da sein Werk schon lange reif war, von der unmittelbaren Grösse Savonarolas plötzlich wie gerührt und gestört ward. Zwischen dem, was jener entschlossene Dominikaner schien oder redete und dem, was er war und wollte, war keine Kunst; beides lag ineinander wie Auge und Blick, wie Hand und Griff; ja das, das allein war, so dünkte es Michel Angelo, Musik und ein reines Werk Gottes. In jener heroischen Zeit empfand vor dem Helden der heldenmütigste aller Künstler es zuerst: Dieser Mensch ist mehr und grösser als ich, denn er ist das, was ich nur bilden kann; zwischen diesem Menschen und Gott ist alles klar. Und die Erben Michel Angelos empfinden alle so wie er; ich nenne sie seine Erben, weil sie alle und erst nach ihm stets jenes namenlose Erlebnis eingestanden oder verschwiegen haben; doch sie empfinden diesen Bruch nicht nur vor dem Helden, nein, sie empfinden ihn vor der ganzen, unmittelbaren Natur, vor einem Kinde, einem Mädchen, einem Jünglinge, vor jedem stillen, in sich gekehrten Dasein, sie empfinden ihn vor einem Tiere, einer Landschaft, vor der Erde selbst und ihren Pflanzen, vor den Lilien und sagen: Sie sind mehr und grösser als wir, denn sie sind das, was wir nur bilden; sie sind mehr und grösser als wir, denn sie sind das, was sie sind, und wir sind stets nur entweder zu stolz oder zu feige und sind stets nur unsere Worte, unsere stolzen und darum feigen Worte; sie sind das, was sie sind, sie sind die Musik und das Heilige und Freie und Reine. Und es ist, als ob sie mit diesem Gefühl von allem, was doch nur um ihretwillen da und Musik und heilig und rein ist, losgerissen wären, und es ist, als ob sie mit ihrem einzigen und namenlosen Motiv gebrochen hätten. Sprich, muss einer wahrhaftig nicht alle Motive haben und grundlos sein, um sich also von seinem einzigen und namenlosen Motiv losgerissen zu fühlen? Es ist, als ob jetzt zwischen ihnen und ihrem einzigen und namenlosen Motiv, zwischen ihnen und Gott, der Tod wäre, und als müssten sie jetzt, da ihre Blicke trübe sind, ihr einziges und namenloses Motiv mit dem Tode verwechseln; es ist, als müssten sie sich in den Tod werfen, um zu ihrem einzigen und namenlosen Motiv zu kommen. Doch der Tod, das ist nur eine Illusion, ein Traum, und da sie, von Geburt an begnadet und geweiht, das Äusserste tun, kehren sie staunend um und machen aus dem Tode ihr Staunen und kommen wie aus dem Tode, wie aus einem Traume zu sich selbst zurück und sind wie auferstanden und schauen das Licht. Wovon sie leben, das scheint sie stets zu vernichten und zu verschlingen, und was sie stets zu vernichten und zu verschlingen scheint, das allein gibt sie dem Leben wieder. Die ewige Wiedergeburt im Werke, in sich selbst ist das einzige, das namenlose Erlebnis des Musikers. Es war, als ob sie vom Unendlichen losgerissen wären und bis in das Reich Gottes ihre Grenzen hätten erweitern wollen — und es ist, als ob sie jetzt im Unendlichen, in Gott sich umkehrten und aus dem Reiche, dem Frieden Gottes verjüngt zu sich selbst und ihrem neuen Werke wiederkämen.

Ja, Freund, dieses unendliche, göttliche Erlebnis, diese Wiedergeburt ist das einzige, das wahre und darum namenlose Motiv des Musikers. Wenn du es seinen Zweifel oder seine Schwäche nennst, so sind das nur Worte, die langsam gehen und dich aufhalten und umkehren, denn schneller, als du es denken oder sagen kannst, bevor du noch hinkommst, hat sich der Zweifel in den Glauben und alles Müde in eine Wollust gekehrt. Und wenn du es mit anderen Worten seine Treulosigkeit und seinen Trug nennst, so sind auch das nur Worte, die langsam gehen und dich aufhalten und schliesslich umkehren, denn schneller, als du es denken oder sagen kannst, bevor du hinkommst und es sehen könntest, ist diese Treulosigkeit seine einzige Treue und dieser Trug sein Bild und Spiegel geworden. Und wenn du sagst, Gott hat ihn niedergeworfen, so sei überzeugt: Gott weiss es besser und hat ihn wieder aufgerichtet — flinker als dein Wissen und deine Vernunft gehen. Und wenn du sagst: Gott hat mit ihm gespielt, so wisse: Gott hat mit ihm gespielt, gleichwie die Mutter mit ihrem Kinde spielt, und hat ihn für einen Augenblick allein gelassen, da er ihn kennt und seiner ganz sicher ist. Und wenn du sagst, dass Gott ihn mit dem „Teufel" versucht, und fragst, warum ihn Gott mit dem „Teufel" versucht habe, so unterbreche ich dich schneller als gewöhnlich, so wisse es ganz schnell und bestimmt und immer: Engel sollen ihm dienen.

Freund, ich schliesse. Ob du es dir selbst gestehst oder verschweigst, dieses einzige Erlebnis, dieses namenlose Motiv ist in jedem Augenblicke von allen, die zu hören wissen, eingestanden und verschwiegen. Du kannst es nicht verwechseln, du kannst dich hier nicht mehr irren. Und machen wir nicht alle, jeder in seiner eigentümlichen Weise, nur darum Musik, weil und damit wir uns endlich einmal nicht wieder verwechseln, weil und damit wir uns endlich einmal bestimmt nicht irren? Und wenn du ganz genau jenes Werk mit Namen kennen willst, in dem mit herrlichster Deutlichkeit und schönster Offenheit jenes einzige, namenlose Motiv alle anderen sogenannten Motive verbindet und erschöpft und spiegelt, so nenne ich dir das Werk, das mir als ein Höchstes gilt, so nenne ich dir die ganze Musik Richard Wagners, das Werk meines und deines Meisters. Ich musste viele Worte machen, damit wir uns einigen; in diesem Werke waren wir und sind wir doch stets einig. Das war des grössten Meisters ewiges und namenloses Erlebnis, was immer eifrige Biographen, Freunde und Philologen dagegen einwenden: Gott hat ihn mit dem Tode — so darf man es hier sagen versucht, und Engel kamen, ihm zu dienen.

Parsifal von Odilon Redon

TAGESCHRONIK

Wir werden um Abdruck nachstehenden „Offenen Schreibens an den Vorsitzenden des Richard Wagner-Vereins zu Amsterdam Herrn Dr. Henri Viotta-Haag" ersucht: „Von vollgültiger Seite ist den Unterzeichneten bestätigt worden, dass Sie, trotz mehrfacher schriftlicher Proteste, beabsichtigen, das Bühnenweihfestspiel Richard Wagners ‚Parsifal' im Mai d. J. in Ihrer Gesellschaft aufzuführen. Dass diese Aufführung trotzdem eine öffentliche wäre, darüber kann niemand im Zweifel sein; denn eine von einem geschlossenen Verein ausgehende Schaustellung, zu der sich jeder Beliebige durch Ankauf einer Eintrittskarte oder einer Mitgliedskarte Ihres Vereins Zutritt verschaffen kann, unterscheidet sich, materiell wie rechtlich, in nichts von einer öffentlichen theatralischen Darbietung. Selbst in der Annahme, dass Sie, bona fide handelnd, die Aufführung zum Zwecke der Vermittlung des Kunstwerkes an eine engere Gemeinde in's Auge gefasst hätten, müssten wir im Namen Richard Wagners und seiner Erben nachdrücklichst dagegen Verwahrung einlegen, dass unter dem Scheine einer Vereinsaufführung oder irgendeiner anderen täuschenden Umhüllung, von irgendwem oder irgendwo einer der schreiendsten Rechtsbrüche und moralisch verwerflichsten Handlungen verübt oder geduldet wird. Vielleicht wissen Sie nicht, dass es laut eines offenkundigen Briefes an Ludwig II. König von Bayern die letztwillige Verfügung des grossen Toten war, dieses Werk einzig und allein für Bayreuth zu erhalten, und haben daher nicht bedenken können, dass im bürgerlichen Leben jede, auch die geringste Verletzung der letztwilligen Verfügung eines Verstorbenen sich als eine unwürdige Missachtung heiliger Gefühle charakterisiert und immer und ewig, zu allen Zeiten und bei allen Völkern, auf das Schuldkonto einer zweifelhaften Gesinnung gesetzt ist. Jedoch, und das geht Sie als den Vorsitzenden eines Vereins an, der einer grossen Sache zu dienen vermeint, — in einem viel schlimmeren Lichte erscheint, nicht nur in den Augen der Zeitgenossen, wer aus Gründen des Ehrgeizes, der Selbstgefälligkeit oder der Bereicherung eben diese Sache verrät, indem er sich an dem Geiste einer erhabenen Idee, einer heiligen Kunst, versündigt. Wir halten Sie für zu anständig, den abscheulichen Kniff eines amerikanischen Unternehmers dadurch zu übertreffen, dass Sie unter der Vorspiegelung eines künstlerischen Interesses Ihrem Lande die Rechtmässigkeit einer Aufführung des ‚Parsifal' vortäuschen wollen. Sie leben in einem Lande, dessen Gesetzgebung die Ausbeutung fremder künstlerischer Erzeugnisse einstweilen noch gestattet; de jure können Sie tun und lassen, was Ihnen beliebt; doch es wäre traurig, wollte ein Edelmann ein juristisch formales Recht zur Beschönigung einer unedlen Handlung missbrauchen. Sollten Sie das Vermächtnis des verewigten Meisters nicht kennen, so werden Sie wenigstens den Geist einer Kunst achten müssen, die eine Welt von Liebe und Schmerz in sich birgt und ein Menschheitsschicksal voll Blut und Wunden verkörpert. Sollte auch diese letzte Mahnung Ihr Herz nicht rühren können, so werden Sie schliesslich die Gefühle und Empfindungen eines dem Ihrigen blutsverwandten Volkes achten müssen, das in Richard Wagner einen seiner grössten Söhne verehrt und das Andenken an ihn, wie die Pflege seines Namens und seiner wahrhaften, ganzen und unteilbaren Kunst, wie etwas Heiliges und als eine der ersten und vornehmsten nationalen Pflichten betrachtet. Noch hoffen und glauben wir, dass Sie als Künstler, der seinen Namen wert hält, Ihren Irrtum nach allen Richtungen hin einsehen und Ihr Vorhaben aufgeben werden. Gezeichnet: Karl Klindworth. C. F. Glasenapp. Hans Paul Freiherr von Wolzogen. Engelbert Humperdinck. Rudolf M. Breithaupt."

Eine grosse Anzahl deutscher Kapellmeister hat gegen die geplante Aufführung des „Parsifal" in Amsterdam gleichfalls Protest eingelegt.

Eine „Richard Wagner-Gesellschaft für germanische Kunst und Kultur" hat sich in Berlin konstituiert. Präsident der Gesellschaft ist Prof. Dr. Josef Kohler, Vizepräsident Prof. Dr. Hans Dütschke, Schatzmeister Rentier Eugen Schweitzer. Zweck der Gesellschaft ist, der Kunstanschauung Richard Wagners besonders auf dramatischem Gebiete im Kampf gegen unkünstlerische und kulturwidrige Bestrebungen, wie überhaupt einer vertieften künstlerischen Auffassung in weiten Kreisen des Volkes zum Siege zu verhelfen. Dieser Zweck soll vor allem durch die Aufführung von Schauspielen zur Hebung germanischer Kunst und Kultur erreicht werden. Die Gesellschaft wird aber auch im Sinne eines Wagnerschen Gesamt-Kunstwerkes durch Vorführung von Werken der bildenden Kunst und Musikaufführungen im Geiste Richard Wagners wirken.

PROTEST GEGEN PARSIFAL-AUFFÜHRUNG IN AMSTERDAM

Der oben wiedergegebene Offene Brief gegen die geplante Erstaufführung des *Parsifal* in Amsterdam — die am 20. Juni 1905 allen Protesten der Freunde von Bayreuth zum Trotz stattfand — ist ein gutes Beispiel für die national-sentimentale Argumentation aus Bayreuth. Es paßt dazu, daß gleich darauf die Nachricht von der Gründung einer „Richard Wagner-Gesellschaft für germanische Kunst und Kultur" in Berlin folgt, deren erster Vortrag Fidus gewidmet ist, der seine Wagnernachfolge auch im Entwerfen von monumentalen Musiktempeln, einer Ring-Tonhalle für 18—20 000 Hörer und ähnlichen Projekten offenbarte (siehe auch Seite 83, 171, 179).

Sonntag, den 30. April 1905, abends 8 Uhr

im

Theatersaal der Königlichen Hochschule für Musik

Tempelkunst-Abend:

Das sichtbare Gesamtkunstwerk bei Fidus als Erweiterung des Bayreuther Gedankens.

Vortrag von **Wilhelm Spohr**

mit farbigen Lichtbildern von **Fidus** und freier musikalischer Begleitung durch

Herrn Kapellmeister **Walter Meyrowitz.**

Konzertflügel von **C. Bechstein.**

(Nach dem ersten Teile des Vortrags findet eine Pause statt.)

Preis 10 Pfennig.

PARSIFAL. ZEICHNUNG VON FIDUS

II. 16

Diese „Einführung in moderne deutsche Philosophie“ erwuchs aus Vortragszyklen, die Theodor Lessing im Rahmen von extra dafür ins Leben gerufenen Volkshochschulkursen im Jahre 1904 in Dresden veranstaltete, als er als Lehrer in einem kleinen Landerziehungsheim bei Dresden tätig war, „das zuerst in Deutschland den wichtigen Gedanken verwirklichte, beide Geschlechter gemeinsam zu erziehen“. Die Buchausgabe enthält als Motto Verse von Ludwig Klages, mit dem Lessing während seiner Schulzeit in Hannover befreundet war. Lessing, der am 25. April 1925 im „Prager Tagblatt“ vor der am nächsten Tag stattfindenden Wahl Hindenburgs zum Reichspräsidenten gewarnt hatte, da, wie der Schluß lautet, die Geschichte zeige, „daß hinter einem Zero immer ein künftiger Nero verborgen steht“, und der schließlich durch organisierte deutsch-nationale Studentenkrawalle seinen Lehrauftrag verlor, wurde am 30. August 1933 in Marienbad erschossen: auf seinen Tod hatten die Nazis ein Kopfgeld von 80 000 Mark ausgesetzt. Klages wandte sich früh von seinem jüdischen Schulfreund ab und gelangte 1940 in seiner Einleitung zu Alfred Schulers *Fragmenten und Dichtungen* schließlich zu der schamlosen These, George habe nur als Nutznießer „Judas“ seine Erfolge erzielt.

Schopenhauer ◦ Wagner Nietzsche

Einführung in moderne deutsche Philosophie

von

Theodor Lessing

„Sie dürfen früh des ew'gen Lichts genießen,
Das später sich zu uns herniederwendet.“

München 1906
C. H. Beck'sche Verlagsbuchhandlung
Oskar Beck

2. Zur Analyse Wagners.

Feuerbach und Schopenhauer, Lebensbejahung und Verneinung, ein Prinzip, welches die konkreten Formen verflüssigt und die Gesetze des Musikalischschönen nur anerkennt, um sie zu zersprengen und daneben eine Tendenz zum Stabilen und Einheitlichen, — das liegt auch in Wagners Musik von vornherein nebeneinander. Und so ist es nur Ausdruck des tieferen musikalischen Gehalts, wenn dieser Kontrast sich erneut in den Gestaltengruppen und äußeren Bühnengeschehnissen, welche aus dem Strom der Musik emportauchen wie Geister über den Wassern. Gleich Schatten, die aus der Seele der Musik sich Blut und Leben trinken. Gleich Scharen von Abgeschiedenen, welche das Gemälde bewegten Lebens über den Fluten der dunklen Styx wiederholen, während der finster ziehende Totenfluß mit dröhnendem Katarakt das Grundmotiv des Schattentanzes rauscht, den cantus firmus einer Harmonie, die vom tiefsten Kontrabaß zu höchsten Höhen führt. Schon im Fliegenden Holländer, dessen Stoff Wagner aus Schriften Heinrich Heines nimmt, tritt dem im Holländer verkörperten Prinzipe des faustischen, byronischen Lebenswillens, des dämonisch ruhelosen und vom Genuß zu Begierde taumelnden, ewig bewegten Mannes, die klare starke Senta entgegen, die in ihrer dürftigen idyllischen Enge, in der fernen Heimat ihres Stranddorfes ebenso in die Tiefe strebt, wie der ahasverische Mann in das Weite. Das Weib, das den Grenzenlosen bindet und in dessen Seele Liebe und Tod (die bei Wagner immer wieder wie Transpositionen des gleichen Themas in Dur und Moll ertönen) ineinander fließen, die große Erlöserin des blinden Menschenwillens: erlösende Liebe, erlösender Tod. Es scheint mir eine der zartesten, unbewußt und unreflektiert tiefsten psychologischen Einsichten Wagners zu sein, daß schon im Holländer, genau wie im Ring, der Gegensatz von Wille und Intellekt —, allen gewohnten Lehrmeinungen zum Trotze, alle den sattsam bekannten Gemeinplätzen entgegen, welche dem Manne die überlegene Logik und Objektivität und dem Weibe das stärkere Gefühls- und Triebleben zubilligen —, derart verkörpert wird, daß gerade der Mann den Willen, das Weib aber die erlösende und bindende Kraft der Vorstellung repräsentiert, daß das vitale Prinzip als männlicher, das intellektuelle als weiblicher Natur angesprochen wird. Denn wie der Holländer und Senta, so stehen in umfassenderem Rahmen, gleichsam als weitester Ring, der alle engeren Ringe mit umschließt, Wodan und Gerda einander gegenüber. Wodan, die Personifikation des Weltwillens, des blindwütenden, nie erlösten, rastlos strebenden Willens zum Leben. Und Urda, die Allmutter Weisheit, die an den Wurzeln der Weltenesche hockend, das Verhängnis der Welt erkennt und im Erkennen erfüllen muß. Sie stehen da, als der Schopenhauersche Urgegensatz von Wille und Intellekt, gleichwie in der griechischen Mythologie das feindliche Brüderpaar Prometheus, der Vorbedenkende und Epimetheus, der Nachbedenkende. Prometheus, der Vorbedenkende, ist der praktische, handelnde, agitatorische Mensch, der in der sittlichen Tat, im Herabholen des Feuers vom Himmel und in den nützlichen Zwecken der Verschönung der Erde und Beglückung des Menschen sein letztes Ideal sucht. Epimetheus dagegen will nicht, sondern erkennt, trachtet nicht, sondern betrachtet. Er ist nicht ein Mann der ruhelosen Sehnsucht, welche schließlich selbst

Verbrechen und Frevel nicht scheut. Er hat nicht wie sein unglücklicher, größerer Bruder an den Felsen des Kaukasus geschmiedet, das kühne Wollen mit endlosem Leiden zu zahlen. Er ist der theoretische Mensch, welcher ruhig erkennt und die Dinge von hinterdrein beurteilt. Der Vorbedenkende opfert sich einem Ideale, aber der Nachbedenkende benennt und kritisiert alle Werte und verrennt sich niemals in die Einseitigkeit des großen lebenzeugenden Fanatismus, sondern verharrt in beschaulicher Schönheit. — Es ist ein Gegensatz sittlicher und ästhetischer, sozialer und religiöser, wissenschaftlicher und romantischer, technischer und agrarischer Lebensinteressen und Willensziele. Und es ist ein analoger Gegensatz, den wir, wenn wir uns auf gründlichere Interpretierung Wagnerscher Werke einlassen dürften, fast in jedem seiner Hauptwerke und in seinen wichtigsten Schriften aufweisen könnten. Diese Doppelnatur wird freilich nicht überall sogleich deutlich. Vielleicht ist im Tannhäuser der Gegensatz von Christus und Venus, von Todessehnsucht und Lebensdrang am einfachsten ausgeprägt. Auf der einen Seite steht das christlich-asketische Ideal der wahl- und selbstlosen Liebe, auf der andern die antike Idee des vollen harmonischen Lebensgenusses. Und auch hier vollbringt das Weib die Erlösung des im Banne der Willensbejahung befangenen Mannes. Ein ähnliches Thema wollte Wagner schon zuvor im Manfred behandeln: Die Befreiung einer in den Banden der Sinnenlust festgeschmiedeten großangelegten Menschennatur durch die himmlische Stimme sittlicher Lebenspflicht. Die Verkörperung des Intellektuellen oder (was nach unserer Theorie dasselbe ist) des ethisch-sozialen Prinzips sollte auch hier dem Weibe zufallen, während auf Seiten des Mannes die primitivere, noch nicht aktivierte und gebundene Willensenergie vorausgesetzt wird. Im „Lohengrin“ endlich finden wir eine erste fantastische Andeutung des Kassandraproblems, jenes „Kulturproblems“, das schließlich bei Nietzsche zum Zentrum alles Denkens wird. Die Frage nach dem Werte der Wahrheit. Das Problem der „Intellektualisierung“ oder Kulturation, welche sich allgemach am natürlichen Menschen vollziehen muß. Hier wird noch in banalem und reaktionärem Sinne zugunsten des Unbewußten und Instinktiven entschieden. Nur im Glauben und Fühlen liegt das Heil der Herzen, während der Mensch, welcher fragt und sein Glück begrübelt, damit auch den besten Teil seines Glückes vernichtet. — Dieses volkstümlichste, aber sicherlich nicht bedeutendste Werk Wagners, schöpft wie alle seine Werke aus dem Bronne deutscher Tradition. Die Sage vom treuen Eckhard, vom Schatzgräber, der den Goldhort findet und schweigend heben soll, vom Schäferknaben, welcher die Prinzessin aus der Höhle befreit, dabei aber nicht nach rückwärts sehen und nicht sprechen darf, — viele solche und ähnliche Volkssagen klingen im Lohengrin an. Es ist der Fluch des Menschen, daß er nicht wie Tier und Pflanze unbewußt genießen und ohne die Krücken von Reue und Gewissen, ohne Zwecke und Ziele dem reichen weisen Leben sich hingeben kann. Darum rühren uns die kindlichen Gestalten der Antike. Darum blicken wir mit Heimweh in eine Blume und in Wehmut auf ein spielendes Kind: Sie leben noch in Sicherheit und Unschuld. Sie gehören sich selber, während wir uns alles zerschlagen und verbauen und sogar unsere Ideale zum Feinde unserer Wirklichkeit machen. Wir zergrübeln unser bestes Glück, bis der kranke Zwang zur Objektivität uns auch die eigene Persönlichkeit unerträglich macht. Bis jedes starke und naive Gefühl unter der Lupe des Wissens in graue Asche auseinanderfällt. . . . Am gewaltigsten aber lebt der Wagnersche Urkontrast von naiver Lebensbejahung und bewußter Abkehr vom Leben im Tristan. Auch hier ist Tristan der suchende, ehrgeizige, begehrende Mann. Isolde das edel besänftigende, zügelnde und den Willen erlösende Weib. Und in diesem erhabensten, musikalisch wie textlich geschlossensten Werke Wagners, das wie ein mächtiger, ruhevoller Strom seinem besten Leben entströmt, mischen sich die Welt der Nacht und die Welt des Tagesscheines, die grandioseste Bejahung des Lebens, die noch im Sterben zum Leben „Ja“ sagt und seine müde, weltabgewandte Überwindung; Liebe und Tod, so ineinandergeflochten, daß im Untergang des Individuums der Wille der Gattung das Leben segnet. Und schließlich im Parzival: Derselbe Gegensatz von Hingabe an die sittlichen, sozialen Pflichten des Lebens und buddhistisch-christlicher Abkehr, von Diesseits und Jenseits, Sinnlichkeit und Askese, dargestellt in den Gegensätzen des Parzival und der Kundry. — Muß ich noch sagen, daß dieses der seelische Bruch des Menschen Wagner gewesen ist? Des Menschen, der sich hier in eine Welt leuchtender Schönheit versenkt und Umgebungen schuf, die ihn, sehr unverdient, in den Ruf eines Hedonisten und epikureischen Sybariten brachten. Dort wieder Worte schrieb und sprach, so voll von Erdenüberdruß und Lebensekel, voll Todessehnsucht und Jenseitsdrang, daß der Sybarit im Grunde seines Herzens bitterster Christ und sentimentaler Asket gewesen zu sein scheint? In dieser Doppelheit der romantischen Seele mußte Wagner sich mit der rührendsten, ergreifendsten Gestalt begegnen, die wohl je auf einem Königsthrone gelitten hat, mit König Ludwig von Bayern, dieser typischen Verkörperung eines jenseitssüchtigen Erdenhungers, einer ebenso sublim vergeistigten als raffiniert sensuellen, ebenso maßlosen als schlaffen Sehnsucht, welche im Strahl irdischer Schönheit gebadet doch nie jene inneren Stimmen los wird, die uns zuraunen, daß im Grunde alles eitel und erbärmlich ist und der ärmste Bettler, der seinen Glauben an Lohn und Genugtuung jenseits des Grabes sich bewahrt, zu beneiden sei. Und auch in Wagners äußerem Leben kommen sie immer wieder nebeneinander zur Geltung: Prometheus-Vorbedacht und Epimetheus-Nachbedacht. Einerseits will er in Kunst wie Religion eine mystische, transzendente, den Sinnenmenschen kasteiende und an eine höhere Welt gemahnende Lebensmacht verehren, und spottend nennt er sich selbst in seinen letzten Jahren „Oberkirchenrat“ und „Konsistorialrat“. Daneben aber vermittelt er, indem er die Überwindung des Lebens predigt, die höchste Ekstase der Sinne, so daß seine Musik bisweilen (man denke an Stimmen von Venusberg oder Montsalvatsch) den doppelten Reiz hat, jede Nervenfaser vor Leben erbeben zu lassen, während sie doch das himmlische Jerusalem und Kreuzigung des Fleisches predigt. Ein Menschenbeglücker und Menschenverächter, ein großer Mitleider und großer Selbstsüchtling, ein Mann von unendlicher Hingabe und despotischem Eigenwillen, verschlossen und wahr, einheitlich und zerbrochen, ein Verklärer, Verherrlicher, Vergolder und jauchzender Liebhaber unseres Lebens und zugleich sein weiser Verächter und todestrauriger Richter. Der Narr des Lebens und sein Henker zugleich, das alles liegt nebeneinander in diesem großartigen Menschen und in dem Ausdruck seiner seelischen Flutungen, der Musik. Wie ungleich blickt er auf uns aus den vielen Bildern, die von ihm auf die Nachwelt kamen. Oft in lasser Behaglichkeit mit jener goetheschen Selbstgenügsamkeit, die den Ringenden empört; ein ander Mal mit Augen, aus denen das Notsignal hilflos suchender Seelen brennt; dann wieder in königlichem Stolz mit den Feuern genialer Schmerzen umgürtet; dann traurig und leidend, jenes stumme Weinen im Augenlicht, das lebenslang nicht aus Schopenhauers Antlitz wich. — Es ist der selbe Wagner, der im glorreichen Jahre 48 im wohltuenden Gegensatz zu Schopenhauer, der sich im politischen Leben stets als Erzreaktionär erwiesen hat, für das bedrückte Volk eintritt und mit den großen russischen Demagogen, mit Bakunin und Herzen Freundschaft hält und hier in Dresden, in dem kleinen Hause in der Ostraallee und in der Friedrichstraße in der praktischen Arbeit für die Menschheit, in der Regeneration des Volkes die Mission seines Lebens sieht. Und der andere Wagner, der in roten Atlashosen und Samtbarett sich in der Einsamkeit seiner Gletscherwelt verbirgt und über sein Haus das horazische Wort setzt: „ich hasse das Volk und halte es mir fern". Es ist der selbe Wagner, dessen Leben Züge des bewundernswertesten Heroismus und der heiligsten Menschenliebe aufweist und doch auch Schwäche, Haltlosigkeit und ein ewiges Lamento. So widerspruchsvoll ist der Mensch! Es ist unmöglich, seine Seele auf irgend eine Formel zu bannen. Es gibt keine gute und keine schlechte, keine wahre, keine falsche Natur. Niemand versteht sein Gestern und kennt sein Morgen. Keiner weiß vom andern, keiner von sich selbst. Montaigne hat Recht, wenn er sagt, daß auch der Beste mindestens zehnmal in seinem Leben verdient hätte, aufgeknüpft zu werden, daß auch der kleinste Pfahlbürger noch Unsummen von Rätseln und Widersprüchen in sich trägt. — Wie könnten wir also wagen, irgend ein apodiktisches „Urteil" über unsere Größten zu fällen? Sie bleiben das Einzige, was unser Leben rechtfertigt und heiligt, in dem Maße wie wir sie lieben und verstehen. Das Einzige, was von unser aller Leben und all der nutzlosen Arbeit sich in bessere Zeit hinüberrettet. Der selbe Mensch, der das eine Mal ein grenzenloses Mitleid auch mit dem verworfensten Geschöpfe predigt und im Menschen den Erlöser des Tieres grüßt, erweist sich ein ander Mal von rücksichtsloser Selbstgerechtigkeit und erbarmungsloser Härte. Hiervon würde ein wahrhaft napoleonischer Zug zeugen, den ich freilich nur aus mündlicher Erzählung kenne und darum mit größtem Zweifel an seiner Richtigkeit wiedergebe, zumal ich nicht weiß, woher er eigentlich stammt. Wagner soll, als er, ich glaube in Venedig, komponierte, vor seinen Fenstern einen Kinderspielplatz gehabt haben. Das Geschrei der spielenden Kinder soll ihn gestört haben und so heißt es, daß er seinen Diener beauftragt, Glasscherben zu kaufen und zu zerhacken, die er über Nacht auf dem Sandplatz aussäen läßt, so daß die Kinder aus Furcht, sich zu verletzen, künftig seinem Fenster ferne bleiben. — Ich will hier wenigstens im Vorbeigehen kurz zwei andere anektotische Begebenheiten erwähnen, da ja meistens kleine konkrete Züge das Wichtigste einer Menschenseele offenbaren. Ich entnehme sie den Briefen und Schriften Wagners. Sie sollen unsere Skizze kurz zusammenfassend, noch einmal die beiden Seelenseiten Wagners kontrastieren helfen, Wagner, den Tagmenschen, der die Regeneration des Volkes, die praktische Arbeit, das Agitatorische in den Mittelpunkt seines Lebens stellt. Und Wagner, den Romantiker, dem alle praktische, utilitarische Arbeit völlig gegenstandslos erscheint gegenüber der Macht von Träumen und Gefühlen, die sich selber genug sind. — Der Wagner, der in Paris bitter ums tägliche Brot kämpft, stand einst am Tore der Weltausstellung, an einem Tage, als allen Parisern Schulkindern der Besuch der Ausstellung gestattet war. „Am Ausgange des Gebäudes durch den Einzug der Tausende von männlichen und weiblichen Zöglingen der Pariser Schulen festgehalten, verblieb ich eine Stunde lang in der Musterung fast jedes Einzelnen dieses eine ganze Zukunft darstellenden Jugendheeres verloren. Mir wurde das Erlebnis dieser Stunde zu einem ungeheuren Ereignis. Bis ich vor tiefster Ergriffenheit endlich in Tränen und Schluchzen ausbrach. Dies wurde von einer geistlichen Lehrschwester beachtet, welche einen der Mädchenzüge anleitete und am Portale des Eingangs wie verstohlen nur aufzublicken sich erlaubte. Zu flüchtig nur traf mich ihr Blick, um selbst wohl im günstigsten Falle von meinem Zustand ihr ein Verständnis zu erwerben. Doch hatte ich mich soeben bereits genug im Sehen geübt, um in diesem Blicke eine unaussprechlich schöne Sorge als die Seele ihres Lebens zu lesen. Diese Erscheinung erfaßte mich um so eindringender, als ich nirgend sonst in den unabsehbaren Reihen der Geführten und Führer auf eine gleiche, ja nur ähnliche getroffen war. Im Gegenteil hatte mich hier alles mit Grauen und Jammer erfüllt. Ich ersah alle Laster der Weltstadtbevölkerung im voraus gebildet. Neben Schwäche und Krankhaftigkeit, Roheit und boshaftes Begehren, Stumpfheit und Herabgedrücktheit natürlicher Lebendigkeit, Scheu und Angst neben Frechheit und Tücke. Dies alles angeführt von Lehrern allermeist geistlichen Standes in der häßlich eleganten Tracht des neumodischen Priestertums. Sie selbst willenlos, streng und hart, aber mehr gehorchend als herrschend. Ohne Seele alles — außer jener einen armen Schwester." Und nun daneben die Nachtseele Wagners! „In einer bangen schlaflosen Nacht trat ich in Venedig auf den Balkon meines Zimmers über dem Canale grande. Wie ein tiefer Traum lag die märchenhafte Lagunenstadt im Schatten vor mir ausgedehnt. Aus dem lautlosen Schweigen erhob sich der nächtige Klageruf eines soeben auf seiner Barke erwachten Gondoliers, mit welchem dieser in wiederholten Absätzen in die Nacht hineinrief, bis aus weitester Ferne der gleiche Ruf den nächtlichen Kanal entlang antwortete. Ich erkannte die uralte, schwermütige, melodische Phrase, welcher seiner Zeit auch die bekannten Verse Tassos untergelegt wurden, die aber an sich gewiß so alt ist als Venedigs Kanäle mit ihrer Bevölkerung. Was konnte mir das von der Sonne bestrahlte, bunt durchwimmelte Venedig des Tages von sich sagen, das jener tönende Nachttraum mir nicht unendlich tiefer unmittelbar zum Bewußtsein gebracht hätte." — — Diese beiden Seiten also, der tagesfreudige, an die Zukunft der Menschheit glaubende Regenerator und Völkerlehrer und der weltabgewandte nächtliche Schwärmer, diese Mischung des Rationalisten vom linken Hegelschen Flügel und des Romantikers aus der Schule Schopenhauers, — diese beiden Pole fand nun der weitaus größte und gewaltigste Jünger Wagners in der Schöpfung seines Meisters vor. Dieser Gegensatz suchte in seinem Denken zuerst eine Synthese und fand in seinem ersten entscheidenden Buche, „der Geburt der Tragödie aus dem Geiste der Musik", den philosophischen Schlüssel. . . .

Wir durchwandern ein Stück Zeitgeschichte. Nichts zeigt so sehr, daß nicht wir, die Eintagsfliegen dieses Planeten unsere Zeit und unser Leben gestalten, sondern daß wir gestaltet werden und in all unseren Fragestellungen und Bewährungen nur die Spiegelung unserer Gelegenheiten, unserer Wirtschaft und speziellen Kultur sind, als daß es überhaupt möglich ist, die drei Männer, die unserm Zeitalter den Namen geben, in einen inneren biologischen Zusammenhang zu bringen. Sie sind die Menschen des selben Problems und Widerspruchs. Es beginnt mit Schopenhauer. Es findet mit Nietzsche seinen scheinbaren und vorläufigen Abschluß. Während Wagner zwischen diesen beiden unendlich gegensätzlichen Geistern eine Brücke schlägt. —

NOTIZEN.

Die Verlobung der Tochter Richard Wagners, Eva, mit Houston Stewart Chamberlain. Der Bräutigam der jüngsten Tochter Wagners erfreut sich schon seit Jahren in literarischen und wissenschaftlichen Kreisen hohen Ansehens und ist auch der Verfasser zahlreicher Werke über Wagner, die nicht nur mit ausserordentlicher Sachkenntnis und feinem Kunstverständnis, sondern auch mit einer Begeisterung geschrieben sind, die man selbst bei Wagnerverehrern nicht oft antrifft. Das hohe Interesse, das Chamberlain für die Werke Wagners empfand, brachte ihn auch mit der Familie Wagners in persönliche Berührung. Bei allen Festaufführungen in Bayreuth in den letzten Jahren sah man auch Chamberlain als ständigen Besucher. In Bayreuth war er ein häufiger Gast in der Villa Wahnfried und aus diesem persönlichen Verkehr keimten die Beziehungen auf, die nun zur Verlobung Chamberlains mit Eva Wagner führten. Im intimeren Kreise war es schon seit dem vorigen Jahre kein Geheimnis, dass Fräulein Wagner und Chamberlain eine herzliche Neigung zueinander gefasst hatten. Fräulein Wagner steht im 38. Lebensjahre und ist eine stattliche und sehr sympathische Erscheinung, die auf den ersten Blick durch die frappante Aehnlichkeit der Gesichtszüge an ihren Vater erinnert. Sie hat, wie ihr Bruder Siegfried, eine überaus sorgfältige Erziehung genossen, in der, wie wohl nicht erst hervorgehoben zu werden braucht, die Musikpflege viel Raum einnahm. Chamberlein steht im 54. Lebensjahre und ist in Portsmouth als der Sohn eines Admirals geboren. Er studierte in Genf Naturwissenschaften und Musik und vollendete seine Studien in Wien, wo er sich später an der Universität als Privatdozent für Philosophie habilitierte. Er verfasste eine Reihe von enthusiastischen und wertvollen Büchern über Wagner, so „Das Drama Richard Wagners", eine Wagnerbiographie, dann „Die ersten zwanzig Jahre Bayreuther Bühnenfestspiele" und „Parsifalmärchen". Von den Naturwissenschaften und speziell von entwicklungsbotanischen Studien wendete sich Chamberlain der allgemeinen Philosophie zu und sein Hauptwerk auf diesem Gebiete, „Die Grundlagen des 19. Jahrhunderts", eigentlich eine umfangreiche Einleitung zu einer grösseren Arbeit, zu der die Fortsetzung bisher nicht erschienen ist, gehört entschieden zu den erfolgreichsten wissenschaftlichen Werken der letzten zwei Jahrzehnte. Gewandte und temperamentvolle Darstellung, glänzende, wenn auch häufig paradoxe und zu Widerspruch reizende Ideen, grosse Belesenheit und Selbständigkeit des Urteils rechtfertigen vollauf die Aufnahme, die das Buch in mehreren Auflagen in Deutschland gefunden. Es ist gewiss ein interessantes Detail, dass dieses Buch den besonderen Beifall Kaiser Wilhelms II. gefunden hat, der auch wiederholt Personen, die er auszeichnen wollte, das Werk in einem Prachtbande überreichen liess.

Frau Cosima Wagners Töchter. Anlässlich der Verlobung der jüngsten Tochter der Witwe Richard Wagners, Fräulein Eva Wagner, gedenkt man auch ihrer Halbschwestern, der Kinder aus Frau Cosimas erster Ehe mit Hans von Bülow: Die älteste Tochter, Daniela (geboren 1860), ist seit 1886 die Gemahlin des Kunstgeschichtsprofessors Geheimen Hofrates Dr. Henry Thode in Heidelberg; die zweite, Blandina (geboren 1863), mit dem italienischen Grafen Gravina vermählt; die dritte, Ludowika (geboren 1865), die Gattin des tüchtigen Kapellmeisters Franz Beidler. Von dem letztgenannten Ehepaare wurde kürzlich gemeldet, dass es demnächst von Bayreuth nach München übersiedeln wollte. Richard Wagners und der Frau Cosima einziger Sohn Siegfried (geboren 1869) ist noch unvermählt und lebt in Bayreuth. — Frau Cosima Wagner ist bekanntlich von väterlicher Seite ungarischer Herkunft: eine Tochter von Franz Liszt, dem grossen Musiker und Virtuosen und von Marie de Flavigny, einer unter dem Namen „Daniel Stern" nicht unbedeutenden Schriftstellerin, die ursprünglich mit dem französischen Grafen d'Agoult vermählt gewesen und ihrerseits die Tochter eines französischen Offiziers, des Vicomte de Flavigny und einer Frankfurterin, Marie Bethmann, aus dem bekannten Bankherrengeschlechte, war. In den Kindern von Frau Cosima Wagner aus ihren beiden Ehen ist also deutsches, ungarisches und französisches Blut in wundersamer Vermischung vorhanden. Eine ältere Tochter von Franz Liszt und „Daniel Stern", Blandine, wurde übrigens, wie in Deutschland wenig bekannt ist, die Gemahlin des französischen Ministers Emile Ollivier, der in der Vorgeschichte des deutsch-französischen Krieges eine für sein Vaterland so verhängnisvolle Rolle spielte und jetzt, ein hoher Achtziger, noch immer seine ganze Kraft an sein monumentales Werk „L'Empire libéral" setzt. Das Befinden der greisen Herrin von Wahnfried war im letzten Jahre leider nicht immer das beste. Sicherem Vernehmen nach ist es gegenwärtig zufriedenstellend. Bei dem bevorstehenden Familienfeste werden alle Musik- und Kunstfreunde, die zur Sache Richard Wagners halten, der, nach des Meisters eigenem Zeugnis „ganz unerhört seltsam begabten Frau", mit den besten Glückwünschen gedenken.

Die Vermählung der Tochter Richard Wagners. Am 26. Dezember 1908, mittags um 12 Uhr, fand in aller Stille im Festsaal der Villa Wahnfried die standesamtliche Trauung des Wagner-Biographen Houston Chamberlain mit Fräulein Eva Wagner durch Bürgermeister Preu statt. Als Zeugen fungierten die dem Hause Wahnfried zunächst stehenden Familien Kommerzienrat von Gross und Freiherr v. Wolzogen. Sonst wohnte dem feierlichen Akte nur noch die Familie Wagner selbst bei, Frau Cosima Wagner, Siegfried Wagner, Geheimrat Professor Thode, der jüngere Graf Gravina und schliesslich der Bruder des Bräutigams. Obwohl Frau Cosima Wagners Befinden zurzeit durchaus zufriedenstellend ist, war es doch nötig, ihr jede grössere Aufregung fernzuhalten, es war daher von jeder weiteren Feier im Anschluss an die Ziviltrauung abgesehen worden; auch die kirchliche Trauung wurde aus dem gleichen Grunde nicht in Bayreuth abgehalten. Das neuvermählte Paar begab sich vielmehr noch abends um 5 Uhr über Nürnberg nach Zürich, wo dann die kirchliche Einsegnung des Ehebundes erfolgte. Von Zürich aus begaben sich die Neuvermählten auf eine kurze Hochzeitsreise, und trafen in der ersten Hälfte des Jänner in St. Margarethen an der Riviera mit Frau Cosima Wagner zusammen, die sich dorthin am 3. Jänner zu längerem Aufenthalt auch in diesem Jahre wieder begab. Herr und Frau Chamberlain werden ihre ständige Wohnung in Bayreuth nehmen.

Prinz Georg von Preussen über Wagners Werke. In einem Briefe dieses vor Jahren verstorbenen Prinzen erscheint folgende Stelle: „Ueber Wagner und Bayreuth bin ich unzurechnungsfähig, reene weg! Es war zu schön! Ich blieb lange wie in einen Zauberkreis gebannt. Ich war auch in Wahnfried. Es lässt sich nicht beschreiben; studieren Sie wenigstens die Klavierauszüge. Mit Worten lässt sich das nicht klar machen. Wie plätscherten die Nixen im Rhein, wie war dies durch das Orchester wiedergegeben! Dies mächtige Fluten, der Wellenschlag, das allmähliche Verlaufen des Wassers. Dann die Schmiede! Famos! Walhall und die wahrhaft olympische Introduktion in Des-Dur! Dann die Walküre! Wie ergreifend, wie urgermanisch! Mir ist, als hätte ich mit den Wälsungen gelebt. Siegfried ist noch schöner, in der ‚Götterdämmerung' sind Dinge, die sich kein Mensch vorstellen kann. Wer tadelt, schadet nur sich selbst!"

Richard Wagner und die österreichischen Militärsignale. Anschliessend an einen Aufsatz des Direktors des österreichischen Kriegsarchivs über die Entstehung der militärischen Signale, macht der Reichskriegsminister Baron Schönaich folgende hochinteressante Mitteilung: „Richard Wagner, der mehrmals bei meinem Stiefvater Dr. Standthartner im Allgemeinen Krankenhause in Wien abgestiegen war, hörte gern unsere Hornsignale, die aus der benachbarten Alserkaserne hinüberklangen. Das ‚Gebet', den eigentümlichen ‚Kirchenruf' und namentlich die ‚Retraite' erklärte der Vielgereiste für die schönsten militärischen Signale, die er gehört habe."

Hiezu wäre vielleicht noch erwähnenswert, dass der Regimentsruf des österreichischen 84. Infanterieregimentes genau einer Trompetenstelle aus ‚Rienzi' entnommen ist.

Eine Gedächtnishalle für Richard Wagner, die reichen Bilderschmuck nach den Musikdramen des Meisters tragen soll, wird in Mainz in der „Neuen Anlage" auf einer Anhöhe errichtet werden. Die Kommissionen des Stadtrates, denen das Projekt kürzlich vorgelegen hat, haben sich für die Ausführung ausgesprochen.

Bereits in seinem ersten Brief an Wilhelm II. vom 18. Januar 1901 spricht Chamberlain von seiner Überzeugung, daß „das Heil der Menschheit an die Zukunft des deutschen Geistes geknüpft“ sei. Sie beide verbindet neben dem Glauben an die Überlegenheit der „preußischen Rasse“ auch der gemeinsame Antisemitismus, der auch den Grundton der *Grundlagen des 19. Jahrhunderts* ausmacht, und die gemeinsame Verehrung für Richard Wagner, als dessen Schwiegersohn Chamberlain seit 1908 in Bayreuth eine verhängnisvolle Rolle zu spielen beginnt (siehe auch Seite 140, 169, 170, 217, 218).

15 The Leas. 25. September
Folkestone 1908.

E. K. u. K. M.

gestatten gnädigst, daß ich beiliegend einen Aufsatz übersende, der vor kurzem in der „Allgemeinen Zeitung“[1] erschien und bei dem ich nur zu bedauern habe, daß ohne meine Genehmigung der Titel „Lohengrin in Bayreuth“ umgeändert wurde in „Siegfried Wagner“, wodurch das Ganze einen persönlichen Anstrich erhielt, der meiner Absicht ferngelegen hatte. Ich würde mich glücklich schätzen, wenn E. M. diesen Aufsatz zu lesen geruhen würden.

Zum erstenmal seit neun Jahren war ich in Bayreuth. Diese Pause war günstig: die Werke selbst wirkten frisch auf mich ein und ich hatte außerdem ein unbefangeneres Urteil über das spezifisch „Bayreutherische“ an der Leistung. In beiden Beziehungen war der Eindruck ein gewaltiger.

Mein Bruder, der bekannte Japanolog, Basil Hall Chamberlain, war mit mir in Bayreuth, ein Mann, der die Hauptliteraturen der Welt in den Ursprachen genau kennt; wir lasen die Dichtungen Wagners wiederholt zusammen, als Vorbereitung zu den Aufführungen, und einmal über das andere rief er aus: „What an extraordinary people the Germans must be, not to see that, quite apart from the miraculous music, Wagner is one of the greatest p o e t s of humanity.“ Ich mußte ihm beistimmen, sowohl in bezug auf die überragende Weltbedeutung Richard Wagners, wie auch betreffs der stumpfsinnigen Beschränktheit eines großen Teils der durch den Einfluß ihrer Professoren um alle Unmittelbarkeit und Sicherheit des Empfindens betrogenen Deutschen.

Wie beglückte es mich zu sehen, daß eine ganze Anzahl deutscher Fürsten eine rühmliche Ausnahme bilden und warme Begeisterung für den großen Meister mit tiefem Verständnis für die einzigartige Bedeutung seines Bayreuth verbinden. Unter ihnen waren auch drei Söhne Eurer Majestät, denen ich zum ersten Male nahen durfte. Seine Königliche Hoheit Prinz Eitel Friedrich habe ich allerdings, trotz des freundlichen Entgegenkommens, was er mir bewies, nicht eigentlich sprechen können; an einer vollbesetzten Tafel war ich zu fern. Dagegen habe ich die Prinzen August Wilhelm und Oskar durch ihre gütige Erlaubnis und dank der freundlichen Einladung der Familie Wagner etwas näher kennengelernt und mich mit einem ihrer militärischen Begleiter, Graf Finkenstein, befreundet. Die jugendlich auflodernde Flamme reiner Begeisterung und dazu der ernste Wille, tiefer in das Verständnis dieses einzigartigen d e u t s c h e n Dramas einzudringen, namentlich beim Prinzen August Wilhelm, doch schien mir sein jüngerer Bruder nur durch Schüchternheit in gleicher Aussprache ein wenig gehemmt, hat mich geradezu ergriffen. Sicher ist, daß eine Befassung mit Wagner, wie ihn uns in seiner wahren Eigenart die Bayreuther Festspiele vermitteln und zu vermitteln einzig befähigt sind, gar keinen Zweck hat, wenn man nicht gewillt ist, der Sache in ernster Hingabe auf den Grund zu gehen, um sie zunächst in ihrer unvergleichlichen nationalen Bedeutung und — weiterhin — in ihrer kulturellen Tragweite zu ermessen. Kein Monarch hat besser als Eure Majestät begriffen, daß die Waffen allein eine Nation nicht groß machen können; dazu gehören noch ganz andere Dinge, Dinge, die uns heuzutage aus den Händen und aus dem Herzen geraubt zu werden pflegen.

Als mein Bruder Basil vor wenigen Wochen bei Präsident Roosevelt speiste und nachher eine zweistündige Unterredung mit ihm über das heutige Japan hatte, antwortete er auf des Präsidenten Frage, w o r i n eigentlich die Kraft der Japaner bestehe: „Because they have got ideals, Sir.“ Wie Homer Griechenland geschaffen hat, so wäre Wagners Kunst geeignet, den idealen Lebensnerv eines wiedergeborenen Deutschlands auszumachen — wenn es nur gelänge, sie aus der zermalmenden Umarmung der Juden und der Hofopernintendanten zu erlösen und kräftig ihr Verständnis zu verbreiten. Vielleicht gewinnt einstens seine Königliche Hoheit Prinz August Wilhelm in dieser Beziehung einen für sein Vaterland segensreichen Einfluß.

.... Ich wäre dankbar, wenn Eure Majestät die Gnade haben wollte, mich Ihrer Majestät der Kaiserin zu Füßen zu legen und mich dem Andenken der drei königlichen Prinzen gehorsamst zu empfehlen. Der Anblick dieser prächtigen Gestalten mit den klaren hellen Augen hat mich alten Hohenzollernverehrer wahrhaft beglückt.

In unverbrüchlicher angelsächsischer Treue

Eurer Majestät ehrerbietiger Diener

Houston Stewart Chamberlain.

Neues Palais, 18. 12. 1908

Mit herzlichen Segenswünschen zum neuen Jahr und bestem Dank für die freundlichen Mitteilungen. Möge in dem neuen Bunde, den Gott der Herr segnen möge, Ersatz für vorhergegangene Prüfungen Ihnen beschieden sein. Möge Ihnen die Frische der Schaffenskraft zum Heile unseres Volkes erhalten bleiben, welche gewiß gestärkt wird durch die großen Erinnerungen an den markigen gewaltigen Schöpfer unserer neuen germanischen Tonwelt.

Wilhelm I. R.

19. Dezember 1908
Wahnfried
Bayreuth.

Eure Kaiserliche und Königliche Majestät

geruhen, den Ausdruck meiner aufrichtigen Dankbarkeit für die schönen warmen Worte der Beglückwünschung entgegenzunehmen. Ich will kein Hehl daraus machen, daß ihr Ausbleiben mich tief geschmerzt hätte; denn wir Männer aus dem hohen Norden sind von gar fest haftender Treue der Gefühle, und die Hingabe an die Person Eurer Majestät und an deren erhabenes Haus ist eine leidenschaftlich bestimmende Regung in meinem Leben, wenn es auch nur wenig Gelegenheit gibt, ihr Ausdruck zu verleihen. Was tief wurzelt, scheut sich überhaupt vor den Worten — die unsere indoarischen Altvordern „die Wurzel der Lüge“ nannten. Und so pendelt man hin und her zwischen Redenwollen und Schweigenmüssen; ich danke Eurer Majestät, daß sie zu reden die Gnade hatte.

In Ehrfurcht und angelsächsischer Treue

Eurer Majestät gehorsamer Diener

Houston Stewart Chamberlain.

Kaiser Wilhelm der II., die Krise und — Richard Wagner. Der Kuriosität halber sei folgende französische Pressstimme zur deutschen Krise wiedergegeben. Marcel Habert, der getreue Knappe Déroulèdes, schreibt in einer der letzten Nummern der „Patrie": „Kaiser Wilhelm hält entschieden darauf, den ganzen Wagnerzyklus durchzuprobieren. Im Beginn seiner Herrschaft liess er sich gern mit dem Ritter Lohengrin vergleichen, dem geheimnisvollen Befreier der blonden Elsa, in der sich Germanien personifiziert. Nach einem kurzen Abstecher aufs Kunstgebiet, wo er sich durch seine vielseitigen Anlagen zum Maler, Dichter und Musiker nach Kräften bemüht zeigte, die Erinnerung an den Kunsterneuerer Walther aus den ‚Meistersingern' wachzurufen, sah er sich im Gefolge des ‚Fliegenden Holländers' auf die wogende See hinausgelockt, in deren Tiefe er durch seine phantastischen Schiffsbauunternehmungen einen tüchtigen Batzen der deutschen Ersparnisse versenkte. Dann kam die Reihe an ‚Parsifal', den gottbegnadeten Helden Parsifal, den Vertreter Gottes auf Erden, den mystischen Schwärmer, den alleinigen Hüter der hehrsten Wahrheit. Und nun sehen wir ihn am letzten Tage des Nibelungenringes! Das Rheingold — die fünf Milliarden unserer Kriegsentschädigung — ist dem törichten Knaben Siegfried zwischen den Fingern zerronnen. Obwohl er den furchtbaren Lindwurm Fafner erlegte, der den nachtspendenden Zauber geraubt hatte und nach seiner Niederlage vor Wut gestorben war, — wer erkennt hierin nicht die tragikomische Geschichte vom Sturze Bismarcks! —, sieht sich der Held in seinem weiteren wechsel- und überraschungsreichen Leben von den Ränken des listigen Hagen verfolgt, des Erben der klugen Zwerge, die den Ring und den Helm schmiedeten, womit sich Siegfried so gern zu verkleiden pflegt. Ach, Hagen, in Gestalt des Fürsten von Bülow, hat den armen Siegfried, der eben von der Jagd heimkam, meuchlings und hinterrücks mit dem Speere erstochen! Und unter dem klingenden Gelächter der Rheintöchter, der deutschen Presse, versinkt unser Lohengrin-Siegfried-Walther-Parsifal. Götterdämmerung dunkelt herauf!" Man sieht, die Franzosen haben von den Wagneraufführungen profitiert. Im übrigen: „Errätst du auch dieser Raben Geraun? Revanche rieten sie mir!"

Der „Richard Wagner-Verband deutscher Frauen". Jetzt, da nach den heissen Kämpfen um die Wagnersche Kunst weithin ruhevolle Dankesfreude ob dem Besitze der erhabenen Meisterwerke waltet, gilt es, ein werbendes Bemühen um dauernde Forterhaltung des Bayreuther Festspiel-Vermächtnisses, die vom Jahre 1913 ab wohl nur bei einer bis dahin erzielten Erhöhung der Bayreuther Stipendien-Stiftung auf eine Million Mark als gesichert erscheinen könnte. Zu dieser Summe fehlen gegenwärtig noch nahezu drei Viertel, und da ist es denn mit Freuden zu begrüssen, dass sich unter Fräulein Anna Helds erfolggläubig-begeisterter Führung viele namhafte und hochangesehene deutsche Frauen zu einem „Richard Wagner-Verbande" zusammengetan haben, der, ähnlich wie das seinerzeit durch den „Schillerverband deutscher Frauen" vollbracht worden ist, die fehlende Summe durch grosse, kleine und selbst allerbescheidenste Beiträge kunstfroher Frauen und Jungfrauen aufbringen will. In einem mit dem Formular für Beitrittserklärungen versehenen Aufrufe, der soeben zur Versendung gelangte und und auch von der provisorischen Geschäftsleitung (Fräulein Anna Held, Leipzig, Königstrasse 26, I. oder vom Schatzmeister (Herr Gustav Herrmann, Leipzig, Parkstrasse 8) bezogen werden kann, richtet der „Richard Wagner-Verband deutscher Frauen" an alle deutschen Wagner-Verehrerinnen die Bitte, „sich, eingedenk der Stunde, da des Meisters Kunst ihre Seelen hoch emportrug über den Alltag, mit einem ihren Mitteln entsprechenden Jahresbeitrag an dieser Sammlung zu beteiligen, und in Freundeskreisen nach Kräften für die Erwirkung eines würdigen Nationaldankes zum 100. Geburtstage Richard Wagners zu werben.

Arthur Smolian.

Um das Andenken des berühmten Meisters zu ehren, hat sich ein Klub „ehemaliger Rheintöchter" gebildet.

Der 1909 sich konstituierende „Richard Wagner-Verband deutscher Frauen" stellt trotz aller idealistischen Aktivität zugunsten des Stipendienfonds eine weitere Waffe im Kampf um die sich immer stärker nationalisierende Wagner-„Sache" dar. Die Gesinnung seiner Mitglieder bleibt auch nach dem Ersten Weltkrieg streng monarchistisch und für das in Bayreuth „wohnende reinste Deutschthum" schwärmend (siehe Seite 142). Nach dem Zweiten Weltkrieg wird er 1947 in Hannover als „Richard Wagner-Verband" wiedergegründet (siehe Seite 250).

Ein Richard Wagner-Denkmal in München.

Nach langem Ueberlegen ist endlich am 9. Juli die Platzfrage für das Richard Wagner-Denkmal erledigt worden. Die Stadtgemeindeverwaltung hat hiefür den allgemein als geeignetsten Ort vorgeschlagenen freien Platz vor dem Prinz-Regententheater zur Verfügung gestellt. — Hierzu erlässt Siegmund v. Hausegger unter dem Titel: „Welches Denkmal soll München Richard Wagner errichten?" folgenden Aufruf:

Richard Wagner soll in München ein Denkmal errichtet werden. In der Tat hat unsere Stadt erhöhte Veranlassung, diesen Meister zu ehren, nicht nur, um den Genius für die Fülle edelster Erhebung Dankesschuld zu zollen, sondern auch, um den engen Zusammenhang, der das Schicksal seiner Werke mit der Kunstgeschichte Münchens verbindet, zu bekunden. Welcher Art nun soll das Denkmal sein, das am überzeugendsten der Mit- und Nachwelt dartut, wie vertraut wir mit dem Geiste sind, der die Schöpfungen Wagners beseelt, und wie klar wir verstanden haben, was Richtung und Ziel seines Lebens war? Wird die Schaffung eines Standbildes am Platze sein, oder kann es uns vielleicht gelingen, eine Form zu finden, welche mehr der Denkungsart des Meisters entsprechen würde? Dem Steindenkmal haftet der Begriff des Vergangenen, Abgeschlossenen an. Wagners Dramen freilich liegen abgeschlossen vor uns, den grünen Hügel zu Bayreuth krönt das Festspielhaus. Noch aber harrt der Lieblingsgedanke des Meisters der Vollendung, Bayreuth als ein deutsches Olympia, zum Sammelpunkt des deutschen Volkes zu machen, die Pforten des Festspielhauses nicht gegen Entgelt, sondern frei allen denen zu öffnen, die wenig mehr als ihre Begeisterung mitbringen, und demgemäss den Minder- und Unbemittelten durch Zuweisung von Reisestipendien und Eintrittskarten die Fahrt nach Bayreuth zu ermöglichen.

Als Wagner diese Idee aussprach, hatte er gehofft, dass sie vom deutschen Volke freudig aufgegriffen werde. Die Aufforderung, dem Wagnervereine beizutreten, dessen Mitgliederbeiträge die Festpiele finanzieren und hiedurch die Leitung in die Lage versetzen sollten, Würdigen und Bedürftigen uneingeschränkt freien Eintritt zu gewähren, fand aber nur schwachen Widerhall. Dadurch waren die Festspiele ausschliesslich auf die eigenen Einnahmen angewiesen. Diese fliessen, soweit sie nicht durch die enormen Kosten der Aufführungen in Anspruch genommen werden, in den Festspielfonds, der die Bestimmung hat, Defizite, die regelmässig bei Neuaufnahme eines Werkes in den Spielplan eintreten, zu decken oder für unvorhergesehene Fälle bereit zu liegen. Gänzlich unabhängig von dem Festspielfonds wurde zu Wagners Lebzeiten durch den kunstsinnigen Friedr. v. Schoen der Stipendienfonds gegründet, der durch Beiträge von Freunden der Sache und der Familie Wagner bis zur Höhe von 300.000 Mark angewachsen ist; seine Zinsen werden jedes Jahr zu einer grossen Anzahl von Reisestipendien und Eintrittskarten verwendet. Trotzdem ist er aber zu gering, um in dem von Wagner gewünschten Masse der Allgemeinheit zugute zu kommen. Denn die Bewerbungen übersteigen bei weitem die vorhandenen Mittel.

Unter dem Namen „Nationaldank" hat sich vor einigen Jahren eine grossgedachte Bewegung gebildet, deren Ziel ist, bis zur hundertsten Jährung von Wagners Geburtstag, also bis 1913, durch freiwillige Beiträge den Stipendienfonds auf eine Million Mark zu ergänzen und durch solche Stiftung dem Meister das sinnigste Denkmal zu errichten. Seine Fortschritte zu beschleunigen und der geplanten nationalen Kundgebung zugleich die eindrucksvollste und schönste Form zu geben, ist in diesem Jahre ein „Richard Wagner-Verein deutscher Frauen" gegründet worden. Er will jeder Frau Gelegenheit geben, nach Massgabe ihrer Verhältnisse an dem idealen Werke mitzuwirken und durch die Möglichkeit kleinster Beiträge auch die weitesten Kreise heranziehen.

Diese Bewegung soll beweisen, dass wir uns heute zu Bayreuth anders verhalten, als im Jahre 1876, wo das deutsche Volk dem völlig Neuartigen, Gewaltigen des Unternehmens gegenüber versagte. Wir Kinder des 20. Jahrhunderts verstehen und würdigen die hohe Bedeutung der Festspiele, wir hegen den Wunsch, dem Genius nicht als die stets nur Empfangenden gegenüber zu stehen, sondern wo die Gelegenheit geboten wird, auch selbst an der letzten Ausgestaltung seiner Schöpfung mitzuwirken. Was Wagner mit Bayreuth verheissen, was also seines Amtes war, hat sich erfüllt. Unerfüllt blieb nur der Teil des Bayreuther Gedankens, dessen Mitschöpfer das Volk sein sollte. Ist es da nicht schönste Ehrenpflicht der Nachwelt, zu vollführen, was die Mitwelt unterlassen, und dem stolzen Lebenswerk den letzten fehlenden Stein einzufügen?

Welche Stadt wäre nun berufener, bei solch bedeutsamer kultureller Tat die Führung zu übernehmen, als unser München, das durch tausend Fäden mit der Kunst Wagners verknüpft ist, an dessen Bühne „Tristan" und „Meistersinger" ihre Uraufführung erlebt hatten? Hier muss der Ruf an die Frauen, dem Richard-Wagner-Verbande beizutreten und so Wagner durch Erfüllung seines Lieblingswunsches ein lebendiges Denkmal zu setzen, den begeistertsten Widerhall finden, besonders wo es die Ehrung eines Dichters gilt, der wie kaum ein zweiter Frauenwert verherrlicht hat*.

An den Frauen Münchens ist es also, durch imposante Beteiligung unserer Stadt die ihr gebührende Führung in der nationalen Kundgebung zu sichern. Da jeder kleinste Betrag willkommen ist, braucht keine kunstsinnige Frau zurückzustehen. Wie es in wenigen Wochen gelang, für die Notleidenden Messinas 5 Millionen, für die epochemachende Erfindung des Grafen Zeppelin 6 Millionen aufzubringen, so darf man hoffen, dass in viereinhalb Jahren 700.000 Mark zusammenkommen, wo es eine Stiftung gilt, deren Segen ausschliesslich wiederum dem deutschen Volke selbst zugute kommt, indem sie die Tore Bayreuths Tausenden öffnet, die bis jetzt ferne stehen mussten. Dann wird das Bild idealer Gesinnung, das durch die Namen Messina und Echterdingen gekennzeichnet ist, seine schönste Ergänzung im Namen Bayreuth erfahren. Waren es dort menschliches Elend und kühner Erfindergeist, denen unsere tatkräftige Hilfe galt, so handelt es sich hier um eine künstlerische Stiftung des deutschen Volkes für das Volk, wie sie schöner und zweckentsprechender nicht gedacht werden kann. Verbindet sich damit eine Ehrung Richard Wagners, dann darf es nicht länger zweifelhaft sein, welches Denkmal wir dem Meister errichten sollen: keines von Stein oder Erz, solange wir durch die lebendige Tat unsere Gesinnung bekunden können. Diese Tat aber besteht für München darin, dass die Frauen unserer Stadt sich an die Spitze der Bewegung stellen und ihr zum Siege verhelfen. Bei dem oft bekundeten Idealismus der Münchnerinnen bedarf es sicher nur dieser Anregung, um sie zum zahlreichen Beitritt in den Richard-Wagner-Verband deutscher Frauen zu veranlassen und dadurch deutsche Kunst und unsere Stadt zu ehren.

* Beitrittserklärungen nimmt Frau Hertha von Hausegger, zur Zeit Obergrainau bei Garmisch, entgegen.

Siegmund von Hausegger, dessen Vater Friedrich von Hausegger ein bedeutender Wagnerschriftsteller war und der zweifellos auf einen Wagnernamen getauft worden ist, gehört dann zu den Unterzeichnern des „Protestes der Richard Wagner-Stadt München" vom 16. 4. 1933 gegen Thomas Mann (siehe Seite 195, 198, 199). Der „Nationaldank" wurde 1904 von Carl Siegmund Benedict (siehe Seite 143, 173, 252) und Baron Puttlitz ins Leben gerufen.

Bayreuther Erinnerungen.

Von **Dr. Michael Georg Conrad.**

Erinnerungen — nicht Denkwürdigkeiten. Was du als deines Denkens würdig bezeichnest, schliesst eine scharfe Kritik ein, du scheidest aus, was deines Denkens nicht oder nicht mehr im gleichen Masse würdig oder sogar unwürdig ist. Du bist in Gefahr, dich in Umwertungen zu überheben, wenn du in Denkwürdigkeiten Stücke dieses einstigen Erlebens nicht mehr wertvoll genug empfindest, dass sie im Gesamtbild deiner Seele treu ihre Stelle behaupten und, wenn auch nicht im ursprünglichen Glanze, so doch in harmonischer Tönung weiterleuchten gleich den milden Sternen, die jemals die Landschaft deines Entwicklungslebens vom ersten Schritt an der Mutterhand bis zu deinem weiten Ausholen in Selbständigkeit und — Einsamkeit geheimnisvoll beschienen mit ihrem ewigen Glanze.

Erinnerungen — und zugleich Denkwürdigkeiten, ja! Denn jedes Tröpflein Erinnerung im flutenden Strome deines Lebens bleibt deines Denkens würdig. Jedes Tröpflein, vom Schimmer deines Denkens noch so flüchtig durchzittert, erhöht die Fülle und Schönheit deines Lebens. Jede Erinnerung ist eine neue Besitzergreifung, eine Mehrung der seelischen Macht und Gewalt über Dinge und Eindrücke, die an den Rätseln und Wundern deiner irdischen Lebenssphäre gewoben. Selbst Schlimmes und Unheimliches — lass' ihm die Frische deines Erinnerns, damit es nicht leichenhaft dich belaste oder als lebenfeindliches Gespenst hinter jedem blühenden Baume deines Seelengartens dich schrecke. So gewinnt auch das Schlimme und Unheimliche die Möglichkeit der Wandlung und Umbildung. Es bewegt und läutert sich und gleitet still in den Zauberkreis deiner verborgenen Lebenskräfte. Und erst das Tolle, Absurde, Groteske — ein Tor, der hier nichts weiter sieht, als die Partie, die er schamhaft zu verbergen oder krampfhaft vor sich selbst wegzulügen habe!

Wie ich das erstemal zu Franz Liszt in Bayreuth kam — dieses Wie ist so grossartig lächerlich, dass es an's Erhabene streift. Liszt am Flügel, in feierlichen Arpeggien eine wunderschöne Dame begleitend, die voll unsäglicher Holdseligkeit eine Kantilene auf der Geige sang mit diesem Bogenstrich und dieser Anmut: Dingeldey und ich stiessen leise die Türe auf, krochen ganz schlank auf allen Vieren am Boden hin bis zum dunklen Sopha in der Ecke und schoben uns einer nach dem andern schlangenhaft auf den Sitz. Da sassen wir nun, in jedem Glied und jeder Miene absolute Korrektheit, und erlebten in andachtsvoller Feier den sphärenhaften Ausklang der Lisztschen Arpeggien und das selige Verschweben des letzten Geigentons. Und der grosse Meister des Flügels und seiner musikalischen Wunder hob langsam die göttlichen Hände von den Tasten, schob den Kneifer auf der Nase zurecht und lenkte den Blick zu den zwei stillen Hörern auf dem dunklen Sopha in der Ecke. Der Strahl aus Liszt's Auge riss uns aus dem Bann des musikalischen Erlebnisses — wir schnellten a tempo empor. Die Vorstellung begann; es war ein Verhör. Aber nur eine Minute lang. Herzlichster Freispruch, gütigste Begrüssung. Jenseits von aller Gewöhnlichkeit. Höhenkunstleben.

Es war im Parsifaljahr 1882, am Tage nach der zweiten Aufführung des hehren Bühnenweihe-Festspiels. Ein begeistertes Atmen und Drängen und Beengen rings um Wahnfried und in allen meisterlich geweihten Räumen. Ich hatte Grüsse aus Paris an Liszt zu bestellen — aber dem grossen Menschen unmittelbar ins Auge zu blicken, ihm die Hand zu drücken, seiner Stimme weiche Tönung zu spüren: wie sollte ich zu ihm gelangen, da er sich in sein Allerheiligstes versteckte, um still zu musizieren, fern vom Trubel der Aufdringlichen? Auf allen Vieren, riet Dingeldey — und rasch entschlossen machten wir's zusammen, kameradschaftlich, wie eine verwegene Kriegslist. Im Urteil der Steifleinenen: eine Kinderei. Gott sei dank, ja!

Eine Stunde später im Garten hinter dem Wahnfried-Haus, am Fuss der Treppe, die zu dem grossen Bibliotheksaal emporführt. Meine Augen gehen die Treppe hinauf, Stufe baut sich über Stufe, höher und höher, bis in die Wolken, bis in die Unendlichkeit hinein, eine Himmelsleiter. Eine mystische Schwüle braut in der sommerlich gewitterhaften, von den Riesenwipfeln der uralten Hofgarten-Bäume dämmerig durchschatteten Luft. Links zwischen jungen Stämmen und Gebüsch die Stätte, wo sich der Bayreuther Meister im Maximum seiner Lebensenergie sein stilles Grab bereitet, die letzte Zuflucht, aus der Zeitlichkeit zu verschwinden, damit das Werk des Genius in überirdischer Selbstherrlichkeit durch die Aeonen singe und klinge.

Wie gesagt, eine Himmelsleiter, in einem biblischen Märchentraum-Winkel. In Wirklichkeit sind's vielleicht keine zehn Steinstufen. Plötzlich stehe ich nicht mehr allein. Von links und rechts treten Gestalten heran, still, behutsam. Jetzt in Grussnähe sammeln sie sich am Fuss der Treppe. Die Himmelsleiter verschwindet. Ich erkenne deutlich den Grossherzog von Weimar, den Biederalten aus der Goethe-Zeit, zum Sehen geboren, zum Schauen und Behüten bestellt. Ich erkenne den Professor Otto Schroen von der Universität Neapel; ein mir teurer Mensch und Gelehrter, ein feinspürender Forscher, der die Kristalle organisch beseelen möchte, ein Dichter, mit dem ich einst am Gestade der Sirenen und Zyklopen am Golf von Bajä mancher Wunderspur in Sage und Dichtung nachgegangen. Ich erkenne den Professor Michael Bernays von der Universität München, aus dessen glühender Schönheitsseele der junge Goethe und der nie alternde William Shakespeare uns in entzückenden Visionen emporgetaucht. Ich erkenne noch flüchtig diesen und jenen aus dem Reiche des Grals — durch Wipfel und Gebüsch geht ein Raunen wie von Winden, die einem fernen Gewitter davongesprungen und nun selbst überallhin Unruhe verbreiten. Alles drängt sich erwartungsvoll am Fuss der Treppe: hier will sich der Meister seinen Getreuen zeigen. In einem Anfall schwerer, schwarzer Stimmung hatte sich der Siegreiche gestern der Welt entzogen. Hier will er nun wieder die Hände drücken, die sich ihm in Liebe und Dankbarkeit entgegenstrecken. Die breite Terrassentür öffnet sich und am Arm der Meisterin erscheint der Meister. Heil!

Eine Minute steht das Bild, damit sich's unvergesslich einpräge. Frau Kosima beugt sich zum Ohre des Meisters und flüstert eindringlich. Seine Stirn entwölkt sich, aus seinen Augen glänzt's in sieghafter Grösse und Güte, das verschlossen selbstbewusste Antlitz belebt sich in fröhlicher Laune — Richard Wagner lüpft den Zylinderhut und steigt mit freundlichem Grusswort die Stufen herab. Der Meister am hellen Tag in Frack und Zylinder und über dem Frack einen offenen hellen Ueberrock von elegantestem Schnitt — nun war im raunenden, kichernden Wind wohl alle Märchenstimmung verweht? Das wäre ein lumpiges Märchen, das sich durch eine Hutschwenkung vertreiben liesse. Und das wäre auch kein richtiger Zeus oder Wotan oder sonst einer aus der Ahnengalerie der Göttlichen, der sich nicht auch den allermodischsten Zylinder erlauben dürfte, ohne seiner hehren zeitlosen Erscheinung Abbruch zu tun. Und nun wurde das Märchen erst recht bunt und ausgelassen. So sprudelnd und übermütig hatte man den Trotzigen schon lange nicht mehr gesehen. Jeder ehrfürchtigen Frage aus dem Kreise seiner Bewunderer stülpte er als Antwort eine närrische Schellenkappe auf. Der Parsifal hatte sie alle so feierlich gestimmt; der Grossherzog, die Professoren, alle, alle gaben sich in ihren Fragen so wissend-unwissend, so torenhaft lernbegierig — und der Meister lachte das entzückendste, jüngste Schalkslachen. Und als ihm die dicke, gemütliche Oesterreicherin Materna, seine Kundry, die breite Patschhand hinstreckte mit einem Grüssgott, wie man's nur aus diesem Munde und aus dieser Seelentiefe vernehmen konnte, da war's bei Richard Wagner vollends mit allem Ernst vorbei und die launigen Worte jagten sich wie verliebt spielende Schmetterlinge. Und fünf Schritte davon lag sein Grab bereitet — —

Nein, keine Denkwürdigkeiten, nur Erinnerungen, nichts was sich zu einem feuilletonistischen Bonmot, zu einem geflügelten Wort formt, das sich jeder Schwätzer wie ein interessantes Petrefakt in die Tasche steckt, um gelegentlich damit zu klimpern.

Ein Gang in tiefer Mitternacht mit Hans Richter und einem Bukett Blumenmädchen zu dem gravitätischen Denkmal vor dem Bayreuther Gymnasium, um dem andern Richter zu huldigen, dem Jean Paul Friedrich Richter, dem Rollwenzel-Dichter, dem seligen Frauenliebling — und wie sich aus dieser Huldigung eine geniale Burleske entwickelte, deren sich am nächsten Tage das stärkste Gedächtnis nicht mehr gutwillig entsinnen mochte, ist das nicht eine echte Bayreuther Erinnerung aus der Angermanns-Epoche? Sind etwa nur die Tische, Stühle und Bänke aus der verschwundenen Kneipen-Herrlichkeit des Angermannianums aufbewahrungswert und nicht auch die ungeheuerlich dionysischen Phantasien und Phantasmagorien, die sich von dort aus über das nüchterne Bayreuth versponnen haben, bis sich die ärmste Kreatur im göttlichen Taumel verzückte?

Neulich sass ich in Christian Sammets Künstlerheim und blätterte in seinem „Goldenen Buch“ — draussen klatschte der Regen durch die entlaubten Bäume und alle Geister des Trübsinns schauerten um die triefenden Fensterscheiben. Christian Sammet, gar nicht mehr in seiner stolzen Ueberschlaraffen-Laune eines Impresario aller künstlerischen Ulk-Humore, streifte mit melancholischer Miene die Ueberzüge von den hölzernen Angermann-Möbeln und lächelte skeptisch: Was wird wohl einst von all' meinen teuern Reliquien aus den ersten Festspielzeiten bleiben?!

Ich überhörte die Frage des alten Impresario aller künstlerischen Ulk-Humore und des so ernst gewordenen Sammlers kostbarer Wagner-Merkwürdigkeiten. Während meine Hand wie beschwörend auf dem „Goldenen Buche“ ruhte, ging es wie ein belebender Schimmer durch die regendüstere Welt, jeder Wassertropfen begann seine Melodie zu singen, und auf den alten Bänken und Stühlen an den langen Tischen wurde es lebendig, und zu jedem berühmten Namen in dem „Goldenen Buche“ erschien die Gestalt und des Begrüssens war kein Ende in der plötzlichen Versammlung unsterblicher Gäste.

Ich klappte das Buch zu, stützte meinen Kopf in beide Hände und staunte vor mich hin. Welch' eine Welt! Welch' eine Menschheit! Was hatte alles Raum in dem kleinen Bayreuth und was gewann hier alles Sprache, um Zeugnis abzulegen von einer Umwälzung in deutscher Kunst, wie die Welt noch keine zweite gesehen! Und lange staunte ich vor mich hin.

Wieder erklang Christian Sammets melancholische Frage: Was wird bleiben —?

Alles wird bleiben, kein Stück wird verloren gehen von diesem kostbaren Schatz aus der gewaltigen Zeit der ersten Festspiele. Die Stadt wird alles zu einem Museum vereinen und die Majestät des Wagnerschen Genius wird ihr Siegel auch auf das Geringste drücken, dass es geweiht und unzerstörbar bleibe immerdar in der Schatzkammer der Erinnerung.

Sprach ich diese Worte oder dachte ich sie bloss? Mischen sich Tränen in die hellen Tagesgedanken?

In diesem Augenblick trat Theodor Bertram in die Tür.

Ach, Wotan, der Wanderer, rief ich beglückt und streckte dem grossen Künstler und herzlieben Menschen die Hand zum Grusse entgegen. Und eine Frage traf mich aus seinem Auge wie umwittert von kindlicher Herzensangst.

Nein, gütiger Gott und treuer Freund, Erinnerungen sind so schön, so erlösend — lass' uns in Erinnerungen schwelgen, bis sich alle Himmel hellen und alle Horizonte glühen!

Christian Sammet setzte seine alte Posaune an den Mund und blies eine gewaltige Fanfare. —

König Ludwig II.

Eines Königs Majestät in tiefer Einsamkeit, einer jungfräulichen Künstlerseele im Purpur, eines deutschen Fürsten strahlender Aufstieg und jähes Ende in Bitternis und Elend!

Wem wäre die Erinnerung daran geschwunden? Wem entschwände Sie je? Wer wüßte nicht von diesem schmerzensreichen Schicksal in Alter und Neuer Welt? Wer hätte es nicht, jeder in seiner Weise, nacherlebt, vom freiesten Menschen bis zum gebundensten Tagelöhner? Wer empfände nicht seine Not und seine Größe? Er ist einer von den ewigherrlichen Leid- und Todgeweihten, die den Traum der Schönheit ein rätselvolles Leben lang durchgeträumt und mit dem Leben selbst das bittersüße Glück des Traumes bezahlt.

In der Passionsgeschichte der Könige wie in der goldenen Chronik der Künstler steht sein Name eingezeichnet. Ein Märtyrer der Majestät in Sonnenhöhen, eine gequälte Seele im Rausch des Ideals, ein Stern, verschlungen von der Zeiten Unrast und Gemeingewöhnlichkeit.

Das verleiht dem Problem seines flüchtigen Lebens jene Heiligkeit und Bedeutung, die unzerstörbar im kritischen Wandel der Zeiten, der Geschlechter.

Unverwelklicher Ruhm umblüht seinen Namen.

Denn es ist der Name eines Siegers. Mit seinem leiblichen Tode ist er eingetreten in den Strahlenreigen der Weltüberwinder. Immerdar wird sein Geist wiederkehren, Verheißung und Siegel der triumphierenden Schönheit. Geadelt und selig gesprochen durch ihn sind alle höheren Menschen, die auf Erden leiden. Jedem Mute zum Ungewöhnlichen gibt er die Weihe.

Seht, schon beginnt der Dornenkranz, der seine Krone umflicht, sich mit Rosen zu schmücken!

Michael Georg Conrad.

Michael Georg Conrad gehörte zu den militantesten Verteidigern des „Parsifal-Schutzes“ und verfaßte zahlreiche Schriften über Wagner, dessen glühender Anhänger er war. In seinem Roman *Majestät* geht er auch auf die Freundschaft zwischen Wagner und Ludwig II. ein. Am bekanntesten wurden seine Schriften *Gralsraub* und *Wagners Geist und Kunst in Bayreuth*, deren Schluß lautet: „Die Frage ist: Wollen wir Deutsche als neugeborenes Volk mit Wagners Geist und Kunst und ehernem Willen die Führerschaft haben in der Welt und die sittlichen Grundsätze unserer völkischen Repräsentanten durchsetzen ...? Das ist die Anfangs- und Schlußfrage von Vorgängen, wie sie sich auch in unserem Gralsraub-Prozesse mit erschreckender Deutlichkeit abspielt. Kürzeste Formel: Für oder gegen Bayreuth? Ein Mittleres gibt es nicht. Heilig bleibe uns des Meisters Wille und Werk: B a y r e u t h !“

ALBAN BERG, FRANZ SCHREKER UND „PARSIFAL“

Nimm tausend, tausend, tausend Küsse, Du Liebe, von mir. O, auch danach sehn' ich mich ungeheuer!! Ewig ganz

Dein Alban

Denk nur, die Bayreuther Reise und »Parsifal« haben mich 60 Deka gekostet! Ich wog mich heute vormittag ab! Nichts Deiner Mama sagen, bitte!!!

Donnerstag, den 12. August 1909.

Heute früh stach mich eine Wespe in die Hand und zwar am rechten Mittelfinger. Sie begann anzuschwellen und ist nun so dick geworden, daß ich die Finger kaum rühren kann und starke Schmerzen habe. Ja, das Landleben! Und ich kann auch nur ganz langsam und unter Schmerzen schreiben und werde daher nur ganz kurz im Telegrammstil den Rest Deines montägigen Briefes beantworten. (. . .)
Die Mildenburg war leider nicht in Bayreuth, überhaupt kein anständiger Mensch *»außer mir«* — — —.
Überhaupt Bayreuth, ein leerer Wahn — — —! Wenn es nicht um den unvergeßlichen Parsifal wäre, nach dem meine Sehnsucht ungeheuer ist, sähe mich wohl Bayreuth nie wieder, und ich bin sicher, wenn sich Wagner nicht schon längst in seinem Grab umgedreht hätte, angeekelt vom Treiben *um* und *in* Wahnfried, er stiege heute noch heraus und flüchtete aus diesem Ort und erkennte, daß der Frieden seiner Seele, den er hier zu finden wähnte, doch nur ein Wahn — — ein Wahnfriede ist! Denk nur: Rechts und links vom Festspielhaus stehen zwei Baracken, ein Festbierhaus und ein Festspeisehaus; als ich in andachtsvollster Stimmung hinauf zum Theater kam, fand ich schon eine Art Jour des gesamten Publikums, das sich in den Gasthäusern vergnügte, an der Spitze Siegfried Wagner mit seiner Gesellschaft. So vorbereitet strömt das Publikum, das meistenteils aus Amerikanern und Bayern besteht, ins Theater. Nach dem ersten Akt, wo ich vor höchstem Schmerz heulen hätte können und einsam in die Auen floh, die rund ums Theater sind, beginnt das alte Manöver. Man promeniert lachend und schwatzend vorm Theater, geht unbedingt auf einen Happen Bier oder irgendein anderes Getränk, bestellt für die zweite Pause ein Nachtmahl. Wieder obenan Siegfried Wagner, der nun infolge der Hitze des Dirigierens einen neuen Riesenstehkragen gewechselt hat; er hielt sich überall auf, wo man Autogramme von ihm verlangen kann, und ist überhaupt voll der Weihe.
Der zweite Akt ruft ins Theater: Hinter mir sitzen ein paar Münchner, so recht aus dem Simplicissimus entsprungen: »Nu kommt de Blumenszene, die is so einschmeichelnd — —!« Parsifal einschmeichelnd! Für so ein Volk hat Wagner seine Musik geschrieben! Nun zeigt sich Cosima im Theater, alles dreht sich um und betrachtet neugierig die talentierte Geschäftsleiterin von Bayreuth. —
Nach dem zweiten Akt Wiederholung der ersten Pause, nur mit obligater Fresserei; die Bayern trinken Bier dazu, die Amerikaner Champagner. Siegfried, der nun statt im schneeweißen Tennisanzug, wie in den ersten zwei Akten, in einem Drap-Anzug erscheint, hat vor Autogrammschreiben kaum Zeit, sein Filet à la Parsifal mit Reis und Kompott zu verzehren; denn schon ruft die Weihe des dritten Aktes. So angepampft, läßt sich dann leicht noch bis 10 Uhr aushalten. Und wie die »Aufbahrung« selbst, ist der ganze Ort eine Ausbeutung des »Wagner-Gedankens«! Es ist eine tief, tief betrübende Schmach, die hier das »deutsche Volk« seinem größten Deutschen bereitet!
Auch die Aufführung, die sicher zu Wagners Zeiten auf damalig höchster Höhe stand, hat mit den Errungenschaften nicht standgehalten, sie rangiert etwa gleich mit einer glänzenden Opernaufführung in Wien *vor Mahler*. Besonders was Dekorationen und Kostüme anbelangt. Immer noch mitten im Wald der spiegelglatte *Bretterboden* der Bühne, diese hingelegten Felsstücke und Rasenhügel, zum Sitzen einladend, die körperlosen Kulissen usw. — kurz und gut: billig und unkünstlerisch! Was ist da Roller dagegen!!
Ebensowenig stehen das Orchester und schon gar nicht seine musikalische Leitung auf letzter Höhe. Besonders die Chöre! Am besten wohl noch die Solisten, die wenigstens durchwegs sehr gute Sänger waren! Aber ich glaube, daß mit Weidemann, Mayr, Schmedes und — der Mildenburg größere, einzigere Wirkungen zu erzielen wären, freilich unter anderer Leitung als Siegfrieds. Aber von all dem läßt sich besser reden als schreiben, gar wenn die Hand geschwollen ist, und andererseits will ich mir die Freude an dem einzigen Wunderwerk »Parsifal« nicht mit dem Gedanken an die Bayreuther Sauwirtschaft allzuviel verderben, letzteren womöglich zugunsten der ersteren zu vergessen suchen. —
(. . .)
Aber ich hab' nun meiner Hand zu viel zugetraut und schließe diese Schmiererei. Leb wohl, Liebste, und denk recht viel und oft und lieb an mich, an

Deinen Alban

Soeben gelangt in neuer Auflage zu erscheinen:

Gabriele d'Annunzio

FEUER

Roman
Berechtigte Uebersetzung von **M. Gagliardi**
Elftes Tausend
Geheftet 5 Mark, gebunden 6 Mark.

Berliner Neueste Nachrichten: Das Liebesleben der Duse und das Sterben **Richard Wagners in Venedig,** zusammenkomponiert von Meisterhand! Ein Werk, das sich hoch über die letzten Schöpfungen der Literatur erhebt und nicht nur einen ersten Platz beanspruchen darf, sondern auch erhalten wird.

Zu beziehen durch alle Buchhandlungen.

ALBERT LANGEN, Verlag, MÜNCHEN-RW.

DER NEUE PARSIFAL
Studie

„Durch Mitleid wissend der reine Thor.“ Es ist etwas Schönes darum, und alle Tiefen erscheinen uns seicht und ein abgründiges Meer ist ein kleines plätscherndes Bächlein vor dem Auge dessen, der das große Erbarmen in sich trägt. Und jeder große schaffende Künstler ist eine Art Parsifal. Er zieht daher — schon in frühen Jugendtagen — unwissend, unerfahren, und sein Intellekt vermag nicht zu begreifen, was sein Genius vorausahnt. Der leuchtet in die Finsternisse der Seele mit einem milden, klaren Licht und zaubert zutage, was elend in Nacht verkommen will. Der sucht in Wäldern, in denen das Sumpffieber lauert, die Wunderblume, die die kranke Menschheit heilen soll. Sieh, sie tragen ihn auf einer Bahre, und sein Antlitz ist bleich und abgehärmt, und er trägt den Todeskeim in sich. Die Blume aber fand er nicht. Die blüht irgendwo in einem fernen, vergessenen Winkel des Waldes. Und im Bereich ihrer schweren betäubenden Düfte hockt, mit wachen Augen träumend, ein seltsam Wesen. Verkrüppelt und mißgestalt, doch mit Augen, wunderbar und rätselvoll tief und mit zarten, weichen tröstenden Händen. Das Wesen weiß nichts von Schönheit und Häßlichkeit, und aller Jammer ist ihm fremd, auch das zag-vergängliche Gefühl, das die Menschen Glück nennen. Und es weiß nichts von Härte und nichts von Mitleid. Es denkt nur an sich — und seine ewigen Träume und an den süßen Duft der blühenden Blume.
Sie gehen alle daran vorüber. Die „Erlöser“ wandern in weite Fernen und suchen das Schloß Monsalvat und den Heiligen Gral. Die „Schöngeister“ starren hin, flüchtig, und wenden sich ab, erschreckt — sie missen das Ebenmaß und hasten weiter, eilig, auf der Jagd nach dem Idol. Die „Grübler“, kopfschüttelnd, mit mißtrauischen Blicken, und die „Gezeichneten“ — oder nennt sie die „Kalten“, oder die „Spötter“ — mit zusammengekniffenen Lippen, verbittert, mit ironischem Lächeln.
Verirrte Kinder, gütige, weltfremde, unverdorbene Herzen, ziehen manchmal des Wegs. Sie küssen mit frommen Lippen und heiligen Gefühlen das seltsame Wesen; sie sterben am Duft jener zauberischen Blume und pflücken sie nicht. Es müßte einer kommen, ein „neuer Parsifal“, ein freier, kühner Mensch — unwissend und ohne Mitleid — gefeit gegen alle Torheiten des Beglückungsgedankens. Für sich selbst handelnd, folgend seinem inneren Drange — nur an sein Ich denkend — befreite er alle. Diese Welt harrt des großen Egoisten.

20. Juli 1909

VORWORT.

Richard Wagner iſt ein Schulklaſſiker, man möge ihn in dieſem Sinn erkennen und ihm in den höheren Lehranſtalten einen Platʒ einräumen, wie ihn jetʒt etwa Schiller einnimmt: das iſt die Anregung, die der vorliegende Aufſatʒ in praktiſchen Vorſchlägen ſkizziert. Er beleuchtet ſie unter den verſchiedenen Geſichtspunkten, die mit dem Gegenſtand gegeben ſind. Das ‚Volk', das hier ‚gebildet' werden ſoll, iſt alſo nicht dasſelbe, an das man bei dem Wort ‚Volksbildung' gemeinhin denkt. Es iſt zunächſt nur (mit Comenius) das „Kleinvolk" gemeint und von dem der Teil, der höhere Schulen beſucht. Der Stand der Bildung der geſellſchaftlich höheren Klaſſen beſtimmt nun aber den der niederen, und ſo gibt es eigentlich, wenn es ſich um neue Erziehungswege handelt, nur e i n Tor, durch das man gehen kann, um das ganze Volk zu bilden, alſo die Bildung der höheren Klaſſen und da wieder naturgemäß der Jugend.

Den Gedanken, dem Bayreuther Meiſter die Schulen zu öffnen, dürften wohl ſchon viele gefaßt haben; er liegt ſeit Jahren in der Luft. Er wird auch ſchon hie und da (vielleicht in Zeitſchriften) ausgeſprochen worden ſein. Mir war es eine Freude, kurz nach Vollendung des Aufſatʒes ein Heft der „Bayreuther Blätter" (XXXII, 1909, 7.—9. Stück) in die Hand zu bekommen und dort in einer kleinen Arbeit („Richard Wagner in der Schule" von Otto Braun, Hamburg) von den ſchönen Erfahrungen zu leſen, die der betreffende Verfaſſer, ein praktiſcher Schulmann, in dieſer Richtung gemacht hat. Er hat »den intereſſanten Verſuch gewagt, in der Quinta nicht nur die deutſche Mythologie in den Grundzügen zu behandeln, ſondern den „Ring" mit Weglaſſungen vorzutragen!« Er ſchreibt weiter: »Und ich muß ſagen, daß der Erfolg überraſchend war! Mit einem ſo brennenden Intereſſe habe ich noch nie Schüler lauſchen ſehen, mit Ungeduld erwarteten ſie die dazu feſtgeſetʒte Stunde und waren unglücklich über jede Störung«. — Was will man mehr?

Ich wäre froh, könnte die Schrift dem großen Volksbildungsgedanken nütʒlich ſein. Ich wage zwar nicht zu hoffen, daß die einflußreichen Kreiſe, die ich in ihr erwähne, ſie beachten werden, das halte ich nicht einmal für ſo ſehr nötig. Werden nur einige hundert Menſchen (ich denke vor allem an die Beſucher meiner Wagner-Vorträge) veranlaßt, ernſt über die Sache nachzudenken, oder gar von deren tieferer Notwendigkeit überzeugt, ſo hat das (wenn man will: telepathiſch) ſchon einen großen Wert; denn die Völker werden zwar von den Fürſten und Parlamenten regiert, wovon aber Parlamente und Fürſten regiert werden, das iſt keine einfache Frage, das iſt ein Geheimnis, und auf Geheimniſſe hat unſere Seele, weil ſie zu lieben vermag, bekanntlich einen Einfluß.

Stuttgart, 29. September 1909.

FRIEDRICH JASKOWSKI.

VOLKSBILDUNG

DURCH

WAGNERSCHE KUNST

□ PRAKTISCHE VORSCHLÄGE □
THEORETISCHE BEGRÜNDUNGEN

VON

FRIEDRICH JASKOWSKI

BÜHL (BADEN)
DRUCK UND VERLAG DER A.-G. KONKORDIA
1909

Auf dem Höhepunkt der „Wilhelminischen Epoche" wird Wagner nun auch dem Volksbildungsgedanken eingepaßt.

Die Vollendung des arischen Mysteriums in Bayreuth

von

Leopold von Schroeder,

Professor an der K. K. Universität Wien, wirkliches Mitglied der Kaiserlichen Akademie der Wissenschaften

München 1911

J. F. LEHMANN'S VERLAG

DREI VERTRETER DES „BAYREUTHER IDEALISMUS"

Die obenstehende Zeichnung aus dem Buch über Siegfried Wagner von C. F. Glasenapp und Franz Stassen spielt darauf an, daß jüdische Kritiker Aufführungen der Opern Siegfried Wagners verhindern würden. Stassens hier zum Ausdruck kommender, auf stillschweigend-zustimmendes Kopfnicken des Beschauers abzielender Antisemitismus korrespondiert mit dem Titel des Buches des Wiener Indologen Leopold von Schroeder — im J. F. Lehmanns Verlag erschienen später die Rassenschriften Günthers und nach 1933 vor allem nationalsozialistische Standardliteratur (siehe Seite 234) — und mit dem Titel der Broschüre von Hans von Wolzogen im Verlag des „Vaterländischen Schriftenverbandes", in dessen Vorwort dieser als „bewährter Vorkämpfer deutscher Kunst, deutscher Art und deutscher Sitte" vorgestellt wird. Im selben Jahr erschien dort auch eine Broschüre mit dem Titel *Erziehung zur Nation*, deren Autor Moeller van den Bruck, der auch mit dem Gobineau-Apostel Ludwig Schemann korrespondierte (siehe Seite 42 und 162), 1923 ein Hausbuch der Hitler vorarbeitenden „Konservativen Revolution" veröffentlichte: sein Titel lautete *Das dritte Reich.*

Vaterländischer Schriftenverband (V. S. V.)

Germanisierung der Religion.

Von

Hans von Wolzogen.

Berlin 1911.

Verlag des Vaterländischen Schriftenverbandes, Kleiststraße 3.

Vorwort.

Im deutschen Volke gährt es. Neue Strömungen quellen aus der Tiefe unseres Volkslebens und suchen im öffentlichen Leben Geltung zu gewinnen. Dem stark materialistischen, in hohem Maße in Aeußerlichkeiten aufgehenden Geist der letzten Zeit tritt eine stark nach innen gerichtete Bewegung gegenüber. Man fühlt die Oede und Leere des ersteren und sucht in tiefinnerlichem Gefühl Ersatz in neuen Werten. Die einen im erwachenden und immer mehr auszugestaltenden Deutschbewußtsein, in der Pflege deutschen Fühlens und deutschen Denkens, andere in Wiedererweckung einer neuen, unserm nationalen Empfinden entsprechenden Religion. Der eine hofft vom Deutschtum alles, der andere glaubt des Christentums bei der neuen Entwicklung nicht entraten zu können.

Um diesen in unserm heutigen deutschen Volke vorhandenen Strömungen Rechnung zu tragen, haben auch wir uns entschlossen, diese wichtigen Fragen nicht unberücksichtigt zu lassen. Wir sind zunächst mit einem unserer hervorragendsten zeitgenössischen Schriftsteller, dem bewährten Vorkämpfer deutscher Kunst, deutscher Art und deutscher Sitte, mit Herrn Hans Paul von Wolzogen, Bayreuth, behufs Abfassung einer Schrift über genannten Stoff in Verbindung getreten und wir glauben, ohne irgendwie in der Frage Stellung zu nehmen, die vorliegende höchst lesenswerte Arbeit unsern Mitgliedern nicht vorenthalten zu dürfen.

Wolzogen will beides, Germanentum und Christentum, in innigster Harmonie vereinigt sehen. Das eine soll Kraft und neue Ziele schöpfen aus dem andern. Sie sollen sich beide ergänzen und so vereint das deutsche Volk einer neuen Kultur, einer neuen verinnerlichten Gesittung entgegenführen. Ihm gegenüber sucht eine andere Richtung, Guido v. List, Willi Pastor, Philipp Stauff, Ernst Wachler u. v. a., die drei ersten allerdings ohne das Christentum abschaffen zu wollen, in der Hauptsache den deutschen Geist allein, die deutsche Natur zur Grundlage einer neuen Entwicklung, zum Ausgangspunkt neuen deutschen Lebens zu machen.

Wir bringen hier zunächst die Wolzogen'sche Schrift. Sollte ein Anhänger anderer Richtung in ebenso kurzer knapper Weise zu der angeregten Frage Stellung zu nehmen beabsichtigen, so würden wir hierin die Berechtigung des Anschneidens dieser Frage bestätigt sehen und gern zur Veröffentlichung einer weiteren Schrift die Hand bieten.

Der Vaterländische Schriftenverband.

Der Merker

Österreichische Zeitschrift für Musik und Theater.

Herausgeber: Dr. Richard Batka und Ludwig Hevesi.
Chef-Redakteur: Richard Specht.

1. Jahrgang.	Wien, den 10. Oktober 1909.	Heft 1.

Der Merker werde so bestellt,
Daß weder Haß noch Lieben
Das Urteil trüben, das er fällt.

Zum Geleit.

Name und Amt des Merkers sind durch Herrn Sixtus Beckmesser seit den „Meistersingern" etwas in Verruf geraten. Unsere Zeitschrift möchte beides wieder zu Ehren bringen und holt sich eine gewisse geschichtliche Berechtigung dazu aus der Tatsache, daß um 1880 zu Bayreuth im Kreise Wagners eine Zeitschrift geplant wurde, die denselben Titel führen sollte, wie die unsere. Und auch aus der andern Tatsache, daß uns die „Meistersinger" mit der hoffnungsreichen Andeutung entlassen: Beckmessers Nachfolger werde Hans Sachs sein.

In diesem Hans Sachs'schen Sinne wollen wir unser Amt üben. Nicht mit einem „versungen und vertan" bereit sein, wenn die „Fehlerprobe" stimmt, sondern bei allem Neuen lieber „davon erst die Regeln" aufsuchen. Nicht an Problemen vorübergehen, um veralteten Tabulaturen ihr Recht zu geben. Jene lieben, die sich in trotziger Jugend auf sich selbst gestellt haben und ihnen den Weg bahnen gegen Verschweigung und Verkleinerung, aber dabei das große Alte ehren und die Meister nicht verachten, die in treuer Arbeit das Handwerkszeug ihrer Kunst rein und blank erhalten haben.

Ein moderner Merker wird kein Besserwisser und kein Ankreider von Verfehlungen sein wollen: sein Ehrgeiz ist, ein Versteher zu sein.

1. Jahr	Der Merker.	Heft 1

Ein Versteher alles Neuen und Vorwärtsstrebenden, aber auch ein Versteher des geschichtlichen Werdens, dem ja die Moderne als letztes Reis entspringt. Seine Aufgabe ist es nicht nur, Ereignisse des Tages kritisch zu begleiten; es muß sein Bemühen sein, die Vergangenheit im Lichte der Wissenschaft befruchtend und produktiv nahe zu rücken.

Die entschieden fortschrittliche Richtung der Zeitschrift, für die unsere Namen volle Gewähr geben, soll uns aber nicht verhindern, jeden Berufenen, welches immer sein Bestreben und seine Meinung sei, zu Wort kommen zu lassen. Im Gegenteil: der Merker soll sowohl all' jene um sich versammeln, die sonst bei uns in einsamer Abgeschlossenheit leben, als auch insbesondere immer wieder die Schaffenden selbst anregen, die Probleme der Musik und des Theaters in ihre eigenen Formeln zu bringen. Wir wollen kein Widerhall der Alltagsmeinung sein, sondern lieber Widerhall erwecken, indem wir den künstlerischen Fragen unserer Epoche in sicherer und freier Weise Ausdruck geben und geben lassen.

Unser Ziel ist, alles künstlerisch Wertvolle in Österreich zu sammeln, das Organ alles Österreichischen zu sein, das zum Ausland, aber auch alles „gut Europäischen", das zu Österreich sprechen will, um so der eigentümlichen Isoliertheit ein Ende zu machen, zu der wir Österreicher uns selbst so lange verurteilt haben.

Wir richten denn auch unseren Appell an alle, die berufen und willens sein mögen, zur Lösung jener Fragen beizutragen, die aus der künstlerischen Not unserer Zeit heraufgetaucht sind. In der Einmütigkeit, mit der so viele der Besten des In- und Auslandes alsbald zu uns getreten sind, scheint uns die Gewähr zu liegen, daß wir unser Ziel auch erreichen werden.

□ □
□

Der Merker
Sondernummer Bayreuth
Herausgeber: Dr. Richard Batka und Richard Specht.
Der Merker werde so bestellt, Dass weder Hass noch Lieben Das Urteil trüben, das er fällt.

II. JAHRGANG	WIEN, JULI 1911	HEFT 19

RICHARD WAGNER
VON GERHART HAUPTMANN

Es ist Tiefes, Allzutiefes, Flaches, Allzuflaches genug über ihn gesagt worden. Trotzdem muß wohl das Schweigen immer wieder gebrochen werden. Ich bin als Jüngling in Wagners Bann gewesen, stand seiner Kunst lange fern und mußte ihr fern stehen, um eigene Kräfte zu entwickeln. Gefestigt bin ich zu ihr zurückgekehrt. Ich sehe sie heute ganz anders als im Jugendbann. Ich sehe sie heute als künstlerisches Urphänomen, stammend aus einer Zeit vor aller deutschen Kunst, auch Musik. Ich bin weit davon entfernt, mich an Richard Wagner deutschtümelnd zu entzücken, denn er ist ebenso griechisch als deutsch, ebenso asiatisch wie europäisch. Ein Werk, wie der Ring, ist, was Ursprung, Wachstum und Vollendung, anlangt, das Einzige seiner Art in der Welt und vielleicht das mächtigste Kunstgebilde der letzten Jahrtausende. Kultur hat damit nichts zu schaffen und es hat nichts mit Kultur zu schaffen. Es hat nichts mit dem deutschen Rhein, den germanischen Göttern und den Nibelungen zu schaffen und alle diese schönen Sachen haben nichts mit ihm zu schaffen. — Es hat auch nichts zu tun mit Christentum, obgleich es ganz und gar etwas Offenbartes ist.

Wer sie verstehen will, muß nicht in dieser Kunst ertrinken, auch nicht darin schwimmen. Er muß sie als das Große, Ewigfremde willkommen heißen. Man könnte sie, gleichnisweise, als einen unterirdisch hervorbrechenden, kochenden Geyser bezeichnen, der ein unbekanntes glühendes Element emporschleudert, aus dem Erdinnern, das die menschliche Seele, die es benetzt, von den Schlacken der letzten Jahrtausende rein baden und rein brennen kann.

Der Mitherausgeber dieser österreichischen Zeitschrift Richard Batka, der auch eine Wagnerbiographie verfaßte, schreibt anläßlich des 25. Todestages von Wagner auf Anregung von Angelo Neumann und Josef Kainz in Prag ein Wagner-Festspiel, in dessen Hauptszene Richard Wagner — den Josef Kainz spielt — seinen Entwurf zu *Wieland der Schmied* vorliest.
Im Jahr 1908 erscheinen auch in Wien „Illustrierte Blätter für Wagnersche Musik, Kunst und Literatur"" — von Eduard Klampfl redigiert — deren Haupttitel „Richard Wagner" lautet.

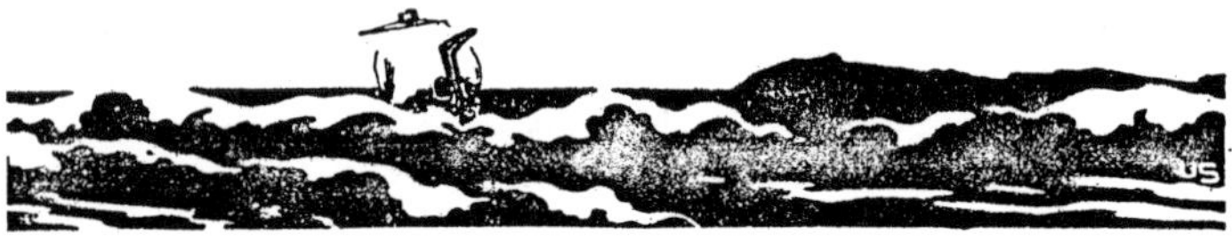

AUSEINANDERSETZUNG MIT WAGNER

VON THOMAS MANN

Was ich Richard Wagner an Kunstglück und Kunsterkenntnis verdanke, kann ich nie vergessen und sollte ich mich noch so weit im Geiste von ihm entfernen. Prosaist, Erzähler, Psycholog, hatte ich von dem symphonischen Theatraliker, dessen dichterische Wirkung, gleich der Klopstocks, außer dem Gebiete des Individuellen liegt und dessen Prosastil meiner Liebe stets eine Verlegenheit war, nichts Direktes und Handwerkliches zu lernen. Aber die Künste sind ja nur die Erscheinungsformen der Kunst, welche in allen dieselbe ist und Wagner hätte der große Vermischer der Künste nicht zu sein brauchen, der er war, um auf jede Art von Künstlertum lehrend und nährend wirken zu können. Was überdies meinem Verhältnis zu ihm etwas Unmittelbares und Intimes verlieh, war der Umstand, daß ich heimlich stets, dem Theater zum Trotz, einen großen Epiker in ihm sah und liebte. In einer seiner wahrhaft theatromanischen Kunstschriften hat er es gewagt, das Epos den dürftigen Todesschatten des lebendigen Kunstwerks, des Dramas zu nennen. Aber in seiner Stoffwahl bekundete er einen merkwürdig epischen Geschmack und für mich ist es in dem Grade das Epos, das eigentlich aus seinem Drama wirkt, daß ich fast Mühe habe, ihn als Dramatiker zu empfinden. Von den schildernden musikalischen Vorspielen zu schweigen: so sind zweifellos immer die großen Erzählungen die Höhepunkte seiner Werke, eingerechnet die Nornenszene der „Götterdämmerung" und das unvergleichlich epische Frage- und Antwortspiel zwischen Mime und dem Wanderer. Was ist der dramatische Wotan, den wir im „Rheingold" auf der Bühne sahen, verglichen mit dem erzählten, in Sieglindens Gesang vom Alten im Hut? — Grillparzer verwarf das mehrteilige Drama als Form. Das Drama sei eine Gegenwart, es müsse alles, was zur Handlung gehöre, in sich enthalten. Die Beziehung eines Teiles auf den anderen gebe dem Ganzen etwas Episches, wodurch es freilich an Großartigkeit gewönne. Aber das ist die Wirkung des „Ringes"! Und wer das „Leitmotiv" als ein wesentlich dramatisches Kunstmittel ansprechen wollte, vergäße, daß es seit den Tagen Homers fast ausschließlich von Künstlern der Erzählung gehandhabt worden ist.

Lange Zeit stand des Bayreuthers Name über all meinem künstlerischen Denken und Tun. Lange Zeit schien mir, daß alles künstlerische Sehnen und Wollen unserer Zeit in diesem gewaltigen Namen münde. Zu keiner Zeit aber, auch nicht, als ich keine „Tristan"-Aufführung des Münchner Hoftheaters versäumte, wäre mein Bekenntnis über Wagner eigentlich ein Bekenntnis zu Wagner gewesen. Als Geist, als Charakter schien er mir suspekt, als Künstler unwiderstehlich, wenn auch tief fragwürdig in Bezug auf den Adel, die Reinheit und Gesundheit seiner Mittel und nie hat meine Jugend sich ihm mit jener vertrauensvollen Hingabe überlassen, mit der sie den großen Dichtern und Schriftstellern anhing — jenen Geistern, von denen Wagner als von „Literaturdichtern" fast mitleidig sprechen zu dürfen glaubte. Meine Liebe zu ihm war eine Liebe ohne den Glauben — denn stets schien es mir pedantisch, nicht lieben zu können, ohne zu glauben. Es war ein Verhältnis, — skeptisch, pessimistisch, hellseherisch, fast gehässig, dabei durchaus leidenschaftlich und von unbeschreiblichem Lebensreiz. Wunderbare Stunden tiefen, einsamen Glückes inmitten der Theatermenge, Stunden voller Schauer und kurzer Seligkeiten, voll von Wonnen der Nerven und des Intellekts, von Einblicken in rührende und große Bedeutsamkeiten, wie nur diese nicht zu überbietende Kunst sie gewährt!

Heute jedoch glaube ich nicht mehr, wenn ich es jemals glaubte, daß die Höhe eines Kunstwerkes in der Unüberbietbarkeit seiner Wirkungsmittel bestehe. Und ich meine zu wissen, daß Wagners Stern am Himmel des deutschen Geistes im Sinken begriffen ist.

Ich rede nicht von seiner Theorie. Wäre sie nicht so durchaus etwas Sekundäres, nicht so ganz nur eine nachträgliche und überflüssige Verherrlichung seines Talentes, so wäre sein Werk ohne Zweifel so unhaltbar geworden wie sie, und nie hätte jemand sie auch nur einen Augenblick ernst genommen, ohne das Werk, das sie, so lange man im Theater sitzt, zu beweisen scheint und das doch eben nichts weiter beweist als sich selber. Ja, hat überhaupt je jemand ernstlich an diese Theorie geglaubt? An die Addition von Malerei, Musik, Wort und Gebärde, die Wagner für die Erfüllung aller künstlerischen Sehnsucht auszugeben die Unbefangenheit hatte? An eine Rangordnung der Gattungen, in welcher der Tasso dem Siegfried nachstünde? Werden denn Wagners Kunstschriften auch nur gelesen? Woher eigentlich dieser Mangel an Interesse für den Schriftsteller Wagner? Daher, daß seine Schriften Parteischriften und **nicht** Bekenntnisse sind? Daß sie sein Werk, worin er wahrhaftig in seiner leidenden Größe lebt, sehr mangelhaft, sehr mißverständlich kommentieren? Man müßte diese Entschuldigung gelten lassen. Es ist wahr, man kann aus Wagners Schriften nicht viel über Wagner lernen.

Nein, ich spreche von seinem mächtigen Werke selbst, das heute beim bürgerlichen Publikum den Höhepunkt seiner Popularität erreicht hat, von seiner Kunst als Geschmack, als Stil, als Weltempfindung. Man lasse sich nicht täuschen durch den Begeisterungslärm der jungen Leute im Stehparterre. In Wahrheit ist heute in der höheren Jugend viel Wagnerkritik, viel instinktives, wenn auch stummes Mißtrauen, ja, es muß gesagt werden, viel Gleichgiltigkeit gegen Wagner vorhanden. Und wie könnte es anders sein? Wagner ist neunzehntes Jahrhundert durch und durch, ja, er ist der repräsentative deutsche Künstler dieser Epoche, die vielleicht als groß und gewiß als unglückselig im Gedächtnis der Menschheit fortleben wird. Denke ich aber an das Meisterwerk des zwanzigsten Jahrhunderts, so schwebt mir etwas vor, was sich von dem Wagnerschen sehr wesentlich und, wie ich glaube, vorteilhaft unterscheidet, — irgend etwas ausnehmend Logisches, Formvolles und Klares, etwas zugleich Strenges und Heiteres, von nicht geringerer Willensspannung als jenes, aber von kühlerer, vornehmerer und selbst gesünderer Geistigkeit, etwas, das seine Größe nicht im Barock-Kolossalischen und seine Schönheit nicht im Rausche sucht, — eine neue Klassizität, dünkt mich, muß kommen. Aber noch immer, wenn unverhofft ein Klang, eine beziehungsvolle Wendung aus Wagners Werk mein Ohr trifft, erschrecke ich vor Freude, eine Art Heim- und Jugendweh kommt mich an, und wieder, wie einstmals, unterliegt mein Geist dem alten klugen und sinnigen, sehnsüchtigen und abgefeimten Zauber.

Lido-Venedig, Mai 1911.

NACHSCHRIFT DER REDAKTION. In einem Hefte, das das Bild Bayreuths und Richard Wagners im Geiste der Gegenwart zeichnen will, glaubten wir, bedeutsame Bekenntnisse, wie jene Thomas **Manns** und Georg **Hirschfelds**, nicht übergehen zu dürfen. Beide sind, von den angesehenen Namen ihrer Verfasser abgesehen, von dokumentarischem Wert: sie schildern eine seltsame, unleugbar vorhandene, wenn auch sicher vorübergehende Strömung in unserem geistigen Leben und so wenig wir mit ihnen übereinstimmen und so bekämpfbar der Inhalt ist, so wenig durften wir sie in einer Publikation unterdrücken, die dem Meister, dem Wahrheit am höchsten stand, gewidmet ist.

AN JULIUS BAB

Bad Tölz, den 14. IX. 1911
Landhaus Thomas Mann

Sehr geehrter Herr Bab:

Herzlichen Dank. Sie haben dreimal Recht: Goethe hätte Wagner als grundwiderwärtige Erscheinung empfinden müssen. Freilich war er großen Thatsachen und Wirkungen gegenüber moralisch sehr tolerant, und zuweilen frage ich mich, ob er uns nicht geantwortet hätte: »Der Mann ist euch zu groß.« Aber das wäre seine Sache. Die Deutschen sollte man vor die Entscheidung stellen: Goethe oder Wagner. Beides zusammen geht nicht. Aber ich fürchte, sie würden ›Wagner‹ sagen. Oder doch vielleicht nicht? Sollte nicht doch vielleicht jeder Deutsche im Grunde seines Herzens *wissen*, daß Goethe ein unvergleichlich verehrungs- und vertrauenswürdigerer Führer und Nationalheld ist, als dieser schnupfende Gnom aus Sachsen mit dem Bombentalent und dem schäbigen Charakter? Quaeritur.

Bestens
Ihr Thomas Mann

Thomas Manns Text über Wagner weist darauf hin, daß er damals in Venedig Wagners gerade erschienenes *Mein Leben* las. Diese Tatsache führte zu der zuerst von Werner Vordtriede geäußerten Annahme, daß hinter dem dort 1911 geschriebenen *Tod in Venedig* auch Richard Wagners Tod in Venedig steht. (Zu Thomas Mann und Wagner siehe auch die Seiten 192, 193, 195 bis 206, 241)

Wagners in einem in Siena geschriebenen Brief an Ludwig II. vom 28. September 1880 geäußerter Wunsch: „Dort (in Bayreuth) darf der *Parsifal* in aller Zukunft einzig und allein aufgeführt werden: nie soll der *Parsifal* auf irgendeinem anderen Theater dem Publikum zum Amusement dargeboten werden", und die damit verbundene materielle Vorzugsstellung motivieren den bis zu Eingaben an den Reichstag führenden erbitterten Kampf gegen den drohenden „Gralsraub". Dennoch wurde der *Parsifal* am 24. Dezember 1903 — mit Bayreuther Spitzenkräften — zum ersten Mal in New York und am 20. Juni 1905 in Amsterdam aufgeführt (siehe Seite 106). Das drohende Ende der Schutzfrist am 31. Dezember 1913 führt zu verschärfter Aktivität der „Parsifalschutz-Bewegung", an der sich auch Richard Strauss und Hermann Bahr beteiligen (siehe nächste Seite).

Parsifal des Siegfried Wagner-Freundes Franz Stassen aus umseitig genannter Kampfbroschüre, die 1913 erschien. (Zu dem Mitherausgeber R. von Lichtenberg siehe Seite 142)

VARIATIONS A PROPOS DE PARSIFAL.

Bühnenweihfestspiel (1) [« festspiel » joué sur les planches sacrées].

Bühnenfestspielweihe.
Bühnenspielfestweihe.
Bühnenweihfestspiel.

Festbühnenspielweihe.
Festspielbühnenweihe.
Festweihbühnenspiel.

Spielbühnenfestweihe.
Spielfestbühnenweihe.
Spielweihbühnenfest.

Weihbühnenfestspiel.
Weihfestbühnenspiel.
Weihspielbühnenfest.

Bühnenfestweihspiel.
Bühnenspielweihfest.
Bühnenweihspielfest.

Festbühnenweihspiel.
Festspielweihbühne.
Festweihspielbühne.

Spielbühnenweihfest.
Spielfestweihbühne.
Spielweihfestbühne.

Weihbühnenspielfest.
Weihfestspielbühne.
Weihspielfestbühne.

PARSIFAL IN NEW YORK

VON STEPHAN ZWEIG

Die Oper, das berühmte Metropolitan-Opera-House, ist hier nicht gesondert vom schwarzen Block der Häuser, sie hat nicht Raum rechts und links zu ihren Seiten, sondern steht mit eingezwängten Schultern mitten in einer Avenue. Der Lärm, der teuflische Lärm einer amerikanischen Riesenstraße schlägt wie eine breite Schmutzwelle tief in die Vorhalle hinein. Und jetzt, fünf Minuten vor Beginn, wird das Getöse infernalisch: Automobile tuten sich ungeduldig heran, die Ausrufer schreien wie besessen, ein Kartenagent läuft verzweifelt hin und her, ein Bündel unverkaufter Karten in der Hand, brüllt immer geringere Preise mit ausgeknarrter Stimme.

Denn man spielt heute „Parsifal". Geraubt, heimtückisch entrissen wie Amfortas Speer („heilig und hehr" klingt's einem hymnisch im Ohre nach) wird hier Wagners Festspiel durchs Land gehetzt, Cleveland, Buffalo, Missouri, Kentucky und hundert andere Städte haben seine Weihe schon empfangen (wie schade, daß man's nicht merkt!) und nun ist der Karren wieder glücklich in New York eingetroffen. Mit andächtigem Gemüte (und Kaugummi im Mund) strömt die Menge herbei.

Der Saal selbst groß und weniger protzig als man es erwartete. Surren und Geschwätz von überall. Dann plötzlich Dunkel und Applaus. Ein dicker Dirigent (darf ein guter Dirigent Fett ansetzen? frage ich mich) schwingt sich mit sehr viel Mühe — er ist sehr dick — auf den Stuhl. Herr Hertz, wie der Zettel verrät. Jetzt ist es stockfinster. Man sieht nur die paar Kerzen an den Notausgängen in unsicherem Licht und die Glatze des Herrn Hertz.

Musik, hymnisch rauschende Musik, und dann endlich ein sehr abgeblaßtes, vom Herumwaggonieren ramponiertes Szenenbild. Die Kostüme hängen abgetragen um gute Stimmen. Aber das Schauspiel ist anderswo. Im Publikum nämlich. Das mag die Finsternis nicht (die, außerhalb Bayreuths, glaube ich, Gustav Mahler erfunden hat) und weiß sich resolut zu helfen. Sie wollen die Textbücher (1/2 Dollar) doch mitlesen! Und plötzlich blitzt es rechts und links mit leisem Knacks auf, elektrische Taschenlampen, die sich die Vorsorglichen mitgebracht. Rechts und links sieht man die kleinen, zitternden Lichtkegel auf den Textbüchern flimmern. Weihefestspiel im praktischen Land!

Auf der Bühne geht etwas vor (ich glaube, ein Schwan wird geschossen) und unten braut man Musik. Aber das ist jetzt Nebensache. Alle Köpfe wenden sich in eine Richtung, ein paar Namen surren durch den Raum. Astors sind in ihrer Loge (oder waren es Vanderbilts, ich weiß nicht mehr), eine Diamantenkrone funkelt von dort durch das Dunkel (ach, dieses widerliche Dunkel, das einem wirklich die interessantesten Dinge verdirbt).

Der Vorhang fällt. Beifall von allen Seiten. Aber ein paar wissen es besser, sie wissen, man applaudiert nicht bei „Parsifal". Also zischen sie. Das reizt die anderen (war es denn nicht „wonderful") und sie klatschen wie irrsinnig und werfen irgend ein kurzes, stoßweises Heulen ins Getöse. Eine liebliche Schlacht der Begeisterungen.

Die zweite ist dann im Foyer um „ice-cream", die wirklich das Beste ist, was es in Amerika gibt. Ich begnüge mich mit den Brocken der Gespräche. Meist sind es ekstatische Interjektionen, wie „grand", „wonderful", „astonishing", aber so gleichgiltig intoniert, mit so kalten, toten Stimmen, daß ich immer glaube, es galt der „ice-cream".

Dazwischen ein, zwei rührende Gespräche. Es sind viele Deutsche da und die sind wirklich ergreifend in ihrer schönen Freude, endlich wieder Musik, deutschen Gesang, gehört zu haben. „Ich bin von Philadelphia hergekommen und fahre noch heute nachts zurück, morgen früh ist wieder office," höre ich einen sagen. Er ist ein junger Bursche, blond und still, wohl noch nicht lang von Deutschland herübergekommen. Denen ist's wirklich ein Fest, ein Weihespiel, den Wenigen, die förmlich frieren nach Musik in diesem Land, das die Geräusche taub gemacht haben für die Musik. Sie fahren Nächte durch, um ein paar Stunden Wagner zu haben, der ihnen Deutschland ist, sie sparen — ich sah es an ihrer Kleidung — den letzten Dollar, um den „Parsifal" erleben zu dürfen: wirklich ergreifend war mir der Glanz von Freude auf dem blonden Gesicht. Denn die Deutschen haben drüben keine andere Heimat als ihre Musik. Wie sie dankbar sind, wie beglückt, diese Verbannten, wenn sie für ein paar Stunden — und sei 's auch dank einem listigen Betrug — in dem edelsten Werke unserer Zeit ihre Ferne vergessen dürfen, wie sie aus dankbaren Augen strahlten, da die fromme Schwinge dieses einzigen Werkes einem Engel gleich sie hinübertrug in die verlorene Welt. Nie habe ich mehr gefühlt, als an diesem beglänzten Blick inmitten snobistischem Yankeetreiben, wie viel Wagner für Deutschland bedeutet, wie sehr er selbst Deutschland ist, höchstes, eindringlichstes Symbol seiner Nation und seiner Zeit.

Im Rahmen einer Umfrage über eine Lex „Parsifal“ hat sich der Wiener Musikreferent des „Hamburger Fremdenblatt“, Ludwig Karpath, unter anderen auch an Richard Strauß gewendet und ihn um eine Meinungsäußerung ersucht. Richard Strauß, der zurzeit in Garmisch weilt, sendete Karpath ein Antwortschreiben, von dessen Veröffentlichung der Empfänger zunächst Abstand nahm, weil er glaubte, es sei in einer ersten zornigen Aufwallung abgefaßt worden. Karpath teilte deshalb Strauß seine Bedenken mit und beantragte einige Abschwächungen. Aber Richard Strauß wollte davon nichts wissen, und so veröffentlicht das „Hamburger Fremdenblatt“ jetzt den Brief, der folgenden Wortlaut hat: „Garmisch, den 18. August 1912. Lieber Herr Karpath! Für mich gibt es in der „Parsifal“-Frage nur einen Richtungspunkt: Respekt vor dem Willen des Genies. Leider haben aber in der Frage des „Parsifal“-Schutzes nicht Leute zu entscheiden, denen die Steigerung und Verfeinerung unserer Kultur am Herzen liegt, sondern nur Juristen und Politiker, deren Horizont nicht bis zu dem Verständnis von den unbeschränkten Rechten des geistigen Eigentümers reicht. Ich habe seinerzeit den achttägigen Verhandlungen des deutschen Reichstages persönlich beigewohnt, wo die Vertreter des deutschen Volkes mit ganz wenigen Ausnahmen in beneidenswerter Unkenntnis der Materie über Urheberrecht und Schutzfrist debattierten. Ich habe selbst gehört, daß ein Herr Eugen Richter die Rechte von armseligen zweihundert deutschen Komponisten — die Erben Richard Wagners miteingeschlossen — zu Gunsten von zweihunderttausend deutschen Gastwirten zu Boden trat. Dies wird auch nicht anders werden, solange das blöde allgemeine Wahlrecht bestehen bleibt und solange die Stimmen gezählt und nicht gewogen werden, solange nicht beispielsweise die Stimme eines einzigen Richard Wagner hunderttausend und ungefähr zehntausend Hausknechte zusammen eine Stimme bedeuten. Dann würde ich vielleicht auch im „Goethebund“ nicht mehr die Phrasen hören: Von den Rechten der deutschen Nation, die befugt sein soll, das Genie, das sie bei Lebzeiten verbannt und verhöhnt hatte, noch dreissig Jahre nach seinem Tode auszuplündern und sein Werk in den kleinsten Provinzbühnen zu prostituieren. Wir Wenigen werden vergebens protestieren, und der deutsche Spießbürger wird in zwei Jahren am Sonntag nachmittags zwischen Mittagessen und Abendschoppen, statt fortwährend in den Kientopp und in Operetten zu gehen, auch für fünfzig Pfennig den „Parsifal“ hören. Und da wundern wir uns, daß uns die Franzosen und Italiener in allen Kulturfragen immer noch für Barbaren halten. Dr. Richard Strauß.“

* * *

Auch Leo Leipziger frozzelt in seinem „Roland von Berlin“ den „Feind des allgemeinen Wahlrechts“:

Richard Strauß.

Mein Richard, nur mit tiefem Jrame
Jreif' ick heut' in den Tintentopp:
Denn eenen Vogel hat dein Name,
Und eenen haste noch im Kopp!
Jreif' weiter in de Notenkiste,
Bejlück' de Menschheit mit Musik,
Doch laß, jeliebter Komponiste,
De Pfoten von de Politik!

Längst stehste da in vollem Jlanze,
— Besonders in Berlin W. W. —
Se schwärmen von dem Schiebetanze
Der ollen braven Salome.
Nu utzt dir jeder Journaliste
Von wegen deinem Unjeschick,
Drum laß, jeliebter Komponiste,
De Pfoten von de Politik!

Verton' det Lieben von zwee Seelen,
Wo uns een breites Bett erfrischt,
Doch von det „Alljemeine Wählen“,
Verstehste wirklich reene nischt.
Fall' niemals wieder von's Gerüste,
Von so wat halte dir zurück.
Und laß, jeliebter Komponiste,
De Pfoten von de Politik!

HERMANN BAHR

Parsifalschutz ohne Ausnahmegesetz

1. BIS 5. AUFLAGE

SCHUSTER & LOEFFLER · BERLIN UND LEIPZIG
1912

Mehr Schutz dem geistigen Eigentum!

Der Kampf um
das Schicksal des „Parsifal“.

Dargestellt
von
R. Frhr. v. Lichtenberg und L. Müller v. Hausen.

Mit Federzeichnung von Franz Stassen.

Verlag von Karl Curtius in Berlin W. 35.

Seiner Königlichen Hoheit dem
Prinzen Dr. August Wilhelm von
Preußen, dem hochherzigen Förderer
des Parsifal-Schutzes
untertänigst
zugeeignet.

Genial. Siegfried Wagner: Mama! Mama! Mir ist da eben das Erlösungsmotiv von Papa eingefallen! (Aus: W. A. Wellner, Wagneriana. Lustige Blätter, Berlin 1904)
Der obere Teil der Karikatur bezieht sich auf die von Heinrich Conried — der gegen den rabiaten „Gralsschützer“ Michael Georg Conrad sogar einen Prozeß anstrengte — durchgesetzte Parsifal-*Aufführung in New York. Aufmerksamkeit verdient die zu diesem Zeitpunkt bereits selbstverständliche schwarz-weiß-rote Fahne über dem Haus Wahnfried.*

Cosima, die Gralshüterin
(Karikatur von G. Brandt
aus dem Kladderadatsch-Album 1905)

Der hundertste Geburtstag Wagners war nicht nur ein Anlaß zu Sondernummern, zu Denkmälern, zu Büsten, sondern auch zu nüchterner Entmythisierung wie in Emil Ludwigs *Wagner oder die Entzauberten.* Zu dem Vorabdruck in der „Zukunft“ schreibt der Herausgeber Maximilian Harden: „... viele werden es lesen; unbelehrt werden von ihm nur die scheiden, die nicht ‚entzaubert‘ sein wollen. Götzendämmerung? Nein. Ins Götzenthum sinkt auch Herr Ludwig den Tristanschöpfer nicht. Nur: einer mit pfiffigster Organisatorenkunst der Menschheit aufgezwungenen Vergottung dämmert endlich der längst erfürchtete, erhoffte Abend herauf.“

WAGNER
ODER
DIE ENTZAUBERTEN
VON
EMIL LUDWIG

»Was ich von jener glänzendsten Erscheinung der modernen Opernkompositionswelt sage, darüber ist unter den meisten ehrlichen Künstlern längst kein Zweifel mehr: nicht aber der versteckte Groll, sondern eine offen erklärte und bestimmt motivierte Feindschaft ist fruchtbar.«
Wagner gegen Meyerbeer. 1851.

VORREDE

Die Götter frühster Jugend abzuschwören, ist schmerzhaft. Lange Jahre nach solcher Erschütterung vermag der Geist, mit Kälte das zu begründen, was das Gefühl grundlos ergriffen oder abgetan.
Wagner lehrte: „Der Verstand kann nichts anderes wissen, als die Rechtfertigung des Gefühls."
In dieser Schrift sucht der Verstand das Gefühl zu rechtfertigen, das einen leidenschaftlichen Wagnerianer, von den Knabenjahren an in Bayreuther Tradition erzogen, eines Tages sehr plötzlich ergriffen und der ganzen Wagner-Welt entführt hat.
Langsam löste sich aus solcher Verwirrung die Erkenntnis, daß es kein rein ästhetisches Bedenken, daß es mehr: daß es die Heraufkunft einer klareren Welt, die Dämmerung hellerer Horinzonte war, die den in Suggestion Befangenen mit einem Male geweckt.
Aber erst die Erkenntnis, einer von Tausenden zu sein, die eine ähnliche Entwicklung durch Wagner hindurchgeführt, gab den Anlaß, alle Gedanken über dieses Problem zu sammeln: nicht um irgendwen zu überzeugen, — lediglich, um jenen Tausenden die Stichworte zu reichen.
Daß diese Blätter grade jetzt erscheinen, geschieht, um jene Schar von Entzauberten sichtbar abzusondern von der Jahrhundertfeier, die sich vorbereitet und in der Aufstellung der Wagnerbüste neben Bismarcks in der deutschen Walhalla gipfeln wird. Gegen solche Vergötterung, nicht zur Verneinung seines Genius ist dieses Buch geschrieben.
Ist, solche Stichworte zu sprechen, der Autor legitimiert? Denn loben darf auch der Unberufenste, der Gegner wird um seine Kompetenz befragt. Alle Wagner-Biographen waren Nichtmusiker, und Wagner behauptet sogar von Beethoven, in dem „vielleicht einzig wichtigen Sinne" sei er bisher nur von Nichtmusikern verstanden worden.
Um so mehr darf der musikalische Laie, zumal als Dramatiker und Psychologe über einen Künstler sprechen, dessen Wirken, Lehre und Werke auf alle Gebiete der Kultur mit bewußtem Stolze übergreifen. Das Wagner-Problem ein musikalisches nennen, heißt dies Genie auf ein Viertteil reduzieren.
Die Wagnerianer, dem Meister folgend, betonen: nur wer ihn als Menschen begreift, könne den Künstler, nur wer den Künstler, könne das Werk begreifen. Darum ist die erste Hälfte dieser Schrift zur Analyse des Mannes und Künstlers verwendet.
Auch die glaubwürdigsten Quellen sind ausgeschieden, die nicht die Wagner-Biographen selbst legitimieren. Alle Citate und Nachrichten ohne Ausnahme stammen aus Wagners Schriften und Briefen oder aus den bekannten Biographien und Sammlungen von Chamberlain, Glasenapp, Wolzogen usw. Nur zwei Citate stehen in Briefen von Wagner und Frau Wagner, die unveröffentlicht in meinem Besitze sind. *E. L.*

FÜNFTES KAPITEL

DIE WIRKUNG

DIE BEZAUBERTE BOURGEOISIE

„Dem feiner Gebildeten, durch Kunstluxus Verwöhnten munden heute nur raffinierte, oft mit ästhetischen Grillen garnierte Kunstgerichte."
Wagner gegen Meyerbeer

Jedes Kunstwerk hat zwei Kritiker: den Kenner und das Volk. Zwischen diesen beiden steht die geistige Bourgeoisie. Diese und nur diese hat Wagner gewonnen.
Sein Leben lang wütete er gegen die „Kritiker", und es scheint, er hielt sie für bösartige Leute mit Uhrmacherlupen im Auge und feinen spitzen Lanzetten in Händen. Wagner verwechselte den Kunstkenner mit dem Beckmesser. Daß viele Feinde seines Werkes sich beckmesserisch äußerten, beweist noch nichts für das Werk. Wenn überdies ein Teil der Kritik rasch von der Sache auf seine Person überzugehen pflegte, so war das eine Rache seines Wesens: die Rache am Schauspieler in Wagner.
Nach dem Tristan schreibt er, er hätte „eine Meinung über das Publikum fassen gelernt, die mich zu den günstigsten Ansichten geführt hat. Der Künstler . . . **führt tief absichtlich sein Werk nicht dem Kunstkenner, sondern dem Publikum vor.** Nur insoweit das Publikum das kritische Element in sich aufgenommen hat, . . . kann den Künstler ängstigen". Dies kritische Element mißverstand Wagner so sehr, daß er im Lohengrin (!) symbolisiert haben will, wie der moderne Künstler vom Leben falsch angefaßt werde: statt rückhaltslos aufgenommen und verstanden zu werden, sei er gezwungen, sich dem kritischen Verstande mitzuteilen. Wagner war entschlossen, dies nicht zu tun.
Die Reformatoren in der Geschichte der Künste hatten, wie alle Reformatoren, stets ein paar Vorläufer, die sie erkannten und ihre Apostel wurden. Sehr allmählich, im Alter oder nach ihrem Tode, drangen sie mit ihren neuen Ideen, neuen Werken weiter, und sah man dann die Namen derer an, die von Anbeginn auf den Propheten geschworen, so hatten sie nun historisch einen guten Klang.
Genau den umgekehrten Weg ist Wagners Wirkung gegangen. Sehr früh fand er begeisterte Aufnahme. Aber weder die Kenner noch die großen Zeitgenossen traten für ihn ein.
Er hätte an das Volk appellieren können, — müssen, im Verfolg seiner Theorien von der Erweckung der Dreißigtausend. Wagner ist niemals vor das Volk getreten; nur vor das „Publikum".
In der Maienblüte seiner Ideen, zweiundzwanzig Jahre vor Bayreuth, äußert er, noch ehe eine Note zum Ring geschrieben, als kaum der vierte Teil gedichtet ist, den Plan, in Zürich ein Holztheater zu bauen „auf einer schönen Wiese bei der Stadt, von Brettern und Balken"; Chor und Musiker zu sammeln und heranzubilden. Nun aber will dieser Nachfolger des Aischylos nicht etwa weit die Türen öffnen, um jenes Volk hereinzulassen, von dessen Erweckung aus zweitausendjährigem Schlafe er zu träumen vorgegeben; sondern nur durch alle Zeitungen Deutschlands alle „Freunde des musikalischen Dramas", die hiesige Jugend, Gesangvereine, Universitäten einladen und dann in einer Woche Siegfried spielen, „natürlich Gratis-Entrée". „Nach der dritten Aufführung wird das Theater eingerissen und die Partitur verbrannt. Den Leuten, denen die Sache gefallen hat, sage ich dann: nun macht's auch so! Wollen sie auch von mir einmal etwas Neues hören, so sage ich aber: schießt Ihr das Geld zusammen."

1913
FELIX LEHMANN VERLAG
BERLIN W

Das war zur Zeit der idealen Pläne. Nach einem zwanzigjährigen Rückweg von Konzession zu Konzession hieß dieses Ideal Bayreuth.
Als sich, zwölf Jahre nach jenem Plane, ein Stück davon verwirklichen ließe, öffnet Wagner nicht die Türen, sondern schließt sie. Von keiner Aufführung schwärmt er so, wie von der Probe zum Tristan in München: Sechshundert Geladene, „meine erste Aufführung, ohne Publikum, nur für uns, glich der Erfüllung des Unmöglichen". In der öffentlichen Einladung zu den Tristanvorstellungen heißt es dann: „Diese Aufführungen, für jetzt vielleicht nur drei an der Zahl, sollen als Kunstfeste betrachtet werden, zu welchen ich von nah und fern die Freunde meiner Kunst einladen darf. Sie treten . . . demnach aus der üblichen Beziehung zwischen dem Theater und dem Publikum heraus." „Mit dem eigentlichen Theater, mit dem Spiel auf Gefallen und Mißfallen, Kaufen und Verkaufen (Bayreuth) hat es ein Ende." Wo bleibt nun die unbefangene Menge? (Aischylos als Ästhet.)
Nie ist ein Reformator der Kunst schneller durchdrungen als Wagner: alle ersten Aufführungen seiner Werke hatten große Erfolge. Die Geschichte seiner Wirkungen zeigt fast überall das nämliche Bild: die ersten Aufführungen erregen instinktiven Beifall, — später kommt die böse Kritik. Hundert Beispiele dafür sammeln die Wagnerianer und folgern triumphierend, daß der natürliche „Volksinstinkt" für Wagner sei. Saß das Volk in den Theatern? Wo hatte Wagner seine Erfolge? Zuerst in den Theatern, die er verachtete, deren Leiter und Publikum er erziehen wollte; also vor demselben Publikum, das noch zu gleicher Zeit Meyerbeer und Rossini applaudierte, die Wagner als seine Antipoden empfand. Dann in Bayreuth, wohin (Snobs und Spötter ausgenommen) niemand kommt oder kam, der sich nicht dieser Kunst und Welt verwandt fühlt.
Die Kenner standen meist gegen ihn auf, das Volk wurde nie gefragt: die Bourgeoisie war bezaubert. Mit kluger Geste wies Wagner immer auf die Schwierigkeit seiner Werke hin. Es gibt keine leichteren. Nie hat Musik so unmittelbar gewirkt. Der Nichtmusikalische hütet sich, Quartette von Beethoven anzuhören oder die Hohe Messe in H-moll, — Wagner geht ihm ein. Damit ist nichts gegen, nur etwas über seine Musik gesagt; zu der ja auch der Musiker pilgert, um Außerordentliches zu lernen, was dem musikalischen Laien entgehen mag. Weil sie neuartig war, nahm man diese Musik zuerst für schwer. Weil sie mit suggestiver Kraft auf die moderne Psyche wirkte, war sie leicht. Nietzsche hat hierüber das tiefste Wort gesprochen: „In Wagners Kunst ist auf die verführerischeste Art gemischt, was heute alle Welt nötig hat, die drei großen Stimulantia der Erschöpften: das Brutale, das Künstliche und das Unschuldige."
Bei so überraschender Neuheit, bei solchem Reichtum, bei solcher Vielfalt der Wirkungen konnten sich nur die reifsten Geister von Anbeginn der Suggestion entziehen. Wagner selbst wundert sich über seine wiederholten Erfahrungen: daß beim unmittelbaren Bekanntwerden mit seinen Werken „nichts anderes als ein durchaus ergreifender Eindruck sich kundtut", der aber später „der kälteren, reflektierenden Kritik" Platz macht. Er vergißt, daß der Eindruck jeder großen Kunst, wenn sie neu ist, den umgekehrten Weg macht, und es erweckt sein Mißtrauen nicht, daß andere nachträglich mißtrauisch werden.
Wer ihm von Anbeginn zufiel, das war die Jugend und die Frauen, wohl verstanden: die „Gebildeten". Die jungen Leute, die in neue Opern zu gehen pflegen, fühlten sich von diesen erotischen Schlägen getroffen, sie atmeten zwischen Schmerz und Wollust, sahen mit einem Male alle geheimen Süchte vor ihren Augen und Ohren in einer Deutlichkeit, die sie frappierte. Alles war unsäglich modern. Dazu kam der Reiz, für etwas Neues eintreten zu dürfen. Was für eine Jugend wäre das gewesen, die da nicht mitgekämpft hätte; wir alle täten es heute. Als Wagner in Zürich die Tannhäuser-Ouvertüre aufgeführt, nennt er die Wirkung „geradewegs furchtbar. Ich spreche nicht etwa von dem Beifallstumult, den sie unmittelbar hervorrief, sondern namentlich von den Wirkungssymptomen, die mir allmählich erst zur Kenntnis kamen. Namentlich die Frauen sind um- und umgewendet worden: die Ergriffenheit war bei ihnen so groß, daß Schluchzen und Weinen ihnen helfen mußte . . . Erst nachdem diese ungeheure Wehmut sich in Tränen Luft gemacht hatte, kam das Wohlgefühl der höchsten überschwenglichen Freude."
Hundert ähnliche Dokumente sammelten Wagner und die Seinen, und Niemand scheint zu bemerken, wie sehr solche Berichte die Kunst kompromittieren, deren Tiefe sie erweisen wollen. Zugleich wird klar, warum das einzige unerotische Wagner-Werk, warum Rheingold (zugleich der musikalisch reinste Teil der Tetralogie) am seltensten zur Aufführung gelangt.
Wen der orchestrale Magnetismus nicht anzog, den reizte das Spiel der Motive. Intellektuelle Menschen pflegen, wenn sie ehrlich sind, Musik wie einen unfaßlichen Nebel zu fliehen. Bei Wagner durften sie mit einem Male denken. Die Sinnfälligkeit seiner Motive, die auch in den ungeübtesten Ohren hängen bleiben, gestatteten den Intellektuellen, selbst an der Musik einmal produktiv zu werden. Man hielt sich (ohne Wagners Schuld) an die rasch notwendig gewordenen Namen der Motive und freute sich, wenn man die Ankunft oder die Nennung einer Person im voraus erraten. Nichts ist bekannter geworden von Wagners Werk, als eben diese Namen der Motive. Vom Feuerzauber oder vom Waldweben spricht alle Welt und glaubt, damit etwas über Wagner auszusagen.
Die der Musik ganz abhold waren, mußte doch ein Göttermythos reizen, von dem man, dank seiner völligen Unpopularität in Deutschland, meist erst durch Wagner Näheres erfuhr, und zwar sogleich in so moderner Form, dem Jahrhundert so nahe gerückt, so sehr „vertieft", daß man wohl über das Raffinement germanischer Urstämme erstaunen mochte.
Wer aber gar nichts hören wollte, dem wurde soviel vor das Auge geführt, das groß' und kleine Himmelslicht, die Sterne dürfet Ihr verschwenden, an Wasser, Feuer, Felsenwänden, an Tier und Vögeln fehlt es nicht. So schritt man in dem engen Bretterhaus den ganzen Kreis der Schöpfung aus, und wandelte mit brünstigem Schwall von Nivelheim bis nach Walhall.
Einmal hat sich der „alte Zauberer" verraten. Er schrieb, im Jahre 55, an Liszt: „Somit schmeicheln wir eigentlich, wenn wir unser Vorhaben für chimärisch und exzentrisch ausgeben, nur der gültigen Nichtswürdigkeit unserer künstlerischen Öffentlichkeit. Wir sollten das den Leuten nicht weiß machen."
Hat Wagner diese Leute erzogen? „Unser modernes Konzertpublikum," schreibt er einmal sehr treffend, „welches der Kunstsinfonie gegenüber sich warm und befriedigt anstellt, lügt und heuchelt, und die Proben dieser Lüge und Heuchelei können wir jeden Augenblick erhalten, sobald nach einer solchen Sinfonie irgendein modernes melodiöses Operntonstück vorgetragen wird, wo wir dann den eigentlichen musikalischen Puls des Auditoriums in ungeheuchelter Freude sogleich schlagen hören". Heute darf man, mit einiger Ironie, Wagners Namen in diesen Satz einfügen, und erhält ein Bild aus dem modernen Konzertsaal, in dem etwa auf die Siebente Sinfonie das Liebeslied aus der Walküre folgt.
Wagner hat Meyerbeers ungeheure Erfolge mit der niedrigen Qualität des Publikums erklärt. Wie, wenn man diese Logik heute auf Wagner anwendete? Wer anders als die geistige Bourgeoisie füllt heute die Wagner-Oper; die genau so zur „Kassenoper" wurde, wie ehedem und wie noch heute die Hugenotten oder der Prophet? Aus welchen Symptomen kann die Veredelung des Publikums in diesen fünfzig Jahren erwiesen werden? Und hat man nicht bemerkt, wie sich das Wagner-Publikum in den Opernhäusern verschlechtert? Wieder ist es die große Mittelschicht, und sie geht heute aus keinen anderen Instinkten zu Wagner, sie kommt mit keinen anderen Entschlüssen heraus, als einst bei Meyerbeer.
Wagner der Schauspieler hat die Schauspieler erzogen, der Musiker die Musiker, — nur nicht die Deutschen, denn dazu hätte er Dichter, hätte Dramatiker — oder absoluter Musiker sein müssen. Er klagte ja selbst zehn Jahre lang über Bayreuth, und es wäre schwer zu entscheiden, wo der Fehler lag: ob darin, daß der Wirkungsdurstige die „Regeneration" für seine eigene Zeit vorweg nahm — oder darin, daß er Billette verkaufen ließ.

ZEITGENOSSEN

Als den schwersten Beleidiger empfindet Wagner den, der ihn „nur als Musiker" anspricht. Wirklich ist er im weitesten Sinne Kulturfaktor, ist als Dichter, Philosoph, Politiker hervorgetreten, hat selbst über die bildende Kunst, die er zu seinem Werke nicht entbehren konnte, namentlich aber über Bühne und Schauspiel wichtige Dinge geschrieben. Wir fragen deshalb neun seiner größten deutschen Zeitgenossen — d. h. Kulturfaktoren —, wie sie zu ihm stehen und zwar die größten Philosophen, die größten Dichter, Historiker, Maler und den größten Staatsmann seiner Zeit.
Schopenhauer, der das Tiefste geschrieben, was je über Musik gedacht und gefühlt ward, dem Wagner seine Ringdichtung „in Verehrung und Dankbarkeit" übersendet, schreibt an seinen Jünger sehr geschmeichelt: „Ein Buch, welches nicht im Buchhandel, sondern nur für Freunde gedruckt ist." Dann nur: „Wohl das eigentliche Kunstwerk der Zukunft: scheint sehr phantastisch zu sein. Habe erst das Vorspiel gelesen. Werde weiter sehen." Später läßt er Wagner durch einen gemeinsamen Verehrer sagen: er sollte die Musik an den Nagel hängen, und: „Ich bleibe Rossini und Mozart treu." Dem Jünger schreibt er: „Der ästhetische K. bedient sich gegen Richard Wagner meiner Aussprüche sehr passend und mit großem Recht. Bravo!" In dem ihm dedizierten Exemplar der Dichtung finden sich Glossen wie: „Es ist infam!" — Maulschellierte Moral!", das Deutsch der Verse ist mit Bleistift verbessert; bis ihm gelegentlich die Geduld reißt und er an den Rand schreibt: „Ohren! Ohren! Er hat keine Ohren, der taube Musikant!"

Nietzsche muß Wagners Werk und Intentionen doch wohl verstanden haben, denn der fast sechzigjährige Meister schreibt dem Dreißigjährigen: „Ich schwöre Ihnen bei Gott, daß ich Sie für den Einzigen halte, der weiß, was ich will.“ Man kennt die Entwicklung. Nietzsche hat einfach die Wagnerische Zwischenstufe durchflogen. Wie durch einen hohen steilen Rauchfang ist er, getrieben von seinem Genius, durch diese Dunstwelt in seine Welt emporgezogen. Als er sich umblickte, da mit einem Male sah er: hellere Luft, „Vollkommenheit, — das glatte Meer.“

Hebbel, der mit Wagner in Paris und Wien Besuche ausgetauscht: „Ich wage nicht zu entscheiden, ob diese Musik mehr die Seele ergreift, oder das Rückenmark schüttelt ... Den Augen wird die Oper, der dieser Walkürenritt angehört, Erstaunliches bieten, viel mehr als irgendeine von Meyerbeer ... Was sind Schlittschuhbahn und Sonnenaufgang gegen diese theatralischen Effekte? ... Das pfeift, zischt, klingelt, rauscht, stürmt, als ob auch die Steine Töne und Stimmen erhalten sollten, und man wundert sich nur, daß man beim letzten Taktstrich nicht samt dem Komponisten und dem ganzen Theater in die Luft fliegt.“ Seine Nibelungen enthalten die völligste Ablehnung nicht nur von Wagners Nibelungen, auch von Wagners Theorie und Welt.

Otto Ludwig: „Sie sollen recht haben, der Mann hat aus sich gemacht, was irgend in seiner Natur lag, doch Sie werden erleben, wie der Rausch, in den er die Jüngeren versetzt hat, notwendig endet. Aus Mozart konnte ein Beethoven herauswachsen ... Ihr Wagner aber hat die Musik in eine Sackgasse geführt, aus der sobald kein Herauskommen ist.“ Ein andermal: „An Wagners Musik verdrießt mich der doppelte Fehler, erstlich, daß seinen Ton- und Akkordfolgen das fehlt, was ich ... Kausalität oder meinetwegen Logik der Musik nenne, zweitens daß dieser Fehler so recht die Absicht, die bewußte, kalt scheinende Absicht wie ein Horn auf der Stirn trägt, den stoßend, der sie nicht sieht ... Das Kunstwerk der Zukunft ist nichts als ein ungeheurer Zopf der Gegenwart.“

Böcklin, den Bayreuth vergeblich um Herstellung von Dekorationen gebeten, sollte bei einem Besuche in Wagners Villa am Posilipp von Frau Wagner aufs neue gewonnen werden. „Er war nämlich“, heißt es in den Böcklin-Erinnerungen „ein entschiedener Gegner der Auffassung Richard Wagners, daß in der Verbindung dreier Künste erst die einzige höchste Kunst erreicht werden könnte. Mit Recht fürchtete er, daß jede Kunst dabei um ihr Bestes ... verkürzt werden könnte. Wagner hatte u. a. verlangt, er solle bei der Dekoration (zum Parsifal) Pflanzen auf Gipfeln malen, wo sie niemals vorzukommen pflegen.“

Gustav Freytag: „Wagner ist in der dringenden Gefahr durch zu starke Benutzung der Kontraste ermüdend, durch gesuchte Originalität des szenischen Arrangements abenteuerlich, durch die Wahl seltsamer Stoffe barock und, was die Hauptsache ist, durch unrichtige Verwendung der musikalischen Mittel lächerlich zu werden.“

Jakob Burckhardt (in Briefen): „Daß in Paris überall Richard Wagner einreißt, ist ein Zeichen vor dem Ende ... Vielleicht schon in zehn Jahren mag diese Erker, Voluten, Obelisken usw. weder Hund noch Katze mehr fressen, und mit der Wagner-Musik könnte es ebenso gehen ... Der Maestro defunto hatte enorm viel orchestrales Wissen, auch verrät er (unwillkürlich, versteht sich) tiefe Kunde von Weber, Beethoven. Was er aber gar nicht verrät, ist irgendein Funke von eigenem Schönheitssinn ... Ein stocktauber Mensch wird, als dernière ressource, von einem guten Freund in eine Wagnerische Oper mitgenommen und genest im vierten Akt, aber dafür war im fünften Akt der gute Freund taub geworden.“

Grillparzer:

> „Der Stärke braucht und nicht der Schwächen,
> Sonst wird der Kunst ihr Höchstes nie.
> Gelängs der Tonkunst je zu sprechen,
> Wär' sie verpfuschte Poesie.“

Oder: „.... daß die Musik, abgesehen von dem Mangel an Talenten, in Deutschland auf dem Wege der Verschlechterung sei, weil sie sich aus ihrem eigenen Gebiete in das der Poesie hinüberbegeben hat.“[1])

Bismarck schrieb, als Dank für das Gedicht, das Wagner ihm persönlich nach Versailles sandte: „Ich danke Ihnen, daß Sie dem deutschen Heere ein Gedicht gewidmet und daß Sie mir dasselbe haben überreichen lassen.“ Folgt das denkbar eingeschränkteste Kompliment für seine Opern: „denen ich von je ein lebhaftes, wenn auch zuweilen mit Neigung zur Opposition gemischtes Interesse zugewandt.“ Später besucht ihn der Meister. Wagner äußert: Bismarck habe ihm sehr wohl gefallen, sie könnten sich aber nur, jeder in seiner Sphäre, gegenseitig beobachten. Bismarck äußert: er sei doch selbst nicht frei von Selbstbewußtsein, aber ein solches Maß davon, wie Wagner habe, sei ihm bei einem Deutschen noch nicht vorgekommen.

Hierauf wendet sich Wagner an ihn um Unterstützung Bayreuths durch das Reich, in einem langen Briefe, den ein Aufsatz begleitet. Bismarck antwortet nicht. Darauf „setzte ich meine Werbung durch eine brieflich sehr ernstlich motivierte Bitte, wenigstens die zwei letzten Seiten meiner Broschüre einer Durchlesung zu würdigen, unentmutigt fort.“ „Muß mich jeder weitere Versuch Eure Durchlaucht durch Überredung zu jener Kenntnisnahme zu bewegen, ebenso unschicklich als unnütz dünken, so wünsche ich, mit diesen Zeilen zunächst einzig nur die mögliche Belästigung durch meine Zusendung entschuldigt zu haben. Mit unbegrenzter Verehrung tiefergebener Bewunderer ...“

Auch dieser Brief blieb ohne jede Antwort. Selbst als der Kaiser nach Bayreuth ging, schwieg der Kanzler.

Wie heißen die Deutschen gleichen Ranges, die ebenso lebhaft für ihn eingetreten, als diese Galerie berühmter Zeitgenossen gegen ihn?

Von Musikern ist hier nicht die Rede. Sie waren an dem Problem zu unmittelbar beteiligt: Liszt und Bülow mußten Wagners Verehrer, Brahms und Schumann mußten seine Gegner sein.

Beinahe die einzige genialische Natur, die Wagner unter seinen deutschen Zeitgenossen dauernd zufiel, war König Ludwig. Dabei ist es unwesentlich, daß er später geisteskrank wurde; wichtig aber, daß er neunzehn Jahre war, als er sich Wagner erkor. „Sie wissen nicht, daß Sie mir alles sind, waren und sein werden, bis in den Tod, daß ich Sie liebte, ehe ich Sie sah ... Wie brenne ich vor Sehnsucht nach ruhigen, weihevollen Stunden, die es mir vergönnen werden, das lang entbehrte Antlitz, das teuerste der Erde wiederzusehen ...“ Dies ist, bis in die sprachlichen Wendungen hinein, der Ausdruck aller wagnerischen Helden, der Ausdruck eines aufs höchste exaltierten Geistes.

Denkt man an die suggestive Kraft der Wagnerischen Kunst, so wirkt es im Grunde nur erstaunlich, wie doch die besten geistigen Führer der Nation mit solcher Einmütigkeit sich seiner erwehrten. Meyerbeer hat es in dieser Richtung weiter gebracht, er blendete die beiden größten Dichter seiner Zeit: Balzac wurde von Robert dem Teufel über jedes Maß entzückt, und Goethe wünschte nichts sehnlicher, als daß Meyerbeer den Faust komponierte.

„*WAS IST DEUTSCH*“?

Als die hochkultiviertesten Wagnerianer zählt der Biograph Chamberlain folgende sieben Männer auf: Wolzogen, Stein, Beaudelaire, Gobineau, Nietzsche, Liszt und den König.

Von diesen blieb der König zumindest ohne persönliche Leistung, Nietzsche fiel ab, Stein und Wolzogen drangen nicht über den Wagner-Kreis. Die drei Genialen sind keine Deutschen.

Wagners literarische Apostel in den ersten zwanzig Jahren sind außer dem Ungarn Liszt die Franzosen Beaudelaire, Champfleury und der Italiener Gasperini. An Villot richtete Wagner die „Zunkunftsmusik“, weil er einer seiner besten Kenner sei. Zu seinen Anbetern gehörten ferner Barbey d'Aurevilly, Théophille Gautier, Catulles Mendès, Peladan und Battaille.

Wie viele Deutsche gleichen Ranges sind daneben zu nennen? Für Bayreuth nahmen der Sultan und der Khedive von Ägypten Patronatsscheine, dieser zahlte zehntausend Mark. Wie viele Deutsche haben das getan? Lohengrin erregte in Bologna größere Wirkung als in Leipzig und Berlin, Wagner wurde dort Ehrenbürger. Der Kaiser Napoleon ließ Tannhäuser in der Großen Oper aufführen, zwei Jahre später lehnte der Berliner Intendant noch ab, Wagner zu empfangen. Trotz des Skandales begeisterte sich Wagner für das Pariser Tannhäuser-Publikum: „Ich erkläre es laut, daß so wohl es mir nie geworden, und in Deutschland gewiß auch nie wieder werden wird.“ In Boston und anderen Städten Nordamerikas gab man „Wagner-nights“, zwanzig Jahre vor dem ersten deutschen Wagner-Konzert.

Und so fragt sich Wagner im Jahre 71 „im großen Heimatlande des Ernstes und der Gediegenheit“ nachdenklich: „Was ist deutsch?“

Als er, nach der Amnestie, Deutschland nach elf Jahren zum ersten Male betritt, schreibt er: „Auch muß ich gestehen, daß mein Wiederbetreten des deutschen Bodens auf mich nicht den mindesten Eindruck gemacht hat, höchstens daß ich mich über die Albernheit und Ungezogenheit der Sprache um mich herum verwunderte.“ Und er fügt sehr skeptisch hinzu: „Glaube mir, wir haben kein Vaterland! Und wenn ich „deutsch“ bin, so trage ich sicher mein Vaterland in mir.“

Oben wurde geschildert, wie er Rienzi, ganz nach Wunsch, deutsch oder französisch dichten wollte. Als sich später seine Hoffnungen auf die Pariser Oper für Rienzi nicht erfüllen, sendet er das Werk an das neue Dresdner Opernhaus, nebst Eingaben an den König und mehreren Briefen, darunter an den Intendanten „mit dem Hinweise darauf, daß grade dieses Werk eines Sachsen, der sich redlich bemühte, seine besten und gereiftesten Kräfte seinem Vaterlande zu widmen, im Repertoire nicht unpassend einen schmeichelhaften Platz unter den Werken einnehmen würde, die bestimmt sein werden, . . ." usw. (Wagner als Sachse.)

Die Wagnerianer führen für sein Deutschtum gern die Stelle an: wie er das „Kunstwerk der Zukunft" mit der Erzählung von Wieland dem Schmied schließt und dann ausruft: „O einziges herrliches Volk! Das hast du gedichtet und du selbst bist dieser Wieland! Schmiede deine Flügel und schwinge dich auf!" — Was sie nicht mitteilen, ist, daß er zehn Wochen später beschließt, denselben Wieland für die Pariser Oper zu schreiben, und den französischen Dichter Gustave Vaez auffordert, den Text für ihn französisch umzuarbeiten, damit er dann danach die Musik machen könne.

Ist Wagners Antisemitismus ein Zeichen für sein Deutschtum? War jener Aufsatz über das Judentum in der Musik nicht nur eine neue Waffe gegen Meyerbeer? Chamberlain sagt: „Die Juden selber mit ihrer scharfsinnigen Begabung gehörten fast überall zu den Ersten, welche Wagners ungeheure künstlerische Bedeutung errieten . . . Andererseits hat Wagner den Verkehr und die Freundschaft der Juden nie gemieden. Geht man der Sache auf den Grund, so entdeckt man, daß diese ganze Hetze gegen Wagner nur bei den schlechteren Elementen des eigentlichen Judentums Unterstützung fand und in Wahrheit nichts anderes als eine Verschwörung der talentlosen und mittelmäßigen jeglicher Konfession gegen das Genie war." Übrigens waren seine bedeutendsten Feinde Christen (Hanslick, Lübcke u. a.).

Hundertmal hat Wagner betont, er wolle durchaus k e i n nationales Werk schaffen, — er tadelte ja grade an den griechischen Dramen das Nationale. Es sollte vielmehr „den Geist der freien Menschheit über alle Schranken der Nationalität hinaus umfassen". In das germanische Kostüm brachte er seine Gestalten nach seinen Worten nur, um sich irgendwie zu orientieren. Nicht deutsch, — „rein-menschlich" wollte er schaffen und verstanden sein.

Wagners internationale Wirkung war also eine Folge seiner eigenen Absichten, und nicht umsonst ist Bayreuth von Ausländern erfüllt. Dies zu erörtern läge kein Anlaß vor, wenn nicht die Wagnerianer das Gegenteil ständig proklamierten.

Dies alles sind kleine Zeichen für ein großes Faktum. Ein solcher Irrtum: in Wagner den typisch „deutschen" Künstler zu feiern, ist wahrhaft ergreifend und kommt in diesem Umfange alle Jahrhunderte nur einmal vor.[1]) Ist es nun wirklich das „Rein-Menschliche", was draußen stärker wirkt als bei uns? Ist es nicht vielmehr das Exotische?

Wir haben diese Frage mit Bewußtsein nicht in die Mitte gerückt, weil sie zwar über den Fall Deutschland manches, über den Fall Wagner im Grunde nichts entscheidet. Aus den gesamten vorangehenden Betrachtungen geht die Antwort hervor. Und sie wird handgreiflich, wenn man Wagner neben rein deutschen Musikern hört, neben Bach, Weber, Schubert, Brahms. Nietzsche hat das in drastische Verse gebracht. Es wäre boshaft, sie hier zu zitieren.

[1]) Hans Sachs wäre als einzige Ausnahme herauszuheben.

Der folgende Text von Hans von Wolzogen aus den „Bayreuther Blättern" dokumentiert erneut die immer „innerlicher" werdende pseudoreligiöse Sektensprache, die den „Bayreuther Idealismus" auszeichnet. In einer Welt des „Materialismus", „Mammonismus", „Amerikanismus" wird Bayreuth zum „Asyl, Fluchtort, (zur) Kraft-Station des Geistes jener Innenwelt, die wir mit Idealismus kurz bezeichnen mögen" verklärt, von wo aus „immer neu gespeist, ... die Luftwellen unseres seelischen Lebens die elektrische Kraft des Idealismus frei und unabgelenkt dem Seelenleben unserer lieben Nächsten zuführen (sollen)".

Nach 1913.

Das Jahr 1914 bringt den Werken Wagners nach außerweltlichen Begriffen die „Freiheit" — auch dem „Parsifal" die Freiheit, daß mit ihm gemacht werden darf, was Jedermann will und kann — meist wenig genug kann, weil der Wissende dabei mit schlechtem Gewissen, der Unwissende ohne Glauben und Weihe wirken muß. — Wir „Wagnerianer" haben es nicht verhindern können. Wir sind keine Macht gewesen, und die Welt hat das Recht zu fragen: wozu seid ihr noch da? Aber wir haben nicht die Pflicht zu antworten; denn wir waren niemals dazu da, um eine Macht in der Welt zu sein. Wohl aber haben wir die Pflicht uns selber zu fragen, wozu wir noch da seien. Denn jetzt erst wird die Frage recht zeitgemäß: wozu wir überhaupt da sind. Auch uns ist mit diesem Zeitpunkt des Jahres 1914 eine Freiheit zuteil geworden. Auch wir sind ja „Werke" des Meisters, und wenn wir die richtigen Werke sind, so wirkt er, sein Geist, noch immer in uns fort. Wir waren solange gehemmt, den Geist des Meisters frei in uns wirken zu lassen, als wir uns noch verpflichtet fühlen konnten, ihm in der Welt draußen zu seinem Rechte zu verhelfen. Dies war schon dem Meister selber nie ohne „Kompromisse" gelungen, eine Notwendigkeit, durch welche die Welt sich mehr „kompromittiert" als die Meister, die im Innersten doch immerdar die Freien bleiben. Wir brauchen nun keine Kompromisse mehr zu schließen, brauchen auch unserer letzten Niederlage nicht nachzutrauern oder uns ihrer zu schämen. Wir sind frei geworden von den Rücksichten auf die Welt. Was in ihr draußen vor sich geht, soll uns nicht mehr angehen. Wir nehmen wieder den freien Abstand davon ein und sehen vor uns eine ganz andere Welt. Wir tadeln und richten sie nicht so viel, wie wir es einst vor Allem glaubten tun zu müssen, als es noch galt, ihr gegenüber das Werk von Bayreuth zu ermöglichen und zu erhalten. Damals, auch in diesen unseren „Blättern", war es uns eine Pflicht aufzuklären, was das Feindselige sei, das jenem Werke widerstand, und was das Fremdartige sei, wovon dieses Werk sich trennen und fernhalten mußte. Sollte es doch ein Asyl werden für Alle, die, wenn auch nur erst im Gefühle, mit uns zu der gleichen Erkenntnis gekommen seien. Und eben dies ist es geworden, während die Welt die Selbe geblieben ist.

Nun besteht Bayreuth, eine eigene Welt für sich und für uns; wir dürfen der andern Welt ihre Rechte und Pflichten ruhig überlassen. Wir sind frei geworden und sind fernerhin dazu da dieser Freiheit zu leben. Ja, zu l e b e n ! Denn Freiheit ist kein toter Begriff. Als Begriff wird sie vielmehr zur trügerischen Gefahr. Sie ist aber Leben, wirkende Kraft des Lebens, Wahrhaftigkeit des Lebens. Sie ist eine Eigenschaft der Seele, und Seele heißt das Bewegt-Bewegende, das Lebendige. Sind wir frei geworden, so sind also unsere Seelen frei geworden, und nicht frei für die unzähligen Gebundenheiten der Welt, in die sich Freiheit nur verstricken, wo Leben nur sterben kann, sondern frei wiederum für lebendige Seelen. Dies bedeutet: für jene innere Welt, welche innerhalb der äußeren ihr doch nicht angehört, so wenig wie Bayreuth der Welt der Theater angehört, so wenig wie ein großer Meister der Welt der kleinen Geister angehört!

Der große Meister, die Persönlichkeit, die ihre Werke als Taten wirkt, ist keine tote Bildsäule, und nicht als vor einer solchen dürfen wir, wenn wir der Welt uns abwenden, in wirkungslos staunendem Ersterben gefesselt verharren. Dann stirbt der Geist des Meisters in uns, der in uns fortleben sollte. Nicht unser Ersterben, unsere Seele sind wir ihm schuldig, also unser Leben für andere lebendige Seelen. Ist Bayreuth nicht nur Asyl, Fluchtort, sondern auch Kraft-Station des Geistes jener Innenwelt, die wir mit Idealismus kurz bezeichnen mögen: so sollen wir, die wir uns gern selbst Idealisten nennen, gleichsam die Leiter sein, durch welche die seelische Kraft des Idealismus hinausströmt zu den andern, fernen Seelen, soviele dafür empfänglich sind, innerhalb der Welt draußen, die wahrhaft lebendigen Seelen nicht genügen kann. Denn Alles das, was in ihr allein und für sie allein Macht, Wert, Bedeutung, ja Leben hat, ist keine Macht, kein Wert, keine Bedeutung, ja kein Leben des Seelischen im Menschenwesen. Die Seele ist andern Ursprungs und hat eine andere Heimat. Das haben wir wieder von unserem Meister gelernt, und dafür ist Bayreuth uns lebendiges, wirkendes Symbol.

Von dort aus immer neu gespeist, sollen die Luftwellen unseres seelischen Lebens die elektrische Kraft des Idealismus frei und unabgelenkt dem Seelenleben unserer lieben Nächsten zuführen: Das aber sind eben diejenigen, denen die andere Welt nicht genügt, welche seelische Bedürfnisse haben, deren Wesenskern, dem unsern verwandt, der idealen Welt angehört. Und das braucht keineswegs nur jene symbolische Welt der Kunst zu sein. Allen geistigen Gebieten der menschlichen Kultur tut die Seele not. Sie sind ja tot ohne sie, wie unendlich lebendig sie zu sein scheinen. Überall noch gibt es besondere Persönlichkeiten, Regungen und Beziehungen von freiem, reinem Werte, mit denen wir gegenseitig kräftigende Fühlung halten und innerer Verwandtschaft uns erfreuen dürfen. Wir durch die unvergleichliche Kraftspende der Meisterkunst von Bayreuth vor Allen Begnadete und Verpflichtete: sehen wir also von neuem unsere ganze, volle, freie Aufgabe darin, von Seele zu Seele weiterspendend, Glaubenskraft stärkend, Geistern richtunggebend zu wirken. So wahren wir still und ständig den Hort der Kunst, der einst sich wiederum mit Gottes Gnade verwandeln mag in einen heiligen Gral. —

Hans v. Wolzogen.

Die Nibelungenhalle auf dem Drachenfels bei Königswinter von Hermann Hendrich, der noch zwei weitere „Weihetempel des germanischen Mythos in die deutsche Landschaft (stellte): die Walpurgishalle auf dem Hexentanzplatz im Harz und die dem Sturmriesenmythos der Rübezahlsage errichtete Riesengebirgshalle in Schreiberhau“ (G. Holstein), wird zum hundertsten Geburtstag Wagners im Jahre 1913 eingeweiht. Im Innern befinden sich ein Denkmal für Wagner mit einem Profilrelief seines Kopfes, eingerahmt von dem Wort: „Ehrt eure deutschen Meister“, und Hendrichs Wandgemälde zur Nibelungensage. Hendrich sollte auch die in Mainz 1909 geplante aber nicht ausgeführte „Nibelungenhalle“ mit zwölf bis vierzehn Bildern zum *Ring des Nibelungen* versehen (siehe Seite 110). Wilhelm II. bestellte bei Hendrich ein Bild aus der nordischen Sagenwelt „Atlantis“.

Siegfrieds Tod

Hundings Hütte

Siegfrieds Tod

Rheingold

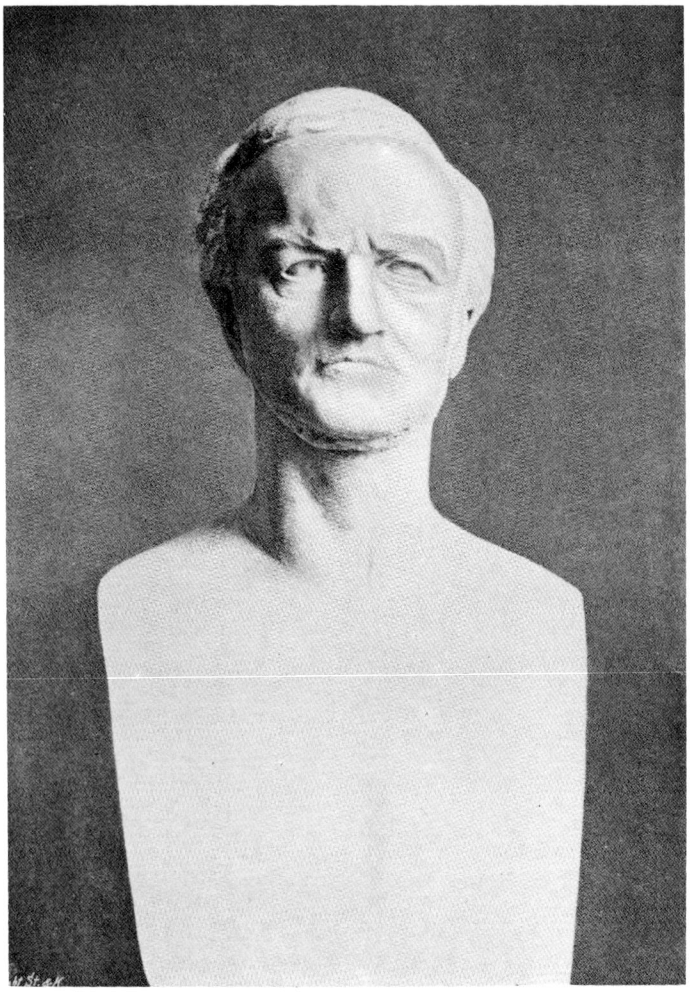

Am 22. Mai 1913 fand am Fuß der Matthäikirche die Grundsteinlegung des geplanten Leipziger Wagner-Denkmals von Max Klinger statt, der bereits für das Leipziger Musikzimmer auf der Weltausstellung in St. Louis 1904 eine Wagnerbüste (links oben) geschaffen hatte. Bereits am 22. Mai 1883, dem ersten Geburtstag nach Wagners Tod, trat in Leipzig ein Denkmalskomitee zusammen, um die Errichtung eines Denkmals zu fördern. Es gab Pläne der Bildhauer Fritz Schaper, H. Dammann, der einen Brunnen entworfen hatte, und Gustav Adolf Kietz — um nur diese zu nennen —, der bereits als Modell eine Statuette aus weißem Marmor geschaffen hatte, auf dessen Sockel er die Worte schrieb: „Durch Kampf zum Sieg". Verhandlungen mit Klinger fanden seit 1904 statt. Sein Entwurf sah vor, daß sich inmitten einer Treppenanlage auf einem mit drei Reliefs geschmückten Sockel (links) — drei Frauengestalten (Musik, Dichtung, Schauspielkunst) als Sinnbild des Wagnerschen Gesamtkunstwerkes auf der Vorderseite, links Siegfried und Mime mit dem erlegten Drachen, rechts Parsifal und Kundry — eine fünf Meter hohe Figur Wagners, der von einer Art Toga umhüllt ist, erheben sollte. Leipzig machte dem Spruch „Lipsia vult expectari (Leipzig läßt gern auf sich warten)" alle Ehre: weder der Denkmalsplan Klingers, noch die früheren oder späteren (siehe Seite 223 bis 226 und 228/229) führten zu einem Wagner-Denkmal in Leipzig.

WAGNER-BÜSTE IN DER WALHALLA UND WAGNER-DENKMAL IN MÜNCHEN

Im Jahr 1913 erhält auch München ein Wagner-Denkmal (geschaffen von Heinrich Wadere, aufgestellt neben dem Prinzregententheater), das auf Betreiben des von Cosima ungeliebten Generalintendanten der Münchner Hofbühne Ernst von Possart zustandekommt, der auch die Mittel beschafft hat. Die Wagner-Büste in der Walhalla wird am 29. Mai 1913 in Gegenwart von Prinz Rupprecht von Bayern und Siegfried Wagner aufgestellt. Der von Wagner für Ludwig II. geschriebene *Huldigungsmarsch* begleitet den Eintritt in die Walhalla. Bernhard Bleeker, der diese Büste aus weißem Marmor schuf, wird zwanzig Jahre später den „Protest der Richard Wagner-Stadt München" gegen Thomas Mann mitunterzeichnen (siehe Seite 195).

Der Erde bist Du längst enthoben
Auf immerdar und ihrer Qual;
Walküren trugen Dich nach oben
Zur Heldenstatt in Walhalls Saal.
Dort ruhst Du aus von brünst'gem Streiten,
Um Dich die deutsche Heldenwelt,
Den Königssitz in lichten Weiten
Errangst Du Dir, Du treuer Held.

Noch ruht in Deiner Hand die Harfe,
Zu der Du Deine Weisen sangst,
Es liegt vor Dir das Schwert, das scharfe,
Mit dem Du Lokis Trug bezwangst;
Nun schmückt Dein Haupt, aus dem entsprungen
So viel des Schönen, Freias Kranz;
Den Gruss hat Bragi Dir gesungen,
Und Dich umschimmert Walhalls Glanz.

Wie wundersam ist nun gelohnt
Wofür Du kämpftest immerdar:
Ein deutsches Walhall herrlich thront,
Das Deines Lebens Endziel war.
Bayreuther Gaue boten Beides:
Der Kunst Asyl, — nach Not und Schmerz
Dem Dulder so viel Erdenleides
Die Ruhstatt: Deines Volkes Herz.

Bayreuth.

Weinrestaurant „Parsifal"

erstklassig neu gegründet

Maxstr. 15 vis-à-vis alter Schlossplatz.

Reine Weine

Feine Küche

Restauration zu jeder Tageszeit.

Den geehrten Herrschaften zum Besuche bestens empfohlen

Hochachtend

E. Jäth.

Telephonruf 115.

Christian Sammet, Inhaber der goldenen Alt-Medaille für Kunst und Wissenschaft. Finis coronat opus.

Nachklänge
von der Musenkneipe Café Sammet-Angermann.

Meine Spezialitäten-Küche bietet nur Nibelungen-Gerüchte für die Herren Titl. Wagnerianer. Hier genießt man die wonnigsten Speisen, denn sie konvenieren in den Kreisen aller Weisen. Angermann-Sammet'scher Zentralmittelbrennpunkt ist und bleibt die hereditär-traditionelle Wagnerkneipe, welche infolge ihrer exquisiten kulinarisch-gastronomische Genüsse spendenden Küche und des eminent reichlich quellender Getränke kühlende Labung bietenden Kellers das berühmteste, täglich über tausend werte H.H. Festgäste bewirtendes bedeutendste Etablissement des ganzen internationalen Verkehrs.

Floßhilden-Suppe mit Alberich-Einlagen, Lohengrin-Forellen aus den Schwanenteichen der Bayreuther geheiligten Lande, gefüllte Schwanenbrust à la Lohengrin, feine Elsa-Delikatesse, Nibelungen-Klöße mit Sucher-Gemüse, Soomers Wotan-Schinken à la Walhall. Siegmunds Stangenspargel, Sieglinden-Käse: als Nachtisch kleine Kobolde. Siegfried-Schnitzel Baryfümiert mit Brünhilden-Beefsteak. Wiener Schmarn à la Greng, Breuers Mimen-Eier und Freias goldene Erda-Äpfel. Walther v. Stolzings Roasbeef mit Evchen-Cottelets, Schulzens Beckmesser-Torte mit Meistersinger garniert. Knüpfers Hundings-Keilen mit Brauns Götterdämmerungs-Haxen. Aus Hundings Keller labt man sich mit Hertas Wein, Rheingoldbier, Parsifalbräu, Fliegende Holländer-Erquickung, Isoldens Liebestrank. Komm, komm, was willst Du noch länger warten, trink mit mir die Blume aus Klingsors Zaubergarten. Liebestraum-Sekt, den Rheintöchtern aus dem Ring des Nibelungen gewidmet. — In schwierigen Fällen serviert Sammet seine von der Bayreuther Kultur beleckten, mit Kundry-Balsam bestrichenen Gralsbrötchen selbst.

Gruß von der Musenstadt BAYREUTH, der edlen hehren Stätte unseres Meisters höchsten Schaffens!

Die schöne Laune, die mit ihrem Dasein spielte, führte sie eines Abends in den Lohengrin. Die beiden Mütter hatten sich dazu verstehen müssen, zu Hause zu bleiben; es war der feste Wille des Brautpaares, der Schicklichkeit zum Trotz allein in einer Proszeniumsloge zu sitzen. Das breite rote Plüschsofa an der Wand, wo man nicht gesehen werden konnte, war eingedrückt und fleckig, es hatte etwas Reizvoll-Fragwürdiges. Guste wollte wissen, daß diese Loge eigentlich den Herren Offizieren gehörte, und daß sie hier Besuche von Schauspielerinnen empfingen!

„Über die Schauspielerinnen sind wir glücklich hinaus", erklärte Diederich, und er ließ durchblicken, daß er allerdings bis vor kurzem mit einer gewissen Dame vom Theater, die er natürlich nicht nennen könne —. Gustes fieberhafte Fragen wurden rechtzeitig unterbrochen durch das Klopfen des Kapellmeisters. Sie nahmen ihre Plätze ein.

„Hähnisch ist noch wabbeliger geworden", bemerkte Guste sogleich, und sie nickte nach dem Dirigenten hinab. Er machte auf Diederich einen hochkünstlerischen, wenn auch ungesunden Eindruck. Schwarze, verwirrte Haarsträhnen wippten, indes er mit allen seinen Gliedmaßen den Takt schlug, über seinem großen grauen Gesicht, dessen Fettsäcke mitwippten; und in Frack und Hose wogte es rhythmisch. Im Orchester war großer Betrieb, dennoch gab Diederich zu verstehen, daß er auf Ouvertüren keinen Wert lege. Überhaupt, meinte Guste, wenn man den Lohengrin in Berlin kannte! Der Vorhang ging auf, und schon kicherte sie verachtungsvoll. „Gott, die Ortrud! Sie hat einen Schlafrock und ein Frontkorsett!" Diederich hielt sich mehr an den König unter der Eiche, der sichtlich die prominenteste Persönlichkeit war. Sein Auftreten wirkte nicht besonders schneidig; Wulckow brachte Baß und Vollbart entschieden besser zur Geltung; aber was er äußerte, war vom nationalen Standpunkt aus zu begrüßen. „Des Reiches Ehr' zu wahren, ob Ost, ob West." Bravo! So oft er das Wort deutsch sang, reckte er die Hand hinauf, und die Musik bekräftigte es ihrerseits. Auch sonst unterstrich sie einem markig, was man hören sollte. Markig, das war das Wort. Diederich wünschte sich, er hätte zu seiner Rede in der Kanalisationsdebatte eine solche Musik gehabt. Der Heerrufer dagegen stimmte ihn wehmütig, denn er glich aufs Haar dem dicken Delitzsch in all seiner verflossenen Bierehrlichkeit. Infolgedessen sah Diederich die Gesichter der Mannen näher an und fand überall Neuteutonen. Sie hatten größere Bäuche und Bärte bekommen und sich gegen die harte Zeit mit Blech gerüstet. Auch schienen nicht alle sich in günstigen Lebensumständen zu befinden; die Edlen sahen aus wie mittlere Beamte des Mittelalters, mit Ledergesichtern und Knickebeinen, die Unedlen noch weniger glänzend; aber der Verkehr mit ihnen wäre unzweifelhaft in tadellosen Formen verlaufen. Überhaupt ward Diederich gewahr, daß man sich in dieser Oper sogleich wie zu Hause fühlte. Schilde und Schwerter, viel rasselndes Blech, kaisertreue Gesinnung, Ha und Heil und hochgehaltene Banner, und die deutsche Eiche: man hätte mitspielen mögen.

Was den weiblichen Teil der Brabanter Gesellschaft betraf, der ließ freilich zu wünschen. Guste stellte spöttische Fragen: welche es denn nun sei, mit der er —. „Vielleicht die Ziege in dem Hängekleid? Oder die dicke Kuh mit dem Goldreifen zwischen den Hörnern?" Und Diederich war nicht weit davon entfernt, sich für die schwarze Dame mit dem Frontkorsett zu entscheiden, als er noch rechtzeitig bemerkte, daß eben sie in der ganzen Angelegenheit nicht einwandfrei dastand. Ihr Gatte Telramund schien zunächst noch leidlich Komment zu haben, aber eine höchst üble Klatschgeschichte spielte offenbar auch hier mit. Leider war die deutsche Treue, selbst wo sie ein so glänzendes Bild darbot, bedroht von den jüdischen Machenschaften der dunkelhaarigen Rasse.

Beim Auftreten Elsas war es ohne weiteres klar, auf welcher Seite man Klasse voraussetzen durfte. Der biedere König hätte es nicht nötig gehabt, die Sache dermaßen objektiv zu behandeln: Elsas ausgesprochen germanischer Typ, ihr wallendes blondes Haar, ihr gutrassiges Benehmen boten von vornherein gewisse Garantien. Diederich faßte sie ins Auge, sie sah herauf, sie lächelte lieblich. Darauf griff er nach dem Opernglas, aber Guste entriß es ihm. „Also die Merée ist es?" zischte sie; und da er vielsagend lächelte: „Einen feinen Geschmack hast du, ich kann mich geschmeichelt fühlen. Die ausgemergelte Jüdin!" — „Jüdin?" — „Die Merée, selbstredend, sie heißt doch Meseritz, und vierzig Jahre ist sie alt." — Betreten nahm er das Glas, das Guste ihm höhnisch anbot, und überzeugte sich. Na ja, die Welt des Scheins. Enttäuscht lehnte Diederich sich zurück. Dennoch konnte er nicht hindern, daß Elsas keusche Vorahnung weiblicher Lustempfindungen ihn gerade so sehr rührte wie den König und die Edlen. Das Gottesgericht schien auch ihm ein hervorragend praktischer Ausweg, auf die Weise ward niemand kompromittiert. Daß die Edlen sich auf die faule Sache nicht einlassen würden, war freilich vorherzusehen. Man mußte schon mit etwas Außerordentlichem rechnen; die Musik tat das ihre, sie machte einen geradezu auf alles gefaßt. Diederich hatte den Mund offen und so dummselige Augen, daß Guste heimlich einen Lachkrampf bekam. Jetzt war er so weit, alle waren so weit, jetzt konnte Lohengrin kommen. Er kam, funkelte, schickte den Zauberschwan fort, funkelte noch betörender. Mannen, Edle und der König unterlagen alle derselben Verblüffung wie Diederich. Nicht umsonst gab es höhere Mächte ... Ja, die allerhöchste Macht verkörperte sich hier, zauberhaft blitzend. Ob Schwanen- oder Adlerhelm; Elsa wußte wohl, warum sie plumps vor ihm auf die Knie fiel. Diederich seinerseits blitzte Guste an, ihr verging das Lachen. Auch sie hatte erfahren, wie es war, wenn alle einen verklatschten, und den ersten war man los und konnte sich nirgends mehr sehen lassen und hätte überhaupt wegziehen müssen: und da kam der Held und Retter und machte sich aus der ganzen Geschichte nichts und nahm einen doch! „So soll es sein!" sagte Diederich und nickte auf die kniefällige Elsa hinab — indes Guste, die Lider gesenkt, in reuevoller Unterwerfung gegen seine Schulter fiel.

Das weitere konnte man an den Fingern abzählen. Telramund machte sich einfach unmöglich. Gegen die Macht unternahm man eben nichts. Zu ihrem Repräsentanten Lohengrin verhielt sich sogar der

König höchstens wie ein besserer Bundesfürst. Er sang seinem Vorgesetzten die Siegeshymne mit. Der Hort der guten Gesinnung ward schwungvoll gefeiert, die Umstürzler mochten den deutschen Staub von ihren Pantoffeln schütteln.

Der zweite Akt — Guste aß noch immer, sanft hingegeben, Pralinés — brachte zunächst in erhebender Weise den Gegensatz zur Anschauung zwischen dem glanzvollen, ohne Mißton verlaufenden Fest der Gutgesinnten in den vornehm erleuchteten Räumen des Palastes, und den beiden dunkeln Empörern, die stark heruntergekommen auf dem Pflaster lagen. „Erhebe dich, Genossin meiner Schmach", meinte Diederich bei passender Gelegenheit selbst schon angewendet zu haben. Er verband Ortrud mit gewissen persönlichen Erinnerungen: ein ganz gemeines Luder, darüber war nichts zu sagen; aber irgendwas regte sich in ihm, wenn sie ihren Kerl einwickelte und unter sich hatte. Er träumte... Vor Elsa, der dummen Gans, mit der sie machte was sie wollte, hatte Ortrud das gewisse Etwas voraus, das die energischen und strengen Damen haben. Elsa freilich konnte man heiraten. Er schielte nach Guste. „Es gibt ein Glück, das ohne Reu", bemerkte Elsa; und Diederich zu Guste: „Das wollen wir hoffen."

Den frisch ausgeschlafenen Edlen und Mannen wurde sodann durch den dicken Delitzsch eröffnet, daß sie dank Gottes Gnade einen neuen Landesfürsten bekommen hatten. Gestern standen sie noch treu und bieder zu Telramund, heute waren sie biedere, treue Untertanen Lohengrins. Sie erlaubten sich keine Meinung und schluckten jede Vorlage. „Den Reichstag bringen wir auch noch so weit", gelobte Diederich.

Wie aber Ortrud vor Elsa in das Münster treten wollte, empörte sich Guste. „Das hat sie nun nicht nötig, darüber ärgere ich mich immer. Wo sie doch nichts mehr hat, und überhaupt." — „Jüdische Frechheit", murmelte Diederich. Übrigens konnte er nicht umhin, Lohengrin, gelinde gesagt, unvorsichtig zu finden, als er es glatt in Elsas Hand legte, ob er seinen Namen verraten und dadurch das ganze Geschäft in Frage stellen sollte oder nicht. So viel durfte man Weibern nicht zumuten. Und wozu? Den Mannen brauchte er nicht erst zu beweisen, daß er, trotz dem Nörgler Telramund, reine Hände und keinen Fleck auf der Weste habe: ihre nationale Gesinnung war durchaus unverdächtig.

Guste verhieß ihn, im dritten Akt käme das Allerschönste, aber dafür müsse sie durchaus noch Pralinés haben. Als man sie hatte, stieg der Hochzeitsmarsch, und Diederich sang ihn mit. Die Mannen im Festzuge verloren entschieden ohne Blech und Banner, auch Lohengrin hätte sich besser nicht im Wams gezeigt. Diederich ward bei seinem Anblick wieder einmal von dem Wert der Uniform durchdrungen. Die Damen waren glücklich fort, mit ihren Stimmen wie saure Milch. Aber der König! Er konnte nicht wegfinden von dem Brautpaar, biederte sich an und schien am liebsten als Zuschauer dableiben zu wollen. Diederich, dem der König schon immer zu konziliant gewesen war für diese harte Zeit, nannte ihn jetzt einfach eine Nulpe.

Endlich fand er die Tür, Lohengrin und Elsa machten sich auf dem Sofa an die „Wonnen, die nur Gott verleiht". Zuerst umschlangen sie sich nur oben, die unteren Körperteile saßen nach Möglichkeit voneinander entfernt. Je mehr sie aber sangen, um so näher rutschten sie heran, — wobei ihre Gesichter sich häufig auf Hähnisch richteten. Hähnisch und sein Orchester schienen ihnen einzuheizen; es war begreiflich, denn auch Diederich und Guste in ihrer stillen Loge schnauften leise und sahen einander an mit erhitzten Augen. Die Gefühle gingen den Weg der Zauberklänge, die Hähnisch mit wogenden Gliedern hervorlockte, und die Hände folgten ihnen. Diederich ließ die seine zwischen Gustes Stuhl und ihrem Rücken hinabgleiten, umspannte sie unten und murmelte betört: „Wie ich das zum erstenmal gesehen habe, gleich hab' ich gesagt, die oder keine!"

Aber da wurden sie aus dem Zauberbann gerissen durch einen Zufall, der bestimmt schien, die Kunstfreunde Netzigs noch lange zu beschäftigen. Lohengrin zeigte sein Jägerhemd! Eben stimmte er an: „Atmest du nicht mit mir die süßen Düfte", da kam es hinten aus dem Wams hervor, das aufging. Bis Elsa ihn, sichtlich erregt, zugeknöpft hatte, herrschte im Hause lebhafte Unruhe; dann erlag es wieder dem Zauberbann. Guste freilich, die sich mit einem Praliné verschluckt hatte, stieß auf ein Bedenken. „Wie lange trägt er das Hemd schon? Und überhaupt, er hat doch nichts mit, der Schwan ist mit seinem Gepäck abgeschwommen!" Diederich verwies ihr ernstlich das Nachdenken. „Du bist gerade so eine Gans wie Elsa", stellte er fest. Denn Elsa war im Begriff, sich alles zu verderben, weil sie es nicht lassen konnte, ihren Mann nach seinen politischen Geheimnissen zu fragen. Der Umsturz ward vollends zerschmettert, denn Telramunds feiges Attentat mißlang durch Gottes Fügung; aber die Weiber, dies mußte Diederich sich sagen, wirkten, wenn man ihnen nicht die Kandare fest anzog, eher noch subversiver.

Nach der Verwandlung ward dies vollends klar. Eiche, Banner, alles nationale Zubehör war wieder da; und „für deutsches Land das deutsche Schwert, so sei des Reiches Kraft bewährt": bravo! Aber Lohengrin schien nun wirklich entschlossen, sich aus dem öffentlichen Leben zurückzuziehen. „Überall wurde an mir gezweifelt", durfte auch er sagen. Nacheinander klagte er den toten Telramund und die ohnmächtige Elsa an. Da keins von beiden ihm widersprach, hätte er ohne weiteres recht behalten; dazu kam aber noch, daß er tatsächlich in der Rangliste obenan stand. Denn jetzt gab er sich zu erkennen. Die Nennung seines Namens rief bei der ganzen Versammlung, die noch nie von ihm gehört hatte, eine ungeheure Bewegung hervor. Die Mannen konnten sich gar nicht beruhigen: alles andere schienen sie erwartet zu haben, nur nicht, daß er Lohengrin hieß. Um so dringlicher ersuchten sie den geliebten Herrscher, von dem folgenschweren Schritt der Abdankung diesmal noch abzusehen. Aber Lohengrin blieb heiser und unnahbar. Übrigens wartete schon der Schwan. Eine letzte Frechheit Ortruds brach ihr zur allgemeinen Genugtuung den Hals. Leider deckte gleich darauf auch Elsa das Schlachtfeld, das Lohengrin, statt des entzauberten Schwans von einer kräftigen Taube gezogen, hinter sich ließ. Dafür war der junge, soeben eingetroffene Gottfried in drei Tagen der dritte Landesfürst, dem Edle und Mannen, treu und bieder wie immer, ihre Huldigung darbrachten.

„Das kommt davon", bemerkte Diederich, indes er Guste in den Mantel half. Alle diese Katastrophen, die Wesensäußerungen der Macht waren, hatten ihn erhoben und tief befriedigt. „Wovon kommt es denn", meinte Guste, zum Widersprechen aufgelegt. „Bloß weil sie wissen will, wer er ist? Das kann sie wohl verlangen, das ist nicht mehr wie anständig." — „Es hat einen höheren Sinn" erklärte ihr Diederich streng. „Die Geschichte mit dem Gral, das soll heißen, der allerhöchste Herr ist nächst Gott nur seinem Gewissen verantwortlich. Na und wir wieder ihm. Wenn das Interesse Seiner Majestät in Betracht kommt, kannst du machen was du willst, ich sage nichts, und eventuell —." Eine Handbewegung gab zu verstehen, daß auch er, in einen derartigen Konflikt gestellt, Guste unbedenklich dahinopfern würde. Dies erboste Guste. „Das ist ja Mord! Wie komm' ich dazu, daß ich muß draufgehen, weil Lohengrin ein temperamentloser Hammel ist. Nicht einmal in der Hochzeitsnacht hat Elsa von ihm was gemerkt!" Und Guste rümpfte die Nase, wie damals beim Verlassen des Liebeskabinetts, wo auch nichts geschehen war.

Auf dem Heimweg versöhnten sich die Verlobten. ‚Das ist die Kunst, die wir brauchen!" rief Diederich aus. „Das ist deutsche Kunst!" Denn hier schienen ihm, in Text und Musik, alle nationalen Forderungen erfüllt. Empörung war hier dasselbe wie Verbrechen, das Bestehende, Legitime ward glanzvoll gefeiert, auf Adel und Gottesgnadentum der höchste Wert gelegt, und das Volk, ein von den Ereignissen ewig überraschter Chor, schlug sich willig gegen die Feinde seiner Herren. Der kriegerische Unterbau und die mystischen Spitzen, beides war gewahrt. Auch wirkte es bekannt und sympathisch, daß in dieser Schöpfung der schönere und geliebtere Teil der Mann war. „Ich fühl' das Herze mir vergehn, schau ich den wonniglichen Mann", sangen auch die Männer samt dem König. So war denn die Musik an ihrem Teil der männlichen Wonne voll, war heldisch, wenn sie üppig war, und kaisertreu noch in der Brunst. Wer widerstand da? Tausend Aufführungen einer solchen Oper, und es gab niemand mehr, der nicht national war! Diederich sprach es aus: „Das Theater ist auch eine meiner Waffen." Kaum ein Majestätsbeleidigungsprozeß konnte die Bürger so gründlich aus dem Schlummer rütteln. „Ich habe den Lauer in die Vogtei gebracht, aber wer den Lohengrin geschrieben hat, vor dem nehm' ich den Hut ab." Er schlug ein Zustimmungstelegramm an Wagner vor. Guste mußte ihn aufklären, es sei nicht mehr zu machen. Einmal auf so hohem Gedankenflug begriffen, äußerte sich Diederich über die Kunst im allgemeinen. Unter den Künsten gab es eine Rangordnung. „Die höchste ist die Musik, daher ist es die deutsche Kunst. Dann kommt das Drama."

„Warum?" fragte Guste.

„Weil man es manchmal in Musik setzen kann, und weil man es nicht zu lesen braucht, und überhaupt."

„Und was kommt dann?"

„Die Porträtmalerei natürlich, wegen der Kaiserbilder. Das übrige ist nicht so wichtig."

Heinrich Mann, der schon seinen Roman *Die kleine Stadt* politisch, „als das Hohe Lied der Demokratie", verstanden wissen wollte, belegt in seiner *Lohengrin*parodie im *Untertan,* dessen Abdruck in der Münchner Zeitschrift „Zeit im Bild, Moderne illustrierte Wochenschrift" seit dem ersten Januar 1914 durch den Ausbruch des Ersten Weltkrieges abgebrochen wird, die nationalistische Ausbeutung und Verwertung Wagners in der wilhelminischen Zeit, deren Repräsentant Diederich Heßling bündig gekennzeichnet wird in dem Satz: „Die Korporation, der Waffendienst und die Luft des Imperialismus hatten ihn erzogen und tauglich gemacht." Daher lautet der Untertitel des Romans „Geschichte der öffentlichen Seele unter Wilhelm II.". Da im *Lohengrin* „der kriegerische Unterbau und die mystischen Spitzen" gewahrt seien, wird er von Heßling zu der „deutschen Kunst, die wir brauchen" gezählt. Das an der Wagnerrezeption so genau festzumachende deutsche Syndrom von Deutschtümelei, Ablehnung der Sozialdemokratie und Antisemitismus, das auch den „Bayreuther Idealismus" so penetrant macht, wird an zwei weiteren Stellen aus dem *Untertan* deutlich: an der von den „Neuteutonen" übernommenen Hetzparole des antisemitischen Hofpredigers Adolf Stöcker (siehe Seite 84/85), „daß der jüdische Liberalismus die Vorfrucht der Sozialdemokratie" sei, und an einer Bemerkung über den Vorsitzenden der Freisinnigen Partei, den wegen seiner sachlichen Ablehnung des Parsifalschutzes durch den Reichstag von Richard Strauss höhnisch abgefertigten Eugen Richter (siehe Seite 122), der von Heßling als „vaterlandsloser Geselle" apostrophiert wird: „Die Herren Eugen Richter und Konsorten passen uns nicht mehr. Wenn sie die Militärvorlage nicht schlucken, ist Schluß."

Zum 100. Geburtstag Richard Wagners oder Höher geht's nimmer
[Zeichnung von Olaf Gulbransson zum 22. Mai 1913]

Diese auch ausdrücklich auf die Wagnerianer als „Machtfaktor auf *allen* Gebieten der Kultur" und „die höchst weltsüchtigen, machtgierigen Pfaffen des Wagnertums" hinweisende Kritik Wagners korrespondiert mit der nicht mehr abreißenden Auseinandersetzung mit Wagner von Thomas Mann, der mit Bab auch in freundschaftlichem Briefwechsel steht (siehe Seite 120).

Fortinbras

oder

Der Kampf des 19. Jahrhunderts mit dem Geiste der Romantik

Sechs Reden von

Julius Bab

1 · 9 · 1 · 4

Bei Georg Bondi · Berlin

Das ist der dritte Akt, und der vierte heißt Richard Wagner. — Romantische Poesie kann echt sein nur als Lyrik. Denn die romantische Gesinnung läßt die Stoffe der Welt nicht an sich gelten, sie empfindet sie nur als Chiffern eines überwirklichen Seins. Dies Sein ist uns nur in der Seele offenbart, und jeden Weltstoff, seines Eigensinnes beraubt, zum durchscheinenden Sinnbild seelischer Vorgänge machen, ist Wesen der Lyrik. Novalis und einige große Dichter aus der zweiten romantischen Generation waren solche Lyriker. — Das Epos, das Hingabe an das anekdotisch geformte Leben, Wertgefühl für alle Wirklichkeiten voraussetzt, ist dem romantischen Sinn nicht unmittelbar zugänglich. Unter welcher Einbuße an innerem Belang der romantische Weltschmerz sich durch Byron ein erfolgreiches Epos schuf, das sahen wir schon. Sein Erfolg machte die Romantik zur Mode der höheren Bourgoisie. Nun aber kommt erst zwei Menschenalter nach Novalis der große Massenerfolg der Romantik — durch das Theater. Das ist das Erstaunliche und Verdächtige von vornherein.

Das Drama, wie wir es heute verstehen und erleben, ist durch Shakespeare geprägt, für den es das Höchste war, den Menschen zu erfassen und zu verkünden. Es setzt den Glauben voraus, daß alles Wesentliche, Ewige, Göttliche dieser Welt im handelnden Menschen anzuschauen sei. Eine Gesinnung, die nicht das Leben, sondern den Tod — nicht die Welt, sondern den Gott —, nicht die sinnliche Erscheinung, sondern den körperlosen Geist will, eine solche Gesinnung ist ausgeschlossen von der Möglichkeit dramatischen Ausdrucks. Diese Gesinnung aber findet stärksten Ausdruck im System des Philosophen, der (nicht ihre christliche, sondern ihre indische Mythologie nutzend) der Schlegelschen Romantik die stärksten Folgerungen abnötigte: Schopenhauer. Mit dem Geiste Schopenhauers aber ist höchst nachdrücklich das Werk des Mannes getauft, der den großen theatralischen Erfolg der Romantik begründet hat, das Werk Wagners.

Aus dem Gesagten aber folgt, daß hier eine der seltsamsten und gewaltsamsten geistigen Verschiebungen innerhalb der ganzen Kunstgeschichte vorliegen muß. Ein Zusammenbringen des Unvereinbaren, wie es Menschen von grenzenloser Stärke des Wollens und Könnens zuweilen gelingt. Womit das Erzwungene freilich immer noch nicht zu fruchtbar Natürlichem wird. —

Wagner, ein Mensch von einer ungeheuren Sinnlichkeit, von einer Gebundenheit in die Genüsse dieser Welt, an der gemessen ein Brentano noch wie ein Heiliger erscheint, Wagner findet nicht den Stolz zu seiner eigentlichen Natur, verherrlicht nicht die Sinnenwelt, in der er lebt — er stellt seine Kraft in den Dienst der sinnenfeindlichen Tendenz. Er verherrlicht den Tod, besingt die Erlösung von der Wirklichkeit. Da aber sein höchst welt- und wirkungsfreudiges Naturell gar keine geistigen Mittel — nicht einmal die weltmännische Ironie Byrons — besitzt, so inszeniert er die rein stichwörtlich ergriffene Askese mit den denkbar weltlichsten Materialien. Das ist die merkwürdige Erscheinung, die im letzten Drittel des 19. Jahrhunderts der Romantik zu einem Welterfolg verhilft.

Nachdem die Wagnerianer in jahrzehntelanger Mühe Leben, Lehre, Poesie, Musik, Bühne und Gesamtaspekt ihres Meisters zu einem Machtfaktor auf allen Gebieten der Kultur erhoben haben, pflegen sie sich neuerdings vor jedem Angriff auf das rein Musikalische zurückzuziehen. Man will jedem, der nicht Musiker von Fach ist, den Mund verbieten. Das kann nicht geduldet werden. Es ist das gesamte geistige Dasein unserer Zeit, das vom Wagnertum getroffen wird, es muß deshalb jedem lebendigen Geiste freistehen, von seinem Ort aus zu erwidern. — Mich springt ein Löwe an, hebt die rechte Pranke wider mich — gebietet irgendeine Loyalität, daß ich mich nur mit der rechten Hand verteidige, nicht mit allen Gliedern meines bedrohten Körpers, oder daß ich nur auf diese Pranke ziele, nicht auf den ganzen mir drohenden Löwenleib? Es ist ein Kampf des ganzen Wesens mit dem Ganzen!

Und überdies, was wäre denn das für eine Musik, die sich ihrem reinen Wesen nach abscheiden ließe von allem anderen, was dieser Mann sonst gelebt, gelehrt, gedichtet hat? Es läßt sich voraussetzen und ließe sich auch beweisen, daß die Musik derselben Art und desselben Geistes ist, wie die ganze Lebenshaltung Wagners überhaupt. Als der klassische Geist in Deutschland eine neue Kultur zu gründen schien, da wuchs auch die deutsche Musik — von sehr bescheidenen Nurmusikanten geschaffen — zu ihrer, alle Völker bezwingenden Größe: In Mozarts Wehen und Beethovens Sturm ward die Welt noch einmal, ward gestaltet als tönender Geist. Jetzt, da die Musik in prunkender Erlösertracht nahte, sich höchlich als weltüberwindende Macht anzupreisen, sank sie doch in leitmotivischen Theorien und naturalistischen Motivfindungen seltsam ins Materielle zurück. Der Geist wird de facto selbst in dieser reinigendsten Form nicht vom Stoff frei — während er prinzipiell alles Stoffliche schmäht. — Dies ist Wagners Wesen: eine aufs höchste gesteigerte Sinnlichkeit, die nicht an sich glaubt, die sich selbst Recht, Sinn, Heiligkeit abspricht, und die sich dadurch gemein macht. In jedem Wagnerschen Werk wird eine fieberhaft gespannte Vitalität im entscheidenden Augenblick verleugnet, verlästert zum höheren Ruhm einer geistig asketischen Welt, eines seligen Nirwana. Es wiederholt sich, was die Kunst des Jesuitenbarock schon einmal versucht hatte: Sinnlichkeit, die nur dazu da ist, Vergänglichkeit zu lehren — eine Kunst, die ihr eigenes Material verlästert. Falsches Material und unredliche Kunst; und deshalb ein Effekt, der verführt und nicht überzeugt. Wenn ein Künstler sein Material nicht ernst nimmt, werden wir schließlich nie an sein Werk glauben.

Wenn Novalis das Leben verschmäht und den Tod preist, so ist jedes seiner Worte und Bilder ganz aus heiligem, erdflüchtigem Geist geformt. Wagner stellt aus Rubensschen Gestalten Allegorien auf die Vergänglichkeit. Dadurch wird die Sinnlichkeit der Mittel sinnlos, bedeutungslos und wirkt als Selbstzweck roh, unrein und schwer erträglich. Zugleich aber bleibt der Geist ungestaltet, bleibt bloße Behauptung. In seiner echten Gestalt würde er unter uns wandeln und durch sein Leben überzeugen. Jetzt ist er These, wir müssen überredet werden — und ein Prinzip der Überredung, der Überwältigung, nicht der künstlerischen Gestaltung, Belebung, ist in Wahrheit das Wagnersche Prinzip des Gesamtkunstwerkes. Alle großen Künstler sind groß gewesen dadurch, daß sie die Welt zusammengedrängt haben in eine einzige Materie: Rembrandt hatte im goldenen Heraufleuchten seiner Gestalten aus dem Dunkel der Welt, Shakespeare in dem sprachlichen Sichtbarmachen schicksalbildenden großer Leidenschaften, Johann Sebastian Bach im großgemessenen Aufbau seiner Klanggefühle das völlig ausreichende Mittel, um den Geist, der aus der buntgemischten Welt zu ihnen sprach, leibhaftig wandeln zu lassen. Wagner zieht alle Künste zueinander — und ineinander, denn er nähert ja die Musik nach Kräften der Begriffsbildung, die Sprache der reinen Klangwirkung. — Weil seinem Ausdrucksziel kein Erlebnis eines homogenen Stoffes gesellt ist, so gilt es im Ansturm vieler sinnlicher Effekte einen Rausch zu erzeugen, der hinreißt, verführt, überredet. Und so entsteht ein Werk, das freilich blendet, erregt, umwirft, aber nie überzeugt, erhebt, beglückt.

Gewiß ist die Musik ein unlöslicher Bestandteil des Wagnerschen Werkes, und man soll nicht so ungerecht sein und Wagnersche Textbücher zitieren. Wenn ich Ihnen zehn Zeilen über den Tod von Novalis und dann alle Verse von „Tristan und Isolde" vorlesen würde, wäre ich meiner Wirkung sicher. Aber nein — denken Sie sich diese verführerische, sinnlich verlockende, wahrlich sirenenhafte Musik hinzu, denken Sie sich den ganz ungeheueren theatralischen Aufwand dieses Kunstwerkes, führen Sie ganz diese schwülflackernde Welt mystifizierter Brunst vor ihre Seele. Und lassen Sie dann wenige Zeilen von Novalis an Ihr Ohr schlagen:

„Muß immer der Morgen wiederkommen?
Endet nie des Irdischen Gewalt?
Unselige Geschäftigkeit verzehrt
Den himmlischen Anflug der Nacht?
Wird nie der Liebe geheimes Opfer
Ewig brennen?
Zugemessen ward
Dem Lichte seine Zeit
Und dem Wachen —
Aber zeitlos ist der Nacht Herrschaft,
Ewig ist die Dauer des Schlafes.
Heiliger Schlaf!
Beglücke zu selten nicht
Der Nacht Geweihte —
In diesem irdischen Tagwerk."

Und nun werden Sie fühlen, daß dieses

„ertrinken, versinken,
unbewußt, höchste Lust!"

eine titantische Phrase, eine gigantisch groteske, von keiner Wahrheit der Form erhärtete Behauptung ist.

Der Riesenerfolg Wagners aber — und nicht wenigen Menschen ist heute noch seine Oper „die" Kunst —, er bringt als die schlimmste Gefahr mit sich, daß der Wahn verbreitet werde, so wie diese Wagnerschen Pointen, so sehe der heilige Geist aus. Das, was bei Byron eine noch irgendwie liebenswürdige, elegant unverbindliche Pose gewesen ist, das „Dämonische", es wird hier wahrhaft gemeingefährlich. Der Weg der Verklärung führt bei Wagner immer erst durch Schluchten voll der brutalsten sinnlichen Aufregung. Wundern wir uns, daß der Philister ihn so gerne geht? Wünscht der sich mehr, als alles Aufreizende der Welt zu genießen, und zum Schluß mit einem kleinen Opfer des Intellekts doch als Heiliger dazustehen? Nie ist Schillers altes Rezept, die Wollust und den Teufel daneben zu malen, erfolgreicher angewandt worden. Die harte Höhe des Geistes auf den weichsten Wegen der Wollust erreichen, das ist allgemeines Philisterideal. Diesem Philisterideal aber ist die Romantik, die Zerklüftung von Leben und Wert, in ihrem letzten Wagnerschen Stadium dienstbar geworden. Und hier ist sie dem christlichen wie dem realistischen Geiste gleich feind. Jetzt kann der durchschnittsgemeine Mensch diese Bühnenorgien in sich aufnehmen und das Opernhaus verlassen mit dem Gefühl: Ich habe dem reinen Geiste ein Opfer gebracht. — Wenn Sie ein Beispiel wollen, wes Geistes Kind der Nachfolger Richard Wagners ist, so gehen Sie nach Neuschwanstein, wo der höchste Mäcen des Wagnertums, der sehr geisteskranke Bayernkönig ein Haus gebaut hat, in dem nie ein Mensch wohnen kann, wo unechte Marmorsäulen goldene Armbänder aus Messing tragen, die mit gläsernen Edelsteinen besetzt sind, und wo das Schlafgemach einen Tristanfries oben, eine Mariensäule in der Mitte, unten aber auf dem Nachttisch ein schlicht pornographisches Bild in glatten Emaillefarben enthält. Dies ist die Welt des unechten Materials, der verleugneten und unüberwundenen Sinnlichkeit. Sehen Sie auch, wie Wagners Werk, weil es von all den gefährlichen Pflichten reiner geistiger Entscheidung durch den Rausch süßer Verworrenheiten entbindet, Liebling aller Hoftheater, Pflegling aller Bequembesitzenden ist; sehen Sie, wie sich die allgemeine romantische Wendung vom religiös Revolutionären ins geduldlos Autoritative auch auf Wagners politischer Bahn mit grotesk theatralischer Verkürzung wiederholt. Sehen Sie das alles, und Sie werden verstehen, was Friedrich Nietzsche auf das in sirenenhaft schillernder Christlichkeit abschließende Werk Richard Wagners gesagt hat:

„Ich verachte jeden, der den Parzival nicht als ein Attentat auf die Sittlichkeit empfindet."

Ein Attentat auf die innere Reinlichkeit der Menschen, die ihre Überzeugung nur mit Mitteln vertreten wollen, die dieser Überzeugung gemäß sind, und die nur eine Überzeugung vertreten wollen, deren vermittelnde Motive sie erlebt haben.

Wir sind der Gestalt Wagners in unserem Rahmen, so wenig wie einer der vorher betrachteten Persönlichkeiten, eine detaillierte Würdigung ihres künstlerischen Könnens schuldig; dessen ungewöhnliches Maß wird (gerade wie Brentano und Byron) vorausgesetzt — sonst fiele der Mann gar nicht ins Gesichtsfeld unserer Betrachtung, die den letzten geistesgeschichtlichen Effekt erheblicher Leistungen absehen will. Nicht deshalb am Reiz und Wert aller kleinen und großen Einzelheiten ist hier Wagner zu messen, sondern an jener Beziehung zum größten Ganzen, die er selbst so sehr prätendierte. Da aber zeigt sich im innersten Kern seines Werkes eine Lüge. Nietzsche, der Antichrist, hat in seiner Wagnerschrift einmal gesagt:

„Man widerlegt das Christentum nicht, man widerlegt eine Krankheit des Auges nicht. Daß man den Pessimismus wie eine Philosophie bekämpft hat, war der Gipfelpunkt des gelehrten Idiotentums. Die Begriffe „wahr" und „unwahr" haben, wie mir scheint, in der Optik keinen Sinn. — Wogegen man sich allein zu wehren hat, das ist die Falschheit, die Instinktdoppelzüngigkeit, welche diese Gegensätze nicht als Gegensätze empfinden will: wie es zum Beispiel Wagners Wille war, der in solchen Falschheiten keine kleine Meisterschaft hatte."

Der Protest gegen Wagner ist nie ein Protest gegen die christliche Idee und auch nicht gegen die Romantik der Problematischen, der ehrlich Ringenden und Leidenden. Die Idee, die in Novalis sich in solcher Reinheit herausgestellt hat, ist für Wagnersche Wirkungen nicht verantwortlich. Novalis steht als ebenbürtig neben Goethe. Wagner aber ist ein Verräter an der Goetheschen Welt, weil er keinen Ton und kein Wort setzen kann, ohne aus dem Genuß des Sinnlichen seine ganze Kraft zu ziehen, und weil er doch diese Sinnlichkeit abschwört. Novalis oder Goethe, das ist eine Wahl, das sind Unterschiede der Art. Wagner oder Goethe, das ist noch unvereinbarer, sollte aber keine Wahl sein, denn es ist ein Unterschied des geistigen Ranges. Nicht nur der Inhalt, die sittliche Grundform Wagners ist für jeden eine Unmöglichkeit, der in Goethes Welt leben will — in dieser Welt, deren oberstes Wort „Sachlichkeit" heißt.

Der Weg der Romantik: Das ist die Geschichte der neuerwachten Übersinnlichkeit und ihrer Vermischung mit dem antichristlich gewordenen Weltgefühl der Europäer zu immer fragwürdigeren Gebilden. Mit der wahrhaften Priesterschaft des leidlos reinen Novalis, der Wein zu Blut, Brot zu Leib, Welt zu Geist verwandeln konnte, beginnt die Geschichte der Romantik. Wir haben gesehen, wie der gleiche himmelwärts gerichtete Zug für erdgebundenere Geister einen Zustand der Zerrissenheit, des Weltschmerzes, der Tatenunlust heraufführte, und wie solcher Gestalt Hamlets Geste wieder zur meistgesehenen und bestgepflegten Gebärde in der geistigen Jugend wurde. Bei Wagner ward diese ehrliche Schmerzgebärde zur Zaubergeste eines leidbannenden Mystagogen. Seltsam schloß sich der Kreis: der novalisfernste der „Romantiker" machte sich doch anheischig, das gleiche Wunder wie Novalis zu vollbringen; aus jener erdüberwindenden Verwandlung aber, der der Jüngling Hardenberg seine „Hymne" sang, machte der Alte vom Bayreuther Berge einen Theaterakt.

Wenn Hamlet stirbt und Fortinbras das Reich erbt, so wird die erste Tat seiner Regierung sein müssen, die höchst weltsüchtigen machtgierigen Pfaffen des Wagnertums auszutreiben; wenn er dann in seinen Landen einem echten Jünger des heiligen Novalis begegnet, so wird der echte Herr des Weltreiches sein Schwert senken und alle Ehrfurcht dem einen anderen bezeugen, des Reich nicht von dieser Welt ist.

Bei den Bayreuther Festspielen finden 1914 nur acht Aufführungen statt. Die letzte Aufführung — der bayreuth-orthodoxe *Parsifal*-Dirigent Karl Muck erreicht, daß als Abschluß auch dieser Festspiele *Parsifal* angesetzt wird — finden einen Tag vor der allgemeinen Mobilmachung am 1. August statt. Das Festspielhaus wird nun für zehn Jahre geschlossen bleiben.
Hatte Richard Wagner nach der Kaiserproklamation in Versailles am 18. Januar 1871 seinen *Kaisermarsch* komponiert (siehe Seite 30), so widmet Siegfried Wagner dem 1914 noch siegreichen „deutschen Heer und seinen Führern" einen *Fahnenschwur*, der im Herbst 1914 in der Berliner Philharmonie mit dem Lehrergesangverein unter der Leitung von Hugo Rüdel aufgeführt wird.
In seinem Seite 173 genannten Aufsatz bemerkt der völkische Germanist Max Koch (siehe auch Seite 189): „Gerade im Kriege, als die oberste Heeresleitung mit den Bezeichnungen einer Wotan-, Siegfried-, Brünhilden-, Hundingstellung, einer Alberich-Bewegung ihrerseits die Volkstümlichkeit des Nibelungenwerkes bezeugte, haben auch viele bis dahin verständnislos abseits Verharrende die ungeheure nationale Bedeutung von Wagners Lebenswerk empfunden und anerkannt."

Konzert in der Basilika

Im Dom von St. Quentin war Kirchen-Konzert. Eine dichtgedraengte Menge grau gekleideter Soldaten saß zwischen grauen Pfeilern der Kirche. Nur einige deutsche Schwestern unterbrechen das Grau durch Schwarz. Dann spielt die Orgel und alte deutsche Weisen von Bach erklingen, die Militaerkapelle des Münchener Leibregiments spielte dazu, ein Offizier sang, waehrend ein anderer Violine spielte. Der Hoehepunkt aber war, als Richard Wagners „Parsival" und zwar: „Die Weihe des Grals" gespielt wurde. Die wundervolle Akustik der hohen gotischen Raeume, die weihevolle Musik mit den edelsten Motiven und dann ab und zu der dumpfe Schlag der fernen Kanonen. — Ergreifend! — — Erschüttert im Innersten waren wir alle. Die Ereignisse der Weltgeschichte draußen, draengten sich hinein in die Heiligkeit des Augenblickes. Hier die Klaenge zur Verherrlichung des reinen Toren, dort draußen die Taten des reinen Schwertes der Deutschen.

Dr. Vieweg, Beilage zur Liller Kriegszeitung, 1914

Die folgenden Briefe aus den Briefwechseln zwischen Cosima Wagner und dem Fürsten Ernst zu Hohenlohe-Langenburg (siehe Seite 76/77) und Chamberlain und Wilhelm II. vermitteln einen genauen Eindruck von dem sich immer mehr verhärtenden „idealistischen“ Denkschema des „germanisch-deutschen“ Bürgertums, dessen dem innerlichkeitsfixierten autoritätsgläubigen preußischen Protestantismus verdankte manichäisch-unbedingte und selbstgerechte dualistische Entgegensetzung von „Kultur“ (= ideale Lebensauffassung, auserlesene Menschenrasse, Sitte, Humanität, Wahrheit, echte Freiheit, Deutschtum)“ und „Zivilisation (= Materialismus, seelenloser Mammonismus, Lüge, Amerikanertum, Judentum)“ zum ideologischen Vorfeld der nationalsozialistischen Weltanschauung gezählt werden muß.

Neujahrstag 1915. Wahnfried.

Wie gütig von Ihnen inmitten Ihrer großartigen Wirksamkeit meiner zu gedenken, und wie könnte ich Ihnen nur entsprechend danken? Möchte das Bewußtsein der Freude, welche Sie mir bereiteten, diesen Dank übernehmen und ihn auf das Lebhafteste ausdrücken. — Ihre Schilderung, fast hätte ich gesagt Darstellung des Generalfeldmarschalls von Hindenburg, die Erwähnung seiner Zuversicht brachte mir in den Sinn die Worte Napoleon's: „Qui a gagné la bataille? Celui qui c r o i t l'avoir gagnée“. Ich hatte mir gestattet, Herrn v. Hindenburg zu seinem Geburtstag Glück zu wünschen. Mein Sohn, Chamberlain und Hans von Wolzogen unterschrieben das Telegramm, und er hat wirklich die Güte gehabt, auf seine gedruckte Danksagung zwei Zeilen von seiner Hand zu setzen mit den Schlußworten „in großer Eile“. Daß da kein Müßiggang herrscht, kann ich mir vorstellen, die Karte aber bewahre ich als kostbares Andenken bei dem Bilde des Helden ...

Es ist wohl selten ein Weihnachten in solcher Gemeinsamkeit der Gedanken und Gleichheit der Wünsche gefeiert worden! Meine Kinder bereiteten mir die Freude, den 23. Psalm von meinem Vater mir vorführen zu lassen: „Der Herr ist mein Hirt'!“ Worte wie Musik haben mich tief bewegt; es wurde vorzüglich vorgetragen von dem amerikanischen Tenor Mr Stiles, der nicht aus der Theaterwelt stammt, sondern von einer guten Richterfamilie, überzeugt religiös ist und daher nebst glänzender Stimme die Hauptsache mitbrachte. Wir hoffen einen zukünftigen Parsifal in ihm uns zu gewinnen. — Daß der religiöse Zug sich stark bei uns kund giebt, vernahm ich von verschiedenen Seiten mit Genugthuung. Der Krieg scheint uns Deutschen entschieden besser zu stehen als der Frieden, wo alles Undeutsche sich breitmachte. — Die Kriegsaufsätze von Chamberlain erfreuen sich der größten Verbreitung und der bedeutendsten Zustimmung. Man lernt dabei ein ganz eigenes Deutschland kennen und blickt hoffnungsvoll in die Zukunft. Dieser Krieg wird viel reifen, glaube ich. Ein sehr schönes eingehendes Telegramm erhielt Chamberlain von dem Kaiser. Er hat wirklich die Zeit sich genommen, diese Aufsätze aufmerksam zu lesen und ihre Bedeutung zu würdigen ...

Üben Sie Nachsicht und empfangen Sie nebst den verehrungsvollen Empfehlungen von ganz Wahnfried den tiefinnigen Gruß

Ihrer getreuesten

C. Wagner

Hauptquartier Ost, 7ten Februar 1915.

... Herr Chamberlain hat recht: eine solche Organisation wie das deutsche Heer, das sich durch den in ihm lebenden Geist von allen anderen unterscheidet, ist in England unmöglich. Die Art, wie England diesen Krieg angezettelt hat, und wie es ihn eingestandener Maßen durch Aushungerung des deutschen Volkes zu einem für uns unglücklichen Ende zu führen beabsichtigt, rechtfertigt das herbe Urteil, welches Herr Chamberlain über sein Geburtsland fällt. Gerechtfertigt werden dadurch aber auch die scharfen Maßregeln, die unsere Regierung jetzt gegen die englische Schiffahrt ergreift. Einen solchen Feind muß man mit denselben Waffen bekämpfen, die er zu benützen für gut findet. Gewiß, vernichten werden wir die englische Weltmacht nicht; aber dieser Krieg wird ihr einen Stoß versetzen, den sie wohl noch lange zu spüren haben wird. General Ludendorff ... verglich neulich ... unseren Krieg mit dem siebenjährigen, weil er nicht Eroberungszwecken, sondern der Erhaltung des 1866 und 1870 Errungenen gelte. Ich halte dies für durchaus richtig und finde es sehr verkehrt, wenn bei uns von nicht verantwortlichen Leuten von großen Gebietserwerbungen in Belgien und Polen phantasiert wird. Bei aller Siegeszuversicht darf man sich nicht verhehlen, daß unsere Feinde zu zahlreich sind, als daß wir sie genügend niederwerfen könnten, um ihnen jede beliebige Friedensbedingung zu diktieren. Wir werden zufrieden sein dürfen, wenn wir in Europa behalten, was wir haben, einige im Interesse der Landesverteidigung erwünschte Grenzberichtigungen erlangen und vielleicht unseren Kolonialbesitz etwas erweitern. Das ist auch ganz gut, denn eine Vergrößerung unseres Gebiets unter Erwerb widerstrebender belgischer oder polnischer Bevölkerungselemente würde nur eine innere Schwächung bedeuten ... Wenn wir einmal so weit sein werden, daß von Frieden gesprochen werden kann, will ich nur hoffen, daß uns ein politischer Hindenburg ersteht, der mit Festigkeit und Mäßigung die Verhandlungen führt in dem klaren Bewußtsein dessen, was uns nottut.

Vorläufig stehen wir freilich noch nicht vor dem Frieden. Auch hier im Osten war ein Stillstand der Operationen eingetreten. Aber die freudige Stimmung unseres Feldmarschalls in den letzten Tagen läßt darauf schließen, daß wieder etwas Großes im Gange ist ...

EHohenlohe

Bayreuth, 4. März 1915.

... Wir blieben gestern und heute ohne Nachrichten von den Kriegsschauplätzen — „mein Herz ist bang, aber ich zage nicht“ sagt der Apostel, und das ist wohl der Ausdruck für die allgemeine Stimmung ...

Wir lesen jetzt eines der autos sacramentales von Calderon; eines jener Stücke, welche für das Volk in den Höfen von Madrid gegeben wurden. Es heißt: „Ferdinand der Heilige“ und behandelt die Vertreibung der Araber seitens des Heldenkönigs. Viel Allegorisches kommt darin vor, das Judenthum, die Apostasie, der Alkoran u. s. w. Man muß über das Genie des Dichters staunen, welcher die Sprödigkeit dieser Dichtungsart vollkommen überwand und uns ein Lebendiges, Fesselndes vorzauberte ...

Ich lese jetzt meine Briefe an Gräfin Wolkenstein, welche diese Unvergeßliche meiner Tochter vermacht hat. Vieles Entfallene lebt da für mich wieder auf, Gutes und Übles, wie es das Leben bringt ...

Ihre getreueste C. Wagner

Wahnfried, August 1915.

Theurer Fürst, Kriegsverhältnisse sind Familienereignissen nicht günstig; dennoch habe ich ein solches zu melden und thue ich dies, indem ich Ihrer gütigen Theilnahme dankbar sicher bin:

Mein Sohn hat sich verlobt und die Trauung wird in aller Stille — den Umständen gemäß — am Ludwigstag stattfinden ...

Keine Wahl könnte mir entsprechender sein als die, welche er traf! Seine Braut, eine Waise, ist die Enkelin von Karl Klindworth[1]), dem bewährten Vertreter unserer Sache und langjährigen Freund unseres Hauses; bei diesem wurde Senta Klindworth[2]) in strenger Sitte und Abgeschiedenheit erzogen, mit auserlesener Bildung versehen und mit jener hohen Auffassung der Kunst erzogen, wie der Großvater sie in der Weimarer Schule überkam, indem er sie zugleich in sich vorfand. Daß das 18jährige Kind schön und anmuthig ist, scheint mir kein Schaden. So erblicken wir denn in diesem Vorgang eine Fügung des Himmels und danken dafür in Andacht.

Wir sehen von allen offiziellen Ankündigungen ab. Und mit der Bitte, Ihrer Kgl. Hoheit der Frau Fürstin sowie Ihrer ganzen hohen Familie dies von mir aus mittheilen zu wollen, drücke ich Ihnen, theurer Fürst, tiefbewegten Herzens die Hand

als Ihre getreueste

C. Wagner

1) Dem Pianisten und Schüler Liszts (1830—1916), zeitweiliger Dirigent der Berliner Philharmonischen Konzerte.

2) Mit ihrem englischen Namen: Winifred Williams.

Pleß, den 15. I. 17.

Mein lieber Herr Chamberlain.

Es liegt mir am Herzen, Ihnen meinen wärmsten Dank zu sagen für Ihre prächtige Mithilfe in großer Zeit, welche Sie mir haben zuteil werden lassen durch den letzten Aufsatz, den „Willen zum Siege", den ich gestern von Ihnen erhielt. Ich las ihn meinen versammelten Herren vor, und er zündete wie ein Funke! Er ist das rechte Wort zur r e c h t e n Z e i t! Er kreuzte sich mit meinem Aufruf ans deutsche Volk. Sein Erfolg ist für mich ganz überwältigend! In der Flut von Depeschen, aus allen Gauen Deutschlands, von Fürsten, Städten, Korporationen, Vereinen, Firmen, Banken, Fabriken, Arbeitern, atmet eine Lohe feurigen Zornes, stahlharter Entschlossenheit, die ja herrlich als Grundlage für den letzten Endkampf wirken wird. Was ich so oft schon während dieses Krieges jedem, der es hören wollte, zumal wenn er nach Frieden fragte, antwortete: „Der Krieg ist der Kampf zwischen zwei Weltanschauungen; der germanischen-deutschen für Sitte, Recht, Treu und Glauben, wahre Humanität, Wahrheit und echte Freiheit, gegen ... Mammonsdienst, Geldmacht, Genuß, Landgier, Lüge, Verrat, Trug und nicht zuletzt Meuchelmord!" Diese beiden Weltanschauungen können sich nicht „versöhnen" oder „vertragen", eine muß s i e g e n, die andre muß u n t e r g e h e n! solange „muß g e f o c h t e n werden"! Das haben nun endlich, durch Lloyd George und Briand mit ihren Noten und Reden belehrt, die braven deutschen Gesellen begriffen und sind in hellem, gottgewolltem Zorn entflammt!

Die beiden .... Staatsmänner haben keine Ahnung gehabt davon, was für einen mächtigen Dienst sie dem deutschen Volk und mir damit geleistet haben. Wie der Brite sagt: „They got a rise out of the Germans!" Aber dieses ist mehr! Es ist das Werk des Herren! Es ist wieder wie im Faust: Unsere Feinde müßten sagen: „Ich bin ein Teil von jener Kraft, die stets das Böse will, und stets das Gute schafft." Jetzt wird es dem deutschen Michel mit einemmal klar, daß der Kampf für ihn zum K r e u z z u g geworden und daß er jetzt St. Michael geworden ist . . . .

. . . .

Und wenn die Welt voll Teufel wär'!

Wilhelm

I. R.

Bayreuth 20. Januar 1917

Euer Kaiserlichen und Königlichen Majestät

gnädiges Handschreiben vom 15. d. M. hat mir Glück und Stärkung gebracht: das Glück, eine Stimme wieder hören zu dürfen, die unvertilgbar eindrucksvoll seit Jahren in meinem Ohre weiterhallt, und die Stärkung, des ersten Deutschen felsenfesten Entschluß aus nächster Nähe zu vernehmen. Ohne Übertreibung kann ich sagen, daß seit jenem 4. August 1914 die lebhafte Vorstellung der Persönlichkeit Eurer Majestät mir stets gegenwärtig geblieben ist, wie sie meiner Seele aus den glücklichen Stunden von 1901, 1902 und 1903 bis in die kleinste Einzelheit von Ton und Blick und Gebärde lebendig vor Augen steht; eine Vorstellung, in welcher alle Bewunderung für den Monarchen, der diese Last an Verantwortung schuldlos — gottvertrauend zu tragen weiß, es nicht vermöchte, das tiefste Mitgefühl für den so grausam betroffenen Menschen auszulöschen. Ich denke da an Bande des Blutes, die sich in den Stunden der Not völlig ohnmächtig erwiesen. Doch auch abgesehen von diesen weiß ich aus Gesprächen und Briefen, welche warme Bewunderung und Sympathie Eure Majestät für alles Gute und Tüchtige an Englands Volk und Staat hegte, ja, so lebhaft hegte, daß es mir schwer wurde, die Empfindungen in diesem Maße zu teilen. Ich will vor Gottes Thron bezeugen, daß auf der ganzen Welt kein Nichtengländer den Engländern so neidlos alles gegönnt hat, worauf sie stolz waren. Und ich erinnere mich noch des gnädigen Beifalls, den ich erntete, als ich einmal bemerkt hatte: „Es kommt der Tag, wo England begreifen wird, daß die deutsche Flotte nicht die Rivalin, sondern die Bundesgenossin ist." Und in der Tat: ein Deutschland und ein England, die neidlos ein jedes die Vorzüge des anderen anerkannt und sich einer gemeinsamen hohen Mission des Germanentums bewußt gewesen wären — sie hätten mühelos die Welt beherrscht, jeden umsichgreifenden Krieg unmöglich gemacht und jene bessere Zeit heraufgebracht, von der der heuchlerische Balfour jetzt in seiner Note an Wilson redet. Doch es hat nicht sein sollen. England ist ganz und gar in die Hände der Juden und der Amerikaner geraten. Deswegen versteht keiner diesen Krieg, wenn er nicht die deutliche Vorstellung besitzt, daß es im tiefsten Grund der Krieg des Judentums und des ihm naheverwandten Amerikanertums um die Beherrschung der Welt ist — der Krieg gegen Christentum, gegen Geistesbildung, gegen sittliche Kraft, gegen unkäufliche Kunst, gegen jegliche ideale Lebensauffassung, zugunsten einer Welt, die nur noch Finanz, Fabrik und Handel sein soll — kurz, einer schrankenlosen Plutokratie. Alles, was sonst noch mitmacht — russische Gier, französische Eitelkeit, italienischer Bombast, neutraler Neid und feiger Sinn usw. — das alles ist nur aufgepeitscht, herangelockt, verrückt gemacht; der Jude und der Yankee sind die treibenden Mächte, welche bewußt handeln und auch in einem gewissen Sinne bisher die siegreichen, jedenfalls die erfolgreichen sind. Da wir Deutschen Kernworte lieben, so können wir zusammenfassen: Es ist der Krieg der modernen mechanischen „Zivilisation" gegen die uralte heilige ewig in Neugeburt befindliche „Kultur" auserlesener Menschenrassen. Die Maschine will in ihren dummen Fangarmen den Geist und die Seele zermalmen. Wie ganz und gar unmoralisch der Feind ist, zeigt schon die eine Tatsache, daß von Beginn des Krieges an das systematische Lügen seine Hauptwaffe war und es noch heute ist. Das hat aber lange vor dem Kriege begonnen. Die „Times" verfolgte ich seit Jahren: Tag für Tag wurde gegen den großen Feind — Deutschland — das Gift der Verleumdung geschleudert, bis endlich alle Herzen in England verdorben waren. Von Deutschland aus geschah nichts zur Abwehr — denn die deutschen Diplomaten waren alles, nur keine Völkerpsychologen. Auch wollte kein Mensch in einflußreicher Stellung auf die bemerkenswerte Tatsache achten, daß es die leiblichen Brüder und Vettern derjenigen Leute waren, die in Deutschland gegen die Heeres- und Marinebudgets, überhaupt gegen Armee, Adel und Königtum hetzten, welche in England ebenso ununterbrochen für Vermehrung der Flotte und des Heeres agitierten, sich und den Ihrigen Adelstitel und Fideikommisse verleihen ließen und den Thron mit orientalischen Schmeicheleien umgaben. Es liegt mir fern, das englische Volk reinwaschen zu wollen; Tatsache ist aber, daß es von fremden Menschen verführt, vergiftet, in Wahnsinn gejagt wurde, so daß auch die vielen vorzüglichen Elemente, die es noch birgt, sich selber untreu, dem Satan verfallen sind. Ach! Urteilen wir nicht allzu strenge; gedenken wir des Herrenwortes: „Nolite judicare, ut non judicemini!" Und erwachen wir rechtzeitig zur Einsicht, daß wir selber in Deutschland von dem gleichen Knochenfraß schon angefallen sind und uns recht wacker werden halten müssen, sollen wir besser als unsere englischen Vettern bestehen! Möchte sich an uns das andere, weniger bekannte, aber gewiß echte Herrenwort bewähren: „Das Schwache wird durch das Starke gerettet werden!"

Viel hätte ich noch hinzuzufügen — namentlich über die Vereinigten Staaten als den eigentlichen Weltherd des seelenlosen Mammonismus und der satanischen Falschspielerei — muß aber schon für dieses Wenige in solchen Zeiten um allergnädigste Nachsicht und Verzeihung bitten.

In Ehrfurcht und unvergänglicher Dankbarkeit

Euer Kaiserlichen und Königlichen Majestät

ehrerbietiger Diener Houston Stewart Chamberlain.

Bayreuth 14. Febr. 1918.

Theurer Fürst, als ich mir beim Empfang Ihres von mir so innig begrüßten Schreibens den Termin meiner Erwiderung stellte, dachte ich diese unter dem Klang der Friedensglocken auszuführen; dem ist nicht so und der Wahn-Monolog behauptet sein Recht.

Viel habe ich in dieser Zeit an I. K. Hoheit, die Frau Herzogin [von Coburg-Gotha], gedacht, welcher eine so schwere Prüfung auferlegt ist; sie wird sie gewiß heroisch tragen, aber ich empfinde lebhaft mit ihr; denn es muß die Zerrüttung ihres [Geburts-] Landes schrecklich für sie sein!

Die Namen der Anführer der Anarchie (Lenin und Bornstein-Trotzki!) bewiesen mir einmal wieder, wie zu jeder Zeit und allüberall das semitische Element das aufwühlende und zersetzende ist. Scherzhaft meint mein Sohn, daß Robespierre und Marat Rubinstein und Marx hießen. Siegfried war vorigen Monat 14 Tage in Berlin.... Von Kunsteindrücken hatte er vor allem als den bedeutendsten den von der „Braut von Messina", dann einen Klavierabend von ausschließlich Bach's Werken (Edwin Fischer), dann das Stück „Danton's Tod" von Büchner, welches er sehr interessant fand und die Hauptfigur darin vorzüglich dargestellt von Moissi[1]). Er besuchte u. a. Fürst und Fürstin Bülow und fand beide blühend und durchaus zufrieden. Wie Gräfin Wolkenstein fehlt, bedarf wohl keines Wortes, sie war für uns die Seele dieses Ortes.

Hauptquartier Oberbefehlshaber Ost,
24. Februar 1918.

... Eine sehr frohe Nachricht brachte der heutige Morgen: Daß Braunstein-Trotzki sich bereit erklärt hat, einen Frieden zu den von uns aufgestellten neuen, verschärften Bedingungen zu unterzeichnen. Nachdem er auf unser neuestes Vorrücken hin mitgeteilt hatte, er wolle unsere in Brest-Litowsk formulierten Friedensbedingungen annehmen, wurde ihm geantwortet, daß wir nunmehr höhere Ansprüche stellten: Räumung der ganzen Ostseeprovinzen und Finlands durch die bolschewistischen Truppen, Befreiung der Gefangenen, Anerkennung der ukrainischen Selbständigkeit und unseres Friedens mit diesem Staat, Aufhören der revolutionären Propaganda bei unseren Soldaten und unter dem deutschen Volk, Entwaffnung der Flotte u. s. w. Gleichzeitig mit dieser Mitteilung fand ein beispiellos schnelles Vorrücken unserer Truppen statt. Unsere Regierung ließ Trotzki auffordern, sich binnen 48 Stunden über Annahme oder Ablehnung unserer Forderungen zu äußern, und die heute eingetroffene Funkspruch-Antwort hat gezeigt, daß das kräftige Zufassen seine Wirkung nicht verfehlt hat. In einigen Tagen werden wir wohl wieder eine internationale Menagerie hier haben, wobei aber, so Gott will, den russischen Juden nicht aufs Neue erlaubt werden wird, lange zu verhandeln, sondern sie ohne viele Umstände genötigt werden, den Vertrag zu unterschreiben ...

EHohenlohe.

Bern, 5ten November 1918.

... Ich bin zur Teilnahme an Verhandlungen mit den Amerikanern über Kriegsgefangenen-Fragen hierher geschickt worden, sitze schon mehr als 6 Wochen in Bern und muß alle die furchtbaren Ereignisse aus der Ferne im neutralen Auslande mit erleben — mit welchem tiefen Schmerz, das brauche ich nicht zu sagen.

Ludendorff's Rücktritt — so schwer uns alle auch das Ausscheiden einer so genialen, einzigartigen Persönlichkeit trifft — ist nur ein Symptom der ganzen Lage, in der wir uns befinden. Seit der Absendung Ihrer gütigen Zeilen haben wir den gänzlichen Zusammenbruch der Habsburgischen Monarchie erlebt und gestern die Waffenstillstandsbedingungen vernommen, die die Entente dem ehemaligen Kaiserstaat auferlegt hat, Bedingungen, die eine völlige Kapitulation bedeuten und der Entente die Möglichkeit geben, uns von Österreich her im Rücken anzugreifen, wozu noch kommt, daß wir nunmehr von aller Zufuhr von außen abgeschnitten sind ... Wir müssen es uns eingestehen, und es wäre verkehrt, die Augen vor der Macht der Tatsachen verschließen zu wollen: unsere Hoffnungen auf die Wirkung des Unterseebootskrieges beruhten auf einer Wahrscheinlichkeitsrechnung, die sich als unrichtig erwiesen hat. Ganz gewiß waren diejenigen, welche jene Rechnung aufstellten, ebenso im guten Glauben wie wir alle, die wir uns von dieser Waffe und ihrem meisterlichen Gebrauch durch die ausführenden Organe das Höchste erwarteten. Aber wir haben — wie leider nur zu oft — unsere Gegner unterschätzt.

Wenn ich jetzt von der Notwendigkeit und Möglichkeit einer allgemeinen Volkserhebung lese, so will mir scheinen, als ob immer noch zahlreiche Kreise sich einer Täuschung über den tatsächlichen Stand der Dinge hingäben. In einem Zeitalter, wo die maschinellen Mordwerkzeuge eine ausschlaggebende Rolle im Kriege spielen, ist auch die tapferste Volkserhebung zum Scheitern verurteilt, wenn ihr jene Hülfsmittel ausgehen, dem Feinde dagegen in ungemessener Zahl zuwachsen.

Wir müssen daher — so furchtbar bitter es auch ist, und so sehr das Herz sich gegen den demütigenden Gedanken empört — nach meiner Ansicht die Bedingungen annehmen, die uns gestellt werden, um das Deutschtum zu retten, dieses kostbare Element, welches die Menschheit braucht. Seine Kraft hat es in einem mehr als vierjährigen Heldenkampf ohne Gleichen bewiesen und damit auch seine Befähigung und Berechtigung, sich dereinst wieder aufzurichten ... Ob wir diese Zukunft erleben oder nicht, was tut's? Ein Menschenleben, ja ein Jahrhundert sind in der Geschichte, zeitlich bemessen, unbedeutende Größen. Aufgabe der Gegenwart ist es, dasjenige zu retten, was als Grundlage einer künftigen Wiedergeburt dienen kann.

Ich weiß nicht, gnädige Frau, ob mein Gedankengang Ihre Zustimmung findet. In Einem aber weiß ich uns einig: in der Hoffnung, daß der Ewige, dessen Wille auch in Zeiten rätselhaften Dunkels wirkt, und der unser Volk schon so manches Mal in die äußersten Tiefen geführt hat, ohne es untergehen zu lassen, Deutschland auch aus der jetzigen Not dahin führe, wo der deutsche Geist, der Welt zum Segen, die ihm zugewiesene Aufgabe erfüllen könne ...

EHohenlohe.

Deutschtum.

Zu Siegfried Wagners 50. Geburtstag.

In Trümmer fiel das Alte. Wollt ihr klagen,
wenn ein unhaltbar Morsches niederbricht?
Das, was wir liebten in vergang'nen Tagen,
nein, das Vernichtenswerte war das nicht!

Das, was wir lieben, keiner Zeit erliegt es,
es ist ein Lenz, der immer wieder blüht,
im Daseinskampf ein ewig Unbesiegtes,
ein Stern, der auch in tiefsten Nächten glüht.

Das Deutschtum ist es, das, woran wir glauben,
und unser Glauben ist kein eitler Traum;
denn goldne Früchte, nimmer uns zu rauben,
sie leuchten hell vom deutschen Lebensbaum.

Das Deutschtum ist es, nicht die deutschen Söhne,
die fremd entartet ihrer Mutter Blut,
vergessen ihrer Sprache Kraft und Schöne,
verachtend ihres Erbes Edelgut.

Und fällt einmal vom Lebensbaume nieder
ein reifes Früchtlein mitten unter sie,
nur eine Störung ist's, man zankt dawider,
und war's ein Lied — hat's keine „Melodie"!

Doch die Verschmähten gehen nicht verloren,
zum heil'gen Wipfel kehren sie zurück.
Darunter rastlos tummeln sich die Toren
und suchen irr nach einem andern Glück.

Den Fremden folgsam lauschten sie der Fremde,
bis sie die Fremdmacht in das Elend warf;
nun wankt das Volk dahin im Bettlerhemde,
weil es den Purpur nimmer tragen darf.

Wir aber wollen an das Deutschtum glauben
und an die goldnen Früchte seiner Welt;
wir wenden von den Blinden uns und Tauben,
den alten Sehern bleiben wir gesellt.

Und mustern wir den reichen Erntesegen,
der durch die Zeiten unsern Glauben stärk',
uns lächelt heiter-ernst daraus entgegen
auch Siegfried Wagners deutsches Lebenswerk.

Hans von Wolzogen.

Bayreuth und Draußen.

8. Hauptversammlung des Richard Wagner-Verbandes deutscher Frauen e. V. zu Hannover am 22. Mai 1919.

Die 1. Verbandsvorsitzende Frau Marianne Lange begrüßt die Anwesenden und dankt für das freundliche Erscheinen, besonders den auswärtigen Damen, die in diesen schwierigen Zeitverhältnissen kein Opfer scheuten, um an der nun endlich wieder tagenden Hauptversammlung teilzunehmen. In längeren Ausführungen spricht sie sodann davon, wie sehr in dieser schweren Zeit der Zerrüttung und Zermürbung unseres Volkes die Gewißheit uns aufrichtete, daß es eine Stätte in deutschen Landen gäbe, wo reinstes Deutschtum wohnte, wo deutsches Erbe, das uns allein zu eigen wäre, gehegt und gepflegt würde als köstlichster Besitz: Bayreuth. Sie weist darauf hin, daß heute, am 22. Mai, dem Geburtstag des Meisters, der Verband auf sein 10jähriges Bestehen zurückblickte. Mit besonderer Freude begrüßt sie die heute in Hannover weilende Fräulein Held, die von den kleinsten Anfängen erzählen könnte, und der wir große Dankbarkeit schuldeten, da ihr der Richard Wagner-Verband deutscher Frauen sein Werden verdankte. Ferner gedenkt sie dankbarst einer anderen edlen Frau, die leider nicht zu der Hauptversammlung kommen konnte, unserer verehrten Ehrenpräsidentin Frau Margarete Strauß, die in unermüdlichem Fleiß und unter großzügigen Gesichtspunkten das Wachsen des Verbandes förderte, und die leider — durch Krankheit und unerquickliche Verhältnisse bewogen — die Leitung der Magdeburger Ortsgruppe niederlegte, welcher Entschluß schmerzliches Bedauern hervorrief. Weiter sprach Frau Lange davon, daß unser Frauenverband sicherlich als einer der ersten dazu berufen wäre, die deutschen Ideale hochzuhalten, die Ideale reiner Menschlichkeit und mitleidsstarker Liebe, in denen Richard Wagner unser aller Erlösung schaute. Dem deutschen Volke müßte die K u n s t wieder zum Leben nötig werden, sie würde es zur Wahrheit und Einfachheit bringen, die fast verloren schiene unter dem täglichen Wust von Tingel-Tangelkunst.

Wir dürften in dieser Zeit nicht vergessen, was uns Bayreuth geschenkt hätte, wer es je hätte erleben dürfen, der vergäße in seinem Leben niemals die Begeisterung und Kraft, die von dort ausströmte und weit hinwegtrüge über die Kleinlichkeiten des Alltags. Gerade die Jugend müßte für Bayreuth begeistert und in des großen Meisters Schaffen und Wirken eingeführt werden. Die Vorsitzende machte Mitteilung davon, daß ihr Siegfried Wagner geschrieben hätte, er hoffte, daß im Jahre 1921 wieder Festspiele in Bayreuth stattfinden könnten. Anknüpfend daran spricht sie ihm, der Anfang Juni seinen 50. Geburtstag begeht, aus Herzensgrunde den Wunsch aus, daß diese Hoffnung sich in reichster Weise erfüllen möge, ihm und uns allen zum Segen.

Darauf kommt die Vorsitzende zu Punkt II der Tagesordnung. Sie betont, wie sehr der Verband in deutscher Treue und warmer Anhänglichkeit seiner gütigen Protektorin I. K. und K. Hoheit der Frau Kronprinzessin gedächte, und daß jetzt, als die neue Zeit die Frage einer Protektoratsänderung aufwarf, von fast allen Ortsgruppen-Vorsitzenden in aufrichtiger Weise der Wunsch ausgesprochen wurde, daß die Frau Kronprinzessin gebeten werden möchte, doch auch fernerhin dem Verband die Ehre des Protektorats zu schenken. Die Vorsitzende, die ihrerseits diesem Wunsche aus vollen Herzen beipflichtete, bat die Versammlung, folgendes Telegramm absenden zu dürfen:

„Der Richard Wagner-Verband deutscher Frauen, dessen Mitglieder heute zur 8. Hauptversammlung in Hannover zum 10jährigen Bestehen am Geburtstage des Meisters versammelt sind, entbietet Ihrer K. und K. Hoheit der Frau Kronprinzessin treue Grüße mit der einstimmigen Bitte, auch ferner die Schutzherrschaft des Verbandes in gütiger Weise führen zu wollen."

Die Vorsitzende schlägt vor, die Bezeichnung des Protektorats, wie es bisher war, zu vereinfachen und nur zu schreiben: unter der Schutzherrschaft Ihrer Kaiserl. und Königl. Hoheit der Frau Kronprinzessin Cäcilie.

Da sich kein Einspruch erhebt, gilt der Vorschlag als einstimmig angenommen. Die Entscheidung darüber, wie es mit dem Protektorat einzelner Ortsgruppen zu halten ist, möchte die Vorsitzende in die Hände derjenigen Ortsgruppen-Vorsitzenden legen, die es trifft. Die Vorsitzende bittet, zwei Telegramme absenden zu dürfen, das erste an Frau Cosima Wagner:

„Die am Geburtstag des Meisters tagende 8. Hauptversammlung des Richard Wagner-Verbandes deutscher Frauen entbietet der treuen Gralshüterin ehrfurchtsvolle Grüße."

Das zweite Telegramm an Frau Strauß:

„Unserer schmerzlich vermißten Ehrenpräsidentin treue Grüße. Die 8. Hauptversammlung."

Darauf kommt die Vorsitzende zu Punkt III der Tagesordnung, Jahres- und Kassenbericht.

Die Schriftführerin Frau Paßmann, Hannover, verliest den Jahresbericht 1918 und gibt die in den Bayreuther Blättern veröffentlichte Abrechnung der Stipendienstiftung bekannt, nach der in den Jahren 1914—1918 ℳ 70.000,— für Kriegsunterstützungen ausgegeben wurden. Der Stand des Vermögens der Stipendienstiftung betrug am 1. Oktober 1918 ℳ 671.363,70, der des Richard Wagner-Verbandes deutscher Frauen ℳ 190.034,81.

Anschließend an den Kassenbericht von Fräulein Held, der die Vorsitzende im Namen der Anwesenden dankend Entlastung erteilt, bittet die Vorsitzende die Hauptversammlung noch nachträglich, die Entlastungen, die sie gemeinsam mit der 2. Vorsitzenden Frau Gräfin Schlippenbach in den Kriegsjahren, in denen keine Hauptversammlungen stattfanden, Fräulein Held s c h r i f t l i c h erteilen mußte, zu genehmigen. Da kein Einspruch geschieht, nimmt es die Vorsitzende als gutgeheißen an und kommt nun zu Punkt IV der Tagesordnung, Verschiedenes.

Es liegt ein Antrag der Gruppe Nordhausen vor, wie folgt:

Die Hauptversammlung möchte den Ortsgruppen ein neues oder stark erweitertes Arbeitsprogramm zuweisen, das nach Fassung und Inhalt den veränderten Zeitverhältnissen Rechnung trägt und neue Werbekraft zum Besten unserer Bayreuther Bestrebungen besitzt.

Die Vorsitzende begrüßt die Anregung dankbarst und weist darauf hin, daß sie schon in ihrer Ansprache neue Wege streifte. Sie möchte die Ortsgruppen anregen, die Mitglieder häufiger zu versammeln zu gemeinsamen Interessen im Sinne unseres Deutschtums, im Sinne Bayreuths, angeregt durch Vorträge litterarischer oder musikalischer Art aus den Kreisen der Mitglieder ohne Kosten oder viele andere Umstände im Hause der Vorsitzenden oder anderer Mitgliedsdamen. Die Hauptsache wäre, daß die Mitglieder treu zur Sache ständen, auch ohne große Beiträge, die für die meisten in unserem verarmten Deutschland schwer zu zahlen sein würden. Den Ortsgruppen-Vorsitzenden sollte es anheim gestellt werden, wie sie es in den einzelnen Städten gestalten wollten, nur neues Leben und frische Kraft müßte überall ausströmen. Die Vorsitzende fragt, ob sich noch jemand über die Sache zu äußern hätte. Da sich niemand meldet, wird angenommen, daß die Anregung Beifall fand.

Die Vorsitzende führt ferner aus, daß als weiterer Punkt im Arbeitsprogramm die Heranziehung der Jugend für wahre deutsche Kunst und Ideale gedacht ist, und kommt damit zu einer Anfrage des Nationalen Frauendienstes in Posen, „ob sich, entsprechend dem Kulturideal Richard Wagners, das eine Gleichwertung und Pflege aller Künste zur Vollendung unseres Volkslebens verlangt, die Ortsgruppen des Richard Wagnerverbandes deutscher Frauen wohl auch in zielbewußter Weise für die Arbeit künstlerischer Jugenderziehung gewinnen lassen dürften?" Die Vorsitzende erklärt es für unmöglich, Namen und Ziele unseres Verbandes zu ändern, wohl aber wäre es wünschenswert, das den Ortsgruppen verbleibende Drittel mit für Jugendpflege im Sinne und nach Beispiel Posens zu verwenden. In die Hände der Jugend wäre Deutschlands Zukunft gegeben, und von ungeheurer Wichtigkeit wäre es, daß in edelster Weise gerade in dieser Zeit auf unsere Jugend eingewirkt würde.

Mit nochmaligen Dank für das Erscheinen der Anwesenden und in der Hoffnung eines guten Wiedersehens im nächsten Jahre in einem arbeitssamen, friedlichen Vaterlande schließt die Vorsitzende, indem sie Geduld zu üben — die größte Kunst im Leben — anempfiehlt und zum Abschied einen schönen Spruch mitgibt:

„Nicht Dulden heißt Geduld! Mit reinem Herzen, mit Himmelsseele Erdgeschicke tragen, sich selber fühlend, über ihnen lebend, wie über Wolken klar die Sonne scheint ..... das ist Geduld!"

Während der Hauptversammlung war bereits eine Begrüßungsdepesche der Frau Kronprinzessin eingegangen:

„Meine Gedanken weilen bei der heutigen Hauptversammlung des Richard Wagner-Verbandes mit Grüßen und besten Wünschen für das Gedeihen desselben trotz der Schwere der Zeit. Kronprinzessin Cäcilie."

Deutsche Kunst dem deutschen Volke!

Der nachfolgende Aufruf sei auch unsern Lesern zu ernstlicher und freundlicher Beachtung empfohlen. —

Seit undenklichen Zeiten haben große deutsche Meister Alles, was ihr Volk im Geiste und Gemüte bewegte, was die Deutschen als hoch und heilig tief im Herzen bargen und verehrten, in unsterblichen Werken aller Kunstgebiete sinnfällig und erhebend gestaltet. Was wahrhaft deutschem Wesen entspricht, das können wir aus herrlichen Kunstwerken erkennen; und in vielen schweren Zeiten unseres Volkes, in denen äußere drückende Not den deutschen Gedanken, d. i. ein hoher, edler Idealismus, zu ersticken und in öden Materialismus zu verwandeln drohte, waren es deutsche Künstler, die durch ihre Werke den Zeitgenossen ideal deutsches Denken mahnend ins Herz prägten und echtes deutsches Wesen für spätere Geschlechter treu erhielten; denn

„Was deutsch und echt, wüßt' keiner mehr,
Lebt's nicht in deutscher Meister Ehr'."

Da wird nun mancher betrübt fragen: Hat sich denn reines deutsches Wesen nunmehr so verwandelt, daß wir all' das Schreckliche, das Vaterlandsgefühl Untergrabende und die Menschen Entsittlichende, das uns heute unter dem Namen Kunst angepriesen wird, als einen Spiegel neuen deutschen Wesens annehmen sollen? — Die Antwort kann nur lauten: Nein! Deutsches Wesen kann sich nicht ändern, wohl aber zeitweise durch fremde, böse Einflüsse in die Irre geleitet werden. Was uns heute marktschreierisch als Kunst gepriesen wird, ist gar keine Kunst, sondern ein verderbliches Gift, das Fremde uns einflößen wollen, um deutsches Volkstum, deutsche Kultur zu vernichten. Noch leben aber, Gott sei Dank, echte deutsche Künstler, deren Werke uns den richtigen Weg weisen. In dem materialistischen, nur auf Geschäft und niederen Genuß gerichteten Tageslärme verhallt aber ihre Stimme und sie werden dem Volke totgeschwiegen, damit ihre Werke nicht wirken können.

Unser Volk ist jetzt schwer seelisch krank, und seine Gegner wollen es in dem materialistischen Sumpfe ganz ersticken lassen, wozu ihnen diese Afterkunst ein willkommenes Hilfsmittel neben anderen ist. Darum ist es hohe Pflicht jedes echt und warm für deutsches Volk und deutsche Kultur Empfindenden, nach besten Kräften Heilung und Rettung aus diesem Sumpfe für unser Volk zu erstreben. Noch ist zu unserer Freude in allen Schichten des deutschen Volkes der alte gute Kern, die Sehnsucht nach vaterländischer, religiöser und künstlerischer Erbauung lebendig. Diesen guten Kern wieder neu zu wecken bietet die wahre Kunst das beste Mittel dar. Sehr treffend sagt Adalbert Stifter: „Durch nichts wird ein Volk so schnell und so edel gehoben und gebildet, als durch nachhaltige Anschauung wahrer Kunst, so wie es durch nichts so schnell entsittlicht wird, als durch die Einwirkung schlechter Kunst, sei es durch schlechte Theater, schlechte Gemälde, schlechte Dichtungen."

Richard Wagner, Schiller, Luther und viele andere der größten Deutschen betonten in ihren Schriften, daß wahre Kunst der Volksseele neuen idealen Aufschwung verleiht. Jetzt aber in diesen traurigen Zeiten benötigen wir nicht nur des idealen Schwunges, sondern des geistigen und seelischen Wiederaufbaues. Dieser kann nur durch das Gemüt bewirkt werden, und dazu ist die Kunst die beste Lehrmeisterin, zeigt sie doch dem Volke, „was deutsch und echt" in Wahrheit ist. Dies aber ist in ihr in höchstem Maße von der Bühne herab möglich, weil sie von hier aus gleichzeitig viele Hunderte im tiefsten Gemüte ergreifen, erhebend und wandelnd auf sie einwirken kann. Darum nannte Schiller das Theater eine moralische Anstalt.

Dieser seelische Wiederaufbau ist jetzt wohl nötiger als der wirtschaftliche. Er allein gibt dem Volke die sittliche Kraft, mit reinen, ehrlichen Händen auch an diesen heran zu gehen, und den vollberechtigten Stolz auf unser Volkstum, unsere altehrwürdige Kultur wieder aufleben zu lassen; während ein wirtschaftlicher Aufschwung ohne den seelischen den Untergang von Volkstum und Kultur in vaterlandslosem, selbstsüchtigem Materialismus zur Folge hätte.

Für diesen seelischen Wiederaufbau durch rechte Kunst will das jetzt entstehende Unternehmen „D e u t s c h e K u n s t d e m d e u t s c h e n V o l k e" wirksam arbeiten. Es zerfällt in drei Abteilungen: 1. die „d e u t s c h - k ü n s t l e r i s c h e A r b e i t s - g e m e i n s c h a f t", in der alle echt deutsch gesinnten Theater-Leiter, Schauspieler und Dichter vereinigt eine nicht mehr tot zu schweigende Macht zum Kampfe gegen Schmutz und Schund werden sollen, 2. die „B ü h n e d e u t s c h e r K u n s t". Sie wird bestehen zunächst aus einer — später hoffentlich mehren — Wanderbühne bester deutscher Künstler, die die herrlichsten Werke deutscher Meister in alle deutschen Gaue bringen soll, und aus den „Deutschen Festspielen", welche alljährlich im Sommer in Coburg die größten deutschen Werke in vollendetster Darstellung bieten werden. Natürlich werden die Werke unseres Meisters von Bayreuth von diesen Festspielen nicht gebracht werden, sie müssen für dieses Unternehmen, das sich nicht an dem schnöden Gralsraube des Reichstages von 1913 beteiligen darf, stäts unantastbar bleiben. 3. Der Verein „Deutsche Kunst dem deutschen Volke!" bestehend aus allen deutschen Kunstbegeisterten und Kunstverständigen. Er soll durch Jahresbeiträge und Spenden die notwendigen, laufenden Mittel aufbringen, während das Grundkapital von den E h r e n f ö r d e r e r n, die Ehrenförderer-Scheine zu je 500 Mark kaufen, eingebracht und erhalten wird.

Möge im deutschen Volke der Opfermut sich zeigen, durch den dies Unternehmen am seelischen Wiederaufbau unseres Volkstums, der Rettung unserer arg gefährdeten Kultur mitzuwirken in die Lage komme. Die Beiträge sind so abgestuft, daß jeder, der guten Willens ist, ob arm oder reich, dem Vereine beitreten kann. Die Geschäftsstelle befindet sich bei

P r o f e s s o r Dr. R. F r e i h e r r n v. L i c h t e n b e r g in G o t h a.
M o l t k e s t r a ß e 10,

von hier aus werden auf Anfrage über alle Einzelheiten unterrichtende Drucksachen stäts gerne versandt.

Nach dem Ersten Weltkrieg wird von den Vertretern des „Bayreuther Idealismus" „Bayreuth" endgültig mit dem „reinsten Deutschtum" identifiziert. Dafür sind sowohl das Gedicht zu Siegfried Wagners 50. Geburtstag am 9. Juni 1919 als auch die vier Beiträge aus den „Bayreuther Blättern", für die Wolzogen seit 1918 die „Deutsche Schrift" wählt (siehe Seite 39), aufschlußreiche Beispiele. Prof. von Lichtenberg gehörte schon zu den „Parsifal-Schützern" der Jahre 1912/13 (siehe Seite 122). Benedict, Mitbegründer der „Nationaldank"-Bewegung (siehe Seite 113), wird 1952 dann eine Kampfschrift „zu den Neuerungen in Bayreuth" mit dem Titel *Über die Inszenierung der Werke Richard Wagners* veröffentlichen.

Friedensaufgaben.

Der furchtbare Krieg hat viele und teure Kulturwerte vernichtet. Und so schön und groß sich einen Augenblick lang — im Sommer 1914 — der „deutsche Geist" bekundet hat, was ist inzwischen von ihm übrig geblieben? Wohl hat sich draußen im Felde bis zuletzt ein Heldentum bewährt und dem deutschen Namen neue Ruhmeskränze geflochten, aber welch niederdrückendes Bild zeigt die Heimat, unwert sich erweisend der großen Geister und Meister, die sie einst zu gewaltiger Macht und Größe geführt. Wo bleiben die Eigenschaften, die man seit den Tagen der alten Germanen an uns Deutschen geschätzt hat? Die wahrhafte Heldengesinnung, die, getragen vom Werte des eigenen Volkstums, selbst einen Untergang in Ehren vorzog einem Leben in Schmach und Sklaverei? Und die altgermanische Mannentreue zum angestammten Herrscherhaus, ist die wirklich dahin, erdrückt durch die hohlen Phrasen von Selbstbestimmung und Freiheit? Ist's wirklich schon so weit gekommen, daß „kein Fürst bald mehr sein Volk versteht"?

Mag der künftige Friede wie immer ausfallen, eines ist jetzt schon sicher: Er wird dem deutschen Volke ungeheure Opfer aufladen und viele Jahrzehnte werden nötig sein, um das, was dieser Krieg zerstört hat und was durch den Frieden verloren wurde, wieder aufzubauen. Um aber unser im Innern sich selbst zersetzendes und zerspaltendes, von außer her gedemütigtes und geschwächtes Vaterland zur alten Größe und Bedeutung zurückzuführen — eine Hoffnung, an der wir trotz allem noch festhalten —, wird es nicht nur der äußersten physischen Kraftanstrengungen bedürfen, sondern vor allem einer *inneren Wiedergeburt des Deutschtums*, ohne die alle geistige und körperliche Mühe vergeblich bleiben müßte.

Für diese innere Wiedergeburt brauchen wir Führer und Leiter, brauchen wir Persönlichkeiten, die uns Vorbilder sein können, Männer, die uns dahin weisen, wo die rechten *Friedensaufgaben* zu lösen sind. Wer in Hans von Wolzogen's Buche „Gedanken für die Friedenszeit" blättert, der wird einen starken Hauch jenes Geistes verspüren, in dem wir an diese Friedensaufgaben herantreten müssen, er wird aber auch im Einzelnen auf Pflichten und Arbeiten verwiesen, deren Beherzigung nicht angelegentlich genug empfohlen werden kann.

Was darnach vor allem unser Ziel sein muß, das ist nicht etwa der „ewige Friede", sondern der innere Friede, aus dem erst die idealen Kräfte, die echte deutsche Kultur, die reine christliche Sittlichkeit sich entfalten können. Dabei handelt es sich wenig darum, ob man „Optimist" oder „Pessimist" ist, es kommt nur darauf an, die „moralische Bedeutung" der Welt anzuerkennen, aus der wiederum die Pflicht als eine sittliche Seelenkraft erwächst. Ernst und Vertrauen, ja eine religiöse Sicherheit sind nötig für die schwere Arbeit nach dem Kriege, „auf der Masse der Stumpfen und Dumpfen, der Leichten und Seichten, eine würdige Friedenswelt zu gründen".

Was wir hauptsächlich brauchen, das ist der Wille — nicht zur „Kultiviertheit", wie sie die Franzosen besitzen, sondern zur wahrhaften *Kultur* als einer „aufstrebenden und aufbauenden Wirksamkeit der menschlichen Seele". Das kann aber nicht geschehen ohne ein religiöses Ideal, das wir in der Verschmelzung von Christentum und Deutschtum erblicken. Gewaltig und hoher Verantwortung voll ist die Aufgabe der Kirche der neuen Zeit gegenüber. „Sie muß dem andringenden Leben auch wieder Leben zu bieten haben". Sie soll die „volle, warme, freie Herzensweite" nicht vermissen lassen. Ja, selbst die Kunst dürfte ihr nicht zu „weltlich" dünken, um sich ihrer zur seelischen Einwirkung auf unser Volk zu bedienen. „Die rechte Kunst zu finden, welche dem deutschen Geiste eigen, dem christlichen mindestens nicht entgegen ist, welche erfreut, ohne herabzuziehen, erhebt, ohne zu ermüden, würde Aufgabe wahrhaft künstlerischer Menschen sein; daß aber überhaupt auch in dieser Richtung für die Bewahrung der deutsch-christlichen Edelkräfte nach den Schlachten gesorgt werde — sollte dies nicht mit zu den möglichen Bemühungen einer pflichtbewußten und volkstümlichen Kirche gehören? Zum wenigsten dürfte sie nicht alles geschehen lassen, was in Verkennung solcher Aufgabe geschieht!"

Das gewaltige Erlebnis des Krieges muß uns mehr denn je zum entschiedenen *Deutschtum* führen. Der unpolitische Kampf um dieses Deutschtum wird auch im Frieden noch weitergehen. In diesem Kampfe aber braucht unser Volk keine „Vertreter" — wir haben gesehen, was diese „Vertreter" geleistet haben — sondern Führer, die selber mit ihrer ganzen Persönlichkeit den deutschen Geist vertreten. Können's keine Lebenden sein, so halten wir uns am besten an die „vier großen Propheten des Deutschtums": Luther, Goethe, Bismarck und Wagner. Überhaupt an unsere deutschen Meister. Und Sache unserer Kulturbildner muß es sein, was sie in diesen Persönlichkeiten als Wesenheit erkannt haben, dem Geiste des Volkes erziehend, lehrend, gestaltend mitzuteilen.

Es wird vielfach behauptet, daß uns die klassisch-humane Weltbürgerschaft im Blute liege. Demgegenüber macht Wolzogen mit Recht darauf aufmerksam, daß die Idealisten der Humanität immer vergessen, daß wir Deutsche nicht allein auf der Welt sind, daß die andern, die auch noch da sind, gar nicht Arm in Arm mit uns gehen wollen. Der altgeschichtlich vererbte Gegensatz der Völker wird immer bestehen bleiben, daher „nach außen hin, gegen die Nichtwollenden und Übelwollenden: deutsches Selbstbewußtsein, Pflichtgefühl, mannhafte Abwehr, kurz — treu behauptete deutsche Art." Unseren Politikern gibt Wolzogen die treffliche Mahnung, gerade wenn unsere Vaterlandsliebe so gewissenhaft sein soll, wie unser Volksgeist, die politische Klugheit nicht außer Acht zu lassen: „Das Gewissen muß sich in der Politik das Korrektiv der Klugheit gefallen lassen, andererseits aber auch, damit in möglichster Verbindung, die Klugheit unter dem Korrektiv des Gewissens bleiben." Auch auf unseren deutschen Militarismus, den jetzt nicht nur von unseren Feinden viel geschmähten, sollten wir stolz sein. Er gehört zum deutschen Volkstum; er schafft erst die Organisation des Volkes zum Staate selber, die Gesamterziehung der Nation.

Dem demokratischen Geist, dessen Wellen sich jetzt über unser Land ergießen und der dem Volke völlige Freiheit und Mündigkeit bringen will, werden wir nach wie vor mit Mißtrauen gegenüberstehen. Wir werden uns von großen Schlagworten, die durch stäte Wiederholung nicht wahrer werden, nicht fangen und täuschen lassen. Auch die Führer der Menge, das wissen wir, sind nicht die wahren Volksvertreter; sie können es nicht verhindern, daß mit der Demokratisierung die „Oberfläche" zur Herrschaft kommt, daß, was bisher am deutschen Wesen großzügig war, in Kleinlichkeit sich auflöst. Für uns gilt jedenfalls die Mahnung, „die Gefahr der Kleinzügigkeit überall abzuwehren und aufzuheben und die sittliche Großzügigkeit des Deutschtums zu bewahren und zu bewähren".

Besonders unsere *Jugend*, das neu heranwachsende Deutschland, müssen wir in diesem Geiste erziehen. „Wir müssen ihr die Mittel reichen zum vollen Bewußtwerden ihres Deutschtums gegenüber jedem Geiste und Gifte, die es ihr verderben wollen, ja gegenüber einer Allgemeinheit, welche bereits unter dem starken Einflusse solcher unserem eigenen Volksideale fremder und feindlicher Mächte steht und die ihr keine anderen oder wenig andere Mittel darbietet, um sich innerhalb dieser Allgemeinheit noch den Zusammenhang mit einer großen Vergangenheit zu erhalten, der allein eine deutsche Kultur gewährleisten kann". Denn wehe einer Jugend, die nicht mehr die Möglichkeit reiner Begeisterung besitzt, die Stimmung und Richtung auf das Hohe, die Verehrung des Großen, die Ehrfurcht vor dem Ernste der Kunst, den Glauben an das Deutschtum.

Zu kämpfen gilt es ferner wider den undeutschen Handelsgeist, der schon vor dem Kriege unser Volk immer mehr in den Materialismus hineintrieb und der während des Krieges in geradezu erschreckendem Maße weiterwucherte. Wohl dürfen wir Handel treiben und „Geschäfte machen", doch nicht nur, um den Reichtum einzelner zu nähren, das Unternehmertum zu heben, sondern zum Besten und zur Förderung unseres ganzen Volkstums. Nirgends sollen wir das Schlechte und Gemeine dulden, überall für die Würdigkeit unseres Volkslebens sorgen und „mit mutiger Strenge unermüdlich gemeinsamen Einspruch erheben wider alles, was dieser Würdigkeit nicht entspricht und sie schädigt". Friedrich Lienhards Wort „Wir müssen Deutschland seine Seele geben — wiedergeben" sei unser Friedenswerk, die Aufgabe unseres Krieges im Frieden.

Wir Deutsche, die wir dem Drange nach der Höhe, den Blick in die Tiefe, den Sinn für das Sittliche wie für das Sachliche, den Willen zum Dienste des Ganzen und Großen besitzen und, daraus erwachsen, die herrlichsten Werke der Kunst und des Gedankens, des Wissens und Glaubens, wir müssen die heilige Verpflichtung fühlen, „das Edelste in uns, aus allem Gemisch unserer minder und mehr erfreulichen Eigenschaften oder Aneignungen, aufzubieten, um in strenger Erfüllung unserer Pflichten dem Niederträchtigen in aller Welt gegenüber standzuhalten und dem Edlen Raum zu schaffen".

So gipfeln unsere Friedensaufgaben eben immer wieder in den *Pflichten gegen die Heimat, gegen unser Volkstum*. Was darin das bleibend Gute, das lebendig Echte ist, das müssen wir aufsuchen und kräftigen. Besonders auch in der Kunst, im Theater gilt es immer wieder, die undeutschen Einflüsse, die auch der Krieg nur wenig zurückgedrängt hat, auszuschalten oder doch nach Möglichkeit einzudämmen. In diesem Kampfe gebe es keinen Waffenstillstand. „Bewußtes Deutschtum, gewollte deutsche Kultur" muß unsere Losung sein und bleiben.

Mit unermüdlicher ernster Eindringlichkeit hat uns Hans von Wolzogen diese Aufgaben und Ziele gewiesen. Und wenn wir einmal verzagen oder zweifeln und schwanken wollen, so gibt es nichts Besseres, als sich aus dem Born dieser Gedanken frischen Mut, Sicherheit und Glauben zu holen. Selbst ein Überzeugter kann er wieder überzeugen. Das Wirken und Mühen solch berufener Kulturbildner immer fruchtbarer zu machen, ihr Wissen und Wollen immer wieder dem Volke vorzuhalten und es damit zu seiner inneren Wiedergeburt zu stärken, das soll auch eine und nicht die geringste unserer Friedenspflichten werden.

Dr. **Carl Siegmund Benedict.**

□

Wir „Bayreuther" nun gehören zu denen, die das wissen, daß es andere Kräfte und Geister, andere Grundlagen und Ziele, andere Aufgaben und Pflichten gibt, als die, von denen etwa draußen die laute Rede und das leere Lärmen geht; und eben, weil wir Wissende dessen sind, sollen und müssen wir auch Erfüller dieser Aufgaben und Pflichten sein. Zweifellos sind wir nicht die Einzigen, hoffentlich nur ein kleiner Teil der Deutschen, die mitten im Wirrwarr der Vergänglichkeiten einer kranken Weltnachtsstunde das Bewußtsein des unvergänglichen Deutschtums und den Drang zu seiner Bekennung und Betätigung sich innerlich bewahrt haben. Unter der Oberfläche, welche die Zeichen der Zeit trägt, lebt sicherlich, heute wie je, zu mannigfaltiger Gestaltung befähigt, das wunderbar geistige Wesen, das wir aus seinen edelsten Kundgebungen aller Zeiten als das gottgewollte und auch im Leiden gottgesegnete Deutschtum erkennen. Uns aber ist dafür doch noch eine ganz besondere Gewähr, eine persönliche Beglaubigung und ein unverlierbar ererbtes Besitztum zuteil geworden, durch unsern Meister, durch seine lebendige Kunst, durch sein bestehendes *Bayreuth*. Das haben wir gehabt, und das Bewußtsein, daß wir es nicht nur gehabt haben, sondern haben und behalten, wenn wir nur „wollen", wie es des Meisters Erben gewollt haben, wie *sein Sohn* es will: Das ist's, was uns alle eint, was uns berechtigt, einen „Bund" zu bilden! Kinder Bayreuths mit Wagners Sohn! Ja, hätten wir es nur mit schönen beliebten Einzelwerken zu tun, dann möchte ja wohl auch jeder Einzelne an seinem jeweiligen künstlerischen Erlebnisse behaglich sich genügen lassen! Aber — *wir haben Bayreuth*, und damit den Beruf, den Grund, die Pflicht zur *Gemeinschaft*. Es ist uns ein Bundesheiligtum, gleichwie es die feste Burg ist für den Bund der Künste, den großen Kunstausdruck der deutschen Seele. Wenn Alles wankt, wir haben Boden unter den Füßen. Wenn Keiner weiß, was er will, wir wissen, was wir sollen. Wenn das Volk vaterlandslos wird, wir kennen unsere Heimat. Wenn um uns Kronen fallen, wir haben unseren Herrn und Meister, der die sich selbst geschmiedete, unverlierbare Krone des deutschen Geistes trägt. Und dies Alles eben ist kein zufälliger äußerlicher Vorteil, der uns zum Eigengenuß in den Schoß gefallen wäre, sondern eine große innere Kraft, die zu immer wieder lebendigem Ausdruck drängt, die leben und wirken will, zum Besten aller Seelen, die dafür empfänglich und zu wecken sind. Es ist die Kraft, die selbst unseres Bundes innige und einige Seele sein, die unser Bund — (gleichviel ob geschlossener „Verein" oder freie Gemeinde) — verkörpern soll — wenn wir nicht nur sein wollen, wie die anderen Alle — oder weniger als sie!

„Das Heranwachsen des Baues und all seiner Anforderungen *von innen*" verlangte einst Richard Wagner von seinem Theater. Dies Wort dürfen wir symbolisch nehmen für jede deutschvölkische Angelegenheit, für die Gesamtaufgabe unserer zukünftigen Kulturarbeit. Das Innere aller Dinge, welche zusammen unsere Kultur bilden, ist unser Volkstum, und unendlich groß ist das Feld, worauf dieses Volkstum sich fürderhin allem Gegnerischen zum Trotz in schwerem Friedenskampfe wird bekunden müssen. Auf diesem Felde wartet auch unser, wenn wir vereinigt daran teilnehmen wollen, eine unbegrenzte Aufgabe. Wir werden sie in unseres Meisters Sinne, im deutschen Geiste leisten, wenn wir sie von jenem innerlichem Lebenskerne aus anfassen, wenn wir überall auf diesen Kern hin dringen. Indem wir also dem Volkstum dienen, werden wir der deutschen Eigenart, jener „Innerlichkeit" genüge tun, woraus allein das Deutsche auch nach Außen hin und in allem Äußerlichen sich heranbilden und betätigen kann. Unser Bund wird, um seinem Namen voll zu entsprechen und Ehre zu machen, dieser deutschen Innerlichkeit überall zu dienen haben und eben darin seine Einigkeit begründet wissen. Der Innerlichkeit der Dinge entspreche die Innigkeit, die Anteilnahme der Seele am gemeinsamen Tun, wie wir es von der Kunst her kennen, die der Dinge Seele in völkischer Sprache wesensverwandten Seelen offenbart. „Innig-einig" darf danach recht eigentlich als das Leitwort aller wahrhaft Deutschgesinnten ausgesprochen werden; es soll auch unser Leitwort, unser „Gefühlswegweiser", mehr noch: unser Tatleiter sein und bleiben. Die Seele der Sache ist unsere Sache. Ihre vielverkannten und vernachlässigten Anliegen geben unserem Bestehen und Wirken ihre Berechtigung. Gewinnen wir in solchem Bestreben eine mitwirkende Bedeutung für die dringende Notwende deutscher Zukunft, so wird sich auch an uns und durch uns, so wenig Einzelne wir sein mögen, das Bundeswort Goethe's erfüllen:

„Wer dann das *Innere* begehrt,
Der ist schon groß und reich:
Zusammen haltet Euren Wert,
Und Euch ist Niemand gleich!"

Hans von Wolzogen.

Die folgenden drei Textauszüge entstammen aus 1918 erschienenen Büchern, die unter dem Druck und während des Ersten Weltkrieges entstanden und denen Thomas Manns Bekenntnisbuch *Betrachtungen eines Unpolitischen* an die Seite gestellt werden muß: Oswald Spenglers *Untergang des Abendlandes,* Ernst Blochs *Geist der Utopie* und Ernst Bertrams *Nietzsche.*
Für Spengler ist der *Tristan* der „riesenhafte Schlußstein der abendländischen Musik":

OSWALD SPENGLER, ERNST BLOCH UND ERNST BERTRAM ÜBER WAGNER

Im Tristan stirbt die letzte der faustischen Künste. Dies Werk ist der riesenhafte Schlußstein der abendländischen Musik. Die Malerei hat es nicht zu einem so mächtigen Finale gebracht. Manet, Menzel und Leibl, in deren Freilichtstudien die Ölmalerei alten Stils noch einmal wie aus dem Grabe hervorkommt, wirken dagegen klein.
Die apollinische Kunst ging „gleichzeitig" mit der pergamenischen Plastik zu Ende. Pergamon ist das Seitenstück von Bayreuth. Der berühmte Altar selbst ist zwar ein späteres und vielleicht nicht das bedeutendste Werk der Epoche. Man muß (etwa 330—220) eine lange, verschollene Entwicklung voraussetzen. Aber alles, was Nietzsche gegen Wagner und Bayreuth, den „Ring" und den Parsifal vorbrachte, läßt sich, unter Gebrauch ganz derselben Ausdrücke wie Decadence und Schauspielerei, auf diese Plastik anwenden, von der uns im Gigantenfries des großen Altars — auch einem „Ring" — ein Meisterwerk erhalten ist. Dieselbe Theatralik, dieselbe Anlehnung an alte, mythische, nicht mehr geglaubte Motive, dieselbe rücksichtslose Massenwirkung auf die Nerven, aber auch dieselbe sehr bewußte Wucht, Größe und Erhabenheit, die dennoch einen Mangel an innerer Kraft nicht ganz zu verbergen weiß. Der farnesische Stier und das ältere Vorbild der Laokoongruppe stammen sicherlich aus diesem Kreise.
Was die sinkende Gestaltungskraft kennzeichnet, ist das Form- und Maßlose, dessen der Künstler bedarf, um noch etwas Rundes und Ganzes hervorzubringen. Ich meine nicht nur den Geschmack am Riesenhaften, der nicht wie im gotischen und im Pyramidenstil der Ausdruck innerer Größe ist, sondern über deren Mangel hinwegtäuscht; dies Prunken mit leeren Dimensionen ist allen anbrechenden Zivilisationen gemeinsam und herrscht vom Zeusaltar in Pergamon und der als Koloß von Rhodos bekannten Heliosstatue des Chares bis zu den Römerbauten der Kaiserzeit, ebenso wie in Ägypten zu Beginn des Neuen Reiches und heute in Amerika. Viel kennzeichnender ist das Willkürliche und Überquellende, das alle Konvention von Jahrhunderten vergewaltigt und zerbricht. Es war die überpersönliche Regel, die absolute Mathematik der Form, das Schicksal der langsam gereiften Sprache einer großen Kunst, hier wie dort, was man nicht mehr ertrug. Lysipp steht darin hinter Polyklet, und die Schöpfer der Galliergruppen hinter Lysipp zurück. Das entspricht dem Wege von Bach über Beethoven zu Wagner. Die frühen Künstler fühlen sich als Meister der großen Form, die späten als deren Sklaven. Was noch Praxiteles und Haydn innerhalb der strengsten Konvention in vollkommener Freiheit und Heiterkeit zu sagen vermochten, brachten Lysipp und Beethoven nur unter Vergewaltigungen zustande. Das Zeichen aller lebendigen Kunst, die reine Harmonie zwischen Wollen, Müssen und Können, das Selbstverständliche des Ziels, das Unbewußte in der Verwirklichung, die Einheit von Kunst und Kultur, alles das ist vorüber. Noch Corot und Tiepolo, noch Mozart und Cimarosa beherrschten die Muttersprache ihrer Kunst. Von da an beginnt man in ihr zu radebrechen, aber niemand empfindet das, weil niemand mehr fließend sprechen kann. Freiheit und Notwendigkeit waren einst identisch. Jetzt versteht man unter Freiheit Mangel an Zucht. In der Zeit Rembrandts und Bachs ist das uns allzubekannte Schauspiel, „an seiner Aufgabe zu scheitern", gar nicht denkbar. Das Schicksal der Form lag in der Rasse, in der Schule, nicht in privaten Tendenzen des Einzelnen. Im Banne einer großen Tradition gelingt selbst dem kleinen Künstler das Vollkommene, weil die lebendige Kunst ihn und die Aufgabe zusammenführt. Heute müssen diese Künstler wollen, was sie nicht mehr können, und dort mit dem Kunstverstand arbeiten, rechnen, kombinieren, wo der geschulte Instinkt erloschen ist. Das haben sie alle erlebt. Marées ist mit keinem seiner großen Pläne fertig geworden. Leibl wagte es nicht, seine letzten Bilder aus der Hand zu geben, bis sie unter der endlosen Überarbeitung kalt und hart geworden waren. Cézanne und Renoir ließen vieles vom Besten unvollendet, weil sie bei aller Kraft und Mühe nicht weiter konnten. Manet war erschöpft, als er dreißig Bilder gemalt hatte, und trotz der ungeheuren Mühsal, die aus jedem Zuge des Gemäldes und der Skizzen spricht, hat er mit seiner „Erschießung des Kaisers Maximilian" kaum erreicht, was Goya in dem Vorbilde, der Erschießung der Gefangenen auf Pio, mühelos zustande brachte. Bach, Haydn, Mozart und die tausend namenlosen Musiker des 18. Jahrhunderts konnten in der schnellen täglichen Arbeit Vollkommenstes leisten. Wagner wußte, daß er nur dann die Höhe erreichte, wenn er seine ganze Energie zusammennahm und aufs peinlichste die besten Augenblicke seiner künstlerischen Begabung ausnützte.
Zwischen Wagner und Manet besteht eine tiefe Verwandtschaft, die wenigen fühlbar sein wird, die aber ein Kenner alles Dekadenten wie Baudelaire schon früh herausfand. Aus farbigen Strichen und Flecken eine Welt im Raume hervorzuzaubern, das war die letzte, sublimste Kunst der Impressionisten. Wagner leistet das mit drei Takten, in denen sich eine ganze Welt von Seele zusammendrängt. Die Farben der sternhellen Mitternacht, der ziehenden Wolken, des Herbstes, der schaurig-wehmütigen Morgenfrühe, überraschende Blicke auf sonnenbelichtete Fernen, die Weltangst, das nahe Verhängnis, das Verzagen, das verzweifelte Durchbrechen, die jähe Hoffnung, Eindrücke, die vorher kein Musiker für erreichbar gehalten hätte, malt er in vollkommener Deutlichkeit mit ein paar Tönen eines Motivs. Hier ist der äußerste Gegensatz zur griechischen Plastik erreicht. Alles versinkt in körperlose Unendlichkeit; selbst eine linienhafte Melodie ringt sich nicht mehr aus den vagen Tonmassen los, die in seltsamem Wogen einen imaginären Raum heraufrufen. Das Motiv taucht aus dunkler und furchtbarer Tiefe auf, flüchtig von einem grellen Licht überstrahlt; plötzlich steht es in schrecklicher Nähe; es lächelt, es schmeichelt, es droht; bald ist es im Reiche der Streichinstrumente verschwunden, bald nähert es sich wieder aus endlosen Fernen, von einer einzelnen Oboe leise variiert, mit einer immer neuen Fülle seelischer Farben. Alles das ist weder Malerei noch Musik, wenn man an die voraufgehenden Werke des strengen Stils denkt. Als Rossini befragt wurde, was er von der Musik der „Hugenotten" halte, antwortete er: „Musik? — Ich habe nichts dergleichen gehört." Genau dasselbe Urteil hörte man in Athen über die neuen Malkünste der asiatischen und sikyonischen Schule, und nicht viel anders wird es im ägyptischen Theben über die Kunst von Knossos und Tell el Amarna gelautet haben.
Alles, was Nietzsche von Wagner gesagt hat, gilt auch von Manet. Scheinbar eine Rückkehr zum Elementarischen, zur Natur gegenüber der Inhaltsmalerei und der absoluten Musik, bedeutet ihre Kunst ein Nachgeben vor der Barbarei der großen Städte, der beginnenden Auflösung, wie sie sich im Sinnlichen in einem Gemisch von Brutalität und Raffinement äußert, einen Schritt, der notwendig der letzte sein mußte. Eine künstliche Kunst ist keiner organischen Fortentwicklung fähig. Sie bezeichnet das Ende.
Daraus folgt — ein bitteres Eingeständnis —, daß es mit der abendländischen bildenden Kunst unwiderruflich zu Ende ist. Die Krisis des 19. Jahrhunderts war der Todeskampf. Die faustische Kunst stirbt, wie die apollinische, die ägyptische, wie jede andere an Altersschwäche, nachdem sie ihre innern Möglichkeiten verwirklicht, nachdem sie im Lebenslauf ihrer Kultur ihre Bestimmung erfüllt hat.
Was heute als Kunst betrieben wird, ist Ohnmacht und Lüge, die Musik nach Wagner so gut wie die Malerei nach Manet, Cézanne, Leibl und Menzel.

In einer späteren Passage betont Spengler — wie auch Friedrich Naumann (siehe Seite 95) — den historischen Zusammenhang des Wagnerschen Werkes mit Hebbel, Schopenhauer, Marx, Engels, Darwin, Nietzsche, Ibsen und anderen:

Der „Darwinismus", d. h. jene Summe sehr verschiedenartiger und einander widersprechender Ansichten, deren Gemeinsames lediglich die Anwendung des Kausalprinzips auf Lebendiges, also Methode, nicht Resultat ist, war schon im 18. Jahrhundert in allen Einzelheiten bekannt. Die Affentheorie verteidigt Rousseau schon 1754. Von Darwin stammt nur das manchesterliche System, dessen Volkstümlichkeit sich aus dem latenten politischen Gehalt erklärt.

Hier offenbart sich die geistige Einheit des Jahrhunderts. Von Schopenhauer bis zu Shaw haben alle, ohne es zu ahnen, dasselbe Prinzip in Form gebracht. Sie werden alle vom Entwicklungsgedanken geleitet, auch die, welche wie Hebbel nichts von Darwin wußten, und zwar nicht in seiner tiefen Goetheschen, sondern in seiner flachen zivilisierten Fassung, mag sie nun nationalökonomisches oder biologisches Gepräge tragen. Auch innerhalb der Entwicklungsidee, die durch und durch faustisch ist, die im strengsten Gegensatz zur zeitlosen aristotelischen Entelechie einen leidenschaftlichen Drang der unendlichen Zukunft entgegen offenbart, einen Willen, ein Ziel, die a priori die Form unserer Naturanschauung darstellt und als Prinzip gar nicht erst entdeckt zu werden brauchte, weil sie dem faustischen Geist — und ihm allein — immanent ist, vollzog sich die Wandlung von der Kultur zur Zivilisation. Bei Goethe ist sie erhaben, bei Darwin flach, bei Goethe organisch, bei Darwin mechanisch, bei jenem Erlebnis und Sinnbild, bei diesem Erkenntnis und Gesetz. Dort heißt sie innere Vollendung, hier „Fortschritt". Darwins Kampf ums Dasein, den er in die Natur hinein, nicht aus ihr herauslas, ist nur die plebejische Fassung jenes Urgefühls, das in Shakespeares Tragödien die großen Wirklichkeiten gegeneinander bewegt. Was dort als Schicksal innerlich angeschaut, gefühlt und in Gestalten verwirklicht wurde, das wurde hier als Kausalzusammenhang begriffen und in ein Oberflächensystem von Zweckmäßigkeiten gebracht. Und dies System, nicht jenes Urgefühl, liegt den Reden Zarathustras, der Tragik der „Gespenster", der Problematik des Nibelungenrings zugrunde. Nur daß Schopenhauer, an den Wagner sich hielt, als der erste der Reihe seine eigne Erkenntnis entsetzt wahrnahm — dies ist die Wurzel seines Pessimismus, der in der Tristanmusik den höchsten Ausdruck fand —, während die Späteren, Nietzsche voran, sich an ihr, etwas gewaltsam zuweilen, begeisterten.

In Nietzsches Bruch mit Wagner, diesem letzten Ereignis des deutschen Geistes, über dem Größe liegt, verbirgt sich sein Wechsel des Lehrmeisters, sein unbewußter Schritt von Schopenhauer zu Darwin, von der metaphysischen zur physiologischen Formulierung desselben Weltgefühls, von der Verneinung zur Bejahung des Aspekts, den beide anerkennen, nämlich des Willens zum Leben, der mit dem Kampf ums Dasein identisch ist. In „Schopenhauer als Erzieher" bedeutet Entwicklung noch inneres Reifen; der Übermensch ist das Produkt einer mechanischen „Evolution". So ist der Zarathustra ethisch aus einem unbewußten Widerspruch gegen den Parsifal, künstlerisch durchaus von diesem bestimmt, aus der Eifersucht eines Verkünders auf den andern entstanden.

Aber Nietzsche war auch Sozialist, ohne es zu wissen. Nicht seine Schlagworte, seine Instinkte waren sozialistisch, praktisch, auf das physiologische „Heil der Menschheit" gerichtet, woran Goethe und Kant nie gedacht hatten. Materialismus, Sozialismus, Darwinismus sind nur künstlich und an der Oberfläche trennbar. So war es möglich, daß Shaw den Tendenzen der Herrenmoral und der Züchtung des Übermenschen nur eine kleine und sogar folgerichtige Wendung zu geben brauchte, um im dritten Akt von „Mensch und Übermensch", einem der wichtigsten und bezeichnendsten Werke am Ausgang der Epoche, die eigentliche Maxime seines Sozialismus zu erhalten. Shaw hat da nur ausgesprochen, aber rücksichtslos, klar, mit dem vollen Bewußtsein einer Trivialität, was ursprünglich, mit aller Theatralik Wagners und aller Verschwommenheit der Romantik, in den nicht ausgeführten Teilen des Zarathustra gesagt werden sollte. Man muß nur die notwendigen praktischen, aus der Struktur des gegenwärtigen öffentlichen Lebens folgenden Voraussetzungen und Konsequenzen der Gedankengänge Nietzsches zu finden wissen. Er bewegt sich in unbestimmten Wendungen wie „neue Werte", „Übermensch", „Sinn der Erde" und hütet oder fürchtet sich, das genauer zu fassen. Shaw tut es. Nietzsche bemerkt, daß die darwinistische Idee des Übermenschen den Begriff der Züchtung heraufruft, aber er bleibt bei dem klangvollen Ausdruck stehen. Shaw fragt weiter — denn es hat keinen Zweck, darüber zu reden, wenn man nichts tun will —, wie das zu geschehen hat, und er kommt dazu, die Verwandlung der Menschheit in ein Gestüt zu verlangen. Aber das ist lediglich die Konsequenz Zarathustras, zu der er selbst nur nicht den Mut, sei es auch den Mut der Geschmacklosigkeit, hatte. Wenn man von planmäßiger Züchtung redet, einem vollkommen materialistischen und utilitarischen Begriff, so ist man eine Antwort darauf schuldig, wer zu züchten hat, wen, wo und wie. Allein Nietzsches romantische Abneigung, die sehr prosaischen sozialen Folgerungen zu ziehen, seine Furcht, poetische Gedanken durch Gegenüberstellung mit nüchternen Tatsachen einer Kraftprobe auszusetzen, ließen ihn darüber schweigen, daß seine ganze Lehre, wie sie aus dem Darwinismus stammt, auch den Sozialismus, und zwar den sozialistischen Zwang als Mittel voraussetzt; daß jeder systematischen Züchtung einer Klasse höherer Menschen eine streng sozialistische Gesellschaftsordnung voraufgehen muß und daß diese „dionysische" Idee, da es sich um eine gemeinsame Aktion und nicht um eine Privatsache abseits lebender Denker handelt, demokratisch ist, mag man sie wenden, wie man will. Damit hat die ethische Dynamik des „Du sollst" ihren Gipfel erreicht: um der Welt die Form seines Willens aufzuerlegen, opfert der faustische Mensch sich selbst.

Die Züchtung des Übermenschen folgt aus dem Begriff der Zuchtwahl. Nietzsche war, seit er Aphorismen schrieb, unbewußt ein Schüler Darwins, aber Darwin selbst hatte den Entwicklungsgedanken des 18. Jahrhunderts durch nationalökonomische Tendenzen umgeprägt, die er von seinem Lehrer Malthus nahm und in das höhere Tierreich projizierte. Malthus hatte die Fabrikindustrie von Lancaster studiert, und man findet das ganze System, statt auf Tiere auf Menschen angewendet, schon in Buckles Geschichte der englischen Zivilisation (1857).

Und so stammt die „Herrenmoral" dieses letzten Romantikers auf einem merkwürdigen, aber für den Sinn der Zeit bezeichnenden Wege aus der Quelle aller geistigen Modernität, der Atmosphäre der englischen Maschinenindustrie. Der Macchiavellismus, den Nietzsche als Renaissance-Erscheinung pries und dessen Verwandtschaft mit Darwins Begriff der *mimicry* man nicht übersehen sollte, war tatsächlich der im „Kapital" von Marx — dem andern berühmten Jünger von Malthus — behandelte, und die Vorstufe dieses seit 1867 erscheinenden Grundbuches des politischen (nicht des ethischen) Sozialismus, die Schrift „Zur Kritik der politischen Ökonomie", erschien gleichzeitig mit Darwins Hauptwerk. Das ist die Genealogie der Herrenmoral. Der „Wille zur Macht", ins Reale, Politische, Nationalökonomische übersetzt, findet seinen stärksten Ausdruck in Shaws „Major Barbara". Sicherlich ist Nietzsche als Persönlichkeit der Gipfel dieser Reihe von Ethikern, aber hier reicht Shaw, der Parteipolitiker, als Denker an ihn heran. Der Wille zur Macht ist heute durch die beiden Pole des öffentlichen Lebens, die Arbeiterklasse und die großen Geld- und Gehirnmenschen, viel entschiedener vertreten als je durch einen Borgia. Der Milliardär Undershaft in dieser besten Komödie Shaws ist Übermensch. Nur hätte Nietzsche, der Romantiker, sein Ideal nicht wieder erkannt. Er sprach stets von einer Umwertung aller Werte, von einer Philosophie der Zukunft, also doch zunächst der westeuropäischen und nicht chinesischen oder afrikanischen Zukunft, aber wenn seine immer in dionysischer Ferne verschwimmenden Gedanken sich wirklich einmal zu greifbaren Gebilden verdichteten, so erschien ihm der Wille zur Macht unter dem Bilde von Dolch und Gift und nicht von Streiks und der Energie des Geldes. Trotzdem hat er erzählt, daß die Idee ihm zuerst im Kriege von 1870 und beim Anblick preußischer Regimenter, die zur Schlacht marschierten, aufgegangen sei.

Das Drama dieser Epoche ist nicht mehr Dichtung im alten, im Kultursinne, sondern eine Form der Agitation, Debatte und Beweisführung: die Schaubühne wurde durchaus „als moralische Anstalt betrachtet". Selbst Nietzsche neigte wiederholt zu dramatischer Fassung seiner Gedanken. Richard Wagner hat in seiner Nibelungendichtung, vor allem in der frühesten Fassung um 1850, seine sozialrevolutionären Ideen niedergelegt, und Siegfried ist auf dem Umweg über künstlerische und außerkünstlerische Einwirkungen noch im vollendeten „Ring" ein Sinnbild des vierten Standes, der Fafnirhort eines des Kapitalismus, Brünhilde das des „freien Weibes" geblieben. Die Musik zur geschlechtlichen Zuchtwahl, deren Theorie, die „Abstammung der Arten", 1859 erschien, findet sich eben damals im dritten Akte des Siegfried und im Tristan. Es ist kein

Zufall, daß Wagner, Hebbel und Ibsen beinahe gleichzeitig die Dramatisierung des Nibelungenstoffes unternahmen. Hebbel, als er in Paris Schriften von Fr. Engels kennen lernt, drückt sein Erstaunen darüber aus (Brief vom 2. April 1844), daß er das soziale Prinzip der Zeit, wie er es eben damals in einem Drama „Zu irgend einer Zeit" darstellen wollte, ganz ebenso aufgefaßt habe wie der Verfasser des kommunistischen Manifestes, und bei seiner ersten Bekanntschaft mit Schopenhauer (Brief vom 29. März 1857) überrascht ihn auch die Verwandtschaft der „Welt als Wille und Vorstellung" mit wichtigen Tendenzen, die er seinem Holofernes und „Herodes und Mariamne" zugrunde gelegt hatte. Hebbels Tagebücher, deren wichtigster Teil zwischen 1835 und 1845 niedergeschrieben wurde, sind eine der tiefsten philosophischen Leistungen des Jahrhunderts, ohne daß er sich dessen bewußt gewesen wäre. Man würde nicht erstaunt sein, ganze Sätze von ihm wörtlich bei Nietzsche zu finden, der ihn nie gekannt und nicht immer erreicht hat.

Ich gebe hier eine Übersicht über die wirkliche Philosophie des 19. Jahrhunderts, deren einziges und eigenstes Thema der Wille zur Macht in einer zivilisiert-intellektuellen, ethischen oder sozialen Gestalt, als Wille zum Leben, als Lebenskraft, als praktisch-dynamisches Prinzip, als Begriff oder dramatische Gestalt ist. Die mit Shaw abgeschlossene Periode entspricht der antiken zwischen 350 und 250. Der Rest ist, mit Schopenhauer zu reden, Professorenphilosophie von Philosophieprofessoren.

1819 Schopenhauer, „Die Welt als Wille und Vorstellung": der Wille zum Leben zum ersten Mal als einzige Realität („Urkraft") in den Mittelpunkt gestellt, aber noch unter dem Eindruck des voraufgegangenen Idealismus zur Verneinung empfohlen.

1836 Schopenhauer, „Über den Willen in der Natur": Antizipation des Darwinismus, aber metaphysisch verkleidet.

1840 Proudhon, „Qu'est-ce que la propriété?": Grundlage des Anarchismus. — Comte, „Cours de philosophie positive": die Formel „ordre et progrès".

1841 Hebbel, „Judith": erste dramatische Konzeption des „neuen Weibes" und des Übermenschen (Holofernes). — Feuerbach, Wesen des Christentums.

1844 Engels, „Umriß einer Kritik der Nationalökonomie": Grundlage der materialistischen Geschichtsauffassung. — Hebbel, „Maria Magdalena": das erste soziale Drama.

1847 Marx, „Misère de la Philosophie" (Synthese von Hegel und Malthus). Diese Jahre sind die entscheidende Epoche, mit welcher die Nationalökonomie die Sozialethik und Biologie zu beherrschen beginnt.

1848 Wagner, „Siegfrieds Tod": Siegfried als sozialethischer Revolutionär, der Fafnirhort als Symbol des Kapitalismus.

1850 Wagner, „Kunst und Klima": das Sexualproblem.

1850—58 Wagners, Hebbels und Ibsens Nibelungendichtungen.

1859 ein symbolisches Zusammentreffen: Darwin, „Entstehung der Arten durch natürliche Zuchtwahl" (Anwendung der Nationalökonomie auf die Biologie) und „Tristan und Isolde". — Marx, „Zur Kritik der politischen Ökonomie".

1863 J. St. Mill, „Utilitarianism".

1865 Dühring, „Wert des Lebens", selten genannt, aber von höchstem Einfluß auf die nächste Generation.

1867 Ibsen, „Brand" und das „Kapital" von Marx.

1878 Wagner, „Parsifal": erste Auflösung des Materialismus in Mystizismus.

1879 Ibsen, „Nora".

1881 Nietzsche, „Morgenröte": Übergang von Schopenhauer zu Darwin, die Moral als biologisches Phänomen.

1883 „Also sprach Zarathustra": der Wille zur Macht, aber romantisch verkleidet.

1886 „Rosmersholm" (die „Adelsmenschen") und „Jenseits von Gut und Böse".

1887/88 Strindberg, „Vater" und „Fräulein Julie".

1890 der nahende Abschluß der Epoche: die religiösen Werke Strindbergs, die symbolistischen Ibsens.

1896 Ibsen, „John Gabriel Borkman": der Übermensch.

1898 Strindberg, „Nach Damaskus".

Seit 1900 die letzten Erscheinungen.

1903 Weininger, „Geschlecht und Charakter": der einzige ernste Versuch, Kant durch Beziehung auf Wagner und Ibsen innerhalb dieser Epoche wiederzubeleben.

1903 Shaw, „Mensch und Übermensch": letzte Synthese von Darwin und Nietzsche.

1905 Shaw, „Major Barbara": der Typus des Übermenschen auf seinen wirtschaftspolitischen Ursprung zurückgeführt.

Damit hat sich, nach der metaphysischen Periode, auch die ethische erschöpft. Der ethische Sozialismus, von Fichte, Hegel, Humboldt vorbereitet, hatte die Zeit seiner leidenschaftlichen Größe um die Mitte des 19. Jahrhunderts. An dessen Ende war er bereits im Stadium der Wiederholungen angelangt, und das 20. Jahrhundert hat, unter Beibehaltung des Wortes Sozialismus, an Stelle einer ethischen Philosophie, die nur Epigonen als unvollendet erscheint, eine Praxis wirtschaftlicher Tagesfragen gesetzt. Die ethische Weltstimmung des Abendlandes wird eine „sozialistische" bleiben, aber ihre Theorie hat aufgehört, Problem zu sein. Es besteht die Möglichkeit einer dritten und letzten Stufe westeuropäischer Philosophie: die eines physiognomischen Skeptizismus. Das Geheimnis der Welt erscheint nacheinander als Erkenntnisproblem, Wertproblem, Formproblem. Kant sah die Ethik als Erkenntnisgegenstand, das 19. Jahrhundert sah die Erkenntnis als Gegenstand einer Wertung. Der Skeptiker würde beides lediglich als historischen Ausdruck einer Kultur betrachten.

Die folgende Passage ist dem Abschnitt „Die transzendente Oper und ihr Objekt" aus dem Kapitel „Philosophie der Musik" in Ernst Blochs *Geist der Utopie* entnommen, einem der großartigen Beispiele expressionistischer philosophischer Prosa. Bloch wendet sich während des Dritten Reiches als Emigrant gegen die vorschnelle Identifizierung von Wagner mit dem „Nazismus" (siehe Seite 237), nachdem er schon 1929 seinen dann in *Erbschaft dieser Zeit* veröffentlichten Aufsatz *Rettung Wagners durch surrealistische Kolportage* geschrieben hatte. Nach 1951 gehört Bloch zu den geistigen Vätern und Förderern von Neu-Bayreuth.

Wer einmal wahrhaft drüben war, kehrt nicht mehr heil zurück. Er ist abgetrieben, als hätte er Blut in den Schuhen, oder aber, je nachdem, er hat den langen Blick. Auch Tristan hat alles vergessen und ist völlig fremd geworden, in den fünfhunderttausend Jahren, da er in die Nacht geblickt hat. „Welcher König?“ fragt er Kurwenal, der über Bord auf Marke deuten muß, als ob es für Tristan überhaupt jemals einen anderen König gegeben hätte. „Bin ich in Kornwall?“ fragt er zuletzt, da er Kareol, die Burg seiner Väter, nicht mehr erkennt. Und wiederum: „O König, das kann ich dir nicht sagen, und was du frägst, das kannst du nie erfahren“; ja, als er jäh erweckt, fassungslos auf Melot und die eindringenden Männer starrend, die Worte Markes, seine eigene, unermeßbare Schmach und Todsünde langsam zu verstehen scheint, will sich Tristan doch kein anderes Verstehen mehr zeigen, als das des Mitleids und der zunehmenden Trauer um Marke. Hier ist der Schein, in dem die anderen leben, so unverständlich geworden wie diesen seine Nacht. Es sind Taggespenster, Morgenträume, täuschend, wüst und völlig sinnlos in ihrer schneidenden Banalität. Hier brennt kein Licht mehr, das lösen kann, mit Weite und chromatisch mythologischer Geschichte; der Erste, der ins Unsichtbare, Wahrhaftige ging, sah nichts, der Zweite wurde wahnsinnig, und Rabbi Akiba ist niemand als sich selbst begegnet; auch die Nacht, in der Tristan war, hat keinen Morgen mehr auf dieser Welt.

Aber es gibt noch einen anderen Helden und seinen Zug. Es gibt noch eine andere Sonne, nicht gegen, sondern hinter der Nacht zu finden. Zu ihr hin sind die vier Menschen im Parsifal voll anderer Sehnsucht unterwegs. Noch jetzt lebt Kundry märchenhaft als die verschlagen gutmütige Frau des Menschenfressers oder auch Elternmutter des Teufels weiter. Noch jetzt hat uns das Märchen „Tischlein deck dich“ den ganzen Gralsmythus bewahrt, den diebischen Wirt, den Knüppel aus dem Sack oder die heilige Lanze, den Esel Bricklebrit oder den Mondgral und das Tischlein deck dich, den eigentlichen, höchsten Sonnengral selber. Man weiß auch, daß Klingsor und Amfortas ursprünglich eine einzige Person, nämlich der Wolkendämon waren, der das Licht verbirgt. Nicht ganz so deutlich ist Parsifal zu entwirren, der zuerst befruchtende und dann völlig entsagende Held. Er tritt schon frühe an die Stelle Thors, des Gewittergottes, der den Göttern immer wieder den Sonnenkessel aus der Gewalt des Riesen Hymir entwenden muß, als welcher im Osten der Urgewässer wohnt. So ist auch Parsifal in den indischen und mittelalterlichen Sagen, die, worauf Schröder zuerst und mit Glück aufmerksam machte, allesamt auf diese uralten Astralmotive zurückgehen, wesentlich der kesselraubende, gralsuchende, sonnenerobernde Held, der Meister des Regens und vor allem des Lichtzaubers geblieben. Nur das völlig Reine, die Unschuld des Herzens ist als christlicher Zug hinzugekommen, aber sonst schimmert der ursprüngliche Astralmythos immer noch soweit durch, daß Parsifal die Lanze entweder erst suchen muß, oder aber sogleich mit der Lanze als dem Gewitterinstrument den Wolkenriesen tötet, um den Mondtau als den Trank Soma oder das Nektar, vor allem aber den Lichtkrug, das Ambrosia, das heißt eben den Gral mit der Sonnenspeise, die spätere Schale, in der Josef von Arimathia das Sonnenblut, das Heilandsblut aufgefangen hat, zu gewinnen. Hier hat Wagner in allem verstärkt und vertieft, die Einweihung durch Liebe hinzubringen. Kundry, sündig, verworren, doppellebig, vom Guten zum Schlechten durch einen totenähnlichen Schlaf getrennt, der Schoß der Wollust und endlosen Geburt, ewig verlachend, ewig ungläubig, aber auch die heilende, kräutersuchende, demutvollste Dienerin. Klingsor, der Dieb, der Zauberer des falschen Tags, Amfortas, der Unterliegende, krank an seinem grenzenlos begehrlichen Herzen, ein ins Undenkliche gesteigerter sterbenwollender Tristan, in seiner Weise Dieb, aber voll heiliger Begierde nach dem Verheißenen, nach dem orphischen Erneuerer des Heiltums. Parsifal, arm, unerfahren,der reine Tor, durch Mitleid wissend der reine Tor, welthellsichtig, in dem das ungeheure Leid die Augen aufschlägt, der den Drachen überwindet, dieses Symbol des Weibes und der Wiedergeburt, und nun, ein anderer, höherer Siegfried, nicht so sehr die Sprache der Vögel als das, was keine Sprache hat, das ängstliche Harren der Kreatur nach der Offenbarung der Kinder Gottes versteht. Bei ihm ist das Keusche und Reine absolut geworden; Parsifal ist nicht mehr der sich überschwänglich ergießende Jüngling, der die Wolken zerspaltet und rein naturhafte Fruchtbarkeit bringt, sondern umgekehrt, er verwandelt den Zaubergarten in eine Einöde, und das Brachland im Gralsgebiet wird mit einer durchaus anderen als der Tagessonne und einem durchaus tieferen Lichtanbruch als dem des bloß naturhaften Weltensommers gesegnet. Aber immerhin, es geht von neuem der Sonne entgegen; der geheime Fußpfad ist deutlich da, auf dem sie die Berge ihres Aufgangs wiederfindet. Was der Liebesnacht nicht gelang, ist der heiligen Nacht gelungen: auf dem Grunde ihres Brunnens die schöne Wiese, das rätselvolle Licht des Karfreitagmorgens zu gewinnen. Schon die äußere Helle verläßt den Tag: „Wie die Sonne froh sich scheidet aus des Tages leerem Schein“, dichtet die Freundin im dritten der fünf Gedichte mit sonderbarer Dialektik, zugleich nachtmystisch sein zu können und doch das Tagesgestirn zu retten; und die Musik des Parsifal, wenigstens dort, wo sie nicht bloße Handlung ist, also der Irrnis und des Leidens Pfade dramatisch mit durchmißt, sondern still wird und dem himmlischen Morgenglühen seine unbewegte, metadramatische, ontologische Deutung zu schulden sich bemüht: beim letzten Mittag, bei den Exequien, bei der zunehmenden Dämmerung in der Tiefe und dem wachsenden Lichtschein aus der Höhe, bei der frommen, rätselhaften Blasphemie des: „Erlösung dem Erlöser“, — die gesamte ontologische Musik des Parsifal will nichts als in jenen innersten Tag, in das Wort „Seele“ hineinführen, das nicht mehr von dieser und kaum noch von jener Welt ist, kaum noch dem äonenhaften Lichtprunk der alten Throne, Herrschaften und Mächte zugetan. Das ist ein Licht, von neuem über alle verhallenden Worte hinaus oder nur noch jenem einen Wort entgegen, das die Riegel sprengt, dem nichts so nahe kommen kann als das neue sich Vernehmen und Eingedenken der Musik, das Hebbel in den unvergeßlichen Versen ahnte vom Tauben und vom Stummen und Gott hat ihm ein Wort vertraut —

„das kann er nicht ergründen,
Nur einem darf ers verkünden,
Den er noch nie geschaut.

Dann wird der Stumme reden,
Der Taube vernimmt das Wort,
Er wird sie gleich entziffern,
Die dunklen göttlichen Chiffren,
Dan ziehn sie gen Morgen fort.

Daß sich die Beiden finden,
Ihr Menschen betet viel.
Wenn, die jetzt einsam wandern.
Treffen, Einer den Andern,
Ist alle Welt am Ziel.“

Freilich auch nur den fernsten Schein dieses Tages zu geben, mag vorläufig noch weniger gelingen als die Musik der Nacht; wenn auch der Ton im Parsifal durchaus nach oben weist, also das Allgemeine nicht so sehr in die breite, meerestiefe Mystik herabzieht wie im Tristan, so konnte er doch nicht sonnensichtig werden, so vermag hier doch die Musik noch weniger zu „sprechen" oder gar deutliche, nicht nur stimmungsmäßige, formal mythische, sondern inhaltliche, konstitutiv mythische Berührungen mit der oberen Welt zu geben; und daß sie dieses nicht vermag, daß sie nicht ausspricht, sondern bestenfalls nur aufschließt, daß das metaphysische Adagio immer noch bloße, undeutlich feierliche Musik s p h ä r e bleibt ohne alle Kategorien, erweist von neuem, in dieser aufsteigenden Polemik aus Bewunderung, aus dem Maß des absoluten, wiefern die Wagnersche Musik doch von dem letzten heiligen Stand, von der Erfüllung der Musik als Verkündigung, als über alle Worte hinaus beginnender Lösung unserer geheimen Natur, noch durch einen Sprung geschieden ist. —

Nun aber läßt sich nicht verheimlichen, daß Wagners Werk auch andere Kreise gestreift hat, als sie musikhaft tieferhin erwünscht sein können. Wie ein verrufener Ring allen seinen Besitzern das gleiche Verderben bringen soll, so hat auch statt Mozart die allzu weitgehende Wiederaufnahme der alten heidnisch-kultischen Aktion den übrigen Wagner, vor allem dem der Nibelungentrilogie, rettungslos dem Traum des bloßen Naturwillens als Gegenstand ihrer Musik ausgeliefert.

Denn keiner handelt hier, wie er selber möchte und könnte. Ist der Eine, so prahlerisch, ein Held? ist der Andere ein Gott? Sie sind beide nicht das, wofür sie sich wortreich genug ausgeben. Siegfried leidet und folgt mit Gefühl und possenhaftem Hornruf seinen unbedeutenden Trieben. Wotan ist schon bühnenmäßig durch sein eingeschlagenes Auge und den Lampenschirm davor verhindert, ein Gott zu sein, und nichts Übermächtiges, Geheimnisvolles ist an dieser langweiligen Gestalt. Das Geheimnis ist auf die Nornen und auf Erda zurückgeschoben, und sein Walten wirkt nicht überzeugend. Hier drängt sich, wie wir sagten, der Ton fast völlig ins Leere und trübgeworden Tierische herüber. Es gibt in diesem Werk keinen Durchblick, der anders aus der Enge der Person herausführen könnte als dadurch, daß er eine Welt von Pappe, Schminke und heilloser Heldenpose auftut. Die fühlenden und agierenden Menschen sind angemalte Marionetten geworden, an denen sich das Vergewaltigende, Unwürdige, Ichfremde, äußerlichst Allgemeine und Abstrakte dieses Wahns abspielt. Das alles wirkt mit wallender, portièrenhafter Aufmachung, mit totem Sprechgesang, peinlichen Jordanschen und Felix Dahnschen Reminiszenzen und einer Lyrik, die trotz vieler herrlicher und seelenvoller Einzelheiten, wie man sie nur gern am anderen Ort sehen möchte, das Gequälte, lange Liegengebliebene und dann wieder Aufgenommene, das Künstliche, Gelehrtenhafte und nur mit der Lampe Zusammengeschweißte dieses Sagenwerkes nicht vergessen machen kann. Gewiß ist hier der Ton an sich unvergleichlich viel reiner als das Neue, das dann aus Ton und Wort, aus dem sich allzu selbstgerecht vordrängenden und doch bei keiner Aufführung verstehbaren Wort gemischt ist. Wagner erfindet nicht nur viele Einzelheiten, ja ganze Gestalten aus dem Klang. — man denke etwa an Loge, der mit dem Flackern überhaupt erst anhebt oder an das uns unheimlich mit versinken lassende Vergessenheitsmotiv oder an die düstere Größe und Einsamkeit, an die wahrhafte Endes- und Todesmusik in Brünhildens Schlußgesang, — sondern der Meister entdeckt auch in seinem quer durch die Bewußtseinswelt und noch quer unter die Bewußtseinswelt gelegten Orchester wesentliche Bewegungs- und Begründungsmittel, also Leitmotive im mehrdeutigen Wortsinn, die das wachende Textbuch nicht enthalten kann. Vielmehr ist hier oftmals ein hellseherisch vorauseilendes Tun am Werk, das die namen- und begrifflose Dämmerung der agierenden Willensmächte sehr wohl in der gewaltigen Bewußtseinsausdehnung, in der Mehrstöckigkeit melismatischer Polyphonie zu erhellen vermag, nachdem die Willensantriebe in ihren Verkettungen fast niemals in das vollständigere Bewußtsein der oberen Stimme, also in das ausgesprochene Motivieren der Menschen fallen können. Aber das alles reicht nicht aus: immer wieder stockt der Fluß, nirgends wirkt trotz des Kochens der Musik und trotz der unendlich vielen Bühnenbilder eine Handlung, und der Ton schlägt so oft in seinen halbmilitärischen Tamtamschlag oder auch in sein weites, niedrig, niederstehend allgemeines Espressivo zurück, als sich nur ein schicklicher Ort für diese sonderbar subjektlose Tierlyrik auffinden läßt. Man sieht, der Klang erzeugt hier bei allem Toben nur Leidenschaft, aber keine echte Handlung, und noch weniger persönlich zwingendes, metaphysisch bedeutsames Schicksal. Es ist zufällig, daß mit Brünhilde dieses und mit Siegfried jenes vorgeht, ihr Schicksal ist traurig, aber nicht notwendig, nicht tragisch, und die Götter, die es verhängen, werden Götter genannt, ohne es zu sein. Wie man mit Recht bemerkte, daß die Wagnerschen Liebesheldinnen nie Mütter werden, die eine Sieglinde ausgenommen und auch die nur, damit sich der brünstige Liebesglanz ohne weitere Korrektur bei Brünhilde und Siegfried wiederhole, so hat auch das Ganze trotz aller Breite, trotzdem hier Menschen und Götter sich begegnen, trotz aller letzten Weichheit, phantastisch beseelten Natur, Riesenhaftigkeit der Geschicke, Eschatologismen des Hintergrunds, des Ragnarök — doch kein Gesicht, keine Fortsetzung nach vorn hin und nach oben hinauf, keine echte Handlung dramatischer oder gar metadramatischer Art. Das ist insgesamt und durchaus Untermenschliches und kann seine magischen Springwurzeln nur benutzen, um statt der Erlösung eine hilflose, rein naturhafte Narkose zu geben und statt des weitgebauschten menschlichen Herzens, statt des endlich erklärten, als Musik erklärten, dauernd bei den Menschen wohnenden Barocks, unterirdische Falltüren, Allgemeinheiten, Verrätereien und Naturmythen aufzuschließen. Das ist nicht wahr und bleibt „Kunst" im schlechten Sinn, ohne geschichtsphilosophischen und metaphysischen Ort; dekadente Barbaren und dekadente Götter sind hier dramatis personae, und nicht die Sehnsucht nach Siegfried, dem germanischen Messias, nicht der ferne, letzte, von ontologischer Musik beschworene Gott der Apokalypse und des apokalyptischen „Gnadendramas". — So ist hier alles bewußte Wollen aufgegeben, ohne ein anderes zu gewinnen. Es rauscht, es blitzt, der Nebel spricht und spricht doch nicht, denn alles schwimmt zusammen, und das Wort redete drein. Es ist aber zu gewinnen, das andere Wollen, Beethoven war auf diesem Weg, mit männlicher, ungeheuer naiver, gegenständlicher, dynamischer Kraft, und diese allein kann wieder mystisch, erlaubt mystisch machen. Man muß dazu indes auch warten können; der Musiker muß letzthin imstande sein, völlig rein, losgelöst, absolut zu bleiben und zuzusehen, wohin ihn die Formgesetze seiner Kunst führen, ohne jeden eigenen Einfluß des Poetischen, das vielmehr auch in der transzendenten Oper nur eine Variable sein darf, und am Schlusse sogar ohne jedes poetische Korrelat. Sonst zerrt sich alles soweit herunter, daß wir überhaupt nicht mehr in

Betracht kommen und allein noch der unbewußte, pathologische Wille regiert. Der eingeengte Ton rächt sich, indem er sich, schon ohnedies dionysisch, nun auch noch zurückstaut und derart, nachdem hier die ihn nicht zu Ende redenlassende Poesie vorgelagert ist, die dramatischen Menschen in eine Region zurückverlegt, wo sie nur mehr Blüten an einem Baum sein können, der kaum der Baum der Seele ist, ja sogar nur tauzende Schiffe, die widerstandslos das Leid, den Kampf, die Liebe und Erlösungssehnsucht ihres untermenschlichen Meeres mitmachen und über die in jedem entscheidenden Augenblick nicht ihr Charakter und ihr musikalisch aufglühender Subjektkern, sondern die Weltwoge des Schopenhauerschen Willens hinweggeht. Gewiß leisten die Einzelseelen einen bestimmten Widerstand, aber nicht den des principium individuationis, sondern mehr den dienstbaren Anhalt, wie er zur Versinnlichung in Bühnenhaftigkeit schlechthin, auch undramatisch, notwendig ist. Das ist nicht das neue einsame Ich, das nur von sich reden kann und es den anderen freistellen muß, ob sie sich darin finden, noch auch das Ich des Volkslieds oder Minnesangs, das von dem Liebenden, dem Alternden schlechthin als einem kollektiven Typus spricht. Ja, die Einzelseelen können nicht einmal mehr als bloße Schauplätze betrachtet werden, auf denen die abstrakten, aber doch noch auf die Menschen zurückweisenden Mächte der Sinnlichkeit und Vernunft ihre Kämpfe ausfechten, sondern die unteren Spalten sind geöffnet, das Untere tritt an die Stelle des Oberen, das Meer tritt die Erbschaft des Himmels an und das Ich schlägt sich, hie und da sogar in den Meistersingern, derart in Drang, Wahn und Glühwurmgleichnis, in Johannisnacht, Johannistag und Unbewußtsein überhaupt, in Wogen, Dampfgewölk und niedrigen Hochschlaf zurück, daß es nicht mehr aus sich und erst recht nicht aus dem Beethoven-Comteschen Grand être als der sozial mystischen Entität der Menschheit redet, sondern aus dem Bauch des alten Naturgottes, nur ohne dessen siderische Klarheit und alte plastische Mathematik. Damit ist eine willenlose Hingabe an die Stelle des kräftigen Einstehens, der Härte, Strenge, des Sündenbewußtseins und der streng individuellen Postulate des christlichen Glaubens gesetzt. Es ist alles heidnisch, was die Wagnersche Nibelungenmusik, diese sonderbar mit Schmutz, Gold und Narkose durchwachsene Musik, an Breite, falscher Entrückung und anonymer Glorie zum Dienst ihres christlich erschütterten, aber nicht christlich gesprengten Naturprinzips bereit gestellt hat. Daß es so gekommen ist und daß die Aufzeigung des Objekts der transzendenten Oper, an ihrem gefährlichsten und wenigsten gelungenen Typus gemessen, so überraschend ins überhitzt Unwesentliche und zutiefst Undramatische geht, liegt aber, immer wieder ersichtlich, durchaus nicht nur an der nach dem falschen Gegenstand hin bewegten, dionysischen Tanzrhythmik, sondern auch an der Invasion des Poetischen, sofern dieses die Tonkräfte herunterdrücken wollte, zum Malen der Nachtseite und der abgewendeten Mondhälfte der Natur, und solches nun die abgesetzte, aber im Wagnerschen Genie unabsetzbare Musik dazu zwingt, sich im Traumartigen, Unbewußten so mächtig und mit solch voller, ihr eingeborenen Absolutheit auszubreiten, daß ihr die Augen und das noch nicht Bewußte, Überbewußte, das heroisch-mystische Phantom Mensch und die wahrhafte Unendlichkeit des innerlich Wirklichen und Ontologischen verloren gehen. Freilich, es gibt Forderungen, die geschichtlich, dem Stand der oberen Uhr nach, nicht erfüllbar sind. Aber Wagner hat sich zu einem gewissen Teil um seine Stunde gebracht, die eine große und heilige Stunde war, und in der die ungeheuren Impulse seines Tristan- und Parsifalmysteriums wirksam wurden. Was derart nicht erreicht worden ist, das sind jene immer noch ausstehenden Erfüllungen der Bachschen ontologischen Lyrik und der Fuge, des Bachschen melismatisch kontrapunktischen Gleichgewichts, das Ziel der Reinigung, der schlechthinigen Gegenwart, der unzerblätterten Rose der Jungfrau, des unzerrissenen Herzens des Sohns, der Überwindung jedes Agens zum Raum und der Heimkehr müder, namenloser Kaspar Hauser-Natur in den Thronsaal ihrer himmlischen Herrlichkeit. Insofern kann man sagen, hat Wagner allerdings von der eingeborenen luziferischen Zielrichtung auf das Selbst abgelenkt; und der Wagnersche Tongang, der geborene Erheller des Mana, Buddhi und Atma als der drei oberen Reiche der Seele, ist dort mit auf Grund der erzfalschen indisch-Schopenhauerschen Musikdefinition ins Verblendende und vergiftet, pathologisch Mysterische umgeschlagen, wo bei völliger Freiheit und Konsequenz der Musik das keimende Zungenreden, also das luziferisch-parakletische Wollen des menschenhaften Musikgeistes selber vom Geheimnis des intelligiblen Reichs hätte verkündigen können.

Damit ist eine lange Reihe zu Ende. Sie hat unermeßlich Herrliches gebracht, und doch bleibt das bittere Gefühl, das Mozart, Schubert und Beethoven vor dem Sterben quälte, nämlich, daß es ihnen sei, als ob sie jetzt erst anfangen müßten, als ob sie noch keine Note geschrieben hätten, auch für den Begriff in Kraft, nur mit dem Unterschied, daß sich die Bitterkeit in Jubel und Hoffnung verwandelt. Der Ton „spricht" noch nicht, er ist überdeutlich genug, aber niemand kann es ganz verstehen, es ist ein heißes Stammeln, wie bei einem Kind, und die supponierende, von sich aus vorschreibende oder auch nur auffallende „Poesie" stört mindestens im Musikdrama sowohl den Ton wie sich selber, ihre eigene, ebenfalls untergeordnete, ja erschlagene Potenz. Fertig sind nur die Teppiche, diese Stakes und Zukunftskorrektive, und dann, minus der Bachschen Fuge, ihre Erfüllungen in der realeren Sphäre, während gerade die durch Wagner zur höchsten expressiven Bestimmtheit erzogene Symphonie noch immer auf ihren durch sie selbst absolut musikalisch geborenen Gegenstand, eben auf das erfüllte Plus der angelangten „Bachschen", Musik als Raum, auf den aus der unabgebrauchtesten Sprache, aus der unermüdetsten Jugendlichkeit und unenttäuschbarsten Phantastik geborenen Gegenstand wartet. Zu hoffen bleibt vieles, und eine große Situation wird reif; die Tage stehen vor der Tür, in denen sich das beständig zuquellende innere Leben überhaupt nicht mehr anders als im Musikalischen, Ethischen und Metaphysischen ausdrücken kann, wobei es auch wahrscheinlich nicht mehr länger notwendig sein wird, sich bei dem Satz des Areopagiten: das göttliche Dunkel sei das unzugängliche Licht, in dem Gott wohnt, als der obersten Fassung aller assoziativen oder indirekten Faktoren der Kunst zu bescheiden.

Das Nietzsche-Buch Ernst Bertrams gehört zu den von Nietzsche ausgehenden Auseinandersetzungen mit Wagner aus dem Kreis um Stefan George, in dessen Verlag es mit seiner Billigung erschien, eine Tatsache, die das Signet der „Blätter für die Kunst" andeutet. Der Verführung des Hakenkreuzes, das hier noch die im George-Kreis zentrale Kategorie des „Ewigen" und des „Ewigen Menschen" symbolisiert, wird Bertram nach 1933 erliegen, während Thomas Mann, zu dessen Münchner Freundeskreis Bertram wie Hans Pfitzner nach dem Ersten Weltkrieg gehören — Bertram wurde sogar Patenonkel der Tochter Elisabeth — und der das Nietzsche-Buch ein „Geschwister" seiner *Betrachtungen eines Unpolitischen* nannte, ins Exil gehen muß.

NIETZSCHE

VERSUCH EINER MYTHOLOGIE

VON

ERNST BERTRAM

1·9·1·9

BEI GEORG BONDI IN BERLIN

Das rheinische Jahr war das letzte Kindheitsjahr Nietzsches. Die Schwester vergleicht es einem Schlaf- und Traumzustand, in dem die eigentlichen persönlichen Kräfte dem Erwachen entgegenreiften. Nietzsche selber nannte es sein verlorenes Jahr. Er fühlte, noch war er nicht er selber, er suchte, und fand sich nirgends. »Ich ging von Bonn weg wie ein Flüchtling«, schreibt er noch zwei Jahre später. In Leipzig erst ruft das Schicksal, unüberhörbar, wiederholt, gebieterisch zum Erwachen auf. Mit phantastischer Schnelligkeit reift die bis dahin nordisch späte Entwicklung Nietzsches einer außerordentlichen Blüte entgegen. Alle Umstände begünstigen, mit seltsamer Scheinabsichtlichkeit, den einzig notwendigen Weg des jungen Studenten. Schon das häßliche Philologengezänk, das seinen Bonner Lehrer Ritschl nach Leipzig übersiedeln ließ, war ein solcher Wink (bezeichnend genug für die Gerechtigkeitsliebe wie für den inneren Gehorsam des jungen Nietzsche, daß er in diesem Professorenstreit menschlich und sachlich zwar auf Seite von Ritschls Gegner Jahn sich fühlt, dennoch aber dem Lehrer, von dem er entscheidender zu lernen glaubt, nach Leipzig hinüberfolgt). Im Lehrer folgt er dem Schicksal. Auf sächsischem Heimatboden erwartet ihn die erste tiefe Liebe seines Lebens, die zu Erwin Rohde. Es erwartet ihn das geistig bestimmende und aufwühlende Erlebnis der Welt als Wille und Vorstellung (man erinnert sich, wie Nietzsche einer Art von Daimonion Erwähnung tut, das ihm zu diesem irgendwo aufgestöberten Buche geraten habe); es erwartet ihn, vor allem, die große Wendung seines Lebens, die persönliche Berührung mit der mächtigen Individualität Richard Wagners. (Auch diese vollzieht sich nicht ohne merkwürdige Zufälle und »Anzeichen«, wie sie der spätere Nietzsche sich einzuprägen liebte: Man denkt an die halb skurrile, halb spukhafte E. T. A. Hoffmann-Szene, wie das fratzenhafte Schneidermännchen verhindern will, daß Nietzsche, in einer Schnee- und Regennacht des Jahres 1868, der Einladung folge, die ihm Richard Wagners erste Bekanntschaft bringen soll; man denkt an die geradezu phantastisch unwahrscheinliche Berufung des Studenten als Professor nach Basel, noch vor der Doktorpromotion, eine Berufung, die einzig und allein Tribschen ermöglichte und ohne die Nietzsches Leben und Lebenswerk in unberechenbar andere Bahnen hinübergetrieben worden wäre.)

Wagner — das bedeutet, von woher man auch Nietzsches Leben und Werk betrachten möge, die Taufe und die Berufung Nietzsches. Von diesem wahrhaft verwandelnden Augenblick an datiert seine geistige Persönlichkeit. »Ich habe die Erfahrung gemacht,« zeichnet der zweiundzwanzigjährige Hebbel in sein Tagebuch, »daß jeder tüchtige Mensch in einem großen Mann untergehen muß, wenn er jemals zur Selbsterkenntnis und zum sichern Gebrauch seiner Kräfte gelangen will; ein Prophet tauft den zweiten, und wem diese Feuertaufe das Haar sengt, der war nicht berufen!« Es war die Erfahrung auch des vierundzwanzigjährigen Nietzsche. Vom Rauschglück, in einem großen Manne unterzugehen und sein eigentliches Selbst aus diesem Feuerbade tiefer, bewußter, tätiger und ewiger zurückzuerhalten, von solchem Glück strömen die Briefe dieser Epoche über: »Ich habe einen Menschen gefunden, der wie kein anderer das Bild dessen, was Schopenhauer das Genie nennt, mir offenbart . . Dies ist kein anderer als Richard Wagner . . Niemand kennt ihn und kann ihn beurteilen, weil alle Welt auf einem anderen Fundamente steht und in seiner Athmosphäre nicht heimisch ist. In ihm herrscht eine so unbedingte Idealität, eine solche tiefe und rührende Menschlichkeit, ein solch erhabener Lebensernst, daß ich mich in seiner Nähe wie in der Nähe des Göttlichen fühle« (1869 an Gersdorff). »Ich habe das unschätzbare Glück, den wahren Geistesbruder Schopenhauers, der sich zu ihm wie Schiller zu Kant verhält, als wirklichen Freund zu besitzen, einen Genius, der dasselbe furchtbar erhabene Los empfangen hat, ein Jahrhundert früher zu kommen, als er verstanden werden kann . . Ich merke, wie mein philosophisches, moralisches und wissenschaftliches Streben einem Ziele zustrebt und daß ich — vielleicht der erste aller Philologen — zu einer Ganzheit werde. Wie wunderbar neu und verwandelt sieht mir die Geschichte aus, vornehmlich das Hellenentum!« (1870 an Deußen). »Ich habe auch mein Italien . . es heißt Tribschen . . Liebster Freund, was ich dort lerne und schaue, höre und verstehe, ist unbeschreiblich. Schopenhauer und Goethe, Äschylus und Pindar leben noch, glaub es mir« (1869 an Rohde). »Mein Anhören wagnerscher Musik ist eine jubelnde Intuition, ja ein staunendes Sichselbstfinden« (1868 an Rohde).

Als ein staunendes Sichselbstfinden, eine erste jubelnde Intuition seiner prophetischen Aufgaben und Möglichkeiten dürfen wir die Taufe Nietzsches im Bade des Wagnererlebnisses ansehen. Ihr unvergängliches Denkmal ist die »Geburt der Tragödie«, eines der merkwürdigsten Liebesbücher aller Zeiten und vielleicht selbst heute noch das innigste, reinste und ergreifendste, wenn auch weder das bedeutendste, noch das schönste Buch Nietzsches. Seine »fremde Stimme« — so nannte sie der Nietzsche von 1886 — war nicht nur ein »Zwiegespräch mit dem großen Künstler Richard Wagner«; sie war auch das erste Gespräch dieser Seele mit sich selber, ein halb grübelndes, halb verzücktes Fragetauschen: »Wer bist du?« »Wer bin ich?« »Man versteht,« fragt der letzte Nietzsche, »an welche Aufgabe ich bereits mit diesem Buche zu rühren wagte? . . Dionysos redete zu mir . .«

Enthält die Geburt der Tragödie die erste Verkündigung des Propheten in Nietzsche, so sind die Unzeitgemäßen Betrachtungen das erste Zeugnis des »Zürnens«. Beides, Verkündigung und Zürnen ist ja unabtrennbar von der prophetischen Mission; jedes ist nur die Gegenhalbkugel des andern. Es gibt kein seherisches Amt der Vorverkündung irgendeines Kommenden, das nicht in einem unvermeidlichen Gegensatz zur bloßen Gegenwart, als des Nichtseinwerdenden, Nichtseinsollenden, seinen Ausdruck, ja seine Legitimität fände. »Lob und Fehm« sind nur die beiden Flügel des prophetischen Aufflugs. Das Recht zum einen ist die Pflicht zum andern. »Jede hohe Klage und Träne über irgendeine Zeit sagt, wie eine Quelle auf einem Berge, einen höheren Berg oder Gipfel an« — so drückt Jean Pauls Levana dies Gesetz aller Prophetie aus. Als solche Quelle auf einem höheren Berge ist die hohe Klage und Träne der Unzeitgemäßen Betrachtungen zu begreifen. Diese vier Bücher, namentlich die drei letzten, sind der erste Umblick, die erste erstaunte und befremdete Niederschau des aus der frühsten ekstatischen Erschütterung langsam sich zurückgewinnenden Geistes.

Das großartige, legendarisch typische Beispiel aber seines tiefer Not gehorchenden Verrats bleibt ja der Fall Wagner und nicht nur in dem Pamphlet dieses Namens. Gibt es in aller Geistes- und Geistergeschichte etwas Schauerlicheres, als nach den Tagen von Tribschen die Leugnungen und Selbstverleugnungen des »Fall Wagner«? als das Bild dieses treusten Jüngers (»Ich schwöre Ihnen zu Gott zu, daß ich Sie für den einzigen halte, der weiß, was ich will«, Wagner an Nietzsche 1873), der nach jahrelangem Kampf zwischen dankbarster Liebe und gebieterischem Zweifel den Meister in dem Augenblick verläßt, da die gemeinsame Sache gesiegt zu haben scheint? als die ratlose, dann ingrimmige und nie verwundene Trauer des sich verraten Glaubenden, der (was man ihm auch in den Mund gelegt hat) wußte, wen und was er verlor (»Sagen Sie es ihm: seit er von mir gegangen ist, bin ich allein«) — als die Selbstverhärtung des Jüngeren, der dem ehemals Angebeteten den eigenen Verrat nicht vergeben konnte? Gibt es etwas im reinsten Sinne Tragischeres als bei alledem der Anblick der absoluten Unentrinnbarkeit, Unvermeidlichkeit, letzten Notwendigkeit? Beide verblendet, beide ungerecht bis zur Grausamkeit, aber beide sich gehorchend, beide sich treu und beide dafür leidend bis an ihr Ende. Wer an der Schuld und am Leid der Schuld schwerer trug? »Ich halte es ja nur mit dem, der in dieser Sache am meisten gelitten hat, und der war mein Bruder —« endete die Schwester einmal das Gespräch. »Wagner den Rücken zu kehren, war für mich ein Schicksal«, heißt es im Vorwort zum Fall Wagner. Aber auch hier zeigt sich, was in jenen anderen Beziehungen Nietzsches gleichsam rudimentär vorgebildet war, daß Absage und Verrat selbst in radikalster Form nicht das Verhältnis selbst aufheben, daß Angreifen eine Form seiner Dankbarkeit ist und Abfall eine Form seiner Hingabe. Jener Klang aus dem letzten Brief an Rohde, den Freund seiner Schopenhauerjugend, ertönt motivisch aus den Jahren seiner Wagnerpolemik wieder. Bis zuletzt hat Nietzsche seine schicksalhafte Verbindung mit Wagners Person, Wagners Kunst und Problem, seine verhängnisvolle Verräterjüngerschaft, feindselige Brüderlichkeit, letzte Identität nicht verleugnet; hat nie seine Liebe zu ihm und den zwar reuelosen (weil fatalistisch hellsehenden) aber nie verwindbaren Schmerz des Verrats zu verbergen vermocht, in so viele Gewänder er beides auch kleidete. Ja, man darf sagen, daß selbst der junge wagnertrunkenste Nietzsche nicht solche Akzente der Liebe und innersten Zugehörigkeit vernehmen läßt, wie der Renegat des Fall Wagner, der Meister der fanatisch vernichtungsfrohsten Polemik, die wir in deutscher Sprache kennen. »Ich habe Richard Wagner mehr geliebt und verehrt als irgend sonst jemand«, heißt es in den Vorstudien zum »Fall«, und ebendort, man werde es seinem Urteile anmerken, daß er Wagner sehr geliebt habe: denn ein Gegner nehme seinen Gegenstand niemals so tief. Ecce homo bezeugt es mit schwerem testamentarischen Ernst: »Was mich in meinem Leben bei weitem am tiefsten und herzlichsten erholt hat, ist ohne allen Zweifel der intimere Verkehr mit Richard Wagner gewesen. Ich lasse den Rest meiner menschlichen Beziehungen billig; ich möchte um keinen Preis die Tage von Tribschen aus meinem Leben weggeben, Tage des Vertrauens, der Heiterkeit, der sublimen Zufälle — der tiefen Augenblicke . . Ich weiß nicht, was andere mit Wagner erlebt haben: über unseren Himmel ist nie eine Wolke hinweggegangen . .« »Ich hätte meine Jugend nicht ausgehalten ohne wagnerische Musik . . ich nenne Wagner den großen Wohltäter meines Lebens. Das, worin wir verwandt sind, daß wir tiefer gelitten haben, auch aneinander, als Menschen dieses Jahrhunderts zu leiden vermöchten, wird unsere Namen ewig wieder zusammenbringen . .« Im späten Nachlaß zur Umwertung, schmerzvoll ausbrechend: »Ich habe ihn geliebt und niemanden sonst. Er war ein Mensch nach meinem Herzen . . Es versteht sich von selber, daß ich niemandem so leicht das Recht zugestehe, diese meine (jetzige) Schätzung Wagners zur seinigen zu machen, und allem unehrerbietigen Gesindel, wie es am Leibe der heutigen Gesellschaft gleich Läusen wimmelt, soll es gar nicht erlaubt sein, einen solchen großen Namen, wie der Richard Wagners ist, überhaupt in das Maul zu nehmen, weder im Lobe noch im Widerspruche.« Und noch in den letzten Dämmerungsjahren von Weimar konnte, wie die Schwester erzählt, der Name Wagners nie angerührt werden, ohne daß Nietzsche hinzusetzte: »Den habe ich sehr geliebt.«

Nietzsche hat den tragischen Verrat seines Lebens noch selber als eine Judas-, eine Brutus-Tat schmerzlich verherrlicht in der Maske des Aphorismus »Zum Ruhme Shakespeares«, den man in der Fröhlichen Wissenschaft findet. Er dankt es Shakespeare aus ganzer Seele, daß er Brutus gerechtfertigt hat, den Dante zusammen mit Judas dem Rachen Luzifers überantwortet hatte: die Tragödie von Cäsars Tod ist ihm eine Art Freispruch seiner selber und seines Verrats an Wagner. »Das Schönste, was ich zum Ruhme Shakespeares, des Menschen, zu sagen wüßte, ist dies: er hat an Brutus geglaubt und kein Stäubchen Mißtrauens auf diese Art Tugend geworfen! Ihm hat er seine beste Tragödie geweiht — sie wird jetzt immer noch mit einem falschen Namen genannt —, ihm und dem furchtbarsten Inbegriff hoher Moral. Unabhängigkeit der Seele — das gilt es hier! Kein Opfer kann da zu groß sein: seinen liebsten Freund selbst muß man ihr opfern können, und sei er noch dazu der herrlichste Mensch, die Zierde der Welt, das Genie ohnegleichen, — . . derart muß Shakespeare gefühlt haben! Die Höhe, in welche er Cäsar stellt, ist die feinste Ehre, die er Brutus erweisen konnte: so erst erhebt er dessen inneres Problem ins Ungeheure, und ebenso die seelische Kraft, welche diesen Knoten zu zerhauen vermochte! . . Stehen wir vielleicht vor irgendeinem unbekannt gebliebenen dunklen Ereignisse und Abenteuer aus des Dichters eigener Seele, von dem er nur durch Zeichen reden mochte? Was ist alle Hamlet-Melancholie gegen die Melancholie des Brutus! — und vielleicht kannte Shakespeare auch diese, wie er jene kannte, aus Erfahrung! Vielleicht hatte auch er seine finstere Stunde und seinen bösen Engel, gleich Brutus!«

Aber das Brutus-Verhältnis zu Wagner ist, so unbedingt es das tiefste, das umwandelnde, das Schicksalereignis seines persönlichen Lebens war, dennoch nur ein Abbild und Gleichnis von Nietzsches Stellung und Verhängnis innerhalb der geistigen und mehr als geistigen Krise der europäischen Menschheit, in die er wie Wagner hineingeboren wurde und deren verzweifelt heroischen Lösungs- und Erlösungsversuch er darstellt, wie Wagner, in seinen höchsten Aufgipfelungen wenigstens, einen solchen Versuch, mit unreineren, weil ichsüchtigeren Mitteln freilich, darstellt. Wagnerliebe und Wagnerverrat sind Parabel jeder Liebe und jedes Verrats bei Nietzsche überhaupt; ihre Kurve ist durchaus die nämliche wie die seines Liebesverrats an der Romantik (Schumann, Schopenhauer, Hölderlin), an der Musik, an der Moral, am Deutschtum, am Luthererbe — am Luthergott. Zarathustra ist Mörder Gottes (gleich seinem »häßlichsten Menschen«), wie Nietzsche Verräter an Wagner ist. Wie er als »böseren« Gegensatz zu Wagners Kunsthimmeln seiner Jugend bewußt Bizets Carmenmusik entdeckt und erfindet, wie die Kunst des Franzosen ihm nur helfen muß, Wagner extrem zu verdeutlichen (»Das was ich über Bizet sage, dürfen Sie nicht ernst nehmen; so wie ich bin, kommt Bizet tausendmal für mich nicht in Betracht. Aber als ironische Antithese gegen Wagner wirkt es sehr stark« 1888 an Fuchs), so erfindet er sein Antichristentum als Mittel und Medium, Zarathustras neue Göttlichkeit sichtbar zu machen.

Im Nachlaß zum Zarathustra heißt es bedeutsam: »Ich habe den ganzen Gegensatz einer religiösen Natur absichtlich ausgelebt. Ich kenne den Teufel und seine Perspektiven für Gott.« (Es ist genau das Grundgefühl hier tätig, wie, im Engeren, bei seinem Verhältnis zur décadence: »Von der Krankenoptik aus nach gesünderen Begriffen und Werten zu sehen — das war meine längste Übung, meine eigentliche Erfahrung, wenn irgend worin, wurde ich darin Meister . .« Ecce homo.) Absichtlicher Gegensatz einer religiösen Natur (also doch wohl der unabsichtlichen eigenen) — hier fällt ein Lichtstreif auf die Bedeutung des Kultes, den Nietzsche bezeichnenderweise gerade im Augenblick des Wagnerabfalls, in der Stunde des »Menschlichen Allzumenschlichen« also, mit dem »Geiste« treibt, dem freien Geiste jeder Art von Aufklärung, einem neuen und radikaleren Voltairismus. Der Geist hat hier nicht den Sinn einer neuen und freien Andacht, er hat nichts vom Gedanken Pascals oder Goethes — die beide dem späteren Nietzsche näherkommen — sondern er ist Mittel, den ganzen Gegensatz einer religiösen Natur absichtlich auszuleben. Nietzsches Voltairetum dient als Perspektive für Gott. Und wenn er gerade in dieser verleugnungssüchtigsten Epoche seines Lebens — und nur damals — leidenschaftlich die Partei der Erkenntnis gegen das Leben nimmt (Anfang und Ausgang Nietzsches stehen dagegen unter dem Zeichen seines Satzes aus der Zweiten Unzeitgemäßen: »Nur soweit die Wissenschaft (und Erkenntnis) dem Leben dient, wollen wir ihr dienen«), so ist sein Verrat am Lebensbegriff in diesem Augenblick, im Augenblick des Verrats an Wagner, an der eigenen Jugend, am tiefsten Erlebnis seines Daseins, sinnbildlich für die Absicht, den Teufel und seine Perspektive für Gott zu kennen. Denn immer ist es der Geist, der zum Verrat am Leben gefährlich hinneigt: »Geist ist das Leben, das selber ins Leben schneidet«, sagt Zarathustra. Und immer der Geist, der sich zur Verteidigung des Bösen, zur Apologie Satans fernher aufgerufen fühlt — und damit das Böse noch einmal ist. . »Diese Mittelwelt zwischen Schönheit und Wahrheit offenbart sich in einem Spiel mit dem Rausche, nicht in einem völligen Verschlungensein durch denselben. Im Schauspieler erkennen wir den dionysischen

Menschen wieder, den instinktiven Dichter, Sänger, Tänzer, aber als gespielten dionysischen Menschen. Er sucht dessen Vorbild in der Erschütterung der Erhabenheit zu erreichen oder auch in der Erschütterung des Gelächters: er geht über die Schönheit hinaus und er sucht doch die Wahrheit nicht. In der Mitte zwischen beiden bleibt er schwebend.« (Die dionysische Weltanschauung. 1870.) Und schon verrät sich Nietzsches Schätzung des Schauspielers an sich, des nur noch gespielten dionysischen Menschen, in unzweideutigen Formeln der Verachtung: »Noch im Munde des innerlich überzeugtesten Schauspielers klingt uns ein tiefsinniger Gedanke, ein Gleichnis, ja im Grunde jedes Wort wie abgeschwächt, verkümmert, entheiligt; wir glauben nicht an diese Sprache, wir glauben nicht an diese Menschen, und was uns sonst als tiefste Weltoffenbarung berührte, ist uns jetzt ein widerwilliges Maskenspiel . . Man fühlt etwas wie eine Entweihung.« (Musik und Tragödie. 1871.) (Was genau so noch sieben Jahre später sein Instinkteinwand gegen den Parsifal bleibt, im Brief an einen Freund: »Vieles, was für das innere Auge erträglich ist, wird bei der Aufführung kaum auszuhalten sein: denken Sie sich unsere Schauspieler betend, zitternd und mit verzückten Hälsen.«) Die negative Wertung des Schauspielers — des von seiner religiösen Wurzel losgelösten, Selbstsinn und Selbstgenuß gewordenen Schauspielertums — ist also durchaus keine Folge der Gesamtabkehr von Wagner; sie ist in Nietzsches wagnerischster Zeit schon vollkommen ausgebildet, man sieht es. Eine Briefstelle wie die an Deußen (Februar 1870) zeigt nur die sozusagen praktische Gegenseite dieser thematischen Prägung: »Es ist traurig, aber für die unsäglich dürftige deutsche Geselligkeit charakteristisch, daß Du Vergnügen am Umgange mit Schauspielern hast. Mir ist es auch so gegangen. Der Heiligenschein der freien Kunst fällt auch auf ihre unwürdigsten Diener. Im übrigen idealisieren wir diese Schicht der Gesellschaft: und mitunter redet auch der kleine Dämon mit, dem Sophokles sich mit Wonne entflohen fühlte . . Mir ist dies Wesen augenblicklich fatal.«

Welcher Prozeß mußte sich mit Notwendigkeit vollziehen, wenn in Nietzsches Verhältnis zu Wagners Persönlichkeit und Werk die Erkenntnis der großartigen Schauspielernatur dieses Menschen und dieses Werkes die Dankbarkeit des Liebeswahns durchbrach? Es geschah völlig das Nämliche, was Nietzsches theoretische Wertung des Schauspielers schon gleichsam wahrsagerisch vordeutet, die Kurve vom dionysisch Verzauberten bis zum Komödianten, dem man nicht glaubt, wiederholt sich: Dionysos und der dionysisch verwandelte Mensch, als Maske des Gottes, wird zum Komödianten; der dionysische Magier der Musik zum listigen Rattenfänger, der mächtige Anführer des Seelenreigens zum ehrgeizigen Verführer, der weise Meister zum klugen Maëstro, der Gott zum Regisseur. Das wurde das Erlebnis, welches Nietzsche niemals verwunden hat. Man kennt die tragischen Stufen dieses rasch verlaufenden Prozesses. In Nietzsches zu seinen Lebzeiten veröffentlichten Schriften begegnen wir der ersten Andeutung über die Schauspielernatur Wagners in dem schmerzlich panegyrischen Gedicht »Richard Wagner in Bayreuth«, diesem Jüngeropfer, das sich ein schon Entzauberter, ein schon Entgleitender, dem Abfall zugleitender Geist mit inbrünstiger Willensdankbarkeit noch einmal in letzter Abschiedsstunde abrang. »Wenn man versucht hat,« lautet die höchst bedeutsame Stelle in der Vierten Unzeitgemäßen, »die großartigsten Entwicklungen aus inneren Hemmungen oder Lücken herzuleiten, wenn zum Beispiel für Goethe das Dichten eine Art Auskunftsmittel für einen verfehlten Malerberuf war, wenn man von Schillers Dramen als von einer versetzten Volksberedsamkeit reden kann . . wenn man in ähnlicher Weise Wagners Entwicklung mit einer solchen inneren Hemmung in Verbindung setzen wollte, so dürfte man wohl in ihm eine schauspielerische Urbegabung annehmen, welche es sich versagen mußte, sich auf dem nächsten trivialsten Wege zu befriedigen und welche in der Heranziehung aller Künste zu einer großen schauspielerischen Offenbarung ihre Auskunft und ihre Rettung fand.« Noch ist die Tatsache dieser schauspielerischen Urbegabung hier gefühlsmäßig neutral gefärbt. Daß Nietzsche in Wirklichkeit bereits zu entschiedener Negation, zum Widerwillen weitergegangen war, beweisen uns indessen die Nachlaßaufzeichnungen. In den frühsten kritischen Bemerkungen zum Wagnerproblem, die wir von Nietzsche besitzen, Notizen aus dem Januar 1874 bereits, mehr als zwei Jahre vor der entscheidenden Enttäuschung von Bayreuth, in diesen »Gedanken über Richard Wagner« nimmt das Problem des Schauspielers, des Theaters bereits eine merkwürdig zentrale Stellung ein, und zwar durchaus in skeptischem Sinne. Man bemerkt deutlich, wie die Entwurzelung Wagners bei Nietzsche an der Stelle des Schauspielerhaften in Wagner und seiner Kunst beginnt. »Wagner versucht die Tyrannis mit Hilfe der Theatermassen. Es ist wohl kein Zweifel, daß Wagner als Italiener sein Ziel erreicht haben würde. Der Deutsche hat keine Achtung vor der Oper und betrachtet sie immer als importiert und als undeutsch. Ja, das ganze Theater nimmt er nicht ernst . . Es liegt etwas Komisches darin: Wagner kann die Deutschen nicht überreden, das Theater ernst zu nehmen . . Jemand, der heute im Theater klatscht, schämt sich morgen darüber: denn wir haben unseren Hausaltar, Beethoven, Bach — da bleicht die Erinnerung . . Die eine Eigenschaft Wagners: Unbändigkeit, Maßlosigkeit . . die andere Eigenschaft ist eine große schauspielerische Begabung, die versetzt ist, die sich in anderen Wegen Bahn bricht als auf dem ersten nächsten: dazu nämlich fehlt ihm Gestalt, Stimme und die nötige Bescheidung . . Wagner ist ein geborener Schauspieler, aber gleichsam wie Goethe ein Maler ohne Malerhände. Seine Begabung sucht und findet Auswege. Nun denke man sich diese versagten Triebe zusammen wirkend . . Wagner steht zur Musik wie ein Schauspieler: deshalb kann er gleichsam aus verschiedenen Musikerseelen sprechen und ganz diverse Welten (Tristan, Meistersinger) nebeneinander hinstellen . . Als Schauspieler wollte er den Menschen nur als den wirksamsten und wirklichsten nachahmen: im höchsten Affekt . . Was auf Wagner stark wirkte, das wollte er auch machen. Von seinen Vorbildern verstand er nicht mehr, als er auch nachahmen könnte. Schauspielernatur . .« Die Schauspielernatur Wagners drückt sich für Nietzsche aber nicht nur im Werke verhängnisvoll und wirkungssüchtig aus; nicht nur zur Musik steht er wie ein Komödiant. Daß Wagner auch und vor allem gegen sich selber, vor sich selber der geniale Komödiant blieb, als den ihn schon die sorgfältige und klug drapierte Altmeisterlichkeit seines Stiles, selbst in seinen Briefen, verrät — das verzeiht Nietzsche ihm am wenigsten. Schon in »Wagner in Bayreuth« klingt für Wagners Leben der Begriff der Komödie auf: »Das Leben Wagners, ganz aus der Nähe und ohne Liebe gesehen, hat . . sehr viel von der Komödie an sich, und zwar von einer merkwürdig grotesken.« Noch ist das dort ohne den Verdacht ausgesprochen, Wagner selber möchte der Komödienmeister dieser merkwürdig grotesken Komödie sein. Aber der allzu nahe Anblick der Festspiele von 1876 bringt die schon dünne Scheidewand zum endgültigen Einsturz: »Ich bin nicht imstande, irgendeine Größe anzuerkennen, welche nicht mit Redlichkeit gegen sich verbunden ist«, lautet es im Nachlaß zur »Morgenröte«; »die Schauspielerei gegen sich flößt mir Ekel ein: entdecke ich so etwas, so gelten mir alle Leistungen nichts.« Die »Genealogie« nimmt das auf: »Man verspricht uns eine Selbstbiographie Richard Wagners: wer zweifelt, daß es eine kluge Selbstbiographie sein wird?« Und der Fall Wagner resümiert schonungslos: »Das, was bisher als ‚Leben Wagners' in Umlauf gebracht ist, ist fable convenue, wenn nicht Schlimmeres. Ich bekenne mein Mißtrauen gegen jeden Punkt, der bloß durch Wagner selbst bezeugt ist. Er hatte nicht Stolz genug zu irgendeiner Wahrheit über sich . . er blieb, ganz wie Victor Hugo, auch im Biographischen sich treu, — er blieb Schauspieler.« (Man muß sich hier erinnern, daß Nietzsche Richard Wagners Memoiren, die als »Mein Leben« 1911 erschienen, als einer der wenigen Vertrautesten aus eigener Lektüre kannte: er besorgte in Basel für Wagner die Korrekturen des Privatdruckes. Der komödiantische Nachgeschmack dieses Buches muß für Nietzsche sehr stark gewesen sein: die Stellen über die vita Wagners mehr als ein Jahrzehnt später beweisen das.) Ja, man darf zweifeln, ob es die Musik oder die Persönlichkeit Wagners war, die zuerst das großartig schauspielerische Urelement ihres Wesens vor Nietzsche enthüllte. Zuweilen scheint es, als ob nicht der Meister dem Mantel seiner Musik, sondern diese Musik erst ihrem Herzog nachgefolgt sei. Gewiß ist, daß die lebenbedrohende Krise von 1876 ausschließlich durch den lang vorbereiteten, dennoch jähen Tiefenblick in die schauspielerische Urnatur Wagners und seiner Musik — dieser wirkungsbewußtesten, wirkungsfreudigsten, wirkungssüchtigsten aller bedeutenden Musiken — herbeigeführt wurde. Die Verfratzung des geliebten Bildes einer dionysischen Natur in eine komödiantische, einer orphischen Urmusik für dionysisch Verwandelte zur großen romantischen Zauberoper für Bourgeois des neuen Deutschen Reichs wurde Nietzsche zu einer beinah tödlichen Selbstentschleierung: so hatte er im Wesentlichsten, Wesenhaftesten seiner Natur sich täuschen lassen, vielmehr sich selber getäuscht! War dies Erlebnis Schauspielerwirkung und Schauspieltrug gewesen, was fortan war Wesen, war sein Wesen? Wir haben ein Beispiel in kleineren Dimensionen für die giftige, lebensgefährliche Wirkung der aufgehobenen Selbsttäuschung auf Nietzsche in dem Lou-Erlebnis der Jahre 1882 und 1883. »Wer konnte ahnen, daß ihre Worte ‚Heroismus', ‚Kämpfe für ein Prinzip', ihr Gedicht ‚An den Schmerz', ihre Erzählungen von den Kämpfen für die Erkenntnis einfach Betrügerei sind?« (An Rée über

Lou.) »Ein solches Gedicht wie das ‚An den Schmerz' ist in Ihrem Munde eine tiefe Unwahrheit« (an Lou). Was diese Enttäuschung für Nietzsche so furchtbar machte, daß sie ihn eingestandenermaßen an den Rand des Wahnsinns und Selbstmordes brachte, war die Erkenntnis, daß hier sein »typisches Erlebnis, das immer wieder kommt«, ihn angerührt habe: gerade dort dem Schauspieler zum Opfer zu fallen, wo er den lebendigsten Menschen suchte und sah, dort die Maske zu durchschauen, wo er an ein Antlitz zu glauben sich sehnte. »Nach Liebe suchen — und immer die Larven, die verfluchten Larven finden und zerbrechen müssen!« ist der immer erneute Aufschrei dieser zur Enttäuschung vorherbestimmten Seele (Reden, Gleichnisse und Bilder 1882—1888). Alles, was Nietzsche jemals an Erkenntnis über die Notwendigkeit der Illusion und der Lüge, über den lebenerhaltenden Wahn, über die tödliche Hellsichtigkeit theoretisch formuliert hat, kommt aus dem Schmerz über das Erlebnis, Dionysos zum Komödianten verfratzt gesehen, den großen Komödianten als den Gott verehrt zu haben. Noch der Wille zur Macht zieht erkenntnistheoretisch, erkenntnispraktisch aus dieser Erschütterung den Schauder des »Nihilisten« über die entdeckte »Falschheit« der »wahren Welt« mit der letzten Folgerung: »ob nicht die Lüge etwas Göttliches ist? ob nicht der Wert aller Dinge darin beruht, daß sie falsch sind? ob man nicht an Gott glauben sollte, nicht weil er nicht wahr ist, sondern weil er falsch —? . . ob nicht gerade das Lügen und Umfälschen, das Sinneinlegen ein Wert, ein Sinn, ein Zweck ist?« Das »Jenseits« ergänzt: »Warum dürfte die Welt, die uns etwas angeht, — nicht eine Fiktion sein?« Und auch alles was Nietzsche an äußerstem Mißtrauen gegen den Typus des Künstlers, des Propheten, des Gläubigen — der sein eigner Typus war — aufgehäuft und verlautbart hat — alles hat seinen Grund in dem vergiftenden Erlebnis des Schauspielers, das Nietzsche niemals verwunden, niemals überstanden hat, von dem er niemals genesen ist. »Wie? Ein großer Mann? Ich sehe immer nur den Schauspieler seines eigenen Ideals« (Jenseits) — das wurde jetzt das Instinktmißtrauen dieses verehrungssüchtigen Geistes, dem Verehrung das Kennzeichen des Menschen ausmachte (»Der Mensch ist das verehrende Tier«). »In meiner Jugend hatte ich Unglück,« lautet eine Aufzeichnung aus dem späteren Nachlaß; »es lief mir ein sehr zweideutiger Mensch über den Weg. Als ich ihn als das erkannte, was er ist, nämlich ein großer Schauspieler, der zu keinem Ding ein echtes Verhältnis hat (selbst zur Musik nicht), war ich so angeekelt und krank, daß ich glaubte, alle berühmten Menschen seien Schauspieler gewesen, sonst wären sie nicht berühmt geworden, — und an dem, was ich ‚Künstler' nannte, sei eben das Hauptsächlichste die schauspielerische Kraft.« Das bezieht sich auf die Stelle des »Jenseits«, die Nietzsche auch in »Nietzsche contra Wagner« herübergenommen hat: »Das ‚Werk', das des Künstlers, des Philosophen, erfindet erst Den, welcher es geschaffen hat, geschaffen haben soll; die ‚großen Männer', wie sie verehrt werden, sind kleine, schlechte Dichtungen hinterdrein . . Diese großen Dichter zum Beispiel, diese Byron, Musset, Poe, Leopardi, Kleist, Gogol — ich wage es nicht, größere Namen zu nennen, aber ich meine sie — . . welche Marter sind diese großen Künstler und überhaupt die höheren Menschen für den, der sie einmal erraten hat!« Man hört den Nachgroll dieser unheilbarsten Enttäuschung, die Bitterkeit dessen, dem man seine verehrende Kraft gelähmt und vergiftet hat, aus allen Wagnerstellen des »Falls« und des späteren Nachlasses: gerade der Schauspielerbegriff trägt überall den Akzent eines unstillbaren Hasses, mit dem ein Wesen nur das ihm Todfeindliche, das eigentlich Lebenbedrohende verfolgt: »Sie wissen nicht, wer Wagner ist: ein ganz großer Schauspieler! . . Der Schauspieler Wagner ist ein Tyrann, sein Pathos wirft jeden Geschmack, jeden Widerstand über den Haufen . . War Wagner überhaupt ein Musiker? Jedenfalls war er etwas anderes mehr: nämlich ein unvergleichlicher histrio, der größte Mime, das erstaunlichste Theatergenie, das die Deutschen gehabt haben . . Er gehört wo anders hin, als in die Geschichte der Musik: mit deren großen Echten soll man ihn nicht verwechseln. Wagner und Beethoven — das ist eine Blasphemie . . Wagner war auch als Musiker nur das, was er überhaupt war: er wurde Musiker, er wurde Dichter, weil der Tyrann in ihm, sein Schauspielergenie, ihn dazu zwang. Man errät nichts von Wagner, solange man nicht seinen dominierenden Instinkt erriet . . Wagner will die Wirkung, er will nichts als die Wirkung. Er hat darin die Unbedenklichkeit . . die jeder Theatermensch hat . . Auch im Entwerfen der Handlung ist Wagner vor allem Schauspieler . . Wagner bedeutet . die Heraufkunft des Schauspielers in der Musik . . noch nie wurde die Rechtschaffenheit der Musiker, ihre ‚Echtheit' gleich gefährlich auf die Probe gestellt . .« Fünfmal wird in der Nachschrift zum »Fall« der Satz wiederholt: »Die Anhängerschaft an Wagner zahlt sich teuer;« und die drei Schlußforderungen Nietzsches, die ihm »den Mund geöffnet« haben, lauten: »daß das Theater nicht Herr über die Künste wird. Daß der Schauspieler nicht zum Verführer der Echten wird. Daß die Musik nicht zu einer Kunst zu lügen wird.« Schonungsloser noch als im Fall Wagner, wo ein bösartig scherzender Ton von angestrengter Leichtigkeit und erzwungener Heiterkeit festgehalten wird, lautet die Anklage auf Schauspielertum in den Nachlaßaufzeichnungen: hier wird er der Cagliostro, der geniale Charlatan von intellektueller Charakterlosigkeit, der alte umgetriebene Rattenfänger, der skrupellose Demagoge und Volkstribun in Dingen der Kunst und nicht nur der Kunst. »Ein Zeitalter der Demokratie treibt den Schauspieler auf die Höhe — in Athen ebenso wie heute. Richard Wagner hat bisher alles darin überboten und einen hohen Begriff vom Schauspieler erweckt, der Schauder machen kann. Musik, Poesie, Religion, Kultur, Buch, Familie, Vaterland, Verkehr — alles vorerst Kunst, will sagen Bühnenattitüde!« »Wagner war ein großer Schauspieler: aber ohne Halt und inwendig die Beute von allen Sachen, welche stark berauschen.« Und vollends ohne Schonung, mit äußerster Rachsucht analysierend: »Wagner, im Banne einer unglaubwürdig krankhaften Sexualität, wußte nur zu gut, was ein Künstler damit einbüßt, daß er vor sich die Freiheit, die Achtung verliert. Er ist verurteilt, Schauspieler zu sein. Seine Kunst selbst wird ihm zum beständigen Fluchtversuch, zum Mittel des Sichvergessens, des Sichbetäubens, — es verändert, es bestimmt zuletzt den Charakter seiner Kunst . . Ein solch ‚Unfreier' hat eine Haschisch-Welt nötig . . er hat wagnersche Musik nötig . . eine gewisse Katholizität des Ideals vor allem ist bei einem Künstler beinahe der Beweis von Selbstverachtung, von ‚Sumpf' . .« Diesen letzten Wagner des Parsifal — »im Grunde ein zerbrochener und überwundener Mensch, der aber die große Schauspielerei seines Lebens auf die Spitze brachte« — ihn hat Nietzsche zuletzt auch noch dichterisch, im Zarathustra, zur Rechenschaft gezogen, in der Szene und Gestalt des Zauberers, der mit seiner Kunst und »rührenden Gebärde« Zarathustras Liebe erschleichen will und dem Zarathustra zuruft: »Halt ein, du Schauspieler! Du Falschmünzer! Du Lügner aus dem Grunde! Ich erkenne dich wohl! . . Du Pfau der Pfauen, du Meer der Eitelkeit, was spieltest du vor mir, du schlimmer Zauberer, an wen sollte ich glauben? . .« »Den Büßer des Geistes,« sagte der alte Mann, »den — spielte ich . . Und gesteh es nur ein: es währte lange . . bis du hinter meine Kunst und Lüge kamst! Du glaubtest an meine Not . . ich hörte dich jammern ‚man hat ihn zu wenig geliebt, zu wenig geliebt!' Daß ich dich soweit betrog, darüber frohlockte inwendig meine Bosheit.« »Du magst Feinere betrogen haben als mich,« sagte Zarathustra hart. »Ich bin nicht auf der Hut vor Betrügern, ich muß ohne Vorsicht sein, so will es mein Los. Du aber — mußt betrügen: soweit kenne ich dich! . . Ich errate dich wohl: Du wurdest der Bezauberer aller, aber gegen dich hast du keine Lüge und List mehr übrig — du selber bist dir entzaubert! Du erntetest den Ekel ein, als deine Eine Wahrheit. Kein Wort ist mehr an dir echt, aber dein Mund: nämlich der Ekel, der an deinem Munde klebt.« »Wer bist du doch!« schrie hier der alte Zauberer . . »wer darf also zu mir reden, dem Größten, der heute lebt?« — und ein grüner Blitz schoß aus seinem Auge nach Zarathustra. Aber gleich darauf verwandelte er sich und sagte traurig: »O Zarathustra, ich bin's müde, es ekelt mich meiner Künste, ich bin nicht groß, was verstelle ich mich! Aber, du weißt es wohl — ich suchte nach Größe! Einen großen Menschen wollte ich vorstellen und überredete viele: aber diese Lüge ging über meine Kraft. An ihr zerbreche ich. O Zarathustra, alles ist Lüge an mir; aber daß ich zerbreche — dies mein Zerbrechen ist echt!« Diese Stelle und noch mehr die Antwort Zarathustras verrät zugleich, wie Nietzsche das Ende Wagners, eine Buße des Schauspielers Wagner, sich erwünscht hätte: »Du schlimmer alter Zauberer, das ist dein Bestes und Redlichstes, was ich an dir ehre, daß du deiner müde wurdest und es aussprichst: ‚ich bin nicht groß . .' und wenn auch nur für einen Hauch und Husch, diesen Einen Augenblick warst du — echt." Aber Nietzsche sollte diesen echten Augenblick seines Zauberers nicht erleben, und so zielt noch der bitterste Satz, den Nietzsche jemals gegen das Leben gewagt hat, geheim auf das eigne schwerste Erlebnis, die groß verhängnisvolle Begegnung mit dem alten Zauberer — jener Spruch in Zarathustras Vorrede: »Unheimlich ist das menschliche Dasein und immer noch ohne Sinn: ein Possenreißer kann ihm zum Verhängnis werden.«

Ein Possenreißer — das wurde die letzte Verwandlung des dionysischen Magiers, als der Wagner dem hingerissenen Jünger der Tribschener Tage erschien. Ein Gaukler — das war das tragische, in jedem Sinne lebensgefährliche Endurteil des Enttäuschten über sein ehemaliges Liebesphantom. Ein Gaukler, der wirken will, weil er nicht sein darf, ein Possenreißer, der sein eigentliches, leidendes Ich verbergend, mit eben dem prunkt und prahlt, wonach er sich hoffnungslos verzehrt – das ist der Wagner des »Falls«. Es scheint das Ende des Maskenproblems für Nietzsche, das ihn ja in Wagner, als Wagner zuerst und am längsten beunruhigte. Aber alles, was Nietzsche verfolgt und mit undankbarer, selbstquälerischer Psychologie entlarvt, nimmt eine gespenstische Rache: es wendet sich, in die letzte Enge getrieben, ihm halb flehend, halb drohend entgegen und weist ihm das Antlitz – sein eigenes Antlitz. Schon der Zauberer des Zarathustra birgt ja ebensoviel geheime Züge und Selbstanklagen Nietzsches, als er Züge Wagners trägt. Denn nicht umsonst weiß Zarathustra: »Der schlimmste Feind, dem du begegnen kannst, wirst du immer dir selber sein; du selber lauerst dir auf in Höhlen und Wäldern.« Und mit den Blicken seines Ich schaut ihm auch die Maske des Zauberers entgegen. Im Fall Wagner heißt es: »Man ist Schauspieler damit, daß man Eine Einsicht vor dem Rest der Menschen voraus hat: was als wahr wirken soll, darf nicht wahr sein. Der Satz ist von Talma formuliert: er enthält die ganze Psychologie des Schauspielers, er enthält auch dessen Moral. Wagners Musik ist niemals wahr. – Aber man hält sie dafür: und so ist es in Ordnung.« Dieser Lehr- und Leitsatz eines großen Komödianten, von dem Napoleon es lernte, kaiserlich zu gehen, er enthält nicht nur die ganze Psychologie und Moral des Schauspielers: er ist der Leitsatz für Nietzsches eigene Praxis des erkennend Lehrenden, für all seine angewandte und mitzuteilende Erkenntnis; er ist der Fundamentalsatz seiner sokratischen Erkenntnistheorie, die immer zugleich Erlebniswertung sein sollte und wollte. »Was als wahr wirken soll, darf nicht wahr sein« – dieser Satz, die Erkenntnis seiner Gültigkeit für Nietzsche selber ward die Rache Wagners. Der Jünger durfte sich hingeben, wie er war, mit dem schönen Vorrecht der Jugend. Der selber Meister gewordene erkennt, daß dem Meister, ja noch der Weisheit und Kunst des Meisters die Maske ziemt, die das schmerzliche Vorrecht des Alters ist. Des Alters, das nicht mehr um seinetwillen lebt, sondern in vielen fortleben muß und will. Denn die Maske allein ist es, die als wahr wirkt. Nur in der Maske, nur als Wahnbild verführt alles Leben zum Leben.

WILHELM SCHWANERS „GERMANENBIBEL" UND „LICHTSUCHERBUCH UNTERM HAKENKREUZ"

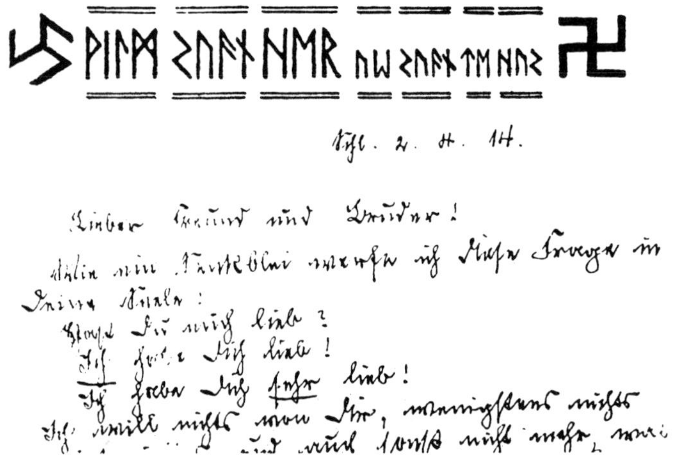

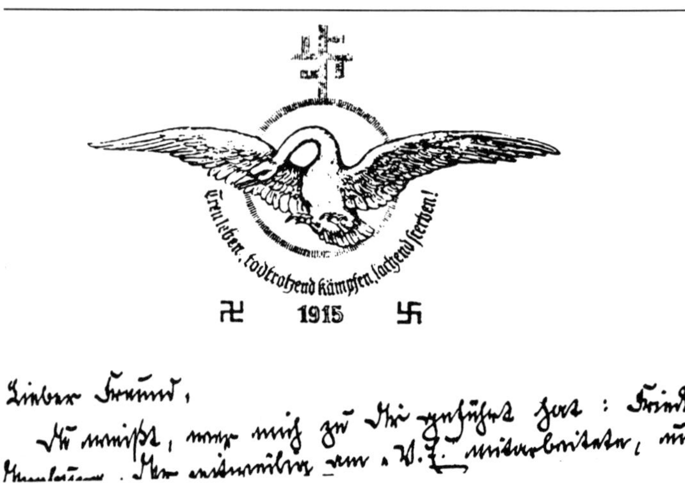

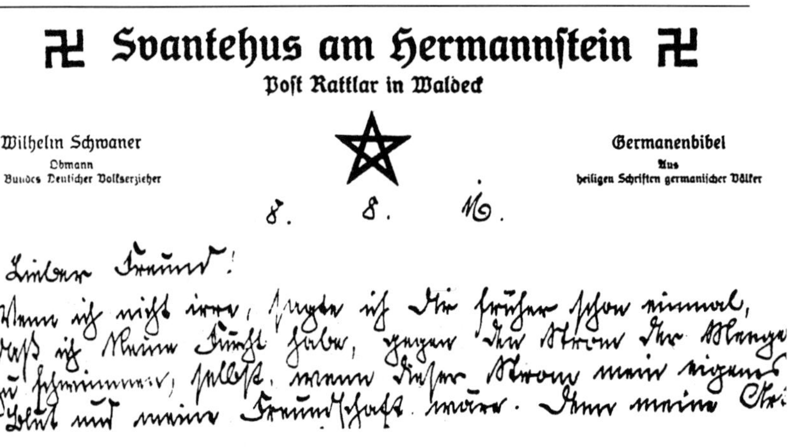

Richter, Walter. Hof- und Garnisonprediger. Wer hat die Schuld? Ein Wort zur Klärung. Potsdam, Gropius. 18 S. – Reinem Sinne verdankt man gern Klärung, und wer bedürfte ihrer nicht in dieser trübe verwirrenden Zeit? Hier wird sie in herzlich wohltuender, schlichter Weise vermittelt.

Schemann, Ludwig. Paul de Lagarde. Ein Lebens- und Erinnerungsbild. Mit 3 Bildnissen und 1 Facsimile. Leipzig, Erich Matthes. 410 S. Zu besprechen!

– – – – Gobineau und die deutsche Kultur. 4.–6. Auflage. Leipzig, Oldenburg & Co. 172 S. – Die schöne kleine Schrift hat ein besonders beachtenswertes und zu Herzen sprechendes Nachwort erhalten: „Die Zeit des Amadis ist jetzt gekommen." „Eine alte Welt ist in Trümmer gesunken. Wie immer die neue ausfallen möge, gewisse Fundamente sind ihr unerläßlich, wenn der höher Gerichtete irgend welche Hoffnungen auf sie setzen soll." „Es gilt uns auf unsere wahren geistigen Güter zu besinnen und sie uns für eine deutsche Wiedergeburt nutzbar zu machen." „Im Feuer des Weltkriegs hat der längst geschlossene Bund zwischen Gobineau und dem Deutschtum eine höhere Weihe, eine Neubesiegelung erfahren." – Wir fühlen das mit und setzen unsere Hoffnung darauf.

Schwaner, Wilh. Das Lichtsucherbuch unterm Hakenkreuz. Neue stark veränderte und vermehrte Auflage des „Schulmeisterbuches". Berlin-Schlachtensee, Volkserzieher-Verlag. 160 S. – Der Wandsbecker Bote ist wiedergekehrt, aber mit dem weiteren Horizonte, dem breiteren Boden, dem reiferen Wissen, der reicheren Sprache, der tieferen Weltanschauung des Menschen nach Goethe, nach Kant-Schopenhauer, nach Beethoven-Wagner, nach Bismarck – und auch: nach Nietzsche, der dem heutigen Volksschulmeister zu geistigem Auftrieb berauschende Worte gespendet hat. Aus religiöser Innerlichkeit erneuertes Deutschtum in lebensfreudiger Gemeinschaftspflege ist das Ideal, dem das Lebenswerk des Mannes von „Upland" dient.

Storm, Theodor. Pole Poppenspäler, Novelle. – Aquis submersus, Novelle. – Der Schimmelreiter, Novelle. Leipzig, Reclam. Universal-Bibliothek. Nr. 6013–6016. 84, 104, 173 S. *M* 0,50; 0,50; *M* 1; (geb. *M* 1; *M* 1; *M* 1,50). Diese bei vielen sinnigen Menschen beliebte, feine, stimmungsvolle, ernste – stellenweise doch auch von leisen Schalkhaftigkeiten durchzogene, gut norddeutsche und echt dichterische Unterhaltungskunst wird unserem Volke recht wohltun, wenn sie auf dem bequemen Wege des altbewährten Reclamschen Unternehmens in immer noch weitere Kreise dringt und dort Seelen findet und bewegt, die noch nicht ganz in die Niederungen des litterarischen Ungeschmacks sich verirrt haben.

Strindberg, August. Ein Traumspiel, in 1 Vorspiel und 3 Aufzügen. Deutsch von Heinrich Goebel. Mit einer Einführung in die Dichtung vom Übersetzer und einem dramaturgischen Nachtrag von Erich Oesterheld. 96 S. *M* 0,50. – Man muß den Traum schon selbst geträumt haben, um ihn zu verstehen. Zur Dichtung ist er nicht geworden, aber dichterische Züge sind in ihm verwirrt.

Tanzmann, Bruno. Denkschrift zur Begründung einer deutschen Volkshochschule mit einem Anhang: die Rettung von Schoppenhauer's Philosophie. Für die völkische Erziehung. Hellerau, Hakenkreuz-Verlag. 2. Aufl. 118 S. – Zu uns spricht besonders der Anhang: Schopenhauers Philosophie als „Alphabet der Denkschule", als Idealismus, als Antijudaismus, als Lehre der Freiheit in der Notwendigkeit, als geistige Befreierin germanischer Art.

Wolzogen, Hans v. Die Edda. 2 Bände. Göttersagen und Heldensagen. Nacherzählt mit Zeichnungen von Franz Stassen. Berlin, Verlagsanstalt für vaterländische Geschichte und Kunst. Je 76 S. Einzelband *M* 4, geb. *M* 6.

– – – – Vorwärts – aufwärts! Zeitgedichte 1915–1919. Im gleichen Verlage. 48 S. *M* 2.

– – – – Deutscher Glaube. 16 S. 50 ₰. Zu beziehen in der Buchhandlung G. Niehrenheim in Bayreuth.

– – – – Die Religion des Mitleidens. 155 S. *M* 1. Zu beziehen durch die Schriftleitung der „Bayreuther Blätter".

Deutsche Innerlichkeit. Spruchkarten mit Lebensworten aus Friedrich Lienhard's Werken. 25 Stück *M* 2. Stuttgart, Türmer-Verlag.

Obige Anzeigen auf der zweiten Umschlagseite des 7. bis 9. Stückes des Jahrgangs 1919 der „Bayreuther Blätter" vermitteln einen zuverlässigen Eindruck der literarisch-weltanschaulichen Interessen und Vorlieben der Leser und auch des Herausgebers dieser „Deutschen Zeitschrift im Geiste Richard Wagners": Ludwig Schemann (siehe Seite 42 und 162) *Paul de Lagarde, Gobineau und die deutsche Kultur; Das Lichtsucherbuch unterm Hakenkreuz* und dessen „aus religiöser Innerlichkeit erneuertes Deutschtum"; Hakenkreuz-Verlag Hellerau; H. v. Wolzogen, *Die Edda, Deutscher Glaube; Deutsche Innerlichkeit* Lienhard-Spruchkarten (siehe auch Seite 172 und 214). Schwaner war mit Fidus befreundet, der dessen *Germanenbibel. Aus heiligen Schriften germanischer Völker* mit Bildern versah und für ihn ein „Ex libris" entwarf (siehe Seite 171); doch er war auch befreundet mit Walter Rathenau (siehe die Briefanfänge links), der, wie Joseph Roth scharfsichtig formulierte, „seine eigenen Mörder großgezogen und bezahlt hat".

Hans Pfitzner:

Die neue Aesthetik der musikalischen Impotenz

Ein Verwesungssymptom?

Verlag der Süddeutschen Monatshefte München
1920

Herr Bekker lebt in Deutschland, also kann er sich alles leisten. Auf S. 58 (und ähnlich S. 19) seiner Schrift: „Die Sinfonie von Beethoven bis Mahler" steht schwarz auf weiß gedruckt: „Daß es zu Beethovens Zeit sicher Musiker zweiten und dritten Grades gegeben hat, die viel schönere und originellere Themen erfunden haben als Beethoven." Der erschütterte Leser denkt sich nun: „Was, noch schönere Themen" — und hält eine Massenwallfahrt nach Wien für unvermeidlich, zum Zweck der dortigen Durchstöberung aller Archive nach diesen überirdischen Eingebungen der Wranitzki und Benda, Romberg und Weigl, Gyrowetz und Kotzeluch. Aber auch so ist's nicht gemeint. Hört es, ihr deutschen Musiker, deutsches Publikum: Beethoven ist unoriginell, unoriginell in seinen größten Schöpfungen! Auf S. 59 steht wieder schwarz auf weiß: „Das sinfonische Thema soll also gar nicht in erster Linie originell sein — auch die Beethovenschen Sinfoniethemen sind dies keineswegs — — — — — — !

Diesen Satz kann nur ein Mensch zu sagen und zu schreiben wagen, der die „Frankfurter Zeitung" hinter sich und ein deutsches Publikum vor sich hat.

Es ist nicht anders: wir sind verkitscht, versaut, versumpft, und stecken tief bis über den Hals in Lüge, Dreck und Verwesung!

Und es ist nicht anders: Eine Scheidung, eine reinliche, bewußte Scheidung muß stattfinden, die das festlegt, was schon eigentlich ist. Was wird, weiß man nicht. Der schlimmste Pessimist hätte national diese Schmach, die unseren Untergang als Nation und Staat begleitete, nicht vorausgesehen und geglaubt. Es kann also auch sein, daß die Musik die Wege geht, die Herr Bekker, als Führer einer großen, ähnlichen Strömung in der Kunst will, und daß die Klassikerköpfe im Pantheon deutscher Musik in zweihundert Jahren mehr östliches Gepräge tragen. Das weiß man also nicht genau. Aber, was ist, das weiß man doch. Und wer das nihilistische Geseires seiner Frankfurter Zeitungs-Lieblinge für die legitime Nachfolge der Werke Beethovens und Wagners hält, der kann geschissen nicht von gemalt unterscheiden.

In der Schmach und dem Frevel der Revolution erlebten wir mit Trauer, daß deutsche Arbeiter, deutsches Volk sich von russisch-jüdischen Verbrechern anführen ließen, und ihnen eine Begeisterung zollten, wie sie sie noch keinem ihrer deutschen Helden und Wohltätern gönnten. In der Kunst erleben wir, daß ein deutscher Mann aus dem Volke, von so scharfem Verstande und reichem Wissen, wie Herr Bekker, der wohl geeignet wäre, einem sozialen Institute als künstlerisch-organisatorischer Leiter vorzustehen, die international-jüdische Bewegung in der Kunst leitet. Ich sage: international-jüdisch, meine also nicht die Juden, als Individuen. Es ist ein Unterschied zwischen Jude und Judentum. Der Grenzstrich der Scheidung in Deutschland geht nicht zwischen Jude und Nichtjude, sondern zwischen deutsch-national empfindend und international empfindend. Ich selbst kenne eine ganze Anzahl Juden, und weiß indirekt von vielen anderen, die so deutsch, national und ehrenhaft empfinden, wie es nur gewünscht werden kann, und die ihre Pflicht im Kriege wie zu Hause voll erfüllt haben; und umgekehrt von leider allzuvielen Deutschen, die gegenüber Deutschland internationaler, ja antinationaler empfinden, als es Fremde und Feinde tun, und denen ich die Lehre gönnte, die Aristan in der „Hermannsschlacht" erfährt. Aber das Judentum ist ein gefährliches Rätsel. Wagners ernste, liebevolle und tapfere Schrift hat ihm in Deutschland bei den Deutschen fast nur Hohn und Haß eingetragen, wogegen er bei den Juden, den ernsten und ehrlichen, wohl verstanden wird. Ja, die fast prophetischen Schlußworte sind schon in manchen bedeutsamen Fällen Realität geworden; es gibt Juden, mit denen wir „einig und ununterschieden" sind. Und Wagners Stellung in der Judenfrage ist mild zu nennen gegenüber dem Radikalismus, den Juden aufbringen, wenn sie zur Erkenntnis der Gefahr ihrer selbst kommen. Otto Weininger, dieser geniale, seherisch-begabte Jude, sagt geradezu: „Das Judentum ist das böseste überhaupt." („Über die letzten Dinge.") Wenn dies Judentum nun mit der ungesalzenen Einfalt und der geistigen Wehrlosigkeit des deutschen Durchschnittsmichels zusammenkommt, gibt's ein verhängnisvolles Mixtum.

Der Sprung auf die Politik ist nur ein scheinbarer; ich rede von demselben Dinge: vom nationalen Leben, was für manche Menschen das Leben überhaupt bedeutet. Die künstlerische Verwesung ist das Symptom der nationalen. Die nationale Kunst ist im Organismus des Volkskörpers der edelste Teil. Sage mir, welche Kunst im Volke gedeiht, und ich will dir sagen, wie der Gesundheitszustand des Volkes ist. Alle guten Diagnostiker des Riesenorganismus einer Nation oder Religion haben

Kunstfragen ernst genommen. Die Strenge aller großen Kunstfeinde ist nur eine Überspannung eines richtigen Prinzips; und wenn Plato streng aus seinem Idealstaat gewisse Tonarten und Rhythmen ausgeschieden wissen will, und fordert, daß man darauf sieht, „welches die Rhythmen eines ordentlichen und tapferen Lebens seien“ (Staat, Kap. 3), so ist dies jedenfalls nicht zu verwechseln mit den blöden Zensurverboten auf prüd-moralischer oder engherzig-religiöser Grundlage. Wir aber sind jetzt auf einem Tiefpunkt des Geschmacks angekommen, wie ihn wohl noch nie ein großes Volk aufzuweisen hatte. Herrschend sind übelster Snobbismus und pöbelhafte Gemeinheit. Musik wird als Musik nicht mehr gehört, in der Oper schon gar nicht mehr. Die Intendanten der beiden größten Operninstitute der deutschredenden Welt, Hülsen und Gregor, pflegten die Musik einer Oper gar nicht erst prüfen zu lassen, wenn ihnen der Text nicht gefiel, also wenn er nicht roh genug war. Welche Wirkung mußte dies zeitigen! Stille Musik wird gar nicht mehr geschrieben; die Klaviersonate stirbt aus. Wer heute sagt, daß er ein Lied von Adolf Jensen schön findet, blamiert sich. Aber den irrenhäuslerischen Kitsch eines Cyrill Scott oder anderer Futuristen nimmt man ernst. Nicht, daß freche und schamlose Spekulation ein Ding wie das „Dreimäderlhaus“ entstehen ließ, ist das Verfalls- und Verwesungssymptom — das kommt immer mal vor —, aber daß es solchen Boden in Deutschland finden konnte. Deswegen hat es auch gar keinen Sinn, gegen dergleichen zu agitieren; zwar ist es dennoch eine Schande, daß es nicht von Staatswegen verboten ist; aber das Symptom einer tiefsten Gemeinheit bleibt, zu der eine Nation herabgesunken ist, die einer der edelsten Söhne, den sie erst hat an seinen Melodien verhungern lassen, in einer schmutzigen Pastete gebacken, frißt. Ja, das Dreimäderlhaus hat unbestreitbar enorm gesellschaftbildende Kraft!

Klare Scheidung! Wer ist jetzt noch Deutscher? Was ist noch deutsch? Wer ist gemeint, wenn jemand in Deutschland „wir“ sagt? Sind es diejenigen Einwohner des ehemaligen Deutschland, welche ihr Vaterland gegen eine fünfundzwanzigfache Übermacht von vernichtungswütigen feindlichen Horden schützten, oder sind es diejenigen, welche diesen, ihren eigenen Verteidigern und Beschützern, soweit sie der Tod im Feld verschonte, bei ihrer Heimkehr nach vierjährigem Heldenkampfe als ersten Heimatgruß die Achselklappen und Ehrenzeichen herunterschnitten und -rissen? Sind es die, welche während des ganzen Krieges, als es noch Zeit war, unermüdlich warnend und aufklärend gewirkt haben, warnend vor dem Vernichtungswillen der Feinde, aufklärend über den Ernst der Lage, oder die, die dem entgegenwirkend, Deutschlands geistigen und physischen Widerstand paralysierten, dem kämpfenden Deutschland die Hände banden, und, so den Fall verschuldend, nun Versammlungen abhalten, in denen „die Schuld Deutschlands am Kriege“ mit masochistischer Wonne konstatiert wird? Sind es die, denen an der Zugehörigkeit des Elsaß zu Deutschland, dem Schicksal der Kolonien, der Balten, Danzigs, Tirols liegt, oder die, die sich für die moralischen und ethischen Pflichten gegen die Serben, Polen und Belgier interessieren, während ihr Vaterland in Todeskämpfen zuckt? Sind es die, die heute noch an Ludendorff glauben, oder die, die heute noch an Wilson glauben? Die, die mit Hutten, Bismarck, Kleist, Wagner, Wildenbruch, oder die, die mit Kurt Eisner sympathisieren? Die Scheidung ist längst geschehen, der Weltkrieg hat sie mit seinem deutlichen Griffel markiert. Es gilt nur, dem ins Auge zu sehen, wieviel Deutsche denn noch übrig sind; und Deutsche möchte ich nur noch alle die nennen, die nicht Teil haben an dem Mangel an Liebe und Zugehörigkeitsgefühl zu ihrem Lande, im transzendenten Sinne, einem Mangel an Liebe und Stolz, wie er bei keinem zweiten großen oder kleinen Volk der Weltkugel zu finden ist.

Was geschehen ist mit unserm armen Land, von außen geschehen, durch eine brutal erdrückende, himmelschreiend-unritterliche Übermacht (auf keinem Schulhof der Welt sieht man ein solches Kräfteverhältnis auch nur im Spaß), und diese noch gestützt durch bewußt organisierte, verleumderische Verhetzung der ganzen Welt gegen uns, eingeschlossen die teuflische Verhetzung der wilden Horden, denen der verwundete deutsche Soldat als wehrloses Opfer vorgeworfen wird — was uns geschehen ist von außen an satanischer Grausamkeit, mit allen Schrecken und Bosheiten der Hölle und des Mittelalters, an Schmach, Hohn, Schimpf und Verachtung —, von diesem ungeheuersten Justizmord und Gewaltakt aller Zeiten werden Historiker schreiben, und ein Jahrhundert wird nötig sein, um die Klarheit zu schaffen, die jetzt nicht zu erzwingen ist. Was hier nur erwähnt werden kann, ist, wie „Deutschland“ darauf jetzt reagiert. Die natürliche Reaktion auf all das, was wir seit fünf Jahren erlitten haben, wozu noch das Meisterstück unserer Henkersknechte kommt: alles so hinzustellen und umzudrehen, als hätten wir alles das begangen, was jene gefrevelt — und was in Deutschland, und nur in Deutschland, geglaubt wird, und mit Wonne geglaubt wird, — auf all das die natürliche Reaktion müßte ein Auflodern von Rache, Haß und Empörung des gesamten, fest zusammengeschlossenen Siebzig-Millionen-Volkes sein, gegen welche der Haß des Kleistschen Hermann eine leise Andeutung wäre. Zum Haß unfähig sind nur Heilige und Tiere. Sind die Deutschen, wie sie sich etwa im pazifistischen Professor darbieten, diesem widerlichsten Typus des Hochverräters, — etwa eine solche Gemeinde der Heiligen, daß sie gar nicht hassen können? O, sie können recht gut hassen, aber nur ihre eigenen Landsleute, die Nationalgesinnten. Ihr Haß richtet sich gegen Ludendorff, nicht gegen Wilson; gegen Graf Reventlow, nicht gegen Lloyd George; gegen die Alldeutschen, nicht gegen die Räuber unsres Heimatlandes; gegen deutsche Offiziere, nicht gegen französische Folterknechte und englische Gefangenenpeiniger. Was das Überwiegende in Deutschland war und den Feinden den Sieg — den sie sonst nie errungen hätten — in die Hände gespielt hat, war unausrottbare Sympathie mit den Feinden, Stumpfheit, Gleichgültigkeit und Lieblosigkeit gegen die eigenen Volksgenossen, Trägheit des Herzens, überschwängliche Dummheit. (Es heißt immer: mit der Dummheit kämpfen Götter selbst vergebens; mit der deutschen Dummheit zusammen gegen Deutsche kämpfen selbst Franzosen nicht vergebens.) Bis endlich unser Verhalten gegenüber unsern Feinden zu vollständiger Ehrlosigkeit gesunken war und Hochverrat, Bruderkrieg und eine grinsend-bettelnde Sklavenphysiognomie übrig blieb.

Wohl haben sich die alten nationalen Kräfte geregt und haben getan, was in ihren Kräften stand; aber der politische Kampf gegen sie im eigenen Lande war erbitterter und gehässiger als gegen Senegalneger, und es hat sich gezeigt, daß das andre stärker war. Und darin, nicht in dem tief verächtlichen „Sieg“ der Tanks, die der in Deutschland so herzlich verehrte Herr Wilson über den verblutenden Stumpf unseres heroischen Heerkörpers rollen ließ, liegt die Hoffnungslosigkeit für alle Zukunft. Denn wenn diese Gefahr nicht genügte, um die besten Kräfte des Volkes im inneren Organismus siegen zu machen, — was soll dann noch kommen, um das zu erreichen?

Die Neigung des Deutschen zu dem ihm Wesensfremden und Feindlichen — einzig dastehend in der Weltgeschichte — ist nicht historisch bedingt; sie ist eine metaphysische Eigenschaft; sie war von je; sie, und nur sie wurde uns im Kriege zum Verderben. Alle wahrhaft deutschen Künstler, alle Patrioten haben von eh und je unter diesem verruchten Wesenszug schwer gelitten; so viele Namen, so viele Martyrien. Diese perverse Neigung ist Hochverrat am Deutschtum; dieser Hochverrat gehört zum deutschen Nationalcharakter. Wer sich in Deutschland ihr widersetzt, verfällt dem Haß und der Verfolgung; wer die Feinde Deutschlands schlägt, wird von den Deutschen geschlagen. Eine metaphysische Eigenschaft, von je daseiend. Hermann der Befreier fiel von dem Dolch eines Verwandten. Dieser Dolch geht heute noch um; er ist gegen alle deutschen Herzen gezückt; und wer für Deutschland am meisten lebt, den trifft er am sichersten. Ein solches Volk muß untergehen.

Wer sind noch die Deutschen, zu denen man „wir" sagen kann? Wo sind sie, die letzten Goten, ohne Heimat und Hoffnung, in kleiner Zahl?

Die Scheidung ist da; und das Ende ist da. Und da kann man wohl ernst die Frage stellen: Was wird aus der geistigen Summe unseres Wesens: unserer Kunst?

Die Antwort ist gegeben in den Zeichen der Zeit. So wie die Vernichtung des Deutschen Reiches aus uns selbst kam, so wird das Ende der deutschen Kunst herbeigeführt und besiegelt durch eigene Volksgenossen. Die Stimmen der schreibenden Öffentlichkeit sind natürlich nicht entscheidend für die endliche Entwicklung; aber es ist ein Boden da, ein allzu ergiebiger, für das, was ein großer, mächtiger Teil der Publizistik in Deutschland schreibt und will, dessen Ausdruck ich eben sehr stark in Herrn Bekker zusammen mit seiner mächtigen „Frankfurter Zeitung" sehe. Kommunismus in der Kunst. Gemeinsamkeit der Melodie — sie gehört niemandem und jedwedem an. Amerikanisch-internationale Pöbelhaftigkeit. In der „Frankfurter Zeitung" kann man lesen, wieweit wir schon von Wagner abgekommen sind. Der Vernichtungskampf gegen deutsche Geistigkeit, Kunst, Musik geht gleichermaßen vom Ausland wie vom Inland aus. In London gibt's einen Anti-Beethoven-Verein; er wird bald Zweigvereine in Deutschland haben. Herrn Bekker ist mein Palestrina zu müde; er schickt ihn in eine „Vergangenheit, von der wir uns abwenden". In dem „wir" liegt die Scheidung. „Wir" andern aber, wir, die wir deutsche Kunst lieben, in der wir leben, wir wenden uns nicht von der Vergangenheit ab; wir wurzeln in ihr, denn sie ist herrlich und tief. Wir gehören zu ihr. Herr Bekker will frisch-fröhliche, neue, international-jüdische, gesellschaftsbildende Kraftkunst. „Veni creator spiritus." – Wenn das vorne dran steht, ist's gut! „Veni creator spiritus!" Komm, du schöpferischer Geist! Wenn er aber nun nicht kommt, was dann? Was denn dann, wenn der schöpferische Geist nicht kommt? Das schadet nichts, denn wir wissen ja von Herrn Bekker, daß die „gesellschaftbildende Kraft", als „höchste Eigenschaft eines Kunstwerkes", außerhalb des Kunstwerkes liegt, also die Musik sein kann, wie sie mag. Das ist das Programm des gesellschaftbildenden Vergnügens, was an Stelle unserer herrlichen Kunst treten wird. In solchen Völkerbund nicht aufgenommen zu werden, des sind wir herzlich froh.

Scheidung — Scheidung der Geister! Damit man weiß, wenigstens im Reiche der Idee weiß, was deutsch und echt ist, nachdem wirklich und wahrhaftig das heilige Deutsche Reich in Dunst zergangen ist. — — —

„Wie es dem Manne geziemt, in kräftiger Lebens„mitte zuweilen an den Tod zu denken, so mag er auch „in beschaulicher Stunde das sichere Ende seines Vater„landes ins Auge fassen, damit er die Gegenwart des„selben um so inbrünstiger liebe; denn alles ist ver„gänglich und dem Wechsel unterworfen auf dieser Erde. „Oder sind nicht viel größere Nationen untergegangen, „als wir sind? Oder wollt ihr einst ein Dasein hin„schleppen wie der ewige Jude, der nicht sterben kann, „dienstbar allen neu aufgeschlossenen Völkern, er, der „die Ägypter, die Griechen und Römer begraben hat? „Nein! Ein Volk, welches weiß, daß es einst nicht mehr „sein wird, nützt seine Tage um so lebendiger, lebt um „so länger und hinterläßt ein rühmliches Gedächtnis; „denn es wird sich keine Ruhe gönnen, bis es die „Fähigkeiten, die in ihm liegen, ans Licht und zur Gel„tung gebracht hat, gleich einem rastlosen Manne, der „sein Haus bestellt, ehe denn er dahinscheidet."

(G. Keller, Fähnlein der sieben Aufrechten.)

Der Gedanke, dem hier ins Auge gesehen wird, ist bei uns zur traurigen Erfüllung geworden. Das war das Leben. Und die Kunst? Ich habe, glaube ich, deutlich gemacht, welche Gefahren der Vergänglichkeit die Musik von innen und welche sie von außen bedrohen, so daß wir auch diesem Ende ins Auge sehen müssen.

Immerhin aber lebt die Melodie des Schubertschen Lindenbaumes länger als die Weltreiche Alexanders und Napoleons.

(Unter-Schondorf, S. 20, Juli 1919.)

PAUL BEKKER

KRITISCHE ZEITBILDER

1921

SCHUSTER & LOEFFLER IN BERLIN

BAYREUTH
(1920)

Was wird aus Bayreuth?

Nachrichten, die von dorther gelegentlich in die Öffentlichkeit dringen, besagen, daß eine Wiederaufnahme der Festspiele einstweilen nicht in Frage komme. Zunächst aus wirtschaftlichen Gründen. Es ist bekannt, daß die Festspiele trotz der hohen Einnahmen niemals einen Gewinn ergeben haben, daß bestenfalls ein Ausgleich von Kosten und Eingängen zu erzielen war. Unter den heutigen Verhältnissen wäre mutmaßlich selbst bei erheblicher Steigerung der Eintrittspreise kaum mit annähernder Deckung der Ausgaben zu rechnen. Dazu kommt die Unsicherheit der politischen Verhältnisse, die Gefahr plötzlicher Streikunruhen, die das Risiko aufs äußerste erhöhen, dann die Verkehrs- und die lokalen Verpflegungsschwierigkeiten. Die Lebenshaltung in Bayreuth war schon vor dem Kriege sehr kostspielig, sie würde sich, falls die Behörden überhaupt eine so gewaltige Mehrbelastung eines einzelnen Ortes für etwa zwei Monate zugeben wollten und könnten, für den deutschen Besucher ins Unerschwingliche steigern. Man müßte hauptsächlich auf internationales Publikum rechnen und da bliebe zu fragen, ob die erforderlichen Mühen und Aufwendungen ausländischer Besucher wegen — angenommen, daß sie kommen — gerechtfertigt wären.

Vorläufig scheint diese Absicht nicht zu bestehen, von einem Plan zur Wiederaufnahme der Festspiele verlautet nichts. Man fragt: was verlieren wir damit? Wie stand Bayreuth zum deutschen Kunstleben? Was haben wir von dort empfangen, was hätten wir zu erwarten?

Es ist vor dem Kriege mehrfach eingehend über Bayreuth und die Festspiele gesprochen worden. Im einzelnen sehr kritisch. Die künstlerischen Werte der Festspiele lagen zuletzt hauptsächlich in der einzigartigen Chor- und Orchesterleistung, der vorzüglichen materiellen Durchbildung des Ensembles. Das geistige Element, die persönliche Ausgestaltung der Einzelleistung war demgegenüber auffällig zurückgetreten, man sah und hörte viele mittelmäßige Solisten und die einstige Bayreuther Tradition, die auf Erweckung der Persönlichkeit im darstellenden Künstler ging, hatte sich in ihr Gegenteil: in das Streben nach systematischer Unterdrückung der Individualität, in öde und trockene Schematisierung der Auffassungs- und Darstellungsart verkehrt. Auch die Art der szenischen Darbietung unterschied sich nur durch die besser gerundete einheitliche Formung von der anderwärts üblichen. Grundsätzlich war sie gleich dieser auf äußere Blendeffekte, Massenwirkungen, dekorativen Aufputz, Regie-Kunststücke und szenische Spezialwirkungen eingestellt. Was Bayreuth mit seiner Neueinstudierung des „Lohengrin“, der „Meistersinger“, des „Fliegenden Holländers“ bot, war im Prinzip nichts anderes, als was Hülsen in Berlin mit seinem „Sardanapal“, seiner assyrischen „Zauberflöte“ und seiner Meyerbeer-Renaissance zuwege brachte: große Oper in technisch und musikalisch materiell hochkultivierter Aufmachung. Es fehlte in Bayreuth gerade so wie an unseren anderen großen Opernbühnen der ideale Auftrieb. Veräußerlichung jeder Wirkung in sauberster technischer Durchbildung unter Mißachtung und gewaltsamer Herabdrückung persönlicher Werte, unfruchtbare Traditionspflege bei völligem Mangel produktiven Vermögens — das war das Ergebnis.

Es ist nicht anzunehmen, daß in diesen Dingen heute eine Wendung zum Besseren eintreten würde. Der Geist von Bayreuth, einst Ausdruck eines ins Große gerichteten Aktivitätswillens, war im Lauf der letzten Jahrzehnte vor dem Kriege verkümmert und hat sich in all seinen verschiedenartigen Ausstrahlungen mehr und mehr zum Geist der Reaktion entwickelt. Man hat es in Bayreuth nicht verstanden, neue Aufgaben zu finden und zu stellen, man hat es nicht nur nicht verstanden, man hat es nicht gewollt. In diesem Nichtwollen aber prägt sich mehr und wichtigeres aus als etwa nur das Unvermögen des gegenwärtigen Leiters. Es spricht daraus eine verhängnisvolle Nachwirkung des Wagnerschen Geistes, es spricht daraus das Nachlassen und Absterben der Idee von Bayreuth überhaupt. Wenn wir fragen, ob Bayreuth in anderen Händen, unter anderen Führern mehr und besseres geleistet hätte, so werden wir, soweit Mutmaßungen darüber möglich sind, unbeschadet der Kritik gegenüber Siegfried Wagner ruhig und objektiv nein sagen dürfen. Wer wäre an seiner Stelle denkbar gewesen? Vielleicht einer unserer Blender-Dirigenten oder ein spekulativer Sensationsunternehmer? Man ist in Bayreuth den Weg gegangen, der durch das Wesen der Sache bedingt war und in diesem Wesen der Sache lag mähliches Versagen und Absterben der Idee begründet.

Bayreuth war die Notschöpfung eines der größten Theatergenies aller Zeiten, das, weil es nirgends sonst passende Unterkunft fand, hier seine Bretter aufschlug, hier seine Bühne improvisierte. In diesem Improvisierten, notgedrungen Zufälligen, Einmaligen lag der Zauber. Wie immer beim Theater, blieb die Schöpfung an den Augenblick gebunden, sank sie mit dem Verwehen dieses Augenblicks vom Außergewöhnlichen ins Alltägliche. Kein größerer Irrtum, als dieses Einmalige zu einem Dauernden machen, es über das Wunder der augenblicklichen Erscheinung hinaus als ständige Einrichtung festlegen zu wollen. Mit diesem Vorhaben der Schematisierung war die Notwendigkeit der Herabminderung des Besonderen gegeben, und so unterschied sich Bayreuth der Leistung nach zuletzt nur noch in einzelnen Qualitätspunkten, nicht aber grundsätzlich von den Tagesbühnen. Die eine große Nebenwirkung: die Möglichkeit innerster Sammlung und Konzentration auf das Kunsterlebnis für den Besucher wurde mit der zunehmenden Veräußerlichung der Kunstdarbietung ebenfalls mehr und mehr illusorisch. Denn auch in dieser Beziehung verflachte Bayreuth, wurde es internationale Mode. Um den engsten Kreis der Auserwählten, denen streng orthodoxes Kunstbekenntnis Gewissenspflicht war — es hat kaum je in Deutschland ein derart hochmütiges und engherzig verbohrtes Kunstpfaffentum gegeben, wie die Bayreuther Hierarchie — gruppierte sich eine beträchtliche Anzahl befreundeter Laienbrüder und -schwestern, die durch irgendwelche persönlichen Bande dem intimen Wahnfriedzirkel verbunden waren. Den großen Zustrom bildeten schließlich die Neugierigen und Schaulustigen aus allen Weltgegenden, denen die mehr und mehr ins dekorative Pathos gesteigerte innere und äußere Aufmachung steten Anreiz gab. Der ethisch religiöse Nimbus, aus einer falschen Ableitung der Kunst Wagners entwickelt, gab diesem Betrieb die für die ganze Zeit charakteristische Maske. Theaterspiel wurde religiös verbrämt, wer keine Kraft mehr fand zum Glauben, log sich in Parsifal-Erschütterungen hinein, Komödie galt als Gottesdienst und eine immer schlechtere und armseligere Romantik meinte in der Pflege bombastischen Opernpathos' eine nationale Kraftäußerung zu erblicken. Es soll niemals verkannt oder unterschätzt werden, daß die Achtung vor dem Kunstwerk in bezug sowohl auf Disziplinierung der ausübenden Künstler wie des Publikums durch Bayreuth eine gewaltige Stärkung und Steigerung empfangen hat. Es soll vor allem nicht verkannt werden, daß Bayreuth als Tatsache in ihrer anfänglichen Bedeutung einen mächtigen Impuls für das gesamte deutsche Kunstschaffen darstellte. Verhängnisvoll aber und für die geistige Einstellung namentlich der Deutschen in mancher Beziehung geradezu katastrophal ist die innerlich unwahrhaftige ethische und nationalistische Aufmachung geworden, die aus der ursprünglichen Kunststätte Bayreuth mit immer stärkerer Betonung außerkünstlerischer Momente eine Kultstätte entwicklungsfeindlichen Dünkels, abseitig selbstgenügsamen Hochmutes, welt- und lebensfremder Inzucht, mißverstandenen Deutschtums machte.

Wagner hatte ursprünglich die Absicht, das Bayreuther Haus zur Pflege nicht nur der eigenen, sondern auch anderer musikdramatischer Werke großen Stiles zu verwenden. Ihm selbst blieb keine Möglichkeit zur Verwirklichung dieses Planes, er starb ein Jahr nach der Erstaufführung des „Parsifal". Seine Nachfolger haben solche Ideen nicht weiter verfolgt, sie haben geglaubt, in immer wiederkehrenden Musteraufführungen der Werke Wagners ihre Mission zu erfüllen. Sie sahen in diesen Werken mehr als vielleicht Wagner selbst sah — ihnen waren sie ein neues Weltgebäude, an dem gemessen alles Vorangehende nur als kümmerliche Vorbereitung erschien. Solche Meinung ergab sich aus der immer stärker und bewußter durchdringenden Auffassung Wagners mehr als eines Religionsstifters denn als Künstlers, aus der Weiterspinnung jenes gefährlichen Netzes kulturphilosophischer Ideen, an dem Wagner die Theorie seines Kunstwerkes befestigt hatte. Daß angesichts des Mangels eigenschöpferischer Veranlagung bei den Nachfolgenden diese an sich schwächste, aber der spekulativen Weiterführung am leichtesten zugängliche Seite des Wagnerwerkes so ausgebeutet wurde, ist nicht verwunderlich, daß sich daraus eine dauernde Verhärtung der Einseitigkeit ergab, war unvermeidlich. Aber wäre es anders überhaupt möglich gewesen? Ist die Oper Glucks, Mozarts, Beethovens, Webers im Bayreuther Hause ernsthaft denkbar? Hätte man diesen Werken den musikdramatischen Panzer überziehen, sie auf die mächtige Fresko-Bühne, vor die weitgespannte Zuschauerfläche des Wagnerschen Amphitheaters stellen, ihr Orchester versenken können, ohne ihrem innersten Wesen Gewalt anzutun? Sind nicht durch die Gesamtanlage des Bayreuther Baues Einschränkungen hinsichtlich der aufzuführenden Werke gegeben, die nicht nur Schöpfungen anderer Meister hier unmöglich machen, sondern auch von Wagners eigenen Werken nur dem Nibelungen-Ring und „Parsifal" den organisch bedingten Rahmen geben? Wer etwa die „Meistersinger" — selbst unter Hans Richters Leitung — in Bayreuth gehört hat, weiß, daß der Klang des verdeckten Orchesters und ebenso das auf monumentale Fernwirkung gestellte Format der Bühne dem spielfreudigen, leicht beweglichen, realistischen Charakter dieses Werkes nicht entspricht, daß es künstlich übersteigert, pathetisch aufgeschraubt werden muß, um hier erscheinen zu können. In noch höherem Maße gilt dies von den früheren Werken: „Holländer", „Tannhäuser", „Lohengrin". Selbst „Tristan" erscheint auf der gewöhnlichen Opernbühne in richtigerem Größenmaß und Klangverhältnissen als im Bayreuther Haus. Dieses bleibt demnach seinem Artcharakter nach das Nibelungen- und „Parsifal"-Theater, es ist darüber hinaus weder in bezug auf Vergangenheit noch auf Gegenwart zu erweitern. Es versagt sich jeder Entwicklung, nicht nur aus dem Geiste und Willen der jetzigen Inhaber, sondern aus seiner eigenen Anlage heraus, die sich einer Weiterführung über das allererste Ziel hinaus unfähig erweist. Darin aber liegt, von allen äußeren Einflüssen und Geschehnissen unabhängig, das Schicksal Bayreuths beschlossen. Es kann nur solange lebendig bleiben, wie die großen Monumentalwerke Wagners, der Nibelungenring und „Parsifal" lebendig bleiben — lebendig nicht nur innerhalb des Opernspielplans, denn da ist ihre Weiterexistenz auf absehbare Zeit kaum abzuschätzen. Lebendig vielmehr als Bekenntniswerke, als Kundgebungen einer Zeit- und Weltanschauung, der man über die gewohnte Vorführungsart hinaus Tempel baut, Stätten der Verkündung schafft.

So führt die Frage nach dem Schicksal von Bayreuth unmittelbar an das Wagnerproblem heran, an die Frage nicht nach dem genialen Schöpfer der großen Opernwerke vom „Holländer", „Tannhäuser", „Lohengrin" bis zum „Tristan" und den „Meistersingern" — diese Werke gehören unbestritten der Tagesbühne und sie wird aus ihnen immer wieder neue Anregungen schöpfen, wird sie trotz allem unleidlichen Spielplan-Schlendrian immer wieder in neuem Glanze erstehen lassen. Ein anderes aber ist es mit dem Festspiel-Wagner, dem Reformator und Regenerator, dem Kulturphilosophen und Ethiker, der aus großen Teilen des „Ringes" und des „Parsifal" spricht und der sein besonderes Heim abseits vom Tagesbetriebe in Bayreuth hat. Ihm gegenüber wird die Gegenwart und Zukunft immer vernehmlicher die Frage nach den Lebenswerten außerkünstlerischer Natur in diesen Schöpfungen stellen und hier wird sein Werk am ehesten bröckeln, bröckelt es doch schon heut. Noch steht ein trüber Schwall von allerlei Dunkelmänner-Philosophie und Orthodoxie um diese gefährlichste Seite des Wagnertums herum. Nicht nur die ästhetische, auch die politische Reaktion, schlechter Teutonismus, Frömmelei, Rassenhaß und beschränkter Nationalismus finden hier ihren Rückhalt und glauben von hier aus — man denke nur an Chamberlain — die imposante Erscheinung des großen Künstlers Wagners für sich in Anspruch nehmen, aus ihm die eigene Rechtfertigung ableiten zu dürfen. Ihnen vornehmlich ist Bayreuth das Symbol ihres Glaubens und Wollens, Quelle und Ziel ihrer Hoffnungen. So wenig sie erkennen, wie unzureichend dieses Bayreuth das wahrhaft Große, Bleibende, Lebendige an Wagner spiegelt, so wenig werden sie einsehen, daß dieses Bayreuth keine Kraft der Entwicklung mehr in sich trägt, daß es nicht nur durch äußeres Mißgeschick gegenwärtig gehemmt, sondern von innen her, aus dem Mangel an lebendiger Zeugungskraft erstarrt, vertrocknet ist.

Was bleibt? Das Haus auf dem Hügel, ein Fachwerkbau, umstrahlt von der Abendröte der Erinnerungen, aber nicht mehr erreichbar den Zeichen des neuen Tages. Werden wir noch Festspiele in Bayreuth erleben? Vielleicht gelingt es, der äußeren Schwierigkeiten Herr zu werden, in absehbarer Zeit wieder Aufführungen zu veranstalten, Künstler und Publikum zu gewinnen. Der Besuch wird auch dann zweifellos ebenso lebhaft sein, wie früher, selbst bei erheblich erhöhten Preisen. Wohin gingen die Menschen heutzutage nicht, um sich zu zerstreuen? Zahlungsfähige finden sich immer wieder, gleichviel aus welchen Kreisen und Ländern. Aber über den Kulturwert dieser Veranstaltungen können wir uns keiner Täuschung hingeben. Noch weit weniger als das Bayreuth vor dem Kriege wird das etwa wiedererstehende noch als leben- und kraftspendender Faktor im deutschen Geistesleben mitzählen. Es wird, solange es im Besitz der jetzigen Führer bleibt, immer mehr die Hochburg der Reaktion, das Symbol des Stillstandes und Nichtwollens, der Verneinung von Gegenwart und Zukunft bedeuten, oder es wird möglicherweise dereinst in die Hände eines geschickten Unternehmers abgleiten. Aus Gründen der Pietät wäre diese zweite Möglichkeit menschlich zu bedauern, künstlerisch wäre sie ebenso belanglos wie die erste. Bayreuth als Genietat ist ein Gewesenes, Vergangenes, es ist abgestorben und versunken mit der Zeit, aus der es geschaffen wurde. Es war keine organisch erwachsene Blüte, es war keine nationale Tat, es war kein Gesamtheitswille. Es war die kraftgenialische Schöpfung eines einzelnen und es ist vergangen mit diesem einzelnen. Was übrig blieb und jetzt abstirbt, sind nur noch mumifizierte Reste. Als Erinnerungswerte mögen sie uns im Gedächtnis bleiben — die Wege des gegenwärtigen und künftigen Werdens führen weitab von dem verfallenden Gralstempel.

Richard Wagner.

Sonett von Hans Pfitzner.

Dem Halbgott gleich in früher Kinderwiege,
Kein Wunderkind, doch Riese von Geschlecht
Erwürgtest du für deutsches Geistesrecht
Die alte Schlange welscher Modelüge.

Denn, daß der Deutsche fremde Fesseln trüge,
Fühlt er nicht mehr, und wär' er zehnmal Knecht. —
Doch du zerhiebst das künstliche Geflecht — —
Und standst mit deiner ganzen Zeit im Kriege!

Ein König mußte aus den Wolken steigen,
Um deinem Volke ew'ge Schmach zu sparen
Und dich vom Untergange zu erlösen.

Dein Erbe aber nehmen wir zu eigen,
Um es als hohes Gut uns zu bewahren:
Die Selbstbesinnung auf das eigne Wesen.

Hans Pfitzners Unterschrift unter den „Protest der Richard Wagner-Stadt München" ist in seiner gnadenlos-selbstgerechten politisch motivierten Abfertigung Paul Bekkers bereits vorgezeichnet (siehe Seite 195 bis 206). Sie hat ihr genaues Gegenstück in dem nebenstehenden Sonett, das Wagner, auf den Pfitzner sich bei seinem Judenhaß ausdrücklich beruft, zu einem „Riesen" und Retter in schlechten Versen verklärt. Auch in dem Münchner Protest wird Wagner zu einem „wertbeständigen deutschen Geistesriesen" erhoben. In seiner öffentlichen Antwort auf Pfitzners Ausführungen schreibt Bekker: „Die Zukunft wird über solche Produkte blind sein wollender Unkenntnis wortlos hinwegschreiten, wird Pfitzners Haßgesang gegen die moderne Musik als ohnmächtiges Gezeter eines hochbegabten, aber unter die Räder der Zeit geratenen Nachkömmlings eines versinkenden Zeitalters erkennen. Sie wird an der inneren und auch äußeren Würdelosigkeit dieser Schrift die Verwirrung erkennen, in die manche der besten Geister des deutschen Volkes durch eine falsche Geschichtsauffassung durch den typisch deutschen Mangel eines klaren Weltbildes, durch die Irrlehre der Romantik gestützt wurden. Und sie wird schließlich aus dem ‚Fall Pfitzner' eine heilsame Lehre dafür ziehen, wohin nationalistische Verengung des Denkens und Fühlens selbst den hochstehenden Künstler führen kann, wenn er sein Bestes: sein Künstlertum blindem Chauvinismus preisgibt." Die Hellsichtigkeit, mit der Bekker hier auf die für Pfitzner typische Verbindung von „blindem Chauvinismus" mit der „Irrlehre der Romantik" hinweist, die auch Thomas Mann nach seiner unter dem betroffenen Eindruck der Ermordung Rathenaus entstandenen Rede *Von deutscher Republik* (1922) als deutsche Gefahr nicht müde wird zu geißeln, zeichnet auch seinen hier aufgenommenen Text über Bayreuth aus. Darin nimmt er bereits 1920 die 1924 dann dominierende völkische Ausrichtung und Ausbeutung Bayreuths vorweg.

Richard Wagner-Gedenkblatt von George Grosz (1921)

Die „Bayreuther als idealistische Gemeinde deutschen Geistes", Gobineau, der „Prophet der Rasse" und „Herold des Germanentums" und der „Alldeutsche Verband"

Nachdem der Gobineau-Übersetzer und Wagnerjünger Ludwig Schemann (siehe auch Seite 42) 1894 die „Gobineau-Vereinigung" gegründet hatte, wurde er dann 1921 der Ehrenvorsitzende der „Neuen Gobineau-Vereinigung". Deren Liierung mit dem „Alldeutschen Verband", der am 28. September 1890 in Frankfurt/M. gegründet wurde und der als „Stammvater der völkischen Bewegung und damit der späteren nationalsozialistischen Partei" (G. W. F. Hallgarten) gelten kann, bezeugt das organisatorische Zusammenrücken völkischer Verbände nach dem Ersten Weltkrieg. Schemann, der auch an dem von Theodor Fritsch zuerst 1887 herausgegebenen *Antisemiten-Catechismus* (siehe Seite 57) mitarbeitete, der „Antisemitischen Correspondenz" und deren Autoren Bernhard Förster (siehe ebenfalls Seite 57), Liebermann von Sonnenberg und Fritsch nahestand und sich in einem Brief an K. F. Glasenapp vom 13. 5. 1887 selber als „Vertreter und Vertrauensmann der neuen ‚Antisemitischen Vereinigung'" (Schüler 106) bezeichnete, gehörte bereits seit den neunziger Jahren zum engeren Kreis des „Alldeutschen Verbandes" und dessen langjährigen Vorsitzenden Justizrat Claß, der auch im Vorstand der „Neuen Gobineau-Vereinigung" einen Sitz hat. Denn, wie es in Punkt 2 der Satzungen heißt, „der jeweilige Vorsitzende des Alldeutschen Verbandes hat unter allen Umständen im Vorstande Sitz und Stimme". Die diesem Kreis der „deutschesten Deutschen" eigene verhängnisvolle Mischung von deutschem imperialistischen Nationalismus, rassistischer Blutideologie und deutsch-idealistischer Innerlichkeit gehört bereits zum Vorfeld der nationalsozialistischen Vernichtungsstrategie.

Die neue Gobineau-Vereinigung.

Ein schönes Kennzeichen des neubewußten deutschen Geistes, der unter der elenden Oberfläche unserer Zeit sich sammelt und regt für eine bessere, eine wahrhaftige deutsche Zukunft, dürfen wir mit besonderer Freude begrüßen in der nun gesicherten Ermöglichung der neuen „Gobineauvereinigung". Es ist bedeutsam, daß die Gründungsversammlung am 27. September vor. Jrs. zu Frankfurt a. M. sich anschloß an die Tagung des „Alldeutschen Verbandes"; nicht als ob damit ein Herabsinken des Kulturwertes der Gobineau-Sache auf das Gebiet der Tages- und Partei-Politik stattgefunden hätte: vielmehr bezeugt dies innerlich begründete und bewußte Zusammentreffen eine erhöhte Bedeutung und Richtung der völkischen Gemeinschaft im Geiste edelster germanischer Kultur. War doch Gobineau ein wahrer Lichtbringer für Alle, die in ihrem Boden wurzelnd doch in den Nebeln und Wettern der Zeit nur mehr oder minder tastend den Aufstieg zu verlorenen oder vergessenen Idealen des Adels und der Ehre unserer Rasse suchen, oder auch, selber in Glauben und Streben ihrer sicher, sich umso mehr verpflichtet fühlen, dem noch tastenden Teile die Hilfe nahe zu bringen, welche durch große germanische Geister und vorbildliche Persönlichkeiten ihnen vom göttlichen Urquell der Echten und Edlen her in die Welt gesendet worden sind. Wie deren Einer Gobineau ist und heute mehr denn je bedeutet, also — das sollte man denken und nicht vergessen — sind gerade wir Bayreuther in erster Reihe daran, an der kräftigen Förderung der Aufgaben der neuen Gobineau-Vereinigung teilzunehmen, wofür uns jener völkische Verband ein so rühmliches Beispiel gegeben hat; denn, ganz abgesehen von unserer persönlichen Beziehung, die seit 40 Jahren ein Erbe unseres Meisters ist, sind denn nicht eben wir Bayreuther, als idealistische Gemeinde deutschen Geistes, so recht eigentlich die — wie lange nur einsamen — Vertreter dessen, was nun in hoffnungsvoll verbreiteter Bewegung dem Alldeutschtum die notwendige Erhebung über das Politische zum Kulturellen zu bedeuten hat? Um unsere Freunde zu unterrichten über das, was in Frankfurt a. M. geschehen ist, und worauf ihre als bewußte Pflichterfüllung zu erwünschende Beihilfe nunmehr begründet wäre, teilen wir ihnen hier zuvörderst die Satzungen der geglückten Neubildung mit, eingeleitet durch den dazu veröffentlichten Aufruf, der ihnen Allen zu Herzen und Geiste sprechen und von ihnen nach Möglichkeit in ernsten völkisch gesinnten Kreisen weiter verbreitet werden möge. —

Hans von Wolzogen.

*

1. Aufruf!

Darüber, daß Deutsche, und man darf sagen gerade die deutschesten Deutschen, einen Franzosen zu ihrem geistigen Bannerträger erkoren haben, wird sich der nicht wundern, dem es aufgegangen ist, welche Bereicherung unserer besten geistigen und seelischen Bestände wir diesem Manne verdanken. Treffend hat man ihn den französischen Schiller genannt: in der Tat ist er diesem unserem großen Dichterdenker innigst wesensverwandt. Er bietet nur einiges Neue, was bei jenem noch fehlen mußte. Brachte es die Zeit Schillers mit sich, daß dieser noch mehr mit dem Begriff der Humanität arbeitete, so tritt Gobineau als der Prophet der Rasse, insbesondere als der Herold des Germanentums, vor uns hin. In die Abgründe unserer Zeit, die er schon vor Jahrzehnten sich auftun sah, hat er tiefer als irgend ein anderer hinabgeleuchtet. Vor allem aber auch ist er der Hort der Ehre, wie es einst Kant der der Pflicht gewesen: Kein anderer Denker hat so wie Gobineau die Ehre in den Mittelpunkt all seines Denkens und Tuns gestellt. Was das in heutiger Zeit besagen will, bedarf keines Wortes. Angesichts des über alle Begriffe schmachvollen Versagens der Massen sammelt und spornt er ferner die Einzelnen zur höchstdenkbaren Steigerung und Entwicklung ihres besten Eigenwesens.

Von seinem Vaterlande um seiner Deutschenfreundlichkeit willen geschmäht und geächtet, hat Gobineau bei uns die Heimat gefunden, die einzig Deutsche ihm bieten konnten. Drei Jahrzehnte haben genügt, ihn weitgehend bei uns einzubürgern. Noch aber bleibt vieles zu tun, um ihm den vollen Rang und Raum, der seiner Geistesgröße und seinem Seelenadel gebührt, für immer bei uns zu sichern. Die Kämpfe und Nöte der letzten Jahre haben auch in seiner engeren Gemeinde, der Gobineau-Vereinigung, alles eigentliche Werben so gut wie ganz in den Hintergrund treten lassen. Nachdem aber jene wenigstens zu einer Art von Abschluß gekommen sind, hat ganz wie von selbst auch der Werbeeifer verdoppelt wieder eingesetzt. Es gilt jetzt, wo zudem die verhältnismäßig geringere Ansetzung der Beiträge das Ganze auf eine breitere Grundlage zu bringen verspricht, ihn aufzugreifen und zu verwerten. Von Mann zu Mann muß die Gobineau-Gemeinde sich verstärken, um die Kernschar derer auf das denkbar größte Maß zu bringen, welche zur Zeit von Deutschlands größter Schande, treu ihren Idealen, die Gebote der Ehre als höchste Kundgebung des Blutes auf ihr Banner geschrieben haben.

Anmeldungen für die Neue Gobineau-Vereinigung sowie Aufforderungen zur Zusendung von Werbeschriftstücken sind zu richten an die Vereinigung wissenschaftlicher Verleger, Berlin W. 10, Genthiner Straße 38, oder an die Geschäftsstelle des Alldeutschen Verbandes Berlin W. 10, Lützow-Ufer 5 a.

2. Satzungen für die Neue Gobineau-Vereinigung.

1. Die Ziele, gegen die des früheren Vereins stark vereinfacht, sind gegeben. Es gilt, das in dreißig Jahren Errungene gegen die Notlage der Zeit zu behaupten, die Gestalt und die Ideen Gobineaus lebendig zu erhalten und dem Höheres anstrebenden Teile unseres Volkes zugänglich zu machen. Zu diesem Zwecke sollen Mittel zusammengebracht werden, um

a) aufklärende Schriften über Gobineau, vor allem die als Brevier wirkende „Gobineau und die deutsche Kultur", möglichst weit hinaus zu verbreiten.

b) Die von dem alten Verein gepflegte gemeinnützige Verteilung von Werken von und über Gobineau an Anstalten, Körperschaften und Private, die zur Anschaffung nicht in der Lage, der Sache aber ernstlich zugewandt sind, fortzusetzen. Auch den Mitgliedern selbst soll, wie früher, ein Vorzugspreis für jene Werke gesichert werden.

c) Wenn irgend möglich, durch größere Zuschüsse dazu beizutragen, daß diejenigen Veröffentlichungen aus unserem Kreise, welche durch die gewaltigen Preissteigerungen mit baldigem Verschwinden aus dem Buchhandel bedroht erscheinen, dennoch unserer Öffentlichkeit erhalten bleiben. Auch soll wertvollen Neuveröffentlichungen auf dem Gebiete der Rassenkunde das möglichste von Förderung zugewandt, überhaupt Fühlung mit der Wissenschaft festgehalten werden.

d) Endlich wäre eine Sammlung ins Auge zu fassen, zu welcher die Besitztümer der alten Gobineau-Vereinigung nebst anderen Werken, Aktenstücken und Andenken einen wertvollen Grund legen würden.

2. Als Mitglieder sind Deutsche echter Prägung aus allen Ländern gedacht. Auch die Beteiligung der Stammverwandten aus den Nachbarländern ist erwünscht.

An der Spitze der Vereinigung steht ein Vorstand, der nicht unter drei und nicht über neun Personen zählen soll und im Bedürfnisfalle sich durch Zuwahl ergänzen kann. Der jeweilige Vorsitzende des Alldeutschen Verbandes hat unter allen Umständen im Vorstande Sitz und Stimme.

3. Der jährliche Beitrag beträgt zehn, zwanzig, fünfzig oder hundert Mark. Er wird, falls er nicht im ersten Vierteljahre eines Kalenderjahres einbezahlt worden ist, im zweiten durch Nachnahme erhoben. Wer einen einmaligen Beitrdg von Tausend Mark zahlt, wird dauernd als Mitglied geführt. Auf die Gewinnung größerer Spenden (Stiftungen) ist im Sinne der Verwirklichung der unter 1 c und 1 d aufgeführten Ziele ein besonderer Werbeeifer zu richten.

4. Vorstandstagungen wie Mitgliederversammlungen sind, nach dem Muster der Gründungsversammlung, möglichst den heutigen Zeitverhältnissen anzupassen.

5. Ebenso ist das Erscheinen gedruckter Vereinsberichte usw. bis auf weiteres vom Vermögensstande abhängig zu machen. Über den Kassenstand ist alljährlich — in der Regel auf der Vorstandstagung — dem Vorstande Rechnung vorzulegen, und ist diese durch zwei Mitglieder desselben nachzuprüfen. Im Falle der Auflösung der Vereinigung soll das Vereinsvermögen in einer von den Mitgliedern festzusetzenden Form der deutschen Sache zugeführt werden.

6. In Städten, wo sich besonders rege Teilnahme für die Bestrebungen der Vereinigung kund gibt, kann zur Gründung eigener Ortsgruppen geschritten werden. Im übrigen liegt die Werbetätigkeit vornehmlich einzelnen Vertrauensleuten ob, welche, wie seinerzeit in der alten Vereinigung, auf möglichstes Bekanntwerden der Vereinsziele durch mündliche Mitteilung, durch die Presse, durch Vorträge usw. hinzuwirken haben.

Zum Beschluß der Tagung erfolgte die Vorstandswahl. Professor Schemann wurde zum Ehrenvorsitzenden, in den eigentlichen Vorstand, die Herren Justizrat Claß (Berlin), Professor Gebhard (Friedberg), General der Infanterie v. Liebert (Freiburg i. Br.), Dr. Lüdtke (Berlin) als Vertreter der „Vereinigung wissenschaftlicher Verleger", Freiherr v. Manteuffel-Katzbangen (Berlin), Dr. Schmidt-Gibichenfels (Friedenau), Professor Tempel (Darmstadt) und Freiherr v. Wolzogen (Bayreuth) gewählt.

9. Richard Wagner und der fortschreitende Verfall

Am 11. Mai 1878 fand auf Kaiser Wilhelm das Hödelsche, am 2. Juni das Nobilingsche Attentat statt — sie verrieten deutlich, wohin wir in Deutschland gelangt waren: Sieben Jahre nach Begründung des neuen Reiches fanden sich die Bubenhände, die die Mordwaffe gegen den mehr als achtzigjährigen Kaiser ausstreckten! So ging denn nun die oberflächliche Reichsbegeisterung zu Ende, tiefer blickende Beobachter erkannten auch bereits, daß die jetzt geforderte Unterdrückung der Sozialdemokratie (Sozialistengesetz 1878 bis 1890) die deutschen Grundverhältnisse, wie sie sich inzwischen herausgebildet hatten, nicht mehr ändern könne. Das Jahr 1878 ist auch dasjenige, in dem die seither nicht mehr zum Stillstand gekommene Abnahme der Geburten im Deutschen Reiche beginnt, und damit wird die Erschütterung des deutschen Volkstums offenbar, die die letzte Ursache aller Verfallserscheinungen und unzweifelhaft durch die kapitalistische Entwicklung herbeigeführt ist. Auf dem Gebiete der Literatur zeigt sich in diesen letzten siebziger und beginnenden achtziger Jahren ein Anwachsen der „Dekadenz": Der Feuilletonismus der Gründerzeit, der ganz, und die archäologische Dichtung, die zum Teil Geschäft war, sind ja, von der Höhe der Kultur und im Hinblick auf das Volksganze betrachtet, nicht eben sehr ernst zu nehmen, so gefährlich der erstere auch war; anders steht es aber mit dem Musikdrama Richard Wagners, der seinen „Ring der Nibelungen" 1876 in Bayreuth zur ersten Aufführung bringt und dann am „Parzival" schafft, anders steht es mit dem Lebenswerk Friedrich Nietzsches, das in dieser Zeit beginnt, und hier kommt man um die Anwendung des Dekadenzbegriffes zweifellos erst recht nicht herum. Beide, Wagner wie Nietzsche, sind durch Schopenhauers Pessimismus hindurchgegangen, der um 1860 aus der Verschollenheit emporgetaucht und eine Macht im geistigen Leben Deutschlands geworden war. Auch die eigentlichen Philosophen der Zeit — Nietzsche ist ein solcher nicht — zeigten sich von Schopenhauer beeinflußt, Eduard von Hartmann, der schon 1864 seine „Philosophie des Unbewußten" herausgab, Julius Bahnsen, dessen Hauptwerk „Der Widerspruch im Wissen und Wesen der Welt" in diesen Jahren geschaffen wurde, der Jude Philipp Mainländer (eigentlich Betz), der 1876 die „Philosophie der Erlösung" veröffentlichte und dann freiwillig aus dem Leben schied. Die deutsche Dichtung jener Tage ist nicht durchaus pessimistisch, aber alte und neue „Verfallzeitler" stehen doch in ihr im Vordergrunde: Spielhagen und Hamerling, Hieronymus Lorm und Grisebach, Heyse und Hopfen, Wilbrandt und Jensen, Sacher-Masoch und Rudolf Lindau, Richard Voß und Prinz Schönaich-Carolath. Gewiß, es wirken in einigen dieser Dichter auch gesunde Tendenzen, und der eine oder der andere arbeitet sich durch, aber eine durchaus erfreuliche Erscheinung, ein Stolz deutschen Volkstums ist nicht einer von ihnen, ihre Lebensspiegelung wirkt um so unerfreulicher, als der echte Weltschmerz vielfach auch mit Komödianterei und Sensationalismus gemischt erscheint. Aber die Dichtung entsprach dem Leben, das keinen rechten Halt mehr hatte. Dies ward nun auch gefühlt, und so tritt in den letzten siebziger Jahren auch schon eine Gegenbewegung auf, die vor allem ein entschiedenes Deutschtum erstrebt.

Daß Richard Wagner die Erscheinung ist, die das gesamte deutsche Kulturleben vom Ende der sechziger bis zum Anfang der achtziger Jahre am mächtigsten beeinflußt hat, wird niemand bestreiten, mag er sich im übrigen zu ihm stellen, wie er will. Berthold Litzmann hebt hervor, daß er allein durch sein Dasein daran erinnert habe, daß das deutsche Volk noch eine andere als eine politische und militärische Rolle zu spielen habe, und nimmt eine befruchtende Anregung unseres gesamten künstlerischen Lebens durch Wagner an, den Mann, der „für die Vatergötter deutschen Volkes lebenslang gezeugt". Ich will ihm nicht widersprechen, aber daneben erscheint mir die Auffassung, daß gerade Wagners Schaffen der deutschen und vielleicht der allgemeinen Dekadenz die höchsten künstlerischen Werte geliefert und ihr dadurch Halt und die weiteste Verbreitung verliehen habe, nicht so leicht abzuweisen. Sicherlich, die Idee des Musikdramas und Weihespiels Wagners ist etwas Großes, aber daß sie im Grunde eine Phantasmagorie war, wird sich der Kenner der Kunstentwicklung trotz Bayreuth nicht verhehlen können. Unbedingt hat Wagner mit „Tannhäuser", „Lohengrin", dem „Ring der Nibelungen", den „Meistersingern", „Parsifal" deutschnationale Stoffe zu gewaltiger Wirkung gebracht und den Blick auf unsere ältere Entwicklung und unser Volkstum hingelenkt, aber doch wird man als bewußter Deutscher kaum reine Freude an seiner Dichtung haben, da man das Theater bei ihr kaum je vergessen kann. Für einen musikalischen Laien ist es schwer, sich über eine Erscheinung wie Wagner ein klares Urteil zu bilden: daß er aber seine Stoffe, mit Ausnahme etwa der „Meistersinger", dichterisch im Sinne der Dekadenz gestaltet, wird jeder zugeben, der ein literarisches Urteil hat. Es klingt ja ganz hübsch, wenn z. B. Max Koch sagt: „Die von Goethe gepriesene befreiende Macht der Selbstüberwindung ist im ‚Parsifal' als welterlösendes Mitleiden, wie in den ‚Nibelungen' der Sieg über die Mächte der Nacht und des Neides in frei und stolz das Leben abwerfendem Schicksalstrotze des germanischen Gottes und Helden als höchstes nationales Kunstwerk zur dramatischen Tat geworden"; ich habe aber immer den Eindruck, als habe Wagner den germanischen Göttern und Helden das Mark aus den Knochen gesogen, und von der modernen Erlösung und auch den modernen Erlösern habe ich nie viel gehalten. Damit stimmt es so ziemlich zusammen, wenn Wilhelm Weigand schreibt: „Das selige Vegetieren der Romantiker ist bei Richard Wagner zum Aufgehen in der Musik geworden. Wagner glaubt allen Ernstes, daß seine Musik erlöse. Wagner hat sein ganzes Leben lang die Einheit von Geist und Sinnlichkeit gesucht, um zuletzt, wie alle Romantiker, als Frömmler zu enden." Der Ausdruck Frömmler ist jedenfalls zu stark. Die Entscheidung über Wagner, das Genie oder doch die genialische Erscheinung, die er ist, kann im allgemeinen nur im Rahmen der Gesamtkultur, im besonderen nur auf dem Boden der Musik gefällt werden, rein als Dichterwerk gesehen, hat keins seiner Dramen höhere Bedeutung, so wenig man die dramatisch-theatralische Begabung Wagners und die Größe auch seiner dichterischen Intentionen verkennen darf.

Dieser Text aus dem Grundriß *Die deutsche Dichtung von Hebbel bis zur Gegenwart* (Neue Ausgabe 1922) von Adolf Bartels, der die Blutideologie in die Germanistik einführte und der in seinem Vorwort zur zehnten bis zwölften Auflage 1922 von der „jüdisch deutschen Republik" spricht, bezeugt den seltenen Fall, daß ein besessener deutschnationaler Antisemit Wagner der „Dekadenz" zuordnet und als Hebbelapostel von seinem Eindruck spricht, „Wagner (habe) den germanischen Göttern und Helden das Mark aus den Knochen gesogen" (siehe Seite 89).

Deutschlands führende Männer und das Judentum

Band II.

Richard Wagner und die Juden

von

Dr. K. Grunsky

Deutscher Volksverlag, München

Inhaltsverzeichnis.

Der Autor dieser antisemitischen Hetzbroschüre Karl Grunsky, der am Schluß fordert: „Erwachen muß der deutsche Geist, und den Dämonen des Verfalles der Menschheit abwehren und unschädlich machen", schrieb auch für die „Bayreuther Blätter" und die „Bayreuther Festspielführer". Schon lange vor 1933 war Grunsky musikwissenschaftlicher Mitarbeiter des „Völkischen Beobachters" und trat vor allem auch in den „Bayreuther Blättern" für nationalsozialistisches Schrifttum ein. In seinem 1934 dort erschienenen Aufsatz „Wege zu Wagner" heißt es: „. . . Seit dem Beginn der Festspiele war es 1933 das erste Mal, daß der deutsche Staat Wagners Hochgedanken begriff und förderte. Aus wärmster Empfindung heraus begrüßt man den geistigen Schutz, den Adolf Hitler Bayreuth angedeihen läßt . . ." Die Überschrift des ersten Kapitels „Siegfrieds Schwert", die mit dem Verlagssignet korrespondiert, weist darauf hin, daß dieses Schwert gleichzeitig als völkisches Kampfsymbol gegen die Weimarer Republik dient (siehe auch Seite 173 und 177). Hans Alfred Grunsky, der Sohn Karl Grunskys, schreibt ebenfalls für die „Bayreuther Festspielführer" und ist in der einzigen Nummer der „nationalsozialistischen Monatsschrift" „Deutsches Wesen" im Juli 1933 mit dem Beitrag „Wagner und Hitler" vertreten (siehe Seite 219). Doch schreibt er auch wieder in den Programmheften seit 1951.

Dieser Brief an August Püringer, den Schriftleiter der „Deutschen Zeitung", dem Organ des „Alldeutschen Verbandes" (siehe Seite 162), der, wie zu vermuten ist, ein Boykott der Juden in Bayreuth durchsetzen wollte, dokumentiert Siegfried Wagners Bemühen, sich gegenüber solcher Art von rigorosem Antisemitismus seine Unabhängigkeit zu bewahren. (Die Briefbögen der Schriftleitung der „Deutschen Zeitung" enthalten den in Frakturschrift eingedruckten Hinweis: „Die Mitarbeiter werden dringend gebeten, in ihren Beiträgen entbehrliche Fremdworte zu vermeiden. Die Deutsche Zeitung will deutsch geschrieben sein.") Ähnlich äußert sich Siegfried Wagner in einem Brief an Dr. Bruno Weil vom 25. Februar 1925, der am 9. März 1925 im „Berliner 8 Uhr-Abendblatt" veröffentlicht wurde. Darin heißt es: „... Von meiner Seite aus ist alles geschehen, um sicherzustellen, daß die Bayreuther Tage frei von jedem politischen Einschlag bleiben, und es wird jeder, welchen Glaubens und welcher Abstammung er auch sei, in Bayreuth willkommen sein, der dort Erbauung und Erhebung finden will. Niemand braucht zu besorgen, daß irgendwelche Vorfälle unangenehmer Art sich abspielen ..."

SIEGFRIED WAGNER WEIST EIN BOYKOTT DER JUDEN BEI DEN FESTSPIELEN ZURÜCK

Sehr geehrter Herr Püringer!

In Beantwortung Ihres Briefes, den ich bei meiner Rückkehr hier vorgefunden habe, muß ich Ihnen sagen, daß ich ganz und gar nicht Ihrer Ansicht bin. Unter den Juden haben wir sehr viele treue, ehrliche und selbstlose Anhänger, die uns zahlreiche Beweise ihrer Freundschaft gegeben haben. Sie wollen, daß wir all diesen Menschen unsere Türen verschließen, sie nur aus dem Grund, daß sie Juden sind, zurückweisen. Ist das menschlich? Ist das christlich? Ist das deutsch? Nein! Wenn wir uns so verhalten wollten, müßten wir Deutsche zunächst einmal ganz andere Menschen werden, und unser Gewissen müßte so rein sein wie ein Gebirgsbach. Aber das ist bei uns gar nicht der Fall. Das Leben aller großen Deutschen beweist, daß sie vom deutschen Volk mit Gemeinheit, Gleichgültigkeit, Bosheit und Dummheit behandelt worden sind.

Die Festspiele von 1876–1889 beweisen die Wahrheit dessen, was ich soeben gesagt habe. Um das Defizit zu decken, mußte mein Vater, der damals gerade krank war, nach England reisen und dort Konzerte dirigieren. Es war nicht einmal möglich, die lächerliche Summe von 150 000 Mark zusammenzukratzen. Und dann, als später, Gott sei Dank, Engländer, Franzosen, Amerikaner und andere Freunde nach Bayreuth wallfahrten und halfen, die finanzielle Krise zu überbrücken, hatten die deutschen Bürger nichts Besseres zu tun, als sich zu beklagen, daß die Fremden in Bayreuth bevorzugt behandelt würden.

Jawohl! Warum hatten die deutschen Bürger nicht die Hilfe gewährt? Erst nachdem die Werke meines Vaters in Paris einen triumphalen Erfolg errungen hatten, begannen unsere hochnäsigen Deutschen zu merken, daß Richard Wagner vielleicht doch jemand sei, und daß sie eine Reise nach Bayreuth riskieren könnten, ohne sich zu sehr zu kompromittieren. Und allmählich begannen auch die Deutschen Bayreuth zu besuchen. Aber ohne die Fremden wären wir schon lange erledigt gewesen. Haben wir Deutsche also das Recht, andere, die bereit sind, Opfer zu bringen und zur Wiedereröffnung der Festspiele beizutragen, auszuschließen? Ich bestreite das mit allem Nachdruck.

Wenn die Juden gewillt sind, uns zu helfen, so ist das doppelt verdienstlich, weil mein Vater sie in seinen Schriften angegriffen und beleidigt hat. Sie hatten daher allen Grund, Bayreuth zu hassen, und doch verehren viele von ihnen trotz den Angriffen meines Vaters seine Kunst mit echter Begeisterung. Sie müßten die Namen von früheren jüdischen Anhängern gut kennen. Wer hat zu jener Zeit eine Pressekampagne zugunsten meines Vaters geführt? Georg Davidsohn und Dohm. Sie müssen auch von Tausig und Heinrich Porges gehört haben. Josef Rubinstein machte den Klavierauszug des „Parsifal", und Levi dirigierte die erste Aufführung des „Parsifal". Und wenn unter hunderttausend Juden nur ein einziger wäre, der mit ganzem Herzen und aus ganzer Seele meines Vaters Kunst verehrte, würde ich mich schämen, ihm den Rücken zuzukehren, nur weil er ein Jude ist. Auf unserem Festspielhügel wollen wir positive Arbeit leisten, keine negative. Ob ein Mensch Chinese, Neger, Amerikaner, Indianer oder Jude ist, das ist uns völlig gleichgültig. Aber wir könnten von den Juden lernen, zusammenzuhalten und einander zu helfen. Mit Neid und Bewunderung sehe ich, wie die Juden ihren Künstlern beistehen, wie sie den Weg für sie ebnen. Wenn ich Jude wäre, würden meine Opern in allen Theatern aufgeführt werden. Wie die Dinge aber nun liegen, müssen wir warten, bis wir tot sind.

Nein, mein lieber Herr Püringer, wir müssen uns selbst die Schuld an den hoffnungslosen Zuständen in unserem Vaterland zuschreiben, denn wir haben keinen Nationalstolz und lassen unsere eigenen Leute in der Tinte sitzen. Sollen wir nun zu all unseren übrigen schlechten Eigenschaften auch noch Intoleranz hinzufügen und Menschen, die guten Willens sind, zurückweisen? Wollen Sie wirklich leugnen, daß es unter den Juden Menschen gibt, deren Begeisterung für Bayreuth echt ist? Es sind Menschen, die ich nicht beleidigen will und darf. Ich bin in der Lage, Ihnen zu beweisen, daß Sie Unrecht haben und kann Ihnen sogar die Namen vieler angeben. Bei der Auswahl unserer Künstler haben wir die Rassenfrage nie in Betracht gezogen. Wir haben uns nur von der Stimme, dem Talent und der Erscheinung bei der Besetzung einer Rolle leiten lassen, und das ist ein Prinzip, das wir auch in Zukunft befolgen werden.

Ich hoffe, daß Sie mich verstehen werden. Bayreuth soll eine wahrhafte Stätte des F r i e d e n s sein.

Mit vorzüglicher Hochachtung
Ihr ergebener Siegfried Wagner (1921)

Die folgenden beiden Texte sind Auszüge aus Veröffentlichungen in der von George kontrollierten Reihe der „Werke der Schau und Forschung aus dem Kreise der Blätter für die Kunst", in welcher die Auseinandersetzung mit Wagner von dem favorisierten Nietzsche aus gesehen stattfindet. Einen klaren Blick verraten Ernst Gundolfs Worte über eine angebliche „semitische Gefahr".

ERNST GUNDOLF UND KURT HILDEBRANDT NIETZSCHE ALS RICHTER UNSRER ZEIT

IM VERLAG VON FERDINAND HIRT IN BRESLAU 1923

Die „Geburt der Tragödie aus dem Geiste der Musik" ist seine Formel für das leuchtendste Beispiel jener Erzeugung des heroischen Menschbildes aus gottgetriebener Erschütterung, die all seine Hoffnungen umschloß.

Der Gang der Gedanken, die zu diesem Ziele leiten, braucht hier nicht nachgezeichnet zu werden, da wohl keine theoretische Betrachtung der letzten hundert Jahre über die Kunst sowohl wie über die Griechen ihre Fruchtbarkeit durch jede Art der Verwertung schon stärker erwiesen hat. Ihr wesentlicher Inhalt, die Unterscheidung der kunsterzeugenden Grundkräfte der Schau und des Rausches und die Darlegung ihres gegenseitigen Verhältnisses, wird Geltung haben, auch wenn man der Formeln nicht mehr bedarf, in die sie gekleidet sind, und noch weniger der äußerlichen historischen Richtigstellungen, die für nötig befunden wurden.

Dagegen ist es auch heute noch nicht unwichtig, den reinen Gehalt des Werkes von den inniger damit verbundenen „Einmischungen modernster Dinge" zu reinigen, die er selbst später beklagt hat, von den Verführungen, welche die mächtige Gegenwart der Wagnerischen Kunst ausübte. Diese Kunst ist ihrem Wesen nach „romantisch", wenn man diesen Begriff in dem Sinne nimmt, den Hildebrandt als Gegensatz zum „Dionysischen" geprägt hat (Jahrbuch für die geistige Bewegung, 1912) — sie entspringt aus der Sehnsucht einer Spätzeit nach Ursprünglichem, nicht aus der Fülle eines neuen Ursprungs, und darum erscheinen die von Wagner oder in seinem Namen aufgerufenen Kräfte auch starker Zeiten heute schon gespenstisch schwach, wie etwa sein Ritterwesen, oder an falscher Stelle. Dies letztere ist wohl, was man jetzt als Mangel an Geschmack im höheren Sinne empfindet, und wagnerisch ist es etwa, wenn Nietzsche mit fast grotesker Formulierung den Choral Luthers als Vorspiel der großen deutschen Musik „den ersten dionysischen Lockruf" nennt. Ebenso ist für uns die an derselben Stelle ausgesprochene Erwartung einer Wiedergeburt des deutschen Mythus angesichts der Wagnerischen Mythologien nicht mehr begreiflich, denn diese verraten uns heute ihren Ursprung aus dem Geiste nicht nur der Romantik, sondern der Literatur und des Theaters: als übergeworfene Verkleidungen eines freilich großen Verstandes und dem Zuschauer entgegenkommende Darbietungen eines allerdings gewaltigen Willens zu wirken. Eine Mythologie, die so viele Jahrhunderte nur in den Schriften der Altertumsforscher ihr Dasein gehabt hat, würde selbst in echterer dichterischer Erneuerung ihrer Symbole nicht wieder zum lebenden Mythus eines Volkes werden, weil dieser dem Kult erst folgt oder zum mindesten den wirklichen Glauben an die Leibwerdungen der göttlichen Gestalt zum Ursprung hat. Gefährlicher noch als diese Verführung von Wagner her ist vielleicht gegenwärtig die verwandte Meinung, die dieser verbreitete, als ob man, um gutes deutsches Wesen und deutsche Kraft wiederzugewinnen, zu den angeblich rein germanischen Ursprüngen seine Zuflucht nehmen müsse, alles, was römische und romanische Herkunft verrate, dagegen auszumerzen sei. Auch wenn nicht schon die Wissenschaft vom „Germanischen", wie sogar der Name, lehrte, daß man dann so gut wie nichts in der Hand behielte, was überhaupt noch unmittelbar bildend wirken könnte, müßte man einsehen, was diese Forderung bedeutet: die Verleugnung aller eigentlich deutschen Schöpfungen, Überlieferungen und Träume zugunsten eines ungreifbaren Spukbildes, denn der Inbegriff alles Deutschen ist die Bindung und Festigung des gestaltlos Nordischen durch südliche Formung. Seine urtümlichsten Andenken in ihrer eigensten Sprache sind ohne diese Einung nicht zu denken, und wer nach der Bewahrung des etwa noch lebendigen Heidnischen trachtet, der wird dessen Kräfte und Stoffe nirgends dichter finden als in den Überlieferungen der alten römischen Kirche. Man wird weder die verborgenen alten noch die ersehnten neuen Quellen entspringen sehen, wenn man den Boden verläßt, aus dem sie sich speisen. Schließlich ist hier notwendig, ein Wort zu sagen über die gerade auch von Wagner mit den vorerwähnten Anschauungen eng verknüpfte Lehre von der semitischen Gefahr, obwohl sie sich Nietzsche wenigstens ausdrücklich nicht zu eigen gemacht hat. Gefaßt darauf, daß man hier die Unbefangenheit des Schreibers in Zweifel zieht, glauben wir sagen zu müssen, daß es schlimm um das deutsche Volk bestellt sein müßte, wenn sein Leib und sein Geist schon so schwach wäre, daß es die an Zahl und Kräften so weit unterlegene Art nicht im Guten und Schlimmen nützen und bewältigen könnte, und also gezwungen wäre, sie als Fremdes völlig auszuscheiden. Wir haben eine höhere Meinung von der wahren Macht des Deutschtums und werden dabei bestärkt, wenn wir sehen, daß es selten dessen Beste sind, die solche Furcht am stärksten bekunden.

Wenn soeben von den Trübungen die Rede war, die in Nietzsches Frühwerk aus der besonderen Art von Wagners Werk und Person eingeflossen sein könnten, so bliebe der einen Frage doch noch ihr volles Gewicht, ob der neueren Musik als solcher, wenn nicht der neuesten, die Wagner vertritt, der Rang zukommt, der ihr dort zugewiesen wird als der einzigen Erscheinung, die ein Wiedererwachen des Dionysichen ankündigt. Es wäre ein für allemal zu untersuchen, ob überhaupt die Musik die ihr beigeschriebene Kraft ihrem Wesen nach in sich trägt als dionysischer Schoß apollinischer Schau. Wir dürfen uns zur Beantwortung dieser Frage auf die grundsätzlichen Ausführungen in Wolfskehls Aufsatz berufen (im Jahrbuch für die geistige Bewegung, 1912), wo gezeigt ist, daß und warum dies nicht möglich ist: weil nämlich nach Nietzsches späterem Wort die Musik im heutigen Sinne wesentlich eine Barockerscheinung ist, das heißt ein Nachgesang gewesener Gestaltungen, weil sie aus dem gemeinsamen Mutterboden alles Menschenmaßes, dem Rhythmisch-Bildlichen, schon gelöst eigen-sinnig sich den Erregungen der Tonwelt hingibt und sie eigen-gesetzlich bindet, jeder leidenden, aber nie der zeugenden Erschütterung fähig. Man denke nun nicht, daß damit der ganze Bau von Nietzsches Darlegung ins Wanken gebracht sei. Daß die schüchterne griechische Musik mit „der uns bekannten und vertrauten, so unendlich reicheren" nur sehr annäherungsweise vergleichbar sei, hat er selbst ausgesprochen, und wir dürfen glauben, daß alle eigentlich wirkenden Reize der heutigen Musik dem Klang wie der Fügung nach einem Griechen unvernehmbar gewesen wären. Schon dies mag unsere Meinung stützen, daß die alte Musik wohl noch im Rhythmischen den gemeinsamen Ursprung mit Dichtung und Geberde fühlte, aber niemals aus ihrem Tonbereich diese hervorrufen konnte. Die Tragödie, von der wir wissen, ist Dichtung, und noch das Chorlied ist Dichtung, trotz der Begleitung und Leitung durch die Musik im engeren Sinne, das heißt für sich lebendes Wortgebild. Das Wagnerische Musikdrama aber ist als Wort wesentlich nicht Dichtung, sondern Text zum vorgestellten Drama und zur Musik. Es dient nur, deren Pathos als Zeichensprache zu verstärken, und nichts anderes besagt auch die erhöhte Schaubarkeit und tiefere Durchsichtigkeit, die Nietzsche an dem freilich noch höchsten möglichen Beispiel, dem „Tristan", gegenüber dem bloßen Wortdrama darlegt. Diese hat nichts mit der leibhaften Sichtbarkeit einer griechischen Tragödie zu tun, es sei denn, man denke an den Euripides, wie er bei Nietzsche erscheint: „der, um überhaupt zu wirken, neue Erregungsmittel braucht, die nun nicht mehr innerhalb der beiden einzigen Kunsttriebe, des apollinischen und des dionysischen, liegen können. Diese Erregungsmittel sind kühle paradoxe Gedanken — an Stelle der apollinischen Anschauungen — und feurige Affekte — an Stelle der dionysischen Entzükkungen." Wirklich ist Euripides, der erste Theaterdichter, das einzige antike Vorbild, das man der Absicht und Wirkung nach Wagner heute noch vergleichen könnte, aber freilich eben nicht als Dichter. Die Bilderrede des Musikers zu seiner Musik wird niemals Dichtung sein, und ein Volkslied, das nur Beispiel einer Melodie wäre, ist gewiß ein schlechtes Gedicht — aber unberührt von all diesen Eingrenzungen gilt Nietzsches mit sicherem Instinkt vom Urphänomen des Lyrikers her erhellte Darstellung von der Geburt dionysischer Dichtung: ihrem Auftauchen aus dem Untergrund rhythmisch-klanglicher Erregung, wobei nur festzuhalten ist, daß die spezifisch musikalische Melodie oder Harmonie nicht schon hier vorausgesetzt werden darf, und daß erst durch Sprachwerdung das lebende und lebenweckende Gebilde entsteht. Durchaus erleuchtend bleibt uns auch das musikalische Sinnbild, dessen er sich zur Deutung des alten Rätsels von der Lust am Leiden und Untergang des Helden bediente, indem er sie der Lust an der Dissonanz verglich — die man dann freilich nicht als Nervenreiz begreifen darf, wozu Musik wie Trauerspiel heute gleicherweise einladen mögen, sondern als das Bedürfnis gerade der fruchtbarsten Fülle, auch noch Mißklang, Schmerz und Vernichtung in eine tiefere Harmonie aufzunehmen, nenne man diese kosmisch, metaphysisch, künstlerisch, oder wie man will.

INHALT

VORREDE.

Es ist ein natürliches Verlangen des Volkes, in Gefahr und Schande seine früheren Leistungen und seine großen Männer gerühmt zu hören, um an solchen Erinnerungen das vaterländische Gefühl zu beleben und neue Hoffnung zu erwecken. Aber solche Gesinnung, die im Glück nicht immer der Prahlerei auswich, kann auch im Unglück noch nicht die neue Kraft zeugen. Nicht die kriegerische, nicht die wirtschaftliche Organisation hat dem Deutschen in der Schicksalstunde gemangelt, wohl aber das Bild des Deutschen Menschen, ohne das der lebendige volkstümliche Widerstand gegen die begünstigteren westlichen Völker, die längst einen nationalen Typus ausgebildet hatten, die heute allein den Sieg verheißende Zähigkeit nicht aufbringen konnte. Die wirtschaftlichen Ziele zerreißen ein Volk — gemeinsam einsetzen kann es sich nur für das geistige Bild.

Keiner Zeit waren ziellose Wissenschaft, ästhetische Interessen, künstlerisches Genießen, zusammen die verantwortungslose Betriebsamkeit so unanständig wie der unsrigen. Nur zu einer spröden und enthaltsamen Jugend, die allein dem edelsten geistigen Befruchter sich zur Empfängnis hingeben will, lohnt es heute zu reden. Ihr darf man nicht die deutsche Besonderheit und Absonderlichkeit schlechthin rühmen: auch rückblickend soll man ihr nur das heroische Vorbild zeigen.

Wenn wir die Gestalten Wagners und Nietzsches zu zeichnen versuchen, so wollen wir sie nicht zu eitler Selbstbespiegelung des deutschen Geistes als Früchte ihres Volkes, ihres Jahrhunderts darstellen, sondern als das, was sie waren und sein wollten: als Hasser des 19. Jahrhunderts, die eine Sehnsucht nach einem höheren deutschen Menschen, nach einer großen Nation — nicht im „nationalistischen" Sinne — im Herzen trugen. Nietzsche selbst hat sich einen Biographen gewünscht, der ihn als Gegner des Zeitalters darstellt, und er hat diesen Kampf nach Wagners Vorbild aufgenommen. Diese Betrachtung ist nur scheinbar zurückgewandt, sie trägt nicht einen Baustein zur Geistesgeschichte des verflossenen Jahrhunderts bei, sie blickt auf die Selbstüberwindung dieses Zeitalters, das jetzt noch als toter Stoff unsere Umwelt bedeutet, auf das Ereignis, das die Schwelle unsers eignen geistigen Lebens ist. Will man diese Gegenkraft im 19. Jahrhundert, genauer in der Zeit zwischen Goethe und George, bildhaft, mythisch, das heißt in persönliches Geschehen verdichtet darstellen, so sind die stärksten Gestalten Wagner und Nietzsche.

Eine solche auf das Mythische gerichtete Betrachtung ist der geschichtlichen nicht entgegengesetzt, aber sie hebt aus deren Wissen allein das heraus, was ihr ewig-bedeutsam scheint. Sich zu verewigen ist, wie Dante und Goethe lehren, der Sinn des Menschen. Nur der Dichter kann den Mythus gestalten, aber die Wissenschaft hat die Aufgabe, die geistige Betrachtung auf das Wesentliche, Ewige, Mythische einzustellen.

Wie der Baum nur kurze Zeit des Jahres Früchte trägt und die Weinrebe nur nach jahrelangen Pausen den Saft in edelster Vollkommenheit hervorbringt, so gibt es ein großes Menschheitsjahr, dessen Umlauf unsere mythischen Heroen zeitigt. NUR ZU ZEITEN ERTRÄGT GÖTTLICHE FÜLLE DER MENSCH.

Die müden „aufgeklärten" Zeiten trösten sich, ihre Unfruchtbarkeit und Glaubenslosigkeit sei nur Folge der vermehrten Erkenntnis und der Glaube an Göttlichkeit und Heroentum sei nur in kindlicher Unwissenheit möglich. Die höchsten Epochen strafen diese kindische Einbildung Lügen.

Nur die Heroen höchster Schicht, Träger göttlicher Sendung, sind strahlende Sonnen und die Zeitalter, in denen sie blühen, sind kurz. Selbst die Heroen frühester griechischer Sage stehen im tragischen Schatten und die Männer später Antike im Schatten der Müdigkeit. In Wagner und Nietzsche mußte das Erbe düsterer nordischer Religion und die gottlose Zivilisation des modernen Europa diese tragische Spannung aufs Äußerste treiben. Wagners Gestalt wurde unrein, indem er viel von dem verhaßten Jahrhundert in sich aufnahm. Nietzsches Gestalt drückt den Gegensatz, darum aber auch die entsetzliche Vereinsamung in höchster Reinheit aus.

Eine Darstellung, welchen Einfluß Wagner auf Nietzsche gehabt hat, wie dann das Freundschaftserlebnis und die Bedeutung des Wagnerismus in allen Werken sich bewußt und unbewußt regt, würde ein umfangreiches literargeschichtliches Werk heischen, das hier nicht geplant ist. In diesem Bande wurde in die Mitte gestellt, was mythische Bedeutung hat und beide eint: ihr Kampf gegen das 19. Jahrhundert. Formal würden das drei Themen sein: das Verhältnis Wagners und Nietzsches zueinander, dann das Verhältnis beider zu ihrem Zeitalter. Aber diese Themen sind konzentrisch, und das Freundschaftsverhältnis wird dadurch symbolhaft, daß der Gegensatz zum Jahrhundert, der sie zuerst eint und zugleich der Keim ihres Zerwürfnisses ist, den Mittelpunkt dieses Erlebnisses bildet, während dies Erlebnis umgekehrt für die Selbstüberwindung des 19. Jahrhunderts der Mittelpunkt ist. Tribschen — Bayreuth — Zarathustra sind drei Symbolworte, um die das Schicksal des Jahrhunderts wie das Wagners und Nietzsches kreist. Dieser Band zeichnet die Gestalten nur wie sie sich im Kampf gegen ihr Jahrhundert abheben und einem zweiten müßte die Darstellung vorbehalten bleiben, wie sie sich von dem Neuen Leben scheiden.

An Adolf Hitler.

Bayreuth, den 7. Oktober 1923.

Sehr geehrter und lieber Herr Hitler.

Sie haben alles Recht, diesen Überfall nicht zu erwarten, haben Sie doch mit eigenen Augen erlebt, wie schwer ich Worte auszusprechen vermag. Jedoch ich vermag dem Drange, einige Worte mit Ihnen zu sprechen, nicht zu widerstehen. Ich denke es mir aber ganz einseitig— d. h. ich erwarte keine Antwort von Ihnen.

Es hat meine Gedanken beschäftigt, wieso grade Sie, der Sie in so seltenem Grade ein Erwecker der Seelen aus Schlaf und Schlendrian sind, mir einen so langen erquickenden Schlaf neulich schenkten, wie ich einen ähnlichen nicht erlebt habe seit dem verhängnisvollen Augusttag 1914, wo das tückische Leiden mich befiel. Jetzt glaube ich einzusehen, daß dies grade Ihr Wesen bezeichnet und sozusagen umschließt: der wahre Erwecker ist zugleich Spender der Ruhe.

Sie sind ja gar nicht, wie Sie mir geschildert worden sind, ein Fanatiker, vielmehr möchte ich Sie als den unmittelbaren Gegensatz eines Fanatikers bezeichnen. Der Fanatiker erhitzt die Köpfe, Sie erwärmen die Herzen. Der Fanatiker will überreden, Sie wollen überzeugen, nur überzeugen, — und darum gelingt es Ihnen auch; ja, ich möchte Sie ebenfalls für das Gegenteil eines Politikers — dieses Wort im landläufigen Sinne aufgefaßt — erklären, denn die Achse aller Politik ist die Parteiangehörigkeit, während bei Ihnen alle Parteien verschwinden, aufgezehrt von der Glut der Vaterlandsliebe. Es war, meine ich, das Unglück unseres großen Bismarck, daß er durch den Gang seines Schicksals — beileibe nicht durch angeborene Anlagen — ein bißchen zu sehr mit dem politischen Leben verwickelt ward. Möchte Ihnen dieses Los erspart bleiben!

Sie haben Gewaltiges zu leisten vor sich, aber trotz Ihrer Willenskraft halte ich Sie nicht für einen Gewaltmenschen. Sie kennen Goethes Unterscheidung von Gewalt und Gewalt! Es gibt eine Gewalt, die aus Chaos stammt und zu Chaos hinführt, und es gibt eine Gewalt, deren Wesen es ist, Kosmos zu gestalten, und von d i e s e r sagte er: „Sie bildet regelnd jegliche Gestalt — und selbst im Großen ist es nicht Gewalt."

In solchem kosmosbildenden Sinne meine ich es, wenn ich Sie zu den auferbauenden, nicht zu den gewaltsamen Menschen gezählt wissen will.

Ich frage mich immer, ob der Mangel an politischem Instinkt, der an den Deutschen so allgemein gerügt wird, nicht ein Symptom für eine viel tiefere staatsbildende Anlage ist. Des Deutschen Organisationstalent ist jedenfalls unübertroffen (siehe Kiautschou!), und seine wissenschaftliche Befähigung bleibt unerreicht: darauf habe ich meine Hoffnungen aufgebaut in meiner Schrift „Politische Ideale". Das Ideal der Politik wäre, k e i n e zu haben. Aber diese Nicht-Politik müßte freimütig bekannt und mit Macht der Welt aufgedrungen werden. Nichts wird erreicht, solange das parlamentarische System herrscht; für dieses haben die Deutschen, weiß Gott, keinen Funken Talent! Sein Obwalten halte ich für das größte Unglück, es kann immer nur wieder und wieder in den Sumpf führen und alle Pläne für Gesundung und Hebung des Vaterlandes zu Fall bringen.

Aber, ich weiche ab von meinem Thema, denn ich wollte nur von Ihnen sprechen. Daß Sie mir Ruhe gaben, liegt sehr viel an Ihrem Auge und an Ihren Handgebärden. Ihr Auge ist gleichsam mit Händen begabt, es erfaßt den Menschen und hält ihn fest, und es ist Ihnen eigentümlich, in jedem Augenblicke die Rede an einen Besonderen unter Ihren Zuhörern zu richten, — das bemerkte ich als durchaus charakteristisch. Und was die Hände anbetrifft, sie sind so ausdrucksvoll in ihren Bewegungen, daß sie hierin mit Augen wetteifern. Solch ein Mann kann schon einem armen geplagten Geist Ruhe spenden!

Und nun gar, wenn er dem Dienste des Vaterlandes gewidmet ist.

Mein Glauben an das Deutschtum hat nicht einen Augenblick gewankt, jedoch hatte mein Hoffen — ich gestehe es — eine tiefe Ebbe erreicht. Sie haben den Zustand meiner Seele mit einem Schlage umgewandelt. Daß Deutschland in der Stunde seiner höchsten Not sich einen Hitler gebiert, das bezeugt sein Lebendigsein; desgleichen die Wirkungen, die von ihm ausgehen; denn diese zwei Dinge — die Persönlichkeit und ihre Wirkung — gehören zusammen. Daß der großartige Ludendorff sich offen Ihnen anschließt und sich zu der Bewegung bekennt, die von Ihnen ausgeht: welche herrliche Bestätigung!

Ich durfte billig einschlafen und hätte auch nicht nötig gehabt, wieder zu erwachen. Gottes Schutz sei bei Ihnen!

Houston Stewart Chamberlain.

Fünf Tage nach dem Putschversuch Hitlers am 9. November 1923 schreibt Winifred Wagner für die Bayreuther „Oberfänkische Zeitung" folgenden „Offenen Brief":

„Ganz Bayreuth weiß, daß wir in freundschaftlichen Beziehungen zu Adolf Hitler stehen. Wir waren an den verhängnisvollen Tagen gerade in München und sind die ersten gewesen, die von dort zurückkamen. Begreiflicherweise wandten sich Hitlers Anhänger an uns, um von Augenzeugen sich berichten zu lassen. Das Außerordentliche an der Tatsache, daß eine Frau in meiner Stellung so etwas getan hat, ist Veranlassung zu den übertriebensten Gerüchten und Aussagen sowohl bei Freund als auch bei Feind geworden. Seit Jahren verfolgen wir mit größter innerer Teilnahme und Zustimmung die aufbauende Arbeit Adolf Hitlers, dieses deutschen Mannes, der, von heißer Liebe zu seinem Vaterlande erfüllt, sein Leben seiner Idee eines geläuterten, einigen, nationalen Großdeutschland zum Opfer bringt, der die gefahrvolle Aufgabe sich gestellt hat, der Arbeiterschaft über den inneren Feind und über den Marxismus und seine Folgen die Augen zu öffnen, der es wie kein zweiter fertig gebracht hatte, die Menschen untereinander zu verbrüdern und zu versöhnen, den schier unüberbrückbaren Klassenhaß zu beseitigen gewußt hat, der Tausenden und Abertausenden Verzweifelnder die frohe Hoffnung auf ein wiedererstehendes, würdiges Vaterland und den festen Glauben daran wiedergegeben hat. Seine Persönlichkeit hat wie auf jeden, der mit ihm in Berührung kommt, auch auf uns einen tiefen, ergreifenden Eindruck gemacht, und wir haben begriffen, wie ein solch schlichter, körperlich zarter Mensch eine solche Macht auszuüben fähig ist. Diese Macht ist begründet in der moralischen Kraft und Reinheit dieses Menschen, der restlos eintritt und aufgeht für eine Idee, die er als richtig erkannt hat, die er mit der Inbrunst und Demut einer göttlichen Bestimmung zu verwirklichen versucht. Ein solcher Mann, der so unbedingt für das Gute eintritt, muß die Menschen begeistern, hinreißen, mit aufopfernder Liebe und Hingebung für seine Person beseelen. Ich gebe unumwunden zu, daß auch wir unter dem Banne dieser Persönlichkeit stehen, daß auch wir, die wir in den Tagen des Glücks zu ihm standen, nun auch in den Tagen der Not ihm die Treue halten."

FLUGBLATT CHAMBERLAINS
ÜBER HITLER ZUM NEUJAHRSTAG 1924

Graniten gemeißelte Worte, die dann noch einmal eine Ergänzung finden in jenen als Flugblatt der „Großdeutschen Zeitung" verbreiteten Auslassungen Chamberlains vom Neujahrstage des Jahres 1924. Frau Eva Chamberlain-Wagner hat diese unvergleichliche Charakteristik Hitlers als den deutschen Volksmenschen und genialen Vorkämpfer des deutschen Idealismus nach dem Diktat ihres Gatten eigenhändig niedergeschrieben:

„... Sie fragen mich nach meinem Eindruck von Adolf Hitler, und ich empfinde es als Pflicht, Ihre Frage zu beantworten.

Ich bin Adolf Hitler zweimal begegnet: das erstemal war er so freundlich, mich am Spätabend des Bayreuther Deutschen Tages aufzusuchen, das zweitemal traf ich ihn am folgenden Morgen in einem größeren Kreise sitzend im Garten vom Hause Wahnfried. Außerdem habe ich viel von ihm erzählen gehört und zum Teil von Menschen, die ich besonders hoch zu schätzen Veranlassung habe, und welche alle weiter treu an ihm hingen; auch sind mir Hitlers Reden in der Sammlung von Viktor von Koerber bekannt. Sie werden mir sagen, das sei wenig, um einen Menschen zu beurteilen, doch Hitler gehört zu den seltenen Lichtgestalten — zu den ganz durchsichtigen Menschen, womit ich nicht behaupten will, daß man eine ausführliche Kenntnis von ihm auf den ersten Blick gewinne, aber man erblickt die Grundpfeiler seines Wesens sofort. Es ist eben ein wahrer Volksmensch.

Wir alle sind aus hundert Mischungen zusammengesetzt, nichts ist seltener als Einfachheit; darum sind wir so undurchsichtig, so schwer auszukennen. Hitler gibt sich ganz in jedem Wort, das er spricht, und wenn er spricht, faßt er stets irgendeinen der Zuhörer fest ins Auge. Niemand kann diesem faszinierenden Blick widerstehen, diese Gewohnheit gründet sich offenbar auf die Tatsache, daß sich seine Worte immer unmittelbar an das Herz wenden und deswegen die Sprache des Auges nicht entbehren können; kann auch das Auge in jedem Augenblick nur einen einzelnen erfassen, so teilt sich doch etwas im Tone mit, das auf alle wirkt — ein etwas Intimes, zu Herzen Gehendes, unmittelbar Wirkendes. Somit wären wir bei dem Hauptorgan dieser Persönlichkeit angelangt: dem Herzen! Man kann bedeutende Menschen in zwei Klassen unterscheiden, je nachdem der Kopf oder das Herz vorwiegt. Hitler würde ich entschieden zu den Herzmenschen rechnen, nicht etwa, daß ich seine intellektuellen Fähigkeiten gering schätze, im Gegenteil, aber das mittlere Bewegungsorgan, der Herd, worauf die Glut sich entfacht, in der seine Gedanken geschmiedet werden, ist das Herz. Das unterscheidet ihn von den meisten Politikern, er liebt das Volk, er liebt sein deutsches Volk mit inbrünstiger Liebesleidenschaft. Hier halten wir den Mittelpunkt, aus dem seine ganze Politik, seine Wirtschaftslehre, seine Gegnerschaft gegen die Juden, sein Kampf gegen die Verrohung der Sitten usw. erfließen.

So z. B. liegt das klar auf der Hand bei seinem viel beklagten Antisemitismus. Weil er kein Phrasendrescher ist, sondern konsequent seine Gedanken zu Ende denkt und furchtlos seine Folgerungen daraus zieht, erkennt er und verkündet er: man kann sich nicht zugleich zu Jesus bekennen und zu denen, die ihn ans Kreuz schlagen. Das ist das Großartige an Hitler: sein Mut! Die Zivilcourage, deren Fehlen bei den meisten Deutschen Bismarck so sehr beklagte, besitzt er in überschwenglichem Maße. In dieser Beziehung gemahnt er an Luther. Und woher kommt diesen beiden Männern der Mut? Er kommt ihnen daher, daß es ihnen beiden heilig ernst um die Sache ist, die sie vertreten. Hitler spricht kein Wort, um das ihm nicht ernst wäre. Es findet sich in seinen Reden kein Füllsel, keine Übergangsphrasen. Goethe sagt einmal: ‚Man glaubt nicht, in welcher Hochburg der Mann wohnt, dem es immer ernst ist um die Sache.' In solch einer Hochburg wohnt Hitler; dies hat aber die Folge, daß er als Phantast verschrien wird. Man behauptet, Hitler wäre ein Träumer, der den Kopf voller Unmöglichkeiten habe, und doch sagt ein höchst beachtenswerter neuerer Historiker von ihm, er sei ‚seit Bismarck der schöpferischste Kopf auf dem Gebiete der Staatskunst'. Ich glaube, jenes Vorurteil leitet sich daher, daß wir alle geneigt sind, die Dinge für unausführlich zu halten, die wir nicht schon als vollbracht vor uns sehen. Es ist ihm z. B. unmöglich, unser aller Überzeugung über den verderblichen, ja über den todbringenden Einfluß des Judentums auf das Leben des deutschen Volkes zu teilen und nicht danach zu handeln; erkennt man die Gefahr, so müssen schleunigst Maßregeln gegen sie ergriffen werden, das sieht wohl jeder ein, aber keiner wagt's auszusprechen, keiner wagt die Konsequenz von seinem Denken auf sein Handeln zu ziehen; keiner außer Adolf Hitler.

Ebenso in seinem Verhältnis zu den Marxisten; da kennt er nur Vernichtungskrieg, während ihre politischen Gegner im Reichstage ‚Koalition' mit ihnen bilden. Der Jude Gambetta brachte das Wort ‚Opportunismus' in Gang, und es ist für alle Fachpolitik unentbehrlich geworden; nun denn, Hitler ist das gerade Gegenteil eines Opportunisten und gewinnt daourch jedes redliche, gerade, gesunde Gemüt für sich. Endlich einmal der Mann, der meint, was er sagt, und was er meint, ist überall so tief als wahr und so einfach als tief. Die Kennzeichnung aller heutigen Politik ist die Verwirrung; kein Satz, der nicht durch ein Dutzend anderer bedingt wäre, bis ein gewöhnliches Menschenkind weder ein noch aus findet. Hitler würde es als Lüge empfinden, wenn er nicht seine Gedanken in äußerster Einfachheit auszusprechen verstünde, er ist ein großer Vereinfacher, das gehört zu seiner Wahrhaftigkeit, zu seinem Mut, zu seinem Ernst, zu seiner Liebe. Hier liegt der Quell des tiefen Eindruckes, den seine Reden auf jedermann ausüben. Der einfachste Mensch kann ihm überall folgen, er gewinnt das Volk im Sturme, sein Wort hält es im Banne, sein Ernst erzwingt Achtung, seine Folgerichtigkeit überzeugt, sein pulsierendes Herz begeistert. Das erklärt seine unerhörte Wirkungsgewalt auf die uns so entfremdeten Arbeiter, die es ihm allein gelang, scharenweise zu gesünderen Ansichten zu bekehren und damit zugleich eine Macht zu brechen und eine andere an der Stelle aufzurichten. Und gegen welche Hindernisse hatte er nicht anzukämpfen! Wie war er überall verboten und verfolgt!

Das, was Hitler schon geschaffen hat, als sein eigenstes Werk, ist bereits ein Gewaltiges, was nicht so bald hinschwinden wird. Dieser Mann hat gewirkt wie ein Gottessegen, die Herzen aufrichtend; die Augen auf klar erblickte Ziele öffnend, die Gemüter erheiternd, die Fähigkeit zur Liebe und Entrüstung entfachend, den Mut und die Entschlossenheit stählend. Aber wir haben ihn bitter notwendig: Gott, der ihn uns geschenkt hat, möge ihn uns noch viele Jahre bewahren zum Segen für das deutsche Vaterland!

Bayreuth, 1. Januar 1924.

Houston Stewart Chamberlain."

Durch seine rassistische neurotisch übersteigerte idealistische Deutschtumsideologie, die bereits Wilhelm II. willkommen war, der die *Grundlagen des 19. Jahrhunderts* wiederholt an auszuzeichnende Personen als Prachtband überreichen ließ (siehe Seite 110/111) und der sich während des Ersten Weltkrieges in seinem Kreuzzugsdenken bestärken ließ (siehe Seite 140), stellt der Schwiegersohn Wagners Houston Stewart Chamberlain den entscheidenden Mittler zwischen Hitler und dem Haus Wahnfried dar. Mit Cosima, die er mit „Hohe Meisterin" anzureden pflegte, korrespondierte er bereits seit 1888 bis zu seiner Verheiratung mit Eva Wagner im Jahre 1908, und die illustrierte Ausgabe seines Buches über Richard Wagner, an der der Maler Hermann Hendrich (siehe Seite 129) mitwirkte, erschien bereits Weihnachten 1895. Hitler spricht am 30. September 1923 anläßlich des „Deutschen Tages" in Bayreuth in der Reithalle und macht am darauffolgenden Tag einen Besuch bei Chamberlain, durch dessen Vermittlung Hitlers Wunsch, das Haus Wahnfried zu besuchen, am nächsten Tag erfüllt wird. Doch bleibt die bei diesem Besuch entstehende freundschaftliche Verbindung zwischen Winifred und Siegfried Wagner und Hitler über den Tod Chamberlains am 9. Januar 1927 hinaus bestehen; 8 Gefolgsleute Hitlers im Braunhemd tragen Chamberlain zur letzten Ruhestätte, an der sich auch Hitler einfindet (siehe Seite 217).

Wagner als Führer zu deutscher Art.

Von Universitätsprofessor *Adolf Rapp* in Tübingen.

Wagner hat den größten Wert darauf gelegt, daß seine Kunst in besonderem Maße der Ausdruck des deutschen Wesens sei, und er hat uns überdies durch seine ganze Wirksamkeit zur Pflege deutschen Wesens erziehen wollen. Darnach wurde auch seine Gemeinde, die ihren Mittelpunkt in Bayreuth hatte, eine der fruchtbarsten Pflegstätten des deutschen Gedankens. Besinnen wir uns in Kürze darauf, um was im Einzelnen es sich dabei handelt.

Zunächst in Wagners eigener Kunst. Deutsch sind hier schon die „*Stoffe*“, wenn man „deutsch“ in dem Sinn nimmt, in dem es seit langem von denen genommen wurde, die ein Ideal eines Volksgeistes damit ausdrücken wollten. Deutsch ist dann nämlich nicht nur die Welt der Meistersinger, sondern die nordisch germanische Sage, wie sie Wagner durch die Edda und die Epen unseres Mittelalters überliefert fand. Als deutsch ist aber vor allem der *seelische Gehalt* in Wagners Schöpfungen empfunden worden. Wie in den Meistersingern die Idee des deutschen Bürgertums, so sind in den Werken, die die Heldensagen der Vorzeit zum Gegenstand haben, die Ideale des germanischen Waffenadels und der Ritterzeit verkörpert: der furchtlose, wahrhaftige, edelgesinnte Held, von freier Heiterkeit und tiefem Ernst, der seine Kraft verschwenderisch hingibt an große Ziele, der die Güter nicht achtet, an denen ein gewöhnlicher Sinn hängt, der unbedingt Treue hält, der in der Frau etwas Heiliges sieht und in ihrer Liebe die höchste Seligkeit findet. Deutsch wieder in besonderem Sinne durften dann genannt werden jene herrlichen Frauengestalten, stolz und zart, in Mitleid und Liebe zu einer alles opfernden Hingabe fähig und darum von einer alles überwindenden Kraft zu heilen und zu erlösen. Echt deutsch ist in diesen Werken aber überhaupt die Innigkeit, die Reinheit, die Stärke, der unbedingte Ernst des Gefühls, das keinen Schein, keine „Konvention“, keine Mode, nichts Aeußerliches duldet. Endlich ist deutsch diese wunderbare Beseelung aller Kreatur: Quell und Fluß, Hochgebirg und Tann, Sturmwolken und Abendfriede, Tag und Nacht haben eine tiefe Seele, mit der sie teilnehmen am Leben des Menschen.

Und deutsch sind die *Formen des Ausdrucks* für diesen inneren Gehalt. Die Seele von Wagners Werken redet zu uns am unmittelbarsten in der Tonsprache, die aus dem Urgrund von jenseits der Welt der Erscheinung an unsere Seele dringt, in dieser „deutschesten Kunst“, in der kein Volksgeist so Tiefes und Erhabenes hat ausdrücken können wie der deutsche. Auch bei dem Künstler, dessen Element das Drama, die sinnliche Gestaltung, die größte Deutlichkeit des Bühnenbildes ist, bleibt „die tiefe Kunst des tönenden Schweigens“ die Ursprache seines Genius. Aber auch als Dichter in Worten ist er in besonderem Sinne deutsch: vor allem in dem der deutschen Sprache so ganz gemäßen Rhythmus, wie er besonders in den Meistersingern und im Ring erscheint, natürlich auch in der Wiederbelebung des Stabreims, der uns im übrigen etwas fremder geworden ist. Mit Recht hat aber auch, besonders von Chamberlain, gesagt werden können, daß Wagners Kunstwerk überhaupt „das deutsche Drama“ sei; die Entwickelung der deutschen Kunst drängte darauf hin, und daß dem ernsten Drama die Sprache der Töne zuteil werde, ist ein dem Deutschen ganz gemäßes Verlangen. Bei Wagner aber wirken im Drama alle Ausdrucksmittel zusammen, um dem Seelischen eine äußere Gestalt zu geben, in der es zur sinnbildlichen Erscheinung kommt: Wort, Blick, Bewegung, die Symphonie des Orchesters und das beseelte Bühnenbild im Hintergrund.

Nun ist bekanntlich bestritten worden, daß gerade Wagners Geistesart so deutsch sei. Dazu sei sie nicht schlicht genug, ihr Gefühlsleben sei zu gesteigert und äußere sich zu aufdringlich, es sei zu viel Schwelgen und Wühlen in Empfindung darin, und die theatralische Wirkung dränge sich zu stark vor. Einwendungen, die ernst zu nehmen sind, weil sie von unzweifelhaft deutsch gearteten Menschen erhoben werden. Namentlich die feste und verhaltene niederdeutsche Art spricht daraus, aber ebenso z. B. schwäbische Art. Man kann nun sagen, Wagner, der eine dämonisch vielseitige Natur war, zeige in seinem Wesen und in seinen Werken, in den Meistersingern namentlich, durchaus auch jene stillere deutsche Art, und umgekehrt stecke in jener Ablehnung Wagners viel Beschränktheit des Empfindens. Jedenfalls aber finden sich Tausende von uns in bester Uebereinstimmung mit ihrem deutschen Gefühl, wenn sie mit Goethe, Uhland, Mörike, Raabe, Storm, Brahms, Schubert — oder wen wir sonst nennen wollen — Wagner als deutschen Genius zusammennehmen.

Exlibris (1925) von Fidus (siehe Seite 154)

Bisher war nur die Rede von Wagners eigener Kunst; aber er hat auch über sie hinaus für die *Pflege deutscher Art* nachhaltig gewirkt. Seine Schriften in langer Reihe legen in höchster Lebendigkeit, geistvoll und warmherzig dar, was in Kunst und Leben für ihn deutsch ist, wie das deutsche Wesen in der Geschichte und besonders in der Kunstentwickelung sich durchgerungen habe, wie in der Gegenwart für das deutsche Wesen zu kämpfen sei. Er hat bei seinen Anhängern den fruchtbarsten *Umgang mit den deutschen Meistern* angeregt, hat in der Bühnendarstellung, vor allem durch das Vorbild von Bayreuth, einen *deutschen Stil* durchgesetzt, und endlich hat er mit einigem, wenn auch beschränktem Erfolg dazu geholfen, daß im Publikum ein wahrhaft *deutscher Geschmack* sich bilde. Der „deutsche Stil“ besteht im Grunde darin, daß in allem Dargestellten etwas Innerliches und zugleich Eigenartiges seinen ungekünstelten Ausdruck finden muß; der deutsche Geschmack lehnt demgemäß alles Sichvordrängen von Virtuosenhaftem, alle seelenlose Technik, allen künstlichen Flitter ab. Bravourarie und Ballet sind unmöglich. Die Folgerungen sind aber für alle Kunst von denen, die zu Wagner gehörten, energisch gezogen worden; man denke etwa an Henry Thodes Eintreten für Hans Thoma in der Auseinandersetzung mit den Impressionisten (1905: „Böcklin und Thoma, acht Vorträge über neudeutsche Malerei“).

Außerhalb der Kunst wird von Wagner und den Seinen die Offenbarung deutschen Wesens besonders in jenem *deutschen Glauben* gesucht, der ihnen durch die Jahrhunderte hin in wechselnder Gestalt erst bei den Mystikern des 14. und 15. Jahrhunderts, dann bei Luther, endlich bei Kant und Schopenhauer erschien. Das Wesentliche ist auch hier: den Zugang zur Erkenntnis der Welt und zu Gott sucht der Deutsche in dem eigenen Innern; dort muß ihm das Wesen der Dinge aufgehen, dort muß Gott in ihm wirken, von dort aus wird er dann das Gesetz seines Handelns empfangen. Alles, was von außen an ihn herantritt, muß, wenn es ihn für sich gewinnen will, sein Inneres gewinnen.

Mit dieser Selbsterkenntnis des deutschen Wesens und diesem Kampfe für deutsches Wesen steht Wagner und seine Bayreuther Gemeinde in einem großen Zusammenhang. Ich habe diesen darzustellen unternommen in dem Buch „Der deutsche Gedanke" bei Schroeder in Bonn 1920, und verweise darauf. Seit den vierziger Jahren, seit er, von Paris kommend, beim Anblick des Rheines in Tränen schwur, ganz seinem deutschen Vaterlande zu gehören, stand Wagner selbst in der Bewegung, die durch die „vaterländische Romantik" zur Napoleonszeit getragen war; die Namen Arndt, Görres, Uhland, Grimm u. s. f. tauchen in unserer Erinnerung auf. In seinen Werken gab Wagner dem, was die vaterländische Romantik erstrebte, eine großartige Erfüllung. In dem Kampfe gegen französische und italienische Fremdherrschaft über die deutsche Kunst, den er seit etwa 1840 führte (seit der Zeit, da auch in Deutschland der Geist von 1813 aufs neue lebendig geworden war), in diesem Kampf erinnert er zugleich an das starke Geschlecht des 18. Jahrhunderts: Lessing, den jungen Goethe, Mozart. Die Besinnung auf nationale Eigenart beginnt gewöhnlich als Kampf um die Befreiung von einer Fremdherrschaft: den Männern, die seit der Mitte des 18. Jahrhunderts den deutschen Geist auf seine Höhe führten, wurde dieser Kampf dadurch aufgedrungen, daß sie fremdländisches Wesen bei uns in Geltung, Ausländer in wichtigen Stellungen fanden. Der gleiche Kampf aber war auf dem Gebiete der Musik —, der „deutschesten Kunst"! — zum guten Teil noch zu Wagners Zeit nötig. Und er blieb unausgesetzt nötig, weil immer wieder das instinktlose deutsche Publikum undeutschem Geschmack folgt. Um 1770 und um 1813 war es das „wälsche" Wesen, gegen das die deutsche Erhebung auch im geistigen Leben nötig war; später kam dazu noch das jüdische, zusammen mit dem ganzen heimatlosen Großstädtertum der Gegenwart. Man weiß, wie Wagner und seine Gemeinde dagegen kämpften. Die Bewegung, die seit etwa 1880 und verstärkt seit den letzten paar Jahrzehnten durch Deutschland geht, und in der die Zeiten von Arndt und Jahn neu aufleben, diese neue auf „Deutschheit" gerichtete, oft unter dem Namen „Neuromantik" mitbegriffene Bewegung ist im Gegensatz zum Judentum und zugleich zur „Amerikanisierung" unserer Heimat groß geworden. Ihre politischen Folgerungen, wie sie heute in unseren vaterländischen Verbänden vertreten werden, sind zum Teil ebenfalls von Wagner und seinem älteren Kreise gezogen worden; doch war Wagner seinem eigentlichen Wesen nach dem Staate ziemlich fremd. Heute darf man sagen, daß die Bayreuther Gemeinde auch politisch in dem Lager versammelt ist, in dem mehr und mehr alles, was entschieden deutsch sein will, sich zusammenfindet.

Bayreuth und Weimar.

Von Prof. Dr. Friedrich Lienhard in Weimar.

Es gibt im Reich der Geister wundersame Lebensvorgänge: um ein Genie herum verdichtet sich eine Welt des Schönen, Guten, Großen und lebt als selbständiges Gebilde weiter.

So ballt sich auch in den Namen „Richard Wagner" und, von ihm ausstrahlend, in den Namen „Bayreuth" eine Welt der Schönheit, ein künstlerischer Schatz, und geht in das Besitztum der Nation über. Diese geistige Geographie der Deutschen deckt sich in ihren Hauptstädten keineswegs mit den Hauptstädten der politischen Welt. Es sind kleine Orte, was den Umfang betrifft, Stätten der Besinnlichkeit, Winkel der deutschen Welt, aber fruchtbar und geweiht durch das wirkende Genie.

So sind Kulturstätten wie Wartburg, Weimar, Bayreuth Heiligtümer der Nation.

Franz Liszt versuchte einst, Karl Alexander für den Festspielgedanken zu begeistern, Wagners Welt also mit „Weimar" zu einer Einheit zu verschmelzen. Dann wäre, nach dem Blütezeitalter des Wortes, der Dichtung, des Sprechdramas, in Weimar auch das Musikdrama heimisch geworden und mit ihm die Musik überhaupt, deren Schwerpunkt zur Zeit der Klassiker in Wien lag. Aber so schön und bestechend der Gedanke auf den ersten Anblick scheint, es ist doch besser so, wie es sich jetzt gestaltet hat. Der Begriff „Weimar" hätte seinen besondersartigen Klang eingebüßt, der nun einmal mit Goethe und Schiller innig verflochten und vom achtzehnten Jahrhundert umschimmert ist. Es hätte sich eine neue Schicht über dieses geistige Troja-Hissarlik gelagert; man hätte zwischen Goethes Weimar und Wagners Weimar unterscheiden müssen. Und der Ort hätte, unter so viel Andrang — von der Goethegesellschaft und ähnlichen Veranstaltungen bis zum Uebermaß der Festspiele — geradezu seine Stileinheit verloren und sein idyllisch Gleichmaß gesprengt. Das stille Bayreuth hat Zeit, sich auszuruhen und Kraft zu schöpfen zum Höhepunkte des Jahres, zur Festspielzeit. Es war ein fast unbeschriebener Name bis zu Wagners Zeit; es trägt nun für sich einen Kulturbegriff, welcher Kunst und Denken eines idealistischen Kreises inmitten materialistischer Gegenwart klar und klangrein abhebt.

Namen und Stätten wie Weimar, Wartburg und Bayreuth sind Warten und Wachtberge des höheren Lebens; an ihnen orientiert sich die Menschheit immer wieder, wie der Schiffer an Leuchttürmen. Die über uns Waltenden stellen solche Weiser plangemäß von Zeit zu Zeit an die Heeresstraße der pilgernden Menschheit. Genies dieser Art sind Fackelhalter des Göttlichen inmitten des niederwuchtenden wirtschaftlichen und animalischen Lebens. Sie verkünden zugleich, da sie viele Deutsche festlich versammeln, das Ideal einer edlen Lebensgemeinschaft. Festspiele! Einer der kühnsten und köstlichsten Träume, Deutsche von Wert festlich zu versammeln! Ihn geträumt und den Traum in hohem Maße verwirklicht zu haben — es ist wahrlich Anrecht auf Walhalla.

Hier liegt die einigende Bedeutung großer Kunst, die jedesmal auch Kulturkraft ausstrahlt und die Edlen sammelt, wenn auch Mitläufer nicht zu vermeiden sind. Die Menschen, die vor Beethovens Symphonien und vor Wagners Festspielen sitzen, sind während dieses erhöhten Zustandes wahrhaft Menschen und wahrhaft Brüder im Lichte der Ewigkeit. Auf melodischem Umweg zieht einigende Liebe in das Herz ein. Und ist denn Liebe im erhebenden und erlösenden Sinne des Wortes etwas anderes als die Kraft der Rhythmisierung und der Harmonisierung gegenüber den Dissonanzen des alltäglichen Daseins und der niederen Kräfte?

Viel Fremde pilgerten nach Weimar, nach der Wartburg, nach Bayreuth, ehe des Weltkriegs Wahnsinn über die Menschheit kam. Sie werden wieder zu uns pilgern und das andere, das edlere Deutschland aufs neue schätzen und lieben lernen, das sie anscheinend in all dem Haß gänzlich vergessen haben.

Die Ausgabe von 5000 Patronatsscheinen à 1000 Mark (siehe Seite 36) durch die am 21. Juni 1921 in Bayreuth gegründete „Deutsche Festspielstiftung Bayreuth", deren Zeichnung am 1. September 1922 bereits abgeschlossen werden kann, und die finanziellen Erfolge von Siegfried Wagners Amerikareise im Frühjahr 1924 ermöglichen die Wiedereröffnung der Festspiele nach zehnjähriger Pause am 22. Juli 1924. Die hier wiedergegebenen Beiträge von Alfred Rapp und Friedrich Lienhard aus dem von Dr. Karl Grunsky (siehe Seite 164) herausgegebenen und von Franz Stassen mit einem Umschlagbild (siehe Seite 177) versehenen „Offiziellen Bayreuther Festspielführer 1924" lassen erkennen, unter welchen ideologischen Vorzeichen diese Festspiele stattfinden: sie und das ganze Buch verkünden, wie Karl Holl in der „Frankfurter Zeitung" (siehe Seite 186) schreibt, „die vollkommene *Politisierung* Bayreuths", „künstlerischer und staatsbürgerlicher Byzantinismus, Nationalismus und Antisemitismus finden sich in schöner Eintracht darin zusammen"; „das diesmal so auffällig betonte Abschwenken Bayreuths in das Lager der politischen und künstlerischen Reaktion" findet seinen sichtbaren Ausdruck in dem Hissen der schwarzweißroten den Widerstand gegen die Weimarer Republik symbolisierenden Flagge neben der blauweißen, in den wiederholten Heilsrufen und dem mehrstrophigen Absingen des Deutschlandliedes am Schluß der *Meistersinger*. Siegfried Wagner empfand dies, nach Franz Stassen, als peinlich und bemerkte „bleich und entrüstet: ‚Nach der ‚Götterdämmerung' werden sie wohl die ‚Wacht am Rhein' singen". Doch als sich das 1925 wiederholt, läßt er die Lichter im Festspielhaus ausdrehen und einen Anschlag aushängen: „Wir bitten, alles noch so gut gemeinte Singen zu unterlassen; hier gilt's der Kunst!" (Siehe auch Seite 251); und auf dem Festspielhaus hißt er die bis heute verwendete Fahne mit dem Wagner-Initial.

„Die Sonne"

Völkische Wochenschrift

Inhalt.

DIE FESTSPIELE UND DER „BAYREUTHER IDEALISMUS" IN VÖLKISCHEM FAHRWASSER: BAYREUTH ALS EINE „DEUTSCHE WAFFENSCHMIEDE"

 Bayreuther Festspiele 1924

Bayreuther Geist und völkische Ziele.

Armand Crommelin, Potsdam.

Der Leser möge sich beruhigen: es soll hier nicht von Politik die Rede sein. Was den Bayreuther Geist betrifft, so ist das wohl von selbst verständlich; denn nichts auf der Welt hat weniger mit Politik zu tun als Bayreuth. Leider muß man andererseits feststellen, daß das Wort und der Begriff „völkisch“ für manchen, der ihnen begegnet, einen starken politischen Beigeschmack haben. Dennoch stehe ich nicht an, völkische Ziele und Bayreuther Geist in einem Atem zu nennen; denn wer beide richtig auffaßt und vollkommen versteht, wird erkennen, daß sie innerlich zusammen gehören und nicht zu trennen sind. Eine der ersten großen Gemeinsamkeiten, die Bayreuth mit der völkischen Bewegung verbindet, ist, daß beide turmhoch über das erhaben sind, was wir gewöhnt sind, als „Politik“ zu bezeichnen; wenn die völkische Bewegung trotzdem, teils scheinbar, teils in Wirklichkeit auf Abwege geraten ist und sich an dem beteiligt, was wir als Politik und Parlamentswirtschaft gleicherweise in Grund und Boden verachten, so ist das sowohl einerseits bedauerlich, als auch andererseits aus dem Grunde eine Notwendigkeit, damit die Gegner mit ihren eigenen Waffen bekämpft und ad absurdum geführt werden können.

Entschieden gemeinsam ist dem Bayreuther Geist und der völkischen Bewegung in ihren wahren Zielen der aristokratische Imperativ. Ich möchte das Wort „Aristokratie“ hier in seiner ursprünglichen Bedeutung als Herrschaft des Besten, unter Ausschluß also alles Selbstsüchtigen, Minderwertigen, Unedlen, Gemeinen, Schlechten, Dummen verstanden wissen. Bayreuth ist diesem Grundsatz von dem Augenblick an, in welchem der unsterbliche Meister das fränkische Städtchen „im stillen Winkel“ seiner Vergessenheit entriß, bis auf den heutigen Tag treu geblieben und wird ihm so lange treu bleiben, wie es Anspruch darauf erheben darf, die einzige Pflegestätte wahrer deutscher Kunst zu sein.

Eine schwere Verantwortung ruht auf den Schultern derer, die berufen sind, für sich und für die ganze Richtung, die sie vertreten, dem Befehl zur unbedingten Herrschaft des ausschließlich Besten zu folgen. Wie gesagt, Bayreuth hat diese Verantwortung von jeher gefühlt und ist stets dem Befehle gefolgt; die völkische Bewegung wird als Ganzes noch zeigen müssen, daß es ihr ernst ist mit dem Willen zur wahren Aristokratie.

Ich möchte die völkische Bewegung, die jetzt wohl die erfreulichste Regung im deutschen Volke darstellt, mit dem Stadium in Parsifals Werdegang vergleichen, wo er auf „der Leiden und der Irrnis Pfaden“ wandelt und vor lauter unüberwindlich erscheinenden Hindernissen an der Erreichung seines Zieles schier verzweifelt. Wie Parsifal, so muß die völkische Bewegung von Unglück zu Unglück, von Mißerfolg zu Mißerfolg sich emporläutern, und mit ihr das deutsche Volk; wir stehen jetzt inmitten dieses Läuterungsprozesses, und als Ziel soll uns vorschweben: ein wahrhaft völkisches Deutschland, welches sich in voller Einigkeit, mit dem bewußten Willen, die Folgerungen daraus zu ziehen, dem aristokratischen Imperativ unterwirft. Zu der Eigenart wahrer völkischer Gesinnung gehört nicht zuletzt, daß der Völkische die gleiche Gesinnung bei anderen Völkern anerkennt und sie nicht bekämpft und als unberechtigt zurückweist. Stolz auf die eigene Nationalität, ein feines National-Empfinden und durchgeistigtes Bewußtsein des eigenen Volkstums, das sind Eigenschaften, die die Völkischen in besonderem Maße für sich in Anspruch nehmen und auch ruhig erhobenen Hauptes betätigen sollen; sie sollen aber auch anderen Völkern dasselbe Recht einräumen und lieber in diesem Punkte der Uebereinstimmung eine Einigung mit ihnen anstreben; denn gerade in der Einigung mit Gleichgesinnten, auch in anderen Ländern, liegt eine Keimzelle der Kraft, die nicht übersehen werden darf; dann erst werden alle Gleichgesinnten, gleichviel welcher Nationalität sie angehören, gegen den gemeinsamen Feind, der alles echt-Völkische mit seinem abgefeimten Haße verfolgt und es fürchtet, erfolgreich Front machen können.

Bayreuth hat in diesem Sinne stets Vorbildliches geleistet. Es vereinigte bis 1914 die Besten aus aller Herren Länder im Geiste des unsterblichen Meisters. Ich müßte mich sehr irren, wenn nicht, trotz Krieg und äußerlicher Feindschaft der Völker, die fremdländischen Besucher der Festspiele, insofern sie wahrhaft Bayreuther waren, auch jetzt noch genau so gute Freunde Bayreuths geblieben sind und früh oder spät als solche an die geweihte Stätte zurückkehren werden. Ich denke hier besonders an einen alten treuen Bayreuther, den Belgier Prof. Dr. K. aus Brüssel. Als ich ihn kennen lernte, erzählte man mir, — und er selbst hat es mir bestätigt — er habe seit 1882 oder 1883 nicht eine einzige Aufführung in Bayreuth ausgelassen; wie es auch kam, K. war stets zur Stelle, ein lieber, bewährter Freund des Hauses Wahnfried; ich hoffe, daß ich ihn im Juli, nach 10 schweren Jahren, in alter Frische wiedersehen werde. Trotz seiner vielen Reisen nach Deutschland beherrscht er die Sprache nur sehr unvollkommen; allerdings, verstehen tut er alles. Dieser echte Bayreuther vom lautersten Gold, mit seinem reinen Kindergemüt gehörte und gehört nun leider einem feindlichen Volke an. Für ihn war der Krieg, der mitten in die Festspiele 1914 hereinplatzte, einfach etwas Unfaßbares; er, einer der ältesten und besten Bayreuther, sollte nun plötzlich, ohne etwas dafür zu können, ein Feind werden von dem, was er liebt? Das wollte ihm nimmermehr in den Sinn. Er fand es denn auch ganz in der Ordnung, daß er in Brüssel, während der Besetzung, mit dort anwesenden deutschen Freunden öffentlich verkehrte und die von dem General-Gouvernement veranstalteten deutschen Konzerte besuchte; seine Landsleute dachten freilich anders darüber und haben ihm seine harmlose Ehrlichkeit sehr übel genommen. Ich will mit diesem einen Beispiel, dem ich übrigens noch andere hinzufügen könnte, nur sagen, daß Bayreuth im Zeichen des Grales und im Geiste des Schöpfers des deutschen Gesamtkunstverkehrs wertvolle Kräfte anzieht und sammelt, die letzten Endes dem deutschen Geiste dienen und ihm treu sind, was durchaus nicht ausschließt, daß sie aufopfernde und treue Söhne ihres Landes und Volkes sein können.

Eine ähnliche Aufgabe möchte ich der völkischen Bewegung zum Ziele setzen, als eines der ersten Gebote des aristokratischen Imperativs. In jedem Lande sind die völkischen Kräfte die wertvollsten; diese soll die völkische Bewegung an sich ziehen und sammeln; denn der gefährlichste Feind für Deutschland heißt nicht Frankreich, heißt nicht England, und so fort. Auch in diesen Ländern gibt es wertvolle völkische Kräfte, die sich verpuffen im nutzlosen Kampf gegen einen Feind, der es im Grunde gar nicht ist. Und dabei gibt es für die Völkischen aller Länder doch nur den einen gemeinsamen Feind: das internationale Judentum mit all seinen Begleit- und Folgeerscheinungen vom alles beherrschenden Großkapital bis hinunter zu dem von ihm gedungenen Kommunisten- und Bolschewisten-Pöbel.

Als Kundry im dritten Aufzuge des Bühnenweihfestspiels aus ihrem todähnlichen Schlafe erwacht, kommt als einziges rauh und abgebrochen das Wort „dienen“ zweimal über ihre Lippen:

„Dienen. . . . . dienen!“

Das ist der wesentliche Inhalt des aristokratischen Imperativ für den echten Bayreuther wie für den aufrichtigen Anhänger der völkischen Ziele. „Dienen“ heißt nicht: sich einer Macht, einer Richtung, einer Gruppe, einem Menschen untertan, zum Sklaven machen, seine eigene Persönlichkeit aufgeben; der Aufrechte folgt nur der Stimme des eigenen Gewissens; so dient der Bayreuther, wie der Völkische dem eigenen Volke; sie dienen ihm jeder auf seine Weise, jedoch mit dem gleichen Ziele: das Wecken der verborgenen Kräfte, welche im Bewußtsein der vorhandenen Volkskraft wurzeln.

Wer jemals in das Triebwerk, welches die Leistungen der Bayreuther Bühne in Gang bringt und im Gange erhält, einen Blick getan hat, der hat erfahren, was „dienen“ heißt, und wodurch Einheit und Einigkeit in einem bunt zusammengewürfelten Ganzen entstehen. Hier wird alles beherrscht durch einen überragenden sittlichen Willen zur Tat, und aus froher, echtester Ueberzeugung ordnen sich auch die berühmtesten, verwöhntesten selbständigen Künstler diesem einen Willen, diesem aristokratischen Imperativ freiwillig unter. Man bedenke, was es heißt, ein Riesenorchester, dessen einzelne Mitglieder lauter selbständige Künstler sind, Angehörige der besten Orchester Deutschlands und früher auch anderer Länder Europas, die sich aber nur während weniger Sommerwochen in Bayreuth zusammenfinden, zu einem einheitlichen, vollkommen harmonischen Ganzen zu vereinigen. Man bedenke, was es heißt, zum Teil sehr selbständige und eigenwillige Künstlernaturen zum freiwilligen Verzicht auf die gewohnte Opernroutine zu bringen und dazu, daß sie sich aus innerster Ueberzeugung ganz dem Bayreuther Stile anpassen und sich ihm unterordnen. Und dann: diese Künstler und Künstlerinnen stammen aus den verschiedensten Verhältnissen, sie gehören ganz verschiedenen Bühnen an, ja zum Teil anderen, fremdsprachigen Völkern; und dennoch werden sie durch den hohen sittlichen Willen, der das Ganze beherrscht, zu einer einzigen, einheitlichen Körperschaft von überwältigend künstlerischer Wirkung zusammengeschweißt. Diese Menschen dienen in des Wortes wahrster und tiefster Bedeutung; trotz den ungeheueren Anstrengungen, welche der Bayreuther „Dienst“ in heißen Sommerwochen ihnen auferlegt, sind sie freudig bei der Arbeit, die ihnen eine Erholung bedeutet; sie dienen aus Idealismus für eine hohe sittlich-ernste Aufgabe und darum wird ihnen der „Dienst“ nicht sauer. Durch den aristokratischen Imperativ, den die Leitung, der sie alle gehorchen,

 Festnummer der „Sonne“

Bayreuther Festspiele 1924

darstellt, ist die deutsche Kunst in Bayreuth zur denkbar höchsten Vollendung empor geführt worden. Das ist in trüben Zeiten des allgemeinen Verfalls (ich rede nicht nur von jetzt; auch die Jahre vor dem Kriege waren überreich an inneren und äußeren Verfallserscheinungen!) der höchste Dienst am deutschen Volke. Bayreuth ist der einzige unantastbare Pol der deutschen Kultur; daran haben beste deutsche Kräfte zusammen mit hervorragenden ausländischen einmütig mitgewirkt.

Dienst am Volke! Völkischer Dienst! Aristokratischer Imperativ! Gibt das für Bayreuth Erreichbare und Erreichte nicht zu denken!

„Doch — ach! —
den Weg des Heiles nie zu finden,
in pfadlosem Irren
trieb ein wilder Fluch mich umher:
zahllose Nöte
Kämpfe und Streite
zwangen mich ab vom Pfade,
wähnt' ich ihn recht schon erkannt".

So beschreibt Parsifal seine Irrfahrten auf der Suche nach dem Gral. Wir wissen, daß er ihn fand, trotzdem er „der Irrnis und der Leiden" Pfade gehen mußte. Wir alle befinden uns fortgesetzt im Sumpfe, der „Irrnis" heißt, und auch die besten Kräfte der Nation, die völkischen, können ihm nicht ganz entgehen. Ihnen aber, weil sie die Wissenden, die Erkennenden, die Wollenden sind, liegt es ob zu sammeln, zu einigen, kurz, zu retten, was noch zu retten ist. Wir sehen an der Tat von Bayreuth, was ein selbstloser, hoher, einheitlicher, sittlicher Wille vermag. Mögen die Völkischen rechtzeitig dessen eingedenk sein, was der Sinn des aristokratischen Imperativs ist, dem der Edle freiwillig gehorcht, indem er sich einem hohen Willen unterordnet, zum Wohle des Ganzen. Diesen Willen gilt es zu wecken, zu pflegen; es gilt, ihm zum Siege zu verhelfen. Der Wille vermag es, das Zusammengehörende, welches jetzt vielfach aus kleinlichen Gründen getrennt marschiert und getrennt kämpft, während es im Grunde dieselben Ziele verfolgt, zu einigen und es dadurch unüberwindlich zu machen.

Bayreuth lebt! Es feiert seine Auferstehung nach 10-jähriger gezwungener Ruhe; aber daß es lebt, daß es aus eigener, innerster Kraft, allen Verleumdungen, Anfeindungen, neidischen und hämischen Hemmungen zum Trotze, wieder in alter Größe und Herrlichkeit dem deutschen Geiste voranzuleuchten vermag, das allein kann die Hoffnung lebendig erhalten auf einen Sieg dieses einzig echten Geistes, auch im Sinne der völkischen Ziele.

★

Ein Schwert verhieß mir der Vater, ich fänd' es in höchster Not.

Hans Wegener.

Als ich zum ersten Male die „Walküre" hörte, stand Albert Niemanns Reckengestalt als Siegmund auf der Bühne. Wer ihn in seinen Verkörperungen Wagnerscher Gestalten gesehen hat, wird nie vergessen können, was unter germanischem Heldenwesen zu verstehen ist. War in den achtziger Jahren des vorigen Jahrhunderts seine Stimme auch nicht mehr jung, seine sehnige Figur, sein stolzer Wuchs, sein trotz unzähliger Wiederholungen doch immer wieder neues Miterleben des Kunstwerkes, und, je wärmer er wurde, das Aufleuchten wahrhaft heldischen Glanzes in der Stimme, das alles gehört in der Erinnerung zu unverlierbarem Besitz. Man hatte den Eindruck: wer will nach Niemann noch Wagnersche Helden darstellen!

Böse Zungen behaupten, angejahrte Heldentenöre hätten in der „Walküre" eine „Glanznummer", für die sie alle Kräfte Leibes und der Seele aufsparten, das berühmte „Wälse, Wälse"! So wenig das den Absichten und dem Stil des Meisters entspricht, so gewiß ist, daß Stilunkundige hie und da diese vier Noten mit ihren Fermaten dazu benutzen, das Nochvorhandsein ihrer Stimme zu beweisen. Das tat Niemann nicht. Bei ihm war alles Einheit, alles tief beseelt. Wenn er den Vater anrief, ihm das verheißene Schwert zu geben, so bebte die Not, die heiße Not durch seine Stimme, daß es einem durch Mark und Bein ging. Und wenn er, trotz seiner Jahre, mit jugendlicher Elastizität auf den Tisch sprang, um das Schwert aus der Esche Stamm zu ziehen, und wenn er das Schwert Notung hochschwang, dann ging ein Leuchten von ihm aus, das einen Bühne, Theater und alles Drum und Dran vergessen ließ. Der Fleisch und Blut gewordene Mythos stand da, die kleine Wirklichkeit versank, das große, überzeitliche, ewige Geschehen umrauschte einen mit starkem Flügelschlag.

Inzwischen ist ein ganzes Menschenalter vergangen. Die Not des heldischen Mythos ist furchtbare Wirklichkeit geworden. Das Volk, aus dessen Seelenschoß der Wälsungenmythos geboren wurde, aus dessen Tiefen Richard Wagner Form und Weise für sein Lebenswerk schöpfte, ist seines Schwertes beraubt. Große Teile dieses Volkes wollen von dem Mythos, dem Urbeginn unserer Volksgeschichte nichts mehr wissen. Ihnen ist der Mythos „nicht wahr". Sie sind „aufgeklärt" und glauben nicht mehr an „Ammenmärchen". Sie haben die seelische Verbindung mit der mythologischen Quelle germanischen Lebens verloren. Wie die Menschen des Westens fangen sie ihr Denken bei sich selbst an. Daß sie „kritisch" sind, daß sie zweifeln können, ist ihnen der Erweis ihres Daseins. Und ihr Dasein wollen sie materiell verankern und genießen. Darum kein Schwert mehr! Der Kampf verdirbt das Geschäft und stört die behagliche Ruhe des Genusses. Das Heldische ist in Verruf gekommen. Das Werden der germanischen Seele soll unterbrochen und künstlich neu begonnen werden. Ja, das Germanische soll seines Wesens beraubt und in ein allgemein Menschliches eingeschmolzen werden.

Goethe hat einmal gesagt: „Wenn die Alten groß genug waren, so etwas zu dichten, so wollen wir groß genug sein, es zu glauben". In diesem Goetheschen Sinne glauben wir den germanischen Mythus, fühlen wir, daß er Geist unserer Rasse ist, und daß das Werden der deutschen Seele in die Irre gehen muß, wenn sie sich von der Welt des Mythos löst. Denn durch seinen Mythos hängt das Volk mit der Ewigkeit zusammen.

Die Mythosgläubigen aber, die Unmodernen, die nicht leben können, ohne die geheimnisvollen Zusammenhänge mit dem Urwesen und der Urzeit unserer Art, sie schließen sich heute mit Siegmund zusammen: Gott verhieß uns ein Schwert, er bestimmte uns den Kampf, er umgab uns mit Feinden, er legte in unsere Seele den Willen zum heldischen Sein. Nun rauscht wie eine heiße Bitte der Notschrei durch tausend Seelen:

Ein Schwert verhieß mir der Vater,
Ich fänd es in höchster Not!
Die Not ist da. Wo finden wir das Schwert!

Ein Mann, dessen Name in diesen Blättern nicht genannt werden soll, hat nach der materiellen Abrüstung in Deutschland auch die geistige empfohlen. Er versteht darunter die Herbeiführung eines Zustandes, in dem kein Deutscher mehr daran denkt, für Freiheit und Ehre der Nation einen Finger zu rühren oder gar eine Hand zu erheben. Wenn dieser Tiefstand wirklich erreicht werden soll, dann muß jener Mann mit seinen Anhängern zunächst einmal dafür sorgen, daß die ganze deutsche Vergangenheit aus dem Gedächtnis, der Seele des Volkes ausgelöscht wird. Wie er das bewerkstelligen will, ist sein Geheimnis. Hinter der geschichtlich nachprüfbaren Vergangenheit aber liegt die Welt der Sage und des Mythos. Beide sind aus den letzten Gründen der Artseele geboren. Mit seiner Sage und seinem Mythos hat sich das Volk selbst dargestellt. Wie Götter und Helden leiden und kämpfen, so leidet und kämpft das Volk, so bewegt sich seine Seele heute noch, soweit sie nicht künstlich, gewaltsam durch fremdes Blut verderbt oder durch fremden Geist entartet ist. Die Geburt des Mythos und der Sage aber ist Notwendigkeit, Unabänderlichkeit, die keine Agitation ungeschehen machen kann. Ebenso wenig wie man aus einer Eiche eine Pappel machen, ebenso wenig kann irgend eine Macht der Welt die Seele eines Volkes, einer Rasse im Grunde verändern.

Und in der Seele der nordischen Rasse ist nun einmal der heldische Kampfmythos entstanden. Die Bedingungen, unter denen diese Art erstand, verlangten Kampf und Kampfbereitschaft. Nur unter der unausgesetzten Notwendigkeit des Kampfes hat sich diese Art entwickelt. Aeußeres Darniederliegen hat je und dann geistigen Aufschwung erzeugt, dem dann auch bald ein äußeres Wiedererwachen zur Macht folgte. Aber niemals hat sich der germanische Mensch die Waffe endgültig aus der Hand nehmen lassen. Das wäre Selbstverzicht gewesen. Er hätte die Edda, das Nibelungenlied, den Heliand, alles Gewaltige aus grauer Vorzeit verbrennen, ganze Geschlechter in der Demut und Wehrlosigkeit des Sklaven erziehen müssen. Er hätte seine Seele vertauschen müssen mit Händlern und Angstmenschen, mit den Priestern der Selbstsucht und der Feigheit.

Als ich Student war, sagte einmal ein Professor der evangelischen Theologie — im Kolleg! —, er begreife nicht, warum Richard Wagner den Stoff für seine Musikdramen der Welt der deutschen Mythologie entnommen hätte, die Bibel, besonders das alte Testament, liege uns deutschen Christen für derartige Tondichtungen viel näher. Er dachte dabei wahrscheinlich an die Oratorien Mendelssohns und Händels. Ich habe ihm damals schon nicht geglaubt. Aber später erkannte ich erst, wie klar und genial Wagner gesehen hat, als er, um ein ganz deutsches Werk zu schaffen, an die Quellen germanischen Geisteslebens vordrang, an den Mythos.

Festnummer der „Sonne"

 Bayreuther Festspiele 1924

Hat Wagner auch seine eigene Gedankenwelt Wort und Ton werden lassen, er hat seinem Volk und aller Welt das Urtum germanischen Wesens geoffenbart. Er hat für alle Zeiten ein Fanal angezündet, das germanisches Wesen zum Leuchten bringt. Wenn man neuerdings im feindlichen Auslande seine Musikdramen wieder aufführt, so könnte man auch dort einen Hauch deutschen Wesens erspüren. Und in der Tiefe des deutschen Wesens schreit heute etwas, lauter als je: Ein Schwert verhieß mir der Vater, ich fänd es in höchster Not!

Nicht ein „geistiges" Schwert. Das ist uns im Grunde nie verloren gegangen. Das wird jedesmal neu geschliffen, wenn ein Deutscher sich stärkt und labt an den Früchten deutschen Geistes. Nein, ein ganz materielles Schwert! Das uns in die Lage versetzt, unsere Ehre und unsere Freiheit wieder zu gewinnen. Das uns alle Sentimentalitäten vergessen läßt und uns wieder das Gefühl gibt, wir haben einen Platz und ein Recht unter den Völkern.

Wo finden wir dieses Schwert!

In der Einkehr in unser eigenes Wesen! Das Lebenswerk Wagners in seiner unsagbaren Vielgestaltigkeit vom „Parsifal" bis zu den „Meistersingern" hat uns den Seelenspiegel vorgehalten. Was da tönt und klingt und rauscht, das ist deutsch! Die Erhebung, die der Deutsche in Bayreuth erleben kann, muß dazu führen, daß sich unwillkürlich die Hand zur Faust ballt, die müde gewordene Seele sich aufrichtet, der erlahmte Wille sich strafft: Ein Schwert, ein Schwert verhieß uns der Vater!

In der Einkehr und Selbstbesinnung, zu der Bayreuth zwingt, in der Rückkehr zu unserem eigenen Wesen werden wir das Schwert der Befreiung finden. In diesem Sinne ist Bayreuth eine

deutsche Waffenschmiede.

 Festnummer der „Sonne"

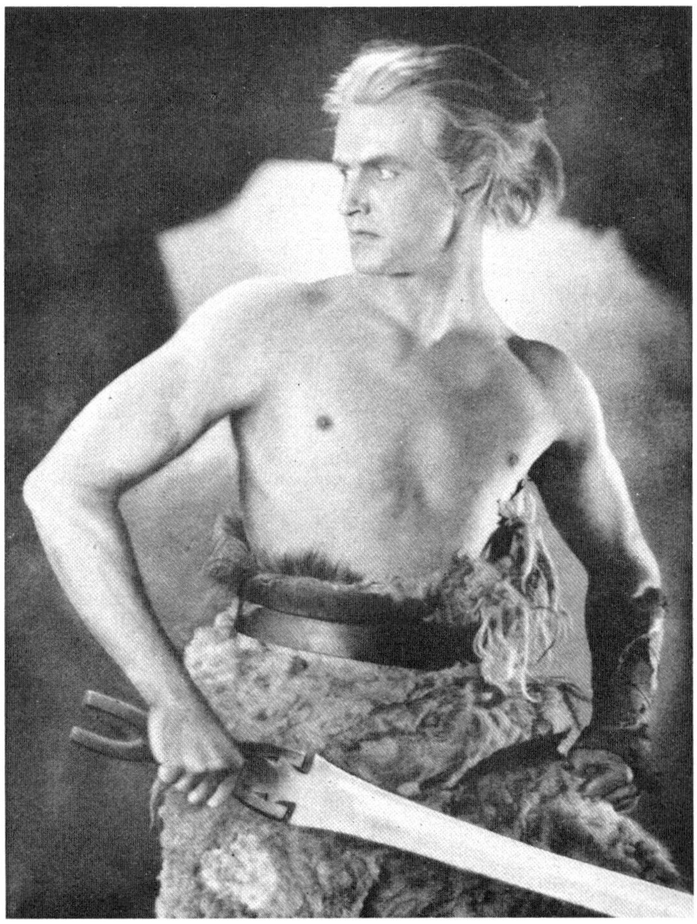

Szenen aus dem Nibelungen-Film von Fritz Lang (1924)

Die im Vergleich mit dem sachlich-schlichten Umschlagbild aus dem Jahre 1908 nationalistische Emotionalisierung in den germanisierenden Umschlagzeichnungen von Franz Stassen aus den Jahren 1924 und 1927 dokumentiert unübersehbar die völkische Ausrichtung und das völkische Verständnis der Festspiele, für die allein schon die Namen Karl Grunsky und Paul Pretzsch einstehen. Im Festspielführer 1924 finden sich neben den auf Seite 171 und 172 abgedruckten Beiträgen von Rapp und Lienhard weitere von Hans von Wolzogen, Hans Pfitzner (das auf Seite 160 aufgenommene Sonett), Arthur Prüfer (siehe auch Seite 173 und 180), Paul Pretzsch (siehe Seite 173 und 188), Hans Alfred Grunsky (siehe Seite 164 und 219), Walter Seybold (siehe Seite 173), Wolfgang Golther (siehe Seite 173), Alfred Lorenz (siehe 219 und 236), Armand Crommelin (über Chamberlain; siehe Seite 174), Carl Siegmund Benedict (siehe Seite 143 und 173), August Püringer (siehe 165 und 186), Max Koch (siehe Seite 138, 173, 189), Curt Richard Hoberger (siehe Seite 173), Max Vancsa (siehe Seite 173), Friedrich von Schön (siehe Seite 173), Hans Schüler (siehe Seite 173 und 257). Es erweist

sich, daß zahlreiche Autoren des Festspielführers auch an der gleichzeitigen völkischen Wochenschrift „Die Sonne" mitgearbeitet haben, andere — wie Hans Alfred Grunsky und Alfred Lorenz — an der von Otto Strobel im Juli 1933 herausgegebenen nationalsozialistischen Monatsschrift „Deutsches Wesen" mitarbeiten werden. Fast alle können zu dem Bereich des nun stramm völkischen „Bayreuther Idealismus" gerechnet werden, dessen antidemokratisches Kampfsymbol „Nothung, das Schwert" ist und der sich aus Bayreuth eine zum Kampf gegen die Weimarer Republik beitragende „deutsche Waffenschmiede" (siehe Seite 176) zurechtgezimmert hat.

Licht-Luft-Leben

vereinigt mit

Der Mensch

Monatsschrift für

Schönheit

Gesundheit / Geist

Körperbildung

Radierung von Karl Bauer
Nr. 306

Zweigstellen:
Leipzig, Hospitalstraße 15
Fernruf 19071
(Auslieferung für Buchhandel
und Inland-Dauerbezieher)

München, Türkenstraße 96
Fernruf 27378

Hamburg, Waldemar Heldt,
Mönckebergstr. 3,
Fernsprecher Hansa 4206

Berlin SW 61, Tempelhofer
Ufer 22, Fernspr. Lützow 646
(Bund für Naturheilkunde)

20. Band Verlag der Schönheit, Dresden-A. 24 Heft 5/6

Richard Wagner und unsere Bestrebungen

Der Glaube an eine bessere Zukunft, an Lebenserneuerung und Hochzucht der Menschheit setzt voraus, daß wir infolge einer falschen Entwicklung entartet sind. Richard Wagner geht in seinem Aufsatz „Religion und Kunst“ von der Überzeugung aus, daß die Entartung des menschlichen Geschlechtes durch den Abfall von seiner natürlichen Nahrung bewirkt worden sei:

„Daß ursprünglich der Hunger allein es gewesen sein muß, welcher den Menschen zum Tiermord und zur Ernährung durch Fleisch und Blut angetrieben hat, nicht aber diese Nötigung bloß durch Versetzung in kältere Klimaten eingetreten sei, wie diejenigen wissen wollen, welche tierische Nahrung in nördlichen Gegenden als Pflicht der Selbsterhaltung vorgeschrieben glauben, beweist die offenliegende Tatsache, daß große Völker, welchen reichliche Fruchtnahrung zu Gebote steht, selbst in rauheren Klimaten durch fast ausschließlich vegetabilische Nahrung nichts von ihrer Kraft und Ausdauer einbüßen, wie dies an den, zugleich zu vorzüglich hohem Lebensalter gelangenden, russischen Bauern zu ersehen ist; von den Japanesen, welche nur Fruchtnahrung kennen, wird außerdem der tapferste Kriegsmut bei schärfstem Verstande gerühmt. Es sind demnach ganz abnorme Fälle anzunehmen, durch welche z. B. bei den der nordasiatischen Steppe zugetriebenen malayischen Stämmen, der Hunger auch den Blutdurst erzeugte, von welchem die Geschichte uns lehrt, daß er nie zu stillen ist und den Menschen zwar nicht Mut aber das Rasen zerstörender Wut eingibt. Man kann es nicht anders erfinden, als daß wie das reißende Tier sich zum König der Wälder aufwarf, nicht minder das menschliche Raubtier sich zum Beherrscher der friedlichen Welt gemacht hat: ein Erfolg der vorangehenden Erdrevolutionen, der den vorgeschichtlichen Menschen ebenso überrascht hat, wie er auf jene unvorbereitet war. Wie nun aber das Raubtier nicht gedeiht, sehen wir auch den herrschenden Raubmenschen verkommen. In der Folge naturwidriger Nahrung siecht er in Krankheiten, welche nur an ihm sich zeigen, dahin und erreicht nie mehr weder sein natürliches Lebensalter, noch einen sanften Tod, sondern wird von nur ihm bekannten Leiden und Nöten, leiblicher wie seelischer Art, durch ein nichtiges Leben zu einem stets erschreckenden Abbruch desselben dahin gequält.“

Von den Versuchen, „das verlorene Paradies“ wieder aufzufinden, zu deren neuesten wir auch unsere Schönheitsbewegung zu rechnen haben, hebt Wagner besonders den Vegetarismus hervor:

„Unter den zuletzt gemeinten Versuchen treffen wir in unserer Zeit die Vereine der sogenannten Vegetarianer an: gerade aus diesen, welche den Kernpunkt der Regenerationsfrage des menschlichen Geschlechts unmittelbar in das Auge gefaßt zu haben scheinen, vernimmt man von einzelnen, vorzüglichen Mitgliedern die Klage darüber, daß ihre Genossen die Enthaltung von Fleischnahrung zumeist nur aus persönlichen diätetischen Rücksichten ausüben, keineswegs aber damit den großen regeneratorischen Gedanken verbinden, auf welchen es, wollten die Vereine Macht gewinnen, einzig anzukommen hätte. Ihnen zunächst stehen mit bereits einigermaßen ausgedehnter praktischer Wirksamkeit die Vereine zum Schutz der Tiere: von diesen, welche ebenfalls nur durch Vorhalten von Zwecken der Nützlichkeit die Teilnahme des Volkes für sich zu gewinnen suchen, dürften wahrhaft ersprießliche Erfolge wohl erst dann zu erwarten sein, wenn sie das Mitleid mit den Tieren bis zu einer verständnisvollen Durchdringung der tieferen Tendenz des Vegetarismus ausbildeten, wonach dann eine, auf solche gegenseitige Durchdringung begründete Verbindung beider Vereine eine bereits nicht zu unterschätzende Macht bilden dürfte. Nicht minder würde eine von den beiden genannten Vereinen geleitete ausgeführte Veredelung der bisher einzig an den Tag getretenen Tendenz der sogenannten Mäßigkeits-Vereine zu wichtigem Erfolge führen können. Die Pest der Trunksucht, welche sich über alle Leibeigenen unserer modernen Kriegszivilisation als letzte Vertilgerin aufgeworfen hat, liefert dem Staate durch Steuererträge aller Art Zuflüsse, welcher diesen zu entsagen noch nirgends Neigung gezeigt hat. Mit Verachtung und Hohn blickt unsere Zivilisation auf die Wirksamkeit der genannten drei in ihrer Zersplitterung durchaus unwirksamen Vereinigungen hin.“

In dem Entwurf „Jesus von Nazareth“ läßt er Jesus als Arzt zum Volke sprechen:

„Nun kommen die Ärzte und preisen ihre Wissenschaft, die doch nichts weiß; denn wo der Grund der Übel liegt, das übersehen sie oder wollen es nicht sehen, damit sie dem hungernden Siechen auch nicht rauben können, was ihm die letzte Kraft erhielte. Meine Heilkunde ist einfach: Lebet ihr nach meinen Gesetzen (Naturgesetze), so braucht ihr keine Ärzte mehr. Drum sage ich Euch, sind Eure Leiber zerrüttet, so sorget, daß eure Kinder heil werden und euer Siechtum nicht erben. Die Übel, die euch durch die Natur zustoßen, sind leicht zu heilen, weiß doch jedes Tier im Walde, welches Kraut ihm nützet, wie solltet ihr es nicht wissen, sobald ihr nur hell sehet und die Augen offen habt; solange ihr aber den Weg des Elends und der Völlerei, des Wuchers und des Darbens wandelt, ist euer Auge verdeckt und ihr sehet nicht, was das Einfachste ist.“

Im Zusammenhang mit diesem Gedankenkreis steht auch Wagners Ansicht über die heutige Geldwirtschaft. Nachdem er der unheilvollen Wirkung des Goldes in seinen Ringdramen so meisterhaft

Verlagspostort: Leipzig

dichterischen Ausdruck verliehen hat, schreibt er:

„Ist denn der Mensch von Gott dazu bestimmt, dem starresten, unregsamsten Produkt der Natur, dem bleichen Metall (Gold und Silber) in knechtischer Leibeigenheit untertänig zu sein?

Wir werden erkennen, daß die menschliche Gesellschaft durch die Tätigkeit ihrer Glieder, nicht aber durch die vermeinte Tätigkeit des Geldes erhalten wird. Gott wird uns erleuchten, das richtige Gesetz zu finden, durch das dieser Grundsatz in das Leben geführt wird, und wie ein böser Alp dieser dämonische Begriff des Geldes von uns weichen mit all seinem scheußlichen Gefolge von Wucher, Papiergaunereien, Zinsen und Spekulationen."

Abgesehen von falscher Ernährungsweise und ungesunder Geldwirtschaft gelangt Wagner zu dem Forschungsergebnis, in der Rassenvermischung eine der Hauptursachen des Verfalls der Menschheit zu sehen. Wie tief er bereits in diese uns heute geläufigeren Fragen eingedrungen war, mögen folgende Worte aus dem Aufsatz „Heldentum und Christentum" kennzeichnen:

„Wir können uns der Anerkennung der Richtigkeit dessen nicht verschließen, daß das menschliche Geschlecht aus unausgleichbar ungleichen Rassen besteht, und daß edelste derselben die unedleren wohl beherrschen; durch Vermischung sie aber sich nicht gleich, sondern sich selbst nur unedler machen können. Wohl könnte dieses eine Verhältnis bereits genügen, unsern Verfall zu erklären."

Und weiter heißt es von dem Stolze, sich nicht mit andern, niederen Rassen zu vermischen:

„Die Tugend des Stolzes ist zart und leidet keinen Kompromiß wie durch Vermischung des Blutes. Ohne diese Tugend sagt uns aber die germanische Rasse — nichts. Denn dieser Stolz ist die Seele des Wahrhaftigen, des selbst im dienenden Verhältnisse Freien. Dieser kennt zwar keine Furcht, aber Ehrfurcht, ein Wort, welches seinem rechten Sinn nach nur jenen ältesten, arischen Völkern bekannt ist."

Die Frage: „Was ist deutsch?" beantwortet uns der Meister:

„Deutsch ist das, was deutlich ist, somit das vertraute, von den Vätern Ererbte, unserm Boden Entsprossene."

Endlich weist uns auch Richard Wagner unser Ziel mit den Worten:

„Es ist die Bestimmung der Menschheit, durch die immer höhere Vervollkommnung ihrer geistigen, sittlichen und körperlichen Kräfte zu immer höherem, reinerem Glücke zu gelangen."

Dieser Beitrag aus der völkischen Zeitschrift für Nacktkultur und Lebensreform „Die Schönheit", deren Umschlagzeichnung von Franz Stassen stammt, zeigt, bis in welche soziokulturellen Randbereiche, deren gesellschaftliche Bedeutung jedoch nicht unterschätzt werden sollte, Wagners Regenerationsideologie gedrungen ist. Die Tatsache, daß Franz Stassen die Umschlagzeichnung geliefert hat, deutet jedoch eine direkte Beziehung zu Bayreuth an. Der Gedanke der Lebenserneuerung und der „Hochzucht der Menschheit" in Verbindung mit der Verklärung der „germanischen Rasse" korrespondiert mit der runenartig geschriebenen Inschrift auf dem Gralsblatt von Fidus „Deutsche Treue bricht Hass und Schläue", das der Schwertgriff und die Gralsverkitschung als politisches Kampfblatt ausweisen.

Auch der umstehende Aufsatz von Arthur Prüfer aus der „Schönheit" demonstriert die gedankliche und sprachliche Verkommenheit einer weltanschaulichen Position, die sich auf den Satz aus Friedrich Lienhards Gralroman *Der Spielmann* beruft: „Von innen heraus muß die Erneuerung des Zeitgeistes versucht werden." Diese hier offenbare „Popularisierung des Irrationalen, ein Ereignis des zweiten und dritten Jahrzehnts unseres Jahrhunderts, ist — wie Thomas Mann es treffend nannte — wohl das kläglichste und lächerlichste Schauspiel, das die Geschichte zu bieten hat" (XII, 775). Davon legen auch die folgenden Seiten 182 und 183 Zeugnis ab.

Der Gedanke der Lebenserneuerung in Wagners Schaffen

Von Prof. Arthur Prüfer

„Können wir die Welt nicht aus ihrem Fluch erlösen, so können doch tätige Beispiele der ernsthaftesten Erkenntnis der Möglichkeit der Rettung gegeben werden."
(Richard Wagner an Heinrich von Stein.)

In gemeinsamer, bitterer Not im heftigen Daseins- und Weltanschauungskampf als der natürlichen Folge des langen unglücklichen Krieges und seiner schweren Fortsetzung im „Frieden", ringt das deutsche Volk. Da gilt es Stand zu halten, um uns vor dem Zusammenbruch auch der idealen Güter, die uns in vergangenen ruhigeren Zeiten das Dasein verklärten, zu bewahren, und wir rufen als Nothelfer unsere großen deutschen Meister an, wir rufen auch den an, den Deutschesten und Größten unter denen, die neben Bismarck ihrem Zeitalter edelstes Kulturgut schenkten, Richard Wagner, den Meister von Bayreuth. In seinem Schaffen offenbart sich „der Glaube an eine moralische Bedeutung der Welt als die Krone aller Erkenntnis." Wagner faßte seine ausgereifte Weltanschauung in den Gedanken der Regeneration, der Wiedergeburt, der Erneuerung", zusammen. Auch uns soll dieser Gedanke voranleuchten im Kampf mit den Nöten unserer Tage, nicht allein, um von dem großen deutschen Meister Angriffe und Verkennungen abzuwehren, denen er wie so viele andere Edle noch immerfort ausgesetzt ist, sondern auch, um zur Vertiefung der Erkenntnis seines Wesens und Schaffens beizutragen und damit zur Betätigung des Willens unseres Volkes selbst, uns aus der Not zu helfen, zu bessern, wieder aufzubauen. Denn so mahnt auch ein lebender deutscher Dichter, Friedrich Lienhard, in seinem Gralroman „Der Spielmann": „Von innen heraus muß die Erneuerung des Zeitgeistes versucht werden". Der Regenerationsgedanke Wagners, der Gedanke der Lebenserneuerung, ringt sich aus den Schriften, wie aus den Werken des Meisters empor, bis er im Festspielhause „auf dem lieblichen Hügel bei Bayreuth" seinen weithin sichtbaren Ausdruck fand in der Weihestätte des deutschen Dramas und in dem Geiste der Musik.

Der Schriftsteller Wagner hatte schon 1848 in seiner Vaterlandsrede eine vollkommene Wiedergeburt der menschlichen Gesellschaft gefordert, und jener Gedanke hatte sich bei ihm immer mehr vertieft, je umfassender seine eigene Welterfahrung wurde und je entschiedener er sich von allem politischen Treiben absonderte. Der Ausdruck „Regeneration" tritt uns zuerst in dem so fruchtbare Anregungen enthaltenden Sendschreiben „Deutsche Kunst und Deutsche Politik" vom Jahre 1865 entgegen. (Gesammelte Schriften und Dichtungen, Band 8). Damals „von außen" in bezug auf die deutsche „Nation", von der Wagner eine Wiedergeburt des europäischen Völkergeistes erhoffte. Seine gereifte praktische Weltanschauung aber legte der Bayreuther Meister in der Hauptschrift seiner allerletzten Lebensjahre (1880—83) in „Religion und Kunst" und ihren Ausführungen, die einzelne Fragen näher ins Auge fassen, sowie in den verwandten Abhandlungen „Was ist deutsch?" „Erkenne dich selbst?" „Wollen wir hoffen?" „Heldentum und Christentum" nieder. Auch die Schriftengruppe aus Wagners mittleren Lebensjahren, die „Züricher Schriften" (1849 u. ff., 4. u. 5. Band), ist als Ergänzung zu der Reihe „Religion und Kunst" unentbehrlich, weil darin das Hauptgewicht auf die Kunst, das Kunstwerk gelegt wird, wie auch in anderen, z. B. „Staat und Religion" (1864) und in der herrlichen Festschrift „Beethoven" aus dem Jahre 1870. In beiden Schriftenreihen ist der leitende Gedanke derselbe, wie er es auch in der der spätesten Zeit angehörenden Schrift „Wollen wir hoffen?" selbst ausdrücklich bezeugt: „Zu einer wahren Blüte kann die Kunst erst in einer regenerierten Gesellschaft gelangen. Diese Regeneration ist jedoch ohne Mitwirkung der Kunst unausführbar". Sein Glaubensbekenntnis stellte er nun in der Fassung auf, wie wir sie am Ende der Schrift „Religion und Kunst" im Nachtrag „Was nützt diese Erkenntnis?" lesen.

„Wir kennen den Grund des Verfalls der historischen Menschheit sowie die Notwendigkeit einer Regeneration. Wir glauben an die Möglichkeit einer Regeneration und widmen uns ihrer Durchführung in jedem Sinne" (Schriften Band 10, der aus seinen Einzelaufsätzen in den „Bayreuther Blättern" nach Wagners Tode zusammengestellt wurde). Diese Lehre soll uns in ihrer ersten, verneinenden Hälfte (der Erkenntnis der Gründe des Verfalls der historischen Menschheit) hier nicht beschäftigen, umsoweniger, weil unser armes Volk damit durch Spenglers vielgenanntes Buch fast bis zum Überdruß beschwert wurde, sondern einzig unserem Thema gemäß in ihrer zweite Hälfte: „Wir glauben an die Möglichkeit der Regeneration und widmen uns ihrer Durchführung in jedem Sinne." Dieser felsenfeste Glaube, der als wesentlicher Charakterzug des deutschen Meisters ihm als Leitstern seines Lebens voranleuchtete, ist aber, wie Chamberlain in seinem großen Werke über Richard Wagner so schön hervorhebt, nicht bloß ein Glaube an sich. Der Grundgedanke dieser Lehre ist der, daß die Menschheit dazu da sei, sich in Harmonie mit der Natur zu entwickeln, „das Reinmenschliche mit dem ewig Natürlichen in harmonischer Übereinstimmung zu erhalten" (Brief Wagners vierzehn Tage vor seinem Tode an den edlen frühvollendeten Dichter-Philosophen Heinrich von Stein). So liegt dem eigenen, siegesbewußten Glauben des Künstlers die Empfindung zugrunde, daß er selbst in seinem Lebenskampfe, in den Werken seines Genius, in Harmonie mit einer höheren Ordnung der Dinge handelte, daß er von einer Vorsehung geleitet sei (vergl. Schopenhauers von Wagner als unvergleichlich gepriesene Schrift „Über die scheinbare Absichtlichkeit im Schicksal des Einzelnen" und meinen Aufsatz im Schopenhauer-Jahrbuch, Jahrgang 1917).

Dieser siegesbewußte Glaube, der plötzlich das Antlitz des im gewöhnlichen Leben so Einfachen und Treuherzigen mit einem Leuchten verklärte, als erblickte sein Auge leibhaftig einen Engel Gottes, so daß keiner sich des Eindruckes verwehren konnte, hier offenbare sich eine höhere Eingebung, dieser Mann stände wahrhaftig in irgendeiner unerklärlichen Berührung mit einer uns sonst unzugänglichen, transzendenten Welt — dieser Glaube eines solchen Mannes muß ein tiefreligiöser gewesen sein. Denn er ist ja die beredteste und überzeugendste Kundgebung des Göttlichen in uns. Man betrachte daraufhin den herrlichen Wagner-Kopf von Lenbach! In der Formel des Regenerationsglaubens hat der deutsche Idealismus das christlich-germanische Kulturideal deutlich vorgezeichnet. Denn trotz der Annahme einer Entartung des menschlichen Geschlechtes finden wir in dem egoistischen menschlichen Willen die Anlage zur Verwirklichung der höchsten sittlichen Ideale. Diese zum Teil verkümmerten und entarteten Keime des besseren Selbst des Menschen aufzusuchen, zu bewahren, zu pflegen und weiter zu entwickeln und, wie er zu Heinrich von Stein sagte, für die ethische Seele der Zukunft zu sorgen, war die Aufgabe, der sich der von dem Regenerationsgedanken Erfüllte mit vollem Eifer widmete. Wagners Regenerationslehre ist eine ganze geniale umfassende Weltanschauung. Ihre harmonische Gestaltung wird man aber erst gewahr, wenn man alle ihre Teile beherrscht, in die man sie auseinanderlegen muß. Sie umfaßt drei Teile: 1. einen materiell empirischen, 2. einen philosophisch-metaphysischen, 3. einen mystisch-religiösen.

1. Hinsichtlich der empirischen, aus der Erfahrung geschöpften Regenerationslehre fordert Wagner die Enthaltung von der Fleischnahrung und von den alkoholischen Getränken. Ohne uns in eine Kritik seiner Forderungen hier einzulassen, sei nur auf die neuesten Erfolge des Vegetarismus hingewiesen, der die Pflanzennahrung als einzig berechtigt fordert und den Fleischgenuß verbietet. Betreffs des Verbotes alkoholischer Getränke hat gerade in unseren Tagen der Begriff der Regeneration als ein Weg zu Deutschlands Erneuerung eine allgemein erkennbare Bedeutung gewonnen, wofür die erfolgreiche Wirksamkeit der alkoholgegnerischen Vereine den Beweis liefert. Auch von einer innigen und zielbewußten Verbindung der Bestrebungen der Vegetarianer, der Tierschutz- und Mäßigkeits-Vereine und des christlichen Sozialismus erhoffte Wagner Förderung des großen Regenerationsgedankens, sobald diese Bewegung aus dem bloßen Nützlichkeitsbestreben zu rein ethischer Anschauung sich zu erheben vermag.

2. Die philosophische Grundlage der Regenerationslehre Wagners ist sein felsenfester Glaube an die Reinheit und Heiligkeit der wahren menschlichen Natur. Er bekennt sich zu dem edlen Streben: „Unser Heil suchen wir einzig in einem Erwachen des Menschen zu seiner einfach-heiligen Würde". (Band 10, S. 350, erste Auflage der Schriften.)

Allerdings finden wir in Wagners Überzeugung neben diesem optimistischen Glauben auch den pessimistischen Begriff der Notwendigkeit, der mit dem des Schopenhauerschen „Willens" übereinstimmt. Aber der idealistische Künstler hat mit großer Kühnheit Schopenhauers Gedanken weitergedacht und bezeugt ausdrücklich, daß er aus den Beweisführungen dieses großen Denkers für die Verwerflichkeit der Welt selbst die Anleitung zur Erforschung der Möglichkeit einer Erlösung dieser selben Welt herausgefunden habe. (Band 10, S. 48.) Aus innerster Verneinung der Welt wird die Bejahung der Erlösung geboren.

3. So bedeutsam uns nun auch dieses merkwürdige Verflochtensein von Schopenhauers tragischer Weltanschauung mit Wagners eigener optimistischen Regenerationslehre erscheint, so kann sie uns doch nicht zu einem befriedigenden Ergebnis führen, denn die Wurzel, aus der seine Überzeugung hervorgeht, ist seine religiöse Lehre. Ihre Grundlage ist die Anerkennung einer moralischen Bedeutung der Welt

als der Krone aller Erkenntnisse. Diese Erkenntnis ist zugleich die Grundlage der Hoffnung und hiermit auch des Glaubens an die Regeneration. „Aller echte Antrieb und alle vollständig ermöglichende Kraft zur Ausführung der großen Regeneration kann nur aus dem tiefen Boden einer wahrhaften Religion erwachsen." (Band 10, S. 313.) Im zweiten Akte des Bühnenweihfestspieles „Parsifal" entgegnet Kundry dem sich des Vergessens seiner Mutter verzweiflungsvoll anklagenden, reinen Toren:

„Bekenntnis (des Verfalles) wird Schuld und Reue enden,
Erkenntnis (der Möglichkeit der Regeneration) in Sinn die Torheit wenden!"

Dieses Bekenntnis und diese Erkenntnis, die Sündhaftigkeit des Menschendaseins und sein Erlösungsbedürfnis soll also fortan den positiven tatkräftigen Gehalt seines sittlichen Lebens ausmachen. Die Regeneration ist jedoch keineswegs ein Ersatz der Religion, sondern nur ein Gleichnis der wahren Erlösung: „Möge der aus einer Regeneration des menschlichen Geschlechtes hervorgehende Zustand durch die Kraft eines beruhigten Gewissens sich noch so friedsam gestalten, stets und immer wird uns in der umgebenden Natur, in der Gewaltsamkeit der Urelemente, in den unabänderlich unter und neben uns sich geltend machenden niederen Willens-Manifestationen in Meer und Wüste, ja in dem Insekt, dem Wurm, den wir unachtsam zertreten, die ungeheure Tragik dieses Weltendaseins zur Empfindung kommen, und täglich werden wir den Blick auf den Erlöser am Kreuz als letzte erhabene Zuflucht zu richten haben". (Band 10, S. 314.)

Die drei Gestalten, in denen die Lehre von der Regeneration sich uns zeigt, werden sich ihrer Einheit bewußt in dem vermittelnden Elemente der Kunst. Da aber, wie wir gehört haben, „aller echte Antrieb und alle ermöglichende Kraft zur Regeneration nur aus dem tiefen Boden einer wahrhaften Religion erwachsen kann," ist das Verhältnis der Kunst zur Religion das wichtigste, denn sie enthält das edelste Erbe des christlichen Gedankens in seiner außerweltlichen neugestaltenden Reinheit (Band 10, S. 288). Wollen wir jedoch auf Regeneration hoffen, so muß vor allem unsere Hoffnung auf eine Wiedergewinnung einer wahrhaften Religion gerichtet sein (Band 10, S. 309). Welche Religion Wagner aber vorschwebte, das sagen uns nicht seine Schriften, sondern seine Kunstwerke von den „Feen" bis hinauf zum „Parsifal".

Darin berührt sich die Ausprägung des Regenerationsgedankens mit dem der Erlösung. Der erstere aber offenbart sich in zunehmender Deutlichkeit erst in den Werken der zweiten Lebenshälfte des Künstlers. Besonders im „Ring des Nibelungen", in den „Meistersingern" und im „Parsifal". Der „Ring des Nibelungen" offenbart ihn einzig durch die Musik. Sie klingt uns am Schlusse des „Ringes des Nibelungen", in der Götterdämmerungstragödie, in den beseligenden Tönen, mit denen Sieglinde im dritten Akt der „Walküre" auf Brünhildens Verkündigung hin, sie trage „den hehrsten Helden der Welt im schirmenden Schoße," ihr künftiges Mutterglück preist. Dieses Motiv der Liebeserlösung vertritt kraft der unvergleichlichen Macht der Musik die unvertont gebliebenen Worte der Moral der Dichtung: „Selig in Lust und Leid lässet die Liebe uns sein." Diese hehre Erlösungs-Melodie wird in erhabener Steigerung nun auch von Brünhilde aufgenommen in ihrem letzten Liebesgruß an den toten Siegfried. Sie wird in den Rheintöchter Gesang verwoben und entschwebt endlich unter ätherischen Harfenklängen zur Höhe, in ahnungsvollem Hinweis auf eine künftige Welt der Regeneration, die den Glauben an ihre moralische Bedeutung rechtfertigen wird. — Die „Meistersinger von Nürnberg" zeigen uns noch deutlicher in ihrer letzten Ausreifung den vom Geiste der Regeneration erfüllten Künstler. Denn darin führt er uns mahnend als Vorbild echten Volkstumes die Wiedergeburt unseres Volkes unter den Strahlen einer wahrhaft bildenden und beglückenden Kunst vor die Seele. „Im unerschütterlichen Vertrauen des Meisters auf den deutschen Geist wollte er mit diesem hehren Nationalwerke" dem Deutschen ein ihm bisher nur stümperhaft vorgeführtes Abbild seiner eigenen wahren Natur darbieten in der Hoffnung, dem Herzen des edleren und tüchtigeren deutschen Bürgertums einen ernstlich gemeinten Gegengruß abzugewinnen". Hans Sachs führt als guter Engel, ihnen selbst zunächst unbewußt, die Liebenden, Walther und Eva, aus allen Übereilungen und Fährlichkeiten ihrer Jugend zum ersehnten Ziel. In echt christlichem Sinn übt Sachs eine lebensbetätigende, den Liebende hilfreiche Selbstverleugnung aus. Und so erlebt Eva, „das lieblich hehre Kind", durch die Liebe zum wissenden Weibe geworden, unter der treuen Führung von Hans Sachs, des „teuren Mannes," ihre läuternde Wiedergeburt.

Aber ihre erhabenste künstlerische Bekräftigung hat unsere oben angeführte Fassung des Regenerationsgedankens in dem Bühnenweihfestspiel „Parsifal" gefunden. Den „Verfall der historischen Menschheit" erleben wir hier in dem tieferschütternden Zusammenbruch der Welt der Erscheinung, in der durch die Schuld des sündigen und schwersten Körper- und Seelenleiden verfallenen Königs Amfortas mut- und führerlos gewordenen Gralsritterschaft und ihre Rettungs-Wiedergeburt durch den tatkräftigen Bekenner der „Religion des Mitleidens," den heiltatvoll-wissenden, neuen Gralskönig Parsifal: der große Gedanke an eine höher geartete ewige Welt. „Der Glaube lebt." Im gewaltigen Posaunenklange, „fest und markig", erklärt er sich schon in der Musik des Vorspieles, um sich dann — „wie auf dem Gefieder der weißen Taube, zu zartesten Höhen emporzuschwingen," und am Ende des Weihespieles nimmt die Trompete die Weise des Liebesmahlspruches, des höchsten Liebesopfers, auf, aber ihre Schmerzensfigur wendet sich nunmehr, umgebildet, nach oben, wie auch in den weihevollen Schlußchören: Höchsten Heiles Wunder: „Erlösung dem Erlöser" zu einer erhabenen, triumphierenden Bekräftigung des Glaubens, ein Sinnbild der neuerstarkten Ritterschaft, die nun wieder ihre mitleidvollen Liebestaten auf Erden vollbringen kann. Jene sieghaft emporsteigende Fanfare entläßt aber auch uns gesegnet und ermutigt aus dem Heiligtum und entsendet uns wiederum in den Kampf des Lebens „zur Durchführung der Regeneration in jedem Sinne"!

Nordisches Schöpfertum.

Alfred Rosenberg:

Das Wesentliche der nordischen Kunst.

Das Wesentliche aller Kunst des Abendlandes ist aber in Richard Wagner offenbar geworden: daß die nordische Seele nicht kontemplativ ist, daß sie sich auch nicht in individuelle Psychologie verliert, sondern kosmisch-seelische Gesetze willenhaft erlebt und geistig-architektonisch gestaltet. Richard Wagner ist einer derjenigen Künstler, bei denen jene drei Faktoren zusammenfallen, die jeder für sich einen Teil unsers gesamten künstlerischen Lebens ausmachen: das nordische Schönheitsideal, wie es äußerlich in Lohengrin und Siegfried hervortritt, gebunden an tiefstes Naturgefühl, die innere Willenhaftigkeit des Menschen in „Tristan und Isolde" und das Ringen um den Höchstwert des nordisch-abendländischen Menschen, Heldenehre, verbunden mit innerer Wahrhaftigkeit. Dieses innere Schönheitsideal ist verwirklicht im Wotan, im König Marke und im Hans Sachs ..... Hier trifft das Seelenleben Wagners mit dem tiefsten Unterton aller europäischen Großen zusammen ..... „Das Höchste ist ein heroischer Lebenslauf", bekannte selbst Schopenhauer. Diese Kraft des Heroisch-Willenhaften ist das geheimnisvolle Medium, welches unsere Denker, Forscher und Künstler alle gelenkt hat. Sie ist in den größten Werken des Abendlandes Gehalt und Sehnsucht vom Grafen Rüdiger bis zur „Eroica", zum Faust und zum Hans Sachs. Sie ist die Gewalt, die a l l e s formt. Ihre Erweckung im Empfänger ist auch das letzte Ziel abendländischen Kunstschaffens. Diese Erkenntnis steht gleich fern von der Lebensfremdheit unsers Klassizismus wie der flachen Sinnlichkeitskunst und dem Formalismus von heute. Sie umfaßt beide und geht mit ihnen in die Tiefe, wo sie alles das findet, was aus dem Wesen der nordisch-abendländischen Seele geschaffen wurde.

(Der Mythus des 20. Jahrhunderts.)

WAGNERKITSCH

Ein Wagnerbild von Richard Guhr

Von Ernst Köhler-Haußen

Richard Wagner als Asathor schwingt den ewig die Welt mit seinem Lichte segnenden Thorshammer. So hieß bei manchen germanischen Stämmen das Sternbild des Himmelswagens, das in den Abendstunden des Frühlings an der höchsten Stelle des Himmels steht. Er bedroht damit die Schlange, die aus dem Erdenkampfe sich aufbäumt. Entsetzt fahren von ihrem Wüten die vier Sinnbilder der ewig gleichbleibenden Elemente auseinander. Aber diese vier Flügelgestalten sind zu anderen Zeiten die Sinnbilder der Hauptwesensrichtungen der Menschenart gewesen. Ja, in ihrer letzten Deutung sind sie in würdevoller Gelassenheit in allen unseren Christenkirchen als die vier Evangelisten: die Hüter und Bewahrer der frohen Botschaft der den Menschen gegebenen göttlichen Strahlungen, Liebe und Licht. Sie fahren auf dem Bilde Richard Guhrs entsetzt auseinander. Wild bäumt sich die Erdenschlange, das Sinnbild der ewig unlösbaren Erdgeborenheit alles Irdischen, das Sinnbild alles Ringens um Gut, Besitz, Ruhm, Selbstgenugtuung . . . wenn man will, des Materialismus. Sie bäumt sich auf gegen Wagner, der in seinem Schaffen, mehr noch als Dichter und Denker, denn als Musiker, die letzten menschlichen Tiefen anrührte und das entsagende Opfer der Liebe und Hingabe als das Einzige lehrte, das berufen sei, die menschlich-irdische Gebundenheit zu lösen — die Schlange zu überwinden — da er sich im unlösbaren Bunde wissen darf mit den ewigen Gesetzen, die die Welt regieren. Darum schwingt er in seiner Hand, nicht wie einen tötenden Hammer, sondern wie Zaum und Zügel für die Aufbäumende, das Thorsgestirn, den Himmelswagen, der für alle die, die auf derselben Erdenbreite wohnen, wie die Germanen, niemals untergeht. — Diesem unseren germanischen Himmelsstrich ist das Thorsgestirn das Ewigbleibende, das Gesetzte, das Gesetz. —

Nun glaube nicht, daß Dir mit diesen Worten über Richard Guhrs Bild etwas gesagt ist. Vergiß, was Du hier gelesen. Sieh Dir das Bild an. Träume. Laß Deine Gedanken wandern, weit fort . . . während Du auf das Bild siehst. Das, was Du Dir denkst, das ist für Dich der wahre Sinn dieses Bildes. Das heißt mystische Kunst.

Weihnachten in Wahnfried.

Nach persönlichen Mitteilungen der Frau Geheimrat Thode.

Weihnachten erscheint uns, seit Wahnfried besteht, im doppelten Sinne geweiht. Wird doch der heilige Abend zugleich als der Vorabend des Geburtstages meiner Mutter und der 25. Dezember als ihr Festtag von uns gefeiert. Ueberirdisches einte sich von jeher mit Irdischem und schuf dadurch Tage unnennbaren Zaubers, ein Ineinanderklingen zweier Welten, das keiner tiefer empfand als der Meister selbst. Er sprach dies einst dem engsten Kreise in Tönen aus, als er zu den Worten „Wißt ihr Kinder, was blüht in der Weihnacht?" den Kinderchor für Wahnfried schrieb.

Schon Wochen zuvor weihnachtete es in seiner Seele und wenn er um diese Zeit von den Weihnachtseinkäufen zurückkehrend, uns beim Nüssevergolden oder bei sonstiger weihnachtlicher Vorarbeit antraf, da glich er in seiner rührenden Mitfreude wirklich, nach der Kennzeichnung meiner Mutter, dem Kinde, das der heilige Christophorus durch den Fluß trägt.

Für uns Kinder aber wandelte sich das Bild in Wirklichkeit, sobald der große Tag mit der Fülle seiner Ueberraschungen kam und der grundlos gütige Mensch, dem Beglücken und Erfreuen innere Lebensnotwendigkeiten waren, für jeden von uns eine besondere Festgabe erstanden hatte. Niemand vergaß er dabei, auch die Dienerschaft des Hauses nicht.

Doch die ganze Welt seines reichen Innenlebens erschloß sich an diesem Tage meiner Mutter. Zu ihrem Geburtstag schuf er ihr einst das Siegfried-Idyll, dem er als Widmung die wundervollen Verse voranstellte:

Es war Dein opfermutig hehrer Wille,
der meinem Werk die Werdestätte fand,
von Dir geweiht zu weltentrückter Stille,
wo es nun wuchs und kräftig uns erstand,
die Heldenwelt uns zaubernd zum Idylle,
uraltes Fern zum trauten Heimatland.

Zwei unvergleichlich schöne weihnachtliche Geburtstagsfeiern sind es vor allem, die mir Erinnern besonders klar bewahrt hat. Zunächst die von 1878. Der Meister war kurz vorher mit der Partitur zum „Parsifal"-Vorspiel fertig geworden. Nun sollte die erste Aufführung am Geburtstag meiner Mutter erfolgen: eine Ueberraschung, wie sie nicht herrlicher erdacht, nicht feiner vorbereitet und nicht bedeutsamer durchgeführt werden konnte.

Da in Baureuth ein geeigneter Instrumentalkörper fehlte, bat der Meister den Herzog von Meiningen um eine zweitägige Beurlaubung der Hofkapelle. Sie traf auch am Montag den 23. Dezember abends hier ein, am folgenden Tag fanden die Proben statt und am frühen Morgen des ersten Weihnachtstages versammelten sich schon gegen sieben Uhr alle Künstler in der festlich erleuchteten Halle. Dann aber erweckte der Zauberstab des Großen eine Wunderwelt ohnegleichen, deren Schönheit zu dieser einzig festlichen Stunde alle Hörenden auf das tiefste ergriff, vor allem natürlich meine Mutter.

Den Tag beschloß ein Abendkonzert in den Sälen von Wahnfried. Da wurde das Vorspiel vor einer geladenen Zuhörerschar wiederholt und ein Geistlicher, Konsistorialrat Kraußold, dankte im Namen der Gäste für den Abend, der eine Weihnachtsfeier seltenster Weltentrückung und beseligender Gott-Nähe gebracht habe.

Zwei Jahre später durften dann wir dem Meister eine Weihnachtsüberraschung schaffen, die ihn hoch erfreute. Damals gehörte zu unserem nächsten Freundeskreis der Maler Joukowsky, den meine Eltern im Vorfrühling des gleichen Jahres in Neapel kennen gelernt hatten und der bald darauf nach Bayreuth gezogen war. Er wurde mit den Entwürfen für die Dekorationen und Kostüme zu „Parsifal" beauftragt, von denen noch heute ein Teil in den Festspielen verwendet wird. Joukowsky, der dem Meister treu ergeben war, erdachte sich nun für die Weihnacht 1880 ein

Das auf der linken Seite gezeigte Beispiel germanisierender „mystischer“ Trivialkunst, das auch aus dem Heft der „Schönheit“ stammt, zeigt, zu welch schauerlichen Konsequenzen die vor allem auch dem „Bayreuther Idealismus“ eigene penetrante und politisch-gesellschaftlich in Deutschland so verhängnisvoll explosive Entgegensetzung von idealistischer „Innerlichkeit“ und „Materialismus“, oder auch „Kultur“ und „Zivilisation“ (siehe auch Seite 140) geführt hat. (Zu Guhr siehe auch Seite 227)

Das bereits 1880 entstandene Bild „Die heilige Familie“ bestätigt auf seine Weise die Neigung zu Selbstmythisierung, ja Selbstvergottung von Wagner, dessen tiefe Beglükkung über dieses Bild — das zudem dem Germanenschwärmer Gobineau ein Denkmal setzt — verrät, wie willkommen ihm Verklärung war.

lebendes Bild: „Die heilige Familie“. Er selbst stellte den Joseph dar, mein Bruder Siegfried hobelte als Jesusknabe ein Kreuz, meine Schwestern Blandine, Isolde und Eva schwebten als musizierende Engel über dem Ganzen und ich saß als Madonna. Tief beglückt dankte der Meister allen, besonders dem Maler, den er sofort bat, das lebende Bild auch für später mit dem Pinsel festzuhalten. Joukowsky hat denn auch im folgenden Frühjahr ein Bild davon entworfen, das heute im Festsaal von Wahnfried hängt. Es ist meist nur den Gästen von Wahnfried bekannt, da das Gemälde bis jetzt zur Reproduktion nicht frei gegeben wurde. Durch die gütige Erlaubnis des Hauses Wahnfried kann es hier, allerdings nur in einer stark verkleinerten Wiedergabe, veröffentlicht werden.

In den Wochen, da Joukowsky sein Werk vollendete, weilte auch der französische Staatsmann, Rassenforscher und Dichter Graf Arthur Gobineau in Wahnfried. Als Erinnerung an diesen Besuch zeigt die rechte Säule des Bildes den Kopf des Grafen, was vom Beschauer vielfach übersehen wird. Dagegen erkennt wohl jeder sofort die beiden Türme der Bayreuther Stadtkirche, die der Maler auf besonderen Wunsch Richard Wagners als Hintergrund wählte. Dadurch ist auch diese „Heilige Familie“, ähnlich wie die Weihnachtsbilder der alten deutschen Meister, hineingestellt in die deutsche Landschaft, hier sogar in die Bayreuther Heimat, wo ja einer der größten Heimatsucher „Frieden fand“.

Meiergesees.

Nebenstehendes Flugblatt stellt die politische Kehrseite dar zu der obszön-sentimentalen Anrufung des „Deutschthums", des „deutschen Geistes" und der „heil'gen deutschen Kunst" in dem Gedenkspruch Hans von Wolzogens, der — es ruft kaum noch Erstaunen hervor — auch neben anderen Bayreuther „Idealisten" wie Fidus, Hermann Hendrich, Friedrich Lienhard, Franz Stassen zur „Ehren-Hochmeisterschaft des Ringes Deutscher Jugend" gehört. Der aus Kreisen der völkischen Jugendbewegung kommende Anspruch auf totale Erfassung und Durchdringung der gesellschaftlichen Bereiche unter dem Deckmantel des auch auf Wagner zurückzuführenden Begriffes der Lebenserneuerung wird 1933 schließlich in den die Vereinheitlichung — auch der verschiedenen Gruppierungen der Jugendbewegung — diktierenden nationalsozialistischen Totalitarismus münden, dessen Antisemitismus ebenfalls durch die Sigrune vorweggenommen ist.

Der „Ring Deutscher Jugend".

In Nacht und Grauen versinkt eine alte Welt, fiebernd und sterbend treibt sie noch einmal ihre grellsten Blüten, ihre giftigsten Früchte mit letzter Kraft hervor. — Der Thron des großen Götzen Mammon wankt, erschüttert in seinen Grundfesten durch den Sehnsuchtsschrei, den Erlösungswillen einer todwunden Menschheit. — Krachend und berstend beginnt eine Gesellschaftsordnung zusammenzubrechen, in der der Schaffende nur mühselig vorwärts kam oder darbte, in der der Raffende in unerhörtestem Luxus schwelgte.

Die große Scheinkultur, welche die Seele der Völker mordete, geht nun in sich selbst zu Grunde.

Sind wir nun hoffnungslos?

Nein — nimmermehr! Spürst du noch nicht den frischen Hauch des grauenden Morgens? Die Alten knöpfen sich fröstelnd die Kleidung zu. — — — Die Lerchen beginnen zu jubeln und hinter den steigenden, nächtigen Nebeln durchglutet schon die siegende Sonne mit Frührot den weiten Äther.

Und die Jugend stürmt mit leuchtenden Augen, mit lachenden Herzen — — — erkenntnistrunken — — — in den frischen Morgen — — frei — — frei!

Während die Alten in den Parlamenten saßen und sannen, wie sie die brüchige Zeit des Dollars und der „Etikette" wieder leimen könnten, erkannten beim Durchwandern der verödenden Heimat, beim Suchen nach Menschenglück und Menschenfreude, beim Morgensonnenschein und beim nächtigen Feuer, beim Grübeln und Sinnen um die Werte dieses Daseins, um des Weltgeschehens tiefste Weisheit

die Jungen an Leib und Seele

die wahren Gründe aller Nöte, die letzten Ursachen des Leides.

Und dennoch wirft die sterbende Zeit ihre tiefen Schatten auch noch in die Jugendbewegung. — Schon ist es den Parteiwütigen wieder gelungen, auch die erwachende Jugend in ihren volkszerreißenden Bann zu zerren.

Schon stehen sich in der Jugendbewegung wieder die alten Gegensätze, dieses irrsinnige Links und Rechts in vielfältiger Abstufung gegenüber.

Graue Wolken beginnen von neuem den weiten Himmelsblick zu verschleiern. Soll diese unselige Zersplitterung nicht nur die letzte Zukunftshoffnung, sondern auch die letzte Aufstiegsmöglichkeit aus der Kulturnacht vernichten?

Wir sagen — Nein!

Damit es nicht beim Reden bleibt, haben sich eine große Zahl jungdeutscher, junggermanischer Wandervogel- und Lebenserneuererbünde mit ihren Berliner Gruppen vor Jahresfrist zum

„Ring Deutscher Jugend"

zusammengeschlossen.

Wenn eine wirksame Kulturarbeit geleistet werden sollte, war von vornherein erforderlich, bestimmte Richtlinien für den Ring festzulegen. Diese sind

die deutsch-germanische Artung,
die Lebenserneuerung auf allen Gebieten,
die jungvölkische, das ist in Deutschland die jungdeutsche, junggermanische Weltanschauung.

Sie enthält die Umstellung unseres gesamten Volkslebens auf das der deutschgermanischen oder (noch weitergehend) nordischen Rasse Wesenhafte in Wirtschaft, Schule, Volkserziehung, Forstwesen (Naturschutz), Berufsleben, Rechtswesen, Staatsaufbau, in der Kunst und (bei einigen Bünden) schließlich auch in religiösem Erkennen und Gestalten.

Wollen wir als aufsteigendes Geschlecht heraus aus dem Siechtum der alten Zeit, die uns die brutale, geißelschwingende Kapitalsmacht und die fürchterlichste Versklavung weitester Volksmassen brachte, so kann es nach dem Erkennen der ehernen, unumstößlichen Naturgesetze keine Zugeständnisse, keine Lauheiten, nichts Halbes mehr geben. — Dort in weiter Ferne, umleuchtet von tiefstem Ätherblau, überstrahlt von Sonnengold, liegt das Ziel — — — — — —

Germanien und sein freies Volk.

Dahin führt ein gerader Weg — gesperrt durch Niedertracht und Gemeinheit, durch Lüge, Verrat und Dummheit — wir werden siegend alle Hindernisse niederreißen, nicht weil wir wollen, sondern weil wir müssen!

Dem „Ring Deutscher Jugend" sind bisher in Berlin angeschlossen:

Das Deutschvolk, Sturmvogel, Wandervogel V. B., Adler und Falken, Treubund für aufsteigendes Leben, der Wiking — Ring junggermanischer Gilden, die Nordungen — junggermanischer Orden, die Junggermanen, die Adler, die Goten, die Geusen, die deutsche Jugendgemeinschaft, die Geusenbruderschaft, die Gruppe „Frylingshof" vom Deutschen Pfadfinderbund, Einzelmitglieder des Bundes der Ringpfadfinder, Junggefährten der Germanischen Glaubens-Gemeinschaft, die Ringgefährten (Einzelmitglieder des Ringes, die keinem Bunde angehören).

Wir haben uns zum Ziel gesetzt, unter Aufbietung aller Kräfte und mit allen irgendwie geeigneten Mitteln ein einheitliches Bett zur Fassung aller neuen germanischen Kulturströmungen zu graben, damit endlich einmal der Verworrenheit ein Ende bereitet und eine einheitliche Willenskraft zum Ausdruck gebracht wird.

Zu diesem Zwecke haben wir inmitten unseres Ringes eine Ehren-Hochmeisterschaft für unsere großen deutschen Meister (Künstler, Schriftsteller, Wirtschaftler,) deren Schaffen ins neue wesentliche Reich führt, errichtet.

Zur Ehren-Hochmeisterschaft des Ringes gehören bis jetzt:

Fritz Bley, Prof. Ludwig Fahrenkrog, Dr. Alfred Falb, Fidus, Heinrich Gutberlet, Hermann Hendrich, Wilhelm Kotzde, Eberhard König, Prof. Dr. Gust. Kossina, Prof. Friedr. Lienhard, Jürgen von Ramin, Otto Sigfried Reuter, Franz Stassen, Prof. Solger, Richard Ungewitter, Thomas Westerich, Hans Freiherr von Wolzogen.

Der Ring arbeitet an der Erreichung seines Zieles durch Veranstaltung einer jährlichen großen Kunstschau und Messe, durch Veranstaltung von Vortrags- und Volkskunstabenden, Landwerbefahrten, Verbreitung guten Schrifttums, Verbreitung geeigneter Flugblätter und Zeitschriften, Pressearbeit, schärfste Bekämpfung aller volksverderbenden Schundliteratur, Unterstützung der Naturschutzarbeit usw. usw.

Die Ringleitung liegt in den Händen von:

Arthur G. Lahn, Nordungen / Willi Kunert, Wandervogel V. B. / Erich Sudau, Adler und Falken / Hermann Trappe, Deutschvolk.

Das Arbeitsamt ist in Woltersdorf bei Berlin, Haus Baldershag.

Heil dem Volke!

Ring Deutscher Jugend

gez.: Lahn, Kunert, Sudau, Trappe.

Nach den Festspielen 1924.

Gedenkspruch.

Furchtbar hat die Welt sich uns verwandelt,
seit die Kunst auf unserm Hügel schwieg,
wie die Sklaven werden wir behandelt,
und die Lüge feiert ihren Sieg.

Aber ward die Macht uns auch gebrochen,
und das laute Herrenwort erstickt,
hör' es Welt: Bayreuth hat doch gesprochen,
unser Auge hat den Gral erblickt.

Unter breiter Decke gift'ger Schäume,
die uns schwer und schwül darnieder drückt,
barg sich in dem freien Reich der Träume,
was uns heilig ist und uns beglückt.

Immer neu aus tiefen Felsenkammern
quillt der Heilstrom in den Staub der Welt:
Deutschlands Ende nimmer soll bejammern,
wer des Deutschtums Leben sich erhält.

Was am Alten altert, mag vergehen,
was am Jungen ewig ist, das lebt.
Einen Helden haben wir gesehen,
der im Tode noch die Schwerthand hebt.

Also steigt, nicht dräuend, doch verheißend
einen Frieden, den die Welt verlor.
uns're Kunst, aus Zeit und Leid uns reißend,
Zeugnis des Unsterblichen empor.

Sollten ihr die Siegeskräfte fehlen?
Gäb' es nur ein Träumeland Bayreuth?
Nein, das Schöne wird in reinen Seelen
zu dem Starken, das die Welt erneut.

Nicht im Bild nur ward der Gral entschleiert,
nicht im Spiel nur ward das Schwert geschweißt,
kein Johannisfest nur ward gefeiert:
offenbart ward uns der deutsche Geist.

Nicht im Augenblicke feuertrunken —:
für ein Leben hoher Pflicht geweiht,
Jeder trage nun den Götterfunken,
eine Fackel, in die dunkle Zeit! —

Heiltum ruht im Heiligtum geborgen,
Sonne leuchtet hinter allem Dunst,
alter Glaube lebt in jungen Morgen,
denn uns bleibt die heil'ge deutsche Kunst! —

H. v. Wolzogen.

„Wagner kann man bloß in München hören — in Bayreuth gibt's nur in den Pausen Bier" (Eduard Thöny, Simplicissimus 24. 8. 1925)

Bayreuth 1924.

Von Karl Holl.

Bayreuth ist wieder erstanden; genau zehn Jahre, nachdem die Kriegsfanfare die letzte Festspielgemeinde in alle Winde zerstreut hatte. Inzwischen ist viel Wasser den Rhein hinunter geflossen; viel großes und schweres Erleben durch unseren Volkskörper hindurch und über ihn hinweg gegangen. Der geistige Kampf für die Zukunft ist als ein für die Genesung notwendiger Entzündungsvorgang entbrannt und in diesem Kampfe, der sich zunächst zur Abrechnung mit den Mächten der Vergangenheit formierte, ist auch der Kulturbegriff „Wagner“ viel umstritten worden. Besonders die in vorderster Reihe fechtende Jugend hat mit begreiflicher Schärfe die Verhaftung des solange übermächtig gewesenen Künstlers und seines „Gesamtkunstwerkes“ in der als ausgelebt und verfallsreif erachteten romantischen Geistesepoche betont und sich dabei geneigt gezeigt, über der Kritik an den wirklich zeitgebundenen Zügen der geistigen Gesamterscheinung deren Ewigkeitswert zu verkleinern oder gar zu leugnen. Schon aber, so will es scheinen, sind wir in eine Periode ruhigerer Wertung eingetreten, gleiten wir in das Dämmerlicht eines neuen Morgens, aus dem uns der kürzlich noch in der Abendröte der Romantik verschwommene Werkbau Wagners mit zunehmender Klarheit seiner gigantischen Konturen neu entgegenwächst; aller Kleinlichkeiten entkleidet, äußere Trübungen durch das innere Licht aufsaugend, als einer der ewigen Richtpunkte am künstlerischen Horizont Europas. Ob da auch Bayreuth, das als Tempelstätte des Genius von jener trutzigen Abwehr mitbetroffen ward, ja als Brutstätte einer meist unduldsamen und pharisäischen Wagner-Manie noch besonders zur Gegnerschaft aufreizte, wieder neue Bedeutung gewonnen hat? Ob es etwa während dieses letzten folgenschweren Jahrzehnts sich auch seinerseits auf seine Grundlagen und Zukunftsmöglichkeiten besonnen, die Formen seiner künstlerischen und sozialen Gebarung geändert hat?

Wer die Personen und die Verhältnisse kannte, durfte sich einer solchen Wandlung nicht versehen. Und wer aus Liebe zur Sache dennoch einen Schimmer von Hoffnung dafür bewahrt hielt, der mußte sich bei der jetzigen Wiedereröffnung der Festspiele schon durch den „offiziellen Festspielführer“ eines besseren bezw. schlechteren belehren lassen. Denn nur der kleinere Teil dieser Aufsätze handelt in sachlicher Weise und unter weiterem kulturellen Gesichtswinkel vom Meister und seinem Werk. Alles übrige aber ist, entgegen der im Vorwort enthaltenen Verwahrung des Herausgebers (Dr. Karl Grunsky) der kulturpolitischen, manches sogar ganz offen der tagespolitischen Propaganda geweiht. Das (im Verlag Georg Nierenheim erschienene) Buch verkündet die vollkommene Politisierung Bayreuths. Künstlerischer und staatsbürgerlicher Byzantinismus, Nationalismus und Antisemitismus finden sich in schöner Eintracht darin zusammen. Es beginnt mit einem schlechten Gedicht Hans Pfitzners und bringt dann einen Bericht über die „deutsche Festspielstiftung Bayreuth“, der die an sich erfreulich aussehende Tat des im Juni 1921 begründeten neuen Bayreuther Patronats dadurch herabsetzt, daß er verrät, wie man es verstanden hat, durch einen Zuteilungsausschuß „ungeeignete Elemente auszuschalten“. Anschließend spielt ein Tübinger Professor „Wagner als Führer zu deutscher Art“ gegen Judentum und Amerikanisierung aus, wirbt für die angeblich in Wagners Geist tätigen „vaterländischen Verbände“ und endet mit der freimütigen Feststellung, daß die Bayreuther Gemeinde „auch politisch in dem Lager versammelt“ sei, in dem „mehr und mehr alles, was entschieden deutsch sein will, sich zusammenfindet“. Ein Studiendirektor aus Stuttgart dekretiert seinerseits, daß „Bayern aus Reichstreue dem amtlichen „Reich“ und seinen Vertretern feind geworden“; er läßt die Frage offen, wie Wagner über das denken würde, „was sich heute deutscher Staat nennt“, und preist schließlich den Meister als Wegbereiter des „nationalen Sozialismus“. Weiterhin bedauert ein durch sein Judenfressertum peinlich berühmter Berliner Musikreferent, daß zwischen Wagners „Gralsdeutschtum“ und Bismarcks Reichsregiment keine straffere Tatgemeinschaft zustande gekommen sei. Der um Wagner in der Tat hochverdiente Friedrich v. Schön aber kann es nicht unterlassen, das Thema „Wagner und das Judentum“ im jetzigen Zeitpunkte neu zu variieren, und macht sich damit zum Weggenossen Hans v. Wolzogens, der in einer Festnummer der „Bayreuther Blätter“ mit aller Biederkeit das „Volk der tausendjährigen Nasen“ poetisch apostrophiert.

Dermaßen bis zum Ekel in den „Geist“ des Unternehmens eingeweiht, betrachtet man auch das äußere Gewand der Veranstaltung mit anderen Augen und fühlt sich gedrängt, selbst scheinbar Belangloses ernster zu nehmen. Wagner hat sein Festspielhaus ausdrücklich „nicht einer besonderen Klasse der Gesellschaft“ und „nicht dem schlechthin nur zahlenden Publikum“ bestimmt. Es kam dem Revolutionär von 1849 auf noch andere Voraussetzungen an als nur auf Rang und Besitz. Auch hat er die Ausländer, soweit sie sich ernsthaft um deutsche Kunst und Kultur bemühten, durchaus nicht verachtet. Und selbst sein für das heutige Bayreuth verantwortlicher Sohn und Erbe Siegfried hat eine Werbereise über das große Wasser bekanntlich nicht verschmäht. Ein Blick auf die diesjährige Besucherschaft zeigt gegen früher eine starke Abnahme des ausländischen Zustromes und eine entsprechende Stärkung des deutschen Elements, die durchaus zu begrüßen wäre, wenn man dabei nicht entdeckte, daß auch von den Deutschen die geistig Freiheitsbedürftigen aus dem Wagnertempel fast gänzlich verschwunden sind. Das gesellschaftliche Bild zeigt eine breite Bürgerlichkeit, in der Vertreter der Großindustrie und des Feudalismus den Ton angeben und das Bayreuth hörige engere Akademikertum als kulturelles Bindemittel erscheint. Dazu ein paar ehemalige Herrscher und (in den Proben) der ehemalige Feldherr Ludendorff. Auf dem First des Gebäudes weht zwischen den Landesfarben blau-weiß die Flagge schwarz-weiß-rot. Die neuen Reichsfarben sind unbekannt. Wenn am Schluß der „Meistersinger“ die ganze Hörerschaft sich erhebt und Hans Sachsens Ansprache stehend entgegennimmt, wird der vom Werk Erfüllte spontan in die Kundgebung mit hineingezogen. Wenn dann nach dem ergreifenden Schauspiel, das dem wirklich Hörenden

Franz Stassen: „Siegfried freu' sich des Siegs!“

Siegfried von Ernst Seeger (1925)

die Rede verschlägt, das Deutschlandlied mehrstrophig abgesungen wird, weicht Begeisterung einem gelinden Erstaunen. Die anschließenden, auch bei späteren Aufführungen immer wiederholten oder doch versuchten Heilrufe aber öffnen im Zusammenhang mit den genannten politischen Momenten dem kritischen Beobachter vollends die Augen. Das also hat man aus dem Erbe des Länder und Herzen umspannenden Genies gemacht! Dies die gesinnungsmäßige Umstellung, die Bayreuth seit 1914 an sich vorgenommen hat. Lohnt es dann für den Unabhängigen überhaupt noch, zu dem grünen Hügel zu wallfahren? . . . .

Doch es gibt, gottlob, noch immer *das „andere" Bayreuth*. Durch den Nebeldunst blinder Meinung und politischen Schachergeistes leuchtet nach wie vor *die künstlerische Tatsache*: die fortzeugende Schöpfung jenes Geistesriesen, vor dessen Grab im Garten von Wahnfried der tiefer Liebende fast ratlos steht, weil er's kaum fassen kann, daß hier sterbliche Reste vorhanden sein sollen, die unter einer Steinplatte zu bergen waren. Wo anders als in diesem aus Wunsch und Willen des Meisters geborenen Festspielhaus kann man Wagners Ausnahmewerke „Parsifal" und „Der Ring des Nibelungen" nach ihrer originalen Stilidee vollendet entgegennehmen? Der *Raum* ist ja sozusagen um diese Werke herum komponiert. Das Riesenrelief der Bühne wirkt durch die gesamte Geometrie des Hauses und durch die Distanz des Zuschauers zur Szene mit gesammelter Wucht. Das *Orchester* wird bei einer Besetzungsfülle, die seiner künstlerischen Bedeutung und akustischen Aufgabe entspricht, und bei der durch die Versenkung und Abdeckung bewirkten Sammlung und Dämpfung des Klanges tatsächlich so empfunden, wie es Wagner einst gewollt: als ein wahrer „Mutterschoß" des dramatischen Geschehens, daraus die Gestalten hervorwachsen, ohne in ihrem akustischen Dasein beschränkt oder gar erwürgt zu werden. Die ganz ungewöhnliche Hörsamkeit des Hauses tut ein übriges, um eine beispiellose Geschlossenheit sowie zugleich Vielstufigkeit des Gehör-Eindrucks zu ermöglichen. Stellen im „Ring" die man in deutschen Opernhäusern auch bei tüchtiger Ausführung infolge der Raumverhältnisse und des offenen Orchesters nie deutlich vernimmt, werden in der Bayreuther Darbietung im grob physikalischen wie im feineren stilpsychologischen Sinne erst recht verständlich. Das Flüstern ist hier noch zu vernehmen. Die Chöre klingen, auch abgesehen von Zahl und Qualität der Stimmen, wie nirgends sonst. Selbst die Musik der „Meistersinger", die in ihrem auf unmittelbar frische Wirkung berechneten Stile auf Tagesbühnen mit offenem Orchester und kleinerem Rahmen noch lebendiger erblüht, läßt in der Bayreuther Darbietung orchestrale Deutungsmöglichkeiten zu, die hinsichtlich einer allgemeinen dynamischen und koloristischen Auflockerung der Partitur wertvolle Anregung bieten. Kommt schließlich als wichtigster, den Festspielcharakter entscheidender Faktor das hinzu, was Wagner bei der Gründung Bayreuths bescheiden als „Korrektheit" der Aufführung bezeichnet hat, worunter er aber, genauer gesehen, die möglichst ideale Besetzung der Rollen, eine ebensolche Inszenierung und die treue Ausführung seiner sämtlichen künstlerischen Eingebungen und Vorschriften verstand. Man weiß freilich, daß diese letzte Teilforderung seit des Meisters persönlichem Ausscheiden aus der Leitung mehr als genügend erfüllt worden ist. Man hat sogar in dieser Beziehung mit Recht von Buchstabenfanatismus und Knebelung der darstellerischen Individualität sprechen dürfen und sollte heute in diesem Punkte um der Sache willen eher eine freiere Auffassung wünschen als jene orthodoxe, die von Cosima und Siegfried Wagner seitdem vertreten wurde. Die beiden anderen Forderungen Wagners müssen dagegen auch jetzt noch aufrecht erhalten bleiben. Nachdem Wagners Schöpfungen längst in die Breite gedrungen sind und bei entsprechender Bereitschaft selbst von mittleren Theatern in achtbarer Form dargeboten werden, wie anders sollen da diese Festspiele ihren Sinn und ihr Recht behaupten, wenn sie nicht im Sinne des zurzeit Möglichen an Besetzung und Inszenierung ein non plus ultra repräsentieren?

Gerade hier hat indessen die künstlerische *Kritik* des diesjährigen Festspiel-Zyklus einzusetzen.

So hat Bayreuth im Jahre 1924 zwar eine äußere Auferstehung feiern dürfen, die unter der obwaltenden Wirtschaftslage als Erfolg gelten kann, die kulturelle Tragweite dieser Wagner-Festspiele hat aber in jedem Betracht abgenommen. Soweit diese Minderung der Aktionskraft aus der veränderten Stellungnahme unserer Zeit zu Wagners Schaffen, und aus materieller Armut resultiert, ist sie unabänderlich oder doch fürs erste kaum zu beheben. Im übrigen aber ist sie zweifellos durch das diesmal so auffällig betonte Abschwenken Bayreuths in das Lager der politischen und künstlerischen Reaktion mit verschuldet. Schwer zu sagen, ob der legitime Erbe von Bayreuth mit dieser im Drange der Gegenwart besonders auffälligen, absichtsvollen Uebersehung realer und geistiger Tatsachen wirklich übereinstimmt oder aber in die jetzige, aller Weiterentwicklung abgekehrte Haltung durch die Einflüsterungen eines Gefolges alter Männer und parteipolitischer Gesinnungsagenten nolens volens hineingezogen ward. Wie dem aber auch sei, man kann und muß von Siegfried Wagner erwarten, daß er als 55-Jähriger noch so weit in des Lebens Mittag steht, um das Gezänk Enttäuschter nicht für Stimmen der Zukunft zu halten. Noch haben „Parsifal" und „Ring" auch der jungen Generation etwas zu sagen. Noch hat somit Bayreuth, das diese eigens dafür bestimmten Ausnahmeschöpfungen am vollkommensten wiederzugeben vermag und sie bei entsprechendem darstellerischen Niveau vielleicht wieder mehr und mehr für sich monopolisieren könnte, seinen Sinn. Doch müßte es, um diesen neu zu erfüllen und lebendig zu bewahren, manches vergessen und manches hinzulernen. Es müßte zunächst, unbekümmert um den Streit der Meinungen, das *ganze* Deutschland wieder zu erfassen versuchen und dann die künstlerische Jugend, die in diesem Jahre fast gänzlich ferngeblieben war, durch die Möglichkeit neuer Einsichten anzulocken verstehen. Wagner selbst hat bei der Gründung des Festspielhauses den Radius der dort zu leistenden Kulturarbeit mit dem Satze bezeichnet: *„soweit das künstlerische Vermögen der Gegenwart reicht"*. Und wiederum Wagner ist es gewesen der, den „Teufel der Unproduktivität" an die Wand malend, den viel interpretierten, gleichwohl ganz eindeutigen Ausspruch getan hat: *„Kinder, schafft Neues und abermals Neues!"*

Deutsche Festspiele in Weimar 1926

Offizieller Führer

Deutsches Nationaltheater in Weimar

Herausgegeben im Auftrage des
Bayreuther Bundes der deutschen Jugend und der
Festspielverwaltung von

Paul Pretzsch und **Otto Daube**

Mitglied des Ehrenpräsidiums — 1. Bundesvorsitzender

Verlag der Hofbuchhandlung Georg Niehrenheim
Bayreuth

EINE BAYREUTHER NEBENGRÜNDUNG FÜR WERKE VON SIEGFRIED WAGNER, FRIEDRICH LIENHARD UND HANS VON WOLZOGEN

Nichts anderes führt zum Siege einer Sache, als die Tat!

Unter dem Zeichen der Tat stehen die ersten „Deutschen Festspiele", die den Gedanken der Nationalpflegstätte deutscher Kultur, den Richard Wagner in „Bayreuth" verwirklichte, in „Weimar" als der anderen Säule am deutschen Tempel aufleben lassen wollen.

Wenn wir alle fest zusammenstehen, eines Geistes und eines Willens, dann schaffen wir mit an der „Deutschen Renaissance", die kommen muß, soll deutsche Art und Kultur und mit ihr der Glaube an Reinheit und Größe unseres auf seine schwerste Probe gestellten Volkes nicht auf immer in Trümmer gehen!

Bayreuth und Weimar im Zeichen unserer großen deutschen Meister — Das einzige Ziel Neudeutschlands!

Der Bayreuther Bund der deutschen Jugend e. V.,

der nunmehr auf sein 5. Arbeitsjahr zurückblickt, ladet alle Freunde unserer deutschen Kunst und Kultur ein, sich ihm anzuschließen.

Seinem Ehrenpräsidium gehören an:
Siegfried Wagner als Schirmherr, Winifred Wagner, Daniela Thode, Gräfin Gravina, Eva Chamberlain, H. S. Chamberlain †, Hans von Wolzogen, Helena Wallem, Marie Charlotte Siedentopf, Max Koch, Wolfgang Golther, Arthur Prüfer, Ludwig Karpath, Franz Stassen, Richard Linnemann, Georg Niehrenheim, Fritz Gießel.

Der Bund ist durch Orts- und Schulgruppen und Einzelmitglieder in mehr als 100 Orten vertreten.

Er vereint deutsche Männer, Frauen und Jugend, denen das Bayreuth Richard Wagners zum lebenspendenden Begriff geworden ist und die in der Ehrfurcht vor aller wahren Größe die Grundlage aller Kultur erblicken.

Sein Ziel ist:
den Bayreuther Gedanken Richard Wagners in seiner ganzen umfassenden Fülle und Fruchtbarkeit zu pflegen und zu verbreiten. Das schließt in sich nicht nur die Förderung der Bayreuther Festspiele, sondern auch die Pflege aller künstlerisch und sittlich wertvollen deutschen Geistesschöpfungen aus Vergangenheit und Gegenwart, sei es de rbildenden Kunst, der Dichtung der Musik oder der Philosophie.

Anmeldungen werden erbeten an die Bundesvorsitzende Frau Martha Ottersbach in Volksdorf Bz. Hmb., Haus Dryade.

Geleitwort zu den Deutschen Festspielen in Weimar.

Das gewaltige Kunstwerk Richard Wagners wird durch den die dramatischen Dichtungen wie die ästhetischen Schriften umfassenden Regenerationsgedanken zu einer Offenbarung der Bestimmung des deutschen Volkslebens. In Bayreuth erleben wir in jeder neuen Festspielzeit immer wieder die unversiegbare Kraft eines Kunstwillens, der sich frei wußte von der verflachten Einstellung zum Kunstwerk, und der gerade in unseren Tagen eine Aufgabe zu erfüllen hat, die in der Erkenntnis des Bayreuther Geistes die Schüler Richard Wagners zu übernehmen haben.

Die Zeit scheint gekommen, in der das Erwachen aus dem Schlafe unbekümmerter Vertrauensseligkeit den Tiefstand unseres modernen Kulturlebens offenbar machte und weite Kreise nach einer gleichen Regeneration im Sinne Richard Wagners verlangen. Die Materialisierung durch unpersönliche Kunst, eine Folgeerscheinung des Zeitalters der Maschine, — Grammophon, Kino, Radio —, die Entgeistigung der modernen Kunstproduktionen selbst — zur obersten Idee eines Kunstwerkes wird die Anbetung des Materialismus erhoben — die Aesthetisierung an Stelle wahrhaft großen oder romantischen Kunstempfindens, der Zusammenbruch der geistigen Schicht unserer Bevölkerung, die Einstellung der Massen auf das Schlagwort, das durch den ständigen Wechsel der Eindrücke auf die schwerste Probe gestellte Nervensystem, zu oberst aber die Aufstellung einer neuen Lebensanschauung — — in dieser Aufstellung finden wir die Stufen zum „Untergang des Abendlandes".

Dem gegenüber steht der Glaube an die deutsche Volksseele, die sich zwar im Banne des Zeitgeistes, nicht aber in dessen vollständigem Besitz befindet. Solange es noch einen Menschen geben wird, der sich diesen Glauben bewahrt hat und für ihn zu kämpfen wagt, ist die Möglichkeit einer „Deutschen Renaissance" noch nicht entschwunden.

Neben Bayreuth kennen wir als die andere große Pflegestätte deutscher Kultur das klassische Weimar, auf dessen Boden nun eine neue Aufrichtung der deutschen Seele in der engsten Verbindung mit Bayreuth zur Wahrheit werden soll.

Wenn sich das deutsche Volk zu seinen Führern zurückgefunden hat, die falschen Propheten zurückweist und deutschen Dichtern und Denkern in das Land der eigenen Art folgen wird, dann erst wird es in sich selbst das größte Glück finden.

Die Deutschen Festspiele in Weimar werden ein Prüfstein sein, ob wir an ein deutsches Volk noch glauben dürfen.

Bei den vom „Bayreuther Bund Deutscher Jugend" veranstalteten „Deutschen Festspielen in Weimar 1926" vom 17. bis 31. Juli werden Siegfried Wagners Opern *Der Bärenhäuter* und *Das Sternengebot*, Wolzogens Spiel *Longinus* und Lienhards Drama *Münchhausen* aufgeführt.

Schriften zur politischen Bildung.

Herausgegeben von der Gesellschaft

„Deutscher Staat".

VIII. Reihe. Das Erbe des deutschen Geistes. Heft 8.

Richard Wagners geschichtliche völkische Sendung.

Von

Geh.-Rat Dr. Max Koch,
Univ.-Professor in Breslau.

Langensalza
Hermann Beyer & Söhne
(Beyer & Mann)
Herzogl. Sächs. Hofbuchhändler
1927

Richard Wagners geschichtliche völkische Sendung.

Zur Fünfzigjahr-Feier der Bayreuther Bühnenfestspiele.

Von

Geh.-Rat Dr. Max Koch,
Univ.-Professor in Breslau.

„Es ist ein Fluch der Deutschen, daß sie in ihrer großen Mehrzahl so gar kein Bewußtsein der eigenen Art und dadurch gar keinen Instinkt für ihre Pflichten besitzen, daß sie nicht wissen, wo ihre Helden stehen, und wer die wahren, die Wesensdeutschen sind."
Ludwig Schemann.

Fr. Manns Pädag. Magazin. Heft 1164.

Mit dem Buch des Breslauer Germanisten Max Koch, der als völkischer Jude zu besonderer Übersteigerung seines „Deutschtums" neigt, ist nun auch die völkische Einordnung Wagners im Bereich der Wissenschaft vollzogen.

Ein klarer Kopf: Wotan is mal wieder jejen Marx unterlejen — det ham die Jesuiten jeschafft
(Zeichnung von M. Frischmann; Simplicissimus, 4. Juni 1928)

Hoihotoho! „Ihre Brunhilde, Frau Gammersängerin, die is nich' bloß e german'sches Heldenweib, nee — die bleibt derbei ooch Dame."
(Zeichnung von E. Schilling; Simplicissimus, 14. September 1925)

Forderung nach „einer grundsätzlichen Scheidung zwischen ‚Haus Wahnfried' und Wagners demokratischem Werkgedanken"

In seiner 1928 erschienenen Broschüre, aus der hier der Anfang und der Schluß aufgenommen ist, wendet Diebold sich dagegen, daß Wagner „heute vom reaktionären Bildungsphilisterium — das sich „am Klang der Namen Wotan und Siegfried" berauscht — beschlagnahmt und von den ‚Wagnerianern' mit der Parteifarbe schwarz-weiß-rot geschmückt" wird und daß „die Linkspresse ... vor dem geistpolitischen Phänomen Wagners eine nicht weniger fatale Gedankenlosigkeit bewiesen (hat)".

DER FALL WAGNER

EINE REVISION

VON BERNHARD DIEBOLD

FRANKFURTER SOCIETÄTS-DRUCKEREI GMBH
ABTEILUNG BUCHVERLAG
FRANKFURT AM MAIN

„Es hilft nichts, man muß erst Wagnerianer sein."
Nietzsche 1888.

Ich war in Bayreuth. Es ist unzeitgemäß. Ich weiß. Eben darum war ich in Bayreuth.

Wagners Grab deckt eine mächtige Platte, auf der man jede Aufschrift, auch den großen Namen, vergebens sucht. Hier gibt es nichts zu deuten. Hier liegt ein Ruhmgekrönter, dessen Ruhm der Worte nicht bedarf... Aber auf diesem Grabe liegt unter anderen Zeichen der Verehrung ein Kranz mit schwarz-weiß-roter Schleife an bevorzugter Stelle. Man weiß, wie Wagners Schwiegersohn, der verstorbene Houston Stewart Chamberlain, auf seine Weise Rassenfragen und Patriotismus betrieb und wie das „Haus Wahnfried" auf seinen nationalistischen Spuren wandelt. Ein ganz bestimmtes Publikum hat sich das gemerkt. Wir sehen neben Amerikanern und Franzosen nur Rechtser-Deutsche in Bayreuth. Wo sind die liberalen Köpfe für das liberale Kunstwerk? Wo bleibt das Volk der „Meistersinger"? Wo die Fein-Nervigen mit der Tristanseele? Ist man zu schick für die Musik von gestern? Ist man so grenzenlos politisch-klug, daß man den Wagner mit dem Chamberlain ausschüttet? Was ist geschehen?

POLITISCHE VERSCHIEBUNG

Unglaubliches ist geschehen! Das politisch rechts stehende Bildungspublikum hat seit dem Kriege Richard Wagner zu seinem speziellen Kunst- und Kulturgott erhoben. In Ermangelung eigener schöpferischer Kulturgeister erwählen die Mannen von rechts den Revolutionär, den Flüchtling und jahrzehntelang Verbannten von 1848/49 zum Erfüller ihrer nationalistischen Bedürfnisse. Dürfen sie das? Gewiß hat Wagner seine republikanische Leidenschaft später neutralisiert — ähnlich wie Schiller. Einfluß von 1870/71. Aber seine Schöpfungen sind im revolutionären Geiste entstanden und ihre Theorien sind liberal. Doch die Leute von rechts werden von diesen Schriften nichts wissen wollen. Sie stecken den Kopf in den Sand vor dem Verfasser der Abhandlungen über „Kunst und Revolution", dem Pazifisten von „Religion und Kunst" und des „Parsifal"; vor dem ersten Künstler (Goethe und Schiller mitgerechnet), der, von der Hoftheateratmosphäre abrückend, für sein Werk ein demokratisches „Volk" fordert als „die bedingende Kraft für das Kunstwerk".

Wagners „Volk"

Die Feinde des Volkes — so etwa schrieb Wagner — sind die Luxuriösen und Machtgierigen, die keine Not empfinden, die ihres Mitmenschen so wenig bedürfen wie der Gemeinsamkeit im geistigen Kunstwerk der Zukunft. „Das Ausschließliche, Einzelne, Egoistische vermag nur zu nehmen, nicht aber zu geben: es kann sich nur zeugen lassen, ist selbst aber zeugungsunfähig; zur Zeugung gehört das Ich und das Du, das Aufgehen des Egoismus in den Kommunismus. Die reichste Zeugungskraft ist daher in der größten Vielheit..." „Das Volk ist der Inbegriff aller derjenigen, welche eine gemeinschaftliche Not empfinden... nur ein gemeinsames Bedürfnis ist aber das wahre Bedürfnis...; nur die Befriedigung eines wahren Bedürfnisses ist Notwendigkeit, und nur das Volk handelt nach Notwendigkeit, daher unwiderstehlich, siegreich und einzig wahr." („Das Kunstwerk der Zukunft.")

Rasse

Der Mann, der diese Sätze begeistert niederschrieb und sie in den „Meistersingern" verklärte (diesem demokratischsten Bühnenspiel zwischen „Tell" und Hauptmanns „Webern") — dieser liberale Denker und nach seinem späteren Welterfolg das „internationalste" Kunstphänomen der Deutschen — dieser größte Umwälzer der konservativen Musikformen und rückständigen Kunstbegriffe wird heute vom reaktionären Bildungsphilisterium für sich beschlagnahmt und von den „Wagnerianern" mit der Partei-Farbe schwarz-weiß-rot geschmückt! Sie wollen sich für ihre kulturellen Freuden nicht jenen Wagner des schwarz-rot-goldenen Jahres 1849 denken, sondern nur den Wagner, der 1871 einstimmig mit dem liberalen Deutschland der Einigung des Reiches zujubelte. Sie denken an den „Kaisermarsch", der jener Stimmung den romantischen Ausdruck gab. Sie denken an Wagners Freundschaft mit König Ludwig II. und halten dieses Verhältnis für ein besonders schönes „monarchistisches" Exempel. Ganz besonders Belesene erinnern sich an Wagners phantastischen „idealen Konservatismus" seiner Spätzeit und die antisemitischen Anfälle, an das „Judentum in der Musik" von 1850 gegen Mendelssohns formale Art und Meyerbeers luxuriöse Brillanz — und vergessen so gerne Wagners persönliche Zuneigung zu Rubinstein und Hermann Levi. Sie vergessen, daß Wagners Riesennase und der Name seines Stiefvaters Geyer den früheren Feinden seiner Kunst zu den geistreichsten Antisemitismen gegen den „Juden Wagner" Anlaß gaben. Daß Nietzsche die Auspressung der Leitmotive als musikalischen Wucher höhnte, den Wagner von den Juden gelernt haben dürfte. Und endlich, daß zu den allerersten Jüngern der „Zukunftsmusik" gerade die Juden zählten, die ihre Söhne Siegfried und Siegmund nannten. Aber das bedenken unsere Bayreuther nicht. Im Grunde denken sie hier ja überhaupt nicht allzuviel, sondern sie schwärmen. Berauschen sich am Klang der Namen Wotan und Siegfried!

Verschobene Nibelungen

Wotan und Siegfried! Welch hehrer Klang! Parteimitglieder? O nein! Es sind die völlig mißverstandenen und für sie gänzlich unverwertbaren Phantome einer anderen Welt! Denn Wotan ist der arme schwache Gott des verdämmernden neunzehnten Jahrhunderts Schopenhauers, und Siegfried ist nicht der feudale Held des alten Nibelungenliedes, sondern der freieste Mensch eines neuen Reiches. Als einziger nutzt er den Ring der Macht nicht aus und weder dem Lichtalberich des Himmels noch dem Nachtalberich der Erde huldigt sein anarchistisches Schwert, das die alten Staats-Verträge im Wotanspeer zerschlägt. Dies Schwert heißt nicht „Hurra!", sondern „Nothung". Nieder mit dem kapitalistischen Klassenstaat von goldbesessenen Göttern, Riesen und Zwergen. Nieder mit der sich selbst verzehrenden Walhall-Bourgeoisie. Nieder mit den Unternehmern in Alberichs unterirdischem Ruhrgebiet! Das wäre die Uebersetzung der fröhlichen Siegfriedweise auf den heutigen Ton. Der Drache der dummen Besitzmacht muß umgebracht werden; der falsche Militarist und unzureichende Waffenfabrikant Mime wird erledigt. Nur die „Liebe" hat recht, wenn die alten Götter stürzen. Wotan ist ein armer, fast schuldlos Schuldiger. Erlösen wir die Götter vom Diesseits. Wir brauchen Menschen! und ein neues Geschlecht! ... Aber unsere wagnergläubigen Rechtser wollen davon nicht das geringste merken und betäuben sich nur an den häufigen Heilrufen der Mannenchöre, als wären sie im Kriegerverein statt in der „Götterdämmerung". Welch ein Theater vor dem Theater. Die „Ring"-Tragödie wird zur Komödie vom verschobenen Wagner. „Urmütter Weisheit geht zu Ende ..."

Nostra culpa ...

Aber wir fragen zugleich: Wo blieb die Weisheit der Linksparteiler? Warum duldeten sie diese Verschiebung? Wer hat die größte Schuld an dem politischen Verlust der populärsten Hochkunst der vergangenen Jahrzehnte? Gedankenlosigkeit der Rechtser? .. Aber die Linkspresse hat vor dem geistpolitischen Phänomen Wagners eine nicht weniger fatale Gedankenlosigkeit bewiesen. Sie hat in der Verärgerung über die Epigonen von „Haus Wahnfried" und Herrn Chamberlain die Hauptsache selber aus dem Auge verloren. Sie hat auf den ungeheuren Kultur-Kredit dieses weltberühmten Namens verzichtet. Sie wollte diesmal „ohne Meister selig sein" — nennt aber bei dem Datum 1848 jederzeit mit Stolz den heute klanglos gewordenen Namen Uhlands und vergißt den mächtigen Propagandawert des größten Kunst-Revolutionärs, der zugleich Märtyrer des liberalen Gedankens war. Statt eine grundsätzliche S c h e i d u n g zwischen „Haus Wahnfried" und dem Wagnerschen Werkgedanken vorzunehmen und die unübersehbare Masse des Wagner-Publikums durch diesen Zauber für sich zu gewinnen; statt die „Meistersinger" zum demokratischen Festspiel zu proklamieren und jede Aufführung dieser Apologie des Volkes auch zu einer politischen Feier zu gestalten — statt alles dessen überließ der Parteigeist den ganzen Richard Wagner kampf- und harmlos den Nationalisten und tat dem Chamberlainschen Anhang den liebenswürdigen Gefallen einer bedingungslosen Auslieferung. Nein, man sparte jede Polemik und bestritt der Gegenpartei nicht das ideelle Recht zu dieser Annexion. Man betonte weder Wagners demokratischen Werkgeist, noch wies man auf das eigene Verdienst: daß es die Kritik der liberalen Presse war, die in erster Linie den Umschwung von der konservativ-akademischen Wagner-Verdammnis zu jener enthusiastischen Verherrlichung bewirkt hat, die seither bis zum großen Krieg von den Musikern der ganzen Welt bestätigt wurde.

Gegner alten Stils

Wer damals nicht mittat, das waren außer ein paar feinen, aber unmusikalischen Kulturellen einige alte Musikprofessoren und Brahms-Besessene und — denn les extrêmes se touchent — einige Snobs, die immer auf dem andern Ufer stehen wollen, um ja nicht mit zum „Volk" gezählt zu werden — trotzdem die feinsten Décadents sich nicht genierten: ein Beardsley zeichnete die Phantome Wagners, der Aesthet d'Annunzio betete ihn an, Debussy wurde von ihm gezeugt. Nur E i n e r, neben Wagner der Größte seiner Zeit, hatte das tiefste Recht zur Schmähung Wagners, weil er wie keiner den „Meister" verherrlicht und geliebt und sein Werk vollkommen durchgelebt hatte; weil er wie niemand an der musikalischen „Krankheit" Wagners litt und seinen späteren ungeheuren Haß und selbstzerstörerischen Widerspruch mit dem persönlichen Untergang beglich — Friedrich N i e t z s c h e.

Es geht um mehr!

Vielleicht merkt der hellhörige Leser bereits, daß es sich bei dieser Erörterung des Themas Wagner nicht um Aesthetik handelt und etwa um die Frage, ob der Schwan im „Lohengrin" gut sei oder schlecht. Das Problematische jeder Art von Kunst-Romantik in unserer pathoslosen Epoche der Sachlichkeit ist erst viel später zu bereden. Daß dieser Wagner-Stil der heutigen Jugend überspannt erscheint, daß der junge Mensch von 1928 sich so wenig mit Wotan als mit Faust und Hamlet abgibt, daß für den Ausdruck des ad hoc der Gegenwart überhaupt nicht „die Kunst" den verständlichsten Mund besitzt — darüber wissen wir genau Bescheid. Das Chaos der Wirklichkeit brodelt unter uns und ein neuer tanzender Komet muß geboren werden. Aber es gibt auch Fixsterne am Himmel, die für die Schiffahrt der Kultur nicht zu entbehren sind und nicht vernebelt werden dürfen. Herder, Schiller, Tolstoj, Nietzsche sind Meßzeichen unserer Entwicklung. Man braucht im leeren Raum auch einen Himmel über sich, der kein Jenseits zu bedeuten hat. Zu den Sternbildern an diesem Himmel, der unser Leben überleuchtet, gehört Richard Wagner.

Die populäre Massenwirkung Wagners hat mit der letzten künstlerischen Wertung dieses überfeinen Doppel-Organismus so wenig zu tun wie die Ahnungslosigkeit des Schiller-Publikums vor der im „Wallenstein" enthaltenen Kant-Philosophie. So einmalig die Doppelbegabung Wagners, so überaus selten ist der doppeltbegabte Kritiker seiner synthetischen Kunst. Die Einseitigkeit der spezialistischen Literatur- oder Musikkritik war von jeher die Scheuklappe und wird für immer die elementare Hemmung bleiben für eine sachgemäße Erkenntnis des unklassifizierbaren Phänomens Richard Wagner.

Tragödie

Daß aus diesen dichterischen Klangmassen und klingenden Atmosphären zugleich ein „Drama" herausspielt, das trotz seines Tiefsinns zum hinreißendsten Theater werden konnte, braucht nicht bewiesen zu werden angesichts eines halbhundertjährigen Welterfolges. Die dramatische Technik hat in Wagners Dreiaktern zum letztenmal das Monumentale konstruiert. Zum letztenmal ist in der Brünhild der „Götterdämmerung" ganz große Tragödie geschaffen worden, deren breites Pathos erfüllt ist von den allerfeinsten seelischen Inhalten — so überfein, daß die Gebärde problematisch wird. Zum letzten Male — und vielleicht sogar zum ersten Male — wurde die dramatische Phraseologie genau so monumental wie psychologisch. „Ein Unhold schwang sich auf jenen Stein! Ein Aar kam geflogen, mich zu zerfleischen! Wer bist du? Stammst du von Menschen?" Der Pathoston der Worte wird unterwühlt und zersetzt von der leisesten Musik der Seele. Aber diese Distanz vom Ton der großen Idee zum zitternden Detail der sie als kaum ertragbar empfindenden Seele, diese Spannung über den Abgrund von Ethos und Eros — das ist die Tragödie des „zerrissenen" neunzehnten Jahrhunderts. Wagner als Künstler hat es gestaltet. Nietzsche als Kritiker hat es verworfen und zerstört.

„Meistersinger"

Sündigt „Haus Wahnfried" durch seinen Parteigeist, der den großen Genius seinem Volke entfremdet, so wahrt es wie zur Sühne dafür den heiligsten Werkgeist seiner Kunst. Noch lebt im Haus des Meisters — einundneunzigjährig, erblindet und das Ende erwartend — Cosima Wagner, die Tochter Liszts, die Gattin Hans von Bülows, bevor sie die Gefährtin Richard Wagners wurde. Noch ist, solange dieses einzigartige Leben lebt, die Aera Wagners Gegenwart. Am Teich des Gartens von Wahnfried spielen die kleinen Enkelkinder lustig mit ihren Schiffchen, keine zehn Meter von jenem Grabe, dessen schwere Platte den Schlußstein der Romantik symbolisiert. Man fordert keine Feierlichkeit. Amerikaner stehen in Distanz vor diesen Kindeskindern des letzten Magiers und imposantesten Künstlers der Neuzeit. Sie reden leise vor diesen leiblichen Zeugen des Großen; sie gehen dann zum Grab hinüber, und sie erkennen an der schwarz-weiß-roten Schleife, daß dieser Wagner dem neuen Deutschland nicht mehr angehört; daß diesen mächtigen Namen die deutsche Republik nicht mit politischem Pathos für sich forderte — weil sie vergaß, daß nirgends in aller Theaterkunst das deutsche Volk so herrlich souverän erklärt wurde wie in den „Meistersingern", diesem singenden Lust- und Festspiel der Demokratie. Mochte sein Schöpfer — in der Problematik eines schweren Lebens und schwierigen Charakters — den politischen Eifer der mittleren Mannesjahre im Kampfeswillen seiner künstlerischen Mission aufgehen lassen — so sind doch jene Farben Schwarz-Rot-Gold von 1848, um die er leiden mußte, im Genius der „Meistersinger" siegreich geblieben. In der Kunst sah Wagner noch die „ästhetische Erziehung" zum Volke und zum Staat. Sein Werk sollte im allerhöchsten Sinne politisch sein: die Politeia bildend. Hans Sachsens Rede an den adeligen Walther und dessen „Uebermenschen"-Anspruch als Genie ist die Erziehung zum sozialen Menschen. Und „zerfiel in Dunst das heil'ge röm'sche Reich" — es ist zerfallen! — so bleibt ein Volk zur Schaffung eines neuen Reiches.

Bernhard Diebold war Mitarbeiter der „Frankfurter Zeitung", in der er am 16. Mai 1933 Thomas Mann gegen den von reaktionären Bildungsphilistern inszenierten und unterschriebenen „Protest der Richard-Wagner-Stadt München" verteidigt (siehe Seite 200), der jenen Mißbrauch „roher Biederkeit" und jenes „Mißverständnis, das Wagner unter den Deutschen angerichtet (hat)", die Thomas Mann 1925 schon hervorhebt (siehe rechten Text), bezeugt.

Thomas Mann

AUS ›WAS VERDANKEN SIE DER KOSMOPOLITISCHEN IDEE?‹

(Oktober 1925)

Das ›Mittelmäßige‹, id est das Deutsch-Meisterliche bei Wagner war überwältigend. Die Verführung gewinnt hier beinahe den Sinn der Vexation, der Düpierung. Ja, Völker können angeführt werden von den zu ihrer Wandlung berufenen Helden, indem diese sich als ›Meister‹ vermummen. Zu denken, daß Wagner noch heute, bei den Restaurationsversuchen Bayreuths, als Schutzherr einer höhlenbärenmäßigen Deutschtümelei und Vertreter roher Biederkeit mißbraucht werden kann, – während europäische Artisten und Dekadente wie Baudelaire die ersten waren, die ihm zujubelten! Der ungeheuere Spott Nietzsche's über das Mißverständnis, das Wagner unter uns Deutschen angerichtet, bleibt das stärkste kritische Erlebnis meiner Tage.

Illustrationen Th. Th. Heines (siehe auch Seite 210) für den Privatdruck der 1921 im Münchner Phantasus-Verlag erschienenen Erzählung *Wälsungenblut* von Thomas Mann.

WAGNER UND UNSERE ZEIT

(August 1931)

Wagner ist, als künstlerische Potenz genommen, etwas nahezu Beispielloses, wahrscheinlich das größte Talent aller Kunstgeschichte. Wo ist zum zweitenmal eine solche Vereinigung von Größe und Raffinement, von Sinnigkeit und sublimer Verderbtheit, von Popularität und Teufelsartistik? Er bleibt das Paradigma welterobernden Künstlertums, und Europa erlag seinem Können, genau wie es der Staatskunst Bismarcks erlag. Sie wußten nicht viel voneinander, aber zusammen bilden sie den Höhepunkt einer romantischen Hegemonie des deutschen Geistes.

Wir wollen vom Menschlichen, Sittlichen, Dichterischen reden, wenn es sich um Goethe handelt. Der ›Ring‹ bleibt mir der Inbegriff des *Werkes*. Wagner war, im Gegensatz zu Goethe, ein Mann des *Werkes* ganz und gar, ein Macht-, Welt- und Erfolgsmensch durch und durch, ein politischer Mensch in dieser Bedeutung... Unseren *Werk*instinkt zu stacheln, ist niemand besser geschaffen als er. Unser menschlich-dichterisches Teil wendet sich zu Goethe. In ersterer Beziehung schulde ich Wagner Unaussprechliches und zweifle nicht, daß die Spuren meines frühen und fortlaufenden Wagner-Werk-Erlebnisses überall deutlich sind in dem, was ich herstellte. Den Lohengrin lernte ich am ehesten kennen, habe ihn unzählige Male gehört und weiß ihn nach Wort und Musik noch heute fast auswendig. Sein erster Akt ist ein Phänomen von dramatischer Ökonomie und theatralischer Wirkung; das Vorspiel etwas absolut Zauberhaftes, der Gipfel der Romantik. Es gab Zeiten, wo ich keine Aufführung des ›Tristan‹ im Münchener Hoftheater versäumte, dieses höchsten und gefährlichsten unter Wagners Werken. Über die ›Meistersinger‹ hat Nietzsche das psychologisch Blendendste gesagt. Ich denke hier nicht an seine bewunderungswürdige Analyse des Vorspiels, sondern an eine Notiz über das Werk überhaupt und seine geistige Stellung: »Meistersinger«, schreibt er, »gegen die Zivilisation; das Deutsche gegen das Französische.« Der kulturpsychologischen Feststellung Nietzsches aber kann man hinzufügen, daß die ›Meistersinger‹ ein großer und allerseits zugegebener deutscher Sieg, ein voller Triumph des gegenzivilisatorischen Deutschtums waren und es *unter allen Umständen* historisch bleiben werden.

In seinem autobiographischen Lebensabriß *Meine Zeit* hat Thomas Mann sich dazu geäußert, wie ihm die Lösung von seinen *Betrachtungen eines Unpolitischen*, kaum war es 1918 fertig, auf alle Weise erleichtert wurde: „durch die stumpfe Ablehnung des Buches von seiten der Deutsch-Konservativen, denen es viel zu europäisch und zu liberal war; durch gewisse persönliche Berührungen mit diesen Kreisen in ihrer politischen und geistigen Realität, die mir den Schrecken ins Gebein jagten; und durch das Heraufkommen jener Welle von revolutionärem Obskurantismus im Geistigen und Wissenschaftlichen, einer mir grundunheimlichen Bewegung, welche Nationalität gegen Humanität stellte und diese als das Absinkende, Zurückbleibende traktierte, — kurz, durch das Heraufkommen des Faschismus.“ (XI, 313) Diese „Kreise“ eines „bürgerlich-romantischen Ästhetizismus“, auf deren „gegen jede Befreiungsrevolution“ vornehmtuende „Politikverachtung“ und „kulturstolzen Anti-Demokratismus“ Th. Mann nicht mehr aufhört unbeirrt hinzuweisen, deren musiktrunkene, innerlichkeitsbesessene und zukunftsfeindliche „Sympathie mit dem Tode“ — deren Leitmotiv das Schubert'sche Lindenbaumlied ist — ein Hauptthema des *Zauberbergs* darstellt, und die Thomas Mann in ihrer Gewaltanbetung dann im *Dr. Faustus* als „Wegbereiter der Barbarei“ kennzeichnen wird — diese „Kreise“ verzeihen Thomas Mann seine schärfer und kritischer werdende Auseinandersetzung mit Wagner nicht: Der „Protest der Richard Wagner-Stadt München“, der am 16. und 20. April 1933 in den Münchner Neuesten Nachrichten erscheint, veranlaßt Thomas Mann, der Rückkehr nach München das Exil vorzuziehen.

Bürgerdämmerung

(Olaf Gulbransson)

„Dös is euer Großvater, schaugts 'n an, den Deppn, der hot damals an Richard Wagner aa mit auspfiffn."

Protest der Richard-Wagner-Stadt München

Nachdem die nationale Erhebung Deutschlands festes Gefüge angenommen hat, kann es nicht mehr als Ablenkung empfunden werden, wenn wir uns an die Oeffentlichkeit wenden, um das Andenken an den großen deutschen Meister Richard Wagner vor Verunglimpfung zu schützen. Wir empfinden Wagner als musikalisch-dramatischen Ausdruck tiefsten deutschen Gefühls, das wir nicht durch ästhetisierenden Snobismus beleidigen lassen wollen, wie das mit so überheblicher Geschwollenheit in Richard-Wagner-Gedenkreden von Herrn Thomas Mann geschieht.

Herr Mann, der das Unglück erlitten hat, seine früher nationale Gesinnung bei der Errichtung der Republik einzubüßen und mit einer kosmopolitisch-demokratischen Auffassung zu vertauschen, hat daraus nicht die Nutzanwendung einer schamhaften Zurückhaltung gezogen, sondern macht im Ausland als Vertreter des deutschen Geistes von sich reden. Er hat in Brüssel und Amsterdam und an anderen Orten Wagners Gestalten als „eine Fundgrube für die Freudsche Psycho-Analyse" und sein Werk als einen „mit höchster Willenskraft ins Monumentale getriebenen Dilettantismus" bezeichnet. Seine Musik sei ebensowenig Musik im reinen Sinn, wie seine Operntexte reine Literatur seien. Es sei die „Musik einer beladenen Seele ohne tänzerischen Schwung". Im Kern hafte ihm etwas Amusisches an.

Ist das in einer Festrede schon eine verständnislose Anmaßung, so wird diese Kritik noch zur Unerträglichkeit gesteigert durch das fade und süffisante Lob, das der Wagnerschen Musik wegen ihrer „Weltgerechtheit, Weltgenießbarkeit" und wegen dem Zugleich von „Deutschheit und Modernität" erteilt wird.

Wir lassen uns eine solche Herabsetzung unseres großen deutschen Musikgenies von keinem Menschen gefallen, ganz sicher aber nicht von Herrn Thomas Mann, der sich selbst am besten dadurch kritisiert und offenbart hat, daß er die „Gedanken eines Unpolitischen" nach seiner Bekehrung zum republikanischen System umgearbeitet und an den wichtigsten Stellen in ihr Gegenteil verkehrt hat. Wer sich selbst als dermaßen unzuverlässig und unsachverständig in seinen Werken offenbart, hat kein Recht auf Kritik wertbeständiger deutscher Geistesriesen.

Amann Max, Verlagsdirektor, M. d. R.; Bauckner Arthur, Dr., Staatstheaterdirektor; Bauer Hermann, Professor, Präsident der Vereinigten Vaterländischen Verbände Bayerns; Berrsche Alexander, Dr., Musikschriftsteller; Bestelmeyer German, Geheimrat, Professor, Dr., Präsident der Akademie der bildenden Künste; Bleeker Bernhard, Professor, Bildhauer; Boehm Gottfried, Professor, Dr.; Demoll Reinhard, Geheimrat, Professor, Dr.; Doerner Max, o. Akademieprofessor; Dörnhöffer Friedrich, Geheimrat, Professor, Dr., Generaldirektor der Bayerischen Staatsgemäldesammlung a. D.; Feeser Friedrichfranz, Generalmajor a. D.; Fiehler Karl, Oberbürgermeister; v. Franckenstein Clemens, Generalintendant der Bayerischen Staatstheater; Gerlach Walther, Professor, Dr., Groeber Hermann, o. Akademieprofessor; Gulbransson Olaf, o. Akademieprofessor; Hahn Hermann, Geheimrat, o. Akademieprofessor; v. Hausegger Siegmund, Geheimrat, Professor, Dr., Präsident der Akademie der Tonkunst; Heß Julius, o. Akademieprofessor; Hoeflmayr Ludwig, Geheimer Sanitätsrat, Dr.; Jank Angelo, Geheimrat, o. Akademieprofessor; Klemmer Franz, o. Akademieprofessor; Knappertsbusch Hans, Professor, Bayerischer Staatsoperndirektor; Küfner Hans, Geheimrat, Dr., rechtsk. Bürgermeister; Langenfaß Friedrich, Dekan; Leupold Wilhelm, Verlagsdirektor der Münchener Zeitung; v. Marr Carl, Geheimrat, Akademiedirektor a. D., Kunstmaler; Matthes Wilhelm, Musikschriftsteller; Miller Karl, o. Akademieprofessor; Musikalische Akademie: der Vorstand: Eduard Niedermayr, Michael Uffinger, Hermann Tuckermann, Emil Wagner; Ottow Fred, Chefredakteur der München-Augsburger-Abendzeitung; Pschorr Josef, Geh. Kommerzienrat, Präsident der Industrie- und Handelskammer; Pfitzner Hans, Professor, Dr., Generalmusikdirektor; Röschlein Christoph, 1. Präsident der Handwerkskammer von Oberbayern; Schemm Hans, bayerischer Staatsminister; Schiedt Adolf, Chefredakteur der Münchener Zeitung; Schinnerer Adolf, o. Akademieprofessor; Schmelzle Hans, Dr., Staatsrat, Präsident des Bayerischen Verwaltungsgerichtshofes; Sittmann Georg, Geheimrat, Dr., Professor; Strauß Richard, Dr., Generalmusikdirektor; Wagner Adolf, bayerischer Staatsminister; Westermann Fritz, 1. Vorsitzender des Bayreuther Bundes.

□

Gegen Thomas Mann. Von der Generaldirektion der Staatstheater wird uns geschrieben: „Durch einen bedauerlichen Irrtum sind bei der Protest-Liste gegen Thomas Mann einige Namen ausgelassen worden. Es sind nachzutragen: Kurt Barré, Oberregisseur der Bayerischen Staatsoper; Oberst Ritter v. Lenz, Führer des Bayerischen Stahlhelm; das gesamte Solopersonal der Bayerischen Staatsoper; Joseph Stolzing-Cerny, Schriftsteller."

Prof. Dix entlassen. Wie wir erfahren, hat das Ministerium des Innern den Prof. Otto Dix aus dem Dienst als Lehrer bei der Akademie der bildenden Künste in Dresden entlassen. Die Entlassung wird damit begründet, daß sich unter seinen Bildern solche befinden, die das sittliche Gefühl aufs schwerste verletzen und andere, die geeignet sind, den Wehrwillen des deutschen Volkes zu beeinträchtigen.

[ERWIDERUNG AUF DEN ›PROTEST DER RICHARD-WAGNER-STADT MÜNCHEN‹]

»Die Passion für Wagners zaubervolles Werk begleitet mein Leben, seit ich seiner zuerst gewahr wurde und es mir zu erobern, es mit Erkenntnis zu durchdringen begann.« – Das ist ein Satz aus einem umfangreichen kritischen Versuch, den ich unter dem für seine Haltung, sein Gefühl bezeichnenden Titel ›Leiden und Größe Richard Wagners‹ im Aprilheft der ›Neuen Rundschau‹ veröffentlicht habe. Solcher Sätze enthält der Aufsatz viele, aber das hat ihn nicht davor bewahrt, zum Gegenstand eines heftigen Protestes zu werden, der, versehen mit den Namen einer großen Anzahl von Münchner Honoratioren, nicht nur durch die ›Münchner Neuesten Nachrichten‹, sondern auch durch das Münchner Radio verbreitet worden ist.

Sein Text, der von schweren Schmähungen meines Charakters und meiner Gesinnung voll ist, nimmt auf den großen Essay nicht ausdrücklich und unmittelbar Bezug; er führt nicht seinen Titel an, nennt nicht die Stelle seines Erscheinens und erschwert dadurch die Kontrolle der gegen mich erhobenen Vorwürfe. Er spricht von Vorträgen, die ich in mehreren Städten des Auslandes gehalten, und mit denen ich draußen den Namen des deutschen Meisters verunglimpft hätte. Zum Beweis löst der Verfasser aus dem Zusammenhang des ›Rundschau‹-Aufsatzes einige Zitate, die, unter die Masse der Rundfunkhörer geworfen, dem Verständnis meiner Absichten gefährlich werden und die nationale Entrüstung gegen mich aufrufen konnten.

Wirklich habe ich der 52 Seiten langen Studie, einem mit inniger Hingabe geschriebenen Resumé meines Wagner-Erlebnisses, das Material zu einem Vortrag entnommen, mit dem ich aus Anlaß des zurückliegenden Gedenktages bisher viermal öffentlich hervorgetreten bin. Während es sich bei dem Aufsatz um ein der literarischen Aufnahme zugedachtes, an Brechungen und Abtönungen des Gedankens reiches Bekenntnis handelte, war der Vortrag für einen festlichen Zweck bestimmt und verzichtete selbstverständlich auf manche psychologische Schärfe, die einem solchen Zweck hätte zuwiderlaufen können. Ich habe ihn zuerst am 10. Februar auf Einladung der Münchner Goethe-Gesellschaft im Auditorium maximum der Münchner Universität gehalten – unter dem herzlichen Beifall einer halbtausendköpfigen Hörerschaft und ohne den leisesten Widerspruch zu erfahren. Ich habe ihn zur Feier von Wagners fünfzigstem Todestag im Amsterdamer Concert-Hause wiederholt, dann, auf Französisch in Brüssel und Paris: jedesmal unter der gespannten Anteilnahme eines für Wagner glühenden Publikums. Die Vertreter des Deutschen Reiches in den verschiedenen Hauptstädten waren bei diesen Veranstaltungen zugegen und haben mir ihren Dank für den Dienst ausgedrückt, den ich damit dem deutschen Namen geleistet. Der Protest der »Wagner-Stadt München« aber, wie die Gesamtheit der Unterzeichner sich nennt, zeiht mich des Gegenteils.

Ich bin der deutschen Öffentlichkeit und mir selbst die Feststellung schuldig, daß dieser Protest aus einem schweren Mißverständnis hervorgegangen ist und mir nach Inhalt und Ausdrucksweise schweres, bitteres Unrecht zufügt. Kaum einer der ehrenwerten und sogar hervorragenden Männer, die ihren Namen daruntersetzten, kann den Aufsatz ›Leiden und Größe Richard Wagners‹ überhaupt gelesen haben, denn nur vollkommene Unkenntnis der Rolle, die Richard Wagners gigantisches Werk in meinem Leben und Dichten seit jeher gespielt hat, konnte sie bestimmen, an dieser bösen Handlung gegen einen deutschen Schriftsteller teilzunehmen.

Aufrichtig bitte ich die stillen Freunde meiner Arbeit in Deutschland, sich an meiner Verbundenheit mit deutscher Kultur und Überlieferung, an meiner Verbundenheit mit *ihnen* nicht irre machen zu lassen.

[1933]

Vier Tage nach Erscheinen des „Protestes der Richard-Wagner-Stadt München" notiert sich Oskar Loerke, dem Max von Schillings — der als Präsident der Preußischen Akademie der Künste seit 1932 nach der Machtergreifung Hitlers die Akademie „säuberte" und zum Dank für diese „Entjudungsaktivitäten" am 27. Juli 1933 ein Begräbnis mit Ehrenwachen der SA und SS erhielt — am 7. April 1933 brieflich die Entlassung als Sekretär der Abteilung für Dichtung mitgeteilt hatte, in sein Tagebuch:

Donnerstag, 20. April 1933

Hagelschauer, als ich in den Garten hinaustrat. Einsamkeit. Die Freunde fast alle tot, fern, verschollen. Verboten zu denken, Menschen menschlich aufzufassen. Große Menschen der Vorzeit wie Götzen: gegen Thomas Manns schöne Wagnerbetrachtung wehrt sich die Stadt München. Der Protest ist u. a. unterschrieben von Richard Strauss, Pfitzner, Gulbransson, Hausegger, Knappertsbusch usw. Wie ist das möglich? Ob die alle den Aufsatz nicht gelesen haben? Sollen große Könner, die den deutschen Namen in die Welt getragen haben, getötet werden, weil den Herrschenden irgend eine kleine Abweichung in der Denkweise nicht paßt? So feindlich waren die Mitmenschen auch wohl zur Zeit der Hexenprozesse nicht! Gestern im Verlage hat mich das aufs tiefste und schmerzlichste bewegt. Leben und nicht leben dürfen, das ist die Hölle. - Heute die Akademie-Akten zusammengeräumt und gebündelt. Ich habe sie beiseite gelegt - auch das ist abgeschlossenes Leben. Ausgetrieben aus der Gegenwart - und wenn man in den Bälgen der Erinnerung ist, so darf mans niemand sagen. Die Rinnsale Glück versickern, trocknen ein. Was ist der Mensch!

Thomas Mann, Richard Wagner und die Münchner Gralshüter

Wir haben uns um der positiven Kräfte willen, die ein Gewinn des neuen deutschen Kulturlebens werden wollen, in der Beurteilung geistiger Auswüchse auf künstlerischem und literarischem Gebiet im neuen Deutschland Zurückhaltung auferlegt. Das Münchner Manifest gegen Thomas Mann aber d a r f in einem freien, geistigen Lande nicht unwidersprochen bleiben. Es muß gesagt sein, daß solche Verunglimpfungen allen denen, die außerhalb der deutschen Reichsgrenzen am deutschen Geistesleben nehmend und gebend teilhaben, unwürdig und dem Ansehen des neuen Deutschland abträglich erscheinen. Unsere Stellungnahme ist eine schweizerische Angelegenheit; jeden Versuch der Beeinflussung von Emigranten würden wir uns selbst verbitten. Unser Musikreferent legt hier ein temperamentvolles Wort für den D i c h t e r und Schriftsteller Thomas Mann ein; wir stehen zum Grundsätzlichen seiner Ausführungen.

D i e R e d a k t i o n.

Richard Wagners fünfzigster Todestag hat im musikalischen Schrifttum nur wenige bleibende Spuren hinterlassen. Einer der wesentlichsten Beiträge kommt von der Seite der Literatur: von Thomas Mann, der seine u. a. in Amsterdam gehaltene Gedächtnisrede unter dem Titel „Leiden und Größe Richard Wagners" in der Aprilnummer der „Neuen Rundschau" nun auch im Druck vorlegt. Manns Bemühungen um die Erkenntnis von Persönlichkeit und Werk Wagners reichen weit zurück. Sie haben ihren Niederschlag nicht allein in Essays gefunden — der bedeutendste und eigenartigste wohl der, in dem Ibsens und Wagners dramatische Lebenswerke als „die beiden großen Kundgebungen, die der nordisch-germanische Kunstgeist im 19. Jahrhundert dem französischen, russischen und englischen Roman und der impressionistischen Malerei Frankreichs zur Seite stellte, zueinander in Beziehung gesetzt werden — sondern auch in der Novelle, die sich von Wagners „Tristan" den Titel borgt. Ja fast alle Prosaschöpfungen Manns streifen irgendwo und irgendwie den Machtbereich des großen Magiers. Wer diesen offenen und geheimen Begegnungen mit dem Geiste Wagners in Thomas Manns Lebenswerk einmal nachgegangen ist, der vermag lebhaft mitzufühlen, wie sehr es einen Schriftsteller, der seine eigene „leitmotivische" Technik der Musik des Bayreuthers abgelauscht zu haben scheint, drängen mußte, das bewegende und bedrängende Phänomen Wagner noch einmal unter weitesten Aspekten zu betrachten und die Gestalt im Sinne des Jahrhunderts, „dessen vollkommener Ausdruck sie ist", zu deuten.

Der Beziehungsreichtum dieser jüngsten und stärksten Bemühung, mit der Thomas Mann einer „Forderung des Tages" mit dem ihm gemäßen Verantwortungsbewußtsein entsprach, gibt der Rede ein geistiges Gewicht, das sie aus der Wagner-Literatur bedeutsam heraushebt. Den Gedankengängen nachzugehen, die sich tiefschürfend zu den geheimsten Quellen des Wagnerschen Schöpfertums vortasten, ist hier nicht der Ort — nur einige Formulierungen seien aufgegriffen, die einen Begriff von dem eindringlichen Ton dieser Wagner-Beschwörung vermitteln sollen. Kann man Wagners Musik richtiger kennzeichnen, als wenn man von ihr sagt, daß sie eigentlich gar keine Musik mehr sei, sondern m e h r. Am Beispiel des Es-Dur-Dreiklanges im Rheingold-Vorspiel macht Thomas Mann „die selbstherrlich dilettantische Nutzbarmachung der Musik zur Darstellung einer mythischen Idee" deutlich. Daß gegenüber Wagners Werk der Begriff „Meisterschaft" im traditionellen Sinne nicht in Frage kommt, hat jeder Musiker schon verspürt; kann man aber die Besonderheit von Wagners Kunst tiefer treffen als mit dem kühnen Wort, daß sie „ein mit höchster Willenskraft und Intelligenz monumentalisierter und ins Geniehafte getriebener Dilettantismus" sei? Und wer möchte nicht aus eigenem hundertfachen Erleben Wagnerscher Musik bestätigen, was Thomas Mann über ihren allgemeinen seelischen Charakter aussagt: er habe „etwas pessimistisch Schweres, langsam Sehnsüchtiges, im Rhythmus Gebrochenes und aus dumpfem Wirrsal nach Erlösung im Schönen Ringendes".

Für die innere, man darf wohl sagen schicksalhafte Verbundenheit Manns mit dem von ihm Gefeierten mögen noch diese Worte zeugen: „Die Passion für Wagners zaubervolles Werk begleitet mein Leben, seit ich seiner zuerst gewahr wurde und es mir zu erobern, es mit Erkenntnis zu durchdringen begann. Was ich ihm als Genießender und Lernender verdanke, kann ich nie vergessen, nie die Stunden voll von Schauern und Wonnen der Nerven und des Intellekts, von Einblicken in rührende und große Bedeutsamkeiten, wie eben nur diese Kunst sie gewährt. Meine Neugier nach ihr ist nie ermüdet; ich bin nicht satt geworden, sie zu belauschen, zu bewundern, zu überwachen — nicht ohne Mißtrauen, ich gebe es zu; aber die Zweifel, Einwände, Beanstandungen taten ihr so wenig Abbruch wie die unsterbliche Wagnerkritik Nietzsches, die ich immer als einen Panegyrikus mit umgekehrtem Vorzeichen, als eine andere Form der Verherrlichung empfunden habe."

Ist es zu glauben, daß solch eindringlichem Bekenntnis zu Wagner im Namen der Richard-Wagner-Stadt München eine „Kundgebung" anwortet, die sich gegen die „Herabsetzung unseres großen deutschen Musikgenies" in gehässigster Weise verwahrt? Durch primitives, auf die momentane Geistesverfassung in Deutschland spekulierendes und vor Verfälschungen nicht zurückschreckendes Herauspflücken von einzelnen Worten und Satzteilen aus Manns Rede kennzeichnet sich diese Kundgebung als ein Pamphlet, über das man mit einem Achselzucken hinweggehen könnte, wenn es nicht die Unterschriften von mehr als vierzig Vertretern der Münchner Kunstwelt trüge. Daß die Geheimräte und Akademieprofessoren — deren Ruf nur vereinzelt über die blau-weißen Grenzpfähle gedrungen ist — die Gelegenheit freudig begrüßen, ihre stramm-nationale Gesinnung auch bei diesem Anlaß zu dokumentieren, kann nicht weiter auffallen, schmerzliches Erstaunen muß dagegen die Tatsache wecken, daß auch Männer wie Franckenstein, Gulbranssen, Hausegger, Knappertsbusch, Hans Pfitzner und Richard Strauß ihren Namen unter diesen peinlichen, in Geist und Stil gleich widerwärtigen Schriftsatz glaubten setzen zu sollen. Man möchte zu ihrer Entlastung annehmen, daß sie nur den Inhalt der **Kundgebung**, nicht aber Thomas Manns umfangreiche Rede **selber** — der Titel „Leiden und **Größe** Richard Wagners", unter dem sie veröffentlicht ist, wird natürlich schamhaft verschwiegen — kennen gelernt haben, ganz zu schweigen von den früheren Bemühungen Manns um Wagners Werk. Auch dann aber bleibt die Leichtfertigkeit unverständlich, mit der Vertreter der Geisteswelt einen geistigen Menschen verächtlich zu machen suchen, dessen Lebenswerk auch dem Gegner Achtung abzwingen müßte. Sie erscheint doppelt verwerflich einem Denker und Gestalter gegenüber, der wie wenige andere über die tiefe Fragwürdigkeit des Künstlerberufes nachzusinnen nicht müde wurde und der daraus wohl das Recht herleiten darf, auch einem Großen nicht bloß als Lob- und Festredner gegenüberzutreten. Liegt der Grund für die Entrüstung wirklich darin, daß Mann in größerem Zusammenhang von den Gestalten Wagners einmal als von einer „Fundgrube für die Freudsche Psychoanalyse" spricht? Dann ist es bewußte Fälschung, wenn der nachstehende Satz verschwiegen wird: „Die Psychoanalyse will wissen, daß die Liebe sich aus lauter Perversitäten zusammensetze. **Darum bleibt sie doch die Liebe, das göttlichste Phänomen der Welt.**"

Aber geht es den Protestlern um Manns psychoanalytische Randbemerkungen? Kaum. Wer und was sollte eigentlich mit dieser Kundgebung getroffen werden? Wirklich nur die „verständnislose Anmaßung" Wagner gegenüber, nur Manns „ästhetisierender Snobismus"? Oder etwa der Thomas Mann, der sich zur deutschen Republik bekannte und in einer „Deutschen Ansprache" der „nationalen Askese und Verkrampfung" eine Atmosphäre vorzuziehen sich erdreistete, in der „bürgerliche Glücksansprüche wie Freiheit, Geistigkeit, Kultur überhaupt noch Daseinsmöglichkeit besitzen", — **der** Thomas Mann, der das „Pech" hat, auch außerhalb Deutschlands als ein großer deutscher Schriftsteller zu gelten? Die Antwort findet sich, wenn man in dieser Kundgebung die „kosmopolitisch-demokratischen Auffassungen" des "Herrn Mann" — wie er hier selbstverständlich angesprochen wird — angekreidet sieht und mit einigem Erstaunen bemerkt, daß auch wieder einmal die bekannten Korrekturen, die Thomas Mann an seinen von der Kriegspsychose nicht ganz unberührten „Betrachtungen eines Unpolitischen" anzubringen die Ehrlichkeit hatte, dazu benützt werden, um ihn als „unzuverlässig und unsachverständig in seinen Werken" verächtlich zu machen. „Unerträglich" gar ist den gereizten Gralshütern, daß Thomas Mann die „Weltgerechtigkeit und Weltgenießbarkeit" Wagners preist; sie würden es anscheinend am liebsten sehen, wenn der „wertbeständige deutsche Geistesriese" (wie Wagner hier geschmackvollerweise genannt wird) außerhalb des deutschen Machtbereiches keine Verehrer mehr fände.

Ob nicht die besten Köpfe unter diesen Protestlern in ein paar Jahren einiges Unbehagen empfinden werden, wenn sie an ihre Unterschrift unter diesem Kulturdokument zurückdenken? Zu diesen besten Köpfen zähle ich auch Hans Pfitzner, der Thomas Mann mit der Hergabe seiner Unterschrift in „vornehmster" Weise seinen Dank für die tiefgründigen Worte, die dieser dem „Palestrina" gewidmet hat, ferner für eine edel stilisierte Tischrede und für den prachtvollen Aufruf zur Gründung des „Hans-Pfitzner-Vereins für deutsche Tonkunst" abstattet. Verrät sich in solcher Gesinnung der Geist der „nationalen Erhebung", von der selbstverständlich schon im Eingangssatz dieser traurigen Kundgebung die Rede ist?

Willi Schuh

AN WILLI SCHUH

Lugano den 21. IV. 33
Villa Castagnola

Sehr verehrter Herr Schuh,

für Ihre guten und starken Worte in Sachen des Münchener ›Falles Wagner‹ müssen Sie mir erlauben Ihnen meinen bewegten Dank auszusprechen. Ihr Artikel vor allem ist mir ein Zeichen und Gewähr, daß die Unehre einmal aufseiten der Urheber dieser traurigen Eselei und ihrer mehr oder weniger kommandierten Gefolgschaft sein wird. Es war mir eine Freude, aus diesem schlimmen Anlaß in Ihnen einen so feinen Kenner und teilnehmenden Freund meiner Arbeit kennen zu lernen. So wird die anfangs erschreckende Sache für mich allmählich zum reinen Gewinn.

Ihr sehr ergebener
Thomas Mann

BRIEFWECHSEL SIEGMUND VON HAUSEGGER — PETER SUHRKAMP IN DEN „MÜNCHNER NEUESTEN NACHRICHTEN“

Offener Brief an „Die Neue Rundschau“

Sehr geehrter Herr!

Sie waren so freundlich, mir das Heft der „Neuen Rundschau“ zu senden, in welchem *Thomas Manns* Aufsatz „*Leiden und Größe Richard Wagners*“ erschienen ist, der Anlaß zu einer auch von mir unterschriebenen Protestkundgebung der Stadt München gab. Sie weisen darauf hin, daß die in dieser Kundgebung zitierten Ausdrücke, aus dem Zusammenhang gerissen, einen falschen Schein erwecken müßten, der in Widerspruch stünde zu der Dankbarkeit und Verehrung, mit der Herr Mann immer Richard Wagner gegenüber gestanden sei.

Gestatten Sie mir, nach eingehender Ueberprüfung der Frage darauf das Folgende zu erwidern:

Ich gebe Ihnen zunächst zu, daß die in der Protestkundgebung hervorgehobenen Worte, im Zusammenhang des Ganzen gesehen, einen etwas anderen Sinn haben. Auch nehme ich gerne an, daß es dem Verfasser nicht darum zu tun war, in seinem Artikel Wagners Schaffen herabzusetzen, sondern in *seiner* Weise dessen Bedeutung zu würdigen. Er tut dies aber aus Gedankengängen heraus, die einen höchst zwiespältigen Eindruck hervorrufen müssen. Wenn Herr Mann die Frauengestalten Richard Wagners in nahe Beziehung zu Siegmund Freuds Psychoanalyse bringt und in ihnen eine, allerdings „Edel“-Hysterie feststellen zu müssen vermeint, wenn er ferner sagt:

„Dies Aneinanderreihen symbolischer Motivzitate, die wie Felsbrocken im Gießbach musikalischer Elementarvorgänge liegen, als Musik im Sinne Bachs, Mozarts und Beethovens zu empfinden, war zuviel verlangt. Es war zuviel verlangt, den Es-dur-Dreiklang, der das Rheingoldvorspiel ausmacht, bereits Musik nennen zu sollen. Es war auch keine. Es war ein akustischer Gedanke: der Gedanke des Anfangs aller Dinge. Es war die selbstherrlich dilettantische Nutzbarmachung der Musik zur Darstellung einer mythischen Idee. Die Psychoanalyse will wissen, daß die Liebe sich aus lauter Perversitäten zusammensetze. Darum bleibt sie doch die Liebe, das göttlichste Phänomen der Welt. Nun denn, das Genie Richard Wagners setzt sich aus lauter Dilettantismen zusammen“,

so muß eine solche Betrachtungsweise, die das Gesund-Natürliche mit dem Perversen, das Hohe mit dem Niedrigen zu vermengen sich bemüht, schärfsten Widerspruch aller derer hervorrufen, welche in der Kunst nicht mit *Lombroso* die Ausgeburt krankhafter Ueberreizung, also eine Entartung, sondern die schöpferische Urkraft des menschlichen Geistes erblicken, die uns aus dem tierisch-triebhaften Zustand in den der Freiheit im Kantschen Sinne erhebt.

Ich bitte Sie, sich ferner Sätze wie die folgenden gegenwärtig zu halten:

„Das Kindliche mit dem Erhabenen zu vereinigen, mag großer Kunst auch sonst wohl gelungen sein; die Vereinigung aber des Märchentreuherzigen mit dem Ausgepichten, der Kunstgriff, das Höchstgeistige als Orgie des Sinnenrausches zu verwirklichen und ‚populär‘ zu machen, die Fähigkeit, das Tiefgroteske in Abendmahlsweihe und klingelnden Wandlungszauber zu kleiden, Kunst und Religion in einer Geschlechtsoper von größter Gewagtheit zu verkoppeln und derlei heilige Künstlerunheiligkeit mitten in Europa als Theater-Lourdes und Wundergrotte für die Glaubenslüsternheit einer mürben Spätwelt aufzutun, — dies alles ist *nur* romantisch, es ist in der klassisch-humanen, der eigentlich vornehmen Kunstsphäre durchaus undenkbar.“

oder:

Siegfried „ist Hanswurst, Lichtgott und anarchistischer Sozialrevolutionär auf einmal, das Theater kann nicht mehr verlangen; und diese Kunst der Mischung ist nur der Ausdruck von Wagners eigenem gemischtem und in allen Stücken mehrdeutigem Wesen.“

Durch solche Ausführungen wird Wagners Kunst in einer Weise dargestellt, die — vollständig gleichgültig, ob Herr Mann persönlich darin vielleicht sogar etwas Sympathisches oder mindestens Tragbares sieht —, objektiv genommen, eine empörende Herabsetzung des großen Meisters bedeutet.

Widerspruchsvoll und irreführend ist, wenn Herr Mann sagt:

„Wagner ist deutsch, ist national, auf beispielhafte — vielleicht allzu beispielhafte Weise. Denn außerdem, daß dieses Werk eine eruptive Offenbarung deutschen Wesens ist, ist es auch eine schauspielerische Darstellung davon, und zwar eine Darstellung, deren Intellektualismus und plakathafte Wirksamkeit bis zum Grotesken, bis zum Parodistischen geht und bestimmt scheint, ein neugierig schauderndes Weltpublikum zu dem Ausrufe hinzureißen: „Ah, ça c'est bien allemand, par exemple!“ Dies Deutschtum also, so wahr und mächtig es sei, ist modern gebrochen und zersetzt, dekorativ, analytisch, intellektuell, und seine Faszinationskraft, seine eingeborene Fähigkeit zu kosmopolitischer, zu planetarischer Wirkung kommt daher.“

Würde diese Auffassung zutreffen, so müßte jeder Deutsche für eine solche „Verherrlichung“ des Deutschtums sich bedanken. Denn sie gälte nichts anderem als halber Wahrheit, halber, modern zersetzter Pose einer albernen, plakathaften Theaterkunst. Man kann unmöglich zugleich groß und klein, zugleich wahr und unwahr sein.

Zum Schluß kommt noch Wagners Gleichsetzung mit den Kulturbolschewisten unserer Tage, wohl vom Schlage eines *Strawinsky* oder *Kurt Weill*! Was sollen daneben Sätze wie der folgende besagen:

„Wagners Deutschtum war echt und mächtig. Und daß das Romantische auf deutsch und in der Maske treuen Meistertums auf seinen Gipfel kam und seinen Welterfolg beging, war ihm seinem Wesen nach vorbestimmt.“

Das ist ein Jongleurspiel, des großen Gegenstandes durchaus unwürdig.

Unser Protest, wenn er auch nur einzelne Ausdrücke hervorhob, richtet sich nicht gegen die oder jene Wendung, sondern gegen die gesamte geistige Einstellung und Gesinnung, aus der heraus Herr Thomas Mann glaubt, einer Erscheinung wie Richard Wagner gerecht werden zu dürfen. Denn, darnach würde Wagners Kunst zwar genial, aber zersetzt und unwahr, äußerlich, kitschig, dilettantisch sein. Mag Herr Mann in solcher Morbidheit etwas Bewundernswertes sehen, für uns ist in dem Artikel die objektive Tatsache denkbar schwerster Herabsetzung des großen Meisters gegeben, dessen Bild Thomas Mann zur verzerrten Fratze verwandelt.

Dies mit aller Klarheit auszusprechen, halte ich angesichts der nationalen Selbstbesinnung, welche das deutsche Volk endlich nach all den Jahren entwürdigendster Verirrung gewonnen, für eine unabweisbare Pflicht.

Mit vorzüglicher Hochachtung

Dr. Siegmund von Hausegger

Um Thomas Manns Wagner-Rede

Hochgeschätzter Herr Professor v. Hausegger!

Sie waren so gütig, in einem offenen Brief an mich Ihre Beteiligung an der Protestkundgebung der Stadt München gegen Thomas Manns große Wagner-Rede näher zu begründen. Danach ist mir verständlich geworden, was Sie an Thomas Manns Wagner-Analyse ablehnen. Sie wollen aber sicher nicht in Abrede stellen, daß Thomas Mann ganz gewiß das Material für seine Analyse aus Richard Wagners Werk und aus seinem Erlebnis von Wagners Werken bezogen hat: daß Wagners Werk selbst ihm Anlaß dazu geboten haben muß.

Aus Ihren Ausführungen spricht die Haltung einer bestimmt gearteten Persönlichkeit, deren große Kraft darin liegt, daß sie nur ein eindeutiges Bild ihrer Heroen zuläßt und sich von einem bestimmten Punkt an die Analyse verbietet. Eine Haltung, die sich als klassische bezeichnen läßt, die aber darum doch nicht die einzige ist, welche als deutsch gelten kann. Mir, als Norddeutschem, will sogar scheinen, daß die Haltung Thomas Manns aus spezifischen Eigenarten norddeutscher Menschen zu erklären ist. Ich denke an die langsame, ununterbrochen und nach allen Seiten sichernde Art dieser Menschen, die nicht selten Unentschiedenheit und Entschlußlosigkeit zur Folge hat; an ihre Unfähigkeit zur einfachen Hingabe an das Leben, und wie sie, allzu bedenklich, bei jeder Begegnung mit etwas Neuem zunächst gleichsam hinter sich selbst zurücktreten und gewissermaßen in einem Hinterhalt liegen, sich selbst und dem Fremden gegenüber. Ich habe in Norddeutschland nur zuviel Fälle von kalter Raserei erlebt, daß Menschen in dem Wunsch nach letzter Klarheit und Sauberkeit bis zur völligen Vernichtung ihrer selbst und anderer gingen. Das ist, nach meiner Beobachtung, die häufigste Form der Leidenschaft unter den dort lebenden Menschen.

Sie versuchen, was damit in Beziehung auf Thomas Mann gesagt werden soll: daß seine Art der Betrachtung echteste Natur ist, wenn Sie wollen: tragische Natur — und nicht, wie man jetzt unterstellt hat, eine Spielform degenerierten oder entarteten oder undeutschen Geistes. Man kann, als andersgeartete Natur, diese Art ablehnen, aber man darf sie nicht verdächtigen. Und das ist in der Protestkundgebung Münchner Künstler und Gelehrter geschehen.

Damit sind wir beim eigentlichen Punkt unserer Differenz, wo ich Sie nicht verstand und auch jetzt noch nicht verstehe. Es ist folgender Einwand, auf den ich keine Antwort bekommen habe und der auch mit noch so vielen Zitaten aus Thomas Manns Wagner-Rede nicht zu beantworten ist: daß Kameraden und Gegner von Thomas Mann, daß Männer des Geistes und der Kunst einen Augenblick benutzt haben, in dem die politische Empfindlichkeit in der Oeffentlichkeit aufs höchste gesteigert war, um diese durch und durch politisierte Oeffentlichkeit, die auch unter anderen, normaleren Umständen kaum in der Lage gewesen wäre, im Falle Wagner selbst zu urteilen, in dieser völlig unpolitischen Frage in Anspruch zu nehmen, — in einer Form in Anspruch zu nehmen, die in diesem Moment nur politisch wirken konnte. Dieselben Männer hätten schon länger vor dieser Zeit Gelegenheit gehabt, sich mit Thomas Manns Rede auseinanderzusetzen, als sie in München gehalten wurde. Damals haben sie das nicht getan.

Es will mir scheinen, als ob die Aufklärung dieser Differenz, eher als alles andere, zur Reinigung der öffentlichen Meinung über diesen Fall beitragen würde.

In verehrender Gesinnung

Peter Suhrkamp,

Redaktion der „Neuen Rundschau".

Sehr geehrter Herr!

In Erwiderung auf Ihren freundlichen Brief möchte ich der mißverständlichen Auffassung vorbeugen, als stünde ich auf dem Standpunkt kritikloser Bewunderung unserer großen Meister. So sehr ich das Wesen des Genies als organische Einheit ansehe, die man als ein Ganzes hinnehmen und erfassen muß, so bringe ich jener von Ihnen geltend gemachten gewissenhaften Ueberprüfung des eigenen Urteils, wie sie norddeutsche Art kennzeichnet, volles Verständnis entgegen. Wenn aber solche Selbstsezierung zugleich zu der des Gegenstandes der Betrachtung führt, dann kann das Ergebnis nur unfruchtbar und irreführend sein. Und eine solche Irreführung scheint mir in den Ausführungen von Thomas Mann vorzuliegen. Um so gefährlicher, wenn sie in so geistvoller Art zu überzeugen versucht! Mann hält es für möglich, daß das Geniale zugleich seinem Wesen nach das Kranke sei, ja, ihm erscheint es sogar von vornherein nach dieser Seite hin verdächtig. Hier trennen sich die Wege. Eine Anschauung, welche die Kunst unmittelbar neben die Religion stellt — und dies war Wagners Auffassung, wie sie zugleich die unserer die Fesseln materialistisch-vernünftelnder Analytik sprengenden Zeit ist —, eine solche Ueberzeugtheit von der Gottnähe der Kunst muß jedes Zurückführen des künstlerischen Schaffens auf niedrige Instinkte, ja verlogenes Komödiantentum, als Herabsetzung der Kunst und ihrer Meister auf das schärfste zurückweisen, wobei keineswegs der geheimnisvolle Zusammenhang zwischen Natur und Geist, keineswegs die inkommensurablen Widersprüche und Dunkelheiten übersehen zu werden brauchen, die gerade geniale Menschen aufzuweisen pflegen.

Wenn Sie die Frage „Richard Wagner" als gänzlich unpolitisch ansehen, so kann ich Ihnen darin nicht folgen. In Zeiten einer Umgestaltung aller Werte, wie sie die gegenwärtige ist, will Politik im Sinne einer ganz bestimmt gearteten Weltanschauung verstanden sein. Untrennbar von dieser aber ist die Kunst als ein integrierender Bestandteil derselben. Und nun gar, wo es sich um eine Persönlichkeit handelt, die immer wieder den Zusammenhang zwischen Politik und Kunst betonte. Wenn Sie aber, sehr geehrter Herr, fragen, weshalb unser Protest in einem Augenblick höchstgesteigerter politischer Empfindlichkeit erfolgte, so möchte ich mit der Gegenfrage antworten, weshalb Herr Thomas Mann gerade in diesem Augenblick seinen Artikel erscheinen ließ, von dem er wissen mußte, daß er als eine Herausforderung empfunden würde.

Indem ich Ihnen, sehr geehrter Herr, für Ihr freundliches Bemühen um eine sachliche Klärung bestens danke, bin ich in Hochschätzung

Ihr sehr ergebener

Dr. Siegmund v. Hausegger

Zu diesem Briefwechsel notiert Thomas Mann sich in seinen Tagebuchblättern aus den Jahren 1933 und 1934 *Leiden an Deutschland:* „Ach, diese geblähten Dummköpfe, ‚aufgeregt' in des Wortes albernster Bedeutung. Da tun sie sich, ich weiß nicht was, zugute, weil sie die ‚Fesseln einer tötenden Verstandesanalyse gesprengt' haben, und bedenken nicht, daß der, gegen den sie sich dieser Weisheit rühmen, den ‚Tod in Venedig' geschrieben hat, worin er ihre Gedanken schon zwanzig Jahre früher gehabt hat und daß er also diesen Gedanken nicht mit der gehörigen Begeisterung nachhängen kann, heute, wo jeder Durchschnittskapellmeister sie hat." (XII, 708) Zu Hausegger siehe auch Seite 113 und 219

Die Tatsache, daß der „Protest der Richard Wagner-Stadt München" aus politischen Motiven heraus verfaßt und unterschrieben wurde, wird nicht nur durch die offenen Briefe und durch Diebolds Vermutung, daß „Manns Äußerungen zum ‚Sozialismus' .. zu diesem Vorstoß gereizt haben" könnten, bestätigt, sondern auch durch die folgenden Ausführungen Hans Pfitzner in der „Frankfurter Zeitung" vom 2. Juli 1933, der, wie Willi Schuh in seinem Antwortartikel in der „Neuen Zürcher Zeitung" am 5. Juli 1933 schreibt, daß der „berüchtigte Polemiker (Fall Busoni und Paul Bekker) um seiner Unsachlichkeit und Gehässigkeit willen den Anspruch verwirkt (hat), vom Gegner ernst genommen zu werden". (Siehe auch Seite 150 bis 160)

Dienstag, 16. Mai 1933

Frankfurter Zeitung

Feuilleton

Olympia des Geistes.

Von Bernhard Diebold.

Die Olympiade 1936 wird in Deutschland stattfinden; und sie soll nicht nur ein Fest der vollendetsten Leistungen des Muskels, sondern ein „Wettkampf des Geistes" werden. Es wurde mitgeteilt, daß Minister Goebbels Herrn Dr. Leyhausen zu diesbezüglichen Erklärungen ermächtigt hat: die Olympiade in Deutschland sei in Schillers Sinne ein „Kampf der Wagen und Gesänge". Alle beteiligten Nationen sollen auf dem geistigen Stadion der Sprache kämpfen, die das „unveräußerliche Besitztum einer jeden Nation" sei. Die oberste Kunst der Sprache sei das Drama. Hier werde jede Nation Zeugnis ablegen „von ihrem eigensten Geist und dessen Stellung zu den ewigen Problemen der Menschheit, zu Freiheit, Schönheit, Liebe und Gott". Mit dem geistigen Wettkampf soll der Urgedanke von Olympia erst wieder vollendet werden.

*

Aber warum nur in Olympia? In Athen selber gab es eine Akademie, in der der große Plato lehrte. Sie war weniger Schule als Forschungsgemeinschaft für die Geistigen Athens, die sich in freier Gartenluft gegenseitig lehrend belehrten — zum Ausgleich der Gedanken. Auch in Berlin gibt es eine Akademie. Ihre Abteilung für Dichtkunst hat die widerstrebendsten Elemente äußerlich vereinigt, ohne eine einige Geisteslage schaffen zu können. Der deutsche Individualismus zeigte sich auch hier. Und bei aller Achtung vor der eigenständigen Persönlichkeit darf doch die Basis kultureller Zusammengehörigkeit auf gleichem Sprachgrund nicht verloren gehen. Die Grundworte der Zeitkultur müssen gegenseitig verstanden werden. Es gibt wohl kaum verschiedenere Menschtypen als Goethe und Schiller; sie trafen sich auf ihren verschiedenen Wegen des Werdegangs, des Temperaments und der geistigen Methoden dennoch auf der Plattform ihrer gemeinsamen deutsch-antiken Idealität. Sie stehen mit Recht auf dem gleichen Denkmal in Weimar und halten gemeinsam den Ruhmeskranz der Nation. Eine Dichterakademie ist aber noch kein Denkmal, und ihre Angehörigen sind beileibe nicht alle populäre Repräsentanten ihres Volkes. Individualitäten wie Döblin, Wassermann oder Ricarda Huch können sich nicht auf einem Boden begegnen. Das wußten wir längst, aber wir ließen die Akademie lächelnd Akademie sein. Nun hat der neue Staat eine Neuordnung dieser Dichterakademie vorgenommen. (Vor der Entscheidung ist die verehrungswürdige Ricarda Huch schon Anfang April ausgetreten.) Herr Minister Rust hat Männer berufen wie Carossa, Grimm, Wilhelm Schäfer und Börries von Münchhausen, die zweifellos eine Zierde des Instituts bedeuten. Aber nur mit Trauer wird man die Liste der ausgeschiedenen Mitglieder betrachten, wenn man mit einigen anderen den Namen Thomas Manns liest — der einer der nationalsten und deutschesten Faktoren nicht nur unserer, sondern der Weltliteratur bedeutet.

Wenn Minister Goebbels — in seinen Worten über die Olympiade und neuerdings in seiner ausgezeichneten Rede über die Aufgaben des Theaters — die nationale Bedeutung eines Werkes gerade als Ursache seiner Weltbedeutung unter den andern Nationen betont und etwa die „Meistersinger" ob ihres deutschen Eigencharakters als Beispiel für ihre Weltgeltung aufführt —, so müßte von Thomas Manns „Buddenbrocks" bis zum „Zauberberg" das gleiche gesagt werden. Wo ist der Roman der deutschen Familie und des deutschen Bürgertums seit Gustav Freytags „Soll und Haben" geschrieben worden, wenn nicht im Epos der „Buddenbrocks" aus Lübeck? Vier Generationen des 19. Jahrhunderts werden hier zu Trägern deutscher Innengeschichte. Deutsch ist die Problematik der ungleichen Brüder Thomas und Christian. Deutsch ist der Humor, mit dem der kleine Mann, der Pfarrer, der Kaufherr und der Makler wohlwollend kritisiert werden. Deutsch ist die Atmosphäre der Schopenhauer-Zeit und die Kritik aus der Generation des neuen Unternehmer-Deutschland. Und in welchem anderen Land als in Deutschland könnte in zehnjähriger Arbeit ein „Zauberberg" geschrieben werden als Nachfahr der Erziehungs-Epen, wie sie es „Wilhelm Meister" und der „Grüne Heinrich" waren. Wer hat wie Thomas Mann in „Tonio Kröger" und immer wieder die naive Kraft des „blonden Menschen" gegenüber der reflektierenden des dunklen Typus so meisterhaft und herrlich dargestellt? Wer hat die Atmosphäre einer deutschen und nichts als deutschen Residenz zum Märchen der „Königlichen Hoheit" gestaltet? Wer hat wie er den „Zivilisationsliteraten" kritisch gezeichnet? und wer hat ein schöneres Denkmal des ethischen Preußentums errichtet als Thomas Mann? (in „Friedrich und die große Koalition"). Wer hat Größeres bekannt zur Größe Goethes und Richard Wagners? Richard Wagners, der nicht nur die sonnenhellen deutschen „Meistersinger", sondern auch den dunklen und schmerzlich-tiefen „Tristan" gesungen hat: jene deutsche Romantik des Leidens, die seit dem „Werther" nicht verklingt?

Gewiß ist Thomas Mann kein „reiner Tor" der Naivität — aber auch der zweifelsehafte „Faust" entspringt so wenig wie ein „Tristan" oder das Problem des „Parsifal" (bei Wagner wie bei Wolfram) einem „reinen Torentum" ihres Autors. Thomas Mann ist ein Denker und erkennt die Dinge ganz im Licht und im Zwielicht. Und wenn Mann auch den Giganten Wagner leuchtend in der Dämmerung eines problematischen Jahrhunderts sieht und dennoch die heiligste Bewunderung für diesen Heros ausspricht, so ist die Wertung noch viel höher zu bewerten als ein blindes Jasagen vor einer im tiefsten Wesen nicht erkannten Größe. Es ist tief zu beklagen, wenn in München eine öffentliche Erklärung gegen Thomas Manns Gedenkrede auf Richard Wagner erschien, die von Männern wie Pfitzner, Richard Strauß und Gulbransson unterschrieben wurde, — die Thomas Mann eines „ästhetisierenden Snobbismus" beschuldigen. „Kann einer der ehrenwerten und sogar hervorragenden Männer, die ihren Namen darunter setzten, den Aufsatz „Leiden und Größe Richard Wagners" überhaupt gelesen haben? Denn nur vollkommene Unkenntnis der Rolle, die Richard Wagners gigantisches Werk in meinem Leben und Dichten seit jeher gespielt hat, konnte sie bestimmen, an dieser bösen Handlung gegen einen deutschen Schriftsteller teilzunehmen." So klagt Thomas Mann aus schwer verwundetem Herzen. Hat nicht einer der Unterzeichner bedacht, daß mit Thomas Mann einer der seltensten Jasager zum Werke Wagners aus ihren Reihen gestoßen wurde? Oder sollten Manns Aeußerungen zum „Sozialismus" — der ja nicht ohne weiteres „Marxismus" der extremen Form zu bedeuten hat — zu diesem Vorstoß gereizt haben? Erkennt man nicht in der Ganzheit der Persönlichkeit den bedeutenden Deutschen in Thomas Mann? Und nun ist er auch der deutschen Dichter-Akademie verloren gegangen: eine deutsche Leuchte ist hier ausgelöscht worden. Wir haben nicht viele Thomas Manns zu verlieren! Ein Meister der deutschen Sprache schied aus dem Wettstreit unseres inneren Olympia.

Frankfurter Zeitung

Feuilleton

Zur Kundgebung gegen die Wagner-Rede Thomas Manns.

Von Hans Pfitzner.

Unsere Leser kennen unsere unveränderte Stellungnahme in der Angelegenheit Thomas Mann—Wagner—Münchener Protest („Frankf. Ztg." 16. Mai.) Wir zögern jedoch nicht, den nachfolgenden Ausführungen Pfitzners Raum zu geben, weil es uns wie viele andere Deutsche aufrichtig freuen würde, wenn die Austragung von Meinungsverschiedenheiten zwischen den bedeutenden Söhnen des einen Vaterlandes sich in der Form vollziehen würde, an die Pfitzner durch die Wiedergabe seines Briefwechsels mit Thomas Mann aus dem Jahr 1925 erinnert. Die Redaktion.

Nachdem ich meinen Namen mit unter die Protestkundgebung der Stadt München gesetzt habe und Siegmund v. Hausegger in den „Münchener Neuesten Nachrichten" die auf diese Protestkundgebung erfolgten Anwürfe und Anschuldigungen gebührend zurückgewiesen hat, dürfte die Angelegenheit für die Oeffentlichkeit erledigt sein. Ich muß aber dennoch einmal das Wort zu dieser Frage ergreifen, weil besonders ich einen Angriff erfahren habe, der nicht unwidersprochen bleiben kann. Es handelt sich um eine nichtanonyme und eine anonyme Zusendung, in der die ganzen Unterzeichner des Protestes, aber besonders ich beschimpft werden. Der nicht anonyme Artikel steht in der „Neuen Zürcher Zeitung" vom Freitag, den 21. April, Morgenausgabe Nr. 713, überschrieben „Thomas Mann, Richard Wagner und die Münchner Gralshüter", unterzeichnet mit Willi Schuh. Nachdem in diesem Artikel von den Unterzeichnern der Kundgebung unter anderem gesagt wurde: „Durch primitives, auf die momentane Geistesverfassung in Deutschland spekulierendes und vor Verfälschung nicht zurückschreckendes Herauspflücken von einzelnen Worten und Satzteilen aus Manns Rede kennzeichnet sich diese Kundgebung als ein Pamphlet", heißt es zum Schluß (die folgenden Zeilen, die ich wiedergebe, waren blau unterstrichen): „Zu diesen besten Köpfen zähle ich auch Hans Pfitzner, der Thomas Mann mit der Hergabe seiner Unterschrift in „vornehmster" Weise seinen Dank für die tiefgründigen Worte, die dieser dem „Palestrina" gewidmet hat, ferner für eine edel stilisierte Tischrede und für den prachtvollen Aufruf zur Gründung des „Hans-Pfitzner-Vereins für deutsche Tonkunst" abstattet. Verrät sich in solcher Gesinnung der Geist der „nationalen Erhebung", von der selbstverständlich schon im Eingangssatz dieser traurigen Kundgebung die Rede ist?" Begleitet war dieser saubere Zeitungsartikel von einem Fetzen Papier, auf dem in Schreibmaschinenschrift folgendes stand: „Herrn Generalmusikdirektor Dr. Hans Pfitzner,

da es bedauerlich wäre, wenn Sie diese verdiente Würdigung des famosen „Protestes der Richard-Wagner-Stadt München" vom Ostersonntag nicht kennenlernen würden, gestatte ich mir sie Ihnen zu übersenden, mit der Bitte doch nicht zu versäumen, sie auch den anderen Herren zur Kenntnis zu bringen, die sich an dieser, das ganze kultivierte Deutschland beschämenden Kundgebung beteiligten. Eine für Zehntausende." („Mich dünkt, die Dame gelobt zu viel.") Also anonym.

Ich beneide Thomas Mann nicht um solche Gefolgschaft. Ich nehme an, daß er selbst es als höchst unanständig empfinden wird, unter Männern die Sachlichkeit auszuschalten, ob diese nun persönlich schlecht oder gut zusammenstehen. Ich habe die Erklärung mit Bewußtsein unterzeichnet, nicht weil über das eine oder das andere, was er sagt, unter Künstlern von Niveau zu reden wäre, sondern weil er es weithintönend in fremdem Lande sozusagen vor aller Welt von sich gegeben hat, er, der heute bei dem Ausland ungefähr als die gewichtigste Stimme in geistigen Dingen gilt. Ein Protest derjenigen geistigen Menschen in Deutschland, die über Richard Wagner anders denken und fühlen, war somit — zumal gegenüber dem Ausland — geradezu herausgefordert. Wie Thomas Mann und ich zueinander stehen, mögen zwei Briefe bezeugen, die wir im Jahre 1925 anläßlich seines 50. Geburtstages miteinander gewechselt haben. Mein Brief an ihn vom 18. Juni 1925 lautet folgendermaßen:

„Nachdem die Festlichkeiten, mit denen Sie von nächsten und fernsten Freunden und Bewunderern gefeiert wurden, nunmehr verklungen sind, möchte auch ich Ihnen nebst aufrichtigsten Glückwünschen für Ihr Leben ausdrücken, wie sehr ich mich an Ihrem wohlverdienten Ruhm erfreue.

Wir haben uns lange nicht gesehen. Diese Tatsache könnte das sein, was man Zufall nennt; denn eine Veranlassung uns zu meiden, ist von keiner Seite ausgesprochen worden. Es drängt mich aber, und ich halte es für meine Pflicht, Ihnen zu sagen, daß ich meinerseits den Zustand, Sie nicht zu sehen, einer Begegnung mit Ihnen vorzog. Nicht leichten Herzens. Denn die wirklichen Freunde meiner Kunst und die Personen, die mir so wenig fern stehen in ihrem Leben und Wirken wie Sie, sind nicht so dicht gesät, als daß mir ein Verzicht auf ihre zeitweilige menschliche Nähe ein Vergnügen wäre. Aber gerade aus diesen Gefühlen heraus ist es meiner Art unmöglich, unehrlich zu sein. So möchte ich Ihnen denn das sagen, was Sie wahrscheinlich schon längst fühlen, daß mich Ihre letzten öffentlichen „politischen" (um dieses nicht ganz zutreffende Wort zu gebrauchen) Kundgebungen schmerzlich Ihnen entfremdet haben. Ich kann das hier nicht näher begründen, es sind auch mehr Einzelheiten, einige ganz prinzipielle und eindeutige Punkte, als die sogenannte politische Umstellung, über die man ja wohl auch bei entgegensetzter Gesinnung hinauskommen könnte.

Vielleicht wäre es besser gewesen, Ihnen all das mündlich zu sagen. Aber woher weiß ich, ob Sie willens gewesen wären, mir „Rede und Antwort" zu stehen. Und Ihnen zu begegnen, ohne von all dem Erwähnten etwas merken zu lassen, wäre mir gar nicht möglich gewesen und hätte ich auch nicht gewollt. Ihren Ehrentag vorübergehen zu lassen ohne irgend etwas von mir hören zu lassen, war wiederum unvereinbar mit meiner Stellung, und so muß ich denn auf diese Weise Farbe bekennen, so eigentümlich dieser Geburtstagsgruß Sie auch berühren mag.

Indem ich Sie bitte trotz allem die Versicherung meiner größten Hochschätzung entgegenzunehmen, bin ich mit ergebensten Grüßen

Ihr gez. Pfitzner."

Seine Antwort an mich vom 23. Juni 1925 hat folgenden Wortlaut:

„Lieber Meister,

ich hatte Ihr Schweigen in jenen Tagen nicht als groß und gut empfunden — als umso größer und schöner empfinde ich jetzt Ihren Brief, für dessen Glückwünsche und männliche Bekenntnisse ich von Herzen danke.

Natürlich war ich mir im Klaren darüber, daß meine neueren geistigen Entschlüsse Ihnen zuwider sein müßten. Glauben Sie wenigstens, daß sie einem guten Willen entstammen — und dem Gefühl einer Verantwortung, die strenger sein mag, als diejenige, die dem Musiker auferlegt ist. Du folgtest selig der Liebe Macht.. Nicht jedem ist das so ohne Weiteres erlaubt, und es gibt Fälle einer bewußten und nicht schmerzlosen Selbstdisziplinierung, die ihrem Manne den Namen des Judas eintragen. Unser Stück, lieber Meister, hat sich geistesgeschichtlich im großen der Repräsentationen längst abgespielt; wir Heutigen sind nur eine journalistisch-aktuelle Durchführung des Falles Nietzsche contra Wagner. Nietzsche war, wie Wagner, von dem er sich mit seinem Gewissensurteil löste, den er aber bis in den Tod geliebt hat, seiner geistigen Herkunft nach ein später Sohn der Romantik. Daß aber Wagner ein mächtig-glückhafter Selbstverherrlicher und Selbstvollender, Nietzsche dagegen ein revolutionierender Selbstüberwinder war und „zum Judas wurde", das macht es, daß jener auch nur der letzte Verherrlicher und unendlich bezaubernde Vollender einer Epoche blieb, dieser aber zu einem Seher und Führer in neue Menschenzukunft geworden ist.

Der bescheidene Held meines letzten Romans wird gelegentlich ein „Sorgenkind des Lebens" genannt. Sorgenkinder des Lebens sind wir Künstler alle, aber Kinder des Lebens eben doch, und wie es nun um die romantischen Lizenzen des Musikers stehen mag: ein literarischer Künstler, der in einem europäischen Augenblick, wie diesem, nicht die Partei des Lebens und der Zukunft gegen die Faszination des Todes ergriffe, wäre wahrhaftig ein unnützer Knecht.

Dies ist es, was ich mit „gutem Willen" meinte und auch mit „Verantwortung". Was mich aber in Ihrem Brief am tiefsten ergriffen hat, ist die Andeutung Ihrer Einsamkeit inmitten des Ruhmes, und daß sie in aller Umschwärmtheit nicht viele wahre höhere Freunde zu verlieren haben. Leider, das haben Sie nicht und ich auch nicht.

Wir kennen beide das solenne Mißverständnis, den Schwindel des Ruhmes, die Seichtheit derer, die ihn uns bereiten. Was zwischen uns steht, zwischen uns schwebt, es verbindet uns auch wieder, mindestens so sehr, wie es uns trennt. Es kann für manches, was ich geschrieben, keinen besseren Leser geben, als Sie, und umgekehrt ist mein Versuch über den „Palestrina" — sagen wir doch die Wahrheit — der einzige der seines Gegenstandes annähernd würdig ist, — was die Esel unter Ihren Freunden, z. B. — auch sagen mögen. Unsere beiderseitige Stellung in der Zeit weist eigentümliche Verwandtschaften auf. Es steht uns frei, uns zu verfeinden; aber wir werden nicht hindern können, daß künftige Zeiten unsere Namen häufig in einem Atem nennen werden. Vielleicht sollten wir also unser Verhältnis ein wenig sub specie aeterni betrachten und über alle Meinungsgegensätze hinweg eine Brüderlichkeit anerkennen, von der die Nachwelt uns kaum dispensieren wird.

Mit wiederholtem Dank für die schöne Haltung Ihres Briefes

Ihr

Thomas Mann.

So sprechen zwei Künstler, zwei Männer miteinander. Aber das Geschmeiß der Anhänger spricht so wie in der „Zürcher Zeitung" und in dem anonymen Wisch. Wenn der Protest allein von mir ausgegangen wäre, so hätte dieser **Privatbrief** wohl einen anderen Wortlaut gehabt, wäre wahrscheinlich ähnlich gewesen meinem oben wiedergegebenen Brief. So aber durfte ich meine Unterschrift nicht verweigern, ohne vor mir selbst feige zu erscheinen und mußte die Sache über die Person stellen. Es gäbe ja auch einen Standpunkt, von dem aus man sagen könnte, es sei ganz egal, was über Richard Wagner da oder dort gesagt wird, er ist in ewigen Ruhm eingegangen und sein Name hat es nicht nötig, verteidigt zu werden. Gut und schön. Wagner braucht man nicht mehr zu verteidigen. Aber uns selbst, unser Ansehen im eignen Land und bei den lieben Nachbarn, das wollen wir verteidigen und uns dagegen auflehnen, wenn wir erleben, daß ein öffentlicher Spruchsprecher, ein höchst geachteter Name über unseren größten Musikdramatiker Dinge sagt, die in der großen Oeffentlichkeit mißverstandenwerden **müssen**. Wenn Thomas Mann sich mit mir und noch einigen wissenden Leuten zusammensetzt und über Goethe oder Wagner spricht und es laufen Ausdrücke unter wie amusisch und dilettantisch, so ist das eine esoterische Angelegenheit. Da kann jeder der am Gespräch Beteiligten sicher sein, daß er nicht mißverstanden wird. Aber exoterisch — nein, nicht vor Holländern, Schweizern und Franzosen! Das mußte Thomas Mann wissen und eines kräftigen Protestes gewärtig sein. Thomas Mann als bedeutender Künstler und auch rein menschlich wird sicherlich der großen Hochschätzung auch derer gewiß sein können, die seine Entgleisung — denn als solche empfinde ich sie auch — nicht mitmachen.

Aber Gott schütze ihn vor dem Adjutantengeschmeiß.

Als ein Anhänger Thomas Manns erweist sich auch der Münchner Romanist Karl Vossler in einem Brief an Benedetto Croce:

München, 3. Mai 1933

Der arme Thomas Mann befindet sich in einer schwierigen Lage: jetzt scheint er in Basel zu sein. Eine Gruppe von Münchener Intellektuellen und Künstlern hat einen teils dummen, teils wider besseres Wissen und aus niedrigem Opportunismus verfaßten Protest gegen seinen Vortrag zu Ehren Wagners veröffentlicht. Sie tun, als handelte es sich um eine Verächtlichmachung der deutsch-wagnerischen Kunst, die in Wirklichkeit von Mann vielleicht sogar zu sehr gerühmt und erhoben worden ist. So drehen sie einem das Wort im Munde um, wenn es ihnen in den Kram paßt. Ich höre, daß Richard Strauß, der zu den Unterzeichnern des Protests gehört, hat zugeben müssen, daß er den beanstandeten Vortrag nicht einmal gelesen hatte. Wenn der politische Wind bläst, kommt der Staub hoch – der bekanntlich immer da ist – und wirbelt in der Luft herum und belästigt Nase und Lungen.

Kleine Chronik

Hans Pfitzner und das Münchner Manifest gegen Thomas Mann. Die Redaktion der „Frankfurter Zeitung" veröffentlicht in der Reichsausgabe vom 2. Juli unter ausdrücklicher Wahrung ihres abweichenden Standpunktes eine längere Zuschrift von Hans Pfitzner, die sich auch mit meiner Abwehr („N. Z. Z." vom 21. April) des gegen Thomas Mann gerichteten „Münchner Manifests" beschäftigt. Bei dem Versuch, die Hergabe seiner Unterschrift zu rechtfertigen, schlägt Pfitzner merkwürdige Wege ein. Er publiziert nämlich einen acht Jahre zurückliegenden Briefwechsel zwischen ihm und Thomas Mann, der Einblick in die Entfremdung zwischen den beiden bedeutenden Männern gibt, — einen Briefwechsel, der in sehr würdigem Ton geführt wurde und den Pfitzner als Beweis für die über alle sachlichen Differenzen hinweg bewahrte gegenseitige Hochachtung heranzieht. Gleichzeitig möchte Pfitzner den in diesem Briefwechsel angeschlagenen Ton in Gegensatz zu dem Ton stellen, den in der „N. Z. Z." „das Geschmeiß der Anhänger" (Thomas Manns), sein „Adjutantengeschmeiß" anschlage. Pfitzner beschränkt sich also auch in diesem Falle wieder einmal auf unflätiges Schimpfen, denn sachlich versucht er meine Vorwürfe mit keinem Wort zu entkräften. Was soll eigentlich der angezogene Briefwechsel? Er zeigt doch nur, daß der würdige Ton, der 1925 noch eingehalten wurde, 1933 von Pfitzner verlassen wird, denn das Münchner Manifest, das er mitunterschrieb, kann ganz gewiß nicht mehr als eine würdige Abwehr gelten, weder im Inhalt noch in der Form.

Und nun die Begründung, die Pfitzner für die Hergabe seiner Unterschrift gibt: „Wenn Thomas Mann sich mit mir und noch einigen wissenden Leuten zusammensetzt und über Goethe oder Wagner spricht, und es laufen Ausdrücke unter wie amusisch und dilettantisch, so ist das eine esoterische Angelegenheit. Da kann dann jeder der am Gespräch Beteiligten sicher sein, daß er nicht mißverstanden wird. Aber exoterisch — nein, nicht vor Holländern, Schweizern und Franzosen! Das mußte Thomas Mann wissen und eines kräftigen Protestes gewärtig sein." — Nun wissen wir es also: unter Deutschen ist Kritik an Wagner erlaubt, nicht aber unter Menschen zweiten Ranges, nicht unter Holländern, Schweizern und Franzosen. Wir können Pfitzner nicht hindern, es als ein Aergernis zu betrachten, daß es eine deutsche Schweiz gibt, die auch eine Vertreterin deutscher Kultur ist, und die es sich nicht nehmen läßt, ein freies Wort zu äußern.

Wenn Pfitzner wirklich nur gegen die „Entgleisung" Thomas Manns protestieren wollte, weshalb schließt er sich dann einem Manifest an, das keineswegs nur diese, sondern die Persönlichkeit Thomas Manns in ihrer Totalität zu treffen sucht? — Der Musiker Pfitzner (dem ich stets mit größtem Respekt gegenübergetreten bin) in Ehren, der berüchtigte **Polemiker** Pfitzner (Fall Busoni und Paul Bekker) hat um seiner Unsachlichkeit und Gehässigkeit willen den Anspruch verwirkt, vom Gegner ernst genommen zu werden.

Willi Schuh.

[ANTWORT AN HANS PFITZNER]

Am 2. Juli hat Hans Pfitzner in der ›Frankfurter Zeitung‹ einen Artikel ›Zur Kundgebung gegen die Wagner-Rede Thomas Manns‹ veröffentlicht, der mich bestimmt, das Schweigen, das ich seit meinem Brief aus Lugano vom 19. April gewahrt habe, zu brechen und auch meinerseits in dieser schmerzlichen, für mein Leben von so ernsten Folgen begleiteten Angelegenheit noch einmal ums Wort zu bitten.

Ein Vierteljahr ist vergangen, seit jener heftigen, mit einem riesigen Aufgebot von Namen gestützten Aktion zur Diffamierung eines deutschen Schriftstellers durch Radio und Presse vollzogen wurde, und noch immer, so scheint es, will die Diskussion über sie und über ihren Gegenstand, meinen Beitrag zum Wagner-Jahr, nicht zur Ruhe kommen. Ist es zu kühn, wenn ich diese immerhin auffallende Erscheinung in Zusammenhang bringe mit der Frage, die schon im April ein Schweizer Kritiker des Münchner Unternehmens stellte: »Ob nicht die besten Köpfe unter den Protestlern in ein paar Jahren einiges *Unbehagen* empfinden werden, wenn sie an ihre Unterschrift unter diesem Kulturdokument zurückdenken?« – mit dieser Frage, die noch vor wenigen Tagen im ›Berliner Tageblatt‹ als schon auf die Gegenwart bezogene Vermutung wieder auftauchte: »Mit einem *unbehaglichen* Gefühl haben sich am Ende wohl auch die Unterzeichner der Erklärung abgewandt . . .« Nein, ich glaube mich nicht zu täuschen, ein leichtes »Unbehagen«, irgend etwas wie eine moralische Unruhe ist, mindestens unter den Feineren unter den Teilnehmern, vom Feste zurückgeblieben, möge sich all das auch keineswegs als Zurücknahme oder nur Einschränkung, sondern in Gestalt von Rechtfertigungen und »sachlichen Klärungsversuchen« äußern oder andeuten.

In der Äußerung Hans Pfitzners gibt es Wendungen, die durchblicken lassen, daß nicht alle Einzelheiten des gegen mich geführten Schlages genau nach seinem persönlichen Geschmack waren, – was mich gewiß nicht verleiten soll, den Sinn dieser Äußerung zu meinen Gunsten zu mißdeuten. Er ist klar genug. Der Schöpfer des ›Palestrina‹ hat noch heute das Bedürfnis, einen Vorwurf zurückzuweisen, den man gleich nach Erscheinen des Münchner Manifestes gegen ihn erhoben hat: den Vorwurf, er habe sich, indem auch er seinen Namen unter den Femebrief setzte, eines Aktes der Undankbarkeit schuldig gemacht. Ich bin weit entfernt, mir diese Auffassung zu eigen zu machen. Pfitzner hat recht, wenn er sagt, man müsse die Sache über die Person stellen: zwischen uns ist darüber kein Streit. Aber das weitverbreitete Gefühl, das aus jenem fast in jeder Gegenäußerung pünktlich wiederkehrenden Vorwurf sprach, war menschlich, war verzeihlich, und ich selbst würde undankbar handeln, wenn ich diejenigen, die mir in so schwerer, gefährlicher Lage moralischen Beistand liehen, in Schutz zu nehmen versuchte, gegen die harten Namen, mit denen Hans Pfitzner sie belegt.

»Anhängergeschmeiß«, »Adjutantengeschmeiß« nennt er sie zornig – warum? Man hat ihm den Artikel von Willi Schuh in der ›Neuen Zürcher Zeitung‹, eine der ersten und publizistisch stärksten Repliken, die der ›Protest der Wagner-Stadt München‹ gefunden hat, zugeschickt, und zwar anonym. Eine Frau hat dies getan, der es offenbar am Herzen lag, daß der Meister den Aufsatz lesen möge, die fürchtete, er möge ihm entgehen (was ohne sie wahrscheinlich auch der Fall gewesen wäre, da gerade diese Ausgabe der ›Neuen Zürcher Zeitung‹ in München nur geringe Verbreitung gefunden hat), und die gewiß »anonym« geblieben wäre, auch wenn sie ihren Namen unter die Zeilen gesetzt hätte, die ihre Sendung begleiteten. Anonymität kann etwas sehr Niedriges sein. Wenn aber ihr Sinn Bescheidenheit ist, sollte man sie nicht schelten. Der Absenderin genügte es, sich als eine von vielen – »von Zehntausenden«, sagt sie gläubig – zu fühlen und kundzugeben. Ist dies Genügen so anstößig in einer Zeit, in der alles Glück und alle Ehre darin gesucht und gefunden wird, Einer unter Vielen zu sein?

Auch war ja der Gegenstand ihrer Sendung, der Aufsatz ›Thomas Mann, Richard Wagner und die Münchner Gralshüter‹, nichts weniger als anonym. Die ›Neue Zürcher Zeitung‹, die ihn veröffentlichte, weil »das Münchner Manifest all denen, die außerhalb der deutschen Reichsgrenzen an deutschem Geistesleben nehmend und gebend teilhaben, unwürdig und dem Ansehen des neuen Deutschlands abträglich erscheine, und in einem freien geistigen Lande nicht unwidersprochen bleiben dürfe«, ist kein Winkelblatt und ihr Musikreferent Willi Schuh nicht der erste beste Skribent. Sein Artikel, den Pfitzner »sauber« heißt, obgleich niemand ihm eine Unsauberkeit wird nachweisen können, ist ein sehr hoch stehendes Stück Journalistik, das dem gegen mich und meine Arbeit gerichteten Massenangriff mit ebensoviel Vornehmheit wie Festigkeit begegnet; und er hat mir in Tagen des Grauens vor soviel Haß und Totschlagelust zu wohl getan, als daß ich es schweigend hingehen lassen dürfte, daß Hans Pfitzner ihn wie Unrat behandelt, – nur, weil darin die Tatsache gerade seiner Unterschrift als besonders anstößig hervorgehoben wird.

Stand dieser Schriftsteller denn allein mit seiner Sympathie für mein Bekenntnis und seinem Widerwillen gegen den Geist der Protestaktion? Hans Pfitzner hat sehr wenig gesehen, wenn er von all den »sauberen Zeitungsartikeln«, die der Fall hervorgerufen hat, nur diesen einen sah – auch ihn sah er ja nur dank fremder Fürsorge. Die großen Schweizer Blätter überhaupt, der ›Berner Bund‹, die Baseler ›National-Zeitung‹, die ganze gebildete Publizität deutscher Zunge außerhalb der Reichsgrenzen, die Wiener, die Prager, von der fremdsprachigen zu schweigen – sie alle haben sich über das Vorkommnis sehr ähnlich – nur schärfer zum Teil – geäußert wie der Zürcher Kritiker, und wenn von alledem in Deutschland, besonders aber in München, nichts bekannt geworden ist, so sehe ich da einen Instinkt der Selbstschonung am Werke, der zwar bequem und für die Erhaltung eines »guten Gewissens« von Vorteil ist, im übrigen aber seine Gefahren hat. Sich gegen Gefühl und Urteil der Welt mit dem Schutzpanzer der Unwissenheit zu wappnen, nur eben aus dem Bedürfnis, sich nicht stören, sich nicht ernüchtern zu lassen, ist keinem Volke zu raten. Man handle, wie man muß, und biete dem, was man die Verständnislosigkeit fremden Völkerpöbels nennen möge, die Stirne. Aber man biete sie ihm. Man lasse es doch wenigstens zur Kenntnis zu, um nicht Gefahr zu laufen, den Kontakt mit der Wirklichkeit, mit dem, was in der geistigen und sittlichen Welt immerhin wirksam ist, zu verlieren. –

In willentlicher Unkenntnis all dessen, was in der gebildeten Außenwelt gegen die Aktion, an der er sich beteiligt, gesagt worden ist, und erbittert schon darüber, daß man ihm eine einzige Probe davon ins Haus geschickt; in Unkenntnis offenbar auch der Erklärungen, die ich selbst schon im April in meinem Brief an die deutsche Presse abgegeben habe, wiederholt Hans Pfitzner in seiner Zuschrift an die ›Frankfurter Zeitung‹ die Behauptung, ich hätte im Auslande durch meine Wagner-Vorträge den deutschen Meister verunglimpft, die Ehre deutscher Kultur dadurch geschädigt und durch ein so schimpfliches Benehmen den ›Protest der Wagner-Stadt München‹ – vor allem aber um des Auslandes willen – geradezu herausgefordert. Wie kann er auf diesem Irrtum beharren, da festgestellt ist, daß ich den Vortrag zuerst, schon am 10. Februar, in Deutschland, in der Münchner Universität, ausführlicher als nachher draußen, und ohne den geringsten Widerspruch zu finden, gehalten habe, und daß seine drei ausländischen Wiederholungen einen vollkommen harmonischen und für die deutsche Kultur ehrenvollen Verlauf genommen haben? »Mit einer besonderen Eindringlichkeit und Tiefe«, schreiben die ›Baseler Nachrichten‹ in einem Bericht, »wurde man sich kürzlich in Paris der Bedeutung des deutsch-französischen Wagner-Erlebnisses bewußt, als Thomas Mann vor einem dicht besetzten Theatersaale über ›Leiden und Größe Richard Wagners‹ einen meisterlichen Vortrag hielt. Diese Ausdeutung der Wagnerschen Persönlichkeit in ihrer Zeitgebundenheit und rück- und vorwärtsweisenden Überzeitlichkeit fand einen tiefen Widerhall bei allen, die sich zu dieser feierlichen Stunde vereinigt hatten. Den prätentiösen Exhibitionen gegenüber, denen sich zahlreiche, meist mindere Deutsche in Frankreich – und überhaupt vor dem geistigen Auslande – allzuoft hingeben, stand das Auftreten Thomas Manns im schroffsten Gegensatz. Gerade deshalb verdient es, als eine der bedeutsamsten Ehrungen eines toten durch einen lebenden deutschen Meister, mit größter Dankbarkeit verzeichnet zu werden, die in Paris und Frankreich als Werbung für die ›heilige deutsche Kunst‹ einen unauslöschlichen und fortzeugenden Eindruck gemacht hat.« – Was hilft es, darauf zu bestehen, das Ausland habe meinen Vortrag, oder gewisse Stellen darin, unbedingt mißverstehen »müssen« und um seinetwillen sei der laute Widerspruch echter Wagner-Verehrung notwendig gewesen, – da nachweislich das Ausland zwar meinen Vortrag sehr wohl, den Protest aber durchaus nicht verstanden hat? Hans Pfitzner räumt ein, über manches, was ich gesagt, lasse sich unter Künstlern von Niveau, unter »Wissenden« sehr wohl reden, aber unverantwortlich, fügt er hinzu, sei es, dergleichen vor Holländern, Belgiern und Franzosen zu äußern. – Gibt es unter Holländern, Belgiern und Franzosen kein Niveau? Die psychologische Kultur steht hoch im Westen Europas – große Deutsche haben gefunden, sie stehe dort höher als bei uns –, und wenn ein deutscher Schriftsteller von Ansehen im Auslande spricht, so pflegt sich kein Chauvinistenmob dazu einzufinden, der sich auf die Lauer legt, um jede zartere und kühnere Nuance des Vortrages »mißzuverstehen« und zu Unehren Deutschlands zu mißbrauchen, sondern Menschen füllen den Saal, die zu lesen, zu hören gelernt haben, die den Gedanken lieben und ihm auf persönlichen, auch weniger begangenen und selbst gewagten Pfaden zu folgen gewohnt sind.

Ich habe von der Ganzheit und Vollkommenheit der Kunst in jeder ihrer Erscheinungsformen gesprochen und von dem eigentümlichen Dilettantismus, – einem monumentalen und ins Geniehafte getriebenen Dilettantismus, – der der Idee des »Gesamtkunstwerkes« zu Grunde liege. Einer, der sowas seiner Lebtage noch nicht gehört hat, steht auf und ruft mit gestrecktem Zeigefinger: »Er hat unseren wertbeständigen deutschen Geistesriesen einen Dilettanten genannt!« Und »Felonie!« schreit alles und wirft sich auf mich. Ach, schämt euch! . . .

Daß Hans Pfitzner sich mit seinem Namen an diesem hirnlosen Lynchgericht beteiligt hat, das ist es, was, wie es scheint, die geistige Welt ihm nicht verzeihen will. Sie rechnet es ihm als eben die »Entgleisung« an, die er in meiner Wagner-Studie zu erblicken behauptet. Was man dem Initiator des Protestes, Kapellmeister Knappertsbusch, was man erweckten ›Simplicissimus‹-Zeichnern, Bürgermeistern, Kunstbeamten und ehrsamen Bierbrauern, ja, was man einem sonntagskindlichen Geist wie Richard Strauss in Gottes Namen hingehen zu lassen bereit ist, man will es dem Dichter und Schriftsteller Hans Pfitzner nicht hingehen lassen – und der Tag ist vielleicht nicht fern, der ihn für die Ehre, die man ihm damit erweist, empfänglicher findet. Er, so urteilt die geistige Welt, hätte das Erfüllte und lebendurchwaltend Leidenschaftliche meiner Schrift empfinden, hätte eine Liebe, tief genug, um auch an ihrem Gegenstand leiden zu können, begreifen und von einer Wahrheitsintimität sich sympathisch ansprechen lassen müssen, die sich vom heroischen Klischee, von dem orthodoxen Gewäsch jener Wagner-Literatur, die Nietzsche mit der Formel »Nohl, Pohl, *Kohl* mit Grazie in infinitum« abgefertigt hat, nicht zu ihrer Unehre unterscheidet. Er mußte ein Produkt enthusiastischer Erkenntnis, dessen Analyse der Synthese dient, und von dem man gesagt hat, daß es »die von Nietzsche gestürzten Wagner-Altäre wieder aufrichtete und mit *frischen* Kränzen schmücken«, in Schutz nehmen, wenn auch nur negativ, wenn auch nur durch Zurückhaltung, gegen die Beschimpfungen der Aufgeregten, — nicht aus Dankbarkeit für kritische Dienstleistungen, deren er kaum bedurfte, sondern aus Künstlersinn und — Mannesmut. *Feige,* sagt Pfitzner, wäre er sich selbst erschienen, wenn er seine Unterschrift verweigert hätte. Ach, lieber Meister! Rechnen Sie gar nicht mit der Erwiderung, die größere Zivilcourage sei bei den — immerhin vorhandenen — Münchner Notabilitäten gewesen, deren Namen man unter dem Bannspruch vermissen durfte?

In einem offenen Brief, den der junge deutsch-böhmische Musikkritiker Walter Seidel in dieser Sache an Richard Strauss richtete, erklärte der Verfasser, »Wagners gigantisch weitwirkende Bedeutung werde gerade durch die Tatsache dokumentiert, daß die geistesgeschichtliche Auseinandersetzung mit dem ›Fall Wagner‹ heute noch nicht abgeschlossen sei. Analoger Weise könne der Künstler Richard Strauss sich kein besseres Schicksal wünschen, als daß fünfzig Jahre nach seinem Tode sich ein deutscher Dichter von Rang fände, der sich ähnlich seelenvoll mit dem Werk dieses R. Strauss befassen und zu ihm bekennen würde.« Das ist wahr, und es gilt auch für Hans Pfitzner. Eben darum hätte dieser Gesichtspunkt seine Haltung nicht so ganz unbeeinflußt lassen dürfen: das positive Verdienst, das bei allem Willen zur kritischen Wahrheit darin liegen könne, ein Problem, das als solches schon zu ehrwürdigem Entschlummern neigte, schon in die Gleichgültigkeit historischer Ruhmesruhe einzugehen im Begriff war, in seinem ursprünglichen, erregenden und verwirrenden Reiz wiederherzustellen, es einmal noch – vielleicht zum letzten Mal – in die Sphäre der Passion zu rücken und mit *lebendigen* Worten, nicht mit solchen eines matten und musealen Ehrfurchtsklischees davon zu reden. Dazu gehörte ein Schriftsteller, der mit den Wundern der spätromantischen Welt des neunzehnten Jahrhunderts, der Wagner-Schopenhauer-Welt und dem heroischen Schauspiel ihrer Überwindung durch Nietzsche traditionsweise und durch eigene seelische Zugehörigkeit noch lebendig verbunden ist, — man muß wohl an die Sechzig sein, um zu dieser Burg den Weg noch zu kennen; den jungen Leuten ist das alles schon tief unter den Horizont gesunken. Die »Wagner-Stadt München«, die anno 1865 den großen Künstler aus ihren Mauern vertrieb, und zwar durch genau denselben Menschentyp, der heute den wagnerorthodoxen Eiferer und Ketzerrichter abgibt, ist sich wenig bewußt, daß, seit sie sich wegen Wagners eines anderen besann, in der geistigen und musikalischen Welt allerlei vor sich gegangen ist und unterdessen Geschlechter heraufgekommen sind, deren seelische Affinität mit der Welt Wagners so gering ist, daß man wünschte, ihr Verhältnis zu seinem Werk feindselig nennen zu dürfen, statt es apathisch nennen zu müssen. Hier Eroberungen zu machen, wenn auch nur ganz individuelle, war vielleicht keiner leer panegyrischen Festschrift beschieden, – der Beichte skeptisch vertiefter Bewunderung vielleicht gerade war es vorbehalten, der man um solcher Werbung willen einiges nachzusehen sich entschließen sollte. »Ich für meine Person«, schrieb mir ein junger norddeutscher Museumsdirektor, »einer Generation angehörend, die mit den landläufigen Einwänden gegen Wagners Werk aufgezogen ist, der durch sie der Zugang zu seinem Genie verstellt wurde, gestehe offen, daß mir erst Ihre Abhandlung die Handhabe zur Überwindung jener Vorurteile gegeben hat.« –

Gewisse auffrischende Eigenschaften, und daß er danach angetan sei, »einen Gegenstand zu erneuern, den man gründlich erschöpft geglaubt hatte«, sind dem Beitrag besonders von der französischen Kritik nachgesagt worden. Aber sie sind weit mehr Sache eines Akzentes von Unmittelbarkeit als eigentlicher Neuheit, und jeder Kundige sieht, daß der Aufsatz »die unsterbliche Wagnerkritik Nietzsche's« zur kulturellen Voraussetzung hat. Einen philosophischen Betrachter könnte er zu dieser und jener Bemerkung über das Verhältnis, über die natürliche Vereinbarkeit von Kultur und Spontaneität Stoff und Anlaß geben. Aber damit ist seine »Neuheit« noch nicht genügend eingeschränkt: fast nichts in der Abhandlung ist neu selbst innerhalb meiner eigenen Produktion. Sie ist nicht viel mehr als ein Sammelbecken, in dem zusammenfloß, was ich durch viele Jahre hin über Wagner gedacht, empfunden und formuliert, schon öffentlich formuliert hatte; und was sich über mein ganzes Lebenswerk verteilt. Sie ist eine »Komposition« ebensosehr im mechanischen wie im organischen Sinn des Wortes. Sie komponiert das Zerstreute im Großen durch, und die erstaunliche Erfahrung, die ich ihr danke, ist die, daß als Ganzes skandalisiert, was im Einzelnen entweder unbeachtet blieb, oder sogar als verdienstliche Anregung gewertet vorüberging. Ich erinnere mich eines Glückwunschschreibens, mit dem einer der Teilnehmer an der Münchner Verlautbarung, der Präsident der musikalischen Akademie, Herr von Hausegger, mich bei irgendeiner Gelegenheit beehrte, und worin der hochgestellte Musiker mir für meine Bemühungen um die Sache Wagners seinen repräsentativen Dank aussprach. Nun, diese Bemühungen sind *identisch* mit dem Gedankenmaterial und selbst dem Wortlaut des inkriminierten Aufsatzes. Besonders findet sich eine seiner »herausforderndsten« Passagen, die Stelle über Wagners dekoratives Deutschtum und seinen Nationalismus, wörtlich und ihrer ganzen Ausdehnung nach in – den ›Betrachtungen eines Unpolitischen‹.

Das ist komisch; aber man muß die Folgerung daraus ziehen. Die Folgerung ist, daß nicht das Gesagte, sondern die Stunde, in der es gesagt wird, entscheidend ist für die Wirkung, die es hervorbringt. Das hätte ich wissen und eines »kräftigen Protestes«, wie Hans Pfitzner sagt, gewärtig sein müssen. Auch will ich mich nicht hinter die Tatsache zurückziehen, daß der Auftrag, in Amsterdam über Wagner zu sprechen, natürlich sehr rechtzeitig an mich erging, und daß die Ausarbeitung des Essays, dem dann der Vortrag entnommen wurde, in Winterwochen fiel, – weitab von einem deutschen Frühling, zu dessen Nebenwirkungen es gehörte, die Empfänglichkeit dafür so tief hinabzusetzen. Ich habe nicht die Absicht, mich zu entschuldigen, sondern eine Frage zu stellen. Sie lautet: Will man einen Schriftsteller, der, als Jüngling und Mann, in seinen besten Stunden der Jugend und der Bildung seines Volkes etwas zu sagen hatte, dem es sogar vergönnt war, die Kultur dieses Volkes nach außen hin ehrenvoll darzustellen, das Recht einräumen, auch in veränderter Zeit und politischer Atmosphäre das Seine zu sagen, sein Leben und Werk nach dem Gesetz, wonach er angetreten, zu Ende zu führen – oder will man das nicht? Die letztere Entscheidung würde dem Bestehen auf einer Abdikation gleichkommen, die, bei der künstlerischen Einheit und Untrennbarkeit von Leben und Mitteilung, den Verzicht aufs Weiterleben, den freiwilligen physischen Rückzug von dieser Erde – eine in Deutschland freilich heute nicht seltene Handlung – bedeuten würde.

Die Forderung wäre neu. Wir altern, und unser Lebensgefühl, das einst, je nach dem Grade unserer »Bedeutung« stellvertretend war, wird durch ein gewandeltes überholt, das zwar Elemente birgt, die unsere Empfindlichkeit vorwegnehmen konnte, die unser Wissen und Wesen schon mit umschloß, durch ein Menschentum »nach uns« aber doch, das als Ganzes nicht mehr das unsrige ist, dessen Ausdruck zu sein wir nicht mehr beanspruchen dürfen. Hans Pfitzner, dem ich hier antworte, weiß wohl von diesem Schicksal, dem keiner entgeht. Er hat in seinem ›Palestrina‹ die Melancholie und Resignation alternden Meistertums, das sich zweifelnd fragt, »ob jetzt die Welt nicht ungeahnte Wege geht und, was uns ewig schien, nicht wie ein Wind verweht« mit tiefem, *konservativem* Gefühl gestaltet, indem er es seinem scheinbar überlebten Künstlerhelden vergönnte, in einer großen produktiven Nacht zum »Retter der Musik« zu werden. Das war Poesie und hoher Wunschtraum. Aber um des Beitrages willen, mit dem auch sie einst Leben und Entwicklung gefördert, hat man immer und überall, aus Pietät, aus Gesittung, aus Dankbarkeit, oder was für menschlichen Gründen immer, der geprägten Persönlichkeit ehrenvoll gestattet, auch in veränderte Zeit hinein ihr Lebenslied ausklingen zu lassen, ihre Wahrheit auszusagen, ihr Werk zu vollenden: Mit Recht! Denn die Gabe der Kunst ist eine Gabe von des Lebens eigener Hand, sie ist vielleicht noch besser gesagt die Gabe des Lebens selbst, die weniger rasch verjährt, als ein frisch angetretenes Geschlecht, das alle Gegenwart und Zukunft in seinem Besitz glaubt, sich einreden mag; und wer einmal mit dem Leben auf gutem Fuße gestanden, wird ihm, glaube ich, niemals ganz fremd und feind werden können. Aus seiner – historisch bedingten – seelischen und geistigen Form heraus wird ein solcher auch einer Zeit und Welt, die nicht mehr in engerem Sinne die seine ist, produktiv zu dienen vermögen: schon vermöge jener Elemente des Neuen, von denen ich sagte, daß seine Lebenssensitivität ihnen schon von weitem suchend und versuchend entgegenkam.

Warum sollte ich in diesem Zusammenhang nicht aussprechen, daß mein Denken und Dichten, beispielsweise zu jener modernen Heroik, die sich mit so viel Stolz und nur allzuviel geistesgeschichtlicher Bewußtheit einer das Leben entwürdigenden und entnervenden Psychologistik entgegensetzt, durchaus nicht aller Beziehungen entbehrt? Es sind eben zwanzig Jahre, daß ich in einer Erzählung, von der es hieß, daß mancher junge Krieger sie anno 14 im Tornister mit sich geführt habe, dem ›Tod in Venedig‹, von einem »würdig gewordenen« Künstlertum handelte, das, müde der »Sympathie mit dem Abgrund«, sich zum pädagogischen Vorbilde einer Sittlichkeit aufwarf, die entschlossen ist, »das Wissen zu leugnen, es abzulehnen, erhobenen Hauptes darüber hinwegzugehen«, sofern es den Willen, die Tat, den schöpferischen Impuls im Entferntesten zu schwächen, zu lähmen geeignet ist. Daß die Sache schlecht ausging, der »reife Entschluß« sich als vermessen erwies, ist kein Beweis gegen die Anteilnahme des Autors. Wer aber wundert sich, daß er, da dergleichen zum Gegenstande des Massensprechchors geworden, nicht ganz mit derselben Begeisterung darin einstimmen mag wie einer, dem es als die jüngste Weisheit der Zeit erscheint? Es war nichts weiter als Ergriffenheit vom Landläufigen, wenn Herr von Hausegger in einem öffentlichen Schreiben dem Redakteur der ›Neuen Rundschau‹ erklärte, mein Wagnerbild verstoße gegen das Ethos »unserer die Fesseln materialistisch-vernünftelnder Analytik sprengenden Zeit«. Ich bin versucht, ihm zu widersprechen. Mir ist, als äußerte sich in seiner Lust am Fesselsprengen dieselbe bedrohlich-eigentümliche Verbiegung und Verkehrung des Freiheitsbegriffes, mit welcher der deutsche Geist den Weltgeist nicht zum ersten Male verwirrt und ängstigt. Man soll auf die »materialistisch-vernünftelnde Analytik« nichts kommen lassen, – gerade dann nicht, wenn es ihr schlecht geht. Sie ihrerseits hat manche Fessel gesprengt und sich um die menschliche Freiheit wohl verdient gemacht. Sie ist *Wahrheit*, – eine Seite nur meinetwegen der Wahrheit, die pessimistisch-naturalistische, aber Wahrheit dennoch, auch heiter und tapfer dennoch, keineswegs unheroisch, wie wir hinzufügen wollen; und es wäre möglich, daß ihr Demokratismus sein Lebens- und Zukunftsrecht wahrte neben dem modischen Herrentum.

»Die Männer des neuen Regimes«, schrieb mir jener junge Kunstpfleger aus dem Norden, »müssen und werden es lernen, daß Ihr Lebenswerk unendlich viel mehr Mut, Drang zur Wahrhaftigkeit, Sauberkeit des Denkens (alles Eigenschaften wohlverstanden heroischer Natur!) enthält, als das geräuschvolle Nachplappern kulturpolitischer Tagesparolen. Es kann und wird in Deutschland nicht dahin kommen, daß ernsthafte, mit Lebenseinsatz geleistete geistige Bemühung verachtet wird, Meinungsbildung aber auf dem bequemen Wege des geringsten Widerstandes hoch im Kurs steht.« – Das ist schön und hoffnungsvoll; zu diesem und jenem *ist* es indessen ja leider gekommen. In höhnisch schurigelndem Ton gibt das Münchner Manifest mir zu verstehen, ich hätte überhaupt den Mund nicht mehr aufzutun, mein Teil sei ewiges Verstummen – und zwar, weil ich den gutmütig verfehlten Versuch gemacht habe, den Gedanken der Republik zu der geistigen Vergangenheit meines Volkes in Beziehung zu setzen, es mit der Freiheit im herkömmlichen — gewissermaßen auch in Deutschland herkömmlichen – Sinn und mit einem im Zeichen dieser Freiheit geeinten Europa, das mir im Werden schien, zu versöhnen. War das so schädlich, daß die Verübung des Harakiri die einzige Folgerung wäre, die mir heute daraus zu ziehen bliebe? Man darf sagen, daß das eine recht lokale Auffassung ist, die in weiten Kreisen der deutschen Öffentlichkeit nicht geteilt wird – vom Auslande rede ich nicht, um niemanden unnütz zu reizen. Kurzum, in mein langes Nachsinnen über den heimatlichen Ratschlag ist so viel freundliche und ernst zu wahrerer Pflicht rufende Abmahnung gedrungen, daß ich von seiner Befolgung wohl absehen und in Ergebung die mir organisch verhängte Stunde abwarten werde, die mich aus der Mangelhaftigkeit meines Ichseins befreit.

Aber dies alles ist das Entscheidende noch nicht, was vielen die Teilnahme höher organisierter Menschen an dem Münchner Haberfeldtreiben als anstößig, ja unleidlich erscheinen läßt. Ich zitiere – wahrhaftig nicht aus Entzücken über eine Kennzeichnung meiner Person, die ihren Überschwang sichtlich aus der aufrichtigen Mißbilligung der einem geistigen Menschen zuteil gewordenen Behandlung bezieht. Eine Prager deutsche Zeitung schrieb acht Tage nach dem Eklat: »Was an dem bekannten Femebrief hervorragender Vertreter des deutschen Geisteslebens gegen Thomas Mann den unbefangenen Beobachter geradezu erschreckt, ist die Methode, einen Mann hohen und überlegenen Geistes, der dem deutschen Schrifttum der letzten dreißig Jahre zum Ruhm gereicht, der Verurteilung durch die Straße, durch den Strom der Mitläufer, der kleinen Neider und Mißgönner, der Mucker und Ducker ohne eigenes Urteil, ohne Recht zu irgendeinem Urteil in geistigen Dingen, preiszugeben, – in dem Augenblick eines ungeheueren, aufwühlenden politischen und sozialen Vorgangs und einer Massenbewegung, der gerade die geistigen Führer des Volkes besser täten, sich nicht willenlos freiwillig auszuliefern.« Man muß die Kühle dieser letzten allgemeinen Wendung dem Auslandsstandpunkt des Verfassers zugute halten. Sein Gefühl im Besonderen ist richtig, und tausendfach ist es geteilt worden, – am tiefsten und bittersten begreiflicher Weise von mir, dem Betroffenen.

Wenn einer meiner Münchner Richter — oder auch mehrere – wenn Hans Pfitzner, von dessen polemischer Klinge Busoni und andere ein Lied zu singen wissen, oder Präsident von Hausegger oder mein rotarischer Freund, Generalmusikdirektor Knappertsbusch, sich hingesetzt und seine redliche Entrüstung über meine Art, einen großen Mann zu feiern in einem Zeitschriften- oder auch Zeitungs-Artikel zum öffentlichen Ausdruck gebracht hätte: alles wäre in Ordnung – nichts wäre dagegen zu erinnern gewesen. Über mein Wagnerbild war zu reden, es war sehr, sehr ablehnend darüber zu reden; von vielen, die es lieben, bin ich der Letzte, der es bestreitet. Meine schriftstellerische Fehlbarkeit ist mir bis zum Grade lähmender Skrupulosität bewußt, und einzig Aufrichtigkeit, den berühmten Willen zur Wahrheit, meiner persönlichen und historisch bedingten Lebenswahrheit, kann ich für mich in Anspruch nehmen. Glaubte kein Einzelner gegen mich Einzelnen aufkommen zu können? War ein Monstreaufgebot von Renommee nötig, um mich zu erdrücken? Die Methode ist es, die zum Himmel schreit, die die Besseren hätte abstoßen müssen. Den Protest auf die Straße zu tragen, mein Verbrechen durch Stadt und Land zu megaphonieren, eine Angelegenheit des Geistes und der Kunst, zart ihrer Natur nach, der unwissenden und ohnedies wild erregten Menge vorzuwerfen und ihr mit abgerissenen, von Schmähungen umrahmten Zitaten das Blut in die Augen zu treiben: das war – wir wollen Besonnenheit üben und sagen, daß es unbesonnen war.

Ein »kräftiger Protest?« Das war kein kräftiger Protest, es war eine lebensgefährliche Denunziation, die gesellschaftliche Ächtung, die nationale Exkommunikation. Seit diesem Geschehnis haben alle die Handlungen heimatlich-amtlicher Feindseligkeit gegen meine Person und mein Eigentum sich gereiht, die mich belehren, daß ich in Deutschland heute ein Bürger minderen Rechtes, daß ich dort vogelfrei wäre. Wenn ein deutscher Dichter, der immer auf seine Art und nach seinen Kräften seinem Volke zu helfen suchte, und dem viel Vertrauen, nicht »vierzehn Jahre«, sondern ein Menschenalter lang aus diesem Volke entgegenkam; ein Dichter übrigens, dessen Natur sich weit eher eines goethisch-repräsentativen Überlieferungsgepräges bewußt ist, als daß er sich eigentlich zum Märtyrer geboren fühlte, heute, um seine Lebensaufgabe zu Ende führen zu können, den Schutz, die gesittete Zuvorkommenheit einer milderen, dem freien Gedanken noch freundlichen Fremde anrufen muß: Die Herren vom Münchner Heerbann sollen wenigstens wissen, daß sie die unmittelbaren Urheber dieser schiefen, unnatürlichen und niemanden wirklich befriedigenden Lage sind.

Die Stunde wird kommen, ob ich sie erlebe oder nicht, wo man die bedenkenlose Ausstoßung überlieferungstragender und im tiefsten Grunde erhaltender deutscher Kräfte als eine Rauschhandlung schädlicher, ja schimpflicher Art erkennen und bedauern wird. Diejenigen aber unter den Münchner Demonstranten, die überhaupt ein Verhältnis zum Geistigen und zur Schrift, zu Erkenntnis und Bekenntnis und der damit organisch-verbundenen Sprachdisziplin, mit einem Worte zur Literatur besitzen, mögen sich schon heute fragen, ob die freudige, im Vertrauen auf deutsche Freiheit und Bildung erfolgte Hingabe eines liebevollen und nur eben der augenblicklichen öffentlichen Geistesverfassung schlecht angepaßten Gedankenwerkes mit dem Verlust von Heim und Vaterland angemessen bestraft ist.

[1933]

H. H. STUCKENSCHMIDT, WALTER MEHRING, CARL VON OSSIETZKY: DREI LETZTE FREIE STIMMEN ÜBER RICHARD WAGNER UND BAYREUTH AUS DEM JAHR 1933

BAYREUTH

H. H. STUCKENSCHMIDT

Religion und bald auch Kunst — nur Rudimente früherer Kultur wie der Schwanzknochen am menschlichen Leibe. *Richard Wagner*

I.

„Wenn das Bayreuther Theater auf Kommando Wagners, lediglich für seine Werke, durch Privatsammlungen bestritten, wirklich zustande kommt, wie es allen Anschein hat, so bildet diese Tatsache allein eines der merkwürdigsten Ereignisse in der gesamten Kunstgeschichte und nebenbei den größten Erfolg, den ein Komponist jemals träumen konnte", so schrieb Anfang der Siebzigerjahre Wagners gefährlichster Widersacher, der Wiener Kritiker Eduard Hanslick. Käme heute ein genialer Mensch auf die Idee, sich zur Darstellung seiner Werke von der Nation einen Kunsttempel zu wünschen, man würde ihn vermutlich auslachen. Die Phantasten von 1933 werden Sektierer oder wahnsinnig. Als Richard Wagner, der große Romantiker des 19. Jahrhunderts, seine Festspielidee vorlegte, fanden sich neben den Enthusiasten auch Lacher und Böswillige. Aber das Unvorstellbare trat ein. Hanslick hatte richtig prophezeit; Wagners fanatischer Wille setzte die Verwirklichung durch, und im August 1876 konnten unter Beteiligung der gesamten Kulturwelt die ersten Vorstellungen des Nibelungenrings im notdürftig fertiggestellten Holzbau des Bayreuther Festspielhauses stattfinden.

Es grenzt an Zauber, an Magie. Und doch ist es Wahrheit, man kann es anfassen, es ist aus Holz und Backstein, sieben D-Zug-Stunden von Berlin entfernt. Eine Unbegreiflichkeit wie dieses ganze Wesen Richard Wagner, dieser Sozialist, der Völkischen als Vorbild dient; dieser Theatermensch, der an die göttlichsten Dinge glaubte; dieser Treulose und leichtfertige Liebhaber, der im Tristan die höchsten Dinge über Liebe gesagt hat; dieser harte Arbeiter, der die weichsten Dinge liebte: Plüsch, Daunen, Seide und Pelzwerk; dieser Vegetarier aus Pantheismus, der mit Vorliebe Fleisch aß; dieser Verfasser einer Broschüre gegen die Vivisektion, der seinen aufopferndsten Freund Bülow einer seelischen Marter von unmenschlicher Grausamkeit unterwarf; dieser Olympier, der so gern sächsische Witze erzählte; dieser Antisemit, der sein Bühnenweihfestspiel, den allerchristlichsten Parsifal, von Hermann Levi dirigieren ließ; dieser Freund des Volkes, der in Schlössern lebte und mit Fürsten befreundet war.

Indes, so merkwürdig ein solches Ereignis der Traumverwirklichung scheint, gemessen an den Erfolgen, mit denen andre dramatische Komponisten sich begnügen müssen, so folgerichtig krönt es den beispiellosen Werdegang Richard Wagners. Man muß sich vergegenwärtigen, was dieser Mann für seine Zeitgenossen bedeutete, wie er nicht nur Musik und Theater in der zweiten Hälfte des 19. Jahrhunderts beherrschte, sondern darüber hinaus die Literatur, die Philosophie und sogar die Politik beeinflußte. Es gab kein Gebiet, auf dem Wagner nicht mitzureden verstand; und diese einzigartige Stellung eines Musikers in seiner Zeit erklärt auch die Möglichkeit, ein solches Theater zu schaffen und zum Wallfahrtsort für die ganze intellektuelle Welt zu machen.

II.

Der Bayreuther Magnetismus wirkte sofort über die heimatlichen Grenzen hinaus. Albert Lavignac hat sich in seinem Buch „Voyage artistique à Bayreuth" der Mühe unterzogen, die Fremdenlisten der ersten Jahre nach Franzosen zu untersuchen. Wir finden in der Aufstellung die Komponisten d'Indy, Saint Saëns, Chausson, Delibes, Magnard, Massenet, Debussy, Chabrier, Ropartz, Schmitt, Charpentier, Samazeuilh, die Schriftsteller Mendès, Bourget, Barrès, Louys, Lichtenberger, Sar Peladan, Paléologue, die Politiker Clémenceau und Painlevé den Bildhauer Rodin — und das sind nur die berühmtesten.

Unter diesen französischen Bayreuthpilgern ist Sar Peladan vielleicht die merkwürdigste und typischeste Erscheinung. Für seinen exzentrisch romantischen Geist bedeutete Wagner, bedeutete Bayreuth die intellektuelle und moralische Summe dessen, was der Schöpfer des Musikdramas sich an Wirkung auf seine Umwelt erträumen konnte. Um Bayreuth ganz zu begreifen, sollte man seinen Roman „Der Sieg des Gatten" lesen, dieses unmittelbar von den Festspielen 1889, von Tristan und Parsifal beeinflußte Buch, das zu den bizarrsten Eingebungen einer romantischen Phantasie gehört. Wie verbinden sich hier Erhabenheit und Kitsch, Transzendenz und sexualpathologischer Fiebertraum, Highlife und Rosenkreuzerei zu einem gespenstigen Makrokosmos! Adar und Izel, das liebenswürdige junge Ehepaar, das seine Flitterwochen während der Tristanpausen im Bürgerreuther Gehölz hinter dem Festspielhaus feiert, der Nürnberger Magier Sexthental, dessen Astralleib die schlafende Izel schändet, dieweil Adar nichtsahnend seinen leblosen Körper bewacht, sind das nicht die Traumgestalten einer an Wagner gesättigten Einbildungskraft?

Nirgends finde ich das Phänomen der Unterwerfung durch die verhängnisvolle Genialität Wagners unheimlicher und leibhaftiger dargelegt als bei Peladan. Und nirgends schärfer den Protest gegen solche Unterwerfung als in Bernard Shaws „The Perfect Wagnerite". (Warum, apropos, druckt der Verlag S. Fischer die deutsche Übersetzung, das „Wagner-Brevier", das seit Jahren vergriffen ist, nicht neu?) Dieser Shaw, der den Fluch des Nibelungenschatzes marxistisch kommentiert und dessen ganze Bayreuthkritik unter der Wagnerschen Devise „Das Kunstwerk der höchsten Bildungs-Periode kann nicht anders als im Bewußtsein produziert werden" zu stehen scheint, ist in seiner Art kein weniger begeisterter Wagner-Apostel als der Sar. Doch er wehrt sich gegen die Überrumpelung, er setzt dem Rausch des Wagner-Orchesters und dem Rausch der Bayreuther Gralshüter-Ideologien die ganze Skepsis des materialistisch aufgeklärten Intellektuellen entgegen. Nicht einmal Wagners Theorien nimmt er gläubig hin; er hört Rossinische Wendungen in der Ringpartitur und das 7. Kapitel seines Buches, „back to opera again", beweist Analogien zwischen dem dritten Siegfried-Akt und den ältesten Opernkonventionen, um schließlich die Götterdämmerung als eine typische Große Oper zu entlarven.

III.

Mit den Bayreuther Festspielen wollte Wagner einen kulturellen Sammelpunkt für die deutsche Nation schaffen. Die Erben haben es beinahe fertiggebracht, Festspiele für deutsche Nationalisten und ausländische Ästheten daraus zu machen. Allerdings war der Rahmen, der Wagner vorgeschwebt hatte, von Anfang an gesprengt. Bayreuth sollte eine Kulturstätte werden, zunächst beschränkt auf eine Gemeinde von Patronatsmitgliedern, die auf Grund eines geleisteten Beitrags zum Stiftungsfonds das Vorrecht hatten, an den Festaufführungen teilzunehmen. Es zeigte sich, daß Wagner einerseits die Zahl der deutschen Interessenten überschätzt, anderseits die Teilnahme des Auslandes unterschätzt hatte. Schon zu den ersten Ring-Aufführungen 1876 mußte er sich entschließen, den Kreis durch Abgabe einzelner Billetts zu erweitern. Nur wenige Jahre vergingen, da sah sich das Reisebüro Cook genötigt, eine Sonderabteilung für Bayreuth einzurichten.

Die unvorhergesehene Ausbreitung des ursprünglich national-demokratischen Bayreuther Gedankens ins Kosmopolitisch-Aristokratische gehört zu den bemerkenswertesten Eigenschaften der Festspiel-Realität. Auch heute noch, wahrscheinlich sogar in stärkerem Maße als früher, trägt die Besucherschaft (und mag es auch tausendmal von den Gralshütern bestritten werden) den Stempel des Internationalismus. Ja, in den neun Sommern 1914 bis 1924, als der Weltkrieg Deutschland von der Außenwelt abgeschnürt hatte, blieb das Festspielhaus geschlossen.

Es wäre falsch, diese Entwicklung leugnen oder etwa zurückschrauben zu wollen. Gerade für Bayreuth müßte sich die Durchführung der Autarkie-Bestrebungen auf künstlerischem Gebiet höchst verhängnisvoll auswirken. Denn in der Tat ist heute die internationale Geltung der Festspiele weit mehr gesichert als die innerdeutsche. Es genügt deshalb nicht, wie das so oft geschieht, mit einem patriotischen Vorurteil auf die Einzigartigkeit des bayreuther Gedankens hinzuweisen. Wichtiger wäre es, wie vor fünf Jahren Bernhard Diebold in seinem „Fall Wagner" zum Entsetzen der Chauvinisten vorschlug, den demokratischen Geist in Wagners Werk an authentischer Stelle lebendig werden zu lassen. Auf diese Weise könnte der Barrikadenkämpfer von 1848 noch einmal zum Ausgangspunkt einer großen republikanischen Kunstbewegung werden. Aber es gibt zwei Hindernisse für diese Umstellung der Bayreuth-Politik: die heutige deutsche Jugend und die Bayreuther Blätter.

IV.

Wenn es jetzt wieder so etwas wie ein Bayreuther Problem gibt, so liegt es in der Aufgabe, die Festspiele im Bewußtsein der deutschen Nachkriegsgeneration lebendig zu machen. Die geistig interessierte Jugend ist fast ausnahmslos in einem Vorurteil gegen Wagner aufgewachsen. Das war die unausbleibliche Folge des Wagner-Kults um die Jahrhundertwende. Heute wird beides revidiert, der Kult wie die Ablehnung.

Die Bayreuther Blätter, die Hans v. Wolzogen bald nach den ersten Festspielen gegründet hatte und noch heute leitet, trugen ursprünglich den Untertitel „Zeitschrift zur Verständigung über die Möglichkeiten einer deutschen Kultur"; später begnügte man sich mit der bescheidenen Affiche „Zeitschrift im Geiste Richard Wagners". Diese Blätter, die angeblich nur in einer Auflage von 500 Stück gedruckt werden und heute kaum mehr Leser haben, gehören in Wahrheit zu den bemerkenswertesten Kulturdokumenten der neueren europäischen Geistesgeschichte. Ihr Niveau ist vielleicht das höchste, das je eine periodische Druckschrift in deutscher Sprache erreicht hat. Selbst heute, nach dem Tode fast aller ihrer ursprünglichen Mitarbeiter, enthalten sie gelegentlich Beiträge von einer ganz ungewöhnlichen Kraft der Anschauung: ich denke etwa an Richard v. Schaukals Polemik gegen Thomas Mann, an manchen sprachkritischen Versuch Hans v. Wolzogens, dem auch Karl Kraus seine Anerkennung nicht versagen dürfte.

Diese Blätter aber, in deren alten Jahrgängen wir die Grundbegriffe der modernen nationalsozialistischen Philosophie, Politik und Kulturpolitik finden, nur auf ungleich höherem Niveau der Sprache und der Gedanken (man lese nur Heinrich v. Steins grundlegende Untersuchungen über die „Beziehungen der Sprache zum philosophischen Erkennen"), haben durch die Einseitigkeit ihrer rassen-mythologischen Auslegung des Wagner-Werks dem chauvinistischen Mißbrauch der Wagnerschen Ideen die gedankliche Stütze geliefert. Wenn heute Bayreuth unter dem Zeichen des Hakenkreuzes steht, so haben wir das Hans v. Wolzogen und seiner Zeitschrift zu danken.

Die Jugend aber, und merkwürdigerweise auch die Hitler-Jugend, steht Wagner ferner als je. Sie fühlt sich in seinem Pathos nicht wohl, sie versteht seine Sprache kaum. Wie soll man sie gewinnen?

V.

Bayreuth ist sich, ohne es offiziell einzugestehen, dieser Problematik völlig bewußt. Siegfried Wagners Witwe Winifred, selbst ein junger Mensch, der durchaus nicht weltfremd das große Erbe verwaltet, trägt die schwere Aufgabe, über kurz oder lang auf diese Fragen eine Antwort zu geben. Die äußeren Mittel, die ihr dabei zur Verfügung stehen, sind noch immer gewaltig. Denn der Festspielgedanke, so sehr er im Landschaftsbild der modernen Kultur als erratischer Block wirkt, hat von seinem ursprünglichen Gewicht nicht viel eingebüßt. Das Haus selbst ist für Wagners Werk der ideale Theaterbau; seine technischen Einrichtungen sind ständig verbessert und gerade in diesem Jahre durch eine Reihe moderner Anlagen (Beleuchtung usw.) ergänzt worden. Es wird aber nötig sein, auf die innere, die geistige disziplinierende Kraft dieser sommerlichen Festspiele aufmerksam zu machen. In der Unterordnung unter einen kollektiven künstlerischen Gedanken, und mag er noch so weit außerhalb der kulturellen Situation stehen, liegt die eigentliche geistige Macht Bayreuths. Ob sie fortwirken kann, über den begrenzten Horizont des dogmatischen Wagnerianertums, das ist nicht nur die Schicksalsfrage Bayreuths. Vielleicht ist wirklich Kunst nur noch ein Rudiment früherer Kultur, wie der Schwanzknochen am menschlichen Leibe.

Der Text von Walter Mehring, der nach der Machtergreifung Hitlers kurz vor seiner Verhaftung nach Paris fliehen kann, dann in Wien lebt, in Frankreich interniert wird, doch aus dem Lager Saint Cyprien fliehen kann und nach Amerika emigriert, erscheint zusammen mit dem darauffolgenden Text von Ossietzky in der „Weltbühne“. Wegen des Anti-Hitler-Gedichtes *Der große Krebs* von Walter Mehring wurde die „Weltbühne“ verboten.

Der Aufsatz von H. H. Stuckenschmidt, dem Winfried Wagner dazu verhalf, nach Prag zu gehen, wird neben Beiträgen von Paul Stefan, Paul Bekker (siehe Seite 158), Julius Kapp, Franz Schreker, Alfredo Casella in einem Wagner-Sonderheft der Monatsschrift für moderne Musik „Anbruch“ im Januar 1933 veröffentlicht. Andere Sonderhefte dieser Zeitschrift, an der auch Ernst Bloch, Ernst Křenek, Karl Kraus, Darius Milhaud, Ernst Schoen, Theodor Wiesengrund-Adorno mitarbeiteten, erschienen zum Beispiel über Gustav Mahler (Heft 3, 1930) oder über die Musik im neuen Rußland (Mai 1925 und November/Dezember 1931); das letztere mit einer Einleitung von Anatoli Lunatscharski, der zum fünfzigsten Todestag Wagners am 13. Februar 1933 seinen Aufsatz „Der Weg Richard Wagners“ schreibt, in dem er bemerkt: „Die sozialistische Aneigung Wagners ist etwas ungemein Subtiles . . . Das werden wir sehr, sehr nötig haben.“ (Siehe auch den Brief Tschitscherins Seite 219) Mit der Hetzparole „In diesen Blättern wurde der Musikbolschewismus hochgezüchtet“ wurden der „Anbruch“ und die Zeitschrift für Musik „Melos“ bei der Düsseldorfer Ausstellung „Entartete Musik“ gezeigt, die am 25. Mai 1938 mit einer Ansprache des Staatsrates und Generalintendanten des Deutschen Nationaltheaters in Weimar Hans Severus Ziegler — der heute in Bayreuth lebt — eröffnet wird. Im Ausstellungskatalog schrieb er: „Was (hier) zusammengetragen ist, stellt das Abbild eines wahren Hexensabbath und des frivolsten geistig-künstlerischen Kunstbolschewismus dar und ein Abbild des Triumphes von Untermenschentum, arroganter jüdischer Frechheit und völliger geistiger Vertrottelung. Jüdische Musik und deutsche Musik bleiben zweierlei. Ich bekenne mich zu der Anschauung, daß Atonalität Entartung bedeutet.“ (Siehe auch Seite 252)

Der ewig getreue Wagner von Walter Mehring

Die Schofarklänge diesjährigen Wagnerjubiläums, die bei weitem die wohltemperierte Goethe-Ehrung des Vorjahres überdröhnen, erhalten ihren rechten Vollklang nicht nur aus der „ewigen Melodie“ sondern auch und erst ganz aus den Tönen, die der Meister in seiner Schrift: „Das Judentum in der Musik“ anschlug. Astrale Gewalten scheinen es zu fügen, daß Richard Wagner, Diktator im dritten Reich der Töne, langgehegte mystische Bedürfnisse stillt; von jeher galt er seinen Propheten als der Schöpfer einer Kunstgattung, die nicht Allgemeinbesitz aller Kunstsinnigen sondern Privateigentum rassereiner Gralswächter ist. So fand sein Biograph C. F. Glasenapp die Begeisterung der Italiener und Spanier „um so auffälliger, als das volle Verständnis der kerndeutschen Auffassung des Meisters in seiner Kunst ihnen dennoch versagt blieb“. (Zum Beispiel: Toscanini.) Doch nicht allein die musikalischen Motive, auch das Leitmotiv zu Wagners antijüdischer Polemik dürfte bei Nicht-Kerndeutschen auf einige Verständnislosigkeit stoßen. Uneingeweihte können auf die absurde Auslegung verfallen, daß des Meisters Stellungnahme für und gegen Juden von materiell-pekuniären Erwägungen nicht unbeeinflußt geblieben ist. Etwa, wenn er an Schumann aus Paris (22. Februar 1842) schreibt:

Halévy ist kein absichtlich schlauer Betrüger wie Meyerbeer. Daß Sie aber auf diesen nicht schimpfen! Er ist mein Protector...

Doch zweieinhalb Monate zuvor an den absichtlich schlauen Betrüger:

Ich werde in alle Ewigkeit nichts anders gegen Sie aussprechen dürfen als Dank! Dank! Gott... trübe Ihr Auge nie mit Kummer; dies ist das aufrichtigste Gebet Ihres alleraufrichtigsten Schülers...

Ebenso aufrichtig schrieb er in seinem Hymnus auf die „Hugenotten“ (1840):

Betrachten wir die Erscheinung Meyerbeers, so werden wir sowohl ihrer Tendenz als zumal auch ihren äußern Zügen nach unwillkürlich an Händel und Gluck erinnert... Vor allen Dingen ist nie aus den Augen zu verlieren, daß jene Deutsche waren, wie dieser es ist... Die Mehrzahl... erreicht doch nie die Höhe, deren der deutsche Genius fähig wäre. Nur der Glückliche erbeutet sich dies, was der Natur seines Vaterlandes abgeht, und einer dieser Glücklichen ist nun jener große Heroe Meyerbeer... So frisch auch noch die Siege sind, die den Namen Meyerbeer zu einem der glänzendsten am musikalischen Himmel erhoben... Das reine keusche deutsche Blut fließt in seinen Adern; die Gestalt des Mannes ist fertig und tadellos — nun kann er schaffen und Taten für die Ewigkeit verrichten. Von gewissen gebräuchlichen und populären Rhythmen und Melismen hat er die moderne Schreibart zu einem grandios einfachen Stil geführt, der den unendlichen Vorzug besitzt, daß er seine Basis in den Herzen und Ohren des Volkes hat — und nicht bloß als eine raffinierte Erfindung eines neuerungssüchtigen Kopfes... Ist nicht jener fast heftige Drang nach religiösem Ergießen in Meyerbeers Werken eine auffallende Kundgebung dieser tief innerlichen Intention des Meisters? Und ist das nicht grade ein Zug, der seine deutsche Geburt so rührend in unser Gedächtnis ruft?

Und genau so aufrichtig zehn Jahre später („Judentum in der Musik“, Pseudonym: Freigedank) über denselben Meyerbeer:

Die Besorgung dieser Täuschung hat nun jener berühmte Opernkomponist zu seiner künstlerischen Lebensaufgabe gemacht. Es ist zwecklos, den Aufwand... näher zu bezeichnen... genug, daß er es vollkommen verstand, zu täuschen, und dieses namentlich damit, daß er jenen von uns näher charakterisierten Jargon seiner gelangweilten Zuhörerschaft als modern pikante Aussprache aller der Trivialitäten aufheftete.

Fußnote: Wer die freche Zerstreutheit einer jüdischen Gemeinde während ihres musikalisch ausgeführten Gottesdienstes in der Synagoge beobachtet hat, kann begreifen, warum ein jüdischer Opernkomponist durch das Antreffen derselben Erscheinung bei einem Theaterpublikum sich gar nicht verletzt fühlt.

Seltsames Zusammentreffen. 1840, in schwerster Geldklemme, erbat er sich Meyerbeers Hilfe:

Ohne Sie, mein hochverehrter Gönner, soll ich nun einmal nichts beginnen, und nur durch Sie soll ich zu etwas gelangen... Mir bleibt nichts weiter übrig, als, mich auf tausend Beweise Ihrer gütigen Teilnahme stützend, Sie abermals um Ihre Hilfe anzurufen... Dank! Dank!... Ihr ewig getreuer...

Doch 1869, hoch im Ruhm, dankte der „Ewig getreue“ so:

In jenem Aufsatz über das Judentum zeigte ich schließlich, daß es die Schwäche und Unfähigkeit der nachbeethovenschen Periode unsrer deutschen Musikproduction war, welche die Einmischung der Juden in dieselbe zuließ.

Es ist ja wahr, daß Wagner durch den großen Wagner-Dirigenten Hermann Levi und den Mime-Interpreten Julius Lieban unter dieser Einmischung schwer zu leiden hatte. Doch warum nennt er, der 1850 erkennt, der Jude setze in Kunstwarenwechsel um, was „die Heroen der Künste dem kunstfeindlichen Dämon abrangen“, warum nennt er 1883 den Judenstämmling Angelo Neumann: „Geehrtester Freund und Gönner!“, telegraphiert ihm: „Heil Angelo! Gruß allen für meinen Ruhm Verschworenen!“

Und welch genialischer Gesinnungswechsel:

Mein lieber, lieber Mendelssohn, ich bin recht glücklich darüber, daß Sie mir gut sind. Bin ich Ihnen ein klein wenig näher gekommen...

So hieß es 1844 an den umworbenen Generalmusikdirektor. Doch 1850 über den Toten:

Alles, was sich bei Erforschung unsrer Antipathie gegen jüdisches Wesen darbot... steigert sich zu einem völlig tragischen Konflikt in der Natur, dem Leben und Kunstwirken Felix Mendelssohn Bartholdy...

Die astralen Gewalten, die den Marxismus ablösten, haben es im Wagnerjahre gefügt, daß sich die Antipathien zu noch tragischeren als nur ästhetischen Konflikten steigern.

Doch:

Wenn je eine Geschichtsperiode förderlich war, mit Blitzesschnelle einen Irrtum zu heilen, so ist es die der heutigen Reaktion, schrieb 1850 Wagner, der Revolutionär.

Richard Wagner von Carl v. Ossietzky

Garstig glatter
Glitschriger Glimmer!
Wie gleit ich aus!

Von Ferdinand Lassalle stammt das bittre Wort von dem Kranichzug der Klassiker über Deutschland. Niemals bewahrheitete es sich ernster als im vergangenen Jahre, das bekanntlich das „Goethejahr" gewesen ist. Durch die schimmernden Schleier der amtlichen Feierseligkeit blickte man auf ein gleichgültig vorüberhastendes Volk, das andre Sorgen hatte, und auf einen vergessenen Sarkophag: Goethe.

Der Musiker hat es leichter als der Dichter, der Hirn und Nerven gleichmäßig beansprucht. Das Ohr ist ein williges Organ, durch das Ohr läßt sich der Kopf am leichtesten betrügen.

Nein, Richard Wagner ist nicht im Kranichflug über Deutschland gezogen. Er nistet noch mitten im Land. Er ist der genialste Verführer, den Deutschland gekannt hat. Kein Künstler hat auf den geistig-seelischen Habitus des Volkes verhängnisvollern Einfluß genommen, niemand hat die Flucht aus der Wirklichkeit, den Kultus des schönen Scheins eindringlicher und verlockender gepredigt. Wohl haben andre mit höherer Intensität künstliche Paradiese geschaffen, wohl haben die Blumen des Bösen leidenschaftlichere Gärtner gefunden — sie sind an den selbstgezogenen Früchten gestorben. Richard Wagner, der alle berauschte, hatte selbst nicht viel Teil am Rausch, er blieb ein kühler, bewußter Herr seiner Mittel. Eine Welt geriet in Wahn durch seine Töne, er selbst blieb ein ruhiger Rechner und sein bester und überlegenster Propagandist. Sein Erfolg war so breit wie kein andrer, denn Richard Wagners Werk hat die glücklichste, weil am meisten erfolgversprechende Mischung: hinter rauschenden Akkorden, hinter einer üppig quellenden Melodik die grauenhafteste Trivialität. Aber die olympische Miene des Mannes heischt Bewunderung und Unterwerfung — er tritt auf wie das absolute Genie. Wer wagt es, vor einer allgemeinen Suggestion ehrlich zu sein? Wer wagt es zu sagen, daß ihn eine Wagneroper seekrank macht?

Dies sind die Stadien von Richard Wagners Ruhm: zuerst die Begeisterung der ästhetisch Geschulten; dazu die Snobs, die Neurastheniker, die stets auf die letzte Mode fliegen. Dann der riesige Opernsieg, die Eroberung des Publikums; die Wagnerzyklen mit Sänger- und Kapellmeisterkult verknüpft. Und dann die hoffnungslose Verplebsung: die Entdeckung des sentimentalen Schlagers in der Harmonie der Sphären; der holde Abendstern im Biergarten als Pistonsolo zwischen „Stolzenfels am Rhein" und „Gute Nacht, du mein herziges Kind!" Wagner vom Militärorchester exekutiert, die glorreiche Auffindung des Ewig-Ordinären in Walhall.

So etwas kann auf die Dauer auch der bestfundierte Ruhm nicht vertragen. Die feinen Ohren wurden abtrünnig, die Kenner guter Musik mißtrauisch. Auch das Ende der Parsifal-Sperre tat nicht gut. Das Weihespiel, nicht mehr an das bayreuther Monopol gekettet, hielt seinen Einzug in die großen Opernbühnen und ernüchterte. Das war es also! Ein altes Rezept: Weihrauch mit Erotik, aber ohne den hinreißenden Glauben von Barockmeistern. Die Unschuld siegt am Ende mit viel Orgelton und Glockenklang, aber um ihren Sieg triumphaler zu gestalten, muß inzwischen viel Weiberfleisch enthüllt werden, muß der keusche tumbe Tor mit Mühe Kundrys Bordellatmosphäre und das tingeltangelhafte Nuttenballett der Blumenmädchen absolvieren. Die Klingsor-Girls!

Komm! Komm!
Holder Knabe.
laß mich dir blühen!
Dir zur Wonne und Labe
gilt mein minniges Mühen.

Parsifals erstes öffentliches Erscheinen tat der Wagnerbegeisterung nicht gut. Der Rückschlag war beträchtlich. Nietzsches Kritik war bisher verlegen genug ignoriert, als unbegreifliche Skurrilität oder als Akt persönlicher Gekränktheit behandelt worden. Der Ruhm sackte ab. Es erschien Emil Ludwigs verdienstvolle Streitschrift „Richard Wagner oder die Entzauberten" und übte seine Wirkung. Mozart stand wieder auf, seine ewige Grazie lächelte die geschwollenen Götterfiguren in die Kulissen zurück, Beethoven übte neu seine Macht, und seine reine Gewalt siegte über Bayreuths größenwahnsinnigen Theaterplunder. Bach, Händel, Gluck standen wieder auf. Das natürliche Genie siegte über die genie-ähnliche Virtuosität. Die echte Kathedrale über den sakral aufgezogenen Rummelplatz.

Wagner sank schnell im Kurs. Zu unbegrenzt war der Anspruch gewesen, und jetzt waren überall Unbefriedigte. Es kam eine neue Musik, die frisch und ohne viel Umstände auf ihr Ziel losging. Wenn Strawinskys Soldatenballade vor ein paar bunten Leinwandfetzen mitreißt und erschüttert — wozu dann der Kolossalpomp? Was braucht Musik, die durch die Ewigkeit rauschen will, solche Szenerie? Das Theater machte damals eine kleine Revolution durch. Plötzlich wurde das Bühnenbild wieder einfach — mit dem Verruf der Guckkastenbühne kam auch die Wagneroper in Mißkredit. Der alte Zauberer schien für immer ausgespielt zu haben. Vor zehn Jahren gehörte eine gewisse Courage dazu, sich als perfekter Wagnerianer zu bekennen.

Doch

in lichter Waffen Scheine
ein Ritter nahte da,
so tugendlicher Reine
ich keinen noch ersah...

Dieser Ritter war der Nationalismus.

Ein Phänomen, in der Tat. Eine neu aufstrebende Bewegung hüllte sich in die Klänge einer bankrotten Kunst. Diese selbst, die sich bisher, wenigstens in der Kassengebarung streng kosmopolitisch gezeigt und dem polnischen Juden, wenn er nur zahlungsfähig war, gern einen Logenplatz im Festspielhaus reserviert hatte, klammerte sich an eine Bewegung, die den Racismus auf ihre Fahne geschrieben hatte. Es darf in diesem Zusammenhang nicht überschätzt werden, daß im bayreuther Kreise zuerst die Rassentheorien Gobineaus gepflegt wurden, daß Houston Stewart Chamberlain, der Schwiegersohn Richard Wagners, in einer konfusen Theorie die These von der schöpferischen Überlegenheit des reinen Ariertums entwickelte, und er, der Sohn eines englischen Admirals, im Kriege der lärmendste Herold der Alldeutschen war. Wichtiger ist, daß Wagners Musik die Blütezeit des Bürgertums und des Imperialismus in Töne bannte und ihr den blendenden szenischen Hintergrund verlieh.

Aufstieg der Begabten

(Olaf Gulbransson)

Man sollte ihnen die Regierungsbildung nicht verweigern – irgend 'ne Bildung muß der Mensch schließlich haben!

Durch die Fälschung des Datums eines über diese Zeichnung im September 1930 geschriebenen Privatbriefes, in dem Gulbransson davon spricht, wie gern er „diesen Kopf mit dem Gesicht der gefährlichen Dummheit der Politik der offenen Tür" gezeichnet habe, versuchte Th. Th. Heine von Prag aus Gulbransson im Mai 1933 ebenfalls als Saboteur der „nationalen Regierung" hinzustellen. (Siehe Rahmenessay 2. Kapitel)

Es ist heute wohl unmöglich, diesem bürgerlichen Zeitalter gerecht zu werden. Denn wir haben für seine falschen Ewigkeitsrechnungen und seine uneingelösten Schuldscheine einzustehen. In Richard Wagners Werk flüchtet die bürgerliche Aera aus ihrer problemhaften Wirklichkeit in musikumbrausten Mythos. Sie flüchtet aus verschwitztem Bratenrock und qualvoller Corsage in den kühlen Harnisch und die weiten fließenden Gewänder der Götter. Sie heroisiert sich, sie reckt sich ins Übermenschliche. Sie harft sich in Hochzeitsmärschen und Feuerzauber aus dem engen Ring der Konvention. Die Frauen schmettern ihre Frigidität mit hohem C allen Männern in die Ohren, und die Männer selbst träumen sich aus dem langweiligen Alltag der Ehe in die siebenjährigen Ferien des Venusbergs, ins schrankenlose Ausleben, mag auch der Kater dahinter lauern. Wie schwül ist das alles, was für ein Kompott zerkochter und zerquetschter Lüste! Wie ist das alles aus dem einen Punkte zu verstehen! Aber diese Götter und Göttinnen sind keine freien Hellenen, sie leiden unter einem schlechten Gewissen. Sie ahnen die Katastrophe, sie fühlen dumpf den Fluch ihres Reichtums. Aus nächtlichem Dunkel flammt rot die Vision des Untergangs: das Versinken des Goldhortes im Rhein.

Rheingold! Rheingold!
Reines Gold!
O leuchtete noch
in der Tiefe dein lauterer Tand!
Traulich und treu
ists nur in der Tiefe:
falsch und feig
ist, was dort oben sich freut!

Gewiß, diese Symbolkraft ist nicht gering, aber alles ist ganz fern, in eine nebelhafte Opernwelt projiziert, ganz unnaiv — mühsame Konstruktion. Und dann zeigt diese Musik ihre Macht, sie infiziert die Wirklichkeit, sie dringt durch tausend unsichtbare Kanäle: aus der Theatergarderobe holt sich Wilhelm II. den Lohengrinhelm und verwandelt die Wirklichkeit in eine schlechte Oper.

Wagner wird heute anders kreiert als vor Jahrzehnten. Man muß sich diese großen Wagneraufführungen vorstellen, wie sie noch vor zwanzig Jahren waren, diese weiche sinnliche Zerdehnung der Tempi, dieses Waten in Tönen. Und dazu diese Kammersänger, wie sie sich auf fahl gewordenen Rollenbildern präsentieren, diese Tristane und Lohengrine mit Doppelkinn und Bierbauch, und dazu diese Sängerinnen mit flachsgelben Perücken, das Auge verzückt erhoben, Wogebusen und Wackelpopo durch ein rotumbordetes, urtümlich deutsches Nachthemd wirkungsvoll unterstrichen...

Hojotoho! Hojotoho!
Heiaha! Heiaha!
Hojotoho! Heiaha!

Die heutigen Kapellmeister versuchen die Musik zu entfalten, sie halten den Rhythmus straff — im Grunde ist das ein denaturierter Wagner.

Wir leben jetzt wieder im Traum der bürgerlichen Renaissance, und als klingender Herold dieser Sehnsucht tritt Richard Wagner wieder auf. Nicht mehr so exklusiv wie früher, im Gegenteil, sehr kleinbürgerlich geworden. Der Bürger ist pleite, seine Ideale wehen zerfetzt in allen Winden, nur seine Parvenuansprüche sind geblieben. Bei Wagner ist nicht nur das ganze Inventar des nationalistischen Schwertglaubens enthalten, sondern auch, immer neu variiert, die angenehme Vorstellung, von allen Übeln erlöst zu werden, ohne daß man dafür etwas zu tun braucht. Es erübrigt sich, näher auszuführen, was für eine Rolle in Deutschland der Wunderglaube spielt und das Verlangen nach einem Hexenmeister, der mit einem Hokuspokus Verschwindibus alle Kalamitäten für ewig beseitigt!

Wagner selbst, der in der Erinnerung als der kleine alte Mann mit der Samtmütze fortlebt, hat wohl als der Erste erkannt, daß im bürgerlichen Deutschland Kunst nur dann dauernd wirkt, wenn sie gehörig mit Weltanschauung verbrämt und mit dem schwarzen Siegel des Geheimnisvollen versehen wird. Er hat der Musik Natur und Unschuld geraubt, hundertfach treffen Nietzsches erbitterte Anklagen zu. Er war ein Großmeister der Reklame; schon die Freundschaft mit dem verrückten Bayernkönig verlieh ihm das Relief des Auserlesenen. Und er sicherte sich selbst für seinen Nachruhm die Kultstätte Bayreuth; hier ummauerte der Großkophta sein Monopol. Es ist nicht der begreifliche Wunsch des Künstlers nach Abgeschlossenheit und Sammlung, es ist nicht das odi profanum des Horaz, die Barriere gegen Banausen. Es ist eine gut kapitalistische Kalkulation: er reserviert sein Werk für die Zahlungsfähigen. Kein wirklicher Künstler konnte so handeln. Man vergleiche das mit der noblen geheimrätlichen Abgeschlossenheit des alten Goethe, man vergleiche überhaupt die Plüsch- und Makartwelt Bayreuths mit der strengen Sauberkeit des Hauses am Frauenplan — zwei Zeiten stehen sich schroff gegenüber!

Wäre dieser Rummel nicht, nicht die Aufmachung, nicht der unerhörte geistige Anspruch, man könnte Richard Wagner einfach historisch nehmen, man könnte sagen: diese süße Melodik wird langsam fade, der Zauberspruch verliert seine Kraft, nachdem zwei Generationen seiner Verführung unterlegen sind; man könnte den lieben altgewordenen Schwan mit gerührtem Dank nach Haus schicken. Aber Richard Wagner wirkt fort, ein tönendes Gespenst, zu Zwecken beschworen, die mit Kunst nichts mehr zu tun haben, ein Opiat zur Vernebelung der Geister. Zum zweitenmal soll aus Deutschland eine Wagneroper werden, Siegmund und Sieglinde, Wotan, Hunding, Alberich und der ganze Walkürenchor und die Rheintöchter dazu sind —

Heiajaheia!
Wallalaleia heiajahei!

über Nacht hereingebrochen mit der Forderung, über Leiber und Seelen zu herrschen. Die künstlerische Seite dieses Programms billigen wir nicht, denn wir glauben in Wagner nicht die deutsche Musik erschöpft, wir glauben sie bei andern Meistern echter und tiefer zu finden; wir sehen in Wagners Werk vornehmlich eine künstliche Fontäne in buntem Scheinwerferlicht und keinen reinen natürlichen Quell — aber das ist Sache des Kunstgeschmacks, also Privatsache. Die andre Seite dieses Programms ist es dagegen nicht. Wir werden also etwas unternehmen müssen, da nicht zu erwarten ist, daß eine reine Jungfrau, um uns zu erlösen, ins Wasser springt.

* * *

Wagner in Walhall. Zur Feier seines 50. Todestages hat Wotan seinem lieben Wagner eine Plüschgarnitur geschenkt.
(Zeichnung von Th. Th. Heine; Simplicissimus 12. Februar 1933)

Newyork 29-4-33

Your Excellency: — For your very friendly writing I want to thank you heartily, only I greatly regret that I could not answer it sooner.

You know how closely I feel attached to Bayreuth and what deep pleasure it gives me to consecrate my a "something" to a genius like Wagner whom I love so boundlessly.

Therefore it would be a bitter disappointment to me if any circumstances should interfere with my purpose to take part in the coming Festival Plays, and I hope that my strength, which the last weeks here taxed severely, will hold out.

Expressing once more my thanks for your kind expressions of thought, I subscribe myself as your Excellency's sincere

A. T.

An alle Freunde Bayreuths

Im September 1933.

ergeht hiemit die Bitte, sich der nachstehenden Eingabe durch Unterschrift anzuschließen.

Als Einverständniserklärung wolle die beiliegende Postkarte, eigenhändig unterschrieben, möglichst bald abgesandt werden, worauf die Unterschrift in die gedruckte Eingabe aufgenommen werden wird. Diese ist nicht für die Oeffentlichkeit bestimmt. Besonders erwünscht sind auch Unterschriften aus den Kreisen der Jugend.

Eva Chamberlain, geb. Wagner. **Daniela Thode von Bülow.** **Hans Paul Freiherr von Wolzogen.** **Dr. Richard Strauß.** **Dr. Schlumprecht**, Oberbürgermeister. **Paul Pretzsch.** **Dr. Bruno Wieger.**

Eingabe. An die Leitung der Bühnenfestspiele zu Bayreuth.

Richard Wagner vollendete sein Bühnenweihfestspiel „Parsifal“ im eigentlichen Sinne des Wortes erst mit der Inszenesetzung und Einstudierung im Jahre der Uraufführung 1882. Nicht die Niederschrift der Dichtung, auch nicht die Vollendung der Orchesterpartitur hätten genügt, um der Welt das Wesen dieses, in der Geschichte des Theaters unerhörten, dem Nurtheatralischen ewig unerschließbaren Werkes zu vermitteln; es wäre vielmehr auf alle Zeiten unvollendet geblieben, wenn dem Meister nicht auch die letzte Arbeit daran, eben die Inszenesetzung und Einstudierung, beschieden gewesen wäre: ohne die Uraufführung unter dem Meister selbst wäre das hehre Werk ein Torso geblieben.

In der Erhaltung des Bühnenweihfestspiels in der von seinem Schöpfer ihm gegebenen Bühnengestalt lag daher nach seinem Tode die vornehmste Aufgabe der Festspielleitung. Der wechselnde Zeitgeschmack durfte diesem in jedem Betracht zeitlosen und über alles Zeitliche hinausweisenden Werke gegenüber nicht entscheidenden Einfluß gewinnen. Die nach der Freigabe des „Parsifal“ an die Theater draußen gemachten Erfahrungen bewiesen, daß man wohl hie und da in Einzelheiten gute Lösungen zu finden verstand, daß aber der Eindruck höchster Weihe und des völligen Entrücktseins vom Alltag, wie er von den Aufführungen im Festspielhause ausgeht, draußen nie und nirgends zu erzielen ist.

So war es ein dankenswerter Entschluß der Festspielleitung, im Wagnergedenkjahr 1933 das Bühnenweihfestspiel unter Zurückgreifen auf die persönlichen, in treuem Gedächtnis bewahrten Anweisungen des Meisters und unter Beibehaltung der Szenenbilder des Jahres 1882, soweit sie noch erhalten sind, darzubieten. Der Eindruck war so ergreifend und erhebend, daß man wohl sagen darf, in ihm erreichten die Festspiele des Jahres 1933 einen ihrer Höhepunkte, und dies nicht nur für die alten Freunde und Besucher Bayreuths, sondern auch für nicht wenige unter den jungen Besuchern der Festspiele, die dank der großzügigen Förderung durch die Regierungen des Reiches und der Länder heuer in so großer Zahl das Festspielhaus zum ersten Male betreten durften. Die Szenerien aus dem Jahre 1882, namentlich auch die Wandeldekorationen, fanden vor dem unverbildeten Sinn der völkischen Jugend volle und gerechte Würdigung und wurden in ihrer so ganz aus dem Geiste der Musik heraus entstandenen Formung begriffen und bewundert. Daß der Gralstempel nie herrlicher Bühnengestalt gewinnen könne, als hier gezeigt wurde, darüber herrschte wohl nur eine Stimme. Aber auch den Landschaften des 1. und 3. Aktes verleiht der Umstand, daß sie in engster Zusammenarbeit mit dem Meister aus dem Geist der Musik heraus entworfen wurden, zeitlose Gültigkeit. Die szenischen Bilder, auf denen das Auge des Meisters geruht hat, sprechen zu unsern Sinnen auch heute noch ihre besondere, unnachahmliche, mit der Weihe des ganzen Werkes unauflöslich verbundene Sprache. Die Versuche, die Bayreuth selber mit der Erneuerung der Szenenbilder des 2. Aktes gemacht hat, erhärten nur die Notwendigkeit, auch für diesen Akt zu den szenischen Entwürfen des Jahres 1882 zurückzugreifen und so zugleich die unerläßliche stilistische Einheit wiederherzustellen.

Die unterzeichneten alten und jungen Freunde Bayreuths richten daher an die Festspielleitung die dringende Bitte, das Bühnenweihfestspiel „Parsifal“ forfan in keiner anderen als der szenischen Urgestalt von 1882 aufzuführen und so zugleich dem Meister von Bayreuth das einzig seiner würdige, weil sein und seiner durchaus einmaligen und unvergleichlichen Kunst Wesen lebendig widerspiegelnde Denkmal zu errichten.

Richard Strauss.

Im März 1933 läßt Toscanini erkennen, daß er wegen des Verbotes von Konzerten Bruno Walters und wegen der Judenverfolgungen möglicherweise nicht in Bayreuth den *Parsifal* dirigieren werde. Daraufhin bittet Winifred Wagner Hitler, sich einzuschalten. Durch seine bewußt vorsichtig formulierte Antwort an Hitler scheint Toscanini sich den Weg nach Bayreuth, wo er gerne dirigieren würde, nicht ganz verbauen zu wollen. Als die erhofften innenpolitischen Konsequenzen ausbleiben, unterschreibt er eine amerikanische Petition gegen die deutschen Judenverfolgungen und schickt am 28. Mai 1933 seine endgültige Absage nach Bayreuth: „Die schmerzlichen Geschehnisse, die meine Gefühle als Mensch und Künstler verletzt haben, haben, gegen alle meine Hoffnung auf sofortige Veränderung, nicht aufgehört. Es ist daher meine Pflicht, das mir seit zwei Monaten auferlegte Schweigen heute zu brechen und mitzuteilen, daß es für meine, Ihre und aller Ruhe besser ist, mit meinem Kommen nach Bayreuth nicht mehr zu rechnen. Mit unveränderlicher Freundschaft für das Haus Wagner, Arturo Toscanini.“

Für Toscanini springt Strauss ein, der im September 1933 gegen die geplante Neuinszenierung des *Parsifal* eine Eingabe der „Tanten“ gegen Winifred unterstützt, mit der Forderung, „die szenischen Bilder, *auf denen das Auge des Meisters geruht hat*“ und die „vor dem unverbildeten Sinn der völkischen Jugend volle und gerechte Würdigung (fanden)“ für sakrosankt zu erklären.

Adolf Hitler in Bayreuth

Von Paul Bülow

„Wenn Sie wollen, so haben wir eine deutsche Kunst!" — dieser Sehnsuchtswunsch des Schöpfers von Bayreuth hat nach einem halben Jahrhundert seine herrlichste Erfüllung in Adolf Hitlers Bekenntnis zu deutscher Kunst und Kultur gefunden. Für Richard Wagners Vermächtnis insbesondere hat jetzt beglückende Zeitreife begonnen. Der Führer des Landes liebt dieses Meisters Persönlichkeit und Werk wie nie ein Lenker des Deutschen Reichs zuvor.

In dem denkwürdigen Verweilen Hitlers in der altehrwürdigen Frankenstadt und seiner wahrhaft inbrünstigen Teilnahme an jenen Kunstereignissen ist ein tieferes Walten geheimnisvoller Lebensgesetze sichtbar: Hitlers innere Treue zu dem von ihm tief nacherlebten Ideal deutscher Kunst und sein genialer, eben in seiner künstlerischen Natur wurzelnder Instinkt für die Erkenntnis des nationalen Grals, der auf jenem Hügel in Deutschlands Mitten aufleuchtet.

Kaum ein anderer der politisch führenden Zeitgenossen kennt eine solche innere Verbundenheit mit dem Genie von Wahnfried wie Hitler: dem **Knaben**, dem **Kämpfer**, dem **Kanzler** bedeutet das Schaffenswerk Richard Wagners Gipfelpunkt im Erleben deutscher Kunst.

Es ist ein weiter Weg von jener Stunde, da der zwölfjährige **Knabe** Adolf Hitler im Theater der oberösterreichischen Landeshauptstadt als erste Oper seines Lebens den „Lohengrin" hört. Dieser Abend in Linz gewinnt ihn für immerdar als treuen Anhänger und begeisterten Verehrer jenes Meisters, dessen sonnigstes und deutschestes Werk ihm auf den Gipfelhöhen seines Kampfesweges einen beglückenden Gegengruß aus der Landschaft deutscher Kunst bedeutet. Im Arbeitsraum der Landsberger Festungshaft aber schweifen die Gedanken zurück ins Jugendland. Vor dem inneren Auge erstehen wieder die strahlenden Bilder jenes „Lohengrin"-Abends: „Mit einem Schlage war ich gefesselt. Die jugendliche Begeisterung für den Bayreuther Meister kannte keine Grenzen. Immer wieder zog es mich zu seinen Werken, und ich empfinde es heute als besonderes Glück, daß mir durch die Bescheidenheit der provinziellen Aufführung die Möglichkeit einer späteren Steigerung erhalten blieb." („Mein Kampf.")

Durch verschiedene Augenzeugen erfahren wir von des **Kämpfers** Verbundenheit mit der Geisteswelt Wagners während der ernstbesinnlichen Monate der Landsberger Festungshaft: bei musikalischen Veranstaltungen im Kreise seiner Kameraden hat Hitler am liebsten Wagnersche Kompositionen gehört.

Der **Kanzler** Adolf Hitler, der bei dem ersten weithin beachteten Besuche der nationalen Regierung anläßlich der Leipziger Wagner-Feier am 12. Februar 1933 im Gewandhaus neben den Familienangehörigen des Hauses Wahnfried zu erblicken war, bekennt während eines Gespräches im Wahnfried-Kreise diese Worte einer gleichsam schicksalhaft bestimmten Zugehörigkeit zum Bayreuther Kulturwerk: „Ich begreife heute, weshalb mir in meiner Jugend gerade Wagner und sein Schicksal mehr sagten als so viele andere große Deutsche. Es ist wohl die gleiche Not eines ewigen Kampfes gegen Haß, Neid und Unverstand. Es sind dieselben Sorgen."

Immer wieder betont der Führer das Sieghafte im kämpferischen Lebensrhythmus bei Wagner: „Richard Wagner ist mehr als nur ein großer Künstler. In seiner Persönlichkeit und in seinem Werk hat die Sehnsucht der Deutschen nach der endlichen Einheit symbolische Gestalt gewonnen. Wenn das einige deutsche Volk ihn heute ehrt, so verehrt es in ihm aber auch den Meister, der an seinem gigantischen Beispiel gezeigt hat, daß echtes Schöpfertum scheinbar unüberwindliche Widerstände am Ende doch zu bezwingen vermag."

Als sieghaftes Fanal leuchtet dieses aus glühender Begeisterung erwachsende Eintreten des Knaben, Kämpfers und Kanzlers Adolf Hitler für Wagners künstlerisches Vermächtnis über das Kulturleben unserer Nation. Wer vergäße je den Augenblick, da er im Bayreuther Festspielraum die Botschaft des anwesenden Kanzlers an die Besucherschaft der Meistersinger-Aufführung vom 21. Juli 1933 vernahm: „Es gibt keine herrlichere Äußerung des deutschen Geistes als die unsterblichen Werke des Meisters selbst!"

Das ist das erschöpfende, weithin verpflichtende Bekenntnis Hitlers zu Richard Wagner — gewonnen aus einer tiefen Versenkung in die Geheimnisse und Offenbarungen dieses Genius.

Richard Wagner
und das Deutschtum

Festrede

gehalten bei der Richard-Wagner-Gedächtnisfeier

in Heidelberg

am 13. Februar 1933

von

Friedrich Panzer

Verlag Moritz Diesterweg, Frankfurt am Main

Am Schluß seiner Festrede, der viele andere an die Seite gestellt werden können, betont der Germanist Friedrich Panzer ausdrücklich: „... In der Tiefe uns aufschütternd geht heute eine große Bewegung durch unser Vaterland, die uns zurückführen möchte auf den volkhaften Grund unseres Seins, über ihm uns zu einigen verspricht aus trostloser Zerrissenheit."

Diesem Bayreuther Bezirk Richard Wagners rühmt wiederum Friedrich Lienhard „die feinste und edelste Bildung nach, die wir gegenwärtig überhaupt in Deutschland besitzen". So mag die lange nicht genug gewürdigte Tatsache in diesem Zusammenhange unterstrichen werden, daß es die von Wagner im Jahre 1878 gegründete Zeitschrift „Bayreuther Blätter" gewesen ist, die unter Führung Hans von Wolzogens „im Drang der schlimmen Jahr'" ein unerschrockener Vorkämpfer des völkischen Schrifttums gewesen ist. Diese Zeitschrift sucht mit streitbarem Mute nicht allein der Ergründung des in den Schriften Wagners niedergelegten Gedankengutes zu dienen, sondern in ihr begegnen uns auch viele Namen derjenigen Mitstreiter Adolf Hitlers, die seit den Anfängen der Bewegung in vorderster Kampffront für ein neues Deutschland standen. Sie selber wählte für ihr Frühlingsheft vom Jahre 1924 als Leitwort den Ausspruch Adolf Hitlers: „Dem äußeren Kampf muß der innere vorausgehen. Unser Kampf gilt dem heiligen Inhalt." Die „Bayreuther Blätter" traten mannhaft für die Verbreitung des völkischen bzw. nationalsozialistischen Schrifttums ein zu einer Zeit, als die übrige Presse in Deutschland zum überwiegenden Teile diese Erzeugnisse totschwieg oder mit grimmigem Spott verlästerte. So ist etwa der Stuttgarter Schriftsteller Dr. Karl Grunsky, der musikwissenschaftliche Mitarbeiter des „Völkischen Beobachters", seit einer Reihe von Jahren der charaktervolle Wegweiser durch dasjenige Schrifttum, das geeignet ist, „unser Volk zum eignen Bewußtsein und zur Selbstbesinnung zu bringen". Über ein halbes Jahrhundert hat diese Wagnersche Zeitschrift all den wichtigen kulturellen Problemen zu dienen gesucht, die jetzt mit dem Siegeslauf der nationalen Erhebung ins Blickfeld des Tagesinteresses gerückt sind. Es sei dafür nur an die Fragen eines deutschbewußten Christentums und an das Rassenproblem erinnert. Wie denn überhaupt aus dem Kreise um Bayreuth der nationalsozialistischen Idee begeisterte, opferwillige und tatkräftige Mitstreiter erstanden sind. Seit dem Tage aber, da Siegfried Wagner sich zu Adolf Hitlers Freiheitskampfe bekannte, war ein unauflöslicher Treubund zwischen einer der edelsten Kulturstätten Deutschlands und dem künftigen Kanzler des Reiches geschlossen. Immer neue Scharen von Menschen aus dem Bayreuther Land sammelten sich um das Hakenkreuzbanner und haben dem überwältigenden kulturellen Aufbruch des neuen Deutschlands mit dem Vermächtnis Richard Wagners starke schöpferische Impulse verliehen.

Der ragende Bau der Bayreuther Festspielstätte grüßt verheißungsvoll in das Werden und Wachsen des Dritten Reiches. Diejenigen Menschen aber, die das weithin sichtbare Mahnzeichen eines deutschen Genius zu hüten und zu hegen erkoren sind, fühlen die heilige Verpflichtung, die von dieser ruhmreichen Feststätte deutscher Kultur ausstrahlenden Geisteskräfte bewußt dem Aufbauwillen dieses Reiches dienstbar zu machen. Auch das Bayreuth der Gegenwart wird sich allzeit des ernsten Bekenntnisses seines Schöpfers erinnern: „Mit Deutschlands Wiedergeburt und Gedeihen steht und fällt das Ideal meiner Kunst. Nur das Deutschland, das wir lieben und hoffen, kann mein Ideal verwirklichen helfen." Richard Wagners Bayreuth, das unserm Volkskanzler einen ihm innerlichst verwandten Geistesbezirk bedeutet, wird seine Sendung auch künftig in dem idealistisch entflammten Geiste erfüllen, wie ihn einst der Schöpfer der „Meistersinger" von unverfälschter deutscher Wesensart verlangt: „daß das Schöne und Edle nicht um des Vorteils, ja selbst nicht um des Ruhmes und der Anerkennung willen in die Welt tritt". Und was lesen wir bei Dr. Joseph Goebbels: „Wir jungen Nationalsozialisten wissen, worum es geht. Wir sind von der Überzeugung durchdrungen, daß, wenn wir verzweifeln, Deutschland in einem Chaos versinken wird. Darum stehen wir aufrecht und fest, verfechten unsere Sache, auch wenn es aussichtslos erscheint, und werden damit in Wahrheit der Forderung gerecht, die Richard Wagner einmal an das Deutschsein knüpft: ‚Es heißt, eine Sache um ihrer selbst willen tun.'"

Ein selbstlos treues Dienen um Deutschlands heiligste Kulturgüter — das ist — in echtem Hitlergeiste — Bayreuths Sendung für das Dritte Reich!

Beim Abschluß unserer Betrachtungen über die Beziehungen Adolf Hitlers zum Bayreuther Kulturkreis weisen wir noch auf die Ausführungen eines engsten Mitarbeiters unseres Kanzlers hin. Alfred Rosenberg hat in seinem Buche „Der Mythos des 20. Jahrhunderts" der Künstlerpersönlichkeit Richard Wagners diese Stellung im Kulturleben der Gegenwart zugewiesen: „Wagner kämpfte gegen eine ganze verpöbelte Welt und siegte; das Kulturwerk Bayreuths steht für ewig außer Frage... Richard Wagner ist einer derjenigen Künstler, bei denen jene drei Faktoren zusammenfallen, die jeder für sich einen Teil unseres gesamten künstlerischen Lebens ausmachen: das nordische Schönheitsideal, wie es äußerlich im ‚Lohengrin' und ‚Siegfried' hervortritt, gebunden an tiefstes Naturgefühl, die

Aus Deutschlands Werden

Heft 9

Adolf Hitler

und der

Bayreuther Kulturkreis

Von Dr. Paul Bülow

GUSTAV SCHLOESSMANNS VERLAGSBUCHHANDLUNG · GUSTAV FICK · LEIPZIG

innere Willenhaftigkeit des Menschen in ‚Tristan und Isolde' und das Ringen um den Höchstwert des nordisch-abendländischen Menschen, Heldenehre, verbunden mit innerer Wahrhaftigkeit. Dieses innere Schönheitsideal ist verwirklicht im Wotan, im König Marke und im Hans Sachs" (vgl. ferner das für die Beurteilung Wagners allerdings recht zwiespältige Werk „Musik und Rasse" von Richard Eichenauer, München 1932, S. 224 ff.).

Am 20. April 1933, dem 44. Geburtstage des Kanzlers, leitete der gesamte deutsche Rundfunk seine in der „Stunde der Nation" dargebotene Ehrung Adolf Hitlers mit des Helden Schwertgesang aus Wagners „Siegfried"-Drama ein: „Nothung! Nothung! Neidliches Schwert! Was mußtest du zerspringen?" Am gleichen Abend, an dem die Bühnen im Reich vorzugsweise den „Lohengrin" oder die „Meistersinger" aufführten, veranstaltete das Dessauer Friedrich-Theater eine Festvorstellung, deren Vortragsfolge mit dem Kaisermarsch Richard Wagners eingeleitet wurde, jenem lange zum Schweigen verurteilten Jubelhymnus, mit dem der Meister die Geburtsstunde des Bismarckschen Reiches feierte. Die Zuhörerschaft erhob sich am Schlusse des gewaltigen Tonwerkes von den Plätzen und stimmte in den „Volksgesang" ein, der von Dr. Walther Eggert jene sinnvolle Neufassung erfuhr, in der sich die Wandlung von dem am 9. November 1918 zertrümmerten Kaiserreich zu dem von Adolf Hitler mit eherner Kraft geschmiedeten Dritten Reiche widerspiegelt. In diesem einst von Wagner aus dankerfülltem Herzen in Tagen vaterländischer Begeisterung geschaffenen Marsch und Volksgesang vereinigt sich nun aufs neue der Geist von Potsdam und Bayreuth:

„Heil! Heil dem Reiche! Heil dem Führer!
Aller Deutschen Hort und Freiheitswehr!
Höchste der Ehren, wie ziert dein Haupt sie hehr!
Ruhmreich gewonnen soll Frieden dir lohnen!
Der frisch ergrünten Eiche gleich,
Erstand durch dich ein neues Reich,
Heil seinen Ahnen, seinen Fahnen,
Die dich führten, die wir trugen,
Als mit dir den Feind wir schlugen!
Feind zum Trutz, Freund zum Schutz,
Allem Volk das Deutsche Reich
Zu Heil und Nutz!"

Das Kunstwerk Richard Wagners in der Auffassung Friedrich Lienhards

Von Dr. Paul Bülow

Stuttgart 1920

Druck und Verlag von Greiner und Pfeiffer

Nannte Paul Bülow, von dem auch die vorangegangenen beiden Texte stammen, in seiner obengenannten Schrift „als Grundlage neudeutscher Erziehung" die „Weihestätten: Wartburg, Wittenberg, Weimar, Wahnfried" so findet sich in dem 1935 in der „Agentur des Rauhen Hauses" erschienenen Buch von dem fanatischen Vertreter „der jungen nationalsozialistischen Literaturwissenschaft" Hellmuth Langenbucher mit dem Titel „Friedrich Lienhard und sein Anteil am Kampf um die deutsche Erneuerung" — ihm ist die folgende Passage über Lienhards Stellung zu Thomas Mann entnommen — der Hinweis, daß im Schaffen Wagners Kräfte lebendig sind, „die zu einem wesentlichen Bestandteil des nationalsozialistischen Kampfes und Aufbaus gehören".

Mitgeteilt seien in diesem Zusammenhang auch noch die schon kurz berührten Bemerkungen, die Lienhard zum 50. Geburtstag Thomas Manns 1925 im „Türmer" veröffentlichte, da sie nicht minder bezeichnend sind für Lienhards Haltung zu Fragen der Literatur und Kultur, einer Haltung, die sich um die Jahrhundertwende als allgemeine Ablehnungsstimmung gegen den Naturalismus äußerte, während wir sie in einem Falle wie Thomas Mann sich verdichten sehen zu einer Abgrenzung gegen das Schaffen einer literarischen Persönlichkeit, die damals, im Jahre 1925, fast unbestrittene Geltung hatte, und die sich vor allem dem Ausland gegenüber als die Repräsentation der deutschen Dichtung bezeichnen durfte! Lienhard war eine unpolitische Natur, wenn er aber die Tatsache, daß Persönlichkeiten wie Thomas Mann damals „gleichsam offiziell das geistig-republikanische Deutschland" vertraten, als „Gradmesser" nimmt „für die jetzige Reifestufe deutschen Geistes", so werden wir bei einer solchen Ansicht heute wesentlich auch eine politische Seite sehen. Schließlich lag es nicht zum geringsten Teil an der politischen Hilfs- und Ahnungslosigkeit unseres Volkes, daß eine geistige Erscheinung wie Thomas Mann, der doch früh und laut genug den Stellungswechsel zum Marxismus hin vollzogen hatte, so große Bedeutung in Deutschland erlangen und der Welt von diesem Deutschland selbst als sein Sprecher aufgeredet werden konnte, obwohl er in Wirklichkeit das Beste unseres Wesens verleugnete und die eigentliche Sehnsucht unserer Zeit überschwätzte. Gibt es doch auch heute noch Menschen bei uns, die einen Zweifel an der Zuverlässigkeit ihrer nationalsozialistischen Gesinnung als schwere Beleidigung ansehen würden, es daneben aber ruhig fertig bringen, Thomas Mann als den großen dichterischen Verkünder unseres Zeitalters anzusehen. Wie recht dagegen hat Lienhard, wenn er bemerkt, daß das Besondere, „das wir Deutschen herauszuarbeiten und der Welt zu sagen haben — gerade als Deutsche — in diesen Vertretern (Thomas Mann) nicht gefunden wird". „Es ist unfaßlich," schreibt Lienhard, „daß ein Deutschland wie das heutige, das in seinen reinsten Kräften geladen ist mit dem Drang nach Aufbau, gerade diese beiden Schilderer (Lienhard meint außer Thomas Mann noch Gerhart Hauptmann) von soviel Niedergang und Nichtheldentum als Höchstleistungen jetziger deutscher Geistes- und Gemütsverfassung hinausstellt. Wann hat man solches Wesen gemacht mit einem Bruckner oder Hans Thoma, oder Wilhelm Raabe, diesen echten Vertretern deutschen Seelenlebens? Gerade an diesen drei eben Genannten gemessen, tritt die Gemütsunkraft der Hauptvertreter jetziger deutscher Dichtung um so greller zutage. Sie haben weder dem Herzen und seiner tiefsten Sehnsucht, noch dem deutschen tragischen Schicksal Wesentliches und Starkes zu sagen, um so mehr dem Kunstverstand. Und so ist in ihnen die Hauptkrankheit der Zeit, der Intellektualismus, nicht überwunden," sondern, fügen wir hinzu, geradezu auf seine höchste Blüte gebracht. Lienhard geht im gleichen Zusammenhang auch auf die Überfremdung des zu Unrecht soviel gerühmten Stiles Thomas Manns ein, er spürt ganz richtig den „läßlichen europäischen Einschlag" in diesem Stil heraus. „Man plaudert gleichsam für die gute europäische Gesellschaft: für den Salon."

Wichtig für die damalige Einstellung Lienhards ist die in diesen kurzen Bemerkungen über Thomas Mann nebenbei enthaltene Ansicht, daß es „unnütz" sei, gegen diesen Zeitgeist anzukämpfen. Wir dürfen diese Äußerung nicht dahin auslegen, als ob Lienhard endgültig des Kampfes müde geworden sei. Nach dem äußeren Abschluß seines Berliner Kampfes ging es Lienhard vornehmlich darum, nunmehr jene Kräfte aufzuspüren und zu fördern, in denen er aufbauende Gegenbewegungen gegen den Zeitgeist sah. In den ersten Abschnitten seines Kampfes war er in der Hauptsache ja ganz auf sich selbst gestellt, da eine Reihe seiner Gesinnungsgenossen, so die Karl Bleibtreu-Gruppe, sich allzu rasch verbrauchte oder in die Verbitterung zurückzog. Unter jenen Bewegungen aber, in denen er eine Sammlung von Gegenkräften wahrnimmt, steht ihm im Vordergrund der Bayreuther Kulturkreis, an den „inneren Anschluß" gefunden zu haben er dankbar bekennt. „Hier konnte man anknüpfen," „denn in diesem Geistesbezirk (Bayreuth) ist nicht Schilderung der Degeneration Ziel, Sinn, Wesen der Poesie, sondern entschlossene Hinwendung zur Regeneration. Nicht Verfall, sondern Aufschwung, nicht Skeptizismus, sondern starker Glaube an das Gute im Menschen. Bayreuth bildet zum Naturalismus einen polaren Gegensatz.

Die folgenden beiden Texte sind entnommen dem „Bayreuther Festspielführer 1933. Ein Gedenkbuch zum Richard Wagner-Jahr, im Einvernehmen mit der Festspielleitung herausgegeben von Otto Strobel“ und dem „Bayreuther Festspielführer 1934, im Auftrage der Festspielleitung herausgegeben von Otto Strobel“. Acht der Autoren der auf Seite 219 genannten Beiträge aus der von Otto Strobel herausgegebenen nationalsozialistischen Monatszeitschrift „Deutsches Wesen“, deren einziges Heft im Juli 1933 mit dem Titel „Richard Wagner und das neue Deutschland“ erscheint, sind auch Mitarbeiter bei den beiden Festspielführern: Otto Strobel, Hans Alfred Grunsky, Adolf Vogl, Karl Richard Ganzer (siehe auch Seite 235), Siegmund von Hausegger, Georg Schott, Alfred Lorenz (siehe Seite 236), Leopold Reichwein. Andere Mitarbeiter wie Benedict, Crommelin, Golther, Grunsky, Wolzogen agieren seit Jahren oder wie Benedict und Wolzogen seit Jahrzehnten im Sinne des „Bayreuther Idealismus“ und schrieben jedenfalls alle bereits in der völkischen Wochenschrift „Die Sonne“ (siehe Seite 173) oder im völkischen Festspielführer 1924 (siehe Seite 177). 1933 und 1934 fehlen auch die Hitlerfotos nicht: 1933 eines von Heinrich Hoffmann, 1934 eines von Wieland Wagner, der neben Hoffmann als einziger seine Hitlerfotos vertreiben durfte.

Zum Geleit

„Mit Deutschland steht und fällt mein Kunstideal, leben oder sterben meine Werke.“
Richard Wagner.

Zum fünfzigsten Male jährte sich vor wenigen Monaten der Tag, an dem Richard Wagner, der unvergleichliche deutsche Künstler und Mensch, die Augen für immer schloß. Was Deutschland mit ihm verloren, nie empfanden wir es ernster und tiefer als in diesen Wochen des Wiedererstehens unserer Nation; nie aber fühlten wir es auch deutlicher, daß sein Geist in uns fortlebt und „getreulich uns geleitet“. Und wer wäre wohl berufener, Mithelfer an dem begonnenen großen Werke der geistigen und sittlichen Erneuerung unseres Volkes zu sein, als der gewaltige Schöpfer des „Ring“, der „Meistersinger“ und des „Parsifal“; als der Mann, der wie kaum ein zweiter uns wieder Selbstbesinnung auf das eigene Wesen gelehrt und in erschütternder Weise es uns vorgelebt hat, daß Mensch-sein — Kämpfer-sein heißt? So stehen die Bayreuther Bühnenfestspiele dieses Jahres unter einem tief bedeutungsvollen Zeichen: das Kunstwerk des „Deutschesten der Deutschen“ — wie er selbst sich nannte — offenbart sich an geweihter Stätte zum ersten Male vor seinem endlich zu wirklicher Einheit verschmolzenen Volke.

Wie dieses „Volk“ heute Gestalt und Werk Richard Wagners sieht, was sie ihm bedeuten, davon möchte vorliegendes Buch Kunde geben. Es bietet gleichsam eine Schau über alle Teile der großartigen Persönlichkeit und vielseitigen Wirksamkeit des Bayreuther Meisters, die durch eine Reihe wichtiger Erstveröffentlichungen von Dokumenten aus dem Archiv des Hauses Wahnfried ihr besonderes Gepräge erhält. Für die liebenswürdigst erteilte Erlaubnis, diese Dokumente im „Bayreuther Festspielführer 1933“ erstmals der Öffentlichkeit unterbreiten zu dürfen, möchte der Herausgeber — zugleich auch im Namen des Verlags — Frau Winifred Wagner an dieser Stelle wärmsten Dank sagen.

Ein ernstes Geschick hat es gefügt, daß Herr Hofbuchhändler Georg Niehrenheim, der Verleger und Begründer des „Bayreuther Festspielführers“, das Erscheinen dieser Gedenkausgabe nicht mehr erleben sollte: der hochangesehene, immer gütige und hilfreiche Mann wurde vor Jahresfrist durch ein schweres Leiden dahingerafft. Aus dem bescheidenen, von nur wenigen Aufsätzen umrahmten Festspiel-Programm, das er 1897 zum ersten Male erscheinen ließ, erwuchs dank seines großen Verständnisses und seiner unerschütterlichen Unternehmungsfreude allmählich der „Bayreuther Festspielführer“, dessen steter Ausbau ihm mehr als 30 Jahre lang eine Sache des Herzens und der Gesinnung war und der somit recht eigentlich sein Werk ist. Dieses Werk in seinem Sinne fortzuführen, wird all denen, die an ihm mitarbeiten, immer eine liebe Pflicht sein.

Der Herausgeber vermag den „Bayreuther Festspielführer 1933“ nicht hinauszusenden, ohne gleichzeitig nicht auch jenes anderen „Deutschesten der Deutschen“ zu gedenken, der nach Kämpfen ohnegleichen heute die Geschicke unseres Volkes lenkt und wie noch kein leitender Staatsmann vor ihm seine fördernde und schützende Hand auch über die deutsche Kunst hält: unseres großen Kanzlers Adolf Hitler. Verbindet doch den Schöpfer des neuen Deutschland gerade auch mit der Persönlichkeit und dem Werke Richard Wagners ein festestes Band, eine Schicksalsgemeinschaft, der er selbst erst vor wenigen Monaten mit den schönen Worten Ausdruck verliehen hat: „Ich begreife heute, weshalb mir in meiner Jugend gerade Wagner und sein Schicksal mehr sagten als so viele andere große Deutsche. Es ist wohl die gleiche Not eines ewigen Kampfes gegen Haß, Neid und Unverstand. Es sind dieselben Sorgen.“ Und so grüße ihn denn auch heute jenes herrliche Wort des Bayreuther Meisters, dessen tiefe Wahrheit uns durch ihn selbst in vierzehn langen Jahren tausendfach bezeugt worden ist:

„Nur wer sein Werk, seine Tat mehr als sich selbst liebt, kann etwas Großes wirken.“

Bayreuth, am 120. Geburtstage Richard Wagners

Dr. Otto Strobel

Richard Wagner und das neue Deutschland

Von Dr. Georg Schott, München

Wie man den Begriff des neuen Deutschland auch fassen mag, in rein politischem oder in kulturellem Sinne: in jedem Fall deckt er sich mit den Ideen, die Richard Wagner als Ziel seiner heißesten Wünsche vorschwebten. Daß Wagner ein geeintes, in sich gefestigtes, den Wirrnissen des Partikularismus enthobenes Deutschland herbeisehnte, ist sicher. Vom Jahre 1842 an, als der aus der Ferne heimkehrende Künstler, knieend am Ufer des deutschen Stromes, seinem Vaterland ewige Treue geschworen hatte, stand dieses Bild vor seinem geistigen Auge als leuchtendes Ideal, dem fortan sein ganzes Leben und Schaffen gehörte. An dieser Tatsache zerschellen wie an einem granitnen Felsen die widerlichen Verdächtigungen eines weltbürgerlichen Radikalismus, dem Richard Wagner gehuldigt haben sollte. Niemals, auch in der Revolutionszeit nicht, als er nach seinem eigenen Geständnis „im Irrtum befangen und von Leidenschaft hingerissen war“, hat Wagner einem ehrlosen Internationalismus gefrönt. Vielmehr war er nicht bloß instinktmäßig sondern bewußt ein Deutscher und eröffnete den Kampf gegen das Ungermanische im eigenen Herzen des Volkes, in der deutschen Kunst. Was aber die Behauptung anlangt, daß Wagner „Sozialist“ und als solcher politisch anrüchig gewesen sei, so dürfte kein anderes Geschlecht so wie das im neuen Deutschland lebende in der Lage sein, das Irreführende, im Grunde völlig Nichtssagende dieser törichten Phrase zu durchschauen. Gewiß war Richard Wagner „Sozialist“; mit Leidenschaft sogar. Aber wir Deutschen von heute glauben einen Sozialismus zu kennen, dessen Idee uns nicht nur nicht bedenklich, sondern geradezu als das Ideal jedes in seinem Volk und Vaterland Verwurzelten erscheinen will. Und diesem also verstandenen „Sozialismus“ huldigte Richard Wagner mit glühender Begeisterung. Insofern kann und muß man ihn, ohne den Tatsachen den leisesten Zwang anzutun, geradezu als Vorkämpfer der Weltanschauung bezeichnen, welche nach Jahrzehnten gründlicher Verkennung im Jahre 1933 in Deutschland zum siegreichen Durchbruch gelangt ist. Wer kann noch zweifeln, in welchem Sinn Wagner den „Sozialismus“ verstanden habe, der in dieser Welt „des durch Lug, Trug und Heuchelei organisierten und legalisierten Mordes und Raubes“ die einzig mögliche Hilfe bringen könne, wenn er Worte liest wie die folgenden: „In der Politik haben keinem Menschen erst die Augen aufzugehen: alle wissen ja die Ehrlosigkeit unserer politischen Zustände; nur daß hinter ihnen sich die soziale Frage verbirgt, gibt allen den feigen Mut, auszuhalten. Wir haben gar keine Bewegung mehr als die ganz entschieden soziale, aber diese in einem ganz anderen Sinne, als unsere Sozialisten sie sich träumen lassen." Wobei die letzten Worte nachdrücklich zu unterstreichen wären. Auf sie kommt überhaupt alles an; denn in ihnen kündigt sich zum erstenmal das Traumbild einer fernen Zukunft an, das wir im neuen Deutschland Wirklichkeit geworden sehen. Und will man die Idee, die hier schon wie eine Silberstiftzeichnung in klaren Konturen angedeutet ist, auch noch in lichten Farbtönen erblicken, so könnte die Illusion wohl nicht glücklicher zustande kommen, als wenn wir zum Ende die bekannte Rede Richard Wagners im Vaterlandsverein vom Jahre 1848 in ihrer kürzesten Fassung auf uns wirken lassen. Nach H. St. Chamberlain war der Grundgedanke dieser Rede „die Regeneration der Gesellschaft durch die Loslösung des Königtums aus undeutschen Begriffen und Wiederherstellung des altgermanischen Verhältnisses zwischen dem Führer und dem freien Volk". Das dürfte genügen, um ersichtlich zu machen, wie vollkommen hier die Idee des neuen Deutschland, des „Deutschland, das wir lieben und wollen", erfaßt und zum Ausdruck gebracht ist.

Und doch will es nicht gar zu viel besagen, daß Richard Wagner das kommende Deutschland als politischen Begriff sozusagen geistig vorweggenommen hat. Seine eigentliche Sehergabe und gestaltende Kraft beweist sich dadurch, daß er in Zeiten, wo noch nicht die ersten Spuren eines Frührots den anbrechenden neuen Weltentag verkündeten, bereits den Wachtraum eines künftigen Deutschland träumte und in die Tat umzusetzen begann, welches dazu berufen sei, der Welt ein neues Kulturideal und damit geradezu einen neuen Lebensinhalt zu schenken.

Wie das zu verstehen ist, wird alsbald deutlicher werden, wenn wir uns folgendes klarmachen. Um zu Richard Wagner ein lebendiges Verhältnis zu gewinnen, muß man sein ganzes Leben und Schaffen als einheitliches Kunstwerk verstehen, welches aus einer genau bestimmbaren, weltumspannenden Idee seinen Anfang genommen hat. Diese Idee ist die Erkenntnis von der zunehmenden Entartung des menschlichen Geschlechts; von dem rapiden Verfall der gesamten Kultur, der, nachdem er im Laufe der Zeit alle Gebiete des persönlichen wie des gemeinschaftlichen Lebens ergriffen, nur durch eine aus Urtiefen vorbrechende geistig-seelische Gegenbewegung zum Stillstand gebracht und in das Gegenteil verwandelt werden könne. Belege für diese Anschauung ließen sich aus Richard Wagners Werken in reicher Anzahl erbringen. Hier sei nur ein Wort des Meisters herangezogen, in welchem jener Gedanke auf seine knappste Form gebracht ist: „Einem wahren Fluch sind wir verfallen, von welchem uns nur eine unendlich tief begründete Neugeburt erlösen könnte. Unser ganzes Grundwesen müßte sich nämlich derart ändern, daß der Begriff der Mode selbst für die Gestaltung unseres äußeren Lebens gänzlich sinnlos zu werden hätte." Man denkt unwillkürlich an Schillers Lied „An die Freude", die wieder binden soll, „was die Mode streng geteilt". Auch hier zeigt sich, wie so oft, die tiefreichende geistige Verwandtschaft zwischen Wagner und Schiller.

Was aber in diesem Zusammenhang wichtiger ist, hervorgehoben zu werden, das ist die auffallende Gemeinsamkeit der Uridee im Schaffenswerk Richard Wagners und im schöpferischen Sein und Werden des neuen Deutschland, wenn man beides in seinen geheimsten Wesensgründen erfaßt. Hier wie dort liegt eine metaphysische Erkenntnis vor, die im Falle „Deutschland" von einer einzigen Persönlichkeit, dem Führer, ausgehend mit der Wirkungsgewalt eines Mysteriums sich nachgerade dem ganzen Volk mitgeteilt hat und heute das bewußt-unbewußte Glaubensbekenntnis der Millionen ausmacht: die Erkenntnis, daß die menschliche Kultur durch eine Weltverwirrung und Herzensirrung von unendlichen Ausmaßen vor die Frage von Sein und Nichtsein gestellt sei und nur durch eine „erlösende Weltentat" vor dem völligen Untergang gerettet werden könne. So sieht es natürlich nicht die breite Masse; so sieht es, um wieder mit Schiller zu sprechen, der philosophische Kopf, der in die letzten Tiefen der Wahrheit vordringt.

Frägt sich, was als entscheidende Ursache des Weltenunglücks zu betrachten sei? Es heißt aber die Frage nur aussprechen, um auch in diesem Falle die gemeinsame erleuchtende Idee ohne weiteres zu erkennen. „Woran geht unsere ganze Zivilisation zugrunde, als an dem Mangel der Liebe?" sagt Wagner. Und: „Woran droht heute die ganze Kulturwelt zugrunde zu gehen, wenn nicht an dem Fehlen der Himmelsmacht, welche die Bande von Mensch zu Mensch, von Volk zu Volk schlingt und damit allein das menschliche Geschlecht seiner wahren Bestimmung, der Einheit bei aller Unterschiedenheit der Eigenart zuzuführen imstande ist?", so tönt es heute aus dem neuen Deutschland hinaus in die Welt. Dies der Sinn der ausgestreckten Freundeshände, die nur eine veraltete, in der vergehenden Weltordnung befangene Denkweise anders zu deuten vermöchte.

Wer je nach Weltenmacht strebt, macht sich desselben Verbrechens wie Alberich in größerem oder geringerem Grade schuldig: das ist der tiefe Gedanke des „Rings", jenes fluchschwangeren Symbols, das nur durch ein Verbrechen gegen das Heiligste im Menschenherzen, gegen die Liebe, errungen werden konnte. Wotan hat den Ring berührt und in seiner Hand gehalten und ist damit dem Untergang verfallen.

„Ich berührte Alberichs Ring —
Gierig hielt ich das Gold!
Der Fluch, den ich floh,
Nicht flieht er nun mich —".

Aber Wotan, der „aus wildwebendem Bangen nach Weltenwonne verlangende" Wotan ist vergangen: Siegfried, der jugendliche Held, „ledig des Neids" ist an seine Stelle getreten. Mag sich die Welt endlich mit dieser Gewißheit vertraut machen. Sie ist aus Sage Wirklichkeit, wenn man so will: sie ist zum Mythus des zweiten Teils der Weltgeschichte geworden, dessen Beginn das neue Deutschland freudig der Welt verkündet. „Wagners Glaube", sagt H. St. Chamberlain in seinem bekannten Werk, „war eben der an die Gemeinschaftlichkeit des Menschengeschlechts und an die siegende Macht der Liebe; diesen Glauben vermochte ihm nichts zu rauben". Von demselben Glauben ist das junge Deutschland beseelt; von ihm wird es nicht lassen, bis es mit der Allgewalt seines Liebeswillens die zögernde Welt überwunden, „ins Meer der Liebe versenkt" hat. So sehen die Besten unseres Volkes die Weltgeschichte der nächsten Jahrzehnte vor sich liegen.

Nur eine tiefste Einsicht vermochte diesen Umschwung der Herzen zu vollbringen. Nur wer, um mit Richard Wagners Worten zu sprechen, „die Lieblosigkeit der Welt als ihr eigentliches Leiden" zu verstehen gelernt, konnte zu dieser Gesinnung heranreifen. Und „das hierdurch erweckte Mitleiden würde dann so viel heißen als: den Ursachen jenes Leidens der Welt erkenntnisvoll sich entziehen, um das Leiden der andern selbst mindern und ablenken zu können". Hier sind wir bei der „Parsifal"-Idee angelangt und eben damit abermals bei der Idee — des neuen Deutschland. „Durch Mitleid wissend, der reine Tor": Parsifal, den Speer vor sich in den Boden stoßend, Schild und Schwert davor niederlegend, den Helm öffnend, vom Haupte nehmend und zu den andern Waffen legend, zu stummem Gebet vor dem Speere niederknieend — das ist das neue Deutschland. Ein weiter Weg, voll „Irrnis" und voll „Leiden" ist zurückgelegt. „Ein wilder Fluch", der „zahllose Nöte, Kämpfe und Streite" heraufbeschworen, neigt sich dem Ende zu. Eine neue Wahrheit ist gewonnen: nur wer durch Herzwissen, durch „Mit-Leid" wissend geworden, die Not der andern zu seiner eigenen Herzensnot macht, kann der Welt die Hilfe bieten, deren sie bedarf in ihrer höchsten Qual.

Damit eröffnet sich ein Ausblick in die Zukunft, dessen Tragweite kaum zu ermessen ist. Versuchen wir es, das schier Unaussprechliche durch das Hilfsmittel der Sprache anzudeuten, so kann es nicht besser geschehen als mit dem bekannten Worte Wagners: „Wir erkennen den Grund des Verfalls der historischen Menschheit, sowie die Notwendigkeit einer Regeneration derselben; wir glauben an die Möglichkeit dieser Regeneration und widmen uns ihrer Durchführung in jedem Sinne". Möge man es nicht als leeren Gleichklang der Worte verstehen, wenn endlich auch dieses Bekenntnis für das neue Deutschland als Ausdruck seiner heiligsten Gesinnung in Anspruch genommen wird. „Wir glauben an die Möglichkeit einer Regeneration der menschlichen Gesellschaft und widmen uns ihrer Durchführung in jedem Sinne": das ist der letzte, im Grund der einzige Wunsch und Wille der im heutigen Deutschland aufwachsenden neuen Generation. Eine Wende des Willens hat in diesem jungen Geschlecht stattgefunden, von der man verstehen kann, daß sie die Welt nicht von heute auf morgen in ihrer „Totalität" zu fassen imstande ist. Sie wird sich aber den Weg zu den Herzen bahnen und dann werden einmal alle, „die eines guten Willens sind" erkennen, daß es hier auf nichts anderes abgesehen ist als auf die endliche Verwirklichung der alten Verheißung:

Friede auf Erden!

Der „Bayreutherianer" Chamberlain und sein Bildungsideal

von Walther Eßmann.

Als sich im Sommer des Jahres 1888 Frau Cosima Wagner und Houston Stewart Chamberlain zum ersten Male begegneten, legte Chamberlain das bezeichnende Bekenntnis ab, er sei kein Wagnerianer, sondern ein „Bayreutherianer"; nicht die Musik, nicht die musikalisch-dramatische Leistung Wagners allein finde seine Anhängerschaft, er stehe vielmehr zu dem Menschen Wagner mit seinem ganzen Ideenkreis, mit allen seinen Ansichten und Plänen, die sich in dem Namen Bayreuth durch das Festspielhaus — wenn auch nur unvollkommen — haben verwirklichen können.

In Richard Wagner sah Chamberlain nicht nur den großen Musiker und den genialen Dichter, den er in dieser Doppeleigenschaft zwischen Shakespeare und Beethoven stellte — er sah mehr in ihm: als den „deutschbewußten Denker" erhob er Wagner zum Symbol des kämpferischen kulturellen Selbstbewußtseins eines ganzes Volkes. Vom Jahre 1876 an, in dem dem zwanzigjährigen Chamberlain zum ersten Male diese Erkenntnis aufkam, war Wagner zum Mittelpunkt seines Denkens geworden, „um den mein bisher im Dunkeln irrendes und tappendes Sehnen fortan unbeirrt kreisen und sich zu einem Leben gestalten konnte". (Lebenswege S. 163.) Durch die Wagnerverehrung im tiefsten beeinflußt, schloß er sich dem „deutschen System" an und tat damit den entscheidenden Schritt zu seiner eigenen vollen Wesensgestaltung, nur im deutschen System — in seiner kulturellen, künstlerischen, philosophischen Eigenart — konnte Chamberlains vielseitige Geistesbegabung den zur Entfaltung notwendigen Nährboden finden. Er vermochte viele Kräfte aus dem Reich der deutschen Kultur zu schöpfen und hat in seiner ernst strebenden Veranlagung zum Edlen hin die meiste Zeit seines Lebens außer in der Betrachtung der Natur „in der Gesellschaft derjenigen zugebracht, die unser Schiller als „Gipfel der Menschheit" bezeichnet", vor allem aber in der Gemeinschaft seines geliebten Dreigestirnes „Wagner" (1895) — „Kant" (1905) — „Goethe" (1912). Legen allein diese Werke schon Zeugnis dafür ab, daß er sich bei aller Verehrung für Wagner die eigene Schöpferkraft erhalten hat — ein lebendiger Beweis seiner freien souveränen Geistigkeit —, so betrachtete er Bayreuth in treuer Dankbarkeit sein Leben hindurch als „Heimat der Seele" und war feierlich beglückt, als er durch seine Verbindung mit Eva Wagner in den Weihnachtstagen des Jahres 1908 in den engsten Familienkreis des Hauses Wahnfried eingetreten war.

Die innige Verbundenheit mit den höchsten menschlichen Geistern steigerte die Willenskräfte Chamberlains und schenkte die höchste Entfaltung seiner angeborenen Fähigkeiten. Der ausgesprochen künstlerische Charakter seines Wesens verhalf seinem geistigen Wirken zu intuitiven neuen Erkenntnissen, daß er als erster die große Sicht in die Welt der neuen Werte gewann, deren Zeitalter mit dem Nationalsozialismus heraufkam. Als Naturwissenschaftler hohen Ranges erkannte er die Gestalt-Gebundenheit alles Lebens und faßte als künstlerische Persönlichkeit das neue Gefüge der organischen Lebensanschauung in bewunderungswürdiger Sicherheit und Weite in den „Grundlagen des 19. Jahrhunderts" (1896) zusammen. Er zuerst sah die geistigen Werte in ihrer biologisch-rassischen Gebundenheit und wurde damit — wie Alfred Rosenberg sagt — zum „Künder und Begründer einer neuen Zukunft".

So bildet Chamberlain das Bindeglied zwischen Wagner und Schemm, dem verdienstvollen Sohne Bayreuths, für den Nationalsozialismus. Bei aller Würde und Vornehmheit seiner Lebensformen hat Chamberlain nie den Blick für die realen Dinge verloren. Er sah sie immer von ihrem Kerngehalt, von ihrem Ideal aus und wußte sie sicher und richtig einzuschätzen. Schon im Jahre 1923, als in bürgerlicher Voreingenommenheit die überlebten Parteitraditionen noch hochgeschätzt wurden, erkannte er die Bedeutung der Führerpersönlichkeit Adolf Hitlers und schreibt ihm in einem Briefe die berühmt gewordenen Sätze: „Sie haben den Zustand meiner Seele mit einem Schlage umgewandelt ... Daß Deutschland in der Stunde seiner höchsten Not sich einen Hitler gebiert, das bezeugt sein Lebendigsein." Nach dem mißlungenen Freiheitskampf wird seine helle Zuversicht und sein festes Vertrauen nicht einen Augenblick schwankend, er steht der Ortsgruppe in Bayreuth bei der Neugründung der NSDAP mit seinem Rat und seinem Ansehen zur Seite. Und als sein schaffensreiches Leben sich 1927 vollendet hatte, trugen Hitlers Mannen ihn zur letzten Ruhestätte ...

Ein Mensch wie Chamberlain, der mit genialer Klarheit im Geistigen und im Praktischen Größe und Wahrheit zu erschauen vermochte, verdient wahrlich Gehör zu finden in seinem Urteil über die bedeutsame Frage der Reform des deutschen Bildungswesens und des Bildungsideales. Vielleicht vermag er Anregungen wertvollster Art zu vermitteln für das Planen unserer Zeit, die sich um die neue Grundlegung des Schulwesens bemüht.

Im ersten Augenblick wirkt es überraschend, mit welcher Entschiedenheit der feinsinnig-überlegene und künstlerisch hochbegabte Chamberlain von dem klassischen Bildungsideal abrückt. Die Ursache liegt darin, daß er dieses Ideal nicht — wie es allgemein geschieht — auf die Renaissance oder den Humanismus zurückgeführt wissen will, vielmehr in ihm einen Ausfluß der letzten Schöpfung des Imperium Romanum sieht. Die Kirche hat uns durch die Weigerung, die germanische Sprache als Kultursprache anzuerkennen, ihre lateinische Sprache aufgezwungen „als das einzige Medium der Rechtgläubigkeit, des Rechtes und des Wissens". Überdies lebt im römischen Geiste zutiefst eine Feindschaft gegen die germanische, zur Erforschung des Unbekannten und Unergründlichen neigende Geisteshaltung, gegen jede echte Wissenschaft germanischer Artung. Es sei an das große Wort des großen Kirchendogmatikers Augustin erinnert: „Wissenschaft ist eine schädliche Torheit, der man den Rücken kehren muß, ehe man Gott finden kann."

Nicht das Verdienst der Renaissance oder des bildungshungrigen Humanismus ist es, wenn zu der lateinischen Sprache später die griechische hinzukam, — allein aus dem Drang heraus, die Quellenschriften über die kirchliche Lehre von der Natur eingehend kennenzulernen, erlernte man die griechische Sprache. Im Rahmen des rechtgläubigen Denkens wollte man von Aristoteles, dem zum Dogma erhobenen Naturwissenschaftler der Kirche, ein gründliches Wissen erhalten. Wurde auch der konkrete Wissensdrang durch die Erschließung der aristotelischen Werke nicht erfüllt, so fand man ein anderes wertvolles Gut: die griechische Kunst, Philosophie und Weltanschauung — und den griechischen Menschen „als die Vorstellung eines romfreien Menschen". Diese Entdeckung weiß Chamberlain gewiß richtig einzuschätzen, denn er schreibt: „Wer vermöchte es, die Bedeutung dieses Gewinns anzugeben!" Hat aber das klassische Bildungsideal in irgendeiner Weise die Lehre aus der Entdeckung des griechischen Menschen und des hellenischen Bildungsideals gezogen? Mit nichten — wie hätte sich sonst seine rein auf das Grammatikalische und Theoretische gerichtete Entwicklung anbahnen können, wie hätte es sonst jenes Dogma der Bildung entwickeln können, über das Chamberlain das harte Urteil abgibt: „Bücher kennen und darüber zu reden verstehen, das war und ist heute das klassische Bildungsideal." Weil die römische Kirche das Dogma über Aristoteles aufrecht erhielt, weil das klassische Bildungsideal allein die spitzfindige Gewandtheit der Zunge auf Grund angesammelten toten Wissenstoffes zum Ziel hat, ist die Entstehung des neuen Weltbildes, das in der Hauptsache auf der Erforschung der Natur und ihrer organischen Wahrheiten beruht, im Gegensatz zur Kirche und zum klassischen Bildungsideal vor sich gegangen. Darum muß es — trotz seiner in der Vergangenheit anzuerkennenden Verdienste — als verfehlt angesehen werden und muß fallen.

Dem „mönchischen System" der klassischen Bildung stellt Chamberlain das wahrhaft hellenische Ideal gegenüber, das im wesentlichen durch drei Züge sein besonderes Gesicht erhielt. An die Stelle der Rechtgläubigkeit hatte es die „Ausbildung des Körpers zu Gesundheit und Stärke und Schönheit gesetzt als der unerschütterlichen Grundlage aller Bildung". Als zweites Moment gab die Musik der griechischen Bildung ihren besonderen Charakter als der klarste Ausdruck schöpferischer Seelenkraft eines kunstbegnadeten Volkes. Die Mathematik aber vermittelte den Hellenen die hohe Kunst der Anschauung und nahm die Stellung unserer bekannten Grammatik-Ausbildung ein. Gymnastik — Musik — Mathematik, sie hatten als geschlossenes Ganzes folgendes Ziel: „Der Mensch als physisches Individuum: dies ist die Quelle jeglicher Tatkraft; der Mensch als empfindendes Wesen: die Grundlage der moralischen Persönlichkeit; der Mensch als die zum Denken erwachte Natur: Klarheit und Folgerichtigkeit als erste Pflicht."

Bei der Aufrichtung eines neuen, eines deutschen Bildungsideales darf das alt-hellenische nicht als unerläßliches Vorbild hingestellt werden. Die Schöpferkraft unseres Volkes ist auf wissenschaftlichen, philosophischen und künstlerischen Gebieten eigene Wege gegangen. Griechisches Denken ist anthropozentrisch: es bewegt sich in dauerndem Kreislauf um den Menschen und ist ausgefüllt von dem Ziel, alle Anlagen und Fähigkeiten der menschlichen Natur zu voller Harmonie auszubilden; deutsch-germanisches Denken kennzeichnet den Willen, über den Bereich des rein Menschlichen hinaus im fanatischen Streben in die Berührung und Erforschung der Natur zu drängen, — aus dem (oft unbewußten) Glauben, mit den Erkenntnissen über die Natur und ihre Gesetzmäßigkeiten in die Welt der ewigen Werte und des allein Wahren vorzustoßen. „Die Natur als Lehrmeisterin" *) — heißt darum die Formel, in der Chamberlain den Kerngehalt des deutschen Bildungsideales zusammenfaßt. Darin liegt die Aufgabe beschlossen, die sich der deutsche Geist aus seinem eigenen Wesen gesetzt hat.

Das deutsche Bildungsideal darf darum nicht so sehr auf die Ausbildung des Empfindungsmäßigen bedacht sein, als vielmehr auf die Entwicklung der Anschauungsgabe. „Wissenschaft ist die von den Germanen erfundene und durchgeführte Methode, die Welt der Erscheinungen mechanisch anzuschauen", sagt Chamberlain, wobei er das Wort mechanisch folgendermaßen erklärt: „Nur insofern die Wissenschaft auf mathematische Grundsätze zurückzuführen ist, dünkt sie uns exakt, und zwar weil sie nur insofern streng mechanisch ist." Mathematisches Denken ist also nur als Grundlage wissenschaftlicher Tätigkeit anzusehen, wie uns die großen Naturforscher unserer Zeit am besten lehrten. Die Fähigkeit des Sehens ist zu fördern, die „Welt des Auges" muß geschult werden, im Sinne Leonardos: das Auge als „Fenster der Seele". Die große Aufgabe aber heißt Erziehung zur Naturbeobachtung und zur Naturanschauung! „Nichts speist die produktive Phantasie so sehr wie die Anschauung, jede andere Phantasie ist eine erborgte; nichts erzieht zur Wahrhaftigkeit, zur Geduld, zur Bescheidenheit, zum exakten Denken wie die Beobachtung der Natur. Die innige Berührung mit der Natur erweitert den geistigen Horizont und wirkt wahrlich klärender auf das Gemüt, als die laszіven Dichter des verrotteten Roms. Die Natur schenkt nicht Glauben in kirchlichem Sinne, wohl aber Religion, sie schenkt nicht Wissen im aristotelischen — von unserem heutigen Schulideal weitverfochtenen — Sinne, wohl aber Weisheit, sie schenkt nicht künstlerische Beredsamkeit, wohl aber den unerschöpflichen Brunnen alles Redenswerten ... Die Natur als Lehrmeisterin wird den Leib, den Geist, das Gemüt, den Charakter wahrhaft bilden."

Mit diesem Bildungsideal sind wir gerüstet, die „Nacht des Mittelalters" zu überwinden, die aus den Traditionen der Vergangenheit heraus immer die Klarheit unserer neuen Welt zu verdunkeln am Werke ist.

*) Siehe Chamberlain „Rasse und Persönlichkeit" (1925) erschienen wie fast alle Werke im Verlag Bruckmann-München.

Richard Wagner

VON

HOUSTON STEWART CHAMBERLAIN

Prometheus soll von seinem Sitz erstehen
Und dem Geschlecht der Welt verkündigen
„Hier ward ein Mensch, so hab' ich ihn gewollt!"
Heinrich von Kleist

UNGEKÜRZTE VOLKSAUSGABE

ZUM RICHARD WAGNER-JAHR 1933

F. BRUCKMANN AG · MÜNCHEN

Die Bücher Chamberlains erleben nach der Machtergreifung Hitlers zahlreiche Neuauflagen: zum nun doppelt ausmünzbaren Richard Wagner-Jahr 1933 erscheint eine ungekürzte Volksausgabe des bereits 1895 erschienenen *Richard Wagner*, und die seit 1932 erscheinende zweibändige ungekürzte Volksausgabe der *Grundlagen des 19. Jahrhunderts* wird zu einem in Hunderttausenden von Exemplaren verbreiteten Hausbuch des Hitler-hörigen Bürgertums (14. Auflage 1922, 15. Auflage 1932, 27. Auflage 1941).

Schulandacht

Montag, den 22. Mai 1933 am Staatsrealgymnasium zu Annaberg i. Erzgeb. gehalten von Studiendirektor **Dr. Rudolf Kirsten.**

„Wach auf! Es nahet gen den Tag!"

Mit diesem Morgenweckruf einer neuen Zeit beginnen wir unsre Arbeit heute am 22. Mai, dem Tage, an dem vor 120 Jahren Richard Wagner, der gewaltige Weckrufer einer heiligen deutschen Kunst, geboren wurde. — Wie der alte ritterliche Lehrmeister Gurnemanz im Parsifal zu seinen Knappen, so spreche ich jetzt zu euch: „Hört ihr den Ruf? — Nun danket Gott, daß ihr berufen, ihn zu hören!" — Und wie jene dort in der Morgenpracht des heiligen Waldes niederknien bei den frommen Weisen, die von der Gralsburg herüberklingen, so neige ich mich mit euch im stillen Beten, daß auch unsre Gemeinschaft „nach wilder Schmerzensnacht" werden möge wie jene, eine Gemeinschaft des Gebetes und der Arbeit.

Die Arbeit jener ist ritterliches Heldentum im Dienste der Nächstenliebe, und ihr ganzes Leben ist ein Beten im Dienste der höchsten Güter und heiligen Zeichen, die einst ihrem Führer von Engeln des Himmels, „des Heilands sel'gen Boten", anvertraut wurden. Denn der Gral ist der Kelch des letzten Abendmahles Jesu in Jerusalem, und der Speer ist die Waffe, die des Gekreuzigten Blut auf Golgatha vergoß. So heilig-ernst ist ihr Leben im Dienste dieser „Zeugengüter" geworden, daß selbst ihr alltägliches Mahl — fern allem festlichen Gepränge — bei Brot und Wein zu einer Erinnerungsfeier jenes letzten Liebesmahles wird.

Aber schlimme Zeiten sind auch für diese fromme ritterliche Gemeinde gekommen. Der Speer ist ihnen verloren und nun in des Bösen Hand, weil ihr Führer, der in edelster Absicht damit zum Kampfe auszog, aus menschlicher Schwäche in schwere Schuld verfiel. „Im Schrein verschlossen bleibt seit lang der Gral", so klagt der greise Gurnemanz, „die heil'ge Speisung bleibt uns nun versagt . . . darob versiegte unsrer Helden Kraft . . . bleich und elend wankt umher die mut- und führerlose Ritterschaft . . . des Todes still gewärtig . . ." die Alten, oder in verbissener Leidenschaft wild fordernd die Jungen. —

Wahrlich, das alles ist wie ein Bild und Gleichnis der Leidenszeit, in die eure Jugend fiel, der Zeit, da auch unsre heilige Wehr in jedem Sinne zerschlagen wurde, und da die Worte Gottes, die in unsern Herzen laut waren, auf unsern Lippen schweigen mußten. —

Doch auch ein Bild der Hoffnung zeigt sich uns in diesem Gleichnis. Der einst verstoßene, unbekannte Knabe — „durch Mitleid wissend" geworden, in „zahllosen Nöten, Kämpfen und Streiten" zum Manne gereift — er war es, der jenen dort den Speer zurückbrachte; nicht um ihn in neuem Kampfe zu führen. Nein, er heilt mit der Berührung des Speeres die Wunde, „die nie sich schließen will", er „enthüllt den Gral" zu neuem frommen Dienst und beginnt das Werk der Erlösung. —

So sind auch uns in diesen Tagen die alten heiligen Zeichen wiedergekehrt. An jenem denkwürdigen Frühlingsanfang, da in der Kirche zu Potsdam der greise Führer dem jungen Führer die Hand reichte und dann einsam zu stiller Andacht an die Ruhestätte des großen Königs trat, da war es, als ob es aus dieser Gruft wie Titurels Stimme aus dem Grabe erklang: „O heilige Wonne! Wie hell grüßt uns heute der Herr!"

An uns ist es nun, den alten heiligen Zeichen in Ehrfurcht, Liebe und Demut zu dienen. Wir wollen nicht ruhen, bis wir auch in der geringsten unsrer Arbeiten das wahre Brot des Lebens erkennen lernen und in den hohen Idealen wahrhaft deutscher Meister den feurigen Wein des Geistes trinken dürfen. Darum wollen wir jetzt mit den Rittern des heiligen Grales beten:

Nehmet vom Brot,	Nehmet vom Wein,
Wandelt es kühn	Wandelt ihn neu
Zu Leibes Kraft und Stärke;	Zu Lebens feurigem Blute,
Treu bis zum Tod,	Froh im Verein,
Fest jedem Mühn,	Brüdergetreu
Zu wirken des Heilands Werke.	Zu kämpfen mit seligem Mute.

Das Erbe

Über Epigonentum und Wagnergegnerschaft zu echter Wagnernachfolge

von Dr. Oscar von Pander-München.

Richard Wagner der deutsche Künstler und Mensch

mit einem unveröffentlichten Briefe des Meisters an König Ludwig II. von Bayern

von Dr. Otto Strobel-Bayreuth.

Wagner und Hitler

von Dr. Hans Alfred Grunsky-München.

Der Urquell deutscher Kultur in Richard Wagners „Meistersingern von Nürnberg"

von Adolf Vogl-München.

Richard Wagner als deutscher Revolutionär

von Dr. Karl Richard Ganzer.

Regeneration

von Dr. Carl Vering-Hamburg.

Richard Wagner als Führer in die Zukunft

von Dr. Siegmund von Hausegger.

Der Bruch mit der formellen Gegenwart.

Eine vergleichende Betrachtung von Dr. Georg Schott-München.

Richard Wagners „Parsifal" und der Nationalsozialismus

von Dr. Alfred Lorenz-München.

„Mächtige Macht"

An Richard Wagner, auf der Schwelle zum Dritten Reich

Von Benedikt Lochmüller

Richard Wagner und der „Nordische Gedanke"

von Leopold Reichwein, Wien-Bochum.

Wagner und Hitler, Nietzsche und Hitler- inkommensurabel! Der richtige Wagner kommt überhaupt nicht in Frage, nur der entstellte Wagner Houston Chamberlains und der Gobinisten. Der richtige Wagner ist viel komplizierter- die marxistischen Untertöne im "Ring"! (Ich weiss bis jetzt nicht, was im "Ring" am Ende geschieht- ist Götterdämmerung auch Weltdämmerung, geht alles neobuddhistisch ins Nichts zurück, ins Urelement? Der Faden riss bei den Nornen. So ist es gewöhnlich im Theater, kollossales Bimbim, Feuer und Wasser, der Vorhang fällt. Oder beginnt das Reich der Menschen nach dem Untergang der Götter? Baldurs Reich der germanischen Mythologie- so ist es bei Edouard Schuré: le règne de l' humanité commence, eine Art soziale Revolution?)
Und Nietzsche war kein Vulgär-Nietzscheaner aus dem Berliner Nachtleben....

Die obengenannten Beiträge stehen in der in Seite 215 bereits genannten nationalsozialistischen Monatszeitschrift „Deutsches Wesen", deren — einziges — Juliheft 1933 mit dem Titel erschien „Richard Wagner und das neue Deutschland". Die Titelseite ziert ein handgeschriebenes Gedicht des ehemaligen Lehrers, Bayreuther Gauleiters und ersten Reichsamtsleiters des NSLB (Nationalsozialistischen Lehrerbundes) Hans Schemm mit dem Titel „Bayreuth lebt":

Gralsglocken klingen — Nothung leuchtet —
Siegfried und Parsifal schreiten durchs Land
Kampf und Opfer heißt die Losung.
Der Drache verröchelt.
So wird Deutschland
Das ewig kämpfende, strebende neu geboren.
18. VII. 33 Hans Schemm

Der kleine trostvolle und kluge Text stammt aus einem unveröffentlichten Brief des russischen Außenministers der Revolutionsregierung von 1918—1930 Georgij Tschitscherin an den deutschen Schriftsteller Adolf von Hatzfeld vom 10. April 1932.

Wie widerstandslos und leichtfertig das dem „Idealismus" verfallene und nihilistisch-erlösungssüchtige deutsche Bürgertum im Namen Wagners, des „gewaltigen" Weckrufers einer heiligen deutschen Kunst", bereit war, den die Diktatur Hitlers besiegelnden Tag von Potsdam zu verklären, zeigt diese Schulandacht, die ahnen läßt, wie der Deutsch- oder Geschichtsunterricht dieses Studiendirektors ausgesehen hat. Sie erscheint im 2. (Frühlings) Heft der „Bayreuther Blätter" 1937 zusammen mit Auszügen aus den Tagebüchern Cosimas.

Die folgende Vorrede und die durch sie eingeleitete Wagner-Anthologie sind ein weiteres Dokument der Auseinandersetzung mit Wagner im jüngeren Stefan George-Kreis aus dem Jahr 1933.

DER GEIST DER ANTIKE BEI RICHARD WAGNER

IN
SELBSTZEUGNISSEN
DARGESTELLT
MIT EINER VORREDE
VON
GERHARD FROMMEL

VERLAG DIE RUNDE / BERLIN
MCMXXXIII

VORREDE

»Leicht wäre jedes richtige Urteil, wenn der reine Wert eines Künstlers unschwer abzuschätzen wäre: zu einer schwierigsten Aufgabe wird dies letztere aber, wenn die Wirkung dieses Künstlers auf seine Zeit wie die Nachwelt gleich zweifelhaft erscheint, während andrerseits die hervorragendsten Eigenschaften des Künstlers selbst als unzweifelhaft erkannt werden müssen. Vielleicht dürfte in diesem Falle es das glücklichste sein, nur an die treue Erkenntnis dieser Eigenschaften sich zu halten....«

R. Wagner, nachgel. Schr.

Wer glaubt, Richard Wagner sei in die Reihe der historischen Persönlichkeiten eingegangen, die ihren festen Platz in der Geschichte einnehmen und zu denen man eine einigermaßen abgeschlossene Einstellung hat, der braucht nur zu lesen, was im Wagnerjahr 1933 zu diesem Thema geschrieben wird, um vom Gegenteil überzeugt zu werden. Leidenschaftliche Liebe und bösartiger Haß sind bis heute nicht abgeklungen, und es dürfte nicht schwer sein, wie einstmals von Parteien für und gegen Wagner zu sprechen. Es gibt wohl keine Erscheinung in der Geschichte der Kunst, die zu Lebzeiten heftiger umstritten war; noch weniger wird man aber einen zweiten Fall finden, bei dem zwei Generationen nach dem Tode des Künstlers das Urteil so schwankend und die geistige Einordnung so schwer vollziehbar ist wie bei Wagner. Gerade dieser letztere Umstand beweist, daß die Umstrittenheit Wagners nicht eine Folge seiner »Modernität« gewesen sein kann. Keiner seiner Gegner stößt sich jetzt noch an der verwegenen Tonsprache Wagners, und seine auffallend unbürgerliche Persönlichkeit ist für uns nicht mehr ein erregendes Schauspiel, sondern fast schon Legende. Wenn Wagner heute als deutscher Kunstheros vom Staat ausdrücklich gefeiert wird, große Teile der geistigen Welt ihn aber andrerseits aus innerstem Gefühl ablehnen, so ist diese Gegensätzlichkeit des Urteiles schon in der Wesenheit Wagners selbst begründet. Da man sich über die Bedeutung des Künstlers Wagner im großen und ganzen einig ist, kann das Für und Wider weniger eine Meinungsverschiedenheit über unbestritten zutage Liegendes sein als eine grundsätzliche Verschiedenheit der Blickpunkte bei der Gesamtwertung. Bietet sich Wagner überhaupt in einer Einheitlichkeit dem betrachtenden Blick dar, die dazu zwingt, ihn so und nicht anders zu sehen? Ein J. S. Bach steht in unverrückbarer Größe vor uns. Man kann ihn zwar von verschiedensten Seiten betrachten, die Umrisse seiner Gestalt aber sind unverwischbar, das musikalische Gefüge ist in sich selbst befriedet und rein und steht in seiner restlos erfüllten Gesetzlichkeit jenseits jeder Problematik. Fragen der Einordnung in geistige Zusammenhänge entspringen hier nicht einer Widersprüchlichkeit oder schillernden Fragwürdigkeit des Wesens und des Werkes. Sie sind mehr Probleme der Forschung als unmittelbare Eindrücke des Aufnehmenden. Anders bei Wagner. Jeder geht von einer neuen Seite an ihn heran und kommt zu anderen Ergebnissen. Da naht sich der Musiker dem Wagnerschen Werk, löst musikalische Formelemente aus dem Gesamt heraus und bildet sich je nach seiner Einstellung sein Urteil über den »Romantiker« oder den »musikalischen Revolutionär« oder den »Opernkomponisten«. Der literarische Mensch, der sich die Urteilskraft auf jedem anderen als seinem Fachgebiet abspricht, beantwortet die Frage »Ist Wagner ein Dichter?« und bejaht oder verneint diese Frage nach dem Grad seiner Gutwilligkeit. Andere wieder sehen in Wagner den genialen Theatermann, für sie ist Wagner eine feste Größe in der Operngeschichte und im wesentlichen heute ein Aufführungsproblem. Beurteiler, die über diese Fachzäune hinausblicken, verrennen sich in ihrer Auffassung oft noch mehr. Es gibt noch heute Menschen, die in Wagner ernsthaft den Erneuerer der Kunst oder gar des Geistes sehen, in ihm die Wiedergeburt des germanischen Mythos verehren und für die Wagners Kunsttheorie Dogma ist, während ihren Gegnern Wagner ein Charlatan, ein romantisch dilettantisierender Musikant, der Klingklangmeister eines versunkenen Jahrhunderts bleibt.

Freilich gibt es seit Nietzsche ein Wagnerbild, das auf einer Wagner angemessenen Ebene steht und an dem man weitergearbeitet hat. So vor allem etwa Kurt Hildebrandt in seinem hervorragenden Buch: »Wagner und Nietzsche im Kampf gegen das 19. Jahrhundert«. Von solcher ganz vereinzelten Sicht abgesehen, hat Nietzsches leidenschaftlicher Kampf aber an der Klärung des Wagnerproblems gehindert, da man weniger bemüht war, sich in die Höhe Nietzschescher Sehens aufzuschwingen, als die persönlich und zeitlich bedingte Art seines Streits zu übernehmen oder zu bekämpfen. Außerdem hat man gemeint, die Stellung des jugendlichen Nietzsche gegen die des späten ausspielen zu müssen, statt wie Hildebrandt diese beiden gegensätzlichen Einstellungen zusammenzufassen und eine einheitliche Sicht daraus zu gewinnen. Der Wirrwarr in der Erkenntnis der Wagnerschen Gestalt, der in so beispielloser Weise in der Gegensätzlichkeit der Urteile zum Ausdruck kommt, fünfzig Jahre nach dem Tode des Meisters, kann nur dadurch beseitigt werden, daß man das Wagnerwort befolgt, das diesen Zeilen vorangestellt ist: »sich an die treueste Erkenntnis der hervorragendsten Eigenschaften des Künstlers zu halten«. Allerdings kann ein bluterfülltes lebendiges Bild einer geschichtlichen Persönlichkeit niemals durch bloßes Zusammenstellen und philologisch genaues Aufzeigen objektiver Tatsächlichkeit zu gewinnen sein: um ein solches lebensprühendes, scharf umrissenes Bild allein kann es sich aber bei der Erkenntnis der *Wahrheit* handeln. Nur eine *Sicht*, d. h. die Betrachtung von einem festen, unverrückbaren Standort aus, ist fähig, Wesenhaftes zu erkennen, das nämlich, was Wagner unter den »hervorragendsten« Eigenschaften versteht. Nicht also im Sinne eines Zusammentragens alles nur Vorhandenen ist diese Forderung der Treue zu verstehen, sondern vielmehr in der klärenden Beleuchtung jener Wesenszüge des Wagner-Bildes, die durch allzulange einseitige Betrachtung verhüllt und verzerrt wurden.

Unter den »hervorragendsten Eigenschaften« hat man sich wohl *Grundkräfte* zu denken, im Gegensatz zu den vielfältigen Offenbarungen dieser Grundkräfte oder gar den mehr zufälligen Eigenschaften eines Charakters. Und zwar handelt es sich nicht um Grundkräfte, die in einer Zeitepoche oder in sonstigen überpersönlichen Voraussetzungen wie Klima oder Volk liegen, auch nicht um charakterliche, psychologische Gegebenheiten. Vielmehr sind diese Grundkräfte überindividueller Natur, wenn auch in ihrer Erscheinungsform immer an die Vermittlung einer bestimmten Persönlichkeit gebunden: also etwa der Drang zur Dichtung oder zu einer anderen Kunst oder die Anlage zum Herrschen im Gegensatz zu rein psychologischen Daten, wie Herrschsucht.

Solche Grundkräfte kann man aus Werk, Äußerungen und Biographie eines Menschen erkennen. Jede nur registrierende, der Wertsetzung sich enthaltende Methode muß hier versagen, da niemals die Summe oder die Quantität von Wesenszügen, die nach einer bestimmten Richtung hin deuten, entscheidend sein kann für die Erkenntnis dieser Grundkräfte. Oft äußert ein Mensch seinen letzten und tiefsten Gehalt *einmal* in seinem ganzen Leben, und das Akzidentielle überwiegt die übrige Zeit dieses Lebens. Je vielfältiger eine Erscheinung ist, um so schwieriger ist es, auf die Grundkräfte zu stoßen, und um so mehr müssen freie Wertentscheidungen für die Formung des Bildes ausschlaggebend sein. Bei den meisten Künstlern ist ihr Kunstwerk eine gültige Aussage ihres Wesens, und die Kraft, in die Sprache des Kunstwerkes verstehend einzudringen, bestimmt die Deutlichkeit des Verständnisses der Grundkräfte. In anderen Fällen geben biographische Tatsachen Ergänzung und Klärung. Aber in den schwierigsten Fällen ist ein besonders großes Maß liebenden Sichversenkens in die Wesenheit des betrachteten Künstlers vonnöten.

Gerade bei Wagner liegt nichts so zutage, daß man es ohne sympathetische, ahnungsvolle Schwingung erkennen könnte. Sein Wesen fordert stets zu Abscheu oder Begeisterung heraus, und wo man objektiv, nüchtern und unvoreingenommen sein möchte, gibt man sich unbewußt der stärksten Täuschung hin. Die unerhörte Kompliziertheit der Erscheinung Wagners scheint es geradezu unmöglich zu machen, auf das zu stoßen, was man als Wesenskern ansehen könnte. Man dringt von Schicht zu Schicht und muß zum Schluß gestehen, daß die tiefste Schicht nicht repräsentativer und aufschlußreicher ist als die oberste. Es ist nicht weniger eine Täuschung, wenn man im Tristan die »eigentliche« Tiefenschicht Wagners entdeckt, als wenn man in der Siegfriedgestalt die Heraufkunft einer deutschen Gottesgestalt glaubt feiern zu können. Aber Wagner fordert durch die Stärke seiner Suggestion dazu heraus, Teile für das Ganze zu nehmen. Dasselbe Phänomen, das die umgreifendsten Visionen großer Geister beschwört, läßt auch Spielraum für die flachen Sentiments des Spießbürgers, der sich an Bärenfellen, Papierkronen und blonden Perücken begeistert. Aber gerade die Tatsache, daß derartige nur allzu verschiedene Naturen bei Wagner auf ihre Kosten kommen, hat auf das Wagnerbild verzerrend abgefärbt. Die Beeinflussung der Masse war stärker als der Wille Wagners, das nivellierende Getriebe des heutigen zivilisatorischen Theaters hat den Genius Wagners in seine verderbliche Pacht genommen, und den Gefahren des Wagnerschen Kunstwerkes, Gefahren, die Wagner selber zeitlebens leidenschaftlich bekämpft hat, sind Gegner aber auch Anhänger zu häufig unterlegen. So ist es gekommen, daß das Bild Wagners von einer Schlammschicht bedeckt ist, teils durch die Begeisterung der Wagnerianer oder die Verachtung der Gegner teils infolge des Opernbetriebes. Sie muß man erst beseitigen, um zu einer Ursicht Wagners zu gelangen. Es ist gewiß ein Fehler, ein Kunstwerk nach dem zu beurteilen, was der Künstler in ihm hat sagen *wollen*; soweit nicht dieser Wille wirklich Form, Kunstwerk geworden ist, geht er uns nur wenig an. Ein gleicher Fehler ist es aber, das Kunstwerk als für sich allein stehende Tatsache in die historische Reihe der Kunstwerke zu stellen und es nur in Beziehung auf *sie* zu betrachten. Das Tiefste werden wir doch nur von der Persönlichkeit des Künstlers aus verstehen können. Meist ist das einzelne Kunstwerk ein in sich vollendetes, sich selbst genügendes Glied einer großen Kette, nämlich des Gesamtlebenswerkes, dieses Gesamtwerk aber ist die Ganzheit eines Menschenlebens. Von diesem Gesamtmenschlichen aus können wir erst bei der Betrachtung des Kunstwerkes Akzente verteilen und an die richtige Stelle setzen, wissen wir uns erst vor Mißverständnissen sicher. Man nimmt gemeinhin an, Wagner sei vor allem Musiker gewesen, seine übrigen Sphären seien aus dem Geiste der Musik geboren und eigentlich nur Gelegenheiten oder Rechtfertigungen dieser seiner Musik gewesen. Wir müssen an diesem Punkte einhalten, um nicht von vornherein Mißverständnissen zum Opfer zu fallen. Was heißt »Musik«? Man wird darunter unwillkürlich das Spiel mit den Tönen verstehen, teils als Klang gewordene Gesetzlichkeit, teils als Seelenausdruck, in den höchsten Formen (Bach, Mozart) beides in gleichgewichtiger Weise. Wie der Hörer ein Bild anschaut oder ein Gedicht liest, so nimmt er hier das Tönewerk in sich auf, als Verwirklichung *einer* Kunstmöglichkeit unter mehreren anderen, sei es als Dienerin der Religion oder der Gesellschaft, sei es als sich selbst genügenden Persönlichkeitsausdruck (wie in der späteren Musik). Unter diesem Gesichtspunkt ist in der abendländischen Geschichte immer Musik gemacht worden. Bei Wagner ist das grundlegend anders. Ihm kommt es auf eine Art der Wirkung an, die mit den eben genannten nichts zu tun hat. Er will die Atmosphäre der letzten und höchsten gesamtmenschlichen *Erregung* schaffen, in der allein der verhärtete, verkrustete Boden des innen vereisten heutigen Menschen aufgelockert, aufgetaut, erwärmt werden könne. Es kommt ihm nicht in erster Linie darauf an, das Klanggesetz um seiner selbst willen zu verwirklichen oder seine Seelenstauung in Musik zu entladen. Er ist zutiefst davon durchdrungen, daß wir mit dem Urgrunde des Lebens, mit den Tiefenschichten der Welt, mit den zeugenden und gebärenden Urgewalten und Urmächten erst in Berührung kommen, wenn wir in jenen Zustand der selbstvergessenen, glühenden Erregung geraten, dem allein die dionysische Kraft der *Verwandlung* innewohnt. Nach der Weltlage des 19. Jahrhunderts und nach den persönlichen Erfahrungen Wagners konnte allein die Musik fähig sein, einen solchen Zustand zu erzeugen. Es ist also falsch, die Musik als Kunstform, als Notwendigkeit der Anlage Wagners zum Zweck und zum Sinn der Wagnerschen Welt zu machen, sie ist vielmehr in der Tat bloß ein Mittel der Wirkung, der Verzauberung, der Fruchtbarmachung für etwas anderes, das außerhalb ihrer liegt. Sagt nun Wagner, der Zweck des Dramas sei das Drama, während in der Oper als der Zweck des Dramas fälschlicherweise die Musik angesehen worden sei, bleibt er selber hinter dem zurück, was er an unzähligen anderen Stellen gesagt hat: das Drama als solches, nämlich als bühnenmäßige Darstellung eines beliebigen Weltvorganges, ist inhaltlich völlig unbestimmt und leer, in ihm kann sich ebenso das Gemeinste wie das Höchste zum Ausdruck bringen; ist aber die Idee des Wagnerschen Dramas an etwas Werthaftes, Inhaltliches gebunden, ist es bestimmt, mehr als bloß eine artistische Form zu sein, dann ist das Drama notwendigerweise nicht mehr Selbstzweck, sondern ebenso Mittel zum Zweck wie die Musik. Und über diese Inhaltlichkeit hat uns Wagner zureichenden Aufschluß gegeben. Dem Irrtum, Wagner sei im Grunde Musiker oder Theatermann gewesen, verfallen wir am meisten bei der Betrachtung der Dramen selber. Hier überwiegen, von wenigen Stellen abgesehen, die Elemente der Wirkung, also Musik oder Theater, meist so sehr, daß die Hörerschaft die Mittel mit dem Zweck verwechselt. Ehe wir uns mit der Inhaltlichkeit des Wagnerschen Dramas befassen, sei noch einiges über Wagner als Gesamttyp gesagt, das uns dann eigentlich erst vollständig befähigt, diese Inhaltlichkeit aufzufassen.

Wagner gesteht an Liszt: »Das ist es nun, worüber ich mir selbst immer klarer werde: gewiß, meine Fähigkeiten, jede einzeln genommen sind gewiß nicht groß, ich bin und leiste nur dann etwas, wenn ich im Affekt alle meine Fähigkeiten zusammenfasse und rückhaltlos sie und mich darin verzehre. Worauf mich dann mein Affekt hinweist, das werde ich, solange als nötig — sei es Musiker, Dichter, Dirigent, Schriftsteller, Rezitator oder was sonst.« Will man nicht in rationalistischer Weise in Wagner ein Konglomerat von Einzeltalenten sehen, die sich dann nie zu so bedeutenden und organischen Gesamtkundgebungen hätten zusammenschließen können, dann muß man eine Grundkraft annehmen, deren Ausdruck diese Einzelbegabungen sind. Diese Grundkraft nun offenbart sich in einer Anlage, die wir die urkünstlerische nennen können. Der urkünstlerische Mensch kennt nicht die Trennung und Sonderung der einheitlichen Gesamtkunst in ihre Vereinzelungen. Aus dem Grunde einer Gesamtschau des Lebens steigt der *Kultus* hervor, und der Kultus ist die Vereinigung aller Künste. Wort, Ton, Gebärde dienen der Verherrlichung des Gottes, der Priester ist die gestalthafte Vereinigung dieser Künste, indem er der leibliche Verkünder und Repräsentant der göttlichen Weisheit ist, Seher, Dichter, Sänger und leibhaft Handelnder zugleich. Er ist der Idee nach der eigentlich urkünstlerische Mensch, und die Einzelkünstler sind Absonderungen dieses einen umfassenden Typus. Diese mythische Möglichkeit hat Wagner gefühlsmäßig vorgeschwebt. Nicht erst in der alle Grenzen verwischenden Romantik der Schlegel und Novalis hatte man sich der Urkunst als der Zusammenfassung der in späteren Jahrhunderten zerrissenen Einzelkünste zugewandt, schon Herder beschwört die kultische Begehung als den mittegebenden Kern alles menschlichen Ausdrucks. Erinnert man sich jener Worte Herders über den im Tanze sich offenbarenden menschlichen Leib als der Mitte aller künstlerischen Darstellung, der noch Wort, Ton und Gebärde einheitlich formt, so sieht man, wie sehr Wagner der klassischen Bewegung des deutschen Geistes verpflichtet ist. Hatte Herder geschrieben, daß sich diese Urkunst »zu Wundern ihres Ursprungs... dann erst und von selbst wiedererwecken« ließe, »wenn nach einem barbarischen Zeitalter, zu dem wir vielleicht hineilen, sich die menschliche Natur wieder erneuert und ihre unverhüllteren Leidenschaften durch Ton und Gebärde, durch Sprache und Bewegung so sprechen wird, wie zu Anfange«, so hatte Schiller noch einen weiteren Schritt in der Richtung der Wagnerschen Schau vollzogen und fast mit Worten, die Wagner selbst gebraucht haben könnte, in einem Brief an Goethe (29. 12. 1797) die Geburt der Tragödie aus dem Geiste der Musik ausgesprochen: »Ich hatte immer ein gewisses Vertrauen zur Oper, daß aus ihr wie aus den Chören des alten Bacchusfestes das Trauerspiel in einer edleren Gestalt sich loswickeln sollte... Die Oper stimmt durch die Macht der Musik und durch eine freiere harmonische Reizung der Sinnlichkeit das Gemüt zu einer schönern Empfängnis, hier ist wirklich auch im Pathos selbst ein freieres Spiel, weil die Musik es begleitet, und das Wunderbare, welches hier einmal geduldet wird, müßte notwendig gegen den Stoff gleichgültiger machen.« Die Seele des Menschen aus allem Gewohnten zu lösen, vom Kern her zu ergreifen, ohne doch je in das Naturalistische abzugleiten, bestimmte Schillers Blick auf die Oper und überhaupt das Theater als die Voraussetzungen einer künstlerischen Erneuerung. Das Theater gibt in der Tat mehr als eine andere Kunst diese Ganzheit und den Grad der Berauschung, der auch Wagner vorschwebte. Das Theater gaukelt sowohl die Leibhaftigkeit der menschlichen Gestalt als auch die Wirklichkeit der Gemeinde, des Volkes, das im Rausch geschaffen werden soll, vor. Das Theater gibt dem Publikum in einer Voraussetzungslosigkeit, die keiner Einzelkunst zu eigen ist, die unmittelbarsten und stärksten Eindrücke und hat, nicht erst seit Schiller ihm das Prädikat der moralischen Bildungsanstalt verliehen hat, einen längeren Zusammenhang mit dem ethischen Leben des Volkes als die anderen Künste. Wagner, der wie Baudelaire, der begeisterte Vorkämpfer Wagners in Frankreich, und Ludwig II., sein königlicher Freund und Schutzherr, sich nur durch Schaffung einer Phantasiewelt über den Niederungen seiner Zeit halten konnte, dessen Prunkliebe nicht eine persönliche Marotte, sondern die Flucht aus einer antikünstlerischen Zeitepoche war, er, der nur durch eine geradezu geniale Findigkeit in der Aufspürung narkotischer, erotisierender Mittel seinen heiligen Wahn nähren konnte, fand das Theater als die Möglichkeit des Wirkens vor, zu der er seinen Anlagen nach vorbestimmt war und das seiner in die Öffentlichkeit strebenden, expansiven Natur den größten Spielraum ließ. Er ahnte, daß in unserer Zeit das bindende Element alles geistigen und künstlerischen Wirkens abhanden gekommen war, er sah, daß Religion Sache kirchlicher Organisationen, Musik artistische Spielerei oder flacher Luxus geworden war, er sah das Theater zum Schauplatz niederer Sinnlichkeit entartet und die Weisheit zur abstrakten Philosophie verdünnt. Er fühlte, daß seiner Zeit der geistige Mittelpunkt fehlte, daß kein sinngebendes Bild im Tun des Einzelnen und der Gesamtheit wirksam war, und wußte jeden Versuch einer eindringlichen, verwandelnden künstlerischen Wirkung zum Scheitern verurteilt, solange nicht ein neues, reines, ohne historische Vermummung aus dem Schoße kraftvoller Vision geborenes Menschenbild die Menschen erschütterte.

Das meint Wagner, wenn er von dem Ziele der Kunst sagt: «Dieses Ziel ist der starke und schöne Mensch: die Revolution gebe ihm die Stärke, die Kunst die Schönheit.» Wenn Wagner diese wichtigsten Erkenntnisse zugesprochen werden, so kann man dagegen einwenden, daß ihm nicht ein wirklich plastisches Menschenbild im antiken Sinn vorgeschwebt habe, sondern ein gestaltloses Naturmenschentum im Sinne Rousseaus, und daß das «reinmenschliche» Ideal Wagners nur eine sozialistisch-humane Utopie gewesen sei. Es läßt sich gewiß nicht bestreiten, daß Wagners Menschenbild nirgends und niemals an die Gebundenheit etwa des Goetheschen auch nur entfernt heranreicht, und doch tönt aus ihm «der wehe schrei nach dem lebendigen kerne». Man vergesse nie, daß es in der Mitte des 19. Jahrhunderts war, in einer Zeit allgemeiner Kulturlosigkeit, als der größte Sohn dieser Zeit, Richard Wagner, vom Operntheater herkommend, den Blick in eine hoffnungslose Zukunft gerichtet, den zersetzenden Einflüssen einer verkommenen Kunst als schöpferischer Mensch doppelt ausgesetzt, in ganz ursprünglicher Weise, ohne Bildungserlebnisse nach dieser Richtung hin, plötzlich sah, wo es fehlte, und spürte, von wo allein eine Erneuerung möglich war, und dies sechs Jahre nach Fr. Nietzsches Geburt! Er gab sich gerade da, wo er am hellsten sah, nicht dem Glauben hin, selber der Erneuerer zu sein: «Ganz andere Leute als wir werden erst die schaffenden Künstler sein.» Er ahnte und wußte — und war im übrigen dazu verdammt, seinem Dämon zu folgen. Im Besitz außerordentlicher Kräfte gelang es ihm, Wirkungen auszuüben, die jedem anderen versagt blieben, und seine Schau des Jahrhunderts, in dem er stand, verdichtete sich zu einer Hellsichtigkeit, die ihn im Bunde mit seinen Kräften dazu führen mußte, das Ungeheuerliche zu wagen und als *Künstler* den Kampf mit dem Gott aufzunehmen.

Und da, auf der beginnenden Höhe seines Lebens, um 1850 herum, also etwa 20 Jahre vor der Begegnung mit Nietzsche, erschien seinem Blick die hellenische Kultur mit ihrer höchsten Erfüllung, der attischen Tragödie. Hier wurden ihm die Zusammenhänge klar. Er sah, was das Theater sein konnte, warum es nur so sein konnte. Von der Geschlossenheit der antiken Kultur aus, deren Hochblüte die Tragödie war, zeigte sich ihm die Gegenwart in einem neuen Lichte, und er erkannte, daß einzig und allein die Vorbedingungen, die in Griechenland gegeben waren, die Erneuerung des Lebens und somit der Tragödie verbürgten. In diesen Jahren griff Wagner zur Feder, um sein neues Wissen in grundlegenden Werken mitzuteilen. Es entstanden: «Kunst und Revolution», «Das Kunstwerk der Zukunft» und «Oper und Drama», die theoretischen Hauptwerke Wagners, sowie einige kleinere Schriften. Nie wieder hat Wagner so hellsichtig die letzten Notwendigkeiten der Zeit und seines Schaffens aufgedeckt wie in diesen Schriften. War Wagner auch nicht in erster Linie Schriftsteller, so hat er sich in diesen Schriften doch das Werkzeug geschaffen, das fähig war, seine Erkenntnisse mitzuteilen. Freilich war in Wagners Natur das Wollende immer stärker als das Erkennende, und deshalb mischt sich in das reine Feuer der Begeisterung die Rechtfertigung des eigenen Kunstschaffens, das eben durch unüberbrückbare Abgründe von dem hohen Urbild getrennt war.

Mag Wagner in seinen Musikdramen noch so weit von den Intentionen dieser Zeit abgeirrt sein, ein Schimmer davon liegt von nun ab auf allem, was er wollte und schuf. Vielleicht sind sogar seine sämtlichen Schöpfungen nur von hier aus ganz zu begreifen, aus Gedankengängen, die er später aus dem Auge verloren hat, als er sich Schopenhauer als seinem geistigen Führer verschrieb, als er über den Buddhismus zum Christentum gelangte und als Bühnenweihfestspiel für Bayreuth, das der neue Tragödienwallfahrtsort sein sollte, seinen weltflüchtigen, unantiken Parsifal schrieb.

Es ist im Rahmen dieser Vorrede nicht möglich, im einzelnen die Zusammenhänge zu verfolgen zwischen Wagners Vision von der Schöpfung der Tragödie aus dem Geiste einer neuen Kultur und seinen eigenen Versuchen, dies im modernen Musikdrama zu verwirklichen. Es ist auf jeden Fall nicht angängig, Wagners dramatisches Schaffen vollständig von dieser Vision zu trennen. Wenn auch in den einzelnen Dramen die opernhaften Tendenzen überwiegen, indem die reizhafte Musik die Plastik des tragenden Wortes überspült und vernichtet, tragische Größe zur nihilistischen Resignation oder Auflösung wird, die Leibhaftigkeit des heldischen Menschen bisweilen ins Theatralische und die volkhafte Tragödienfeier zur modernen Oper abgleitet, so liegt der Grundkonzeption dieser Werke doch jedesmal der aus der Vision geborene Anstoß zur echten Tragödie zugrunde. Man könnte eine große Anzahl von Stellen aus den Dramen anführen, die eine wirklich tragische Höhe in jenem Sinn erreichen. Man denke an den Fluch Isoldes im ersten Akt Tristan oder an den Todestrank, dann an die Warnungsrufe Brangänes im zweiten Akt, die Fackelszene oder Siegfrieds Tod. Solche Beispiele lassen sich um viele vermehren, an diesen Stellen ist die Oper wahrhaft überwunden, der tragische Mensch steht im Mittelpunkt, die einzelnen Mittel sind dem symbolhaften Vorgang untergeordnet, und der Urkünstler Wagner verwirklicht sich. Hier ist das Drama nicht Zweck des Dramas, noch weniger natürlich die Musik, sondern hier wird der heroische Mensch als Mittelpunkt und Sinn der dramatischen Feier im Symbol äußerst konzentrierter Lebensvorgänge verherrlicht. Wie der heroische Mensch sich in der Vollziehung seines Schicksals in Liebe, Kampf, Beschwörung und im Opfertode erfüllt, ist der Inhalt der Tragödie.

«*Die Feier eines solchen Todes ist die würdigste, die von Menschen begangen werden kann.* Sie erschließt uns nach dem durch jenen Tod erkannten Wesen dieses *einen* Menschen die Fülle des Inhaltes des menschlichen Wesens überhaupt ... durch lebensfreudige Wiederholung und Darstellung seiner Handlung und seines Todes im dramatischen Kunstwerke werden wir die Feier begehen, die uns Lebendige in der Liebe zu dem Geschiedenen hoch beglückt und sein Wesen zu dem unsrigen macht.» (Wagner.)

Hier haben wir den Zugang zu den Grundkräften des Wagnerschen Schaffens. Nicht der musikalische Spiel- oder Ausdruckstrieb, nicht die Freude am Theaterspielen, nicht die Verzauberung der Massen als Selbstzweck ist die Grundschicht des Wagnerschen Wesens, sondern diese dramatische Feier, deren Mittelpunkt der heldische Mensch ist. Der beispiellose Welterfolg Wagners beruht letzten Endes auf diesem Aufbrechen religiöser Gewalten, die auch im modernen Menschen verborgen liegen und die im Wagnerschen Werk unbewußt angerührt werden.

Daß Wagner ein Tatmensch war, daß er erfüllt war von dem Bewußtsein, ungeheure Wirkungen in diesem Sinn auszuüben, hat ihn dazu geführt, hemmungslos in die Tiefen seines dämonischen Wesens hinabzutauchen und aus leidenschaftlichem Antrieb Werke zu schaffen, die weit von der zuchtvollen und strengen Erfüllung des einmal geschauten Wunschbildes entfernt sein mußten, denn eine solche strenge Erfüllung hätte Wagners Natur niemals zu einer echten Entladung der in ihm liegenden Kräfte führen können. Nur das selbstvergessene Schaffen aus den Gründen des Schöpferischen konnte gewaltige Kunstwerke wie den Ring und den Tristan hervorbringen. Was Wagner je gesehen und geschaffen hat, Vision und Werk, er zeugte es im Rausch.

Es wird sich in der folgenden Auswahl erweisen, daß Wagner über das Gedankliche hinaus in seiner stilistisch-sprachlichen Haltung den hohen Grad seiner Ergriffenheit offenbart. Nietzsche sagt über Wagners Prosa: «Es entschlüpfen ihm Sätze und ganze Seiten, welche zu dem Schönsten gehören, was die deutsche Prosa hat.» Man kann bemerken, daß die Schönheiten dieser Prosa gerade da auftauchen, wo Wagner über die Antike spricht, wo er über den Geist der Musik, über seine Vision von der neuen Tragödie sich ausläßt. Es mußte verlockend sein, gerade von dieser Seite her, die Wagner als einen Künstler zeigt, der in der Besessenheit redet, eine Auswahl aus seinen Schriften zu geben. Nicht das Gedanklich-Stoffliche steht deshalb in den folgenden Seiten im Vordergrund, es kam auch nicht auf irgendeine Art von Systematik an, vielmehr beschränkt sich die Auswahl auf einzelne kurze Stellen, in denen Wagner in besonders geglückter sprachlicher Form Wesenhaftes sagt. Bis auf einige wenige Abschnitte, die aus den Briefen entnommen sind und in denen man einen Eindruck davon bekommt, wie sehr Wagners persönlichstes Erleben bisweilen in eine fast mythische Ebene rückt, stammen die Auszüge aus «Gesammelte Schriften und Dichtungen». Dabei wurden Äußerungen bevorzugt, die Wagner in seinem Zusammenhang mit der aus dem *Geist der Antike geborenen deutschen Bewegung* zeigen. Sie sind geeignet, ihn kraft seiner eigenen Worte in einen geistigen Zusammenhang zu stellen, der größer und weiter ist als der gewohnte der deutschen Operngeschichte. Aus diesem Zusammenhang heraus wird ein strengeres, wahreres und gerechteres Kriterium, ein tieferes Verständnis des Wagnerschen Schaffens zu finden sein, als man es sonst irgend hat.

Wagners Werk ist an dem höchsten Anspruch zu messen, der in ihm selbst enthalten ist. Seien wir froh, daß uns Wagner in schriftstellerischen Äußerungen ein Bild seines letzten künstlerischen Wollens gegeben hat! Versuchen wir, seine Kunstschöpfungen von dieser Schau aus zu begreifen!

Das in Leipzig geplante und von Hitler eingeweihte Richard-Wagner-National-Denkmal von Emil Hipp

In den schlimmsten Zeiten nach dem Weltkriege hat der 1925 begründete „Bayreuther Bund der deutschen Jugend“ Ortsgruppe Leipzig eine wagnerfrohe Gemeinde um sich versammelt, um edelstes Kulturgut durch die geistige und sittliche Inflation des schwer bedrängten Vaterlandes in das Dritte Reich herüberzuretten und zu mehren.

Der Ausbruch des Weltkrieges hatte 1914 auch zur vorzeitigen Schließung des Bayreuther Musentempels geführt. Daß er nicht fernerhin verschlossen bleiben sollte, dafür setzte sich „Die Deutsche Festspiel-Stiftung Bayreuth“ ein, die nach einer vorbereitenden Sitzung der „Zentralleitung des Allgemeinen Richard-Wagner-Vereins“ am 23. Mai 1921 im Deutschen Buchgewerbehaus zu Leipzig zur feierlichen Gründung am 6. Juni 1921 führte. Ihr ist zu danken, daß, wie beschlossen, 1924 die Bayreuther Festspiele neu erstehen konnten. Eine Morgengabe des Vaterlandes und der Vaterstadt des Meisters an seine Erben Siegfried Wagner und Frau Winifred! — Mit dem Hohenlied deutscher Kunst, den „Meistersingern von Nürnberg“, feierte deutscher Aufbauwille am 22. Juli 1924 Auferstehung in Bayreuth. Am 6. Februar 1931 konnte die Bayrische Staatsregierung den Auflösungsentscheid der Festspiel-Stiftung erlassen.

Ein merkwürdiges Schicksal aber hat das Leipziger

Richard-Wagner-Denkmal

gehabt. Bereits am Geburtstage des eben heimgegangenen Meisters 1883 trat der erste Denkmalsausschuß zusammen. Ein widriges Geschick, zuletzt noch der Weltkrieg, hat die letzte Vollendung verhindert.

Max Klingers,

des großen Leipziger Meisters Werk, blieb ein Torso. Im Palmengarten zu Leipzig fand er Aufstellung. — Überschauen wir Leben und Nachleben des Meisters in seiner Vaterstadt: Glanzvollen Zeiten höchsten Strebens folgten Jahre gedanken- und liebelosen Repertoireschlendrians. Dankbar gedenken wir der Jahre, da ein Urlus, Rapp, Soomer, Kase, die Reicher-Kindermann, Rosa Sucher, Sachse-Hofmeister, Dönges und andere Männer und Frauen um den höchsten Preis Bayreuther Vollendung rangen.

Gute Runen, daß im Jahre 1933, da Adolf Hitler, der glühende Verehrer des Wagnerschen Genius,

„Das Dritte Reich“

verkündete, auch am Werke des Meisters schöpferische Werktreue aufs neue erprobt wurde. War es Zufall, daß selbst des Meisters „Jugendsünde“ 99 Jahre nach ihrer Vollendung 1933 im Leipziger Musentempel am Augustusplatz erstmalig in Szene ging? —

Auch der Wagner-Denkmalsgedanke feierte in neuer Gestalt Auferstehung und erhielt seine Weihe durch den Führer, der selbst den Grundstein legte und das neue in einem Ehrenhain erstehende Mal zum

Richard-Wagner-National-Denkmal

erklärte. Bereits hat die gartenkünstlerische Vorarbeit am Wagnerhain blühende Gestalt gewonnen und harrt der feierlichen Einweihung des von der Meisterhand des Bildhauers Hipp zu schaffenden steinernen Males. Gut Ding will Weile haben, so daß erst im Gutenbergjahre 1940 die Weihe vollzogen werden kann. Inzwischen hat die Stadt Leipzig, die nach des Meisters Worten „eine so kühne Theaterdirektion hat“, zur Feier des 125. Geburtstages die schönste Huldigung vorbereitet. Zwischen Todes- und Geburtstag 1938 wird die Leipziger Oper zum ersten Male in der deutschen Theatergeschichte das Gesamtwerk des Bayreuther Meisters von der „Hochzeit“ bis zum „Parsifal“ aufführen. Bei den Aufführungen der Hauptwerke vom „Holländer“ bis „Parsifal“ wird — wohl auch zum ersten Male — der Versuch gemacht, sämtliche szenischen Vorschriften des Meisters sowie alle in Bayreuth von ihm persönlich gegebenen Spielanweisungen zu erfüllen.

„So möge ich denn nun glücklich wieder in meine Vaterstadt heimgekehrt sein“, schrieb einst der Meister, nun — das hoffen wir — für alle Zukunft im Besitz des „Heimathscheines“.

Nachdem frühere Leipziger Denkmalspläne und auch das angefangene Wagnerdenkmal von Max Klinger (siehe Seite 130) durch dessen Tod nicht zustandekamen, wurde im Herbst 1932 auf Veranlassung des Oberbürgermeisters Goerdeler ein Ideenwettbewerb vorbereitet, aus dem der Entwurf des Stuttgarter Bildhauers Emil Hipp als Sieger hervorging. Der Entwurf dieses Denkmals, das auf einem großzügigen Gelände der Frankfurter Wiesen im Westen vor dem Frankfurter Tor aufgestellt werden sollte, sah — wie auf der Zeichnung von Emil Hipp auf Seite 224 unten zu erkennen ist — vor, daß ein mit vier Reliefs (Mythos, Schicksal, Erlösung, Bachanal; siehe Seite 225) geschmückter vier mal zehn Meter großer Denkmalsblock eingerahmt werden sollte von einer Mauer, auf der neunzehn Reliefs mit Szenen aus Wageropern (siehe Seite 223/224), Siegfried — Brünnhilde, Isolde — Tristan, Siegfrieds Tod, Parsifal, ein Rheingoldbrunnen und eine Siegfriedstatue angebracht werden sollten. Nach Albert Speer („Spandauer Tagebuch") hat „Hitler den Entwurf von Hipp zur Ausführung bestimmt", weil ihm diese „herrlichen Riesenreliefs aus bestem Untersberger Marmor besonders gut" gefielen; doch würde Goerdeler — wie der Brief Seite 226 mit seiner etwas verwunderlichen Argumentation bestätigt — die Sache zu verzögern versuchen. Goerdeler wurde 1937 abgesetzt und wurde von dem Widerstand gegen Hitler als dessen Nachfolger bestimmt. Am 6. März 1934 wurde das von Hitler selber so genannte Richard Wagner-Nationaldenkmal mit seinem „Gelöbnis an Richard Wagner" eingeweiht. Die immer wieder aufgeschobene Aufstellung des Denkmals wurde durch den Kriegsausbruch weiter verzögert und schließlich verhindert. Nach 1945 hatte die Stadt Leipzig an dem fast fertigen und fast ganz bezahlten Denkmal aus politischen Gründen kein Interesse mehr (siehe Brief Seite 226). Da Emil Hipp die angewachsenen Lagerkosten für sein Denkmal (siehe Seite 226) dem Marmorwerk in Kiefersfelden nicht bezahlen konnte, wurde es diesem in einem Zwangsversteigerungsverfahren zugeschlagen und im Lauf der letzten Jahre an private Interessenten verkauft. Im Festspieljubiläumsjahr 1976 hat sich die Stadt Bayreuth, die dieses Denkmal vor Jahren bei Interesse hätte geschenkt bekommen können, nicht nur entschlossen, auch zwei Hipp'sche Reliefs — eines davon für eine Mädchenschule — zu kaufen, sondern auch bei dem Hitlerfavoriten Arno Breker, von dem bereits ein von der „Gesellschaft der Freunde Bayreuths" gestifteter Wagner-Kopf den Festspielpark ziert (siehe Seite 239), eine Liszt-Büste in Auftrag gegeben.

Am 6. März 1934 legte **Adolf Hitler**
in **Leipzig,** der Geburtsstadt des Meisters, den Grundstein zum Richard-Wagner-National-Denkmal des Deutschen Volkes

On the 6th of March 1934 **Adolf Hitler**
laid in **Leipsic,** the native city of the great Master the cornerstone to the Richard Wagner National Monument of the German People

Den 6en Maart 1934 legde **Adolf Hitler**
in **Leipzig,** de geboortestad van den Mester, den Grondsteen tot het Richard-Wagner-nationaal-standbeeld von het Duitsche volk

Der Oberbürgermeister

Leipzig C 1, am 18. März 1936.

Herrn

Bildhauer Emil H i p p

K i e f e r s f e l d e n

Sehr geehrter Herr H i p p !

Für Ihren Brief vom 7.d.M. danke ich Ihnen bestens. Ich freue mich über Ihre Zustimmung zur Änderung des Exposés unter Beibehaltung der alten Bezeichnung und Reihenfolge: Schicksal, Mythos, Liebe, Erlösung. Ich lege Wert darauf, daß in dem Wagner-Denkmal die "reine Liebe" anstatt der "sinnlichen Liebe" zum Ausdruck gebracht wird. Denn diese Steigerung über die reine Liebe zur Erlösung ist auch den Wagnerschen Werken eigen. Ich wäre Ihnen dankbar, wenn Sie sich dieser Auffassung anschließen könnten. Es würde dann Wort und Begriff "Bacchanal" von selbst aus den weiteren Erörterungen und Erläuterungen über das Wagner-Denkmal wegbleiben.

Indem ich Ihnen für Ihre weiteren Arbeiten besten Erfolg wünsche, begrüße ich Sie mit

H e i l H i t l e r !

Ihr ergebener

Goerdeler

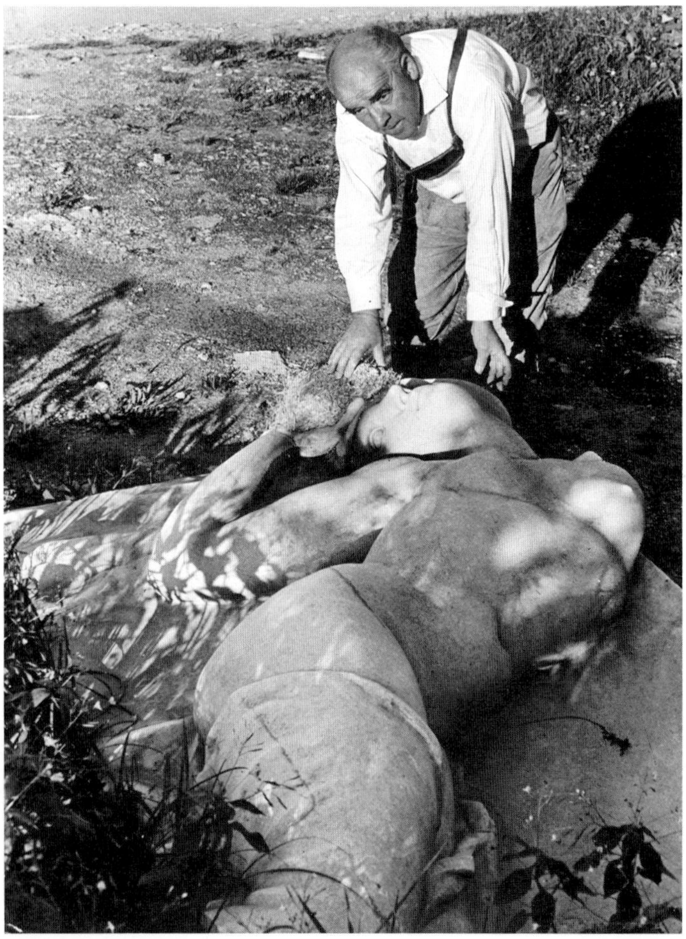

(10) Der Oberbürgermeister der Reichsmessestadt Leipzig

Fernruf: Ortsverkehr 34001, 54471, 581666, Fernverkehr 31435, Hausanschluß 47 / Bankkonten der Stadtkasse Leipzig: Spargiro .... Stadt- u. Girobank Leipzig / Reichsbankgirokonto Leipzig Konto 7/163 Sächsische Bank, Filiale Leipzig / Allgemeine Deutsche Credit-Anstalt Leipzig / Bank der Deutschen Arbeit A.-G., Niederlassung Leipzig / Commerzbank A.-G. in Leipzig / Deutsche Bank, Filiale Leipzig / Dresdner Bank in Leipzig Handelsbank A.-G. in Leipzig / Postscheckkonto der Stadtkasse Leipzig: Postscheckamt Leipzig Konto Nr. 4995

Postanschrift: (10) Der Oberbürgermeister der Reichsmessestadt Leipzig
- Hochbauamt I -

Firma
Marmor-Industrie
Kiefer A.-G.

(13b) Kiefersfelden (Obb.)

Ihr Zeichen	Ihre Nachricht vom	Mein Zeichen	Tag
M/Mai	17.12.1945	H.-A. Ka/Z	7. Jan. 1946

Bei Antwort und Geldsendungen anzugeben.

Betrifft: Richard-Wagner-Denkmal.

In dieser Zuschrift nahmen Sie Bezug auf ein Schreiben vom 24.3. ohne Angabe einer Jahreszahl? Dieses Schreiben ist bei Angriffen auf Leipzig annehmbar mit verhichtet worden. Ohne die Einsendung einer Abschrift von genanntem Schreiben vermögen wir den Vorgang, auf den Sie sich beziehen wollen, nicht zu erkennen.

Inzwischen ist der Herr Stadtbaudirektor Dr. T r a u t m a n n nach kurzer, schwerer Krankheit verstorben. Aus unserer Abteilung sind alle ehemaligen NSDAP-Mitglieder und damit die Bearbeiter des oben genannten Sachbetreffs entlassen worden.

Hiernach bedarf es wohl kaum noch des Hinweises, daß wir beim Neuaufbau unserer Stadt Leipzig zur Vollendung nationalsozialistischer Propaganda- und Wahnsinnspläne weder Zeit noch Mittel zur Verfügung haben.

Deswegen erübrigen sich für uns neue Abrechnungen und dazu gehörige Zeichnungen. Ihre ehemaligen Vertragspartner sind seit dem siegreichen Einmarsch der Truppen der vereinten Nationen restlos verschwunden. Damit ist Ihren Aufträgen und Abmachungen die Rechtsgrundlage entfallen und Sie könnten Ihre Forderungen nur noch bei den Kriegsverbrechern in Nürnberg mit anmelden.

Das bezieht sich auch auf die von Ihnen im Schreiben vom 17.12.45 erwähnten Einlagerungskosten, Versicherungsprämien usw. ab 1.12.1944. Nach dem dargelegten Sachverhalt erübrigt sich jede Auseinandersetzung über vertragliche Abmachungen. Laut Verfügung der Landesverwaltung Sachsen sind Zahlungen für Aufträge und Leistungen, die vor dem Zusammenbruch erteilt worden sind, nicht zu leisten.

Stadtbaurat. Oberbaurat.

Vordr. Nr. 3554 20000. 9. 44.

WAGNER-DENKMAL VON RICHARD GUHR IM LIEBETHALER GRUND
KURZ VOR DER LOCHMÜHLE BEI DRESDEN

Die Inschrift dieses Denkmals, das Wagner als Hüter des Grals umgeben von den Harmonien und Gestalten seiner Werke zeigt, lautet: „Unter dem Schutze der Amtshauptmannschaft Pirna wurde hier an der Werdestätte des Lohengrin *DEM MEISTER* von dankbaren Verehrern das erste Denkmal in Sachsen errichtet mit freiwilliger Hilfe der werktätigen Jugend aus den umliegenden Gegenden . . . Februar 1933“ (Siehe auch Seite 182)

EIN DENKMAL FÜR RICHARD WAGNER

Ein Wort an den geistigen Adel der Nation, mit Hinweis auf eine vorbildliche Denkmalslösung

Von

KARL ERNST LANGE

Stellt Richard Guhr in seinem Bild Seite 182 eigentlich Wagners Kampf mit dem „Materialismus“ dar, und spricht auch Schemm in seinem trostlos banalen „Gedicht“ (Seite 219) von Siegfried und dem „verröchelnden Drachen“, so spielt auch hier der Kampf gegen das materielle Bewußtsein“ in Gestalt des drachentötenden Siegfried als „der lichtgeborene germanische Mensch, der im Kampf gegen Finsternis Frieden gibt“ und „als völkische Vorahnung des lichtesten Weltgedankens“ die zentrale Rolle; Zeugnis einer erbarmungslos gnostisch-dualistischen Weltsicht, die auch den „Bayreuther Idealismus“ und besonders auch die Briefwechsel Chamberlain - Wilhelm II., Cosima - Fürst Hohenlohe und damit eine repräsentative Schicht des deutschen Bürgertums kennzeichnet. Wie bei Wolzogen im Jahre 1913 Bayreuth (siehe Seite 128), so wird hier 1933 das Denkmal mit den Wagner'schen Gestalten als den „Erzengeln der Kraft“ und dem „Meister in der Inspiration“ zur „Kraftstation des Geistes jener Innenwelt, die wir mit Idealismus kurz bezeichnen mögen“. Wie weit man sich hier von Wagner selber entfernt hat, lassen dessen Worte in einem Brief an Hanslick vom 1. Januar 1847 ahnen: „Schlagen Sie die Kraft der Reflexion nicht zu gering an; das bewußtlos produzierte Kunstwerk gehört Perioden an, die von der unsern fern abliegen: das Kunstwerk der höchsten Bildungsperiode kann nicht anders als im Bewußtsein produziert werden ...“

1934

VERLAGSANSTALT ERNST MAUCKISCH, FREIBERG SA.

Das Denkmal baut sich auf in Ringform. (S. Abb. 1.) Der Ring ist das Symbol der äußersten Vollendung, der innersten Gottbeziehung. Er drückt das universale Gesetz aus, das alle Härten ausschließt. In ihm verkörpert sich die unbegrenzte Schwingung, die Ton-Welle, die vom unsichtbaren Zentrum aus Gestalt und Leben erhält. Wer die tiefe geistige Bedeutung des Ring-Symboles erfaßt hat, des tatsächlichen Kreislaufes der unerhörten Ströme des Lebens, der begreift auch erst über die gegenständliche Bedeutung hinaus den Namen, den Wagner seiner gewaltigen Trilogie gegeben hat und findet auch in dieser scheinbaren Nebensächlichkeit Wagners Genialität aufs neue erstaunlich bestätigt.

Als 12 Meter hohe steinerne Mauer baut sich dieser Ring auf, als eine materialisierte Schwingungsgrenze, die ihren Ursprung im geistigen Zentrum hat. Sie bedeutet nach außen, der Welt gegenüber, den notwendigen Abschluß, die entscheidende Schwelle, an der sich Welt und inneres Wesen trennen; das mythische Hemmnis, ohne dessen Überwindung bzw. Durchdringung eine wahre Feier der Seele nicht statthaben kann. Sie schafft aber auch nach innen den „heiligen Raum“, der durch das namenlose Mysterium geweiht ist, durch die heilige Schöpfung, die Ur-Zeugung, in deren Erfahrung sich die Seele innig beglückt. In der Einsamkeit dieses Raumes ist die Seele abgeschieden und rein ins Glück eigensten, inneren Erlebens gesetzt. Sie wird vor der Einfalt des Erlebnisses erstaunen, indem sie in den heiligen Schwingungen immer nur wieder sich selbst findet.

Namenlos ist der Mittelpunkt des Raumes. Er ist das Geheimnis selbst; der Ort, an dem — bar jeden Scheines — der Ur-Gedanke selbst west. Er ist auch im Male nicht gekennzeichnet, darf es nicht sein. Wie in einem Nichts ruht die zentrale, alles bewegende Kraft, die nach innerem Gesetz die ganze Form gestaltet und bewußt trägt. Für sie als zentrales Geheimnis göttlicher Kraft gibt es keine Form, keine Gestalt, überhaupt kein Abbild. Die Stätte der Erscheinung Gottes ist geadelt und geweiht durch das unsichtbare Feuer, das alle äußeren Formen vernichtet.

In dieser geistigen Feuersäule, die unsichtbar in der Mitte des Raumes schwebt, kann selbst der Genius nicht weilen. Seine Gestalt ist aus dem Zentrum herausgerückt. Aber er weilt in ihrer Nähe. Sinnlich abgerufen von der Welt erscheint er versunken ins Anschaun Gottes und empfängt von Ihm die Gnade seines lebendigen Wortes (s. Abb. 4).

So findet ihn die Seele, die von der Welt her zu ihm eindringt, geistig befangen, in der Weihe des unendlichen Augenblicks. Nicht sein alltägliches Wesen nimmt sie wahr, obwohl es noch reichlich seine Bedeutung findet. Sie sieht keine Pose, sondern steht vor einem in heiligster Entzückung aufgelösten Wesen, vor einem ins innere Wachsein aufgerufenen Leben, vor der Ekstase des Ewigen im Menschen, das sich in himmlisch-wunderbarer Schau des Augenblicks mit seiner geistigen Ur-Heimat verbindet. Erstaunt und ergriffen nimmt nun die dem Genius zugepilgerte Seele teil an der mystischen Hochzeit ihrer genialen Schwester und wird Zeuge der Öffnung einer Blüte, die im berauschenden Dufte ihrer Sehnsucht lechzend den Hauch des Frühlings aufnimmt, der aus ewig unerschöpflicher Ferne ihr das köstliche Geheimnis der Frucht zuträgt. Sie findet den Künstler auf dem Berge der Verklärung, auf dem alles Profane hellstem innersten Entzücken weicht. Was den Ausdruck der Gestalt und des Antlitzes anbelangt, so findet sie alle Seligkeit des mystischen Schauens, alle Gelassenheit des Weisen, das Leuchten des scheinbar Sterbenden, alle heiligen Wandlungen der Form nur in Einem, im wahrhaften Wunder des begnadeten Lebens selbst.

Vom erhabensten Zentrum aus schwingt sich das Leben nach eigenem Gesetze über alle Hemmungen hinweg hinaus in den Raum. Es erfüllt den Raum und segnet die Menschheit mit allem Guten, Schönen, Wahrhaften, mit aller Liebe. Es ist gleich, ob es der Mensch bewußt empfängt oder nicht, ob er es recht deutet oder nicht, in jedem Falle berührt es ihn wirklich harmonisch und löst ihn von der Verwirrung des Alltags. Auch das ist ein Geheimnis. In dem gekennzeichneten Entwurfe findet es in höchster Feinheit seine Andeutung in den dreifachen Stufenkreisen des runden Steinfliesenbodens, die wie zarte geistige Wellenschläge von unendlicher Harmonie im Gesetze innerster Ordnung dem abschließenden Ringe, der hohen Umfassungsmauer, zutreiben (s. Abb. 3).

Über die Darstellung der Figur des Meisters selbst ist nicht zu sprechen. Die den Ausführungen beigegebene Abbildung verdeutlicht sie. Wer an solchem Werke nicht das einzig erhabene Verständnis bemerkt, das es schuf, an dem sind alle wörtlichen Beschreibungen und begeisterten Schilderungen verloren. Seien wir dankbar, daß es sich nur der Seele erschließt, dem Verstande aber verschlossen bleibt.

Über dem Wunder der geistigen Empfängnis blaut die himmlische Flut des Äthers, die grenzenlose Unmittelbarkeit des Ewigen.

Die abschließende Ringmauer hat dreizehn Tore. Durch sie strahlt vom Zentrum aus die himmlische Spannung nach allen Richtungen hinaus in die Welt, aber nicht in formloser, unbegrenzter Fülle des freien Äthers, sondern scheinbar gebrochen, so wie das Licht der Sonne sich im dichteren Medium in Farben bricht. Jedes Tor ist somit in seiner Form Begrenzung und gestattet von außen nur teilweise Einsicht ins Unendlich-Universale.

Den Toren entsprechend erscheinen auch die einzelnen Skulpturen auf dem Ring als einzelne Aspekte einer einheitlich großen Idee (s. Abb. 2). Diese Figuren stellen Individualitäten dar, einzelne große „Worte“, die Verkörperungen verschiedener geistiger Erscheinungen, die alle in besonderer Sendung, aber einem wirklichen Leben dienend, das Weltbewußtsein beeinflussen. Als Hauptfiguren Wagnerscher Werke (Rienzi, Holländer, Tannhäuser, Lohengrin, Parsifal usw.) bekrönen sie den Ring und stellen die Grundakkorde der großen geistigen Melodie dar, die lebendig im Gesamtwerke tönt. Wie die überzeitliche Wahrheit eine einzige ist und sich äußerlich nur in verschiedener Weise ausdrückt, so erscheinen auch hier die einzelnen Verkörperungen nur als Bruchstücke einer gewaltigen Idee, des Gedankens der Erlösung. Sie sind als individuelle Ausdrücke „Teile“ wirkenden Lebens, die „Erzengel“ der Kraft, verschiedenfarbige „Inkarnationen“ der universalen Idee, die einzelnen Gaben des Genies an Volk und Menschheit!

Ihr einheitlicher Sinn faßt sich zusammen in dem einen Sinn des Weltlebens überhaupt. Dieser besteht im Kampfe gegen das materielle Bewußtsein. Dieser Wahrheit entsprechend erscheint an bedeutender Stelle über dem Haupte des Meisters die Darstellung dieses gewaltigen, erdumfassenden Kampfes im Menschen, der wider das Tier streitet: Siegfried, der den Drachen tötet! Siegfried, als völkische Vorahnung des lichtesten Weltgedankens, der jugendlich kraftvolle Geist, der im Siege den Frieden gibt, indem er die schwerfällige Leidenschaft des träge niederziehenden Quaders endgültig überwindet! — — —

In der Tat, Wagners ganzes Werk könnte nicht reiferen und umfassenderen Ausdruck finden als in dieser Schöpfung. Es ist kompromißlos aus einem neuen, verständigen Geiste heraus geschaffen.

In ihm wird jede Form zu lebendigem Sinn. Alles ist Sprache, Schwingung, Klang aus den Sphären, ein symphonisches Gefüge aus erhabenem geistigen Gesetze heraus! Der Raum schwingt in allen Gliederungen von der Tiefe des dunkelsten Orgeltons bis hinauf zum sphärischen Licht seine eigentümlichsten Klänge!

Hier liegt in der Tat nicht nur eine „erfreuliche Lösung“ — wie man zu sagen pflegt — vor, sondern die Bedeutung einer einzigartigen, geistig klaren und herzhaft erlösenden Schöpfung, die alle Beckmesserkritik mit dem Titel des Lebens mundtot macht. Es ist die Lösung einer neuen Zeit, die nicht nach fragwürdigen Vorbildern und Abbildern trachtet, sondern aus innerster Schau selbständig gestaltet, weil sie den Sinn aller Tat aus dem Wahrhaftigen heraus deutet.

Es ist so:

„Der Vogel, der hier sang,
dem war der Schnabel recht gewachsen.
Macht er den Meistern bang,
gar wohl gefiel er doch Hans Sachsen!“

Möchten nun, da der glücklichste Gedanke seinen zunächst allerdings nur andeutungsweisen Ausdruck fand, in deutschen Landen sich Einsicht und Tatkraft und großherziges Verständnis die Hand reichen, damit auch ein Werk dieser geistigen Bedeutung vielleicht neben dem gegenwärtig entstehenden irgendwo als wirkliches Monument über den Zeiten geschaffen werde!

Das klärende Wort dazu ist gesprochen!

Wo sind die adligen Geister der Nation, die zu seiner Verwirklichung helfen? —

AUF DEM RINGFÖRMIGEN BAUKÖRPER DIE ÜBERLEBENSGROSSEN VERKÖRPERUNGEN WAGNERSCHER GESTALTEN — DIE „ERZENGEL" DER KRAFT

DER KÖRPER DES DENKMALS MIT DEN 13 TOREN, DIE VOM PERSONIFIZIERTEN GENIUS STRAHLENFÖRMIG IN ALLE WELT FÜHREN. IM INNERN DER GEISTIG EMPFANGENDE GENIUS

DREIZEHN TORE BEDEUTEN DREIZEHN LEBENDIGE SCHÖPFUNGSWORTE WAGNERS — SEINE MEISTERWERKE, DIE, VOM GEISTIGEN ZENTRUM AUSGEHEND, STRAHLENFÖRMIG DIE WELT DURCHDRINGEN

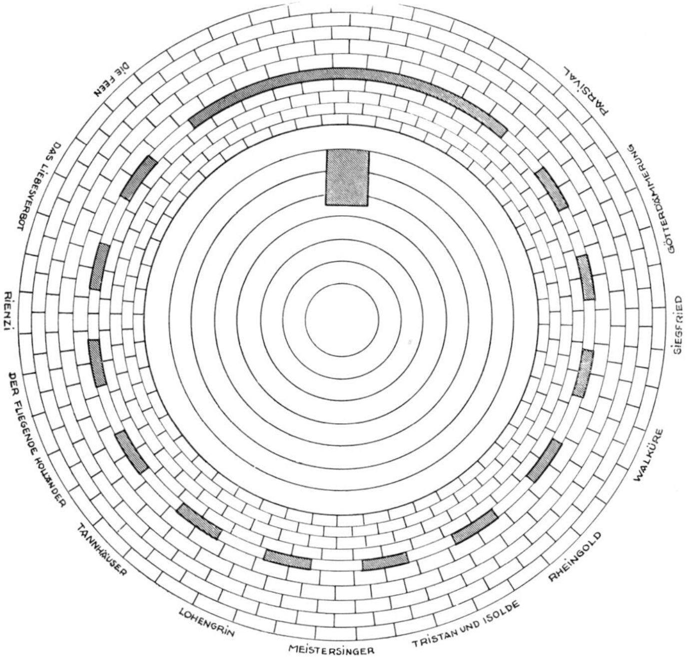

DIE RING-FÖRMIGEN FUGENSCHNITTE DES GRUNDRISSES VERKÖRPERN STEINGEWORDENE TONSCHWINGUNGSKREISE

HOCH ÜBER DEM GENIUS, GEGEN DEN HIMMEL, SIEGFRIED, DER LICHTGEBORENE GERMANISCHE MENSCH, DER IM KAMPFE GEGEN FINSTERNIS FRIEDEN GIBT

WEIT ÜBERLEBENSGROSS IM EINSAMEN, WELTABGESCHLOSSENEN RAUME DER GENIUS SELBST IN DER STUNDE GENIALER EMPFÄNGNIS

DIE SEELE, DAS HERZ DES MALES: DER MEISTER IN DER INSPIRATION

ER EMPFÄNGT DAS „LEBENDIGE WORT"

DIE FESTSPIELE ALS „SEELISCHE KRAFT-QUELLE" ZUR FEIER DES „HELDISCHEN GEDANKENS" GEGEN DEN „MATERIALISMUS" UND FÜR DEN RASSEGEDANKEN"

Den Bayreuther Bühnenfestspielen 1934 zum Geleit

Von Oberbürgermeister Dr. Karl Schlumprecht, Bayreuth

Zum dreißigstenmal seit dem Jahre 1876 öffnet heuer das Festspielhaus in Bayreuth den Kunstfreunden aus aller Welt seine Pforten, um sie die Werke Richard Wagners in vollendeter Darbietung erleben zu lassen.

Als im Februar 1933 allenthalben die fünfzigste Wiederkehr des Todestages des Meisters gefeiert wurde, da konnte man mehrfach die Frage hören, ob denn Richard Wagner und seine Werke noch „zeitgemäß" seien; ob sie wirklich den Menschen von heute noch „Werte" zu bieten hätten, oder ob sie nicht etwa doch als zeitgebundene Erscheinungen mit ihrer Zeit kommen und schwinden und für spätere Geschlechter günstigsten Falles nur kunstgeschichtliche Bedeutung haben.

Daß zu Beginn des Jahres 1933 noch solche Fragen gestellt und erörtert werden konnten, erscheint dem Deutschen von heute kaum faßbar. Denn inzwischen hat sich nach schweren Kämpfen in Deutschland die Gedankenwelt Adolf Hitlers durchgesetzt, und wir sehen heute mit Bewunderung, wie sehr gerade Richard Wagner dieser Gedankenwelt ein prophetischer Vorkämpfer war.

Des Meisters Leben war ein Kampfleben. Die Kraft zu diesem Kampfe schöpfte Richard Wagner aus seinem nie zu erschütternden Glauben an die eigene Sendung. Das Gefühl der persönlichen Verantwortlichkeit gegenüber seinem Volke beherrschte sein Kunstschaffen. Uraltes deutsches Sagengut schenkte ihm die Stoffe zu seinen Werken, die in besonderem Maße den heldischen Gedanken feierten. Die Opferidee, gesteigert bis zur opfernden Hingabe des eigenen Ich zum Heile anderer, beherrscht als die Überwinderin aller Niedrigkeit und Schuld seine Dichtung. Die Verachtung des Materialismus steht als „Fluch des Goldes" im Mittelpunkt seiner gewaltigsten Schöpfung. Das Mitleid, die geheiligte Triebfeder geläuterten Menschentums, wo wäre es ergreifender dargestellt, als in Richard Wagners „Parsifal"? Und daß der Meister es wagte, die Bedeutung des Rassegedankens immer und immer wieder zu betonen, das trug ihm wohl den giftigsten und zähesten Haß ein, den je ein Genie zu ertragen hatte.

So ist Richard Wagners künstlerisches und ethisches Schaffen in wesentlichen Punkten das vorgedachte Gedankengut unserer Zeit und damit ein Kraftquell von tiefstem Werte für das heutige Deutschland. Sein Werk der Mit- und Nachwelt in seiner erhabenen Größe und Reinheit zu erhalten, ist die hohe und verantwortungsreiche Aufgabe von Bayreuth.

Die Erfüllung dieser Aufgabe ist besonders schwer in einer Zeit, wie der heutigen. Daß Frau Winifred Wagner, auf deren Person die ganze Verantwortung für das ungeheure Werk in künstlerischer und wirtschaftlicher Hinsicht lastet, nach dem Tode ihres Gatten die Fortführung der Festspiele auf sich genommen hat, dafür kann ihr die Welt, kann ihr insbesondere die Stadt Bayreuth nicht genug danken.

Erleichtert wurde ihr diese Last durch das hilfsbereite Eintreten des Reichs und der Länder für das Bayreuther Werk.

Kaum je im früheren Deutschland hat Bayreuth von amtlicher Seite her eine Förderung erfahren. Wohl fühlte das deutsche Volk, daß ihm mit den Schöpfungen Richard Wagners ein Kunstwerk nach seinem eigenen deutschen Herzen geboten wurde, und wo immer eines der Werke zur Aufführung kam, da strömte es in Scharen in die Theater, um die Kunst des Meisters auf sich wirken zu lassen. Das amtliche Deutschland freute sich zwar, wenn das Werk Richard Wagners die Kassen der großen Theater füllte. Von Bayreuth aber, wo dieses Werk in seiner ganzen Tiefe und Reinheit nach des Meisters Willen unter Opfern und Sorgen gepflegt wurde, nahm es keine Notiz.

Das Deutschland Adolf Hitlers hingegen erkannte, was Bayreuth als Pflegestätte der Kunst Richard Wagners für den deutschen Gedanken bedeutete. Der Führer selbst mit seinen bewährtesten Kampfgenossen und Mitarbeitern gab trotz erdrückender Arbeitslast mit seinem Besuch den Bayreuther Festspielen eine höhere Weihe. Und weit öffneten sich die Tore des Festspielhauses, um auch den schlichten Mann aus dem Volke, den erprobten Kämpfer für die Erneuerung seines Vaterlandes, als Gast aufzunehmen und ihn erhebende deutsche Kunst erleben zu lassen. Man muß Zeuge der Dankesäußerungen dieser Gäste des Reichs gewesen sein, um zu wissen, was ihnen solches Erleben bedeutete.

Kann man es als Zufall deuten, daß gerade in Bayreuth, angefangen vom „Deutschen Tag" im September 1923, da Adolf Hitler zum erstenmal zu den Bayreuthern sprach, das Gedankengut des Führers besonders offene Herzen fand und mit besonderer Hingebung gepflegt wurde, so daß die Stadt, dank der rastlosen Werbearbeit Hans Schemms, zu einem der Brennpunkte des politischen Fühlens, Denkens und Handelns im neuen Deutschland wurde? Einst nahm man dies Bayreuth übel und befürchtete, das Ausland könnte sich dadurch abgeschreckt fühlen. Heute fühlen wir es stärker denn je, daß Richard Wagner seine Werke in erster Linie für uns Deutsche geschaffen hat. Heute wissen wir aber auch, daß kein Kunstwerk von Ewigkeitswert sich die Welt erobern kann, das nicht seine stärksten Kräfte aus dem Heimatboden saugt, dem es erwuchs. Und so darf Bayreuth heute so gut wie je, seit Richard Wagner hier sein Festspielhaus erbaute, auch die Welt zu Gaste bitten.

Mögen die Festspiele 1934 den gleichen glanzvollen Verlauf nehmen, der dem Bayreuther Werke stets zu eigen war! Mögen sie unseren Volksgenossen in der Zeit schwersten Aufbauringens eine seelische Kraftquelle sein! Mögen sie aber auch dem Ausland zeigen, was deutsche Kunst der Welt bedeutet!

Heil Deutschland!
Heil Hitler!
Heil dem Bayreuther Kunstwerk!

Dieser Auszug aus den Erinnerungen des Jugendfreundes von Hitler August Kubizek weist darauf hin, welche entscheidende Bedeutung Wagner für die Fixierung von Hitlers Denken gehabt hat. Die sentimentale Bindung an Wagner, ja die Abhängigkeit von ihm blieb bestehen und führte nach 1933 dazu, daß er die Festspiele nicht nur besucht, sondern auch mit jährlich 50 000 Mark aus seinen Privatmitteln unterstützt. Er läßt Bayreuth während der Festspiele sogar zum Luftsperrgebiet erklären.

Schon von frühester Jugend an hatte sich Adolf an den Erzählungen aus der deutschen Heldensage berauscht. Als Knabe konnte er nie genug davon hören. Immer wieder griff er nach dem bekannten Buch von Gustav Schwab, das die Sagenwelt der deutschen Frühgeschichte in volkstümlicher Form darstellt. Dieses Buch war ihm seine liebste Lektüre. In der Humboldtstraße hatte dieses Buch einen bevorzugten Platz in seinem Kabinett, so daß er es immer griffbereit zur Hand hatte. Als er krank darniederlag, vertiefte er sich mit wahrer Inbrunst in die geheimnisvoll mythische Welt, die ihm dieses Buch erschlossen hatte. Ich erinnere mich, daß Adolf sogar in unserer Wiener Studentenbude eine besonders schöne Ausgabe der deutschen Heldensagen besaß, in der er oft und eifrig las, obwohl ihn damals schon sehr aktuelle Probleme beschäftigten. Vertrautsein mit der deutschen Sagenwelt war also keineswegs, wie sonst zumeist, nur eine jugendliche Schwärmerei. Es war vielmehr der Stoff, der ihn auch bei seinen geschichtlichen und politischen Betrachtungen am meisten fesselte und ihn nie mehr losließ, die Welt, der er sich zugehörig fühlte. Er konnte sich das eigene Leben nicht schöner vorstellen, als er es in den leuchtenden Heldengestalten der deutschen Frühzeit dargestellt fand. Immer wieder personifizierte er sich mit den großen Männern jener versunkenen Welt. Nichts erschien ihm erstrebenswerter, als nach einem Leben voll kühner, weitreichender Taten, einem möglichst heroischen Leben, nach Walhalla einzuziehen und für alle Zeiten zu einer mythischen Gestalt zu werden, ähnlich jenen, die er selbst so innig verehrte. Man soll diese eigentümliche, romantische Perspektive im Leben Adolf Hitlers nicht übersehen, auch wenn der harte Wirklichkeitssinn, der seine Politik bestimmte, solch verklärte Jünglingsträume in das Reich der Phantasie verweisen muß. Tatsache bleibt trotz allem, daß Adolf Hitler zeitlebens keinen anderen Boden fand, auf dem er in geradezu frommer Gläubigkeit verweilen konnte, als jenen, zu dem ihm die deutsche Heldensage das Tor geöffnet hatte.

Im Widerstreite mit einer bürgerlichen Welt, die ihm in ihrer Verlogenheit und falschen Frömmelei nichts zu bieten hatte, suchte er instinktiv seine eigene Welt und fand sie in Ursprung und Frühe des eigenen Volkes. Diese längst versunkene, geschichtlich nur mangelhaft aufzuhellende Epoche wurde in seinem ungestümen Wesen blutvoll erfüllte Gegenwart. Träume wurden Wirklichkeiten. Mit der ihm eigenen Phantasie, die alles verwandelte, lebte er sich in die Morgenzeit des deutschen Volkes hinein, die er als die schönste Epoche des deutschen Volkes empfand. Mit solcher Intensität erlebte er diese mehr als eintausendfünfhundert Jahre zurückliegende Zeit, daß ich selbst, der ich eben aus dem nüchternen Alltag kam, mir manches Mal an den Kopf griff. Lebte er denn wirklich unter Helden der grauen Vorzeit, von denen er so gegenständlich sprach, als wären sie noch in den Wäldern, durch die wir nächtlich wanderten, zugegen? War das anbrechende zwanzigste Jahrhundert, in dem wir doch lebten, für ihn nur ein wenig schöner, fremder Traum? Seine Art, Traum und Wirklichkeit zu vertauschen und die Jahrtausende kurzerhand umzustülpen, ließ in mir manches Mal die Angst aufsteigen, daß mein Freund eines Tages sich in der von ihm selbst geschaffenen Verwirrung nicht mehr zurechtfinden würde.

Die ständige und intensive Beschäftigung mit der deutschen Heldensage schuf in ihm eine einzigartige Empfänglichkeit für das Lebenswerk Richard Wagners. Schon als der Zwölfjährige „Lohengrin“ gehört hatte, mag ihm dieses Werk wie eine Verwirklichung der knabenhaften Sehnsucht der hehren Welt der deutschen Vergangenheit erschienen sein. Wer war der Mann, der so Großes schuf und seine Knabenträume in Dichtung und Musik verwandelte?

Von der Stunde an, da Richard Wagner in sein Leben trat, ließ ihn der Genius dieses Mannes nicht mehr los. In Richard Wagners Leben und Werk sah er nicht nur eine Bestätigung des Weges, den er selbst mit seiner geistigen „Übersiedlung“ in die deutsche Vorzeit eingeschlagen hatte, vielmehr bestärkte ihn das Wirken Wagners in der Ansicht, daß diese längst verflossene Epoche für die Gegenwart nutzbar zu machen sei, ja, daß sie, wie sie für Richard Wagner zur Heimat seiner Kunst, für ihn dereinst zur Heimat seines Wollens werden könne.

Ich habe in den Jahren meiner Freundschaft mit Adolf Hitler die erste Phase dieser sein ganzes Leben erfüllenden Entwicklung miterlebt. Mit unglaublicher Zähigkeit und Konsequenz machte er sich das Werk und das Leben dieses Mannes zu eigen. Ich hatte so etwas noch nicht erlebt. Als begeisterter Musiker hatte ich ja auch meine großen Vorbilder, denen ich nachzueifern strebte. Aber was mein Freund in Richard Wagner suchte, war viel mehr als nur Vorbild und Beispiel. Ich kann nur sagen: Er eignete sich die Persönlichkeit Richard Wagners an, ja, erwarb ihn so vollkommen für sich, als könnte dieser ein Teil seines eigenen Wesens werden.

Er las mit fieberndem Herzen alles, was er über diesen Meister erlangen konnte, Gutes wie Schlechtes, Zustimmendes wie Ablehnendes. Insbesondere verschaffte er sich, wo er nur konnte, biographische Literatur über Richard Wagner, las seine Aufzeichnungen, Briefe, Tagebücher, seine Selbstdarstellung, seine Bekenntnisse. Immer tiefer drang er in das Leben dieses Mannes ein. Selbst über scheinbar nebensächliche und belanglose Episoden wußte er Bescheid. Es konnte geschehen, daß Adolf auf unseren Wanderungen plötzlich innehielt, das Thema, das ihn eben beschäftigt hatte — etwa die Versorgung leistungsschwacher Provinzbühnen mit dem für gute Aufführungen notwendigen Inventar aus einem staatlichen von Fall zu Fall zur Entleihung bereitgestellten Fundus — unvermittelt abbrach, mir auswendig den Text eines Briefes oder einer Aufzeichnung von Richard Wagner vortrug oder mir eine seiner Schriften, beispielsweise „Kunstwerk und Zukunft“ oder „Die Kunst und die Revolution“ vorlas. Obwohl es mir nicht immer leichtfiel, diesen Ausführungen zu folgen, hörte ich doch aufmerksam zu; denn ich freute mich schon auf den Schluß, der immer der gleiche war. „Siehst du“, hieß es dann, „auch Richard Wagner ist es so ergangen wie mir. Zeit seines Lebens mußte er gegen die Verständnislosigkeit seiner Umwelt ankämpfen.“

Mir erschienen diese Vergleiche stark übertrieben. Schließlich hatte Richard Wagner siebzig Jahre gelebt. In einem so ergiebigen Leben gab es selbstverständlich Höhen und Tiefen, Erfolge und Enttäuschungen. Aber mein Freund, der da sein eigenes Leben in eine Parallele zum Leben Richard Wagners stellte, war erst siebzehn Jahre alt, hatte noch nichts geschaffen als ein paar Zeichnungen, Aquarelle und Pläne und nichts erlebt als den Tod seines Vaters und das Versagen in der Schule. Dabei sprach er aber so, als hätte er schon Verfolgung, aufreibenden Kampf und Verbannung hinter sich.

Mit wahrer Inbrunst vergegenwärtigte er sich immer wieder entscheidende Episoden aus dem Leben des großen Meisters, das auch mir im Laufe der Zeit vertraut wurde. Er schilderte die Sturmfahrt Richard Wagners mit seiner jungen Frau durch das Skagerrak, auf der die Idee des „Fliegenden Holländers“ geboren wurde. Ich erlebte die abenteuerliche Flucht des jungen Revolutionärs, die Jahre der Verfemung, die Verbannung. Ich begeisterte mich mit meinem Freunde an dem königlichen Mäzenatentum Ludwigs II. und begleitete den einsam gewordenen Meister auf seiner letzten Fahrt nach Venedig. Nicht daß Adolf sich vor den menschlichen Schwächen Richard Wagners, seiner Verschwendungssucht etwa, verschlossen hätte. Aber er verzieh sie ihm im Hinblick auf die unsterbliche Größe seines Werkes.

Zu jener Zeit war Richard Wagner schon seit mehr als zwanzig Jahren tot. Aber der Kampf um die Durchsetzung seines Werkes war noch im vollen Gang. Man macht sich heute kaum mehr eine Vorstellung davon, mit welcher Leidenschaft damals die kunstbegeisterte Jugend an jener Auseinandersetzung teilnahm Für uns gliederten sich die Menschen nur in zwei Kategorien: Freunde und Gegner Richard Wagners. Wenn ich heute den Streit um gewisse Erscheinungen in der modernen Musik beobachte und den gedämpften Eifer der Beteiligten sehe, kann ich nur mitleidig lächeln. Was ist dies für harmloses Treiben gegenüber dem rauhen Kampfe, den wir für Richard Wagner führten, obwohl heutzutage durch Radio und Tonband viel breitere Volksschichten in die Auseinandersetzung auf dem Gebiet der Musik einbezogen werden können.

Wir alle standen mitten im erbittertsten Kampf. Wenn eine Wagner-Aufführung in Sicht kam, bemächtigte sich unser eine Stimmung wie jene der Helden auf der Bühne. Wir suchten nach immer neuen Mitteln, um unsere vorbehaltlose Zustimmung, unsere Begeisterung, unseren Enthusiasmus zum Ausdrucke zu bringen. In August Göllerich, der selbst noch unter Richard Wagner gearbeitet hatte, fanden wir nicht nur einen würdigen Interpreten der Kunst des großen Meisters, sondern auch einen berufenen Wahrer seines Vermächtnisses. Er war in unseren Augen der Gralshüter.

Wir waren überzeugt, in diesem Kampfe um das Werk Richard Wagners die Geburtsstunde einer neuen deutschen Kunst mitzuerleben. Das Musikdrama, wie es der Genius dieses Mannes geschaffen hatte, war etwas völlig Neues, vorher noch kaum Geahntes. Ohne sichtbares Vorbild, ohne Beispiel hatte Richard Wagner zum erstenmal die Einheit von Dichtung und Musik verwirklicht. Erst die grundlegend neuen Ausdrucksmittel ermöglichten es ihm, seine Werke in eine mythische Welt zu stellen, die längst unsere eigene geworden war.

Adolf kannte keine größere Sehnsucht, als einmal nach Bayreuth, in den nationalen Wallfahrtsort der Deutschen, zu kommen, Haus Wahnfried zu sehen, am Grabe des Meisters zu verweilen und in dem von ihm geschaffenen Bühnenhaus die Aufführung seiner Werke zu erleben. Wenn viele Träume und Wünsche seines Lebens auch unerfüllt geblieben sind, dieser Wunsch hat sich in beispielloser Vollkommenheit erfüllt.

Glückliche Erinnerungen, die mich, einen alten, vierundsechzigjährigen Mann, bewegen! Aber die Erinnerung macht das alte Herz wieder froh und jung. Es ist ja schließlich das gleiche Herz, das damals so stürmisch für den Bayreuther Meister geschlagen hat. Ich bin glücklich, daß ich diese erste Phase einer ekstatischen Begeisterung Adolf Hitlers für Richard Wagner miterlebt habe. Ich möchte diese Erlebnisse meiner Jugend nicht missen. Während ich nämlich bei Adolfs Verhältnis zu Stefanie nur ein guter Freund war, der Beobachtungen melden und Informationen einholen mußte, war ich bei seinem Verhältnis zu Richard Wagner viel stärker beteiligt; denn als der musikalisch besser und gründlicher Vorbereitete hatte ich in diesem Falle auch ein gewichtiges Wort mitzusprechen. Das Geheimnis seiner Liebe zu Stefanie brachte mir Adolf gewiß um vieles näher; denn es schmiedet nichts eine Freundschaft so fest zusammen wie ein gemeinsames Geheimnis. Aber die höchste Weihe erfuhr dieser Jünglingsbund erst durch die gemeinsame Verehrung Richard Wagners.

Unmöglich ist es mir, die Worte im einzelnen wiederzugeben, die mein Freund in dieser Stunde zu mir sprach.

Etwas ganz Merkwürdiges, das ich früher, wenn er in erregter Form zu mir gesprochen hatte, nie an ihm beobachtet hatte, fiel mir in dieser Stunde auf: Es war, als würde ein anderes Ich aus ihm sprechen, von dem er selbst mit gleicher Ergriffenheit berührt wurde wie ich. Keineswegs war es so, wie man von einem mitreißenden Redner mitunter sagt, daß er sich an den eigenen Worten berausche. Im Gegenteil! Ich hatte eher den Eindruck, als würde er mit Staunen, ja, mit Ergriffenheit selbst miterleben, was da mit elementarer Kraft aus ihm hervorbrach. Ich mute mir kein Urteil über diese Beobachtung zu. Aber es war ein ekstatischer Zustand, ein Zustand völliger Entrückung, in welchem er, was er an „Rienzi" erlebt hatte, ohne dieses Beispiel und Vorbild unmittelbar zu erwähnen, in einer großartigen Schau auf eine andere, ihm gemäße Ebene stellte, allerdings nicht bloß als eine billige Kopie des „Rienzi"-Erlebnisses. Vielmehr war der von diesem Werke empfangene Eindruck nur der äußere Impuls gewesen, der ihn zu sprechen gezwungen hatte. Wie eine angestaute Flut durch die berstenden Dämme bricht, brachen die Worte aus ihm hervor In großartigen, mitreißenden Bildern entwickelte er mir seine Zukunft und die seines Volkes.

Bisher war ich davon überzeugt gewesen, daß mein Freund Künstler werden wolle, und zwar Maler, allenfalls auch Baumeister oder Architekt. Davon war in dieser Stunde keine Rede mehr. Es ging ihm um ein Höheres, das ich aber noch nicht völlig begreifen konnte. Ich wunderte mich darüber sehr, weil ich dachte, der Beruf des Künstlers erschiene ihm als das höchste, erstrebenswerteste Ziel. Nun aber sprach er von einem Auftrage, den er einst vom Volk empfangen würde, um es aus der Knechtschaft emporzuführen zu den Höhen der Freiheit.

Ein den Menschen noch ganz unbekannter Jüngling sprach in jener seltsamen Stunde zu mir. Er sprach von einer besonderen Mission, die ihm einstens zuteil werden würde. Ich, als der einzige, zu dem er sprach, verstand kaum, was er damit meine. Viele Jahre mußten vergehen, bis ich begriff, was diese allem Irdischen entrückte Sternenstunde für meinen Freund bedeutet hatte.

Schweigen folgte seinen Worten.

Wir stiegen zur Stadt hinab. Von den Türmen schlug die dritte Morgenstunde.

Vor unserem Hause trennten wir uns. Adolf drückte mir die Hand zum Abschiede. Erstaunt sah ich, daß er nicht stadtwärts in die Richtung seiner Wohnung ging, sondern wiederum dem Berge entgegen.

„Wo willst du noch hin?" fragte ich verwundert.

Er antwortete kurz: „Ich will allein sein!"

Ich blickte ihm noch lange nach, wie er, in seinen dunklen Mantel gehüllt, allein die nächtliche menschenleere Straße hinanstieg. —

An den folgenden Tagen und auch in den nächsten Wochen und Monaten sprach Adolf nie mehr etwas über diese Stunde auf dem Freinberg. Ich wunderte mich anfangs darüber und konnte mir dieses seltsame Verhalten nicht erklären; denn daß er dieses Erlebnis vergessen hätte, konnte ich nicht glauben. Er hat es, wie ich dreiunddreißig Jahre später feststellen konnte, nie vergessen. Aber er schwieg davon, weil er diese Stunde für sich allein behalten wollte. Das konnte ich verstehen und respektierte sein Schweigen. Schließlich war es s e i n e Stunde gewesen, nicht die meine. Ich hatte dabei nur die bescheidene Rolle eines teilnehmenden Freundes zu spielen.

Als ich im Jahre 1939, kurz bevor der Krieg begann, zum ersten Male als Gast des Reichskanzlers in Bayreuth weilte, glaubte ich, meinem Gastgeber eine Freude zu machen, wenn ich ihn an diese nächtliche Stunde auf dem Freinberg erinnerte. Ich erzählte also Adolf Hitler, was ich davon im Gedächtnis behalten hatte, weil ich annahm, daß die gewaltige Fülle von Eindrücken und Erlebnissen, die in diesen Jahrzehnten auf ihn eingestürmt waren, jenes Erlebnis des Siebzehnjährigen in den Hintergrund gedrängt hätte. Aber schon bei meinen ersten Worten spürte ich, daß er sich noch genau jener Stunde erinnerte und alle Einzelheiten haarscharf im Gedächtnis behalten hatte. Es bereitete ihm sichtlich Freude, seine eigenen Erinnerungen durch meine Darstellung bestätigt zu sehen. Ich war auch zugegen, als Adolf Hitler dann Frau Wagner, bei der wir zu Gast waren, dieses Erlebnis, das sich nach der Linzer „Rienzi"-Aufführung zugetragen hatte, wieder erzählte. Ich fand also meine eigene Erinnerung daran in zweifacher Form bestätigt. Unvergeßlich ist mir auch das Wort geblieben, mit dem Hitler seine Erzählung vor Frau Wagner schloß Er sagte ernst: „In jener Stunde begann es."

Richard Wagners Kampf gegen seelische Fremdherrschaft

Von

Curt von Westernhagen

Mit 1 Bildnis

ICH HAB'S GEWAGT

J. F. Lehmanns Verlag, München

ANTISEMITISCHE WAGNERLITERATUR

Das hier genannte Buch, das „der deutschen Jugend“ gewidmet ist und ein Motto von Chamberlain trägt, verdient nicht nur deshalb Aufmerksamkeit, weil es im J. F. Lehmanns Verlag erschienen ist, dem Verlag, in dem die Bücher des „Begründers der deutschen Rassenkunde“ Hans F. K. Günther veröffentlicht worden sind, aber auch andere Standardwerke der sogenannten Rassenkunde, und der seit 1916 die Zeitschrift „Deutschlands Erneuerung“ verlegte. In dem Westernhagen-Buch sind angezeigt: Bücher über Chamberlain von Georg Schott (siehe Seite 215/219) und Leopold von Schröder, dessen Buch *Die Vollendung des arischen Mysteriums in Bayreuth* schon 1911 in diesem Verlag erschien (siehe Seite 118), *Das Deutsche Führergesicht* mit einer Einführung von Karl Richard Ganzer (siehe Seite 219 und nächste Seite), *Musik und Rasse* von R. Eichenauer, *Studien zur Geschichte des Rassengedankens* von Ludwig Schemann (siehe Seite 42 und 162), *Kunst und Rasse* von Paul Schultze-Naumburg. Drei Stellen aus dem Buch von Westernhagen, der nach 1945 verschiedene weitere Veröffentlichungen über Wagner vorlegt, ohne sich von seinem rassistischen Antisemitismus zu distanzieren, und der auch wieder Aufsätze für die Neubayreuther Programm-Hefte schreibt, — mögen einen Eindruck von dem schändlichen rassistischen Ton dieser 1935 erschienenen Schrift vermitteln: „... Die fremdrassigen Bluts- und Seelendeuter sind verstummt. Sie finden im neuen Deutschland keine Stätte..... Dieser Unterton des Blutes klingt nicht nur in seiner Musik mit, — sondern in jeder Äußerung seiner Persönlichkeit. In Dingen der Kunst, der Religion, der Weltanschauung, des staatlichen Lebens bewährt sich Wagner als Deutscher nordischer Prägung, — wenn anders man von Gesinnung und Taten auf das rassische Seelenbild schließen kann..... Denn die deutsche Revolution ist eine *Revolution aus dem Blute.* In der Nachbarschaft von ‚Kunst und Revolution‘, ‚Kunstwerk der Zukunft‘, ‚Oper und Drama‘ entstand ‚das Judentum in der Musik‘, jene Schrift, in der Wagner das Problem der Rasse aufspürte, aufscheuchte, um es sein Leben lang zu verfolgen... Diese Frage nach dem Blute wurde immer voller, immer vernehmlicher der Grundton des Wagner'schen Revolutionsbegriffes und vertiefte ihn zum Begriff der Regeneration, der rassischen Wiedergeburt...“

Vorwort.

Der Ursprung dieses Buches, der Aufsatz „Von der vielstimmigen deutschen Seele“, ist ein Nachhall der „Meistersinger“-Aufführung am Tage von Potsdam, jenes seltenen Augenblickes im Leben eines Volkes, wo ein großes geschichtliches Ereignis und ein großes künstlerisches Erlebnis zusammentreffen. Der Zusammenklang war Gleichnis des deutschen Wesens, das in seiner Fülle den Willen zur Tat mit der Tiefe der Besinnung vereint; und er war zugleich Zeugnis der Gegenwartsnähe Richard Wagners, der den engen Rahmen der Bühne durchbricht und ins Leben der Nation eintritt.

Dieser Eindruck stellte gebieterisch die Aufgabe, zu erwägen, was der Meister heute dem deutschen Volke auf die Fragen, die es im Inneren bewegen und erschüttern, zu sagen hat: über den deutschen Sinn der Revolution und die Wiedergeburt des Mythos; über die ewige Bedeutung des Griechentums und das allgemeinsame Kunstwerk; über die Feier des Volkes und den Genius als Sprecher des Volkes; über die religiöse Erneuerung aus dem Geiste des germanischen Mythos und der deutschen Mystik; und über die heldischen Weisen der deutschen Geschichte.

Es galt, die Antworten Wagners, die er in seinen Werken, Schriften, Briefen, Gesprächen, — die er in seinen Taten ausgesprochen hat, auf gedrängtem Raum zu vermitteln und zu deuten, so daß zugleich seine Stimme immer gegenwärtig, seine Gestalt immer sichtbar bleibt.

Um gleich einem möglichen Mißverständnis entgegenzutreten: es handelt sich nicht darum, ob Wagner mit dieser oder jener Ansicht recht hat. Was liegt am Rechthaben, — es kommt aufs Richtunggeben an! Daß er z. B. in seinem Verhältnis zum Griechentum nicht dem asiatisch-dionysischen Prinzip folgt, sondern dem nordisch-apollinischen; — daß er sich in der Religion weder einer jüdisch-römischen Knechtung noch einer theologischen Buchstaben-Herrschaft unterwirft, sondern die germanische Freiheit des Gewissens fordert, — das ist das Wesentliche, das Richtunggebende seines Beispieles.

Auf diesen beiden Gebieten mußte ich die irrigen Meinungen über Wagner widerlegen, welche auf Nietzsche zurückgehen. Ich hielt mich dabei an des Philosophen eigene Mahnung, zwischen zwei entschlossenen Denkern nicht zu vermitteln, da die Ähnlich-Seherei ein Zeichen schlechter Augen sei. Die Veröffentlichungen der letzten Jahre, namentlich die durch die Biographie Du Moulin-Eckarts zugänglich gewordenen Tagebücher Cosimas und die Arbeiten von Alfred Lorenz über die Form der Werke Wagners, waren geeignet, den Blick für den wahren Sachverhalt zu schärfen. Darüber hinaus gab mir das Studium der „Geschichte der Dorier“ von Karl Otfried Müller, dessen Darstellung für Wagner während seines ganzen Lebens entscheidend geblieben ist, zum erstenmal den großen Zusammenhang seiner nordischen Auffassung des Hellenentums.

Gleichviel, welches Verhältnis der Einzelne zur Kunst Wagners hat: es soll dem deutschen Volke, es soll seinen Erziehern — im weitesten Sinne des Wortes — zum Bewußtsein kommen, daß kein anderer Genius die gleiche Kraft in sich trägt, die Kunst aus ihrer lebensfremden Verzauberung zu erlösen und mitten in das Leben der Nation zu führen, wie Richard Wagner; — daß alle noch so gut gemeinten Versuche der Vereinigung von Kunst und Volk unfruchtbar bleiben müssen, wenn seine Fackel nicht voranleuchtet! Was uns am Herzen liegt, das ist, ein lebendiges Beispiel aufzustellen der Forderung Heinrich von Steins: der Empfindungsgehalt der Kunst soll in Lebenstatsachen umgewandelt werden.

Mit der Abfassung des „Anhanges“ entspreche ich einer Anregung Herrn Lehmanns, durch eine Zusammenstellung der wichtigsten Zeugnisse und Ergebnisse die Verdächtigungen der Abstammung Wagners zurückzuweisen. Besonderer Dank gebührt der „Zentralstelle für Deutsche Personen- und Familiengeschichte“, Leipzig, für die Überlassung der Ahnentafel.

Am 13. Februar 1935. C. v. W.

Bayreuth und Draußen.

Zehn Jahre Deutsche Richard Wagner-Gesellschaft.

Zur Zeit des Falles Prof. Lessing, der Entlassung Max von Schillings, der Regierungszeit des Kultusministers Becker und seiner Referenten Kestenberg, Seelig usw., zu der Zeit, als die Zersetzungsarbeit innerhalb des deutschen Kulturlebens durch das Judentum dazu überging, auch das Nationalheiligtum Bayreuth und das Lebenswerk Richard Wagners anzugreifen, fand sich ein kleiner Kreis entschlossener Männer und Frauen zusammen, die von der Ueberzeugung erfüllt waren, daß es die höchste Zeit sei, einen Abwehrkampf einzuleiten, der von einem durch nichts zu beirrenden Willen getragen sei und ohne Hemmungen aus den eigenen Reihen zu wirken vermöchte. Sie gründeten am 13. Februar 1926 die Deutsche Richard Wagner-Gesellschaft, nahmen den Arierparagraphen in ihre Satzungen auf und schoben damit dem Eindringen irgendwelcher Angehörigen der überstaatlichen Mächte einen Riegel vor.

Um alles, was in Berlin noch unberührt von der Gegenarbeit des Judentums gegen Richard Wagner und sein Werk war, zu sammeln, veranstaltete die junge Gesellschaft mit dem damaligen Berliner Synfonie-Orchester unter Leitung eines der berufensten Wagner-Dirigenten Siegmund von Hausegger ein Konzert und mußte sich davon überzeugen, daß der Erfolg der Gegenarbeit gegen Wagner bereits ein sehr weitreichender war; denn das Konzert war schlecht besucht, hinterließ einen schweren Fehlbetrag und auch das Echo auf den Ruf zur Mitarbeit und zur Teilnahme am Verteidigungskampfe für Wagner war schwach. Unter einer von Juden und Judenhörigen, von fanatischem Haß diktierten Herrschaft über ein durch Krieg, Revolution und Inflation zermürbtes Volk konnte es kaum anders sein. Ueber diesen Haß, der den Juden gegenüber dem Deutschen erfüllt, haben einzelne Juden sich wiederholt ausgelassen. Es sei hier nur ein Bekenntnis, das der Jude Cheskel Zwi Clötzel einmal in einer damaligen Zeitschrift „Janus" niedergelegt hat, angeführt: „Nichts ist mir so lebendig als die Ueberzeugung dessen, daß, wenn es irgend etwas gibt, was alle Juden der Welt eint, es dieser große erhabene Haß ist. Man nennt uns eine Gefahr des Deutschtums. Gewiß sind wir das, so sicher, wie das Deutschtum eine Gefahr für das Judentum ist. Ob wir die Macht haben oder nicht, das ist die einzige Frage, die uns interessiert und darum müssen wir danach streben, eine Macht zu sein und zu bleiben."

Die Deutsche Richard Wagner-Gesellschaft suchte durch ein Flugblatt, in welchem sie einerseits auf das hinwies, was das deutsche Volk Richard Wagner zu verdanken hat und andererseits eine Zusammenstellung jüdischer Presseäußerungen brachte, aufrüttelnd zu wirken. Zur Auffrischung des Gedächtnisses seien ein paar Beispiele aus dieser Zusammenstellung mitgeteilt: B. Z. Am Mittag vom 29. 4. 26: Ueber eine Aufführung des „Ringes der Nibelungen" unter Leitung von Dr. Karl Muck: „Dieser „Ring" von Mucks Gnaden und aus Mucks Hand ist sehr schön und sehr interessant und — sehr schlecht. Aber es gibt noch einen anderen, einen neuen . . . . die Partitur muß aufgelöst werden im Gefühl unserer Generation; den Weg zu unserem Herzen findet er nicht. Unter dem 10. 4. 27 gelegentlich der Ringaufführung in London unter Bruno Walter (Schlesinger) schreibt der Korrespondent der Voss. Ztg.: „Siegfried dessen Gestalt in Bayreuther Deutung uns im Auslande soviel Hohngelächter und — es muß einmal ausgesprochen werden — soviel menschliche Verachtung eingetragen hat, weil moralisch gesund empfindende Ausländer für dieses „Lakritzen-Heldentum" kein Verständnis besaßen, ist in Convent-Garden endlich und Gott sei Dank von der Aufgabe erlöst worden, der Gottgegebene Exponent deutscher Mannheit zu sein." Dieses Flugblatt trug der Deutschen Richard Wagner-Gesellschaft natürlich den wilden Haß der damaligen Führenden aber auch manches zustimmende Bekenntnis ein.

In alljährlichen Veranstaltungen verschiedenster Art hat die Deutsche Richard Wagner-Gesellschaft unentwegt besonders auf das Schrifttum Richard Wagners hingewiesen und namentlich alle die Abhandlungen, in denen der Meister sich für die Regeneration des Deutschtums in so beredter und leidenschaftlicher Weise einsetzt und kluge und treffende Anregungen gibt, durch Vorträge und Vorlesungen bekannt gemacht, bis im Jahre 1933 durch die nationale Erhebung alle Feinde Richard Wagners schachmatt gesetzt wurden und der Kampf gegen sie, also das Negative der Aufgaben, sich erübrigte. Es sei hier eine Stelle aus einem Briefe Richard Wagners an Frau M. Muchanoff geb. Gräfin Nesselrode aus dem Jahre 1869 angeführt: „Denn über eines bin ich mir klar, so wie der Einfluß, welchen die Juden auf unser geistiges Leben gewonnen haben, und wie er sich in der Ablenkung und Fälschung unserer höchsten Kulturtendenzen kund gibt, nicht ein bloßer, etwa nur physiologischer Zufall ist, so muß er auch als unleugbar und entscheidend anerkannt werden. Ob der Verfall unserer Kultur durch eine gewaltsame Auswerfung des zersetzenden Elementes aufgehalten werden könne, vermag ich nicht zu beurteilen, weil hierzu Kräfte gehören müßten, deren Vorhandensein mir unbekannt sind." Nun, die gewaltsame Auswerfung der zersetzenden Elemente ist durch den nationalsozialistischen Staat erfolgt. Daß wir ihm dafür Dank schulden, erkennt heute in Deutschland wohl jeder Denkende und Wissende. Auch viele dankenswerte Maßnahmen, den Verfall unserer Kultur aufzuhalten, sind getroffen worden. Maßnahmen seitens eines Staates können aber immer nur in die Breite wirken. Um auch die notwendige Tiefenwirkung zu erzielen, bedarf es aller vorhandenen Kräfte und der Arbeit im kleinen Kreise. So dürfte der Deutschen Rich. Wagner-Gesellschaft auch für die Zukunft eine Aufgabe gestellt sein.

M. O.

Obiger Artikel aus den „Bayreuther Blättern" zum zehnjährigen Bestehen der „Richard Wagner Gesellschaft", die in ihre Satzungen den „Arierparagraphen" aufgenommen hatte, bedarf keines Kommentars. Zu „Prof. Lessing" siehe Seite 107. Während Bruno Walter, der hier nach dem üblichen antisemitischen Hetzjargon „Bruno Walter (Schlesinger)" genannt wird, aus Deutschland vertrieben wird, dirigiert Siegmund von Hausegger (siehe Seite 113, 195—206, 219) ein von der „jungen Gesellschaft" veranstaltetes Konzert und trägt durch seine Unterschrift unter den Münchner Protest gegen Thomas Mann dazu bei, auch diesen zu vertreiben. Und Karl Richard Ganzer, der wie Hausegger 1933 an der nationalsozialistischen Monatsschrift „Deutsches Wesen" mitgearbeitet hat (siehe Seite 219), veröffentlicht 1938 seine Hetzschrift *Richard Wagner und das Judentum* in der Reihe der „Schriften des Reichsinstituts für Geschichte des neuen Deutschland".
Und anläßlich der Reichstagung des NS-Lehrerbundes in Bayreuth vom 10.—13. Juli 1936 zur Weihe des „Hauses der deutschen Erziehung" apostrophiert der Oberbürgermeister Jean Paul, Richard Wagner und Chamberlain selbstverständlich als Vorarbeiter des „neuen Deutschland".

Richard Wagner und das Judentum

von

Karl Richard Ganzer

Hanseatische Verlagsanstalt Hamburg

Deutsche Erzieher seid willkommen in der Stadt Bayreuth!

Zur Weihe des Hauses der deutschen Erziehung seid ihr zu Zehntausenden aus allen Gauen des deutschen Vaterlandes hier zusammengeströmt. Geschah das wirklich nur, um an einer Einweihungsfeier teilzunehmen?

Nein! Eure Anwesenheit bedeutet ein Bekenntnis.

Hans Schemm, der früh Verewigte, der Schöpfer des Hauses der deutschen Erziehung, der unermüdliche Streiter für die Gedankenwelt Adolf Hitlers, hat die Notwendigkeit einer einheitlichen Richtung aller deutschen Erziehungsarbeit erkannt. Sie ergibt sich aus der Einheit des letzten Zieles dieser Arbeit: der Formung des deutschen Kindes zum deutschen Menschen.

Nach diesem Ziele zu streben, ist die Lebensaufgabe eines jeden deutschen Erziehers, mag er im Elternhause und Kindergarten der jungen Menschenblüte erste Formung geben, mag er an der Volksschule die Grundlagen alles Wissens und Könnens legen, mag er an gehobenen Schulen dieses Wissen und Können erweitern und vertiefen, mag er an den hohen Schulen hinabführen zu den Quellen der Erkenntnis oder hinauf zu den ragenden Gipfeln der Weisheit: immer muß ihn e i n Grundsatz leiten: Das Ich ist wenig — das Volk ist alles! Das Wissen wiegt schwer — aber der Charakter entscheidet.

Aus dieser Einheitsrichtung aller Erziehungsarbeit erwuchs der Zusammenschluß der Erzieher aller Art und aller Grade zum Dienst am neuen Deutschland im NS-Lehrerbund.

Als äußeres Wahrzeichen dieses Einheitsgedankens, als ragendes Mahnmal zur Zusammenarbeit der deutschen Erzieher im Dienste für Volk und Vaterland hat Hans Schemm das Haus der deutschen Erziehung geschaffen, und die Männer und Frauen, die sich zur Einweihung dieses Hauses hier zusammenfanden, bekennen sich zu diesem seinem Gedanken.

Es war kein Zufall und es war bestimmt keine eigensüchtige Laune seines Schöpfers, daß er das Haus der deutschen Erziehung in Bayreuth gebaut hat.

Bayreuth ist die Stadt großer deutscher Erzieher, die — jeder in seiner Art — dem Gedankengut des neuen Deutschlands vorgearbeitet haben: eines Jean Paul, eines Richard Wagner, eines Houston Stewart Chamberlain. Unter ihren Schutz stellen sich die deutschen Erzieher von heute, ihr Weltbild und ihre Erkenntnis wollen sie weitergeben an das heranwachsende deutsche Geschlecht.

Im Geiste dieser Großen, aber auch im Namen der Stadt und ihrer Bewohner begrüße ich die deutschen Erzieher in Bayreuth und wünsche ihnen Kraft und Freude und Segen für ihre Berufsarbeit.

Deutschland wird stets das sein, was deutsche Erziehungskunst aus deutscher Jugend gestaltet!

Heil dem größten der deutschen Erzieher: Heil unserem Führer Adolf Hitler!

Dr. Schlumprecht
Oberbürgermeister.

In seinem Absagebrief vom 31. August 1933 an Wilhelm Furtwängler hatte der Geiger Hubermann schon unmißverständlich geschrieben: „In Wirklichkeit geht es nicht um Violinkonzerte, auch nicht um Juden, es handelt sich um die elementarsten Voraussetzungen unserer europäischen Kultur: die Freiheit der Persönlichkeit und ihre vorbehaltlose, von Kasten- und Rassenfesseln befreite Selbstverantwortlichkeit." Als sich seine Hoffnungen, auch auf Furtwängler, nicht erfüllten, veröffentlichte er am 7. März 1936 im „Manchester Guardian" diesen offenen Brief, während der nationalsozialistische Wagner-Schriftsteller Alfred Lorenz (siehe Seite 219) noch 1939 den Führer als Retter „unserer Kunst" ebenfalls öffentlich grüßt:

Offener Brief an die deutschen Intellektuellen.

Seit der Veröffentlichung der Durchführungsbestimmungen zu den Nürnberger Gesetzen, diesem Dokument der Barbarei, warte ich auf ein Wort der Empörung, eine Tat der Befreiung von Ihnen. Müßte doch so mancher von Ihnen zu dem Geschehenen etwas zu bemerken haben, wenn frühere Bekenntnisse von Ihnen bestehen bleiben sollen. Ich warte vergebens. Angesichts dieses Schweigens kann ich nicht länger stumm bleiben. — Ich greife nach einem Beispiel, nach meinem mehrere Jahre zurückliegenden Briefwechsel mit einem der repräsentativsten deutschen Geistesführer: Dr. Wilhelm Furtwängler. Er hatte eben versucht, mich von meinem Vorhaben abzubringen, meine Absage auf seine Konzerteinladung zu veröffentlichen, und zwar mit dem mir schon damals unbegreiflichen Argument, daß ich mir sonst meine Rückkehr nach Deutschland für viele Jahre, vielleicht für immer verschließe. Meine Antwort am 31. August 1933 (!) lautete:

„... Trotzdem hätte ich vielleicht mit der Veröffentlichung gezögert, wenn durch die Ereignisse der letzten Zeit die Kluft zwischen Deutschland und der Kulturwelt nicht noch immer unüberbrückbarer geworden wäre. Nichts zeigte besser die Vertierung weiter Kreise in Deutschland als die wochenlang durch die Presse gehende Androhung von Anprangerungen deutscher Mädchen für den Fall gemeinsamer Kaffeehausbesuche, Ausflüge, und gar Liebschaften mit Juden — eine Hetze, die schließlich zu solchen Bestialitäten des schwärzesten Mittelalters führen mußte, wie die ‚Times' sie beschreibt." (Zur Erklärung: ‚The Times', London, berichtete: Ein zartes arisches junges Mädchen wird wegen ihrer ‚rassenschänderischen' Beziehungen zu einem Juden so lange in einem Prangerkarren unter dem Gejohle der Menge durch die Hauptstraßen Nürnbergs geschleift, bis ein Wahnsinnsanfall sie von den Streicherschen Bestien befreit.)

Diese Mitteilungen lösten bei Dr. Furtwängler tiefste Empörung aus: Sowohl gegen die Nürnberger Vorfälle, in deren Verurteilung er und alle ‚wirklichen Deutschen' mit mir ‚vollständig einig' seien, als auch gegen mich wegen meines Vorwurfs der ‚Vertierung weiter Kreise', den er als eine ‚ungeheuerliche Verallgemeinerung, die mit der Wirklichkeit nichts zu tun habe' aufs schärfste glaubte zurückweisen zu müssen."

Inzwischen sind zweieinhalb Jahre verstrichen, unzählige Menschen sind ins Konzentrationslager, ins Zuchthaus geworfen, aus dem Lande gejagt, in den Tod durch Mord und Selbstmord getrieben — katholische und protestantische Geistliche, Juden, Demokraten, Sozialisten, Kommunisten, Generäle. Dr. Furtwänglers Meinung über diese Geschehnisse kenne ich nicht. Aber gegen die Schmach der rasseschänderischen Anprangerungen hat er sich deutlich genug ausgesprochen, für sich und ‚alle wirklichen Deutschen'. Und ich hege nicht den geringsten Zweifel an der Echtheit seiner Empörung, glaube auch felsenfest daran, daß viele, ja, vielleicht die Mehrzahl aller Deutschen derselben Ansicht sind.

Nun denn, was haben Sie, die ‚wirklichen Deutschen' getan, um diese Schmach von Ihrem Gewissen, von Deutschland, von der Menschheit abzuwenden, seitdem die aus Argentinien, Böhmen, Ägypten, Livland gebürtigen Pseudodeutschen durch die Nürnberger Gesetze meine angeblich ‚ungeheuerliche Verallgemeinerung' zur legalen ‚Wirklichkeit' gemacht haben? Wo sind in Deutschland die Zolas, Clémenceaux, Painlevés, Piquarts in diesem Monstre-Dreyfuß- Prozeß gegen eine ganze wehrlose Volksminorität, wo die Masaryks in diesem überdimensionalen Polna-Prozeß? Wo erhob sich die Stimme des Blutes, wenn schon nicht der Gerechtigkeit und Vernunft, gegen die womöglich noch unmenschlichere Verfolgung der arisch-jüdischen Mischlinge und sogar rein-arischen Judengatten?

Vor aller Welt klage ich Euch, deutsche Intellektuelle, Euch Nicht-Nazis, als die wahren Schuldigen an allen nazistischen Verbrechen an, an diesem jammervollen, unsere ganze weiße Rasse beschämenden und gefährdenden Niedergang eines hochstehenden Volkes. Denn es ist nicht das erstemal in der Geschichte, daß Instinkte der Gosse nach der Macht greifen, aber es war erst den deutschen Intellektuellen vorbehalten, ihnen zum Siege zu verhelfen. Es ist ein wahrhaft erschütterndes Schauspiel, das sich der staunenden Welt bietet: Deutsche Geistesführer von der internationalen Bewegungsfreiheit und Bedeutung eines Richard Strauß, Furtwängler, Gerhart Hauptmann, Werner Krauß, Kolbe, Sauerbruch, Eugen Fischer, Planck unter anderen, noch bis gestern das deutsche Gewissen, den deutschen Genius darstellend, zur Führung des Volkes durch Beispiel und Tat berufen, finden von allem Anfang an keine andere Reaktion auf diesen Anschlag gegen die heiligsten Güter der Menschheit als Kokettieren, Paktieren, Kooperieren. Und zum Schluß, als ihnen Ursupation und Halbbildung ihre ureigensten Begriffe aus ihrer geistigen Werkstatt raubt, um dieser Verkörperung von Terror und Feigheit, Unmoral und Geschichtsfälschung, innerer und äußerer Volksaufwiegelung auch noch die Gloriole von Freiheit und Heroismus, Ethik und Wissenschaftlichkeit, Mystizismus und Pazifismus zu verleihen, da treiben sie ihren Verrat auf die Spitze: ducken sich und schweigen!

Soll denn die katholische und protestantische Kirche in Deutschland allein bleiben in ihrem wahrhaft heroischen Kampf um Deutschlands Ehre, Überlieferung und Zukunft?

Deutschland, Volk der Dichter und Philosophen, die Welt, nicht nur die feindliche, Eure Freunde warten in Bestürzung auf ein Wort der Befreiung!

ZEITSCHRIFT FÜR MUSIK

Die Tonkunſt grüßt den Führer!

Die Tonkunſt? Wir haben den liberaliſtiſchen Wahn überwunden, als wären geiſtige Bewegungen, alſo auch die einzelnen Künſte, ſelbſtändige im luftleeren Raum ſich entwickelnde Lebeweſen, an denen die mit ihnen ſich beſchäftigenden Menſchen wie Drahtpuppen hängen. Nein! Der wahre Hergang der Dinge iſt ein anderer: Die Natur bringt gewiſſe Menſchen hervor, welche durch ihr Handeln und Wirken einen Zuſtand herbeiführen. Alles Zuſtändliche in der Geſchichte, alſo auch die Kunſt, iſt ein Ergebnis; und ſeine Gründe liegen im Willen der Menſchen.

So grüßt alſo nicht die Tonkunſt ſelbſt. Aber der einzelne Menſch, deſſen Herz an der Entwicklung der Muſik lebenswarmen Anteil genommen hat, darf ſich heute zum Sprecher der Tonkunſt aufwerfen.

Dieſer Menſch weiß, daß am Ende des 19. Jahrhunderts das Blut der wahren Deutſchen, die ſich um das jene Zeit beherrſchende künſtleriſche Geſamtgenie geſchart hatten, zu gären begann. Die politiſchen und kulturellen Lehren, die dieſer Geiſt in ſeinem Siegmund, Siegfried und Parſifal verkörpert hatte, waren von ihnen als die Ahnungen eines Sehers ferner Zukunft erkannt worden. Wir mußten uns damals, wenigſtens in der Raſſenlehre, Adolf Stöcker oder G. Schönerer zu Bundesgenoſſen wählen. Aber die Macht der Idee verſank. Unterirdiſch war das Geſchlecht der Nibelungen am Werke. Die Zeit der „entarteten Kunſt" kam mit ſchleichendem Gifte heran. Das Genie der muſiſchen Künſte war faſt verloren.

Da brach ſich

das Genie der Tat

ſeine Bahn!

Unſere Kunſt war gerettet!

Bayreuth — neu erſtarkt — hat nun eine Möglichkeit, die es nutzen möge: nämlich Wagners Werk echt und treu, d. h. genau ſo zu pflegen, wie es ſein Schöpfer im Geiſte geſehen hat;

Anton Bruckner iſt in die Walhalla eingezogen;

Volksgeſang und friſche Jugend,

Soldatenlied und der Sprechchor des Arbeitsdienſtes blühen auf!

Die eigentliche, geheime, ſtarke Muſik unſerer Zeit lebt noch außerhalb der Tonkunſt. Sie klingt im Marſchtritt der Regimenter, im Rhythmus der Arbeit, im Dröhnen der Motore und Propeller; ſie klingt im endlichen Einklang der deutſchen Herzen, im Willen zur Hebung des deutſchen Menſchen, im Willen zur Macht!

Heil unſerem Retter und Führer!

Alfred Lorenz

In seinem Vortrag „Die Wurzeln des Nazismus“ kritisiert Ernst Bloch 1939 die Neigung der „gebildeten Antifaschisten“, von Wagner nur noch im Nazizusammenhang zu sprechen, und betont, daß „die Musik der Nazis nicht das Vorspiel zu den Meistersingern, sondern das Horst-Wessel-Lied“ sei. (Siehe auch Seite 147)

Wie freilich bekannt, ist der finstere Schwindel nicht nur deutsch. Die Finnen machten den ersten Fascio, sein Anhang waren ganz schlicht verhetzte Bauern. Rom schlachtete Arbeiter zehn Jahre vor Hitler und mußte dazu nicht vorher nordisch verschwült sein. Gewisse deutsche Wurzeln aus Nazismus dürften vor allem nicht so dargestellt werden, als ob sie sozusagen schon vom deutschen Haus her zum Nazi gehörten. Und weiter: als ob dieser ihre einzige Frucht sei, von der sich rückschließend allerhand nicht so Rationalistisches vorher in Bausch und Bogen abtun ließe, weil der Wilde unter den Spießern sich darauf etwas zugute tut. Dies Verfahren würde dann, wider Willen, dem Nazi sogenannte Vorläufer kultureller Art auch noch zutreiben und ihn dadurch stärken. Mit dem Namen Wagner und Nietzsche beispielsweise ist es soweit, daß sie fast nur noch im Nazi-Zusammenhang und in keinem anderen den gebildeten Anti-Faschisten (oder auch nur dem zivilisierten Spießer unter ihnen) von der Zunge gehen. Dadurch werden zwar auf der einen Seite die wirklichen Nazi-Keimstellen in Wagner und Nietzsche betont, jedoch durch heillose Übertreibung, vor allem Auslassung aller anderen Elemente bei Wagner und Nietzsche wird dem Nazismus gerade wieder ein Bedeutendes, außerhalb Deutschlands oft mächtig Angesehenes, künstlich zugeführt. Hier mühen sich allzu übertriebene Archäologen überhaupt nicht mehr um den sehr verschiedenen Zeitindex, historischen Zusammenhang. Es genügt ihnen eine oft leere Analogie, ohne Ansehung ihres historischen Vorkommens, ideologischen Inhalts. Wäre Platon ein Deutscher gewesen, dann wäre er gewiß als Erfinder der Elitetheorie zum Urgroßvater Rosenbergs gemacht worden. Darum darf der eigene Saft, worin der Nazi kocht, bei aller Ahnenforschung nirgends und niemals übersehen werden. Völlig unsinnig aber ist es, sich durch den Nazi um irgendein deutsches Kulturerbe betrügen zu lassen; er ist selbst für Bedenkliches an Wagner, diesem kolossalen Musikphänomen, keine »Enthüllung«. Zu dieser sind andere Mittel bereit, solche, die nicht aus düster-übersteigerter Konsequenzmacherei bestehen, die vor allem das Bayreuther Genie oder den Vornehmen von Sils Maria nicht aus den Händen Hitlers entgegennehmen lassen. Die Musik der Nazis ist nicht das Vorspiel zu den Meistersingern, sondern das Horst-Wessel-Lied; andere Ehre haben sie nicht, andere kann und soll ihnen nicht gegeben werden.

Soviel hier zuletzt über keine oder übertriebene Wurzeln, damit die richtigen erscheinen. Und noch eines muß betont, vielmehr vorher unterschieden werden, nämlich was einen gewissen dunklen Grund angeht. Wir haben gezeigt: gewisse Prämissen zum Erfolg der Nazis liegen seit einem Menschenalter gerade banal auf der deutschen Straße. Aber zugleich wurde gezeigt: zwischen den beiden hauptsächlichen Prämissen, zwischen der Verrohung und dem sinkenden Glauben an nichts als Realschul-Verstand gab es bedeutende Wertunterschiede. Der moralische Niedergang ist eindeutig, die Krise der Wissenschaft ist es nicht, sie hat neben Dunkelmännischem auch edlere Zuflüsse, das Dunkelmännische hat diese nicht gebraucht, sondern mißbraucht. Und es muß weiterhin festgestellt werden: der nur billige Intellekt, eben als Realschul-Verstand, ist an dem Triumph der Nazis nicht weniger schuld als die billige Irratio. Die Weimarer Republik ist nicht bloß an ihrer Schwäche und Halbheit, sie ist auch an ihrer Phantasielosigkeit zugrunde gegangen. Und manche deutschen Sozialisten haben mit ihrem mechanistischen Intellektualismus die verzweifelten Menschen erst recht zu den Nazis gestoßen;

OPERNHAUS NÜRNBERG

FESTVORSTELLUNG
in Anwesenheit des Führers anläßlich des Reichsparteitages der Freiheit am Dienstag den 10. September 1935 / 10.30 Uhr

Die Meistersinger von Nürnberg
Oper von Richard Wagner

Musikalische Leitung: Wilhelm Furtwängler
Inszenierung: Johannes Maurach
Bühnenbilder und Kostüme: Benno v. Arent

Personen der Handlung:

Hans Sachs, Schuster	Karl Kronenberg	Hermann Ortel, Seifensieder	Erich Pros
Veit Pogner, Goldschmied	Josef v. Manowarda	Hans Schwarz, Strumpfwirker	André v. Diehl
Kunz Vogelsang, Kürschner	Wilhelm Traus	Hans Folz, Kupferschmied	Hans Krenn
Konrad Nachtigall, Spengler	Erich Bürger	Walter Stolzing, ein junger Ritter aus Franken	Fritz Wolff
Sixtus Beckmesser, Schreiber	Eugen Fuchs	David, Sachsens Lehrbube	Erich Zimmermann
Fritz Kothner, Bäcker	Herbert Janssen	Eva, Pogners Tochter	Maria Müller
Balthasar Zorn, Zinngießer	Georg Heckel	Magdalena, Evas Amme	Ruth Berglund
Ulrich Eißlinger, Würzkrämer	Karl Mikorey	Ein Nachtwächter	André v. Diehl
Augustin Moser, Schneider	Karl Schulz		

Schauplatz der Handlung: Nürnberg, um die Mitte des 16. Jahrhunderts

Verstärkung: Lehrergesangverein Nürnberg – Verstärkungschor des Opernhauses

Pausen nach dem 1. und 2. Aufzug

JULIUS STREICHER ALS ERFÜLLER DER „WELTANSCHAULICHEN LEBENSZIELE RICHARD WAGNERS“

Dieses Geleitwort ist ein treffendes Beispiel für die stramm hitlertreue antisemitische Ver- und Auswertung Wagners von seiten der Nationalsozialisten. Der Autor dieses Buches, das ganzseitige mit Bildern versehene handschriftliche Grußworte von Winifred Wagner, Eva Chamberlain-Wagner, Daniela Thode-von Bülow, Blandine Gräfin Gravina-von Bülow, Hans von Wolzogen und Helena Wallem enthält, hat zudem noch in einem Schmähaufsatz mit dem Titel „Jüdische Kritikaster über Richard Wagners ‚Meistersinger‘“ seinen antisemitischen Tribut geleistet.

RICHARD WILHELM STOCK

Richard Wagner und die Stadt der Meistersinger

Den Großen von Bayreuth
Richard und Cosima Wagner
zum Gedächtnis in ihrem
125. und 100. Geburtsjahr

VERLAG KARL ULRICH & CO.

»Nur wenigen Gottbegnadeten hat zu allen Zeiten die Vorsehung die Mission aufgegeben, wirklich unsterblich Neues zu gestalten. Damit sind diese aber die Wegweiser für eine lange Zukunft, und es gehört mit zur Erziehung einer Nation, den Menschen vor diesen Großen die nötige Ehrfurcht beizubringen; denn sie sind die Fleischwerdung der höchsten Werte eines Volkes«. Diese Worte des Führers aus seiner Kulturrede auf dem Reichsparteitag »Sieg des Glaubens« treffen so recht auf das Schaffen des großen Genius von Bayreuth Richard Wagner zu.

Die Werke dieses deutschen Meisters sind ganz aus dem Blut und Leben des deutschen Volkes herausgewachsen. Sie bilden einen nicht mehr wegzudenkenden Bestandteil der ewigen Kulturwerte des Deutschtums. Von den Werken Wagners strömt die unendliche Kraft deutschen Geistes, Wesens und Heldentums aus. Keine der gewaltigen Schöpfungen des Meisters aber atmet so viel Gemüt und biederen Volkssinn wie seine »Meistersinger von Nürnberg«. In diesem Werk sind Ton und Dichtung in herrlicher Harmonie vereinigt zu einem gigantischen Gemälde des deutschen Menschen. Deshalb hat auch der Führer zum innigsten und würdigsten Auftakt der größten Feiertage der Deutschen, die der alljährliche Reichsparteitag umschließt, eine Festaufführung der »Meistersinger von Nürnberg« bestimmt.

Schon Richard Wagner selbst wollte die Uraufführung dieses Werkes in Nürnberg haben. Er wußte, daß das Nürnberg eines Hans Sachs und Albrecht Dürer von jeher ein Hort des Deutschtums und die Stadt der mittelalterlichen Kunsthandwerker und weltberühmten deutschen Kaufleute ein gewaltiges Bollwerk gegen jüdisches Schmarotzertum und jüdischen Händlergeist war. Aber gerade in jener Zeit, als Richard Wagner der Stadt der Meistersinger eine hohe Ehre erweisen wollte durch Übertragung der Uraufführung seines Werkes an das Nürnberger Stadttheater, waren die maßgebenden Persönlichkeiten und zuständigen Stellen durch den antideutschen Geist der seit 1848 wieder zugelassenen Juden bereits so angekränkelt und beeinflußt, daß der edle Wunsch des als Judengegner verhaßten Meisters der Ablehnung verfiel. Man brachte es in jener Zeit sogar fertig, in unmittelbarer Nähe des dem größten deutschen Volksdichter Hans Sachs errichteten Denkmals eine Synagoge »reinsten orientalischen Stils« zu erbauen. Um für den fremdstiligen Judentempel inmitten der urdeutschen Altstadt den von der jüdischen Kultusgemeinde gewünschten Bauplatz freizubekommen, genehmigte der Stadtmagistrat sogar den Abbruch des wertvollen historischen Patriziergebäudes »Harsdörfer-Hof«.

Aus diesem Geist der damaligen verantwortlichen Leitung der Stadt Nürnberg heraus kann man es ja verstehen, daß man der Uraufführung der »Meistersinger von Nürnberg« in Nürnberg ablehnend gegenüberstand oder gegenüberstehen mußte. Die Stadt hatte es ja nicht einmal der Mühe wert gefunden, zur Enthüllung des Hans-Sachs-Denkmals im Jahre 1874 den großen Meister von Bayreuth, der in seinen »Meistersingern« dem Nürnberger Schuster-Poeten ein ewiges lebendiges Denkmal gesetzt hat, einzuladen. Diese Kulturschande des damaligen durch den jüdisch-demokratischen Geist verseuchten Bürgertums auszulöschen und das dem großen deutschen Genius zugefügte Unrecht wieder gutzumachen, blieb Adolf Hitler vorbehalten. Er machte Bayreuth zu einem Wallfahrtsort deutscher Kultur, durch tatkräftigste Förderung des Bayreuther Gedankens und der Wagner-Festspiele. Den größten Ausdruck gab der Führer seiner Verehrung für Richard Wagner und sein Werk aber dadurch, daß er den Namen des Meisters durch die Bestimmung der »Meistersinger von Nürnberg« zum Festspiel der Reichsparteitage für alle Zeiten mit der Stadt der Reichsparteitage verband.

Es ist eine wundersame Fügung, daß diesem großen Genius im Reiche der Kunst, dem von Juden und Judengenossen in der niederträchtigsten Art bekämpften und bespieenen Judengegner gerade in Nürnberg diese Ehre zuteil wurde, in der Stadt, von der aus Julius Streicher seit vielen Jahren seinen schweren Kampf gegen das Weltjudentum führt. So haben auch die weltanschaulichen Lebensziele Richard Wagners in der Stadt seiner »Meistersinger«, der Metropole des Weltkampfes gegen das Judentum, wo der Führer auf dem »Reichsparteitag der Ehre« die Gesetze zum Schutze des deutschen Blutes, die Nürnberger Gesetze verkündete, eine herrliche Erfüllung gefunden.

Vorliegendes Buch soll nicht die vorhandene reiche Wagner-Literatur um ein weiteres Werk gleicher oder ähnlicher Art vermehren. Es zeigt die menschliche, künstlerische und weltanschauliche Verbundenheit des Bayreuther Meisters mit der Geschichte und mit dem Geist Nürnbergs und ist gleichzeitig Künder eines geistigen Vorkämpfers der in unseren Tagen ihrer Vollendung entgegengehenden deutsch-völkischen Sendung. Dieses Buch ist nicht etwa geschrieben nur für Gelehrte oder Musiker, sondern als

Volksbuch für jeden Deutschen.

Nürnberg, im Wonnemond 1938

ERRICHTUNG DER „RICHARD WAGNER GEDÄCHTNISSTÄTTE“ DURCH HITLER AM 22. MAI 1938

Wagner-Kopf von Arno Breker

„Der germanischste aller germanischen Opernkomponisten“: mit diesem Ausspruch erkennt Wagner in einem seiner Briefe an Liszt genau sein eigenes Selbst. Und mehr noch: Wagner, eine Erscheinung höchster Genialität, ist des gleichen höchsten Ranges teilhaft, der Johann Sebastian Bach und Beethoven, Shakespeare und Goethe über die Jahrhunderte in die Ewigkeit hebt. Seine ungeheure allumfassende („universale“) Begabung befähigt ihn als schöpferischen Musiker, echteste Meisterwerke des deutschen Geistes von beispielloser Weltgeltung zu schaffen. Als Denker und Philosoph erfaßt sein plastisches Darstellungsvermögen die gesamte künstlerische und soziale Kultur seiner Zeit: sein seherischer Blick durchschaut „die abgeschmackte und sinnloseste Lehre“ des Kommunismus, die Alleinherrschaft der Lüge, die „klägliche Aftergeburt der Demagogie“ ebenso wie dynastische Familieninteressen; und mehr noch: seine Urteile über den Begriff des Geldes, den „würgenden Dämon der Menschheit“, seine Gedankengänge über Religion, Kirche und pfäffisches Christentum, über die Rassenprobleme, über eine „geschlechtlich nationale“ und eine „international-universelle Entwicklung“ der Menschheit, seine Anschauungen über Volk und Gemeinsamkeit, über Judentum und Deutschtum: alle diese sehr ernsten und nachdenklichen Betrachtungen eines weit in die Zukunft vorausschauenden denkerischen Geistes von prophetischer Sicherheit gegenüber dem geschichtlichen Müssen in der Entwicklung des deutschen Volkes, wirken als erstaunliche Vorausnahme unserer nationalsozialistischen Welteinstellung. Aus manchen seiner Schriften — mögen sie auch in Stil und Sprache der leicht eingänglichen Volkstümlichkeit entraten — weht ein Hauch, wie von frischer Morgenluft des jungen Nationalsozialismus. Als Ganzes bedeuten sie einen hohen deutschen Bildungsbesitz.

Die ungeheure Fülle dieses fruchtbaren Erbgutes in seinen bedeutsamen, noch aufzuschließenden Werken dem deutschen Volk, das heißt dem deutschen Geist als lebendigen Kraftquell zuzuleiten, wurde große Aufgabe und würdigstes Ziel der „Richard-Wagner-Gedächtnisstätte“, deren Errichtung der Führer und Reichskanzler Adolf Hitler am 22. Mai 1938 beschlossen und angeordnet hat. Sie ist Ausdruck jener aus der Welt Wagners empfangenen, Wirklichkeiten schaffenden Begeisterung; und ebenso Ausdruck einer tiefen und wahren Verbindung mit dem Haus Wahnfried und der Weihe des Bayreuther Festspielgedankens. Eine Geburtstagsschenkung, steht die neu geschaffene Richard-Wagner-Forschungsstätte unter der Macht des Leitwortes: Deutscher Geist dem deutschen Volk! Richard Wagner der deutschen Nation! Nicht Götzendienst, sondern Dienst am Werk und am Geist Richard Wagners, Dienst am deutschen Geist bestimmt die Aufgabe dieser Forschungsstätte, der das bis dahin fast ängstlich vor Zugriffen behütete Archiv des Hauses Wahnfried sich vollständig erschließen wird. Otto Strobel, Archivar des Hauses Wahnfried und Stadtbibliothekar Bayreuths, wurde die Leitung der Forschungsanstalt anvertraut, die bedeutsam der in ehrfürchtiger Liebe von Helene Wallem aufgebauten und betreuten „Richard-Wagner-Erinnerungsstätte“ als kulturelle und wissenschaftliche Ergänzung zur Seite tritt. Als dieser einzige, echteste deutscheste, wissende und weise, wahrhaftigst schöpferisch-revolutionäre Künstler, als welcher er stürmisch begann, bleibt Wagner und sein strahlendes Werk untrennbar für immer mit dem deutschen Volk und dem neuen deutschen Reiche verbunden. Einer von den wenigen, an denen das Wort Goethes zur Wahrheit wird: „Es kann die Spur von seinen Erdentagen nicht in Äonen untergeh’n . . .“

Dieser Text bildet den Schluß eines 1938 bei Breitkopf & Härtel in Leipzig erschienenen Büchleins des Wagnerschriftstellers Ferdinand Pfohl über Wagner. Auch hier wird diesem eine „erstaunliche Vorwegnahme unserer nationalsozialistischen Welteinstellung“ zugeschrieben.

Hans von Wolzogen sieht nun ebenfalls 1938 am Ende seiner sechzig Jahre langen Tätigkeit als Herausgeber der „Bayreuther Blätter“ Bayreuth als eine „ethische Idee“ „innerhalb der völkischen Kultur und des Dritten Reiches“.

---

2. „Bayreuth“ an die „Bayreuther“ im „Draußen“.

Wunsch und Weisung.

Ein Schlußwort zum 60. Jahrgang.

„Bayreuth“!

Der Name nennt — vergeßt das nie! —
des Deutschtums „Aristokratie“.

Wunsch und Weisung — es kann auch heißen: Mahnung. Das soll der Spruch am Schlusse dieses wohl letzten von mir durchgeführten Jahrgangs bedeuten, nicht also sagen: so ist es, sondern: so sei es. — So oft noch die „Bayreuther“, alt und jung, in Bayreuth sich wieder vereinen, dann gerade, und gerade sie, sollen hier sich im Bewußtsein ihrer geistigen Pflicht gestärkt fühlen. Es gilt für sie, der Bevorzugung würdig zu sein, eine solche Pflicht gegen den Geist einer großen Sache besonders tief und stark fühlen zu dürfen. Das ist es, was unter dem Begriff des Aristokratismus, des Adels, zu verstehen ist, und was dem Adel der geistigen Welt, der Kunst, ernstlich entspricht. Beides, Kunstwerk und Kunstgemeinde, begreift innerhalb der völkischen Kultur und des Dritten Reiches, als eine nicht nur künstlerische, als eine ethische Idee: der Name Bayreuth.

Am 9. Okt. als dem 60. Jahrestage meiner Uebersiedlung nach Bayreuth.

Hans von Wolzogen.

Über Emil Preetorius, der für Bayreuth verschiedene Bühnenbilder schuf, heißt es am 13. Mai 1938 im „Völkischen Beobachter“: „Emil Preetorius, der nach seinem großen Erfolg mit dem ‚Ring‘ für weitere Inszenierungen in Mailand verpflichtet wurde, entwirft zum Tag der Deutschen Kunst in München im Auftrag des Führers das Bühnenbild zum ‚Lohengrin‘, besorgt für Bayreuth den ‚Tristan‘, in Amsterdam wird er den ‚Siegfried‘ gestalten, in London die ‚Zauberflöte‘“. Im Juli 1937 war Preetorius in die Preußische Akademie der Künste aufgenommen worden, wozu es im „Völkischen Beobachter“ vom 16. Juli 1933 heißt: „Ausgeschieden ist bereits der größte Teil von Mitgliedern einer vergangenen Kunstepoche, die einer nationalsozialistischen Neubelebung der Akademie nicht im Wege stehen wollten.“ Zu diesen gehörte auch Thomas Mann, mit dem Preetorius befreundet war und der in seinem Brief vom 6. Dezember 1949 diesem vor Augen hält,

Man hat wohl Wagners Wesen, Werk und Wollen als Romantik zu kennzeichnen versucht: Romantik im heutigen Wortsinne als die Sehnsucht einer spät und müde gewordenen Zeit nach der Kraft früher Ursprünge. Aber diese Kennzeichnung geht fehl. Wagner ist selber ein Ursprung, ein in des Wortes machtvollem Sinne urtümlich-primitiver Mensch, als deutsche Natur der Barbarei noch nahe, wie Nietzsche rühmend von ihm meint. Und es gibt nichts Bezeichnenderes für dies Anfängliche, Frühe bei Wagner, als daß er die Künste wieder zusammenwirken will, zurückführen aus ihrer späten jeweiligen Vereinzelung, ja, daß er kraft seines Wesens gar nicht anders kann, als nur im ursprünglich unzerteilten Ineinander aller Künste zu denken, zu werken und zu wirken. Freilich: er ist zugleich Kind seines Jahrhunderts mit aller Schärfe eines ewig fragenden, forschenden Verstandes, mit aller selbstquälerischen Wachheit des Bewußtseins. Und dies grelle Gegeneinander in seinem rastlosen Herzen, das ihn, so ruft er aus, nur in Extremen sein, ja sein ganzes Künstlertum hinwerfen läßt, um einige Wochen wirklichen Lebens, dieser stete Kampf zwischen Gefühl und Verstand, Rausch und Erkenntnis, Blut und Urteil, Trieb und Geist: das macht ihn nicht nur zum tragischen Repräsentanten seines Jahrhunderts, es macht ihn zum Repräsentanten des Deutschen schlechthin mit seiner ewigen, hemmend-zeugenden Zwiespältigkeit – jener Zwiespältigkeit, die das Heilige Römische Reich Deutscher Nation, diese sehnsüchtig großartige Zwittereinheit schuf und erstmals in Luthers Wort und Tat rücksichtslos sich selber darstellt.

Für Wagner ist die Musik, seine Musik, Anfang und Ende aller Wortkunst, Nochnichtdichtung und Mehralsdichtung, und wie er selber urtümlich ist und spät in einem, so will er mit dieser Musik, mit seinem Musikdrama Urbeginn und Zukunft ineinanderfassen und damit die heillose Gegenwart überwinden, ja, er will zuletzt den gesamten indes geschehenen historischen Prozeß aufheben. Er will das, was Ausdruck ist, Bild eines Volkes, wie die tragische Theaterfeier das Griechentum nochmals ist, gesammelt zu seiner plastisch-reichsten Gebärde – das will er allein im voraus schaffen. Und wie sehr er auch selber weiß, daß diese attische Tragödie nicht ein Einzelner vollbringen konnte, und sei er ein Genius wie Aeschylos oder Sophokles, sondern nur die schöpferische Macht eines Volksganzen, „seine gemeinsame Dichtungskraft“, die durch den Einzelnen hindurchwirkt – sein Schaffens-, sein Wirk-, sein Retterdrang weist alle theoretische Einsicht zur Seite. Selbstherrlich verkehrt er die Grundgegebenheiten, er macht gleichsam Bedingung zur Folge: er schafft sein Drama, und in seinem Anblick soll das Volk als Ganzes sich wiederfinden, seine Größe, seine Würde, seine lebendige Gesamtform zurückgewinnen. Denn in Wagner war der Glaube nicht zu erschüttern, daß das Volk, „sein deutsches Volk“ noch lebe, wenn auch ohnmächtig zersplittert, ja, daß bei ihm allein dank seiner unverbrauchten Kräfte es noch möglich sei und darum geboten, die Kunst wieder mit dem Volksganzen zu verknüpfen, so daß in der Kunst des Einzelnen der Volksgeist neu und machtvoll offenbar werde.

daß er in seinem Büchlein *Wagner, Bild und Vision* aus dem Jahre 1942 „ausgelassen“ habe, daß „viel ‚Hitler‘ in Wagner“ sei. Auf seine Weise hat Thomas Mann Preetorius gekennzeichnet: er steht hinter Sixtus Kridwiß „Graphiker, Buchschmuckkünstler und Sammler ostasiatischer Farbenholzschnitte und Keramik“, in dessen Wohnung in der Münchner Martiusstraße die Zusammenkünfte und Gespräche jener konservativen Revolutionäre stattfinden, für die „ohnehin alles auf Diktatur, auf Gewalt“ hinauslief, und an Hand derer Thomas Mann in seinem *Dr. Faustus* die „Nachbarschaft von Ästhetizismus und Barbarei, den Ästhetizismus als Wegbereiter der Barbarei“ demonstriert.

Aber Wagners unersättlicher Ehrgeiz greift noch weiter; er will mit seinem Kunstwerk zugleich das schaffen, was Urphänomen aller Volkswerdung ist von gründender Kraft: den Mythus. Denn in ihm allein, so meint er tiefsinnig, wachsen Natur und Geist organisch ineinander zur letzten, künstlerischen Verdichtung des Wesens der Welt. Und das Erlebnis seines Musikdramas als mythischen Urbildes mit der verwandelnden Macht magischen Anrufs soll die Rückkehr erzwingen zu der so unheilvoll verleugneten, ewigen Notwendigkeit der natürlichen Ordnungen, erzwingen die Wiedervereinigung der unselig auseinandergerissenen Mächte, die Abgründe schließen zwischen Macht und Geist, dem Einzelnen und der Gemeinschaft: aus solcher Rückkehr, aus solcher Wiedervereinigung werde aber nicht nur das deutsche Volk genesen, das ganze Menschengeschlecht werde sich zu neuer Gemeinschaft finden und eine höhere Seinsform daraus gewinnen. – Welch herrische Vermessenheit, welch ungeheurer Anspruch eines Einsamen in gottferner Zeit, welch unersättlich glühender, liebeheischender Wirkwille inmitten selbstisch satter Lauheit, aber nicht zuletzt welch leidenschaftlich heiliger Glaube im kalten, unheiligen Jahrhundert der Vernünftigkeit und Zwecke: Glaube an die Kunst als wunderweckende Kraft, als Ruferin der Gottheit, als Drang, Rechtfertigung und Erlösung erschütterten Menschenseins – tiefster Spiegel der Welt, wirklicher als alle Wirklichkeit, wahrer als alle Wahrheit.

AN EMIL PREETORIUS

Pacific Palisades Calif.
den 6. Dez. 49

Lieber Pree,

es hat doch länger gedauert, als ich wünschte, bis Ihrem Brief die Wagner-Schrift nachfolgte. Wie sehr ich selber dem Gegenstand verhaftet bleibe, zeigte mir die Spannung, mit der ich – bei soviel Lese-Ansprüchen – gleich nach dem Büchlein griff und die bis zum letzten Worte anhielt, während ich es in einem Zuge las. Dies Austrinken auf einen Zug kommt bei mir selten vor;

Ach, diese Sache! Ich wollte, wir könnten bei Tee und Zigaretten *drei Stunden* darüber mündlich dischkurieren. Wir würden uns gut verstehen in unserem Enthusiasmus, – und in seinen skeptischen Brechungen. In Ihrem Essay glauben Sie Wagnern allzuviel, lassen unwillkürlich und notwendigerweise zuviel weg von dem, was gräßlich an ihm war, und verklären noch seinen Welterfolg, daß es fast schon ans Unerlaubte grenzt. Glauben Sie ernsthaft – Sie können es ja gar nicht glauben! – daß dieser Siegeszug über die bourgeoise Welt der Sehnsucht zu danken ist, »zurückzutauchen in den wiedervereinenden Abgrund und die heilige Nacht«, – und nicht vielmehr der deutschen Mischung aus Barbarismus und Raffinement, mit der ja auch Bismarck Europa unterworfen hat, – plus einem Erotizismus, wie er in Gesellschaft noch nie exhibiert worden war? Können Sie die Pariser Venusbergmusik noch gut hören? Es ist ja wirklich zuweilen unappetitlich. Und, wieder anders: Können Sie Hans Sachsens Theatersinnigkeit noch recht vertragen, die Gans, Evchen traut, den ›Juden im Dorn‹, Beckmesser? Dabei ist dessen Pantomime, bis er das Lied findet, einfach glänzend, das Vorspiel zu dem Akt ganz herrlich, das Quintett ein wunderschönes Stück. Überhaupt ein Können, ein Talent, eine Vortragskunst – nicht zu sagen. Aber Manieren dabei, ein Anspruch, eine Selbstverherrlichung und mystagogische Selbstinszenierung – auch nicht zu sagen und zu ertragen. Warum nun gerade dieses Werk, das es, bei persönlichster Synthese, doch überallher hat, volkschaffend und welterlösend sein soll, das wissen die Götter. Es ist da, in Wagners Bramarbasieren, ewigem Perorieren, Allein-reden-Wollen, über alles Mitreden-Wollen eine namenlose Unbescheidenheit, die Hitler vorbildet, – gewiß, es ist viel ›Hitler‹ in Wagner, und das haben Sie ausgelassen, mußten es natürlich auslassen, – wie sollten Sie das Werk, dem Sie dienen, mit Hitler in Verbindung bringen! Es hat lange genug mit ihm in Verbindung gestanden.

Der zweite Akt ›Tristan‹, finde ich jetzt, mit seinem metaphysischen Wonneweben, ist mehr etwas für junge Leute, die mit ihrer Sexualität nicht wo ein und aus wissen. Aber als ich mir neulich den *ersten* in seiner realistischen Dramatik wieder einmal vorführte, war ich vollständig begeistert.

Ich möchte wohl den ›Lohengrin‹ in Ihrer Ausstattung sehen! Aber haben Sie nie den ›Parsifal‹ gemacht? Das Alterswerk, viel unterschätzt, ist doch eigentlich das Aller-Interessanteste. Die großartigste Musik ist noch darin (Verwandlung im III. Akt), und die Figur der Kundry ist zweifellos seine höchste dichterische Errungenschaft. Er wußte es.

So lange Briefe, mein Herr, schreibe ich sonst *nie* mehr. Ich werde eben wieder jung, wenn es mit Wagner anfängt. Haben Sie Dank für die Anregung und Wiederaufregung, die Ihr Buch mir gebracht hat!

Auch Ihren schönen, sehr schönen Nachruf auf Wolfskehl habe ich damals erhalten und mit Rührung gelesen. Der ganze Mann in seiner Einzigartigkeit wurde mir wieder lebendig durch Ihren warmen, liebenden Anruf.

Leben Sie recht wohl, und vielen Erfolg überall in der Welt!

Ihr
Thomas Mann

Richard Wagner

ein Kämpfer und sein Werk

Festschrift
der NS.-Gemeinschaft „Kraft durch Freude"
für die Gäste der Bayreuther Kriegsfestspiele
1940

Dem deutschen Volk weihte Richard Wagner sein Werk. Seiner Zeit weit voraus, formte der Künstler und politische Revolutionär das Gesamtkunstwerk seiner Musikdramen als Ausdruck ewigen deutschen Wesens. Für die Gemeinschaft des Volkes bestimmte er das Festspielhaus zu Bayreuth, dessen Grundsteinlegung kurz nach der Bezwingung Frankreichs im Kriege 1870/71 erfolgte.

Knapp sieben Jahrzehnte sind vergangen. Das Reich hat seine Einheit errungen und steht im Endkampf um seine Freiheit. Inmitten des unaufhaltsamen Vormarsches der siegreichen deutschen Truppen gegen die Feindmächte hat der Führer die NS.-Gemeinschaft „Kraft durch Freude" beauftragt, deutsche Soldaten und Arbeiter nach Bayreuth zu rufen, damit ihnen hier das Erlebnis der schöpferischen Gestaltung deutschen Geistes zuteil wird.

Deutschland wird siegen im Sinne Richard Wagners, dem deutsche Art als Bürgschaft aller Kultur galt.

Dr. R. Ley

Die Deutsche Arbeitsfront

Der Gauobmann
Gauhauptstelle: Propaganda u. Presse
Gaustelle: Propaganda – St/k.

Bayreuth, den 30. 5. 1944
Richard-Wagnerstraße 51
Fernsprecher 3251

Eingegangen
30 MAI 1944
F.
Erledigt:

An die
Druckerei
M ü h l
B a y r e u t h

Betr.: Bayreuther Kriegsfestspiele 1944 – Gutscheinheft

Nach einer neuerlichen Stellungnahme der Reichspropagandaleitung darf für das Gutscheinheft nur Karton bis 120 gr. verwendet werden. Sollte hierdurch eine Blindprägung nicht möglich werden, so muß auf diese verzichtet werden.

Für den Umschlag wurde ausnahmsweise ein Karton von 200 gr. genehmigt.

Wir bitten diese Festlegungen der Reichspropagandaleitung zu berücksichtigen. Noch einmal den Versuch zu machen, doch noch eine Änderung herbeizuführen, ist nach Lage der Dinge nunmehr zwecklos.

Heil Hitler!
Gaupropagandawalter

Drahtanschrift: Arbeitsfront Bayreuth Postscheckkonto: Nürnberg Nr. 8416 .. Scheck- u. Girokonto Städt. Sparkasse Bth. Konto Nr. ...

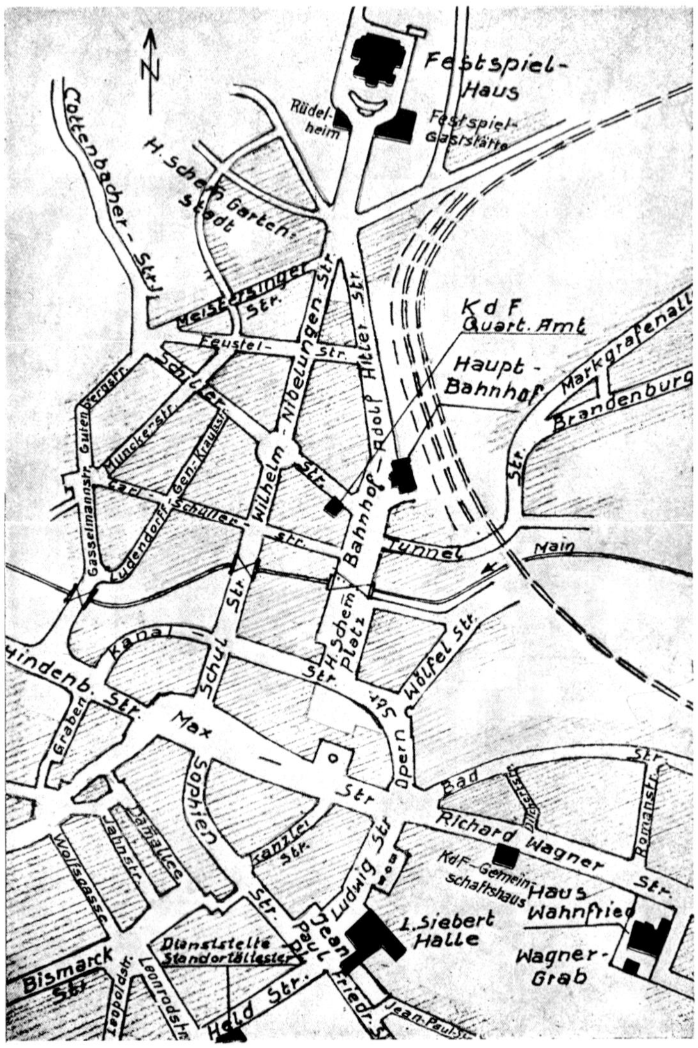

Stadtplan von Bayreuth aus dem Gutscheinheft

Nach Beginn des Zweiten Weltkrieges verfügt Hitler, gegen den ursprünglichen Entschluß Winifred Wagners, das Festspielhaus zu schließen, daß die Festspiele stattfinden; und zwar für Verwundete und deren Pflegepersonal, Rüstungsarbeiter und andere am Krieg Beteiligte, die freie Reise, Verpflegung, Eintrittskarte und freies Quartier erhalten. Die Organisation liegt in der Hand der NS-Gemeinschaft „Kraft durch Freude“ und wird von der „Deutschen Arbeitsfront“ durchgeführt, von der jedem Besucher ein Gutscheinheft für seinen dreitägigen Aufenthalt ausgehändigt wird. In den ersten Jahren stehen noch der *Ring* und der *Fliegende Holländer* in der Neuinszenierung von 1939 auf dem Spielplan, 1943 und 1944 werden nur noch — mit den Dirigenten Wilhelm Furtwängler und Hermann Abendroth — die *Meistersinger* gespielt. Über die sechzehn *Meistersinger*-Aufführungen des Jahres 1943 mit Furtwängler als Dirigent schreibt die „Frankfurter Zeitung“ am 7. 8. 1943:

„Etwa dreißigtausend Soldaten, Offiziere, Matrosen, Arbeiter der Rüstungswirtschaft, Arbeiterinnen, Verwundete, Pflegerinnen ... haben gerade in diesem Werke, das die Welt unserer Vorfahren in einem so herzlichen und gemütvollen Gemälde festhält, erkennen können, wofür Deutschland kämpft ... die politische Resonanz war bei den Zuhörern und Zuschauern des letzten Bildes untrüglich zu spüren ... Als Bekenntnis zum Siege und Beitrag zum Siege wollen die Kriegsfestspiele 1943 verstanden sein.“ Von 1940 bis 1944 finden etwa siebzig Aufführungen mit annähernd hunderttausend Besuchern statt. Nach dem Frankreichfeldzug besucht Hitler noch einmal eine Vorstellung: die *Götterdämmerung*. Es ist Winifred Wagners letzte Zusammenkunft mit ihm. Die letzte Vorstellung findet am 9. August 1944 statt. Am 5. April 1945 wird „Wahnfried“ bei einem Angriff zerstört.

DIE DEUTSCHE ARBEITSFRONT
NS.-GEMEINSCHAFT „KRAFT DURCH FREUDE“
Gaudienststelle Bayreuth
BAYREUTHER BÜHNENFESTSPIELE

GUTSCHEIN
für
1 Frühstück
im KdF.-Gemeinschaftshaus
(nach der Ankunft in Bayreuth)

DIE DEUTSCHE ARBEITSFRONT
NS.-GEMEINSCHAFT „KRAFT DURCH FREUDE“
Gaudienststelle Bayreuth
BAYREUTHER BÜHNENFESTSPIELE

Quartiergutschein № 19480
(gültig für Übernachtungen mit Frühstück einschl. Bedienung)
Name des Quartiergebers ....
.... Straße Nr. ....
vom
1 Bett in einem Zimmer mit .... Bett(en)

Dieser Quartiergutschein hat nur für 1 Person Gültigkeit. Eigener Wohnungswechsel ist nicht gestattet.
Dieser Quartiergutschein ist beim Eintreffen sofort dem Quartiergeber auszuhändigen.
Die Auszahlung des Quartiergeldes an den Quartiergeber erfolgt nur gegen Rückgabe des Quartierbestellscheines und dieses Quartiergutscheines.
Quartieramt: Gegenüber dem Hauptbahnhof, Eingang Friedrich-von-Schiller-Straße, Fernsprecher-Nr. 3541/44.

DIE DEUTSCHE ARBEITSFRONT
NS.-GEMEINSCHAFT „KRAFT DURCH FREUDE“
Gaudienststelle Bayreuth
BAYREUTHER BÜHNENFESTSPIELE

GUTSCHEIN
für
1 Mittagessen
(ausschl. Getränke und Rauchwaren)
in der Ludwig-Siebert-Festhalle
(am Tag der Ankunft in Bayreuth) um 12 Uhr

DIE DEUTSCHE ARBEITSFRONT
NS.-GEMEINSCHAFT „KRAFT DURCH FREUDE“
Gaudienststelle Bayreuth
BAYREUTHER BÜHNENFESTSPIELE

GUTSCHEIN
für
1 Abendessen
(ausschl. Getränke und Rauchwaren)
in der Ludwig-Siebert-Festhalle
(am Tag der Ankunft in Bayreuth) um 19 Uhr

DIE DEUTSCHE ARBEITSFRONT
NS.-GEMEINSCHAFT „KRAFT DURCH FREUDE“
Gaudienststelle Bayreuth
BAYREUTHER BÜHNENFESTSPIELE

GUTSCHEIN
für
1 Glas Bier
(Abgabe in der Ludwig-Siebert-Festhalle beim Abendessen am Tag der Ankunft)
Kostenlos vom Wehrmacht-Standortältesten Bayreuth

Berechtigungsschein
zum einmaligen käuflichen Erwerb von
1 Schoppen Wein (1/4 Liter)
Verkaufsstellen: Sämtliche Gaststätten in Bayreuth, Verpflegsstelle Ludwig-Siebert-Festhalle und Festspiel-Gaststätte
Gültig während der Festspiele 1943

Berechtigungsschein
zum einmaligen käuflichen Erwerb von
1 Schoppen Wein (1/4 Liter)
Verkaufsstellen: Sämtliche Gaststätten in Bayreuth, Verpflegsstelle Ludwig-Siebert-Festhalle und Festspiel-Gaststätte
Gültig während der Festspiele 1943

Berechtigungsschein
zum einmaligen käuflichen Erwerb von
1 Schoppen Wein (1/4 Liter)
Verkaufsstellen: Sämtliche Gaststätten in Bayreuth, Verpflegsstelle Ludwig-Siebert-Festhalle und Festspiel-Gaststätte
Gültig während der Festspiele 1943

Berechtigungsschein № 17250
zum einmaligen käuflichen Erwerb von
1 Glas Trinkbranntwein
(2 ccm)
Verkaufsstellen: Sämtliche Gaststätten in Bayreuth, Verpflegsstelle Ludwig-Siebert-Festhalle und Festspiel-Gaststätte
Gültig während der Festspiele 1943

Berechtigungsschein № 17250
zum einmaligen käuflichen Erwerb von
1 Glas Trinkbranntwein
(2 ccm)
Verkaufsstellen: Sämtliche Gaststätten in Bayreuth, Verpflegsstelle Ludwig-Siebert-Festhalle und Festspiel-Gaststätte
Gültig während der Festspiele 1943

DIE DEUTSCHE ARBEITSFRONT
NS.-GEMEINSCHAFT „KRAFT DURCH FREUDE“
Gaudienststelle Bayreuth
BAYREUTHER BÜHNENFESTSPIELE

GUTSCHEIN
für
1 Frühstück
im KdF.-Gemeinschaftshaus
(am Tag der Aufführung)

DIE DEUTSCHE ARBEITSFRONT
NS.-GEMEINSCHAFT „KRAFT DURCH FREUDE“
Gaudienststelle Bayreuth
BAYREUTHER BÜHNENFESTSPIELE

GUTSCHEIN № 13251
für
die Teilnahme am Einführungsvortrag
in der Ludwig-Siebert-Festhalle
am Vormittag Ihres Festspielbesuches um 9 Uhr

DIE DEUTSCHE ARBEITSFRONT
NS.-GEMEINSCHAFT „KRAFT DURCH FREUDE“
Gaudienststelle Bayreuth
BAYREUTHER BÜHNENFESTSPIELE

GUTSCHEIN
für
1 Mittagessen
(ausschl. Getränke und Rauchwaren)
in der Festspiel-Gaststätte
(am Tag der Aufführung) um 12.30 Uhr

Wichtiger Hinweis

Wir bitten Sie, auch während der Festspielaufführung an die Gemeinschaft, welche mit Ihnen die Aufführung erlebt, zu denken. **Die Plätze müssen mindestens 15 Minuten vor der festgesetzten Zeit, die aus der Eintrittskarte ersichtlich ist, eingenommen sein.** Die Saaltüren werden 5 Minuten vor Spielbeginn geschlossen, ein Einlaß findet dann nicht mehr statt. Ebenso darf während des Festspiels der Raum nicht verlassen werden.

Unbedingte Ruhe während der Aufführung ist eine Selbstverständlichkeit. Wenn Sie am Spieltage vielleicht erkältet sein sollten oder an Hustenreiz leiden, bitten wir Sie im Interesse der anderen Volksgenossen auf den Besuch der Festaufführung zu verzichten.

Beifall bitten wir erst dann zu spenden, wenn sich der Vorhang geschlossen hat und die Musik endgültig verklungen ist.

Das Fotografieren im Festspielhaus ist nicht gestattet.

DIE DEUTSCHE ARBEITSFRONT
NS.-GEMEINSCHAFT „KRAFT DURCH FREUDE"
Gaudienststelle Bayreuth
BAYREUTHER BÜHNENFESTSPIELE

DIE MEISTERSINGER VON NÜRNBERG

Dienstag, den 3. August 1943 15 Uhr

Galerie links 3. Reihe

14

DIE DEUTSCHE ARBEITSFRONT
NS.-GEMEINSCHAFT „KRAFT DURCH FREUDE"
Gaudienststelle Bayreuth
BAYREUTHER BÜHNENFESTSPIELE

GUTSCHEIN

für

1 Mittagessen
(ausschl. Getränke und Rauchwaren)
in der Ludwig-Siebert-Festhalle
(am Tag der Ankunft in Bayreuth) um 12 Uhr

DIE DEUTSCHE ARBEITSFRONT
NS.-GEMEINSCHAFT „KRAFT DURCH FREUDE"
Gaudienststelle Bayreuth
BAYREUTHER BÜHNENFESTSPIELE

GUTSCHEIN

für

6 Zigaretten = 30 Rpf.
Die Abgabe erfolgt **nur** an der Wehrmachtsverkaufsstelle in der Ludwig-Siebert-Festhalle
Gültig für die Festspiele 1943
Kostenlos vom Wehrmacht-Standortältesten Bayreuth

DIE DEUTSCHE ARBEITSFRONT
NS.-GEMEINSCHAFT „KRAFT DURCH FREUDE"
Gaudienststelle Bayreuth
BAYREUTHER BÜHNENFESTSPIELE

GUTSCHEIN

für

1 Frühstück
im KdF.-Gemeinschaftshaus
(am Tag der Rückfahrt)

DIE DEUTSCHE ARBEITSFRONT
NS.-GEMEINSCHAFT „KRAFT DURCH FREUDE"
Gaudienststelle Bayreuth
BAYREUTHER BÜHNENFESTSPIELE

GUTSCHEIN

für

1 Mittagessen
(ausschl. Getränke und Rauchwaren)
in der Ludwig-Siebert-Festhalle
(am Tag der Rückfahrt) um 12 Uhr

DIE DEUTSCHE ARBEITSFRONT
NS.-GEMEINSCHAFT „KRAFT DURCH FREUDE"
Gaudienststelle Bayreuth
BAYREUTHER BÜHNENFESTSPIELE

GUTSCHEIN Nr. 0056

für

1 Reiseverpflegung
(**Abgabe** am Bahnhof vor Abfahrt des Sonderzuges am Tag der Rückfahrt)

Merkblatt

I. Militärische Anordnungen:

1. Die Festspielteilnehmer werden mit dem Eintreffen in Bayreuth dem **Wehrmachtstandortältesten** für die Dauer ihres Aufenthalts in Bayreuth unterstellt.
2. Mit der Betreuung der Festspielteilnehmer ist vom WStoä. Bayreuth ein **Betreuungskommando** beauftragt, das aus 1 Offizier, mehreren Unteroffizieren und Mannschaften besteht. Das Betreuungskommando trägt gelbe Armbinden.
   Die Transportführer haben sich bei ihrem Eintreffen in Bayreuth bei ihm zu melden
3. Die Teilnehmer haben den **Weisungen des Betreuungskommandos** in jeder Beziehung **nachzukommen.**
4. Jeder Teilnehmer ist einem bestimmten **Quartierblock** zugeteilt; (s. 1. Blatt des Gutscheinheftes). Beim Sammeln hat er sich bei dem Soldaten einzufinden, der die Nummer seines Quartierblocks auf einer Tafel trägt.
5. **Rat und Auskunft** haben Teilnehmer während ihres Aufenthaltes in Bayreuth nur beim Betreuungskommando oder beim Bahnhofoffizier einzuholen; während der Eisenbahnfahrt nur beim Transportoffizier.
6. **Die Verdunklungsvorschriften** sind im Quartier, auf den Straßen und Plätzen der Stadt und in den Lokalen genau zu beachten. Bei Fliegeralarm haben sich sämtliche auf der Straße befindlichen Wehrmachtsangehörigen unverzüglich in die nächstgelegenen Luftschutzräume zu begeben. In den Luftschutzräumen haben Wehrmachtsangehörige den Weisungen und Anordnungen der zivilen Luftschutzorgane Folge zu leisten.

II. Zeitfolge:

A) Am Ankunftstag:

12. Nach der Ankunft des Sonderzuges in Bayreuth: Einnahme der Mahlzeiten in der Ludwig-Siebert-Festhalle, gemeinsam mit sämtlichen KdF.-Festspielgästen. Dort werden alle Einzelheiten bekanntgegeben.

B) Am Aufführungstag:

13. Frühstück im Quartier. Hierzu erhält der Quartiergeber vom Städtischen Ernährungsamt einen Lebensmittelschein. **Die kasernierten Teilnehmer** nehmen das Frühstück im KdF.-Gemeinschaftshaus, Richard-Wagner-Straße 24, ein.
14. Sammeln am Sammelplatz (S. 1. Blatt im Gutscheinheft) zur Besichtigung der Sehenswürdigkeiten von Bayreuth. (S. Abs. III). Die Zeit wird tags zuvor noch bekanntgegeben.
15. 9 Uhr Einführungsvortrag für die Aufführung am Nachmittag in der Ludwig-Siebert-Festhalle. **Die Teilnahme ist Dienst.** Die Plätze müssen bis 8.50 Uhr eingenommen sein.
16. Gemeinsames Mittagessen in den Räumen der Festspielgaststätten auf dem Festspielhügel. Genauer Zeitpunkt wird tags zuvor noch bekannt gegeben.
17. Nach dem Mittagessen Ruhe und Vorbereitung auf das Festspiel. Bei schönem Wetter wird der Besuch der Gaststätte Bürgerreuth hinter dem Festspielhaus empfohlen.
18. Teilnahme an der Aufführung. **Diese ist Dienst.** Die Plätze müssen um 14.45 Uhr eingenommen sein und dürfen nicht vor Beendigung der einzelnen Akte verlassen werden. Eine Abgabe der Karte — mit oder ohne Entgelt — an Familienangehörige oder sonstige außerhalb der Wehrmacht stehende Personen ist verboten. Strenge Kontrollmaßnahmen sind getroffen. Zuwiderhandelnde Teilnehmer werden bestraft; gegen Zivilpersonen wird Strafantrag gestellt.

7. Bei **Fliegeralarm** während des Aufenthaltes auf dem Festspielhügel ist den Weisungen des Luftschutzpersonals genauest und raschest nachzukommen. Die Deckungsgräben sind in Ruhe aufzusuchen. Teilnehmer aus den Lazaretten und Gehbehinderte sind von ihren Kameraden zu betreuen. Tritt während der Pausen auf dem Festspielhügel Fliegeralarm ein, so sind dieselben Deckungsgräben aufzusuchen, die für die einzelnen Sitzplätze vorgeschrieben sind.
8. Während des Aufenthaltes in Bayreuth **erkrankte** Soldaten begeben sich zum Truppenarzt in das erweiterte Krankenrevier im Bereich der Prinz Leopold-Kaserne, Geb. 2f, Eingang Hartmannstraße, beim Pförtner. Teilnehmer, die am Spieltag an Hustenreiz leiden, müssen im Interesse der übrigen Zuhörer auf den Besuch der Festaufführung verzichten. Sie haben sich zu diesem Zweck rechtzeitig beim Standortoffizier, Heldstraße 7, Zimmer 91 oder beim Betreuungsoffizier zu melden, damit ihre Karte einem anderen Wehrmachtsangehörigen zu Gute kommen kann.
   Während der Aufführungen befindet sich im Festspielhaus ein **Sanitätsoffizier im Raum unter der Mittelloge** (vorderer Theatereingang), außerdem eine Rot-Kreuz-Bereitschaft in einer Baracke unterhalb der Polizeiwache, die durch die aushängende Rote Kreuzflagge gekennzeichnet ist.
9. Auf ordentlichen **Anzug** ist besondere Sorgfalt zu legen. Wo immer der Soldat sich in der Oeffentlichkeit zeigt, hat er straffste Straßendisziplin zu bewahren.
10. Für die Dauer des Aufenthaltes in Bayreuth ist der **Zapfenstreich** allgemein auf 1 Uhr festgesetzt.
11. In wieweit für **Gehbehinderte** und **Verwundete** Kraftfahromnibusse zur Verfügung gestellt werden können, wird jeweils beim vorangehenden gemeinsamen Essen bekanntgegeben.

19. **In der zweiten Pause gemeinsame Einnahme des Abendessens in den Festspielgaststätten.**

C) Am Rückfahrtstag: (Tag nach dem Aufführungstag)

20. **Frühstück wie in Ziffer 13.**
21. **Sammeln. Die Zeit wird bekanntgegeben.**
22. **Marsch zum Bahnhof; die Plätze in den Zügen müssen 15 Minuten vor der Abfahrt eingenommen sein.**

III. Sehenswürdigkeiten:

23. Bei der Besichtigung der Sehenswürdigkeiten von Bayreuth (vergl. Ziffer Nr. 14) werden gezeigt:
    entweder (Dauer $^3/_4$ Stunde):
    Das Markgräfliche Opernhaus; (Prachtbau aus der Zeit Friedrichs des Großen.)
    Das Richard Wagner Grab mit Haus Wahnfried.
    Die Feierhalle des Hauses der Deutschen Erziehung —
    oder (Dauer 1 Stunde):
    Richard Wagner-Gedächtnisstätte (Sammlung aus dem Leben des Tondichters) im Neuen Schloß, Eingang Glasenapp-Weg.
    Nur für solche Teilnehmer empfohlen, die sich eingehender mit dem **Schaffen des Meisters** befassen wollen.
24. **Allgemein:** Die Teilnahme an den Besichtigungen wird empfohlen, ist aber freigestellt. Hauptsache ist, daß der Teilnehmer seine volle Frische für die Aufführung am Nachmittag bewahrt. Die Teilnehmer, die die Richard Wagner Gedächtnisstätte besuchen wollen, haben dies anläßlich des Abendessens am Ankunftstag dem Betreuungskommando bekanntzugeben.

ANNETTE KOLB

KÖNIG LUDWIG II. VON BAYERN UND RICHARD WAGNER

Noch war es leicht, seine Heimat zu wählen. Nicht das Geringste deutete auf den Krieg von 1870/71. Ganz im Gegenteil. Zwischen Preussen und Österreich sollten Feindseligkeiten ausbrechen, die Bayern zu den Österreichern halten und mit grossem Holdrio gegen die Preussen marschieren. Preussen aber sollte siegen, und alles Unheil nahm hiermit seinen Anfang.

Ludwig II. war ein Mann von grossem ja verwegenem Mut, als solcher wird er in den Tod gehen; er ist jedoch viel zu jung um zu ahnen, dass seine Ansichten, wer weiss wie vielen Jahrzehnten voraus eilen. Ein Krieg mit Österreich ist vor der Tür. Kriege dünken ihm ein menschenunwürdiges, veraltetes Handwerk, das er hasst, ja verachtet; und Richard Wagner, der ungeteilt seiner Meinung ist, schreibt ihm zurück, Bismarck sei ein ehrgeiziger Junker, der mit grausamer Frivolität die Schicksale der grössten und edelsten Nation auf das Spiel setzt.

Diese Schicksale entscheiden sich jetzt schnell. Am 10. Mai unterschreibt der König das Mobilmachungsgesetz, hält aber den Krieg nach wie vor unter allen Umständen für vermeidlich. Ob er auch die Preussen nicht mag, der Gedanke, die Vorstellung eines Krieges mit ihnen ist ihm unerträglich. Am 15. Mai telegraphiert der noch nicht 21jährige Monarch an Wagner. „Immer mehr verfinstert sich der Horizont, der grelle Schein der friedlichen Tagessonne martert unsäglich. Ich bitte den Freund um baldige Antwort auf folgende Fragen. Wenn es des Teuren Wunsch und Wille ist, verzichte ich mit Freuden auf die Krone und den öden Glanz." Wagner erwidert noch am selben Tag. Der Abdankung stimmt er nicht bei: „Ein halbes Jahr Geduld, Schweigen, einhalten, abwarten" ist sein Rat.

Die Episode, die nun folgt, lässt sich nicht ausschmücken; sie spricht durch ihre Tatsachen. Fluchtartig und allein, wie Richard Wagner vor fünf Monaten, verlässt der König im Morgengrauen des 22. Mai sein Land. Er reitet im Galopp nach Biessenhofen, nimmt dort den Zug nach Lindau, fährt über Rorschach nach Luzern und steht um die späte Nachmittagstunde vor der Villa Triebschen. Er trägt einen schwarzen Radmantel zu einem breiten Schlapphut und sagt sich als Walther Stolzing an, ein Name, der nur ihm und Wagner bekannt ist, und dem Diener erst recht nichts besagt; dieser hat seine Weisungen, keine Besuche vorzulassen. Aber Wagner steht am Fenster, erkennt sofort den jungen Fremdling, eilt hinab und führt ihn ins Haus. Im Garten spielen die kleinen Töchter Cosimas, sie selbst ist in Luzern und macht Besorgungen.

Ludwig II. verbrachte zwei Tage und zwei Nächte in Triebschen, er schlief in Wagners Arbeitszimmer, an seinen Gesprächen mit ihm nahm sicher niemand teil, und es drang nichts von diesem Besuch an die Öffentlichkeit, als was für sie bestimmt war. Statt einer Abdankung, die Wagner nicht gutheissen konnte, verfassten die Beiden: der grosse Idealist und das grosse Genie einen Aufruf an die deutschen Mittelstaaten, mit ihrer Waffengewalt zwischen Österreich und Preussen als Friedensvermittler zu treten.

„Die deutschen Mittelstaaten und ihre Waffengewalt!"

Wo anders lag sie denn, diese Gewalt, wenn nicht bei Preussen, das sich seit Jahren bis zu den Zähnen rüstete für eben diesen Krieg, den es wagen durfte trotz eines Abfalls sowohl Bayerns wie Sachsens. Und auch der Plan einer par force-Einigung der deutschen Stämme unter Preussens Vorherrschaft stand schon fest.

Von dessen Auswirkungen erlebte Bismarck noch genug um einzusehen, welch verhängnisvoller Fehlgriff er war. Zu spät - und dass er seine Erkenntnis äusserte, beschleunigte nur seinen Sturz.

Aufrichtung und Trost hatte der König bei seinem grossen Freund gefunden. Es war ein kurzes Glück. Bei der Heimkehr stand er vor einer hektisch verschlimmerten Situation. Alle Friedensbestrebungen verdarben im Keim. Des Menschen Wille entschied. Der erste Schritt auf dem Wege, der 74 Jahre später Europa an den Abgrund führen sollte, geschah. Gottes Mühlen mahlen langsam.

Aber schnell ritt indes das Unglück für den armen König. Der Krieg 1866 endete mit dem raschen Sieg der Preussen über Österreich. Die Bayern, hocherfreut mit den Österreichern gegen die Preussen zu ziehen, wurden von ihnen noch schneller als die Österreicher geschlagen.

Grossen politischen Scharfsinn legte indes dieser junge König, der kaum das zwanzigste Jahr überschritten hatte, an den Tag, indem er die Folgen einer Vorherrschaft Preussens als eine Katastrophe nicht nur für Bayern, sondern für die Welt beurteilte. Ahnte er, dass Bülow, der sich gerade um die Zeit in Triebschen befand, dem Triumph Bismarcks zujubelte, und dass Cosima ihm hierbei völlig beistimmte, während der in seine „Meistersinger" vertiefte Wagner die neue Ära als eine für eine allgemeine Verbrüderung der Menschheit günstige wähnte? An ihr wollte er arbeiten; so liess er sich blenden! Denn letzte Zulänglichkeit hinieden ist nirgends.

Gleich nach der Generalprobe der „Götterdämmerung" aber verliess er Bayreuth, denn zur Erstaufführung am nächsten Tag war Kaiser Wilhelm mit seinem ganzen Tross erwartet, und Ludwig II. dankte für diese Begegnung.

Ein weidlich anderer Wagner, reizbar, anfällig und von miserablen Nerven, muss sich jetzt zur Bahn begeben, wo der Deutsche Kaiser eintraf, vor dem der König von Bayern voll unbändigen Hochmuts ausgerissen war. Bürgermeisterreden wurden vernommen, die bewimpelten Strassen durchzogen, wobei das Volk, das so viel lieber den eigenen König gesehen hätte, rechts und links huldvoll gegrüsst wurde, während die Berliner Herren genau registrierten, ob denn auch annähernd genug schwarz-weiss-rote Fahnen neben den blau-weissen von den Häusern wehten. Wagner hatte nicht, wie Liszt, ein faible für gekrönte Häupter. Ihm ging es wie den Bergsteigern, den Flössern, Hirten und Köhlern im Walde, ein echter König war auch für ihn nur dieser machtlos gewordene Ludwig II. Zu keiner anderen Fürstlichkeit gewann er einen Kontakt, die Sorge überliess er Cosima, sollte sie zeigen, was sie konnte.

Zum Glück war Judith Gautier in Bayreuth. Bei ihr konnte er sich entspannen und den „langweiligen Lutherschen Himmel" verhöhnen. Mit seinem Patriotismus, wie er ihr gestand, war es aus und vorbei. Seine Abkehr von dem neuen Deutschland steht hinter der des Königs nicht zurück. „So schnell haben es sich allerdings nur wenige gedacht, dass die Öde des preussischen Staatsgedankens uns als deutsche Reichsweisheit aufgedrängt werden solle." Er ahnte welches Unheil dieser Gedanke einer

Annette Kolbs 1947 im Emigranten-Verlag Querido erschienenes Büchlein behandelt zwar die Freundschaft zwischen Wagner und König Ludwig II. von Bayern, enthält aber gleichzeitig eine aus Liebe zu Bayern erwachsene Anklage gegen das kriegssüchtige Preußen als Wegbereiter des Nationalsozialismus. Die darauf hinweisenden Stellen wurden hier ausgewählt, um zu zeigen, wie unter einer historischen Verkleidung eine — wie immer einzuordnende — aktuelle politische Stellungnahme sich verbergen kann.

QUERIDO VERLAG N.V.
AMSTERDAM
1947

deutschen Reichseinheit in sich barg. Und von der deutschen décadence, die nicht mehr aufzuhalten ist, „vom rettungslosen Verfall deutschen Wesens" wird er schreiben, „dem langsamen aber auch unaufhaltsamen Heranreifen der Barbarei."

Was für Worte! der wahre Richard Wagner aber ist es, der so schrieb, und barbarisch ist auch die unsägliche Gedankenlosigkeit, mit welcher er als eine Art „nationaler Komponist" gestempelt wurde. Denn die Trägheit der Herzens wird hienieden von der des Geistes noch übertroffen.

Freilich lag es jetzt im Interesse Berlins, den so lange geächteten Richard Wagner als nationalen Komponisten zu stempeln, mit dem Deutschen Kaiser höchstselbst als Sponsor. Je mehr sich also von nun an sein einziger Wohltäter unter den deutschen Fürsten, der König von Bayern, im Hintergrunde hielt, desto besser. Laut und sichtbar hatte man dem ersten Zyklus des „Rings" beigewohnt, sich auch recht gut amüsiert, aber Ein Mal genügte natürlich, die Neugierde war befriedigt, und geräuschvoll wie sie kamen, ebenso festlich verabschiedet wie begrüsst, fuhren die Herrschaften, Hofstaat und Suiten, wieder davon.

Im Nu verschwanden da alle schwarz-weiss-roten Fahnen, und blau-weiss wehte es nur mehr von allen Dächern. Aber welche Aufregung, welches Geraune lief da wieder durch alle Gassen? Ungläubig zwar, allzu oft enttäuscht, flüsterte man sich zu: „Der König kommt zurück." - Kein Rauch ohne Feuer: er war's.

Das Zusammensein mit Wagner, der Eindruck seines Werks, der Wunsch, es noch einmal zu hören, erwies sich als ein zu starker Magnet. Ludwig II. sagte sich für den dritten Zyklus an.

...in jenem Frühsommer des Jahres 1869, schrieb Cosima an Judith aus München; „.... Hier je le trouvais assis sur son fauteuil et sanglotant; je ne lui demandais pas pourquoi il pleurait, je ne le savais que trop...."

Ach niemand ahnte es so wenig. Und als bald darauf ihr Herz - dem der duftlosen Sonnenblume gleich - sich rückhaltlos dem spektakulösen Lichte des preussichen Waffenglücks zukehrte, fand ihr Enthusiasmus keinen Dämpfer in dem Gedanken an den grossen Wohltäter Richard Wagners, also auch des ihren, der nunmehr zu einem Schattenkönig herabsank. Nicht diesen, o nein! hatte der neu-deutsche Glanz auch nur einen Augenblick irregemacht. Wie verdächtig, ohne auch nur einen Gran Goldes er war, durchschaute keiner so gut wie dieser zwar einseitig, politisch aber so hochbegabte junge Monarch. Mit Falkenaugen blickte er ins Weite, sah die unheilschwangeren Fernen sich bereiten und trug einen Ernst zur Schau, der ihn von den deutschen Fürsten tragisch isolierte. Denn mit furchtbarer Schwere belastete der Sturz der Wittelsbacher sein Gemüt. Vorwiegend musisch veranlagt, verachteten diese schon seit vielen Generationen das Handwerk des Krieges als einer gesitteten Nation unwürdig, und was Ludwig II. während des Feldzugs 1866 gesehen und gehörte hatte, trug noch dazu bei, seinen Abscheu vor dem Krieg zu vertiefen. Parvenus waren in seinen Augen diese forschen Hohenzollern in ihrer schon sprichwörtlichen Taktlosigkeit, zu der sich jetzt eine hemmungslos aufschiessende Arroganz gesellte, weit unedleren Blutes waren sie, ja nicht voll zu nehmenden Adels mit dem des eigenen Hauses verglichen, das sich durch sie in den Schatten gestellt sah - unwiderruflich allem Anschein nach. Viel hundertjährige Atavismen schärften seine Erbitterung, seinen gekränkten Stolz. Wie hätte es auch anders sein sollen? Aber kein Echo hallte von Triebschen in die bayrische Gebirgswelt, in die er flüchtete, seinen Sorgen und einem mannigfachen Gram sich überlassend. Er hasste Cosima, die ihm ein Glück geraubt hatte. Er stand jetzt in seinem fünfundzwanzigsten Jahre. So jung, so allein, seiner ganzen Anlage nach den Tücken des Alltags nicht gewachsen, sah er nur auf Fehlschläge und Enttäuschungen zurück. Kaum ein paar Jährchen war es her, dass ein hessischer, gewiss nicht schwärmerischer Bataillonskommandeur den König in folgenden Worten schilderte: „Bei einem Liebesmahl der Offiziere geschah es plötzlich, dass die Flügeltüren des Saales aufsprangen, und hereintrat im silbernen Waffenrock mit umgehängtem faltenreichen Reitermantel, und mehr noch durch den Glanz seines wundervollen dunklen Auges wie ein Gralsritter wirkend, ein Jüngling, so schön, so überirdisch schön, dass mir geradezu das Herz stockte. Ich fragte den bayrischen Kameraden, der mein Tischnachbar, und wie alle bayrischen Herren, beim Eintritt der herrlichen Gestalt aufgestanden war, flüsternd: „Wer ist das?" „Unser junger König," antwortete er."

Zerstört ist schnell. „Er hat viel von seiner Schönheit eingebüsst," verzeichnet jetzt, mit Genugtuung, auf einem seiner unwillkommenen Besuche in München der deutsche Kronprinz, der mit der Selbständigkeit Bayerns am liebsten vom Fleck weg aufgeräumt hätte. Aber dass die Hohenzollern weniger feinen, um nicht zu sagen, roheren Sinnes im Leben standen, beeinträchtigte ihr Prestige nicht. Die Vorherrschaft Preussens besiegelte das Schicksal der deutschen Lande, wie es hundert Jahre früher die Kaiserin Maria Theresia in so feierlichen Worten vorausgesagt hatte. Diese Lande rückten jetzt in ein neues, unschattiertes Licht, das die weiten Horizonte nicht mehr einbezog, welche die wahre Heimat der deutschen Stämme waren; deren Gemeinschaftlichkeit der Sprache bildete die einzige homogene Einheit zwischen ihnen. Nun aber wurden aus Weltbürgern unglaublich plumpe Realpolitiker, und die Philosophie, auf Teilerfolge angewiesen, emigrierte.

Das Deutsche Reich bot dem so gefährdeten Ludwig II. keine Möglichkeiten. Sehr wohl befähigt, höchsten Anforderungen in einer gemässen Atmosphäre gerecht zu werden, war ihm diese in einem Grade verweigert, den er nicht ertrug. Es war zu viel. Er flüchtete in den Wahn; partielle Umnachtung nahm ihn auf, - er tat den Gang in den Starnbergersee.

DER UNEHELICHE VATER

Der vorschnelle Leser denkt vielleicht, daß in diesem Kapitel die Genealogie derer von Schicklgruber untersucht werden soll. Es ist hierzu aber nur das Bedauern vorzubringen, daß ein Herr Alois Schicklgruber im fünften Jahrzehnt seines Lebens den Namen eines israelitisch-polnischen Hutmachers annahm, eines Hitler, auch Hietler geschrieben. Denn ein „Heil Schicklgruber" zu rufen wäre vielleicht sogar denen unmöglich gewesen, die zu einem „Heil Hitler" imstande waren.

Der uneheliche Vater — wie jeder bereits erraten haben wird — ist Richard Wagner gewesen, geboren im Unglücksjahr 1813. Richard Wagner ist bekanntlich der Ahnherr des neueren Gallimathias in der deutschen Sprache. Er hat die verwölkte Ausdrucksweise für jeden eingeführt, der nichts zu sagen hat.

Seine Musik ist sehr stark von Meyerbeer und auch von Rossini beeinflußt. Sie ist analysiert und überschätzt worden und so in die Musikgeschichte eingegangen. Die Entwicklung hat den Anreger längst überwunden. (Beethoven, ein viel größerer Anreger, wird nie „überwunden".) Ein fruchtbares Studienobjekt ist lediglich seine Mentalität. Seine Erfolge beruhen auf der Wahl von Themen, die jeden unvorbereiteten Menschen einschüchtern, der keine klare Vorstellung von der Größe hat, und auf dem betäubenden Glanz einer in Musik umgesetzten sächsischen Erotik. Unter sächsischer Erotik versteht die internationale Sexualwissenschaft jene schwüle und knusperige Erotik, deren Wünsche unbegrenzt, deren Leistungen limitiert sind.

Im Gespräch mit Ausländern vieler Nationen habe ich immer wieder erfahren, daß der größte Sendbote, den das Nazitum je gehabt hat, Richard Wagner gewesen ist. Durch ihn ließ sich das Ausland von einem auf Walhall gerichteten Mystizismus aller Deutschen überzeugen, denen „infolgedessen" U-Boote und Kolonien zuzubilligen seien. Kaiser Wilhelm II. verlor dadurch an Schrecken, daß er die Aufführungen des „Fliegenden Holländers" in Admiralsuniform besuchte, und in dem Braunauer Lohengrin erschien eine siegfriedische Ader verzeihlich. Wagner wendet sich an das billig-Heldische im Menschen, an die Sehnsucht derjenigen, die wissen, daß sie keine Helden sind; er wendet sich an alle, die eine hochdramatische und dabei blonde Erlöserin begehren und sie nicht erhalten. Das sind Gefühle und Wünsche, die auch der Ausländer versteht, und darum ist er geneigt, sie dem Deutschen zu verzeihen. Für alles, was minderwertig im Deutschen ist, eng, halb und klein, hat Wagner die Welt empfänglich gemacht, aber die Welt hat nicht erkannt, welch ungeheure spießbürgerliche Gefahr aus der Kultivierung solcher Empfindungen erwuchs. Solange Herr Hitler seinen Wagner notwendig hatte, war er immerwährend in Wagneropern zu finden. Als die Welt den Gralskelch geschluckt hatte, besuchte er die „Lustige Witwe" und verlieh dem Schlagerkomponisten Lincke die Goethemedaille.

Für seinen Erfolg ist es Wagner sehr zustatten gekommen, daß er seine Vorstellungswelt niemals ändert. Eins seiner Werke verkündet genau dasselbe wie das andere. Auf diese Weise findet der Hörer sich leicht zurecht und braucht nur das festzustellen, was er schon weiß. Da die Leitmotive immer dann wiederholt werden, wenn man es erwartet, gehen sie auch dem unmusikalischen Ohr im Verlauf einer fünfstündigen Aufführung ein. Es gibt keinen Theaterbesucher auf der ganzen Erde, der für so viel Entgegenkommen von seiten eines berühmten Komponisten nicht dankbar wäre.

Wagner hat das Spekulieren auf die niedrigen, die billigen Instinkte auf grandiose Weise in die Kunst eingeführt, — auch hierin ganz der uneheliche Vater, als den wir ihn zu betrachten haben. Er bediente sich dazu einer allgemeinverständlichen Pathetik und jener Begriffe des Hehren, die uns nur am Sonntagnachmittag anwandeln. Was er unter pathetisch und hehr verstand, ermißt man daran, daß er bis zur letzten Minute seines Lebens ein vulgäres Sächsisch sprach. Hier möge man eine Minute des Stillschweigens einschalten und darüber nachdenken, wie ein wirklicher Musiker den Klang des sächsischen Dialekts zu ertragen, geschweige denn selbst wiederzugeben vermag, oder ob der ein großer Musiker sein kann, der einer der größten Vertreter dieses Dialekts war. Der Schallanalytiker Eduard Sievers hat herausgefunden, daß Wagner nur stimmfrei — also ohne technische Hemmung für die Stimme — zu singen ist, wenn man seine Worte sächsisch ausspricht. Unvergeßlich bleibt es, wenn Sievers intonierte: Morchendlij laichded in roosijen Schain...

Es mag auch heute noch Leute geben, die die hier vorgebrachte Meinung über Wagner mißbilligen. Man muß aber an der Aufrichtigkeit und geistigen Sauberkeit von Leuten zweifeln, die Bach und Beethoven zu lieben vorgeben und am gleichen Abend imstande sind, sich eine Oper von Wagner anzuhören. Wenn jedoch die begeisterten Urteile über Wagner von Leuten kommen, die Bach und Beethoven nicht zu lieben vorgeben, dürften sie ohne Belang sein.

Zur Zeit der Republik von Weimar war man von einer gewissen Genugtuung, um nicht zu sagen von Stolz erfüllt, daß die Aufführungszahl Wagnerscher Werke zurückging. Man erblickte darin ein Symptom, daß die Zeit sich „nicht mehr so leicht wie früher" vom Falschen, vom Aufgedonnerten, vom Lächerlich-Pathetischen einfangen lassen würde! Nun, man überwand Wagner nur deshalb, weil er seine Rolle als Vorreiter ausgespielt hatte. Jetzt wurden die Tore dem oberösterreichischen Parsifal aufgetan.

Man mag „beweisen" und sich entrüsten, soviel man will: Solange Wagneropern Erfolg haben, ist auf unserer Erde die Rückkehr zu einer nationalsozialistischen Heilslehre möglich.

Die Wagnersche Welt hat das dichte Gewölk zur Verfügung gestellt, worin der Schriftsteller Adolf Hitler seinen inneren Stimmen begegnete. „Mein Kampf" ist bekanntlich das Buch, dem von allen deutschen Büchern die größte Verbreitung auferlegt wurde — von der Bibel abgesehen, die zu verdrängen es einstmals bestimmt war. Bemerkenswert an „Mein Kampf" ist der Mut, mit dem sich jemand in der dritten Dekade des Jahrhunderts der Aufgabe widmete, alles was die ehemaligen Alldeutschen und ein wüster antisemitischer Verlag bereits auf das vulgärste geäußert hatten, von neuem zusammenzustellen.

Daß dieses Buch verfaßt, daß es gelesen und gepriesen werden konnte, ist wohl das bitterste, das schrecklichste Zeichen für die Ohnmacht der Geisteskultur, die unter der Republik entstanden war. In Berlin dachte man: Ein Volk, das Rilke und Hofmannsthal liest, Hermann Hesse und Theodor Däubler, Hanns Henny Jahnn und Peter Altenberg — um einige Extreme unter denjenigen zu nennen, die damals den deutschen Stil repräsentierten —, ein Volk, das in solchen Autoren die Norm für vollendeten sprachlichen Ausdruck erkennt, ein solches Volk ist gegen die Angriffe des schlechten Geschmacks gefeit.

Der Braunauer Stilist wußte es besser. Deutsch ist eine der schwersten Sprachen der Welt. Die Gefahr, sich auf deutsch nicht klar verständlich zu machen, ist ebenso groß wie die Möglichkeit, unfreiwillig komisch zu wirken. Warum den Volksgenossen nicht von dieser Kalamität befreien, indem man auch im Stilistischen den bequemen Weg einschlug, auf dem sich ohne Anstrengung zu Tal ziehen ließ? Es war der „Fehler" der intellektuellen Schichten, daß sie stillschweigend vorausgesetzt hatten, jeder Weg müsse aufwärts führen.

Dieser Text aus der nach elfjähriger Emigration geschriebenen Auseinandersetzung mit dem Nationalsozialismus des Dramatikers, Romanciers und Shakespeare-Übersetzers Hans Rothe, die ebenfalls 1947 unter dem Titel *Neue Seite* erschien, bezeugt, daß Wagner der „größte Sendbote, den das Nazitum je gehabt hat" gewesen ist. Bis heute werden Wagners Werke aus diesem Grund in Israel nicht aufgeführt.

Winifred Wagner mit ihrem Verteidiger Dr. Fritz Meyer bei der Anklageverlesung am 26. Juni 1947

Da zahlreiche Menschen bezeugen, wie sehr Winifred Wagner ihre Beziehung zu Hitler zur Hilfe für Gefährdete, vor allem auch für Juden und jüdische Künstler, genutzt und Menschen aus dem KZ errettet habe, wird sie im Berufungsverfahren als „Minderbelastete" eingestuft. So schreibt der Dirigent Franz von Hoesslin, dessen Beschäftigung in Bayreuth (ähnlich wie bei Furtwängler nach dem Fall Hindemith und bei dem Sänger Max Lorenz) Winifred Wagner während seiner Verbotszeit durchsetzen konnte, am 30. Juni 1946: „Alle müßten doch sehen, wie unendlich gut Du zu aller Welt warst, und wenn Du was verkehrt gemacht hast, hast Du's doch aus idealen Gründen zu tun geglaubt ... Die ganze Welt ist mitschuldig an dem, was geschehen ist." Durch ihre Verzichterklärung vom 21. Januar 1949 wird der Weg frei für Neu-Bayreuth.

Am 16. April 1947 wird ein Spruchkammerverfahren gegen Winifred Wagner eröffnet. Die Klageschrift begründet den Antrag auf Einstufung als Hauptschuldige so: „Die Betroffene ging in ihrem Fanatismus so weit, daß sie das Erbe Richard Wagners den ideologischen Weltanschauungen des Nationalsozialismus zur propagandistischen Auswertung zur Verfügung stellte." Am 15. Juni findet im Festspielhaus das erste große Konzert nach dem Kriege statt. Die Berliner Philharmoniker spielen unter Sergiu Celibidache. Am 2. Juli ergeht das Urteil der Spruchkammer Bayreuth, gegen das vom öffentlichen Kläger wie von der Angeklagten Berufung eingelegt wird:

„Die Betroffene ist nach Art. 4/2 des Gesetzes in die Gruppe II der Belasteten (Aktivisten) eingereiht worden. Es werden ihr folgende Sühnemaßnahmen auferlegt:

1) Sie ist zu Sonderarbeiten für die Allgemeinheit für die Dauer von 450 Tagen heranzuziehen.

2) 60 % ihres Vermögens sind als Beitrag zur Wiedergutmachung einzuziehen.

3) Sie ist dauernd unfähig, ein öffentliches Amt einschließlich des Notariats und der Anwaltschaft zu bekleiden.

4) Sie verliert ihre Rechtsansprüche auf eine aus öffentlichen Mitteln zahlbare Pension oder Rente.

5) Sie verliert das Wahlrecht, die Wählbarkeit und das Recht, sich irgendwie politisch zu betätigen und einer politischen Partei als Mitglied anzugehören;

6) Sie darf weder Mitglied einer Gewerkschaft noch einer wirtschaftlichen oder beruflichen Vereinigung sein.

7) Es ist ihr auf die Dauer von 5 Jahren untersagt:

a) in einem freien Beruf oder selbständig in einem Unternehmen oder gewerblichen Betrieb jeglicher Art tätig zu sein, sich daran zu beteiligen oder die Aufsicht oder Kontrolle hierüber auszuüben;

b) in nicht selbständiger Stellung anders als in gewöhnlicher Arbeit beschäftigt zu sein;

c) als Lehrerin, Predigerin, Redakteurin, Schriftstellerin oder Rundfunkkommentatorin tätig zu sein;

8) Sie unterliegt Wohnungs- und Aufenthaltsbeschränkungen;

9) Sie verliert alle ihr erteilten Approbationen, Konzessionen und Berechtigungen sowie das Recht, einen Kraftwagen zu halten.

Außerdem hat die Betroffene die Kosten des Verfahrens zu tragen. Der Streitwert wird auf RM 228 694,– festgesetzt."

Wolfgang Wagner:

Die erste Spruchkammerverhandlung gegen meine Mutter Winifred war im Juli 1947. Das Urteil war in der damaligen Situation primär ein politisches Urteil, wie es zweifelsohne auch damals in irgendeiner Form gefällt werden mußte. Die Zeit hatte keine Narben über die vergangenen Dinge wachsen lassen, und es war auch vor allem noch gar keine Gelegenheit, die meine Mutter betreffenden Vorgänge im Dritten Reich, die die Belastung ausgelöst hatten, wirklich objektiv zu sichten und zu bewerten. So mußte diese erste Verhandlung eigentlich praktisch von vornherein zu einem Berufungsverfahren führen.

Im September 1948 spielen die Bamberger Symphoniker unter Hans Knappertsbusch im Festspielhaus Brahms und Beethoven. Am 8. Dezember fällt die Berufungskammer Ansbach im zweiten Verfahren gegen Winifred Wagner ihren Spruch:

„I. Die Berufung des öffentlichen Klägers wird zurückgewiesen.

II. Der Spruch der Kammer II Bayreuth-Stadt vom 2. 7. 47 wird auf die Berufung der Betroffenen hin aufgehoben.

III. Die Betroffene wird als Minderbelastete eingestuft.

IV. Die Dauer der Bewährungsfrist wird auf 2½ Jahre festgesetzt.

V. Es ist ihr während der Dauer der Bewährungsfrist untersagt:

a) ein Unternehmen als Inhaber, Gesellschafter, Vorstandsmitglied oder Geschäftsführer zu leiten oder ein Unternehmen zu beaufsichtigen oder zu kontrollieren, ein Unternehmen oder eine Beteiligung daran ganz oder teilweise zu erwerben;

b) in nicht selbständiger Stellung anders als in gewöhnlicher Arbeit beschäftigt zu sein;

c) als Lehrer, Prediger, Redakteur, Schriftsteller oder Rundfunk-Kommentator tätig zu sein ...“

In der Urteilsbegründung des Vorsitzenden Otto Glück heißt es, daß die Tatbestände zwar unverrückbar festlägen, aber der Verdacht des außerordentlichen Nazi-Aktivismus und des Nutznießertums widerlegt sei. „Wenn der von ihr auf die Frage des Vorsitzenden hin ausgesprochene Verzicht, der zweifellos inneren Erkenntnissen entsprungen ist, in juristische Form gegossen und mit dem Mantel der Unwiderruflichkeit umkleidet wird, dann ist nach Auffassung des Senates der Weg für sie frei, über Art. 54 die vorzeitige Beendigung der Bewährungsfrist zu erlangen, denn dann würde über die Bekundung zur Bewährung hinaus der Beweis hierfür unwiderleglich vorliegen.“

Die Bekundung erfolgte einen Monat später in Gestalt einer rechtsverbindlichen schriftlichen Verzichterklärung Winifred Wagners, datiert vom 21. 1. 1949: „Ich verpflichte mich hiermit feierlich, mich jedweder Mitwirkung an der Organisation, Verwaltung und Leitung der Bayreuther Bühnenfestspiele zu enthalten. Einer schon lange gehegten Absicht entsprechend, werde ich meine Söhne Wieland und Wolfgang Wagner mit den bezeichneten Aufgaben betrauen und ihnen die entsprechenden Vollmachten erteilen.“

Der Beauftragte für
Kultur und Erziehung

Altenburg, am 26. Mai 1945

Sehr geehrter Herr Overhoff!

Ich gebe Ihnen hiermit die mir freundlich überlassenen Schriften wieder zurück. Leider läßt es meine beschränkte Zeit nicht zu, auf Ihre Ausführungen einzugehen. Nur zu Ihrer Grundhaltung möchte ich einige kritische Worte sagen:
Ein unpolitischer Künstler, d.h. einer, der indifferent den Beziehungen der Völker und Individuen gegenübersteht, ist sehr, sehr hilflos. Er weiß nie, wie er von den Zeiterscheinungen geschoben wird. Ihre enge Zusammenarbeit mit dem Hause W a g n e r , die sich jetzt als Hindernis für Ihre künstlerische Betätigung erweist belastet Sie in zweifacher Hinsicht: Erstens standen Sie auf diesem Posten unmittelbar unter Hitler und zweitens haben Sie sich damit als Hüter der dekadentesten deutschen Musik offenbart. Hitler - Wagner ist eine Einheit, über die die Geschichte längst ihr Urteil gefällt hat.

Wir müssen deshalb auf Ihre Mitarbeit verzichten.

Der Beauftragte für Kultur und Erziehung:

gez.: Knippel

Obiger Brief an den musikalischen Lehrer Wieland Wagners, Kurt Overhoff, zeigt, bis zu welchen Konsequenzen und Argumentationen die Identifizierung Wagners mit Hitler nach 1945 führt. Kurt Overhoff, der zu diesem Zweck seine GMD-Stellung in Heidelberg aufgegeben hatte, leitete seit 1940 die musikalische Ausbildung Wieland Wagners, bei dessen — nach Nürnberg — zweiter *Ring*-Inszenierung in Altenburg im Jahr 1943 er die musikalische Leitung übernahm. Dort wurde er ebenfalls 1943 Opernchef, um Wieland Wagners weitere Tätigkeit zu betreuen. Nach Kriegsende lebt Overhoff einige Zeit als Lehrer des Straussenkels Richard in der Garmischer Straussvilla, wo Wieland Wagner ihn aufsucht und wo sie gemeinsam die Tristanpartitur durcharbeiten. 1948 erscheint Overhoffs „musikalisch-philosophische Deutung“ unter dem Titel *Richard Wagners Tristan-Partitur*, 1951 sein Buch über den *Parsifal*, das er Wieland Wagner zueignet. Nachdem die Zusammenarbeit seit 1949 in Bayreuth wieder aufgenommen worden war, führen persönlich-künstlerische Differenzen 1952 dazu, daß Wieland, zukunftsorientiert und seiner gewonnenen Fähigkeiten sicher, im Rahmen einer allgemeinen rigorosen Abwendung von der als Belastung empfundenen Vergangenheit sich auch von seinem alten Lehrer abwendet.

Wieland und Wolfgang Wagner vor den Trümmern von Haus Wahnfried

Bayreuth

Stadt des Barock · Stätte der Musik

Prächtige Barockbauten aus der Zeit des Markgrafen Friedrich und der Markgräfin Wilhelmine (Eremitage, Markgräfliches Opernhaus, Schlösser und Bürgerbauten).

Seit 1876 Bayreuther Bühnenfestspiele im Festspielhaus (Grundsteinlegung 22. Mai 1872). Richard-Wagner-Gedenkstätte im Neuen Schloß. Grabstätten Richard und Cosima Wagners im Garten des Hauses Wahnfried, im Stadtfriedhof von Franz Liszt, Dr. Hans Richter, Siegfried Wagner und Mozarts „Bäsle" Maria Anna Thekla Mozart.

1948/49:

19.—27. Mai 1948: Arbeitstagung „Die Neue Musik im Unterricht" (Vorträge, Arbeitsgemeinschaften, Kammer-, Chor- und Symphoniekonzerte mit Ur- und Erstaufführungen)

18. und 20. August 1948: 200-Jahr-Feier des Markgräfl. Opernhauses (Mozart-Abend Wilhelm Kempff / Geistliches Barock, dargeboten in Wort und Gesang von Eleonore Schjelderup und dem Münchener Vokalquartett)

22. Mai 1949: Festkonzert anläßlich des Geburtstages von Richard Wagner, veranstaltet von seinen Enkeln Wieland und Wolfgang Wagner mit den Münchener Philharmonikern unter Leitung von Prof. Hans Knappertsbusch

7.—14. Juni 1949: Arbeitstagung „Jugend und Neue Musik" des „Instituts für Neue Musik und Musikerziehung" (Sitz Bayreuth). Vorträge, Lehrgänge, Kammer-, Chor- und Orchesterkonzerte. Ausstellung von Musikalien und Musikliteratur
2.—10. Juli 1949: Festwoche der Münchener Staatsoper im Markgräfl. Opernhaus „Musik des Europäischen Barock" Oper, Ballett, Konzert.

9. Oktober 1949: Richard Strauß-Gedenkkonzert. Veranstaltet von Wieland und Wolfgang Wagner im Festspielhaus mit der Staatskapelle Dresden unter Leitung von Prof. Joseph Keilberth. Solistin: Christel Goltz, Staatsoper Dresden. Anläßlich des Gedenkkonzerts wurde dem Enkel des Meisters die Ehrenbürgerurkunde der Stadt Bayreuth für Richard Strauß überreicht.

S. a. im 1. Teil des „Jahrbuchs der Musikwelt" die Beiträge von Wieland Wagner, Herbert Weitemeyer und Dr. Karl Würzburger

---

Das Genie aber lebt außerhalb der Stunde auf jenem Grenzgebiete, das in die Zukunft führt, darum schon kann es mit den Maßen der Stunde nicht gemessen werden.

Kolbenheyer.

Wenn die Kunst uns eine Gefühlserkenntnis bedeutet, die weit über jeder Verstandeserkenntnis liegt, so bedarf es doch des Verstandes, um einzelne Ausdrucksformen der Kunst gegen aufkommende Vorurteile durchzusetzen. Ist es wirklich notwendig, derart nach Neuem zu schreien, wie es augenblicklich geschieht, da doch die Menschen - - vor allem auch gerade die jungen Menschen - - sich mit dem Alten noch keineswegs restlos auseinandergesetzt haben?

Die Festspiele in Bayreuth über die Jahre weiter zu tragen und zu erhalten, ist immer wieder schönste Pflicht, damit eine junge Generation das Werk Richard Wagners an dieser Stelle in der größtmöglichen Vollendung erleben kann. Bayreuth als Kulturmittelpunkt zu erhalten - - wir haben deren nicht allzu viele in Deutschland - - bleibt nach wie vor eine Aufgabe.

Es gibt aber nur gemeinsame Aufgaben, wenn es sich um die Erhaltung der Kulturgüter handelt. Keine derartige Aufgabe kann von Frauen oder von Männern allein gelöst werden.

Die Vorsitzende
des
Richard Wagner-Verbandes

Lotte Albrecht-Potonié

UNSER DANK

GILT

UNSEREN KÜNSTLERN UND MITARBEITERN

DER STADT BAYREUTH

DER GESELLSCHAFT DER FREUNDE VON BAYREUTH

DEM BAYERISCHEN STAAT

DEM BAYERISCHEN RUNDFUNK

DEUTSCHEN RUNDFUNKANSTALTEN

BAYREUTH, DEN 29. JULI 1951

WIELAND WAGNER * WOLFGANG WAGNER

Im Juli 1951 können die Festspiele nach schwierigen und auf manchen, auch aus München kommenden, Widerstand stoßenden Vorbereitungen, wieder eröffnet werden. Durch einen Anschlag (siehe Seite 251) versucht man nun, jeden politischen Anstrich zu vermeiden, womit die Brüder, zumindest in diesem Punkt, in die Fußstapfen ihres Vaters treten, der sich 1925 ebenfalls mit einem Anschlag „Hier gilt's der Kunst" das Absingen des Deutschlandliedes verbat (siehe Seite 172). Wobei anzumerken bleibt, daß dieses „Hier gilt's der Kunst" mit einer den Originalkontext verändernden Bedeutung befrachtet wird.
Die hier sich offenbarende den Neuanfang erleichternde unpolitische Haltung, die dennoch sehr wohl ihre politischen Implikationen hat, hat ihr weit erstaunlicheres Gegenstück in der Tatsache, daß die Vorsitzende des „Richard Wagner-Verbandes", der sich als Nachfolger des „Richard Wagner-Verbandes deutscher Frauen" (siehe Seite 112 und 142) 1947 in Hannover konstituiert hat, ihr Grußwort zum Jahresbericht 1950 mit einem Motto von Erwin Guido Kolbenheyer ziert, der, bescheiden gesagt, einer der größten literarischen Nutznießer und Ideologen des Dritten Reiches genannt werden kann.

Am 22. September 1949 wird in Frankfurt/M. die „Gesellschaft der Freunde Bayreuths" gegründet, der erhebliche Verdienste um die Wiedereröffnung und Weiterführung der Festspiele zukommt und die sich auch die den Verzicht auf auch politische Einflußnahme anzeigende und auf politikfreien

Im Interesse einer reibungslosen Durchführung der Festspiele bitten wir von Gesprächen und Debatten politischer Art auf dem Festspielhügel freundlichst absehen zu wollen.

„Hier gilt's der Kunst"

Die Festspielleitung

gez. WIELAND WAGNER **gez. WOLFGANG WAGNER**

Bayreuth, im Sommer 1951

Wagnergenuß abzielende Devise „Hier gilt's der Kunst" in ihrer Anzeige aus dem Programmheft zum *Parsifal* des Jahres 1951 zueigen macht. Der wenn auch sehr stilisierte Gralsbecher schließt zumindest nicht aus, daß der ehemals so aktuelle Gedanke der Gralsritterschaft noch lebendig ist. Jedenfalls wären die Festspiele ohne die von dieser Gesellschaft seit 1949 vor allem auch für Baumaßnahmen zur Verfügung gestellten Mittel von über 9 Millionen Mark kaum durchführbar gewesen.

Hier gilt's der Kunst!

»Freunde von Bayreuth« gibt es heute schon in 19 Ländern. Sie wollen das von Richard Wagner geschaffene Werk erhalten helfen.

Wir haben in diesem Jahr den Beginn des Wiederaufbaus ermöglicht. Entscheidende Aufgaben erwachsen uns noch für die nächsten Jahre; das von Richard Wagner erbaute Festspielhaus und die von ihm gegründeten Bühnenfestspiele brauchen unsere Hilfe.

Unterstützen Sie uns und werden Sie Mitglied der

»GESELLSCHAFT DER FREUNDE VON BAYREUTH e.V.«

Bayreuth

Art is our aim!

There are »Friends of Bayreuth« already in 19 countries. It is their endeavour to uphold the creations of Richard Wagner.

This year we have enabled the beginn of the reconstruction. Decisive tasks are still ahead for the years to come; the Festival-House built by Richard Wagner and the Festival-performances founded by him are in want of our help.

Give us your support and become a member of the

»SOCIETY OF THE FRIENDS OF BAYREUTH«

Bayreuth

L' Art est engagée!

»Amis de Bayreuth« existent à présent déjà en dix-neuf pays. Ils veulent aider à conserver l'oeuvre créée par Richard Wagner.

Cette année nous avons réussi à commencer la reconstruction. Des tâches décisives nous en résulteront encore pour les années suivantes; le Théâtre du Festival et les festivals fondés et créés par Richard Wagner ont besoin de notre aide!

Venez nous aider et entrez dans la

»SOCIÉTÉ DES AMIS DE BAYREUTH«

Bayreuth

AUFRUF!

Mit steigender Besorgnis beobachtet jeder Wagnerkenner die Entfremdung der Werke von den eigentlichen Absichten ihres Schöpfers Richard Wagner. Mehr und mehr sind sie der Willkür von Spielleitern ausgesetzt, die sich um die Vorschriften Wagners nicht kümmern und, ohne jegliche Ehrfurcht, nur den Ehrgeiz haben, ihr eigenes Licht leuchten zu lassen. Ihr eigenmächtiges Vorgehen rechtfertigen sie mit dem Hinweis auf die Forderungen des „Zeitgeistes", eines Begriffes, über den bei den heutigen chaotischen Zuständen überhaupt keine Klarheit besteht. Was sollen auch die weltweiten und ewigmenschlichen Ideen der Wagnerschen Dramen mit diesem „Zeitgeist" zu tun haben?

Der Wille des Meisters, der sein Kunstwerk im Zusammenklang von Handlung, Bild und Musik, und nicht anders, dargestellt haben wollte, dessen Genietat es war, gerade diese vollkommene Einheit der Kunstmittel in den Dienst des Drama gestellt zu haben, wird mißachtet, die Tradition, die keineswegs erstarrt zu sein braucht, als „Kitsch" und „Museum" verhöhnt. Namentlich unsere Jugend bekommt auf diese Weise keinen Begriff mehr davon, was Wagner eigentlich gewollt hat.

Da aber seine Werke weder Privatbesitz noch Staatseigentum sind, sondern ein dem deutschen Volk anvertrautes Kulturgut darstellen, so hat dieses Volk auch die heilige Verpflichtung, diese Werke zu schützen und sich einzusetzen für ihre unverfälschte, schöpfertreue Wiedergabe.

Nachdem nunmehr Bayreuth selber, dessen Festspielhaus nach dem Willen seines Erbauers der unbedingten Werktreue dienen sollte, mit diesen willkürlichen Abänderungen vorangeht, kann sein Beispiel auch an anderen Bühnen unabsehbare Folgen zeitigen. Es wäre daher besonders wichtig, daß man gerade in Bayreuth den genialen Visionen Wagners wieder zu ihrem Recht verhülfe.

Deshalb beabsichtigen die Unterzeichneten, eine „Vereinigung für die werktreue Wiedergabe der Dramen Richard Wagners" zu gründen, für welche die seit 4 Jahren bestehende Zeitschrift „Bayreuther Musikbriefe" eine ständige Verbindung herstellen soll.

Alle gleichgesinnten Wagnerfreunde fordern wir auf, sich uns anzuschließen. Gemeinsam wollen wir zu erreichen suchen, was ein Einzelner nicht vermag: eine sich zwar aller neueren technischen Hilfsmittel bedienende, aber unverfälschte Inszenesetzung der Werke, eine der Musik entsprechende Poesie des Bühnenbildes und eine den genauen Regievorschriften Wagners folgende Unterweisung der Darsteller im Sinne des Dramas.

Dieser Aufruf wird an einige tausend Wagnerfreunde versandt. Wenn Sie seinem Inhalt zustimmen, bitten Sie die Unterzeichneten, sich als Mitglied dieser Vereinigung anzuschließen und dies auf dem angefügten Abschnitt bestätigen zu wollen.

Freiwillige Beiträge für die Verwaltungskosten werden höflich erbeten auf das Postscheckkonto Nr. 200 der Bayerischen Vereinsbank in München zur Gutschrift auf das Konto Nr. 332704 der „Vereinigung für die werktreue Wiedergabe der Dramen Richard Wagners" z. Hd. Herrn Willy Kössel, Verwaltungsstelle München 8, Trogerstr. 17.

München im April 1953

Der vorbereitende Ausschuß.

1952 erscheint, herausgegeben von Walter Eichner im Auftrag der „Gesellschaft der Freunde von Bayreuth e.V.", eine Sammlung von internationalen Stimmen über die ersten Festspiele 1951 unter dem Titel „Weltdiskussion um Bayreuth", aus der das nebenstehende Geleitwort und einige Beiträge hier aufgenommen worden sind: die Einleitung des Herausgebers Walter Eichner, ein Brief Albert Schweitzers, der 1896 die erste Wiederaufführung des *Rings* seit 1876 erlebt hatte, an Wieland und Wolfgang Wagner, ein Grußwort von Max Wönner, dem damaligen bayerischen Landesbezirksvorstand des Deutschen Gewerkschaftsbundes, für den — ein Novum in Bayreuth — seit 1951 Sondervorstellungen stattfinden, und eine Stellungnahme des in der Schweiz lebenden Wagnerenkels Franz A. Beidler und Stimmen dazu. Gegen den neuen Inszenierungsstil in Bayreuth konstituiert sich mit obigem Aufruf im April 1953 unter der Patenschaft des „National-dank"-Mitbegründers Benedict (siehe Seite 113, 143, 173) die „Vereinigung für die werktreue Wiedergabe der Dramen Richard Wagners", der auch der Basler Adolf Zinsstag beitritt, der als Befürworter der „Parsifaleingabe 1933" (siehe Seite 211) 1934 in zwei Broschüren gegen die neue Inszenierung von Tietjen/Preetorius protestiert und im September 1935 deswegen sogar in einem Brief sich an Hitler gewandt hatte. Willy Kössel bezieht sich in den seit 1949 erscheinenden „Bayreuther Musikbriefen", dem Organ dieser „Vereinigung" und der „Schweizer Freunde Bayreuths", im Juli 1953 auf folgende Worte seines Freundes Hans Pfitzner: „... Das atonale Chaos, nebst den ihm entsprechenden Formen anderer Künste (Siehe die neue Inszenierungswelle auf den deutschen Bühnen, insbesondere in Bayreuth!), ist die künstlerische Parallele zu dem Bolschewismus, der dem staatlichen Europa droht!" (Siehe auch Seite 210)
Die ebenfalls in München 1953 sich konstituierende „Richard Wagner Studiengesellschaft e.V." setzt sich hauptsächlich aus abgesprungenen ehemaligen Mitgliedern des Münchner „Richard Wagner Verbandes" unter der Leitung von Elisabeth Wölfel zusammen und verfolgt ähnliche Ziele wie die oben genannte „Vereinigung".

Richard Wagner

Studiengesellschaft e.V.

Sitz München.

Um in den gegenwärtigen auseinnanderstrebenden Auffassungen von der Persönlichkeit Richard Wagners, von seinen Werken und ihrer Wiedergabe ein gültiges Bild zu gewinnen, macht es sich die Richard Wagner-Studiengesellschaft zur Aufgabe, die einschlägigen Probleme auf der Grundlage der Schriften u. Anweisungen Wagners zu untersuchen. Vorträge, Lesungen und freie Aussprachen sollen zum tieferen Verständnis der Kunstwerke Richard Wagners führen. Weiterhin soll der ganze Kulturkreis um Richard Wagner zu künstlerischen Veranstaltungen herangezogen werden.

Um ihren Mitgliedern auch sonst jede Möglichkeit einer kulturellen Fortbildung zu bieten, ist die Richard Wagner-Studiengesellschaft als korporatives Mitglied dem Bayerischen Volksbildungsverband e. V. und als ordentliches Mitglied der Theatergemeinde e.V. in München angeschlossen, sodaß die Mitglieder der Richard Wagner-Studiengesellschaft bei Vorweis ihrer Mitgliedkarte die gleichen Vergünstigungen geniessen wie die Mitglieder dieser beiden Vereinigungen.

Der Jahresbeitrag für die Richard Wagner-Studiengesellschaft e.V. ist von der Mitgliederversammlung auf DM 10.- festgesetzt worden. Der Vorstand ist berechtigt, Studierenden und Minderbemittelten Ermässigung zu gewähren.

Anmeldung zur Richard Wagner-Studiengesellschaft e.V. sind zu richten an die Geschäftsstelle MÜNCHEN 19, FLÜGGENSTR. 2/o Eingang Nibelungenstr. Telefon 64478.

Zum Geleit

Als ich Wieland Wagner zu dem glänzenden Erfolg der Festspiele beglückwünschte, antwortete er: „Vieles war nicht so, wie ich es wünschte. Dies war erst ein Anfang, wir werden es besser machen." – Der jubelnde Beifall ist noch kein vollgültiger Beweis dafür, daß alle Klippen überwunden sind. Aber wer so Großes erreicht hat und so bescheiden darüber spricht, von dem darf man Größeres erwarten.

Die Gesellschaft hat sich bewußt von einer Einmischung in die Durchführung der Festspiele ferngehalten. Sie maßt sich auch nicht das Recht der Urteilsfällung an. Wir begrüßen den weltweiten Widerhall, den die Festspiele gefunden haben. Davon soll dieses Buch sprechen.

Wer an die beispiellosen Widerstände zurückdenkt, gegen die Richard Wagner zu kämpfen hatte, den kann es nicht wundernehmen, daß die Kritik seinen Enkeln nicht nur Rosen zu streuen hat. Über Beethoven gibt es nur eine Stimme, über Wagner hat es immer hundert verschiedene gegeben. Das ist zugleich verwirrend und beglückend.

Wir hoffen, daß Wieland und Wolfgang Wagner aus der Kritik lernen, sich aber durch ungünstige Urteile nicht ihre Schwungkraft nehmen lassen. Wir jedenfalls erhalten ihnen unser bleibendes Vertrauen, sind sicher, daß sie es rechtfertigen. Wir wünschen ihnen und uns, daß die Festspiele im Jahre 1952 einen neuen, nachhaltigen Erfolg bringen.

November 1951

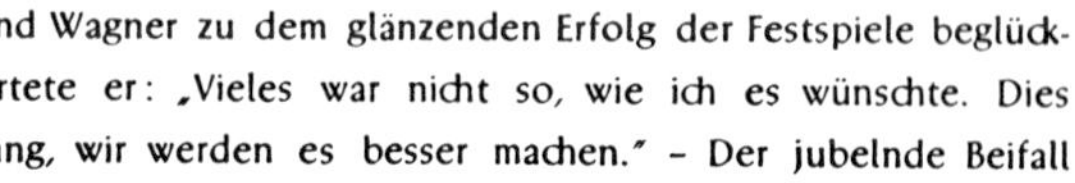

Dr. ing. eh. - Generalkonsul a. D.
Präsident der
Gesellschaft der Freunde von Bayreuth e. V.

WALTER EICHNER

Weltdiskussion um Bayreuth

Ein Urteil, das sich nicht mehr damit begnügt, den Grad eines formalen Könnens wahrzunehmen und festzustellen, sondern vorfühlen möchte zum Gemüt des Künstlers, zu Herz und Seele, vorfühlen möchte zum „göttlichen Zwerchfell" des Künstlers, wie der alte Homer sagen würde – dies Urteil weiß sich gleichwohl frei von dem Hochmut, die objektive Wahrheit erreicht zu haben. Vielmehr: die Arbeit des Künstlers wird einfach in einem menschlichen Gemüt gespiegelt. Man muß das Wort wiederholen: das Werk wird gespiegelt in einem menschlichen Gemüt. Der Spiegel sind viele: es gibt auch Zerrspiegel; niemand weiß ganz, ob der Spiegel der in ihm ist, ein ebener und reiner Spiegel ist.

Wilhelm Hausenstein

Die menschlichen Gemüter haben seit jenen Tagen, in denen Richard Wagner mit der Verwirklichung der Bayreuther Festspielidee sein Lebenswerk gekrönt sah, nie aufgehört, sich mit dem „Haus auf dem grünen Hügel" ernsthaft und kritisch auseinanderzusetzen. Es mag in der Kulturgeschichte der Menschheit nur wenige epochale Neuerungen gegeben haben, die derartige grundlegende und andauernde Erörterungen zur Folge hatten, wie der Bau jenes Hauses, das für die einzige und ausschließliche Aufführung des Wagnerischen Werkes bestimmt war.

Damals, als sich seine Pforten zum ersten Male geöffnet hatten, setzte nicht allein die Reform der musikalischen Bühnenpraxis, die Überwindung des unzulänglichen Repertoire-Systems und üblichen Theater„betriebes" durch die Wiedergeburt der – im antiken Sinne – festlich gestimmten und zu unmittelbarem, über den Alltag hinauswirkenden Erleben aufnahmebereiten „Gemeinde" so viele Gemüter in höchste Erregung. Eine derartige Neuerung hätte lediglich die Praktiker und Theoretiker der Bühne so intensiv beschäftigen können. Was aber weit über diese begrenzte Welt hinausgriff und die Vertreter *aller* Kunstarten, wie auch die Denker und Dichter auf den Plan rief, war jenes revolutionäre titanenhafte „Gesamtkunstwerk", das alle musischen Gattungen in sich vereinte. Mit ihm hatte Richard Wagner eine neue Epoche der Bühnenkunst, aber auch eine neue Problematik herbeigeführt. Es gab damals keinen großen Geist, der sich nicht in irgend einer Form bemüht hätte, Stellung zu nehmen zu der Frage, ob jenes Gesamtkunstwerk berechtigt und in seiner Verwirklichung auf dem grünen Hügel geglückt sei. Jedes, den künstlerischen Zeitbelangen aufgeschlossene Gemüt war bestrebt, zum geistigen Kern und zum wahren Wesen des Bayreuther Festspielwerkes vorzudringen, d. h. entsprechend seinem subjektiv-persönlichen Empfinden und seiner ehrlichen Überzeugung dieses überwältigende „Neue" anzunehmen oder zu verwerfen. Und gerade die Meinungsverschiedenheiten, die Wogen des Für und Wider, die „Spiegel" und „Zerrspiegel", – um bei dem trefflichen Gleichnis Wilhelm Hausensteins zu bleiben – waren es, die letzten Endes die Lebensfähigkeit dieser Idee bewiesen.

Auch in der Folge sollte die Weltdiskussion um Bayreuth nicht verstummen. Denn Richard Wagner hatte das „Haus auf dem grünen Hügel" ja nicht nur für seine Zeit und für seine Generation geschaffen. Er wußte sich selbst noch weit von der Verwirklichung eines idealen einheitlichen Stiles der Wiedergabe seines Gesamtkunstwerkes entfernt: „Alles, was mich je gequält, folgt mir nach: die ewige Sorge dem Unzureichenden gegenüber und ich sehe das Werk meiner Bemühung doch fast nur als eine Kraftvergeudung ohne Zweck und Nutzen!" Sein Vermächtnis verpflichtete die Erben, von neuem nach der Vervollkommnung dieses idealen Darstellungs- und Wiedergabe-Stiles zu streben. Dabei war die Idee des Gesamtkunstwerkes als solches selbst noch lange Zeit umstritten und das „Problem Wagner" schlug seine Wellen bis in die jüngste Gegenwart. Wohl glaubten damals die Hüter des „grünen Hügels" mit der wortgetreuen Bewahrung und Befolgung der szenischen und dramaturgischen Anweisungen des Meisters einen für alle Zukunft gültigen „Wagner-Stil" geprägt zu haben. Doch schon sehr bald erwies sich dieses Festhalten an einem Kodex als Belastung, die in völliger Erstarrung zu enden drohte. Das *Werk* Wagners hat seine Lebensfähigkeit bewiesen, aber die *Form seiner Überlieferung* bedurfte ständig des erneuernden Zugriffes. Die Erkenntnis, daß es garnicht möglich ist, einen gültigen und für alle Zukunft verbindlichen Darstellungsstil zu verwirklichen, hat sich jedoch in unserem Jahrhundert nur langsam und nur innerhalb eines engen Fachkreises Bahn gebrochen.

Als nun Wieland und Wolfgang Wagner nach einer Zeitspanne von fünfzehn Jahren, während denen man das Bayreuther Vermächtnis als „nationalistische Mission" zu deklarieren versucht hatte, das Werk ihres Großvaters wieder in die Hand nahmen und die Pforten des Hauses auf dem „grünen Hügel" zu neuem Beginn öffneten, waren sie sich von vorneherein darüber im Klaren, daß die Augen der Welt prüfend auf ihr Tun gerichtet sein würden. Man brauchte in jenen Sommertagen 1951 noch lange kein Prophet zu sein, um voraussagen zu können, daß der Bayreuther Wiederbeginn in aller Welt eine Hochflut der Diskussionen und des künstlerischen Meinungsaustausches auslösen würde, kreisend um die Fragen, ob es nach den Erschütterungen der jüngsten Vergangenheit noch sinnvoll sei, Richard Wagners Festspielidee zu erneuern, ob man sein Gesamtkunstwerk überhaupt noch als zeitgemäß ansprechen, ob und wie man ihm eine neue, uns Gegenwartsmenschen überzeugende Gestalt verleihen könne.

Und ganz gleich, mit welchen Argumenten und Taten die Enkel auch immer der Kulturwelt auf diese Fragen geantwortet hätten, die Erwartungen und Vorstellungen der Einen wären nie zu befriedigen, die Vorurteile der Anderen nie zu brechen gewesen. Denn es ging hier ja nicht um den „Grad des formalen Könnens", um irgendeine Leistung irgendeines Künstlers, es ging hier vielmehr um das Phänomen von Bayreuth schlechthin, das sich gegen alle Skepsis, seiner Daseinsberechtigung gegenüber zu behaupten hatte. So gab es bei diesen ersten Nachkriegsfestspielen auch keinen einheitlichen Maßstab, der bei der Beurteilung der künstlerischen Ergebnisse verbindlich gewesen wäre. Die Erwartungen, mit denen die Kulturwelt wieder nach Bayreuth ging, waren wohl hochgespannt, doch die Gesichtspunkte, nach denen sie ihr Urteil formte, gingen allzuoft von entgegengesetzten Voraussetzungen aus.

Wieland Wagner hat die bange Frage nach dem Sinn und der Berechtigung Bayreuths in unserer Zeit klar und mutig beantwortet: Das Werk Richard Wagners ist lebendig geblieben und wird auch in kommenden Generationen weiterleben. Einen für alle Zeiten gültigen und genormten „Bayreuther Stil" gibt es überhaupt nicht. Jede Zeit wird sich ihr „Wagner-Bild" aus den wirksamen Elementen des eigenen Lebensinhaltes neu formen müssen. Das Gesamtkunstwerk Richard Wagners hat viele Ausdrucksmöglichkeiten akustischer und optischer Art in sich. Von all diesen Möglichkeiten ist allein die Musik die feststehende unveränderliche Komponente – alle anderen Elemente der Wiedergabe müssen sich ständig wandeln, wie sich auch das geistige Gesicht der Zeit ständig wandelt.

Freudiger Widerhall, heftige Opposition und alle einschränkenden Zwischengrade der Bejahung und Verneinung haben die Konzeption Wieland Wagners in den Mittelpunkt einer neuen „Weltdiskussion um Bayreuth" gerückt, die an Stärke und Gewichtigkeit den Fehden der Vergangenheit um Richard Wagner kaum nachsteht. Seither ist das *Werk* unumstrittenes Gemeingut geworden, dafür ist seine *Wiedergabe* jetzt Objekt der Diskussion. Der Widerstreit der Meinungen geht dabei sowohl um die Notwendigkeit eines zeitgemäßen Aufführungsstils als auch um die Fragen der geistigen Interpretation innerhalb der Inszenierungen. Aber auch die mimische Einzel-Darstellung, die Raum- und Lichtgestaltung wie das Problem der „Wagner-Stimmen" sind Gegenstand von Erörterungen, zu denen auch noch solche um soziale und soziologische Fragen bei der Gestaltung des äußeren Festspielrahmens kommen.

„Die Gesellschaft der Freunde von Bayreuth", der ein wesentlicher Anteil an der Wiedererweckung der Festspiele zukommt und die auch weiterhin die Basis für ihre Fortführung schaffen wird, hat sich aus mannigfachen Erwägungen entschlossen, einen Beitrag zur Klärung all der Probleme um die gegenwärtige Situation Bayreuths zu leisten. Das Resultat ist das vorliegende Werk. Wieland und Wolfgang Wagner haben den Gedanken, einen Überblick über die Fülle der positiven und negativen Stimmen zu geben, freudig begrüßt. Neben den wesentlichsten kritischen Ausführungen der Weltpresse sollte auch die Meinung unserer führenden Bühnenfachleute und namhafter Publizisten zum Ausdruck kommen. Aber auch die mannigfachen Gesichtspunkte, die in Briefen aus dem Publikum an die Festspielleitung vorgetragen wurden, bereichern die Diskussion.

Wenn sich alle kritischen Stimmen, denen auf den folgenden Seiten das Wort gegeben wird, „frei wissen von dem Hochmut, die objektive Wahrheit erreicht zu haben", wenn sie sich angesichts der Relativität jedes künstlerischen Urteils damit bescheiden, als subjektive Einzeläußerungen gewertet zu werden, dann ist der Sinn und Zweck dieser Publikation, in der Licht und Schatten eine gerechte Verteilung erfahren sollten, in vollem Maße erfüllt.

ALBERT SCHWEITZER

Auf Kritiken mit Leistungen antworten!

Der nachstehende Brief, den Albert Schweitzer, der weltberühmte Kulturphilosoph, Musiker und Arzt, der große Menschenfreund von Lambarene im dunkelsten Afrika, mit eigener Hand an Wieland und Wolfgang Wagner zur Erneuerung des Bayreuther Festspielwerks geschrieben hat, zeugt von einer so herzlichen Anteilnahme und einem so tiefen Verständnis für die künstlerischen Forderungen, die die Gegenwart an die Wiedergabe des Werkes Richard Wagners stellt, daß er als einer der wertvollsten Beiträge zur Weltdiskussion um das neue Bayreuth angesehen werden darf.

Lieber Wieland Wagner, lieber Wolfgang Wagner!

Als ich in Lambarene erfuhr, daß die Bayreuther Festspiele wieder statthaben würden, war es mir eine große Freude. Bayreuth bedeutet für mich ja schönste Erinnerungen meines Lebens. Ich war zum erstenmal dort bei den Wiederaufführungen des Rings im Jahre 1896 und dann nachher so manchesmal. Ich durfte Frau Cosima kennen und mit Siegfried Wagner lange Jahre in tiefer Freundschaft verbunden sein. Sie beide habe ich als Kinder gesehen, als ich nach dem ersten Kriege, es war wohl um 1923, zu Besuch nach Bayreuth kam . . . Als ich erfuhr, daß Sie beide mit der Wiederaufnahme der Festspiele betraut waren, wußte ich, daß Sie es nicht leicht haben würden. Wie gerne wäre ich gekommen . . . Aber eine in der kurzen Zeit meines Europaaufenthaltes fertigzustellende Arbeit und eine Menge für mein Spital zu tätigender Einkäufe ließen es nicht zu. Ich bin eben kein freier Mensch mehr.

Was nun die Sorgen, die Sie bewogen, mir das Telegramm zu senden, betrifft, nehmen Sie sie nicht zu schwer. Durch Freunde, die die Aufführungen miterlebten und die ein Urteil besitzen, bin ich auf dem Laufenden. Und die Inszenierungsprobleme der gewaltigen Werke kenne ich zur Genüge und habe miterlebt zwei Jahrzehnte hindurch, wie Ihr lieber Vater mit seinem hervorragenden Sachverständnis sich mit ihnen beschäftigte. Die so großartig einfache Inszenierung des Rings von 1896, die auf die der Uraufführung zurückging, habe ich noch gut im Gedächtnis, auch die des „Parsifal" aus den achtziger Jahren. Aber *man kann sie nicht einfach reproduzieren.* Der moderne Hörer bringt andere Forderungen des Anschauens mit sich, auf Grund einer Gewöhnung des Anschauens von Bühnen- und Filmhandlung. Es handelt sich darum, das Alte und das Neue in der rechten Weise miteinander zu versöhnen. Die Hörer sind sich über das Problem nicht klar. Sie stellen miteinander unvereinbare Anforderungen. Selbst Ihr lieber Vater, wenn er unter den heutigen Verhältnissen Bayreuth leiten würde, würde diskutiert.

Und wenn ich als sein Freund und in seinem Geiste Ihnen raten darf in der Lage, in der Sie sich befinden, so ist es: Lassen Sie die Leute mit Mund und Feder diskutieren. Äußern Sie sich gar nicht dazu. Versuchen Sie auf keine Weise in die Diskussion einzugreifen und auf sie einzuwirken, sich vor ihr zu rechtfertigen. Gehen Sie ruhig Ihren Weg weiter . . . den Festspielen der kommenden Jahre entgegen, in dem Streben, dem Geiste Bayreuths treu zu sein und ihn zu bewahren, wie es Ihr Vater tat, und die Bayreuther Tradition in unserer Zeit Gestalt gewinnen zu lassen, sich die Erfahrung der Fachmänner, die zu Bayreuth stehen, zu Nutze machend. Denn auch das Letzere war das, was Ihren Vater zu so großartigen Leistungen befähigte. Gehen Sie in allem den Weg in dem Geiste, in dem ihn Ihr Vater in seiner ruhigen, stillen Art begehen würde. Dann gehen Sie ihn recht.

Auf Kritiken mit Leistungen antworten. Und vernehmen Sie nicht nur die Kritiken, sondern auch das, was mit Ihnen und neben Ihnen da ist, was stärker ist als sie: die Genugtuung in so vielen Herzen, daß Bayreuth weiterbesteht unter der Leitung der Nachkommen des großen Meisters. Das tut sich nicht in großen Worten und flammenden Zeilen kund. Aber es ist da. Das Vertrauen und die Liebe, die Ihnen viele in derselben Weise entgegenbringen wie ich, dessen dürfen und müssen Sie sich bewußt sein. Das ist das geistige Kapital, über das Sie für Ihr Unternehmen verfügen. Dieses erlaubt Ihnen aller Kritik ihr Recht zu lassen und sich der großen Aufgabe, die Ihnen zugefallen ist, in dem rechten Geiste, der rechten Freudigkeit und dem rechten Verantwortungsgefühl hinzugeben. Bayreuth bedeutet nicht nur dem deutschen Volke, sondern der ganzen Kulturwelt etwas. Das haben wir in vergangenen Jahrzehnten erlebt. Neue Generationen werden es erleben wie wir.

Bayreuth ist nicht Musik, sondern ein Erleben einer Ergriffenheit und Erhebung durch die Ideen über das Menschendasein, die in den Dramen Richard Wagners Gestalt angenommen haben. Dieses Erbe in reiner Gestalt der Welt zu erhalten, Bayreuth als das Bayreuth, das es wurde, weiter bestehen zu lassen, dies ist die große und so schwere Aufgabe, die Ihnen zugefallen ist. Auch die, die Kritik an den neuerstandenen Aufführungen üben, tun es nicht aus Kritiksucht, sondern in Verehrung von Bayreuth und in der Sorge, daß es uns das bietet, wozu es berufen ist. Und wenn ich Ihnen im Geiste die Hand drücke, in dem Verstehen, das ich Ihrem Unternehmen entgegenbringe, so tun es so viele andere in derselben Weise, wenn auch unausgesprochen. Wenn es mir beschieden ist, noch einmal; bei einem zukünftigen Europaaufenthalt zu den Festspielen nach Bayreuth zu kommen, so geht damit einer der schönsten Wünsche, die ich für die Zeit, die noch zu leben mir beschieden sein kann, in Erfüllung. Und wenn ich dann durch die Straßen Bayreuths gehen werde, werde ich meinen, Ihrem Vater zu begegnen und das „Grüß Gott" in der Herzlichkeit, wie es von seinen Lippen kam, zu vernehmen.

Bitte übermitteln Sie meine besten Grüße den Dirigenten, die sich in Bayreuth betätigten. Richten Sie auch meine besten Empfehlungen Ihrer Frau Mutter aus. Ich kann mir vorstellen, was das Weiterbestehen der Festspiele für sie bedeutet.

Herzlichst Ihr ergebener

Albert Schweitzer

Während ich Ihnen schreibe, ergeht sich einer meiner musikalischen Freunde, der von Bayreuth direkt hierher kam, im Nebenzimmer auf dem Flügel in Reminiszenzen an die Aufführungen.

MAX WÖNNER
Mitglied des Bundestages Bayerischer Landesbezirksvorstand des Deutschen Gewerkschaftsbundes

Bayreuth für Alle!

Der folgende Beitrag gibt die Stimme der Gewerkschaften zur Wiedererweckung der Bayreuther Festspiele wieder. Max Wönner, Mitglied des Bundestages, ist der Landesbezirksvorstand des Deutschen Gewerkschaftsbundes, Landesbezirk Bayern.

Die Bayreuther Festspiele, die bis zu ihrer Wiederaufnahme im Jahre 1951 im Banne gesellschaftlicher Exklusivität standen, vermochten zwar dem Erbe Wagners und der künstlerischen Leistung Bayreuths Weltruf zu verschaffen, das Ohr und die Seele der kunsthungrigen Arbeitnehmerschichten haben sie zu jener Zeit jedoch nie erreicht, nicht weil die Arbeitnehmerschaft nicht erlebnisbereit gewesen wäre, sondern weil eben diese Exklusivität ihre Teilnahme verbot.

Erstmalig im Jahre 1951, also im Jahre der Wiedererstehung der Bayreuther Festspiele nach dem Kriege, wurde neben mancher unverrückbar scheinenden künstlerischen Tradition auch mit der sozialen Scheidung der Menschen gebrochen und in einer Sondervorstellung Angehörigen der arbeitnehmenden Schichten Gelegenheit gegeben, des Bayreuther Erlebnisses echt teilhaftig zu werden. Was für die früher ausschließlichen Besucher Bayreuths mit einem aus der Westentasche zu bezahlenden Trinkgeld käuflich erworben werden konnte, war für die in diesem Jahre an den Bayreuther Festspielen teilnehmenden Arbeitnehmer ein zum Teil ungewöhnliches materielles Opfer. Es schien uns selbst ein großes Wagnis zu sein, Arbeitnehmer mit ihrem spärlichen Einkommen dazu einzuladen, gegen ein zum Teil schier unzumutbares Geldopfer, das in jedem Falle zu Einschränkungen in anderen Lebensbereichen zwang, das Bayreuther Erlebnis in sich aufzunehmen. Umso freudiger waren wir überrascht, daß wir schon Wochen vor dem Aufführungstermin der Gewerkschaftssondervorstellung das Haus völlig ausverkauft hatten und am Aufführungstag selbst feststellen mußten, daß noch wenigstens 500 Karten zusätzlich gebraucht worden wären, um allen an uns herangetragenen Wünschen gerecht zu werden.

So kamen denn diese Menschen, die sich das Bayreuther Erlebnis echt eropfert hatten, mit einer kaum vorstellbaren Aufgeschlossenheit und Aufnahmebereitschaft zum Teil über beschwerliche Autobusreisen auch aus größeren Entfernungen nach Bayreuth, um zum erstenmal für sich selbst, zum erstenmal auch für ihre soziologische Gruppe das Bayreuther Kunsterlebnis in ihren Verstand und in ihren Herzen zu empfangen. Wer etwa geglaubt haben mochte, daß dieser Teil des Volkes echte Kunst nicht voll zu erleben vermöchte, der wurde, wenn er Zeuge dieses Geschehens war, darüber belehrt, daß wohl selten eine Vorstellung mit soviel Inbrunst gehört und aufgenommen war, wie diese erste Vorstellung vor Arbeitnehmern in Bayreuth. Diese Verhaltenheit der Begeisterung während der Vorstellung, die nur im Glanze der Augen sichtbar werden konnte, durchbrach alle Grenzen des bisher in Bayreuth Erlebten am Ende der Vorstellung. Wohl hatte man uns gesagt, es gehörte in Bayreuth nicht zum guten Ton, stürmischen Applaus zu spenden. Wenn aber, wie hier geschehen, echte Begeisterung sich ausdrücken will, dann sollte sie als der Dank derer empfunden werden, die echten Kunstgenuß weit geöffnet, alle Dämme auch für sie unverständlicher Tradition zu durchbrechen bereit sind. Wir wollen gegenteiliges Verhalten nicht als Blasiertheit bezeichnen, wir wollen durchaus anerkennen, daß es Wagner'sche Musikdramen gibt, welche die klassische Tragödie in die an sich geringere Erlebnisfähigkeit unserer Zeit wieder ins echte Leben zu projizieren vermögen. Wir sind sicher, die Reaktion auch dieser Kunsterlebenden wird vom Tragischen in tiefster Seele berührt werden, wenn wir erst Gelegenheit gehabt haben, ihnen auch diesen Teil Wagner'schen Schaffens aufzuschließen. Heuer waren es die „Meistersinger", eine Oper, von der man sagen möchte, daß sie jeden zu begeistern vermag, der überhaupt ein Ohr für Musik und für den Gesang und ein Auge für das Kultische auch im Theater hat. Nächstes Jahr werden es, so hoffen wir, nicht nur die „Meistersinger" sein, die wir den Schaffenden zugänglich machen können.

Nicht daß es sich etwa nur um das unmittelbare Erlebnis gehandelt hätte, noch größer war die Nachwirkung in diesen Menschen, von denen nicht wenige den Tag von Bayreuth als den schönsten ihres Lebens bezeichnet haben und allenthalben rauscht heute noch in diesen Menschen der Beifall auf, wenn sie von Bayreuth sprechen. Sie alle, die dabei waren und viele, die aus ihren Erzählungen mittelbar die Begeisterung fühlen durften, schätzen sich glücklich darüber, daß der soziale Bann in Bayreuth gebrochen ist. Wir hoffen zuversichtlich, daß dies für immer geschehen sei, daß man dort nicht wieder zurückkehren möchte zur traditionellen Exklusivität, sondern daß Bayreuth dem ganzen Volke und damit auch seinem schaffenden Teil gehört.

Auch eine Diskussion um Bayreuth

Die hochangesehene Wochenzeitschrift „Das literarische Deutschland" (Erscheinungsort Heidelberg) gab während der Festspielzeit im August 1951 einer Polemik „Bedenken gegen Bayreuth" Raum. Der Verfasser dieses nachfolgend auszugsweise wiedergegebenen Aufsatzes ist Franz W. Beidler, ein Enkel Richard Wagners, der als Sekretär des Schweizerischen Schriftstellervereins in Zürich wirkt. Auf diese Veröffentlichung, deren negierende Tendenz auf Grund persönlicher Ressentiments offensichtlich ist, erhielt die Zeitschrift eine Reihe von Zuschriften, die in diesem Zusammenhang von besonderem Interesse sein dürften.

Was 1945 schlechterdings unvorstellbar war, ist zur Tatsache geworden: Nur sechs Jahre nach einem materiellen und mehr noch moralischem Zusammenbruch ohnegleichen, nach einer freilich im Gangsterstil aus der theatralischen Illusion auf den Schauplatz der Wirklichkeit projizierten Götterdämmerung können die Festspiele in Bayreuth wieder aufgenommen werden, gleich als sei nichts geschehen, können sie einfach fortgesetzt werden, ohne das geringste Anzeichen eines Systemwechsels, einer Kursänderung, eines Gesinnungswandels, sondern im Gegenteil mit Stolz betonter Kontinuität und obendrein mit festlichem Prunk, ja mit Pomp und Luxus, als gesellschaftliches Ereignis erster Ordnung. Man wird gut tun, diese erstaunliche Tatsache, in der sich ein hohes Maß geglückter *Spekulation* auf die Vergeßlichkeit der Menschen unserer Zeit manifestiert, nicht gedankenlos hinzunehmen.

Mögen die Söhne von Winifred Wagner politisch noch so „unbelastet" sein, wie man es attestierte, als man ihnen vor zwei Jahren das Festspielhaus zu eigen gab – belastet ist, was sich in fünfundsiebzig Jahren zu dem Begriff „Bayreuth" verfestigt hat, mit dem Schwergewicht einer bedenklichen Tradition. Sie ist geeignet, der legitimen Genugtuung über die augenscheinliche Lebenstüchtigkeit eines kulturellen Werkes, dessen Ursprung immerhin auf Richard Wagner zurückgreift, und über seine Anpassungsfähigkeit an der Zeiten Wandel einiges Unbehagen beizumischen. Denn es ist keineswegs nur eine formal künstlerische, sondern eine ideologische Tradition, weil Bayreuth immer weit weniger eine Stätte reiner Kunstübung ohne außerkünstlerische Zwecksetzungen als eine *Kultstätte mit weltanschaulicher Mission* gewesen ist.

Um den angelsächsischen Hexenmeister *Housten Stewart Chamberlain*, der sich selbst mit Stolz einen Dilettanten nennt, scharen sich kleinere und kleinste Geister nach Nietzsches Motto „Nohl – Pohl – Kohl, mit Grazie in infinitum", entsteht die Wagner-Literatur der Unbefugten, und alle diese Wortführer der Bayreuther „Gemeinde" gehören dem rechtsradikalen politischen Lager an, sind ausnahmslos Deutschnationale, Altdeutsche, Nationalsozialisten. Wer sich zu anderen Auffassungen bekennt, sei er noch so sehr Wagnerianer, wird höchstens als stummer Zuschauer geduldet. Denn Bayreuth ist eine *gesellschaftliche Macht* ersten Ranges geworden, vor deren verlängerten Armen selbst ein Universitätsprofessor nicht unbedingt sicher ist. Und das Schlimmste: diese Tradition der Umdeutung, Umlagerung, Umwertung umgibt sich mit dem trügerischen Schein der Unanfechtbarkeit, mit der weihevollen *Pose der Pietät*.

In gewissen Kreisen gehört es heute zur *fable convenue*, zu behaupten, das Bayreuther Werk sei erst seit 1933 durch Hitlers Machtantritt politisiert und damit „entweiht" worden. Das ist grundfalsch. Muß man nach dem Gesagten noch ausdrücklich daran erinnern, wie sich 1924 bei der damaligen Wiedereröffnung der Festspiele die ganze Fronde des gestürzten Kaiserreiches mit Ludendorff an der Spitze demonstrativ gegen die „Judenrepublik" zusammenfand? Wie der Rechtsradikalismus dort derart überbordete, daß sich *Siegfried Wagner*, freilich aus vorwiegend opportunistischen Erwägungen, gezwungen sah, die Mahnung an die Türen anschlagen zu lassen: Hier gilts der Kunst!?

Ausgestattet mit der suggestiven Ausdruckskraft Wagners waren die Festspiele in Bayreuth mit ihrem obligaten Zubehör an Weltanschauung immer ein *Politikum hohen Grades*. 1933 ist lediglich die Drachensaat aufgegangen, die vorher während Jahrzehnten vornehmlich von dort ausgesät worden war. Wenn im Nationalsozialismus überhaupt eine Ideologie, eine Gesinnung enthalten ist, so ist es zu einem erschreckend großen Teil Bayreuther Gesinnung.

•

Die Arbeiter und Soldaten, welche die Zuschauer der Kriegsfestspiele bildeten, entsprachen den Vorstellungen Wagners vom Volk in seinem Theater entschieden besser, als die Festspielbesucher vorher – und 1951, wo man bei der Wiedereröffnung ein Publikum sah, das „den soziologischen Grundgedanken Wagners fremder gegenüber steht als die von den vorigen Machthabern herangezogenen Kreise." Zur gleichen Zeit, da in Bayreuth die Festspiele wiedererstehen, wird im Zusammenhang mit der bemerkenswerten Tagung der „*Grünen Teufel*" in Braunschweig ein *deutscher Soldatenbund* ins Leben gerufen, müssen die Behörden Maßnahmen ergreifen, um zu verhindern, daß *Hitlers Obersalzberg* zu einem Wallfahrtsort wird, erheben sich die Gewerkschaften gegen die „soziale Marktwirtschaft" als eine „unsoziale Profitwirtschaft"! Nach allem was sich in fünfundsiebzig Jahren zugetragen hat, wird der ausländische Betrachter nicht umhin können, das Ereignis in Bayreuth in dieser Konstellation zu sehen.

Caveant consules!

Ich möchte Ihnen hiermit ausdrücklich meine Zustimmung zu diesem Artikel übermitteln, damit sich wenigstens eine Stimme gegen das *geschäftemachende Gesindel* erhebt, das der Meinung ist, der Zulauf der Nichtorientierten aus ganz Mitteleuropa und die Einladungen nach Südamerika (Wieland und Wolfgang Wagner wurden eingeladen, in Rio de Janeiro den „Ring des Nibelungen" zur Aufführung zu bringen. *Anm. d. Herausg.*) seien bereits eine Rehabilitierung oder verliehen ein Prädikat, das von dem Vorwurf des Kitsches und des Snobismus verschieden wäre. Alles was Nietzsche einst gegen die Festspiele geschrieben hat, scheint sich nunmehr nachdrücklich und gleichsam säkular zu bestätigen: man soll nicht nach Bayreuth fahren, wenn man reine Luft atmen will!

Prof. Dr. Max Bense, Stuttgart

Man sollte eine Arbeit der soziologischen Struktur der Besucher von Bayreuth angedeihen lassen und sehen, was dabei herauskommt. Die Wagner-Enthusiasten verkehren ein großes Werk, erniedrigen und entwürdigen es oft, gießen Himbeersaft auf einen Edelstein, weil sie, geblendet von seinem Glanz, meinen, daß er Pudding sei. Wir kühleren Wagner-Betrachter sind letzten Endes doch die besseren Wagnerianer. Wir wollen, es ist schon nichts Gültigeres zu sagen, sein Werk *mit Erkenntnis durchdringen* und den Weltruhmesglanz des großen Schöpfers in eine echte Weltwirksamkeit verwandeln. Am geschätzten Gewissen der Welt wird dann – und erst dann – der wahre Glanz aufblitzen, den Wagner wollte. Als er an Otto Wesendonck schrieb, wurde er offensichtlich. „Die eigentliche Aufführung meiner Werke gehört einer geläuterten Zeit an, einer Zeit, wie ich sie erst durch mein Leiden vorbereiten muß." Auch wir stehen noch immer im Vorbereitungsdienst des Wagnerschen Werks, und der Leiden sind scheinbar noch immer nicht genug um der geläuterten Zeit willen.

•

Wieland und Wolfgang Wagner sind Realisten. Ich setze Hoffnung in sie, Wielands Worte stimmen: „Uns interessieren keine germanischen Götter mehr, sondern nur der Mensch. Wir wollen weg vom Wagner-Kult, wir wollen aber hin zum kultischen Theater." Freilich müßte man sich erst einmal rings auf der Erde einigen, was man unter „Mensch" zu vermuten gewillt ist. Hier ist der Haken, an dem wir unsere schönen Parolen aufhängen sollten. Bayreuth 1951 ist gewesen. Die Probe war es. Sie hat begonnen. Und um dieser Probe willen bin ich im Bayerischen Landtag für das Werk Richard Wagners und für Bayreuth eingetreten.

Georg Schneider, Mitglied des Bayerischen Landtags, München

Wir besitzen in Bayreuth eine Kulturstätte, die in der Welt ihresgleichen sucht und an der sich in den letzten Wochen wieder kunstliebende Menschen aus aller Welt versammelt haben, um in der Huldigung an einen Genius Lebenskraft und Erbauung zu finden. Sie würden höchst erstaunt sein, wenn ihnen als die Quintessenz ihres Festspielerlebnisses vorgehalten würde, daß sie einer bedenklichen idiologischen Tradition nachgegangen seien! Die Leser Ihrer Zeitschrift würden den Artikel mit anderen Augen lesen, wenn Sie ihnen in der Vorbemerkung nicht vorenthalten hätten, daß Herr Dr. Beidler vor vier Jahren bestrebt war, eine „*Richard Wagner-Festspielstiftung*" zu gründen, die unter seiner maßgeblichen Beteiligung mit einem über dreißigköpfigen internationalem Gremium, die „Erhaltung, Neubelebung und den Ausbau der Festspielstätte Bayreuth" durchführen sollte. Die Rechnung ging nicht auf, da das Festspielhaus Eigentum der Familie Wagner blieb, mithin Herrn Dr. Beidler jede Grundlage für die Ausführung seiner Pläne fehlte. Er würde es sicherlich auch nicht gerne sehen, wenn man *seinem* Bayreuth die Vorbelastung mit einer idiologischen Tradition nachsagte, die ja durch nichts als der Welt zu schaffen gewesen wäre! Die „Schweizer Perspektive" des Herrn Beidler scheint mir mehr seine höchst persönliche zu sein, und es gilt auch hier Hans Sachsens Mahnung: „Der Merker werde so bestellt, daß weder Haß noch Liebe das Urteil trübe, das er fällt!"

Dr. jur. G. Schultz, Dahl

Daraus erhellt aber, daß Fortschritt und Reaktion in der Wagnerschen Musik sich nicht wie die Schafe von den Böcken scheiden lassen, sondern daß beides unauflöslich fast sich verschränkt. Wagner hat, unter der dünnen Hülle des kontinuierlichen Verlaufs, die Komposition in dinghaft aneinandergereihte allegorische Leitmotive zerfällt. Diese entziehen sich den Ansprüchen musikalischer Formtotalität nicht weniger als den ästhetischen der „Symbolik", kurz, der Überlieferung des deutschen Idealismus. So emphatisch Wagners Musik als Stil durchgebildet ist, so wenig ist dieser Stil dafür System im Sinn der konsequenzlogischen Geschlossenheit, des reinen Immanenzzusammenhangs von Ganzem und Teilen. Das aber gerade hat seinen revolutionären Aspekt. In der Kunst nicht weniger als in der Philosophie trachten die Systeme, die Synthesis des Mannigfaltigen aus sich hervorzubringen. Dabei richten sie in Wahrheit stets an einer vorgegebenen, aber fragwürdig gewordenen Totalität sich aus, deren unmittelbares Daseinsrecht sie bestreiten, um sie vermittelt aus sich selber nochmals zu erzeugen. Damit ist es bei Wagner zu Ende. Seine apologetisch rückwärtsgewandte Stellung zum Bürgertum hat die Kehrseite, daß er den Kosmos der bürgerlichen Formen ungebrochen nicht mehr akzeptiert. Nichts Vorgegebenes wird geduldet, keine „Typen", von den Gesamtformen angefangen, die den Namen der Oper verschmähen, bis zur Anlage der Motive, die alles an Figuration Gemahnende idiosynkratisch sich verwehren. Gegenüber der Wagnerschen décadence bahnt heute ein Verfall sich an insofern, als eben diese Empfindlichkeit den Musikern abhanden kam, ja sie geradezu nach den Fesseln des Typischen lechzen, die Wagner abzuwerfen trachtete. Wenig bezeichnet den Impuls seiner Verfahrungsart besser als seine Äußerung, er höre zuweilen bei Mozart im Geist das Klappern des Geschirrs zur Tafelmusik. Das gegenwärtige Verhältnis zum musikalischen „Erbe" laboriert vorab daran, daß keiner mehr solche Respektlosigkeit sich zutraut. Die typenfeindliche, mit Typen bloß noch spielende Formbildung Wagners hat nicht bloß die feudalen Restbestände des musikalischen Materials fortgeräumt, sondern darüber hinaus das Material dem Komponisten unvergleichlich viel fügsamer gemacht, als es je zuvor war. Die Maxime dieser Formgesinnung ist im ästhetischen Gespräch der Meistersinger lapidar definiert: „Wie fang ich nach der Regel an ? – Ihr stellt sie selbst und folgt ihr dann." In den gleichen Zusammenhang fällt die Forderung Wagners nach sinngerechter Deklamation. Sie ist antiromantisch und antifeudal: die Idee der musikalischen Prosa wirft ihren Schatten voraus, indem der Zauberbann der Symmetrie gebrochen wird. Die Sprachähnlichkeit der Musik, der sie so viel von ihrem metaphysischen Anspruch verdankt, schlägt um in ein Mittel musikalischer Aufklärung, freilich in Wagners Kompositionsweise noch in Schranken gehalten durch die Vorherrschaft der symmetrischen Periode. Die Forderung des „natürlichen" Deklamierens weist ebenso auf die Wagnersche Typenfeindschaft wie auf das Bedürfnis nach Verschmelzung der Medien; gleich der Konzeption des Leitmotivs aber bereitet auch jene das technische, rationale Kunstwerk vor.

Dessen Beziehung zur Motivtechnik wird nirgends deutlicher als in der Atomisierung des Materials, der Zerlegung in kleinste Motivbestandteile, welche die Integration erlauben soll nach Siegfrieds Programm: „Zu Spreu nun schuf ich die scharfe Pracht, im Tigel brat' ich die Späne." Diesem Programm ist der Tristan am vollständigsten gefolgt. Es fällt schwer, dabei des Gedankens an die Quantifizierung des industriellen Arbeitsprozesses, seine Zerlegung in kleinste Einheiten sich zu entschlagen,

wie denn nicht zufällig ein Akt der materiellen Produktion als Allegorie jenes Prinzips gewählt ist. Das Ganze soll durch Unterteilung in kleinste Einheiten beherrschbar, dem Willen des alles Vorgegebenen ledigen Subjekts fügsam werden. Daß Wagner dies Analogon zur impressionistischen Verfahrungsweise der Malerei entwickelte, ohne sich dessen bewußt zu sein, zeigt nicht weniger die Einheit der Produktivkräfte der Epoche an als die durch Arbeitsteilung bewirkte Abblendung der Einzelbereiche gegeneinander. Wenn im übrigen Wagner aus dem potentiellen Impressionismus der Motivtechnik nicht oder nur in Episoden der Naturstimmung die ganze Konsequenz zog, so erklärt sich das ebenso aus der Spekulation aufs Publikum wie aus der ästhetischen Gesinnung. Gesellschaftlich will die Verschränkung von Alt und Neu, daß zwar immerzu frische Reize geboten, niemals jedoch die eingeschliffenen Hörgewohnheiten brüskiert werden sollen. In Wagners Atmosphäre schwelt schon etwas von der des wütenden Philisters, aus der später der Bann gegen alle „Ismen" erging. Je weiter die Technifizierung des Kunstwerks, die rationale Planung der Verfahrensweise und damit der Wirkung fortschreitet, um so ängstlicher ist seine Musik darauf bedacht, als spontan, unmittelbar, naturhaft zu erscheinen und den verfügenden Willen zu verstecken. Im Widerspruch mit seiner Praxis verleugnet seine Ideologie das Auflösende, Zersetzende schon ähnlich, wie es dann in der summarischen Abfertigung aller neuen Kunst durch Cosima im Briefwechsel mit dem nationalsozialistischen Chamberlain brutal und primitiv sich aussprach. Wagner war ein Impressionist malgré lui, entsprechend dem zurückgebliebenen Stand der menschlichen und technischen Produktivkräfte und damit auch der ästhetischen Doktrin im Deutschland der Mitte des neunzehnten Jahrhunderts. Nicht nur der traditionelle Aberglaube, die Größe der ästhetischen Idee spiegle sich in der Größe der gewählten Gegenstände und der Monumentalität des Kunstwerks, auch eine vorkritische und Wagners eigenem Stand unangemessene Anschauung von der Melodie spielt da herein. Kein Vergleich Wagners mit dem Impressionismus trifft zu, der nicht zugleich daran erinnerte, daß das Credo universaler Symbolik, dem alle seine technischen Errungenschaften unterstehen, zu Puvis de Chavannes gehört und nicht zu Monet. Bei Wagner überwiegt denn auch schon das totalitär-herrschaftliche Moment der Atomisierung; jene Entwertung des Einzelmoments gegenüber der Totalität, die echte, dialektische Wechselwirkungen ausschließt. Nicht sowohl die Nichtigkeit des Einzelnen jedoch schlägt der Wagnerschen Totalität zum Unheil aus, als daß das Atom, das charakterisierende Motiv, eben um der Charakteristik willen stets auftreten muß, als wäre es etwas, und diesen Anspruch nicht durchwegs einlöst. So verbinden sich die Themen und Motive zu einer Art Pseudogeschichte. In Wagners Musik wird bereits jene Entwicklungstendenz des spätbürgerlichen Bewußtseins sichtbar, unter deren Zwang das Individuum um so emphatischer sich selbst hervorhebt, je scheinhafter und ohnmächtiger es in der Realität geworden ist. Etwas von solcher Unwahrheit läßt vielen Wagnerschen Motivkernen sich anhören, deren pathetische Gebärde die eigene Substanz überfordert, während manchmal freilich die motivischen Profile ihm unverlierbar gerieten. Wiederum ist die Formkategorie als solche, die Nichtigkeit des Motivs als bloßer Setzung, das Ephemere der Individuation selber Wagner mit dem Wiener Klassizismus gemeinsam. Aber der Sinn des Verfahrens hat sich verkehrt und damit auch sein ästhetisches Recht. Bei Beethoven ist das Einzelne, der „Einfall" kunstvoll-nichtig, wo immer die Idee der Totalität den Vorrang hat; das Motiv wird als ein an sich ganz Abstraktes eingeführt, lediglich als Prinzip des reinen Werdens, und indem daraus das Ganze sich entfaltet, wird das Einzelne, das im Ganzen untergeht, zugleich auch von diesem konkretisiert und bestätigt. Bei Wagner verleugnet das aufgespreizte Einzelne die Nichtigkeit, die ihm doch als vorsprachlichem Gestus eignet. Zur Strafe wird es vom Fortgang, den es nicht aus sich heraus zu stiften vermag, während es ihn unablässig als Modell zu tragen vorgibt, dementiert.

Diese Tiefe, als Refugium, birgt zugleich alles, was das Werk, „falsch und feig", verriet. Ist in der schlechten Unendlichkeit der ziellos sich reproduzierenden Gesellschaft das Bild der Natur entstellt und in das des Nichts gedrängt als der einzigen Lücke in der totalen Gefangenschaft, so wird dies Nichts zum Etwas im Namen der Hölle, die gegen die trugvolle Geschlossenheit des Systems von Werk und Gesellschaft sich mobilisiert. Über das System, über seine Verklärung und noch die seines Untergangs ergeht das Urteil im zweiten Akt der Walküre, der wahrhaft des terroristischen Gottes bedarf, daß nicht das Werk die Schicksalshörigkeit kündige. Nicht Siegfried, nur Siegmund, der ohne Hoffnung Sterbende, hält dem Traum von Freiheit die Treue. Er versagt sich dem heroischen Ideal, das er doch besser vertritt als die wohlbestallten Helden, die gesiegt schon haben, ehe sie kämpfen; er weigert sich, nach Walhall zu folgen, wenn das Absolute ihm das Glück der Individuation rauben will, das Wagner mit Schopenhauer verleumdet: „Muß ich denn fallen, nicht fahr' ich nach Walhall: Hella halte mich fest!"; die Hölle, das Reich Alberichs, der Walhall zu stürmen vorhat. Hier allein geschieht diesem virtuell Gerechtigkeit; hier allein wohnt diese in Wagners Werk; nicht die „ewige" Schopenhauers, sondern die, welche aus dem Kreis der glühenden Kohlen nicht bloß heraus, vielmehr wahrhaft hervortritt; die Gerechtigkeit, mit der die Geschichte beginnt und die den bewußtlosen Mythos als Vorgeschichte abschafft.

Das Wagnersche Werk legt Zeugnis ab von der Frühzeit des bürgerlichen Verfalls. Sein Zerstörungsdrang nimmt im Gleichnis den der Gesellschaft vorweg; in diesem Sinn und freilich keinem biologischen ist Nietzsches Kritik an der Wagnerschen décadence legitim. Wenn aber die verfallende Gesellschaft in sich die Möglichkeiten der anderen entwickelt, die einmal vielleicht an ihre Stelle tritt, dann hat Nietzsche, ganz wie nach ihm die russische Despotie des zwanzigsten Jahrhunderts, die Kräfte verkannt, die mit der Frühzeit des bürgerlichen Verfalls frei werden. Kein Verfallsmoment in Wagners Werk, dem nicht die Produktivkraft Momente des Werdenden hätte abzuzwingen vermocht. Die Schwächung jener Monade, die der Monadensituation nicht mehr gewachsen ist, und die sich daher passiv sinkend dem Druck der Totalität überläßt, hat nicht bloß repräsentative Geltung für eine todgeweihte Gesellschaft, sondern löst zugleich, was in der Monade zuvor sich verhärtete, und macht diese wahrhaft bloß zu der „Erscheinung", als welche sie in Schopenhauer gedacht ist. In die erweichte Vereinzelung des Wagnerschen Werkes wandert mehr vom gesellschaftlichen Prozeß ein als je in ästhetische Subjekte, die der Gesellschaft gewachsener sich zeigten und daher verschlossener ihr sich entgegensetzten. Noch die masochistische Preisgabe des Ichs ist mehr als nur masochistisch. Wohl überantwortet Subjektivität ihr Glück dem Tod; aber eben damit geht ihr die Ahnung davon auf, daß sie nicht vollends sich selber gehört. Die Monade ist „krank", zu ohnmächtig im Mechanismus, um ihr eigenes Prinzip, das der Vereinzelung, noch durchzusetzen und bei sich auszuharren. So gibt sie sich preis. Ihre Preisgabe jedoch verhilft nicht bloß der schlechten Gesellschaft zum Sieg über ihren Protest, sondern durchschlägt schließlich den Grund der schlechten Vereinzelung selber. In der Liebe sterben: das heißt auch, der Grenze gewahr werden, die der Eigentumsordnung am Menschen selber gesetzt ist: erfahren, daß der Anspruch der Lust, wäre er jemals zu Ende gedacht, eben jene autonome, sich zugehörende und ihr eigenes Leben zum Ding erniedrigende Person sprengen würde, die verblendet glaubt, im Besitz ihrer selbst Lust zu finden, und der dieser Besitz Lust gerade entzieht. Wohl verweigert Siegfried geizig den Rheintöchtern den Ring; aber indem er den Kreis der Verblendung schließt, findet er die Geste, die Erdscholle hinter sich zu werfen als das individuelle Leben, das der nicht mehr halten muß, dem es einmal hielt, was es versprach. Daher ist Wagners Werk nicht nur der willige Prophet und beflissene Büttel von Imperialismus und spätbürgerlichem Terror: er verfügt zugleich über die Kraft der Neurose, dem eigenen Verfall ins Auge zu sehen und ihn zu transzendieren im Bilde, das dem saugenden Blick standhält. Wohl könnte man fragen, ob das Nietzschesche Desiderat der Gesundheit mehr taugt als das kritische Bewußtsein, das die grandiose Schwäche Wagners im Umgang mit den unbewußten Mächten des eigenen Zerfalls gewinnt. Er wird als Stürzender seiner selbst mächtig. Sein Bewußtsein schult sich in der Nacht, die das Bewußtsein zu verschlingen droht. Der Imperialist träumt die Katastrophe des Imperialismus; der bürgerliche Nihilist durchschaut den Nihilismus der Epoche nach ihm. Am Schluß der späten Schrift „Religion und Kunst" heißt es, daß „die fortschreitende Kriegskunst immer mehr, von den Triebfedern moralischer Kräfte ab, sich auf die Ausbildung mechanischer Kräfte hinwendet: hier werden die rohesten Kräfte der niedrigen Naturgewalten in ein künstliches Spiel gesetzt, in welches, trotz aller Mathematik und Arithmetik, der blinde Wille, in seiner Weise einmal mit elementarischer Macht losbrechend, sich einmischen könnte. Bereits bieten uns die gepanzerten Monitors, gegen welche sich das stolze herrliche Segelschiff nicht mehr behaupten kann, einen gespenstisch grausenhaften Anblick: stumm ergebene Menschen, die aber gar nicht mehr wie Menschen aussehen, bedienen diese Ungeheuer, und selbst aus der entsetzlichen Heizkammer werden sie nicht mehr desertieren: aber wie in der Natur alles seinen zerstörenden Feind hat, so bildet auch die Kunst im Meere Torpedo's, und überall sonst Dynamit-Patronen u. dgl. Man sollte glauben, dieses Alles, mit Kunst, Wissenschaft, Tapferkeit und Ehrenpunkt, Leben und Habe, könnte einmal durch ein unberechenbares Versehen in die Luft fliegen"[9]. Davon weiß aber Wagners Musik mehr als das Wort. Umschlagend wird die Geleiterin des Unbewußten zur ersten bewußten: zur ersten, über die Erkenntnis gebietet, und die von der Erkenntnis eingesetzt werden kann zu ihren Zwecken. Trotz allem hat Wagner nicht ohne Recht lieber dem Traumdeuter als dem Träumenden sich verglichen. Aber nur der vermag den Traum zu deuten, der schwach und stark genug ist, ihm ohne Reservat sich auszuliefern. Tristan kennt nicht bloß die Rauschmusik von Traum und Tod, nicht bloß die Lust des Unbewußten, die in der Tat „kein Büßen noch gekühlt", weil sie als unfreie und unbewußte Lust so unerreichbar ist wie das Glück in Schopenhauers Philosophie, und die darum in Buße sich verstellt. Die Fieberpartien des dritten Aktes Tristan enthalten jene schwarze, schroffe, gezackte Musik, die nicht sowohl die Vision untermalt als demaskiert. Musik, die zauberischste aller Künste, lernt den Zauber brechen, den sie selber um alle ihre Gestalten legt. Die Verfluchung der Minne durch Tristan ist mehr als das ohnmächtige Opfer des Rausches an die Askese: sie ist die sei's auch ganz vergebliche Auflehnung der Musik gegen den eigenen Schicksalszwang, und erst im Angesicht ihrer totalen Determination durch jenen gewinnt sie die Selbstbesinnung wieder. Mit Grund stehen jene Figuren der Tristanpartitur nach den Worten „der furchtbare Trank" an der Schwelle der Neuen Musik, in deren erstem kanonischen Werk, Schönbergs fis-moll Quartett, die Worte erscheinen: „Nimm mir die Liebe, gib mir dein Glück!" Sie sagen, daß Liebe und Glück falsch sind in der Welt, in der wir leben, und daß alle Gewalt der Liebe übergegangen ist an ihr Gegenteil. Wer es aber vermöchte, den übertäubenden Wogen des Wagnerschen Orchesters solches Metall zu entreißen, dem vermöchte sein veränderter Klang zu dem Trost zu verhelfen, den es trotz Rausch und Phantasmagorie beharrlich verweigert. Indem es die Angst des hilflosen Menschen ausspricht, könnte es den Hilflosen, wie immer schwach und verstellt, Hilfe bedeuten, und aufs neue versprechen, was der uralte Einspruch der Musik versprach: Ohne Angst Leben.

Raimund Lang, der Bürgermeister des Passionsdorfes Oberammergau, wird von Wolfgang Wagner begrüßt

Im *Siegfried*-Programmheft 1955 bekennt sich ein „alter Wagnerianer“ zur „Säkularisierung Bayreuths“. Hans Schüler, ehemaliges Mitglied des Verwaltungsrates der „Deutschen Festspielstiftung Bayreuth“, der 1924 auch bei der völkischen Wochenschrift „Die Sonne“ und beim „Festspielführer“ mitgearbeitet hatte (siehe Seite 173 und 177) gesteht hier nun zu, daß „jene noch im deutschen Idealismus wurzelnde Lehre von der Aufgabe der Kunst erschüttert“ sei.

HANS SCHÜLER

DIE SÄKULARISIERUNG BAYREUTHS

BETRACHTUNGEN EINES ALTEN WAGNERIANERS

Berufene und Unberufene haben über die neue Art der Regie in Bayreuth erschöpfend diskutiert. Es dürfte kaum noch Argumente geben, welche die Fronten erschüttern oder einander näher bringen könnten. Auf der einen Seite stehen die „Altbayreuther“, welche die neue Wendung als Ehrfurchtslosigkeit gegenüber dem Werk betrachten, auf der andern die „Jungbayreuther“, die durch neue Prinzipien der Inszenierung das Werk und die Festspiele für die Gegenwart zu „retten“ glauben. Beide Gruppen bilden gemeinsam den aktiven Kern der heutigen Besucherschaft, der für die geistige Haltung der Festspiele bestimmend ist.

Daneben gibt es wie zu allen Zeiten in Bayreuth die Mehrheit des Publikums, das nicht debattieren, sondern sich ganz schlicht an einer Theateraufführung erfreuen will. Es ist weniger an den Problemen der Situation der Werke Richard Wagners in der Gegenwart und ihrem stilistischen Niederschlag in der Inszenierung als an der Schönheit der Musik, dem Wohllaut der Stimmen, an der Persönlichkeit der Dirigenten, vor allem aber auch an der Festlichkeit des gesellschaftlichen Ereignisses interessiert, das mit jeder Aufführung heute wieder verbunden ist. Diese Mehrheit des Publikums rechtfertigt Bayreuth in seiner realen und sichert es – soweit das möglich ist – in seiner wirtschaftlichen Existenz. Die Festspielleitung könnte es sich nicht leisten, diese Mehrheit des Publikums durch Experimente in ihrem Kunstgenuß so zu stören, daß sie Bayreuth meidet. Der neue Darstellungsstil des jungen Bayreuth hat zwar Kenner und Fachleute zum Meinungsstreit herausgefordert, das Gros des Publikums jedoch hat ihn hingenommen, vielleicht anfangs etwas irritiert, dann mit wachsendem Verständnis, im allgemeinen aber widerspruchslos, ohne sich im Genuß der Aufführungen stören zu lassen. Es empfindet ihn keineswegs als Provokation, wie das vor 15 oder 20 Jahren zweifellos geschehen wäre. Ohne daß es dem Zuschauer recht zum Bewußtsein kommt, entspricht die neue Bühnengestaltung in ihrer Grundhaltung irgendwie der Wandlung, die in allen Menschen während der letzten Jahrzehnte durch die Veränderungen auf politischem, sozialem, naturwissenschaftlichem und kulturellem Gebiet vor sich gegangen ist. Die Festspiele sind wieder ein internationales Ereignis von erheblicher Anziehungskraft für die große Welt. Aber die Menschen sind anders geworden. Das tritt nicht nur äußerlich auf dem grünen Hügel in der Mode der Kleidung zu Tag, sondern wandelt auch die Inszenierungen. Zwar ruht das Werk Richard Wagners wie eh und je im Allgemein-Menschlichen unserer im Grunde gleichbleibenden Freuden und Leiden. Aber die innere Haltung dazu hat sich geändert.

Bis zum Tode Siegfried Wagners war für den Geist der Festspiele die Publikumsminderheit der alten Bayreuther „Gemeinde“ bestimmend. Sie betrachtete die Werke ihres „Meisters“ nicht nur als Kunst, sondern im Zusammenhang mit seinen Schriften als eine Art geheiligter Lehre. Diese besagte etwa, daß die Erfüllung wirklichen Menschentums nur erreichbar sei, wenn Kunst und Künstlern die Führung auch im praktischen Leben mit übertragen würde. Nur so könne die Menschheit von ihrem Irrwahn befreit werden, der sie unter der Leitung von Politikern, Wirtschaftlern und Soldaten durch Blut und Leiden entartet und von der menschlichen Bestimmung zu Gott entfernt habe. Die kleine von diesem Glauben erfüllte Gemeinde war Träger der „Bayreuther Tradition“, wie sie Cosima Wagner geschaffen und Siegfried Wagner nicht museal konserviert, sondern lebendig weiter entwickelt hatte.

Inzwischen ist jene noch im deutschen Idealismus wurzelnde Lehre von der Aufgabe der Kunst erschüttert. Das Wort Hans Sachs' „Verging' in Dunst das heil'ge röm'sche Reich, uns bliebe gleich die heil'ge deutsche Kunst!“ verstehen wir nicht mehr als deren messianische, also irdische Sendung. Wir glauben, daß die Kunst unzerstörbar, wissen aber, daß sie nicht von dieser Welt ist. Wie Religion und Philosphie schafft sie ethische Maßstäbe. Ihre Wahrheiten gehen leider nur zum geringen Teil in der Wirklichkeit auf. Heute gibt es keine Bayreuther Gemeinde mehr. Sie hat sich umgebildet zu einer keineswegs von den weltanschaulichen Lehren des Meisters bestimmten, in ihrer geistigen Struktur sehr heterogenen Opposition. Aus Gründen künstlerischen Konservativismus wirft sie dem jungen Bayreuth mangelnde Achtung gegenüber den in den Partituren enthaltenen Regieanweisungen Richard Wagners vor, die zu einer Verfälschung seiner Werke bei den Aufführungen im Festspielhaus geführt habe.

Schon seit der Übernahme der Leitung der Festspiele durch Siegfried Wagner begann man in Bayreuth das stilbildende Prinzip unter Wahrung größter Hochachtung vor den Lehren des Meisters von der weltanschaulichen auf die künstlerische Seite zu verlagern. Das war das erste Wetterleuchten einer seitdem immer weiter fortschreitenden „Säkularisierung“ Bayreuths. Schon damals gab es Opponenten, die den weltanschaulichen Inhalt der Festspiele und die Lehre des Meisters, den traditionellen „Bayreuther Geist“ gefährdet glaubten. In der Hitlerzeit wurde er immer mehr verdrängt, und der jungen Generation ist er fremd geworden. Diese konzipiert ihre Inszenierungen zunächst von der Musik und dem dramatischen Gehalt der Werke aus, um so ihren allgemein gültigen, menschlichen Kern „herauszuschälen“. Sie geht also analytisch vor. Außerdem repräsentiert sie eine Regisseurgeneration, die das Recht beansprucht, alle Bühnenwerke – und die von Wagner sind für sie nicht mehr oder weniger unantastbar als die anderer großer Meister – so zu interpretieren, wie sie sie aus der Gegenwart versteht und verständlich machen zu müssen glaubt. Grade in der Freiheit der Auslegung des durch ein Werk gegebenen Gesetzes bekundet sie die Ehrfurcht vor seiner Lebenskraft. Abweichungen von Bühnenbild- und Spielanweisungen der Partituren beruhen aber keineswegs auf der Lust an der Sensation, alles um jeden Preis anders zu machen als üblich. Dagegen spricht schon die Tatsache, daß man sich auch heute noch in manchen Einzelheiten an über die Partiturvorschriften Wagners hinaus von Frau Cosima erarbeitete traditionelle Spielanweisungen hält. Künstlerische Überlegungen liegen allen Abweichungen zu Grunde. Auch bei Siegfried Wagner sind solche gelegentlich vorgekommen. Sie waren bei den Kennern heftig umstritten. Im allgemeinen unterwarf er sich aber unter Zurückstellung etwaiger subjektiver Bedenken aus innerster Überzeugung allen Vorschriften der Partitur, die er als Ganzes als Offenbarung des Genies würdigte, und der er jenseits jeder Kritik Verbindlichkeit zusprach.

Nach der Um- und Abwertung so vieler Werte ist das junge Bayreuth skeptischer geworden. Es glaubt, die Lebensfähigkeit der Werke müsse immer von neuem erarbeitet werden, wenn sie nicht verloren gehen soll. Es versucht sie durch Darstellung aus dem eigenen Geist, „in dem die Zeiten sich bespiegeln“, unserer Zeit neu zu gewinnen, ohne sich wie der Schüler in „Faust“ durch Mephistos Spott darin beirren zu lassen. Über die Berechtigung dazu läßt sich streiten. Man kann sie grundsätzlich oder bei Anerkennung des Prinzips im Einzelfall ablehnen. Das ehrliche Bemühen um den wahren und bleibenden Gehalt, manchmal mit mehr, manchmal mit weniger Erfolg, immer aber mit Talent und Wagemut, wird man bei objektiver Prüfung dem jungen Bayreuth nicht absprechen können. Denn nicht zum Beruhigen, sondern zum Beunruhigen ist lebendiges Theater da.

Bayreuth ist heute *Theater*. Es ist keine *Kult*stätte mehr, in der man die Werke zelebriert und dem Geist des Meisters „huldigt“. Gewiß ist das in mancher Hinsicht ein schmerzlicher Verlust. Statt dessen ist es eine *Kunst*stätte geworden, die wieder wie zu Richard Wagners Zeiten im Mittelpunkt der Diskussion steht, als er es als Kampfansage gegen das äußerliche Repräsentationstheater und seinen Aufführungsschlendrian begründet hatte. Zur Kultstätte hat es sich erst nach seinem Tode allmählich entwickelt. Diese ist etwas organisch Gewachsenes gewesen, das sich nicht künstlich konservieren läßt, nachdem seine lebendige Wirkungskraft erloschen ist. Das junge Bayreuth ist nicht Kult sondern Kultur, es hat keine Gemeinde, sondern ein Publikum, es ist keine Stätte selbstaufopfernder Hingabe an das Werk, sondern hellen Wachseins wie andere Theater auch. Zum Applaus wird heute der Vorhang geöffnet, wenn geklatscht wird. Es wäre kein Sakrileg mehr, wenn jemand pfiffe. Freunde und Gegner des neuen Stils können sich auseinandersetzen, wenn sie wollen. Der Bann einer von vielen betrauerten, vergangenen Tradition ist gebrochen. Damit hat sich jeder alte Wagnerianer abzufinden. Warum sollte man nicht noch einen Schritt weiter gehen? Ist doch aus Schriften und Briefen Wagners ersichtlich, daß der Festspielgedanke ursprünglich nicht auf sein eigenes Werk beschränkt war! Dieses ist für das junge Bayreuth keine allein gültige Offenbarung mehr, sondern als Kunstwerk „ein Mensch wie alle“.

Hier liegt die Wurzel des Gegensatzes. Das junge Bayreuth hat erkannt, daß die in dem repräsentativen und prunkvollen Aufführungsstil der Hitlerzeit vollendete Säkularisierung nicht mehr rückgängig zu machen ist. Es hätte ihn nach dem Kriege ausarten lassen können zu einer „Show“, die etwa mit den Mitteln der modernen Filmtechnik, mit Kunstreiterinnen als Doubles der Walküren, schwebenden Puttenkränzen rosiger Kinder im Venusberg, dressierten Tieren und anderen Gags alle Regieanweisungen restlos erfüllt hätte. Das wäre eine Sensation geworden! Daß sich die Jugend für den schwierigeren Weg einer Verinnerlichung bis zur Askese verbunden mit einer Herausforderung aller Hüter der Tradition entschieden hat, ist in einer Zeit sich ausbreitender Restauration ein Wagnis und keine Konjunkturpolitik, wie manche behaupten. Wir wissen nicht, welches Schicksal Bayreuth in seiner heutigen Gestalt beschieden sein wird. Bestimmt geht es unter, wenn es jemals den Weg des geringsten Widerstandes wählt. Einstweilen hat es sich unbeirrbar seinen eigenen Stil erarbeitet, von dem es glaubt, daß er dem Werk entspricht. Dabei sind Veränderungen erfolgt, die manche Kenner und Verehrer Richard Wagners schmerzlich berühren. Die Verantwortung ist schwer. Hätte es aber in traditioneller Weise gegen das eigene künstlerische Gewissen inszeniert, wäre es unwahrhaftig gewesen, und Wahrheit ist Voraussetzung für jede tiefgehende Wirkung. Man kann nämlich in der Kunst niemanden überzeugen, wenn man nicht selbst überzeugt ist. Der Mut zur Ehrlichkeit ist hoch anzuerkennen.

Denn über künstlerische Mängel einer Kultstätte breitet man den Mantel der Liebe, wie es die alte Bayreuther Gemeinde trotz interner Diskussion meist getan hat. An Kulturstätten wie Salzburg oder das heutige Bayreuth legt man mit Recht den höchsten künstlerischen Maßstab an, und zwar jeder seinen individuellen, da es einen allgemeingültigen in unserer Zeit nicht gibt. Deshalb ist Bayreuth heute der Kritik von allen Seiten ausgesetzt wie zur Zeit seiner Begründung. Bisher hat es nicht schlecht bestanden. Die Diskussion darum beweist allein durch ihr Vorhandensein, daß das Werk Richard Wagners mitten im Widerstreit der Meinungen, von dem es in seiner ganzen Geschichte begleitet war, noch immer *lebt*. Vermutlich wird es auch die neueste sowie noch manche andere Wandlung seiner Darstellung auf der Bühne *überleben*, obwohl die Gegenwart zu skeptisch geworden ist, um wie die alte Bayreuther Gemeinde „selig im Glauben“ zu sein, daß es *ewig* lebt. – –

DER ENKEL WAGNERS VERWIRFT IM NAMEN EINER NOTWENDIGEN „UNUNTERBROCHENEN NEUFORMUNG" DAS DOGMA VOM „WERKTREUEN INSZENIERUNGSSTIL"

WIELAND WAGNER

DENKMALSSCHUTZ FÜR WAGNER?

Die Diskussion um die Möglichkeiten und Grenzen einer modernen Wagner-Inszenierung wird seit dem Wiederbeginn der Bayreuther Festspiele im Jahre 1951 mit einer Erbitterung geführt, die typisch ist für die ungelöste Problematik des Wagnerschen Werkes in unserer Zeit überhaupt. Ausgangspunkt dieses Streitgespräches kann nur die Frage sein, ob im Gesamtwerke Wagners die vielzitierten szenischen Angaben denselben Rang einnehmen wie Musik und Dichtung – und ob Wagner diese Regie- und Bildvorschriften auch über seinen Tod hinaus für künftige Generationen als verbindlich betrachtete.

Der Autor selbst schweigt zu diesen für die Praxis wesentlichen Interpretationsproblemen. Sehr spärliche authentische Bemerkungen, die in diesem Zusammenhang von den Auguren zitiert zu werden pflegen, beziehen sich auf spezielle Fälle und können deshalb keine grundsätzliche Bedeutung haben. Einen verbindlichen „letzten Willen" in dieser Beziehung gibt es nicht. Ein Genie ist weder doktrinär noch philiströs.

Erst das nachwagnerische Bayreuth, vor allem aber Hans Pfitzner und seine eifernden Gefolgsleute haben Wagners szenische Vorschriften zum sakrosankten Bestandteil des Werkes selbst erklärt. Pfitzners gereizter Ruf nach einem „Reichsgesetz zum Schutz von Kunstwerken gegen willkürliche Entstellung" – nach dem Maulkorb also für Dirigenten und Regisseure! – ist die fragwürdige Konsequenz des Dogmas von der wahren Werktreue, das er in seinem Hauptwerke „Werk und Wiedergabe" verkündet. Obgleich Pfitzners Forderungen nur durch polizeiliche Reglementierung der Kunst realisierbar wären, bilden sie heute das geistige Rüstzeug aller strammen Parteigänger der sogenannten Werktreue.

Wagners Anweisungen sind nichts anderes als zusätzliche Beschreibungen seiner szenischen Visionen für Partiturunkundige – dann nämlich, wenn man den Mut hat, die Partituren im Sinne des Wortes Wagners, „daß diese für die ästhetische Kritik ein Rätsel bleiben, bis sie einmal ihren Zweck erfüllt haben", als „Hieroglyphen der Mimik" und als „Objekte der schöpferischen Fantasie" zu betrachten. Für den Dramatiker Wagner haben sogar Noten und Worte, als Kräfte im Dienst der Mimik, eine dienende – keine absolute! – Funktion. Auch seine Vorschriften sollen einen „Zweck" erfüllen: Sie sollen dem Interpreten helfen, die „Zeichen" der Partitur zu dechiffrieren und dem Leser des Textbuches verdeutlichen, wie sich der Dramatiker die „vollendete Aufführung" gedacht hat. Den szenischen und darstellerischen Vorschriften kann folglich kaum mehr als eine literarische Funktion zuerkannt werden. Wagners und Pfitzners Theorien vom Wesen des dramatischen Kunstwerkes sind diametral entgegengesetzt.

Zu Wagners Lebzeiten wurden seine theatralischen Visionen zunächst als Genrebilder im Stile des Biedermeier, später mit den stilistischen Mitteln der spätromantischen, naturalistischen Landschafts- und Historiemalerei realisiert. Die überlieferten Zeugnisse von der Einstellung des Komponisten zum Stil und zur Technik seiner Zeitgenossen schwanken zwischen begeisterter Zustimmung, leisen Vorbehalten und ohnmächtiger, ja zynischer Resignation. Die Feststellung, daß der Szeniker Wagner „im Stile seiner Zeit befangen" war, besteht zweifellos zu recht und bedeutet keine respektlose Verkleinerung seines elementaren Theatersinnes. Es gibt nun einmal für das lebendige Theater keinen anderen Stil als den jeweiligen Zeitstil – mag dieser nun, wie etwa der Stil der Meininger, kritischer Rückschau als unerträglich kitschig oder, wie etwa das Barock-Theater, als originell und deshalb nachahmenswert erscheinen.

Es ist ein unzulässiges Attentat gegen den Komponisten Wagner, sein mythisches Werk leichthin mit der notorischen Mittelmäßigkeit und dem impotenten Pseudonaturalismus einer zeitgenössischen Malerei zu identifizieren. Was hat dieses Werk mit einem Stil zu tun, der bar jeder eigenen Idee die Errungenschaft von Klassik und Romantik für den Geschmack des reichgewordenen Spießbürgers zu popularisieren versuchte? Durch die beispiellose Autorität Wagners auf der einen, die negativen Aspekte des Theaterspielens überhaupt – Zeitnot, Geldmangel, Routine und Ignoranz – auf der anderen Seite, werden die Variationen dieser künstlerisch belanglosen Vorbilder aus jener Zeit auch im Zeitalter Picassos und Chagalls als „echte" Wagner-Tradition noch in aller Welt akzeptiert. Wie zäher Sirup hängen sie an seinem Werk und verleihen den Aufführungen selbst an sonst avantgardistisch eingestellten Metropolen musealen Charakter, vertreiben die Jugend und beweisen „erfolgreich" Wagners angeblich so schlechten Geschmack.

Es gehört zur echten Tragik des Wagnerschen Werkes, daß Appias genialer Stilwille sich für die Bühnenpraxis der Stadttheater als nicht geeignet erwies, daß Klemperers und Fehlings mutige Inszenierungstaten infolge der politischen Entwicklung der dreißiger Jahre Experimente bleiben mußten, die sich nicht mehr stilbildend über Berlin hinaus auswirken konnten, daß endlich Bayreuth erst 1927 zögernd begann, einen Mittelweg zwischen Appias Erkenntnissen und dem eigenen Leitbild der Pietät zu suchen. Cosima Wagners Bann-Fluch über Appias Buch „Die Musik und die Inszenierung" hatte Bayreuth für Jahrzehnte zur Reservation einer längst gestorbenen Kunstrichtung gemacht und damit seine ursprüngliche revolutionäre Aufgabe in das Gegenteil verkehrt.

Die von Altwagnerianern so gern gestellte rethorische Frage, wie „der Meister" sich selbst zu einer modernen Inszenierung gestellt hätte, „wenn er heute leben würde", ist genauso sinnlos wie die Frage, was etwa Beethoven zu der Interpretation seiner IX. Symphonie durch Toscanini gesagt hätte oder wie Goethe die Hamburger Inszenierung seines Faust durch Gustaf Gründgens beurteilt hätte. Nur die geistige Aussage eines Werkes, nicht seine zeitbedingte Aufführungsform, hat für künftige Generationen Bedeutung und sichert ihm Bestand – und Wirkung! – für weitere Jahrhunderte. Es kann deshalb auch kein Sondergesetz für das Wagnersche Werk anerkannt werden, das dieses aus der zwangsläufigen Entwicklung der Kunst- und Geistesgeschichte ausschließt.

Aber Wagners „romantisches" Gesamtkunstwerk? Es erfordert unmißverständlich – so behaupten wenigstens diejenigen, die ihren Wagner gut studiert zu haben glauben – ein „wirklichkeitsgetreues" Bühnenbild, „Illusionismus" und „historische Treue", zum mindesten eine „gleichgeordnete" Funktion der Landschaftsmalerei im „Reigen der Künste"?

Die im „Kunstwerk der Zukunft" entwickelte monströse Utopie Richard Wagners war ästhetischer und literarischer Kritik seit je ein Greuel. Als „schlimm mechanistische Denkungsweise" (Thomas Mann) dient sie seit Nietzsche als dankbares Objekt, den ganzen Wagner beweiskräftig und ohne große Mühe ad absurdum zu führen.

Historisch betrachtet ist das „Gesamtkunstwerk" Wagners individuelle Formulierung eines typischen Gedankens der deutschen Romantik: Herder hat schon um 1800 das mythische Gesamtkunstwerk vorausgesagt, Novalis, Schelling, E. T. A. Hoffmann und Tieck beklagen die Vereinzelung der Künste. Sie alle suchen einen „Mittelpunkt, wie es die Mythologie der Alten" war, ihre Sehnsucht gilt „einem Fest, das mit keinem anderen zu vergleichen" – durch das „Zusammenwirken von Poesie, Malerei, Gesang, Musik und Schauspielkunst auf dem Theater", wie Goethe es Eckermann gegenüber im März 1825 aussprach. – Von Wag-

ner her gesehen stellt es eine fast maßlose Anforderung an die eigene Schöpferkraft dar, ein Werk zu schaffen, das in die mythosfeindliche moderne Zivilisation der Technik und des Rationalismus eine mythische Gesamtschau der Welt hineinstellen soll.
Es ist eines jener heillosen Mißverständnisse, denen Wagner zu allen Zeiten ausgesetzt war, daß aus der Theorie des Gesamtkunstwerkes ein stilistisches Dogma für das Theater filtriert wurde. Wagner selbst spricht später von dem „unglücklichen Gesamtkunstwerk". Es bedeutet also kein Sakrileg, wenn man heute diesen, wahrscheinlich notwendigen, Irrtum des Denkers Wagner endlich auf sich beruhen ließe . . .
Eine mit modernen choreographischen Mitteln und Erkenntnissen arbeitende, den Sänger schauspielerischen Gesetzen unterwerfende Wagner-Regie, die die Möglichkeiten der Beleuchtung als dramaturgisches Hilfsmittel einsetzt und die Stilelemente der zeitgenössischen Kunst – visionäre „Zeichen", geometrische Abstraktion, Symbolfarben und -formen – zur Raumgestaltung benützt, muß nicht allein schon deshalb „Ballett", „Musical", „Oratorium", „Show", „Revue", „Wagnerkonzert", „amerikanisch", „ostzonal" oder gar „bolschewistisch" sein. Diese im modernen Kulturbetrieb oder in der hohen Politik gängigen Schlagworte appellieren zwar recht amüsant an leicht erreichbare Ressentiments des Lesers, sie simplifizieren aber die Probleme der zeitgenössischen Wagnerinterpretation mit allzu lokkerer Hand.
Genauso wie es an der Zeit ist, die gesamte musikalische Interpretation – Tempi, Agogik, Dynamik – dem Lebensgefühl des 20. Jahrhunderts anzupassen (Wagner also nicht mehr exhibitionistisch, langsam, schwer und mit blechgepanzerter Schwülstigkeit zu zelebrieren!), bedarf alles Optische und Darstellerische einer ununterbrochenen Neuformung. Die Ideen des Wagnerschen Werkes sind zeitlos gültig, da sie ewig menschlich sind. Wagners Bild- und Regievorschriften jedoch gelten ausschließlich dem zeitgenössischen Theater des 19. Jahrhunderts. Ihre „werktreue" Erfüllung ist, wenn sie überhaupt jemals theoretisch denkbar gewesen wäre, nicht mehr Kriterium einer heutigen Wagner-Aufführung. An die Stelle eines in hundert Jahren steril gewordenen Bild- und Bewegungsschemas kann bei dem Versuch, Wagners archetypischem Musiktheater auf der Bühne unserer Zeit Gestalt zu geben, nur die nachschöpferische geistige Leistung treten, die den Gang zu den Müttern – also zum Ursprung des Werkes – wagt. Von diesem Kern aus wird das Werk durch die Entzifferung der Hieroglyphen und Chiffern, die Wagner zukünftigen Generationen in seinen Partituren als Aufgabe hinterließ, immer neu gestaltet werden müssen. Jede Aufführung ist ein Versuch auf diesem Wege zu einem unbekannten Ziel.

Gespräch zwischen Friedrich Heer und Fritz Wotruba im Februar 1969

H.: Du bist dann den Weg gegangen über Salzburg, sozusagen Vernichtung des Barock im Barock, Wien am Burgtheater, die Trilogie der Antike aus den Griechen, und dann, was viele entsetzt hat, Berlin, Richard Wagner durch Wotruba vermittelt

W.: Durch Wotruba vermittelt, ja – und der Treubruch an seinem slavisch-ungarischen Blut. Ja, aber ich muß leider bekennen, als ich damals am Lido, Sellner, der Generalintendant an der Berliner Oper, hat mich jahrelang verfolgt und auf eine sehr geschickte Art, immer locker gelassen das Seil, dann wieder angezogen, straff gezogen, also ich bin im Kreis gelaufen und fühlte mich in vollkommener Freiheit bis zu dem Moment, wo ich gemerkt hab', daß ich gefangen bin. Gefangen wurde ich durch den Text, durch die Textbücher – der "Ring des Nibelungen" war mir eine Verzauberung, eine höllische, dreckige, gemeine, aber auch, ich möchte sagen, mächtige und märchenhafte Verzauberung. Und ich habe nicht begriffen, was alle meine Freunde an Richard Wagner auszusetzen gehabt haben. Fasziniert hat mich diese vollkommene Entlarvung einer Nation, hier ist ja nichts von Hymnus zu hören und zu spüren, hier ist ja nur, hier ist doch schon die Mutterfrucht, das Kind im Mutterleib verdorben, bestimmt für den Inzest, es wird ausgenommen im Gehirn und im Körper, erschlagen und hingeschmissen vor die Hunde. Das ist die deutsche Nation, die sich hier schlachtet. Dann, als ich dies alles gesehn habe, als Sellner es gemacht hat, als ich es gemacht habe, als ich die Musik gehört habe – in dieser Vernichtung liegt ja gleichzeitig mehr und dann ist etwas Übernationales drin, was man scheinbar nie gesehn hat, es geht ja alle an, alle an, dasselbe spielt sich ja ab unten jetzt in Biafra, ein Stamm tötet den anderen, es ist immer dasselbe. Aber alle diese Stationen waren für mich unendlich wichtig, und wenn ich auch nicht bewußt auf all' diese Härten hingezielt habe, von denen meine Kritiker reden, meine Freunde und meine Feinde, die sie in meinen Arbeiten sehen, diese Dürre, Härte etc. Das entstand, weil ich hier lebe und weil mein Typus auf diesem Boden wie ein bestimmtes Gewächs genauso reagiert in seiner pflanzlichen Form. Ich kanns nicht anders ausdrücken, es ist nicht mein Verdienst. Mein Verdienst ist, und das ist wahrscheinlich überhaupt das Wichtigste bei jedem Menschen, der an einen bestimmten Ort hingesetzt wird, daß er langsam im Lauf der Zeit doch endlich erkennt, welchen Boden er unbedingt braucht. Ich glaube, das ist das Um und Auf überhaupt einer guten Existenz, und eine schlechte Existenz ist die, die bis zum Schluß eigentlich nicht weiß, ob sie nicht in Amerika in New York oder in Rom ~~nicht~~ genauso gut arbeiten könnte....

Der Wiener Bildhauer Fritz Wotruba entwirft für den *Ring* an der Berliner Oper 1968/69 die Bühnenbilder, und Wagner beginnt ihn zu faszinieren

KAMMERSPIELE WERKRAUMTHEATER

München 1971

DER RING DES NIBELUNGEN

von Richard Wagner

Bearbeitung Christian Enzensberger / Ulrich Heising

Erste Norne	Doris Schade
Zweite Norne	Therese Giehse
Dritte Norne	Hanne Hiob
Woglinde	Heide v. Strombeck
Wellgunde	Ulla Berkéwicz
Floßhilde	Christa Berndl
Alberich	Paul Verhoeven
Wotan	Peter Pasetti
Fricka	Hanne Hiob
Freia	Heide v. Strombeck
Fasolt	Matthias Habich
Fafner	Gustl Bayrhammer
Loge	Heinz Baumann
Erda	Therese Giehse

Hunding	Walter Schmidinger
Sieglinde	Doris Schade
Siegmund	Heinz Baumann
Brünnhilde	Christa Berndl
Mime	Walter Schmidinger
Siegfried	Matthias Habich
Hagen	Heinz Baumann
Gunther	Walter Schmidinger
Gutrune	Ulla Berkéwicz
Inszenierung	Ulrich Heising
Bühnenbild und Kostüme	Klaus Gelhaar
Geräusche	Peter Fischer
Regieassistenz	Jörn van Dyck / Ulla Berkéwicz

Das Fotografieren im Zuschauerraum ist nicht gestattet

SCHLÜSSEL

Ring	— Kapital
Alberich	— Kleinbürgertum, aufsteigend, industrielle Revolution
Wotan	— Monarchie, aufgeklärt
Fricka	— Monarchie, restaurativ
Fasolt/Fafner	— Großgrundbesitz
Loge	— Diplomatie, monarchistisch
Sieglinde/Siegmund	— bürgerliche Revolution, bis März 1848
Brünnhilde	— Militär
Mime	— Kleinbürgertum, absterbendes Handwerk
Siegfried	— bürgerliche Revolution, Nachmärz, Bismarckismus
Hagen	— Kleinbürgertum, radikalisiert
Gunther/Gutrune	— Feudalismus, kleinstaatlerisch

ZUR BEARBEITUNG

Die vorliegende Bearbeitung des „Ring des Nibelungen" verwendet Texte von Richard Wagner, die aus „Das Rheingold", „Die Walküre", „Siegfried" und „Götterdämmerung" stammen. Ferner wurden einige Textstellen aus den Frühfassungen „Der junge Siegfried" und „Siegfrieds Tod" benutzt.

C. E / U. H

Frankfurt/M. 1972

„Was deutsch und ächt, wüßt' keiner mehr" Zur Schlußansprache des Hans Sachs / Von Klaus Schultz

Kunstwerke sind keine Invarianten; ihr Verständnis und damit ihre Gestalt überdauert nicht unverändert Beschlagnahmen und Vorgefühle. So scheiden sich, spätestens seit 1945, an Sachsens Appell ans Nationalbewußtsein, an seiner Warnung vor fremdländischen Kultureinflüssen, schließlich an der emphatischen Huldigung des Hans Sachs durch das Volk auf der Festwiese die Geister; weniger wohl am gelegentlich recht eigenartigen Humor der »Meistersinger« oder an jener Spitzwegischen Butzenscheibenromantik von Häusern und Gäßchen, die wohl nie von den Bühnen verschwinden wird und zur blinden Begeisterung über das heroische Finale ebenso beiträgt wie zur gereizten Befremdung der Wagner-Opponenten.

Wagner hatte bei der Konzeption der »Meistersinger« keineswegs eine ›Nationaloper‹ vor Augen. In der »Mitteilung an meine Freunde« (1851) heißt es: »Wie bei den Athenern ein heiteres Satyrspiel auf die Tragödie folgte, erschien mir auf jener Vergnügungsreise plötzlich das Bild eines komischen Spieles, das in Wahrheit als beziehungsvolles Satyrspiel meinem »Sängerspiele auf Wartburg« sich anschließen konnte. Es waren »die Meistersinger zu Nürnberg«, mit Hans Sachs an der Spitze.«

Nach dem Textbuch von 1862 bleibt die Schlußansprache des Sachs, die große Auflösung der Konflikte, gleichsam privat, wenn auch coram publico. Das Finale ist ironisch-pathetischer Kontrapunkt zur nächtlichen Prügelei, auf die Sachs in dieser Textfassung anspielt. Der Ritter Walther von Stolzing hatte Erfolg: beim Volk, bei den Meistern, bei der Bürgerstochter Eva. Er lehnt zunächst die Meister-Ehre ab, läßt sich aber von Sachs überzeugen und die goldene Kette der Gilde sich umlegen: Die Verbindung von Adel und Bürgertum wurde möglich durch die Geburt eines Kunstwerks, Walthers Preislied.

Wagner überarbeitete das Textbuch während der Komposition. Insbesondere die Prügelszene, Walthers Preislied und seine Travestie durch Beckmesser, sowie, inhaltlich einschneidend, die Schlußansprache des Hans Sachs. Ob sich Wagner zu dieser Revision geäußert hat, muß hier unbeantwortet bleiben. Man kann jedoch, ohne sich dem Vorwurf trivialer Kombination auszusetzen, einige Motive für die Politisierung des Finales anführen. Von größter Bedeutung ist die Begegnung und Freundschaft mit Ludwig II. Vielleicht auch die Niederlage Bayerns im Krieg mit Preußen und Wagners Einschätzung der politischen Situation. Am 25. 10. 1866 schreibt er an Ludwig II.: » . . . wer ein Herz hat, begreift heute, was es mit diesen »Meistersingern von Nürnberg« für ein Bewenden hatte, die ihr Schöpfer in schlimmsten Zeiten deutschen Verrates entwarf, und mit denen er nun den einzigen deutschen Fürsten begrüßt, der ihn und in ihm den deutschen Geist begreift. Glauben Sie, das wird ein harter Tag für Graf Bismarck und den norddeutschen Bund, aber ein hoher, schöner für Ludwig den Deutschen und seinen Richard werden! Ich weiß es, ich sehe es! Drum Geduld: »Getrost in Tat und Werk!« — Hier meine Hand: Wir siegen!« Vor allem sind es aber seine Erfahrungen mit den deutschen Theatern und die daraus entwickelten kulturpolitischen Theorien, die jene Reihe von Aufsätzen entstehen lassen, welche im Juni 1868 unter dem Titel »Deutsche Kunst und Deutsche Politik« erschienen. Im Juni 1868 werden im Münchener Nationaltheater die »Meistersinger« uraufgeführt, gegen alle Etikette läßt Ludwig Wagner in der Königsloge die Ovationen entgegennehmen.

Die kunsttheoretischen Äußerungen Wagners neu zu lesen, ist freilich nicht mit der Frage sinnvoll, ob sie der szenischen oder musikalischen Interpretation unmittelbar weiterhelfen. Eher, weil ihre Kenntnis dazu beitragen könnte, die Wagnerschen Musikdramen von der historisch-biographischen Schicht ihrer Entstehung und Wirkung abzuheben, und sie, mit ihren Brüchen, zu erfahren. Am Beispiel der »Meistersinger«: die Schlußansprache des Sachs als höchst problematisches Finale einer an musikalischen Formen überaus reichen Oper zu hören, die drei Jahre vor der Gründung des Deutschen Reiches mit einer politischen Mission uraufgeführt wurde, die ihren Stachel bis auf weiteres behält.

Interview mit Götz Friedrich, dem DDR-Regisseur des »Tannhäuser« in Bayreuth

Die Freiheit als Bindung

Götz Friedrich (42), Oberspielleiter der Komischen Oper Berlin und Regie-Professor an der Deutschen Hochschule für Musik in der DDR-Hauptstadt, stieg innerhalb weniger Jahre in die Spitzenklasse der europäischen Opernregisseure auf. In der Bundesrepublik machte er durch einen revolutionären „Figaro" in Bremen von sich reden. Vom Holland-Festival, wo er Verdis „Falstaff" inszenierte, kam Friedrich soeben nach Bayreuth, um seine erste Wagner-Inszenierung zu proben. Mit „Tannhäuser" in der Pariser Fassung (am Pult: Erich Leinsdorf) werden am 21. Juli die diesjährigen Festspiele eröffnet. Wir sprachen in Bayreuth mit Götz Friedrich.

*

Wie kam es, Herr Friedrich, daß Sie bisher nie Wagner inszenierten, und warum machen Sie als erstes den „Tannhäuser"?

Ich habe Wagner nicht ausgeklammert aus Ablehnung, sondern erst bei anderen Komponisten Musiktheater erprobt. Bei „Tannhäuser" ging ich davon aus, daß er eine Oper des jungen Wagner ist, ein Werk des Vormärz, an dem mich die brisanten ästhetischen und inhaltlichen Fragen interessieren.

Götz Friedrich auf der Bayreuther Probe Foto: Rauh

Gesellschaftliche Aspekte des Werkes

Appell zur humanen Toleranz

Wege zur methodischen Erneuerung der Oper

Sehen Sie im Titelhelden revolutionäre Züge?

Tannhäuser protestiert gegen etablierte Normen. Aber es geht um mehr: um die Probleme der Selbstverwirklichung des schöpferischen Menschen in einer bestimmten Gesellschaft oder gegen sie. Ich sehe in dieser großen musikdramatischen Fabel eine Lektion über die Beziehung Künstler—Gesellschaft oder Kunst—Leben.

Wie würden Sie darin den Freiheitsbegriff definieren?

Die Freiheit, die Tannhäuser in Anspruch nimmt, ist keine anarchistische Freiheit, sondern bedeutet gleichzeitig eine Bindung als Verpflichtung gegenüber den Menschen, für die er Kunst machen möchte. Revolutionär ist seine Erkenntnis, daß die Bindung an eine steril gewordene Gesellschaft nichts taugt. Das Tragische liegt darin, daß er neue Bindungen sucht, sie aber nicht realisieren kann und erst an der Schwelle des Todes im Sinne einer historischen Utopie an das „Wunder" glauben darf.

Meinen Sie Mystik, wenn Sie Wunder sagen?

Tannhäuser weiß um die Notwendigkeit religiöser Kommunikation. Aber die Töne, die der Sterbende vernimmt, sind Vision. Der Schluß ist als Appell zur humanen Toleranz dem „Sünder" gegenüber und als Aufruf zu interpretieren, gesellschaftliche Verhältnisse zu schaffen, in denen sich Verketzerungen dieser Art ausschließen. Ohne zu mystifizieren.

Zu welcher szenischen Konzeption führen Sie nun diese Überlegungen?

Ich werde versuchen, „Tannhäuser" wieder theatralisch zu konkretisieren, die Vorgänge menschlich zu definieren — weder in naturalistischem Illusionismus noch in abstraktem Symbolismus.

Werden Sie damit vom Neubayreuther Stil abweichen?

Ich halte mich an die Leitsätze Richard Wagners, um den suchenden, jungen Wagner beim Wort zu nehmen. Die Sublimierung des Theatralischen ist in den Spätwerken erforderlich, hier nicht.

In Ihrer Inszenierung werden erstmals in Bayreuth Venus und Elisabeth von derselben Sängerin gestaltet. Mit welcher Absicht?

Die Besetzung als Doppelrolle, die übrigens Wieland Wagner in Kopenhagen bereits testete, halte ich für notwendig, um den Märchen-Dualismus zu beseitigen. Die Frau im Venusberg ist keine andere als die auf der Wartburg. Tannhäuser steht nicht zwischen zwei Frauen, sondern vor dem Problem, Kunst, Leben und Liebe zu verwirklichen....

*

Götz Friedrichs Debüt in der Wagner-Scheune ist unter einem weiteren Aspekt interessant: zum erstenmal kommen die zwei wichtigsten Werkstätten des Musiktheaters, die nach dem zweiten Weltkrieg in den beiden deutschen Staaten entwickelt wurden, Bayreuth und Ostberlin, zusammen. Die Kommunikation, die in der Ära der ersten Generation nicht erfolgte, findet nun statt. Wolfgang Wagner, der Erbe Neubayreuths, holte den potentesten Felsenstein-Schüler an sein Festspieltheater, das eine künstlerische Erneuerung nötig hat. Die Oper über den mittelalterlichen Wartburg-Revolutionär wird als einzige Premiere 1972 die Probe aufs Exempel liefern.

FRITZ SCHLEICHER

Bayreuth 1972

Nach der *Meistersinger*-Inszenierung 1956 von Wieland Wagner, wegen der ein bayerischer Staatssekretär seine Mitgliedschaft in der „Gesellschaft der Freunde von Bayreuth" aufkündigte, hat keine Inszenierung mehr, vor allem politisch motivierte, Proteste hervorgerufen als die des *Tannhäuser* von Götz Friedrich. Nicht mit seinem Werkverständnis setzt man sich auseinander, sondern mit der Tatsache, daß er als Schüler Felsensteins aus Ostberlin kommt. Die Zuschauerbriefe auf der folgenden Seite zeigen, daß der „Bayreuther Idealismus" noch von einigen starrsinnigen die Wagner-Festspiele mit „Deutschtum" verwechselnden „Bayreuth-Pilgern" weitergepflegt, von Wolfgang Wagner jedoch unter ausdrücklicher Betonung des Momentes der Toleranz zurückgewiesen wird.

Köln,24.7.1972

Sehr geehrter Herr Wagner!

Das hat uns Westdeutschen gerade noch gefehlt: daß Sie als verantwortlicher Regisseur der großen Werke Ihres Großvaters einen notorisch rot(als Ostdeutscher) eingestellten Gast-Regisseur wie diesen Goetz Friedrich nach Bayreuth berufen,der die -gelinde gesagt- grobe Geschmacklosigkeit hat,in der Schlußszene vom "Tannhäuser" mit den Arbeitern,Bauern und Werktätigen,die er dort auftreten läßt,die -wie er es meint- Gegenwartsprobleme zur Schau zu stellen! Sie,Herr Wolfgang Wagner,haben sich mit der Berufung dieses,wie Sie wissen müßten und auch sicher wußten,eindeutig rot eingefärbten Herrn Friedrich als einen unwürdigen Enkel von Richard Wagner gezeigt,der auf dem Festspielhügel fehl am Platze ist.Nehmen Sie das als die Meinung nicht nur von mir als langjährigem Besucher der Festspiele,sondern auch von vielen meiner hiesigen Bekannten-ebenfalls Festspielbesucher- hin!

Wollen Sie sich eigentlich mitschuldig machen an der derzeitigen unfaßbaren Verwirrung in den Köpfen vieler westdeutscher "Reformer",die der uns alle ständig bedrohenden roten Flut auf den Universitäten und Schulen Konzessionen machen zu müssen glauben? Sie sind ein genauso blasser Intellektueller-man kann sogar vermuten ein verkappter Edelkommunist-,wie es viele dieser rot angehauchten Geister sind,die unsere nationale Existenz ständig bedrohen,indem sie keine klare Einstellung zu den Belangen des deutschen Volkes-auch des Großteiles der Deutschen in der Ostzone-einnehmen.Schämen Sie sich,Herr Wagner! Ihr verehrenswürdiger Großvater würde sich im Grabe umdrehen,wenn er davon wüßte! Ich hoffe,daß Herr F.J.Strauß,jährlicher Festspielbesucher wie ich-Sie in Ihrer Regie-Fehlleistung bei einer Unterredung unter vier Augen mal eindeutig auf Ihre Pflicht gegenüber deutschen nationalen Belangen hinweisen wird.Daß das Land Bayern bei Wiederholung solcher ostdeutscher Exzesse auf der Bühne die weiteren Zuschüsse zu sperren gedroht hat,war erfrischend,zu hören.

Kehren Sie um auf Ihrem eingeschlagenen Wege,Herr Wagner! Schicken Sie diesen roten Gesellen -er mag sich mit ideologischer Verbrämumg aus der Affäre ziehen wollen oder nicht-schleunigst nach dorthin zurück,wohin er gehört,zu seinem Herrn und Meister Felsenstein(der kürzlich bei seiner Wallenstein-Inszenierung in München noch nicht die Katze aus dem Sack gelassen hat), Diese schmierigen Gesellen sollen unter der Ägide der roten vaterlandslosen Gesellen in der ostdeutschen Regierung Regie führen,soviel

- 2 -

sie wollen -für uns Westdeutsche sind sie unerträglich. Daß Sie das noch nicht gemerkt haben,ist einfach unfaßbar! Sie verschandeln das Festspielhaus Ihres Großvaters in einer Weise,die die schärfste Kritik aller Wagner-Verehrer hervorrufen muß.Weshalb dieses um jeden Preis "modern" sein-Wollen bei den Aufführungen (Ihr verstorbener Bruder hat da leider auch viel Schuld auf sich geladen)? Lassen Sie die unsterblichen Werke Richard Wagners so auf uns Bayreuth-Pilger wirken,wie sie von ihm erdacht und in Worte und Musik umgesetzt sind! Lassen Sie Ihre Finger von "modernen" Interpretationen,die politisch eingefärbt sind! Sie machen sich lächerlich-wenn Sie es nicht schon sind! Man kann Sie nur warnen;es gibt Möglichkeiten,Ihnen mal gehörig auf die Finger zu klopfen und Ihnen beizubringen, daß die deutschen Opern und Musikdramen Ihres Großvaters von wirklich deutschen Regisseuren vorgeführt werden.Was in Ihrem Kopfe vorgehen mag,ist nicht maßgebend,sondern das,was die Mehrzahl der Besucher des Festspielhauses,die da zum Festspielhügel wallen,als stilgerecht im Sinne des Meisters ansieht.

Ein Besucher der Festspiele,dessen Namen Ihnen nichts sagt und verschwiegen wird,weil er eine Diskussion mit Ihnen ablehnt.

Bayreuth, 24. 7. 1972

Sehr geehrter Herr Wagner!

So viel primitive Naivität und kindliche Harmlosigkeit, ja polizeiwidrige Dummheit wie Sie im Falle "Tannhäuser" zur Schau stellen, gibt es doch garnicht! Aber alle Welt und das Publikum nehmen das hin.
Die Werkschändung und die Pietätlosigkeit gegenüber Ihrem Grossvater und auch Ihrer Mutter kennzeichnen Sie ausserdem als "nützlichen Idioten" der Bolschewiken und zumindest unbewussten Verräter an Ihrem deutschen Vaterland.
Sie sollten die Konsequenzen ziehen!

Hochachtungsvoll

Sehr geehrte Herren !

Ich habe zwar die Tannhäuser Aufführung nicht miterlebt, aber aus der Zeitung ersehen, welche Panne passiert ist.
Ich habe keine Ahnung, welcher Jahrgang dieser Ostberliner Regisseur ist, aber wenn er zu den jüngeren Jahrgängen gehört, wird er selbstverständlich im Sinne seines Regimes versuchen, unsere Deutschesten Festspiele kommunistisch zu unterwandern. Wir Deutsch sind aber sehr allergisch in dieser Beziehung, auch mit Recht. Unter dem Deckmantel der Demokratie mochte man uns den Bolschewismus näher bringen. Wir haben allen Grund, unserer derzeitigen Regierung zu mißtrauen.
Mich hat es gefreut, daß das Publikum mit Buh-Rufen reagiert hat. Da die Besucher der Festspiele meistens der älteren Generation angehören , können Sie sich solche Eskapaden nicht leisten. Es gibt also noch Deutsche genug, die Ihr Deutschtum, dazu gehören auch die Wagner-Festspiele, verteidigen. Heute ist es ja beinahe schon kriminell, Deutsch und national zu sein. Die Festspiele sollen nicht kitschig sein, aber ihren Deutschen Charakter behalten. Eben, weil wir eine Demokratie sind, sollen wir uns hüten, nur einen Fuß breit an eine kommunistische Diktatur abzutreten, auch nicht unter der Vorspiegelung " Frieden ".

Mit freundlichen Grüßen !

BAYREUTHER FESTSPIELE

8580 BAYREUTH,
TELEFON 0921/*5722
POSTFACH 2320

29.7.1972

Wolfgang Wagner

Sehr geehrter Herr .....

vielen Dank für Ihren Brief vom 24.7. 1972, den ich beantworten möchte, weil ich ihn nicht in einer Reihe sehe mit einer Vielzahl von Schmähbriefen oder gar Bombendrohungen. Es lag mir auch fern, Sie in irgendeiner Weise persönlich zu beleidigen und ich bedauere, daß auf allen Seiten die Argumentation auf der Pressekonferenz nicht in der Art geführt worden ist, wie sie in ruhiger Stunde möglich und notwendig wäre.

Verwahren jedoch muß ich mich gegen den Vorwurf, ich dulde im Festspielhaus Polittheater. Wenn ich mich zu der Arbeit von Götz Friedrich bekenne, so ist das - über alle Fragen der künstlerischen Leistung hinaus - meine moralische Pflicht. Auch der von Ihnen angesprochene sachliche Einwand verwundert mich, gerade weil Sie und Ihre Familie, wie Sie schreiben, Schweres erlitten haben. Götz Friedrich und sein Kostümbildner Jürgen Rose wollten in der Bekleidung des Dienstadels das Totalitäre, Verfestigte, Unduldsame, Intolerante der Wartburg-Gesellschaft zeigen, die mit Schwertern reagiert, wenn einer anders denkt. Gerade weil Ihre Familie unter dieser Verhaltensweise auch gelitten hat, ist mir Ihr Vorwurf etwas unverständlich. Nicht SS-Kostüme wollte Friedrich zeigen, sondern das, was an Intoleranz in uns - immer noch oder immer wieder- steckt. Daß Richard Wagner selbst darunter gelitten hat und es in dieser 'unmenschlichen' Art interpretierte, muß ich Ihnen wohl nicht sagen.

Mit vorzüglicher Hochachtung,

Dieser Artikel von Fritz Schleicher erschien am 10. August 1972 in den „Nürnberger Nachrichten" mit dem Titel „Die mobilisierte Reaktion".

Symptome gesellschaftlicher Defekte bei den Festivals in Bayreuth und Salzburg

Der revidierte „Tannhäuser" von Götz Friedrich — Diffamierungen und Bombendrohungen gegen Wolfgang Wagner

Hinter den glänzenden Fassaden der Festspiele in Bayreuth und Salzburg probten die Regisseure den Aufstand. Zwei progressive Inszenierungen, Götz Friedrichs „Tannhäuser" und Claus Peymann mit dem Bernhard-Stück „Der Ignorant und der Wahnsinnige", provozierten Skandale, weil sie Spielregeln mißachteten oder künstlerische Freiheiten in Anspruch nahmen.

Das Zusammentreffen mag zufällig sein, die Symptome gesellschaftlicher Defekte, die dabei aufgedeckt wurden, sind typisch und tiefgreifender als ein temporärer Kulissen-Krach. Die beiden Revolten verliefen unterschiedlich, auch die Ergebnisse sind verschieden, aber das Fazit ist gleich deprimierend: wer in den „Tempeln der Kunst" etwas anderes zeigt als die heile Welt des schönen Scheins kann entweder aussteigen (wie Peymann in Salzburg) oder Kompromisse schließen (wie Friedrich in Bayreuth). Eine erschreckende Alternative.

Während in der österreichischen Hochburg der Konservativen Festspieldirektor Kaut selbst heimlich radikal die Aufführung zu Fall brachte (wie aus dem in unserer gestrigen Ausgabe veröffentlichten Bernhard-Telegramm hervorgeht), verteidigte Wolfgang Wagner das mit politischer Brisanz geladene Drama seines Großvaters.

DDR-Regisseur Friedrich allerdings machte es ihm leicht. Er opferte entscheidende Elemente seiner Konzeption freiwillig und voreilig. Er reduzierte die Leibgarde des Landgrafen, verzichtete auf den militanten Stechschritt und gab den Chor der Heutigen im Finale auf. Seit der dritten Aufführung stirbt Tannhäuser allein, die Botschaft der Versöhnung ist ein Stück abstrakter Musik.

Trotz der angepaßten Fassung ist die mobilisierte Reaktion gegen Wolfgang Wagner unheimlich aktiv. Sie reicht bis zur brutalen Bombendrohung. Angeführt wurden die Widerstands-Aktionen von der „Gesellschaft der Freunde von Bayreuth", die sich fast geschlossen gegen die Aufführung formierte. In der Hauptversammlung des Clubs der Wagnerianer rügten namhafte Sprecher die Regie — so als hätten sie sich mit ihren Spenden künstlerische Befugnisse eingekauft.

Wenn die „Spitzen" der betroffenen Gesellschaft ihr Mäzenatentum schon derart falsch verstehen, braucht man sich über die Ausfälle auf der Ebene der Briefschreiber nicht mehr zu wundern. Auf dem Schreibtisch Wolfgang Wagners häufen sich die Elaborate der Intoleranz. Manche sind bereits „an den roten Festspielleiter" adressiert oder titulieren ihn als „nützlichen Idioten" oder „Edelkommunisten", als „Propagandisten sowjetischer Ideen", der es unter dem Deckmantel der Demokratie zulasse, daß Bayreuth kommunistisch unterwandert wird und der „auch so einer jener blassen Intellektuellen" sei, die „unsere nationale Existenz bedrohen".

Der Angegriffene möchte — gerade weil viele der Empörten die Aufführung selbst gar nicht gesehen haben — diese Stimmen nicht als Kollektiv-Urteil über das Bayreuther Publikum werten. Immerhin ist auch die Zahl der prominenten Verteidiger nicht gering.

Beim Symposium des internationalen Jugend-Festspieltreffens nahmen die Professoren Hans Mayer und Carl Dahlhaus, die führenden literarischen Wagner-Interpreten, die Friedrich-Regie in Schutz und ernteten damit mehr Beifall als jener Leserbrief, den sie aus Springers „Welt am Sonntag" zitierten:

„Denn es erschienen Figuren auf der Bühne, von denen man nicht wußte, ob es sich um Mitglieder des SSD in Ausgehuniform handelte oder um eine infolge des ‚Endsieges' dem Publikum damals nicht mehr gezeigte Variante der SS-Uniform." In der mit Dr. (ohne h. c.) Franz Josef Strauß unterzeichneten Äußerung folgt dann eine richtige, aber negativ gemeinte Deutung der Oper: „Tannhäuser war nicht mehr der Held eines Weihespiels, der zwischen irdischer und himmlischer Liebe hin- und hergerissen wurde, sondern ein Gesellschaftsrevolutionär."

Während der bayerische Politiker und „bekannte Kunstkenner" FJS in dem Schlußchor „eine Art SA-Gesangverein" erblickt, kommt der Leitartikler der „New York Times" zu dem Befund: dieser Skandal habe gezeigt, daß viele mit diesem Festspiel noch immer Hitler verbinden und sich schmerzlich getroffen fühlen, wenn dies mit negativen Assoziationen verbunden wird.

Der hohe Grad der Betroffenheit offenbarte, wie notwendig die Provokation war.

Bezeichnend aber auch für die „rechte CSU-Kunstaufbereitung": Kultusminister Maier, Premier Goppel und Wirtschaftskundler FJS klatschten begeistert dem unpolitischen Schiller-Ragout des DDR-Regie-Altmeisters Walter Felsenstein nach der „Wallenstein"-Premiere im Münchner Residenztheater zu.

Man wünscht das „kulturelle Erbe" als unproblematische Konsumware mit Bildungs- und Erholungswert. Subventionen für Beifallsvereine, Treffpunkt zur gegenseitigen Beweihräucherung. FRITZ SCHLEICHER

BAYREUTHER FESTSPIELE 8580 BAYREUTH, TELEFON 0921/*57 22 POSTFACH 2320 29.7.1972

Wolfgang Wagner

Herrn
Walter Schmieding
Berliner Festwochen
Bundesallee 1-12
1 B e r l i n 15

Sehr geehrter Herr Schmieding,

vielen Dank für Ihren Brief vom 25.7. Er war ein erfreuliches Zeichen inmitten von Drohbriefen und Bombendrohungen. Inwieweit alle diese allergischen Reaktionen ernst zu nehmen sind, bleibt dazuwarten, aber sie zeigen, daß Götz Friedrich - mehr als je beabsichtigt - einen empfindlichen Nerv getroffen hat. Ärgerlich ist die Unterstellung einer ideologischen oder gar parteipolitischen Demonstration, erfreulich der Beweis, daß das Werk Richard Wagners von sicher manchmal provozierender Aktualität ist, unbequem und im Gegensatz zur heilen Welt der Operette. Aber, auch das habe ich immer wieder betont, man soll nicht voreilig das Bayreuther Publikum mit dem der Premiere gleichsetzen, obwohl das Verhalten vieler nicht als Sieg der vielbemühten Toleranz gelten kann. Eine Blütenlese aus den Zuschriften würde Sie schockieren. Einem on-dit zufolge sei die Kunst frei?

Mit freundlichen Grüßen und nochmals herzlichem Dank

Ihr

Wolfgang Wagner

Über Wagner

Hierher nun gehören Richard Wagners Gedanken über die mögliche Herstellbarkeit eines poetischen Dramas unter den Bedingungen des Kapitalismus. Die dem Kapitalismus entsprechende Dichtart, so überlegt er, ist die sentimentalische, also die, die das Unmenschliche und mithin Unpoetische am Kapitalismus mit den beißenden Werkzeugen des Begriffs bewältigt; vor Alters war das anders. Im antiken Mythos fielen Gesellschaftliches und Menschliches, Bewußtsein und Tat zusammen; alle Bilder vom Menschen waren zugleich Bilder von der Welt, und alle Abbildungen der Welt trugen ihre schöne und ehrfurchtheischende Gestalt. In der bürgerlichen Moderne hingegen herrscht der Roman, auch auf dem Theater, was heißen will: von den dramatischen Formen bleibt die schlechteste, die episch-soziologische. Der Stoff des bürgerlichen Dramas ist nicht der Mensch, sondern die Geschichte in all ihrer ökonomischen Bedingtheit und klassenmäßigen Vermitteltheit; das Organ seiner Entgegennahme ist nicht das Gefühl, sondern das Gehirn, und seine Wirkung ist nicht Genuß, sondern die Revolution. Von Poesie muß während der Klassengesellschaft ehrlicherweise geschwiegen werden. «Der Dichter kann nicht wieder vorhanden sein», sagt Wagner, «als bis wir keine Politik mehr haben.»

Zum poetischen Drama nämlich braucht es überschaubare Verhältnisse, Verhältnisse, die so sind: die Anarchie. Seine Fabel ist einfach (und nicht unendlich verwickelt), wahr (und nicht absichtsvoll im Sinne der Befestigung des Überbaus), groß (und nicht vom unendlichen Zusammenhang aller Menschen und Dinge durch selbsttüchtige Beschränkung weggesondert), menschlich (und nicht von Leuten getragen, deren Handlungen nicht ihre eigenen sind, sondern vom Staat verordnet); mit einem Wort, die Fabel des poetischen Dramas ist unentfremdet. Wagner kann und möchte von der Bühne her schreiben, und nicht etwa Unerhebliches; er ist wahrhaftig ein Theatermensch. Er sieht klar die Hemmnisse, die ihn behindern. Und aus dem Überschwang der Revolution nun entlehnt er die Kraft und aus ihren freiheitlichen Zielvorstellungen die inhaltliche Möglichkeit, das poetische Drama, welches der Natur der Sache nach Zukunfts-Drama sein muß, vorwegzunehmen. Was Wagner, wie rechtens oft bemerkt wird, einmalig und unwiederholbar macht, ist weder die Einmaligkeit seines Genies noch die unwiederholbare Personengleichheit von Komponisten und Librettisten; es ist die geschichtliche Grenze, auf der er steht, die Grenze zwischen dem verbliebenen Restvorrat an bürgerlicher Illusion und dem unausweichlichen Gefühl der Vergeblichkeit. Wagners Nachfolger sind längst im Morast versunken, dahingegen er selbst sich als letzter noch an den klassischen Haaren zieht; da ist noch Warten auf Bakunin. Das Wagner-Libretto, so wie er über es redet, ist das unentfremdete Drama der Alten, aus seiner urtümlichen Harmlosigkeit herausgehoben und von durchlittener und erstrittener Position her erneuert.

Die Lösung Schillers, das Humane in Gestalt des Ideals erscheinen zu lassen, wird verworfen. Das Ideal ist ein gedachtes Ding, mithin nicht kunstfähig. Kunst verlangt nach einer ästhetischen Lösung, keiner philosophischen: sie muß auf einer anschaubaren Wirklichkeit fußen. Die moderne Wirklichkeit läßt sich kaum mehr anschauen; immerhin: je besser wir sie mittels unserer gesellschaftswissenschaftlichen Kenntnisse durchschauen, in desto höherem Maße wird sie — als «aufgeklärte Wirklichkeit» — anschaulich. Aber zwischen dem Inhalt auch der sinnfälligst gemachten Moderne und der utopischen Form bleibt eine Kluft unüberwindbar, die, soll redlich verfahren werden, als solche in den Kunstmitteln offengelegt werden muß. Wenn das Poetische früher als begötterte Welt des Mythos vorhanden war und in Zukunft als lebendige Menschlichkeit vorhanden sein wird, zeigt es sich heute, 1850, als ein Unvorhandenes: als Wunder. Das Wunder ist die einsehbare Erscheinungsform des Widerspruchs zwischen gegenwärtiger Sachlage und Utopie.

Wie aber läßt sich der minderwertige Gegenstand mit seinen verzettelten und entmenschten Ursachenverknüpfungen so verbessern, daß er aufhört, sich gegen die — durch das Wunder ermöglichte — poetische Darstellungsweise zu sträuben? Wagners Antwort ist eine überaus schöne, realistische Kunstlehre, die von der Motivverdichtung. Nämlich verbietet, so begreift er, der Realismus, von den wirklichen Motivierungen des modernen Lebens etwa einfach abzusehen und die Poesie ins weltleer Humane, den Kitsch, schlechter als recht hinüber zu retten. Vielmehr müssen all die wirklichen Motive in den poetischen Motiven des wunderbaren Kunstwerks verborgen, zusammengefaßt enthalten und, kurzum, aufgehoben sein. Auf die Art entsteht eine Handlung, welche «verstärkt, mächtiger und in ihrer Einheit umfangreicher ist, als wie sie das gewöhnliche Leben hervorbringt»; es entsteht eine kunstfähige Handlung.

Auszug aus dem Aufsatz „Oper und Drama“ von Peter Hacks (1973)

Mythos Religion Christentum

Noch besteht das Christenthum. (Richard Wagner) – Wir gingen zu Wolzogen, dessen Bühnenweihfestspiel-Aufsatz R. sehr ge
fallen hat, nur bemerkt er zu mir, daß er zu weit ging, indem er Parsifal ein Abbild des Heilandes nennt: «Ich habe an den
Heiland dabei gar nicht gedacht«. (Cosima Wagner) – Daß es hohe Zeit ist, etwas für die Kunst zu tun, fühlen wenige, aber
daß es mit der Religion so nicht bleiben kann, wie es ist, läßt sich allen begreiflich machen, und da man sich schämt,
selbst Religion zu haben und für aufgeklärt passieren will, so muß man sehr froh sein, der Religion von der Kunst a
us zu Hilfe kommen zu können. (Friedrich Schiller) – Mir ist es, als ob dieses Werk mir eingegeben sei, um der
Welt ihr eigenes tiefstes Geheimnis, den wahrhaftigsten christlichen Glauben zu erhalten, ja, ihr neu diesen Glau
ben zu erwecken. (Richard Wagner) – Schon sank die Dämmerung hernieder, als die letzten Klänge leise ver
schwebten: »Selig im Glauben!« Alles schwieg in lautloser Entrücktheit, als hätte eine unerhörte Offenbaru
ng aus einer höheren Welt sich soeben verkündigt. (Engelbert Humperdinck) – Man könnte sagen, daß
da, wo die Religion künstlich wird, der Kunst es vorbehalten sei, den Kern der Religion zu retten, indem
sie die mythischen Symbole, welche die erste im eigentlichen Sinne als wahr geglaubt wissen will,
ihrem sinnbildlichen Werte nach erfaßt, nur durch ideale Darstellung derselben die in ihnen verbo
rgene tiefe Wahrheit erkennen zu lassen. (Richard Wagner) – Noch besteht das Christenthum.
(Richard Wagner) – Wir gingen zu Wolzogen, dessen Bühnenweihfestspiel-Aufsatz R. sehr
gefallen hat, nur bemerkt er zu mir, daß er zu weit ging, indem er Parsifal ein Abbild
des Heilandes nennt: »Ich habe an den Heiland dabei gar nicht gedacht«. (Cosima
Wagner) – Daß es hohe Zeit ist, etwas für die Kunst zu tun, fühlen wenige, aber
daß es mit der Religion so nicht bleiben kann, wie es ist, läßt sich allen beg
reiflich machen, und da man sich schämt, selbst Religion zu haben und für
aufgeklärt passieren will, so muß man sehr froh sein, der Religion v
on der Kunst aus zu Hilfe zu kommen zu können. (Friedrich Schille
r) – Mir ist es, als ob dieses Werk mir eingegeben sei, um der
Welt ihr eigenes tiefstes Geheimnis, den wahrhaftigsten christ
lichen Glauben zu erhalten, ja, ihr neu diesen Glauben
zu erwecken. (Richard Wagner) – Schon sank die Dä
mmerung hernieder, als die letzten Klänge leise ve
rschwebten: »Selig im Glauben!« Alles schwi
eg in lautloser Entrücktheit, als hätte
eine unerhörte Offenbarung a
us einer höheren Welt s
ich soeben verkündigt. (E
ngelbert Humperdinck) – Man
könnte sagen, daß da, wo die Reli
gion künstlich wird, der Kunst es vorb
ehalten sei, den Kern der Religion zu retten,
indem sie die mythischen Symbole, welche die erst
e im eigentlichen Sinne als wahr geglaubt wissen will, ihrem

Gralsbecher aus dem Programmheft zum Frankfurter *Parsifal* 1973. Dieses Programmheft kann zusammen mit den früheren und folgenden Frankfurter Wagner-Programmheften — vor allem dem Heft zur *Götterdämmerung* 1975 — zu den gescheitesten und die Widersprüche und Historizität Wagners am genauesten präsentierenden Veröffentlichungen zu Wagner nach 1945 gezählt werden.

Die Nibelungen auf unserer Bühne

Aus der Vorarbeit am „Rheingold“

Von Joachim Herz

„Und doch verbietet jedes Gefühl für die eigentliche und wahre Natur dieses durch und durch auf Neuerung, Änderung, Befreiung gestellten Künstlertums es aufs strikteste, seine Sprache und Ausdrucksweise wörtlich zu nehmen und nicht als das, was sie ist: ein Künstleridiom eben sehr uneigentlicher Art, mit dem auf Schritt und Tritt ganz anderes, vollkommen Revolutionäres gemeint ist... Diesen Mann des Volkes, der Macht, Geld, Gewalt und Krieg sein Leben lang innig verneint hat und sein Festtheater, was auch die Epoche daraus gemacht haben möge, einer klassenlosen Gemeinschaft zu errichten gedachte: ihn kann kein Geist des frommen oder brutalen Zurück — es darf ihn jeder zukünftig gerichtete Wille für sich in Anspruch nehmen.“

(Thomas Mann 1933)

Cosimas Rotstift scheint noch immer über unseren Inszenierungen zu walten. Wenn Wagner, Jahre nach dem Scheitern des Mai-Aufstands, in seinen Briefen die Revolution herbeiwünscht, weil erst nach der Revolution Zuschauer und Künstler in der Lage seien, das von ihm Gemeinte zu begreifen — dann ändert Cosima dieses „nach der Revolution“ schlicht in „später“. Und der Nebel dieses „später“ umhüllt bis heute Walhall auch auf unseren Bühnen.

Rudolf Heinrich und unser Leipziger Team wollen nun einen ersten Versuch unternehmen, zu zeigen, was Wagner mit seiner Parabel vom Untergang der alten „Götter“, von der liebe-losen, unmenschlichen Macht des Goldes gemeint hat. Wir sehen in der von ihm gewählten Bildersprache einer nordischen Mythologie eine echte Verfremdung; gemeint sind in ungeheurer Zusammenschau Konflikte und Probleme seiner eigenen Zeit, teils eben erst aufgebrochen, teils seit Jahrhunderten ungelöst. Mythos, längst nicht mehr geglaubt, ist für ihn Gewand. Die Schwierigkeit: Das Theater seiner Zeit stellte ihm nur eine romantische Illusionsbühne zur Verfügung, die er zur äußersten Perfektion zu führen suchte, damit eben dieses Gewand sinnfällig machend, nicht jedoch Mittel, mit denen der unter dem Gewand verborgene Sinn hätte nachvollziehbar gemacht werden können. Je besser die Täuschung des Zuschauers, sein Hineinverweben in die Phantasmagorie gelang, um so weniger blieb ihm die Möglichkeit, zu begreifen, unter die Oberfläche von Naturbildern und Sagenbildern vorzustoßen, Geschautes und Gehörtes anwendbar zu machen. Das Ringen um totale Täuschung führte keineswegs zu totalem Theater.[1]

Der sozial-revolutionäre Ansatz des Werks ist bekannt und unbestritten, seine Bewertung höchst unterschiedlich, auf der Bühne gezeigt wurde er noch nie. Dafür grassiert die Legende vom „Bruch“, der durch Schopenhauer hineingekommen sein soll. Besonnene Leser haben längst darauf hingewiesen, daß Wagner sein Werk auch nach der Lektüre Schopenhauers zu Ende geführt hat, ohne eine Zeile zu ändern — die Verse, die er hinzugedichtet hatte (Brünnhildes „indischer“ Schluß) wurden von ihm selbst wieder gestrichen.[2] Die Notwendigkeit von Wotans Abtreten (die schon längst vor der Schopenhauer-Lektüre anstelle der ursprünglichen Wiedereinsetzung seiner Macht getreten war) entspricht der konsequenten Einsicht des Revolutionärs Wagner, ist keine Verbiegung eines an einer Veränderung der Dinge Verzweifelnden. Freilich war klargeworden: der Weg nach vorn führte nicht über Siegfried, das tragische Scheitern dieses geliebten Irrwegs war evident, Wotan durch nichts mehr zu retten — Wagner sieht ihn als „die Summe der Intelligenz der Gegenwart“, er kann jedoch nur noch „gewähren lassen, es gehen lassen, wie es geht“ — während der „von uns gewünschte, gewollte Mensch der Zukunft... sich selbst schaffen muß durch unsere Vernichtung“.

Wie Wagner nicht per Zufall etwas erlebte und sich anregen ließ, daraus Kunst zu machen, sondern ein Werk in ihm geboren werden wollte, für dessen zwanghaft-schmerzvolles An-den-Tag-brechen er der Hilfe eines Erlebnisses bedürfte — eines Erlebnisses, das er sich, durchaus unbewußt, dann suchte —, so versetzte ihn die Lektüre Schopenhauers in die Lage, die Resignation seines von der Bühne abtretenden Wotan Klang werden zu lassen. Mehr nicht.

Und als er seinen erträumten Helden, den jungen Siegfried, bis zu dem Punkt geführt hatte, wo noch alle Möglichkeiten drin waren, alle Chancen scheinbar noch offenstanden — bis zum Waldweben, wo die Macht wartet, von ihm genutzt zu werden, der Weg zu Brünnhilde offensteht, aus dem Blute des erschlagenen Ungetüms ihm Verstehen und Einsicht zu wachsen scheinen, er gar die Untertexte des mörderlich schlauen Mime hört —, da ließ der Meister ihn zwölf Jahre unter der Linde liegen, den schönen Augenblick in der Schwebe haltend. Bis die Schwärze um ihn so übermächtig geworden schien, daß er nun den Weg ins bittere Ende zu gestalten anhub: mit einem Helden, der nun gar nichts mehr verstand, einem einsamtapferen Recken, dem kein Waldvögelein verriet, was die Gunthers und Hagens wirklich meinen, wenn sie „Brüderschaft“ sagen.[3] Arglos und unbelehrt, ohne Wissen gerät er in die Hände des Feindes, die stürmische Ausfahrt des 48ers endet zwischen den Eisentoren der Gibichungen, die hinter ihm sich schließen. Manipuliert kommt er wieder heraus: so verändert, daß die eigene Frau ihn nicht mehr erkennt, seines Wesens verlustig, Gunther zum Verwechseln ähnlich.

Und was für Taten wollte er denn auch vollbringen? Drachen töten, Jungfrauen befreien? Er hat kein Programm. Die anderen haben eins. Keiner kreuzt mit ihm die Klinge: sie lassen ihn für sich arbeiten. Er ist krankhaft furchtlos, weil er das Verhängnis nicht kennt. Er glaubt an die Kraft des anarchischen Individuums, das die Knoten zerhaut. „So weise und stark verwähnt sich der Held, als gebunden und blind er doch ist.“

Die ihn hätte lehren können, die hat er brav sitzen lassen und auf seine gelegentliche Heimkehr warten.[4] Welch Bogen: ein Werk, das beginnt mit Liebesverzicht, wozu die Verdinglichung der Frau, die Käuflichkeit der Liebe gleich mit erfunden werden; in welchem „göttliche“ Machtballung nur beschlossen wird unter Ausschluß der Frauen; dieses Werk endet damit, daß eine Frau die Brandfackel in die zum Untergange reife alte Welt schleudert — in die „unausmistbaren Augias-Ställe“, um „endlich gesunde Luft zu gewinnen“!

Mit Hoffnung endet das gewaltige Werk: Die erlösende Melodie opferbereiter, gebärender Liebe tönt über dem Brand und läßt hoffen, daß Brünnhildes Einsicht von den Zeugen ihres Endes verstanden wurde, daß auf neuer Stufe die Menschen im Einklang mit der Natur ihrem Utopia entgegenstreben werden. Einen realen Weg, obgleich zu seiner Zeit längst beschritten, sah der Autor nicht. Doch dürfen wir seinen Aufruf zur Menschenliebe durchaus verstehen nicht als Tröstung in nicht zu ändernder Misere, sondern als Forderung, die Grundpfeiler hieraus zu errichten.

Als Menetekel entwarf er das Bild der sich abzeichnenden Katastrophe. Daß seine Warnung umgefälscht wurde zur Fanfare und ein Grenadierregiment mit den Klängen der „Nibelungentreue“ gegen den „Erbfeind“ marschierte, sollte man ihm nicht anlasten.

„Der Ring des Nibelungen“ begibt sich ausschließlich zwischen Menschen[5], gegliedert in soziale Gruppen, verbunden durch jeweils gemeinsame Interessen. Zwischen diesen Gruppen herrscht Kampf als von niemandem bezweifelte Grundsituation. Zur Durchleuchtung dieser Kämpfe stellt Wagner bereit in seiner Musik eine Technik der kommentierenden, Zusammenhänge erhellenden Motivverknüpfung[6], wie auch er sie in dieser Form nie wieder angewandt hat, sowie für die Bühne eine Symbolsprache. Des Rheines Gold ist schöne Natur, kostbarer Quell liebender Spiele, kann ästhetischer Wert, künstlerisch behandelte Natur werden, schließlich Tauschgegenstand und letztlich universaler Tauschwert, Zwang zur Arbeit, ein „Mehr“ zu erzeugen, Akkumulation, Zinsknechtschaft — dazu taugt der Ring, ein potenzierendes Prinzip, im Gegensatz zum Hort, den jeder dem anderen anzudrehen sucht, worauf nur keiner reinfällt. Geschmiedet aus dem Fluch des Ausgeschlossenseins, ist die Stoßrichtung von des Ringes Kraft durchaus gerichtet von unten gegen die Schlemmer da oben. Pervertiert jedoch auch die Revolte: einer nimmt allen alle Rechte, zwingt sie zum Angriff um eigener Macht willen.

Von dantesker Größe die Vision des aus der Tiefe heraufziehenden industriellen Zeitalters, musikalischer Kommentar zur „Lage der arbeitenden Klasse in England". Produktivkraft gewonnen aus Unterdrückung der Massen, Wandlung des gleichen Prinzips ins furchterregend Große (Wurm-Maschinerie) und in die Ungreifbarkeit des Anonymen: Chef unsichtbar allgegenwärtig, nicht zur Verantwortung zu ziehen.

Während Wotan mit den Wortführern der Riesen noch verhandelt, wenn auch jonglierend zwischen Scheinheiligkeit und zynischer Härte, wohl wissend, daß die Schaffenden eine Macht darstellen, auf die er angewiesen ist, spürend, daß eine Partei dort ihn abschaffen will — bei Alberich herrscht der nackte Terror, entsprechend ist die Rebellion stets nahe. Beiden Systemen gemeinsam: die stummen Massen, die nur noch wuchten, hämmern und kreischen dürfen.

Soviel zu des Ringes Symbolwert. Man kann den Ring aber auch als Requisit behandeln, das ihm innewohnende Prinzip leugnen und so tun, als sei er noch Schmuckstück der Natur, Souvenir, nichts anderes. Dies versuchen Siegfried und Brünnhilde. Die Rheintöchter, die es am besten wissen müssen, machen Siegfried klar: die Zeiten sind vorbei. Schenkst du uns blitzendes Metall zum Spielen und Spiegeln: Nichts wäre gelöst, die Alte Welt bliebe intakt, es wäre der Hinterausgang aus der Geschichte — den es eben nicht gibt. Nur die Tat aus Einsicht verändert, kann Harmonie wieder herstellen. Und es erfüllt sich der Fluch auch an ihm: wer leichtfertig, unentschieden die Macht nicht nutzt, nichts klärt, nichts verändert — dem geht es doch an den Kragen, da andere die Macht wollen, um Gebrauch davon zu machen. Alberich hatte das sehr klar gesehen.

Wotan muß dereinst eine progressive Funktion gehabt haben, nur liegt die lange vor Beginn des Stücks: Kodifizierung des Rechts und der Verträge, Einehe[7], Gründung einer Kultur durch Beschneidung, durch Einschränkung der Naturtriebe (Speerschnitzen). Doch mehr und mehr verlegte er sich aufs Balancieren, aufs bloße In-Spannung-halten der Gegensätze, und schließlich wurde Walhall nötig, die Zementierung seiner Macht: er wollte nicht mehr schöpferisch sich anpassen, sich wandeln[8], weiterentwickeln — wie es erreicht war, sollte es bleiben, „vollendet das ewige Werk", keine Experimente. Freia, das ewige Jung-sein, wurde verkauft. Da man aber ohne dieses Jung-sein ebensowenig weiterleben konnte und wollte wie ohne die „Götterburg", war das Dilemma bereits unlösbar. Und noch bevor es bezogen wurde, war Walhall ein Anachronismus, überholt von Alberichs rasender, unmenschlicher Produktion, unter Verzicht auf jeden schönen Schein, jeden Genuß vor Erreichung des Endziels. Neues Dilemma: Freia oder der Ring? Man hatte den Teufel mit Beelzebub ausgetrieben. Ohne Selbstzerstörung war der Kaufpreis nicht zu erbringen! Erda stellt die Alternative: gesetzmäßiges Ende, Abtreten (was man wußte, jedoch verdrängt hatte) oder, will man dies nicht einsehen, rascher, schmählicher Zusammenbruch. Mehr kann die Hüterin des Wissens der „Götter" nicht voraussehen: was nach dem Ende ihrer Welt kommen wird, bleibt ihr so verschlossen wie den Nornen.

Rasches, schmähliches Ende: Donner, unflätig den Handelspartner beschimpfend, bei jeder festgefahrenen Diskussion losschlagen wollend, schließlich mit einem Schlag die Atmosphäre „reinigend" — dies wäre die Alternative. Sein Gedröhn (hupenähnlich) hetzt den Selbsthelfer Siegmund, der Unrecht rächen wollte und nur neues Leid schafft, keinem zu Dank.

Wotan rettet sich in die Walhall-Ideologie: Heldentod höher zu werten als ökonomische Zuwachsrate — gleich, wer gegen wen! Vergebens. Inzwischen verbünden sich die Gibichungen mit den neuen Mächten, nehmen Hagen zu sich auf: Die Aristokratie bedarf der neuen Macht des Kapitals. Und wie es Wotan ehrt (und scheitern läßt), daß er Freia nicht aufgeben wollte um Walhalls willen, so möchte er bei seinem Abtreten zuvor dessen sicher sein, daß dem Schöpferischen, daß der Freiheit und Liebe die Zukunft gehört. Doch in persona dafür noch Sorge zu tragen, ist ihm verwehrt, sein besseres Selbst löst sich von ihm: Brünnhilde, die sich um seine alten Bindungen nicht schert und nur die Zukunft sieht. Als sie begriffen hat, was not tut, gibt Wotan den Befehl zur Sprengung Walhalls.

Zuvor hat der Autor sich jedoch eine seiner feinsten Pointen aufgespart: Der „Gott" bringt es, wenn es hart auf hart geht, doch nicht übers Herz, freiwillig zu gehen — der alte Adam bäumt sich auf in ihm, und Jung-Siegfried muß ihm erst der Herrschaft Speer zerschlagen. Es war nichts mit der großen Geste.

Zu meinen, Wagner identifiziere sich mit einer Musik wie etwa dem Einzug der Götter in Walhall und wolle, daß auch der Hörer sich lustvoll mit ihr identifiziere, hieße ihm Unrecht tun. Der Bombast solcher Inthronisation gestohlener Macht, die schamlose Exhibition eines Triumph-Marsches in den Untergang (wie Loge zu recht kommentiert), könnte gar nicht klarer jene „Götter" dem Urteil des Zuschauers preisgeben. Auf der anderen Seite höre man Fasolts, des zu früh Gekommenen, Rede von dem Weib, das „wonnig und hehr bei uns Armen wohne". Solche Unterscheidungen sind unerläßlich, sollen die Ironien dieser schwarzen Komödie zum Klingen kommen.

Eine Figur wie die des Loge, irrlichternde Intelligenz, die nirgendwo sich festlegen möchte, von allen benötigt wird, sich nur engagiert für ihre eigene Forschung, den Funken am Pulverfaß studieren möchte, als Mensch eigentlich nie existent war, aber doch eitel genug, nur die eigenen Gedanken anerkannt zu wissen — eine solche Theaterfigur ist ohne überlegene Zeichnung und Distanzierung gar nicht zu bewältigen.

Wir sind der Meinung, daß zur Entschlüsselung des von Wagner Gemeinten keine Baukastenspiele taugen, seien sie nun aus Quadern gefügt oder aus Segmenten, und erst recht keine auf Stromlinie gebrachte Mystik (wie treffend bemerkt wurde), die nur dazu dient, dem Dahindämmern das geschmacklich gute Gewissen eines New Look zu verleihen und romantische Illusion zu ersetzen durch den totalen Nebel der Abstraktion.

ANMERKUNGEN:

1 Dies eine der Ursachen, warum gerade das Theater Brechts, das mit seinem Mahagonny im Nibelungenring seinen legitimen Vorgänger hätte erblicken dürfen, um das Werk Richard Wagners einen mehr oder weniger respektvollen Bogen macht.

2 Zwar auch die programmatischen „Feuerbach"-Verse, aber die liegen als konzeptionelle Aussage dem ganzen Werk zugrunde.

3 Dagegen helfen auch nicht die musikalischen Kürassierstiefel, die sein ehemaliger Hornruf jetzt angezogen hat (sogenanntes „Heldenmotiv").

4 Eine Tätigkeit, der Wagners Frauen sich vorzugsweise widmen, so wie der Damenchor in manchen seiner Opern auf die gelegentlichen spärlichen Einsätze.

5 Ein Gott weilte noch bis zum 31. 12. 45 unter uns: der Tenno. Am 1. 1. 46 erfuhr man von ihm, auf Weisung Mac Arthurs, daß diese Auffassung falsch sei und er niemals ein Gott gewesen. Die Vergottung von Idolen hat seitdem nicht aufgehört.

6 Man denke etwa an die Pervertierungen, die das Freia-Motiv im Munde von Fricka, Fafner oder Alberich erleidet, während ihre Flucht vor dem Preisgegebenwerden an die Mächte der Gewalt und Unterdrückung den Weg nach Nibelheim ebenso durchtobt, wie sie später bei der Begegnung der Wälsungen-Geschwister wieder auflebt; oder an das Motiv der Frustration (in den unsäglichen Motivtafeln als „Wehe"-Motiv bezeichnet), das die ganze Tetralogie durchzieht.

7 Wir sehen keinen Widerspruch im Opfer des Auges für Weisheit und zur Gewinnung der Fricka.

8 Das Orchester widerlegt ihn, wenn er von „Wandel und Wechsel" singt: die blockhaften Klänge des „ewigen" Walhall-Baues ertönen.

Gespräch zwischen Ulrich Melchinger
und Hans Joachim Schäfer
über ihre Kasseler
Ring-Konzeption 1970 bis 1974

Richard Wagner: „Stimmung ist nichts, Kenntnis alles!" Ein Gespräch

Mythos oder revolutionäres Zeitstück?

Schaefer (Dramaturg): 1970–74, vier Jahre Arbeit an Wagners Hauptwerk, dem „Ring": Arbeit gegen Tradition und eingeschliffene Erwartungen (die Fachkritik spricht vom „Kasseler ‚Ring'", nennt ihn, zusammen mit der Herz'schen Realisation in Leipzig, eine „wichtige Alternative zu Bayreuth"). Haben sich während dieser Zeit die ursprünglichen Ansätze Ihrer Konzeption geändert?

Melchinger (Regisseur): Nein, im Gegenteil. Sie blieben bewahrt, denn sie haben sich bewährt und bewahrheitet, je weiter wir uns in den „Ring" vorarbeiten konnten.

Sch: Was an diesem Werk, dessen mythologischer Überbau uns heute noch ferner gerückt ist, als dem Publikum des 19. Jahrhunderts, hat Sie besonders interessiert?

M: Die zweifellos vorhandene mythologische Qualität des „Rings" zu durchstoßen und nach einer Problemstellung zu suchen, die heute noch genauso aktuell ist, wie zur Zeit der Entstehung des Werks. Sie war, mit Ausdrucksmitteln unserer Zeit, zu zeigen.

Sch: War Wagner ursprünglich überhaupt an einer Darstellung mythologischer Inhalte interessiert? Hat er nicht vielmehr das mythologische Quellenmaterial (griechische Tragödie, Edda, Nibelungenlied, deutsche Heldensage) nur als Vehikel benutzt, um sein tiefes Unbehagen an den gesellschaftlichen Verhältnissen seiner Zeit, das ihn 1849 zum aktiven Revolutionär, dann zum Emigranten machte, mit den Mitteln des Musiktheaters kritisch zu artikulieren? Seine frühen Kommentare legen das nahe.

M: Natürlich springen im „Ring" die Parallelen zur griechischen Tragödie und zur germanischen Mythologie förmlich in die Augen. Aber ganz sicher wollte Wagner mit der in seinem Sinne veränderten, ja weitgehend frei erfundenen mythologischen Figurenkonstellation der bürgerlichen Gesellschaft seiner Zeit einen treffenden Spiegel vorhalten. Er wählte nicht, wie Lenz oder Büchner vor ihm, ein bürgerliches Sujet, sondern die riesigen Dimensionen eines mythologischen Stoffes, der offen genug war, um daran alles zu zeigen, was die Menschen seiner Zeit interessierte: Religion, Philosophie, Soziologie, Psychologie, Liebe, Leben, Tod, alles.

Sch: Voraussetzung dafür, daß das Publikum sich in dem Werk wiedererkennen konnte! Wagners Äußerungen von 1849/51 besagen klar, daß er im „Ring": „die Bedeutung dieser Revolution, nach ihrem edelsten Sinne" (Brief an Uhlig) artikulieren wollte, mit der er sich, beeinflußt durch Bakunin, aktiv solidarisierte: Kampf gegen eine Herrschaftsform, die ihre Verträge und Rechtsordnungen auf Kapital, Besitz, Ausbeutung, rigorosen Egoismus gründete und die auf Wahrung und Erweiterung ihrer Machtpositionen durch List und Gewalt zielte.

M: Kurz nach Wagners Tod ging jedoch von Bayreuth eine „Sprachregelung" aus, die zunächst Wotan, später Siegfried als Inbegriff des „deutschen Geistes" und der Überlegenheit der „nordischen Rasse" herausstellte. Hätte Wagner das als Quintessenz des „Rings" zeigen wollen, hätte er seine Helden wohl kaum am Schluß im Feuer umkommen lassen.

Sch: Wagner hat allerdings kurz vor den ersten Festspielen von 1876 gesagt, er sehe im „Ring": „das wahre Wesen des deutschen Geistes". Hat sich der eher kosmopolitische revolutionäre Ansatz für ihn selbst also nicht nationalistisch verengt?

M: Vergessen wir nicht die negativen Erfahrungen des Emigranten Wagner mit den Auswirkungen der Revolution. Die Hauptentstehungszeit des „Ring" fällt mit Wagners Emigration zusammen. Der Emigrant Wagner identifizierte sich aber auch mit dem Land, dem Volk, aus dem er verbannt war. Und er idealisierte es in seinen Visionen.

Sch: Hinzu kommt wohl, daß nationales Empfinden damals integrierender Bestandteil allen Denkens war, und durchaus noch nicht in jenem übertrieben nationalistischen Sinne, wie später: Nationalbewußtsein auf Kosten anderer Völker. Das hat Wagner sicher nicht gemeint. Zudem war durch die Stoffwahl ein „deutscher" Zug vorgegeben. Wagner hob ihn schließlich stärker hervor, als er (und Cosima) den ursprünglich revolutionären Ansatz nicht mehr wahrhaben wollte, ihn vielleicht auch aus taktischen Gründen nur verschwieg. Denn letztlich war dem Künstler Wagner von Anfang an sein Werk wichtiger als die Revolution. Was er suchte, war ein Publikum, das ihn verstand, waren Mäzene, Gesellschafter, die ihm die Möglichkeit gaben, die Tetralogie ästhetisch so vollkommen aufzuführen, wie er das wollte. Dazu brauchte er das eigene Theater. Diesem Ziel unterwarf er auch seine Äußerungen.

M: Man muß deutlich unterscheiden zwischen dem Werk selbst und den Kommentaren, die Wagner zu verschiedenen Zeiten, in unterschiedlichen Umständen, dazu abgegeben hat. Das wieder ist zu trennen von der auf angeblich sakrosankte Äußerungen des „Meisters" sich berufenden Sekundärliteratur seiner „Jünger" und Lobredner. Ich halte mich nur an das Werk. Und dort ist die Welt der Götter und Helden genauso kritisierbar, so fragwürdig, so schäbig gezeigt, wie die Welt der angeblich so „bösen" Alberich, Mime, Hagen.

Sch: Folgen Sie also Wagners ursprünglich sozialrevolutionärem Ansatz, den ja auch Shaw in seinem „Wagnerbrevier" deutlich herausgearbeitet hat?

M: Mir ging es letztlich darum, die in der ersten Konzeption des Revolutionärs Wagner klar definierte Zielsetzung von Werk zu Werk genau zu verfolgen und sie am Ende als utopische Vision zu zeigen. Ich sage bewußt „Utopie". Wovon Wagner als Revolutionär 1849 träumte: von einer „neuen", besseren Welt, die sich erheben sollte, wenn der alte „Augiasstall" (Wagner an Uhlig) in den Flammen der Revolution untergegangen sei, das scheint er zuletzt doch n i c h t mehr formuliert zu haben. Zumindest hat er es mit einem Fragezeichen versehen. Er verweigert die Darstellung einer eindeutigen gesellschaftspolitischen Vision. Vielleicht lag das auch außerhalb seiner Fähigkeit. Denn nur als Künstler war er wirklich Revolutionär. Hier hat er Veränderung bewirkt und alles erreicht, was zu seiner Zeit durch eine Revolutionierung des Theaters und der Musik erreichbar war.

Sch: Wagners Antwort war ästhetischer Natur. Seine Hoffnung, die bisherige „Augias"-Ordnung, gegründet auf Besitz, Macht, Gewalt, List und Verträge, sei durch eine Weltordnung ablösbar, die sich auf „Liebe als das oberste Gesetz für alles Erschaffene" gründet, ist durch die „Götterdämmerung" radikal in Frage gestellt. Auch die Liebe zwischen Siegfried und Brünnhilde enthält in sich den Keim auswegloser, tragischer Schuld und damit des Untergangs.

M: Liebe in ihrer reinen, absoluten Form ereignet sich nur im gemeinsamen Tod der Liebenden. Siehe „Tristan". Eine romantische Vorstellung, nicht tragbar als politisches Konzept für eine bessere Form gesellschaftlichen Lebens.

Sch: Reizt aber nicht auch die ausgeprägte Negativform zur Denkanstrengung, wie die noch ausstehende Positivform zu erreichen wäre?

M: Man muß Wagner dafür dankbar sein, daß er im „Ring" die bestehenden Verhältnisse als unvollkommen und kritikwürdig definiert hat; daß er uns die Schuld bewußt macht, in die wir unabwendbar geraten, wenn wir in solchen Verhältnissen leben. Nur aus der bewußten Unzufriedenheit kann die Anstrengung kommen, das Bestehende zu verändern. Vielleicht ist es gar nicht die Aufgabe des Künstlers, die bessere Welt zu zeigen. – Natürlich könnte man auch eine andere Antwort auf Wagners „Negativaspekt" finden und am „Ring" zeigen: Die Menschen sind unvollkommen und können n i e ideale, paradiesische Verhältnisse erreichen. Was Wagner hier in Flammen aufgehen läßt, wird sich i m m e r wiederholen. Ob man so resignierend oder aktiv verändernd reagiert, ist eine Frage von Pessimismus oder Optimismus des Interpreten oder Zuschauers.

„Die Wahrheit mit allen ihren vorhandenen Gegensätzen"

Sch: Wagner hat 1851 gesagt: „Mein Gedicht zeigt die Welt in ihrer unentstellten W a h r h e i t mit allen ihren vorhandenen Gegensätzen". Diese „conditio humana", in deren unauflösbare Gegensätze a l l e Menschen ausweglos verstrickt sind, umgreift in der Tat a l l e im „Ring" gezeigten Verhältnisse und Gestalten: Götter, Nibelungen, Riesen, Menschen.

M: Vielleicht ist das Wagners große Abrechnung mit dem allzu positivistischen Fortschrittsglauben seiner Zeit. Die Menschen können bessere Verhältnisse nur erreichen, wenn sie die Macht haben, dieses Fortschreiten durchzusetzen. Macht aber ist ohne Gewalt nicht möglich. Sie aber korrumpiert die Verbesserung, und oft kommt das Gegenteil davon heraus. Das ist der Fluch.

Sch: Besieht man den „Ring" genau, so erkennt man, daß Wagner keine seiner Figuren einseitig positiv gezeichnet hat. Also dürfte auch der Interpret keine einseitig positive Verzeichnung vornehmen und dadurch Herrschaftsansprüche e i n e r Figur glaubhaft machen. Der „Ring" zeigt, daß n i e m a n d in der Lage ist, einen Herrschaftsanspruch r e i n aufrechtzuerhalten.

M: Den schlagenden Beweis dafür finden Sie in der „Götterdämmerung": Siegfried und Brünnhilde, die der Idealisierung am ehesten verdächtigen Gestalten, haben — v o r dem Untergang der Götter — die Chance, den verfluchten Ring den Rheintöchtern, der Natur zurückzugeben und damit den paradiesischen Urzustand des Lebens wiederherzustellen. Beide verweigern die mögliche Tat. Beide laden Schuld auf sich. Beide gehen an den Folgen zugrunde. Der einzige ganz positive Zug im Werk ist der Erkenntnisprozeß Brünnhildes vor ihrem Tod. Das gibt uns, gerade heute, zu denken: Das Aussprechen und das Vollziehen der Wahrheit muß der erste Schritt sein, wenn man etwas verändern will. Allerdings verweigert Wagner die Antwort auf die Frage, wohin dieser erste Schritt führt.

Wotan: der „tragische Held"?

Sch: In langer Aufführungstradition wurde Wotan als tragische Heldengestalt des „Rings" verherrlicht. Die Gleichung: Gott — Herrscher — Verherrlichter kennen wir. Aber dürfen wir den regierenden Gott Wotan so nibilitieren? Ist er nicht mehr als fragwürdig?

M: Interessant sind die „Offiziellen Festspielführer" Bayreuths (— das Beispiel Bayreuths war auch für die Interpretationen andernorts praktisch maßgebend —). Bis weit in die 20er Jahre wird Wotan hier als tragische Zentralgestalt des „Rings" verherrlicht. Hat man übersehen, was in der Nornenszene der „Götterdämmerung" klar gesagt ist: Nicht Alberich, sondern Wotan hat den Ur-Frevel begangen und den paradiesischen Zustand der Welt verletzt, als er aus der Weltesche, dem Baum des Lebens, seinen Speer, das Zeichen seiner Herrschaft, gewann. — Nach 1924 rückt, wieder von Bayreuth aus, Siegfried langsam als Idealgestalt in den Mittelpunkt der Interpretationen: Der Halbgott und Held als Inbegriff des „nordischen Schönheitsideals" (Alfred Rosenberg), das die aufkommenden rassistischen Vorstellungen der Hitlerzeit spiegelte. Aber auch Siegfried ist schuldbeladen! — Während dieser ganzen Zeit wurden Alberich, Mime, Hagen als Widerlinge und Schurken überzeichnet. Wollte man bei solcher Schwarz-Weiß-Technik übersehen, daß Wagner eine Gleichwertigkeit seiner Protagonisten Wotan und Alberich hergestellt hat? Gleich wertig im positiven wie negativen Sinne. Noch Wieland Wagner nobilitiert Wotan gegenüber Alberich. Wir dagegen versuchen vor allem herauszuarbeiten, daß Wotan nicht um einen Deut besser ist als Alberich. Die Gleichwertigkeit der Protagonisten ist übrigens ein ehernes Gesetz des antiken Theaters. Wagner berief sich darauf und hat es genau beachtet. Aber die Wagner-Interpreten haben es durch einseitige Akzentuierungen verletzt. Das macht die Vorgänge zugleich uninteressant.

Sch: Weil es „den Widerspruch aus den Dingen treibt" (Brecht). — Gehen Sie so weit, in Alberich eine absolute Kontrast- und Komplementärfigur zu Wotan zu sehen?

M: Es gibt erstaunlich viel genaue Entsprechungen zwischen beiden Gestalten, ausgesprochene Parallelentwicklungen. Ich gehe aber noch weiter und formuliere überspitzt: Mir ist Alberich oder Hagen fast noch lieber als Wotan. Denn sie sind von Anfang an ganz ehrlich, sagen offen, was sie wollen. Wotan dagegen verschleiert, was er will. Immer versucht er, unter Berufung auf quasi legale Prinzipien und Verträge, seinen Willen durchzusetzen, verwendet dabei aber illegale Mittel, mit denen er Gesetze, Recht und Ordnung umgeht, für die er doch verantwortlich ist. Wotan ist ein Heuchler.

Der Humor im „Ring"

Sch: Ihre Inszenierung zeigt an allen Gestalten sehr deutlich das „Allzumenschliche", den Widerspruch von Beschränktheit und einer Raffinesse, mit der sie diese Unzulänglichkeiten nach außen hin überspielen wollen. Durchschaut der Zuschauer diesen Widerspruch, so stellt sich eine komische Wirkung ein: Wir lachen über Vorgänge und Gestalten. Sie haben am „Ring" eine Art von Humor herausgearbeitet, die Brecht als Erscheinungsform dialektischen Bewußtseins definiert. Sie zeigen zum Beispiel, wie Wotan immer wieder versucht, seine Partner für dumm zu verkaufen, ihnen ein Schnippchen zu schlagen, sie zu überlisten, sie zu hintergehen; oder Verträge so auszulegen, daß sie umgehbar werden. Wotan sucht und findet „doppelte Ausgänge". Das ergibt spannende, zugleich lustige, weil durchschaubare Theatersituationen. Ich denke an Wotans Versuch, seine Arbeitnehmer, die Riesen, um den ausbedungenen Arbeitslohn, Freia, zu prellen.

M: Das beste Beispiel ist natürlich in der „Walküre" die große Szene Fricka—Wotan. Hier schlägt Fricka den untreuen Gatten mit seinen eigenen Tricks. Wenn Wotan wie unschuldig behauptet, Siegmund folge nur seinem eigenen Willen, sagt Fricka Wotan hart ins Gesicht: Wer, wenn nicht du, flößt ihm denn diesen „freien Willen" ein?
Ergänzend noch zum „Humor": Wagner wollte dem Zuschauer Identifikationsmöglichkeiten mit den Figuren des „Rings" bieten. Dabei hatte er die für jede Theaterwirkung nötigen Reaktionen Mitempfinden, Mitleiden u n d Mitlachen zu beachten. Das muß sich ergänzen, ist voneinander nicht zu trennen. Bei einem lange Zeit so einseitig auf Pathos fixierten Werk, wie dem „Ring", eine so überraschende Fülle von Situationen zu finden, die wirklich zu befreiendem Gelächter auffordern, war kaum zu erwarten. Aber diese Situationen gibt es reichlich! Wie wirksam ist etwa die große „Rätselszene" im 1. Akt „Siegfried": Wotan als der Intelligentere und besser Informierte, der von vornherein weiß, wie diese „Spielerei" ausgeht, haut Mime gewaltig übers Ohr. Das aber läßt das Gelächter umschlagen in Kritik: Wotans Verhalten ist nicht nur lustig, es ist auch schäbig: billiger Triumph des Stärkeren über den Schwachen. Dieser negative Charakterzug Wotans macht den „Gott" zum „Menschen", rückt ihn uns nah. Bliebe er unantastbar in „göttlicher" Ferne, so würde unser Interesse, zumal bei der Länge des Werkes, kaum wachgehalten.

Sch: Wagner hat immer wieder auf Shakespeare hingewiesen, dem er sich verpflichtet fühlte. Die großen Werke Shakespeares enthalten einen genau prästabilisierten Kosmos von Figuren, die einander umkreisen, ergänzen, kontrastieren. Dazu eine spannungsvolle Einheit von Tragik und Komik, von Erhabenem und sehr Prosaischem. Genau diese Qualitäten treffen auch für den „Ring" zu.

M: Hinzu kommt, daß Wagner in der äußerst theaterwirksam kalkulierten Leitmotiv-Technik ein Mittel entwickelt hat, das ihm gestattet, den Dialog und die Situationen auch für den Zuschauer verständlich zu kommentieren. Wenn etwa eine pathetische Wortphrase Wotans durch ein musikalisches Motiv kontrastiert wird, das seine wahren Gedanken verrät, so hat auch das oft entlarvend komische Wirkung. Solche Stellen kritischen Kommentars gibt es in der Partitur zu hunderten. Auf sie stütze ich meine Interpretation. Sie lassen mich auch glauben, daß der Ansatz richtig ist, der unsere Lesart des „Rings" so radikal von allen bisherigen Interpretationen unterscheidet.

Sch: Sie haben die Werke des „Rings" als erstaunlich spannendes, sehr direktes Theater vorgeführt: voller Kontraste, ernst, lustig, bejahend, verneinend. Nach all den traditionellen pathetischen Interpretationen hat man das am wenigsten erwartet. — Ist, genau besehen, auch Wotan nicht ein „Inszenator" großen Stils und darin Wagner übrigens sehr ähnlich?

Der „Inszenator" Wotan

M: Ein entscheidender Gesichtspunkt! Denken Sie an das erwähnte Gespräch Wotan–Fricka. Unablässig versucht Wotan das Geschehen in seinem Sinne, nach seinem „Plan" zu beeinflussen. Was er selbst nicht tun darf, sollen Werkzeuge für ihn tun: Die Walküren, Brünnhilde, die Wälsungen. Sieglindes Ehe mit Hunding, das Schwert in der Hütte, Siegmunds Verfolgung, die ihn „just" zum Schwert führt: Das alles, damit Wotans alter Plan verwirklicht wird: Fafner soll erschlagen, der Ring zurückgewonnen werden. Schön, beim ersten Anlauf geht es schief. Wotan muß den Sohn Siegmund opfern. Aber die Wälsungengeschwister haben in Blutschande den Wotanenkel Siegfried gezeugt. Vielleicht ein Zufall, von Wotan nicht geplant. Kein Zufall aber ist es, daß Wotan in der großen Abschiedsszene mit Brünnhilde diesen willkommenen „Zufall" schnell und dankbar aufgreift. Er gibt ihm neue Hoffnung, daß sein alter Plan doch noch zu verwirklichen ist. So „blüht" Wotan in dieser Szene förmlich auf: voller Liebe zu seiner „ungehorsam"-gehorsamen Tochter Brünnhilde, zugleich voller überströmender Dankbarkeit, daß sie ihm neue Hoffnung auf den Ring gegeben hat.

Sch: Damit hat Wotan, obwohl er Siegmund opfern und Brünnhilde „verbannen" mußte, Fricka letztlich doch wieder ein Schnippchen geschlagen. Die große „Verbannung" Brünnhildes führt er zwar durch, aber augenzwinkernd, zusammen mit Brünnhilde besserwissend: „Theater", großer „Feuerzauber".

M: Wotan sagt zu Brünnhilde: „Schweig mir vom Wälsungengeschlecht", hört ihr aber doch aufmerksam zu und ist kurz darauf begeistert, als er von Siegmunds Sohn Siegfried hört. Dieser „Umschlag" seines Verhaltens binnen kürzester Zeit ist typisch für seine ganze Reaktionsweise: ein Pragmatiker der Macht. Vor der Öffentlichkeit beruft er sich auf das, was er tun s o l l. Aber er tut doch, was er will. Mit den Wälsungen „darf" er nichts mehr zu tun haben. Aber Siegfried führt er (durch Mime, den er als Werkzeug benutzt und dann ausschaltet) zu Fafner, zum Hort, zum Ring. Der „Inszenierungsgedanke" ist schon am Ende der „Walküre" da. „Siegfried" ist die „Realisation", die „Inszenierung" selbst.

Sch: Auch der Waldvogel ist ein Werkzeug Wotans?

M: Ja, und das zeigen wir auch so.

Sch: Die Zuschauer haben mit befreiendem Gelächter reagiert, als Wotan dann, Blume im Mund, selbstzufrieden nach gelungener Inszenierung, im Grase ausruht. Dieser Glaube, sich jetzt ausruhen zu können, tritt verstärkt auf, als Siegfried ihm den Speer zerschlägt und Wotan sich auf sein Altenteil zurückzieht: nach außen hin grollend, in Wahrheit froh, aus Herrschaft, Verantwortung und Verträgen – wie er meint – entbunden zu sein. Sie zeigen diese Reaktionen direkt: als vergnügliches Theater.

Genauigkeit und Deutlichkeit

Sch: Ein anderes Merkmal Ihrer Arbeit ist die Genauigkeit, mit der Sie Wagners viel geschmähten und wegen der Stabreime oft lächerlich gemachten Dialog beim Wort nehmen. Er hat sich als erstaunlich tragfähig erwiesen. (Wobei anzumerken wäre, daß die Stabreime sich als akustisches Mittel der Verdeutlichung bewähren.)

M: Ich möchte noch weiter gehen: Auch die Musik Wagners ist Bestandteil des „Dialogs". Sie gleicht dem Eisberg unter der Wasserlinie. Das Wort ist zusammengedrängt, Kürzel für viel komplexere Gedanken und Empfindungen. Wagner ist wohl der erste und einzige Musiker gewesen, der diesen vorbereitenden Prozeß der Wortfindung genau wiedergegeben und auch dem Zuschauer verstehbar gemacht hat: Wagner zeigt mit dem Mittel der Leitmotivtechnik, was im Kopf seiner Figuren vorgeht, bevor sie reden, und was vorgeht, während sie reden.

Sch: Dabei ist nicht nur das Verhältnis von Gedanke und Aussprechen dieses Gedankens interessant, sondern auch der oft „hörbare" Widerspruch von Gedanke und Wort, das Verheimlichen, Verschweigen, Umgehen des wahren Gedankens durch das Wort. Wagners Musik entlarvt auch, wird zum „Lügendetektor". Sie hat in jedem Falle eine „aufklärende", keine verdeckende Funktion. Sie ist „dialogisch" und „dialektisch" zugleich. Das zeigt sich an ihrer konstruktiven, durchsichtigen, einsehbaren Struktur.

M: Gerade in der „Götterdämmerung" wird das strukturelle Geflecht der Leitmotive „unemotional" eingesetzt: ganz auf Inhalte bezogen. Es vermittelt Gedanken, Gefühle, Hoffnungen, Träume, Visionen der Personen, Gründe und Abgründe ihrer Psyche. Wagner will alles, was zum Verständnis der Handlung wichtig ist, dem Zuhörer bis ins Letzte deutlich machen.

Sch: Dabei ist festzuhalten, daß Wagner alle handlungstragenden Motive (erst Wolzogen hat sie „Leitmotive" genannt) bei ihrem ersten Erklingen inhaltlich durch Wort und Situation genau definiert, damit der Zuschauer sich bei ihrem Wieder-Erklingen an diesen „Sinn" erinnern kann. Aber sie sind nicht nur refrainartig wiederkehrende Kurzschriftzeichen für die ursprüngliche Situation: Wagner verändert sie auch rhythmisch, melodisch, harmonisch, dynamisch, klangfarblich. Und j e d e V e r ä n d e r u n g gibt Auskunft über ein ebenfalls verändertes Verhältnis der handelnden Personen zum ursprünglichen Inhalt des Motivs. D a s macht die Musik Wagners so interessant, so „aufklärend", so analytisch. Sogar die Tonarten haben einen genau beachteten, immer wiederkehrenden Symbolwert.

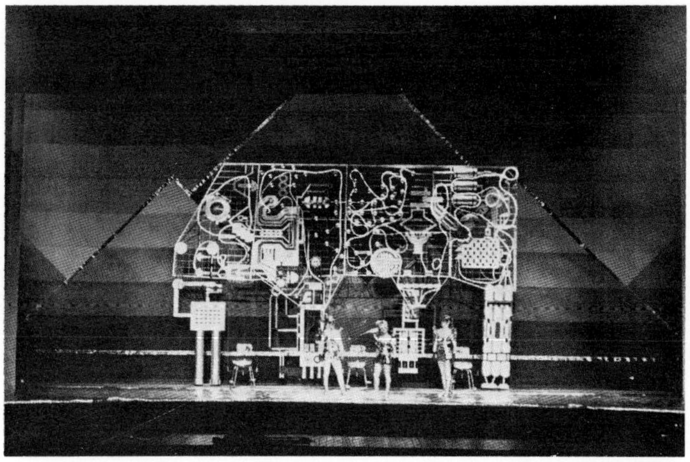

M: Deshalb ist es auch eine entscheidende Aufgabe für jeden „Ring"-Dirigenten, diesen „trockenen", eher „zeigenden" Charakter der Musik zu betonen, sie „dialogisch" einzusetzen, sachbezogen, nicht aber als große pathetische Stimmungs-Soße über den dann sofort unverstehbar werdenden Dialog zu schmieren.

Sch: Wagners „Letzte Bitte" an die Mitwirkenden der ersten Bayreuther Festspiele hieß: „Deutlichkeit! Deutlichkeit! Deutlichkeit!"

M: Und Felix Mottl notierte im Klavierauszug der „Götterdämmerung" den Ausruf des Regisseurs Wagner: „Stimmung ist nichts, Kenntnis alles!" Und das an einer Stelle, wo man selbst heute noch denkt, hier müsse die Emotion alles Denken überwältigen: Wenn Brünnhilde erfährt, daß Siegfried sie nicht mehr erkennt, wenn für sie eine Welt zusammenbricht!

Vergessenstrank – Erinnerungstrank

M: In der „Götterdämmerung" gibt es übrigens zwei hervorragende Beispiele für das dialektische Dialogprinzip Wagners, das auch die Musik einschließt. Siegfried erhält zweimal einen Trank. Einmal, in Hagens „Inszenierung", von Gutrune überreicht: den „Vergessenstrank". Später, von Hagen selbst kredenzt: den „Erinnerungstrank". Siegfried soll, zu gegebener Zeit, Brünnhilde vergessen oder sich wieder an sie erinnern. In beiden Fällen sagt Siegfried im Dialogwort genau das Gegenteil von dem, was unmittelbar danach wirklich geschieht. Vor dem Vergessenstrank sagt Siegfried: Was auch geschieht, wenn ich diesen Trank trinke, mein erster und letzter Gedanke gilt Brünnhilde. Und genau das wird der Trank in der nächsten Sekunde verhindern. Beim zweitenmal erinnert sich Siegfried seiner Jugend, an Mime, Fafner, den Hort, den Ring; daran, daß Mime ihn, um selbst an den „Ring" zu kommen, mit einem Trank vergiften wollte. Was Mime nicht konnte, Siegfried töten, um selbst den Ring zu bekommen, das hofft Hagen jetzt zu erreichen. Genau an dieser Stelle reicht Hagen Siegfried den „Gifttrank" der Erinnerung an das, was seinem Bewußtsein seit dem „Vergessenstrank" entschwunden war: Siegfried erzählt, wie er Brünnhilde gewann. Sein „Meineid" ist offenbar: Anlaß für Hagen, den „Meineid" zu „rächen". Die Musik kommentiert die wahren Zusammenhänge. Beide Beispiele stehen für eine dialogische Dialektik, die nur mit Shakespeare verglichen werden kann. Zugleich hat die Dialektik des plötzlichen „Umschwungs" für Hagen etwas so Komisches, daß er herzhaft darüber und über den merkwürdigen „Zufall" der „Tränke" lachen muß. Hier haben wir ein evident Wagner'sches Prinzip: Dialektik u n d Humor.

Sch: Wir sprachen von Tonarten-Symbolik. Wagner verwendet für Siegfried die Tonart C-Dur. Wird, von der Wirkung des Vergessenstrankes an, diese Tonart verlassen?

M: Soweit ich feststellen konnte, vermeidet Wagner zwischen Vergessens- und Erinnerungstrank bei allen Siegfried selbst betreffenden Abschnitten die Tonart C-Dur. Sie erscheint erst wieder, wenn Siegfried sich an Brünnhilde erinnert. Die Siegfried zugehörigen Motive sind in der Zeit seiner „Bewußtseinstrübung" eingedunkelt, verfremdet, ihm selbst entfremdet.

Bewegliche Spielweise

Sch: Diese genau kalkulierte dialogische und zugleich dialektische Qualität der Musik legt natürlich auch einen spezifischen Darstellungsstil nahe, der sehr präzis, und, mit ebenfalls „analytischer" Deutlichkeit, auf die Anstöße der Musik reagiert?

M: Das war für mich ein ganz entscheidendes Realisationsproblem. Wagner braucht Zeit, um einen so präzis aufklärenden Zusammenhang von Musik und Theatersituation herzustellen. Der gesungene Dialog bewegt sich viel langsamer als der eines normal denkenden und sprechenden Menschen. (Es ist wohl nur Mozart gelungen, die „Gleichzeitigkeit" von Denken und Aussprechen des Gedankens auch musikalisch zu erreichen.) Hier galt es, um der Lebendigkeit willen, eine Spielweise zu entwickeln, die aus der befremdlichen Langsamkeit positives Kapital schlägt: indem ich eine Fülle von gestischen Reaktionen zeige, die den komplexen Zusammenhang von Szene, Dialog und Musik so deutlich wie möglich aufklären sollen.

Sch: Zeitgenössische Beobachter berichten, daß Wagner als Regisseur mit fast hektisch gespannter Nervosität die Sänger zu immer neuen Reaktionen antrieb.

M: Ich glaube, Wagner hat ganz genaues, ganz direktes Theater spielen lassen: In der Oper damals eine unglaubliche Revolutionierung des Darstellungsstils, wenn man bedenkt, daß von Stanislawski noch keine Rede war. Natürlich heißt diese Genauigkeit der Reaktionen nicht, daß man jede nur denkbare Akzentuierung der Musik nun mit einem Augenaufschlag, einer Geste oder einer mechanischen Bewegung zu beantworten sucht. Nur das Wesentliche ist auch im Spiel zu zeigen. Die langen musikalischen und wörtlichen Dialoge waren durch Reaktionen so lebendig zu machen und zu gliedern, daß immer die großen Zusammenhänge der dramatischen Situation deutlich bleiben.

Sch: In der Erfindung und Ausarbeitung dieser Reaktionen mit den Sängern haben Sie sich von Wagners szenischen Vorschriften entschieden gelöst. Sie bringen damit Ihre ganz individuelle Sicht ins Spiel.

Szenische Ausdrucksmittel unserer Zeit

M: Sie stützt sich aber auf die Partitur und auf den Dialog. Wagners Szenenanweisungen waren ganz pragmatisch auf die Realisationsmöglichkeiten seiner Zeit bezogen, dürfen also am freiesten in das Vokabular der Ausdrucksmittel unserer Zeit übertragen werden. Natürlich kommt damit die individuelle „Handschrift" des Regisseurs und des Bühnenbildners ins Spiel (wie bei jeder anderen Operninterpretation, will sie lebendig sein, ja übrigens auch!) Wir erheben auch keineswegs den Anspruch, mit dem, was Thomas Richter-Forgách und ich szenisch-optisch realisiert haben, den „Stein der Weisen" gefunden zu haben.

Sch: Aber doch eine ganz entschiedene Lesart.

M: Eine ganz entschiedene Lesart, ja. Wir haben versucht, die assoziativen Elemente dieses komplexen Werkes so stark wie möglich zu betonen. Das geht so weit, daß wir die traditionelle „Einheitlichkeit" der szenischen Konzeption ganz bewußt sprengen. Wir wollten vielmehr versuchen, für jede einzelne Szene ein, unserer Meinung nach, zutreffendes „Bild" zu finden. Mit den Ausdrucksmitteln unserer Zeit. Gleichgültig, ob sich dadurch stilistische Brüche ergeben.

Sch: Nun betont Thomas Richter-Forgách dabei auch sehr bewußt ein eklektizistisches Element, das Wagner selbst schon in den „Ring" eingebracht hat, als er seine Handlung aus den divergierendsten Quellen „filterte". Und wie stark wurde sie im Lauf der Entstehungszeit des „Ring" dann noch verändert. Auch der musikalische Duktus von „Rheingold", „Walküre", „Siegfried" (1. und 2. Akt), „Siegfried" (3. Akt), „Götterdämmerung" hat, trotz gleichbleibenden Motivmaterials, jeweils eigene Qualitäten. In mehr als 20 Jahren hat Wagners Stil sich stark verändert.

M: Dennoch war diese stilistische Unterschiedlichkeit der einzelnen Werke kein Alibi für unseren Stil, der Brüche offenlegt, betont, sie sogar verschärft. Uns ging es einfach darum, die Handlung des „Rings" und die „Menschen", die sie verkörpern, dem Zuschauer von heute hautnah vor Augen zu stellen. Auch auf Kosten ästhetischer Einheit.

Sch: Wobei zu betonen ist, daß jede gewollte Vereinheitlichung der „Ring"-Szene die Gefahr in sich birgt, eben jene „Gegensätze" in a l l e n Verhältnissen wieder auszutreiben, auf deren Darstellung Wagner es abgesehen hatte: „Die Welt in ihrer unentstellten Wahrheit, mit allen ihren vorhandenen Gegensätzen". Wagner zeigt, was sich eben n i c h t harmonisieren läßt, auch „das gegenseitig sich Abstoßende" (Wagner 1851). Warum also sollte man das nicht auch verletztend deutlich zeigen?

Unser Publikum hatte allerdings unvorhergesehene Rezeptionsschwierigkeiten. Das heimliche Verlangen nach Beschönigung und Harmonisierung der Gegensätze ist, durch Tradition und Gewöhnung so stark ausgeprägt, daß Richter-Forgáchs „Kompilation" unterschiedlichster optischer Stilelemente zum Teil wütenden Widerstand ausgelöst hat. Dabei nimmt er doch nur die vielberufene „Zeitlosigkeit" des Stoffs auch optisch „beim Wort". Seine Ausstattung mischt in raffinierter Gegeneinanderstellung Elemente vieler „Zeiten": aus mythologischer Vorzeit, aus dem 19. Jahrhundert, aus unserer Zeit und aus fiktiver Zukunft: Zeichen dafür, daß diese Handlung i m m e r geschehen kann. Mir fällt ein Satz von Arno Schmidt ein: „Der Grundirrtum liegt darin, daß die Zeit nur als Zahlengerade gesehen wird, auf der nichts als ein Nacheinander statthaben kann. ‚In Wahrheit' wäre sie durch eine Fläche zu veranschaulichen, auf der alles, ‚g l e i c h z e i t i g' vorhanden ist; denn auch die Zukunft ist längst ‚da' (die Vergangenheit ‚noch')". Das wäre auf Raum, Kostüme und Requisiten zu übertragen.

Was zum Schluß gezeigt werden soll

M: Vielleicht werden sich dem Zuschauer die vermeintlichen „Widersprüche" unserer Konzeption zu Wagners Konzeption vom Schluß der „Götterdämmerung" her aufklären. Wir wollen da ein „Bild" erfinden, das zweierlei klarmachen soll:
1. Die Ausstattung unserer „Ring"-Realisation (unscharf als „science fiction"-Stil etikettiert) wollte von Anfang an optisch mitklingen lassen, was an Wagners Werk in die Zukunft weist und es für 1974 ebenso gültig erweist, wie für 2074. Darum hat Thomas Richter-Forgách Bildbereiche erfunden, die auch jene fiktive Zukunft (über deren Aussehen wir ja nur Vermutungen anstellen können) schon jetzt ins Spiel bringt.
2. Wir zeigen eine von Wagner nicht gegebene „Fortsetzung" des „Götterdämmerung"-Schlusses. Wir meinen: So etwa könnte aussehen, was bei einer „Revolution" herauskommt. Das ist unsere ganz persönliche, natürlich anfechtbare Sicht. Haben wir ein Recht zu diesem „Eingriff"? Ich meine ja. Wagner hat vier verschiedene Schlußvarianten konzipiert und drei davon verworfen. Nach einer wirklich adäquaten „Lösung" tastend, hat er eine endgültige nicht gefunden. Nach Brünnhildes Schlußmonolog reiht er noch einmal die wichtigsten musikalischen Motive aneinander, liefert aber keinen n e u e n Gedanken, der den Vorhang in die Zukunft öffnet. „Götterdämmerung" endet mit einem großen Fragezeichen. Vielleicht war Wagner jeder „Lösung" gegenüber viel zu skeptisch geworden, wollte auch nicht einmal musikalisch das ausdrücken, an dessen Kommen, an dessen Verwirklichung er nicht mehr glaubte. Unser Versuch, den Schluß der „Götterdämmerung" über Wagner hinausgehend zu interpretieren, ist der Versuch, den gezeigten „Analysen" eine Art „Synthese" folgen zu lassen: Versuch einer Antwort, unserer Antwort. Ohne Rücksicht auf das, was Wagner verweigert hat, nicht mehr sagen wollte, vielleicht verschwiegen hat, wie sein viel verschweigender Wotan. In dieser Figur hat Wagner sich vielleicht sehr kritisch selbst gespiegelt.

Sch: Ein Herrscher in einem Kunst-Imperium. Aber Wagner ist auch in Alberich, Mime, in Wunsch-Siegfried und Wunsch-Brünnhilde. Er ist in a l l e n seinen Figuren. Letztlich stand bei ihm immer eine höchst persönliche „Künstler-Mythologie" zur Debatte.

M: Unsere Absicht bei der „Ring"-Realisation, die in der Schluß-Vision der „Götterdämmerung" mündet, war es, Wagners vielschichtiges und widerspruchsvolles Konzept genau beim „Wort" (und der Musik) zu nehmen und es damit zugleich auch kritisch zu hinterfragen. Es mag sein, daß wir in zehn Jahren nach ganz anderen Realisationsmöglichkeiten suchen müßten. „Der Ring des Nibelungen" gehört zu den großen Meisterwerken, die niemals durch e i n e Lesart ausgeschöpft werden können. Das gilt z. B. für den „König Ödipus", wie für einige Werke Shakespeares, für Mozarts „Don Giovanni" und Goethes „Faust" in gleichem Maße. Ich glaube jedoch, daß unser Versuch eine Befreiung von der Tradition und aus vorgeformten Meinungen gebracht hat. Aber es wäre gefährlich, wenn man darüber vergäße, daß diese Arbeit sich auf strenge Analyse des Werkes gründete. Eine Welle von nur anti-traditionellen Interpretationen, die sich nicht auf das Werk, sondern nur auf subjektive Spiel-Ideen gründen, würden nur wieder verdecken, was wir analysierend und aufklärend am „Ring" zeigen wollten.
Aber ich bin froh, daß wir diese Arbeit hinter uns haben. Die Kollegen, die die Auseinandersetzung mit dem „Ring" noch vor sich haben, sind sicher nicht zu beneiden.

(Nach Tonbandaufzeichnungen formuliert von Hans Joachim Schaefer)

BAYREUTH
WIRD EINE STIFTUNG

Die Richard-Wagner-Stiftung Bayreuth

Kommentiert von Martin Gregor-Dellin

Am 2. Mai 1973 wurden in München die letzten Unterschriften unter eine Urkunde gesetzt, mit der die „Richard-Wagner-Stiftung Bayreuth" gegründet wurde. Dahinter verbirgt sich ein Akt, dessen juristische, kulturelle und politische Tragweite erst beim genauen Studium der Stiftungsurkunde und der alle Eventualitäten berücksichtigenden Satzung ersichtlich wird. Aus ihnen läßt sich ablesen, daß ein längst bedenklich gewordener Anachronismus in seinem materiellen Gehalt beseitigt, das heißt: ein bisher ausschließlich privatrechtlich betriebenes, in privaten Gebäuden veranstaltetes Festspielunternehmen den veränderten Zeitumständen angepaßt wurde. Es wird aber auch deutlich, welch möglichen künftigen Krisen und Komplikationen die Bayreuther Festspiele durch die ins Leben gerufene Stiftung entgangen sind.

Die Bundesrepublik Deutschland, der Freistaat Bayern, die Stadt Bayreuth, die Gesellschaft der Freunde von Bayreuth e. V., die Bayerische Landesstiftung, die Oberfrankenstiftung, der Bezirk Oberfranken und die Mitglieder der Familie Wagner – sie alle sind Mitglieder der Stiftung – haben in dreijährigen Verhandlungen ein bemerkenswertes Maß an Vernunft und Voraussicht bewiesen.

Zur Vorgeschichte

Die Schwierigkeiten, die mit der Organisation und Erhaltung der Bayreuther Festspiele verbunden sind, liegen tief im 19. Jahrhundert begründet und lassen sich von da her erklären. Utopie und Wirklichkeit einer Theaterkunst trafen aufeinander, in einer einmaligen und zwiespältigen historischen Situation, und in einem ebenso singulären Künstler, dessen Intentionen und Selbstgefühl durch die Verhältnisse – vor allem ökonomisch – nur ungenügend gedeckt waren. Den Plan eines vorübergehend zu errichtenden Holzbaues, in dem frei von Routine das totale Theater aller Künste und Künstler verwirklicht werden sollte, ließ Wagner alsbald wieder fallen. Ein permanentes Festspieltheater war bei den spärlich fließenden Tantiemen seiner Zeit ohne Mäzenatentum nicht zu errichten und wohl auf längere Zeit auch nicht zu bespielen. So reifte in Wagner nachweislich schon 1876 der Gedanke einer Stiftung, die, wie sich heute erkennen läßt, nicht zuletzt an den politischen Spannungen und Rivalitäten des ausgehenden 19. Jahrhunderts scheiterte. Noch am 31. März 1880 beklagte Richard Wagner (in einem Brief an Ludwig II.) die „nutzlosen Bemühungen um den Gewinn der Mittel zu einer dauernden Stiftung, welche nun einmal der elende Zustand der deutschen ‚Nation' nicht zu gewähren vermag". Vor dem I. Weltkrieg griff Siegfried Wagner die Idee einer Stiftung wieder auf.

Bereits seit den frühen vierziger Jahren unsres Jahrhunderts konnten sich die Bayreuther Festspiele nicht mehr selbst finanzieren. Erst recht in der Gegenwart sind Theater- und Festspielunternehmen dieses Ausmaßes nicht mehr durch die Preise der Eintrittskarten kostendeckend zu kalkulieren. Hieraus erwachsen Gefahren für den Fortbestand jedes öffentlichen Kunstinstituts, wenn man kulturellen Sinn und wirtschaftlichen Vorteil für die Gesellschaft überhaupt noch gelten lassen will. Für die Bayreuther Festspiele ist das nun kaum zu bezweifeln: Der Zugewinn des Landes und der Stadt an Steuern und Tourismus in hundert Jahren Festspielgeschichte hat die öffentlichen Zuschüsse mehr als einmal amortisiert, und die Wirkungen und Anregungen geistiger und künstlerischer Art, die von Bayreuth gerade durch die Erneuerung der Festspiele nach dem Kriege ausgingen, rechtfertigen jeden geeigneten Versuch ihrer Erhaltung.

Sinn und Zweck der Stiftung

Neben der äußeren Gefährdung der Festspiele – ein Zerwürfnis zwischen Festspielleitung und Subventionsgebern wäre bei der bisherigen Rechts- und Organisationsform durchaus denkbar – bestehen aber noch andere Gefahren für die Pflege des Wagnerschen Erbes. Da ist einmal die Zerstreuung und Zersplitterung des Besitzes durch Erbgang, die das Grundstücksvermögen und das in Jahrzehnten angesammelte, für die Erforschung der Kulturgeschichte des 19. Jahrhunderts unentbehrliche Archiv bedrohen könnte.

Damit in engem Zusammenhang steht die Frage, wie denn die künstlerische Relevanz und organisatorische Befähigung zukünftiger Festspielleiter zu garantieren wäre – und von wem? Und schließlich, auch wenn die Interessen der Familie Wagner dabei ausreichend gewahrt würden: wie sollen die Festspiele vor Mächten und Gruppen, welcher Art auch immer, geschützt werden, die von außen auf Grund wirtschaftlicher Beteiligung eines Tages auch den Anspruch auf ideellen und künstlerischen Einfluß erheben könnten? Hier liegt der entscheidende kulturpolitische Aspekt, nämlich die Sicherung künstlerischer Unabhängigkeit.

Als Zweck der Stiftung bezeichnet die Satzung „im Sinne des gemeinschaftlichen Testaments von Siegfried und Winifred Wagner vom 8. 3. 1929:

1. den künstlerischen Nachlaß von Richard Wagner dauernd der Allgemeinheit zu erhalten;
2. das Festspielhaus Bayreuth dauernd der Allgemeinheit zu erhalten und zugänglich zu machen und stets den Zwecken dienstbar zu machen, für die es sein Erbauer bestimmt hat, also einzig der festlichen Aufführung der Werke Richard Wagners;
3. die Richard-Wagner-Forschung zu fördern;
4. das Verständnis für die Werke Richard Wagners insbesondere bei der Jugend und beim künstlerischen Nachwuchs zu fördern."

Um diese Aufgaben auf eine „rechtsfähige öffentliche Stiftung des bürgerlichen Rechts" zu übertragen, war es notwendig, widerstreitende Interessen untereinander auszugleichen. Dem will die Stiftung durch eine Satzung genügen, die, wie mir scheint, möglichst vollkommen ein juristisches Grundprinzip durchzusetzen versucht: nämlich jedermann vor jedermann zu schützen.

Auch wenn man berücksichtigt, daß Verträge und Satzungen nur das wert sind, was die Partner in der Praxis daraus machen, kann man davon ausgehen, daß die Beteiligten nicht nur guten Willen zeigen, sondern sich zu ihm zwingen: denn sie verpflichten sich, wie der Stiftungsurkunde zu entnehmen ist, zu so vielen materiellen Leistungen – und auch Verzichten –, sie bringen vor allem in die Stiftung soviel *ein*, daß sie sich ihrer Verantwortung ohne Verlust nicht entziehen können und am Funktionieren der Stiftung (und damit der Festspiele) interessiert bleiben müssen.

Gegenstand der Stiftung

Das Festspielhaus Bayreuth war privates Eigentum Richard Wagners. Im Erbweg ist es – ebenso wie das Haus Wahnfried – auf seine Schwiegertochter Winifred Wagner und deren Kinder und Enkel übergegangen. Um sicherzustellen, daß das Festspielhaus dauernd seinem Zweck erhalten bleibt, übereignen die Erben unentgeltlich „das Festspielhaus Bayreuth nebst allen Nebengebäuden und allen dazugehörenden bebauten Grundstücken" auf die Stiftung.

Das Haus Wahnfried wurde bereits vor Gründung der Stiftung der Stadt Bayreuth geschenkt, allerdings mit Auflagen, die jetzt in Kraft treten: Die Stadt „stellt der Stiftung das Haus Wahnfried mit allen Nebengebäuden und Park für dauernd leihweise zur Verfügung", es soll baldmöglichst seiner Verwendung als Richard-Wagner-Museum zugeführt werden. Eingeschlossen in diese Dauerleihgabe ist das Seitengebäude des Grundstücks, das sogenannte Siegfried-Wagner-Haus, das die Stadt Bayreuth zum Preis von 600.000 DM gekauft hat. Es birgt einen Teil des Archivs und soll weitgehend den Zwecken der Stiftung dienen.

Dieses Archiv, das schon bisher der Forschung zur Verfügung stand – Partituren, Erstschriften und Erstdrucke, die gesamte Bibliothek Richard Wagners, sowie die Bilder, Büsten, Erinnerungsstücke und das bis 1945 entstandene Bildmaterial – ist seinem Wert nach der Kern der Stiftung. Um seinen Verbleib in Bayreuth zu gewährleisten, hat die Bundesrepublik Deutschland, die Bayerische Landesstiftung und die Oberfrankenstiftung das Archiv vor Gründung der Stiftung angekauft. Der vereinbarte Kaufpreis von 12,4 Millionen DM, der von den drei Käufern in drei Jahresraten an die Familie Wagner bezahlt wird, beruht auf zwei Schätzungsgutachten der Bayerischen Staatsbibliothek und der Firma Stargardt. Der Betrag dürfte weit unter dem tatsächlichen Marktwert der Autographen liegen und ist, gemessen an dem Verlust, der der Forschung durch eine Einzelveräußerung oder Zersplitterung entstanden wäre, gegenüber der Öffentlichkeit durchaus zu verantworten. Die Stiftungsurkunde sieht vor, daß der Bund, die Bayerische Landesstiftung und die Oberfrankenstiftung das Richard-Wagner-Archiv der Stiftung „für dauernd leihweise zur Verfügung" stellen und es somit als eines der wertvollsten Einzelarchive in öffentlicher Hand der Forschung zugänglich erhalten.

Drei weitere Leistungen werden in der Stiftungsurkunde vereinbart: Die Stadt verpflichtet sich, ohne Vergütung „einen wissenschaftlich vorgebildeten Bediensteten zur Betreuung des Richard-Wagner-Archivs" sowie den Geschäftsführer der Stiftung zu stellen; die Gesellschaft der Freunde von Bayreuth „verzichtet auf ihren Anspruch auf Rückzahlung der für Baumaßnahmen am Festspielhaus zur Verfügung gestellten Beträge sowie auf die dafür bestehenden Sicherheiten"; der Freistaat Bayern gewährt der Stiftung „jährlich zum Verbrauch bestimmte Zuschüsse", deren Höhe unter Berücksichtigung der Subventionen von dritter Seite die „Erfüllung des Stiftungszwecks nachhaltig ermöglicht". Damit ist auch die Weiterführung der Festspiele verbrieft. Diese Klausel wird unterstützt durch § 3 der Satzung, der als Stiftungsvermögen ausdrücklich die „Forderungen gegen den Freistaat Bayern, die Stadt Bayreuth und den Bezirk Oberfranken auf laufende Unterstützung nach Maßgabe der Stiftungsurkunde" festhält. Die Stiftung ist gemeinnützig (§ 10).

Bedeutung für die Festspiele

Die Festspiele werden von der Stiftung nicht finanziert oder durchgeführt, sie wirkt aber dahin, daß Festspiele stattfinden (§ 8), vermietet das Festspielhaus an den Veranstalter (Leiter der Festspiele), entscheidet über die Person des Leiters und bestimmt gegebenenfalls dessen Nachfolger. Grundsätzlich ist dies ein Mitglied der Familie Wagner, es sei denn, die Mitglieder der Familie Wagner könnten sich mehrheitlich im Stiftungsrat nicht auf einen Bewerber einigen oder es würden „andere, besser geeignete Bewerber auftreten". Diese Bestimmung garantiert das Vorrecht der Familie Wagner, den Festspielleiter zu stellen; sie gewährleistet, daß das künstlerische Gewicht immer bei der Festspielleitung bleibt und nicht bei der Stiftung; schließlich wird damit auch die künstlerische Qualifikation des Festspielleiters für den Fall gesichert, daß kein geeigneter Bewerber aus dem Kreis der Familie Wagner zur Verfügung steht. Bei einer Vakanz hat die Familie Wagner außerdem das Recht, binnen vier Monaten einen Festspielleiter vorzuschlagen. Hat der Stiftungsrat Zweifel an der Eignung der Bewerber, so muß er die Entscheidung einer dreiköpfigen Sachverständigen-Kommission einholen, die in folgender Reihenfolge aus den Intendanten deutschsprachiger Opernhäuser zu bilden ist: Deutsche Oper Berlin; Bayerische Staatsoper München; Staatsoper Wien; Staatsoper Hamburg; Staatsoper Stuttgart; Städtische Oper Frankfurt am Main; Städtische Oper Köln.

Diese Regelung zwingt ebenso zu einem sachverständigen und zweckvollen Konsens wie die Zusammensetzung des Stiftungsrats, in dem die Bundesrepublik, der Freistaat Bayern und die Familie Wagner je 5, die Stadt Bayreuth, die Oberfrankenstiftung, die Bayerische Landesstiftung und der Bezirk Oberfranken je 2, die Freunde von Bayreuth eine Stimme besitzen. Beim Ableben von Frau Winifred Wagner vermindert sich die Zahl der Stimmen, die der Familie Wagner zur Verfügung steht, auf 4 (entsprechend den vier Linien der Nachkommenschaft), die Stimmenzahl der Gesellschaft der Freunde von Bayreuth erhöht sich auf 2. — Wenn überhaupt eine Kritik an der Organisation der Stiftung anzumelden wäre, so könnte man vermissen, daß dem Stiftungsrat bisher kein Vertreter der Wissenschaft, der Künstler- und Besucherorganisationen angehört. Sie haben ihre Leistungen durch Forschung, Idealismus, Stipendien, Kauf und Verbilligung von Eintrittskarten schließlich erbracht. Ihre künftige Hinzuziehung durch eine jederzeit mögliche Satzungsänderung läge nicht nur im Interesse der Öffentlichkeit, sondern gewiß auch im Sinne Richard Wagners.

Zu begrüßen ist die deutliche Trennung von Stiftung und Festspielunternehmen, wie sie die Satzung vorsieht. Sie wird sich gerade deshalb als nützlich erweisen, als dadurch jederlei Pression auf Programm, Besetzung und Durchführung der Festspiele, etwa über das Instrument des Stiftungsrats, ausgeschaltet wird. Man kann sagen, daß sich der wichtigste Gehalt dieser komplizierten Satzung in einem winzigen Satz unter § 8, Abschnitt 5, verbirgt: „Der Mietvertrag sichert dem Unternehmer die künstlerische Freiheit." Dies klingt fast geschäftlich — wie ja überhaupt die Stifter auf jede Phrase, auch auf die nationale Gebärde zum Glück verzichten. Aber manche Utopien, auch die Wagners, erfüllen sich eben nur auf eine ungefähre und profane Weise, und wenn sie sich in einer künstlerisch unabhängigen Fortführung der Festspiele, in ihrer materiellen Sicherung und in der Bewahrung eines wertvollen Erbes einlösen lassen, so ist der Zweck dieser — alles in allem — kulturpolitisch weit vorausschauenden Tat gewiß erreicht.

1975: Der Winifred Wagner-Film von Hans-Jürgen Syberberg und die Entscheidung für Patrice Chéreau als Regisseur des Jubiläums-*Rings* 1976

Pressekonferenz mit Wolfgang Wagner:

„Politik ist im Festspielhaus weggewischt"

Festspielleiter begründet Entscheidung für den Regisseur des Jubiläums-„Rings" – Stellungnahme zu Syberberg-Film

Der neue „Parsifal" gab in der Pressekonferenz am Samstag morgen nach der Premiere keinen Zündstoff für Diskussionen ab. Fast überrascht sah sich Wolfgang Wagner einem friedfertig scheinenden Kritikerheer gegenüber. Man war zukunftsorientiert: Das „Ring"-Team für nächstes Jahr interessierte mehr. Aufmerksamkeit erregte außerdem Filmemacher Syberberg und sein Winifred-Wagner-Oeuvre. Wolfgang Wagner bezog zu den Äußerungen seiner Mutter und zur Assistentenarbeit seines Sohnes Stellung.

In verschiedener Hinsicht machte der Festspielleiter vor versammelter Presse des In- und Auslandes klar, daß er nicht nur eine ausgewogene Finanzpolitik am Hügel benötige, sondern daß es ihm mindestens ebenso ernst damit sei, von den Festspielen jegliche politische Manipulation fernzuhalten. „Ich lasse mir keine politischen Motive untermischen", bekundete er. Und das gilt sowohl in Hinsicht auf die „Ring"-Inszenierung '76 wie auf seine Haltung zum Syberberg-Film. „Seit 1951 ist die Politik hier im Festspielhaus weggewischt."

Die Suche nach einem Regisseur für den Jubiläums-„Ring" war nicht einfach verlaufen. Der erste angesprochene Regiestar traute sich diese Aufgabe nicht zu und lehnte ab. Dirigent Pierre Boulez stand um diese Zeit bereits fest. Zur Auswahl blieben gleichwertig zwei Regisseure: Peter Stein und der Franzose Patrice Chéreau.

Die nächste Bayreuther Wagnergeneration mit der „Ring"-Aufgabe zu betrauen, das sei bei allem Wohlwollen objektiv derzeit nicht gegeben, betonte Wolfgang Wagner. Der „Ring" fordere so viel von seinem Bearbeiter, daß der jugendliche Regisseur von der Verantwortung erdrückt würde.

Die Verhandlungen mit Peter Stein verzögerten sich, bis sie endlich scheiterten. Nach Meinung in Berlin, wie eine Journalistin einwarf, weil man versucht habe, Stein Vorschriften für seine künstlerische Arbeit zu machen. Wolfgang Wagner sieht es anders: „Bevor man das Haus umkrempelt, sollte man wissen, was gewollt wird." Beispielsweise könne ein junges, unerfahrenes Team nicht mit Logik spazierengehen. Und wenn Stein sagt, daß er die Regiearbeit nicht übernehme, wenn bei der Vorstellung eventuell Strauß im Zuschauerraum sitze, findet Wagner das einen billigen Gag. Franz Josef Strauß im Festspielhaus sei ein Zuschauer und mehr nicht.

Seine Absage habe Stein, so Wagner, nicht an ihn, nur an Boulez geschickt, der ihm daraufhin bis heute nicht geantwortet habe. Wolfgang Wagner verwies auf seine 25 Jahre „Ring"-Erfahrung und beteuerte, daß es sein Bemühen sei, bei der Realisation zu helfen, die Voraussetzungen zu schaffen, aber nicht Einflußnahme auf die Arbeitsweise zu nehmen. Wie vor Götz Friedrich, hätte er sich auch vor das neue Team gestellt — unter vernünftigen, demokratischen Bedingungen. Den Vorwurf Steins, bei ihm herrschten „Reichskulturkammermethoden", wies Wagner energisch zurück.

Um deutlich zu machen, daß er als Privatmann und Sohn seiner Mutter — und nicht als Festspielleiter — sich zum Syberberg-Film äußere, verließ Wolfgang Wagner demonstrativ seinen Platz am Rednertisch zwischen dem Vorsitzenden der Freunde von Bayreuth, Dr. Hilger, Oberbürgermeister Wild und den Festspielmitwirkenden.

Vor allem bedauerte er, daß die seit 1914 von seiner Mutter erlebte Festspielgeschichte Bayreuths als Themenkreis offenbar nicht ausgeschöpft werde, sondern ein Film entstanden sei, der „zu 75 Prozent Gewäsch um Adolf Hitler enthalte". Das Leben der heute 78jährigen Winifred sei so interessant gewesen, daß es genug aufregenden Stoff für einen Film hergegeben hätte. Dazu, daß diese Chance nicht genützt wurde, habe auch die alte Dame durch unreflektierte Äußerungen beigetragen. Das habe sie inzwischen auch selbst erkannt.

Wolfgang Wagner bedauerte, daß durch diese Geschichte und die Auslegung mancher Äußerungen Winifred Wagners vor 30 Jahen nach 1945 ein Zustand heraufbeschworen worden sei, daß er seine Mutter gebeten habe, nicht auf dem Festspielhügel zu erscheinen. Dabei habe Winifred Wagner vor 31 Jahren ihre letzte Festspielvorstellung abgeliefert und sich nach 1949 aus dem Festspielbetrieb völlig zurückgezogen. Mit Neu-Bayreuth habe sie nichts zu tun, denn sie habe nachdrücklich die Konsequenzen aus ihrer Haltung gezogen.

„Deshalb besteht aber für meine Mutter kein Maulkorbgesetz", fuhr Wolfgang Wagner fort. Er selbst habe das Rohmaterial zu dem Film gesehen und als „auswertbar" erachtet. Zur Rolle seines Sohnes Gottfried beim Zustandekommen des Films erklärte Wolfgang Wagner, das objektive Interesse des Enkels am Leben seiner Großmutter und dessen historische Deutung mit dem Abstand der Jugend im Medium Film sei, so weit er das gegenwärtig beurteilen könne, ausgenützt worden. Gottfried Wagner habe sich mit jugendlichem Ungestüm zur Mitarbeit entschlossen, sei aber von dem Endergebnis selbst entsetzt. — Von der Syberbergschen Filmfassung hat er sich bereits unmittelbar nach der Pariser Erstaufführung distanziert.

Zur Zeit herrscht mit Syberberg ein zweimonatiger „Burgfriede", in dem der Film nicht gezeigt wird. Auch wegen einer Reihe juristischer Ungeklärtheiten hofft Wolfgang Wagner in beiderseitigem Interesse mit Hans-Jürgen Syberberg zu einer Übereinkunft kommen zu können.

ml.

Wirbel um offene Worte Winifreds

Film-Bekenntnisse geriefen in politisches Zwielicht – Syberberg: einseitiger Eindruck

30 Jahre lang hat sich Winifred Wagner in Schweigen gehüllt. Jetzt, da sie doch einmal aus ihrer Reserve herausging, trat genau das ein, was immer verhindert werden sollte: die braunen Schatten der Vergangenheit wieder heraufzubeschwören. Ein Film über die Schwiegertochter Richard Wagners, bisher nur einmal in Paris gezeigt, erregt Aufsehen. Die Unverblümtheit, mit der die 78jährige Winifred auch über ihre Zeit als Herrin der Bayreuther Festspiele im Dritten Reich spricht, scheint zu Mißverständnissen geführt zu haben: „Was Winifred sagte, das äußerte sie völlig privat, und das hat mit dem heutigen Bayreuth nicht das geringste zu tun", erklärte gestern Hans-Jürgen Syberberg, der den Film gemacht hat.

Winifred Wagner

In einem Telefongespräch zeigte sich der Regisseur erstaunt, „wenn Leute sich jetzt lautstark empören und gegen Bayreuth zu Felde ziehen". Er halte das für ungerechtfertigt; denn was Winifred gesagt habe, sei ihre Privatangelegenheit und dürfe „weder für Bayreuth noch die Festspiele noch sonst jemanden Folgen haben".

Syberberg, unter anderem durch Filme über Ludwig II. und Karl May zu Ruf und Ehren gelangt, hat im vergangenen April fünf Tage lang in Haus Wahnfried gedreht. Wolfgang Wagners Sohn Gottfried, der den Weg für das Unternehmen geebnet hatte, assistierte dabei. Es wurde ein fünfstündiges Filmporträt der alten Dame daraus, Memoiren auf Zelluloid. Winifred habe „ganz subjektiv, wie sie es heute als Privatperson sieht, aus ihrem Leben geplaudert".

Denkmal an Zivilcourage

Mit Hochachtung spricht Syberberg über Winifred, die nach dem Tod ihres Mannes Siegfried von 1930 bis 1944 die Leitung der Festspiele innehatte. „Sie bekennt sich ohne Zorn und ohne Trotz zu ihrer Vergangenheit, und in dieser Haltung ist sie einzigartig. Wer hat heute schon den Mut zu sagen: Ich war dabei und ich bin deshalb der Geschichte meines Lebens nicht gram? Es laufen noch so viele verbitterte Typen herum. Da ist es doch was Besonderes, wenn sich jemand so frei zu seinem Leben bekennt."

Syberberg, in Pommern geboren, war neun Jahre alt, als der Krieg zu Ende ging. So hat er wenigstens einen Schimmer davon, wenn er feststellt: „Viele, vor allem Jüngere, haben nie vor solchen Entscheidungen gestanden." Deswegen sei Vorsicht am Platze, wenn jetzt eilfertig die politische Moral strapaziert werde. Winifred sei ein „erstaunliches Denkmal an Zivilcourage: Sie läuft nicht davon, heute so wenig wie damals". Daß eine solche Haltung Aufsehen errege — „auch politisch" —, wundere ihn nicht. Er, Syberberg, finde dies jedenfalls „lobenswert", auch wenn die betreffende Person „auf einer Seite steht, die ich überhaupt nicht schätze"

Daß gleichwohl ein „fataler Eindruck, der dem Film nicht ganz entspricht", entstanden sei, leugnet Syberberg nicht. Er wurde ausgelöst durch Winifred-Zitate, die durch den Blätterwald geisterten, nachdem sie in großer Breite und entsprechender Interpretation von der Hamburger Wochenzeitung „Die Zeit" veröffentlicht worden waren. Ein Redakteur dieses Blattes hatte als einziger deutscher Journalist an der Filmvorführung in Paris (im Rahmen eines Syberberg-Festivals) teilgenommen.

Unter der Überschrift „Der gute Onkel von Bayreuth" wurde dargetan, wie sehr Winifred noch immer von Adolf Hitler schwärme. „Das war eine rein menschliche, persönliche und vertrauliche Bindung zwischen uns, die auf der Grundlage der Verehrung und der Liebe zu Richard Wagner beruhte." Weiter sagt Winifred im Film: „Das, was ich für gut und menschlich an dem Mann gehalten habe, das lasse ich mir einfach nicht nehmen..." Schließlich auch noch: „Wenn der Hitler heute hier zur Tür reinkäme, ich wäre genauso fröhlich und so glücklich ... als wie immer."

Die Sache ist verzwickt, aber auch typisch: Alles spricht über einen Film, den nur eine Handvoll Leute gesehen hat, und das Urteil wird aus zweiter Hand bezogen. Die politische Weichenstellung durch die „Zeit" hat offensichtlich auch in der Familie Wagner irritiert. Wolfgang, der laut Syberberg den Film mit Ausnahme seiner (Syberbergs) „Anmerkungen" gesehen „und gebilligt" habe, will sich augenblicklich nicht dazu äußern. Auch Winifred kehrte zu ihrem Schweigen zurück.

Gottfried Wagner, der den Film komplett erstmals in Paris gesehen hat, gab bereits zu verstehen, daß einiges danebengegangen ist. Er könne das, was aus dem Aufnahmematerial gemacht worden sei, „im Interesse der historischen Wahrhaftigkeit" nicht billigen. Vor allem die syberbergschen Zutaten scheinen Anstoß zu erregen. „Sie stellen einen falschen Bezug zur Gegenwart her, sie lassen Neu-Bayreuth in einem völlig falschen Licht erscheinen."

Syberberg selber ist der Meinung, daß er sich an sein Versprechen, fair und objektiv zu verfahren, gehalten hat. Seine Anmerkungen, „nur Bruchteile", fielen nicht ins Gewicht. Hingegen habe der „Zeit"-Artikel zu einem einseitigen Bild beitragen können. „Das ist ein harter Extrakt. Der Film insgesamt wirkt nicht so. Aber bei fünf Stunden Filmlänge holt sich ein Journalist eben die Dinge heraus, die am überraschendsten sind."

Der Film, der „sehr episch" gehalten und „nicht journalistisch im Sinne von Vergangenheitsschnüffelei" sei, umfasse das ganze Leben Winifreds. „Er fängt nicht mit 1933 oder mit Hitler, sondern im Jahre Null der Winifred an und endet heute, wo wir über historische Dinge schon etwas anders denken." Es sei so wenig ein „Film gegen die Wagners oder Bayreuth" wie für oder gegen den Nationalsozialismus. In romanhafter Form werde die Geschichte einer Person, einer Familie, darüber hinaus des Bürgertums und Deutschlands überhaupt wiedergegeben. Insofern finde er den ganzen Wirbel „unbillig". „Seit 30 Jahren hat sich Winifred nicht mehr geäußert. Das ist doch unnatürlich für eine Frau, die nach Cosima und Siegfried Wagner so wichtig für Bayreuth geworden ist."

Syberberg würde auch jetzt den Film nicht anders machen, „im Gegenteil". Deshalb werde er wesentliche Änderungen nicht akzeptieren. Er räumte ein, daß die Ansichten über Wirkung und Notwendigkeit des Films zwischen ihm und der Familie Wagner inzwischen etwas geteilt seien. Von einem „Streit, der keine Kontakte mehr zuließe", könne aber nicht die Rede sein.

Wann die breitere Öffentlichkeit den Film sehen kann, scheint noch ungewiß zu sein. Das Fernsehen wird irgendwann zumindest Teile davon senden. Fürs erste wünscht Syberberg, daß wieder Ruhe einkehrt, vor allem jetzt zu den Festspielen in Bayreuth. Deswegen hat er seinen Film für die nächsten Monate erst einmal „in die Schublade" eingeschlossen.

Ein wichtiger Aspekt jedenfalls hat unter der etwas schiefen Resonanz auf das Filmprojekt gelitten: daß die Familie Wagner den Mut aufgebracht hat, über ihren eigenen Schatten zu springen und Dinge offen zur Sprache zu bringen, die auch zum Kapitel Wagner gehörten.

Rm.

Winifred Wagner, das Haus Wahnfried – und Adolf Hitler als «Mensch»

Es gibt in der Geschichte der Bayreuther Festspiele und des Hauses Wahnfried eine Aera, über der dunkle Schatten liegen und deren Problematik bis vor kurzem verdrängt wurde. Das ist die Zeit des Dritten Reiches, in der Wagner und seine Nachkommen jenen deutschen Mythos verkörperten, den die politische Führung benötigte, um sich ihrer Grösse und geistesgeschichtlichen Rolle sicher zu sein. Mindestens seit Götz Friedrichs «Tannhäuser»-Inszenierung von 1972 ist in Bayreuth selbst die Tendenz spürbar, den deutschen Mythos, der sich um das Werk Richard Wagners wie eine Klammer gelegt hat, kritisch aufzubrechen.

Auf einer anderen Ebene, und gewiss gefördert durch die Bereitschaft der heutigen Wagner-Familie zur kritischen Befragung, hat der Filmemacher *Hans Jürgen Syberberg* versucht, die Verflechtung von Kunst und Politik im Falle des Hauses Wahnfried aufzuzeigen, und zwar am Beispiel seiner verhängnisvollsten Epoche, seiner Bindung an den Führer Adolf Hitler, der in Richard Wagner seinen Vorgänger sah. Unter dem Titel *«Winifred Wagner und die Geschichte des Hauses Wahnfried 1914–1975»* hat Syberberg einen fünfstündigen Dokumentarfilm gedreht, der kürzlich in Düsseldorf seine deutsche Erstaufführung hatte, nachdem er zuvor in Paris und Wien gezeigt worden war.

Syberbergs Film ist ungewöhnlich. Er bietet in Schwarzweiss in ungeglätteter Folge gleichsam nur das Gesicht der erzählenden Frau Winifred Wagner, unterbrochen lediglich durch ein paar Raumaufnahmen und Familienphotographien. Das Ergebnis ist erstaunlich: In der Erzählung von Frau Winifred Wagner enthüllt sich ein individuell aussergewöhnliches wie zugleich als Modell für ihre Generation stehendes Lebensschicksal. 17-jährig kommt Winifred, in England geboren, nach Bayreuth, heiratet Siegfried Wagner und sieht sich nach dessen frühem Tod 1930 vor die Aufgabe gestellt, die Festspiele zu leiten. Die Anforderungen und Fährnisse sind gross, trotz der von Cosima Wagner nachdrücklich geförderten emanzipatorischen und selbstbewussten Haltung. Vielleicht liegen in diesen Fährnissen wie im gleichzeitigen Hang zur Grösse die Gründe, die diese Frau dazu führten, das Bündnis mit Adolf Hitler anzunehmen. Es konnte ihr nicht allzu schwer fallen – und hier steht ihre Haltung beispielhaft für viele –, denn Hitler begegnet ihr als «Mensch», mit der bezwingenden Kraft seiner blauen Augen. Die Politik, die Brutalität der Politik, die damals betrieben wurde, bleibt draussen; sie findet keinen Zugang in Wahnfried, und das gibt Winifred Wagner das Recht zu einem persönlichen Menschenbild Hitlers, zu dem sie sich noch heute offen bekennt. Diese Offenheit wirkt imponierend und nötigt Respekt ab. Zugleich aber enthüllt sich darin in erschütternder Weise das Problem der «Banalität des Bösen»: die Anfälligkeit gegenüber dem Bösen im Gewande des «Menschen» sowie die Aneignung und Konservierung von Standpunkten («wir alten Nationalsozialisten»), deren gefährliche ideologische Kerne von Idyllik und Harmlosigkeit überspielt werden.

Die Selbstenthüllung Winifred Wagners wirkt so faszinierend wie deprimierend, und staunend stellt man die Geduld des Filmautors fest. Bei den guten Bedingungen, unter denen der Film zustande kam, ist es um so unverständlicher, dass Syberberg Aeusserungen in den Film hineingenommen hat, bei denen Winifred Wagner gebeten hatte, das Tonband abzustellen. Syberberg liess ein zweites Tonbandgerät weiterlaufen. Dass Bekenntnis und Offenheit durch Vertrauensbruch quittiert wurden, bereitet Missbehagen. Gleichermassen unverständlich und störend wirken die zahlreichen Zwischentitel und eingeschobenen Zitate, die das im Film Gesagte einerseits schärfen, anderseits aus kritischer Perspektive kontrapunktieren. Der Film spricht ganz gewiss seiner Technik und Dauer wegen nur eine intellektuelle Minderheit an. Die braucht jedoch nicht solche Einschiebungen, die sogar verstimmen; denn die Intention des Filmautors wird dadurch entschieden zurückgenommen und reduziert auf einen skandalheischenden Schlag gegen «Bayreuth». Bei aller Einfühlsamkeit, die Syberberg seinem Gegenüber beweist: die Technik, durch Zitateinblendungen dem Film die gewünschte Tendenz zu geben, verrät den Sensus dafür, was Erfolg verheisst – zumal in Anbetracht des 100-Jahr-Jubiläums der Festspiele.

Kennzeichnend für Syberbergs fragwürdige Schärfung sind kurzschlüssige Bezugsetzungen; so etwa, wenn die für das Publikum kostenlosen «Kraft durch Freude»-Kriegsfestspiele mit der berühmten Forderung Wagners nach kostenlosem Zugang zum Theater für alle (als Zitat) in Verbindung gebracht werden. So einfach ist die Frage nach Wagner als dem ideologischen Vorläufer des Nationalsozialismus nicht zu beantworten. Auf der anderen Seite sollte es schwerfallen, dem neuen Bayreuth latenten Faschismus vorzuwerfen, wo man ständig dabei ist, Traditionen ins Gesicht zu schlagen bzw. Tradition sich heute gar nicht mehr ausbilden zu lassen. Nationalsozialistische Ideologie würde das Engagement eines französischen Künstlerteams zur Einstudierung des «Rings des Nibelungen» für das 100-Jahr-Jubiläum der Festspiele wohl kaum verkraften; und Adolf Hitler wäre gewiss nicht, hätte er Wolfgang Wagners «Parsifal»-Inszenierung von diesem Jahr gesehen und sich mit seinem Konzept beschäftigt, auf den Gedanken verfallen, sich aus dem «Parsifal» eine Religion machen zu können.

Dieter Rexroth

Nike Wagner

"Das Wort 'Familienbande' hat einen Beigeschmack von Wahrheit"
(Karl Kraus)

... einen säuerlichen, der sich durchs idiotensüße -Gemeingebräu von der goldenen Kette der Generationen, von unzerreißbaren Blutsbanden und innigeinigem Familienschoß beißt.
Immer fesseln mich Familienbande an die Familienbande, an diese Urhorde, dieses vielköpfig-tausendfüßige Ungeheuer, das sich den Korridor der Geschlechter entlangwälzt. Einmal vom bürgerlich-sächsischen Richard und der aristokratisch-internationalen Cosima in die Welt gesetzt, zeugt sie sich fort und zeugt sich fort. Eine diffus sich ausbreitende Familienhydra, eine eigensüchtige, erbedünklige, zinkennasige, kinnlastige Masse. Ein Atridenclan, in dem die Väter die Söhne kastrieren und Mütter sie liebend erdrücken, in dem Mütter ihre Töchter verstoßen und Töchter ihre Mütter verketzern, in dem Brüder einander auf die Füße treten und Brüder gegen Schwestern aufstehen wie Schwestern gegen Brüder, in dem Töchter totgeschwiegen werden und Schwiegertöchter verdrängt, in dem die Männer weiblich sind und die Weiber männlich, und in dem ein Urenkel dem andern schon an der Leber knabbert ... Der Beigeschmack ätzt die alten Bande durch: daß sie nur rissen, die Nornennabelschnüre!
O, gemeinsamer Pfahl im Fleisch! Richard! Gemeinsamer Dorn im Schuh! Du machst uns zur Brut, Großer Drachen, da an der Schale Deines großen Erb-Eies Bayreuth saugen wir uns fest: süßer Dotter Künstlerruhm! Süffiges 19. Jahrhundert! O 'gleißender Wurm' der historischen Delegation, du glänzt uns allen aus dem hysterischen Auge! Wie willig sind solche Wälsungen!

Aber da: der wirkliche Richard!!!!
aus seinen transworldsounds
baute er uns sein gesamtkünstliches Schallwellenhaus: mit blechschweren Prunksälen und kontrafagotten Kämmerchen, tubatiefen Höhlen und flötenzwitschernden Waldräumen, mit harmonisch gestuften Freitreppen und enharmonisch verschmitzten Hintertürchen, voller überraschender Durchgänge und chromatisch gleitender Rutschbahnen, mit wegweisenden Motivtäfelchen und raffinierten Farbfexereien, hörnernen Einsamecken und unendlich gewundenen Melodiepfaden - - Pfeift Euch die Code-Worte zu, Ihr Verschwisterten und Verschwägerten, dann seid Ihr verständigt! Ton-Bänder halten besser als Bluts-Bänder ...
Familien-Ton-Bande: mit Tönen an eine Bande gefesselt, wird sie zur Familie, Da grast, o schönes Morgenrot am Gewitterhimmel! Die Verwandtschaft, Löwe neben Lamm. Aus den Wolken liest Richard das Schlußkapitel der neurotischen Bandenstory. Ach, wie jetzt das klingt! Fast wie ein echter Familienroman!!???
Und er reicht die Bitte herunter, sein Haus neu zu bestellen. Also los, Sipplinge, reißt Euch an allen Banden und Bändern! Und stolpert nicht, O Ho! Tralalei! über jenes "Wahnes Faden", aus dem Schuster Richard sein Werk gesponnen: Fallstrick ist er für dynastisch dahertaumelnde Lehrbuben-Füße!

Süddeutsche Zeitung Meinungen 30. Juli 1975

Herzeleid am grünen Hügel. SZ-Zeichnung: E. M. Lang

In der Satire der Zeitschrift „National Lampoon“ auf das Dracula-Phänomen (siehe links Mitte) wird ein homosexueller „Dragula“ vorgestellt, der „Hunburger with all the fixins“ (Hunnenburger mit allen Zutaten; dies Wortspiel nützt die Tatsache, daß Deutsche auch als „huns“ — Hunnen — bezeichnet werden) vorzieht und so Wagnersche Heldentenöre durch seinen Biß in ein Transvestitenballett verwandelt. Dabei ist seine Bemerkung „Wagner does drain one so!“ (Wagner laugt einen so aus!) doppeldeutig auf Dragulas Blutsaugen und die Länge Wagner'scher Opern bezogen. (Wolfgang J. Fuchs)

Ich weiß nicht, wie Sie zu Wagner stehen, Verehrteste, aber ich kenne einen Erwin Wagner, der auch sehr gute Gitarre spielt, nur eben viel gefälliger und niemals über zweieinhalb Stunden hintereinander.

Auch rhythmisch ganz anders und ohne Gesang. Er hat seinerzeit in Wanne-Eickel einen Patentstöpsel für gebrauchte Flaschen erfunden und die Vertretung für Süddeutschland selbst übernommen. Der Wagner-Stöpsel, wissen Sie, hat sich ja weitgehend durchgesetzt.

Wir haben uns vor acht Jahren im Speisewagen im Rheingold-Expreß kennengelernt. Wir hatten schon Zukunftspläne gemacht – aber im Bahnhofsgedränge haben wir uns dann leider wieder aus den Augen verloren. Erst kürzlich traf ich ihn in einem Gartenrestaurant in Bochum wieder. Sind die Wanne-Eickeler Wagners nicht verwandt

mit Rudolf Wagner, der sich hier in Bayreuth als Hals-Nasen-Ohren-Arzt einen Namen gemacht hat? Ich habe mich zwei Tage vor › Lohengrin ‹ von ihm mal durchblasen lassen und hörte bereits im ersten Akt sechs ganz neue Leitmotive.

„Erlösung dem Erlöser" erkennbar als die „Erlösung" des Jesus von Nazareth von seiner „alexandrinisch-judaisch-römischen Verunstaltung", und wenn er am Ende des Briefes die Bitte um feinfühlige Besonnenheit im Ausdruck ausspricht, „um nicht mit den Juden und für die Juden zu arbeiten", dann wird auch von dieser Seite her bestätigt, daß Wagners Zentralproblem immer noch das „Judentum" war, und daß es ihm immer noch darum ging „aufzuhören, ein Jude zu sein"; wobei er sich hier wieder wie vor zweiunddreißig Jahren mit der Gestalt des Jesus von Nazareth identifiziert. Und weil *er* der „reinarische" Erlöser sein wollte, kann er in obigem Brief nach dem Muster der im Bewußtsein der „deutsche Geist" zu sein gemachten Äußerung: „Das Volk war vernichtet, aber der deutsche Geist hatte bestanden", nun sagen: „Dennoch, indem wir Kirche, Christentum, ja die ganze Erscheinung des Christentums in der Geschichte schonungslos daran geben, sollen unsere Freunde immer wissen, daß dies jenes Christus willen geschieht, den wir in seiner vollen Reinheit, seiner absoluten Unvergleichlichkeit und Kenntlichkeit wegen, uns erhalten wollen ..." [115]. Weil Nietzsche diesen „Obskurantismus, den Wagner in die Lichthüllen des Ideals verbirgt" und die „Zweideutigkeit" dieser „idealistischen Lügnerei und Gewissensverweichlichung" erkannte, kam er von Wagner, dessen Antisemitismus er verachtete, los und hat dessen unaufhebbaren Erlösungszwang in einem seiner Gedichte präzise festgehalten (siehe Seite 69):

„... Friedloser, unbefreiter Geist
siegreicher stets und doch gebundener,
verekelt mehr und mehr, zerschundener,
bis du aus jedem Balsam Gift dir trankst — ..." [116]

Nietzsches Schriften *Der Fall Wagner* und *Nietzsche contra Wagner* stellen den ersten adäquaten Entmythisierungsversuch dar, den Wagner erfahren hat, doch haben sie ihrerseits vor allem von seiten des George-Kreises eher eine Mythologisierung als eine erschöpfende Analyse erfahren.

Da Wagner den *Parsifal* als ein Bühnenweihfestspiel konzipiert hatte und verstanden wissen wollte, das heißt, da er mit dem *Parsifal* und dessen „geheimnisvoller" Schlußformel: „Erlösung dem Erlöser" Bayreuth zu einem Erlösungszentrum machen wollte, legte er fest, daß er in aller Zukunft einzig und allein in Bayreuth aufgeführt werden und nie auf irgend einem anderen Theater dem Publikum zum Amüsement dargeboten werden solle [117]. Die Formel „Erlösung dem Erlöser" hatte einerseits der materiellen Absicherung der Festspiele zu dienen und bildete andererseits das entscheidende Kittmittel zwischen den Bekennern des „Bayreuther Idealismus", die gemäß Wagners am Schluß seiner *Einführung* im ersten Heft der „Bayreuther Blätter" (Januar 1878) verwendetem Leitwort: „Unter uns" jene „Unter uns"-Haltung entwickelten, die Bünden und Sekten eigentümlich ist. Hatte Wagner selbst schon von „meiner Sache" [118] gesprochen, so wurde die vor allem auch von Cosima betont verwendete auf geheimes Einverständnis zielende Formel von „unserer Sache" ein Lieblingswort derjenigen, die sich nun dank Wagner im Besitz des einzig richtigen Bewußtseins sahen. „Erlösung dem Erlöser" wurde zum Schibboleth und „unsere Sache" hieß daher insgeheim auch „unsere germanische (= antijüdische) christliche Sache" (siehe Seite 36 den Schluß des Aufrufes). Und in dem Bekenntnis zu dieser „Sache" bestand die Bayreuther Exklusivität. Daß so viele Juden diese „Sache" unterstützten, nach Bayreuth pilgerten, oder sogar, wie der nachmalige Schwiegervater Thomas Manns Alfred Pringsheim, sich für Wagner duellierten, bestätigt nur von anderer Seite, daß die „Erlösung vom Judentum" das ideologische Zentrum des Denkens und der Werke Wagners bildete, und daher auch das des „Bayreuther Idealismus". Die Spur der Wirkungsgeschichte ist vorgezeichnet. Es ist keinerlei Zufall im Spiel wenn H. S. Chamberlain, der seit 1888 mit Cosima korrespondiert und auch an der von den „Bayreuther Blättern" inspirierten 1885 gegründeten Pariser „Revue wagnerienne" mitarbeitet, mit Kaiser Wilhelm II. korrespondiert (siehe Seite 111, 140), 1908 die Tochter Richard Wagners heiratet (siehe Seite 110), und 1923 die Verbindung zwischen Hitler und dem Haus Wahnfried herstellt. Wenn Cosima in ihren Briefen an Fürst Ernst zu Hohenlohe anfang der neunziger Jahre von dem in Bayreuth gepflegten Idealismus als dem „absoluten Idealismus" (siehe Seite 75) spricht, wenn sie eine „Bayreuther Freimaurerei" und „Gralsritterschaft" erhofft, oder *Lohengrin, Parsifal* und *Tannhäuser* „unser christlich germanisches Kunstbekenntnis" [119] nennt (siehe Seite 76), dann ist ihr konsequent wagnerischer Antisemitismus immer mitzudenken. Schließlich wird Wagner so sehr als Repräsentant der Wilheminischen Zeit (siehe Seite 133 ff.) und als Volkserzieher (siehe Seite 117) empfunden, daß Wilhelm II. Wagner den „gewaltigen Schöpfer unserer neuen germanischen Tonwelt" [120] nennt und für das geplante Berliner Richard Wagner-Denkmal eigenhändig einen Entwurf zeichnet (siehe Bildseite gegenüber der Titelseite und Seite 97 bis 99 und Seite 111). Auch die Liebig Fleischextrakt-Bildchen sind ein Hinweis auf die Breitenwirkung Wagners, dessen Werk vor allem auch weltanschaulich von ihm abhängige Maler zum Schaffen anreizt. Genannt seien hier der Freund Siegfried Wagners Franz Stassen (siehe Seite 36, 118, 121, 157, 177, 179, 186), Hermann Hendrich (Seite 129) und Richard Guhr (Seite 182, 227). Die Postkarte mit der Nibelungenhalle von Hermann Hendrich auf Seite 129 zeigt deutlich das hakenkreuzförmig geschriebene, auf den Turnvater Jahn zurückgehende vierfache „F", das „frisch, fromm, fröhlich, frei" bedeutet und dem Deutschen Turnerbund, der 1889 wegen seines Arier-Paragraphen aus der deutschen Turnerschaft ausgeschlossen wurde, seit dem Jahr 1907 als Symbol dient; dieses hakenkreuzförmige vierfache „F" und der Judenstern auf der anderen Seite sind beides antisemitische Feldzeichen, die bei den Besuchern der Richard Wagner geweihten Nibelungenhalle auf Einverständnis stießen.

Der Erste Weltkrieg verschärft noch die Deutschtumsideologie des „Bayreuther Idealismus" und dessen antisemitisch motivierte Hoffnungen auf eine „Germanisierung der Religion", über die Hans von Wolzogen bereits 1911 eine Broschüre schrieb (siehe Seite 118). Völkische Bewegungen und Reformbewegungen berufen sich auf Wagner (178 bis 181, 184) und bei den ersten Festspielen nach dem Kriege 1924 wird Bayreuth eine „völkische Festspielstätte" [121] (siehe Seite 173 bis 177, 184, 186, 187). Das Haus Wahnfried ist allein schon durch Cosima vorprogrammiert, dem „Banne" Hitlers, der seit seiner Schulzeit Wagner verfallen ist und Teile seines Weltanschauungsarsenals durchaus diesem verdankt (siehe Seite 231, 233), zu erliegen. Am ersten Oktober 1923 besucht Hitler durch Vermittlung Chamberlains zum ersten Mal Wahnfried. Cosima hatte schon am 11. Oktober 1920 an den Fürsten Hohenlohe geschrieben: „Nach dem, was Sie, theurer Fürst, mir über Ludendorff gesagt, hoffe ich, er würde unser Diktator — allein dazu scheint keinerlei Aussicht und diese bedeutende Persönlichkeit übergibt sich dem Privatleben. So herrsche denn die Mediokratie", und am 4. Juli 1923 findet sich die Bemerkung: „... In der Gegenwart scheinen die Italiener eine staatsmännische Persönlichkeit zu besitzen: Mussolini. Was man von ihm vernimmt, läßt auf eine *Kraft* schließen, und gewiß wird er sich erinnern, was Deutschland für Italien tat" [122]. Nach seiner Amerikareise trifft Siegfried Wagner im April 1924 durch Vermittlung seines Vetters Manfred Graf Gravina in Rom mit Mussolini zusammen und notiert sich über ihn: „Alles Wille, Kraft, fast Brutalität. Fanatisches Auge, aber keine Liebeskraft darin wie bei Hitler und Ludendorff. Romane und Germane! Wir sprachen hauptsächlich über das alte Rom. Er hat mit Napoleon etwas Ähn-

115 ebd., II 387
116 Nietzsche II 1054
117 LW III 182/183
118 Bayreuther Blätter 1897, 1

119 CH 3, 4, 7, 8, 27
120 Briefwechsel zwischen Houston Stewart Chamberlain und Wilhelm II., in: H. S. Chamberlain, Briefe 1882—1924, München 1928, II, 232
121 Die Sonne, Völkische Wochenschrift, Festnummer für die Bayreuther Festspiele 1924, Köslin i. P. 1924 (siehe Seite 173 ff.), 11
122 CH 387, 388, 393

lichkeit. Famos echte Rasse! So einer lenkt Italien und Bernhardchen lenkt uns! Es ist schon trostlos, wie Deutschland heruntergekommen ist!"[123]. Auch Franz Stassen, der mit Siegfried Wagner befreundete Maler, schreibt darüber in seinen Erinnerungen: „In Italien hatte er damals auch Mussolini aufgesucht und mit ihm gesprochen; der hat ihm einen großartigen Eindruck gemacht, ‚aber dem Hitler seine blauen Augen gefielen ihm doch noch besser'. Von Anfang an war er begeistert für die Bewegung, von der er Deutschlands Erwachen und seine Erneuerung erhoffte. Hitler war Anfang der zwanziger Jahre in Bayreuth, und da wurde ein Freundschaftsbund mit Wahnfried und Chamberlains Haus geschlossen"[124]. Wenn der Bayreuthgetreue Albert von Puttkamer in seinen Erinnerungen über den ersten Bankier Richard Wagners, Kommerzienrat Friedrich von Feustel, 1927 sagt, daß für dessen durch und durch „vornehme Gesinnung das widerliche Treiben des modernsten deutschen demokratisch-republikanischen Parlamentarismus in der Seele zuwider gewesen"[125] wäre, dann kennzeichnet er die allgemeine politische Haltung des „Bayreuther Idealismus" in den zwanziger Jahren, die immer heilssüchtiger wurde. Siegfried und Winifred Wagner machen da erst recht keine Ausnahme, zumal Winifred, als Waisenkind von Karl Klindworth, einem strengen Wagnerianer, adoptiert und zu Wagnerverehrung erzogen, keinen Anlaß sieht, die politischen Meinungen eines Chamberlain, eines Tirpitz, oder eines Ludendorff, die sie als junge Frau in dem ihr zur Heimat gewordenen Wahnfried hört, zu bezweifeln; ihre eigene Sympathie für Hitler kommt lediglich zu den längst bestehenden Wahnfried eigentümlichen Sympathievoraussetzungen dazu. Diese gilt es zu untersuchen, statt, wie Jürgen Syberberg in seinem Film über Winifred hitlerfixiert sich auf sie zu beschränken, als wäre damit irgendjemandem, außer Syberberg und alten Nationalsozialisten, gedient.

Nach seiner Machtergreifung bedient Hitler sich Wagners, als einem seiner geistigen Ziehväter, und Winifred Wagner bedient sich Hitlers, der auch sofort dafür sorgt, daß der *Parsifal* wieder nur in Bayreuth gespielt wird. 1933 verursacht Winifred Wagner mit ihrer Billigung von Hitlers Entschluß, den *Parsifal* neu zu inszenieren, einen Wirbel unter alten Wagnerianern, die sich unter Führung der die Aktivität Winifreds mit unverhohlenem Mißtrauen beobachtenden Schwestern Siegfrieds, Eva Chamberlain und Daniela Thode, und unterstützt von Richard Strauss und dem Schweizer Adolf Zinsstag, zu einer Parsifaleingabe an Hitler entschließen — in Bayreuth sollten zum Beispiel auch die Friseure der Tanten unterschreiben —, die aber keinen Erfolg hat (siehe Seite 211). 1934 wird der *Parsifal* mit Bühnenbildern von Alfred Roller in der Inszenierung von Heinz Tietjen dennoch von Richard Strauss aufgeführt. Hatte Hitler schon in *Mein Kampf*, mit dessen Titel er sich vermutlich an Wagners *Mein Leben* anlehnte, „die idealistische Gesinnung die allerwesentlichste Voraussetzung für ein Kulturvolk"[126] genannt, so wurde er der unbarmherzige politische Vollstrecker des „Bayreuther Idealismus", der zur Ideologie des Nationalsozialismus seinen Teil beigetragen hat und dessen Vertreter notwendigerweise Nationalsozialisten werden mußten (siehe Seite 215, 219, 235, 239). Und der nationalsozialistische Literat Hellmuth Langenbucher nennt 1935 in seinem Buch über Friedrich Lienhard, wohl eine der wirkungsvollsten Zwischenfiguren zwischen Wagner und Hitler, in bewußter Wagnernachfolge nun den Nationalsozialismus „die heutige Form des deutschen Idealismus"[127] (siehe Seite 214). Ähnlicher Ansicht sind die Mitarbeiter der im Juli 1933 erscheinenden nationalsozialistischen Monatszeitschrift „Deutsches Wesen", die den Gesamttitel hat: „Richard Wagner und das neue Deutschland" und in der sich in euphorischer Wagner- und Hitlerverehrung führende und seit Jahren das deutsche Wagnerbild entscheidend mitprägende „Bayreuther Idealisten" versammelt haben (siehe Seite 219). Auch der Münchner Wagnerdirigent Siegmund von Hausegger ist darin mit dem Aufsatz „Richard Wagner als Führer in die Zukunft" vertreten. Darin heißt es am Anfang: „Mit faszinierendem Glanz zwang Richard Wagners Stern die gesamte Welt in seinen Bann ... Da brach aus dem Hinterhalt, längst vorbereitet, jener zersetzende Geist herein, der an die Stelle des lebendigen Gottes den Götzen der Verneinung setzte. Sein Kampf mußte zuerst den Bannerträgern idealistischer Weltanschauung gelten, wie sie Schiller, Beethoven und vor allem Wagner sind. Ihn glaubte man ‚überwinden' zu müssen. ‚Jonny', ‚Mahagonny', ‚Oedipus Rex' waren die ‚Überwinder', Verdi wurde unbefugt zu Hilfe gerufen ... Aber was sich mit widerlichem Geschrei überlaut als Fechterschar einer ‚zeitgemäßen' Kunst gebärdete, es war lediglich ein snobistisch-bolschewistischer Klüngel ... Ein neuer Tag brach an! Der bolschewistische Drache ist durch eine Siegfriedstat getötet. Und herrlicher, größer denn je steht vor unseren staunenden Augen der Genius Richard Wagners als Wegweiser, als Führer in die Zukunft deutscher Kunst"[128]. Dieser Text ist nicht nur denkwürdig deshalb, weil er einen Eindruck von dem Denkhaushalt und den sprachlichen Möglichkeiten eines Wagner-Dirigenten und „Bannerträgers idealistischer Weltanschauung" vermittelt, sondern vor allem, weil sein Autor, Siegmund von Hausegger, zu den Mitunterzeichnern des „Protestes der Richard Wagner-Stadt München" gehört, der am 16. und 17. April 1933 in den „Münchner Neuesten Nachrichten" erschien (siehe Seite 195 ff.). Dieser Protest richtete sich gegen Thomas Manns Rede „Leiden und Größe Richard Wagners", welche dieser zuerst am 10. Februar 1933 in der Münchner Universität und daraufhin in Amsterdam, Brüssel und Paris gehalten hat, und man kann ihn als erschütternde geistige Bankrotterklärung der daran Beteiligten ansehen, von denen ihn einige sogar — wie Richard Strauss, der von Hausegger telephonisch um seine Unterschrift gebeten wurde — gar nicht gelesen haben. Die Unterschrift von dem eher unmusikalischen und unpolitischen Olaf Gulbransson hing wohl zusammen mit der unsicheren Situation, in die Th. Th. Heine ihn gebracht hatte. Dieser hatte als Titelblatt des Simplicissimus am 12. Februar 1933, dem 50. Todestag Wagners, seine Zeichnung mit dem Titel: „Wagner in Walhall. Zur Feier des 50. Todestages hat Wotan seinem lieben Wagner eine Plüschgarnitur geschenkt" veröffentlicht (siehe Seite 210), die zutreffend als Provokation des Wagnerschwärmers Hitler verstanden wurde. Da Heine wegen Sabotierung der „nationalen Regierung" aus der Redaktion ausscheiden sollte und mit seiner Verhaftung rechnen mußte, floh er, nachdem am 1. April 1933 seine letzte Zeichnung erschienen war, über Berlin nach Prag. Von dort aus versuchte er durch die Fälschung eines Datums auf einem Brief, in welchem Gulbransson 1930 im Zusammenhang mit einer Hitlerzeichnung (siehe Seite 209) sich abfällig über Hitler geäußert hatte, Gulbransson in München auch als einen „Saboteur" hinzustellen. Deshalb auch ließ sich Gulbransson von dem glühenden Hitleranhänger Bernhard Bleeker, der 1913 die Wagnerbüste für die Walhalla geschaffen hatte (siehe Seite 131), dazu überreden, den bei einer Akademiesitzung als „Offenen Brief" herumgereichten, von Hans Knappertsbusch verfaßten „Protest der Richard Wagner-Stadt München" zu unterschreiben. Auch der 1. Vorsitzende des „Bayreuther Bundes", der sich 1920 als völkischer Wagnerbund konstituiert hatte, gehört zu den Unterzeichnern. Von tragischer Ironie ist die Tatsache, daß am 17. April gleichzeitig mit der Nachtragliste die Nachricht von der Entlassung Otto Dix' veröffentlicht

[123] Zdenko von Kraft, Der Sohn/Siegfried Wagners Leben und Umwelt, Graz und Stuttgart 1969, 247

[4] Franz Stassen, Erinnerungen an Siegfried Wagner, in: Blätter des Bayreuther Bundes, herausgegeben von Otto Daube, Bayreuth und Detmold 1941, 2. Heft, 15

[125] Albert von Puttkamer, 50 Jahre Bayreuth, Berlin 1927, Schlieffen Verlag, 97

[126] Adolf Hitler, Mein Kampf, München 1939 (489.—493. Auflage) 330; siehe hierzu auch: Gert Kalow, Hitler — das deutsche Trauma, München 1974 (Serie Piper 114), 34 ff.

[127] Hellmuth Langenbucher, Friedrich Lienhard und sein Anteil am Kampf um die deutsche Erneuerung, Hamburg 1935 (siehe Seite 214), 152

[128] Siegmund von Hausegger, Richard Wagner als Führer in die Zukunft, in: Deutsches Wesen, Nationalsozialistische Monatszeitschrift mit Bildern, „Richard Wagner und das neue Deutschland", herausgegeben von Otto Strobel, N. S. Kultur-Verlag Bayreuth, Juliheft 1933 (das einzige erschienene), 3

wird, da dessen Bilder das sittliche Gefühl aufs schwerste verletzen und den Wehrwillen beeinträchtigen würden (siehe Seite 195). Wurde Dix aus seiner Stellung als Lehrer an der staatlichen Akademie der bildenden Künste in Dresden hinausgeworfen, so wurde dorthin als Professor Richard Guhr berufen, auf dessen pseudomystischen Bildern — Der neue Christophorus, Conceptio spiritus, Unio mystica, Der Deutsche Parnaß — die Figur Richard Wagners im Zentrum steht (siehe Seite 182), und dessen im Sommer 1933 errichtetes Wagnerdenkmal bei Dresden Wagner als Hüter des Grals zeigt (siehe Seite 227). Wohin dieses Gralsdenken inzwischen geführt hat und wie die reale und brutale Kehrseite des dürftigen idealisierend-mystifizierenden Wagnerschwärmens eines Guhr aussieht, zeigt eine Passage aus einem Aufsatz über diesen von Adrian Lukas Müller-Dresden aus dem Jahr 1934, in welchem Guhrs „harter Kampf um das Deutschtum“ hervorgehoben wird und ausdrücklich erwähnt wird, daß der Christophorus auf dem Bild „Der neue Christophorus“ die Züge Wagners trage, der hier gezeigt werden soll „als Heraufbeschwörer des Dritten Reiches vor dem Weltenbrande — auf seinen Schultern das Kind, das all die neuen Ideale in die Zukunft tragen soll“. Diese Passage lautet: „Zu lange durfte der verheerende Einfluß der Kokoschka, Dix, Nolde, Hofer, Klee, Schmidt-Rottluff usw. die Seelen der jungen Deutschen Menschen vergiften und dank gewissenloser Direktoren in Deutsche Galerien — in die der reinen, hehren Kunst geweihten Säle einziehen, um hier sein Teufelswerk zu vollenden. Noch immer ist die große Reinigung in der bildenden Kunst nicht vollendet, noch immer versuchen Dämonen, die Deutsche Revolution um ihre geistigen Früchte zu bringen. Noch immer hängen in Dresden in demselben Gebäude, das die Sixtinische Madonna von Raffael birgt, Dix, Hofer, Karl Casper, Nolde und Kokoschka —“ [129]. Der Wagnersche Gralsgedanke der „Reinigung“ endete schließlich in Vertreibung, Verfolgung und Bilder-, Bücher- und Menschenverbrennung, die „reine Kunst“ verlangte ihren Preis. Doch Hitler sorgt für die Verklärung Wagners: am 6. März 1934 legt er den Grundstein zum deutschen Nationaldenkmal Richard Wagners in Leipzig (siehe Seite 223 ff.) und spricht dabei ein „Gelöbnis an Richard Wagner“, in welchem er ganz in dessen Sinne davon spricht, daß die „heutige deutsche Generation . . . aus der ewigen Kraft unseres Volkes“ schöpfen würde und das lautet: „Die heutige deutsche Generation sucht nach jahrzehntelangem Irren, geläutert und erzogen durch grenzenloses Leid, wieder den Weg zu ihren eigenen großen Meistern. Sie will nichts mehr gemein haben mit jener undankbaren Zeit, da man nicht nur symbolisch, sondern auch tatsächlich über den Wunsch und Willen eines der größten Söhne unseres Volkes zur Tagesordnung übergegangen war. Sie schöpft aus der ewigen Kraft unseres Volkes, indem sie wieder zu unseren besten Geistern strebt. So findet sie auch schon im zweiten Jahr der nationalen Erhebung den Weg hierher in diese Stadt, um durch mich als den Kanzler des Reiches am Tage der Grundsteinlegung dieses Denkmals erneut den tiefsten Dank der Nation dem unsterblichen Genius dieses ihres großen Sohnes zu Füßen zu legen. Mit dem wahrhaftigen Gelöbnis, dem Wunsch und Willen des großen Meisters zu entsprechen, seine unvergänglichen Werke in ewiger, lebendiger Schönheit weiter zu pflegen, um so auch die kommenden Generationen unseres Volkes einziehen zu lassen in die Wunderwelt dieses gewaltigen Dichters der Töne, lege ich dessen zum ewigen Zeugnis und zur immerwährenden Mahnung den Grundstein zum deutschen Nationaldenkmal Richard Wagners“ [130]. Das in seiner Rede in bezug auf Wagner geäußerte Wort von der „machtgeschützten Innerlichkeit“ [131] traf den neuralgischen Punkt des „Bayreuther nationalsozialistischen Idealismus“ und das war Thomas Mann nicht zu verzeihen. Zu dem Zeitpunkt des Hitler'schen Gelöbnisses war Theodor Lessing längst ermordet (siehe Seite 107), Carl von Ossietzky ins KZ eingeliefert und Thomas Mann ins Exil gegangen, wo er sich schließlich sogar zu der Erkenntnis durchrang, daß in „Wagners Bramarbasieren, ewigem Perorieren, Allein-reden-Wollen, über alles Mitreden-Wollen eine namenlose Unbescheidenheit, die Hitler vorbildet“ zu finden sei und daß „viel ‚Hitler‘ in Wagner sei“ [132]. Welche realen Konsequenzen der „Protest der Richard Wagner-Stadt München“ hatte, bezeugt ein Antrag des Bayerischen Staatsministeriums des Innern an das Reichsministerium des Innern auf Aberkennung der deutschen Staatsangehörigkeit von Thomas Mann vom 18. Januar 1934. Er ist unterzeichnet von Staatsminister Adolf Wagner, der auch den „Protest“ unterschrieben hatte. Darin heißt es lapidar: „Mann ist rechtzeitig ausgewandert. Zur Zeit hält er sich in Frankreich, Sanary sur mer, Villa Tranquille auf. Dem Vollzug des gegen ihn erlassenen Schutzhaftbefehls vermochte er auf diese Weise zu entgehen. In Frankreich hat sich Mann . . . die Sympathien der deutschfeindlichen Elemente in weitgehendem Maße zu erwerben verstanden.“ Ganz im Stile des „Protestes“ und des „Bayreuther Idealismus“ wird ihm dort vorgeworfen, er sei der „typische intellektuelle Marxist und Pazifist, der durch sein Verhalten gegen die Pflicht zur Treue gegen Reich und Volk seit Jahren verstoßen hat“; — „er glaubte (nach der Novemberrevolution 1918) ein öffentliches Bekenntnis für die Republik und die Demokratie ablegen zu müssen“; er verherrliche, statt „Hüter des Deutschtums, Wahrer deutschen Wesens und Verkünder deutschen Geistes zu sein“ den „marxistischen Zeitgeist“; er habe eine offenkundig marxistische Einstellung, er zeige sich den „Ostjuden“ gegenüber dankbar; er habe, typisch für einen „politisch internationalen Illusionisten“, eine Einladung der Sowjetregierung nicht abgeschlagen; er sei unverkennbar ein großer Freund der Juden; und er sei von „seiner gemäßigten politischen Linksstellung immer mehr zum kommunistischen Radikalismus“ abgerückt [133]. Thomas Manns Radikalismus lag darin, daß er nach dem Mord an Walter Rathenau am 24. Juni 1922, der der letzte Anstoß zu seiner Rede *Von deutscher Republik* war, unbeirrt auf deutsche Innerlichkeit, auf idealistische Deutschtümelei, auf bürgerlich-romantischen Ästhetizismus, und auf die musiktrunkene zukunftsfeindliche „Sympathie mit dem Tode“ als zentrale deutsche Versuchungen und politische Gefahren hingewiesen hatte, und deshalb Demokratie und Sozialismus verteidigte wie sein Bruder Heinrich. In seiner *Rede vor Arbeitern in Wien* am 23. Oktober 1932 hat er sich über den „perfiden und kindischen“ Hauptvorwurf des „Bayreuther Idealismus“, daß der bloße Materialismus inferior und irreligiös sei und des „metaphysischen Sinnes“ ermangele, klar geäußert: „Materialismus — ein kindisches Schreckwort und perfid obendrein! Auf eine scheinbar idealistische Weise soll das menschlich Anständige damit hintangehalten werden — im Namen der Innerlichkeit! Materialismus kann viel geistiger, viel idealistischer und religiöser sein als die innerlichkeitsvolle Vornehmtuerei gegen das Materielle; denn er bedeutet ja gar nicht, wie der Kulturbürger will, das Versunkensein im Materiellen, sondern eben den Willen, es ‚mit Menschlichem zu durchdringen‘ . . . Sozialismus ist nichts anderes als der pflichtmäßige Entschluß, den Kopf nicht mehr vor den dringendsten Anforderungen der Materie, des gesellschaftlichen, kollektiven Lebens in den Sand der metaphysischen Dinge zu stecken, sondern sich auf die Seite derer zu schlagen, die der Erde einen Sinn geben wollen, einen Menschensinn . . .“ [134].

[129] Adrian Lukas Müller-Dresden, Richard Guhr, i : Das Bild, Monatsschrift für das Deutsche Kunstschaffen in Vergangenheit und Gegenwart, herausgegeben von der Hochschule der bildenden Künste Karlsruhe, Heft 1 Januar 1934, 224

[130] Das Programmheft der Bayerischen Staatstheater in München, Nr. 4, 1934, 29

[131] Thomas Mann, Gesammelte Werke, Frankfurt 1974, 419

[132] Thomas Mann, Briefe 1948—1955, Frankfurt 1965, 115; im Lohengrin-Programmheft 1954 wird auf der ersten Seite unter der Überschrift „Ich bin jedesmal helles Entzücken“ die Stelle über den *Tristan* am Schluß dieses Briefes zitiert, jedoch mit keinem Wort darauf hingewiesen, daß diese Stelle in genauem Kontext zu der vorhergehenden scharfen Kritik an Wagner steht, der hier eben ausdrücklich mit Hitler verglichen wird. (Siehe Seite 241)

[133] Paul Egon Hübinger, Thomas Mann, die Universität Bonn und die Zeitgeschichte, München/Wien 1974, 398 ff.

[134] Thomas Mann XI 898, 899

3. Neu-Bayreuth: „Hier gilt's der Kunst"?

Es (das Theater) ist ja nichts Alltägliches, sondern eher etwas Feierliches. Ich gehe nicht regelmäßig in jede Vorstellung, sondern nur in Wagner-Opern. Das ist dann schon fast ein „sakraler Akt".
Leserzuschrift in der „Illustrierten Wochenzeitung", Nr. 11/1976

Neu-Bayreuth ist ein Neuanfang gelungen, der heute angesichts der Verflechtung Bayreuths mit dem Dritten Reich und insbesondere mit Hitler, der große Pläne mit dieser Stadt hatte, und der allgemeinen Verflechtung mit der deutschen Geschichte, Bewunderung abnötigt. Doch konnte dieser Neuanfang nur gelingen durch absolute Ausschaltung der Politik und durch Beschränkung auf die „Werkstatt" Bayreuth. Ins Zentrum der Diskussion rückten Inszenierungsprobleme, die Auseinandersetzungen drehten sich um Werktreue oder „ununterbrochene Neuformung" [135] alles Optischen und Darstellerischen, für die Wieland Wagner sich entschieden hatte. Das Publikum wurde wieder international, die Programmhefte wurden in drei Sprachen gedruckt, es entstand tatsächlich bis heute eine „Weltdiskussion" (siehe Seite 252 ff.) um Bayreuth. Doch ist zweifellos einer der entscheidenden Schlüssel für den Erfolg von Neu-Bayreuth und für das Verständnis dieses Erfolges jener Anschlag bei den ersten Festspielen 1951 „Hier gilt's der Kunst", auf dem die Besucher gebeten werden, „im Interesse einer reibungslosen Durchführung der Festspiele ... von Gesprächen und Debatten politischer Art auf dem Festspielhügel freundlichst absehen zu wollen" (siehe Seite 251). Dieser Anschlag ist aus mehreren Gründen aufschlußreich. Einmal weil er vorgibt, man könne sich bei den Bayreuther Festspielen und bei dem dabei aufgeführten Werk Richard Wagners einzig und allein auf den Aspekt der Kunst beschränken und als sei der „Festspielhügel" ein Gelände außerhalb aller Realität, das heißt tatsächlich ein heiliges Gelände, ein „Erlösungszentrum". Für diese These scheint die immerhin erstaunliche Tatsache zu sprechen, daß in dem 1952 erscheinenden Heft „Weltdiskussion um Bayreuth", das von der „Gesellschaft der Freunde von Bayreuth e. V." herausgegeben wird, ein Foto zu finden ist, auf dem die Begrüßung des Bürgermeisters von Oberammergau durch Wolfgang Wagner zu sehen ist und das durch die Postierung der beiden vor dem offiziellen Festspielschild des Jahres 1951 einen durchaus offiziösen Anstrich hat. Wenn der antisemitische Hofprediger August Stöcker nach der ersten *Parsifal*-Aufführung 1882 schrieb: „Sucht man zu Bayreuth und *Parsifal* eine Parallele, so kann man nur an Oberammergau und das Passionsspiel denken" [136] (siehe Seite 85), so bezeugt diese Bemerkung nicht nur, daß Stöcker befangen in seinem fanatischen Antisemitismus zu gar keinem anderen Urteil gelangen kann, sondern auch, daß er zu genau der *Parsifal*-Auffassung gekommen ist, die Wagner beabsichtigt hat. Stöcker urteilt also als „Bayreuther Idealist". Doch dieselbe Auffassung im Jahre 1951 zumindest zu unterstützen, kann nur heißen, daß man dem *Parsifal* und Bayreuth immer noch irgendeine Art von Erlösungsfunktion oder zumindest religiösen Charakter zubilligt. Zweifellos war auch das Nachkriegspublikum anfällig für Erlösungshoffnungen solcher Art und der enorme Erfolg der Wieland'schen Parsifal-Inszenierung von 1951/52, die nicht zufällig zu *der* repäsentativen Inszenierung von Neu-Bayreuth wurde, scheint das zu bestätigen. Und Wieland selber schrieb am 15. September 1944 an seinen langjährigen musikalischen Lehrer und Mentor Kurt Overhoff: „... Noch gibts aber keinen Grund, Alles verloren zu geben und Konsequenzen zu ziehen, die vorläufig noch nur als Zeichen individueller Schwäche anzusehen sind. Noch besteht Hoffnung, daß der Gral wieder leuchten wird ..." [137]. Auch wenn hier der „Gral" als Metapher für ein besseres Leben zu stehen scheint, ist diese Briefstelle doch auch ein Hinweis darauf, daß der Gralsmythos lebendig und ernstzunehmen ist. Wie ernst dieser Wagner'sche Kunstmythos genommen wird, zeigt außerdem das Signet der „Gesellschaft der Freunde von Bayreuth e. V.", das den Namen dieser 1949 gegründeten Gesellschaft kreisförmig um einen stilisierten Gralsbecher geschrieben zeigt; und die Devise dieser Gesellschaft ist ebenfalls „Hier gilt's der Kunst" (siehe Seite 251). Diese Devise im Zusammenhang mit dem Gralsbecher kann also nur heißen, daß man deshalb „Debatten politischer Art auf dem Festspielhügel" von der Kunst fernhalten möchte, weil diese Kunst eine religiös aufzufassende, eine Erlösungskunst ist und sein soll. Wie muß es zudem um die Kritikfähigkeit und -willigkeit einer sich für christlich haltenden Gesellschaft stehen, wenn sie es seit Jahrzehnten und auch noch im Jahr 1976 zuläßt, billigt und vielleicht sogar gutheißt, daß am Karfreitag in Opernhäusern und im Radio mit schöner Regelmäßigkeit der *Parsifal* gegeben wird, der das raffinierteste und ausgeklügeltste Kunstprodukt der neueren europäischen Kulturgeschichte genannt werden muß und dessen Wirkung von Wagner genau so berechnet wurde, wie sie, aus beschreibbaren Gründen, eingetreten ist. *Parsifal* hat mit dem Karfreitag, nimmt man dessen Bedeutung ernst, nicht das Geringste zu tun, sondern er ist konzipiert auf die Vernichtung des Karfreitag, oder doch zumindest des zu diesem gehörenden Christentums und biblischen Christus hin. Dessen Reinigung und Erlösung „von aller alexandrinisch-judaisch-römisch despotischen Verunstaltung" — um diese Briefstelle noch einmal aufzunehmen — steht gerade hinter der Schlußformel: „Erlösung dem Erlöser." Darin besteht der Erlösungsanspruch, den Wagner durch den *Parsifal* anmeldete und der ihm bis heute von einer unvermindert mythossüchtigen und in keiner Weise gegen kalkulierte Verführung gefeiten Öffentlichkeit abgenommen wird.

Selbst Wieland Wagner nennt das Werk seines Großvaters ein „mythisches Werk, das in die mythosfeindliche moderne Zivilisation der Technik und des Rationalismus eine mythische Gesamtschau der Welt hineinstellen soll" (siehe Seite 258) und nennt die „Ideen des Wagnerschen Werkes zeitlos gültig, da sie ewig menschlich sind" [138]. Doch kann es nicht darum gehen, die „zeitlose Gültigkeit" oder die „mythische Gesamtschau" an Wagners Werk hervorzuheben, sondern die damit verbundenen und davon unablösbaren tatsächlichen „Ideen", die keineswegs „ewig menschlich" sind, sondern genaueste Wirkung in der Zeit hatten und haben sollten. Sich auf den „mythischen" Aspekt des Wagnerschen Werkes beschränken, heißt, den gesellschaftlich-politischen außer acht zu lassen. Es scheint, daß Wieland Wagner mit seiner radikalen Abkehr von einer Vergangenheit, mit der er wegen der privilegisierten Stellung seiner Person und seiner Familie Schuldgefühle verbinden mußte, eine generelle Abkehr von der Politik verband. Der Wunsch nach einem Neuanfang, der sogar eine absolute Trennung von der eigenen Mutter und dem langjährigen Lehrer Kurt Overhoff nach sich zog, wurde streng auf den künstlerischen Bereich beschränkt, in dem er schließlich auch, man könnte sagen aus immer neuer Verdrängungsaktivität, in Zusammenarbeit mit seiner Frau Gertrud zu aufsehenerregenden Leistungen gelangte. So entstand der mit Tiefenpsychologie und Symbolen arbeitende Inszenierungsstil der Mythisierung des „Mythos". Nicht zufällig sind die Programmhefte der ersten Jahre vor allem gefüllt mit Abhandlungen über Fragen des Mythos und der Mythologie, als deren Verfasser sogar wieder alte Mitarbeiter der nationalsozialistischen Monatszeitschrift „Deutsches Wesen" oder nationalsozialistische „Bayreuther Idealisten" zu Wort kommen können. Im *Walküren*-Heft 1953 schreibt Oscar von Pander (siehe Seite 219) über den „Mythischen Urgrund des Gesamtkunstwerks", im *Götterdämmerung*-Heft 1953 der einstmals

[135] Wieland Wagner, Denkmalschutz für Wagner?, in: Richard Wagner und das neue Bayreuth, herausgegeben von Wieland Wagner, München 1962, 235 (siehe Seite 259)
[136] Musikalisches Wochenblatt, 25. J. 1894, 455
[137] Geoffrey Skelton, Wieland Wagner the positive Sceptic, London 1971, 76
[138] Wieland Wagner, Denkmalschutz für Wagner?, in: Richard Wagner und das neue Bayreuth, München 1962, 234, 235

rassistische Nationalsozialist Curt von Westernhagen über die „Auferstehung des Mythos" (siehe Seite 219, 234), zwei Aufsätze, die auch im Jahr 1936 in einem Festspielführer hätten stehen können, und es stellt ein makabres Zusammentreffen dar, daß im *Götterdämmerung*-Heft 1955 sowohl Thomas Mann („Wagner als Mythiker") als auch Curt von Westernhagen vertreten sind, der 1935 im Münchner J. F. Lehmanns Verlag sein Buch *Richard Wagners Kampf gegen seelische Fremdherrschaft* (siehe Seite 234) veröffentlichte. Es fällt auch kaum ins Gewicht, daß Hans Knappertsbusch, der wie Wilhelm Furtwängler als Integrationsfigur der älteren Bayreuth-Besucher engagiert wird, 1933 den „Protest der Richard Wagner-Stadt München" verfaßt hat. Warum mußte im Park vor dem Festspielhaus, das einmal als Wiedergutmachungsstätte für NS-verfolgte Komponisten dienen sollte, eine von der „Gesellschaft der Freunde von Bayreuth" gestiftete Büste Richard Wagners ausgerechnet von dem Hitlerfavoriten Arno Breker aufgestellt werden? Warum muß im Jahre 1976 mit Billigung des SPD-Bürgermeisters von Bayreuth vom Festspielausschuß bei eben diesem Breker auch noch eine Liszt-Büste für 150 000 Mark in Auftrag gegeben werden? Hätte sich, wenn es schon eine Büste zum Lisztjubiläum geben muß, nicht auch ein von Hitler verfolgter oder vertriebener Bildhauer dafür finden lassen? Das sind Details, sie lassen sich nicht verallgemeinern und ihnen können andere Tatsachen entgegengehalten werden wie der offene Brief, den der Begründer des Bayreuther Jugendfestspieltreffens (seit 1950) und Festspielhauspressereferent (seit 1952) Herbert Barth am 14. Januar 1969 gegen den in Bayreuth geplanten Bundesparteitag der rechtsextremistischen NPD veröffentlichte. Aber diese Details weisen darauf hin, wie schwer die Verzahnungen mit der Vergangenheit aufzulösen sind und wie sehr Bayreuth von Wagner und von Wagneranhängern geprägt worden ist und geprägt wird.

Die Devise „Hier gilt's der Kunst" hatte zweifellos auch die Aufgabe, bei den ersten Festspielen diejenigen Wagneranhänger zu neutralisieren, die, wie 1924, geneigt gewesen wären, das Deutschlandlied abzusingen oder nationalistische Parolen zu verbreiten. Der Welterfolg der ersten Festspiele ließ solche Anhänger verstummen. Fanatische Verfechter des Prinzips der Werktreue, die Wagner gegen die Enkel in Fragen der Inszenierungspraxis glaubten verteidigen zu müssen, begannen dafür ihren sektiererischen Kampf gegen Neu-Bayreuth, das durch die beiden Brüder Wolfgang und Wieland ein Begriff wurde. Der Wille zu künstlerischer Progressivität war unverkennbar und nicht zuletzt mit der Hilfe von Ernst Bloch und Hans Mayer, die zum Freundeskreis Wieland Wagners gehörten und auch heute noch Bayreuth nahestehen, wurde die ideologische Entrümpelung in Angriff genommen, zu der vor allem auch Adornos 1952 erschienenes Buch über Wagner beitrug (siehe Seite 255, 256). Doch wenn diese Entrümpelung vorwiegend dem Inszenierungsballast, dem Aufführungsstil und einer starr gewordenen Werktreue galt, so kann doch nicht übersehen werden, daß Wieland Wagner in seiner *Meistersinger*-Inszenierung 1956 sich durchaus gegen „penetrante Deutschtümelei, das Protzentum, die nationale Großtuerei" wenden wollte und daß er im Zusammenhang mit seiner zweiten *Ring*-Inszenierung 1965 im Gegensatz zu seiner „statuarischen, archetypischen Inszenierung des Jahres 1951" (Antoine Goléa) Alberich einen „blutigen Faschisten" nennt, der „aus Nibelheim das erste Konzentrationslager macht", Mime den Anspruch auf Weltherrschaft zuspricht, und Wotan als „schuldbeladenen, weil machtgierigen Politiker", als die „Verkörperung des Willens zur Macht" und gar als einen „vorsintflutlichen Hitler" bezeichnet. Wotan ist für Wieland Wagner „jedenfalls der Hauptschuldige an dem Ganzen" und auf die Feststellung seines Gesprächspartners Antoine Goléa, der diese Äußerungen festgehalten hat: „Sie sind Wotan wahrhaftig nicht sehr geneigt", antwortet er: „Sagen wir lieber: Richard Wagner ist Wotan nicht geneigt"[139]. Doch auf den entscheidenden Punkt kommt Wieland Wagner nicht zu sprechen, daß nämlich Richard Wagner sich in Wotan selbst dargestellt hat und der von Wieland angesprochene Haß auf diesen Selbsthaß war. Hier wäre die Chance gewesen, von Wagner und Hitler, von ihrem gemeinsamen „Willen zur Macht" und ihrem gemeinsamen Selbstvernichtungswillen und damit von Wagners politischer Wirkung zu sprechen. Doch stattdessen bleibt Wagner von jeder Berührung und Verbindung mit solchen Gedankengängen verschont und als das verehrungswürdige Genie erhalten. Der Versuch, den Grund für eine solche „Verdrängung" zu bestimmen wird noch schwieriger, wenn man sich vor Augen hält, daß Wieland sich über die Schonungslosigkeit und, was seine Pläne anbetrifft, kalt-egoistische, berechnende Rücksichtslosigkeit seines Großvaters durchaus im klaren war. Davon zeugt seine Bemerkung: „Er mußte seinen eigenen Weg gehen. Dieser ging oft über Leichname, eigentliche und symbolische. Er durfte nur seinem Werke leben"[140]. Das Grundmuster dieser Bemerkung führt auf Richard Wagners Äußerung über den dreißigjährigen Krieg zurück: „Das Volk war vernichtet, aber der deutsche Geist hatte bestanden", das heißt in diesem Fall, da Richard Wagner nur „seinem Werke leben (durfte)", konnten „Leichname" nicht ins Gewicht fallen. Gerade eine heutige Interpretation sollte aber darauf verzichten, nur die „reine Größe" und nur die Werke Wagners vor Augen zu haben, sie wird nicht darum herumkommen, sich auch um die „Leichname" zu kümmern. Von jeweilig verschiedenen Ausgangspunkten haben die neueren Inszenierungen in Frankfurt, Kassel, Leipzig und München damit ernst gemacht, die politische Dimension des Wagner'schen Werkes in die Inszenierung miteinzubeziehen (siehe Seite 260 ff.). Zu dem Kassler *Ring* schreibt der dortige Chefdramaturg Hans Joachim Schäfer: „Für unseren Ansatz war es wichtig, auch die ‚Germanenideologie'-Folgen zu zeigen, also die Rezeptionsgeschichte seit 1876, vor allem seit 1933. Daher in der *Götterdämmerung* Siegfried in einer Art Amtsleiteruniform, korrumpiert durch die ‚Macht' am Rhein. Zu den Bauten: Reichskanzlei-Anspielung (siehe Seite 267). Chöre: mit ‚Heil'-Haltung, Hagens Schutzstaffel, die Siegfried umbringt und im ‚Staatsbegräbnis' zu Grabe trägt, das alles sind Anspielungen auf die NS-Zeit. Entsprechend heftig haben Teile des Premierenpublikums gegen die ‚Verschandelung' Wagners protestiert"[141]. Doch Proteste des Premierenpublikums gab es auch in Bayreuth: hatte Wieland mit seiner *Meistersinger*-Inszenierung 1956 durch seine bewußte Entdeutschungsabsicht heftige Proteste verursacht, so führte die *Tannhäuser*-Inszenierung des von Wolfgang Wagner eingeladenen DDR-Regisseurs Götz Friedrich 1972 zu einem regelrechten Proteststurm, der offenbarte, daß die Denkkategorien des „Bayreuther Idealismus" von Einzelnen noch immer intolerant und rabiat verteidigt werden (siehe Seite 261 bis 263). Diese heftigen Publikumsproteste machen eines deutlich: es ist nicht die Festspielleitung, die wagnerorthodox künstlerische Experimente und Kritik von Bayreuth fernhalten möchte, sondern das orthodoxe Publikum, vor allem das Premierenpublikum, und wagnergläubige Kritiker wollen sich ihren Wagner nicht „verschandeln" lassen. Wieland war selber ein wenn auch werkimmanenter Experimentator, der alte Traditionen ablehnte und keine neuen schaffen wollte, er holte auch im Jahr 1961 die schwarze Sängerin Grace Bumbry für die Rolle der *Tannhäuser*-Venus, Wolfgang öffnete das Haus für August Everding und Götz Friedrich, und dank Herbert Barth gab es eine weltoffene Pressepolitik. Diese war so großzügig und unkonventionell, daß im *Parsifal*-Programmheft 1958 die wichtigsten „Zeit"-Kritiken gegen Neu-Bayreuth von Johannes Jacobi veröffentlicht wurden.

Doch dieses Programmheft ist nicht nur deshalb von besonderem Interesse, es dokumentiert, betrachtet man auch die anderen Aufsätze, die aufschlußreiche Tatsache, daß die Ausschaltung der politischen Dimension fast notwendigerweise den Aspekt des Kultes, der Erlösung und des Glaubens mehr in den Mittel-

[139] Antoine Goléa, Gespräche mit Wieland Wagner, Salzburg 1967, 78 ff.

[140] Goléa 141

[141] H. J. Schäfer in einem Brief an den Vf. vom 17. März 1976

punkt rückt. Finden sich in dem Aufsatz von Antoine Goléa „Revolution in Frankreich / Neu-Bayreuth in Lyon" Formulierungen wie „nach Bayreuth pilgern", das „Wagnersche Mekka" oder der „durch nichts einzuschüchternde Wagnerkult in Frankreich", dann kann man sie noch als liebenswürdige Zugeständnisse eines Franzosen an den allgemeinen Wagnerianer-Sprachgebrauch ansehen. Anders steht es schon mit dem Aufsatz von Anton Orel „Der blinde Seher / Richard Wagner in katholischer Sicht", in welchem gleich am Anfang „‚Der deutsche Prophet' Richard Wagner ... als wahrhaft gottgesandter, wenngleich der vollen Tiefe seiner hehren Sendung unbewußter Künder ewiger Wahrheit" vorgestellt wird, und den Christusbilder von Emil Nolde, von einem Sieneser des 14. Jahrhunderts, von Mathias Grünewald und das Bild eines Homer-Kopfes begleiten. In diesem Aufsatz ist nun das ganze zum Teil auf Wagner selber zurückgehende und in jahrzehntelanger Verklärungsarbeit zusammengekommene Mythisierungsvokabular versammelt: er selbst fühlte sein „Prophetentum"; er sprach und schrieb „in dunkler Ahnung seiner Sendung"; Wagners Kunstschaffen ist „durch und durch religiös"; sein Lebenswerk „schöpft allein aus dem Mythos"; er folgt ganz den „Notwendigkeiten der Inspiration"; er wurde von dem „unabänderlich gegebenen Wesen der durch ihn sich offenbarenden Wahrheit als eigenwilliger Mensch unerkannt und unbewußt bezwungen ..., im ‚rasenden' Schaffen heiliger Begeisterung Werke zu vollbringen, in denen sein Prophetentum wider Erkenntnis und Willen wunderbar strahlend sich für uns enthüllt"; „die Kunst ... erschließt nur, wie uns am Werk des deutschen Propheten klar wird, jenseits des engen Rationalen, Verstandesmäßigen die Glaubensquellen, die aus Gott entspringen und fließen, um die Seelen zu heilen, zu retten ...". Die einzelnen Werke werden darin religiös gedeutet und beim *Rheingold* taucht selbstverständlich der Wagnersche Begriff vom „todbringenden Mammonismus" auf. Und am Schluß wird ausgerechnet der völkische für die Ausrottung aller assimilierten Juden eintretende wilhelminische Deutschtumsapostel Julius Langbehn als Autorität zitiert, der in seinem Buch *Rembrandt als Erzieher* (1890) wie Wagner die These vom arischen Christus vertritt. Orels „Deutung" erschien 1936 zum ersten Mal in seinem auf zwölf Bände angelegten Werk: „Der deutsche Prophet / Richard Wagners sybillinisches Lebenswerk von Fall und Erlösung des Menschengeschlechtes." Drei Titel seien hier angeführt: „Lohengrin / Der Irrtum des Rationalismus / Der weltgeschichtliche Konflikt des Unglaubens mit dem Glauben / Nach Johannes Evangelist Zacherls Schau gedeutet von August Orel"; „Tannhäuser / Die Prophetie der wahren Liebe und der Gnade ..."; „Der Ring des Nibelungen / Die Tragödie des optimistischen Naturalismus / Vorspiel: Das Rheingold / Der Fall in Naturalismus und Mammonismus ...".

Doch eingeleitet wird das *Parsifal*-Programmheft 1958 mit einer Würdigung von Hans Knappertsbusch aus der Feder von Wieland Wagner, ebenfalls begleitet von vier ganzseitigen Großaufnahmen des Dirigenten, der als „aristokratisch, idealistisch, selbstbewußt und demütig zugleich" geschildert wird. Hier interessiert aber besonders eine Bemerkung über sein „Geheimnis": „Sein Geheimnis ist sein zweifelsfreier, unbedingter Glaube an das Werk: Diesen Glauben überträgt er magisch auf Musiker und Zuhörer gleichermaßen und schafft so eine Gemeinschaft der Gläubigen ...". Setzt man die Äußerung hinzu daß „sein Leben Dienst an der Musik und Hingabe an die großen Meister der Vergangenheit (ist)" [142], dann hat Wieland einmal eine genaue Typologie des traditionellen Bayreuther Wagnerdirigenten geliefert, und zum zweiten durch die Tatsache, daß er es ist, der sich so äußert — die Unverzichtbarkeit dieser Typologie für Bayreuth zum Ausdruck gebracht, die durch Richard Wagner völlig vorgezeichnet worden ist. Gleichzeitig bewegt Wieland Wagner sich hier auf der Sprachebene des „Bayreuther Idealismus", für den „Dienst", „unbedingter Glaube an das Werk", „magisch", „Geheimnis", „zweifelsfrei", „Gemeinschaft der Gläubigen" Lieblingsworte waren. Die reale Kehrseite dieser Worte kann in dem „Protest der Richard Wagner-Stadt München" gesehen werden, den Knappertsbusch, der wenig später unter den Nationalsozialisten zu leiden hatte und nach Wien ging, 1933 verfaßt hat.

Wurden 1951 Bayreuth und Oberammergau auf jenem offiziellen Foto erneut in Zusammenhang gebracht und bejaht Wieland Wagner hier 1958 die durch den Dirigenten und dessen „Glauben an das Werk" geschaffene „Gemeinschaft der Gläubigen", so hat er sich doch allmählich von dieser Selbstverstrickung in dieses religiöse Bayreuth-Verständnis befreit. In seinen Gesprächen mit Antoine Goléa gibt er 1966, kurz vor seinem Tod, entscheidende Hinweise darauf, daß die Schwierigkeiten Bayreuths darin liegen, daß das Publikum eine „Gemeinschaft der Gläubigen" sein will. Dort macht er die auffallende Bemerkung: „Die Wahrheit ist, daß Wagner im *Parsifal* zum Konstrukteur geworden ist. Das ganze Werk ist im Grunde vom ersten Thema abgeleitet und sehr scharf strukturiert ... *Parsifal* ist ein Theaterstück und kein kirchlicher Gottesdienst." Und nun sagt er über das Publikum: „Für das Publikum jedoch bleibt *Parsifal* ein christliches Mysterium. Daher die Andacht, daher das Nicht-Applaudieren am Schluß. Man kann dagegen nicht ankämpfen, es wäre ein Kampf gegen Windmühlenflügel ... Das ist die Bayreuther Atmosphäre, gegen die im Grunde nicht anzukämpfen ist ..." [143]. Mit „ankämpfen" wird tatsächlich nichts auszurichten sein, sondern mit geduldiger Analyse und Information. Analyse der Entstehung der Wagnerschen Werke, Analyse der überanstrengten Selbstmythisierung Wagners und seiner bewußten Absicht, als ein „Erlöser" ein „Erlösungswerk" zu schaffen, Analyse der Konstruktionsprinzipien Wagners und Information über die Wirkungsgeschichte, die politisch-gesellschaftlichen Verzahnungen und Verflechtungen des Wagner'schen Werkes und dessen Anhänger und über die nationalistische Verwertung und Ausbeutung. Ein Psychogramm und eine Soziologie des Bayreuther Publikums würde darüber Aufschluß geben, welche psychischen, erotischen und gesellschaftlichen Bedingungen „bayreuthanfällig" machen, welche Rolle dabei die Momente des Geheimnisses, des mystischen Abgrunds, der Verdunkelung spielen, und warum der Bayreuthbesucher bis heute lieber von „Kunst" als von „Politik" spricht. Warum wählt die Vorsitzende des „Richard Wagner-Verbandes" als Motto für ihre Grußworte im Jahresbericht 1950 und 1951 nicht Worte von Kafka oder Musil, sondern ausgerechnet von dem Nazinutznießer Kolbenheyer? Warum ist in diesen Jahresberichten noch der sechziger und siebziger Jahre ganz im Sinne der Wagners „Gefühlsverständnis" nachgebildeten Kolbenheyer'schen „Gefühlserkenntnis" (siehe Seite 250) ausschließlich die Rede von dem „Bayreuth-Erlebnis" (1967) und wieder dem „gewaltigen Erlebnis Bayreuths" (1973) und warum finden sich gerade dort diese Formulierungen: „Der Glaube an den unbedingten Sinn der Kunst scheint mir danach für alle an der Sache des Verbandes Interessierten notwendig zu sein" oder: „... Wer hätte nicht an sich selbst empfunden, wie Musik uns in eine andere Welt versetzt, wie Schweres abfällt, wie Glück noch glücklicher wird. Wer von uns hat nicht die Kraft der Musik Richard Wagners verspürt, die uns ganz gefangen

142 *Parsifal*-Programmheft Bayreuth 1958, 3 ff.
Zwei Äußerungen von dem Wagnerdirigenten Felix Mottl noch vor der Jahrhundertwende weisen auf die Dienst-Tradition hin, in der Knappertsbusch steht. 1892 schreibt Mottl an Cosima: „Wie oft habe ich nicht das Gefühl gehabt, welches Sie beim Anblick des Festspielhauses neulich ergriff: Bist du würdig hier schaffen zu dürfen! Und die Gnade, die aus diesen Hallen spricht, hat mir dann die Reinheit geschenkt, die mir den Mut stärkte! Wie überhaupt aus allen diesen göttlichen Werken die Gnade zu uns spricht!" Und kurz vor seinem Debüt als Festspieldirigent versicherte Mottl Cosima: „Es ist selbstverständlich, daß ich in Bayreuth ganz und gar meine Kräfte und Fähigkeiten in den Dienst unserer grossen Sache stellen werde! Verfügen Sie vollständig über mich; ich bin ebenso bereit den *Tristan* zu leiten, wie das Öffnen und Schließen des Vorhangs zu überwachen. Überhaupt dächte ich, daß wir, die wir der Ehre teilhaftig sein sollen, das Bayreuther Werk weiter zu führen, nur den Worten Kundrys ‚Dienen, Dienen!' zu folgen haben!" (Egon Voss, Dirigenten der Bayreuther Festspiele, Regensburg 1976, 29)

143 Goléa 21, 23

nimmt?"[144]. Das ist immer noch die Sektensprache verzückter „Bayreuther Idealisten" wie Hans von Wolzogen, der schon 1914 Bayreuth zum „Asyl, Fluchtort, (zur) Kraft-Station des Geistes jener Innenwelt, die wir mit Idealismus kurz bezeichnen wollen" verklärt hat[145] (siehe Seite 128).

Die Devise „Hier gilt's der Kunst", die 1951 noch als Schutzformel dienlich gewesen sein mochte und die insgeheim nichts anderes bedeutet als das versteckte Eingeständnis, daß gerade in Bayreuth „Gespräche und Debatten politischer Art" notwendig wären, ist unhaltbar und auch unverwirklichbar. Auch muß bezweifelt werden, ob sie überhaupt je wünschbar ist. Auf das Werk Wagners ist sie jedenfalls unanwendbar. Denn gerade weil *er* die absolute Trennung von der Realität vollzogen und sich „ganz künstlich, wie ein tropisches Gewächs im Wintergarten ... gegen die Atmosphäre der Wirklichkeit"[146] abgeschlossen hatte, muß ein Wagnerverständnis nach 1945 nach den politischen Implikationen einer solchen Trennung fragen und deren Spuren im Werk selber aufsuchen. Anders gesagt, bedeutet die Bejahung dieser Devise auch die Bejahung von Wagners diktatorialem Erlösungsanspruch, der ihm als einziger Zugang zur Realität übrig blieb, und damit die Zementierung der „Gemeinschaft der Gläubigen", die wollen, daß ihr „Glück" durch die „Kraft der Musik Richard Wagners" noch glücklicher wird. Wenn eines Tages die Wielandsche Erkenntnis, daß der *Parsifal* kein „kirchlicher Gottesdienst", sondern ein Theaterstück ist, das konstruiert wurde, vom Bayreuther Publikum anerkannt werden sollte, wird der Festspielhügel seinen „mystischen" Reiz verloren haben, und es werden sich keine Spitzensportler, -politiker und andere Spitzenmenschen mehr einfinden, die den Erlösungsanspruch Wagners für ihre eigenen Erlösungsangebote und ihren eigenen Mythos zu nutzen suchen. Wenn die „mythischen" Deckhüllen allmählich abgetragen werden, wird *Parsifal* nicht nur als ein Theaterstück, sondern als ein Tendenzstück für das Theater erkennbar werden, mit dem Wagner sein antisemitisches Glaubensbekenntnis abgelegt hat und das jahrzehntelang zur Bestätigung und Bekräftigung antisemitischer Vorurteile diente. Der reiche Bürger „pilgerte" zumindest bis 1939 deshalb nach Bayreuth, um sich insgeheim in musikalisch-dumpfem Genuß sein christlich-germanisches Herrenmenschentum vorführen und bestätigen zu lassen und darin bestand sein „Glück" und sein „Bayreuth-Erlebnis". Und spricht Cosima von „Deutschtum", „Gralsritterschaft", oder von der kommenden „Bayreuther Freimaurerei", dann geht es ihr um diese Tendenz; es war daher von begründeter und genauer Konsequenz, daß die Aufnahme Wagners in die Bayreuther Freimaurerloge durch Ballotage verhindert wurde. Ein Verehrer des *Parsifal* des Jahres 1976 wird das alles nicht wissen wollen, wer es aber wissen will, wird aufhören, *Parsifal* und Wagner und dessen Musik zu *verehren*, er ist verdorben für „Erlösung" und „Bayreuth-Erlebnis", aber er hat Einsicht genommen in den „Katastrophenweg der deutschen Geschichte" (Fritz Helling) und an die Stelle der bloßen Verehrung tritt die Betroffenheit, die ein neues Wagnerverständnis möglich macht. Dennoch wird Nietzsches Wort seine Wahrheit nicht verlieren: „Die Deutschen haben sich einen Wagner zurecht gemacht, den sie verehren können: sie waren noch nie Psychologen, sie sind damit dankbar, daß sie mißverstehn. Aber daß man sich auch in Paris über Wagner betrügt! ..."[147]. Doch auch wenn Jean Améry mit Recht befürchtet, daß die „Zeit der Rehabilitation des schlimmen alten Irrationalismus und Faschismus" angebrochen ist und in diesem Zusammenhang auch ausdrücklich auf Frankreich hinweist und betont, „daß Lévi-Strauss ein rabiater Wagnerianer ist"[148], so gibt es doch auch Franzosen, die sich nicht über Wagner betrügen. Eine der schonungslosesten Analysen Wagners, historisch und psychologisch gleichermaßen genau und fundiert, hat 1975 Pierre Boulez veröffentlicht[149], der 1966 zum ersten Mal in Bayreuth den *Parsifal* dirigierte. Er dirigiert 1976 den Jubiläums-*Ring*, der ebenfalls von einem Franzosen, Patrice Chéreau, inszeniert wird. Vielleicht gelingt zwei Franzosen in Bayreuth, was bisher nur außerhalb Bayreuths in Angriff genommen wurde: das Publikum betroffen zu machen. Das Wagner-Syndrom gehört zur deutschen Geschichte und es eröffnen sich für die entstehende Bayreuther Universität, das „Internationale Jugend-Kulturzentrum Bayreuth", die „Richard Wagner-Gedenkstätte", das „Richard Wagner-Archiv", für die „Richard Wagner-Stiftung Bayreuth", und für die Festspielleitung neue Betätigungs- und Forschungsgebiete. Neu-Bayreuth würde durch den Anschlag sich ankündigen: „Hier gilt's der Verschränkung von Kunst und Politik im Werke Wagners. Im Interesse einer reibungsvollen Durchführung der Festspiele bitten wir freundlichst auf Gespräche und Debatten politischer Art auf dem Festspielhügel nicht verzichten zu wollen."

144 Jahresbericht des „Richard Wagner-Verbandes e. V." 1966/1974. Im Jahresbericht 1973 umreißt die Bundesvorsitzende Mercedes Bahlsen die Tätigkeit des Richard Wagner-Verbandes: „Der Richard Wagner-Verband leistet seine Arbeit für die Stipendienstiftung. Das heißt: *unbemittelten* jungen Menschen wird das gewaltige Erlebnis Bayreuths zuteil. ... Wir haben dann die Freude, jungen Menschen Richard Wagner nahegebracht zu haben." Seit 1949 haben die Wagner-Verbände über 700 000 Mark aufgebracht, um seit 1951 bis 1975 5150 unbemittelten Stipendiaten den Besuch der Bayreuther Festspiele zu ermöglichen. Allerdings ist zu fragen, ob nicht die Bayreuth-Erlebnis-Ideologie eher verhindert als fördert „jungen Menschen Richard Wagner" nahezubringen. Wie die Stipendienstiftung hatte Wagner auch das Bayreuth-Erlebnis absichtsvoll kalkuliert, da auf diese Weise blinde mit bloßer Begeisterung und Verehrung sich zufriedengebende Wagnerianer am leichtesten zur fabrizieren waren. Der Weg zu kritischer Distanz wird allein durch die materielle Abhängigkeit versperrt oder doch erschwert.

145 Hans vom Wolzogen, Nach 1913, Bayreuther Blätter 1914, 3, 4

146 Braunes Buch 44

147 Nietzsche III 912

148 Frankfurter Rundschau 10. April 1976, Seite III

149 Pierre Boulez, Prophet, Genie oder Diener der Gesellschaft, Divergenzen im Wesen und Werk Richard Wagners, FAZ 14. Juni 75; wiederabgedruckt als Vorwort zu der Dok., siehe Anmerkung 14

Die durch das vorliegende Buch angeregten interdisziplinären Forschungsarbeiten haben durch Einbeziehung der Cosima-Wagner-Tagebücher und anderer alter und neuer Quellen zu folgenden weiteren Veröffentlichungen geführt:

1. Die ,,feuerkur'' des Richard Wagner oder die ,,neue religion'' der ,,Erlösung'' durch ,,Vernichtung'' (Musikkonzepte 5, 1978)
2. Der ,,Plenipotentarius des Untergangs'' oder der Herrschaftsanspruch der antisemitischen Kunstreligion des selbsternannten Bayreuther Erlösers Richard Wagner. Anmerkungen zu Cosima Wagners Tagebüchern 1869 bis 1883 (Neohelicon IX, 1, Budapest—Amsterdam 1982; geschrieben im Frühjahr 1979.
3. Richard Wagners ,,Kunst- und Weltanschauung'' und ihre Kritik in zeitgenössischen Karikaturen (In: Karikaturen, her. von Klaus Herding und Gunter Otto, Gießen 1980)
4. Richard Wagners ,,Kunstwerk der Zukunft'' und seine Idee der Vernichtung (in: Geschichtsprophetien im 19. und 20. Jahrhundert, her. von Joachim H. Knoll und Julius H. Schoeps, Burgverlag Stuttgart—Bonn, 1983)

München, 23. Juli 1976 H. Z.

Quellenverzeichnis

Quellen, die aus den Dokumenten selber, aus Bildunterschriften oder aus den Kommentar- und Zwischentexten bereits erschließbar sind, werden nicht erneut genannt.

Seite Wahnfried-Postkarte auf dem Umschlag: Richard Wagner-Gedenkstätte der Stadt Bayreuth (Aufnahme Stefan Moses)
Liebig's Fleischextract-Bilderserien mit *Parsifal-* und *Meistersinger*-Motiven auf Umschlag- und Vorsatzseiten: Privatbesitz München

2 Zeichnung Kaiser Wilhelms II. gegenüber dem Innentitel: Privatbesitz Berlin

4 Olaf Gulbransson, Höher geht's nimmer: Simplicissimus 18. Jahrgang, Nr. 11, 9. Juni 1913

23 Don Richard Juan Lohentrist: Eduard Fuchs/Ernst Kreowski, Richard Wagner in der Karikatur, Berlin 1907 (= Kar.), 48

24/25 Leitmotive: Erinnerungen an die Festspiele in Bayreuth 1876—1901, Lithographische Anstalt von C. G. Röder Leipzig

28 Rezension Gustav Freytags: Wagner, Dokumentarbiographie, herausgegeben von Herbert Barth, Dietrich Mack und Egon Voss, Vorwort von Pierre Boulez, Universal Edition Wien 1975 (= Dok.), 217/218 (verwendet mit freundlicher Genehmigung des Verlages)
Levi-Brief: *Parsifal*-Programmheft Bayreuth 1969, 9

29 Tagebucheintrag, *Kaiserlied, Dem Deutschen Heer:* Richard Wagner, Das Braune Buch. Tagebuchaufzeichnungen 1865 bis 1882, herausgegeben von Joachim Bergfeld, Atlantis Verlag Zürich 1975 (= Braunes Buch), 85/86, 222—224

30 Bismarck-Brief, Kaisermarsch: Dok. 218/219 und Bildtafel 183
Zeichnung: John Grand-Carteret, Wagner en Caricatures, Paris 1891 (=Car.), 18

31 Pickelhaubenkarikaturen: Car. 33, 219, 76, 95, und Kar. 64 (rechts unten)

32 Wagners Gottwerdung: Kar. 190, 131 (Text); Wagner und Wilhelm I.: Car. 151, 156

33 Marx-Briefe: Marx/Engels, Werke, Dietz Verlag Berlin (Ost) 1966, XXXIV, 23, 193
Patron-Gedicht: Beilage zum Figaro Nr. 34, 1876 (Theatermuseum München)

34 Tagebucheinträge Wagners: Braunes Buch 42—44, 97/98
Foto Ludwigs II.: Praktischer Wegweiser für Bayreuther Festspielbesucher 1908, 219

35 Zeichnung und Unterschriften: Bayreuth 1969. Rückblick und Vorschau auf die Richard-Wagner-Festspiele, 9 und 2. Umschlagseite

36 Patronat-Schein 1872 und Aufruf: Theatermuseum München
Patronatsschein 1922: Offizieller Bayreuther Festspielführer 1924, 32

39 Deutsche Schrift: Bayreuther Blätter 1918, I/III, 73

45 Karikatur: Kar. 117

46 Wagner-Brief: Die Welt, 14. 12. 1975

47/48 Goering: 145—150

50/51 Texte: Marbacher Ausstellungskatalog „Jugend in Wien. Literatur um 1900" 1974, herausgegeben von Werner Volke und Ludwig Greve, 67—71
Büste: Bayreuther Festblätter 1884 (siehe Seite 58), 32
Ankunft der Leiche: Walter Panofsky, Wagner — eine Bildbiographie, München 1963, 126

52/53 Gedichte von Wildenbruch und Dahn und Zeichnung von Fantin-Latour: Bayreuther Festblätter 1884, 36, 31, 46
Gedicht von Tappert: Zeitschrift „Parsifal" (siehe Seite 55), 1. Jahrgang, Nr. 7, Wien 15. Mai 1884

54 Gedicht von Heinrich von Stein und Zeichnung von Spiess: Bayreuther Festblätter 1884, 30

66 Jodl-Briefe: Margarete Jodl, Friedrich Jodl. Sein Leben und Wirken dargestellt nach Tagebüchern und Briefen, Stuttgart und Berlin 1920, 308—311

67/68 Nietzsche-Texte: Friedrich Nietzsche, Der Fall Wagner/Nietzsche contra Wagner, Leipzig 1908, 20—22, 38—40, 46/47, 78/79

69 Nietzsche-Brief: Friedrich Nietzsche, Briefe an Peter Gast, Leipzig 1924, 265—267; Gedichte: Friedrich Nietzsche, Gedichte und Sprüche, Leipzig 1922, 115/116

72/74 (Pernerstorfer): Deutsche Worte . . ., Wien, Jahrgang 11, 1891, 167/168, 182—189

75 Drei Kapitel: A. Ritter, Bayreuther Blätter 1890, XII, 380

75/76 Briefe: Briefwechsel zwischen Cosima Wagner und Fürst Ernst zu Hohenlohe-Langenburg, Stuttgart Cotta Verlag 1937 (= CH), 2—6, 64—66

78 Thoma: Bayreuther Festspielführer 1924, Bildertafel 24

80 Klinger: Bayreuther Festblätter 1884, 27

81 George-Foto: Robert Boehringer, Mein Bild von Stefan George, München und Düsseldorf Helmut Küpper vormals Georg Bondi Verlag 1951, Bildtafel 45
Wagner-Bild:Dok., Bildtafel 184

82/83 George-Gedichte: Stefan George, Werke in zwei Bänden, München und Düsseldorf Helmut Küpper vormals Georg Bondi Verlag 1958, I, 45—47

83 Fidus: Frecot/Geist/Kerbs, Fidus 1868—1948. Zur ästhetischen Praxis bürgerlicher Fluchtbewegungen, Rogner & Bernhard Verlag München 1972 (= Fidus-Buch), 420
Cosima-Brief: CH 80

84/85 Stöcker: Musikalisches Wochenblatt, 25. Jahrgang 1894, 454/455
Parsifaldarsteller: Eduard Klampfl, Richard Wagners „Parsifal" und seine Bayreuther Darsteller, Wien 1908
Gral: Praktisches Handbuch für Festspielbesucher, Leipzig/Baden-Baden 1894, 148
Richard-Wagner-Briefpapier: Zeitschrift „Parsifal", 1. Jahrgang, Nr. 10, 1. Juli 1884, 4

86 Sgraffito: Dok., Bildtafel 196
Thoma-Bilder: Offizieller Bayreuther Festspielführer 1924, Bildtafel 25 und 26

87 Titelblätter: Richard Wagner-Gesamtausgabe München
Runenstab: Kurt Dingelstedt, Eine Zeichnung Gottfried Sempers, Zeitschrift des deutschen Vereins für Kunstwissenschaft, Band 10, Heft 3/4, Berlin 1943, 287

88 Bismarck: Bayreuther Blätter 1898, X/XI, 281

90 Apotheose: Car. 147

91 Festblatt: Praktischer Wegweiser für Bayreuther Festspielbesucher 1908, 87

92 Saint-Saëns: Die Musik, Berlin und Leipzig, 1. Februarheft 1902, 751—753

93/96 Friedrich Naumann, Gestalten und Gestalter. Lebensgeschichtliche Bilder, her. von Theodor Heuß, Berlin und Leipzig 1919, 138—150

96 Mey: Wartburgstimmen, 1. Jahrgang, 7. Heft, Juli 1903

97 Text: Zeitschrift „Richard Wagner", 1. Jahrgang, Wien 1. 9. 1909, Nr. 23, 517
Anton von Werner-Gemälde: Postkarte, Privatbesitz München

98/99 Fotos: nach Aufnahmen von Gunhild und Lutz Anders, Berlin

100 Text: Wartburgstimmen, 1. Jahrgang, 8. Heft, August 1903
Gedicht: Praktischer Wegweiser für Bayreuther Festspielbesucher 1908, 188

101 Weininger: 466/467

102/103 Weininger: 85—92

104/105 Rudolf Kassner, Die Moral der Musik, München 1905, 204—211; Neudruck in: Rudolf Kassner, Sämtliche Werke, Neske Verlag Pfullingen 1969, I, 491 ff.
Redon: Parsifalprogrammheft Bayreuth 1952, 3

106 Tageschronik: Die Musik, 5. Wagnerheft, 4. Jahrgang, Heft 10, 276/277
Programm: Fidus-Buch 114
Fiduszeichnung: Die Musik, 2. Jahrgang, Heft 16, 1903

110 Verlobung: Richard Wagner, 1. Jahrgang, Wien 1. Januar 1909, Nr. 7, 158; Cosimas Töchter: ibid. 159; Vermählung: ibid., 1. Februar 1909, Nr. 9, 206; Prinz Georg: ibid., 15. Juli 1909, Nr. 20, 464; Militärsignale: ibid., 1. Juli 1909, Nr. 19, 448; Gedächtnishalle: ibid., 448

111 H. S. Chamberlain, Briefe 1882—1924 und Briefwechsel mit Wilhelm II., Bruckmann Verlag München 1928, II, 228—230, 232

112 Wilhelm II., die Krise und Wagner: Richard Wagner, 1. Jahrgang, 1. Januar 1909, Nr. 7, 159; Smolian: ibid. 160

113 Hausegger-Aufruf: Richard Wagner, 15. Juli 1909, Nr. 20, 456—458

114/115 Conrad-Erinnerungen: Praktischer Wegweiser für Bayreuther Festspielbesucher 1909, 170 ff.; König Ludwig II.: Wegweiser 1908, 218

116 Alban Berg, Briefe an seine Frau, her. von Helene Berg, München Wien 1965, 112—114; Parsifalstudie Schrekers: Haidy Schreker-Bures, Franz Schreker, Wien 1970, 16; Buchanzeige: Richard Wagner, 1. Jahrgang, 15. 10. 1908, Nr. 2, 3

118 Stassen-Zeichnung: C. Fr. Glasenapp, Siegfried Wagner und seine Kunst, Leipzig 1911, 104

120 Thomas Mann: Der Merker, 2. Jahrgang, Heft 19, 797—799; Brief an Bab: Thomas Mann, Wagner und unsere Zeit, Aufsätze, Betrachtungen, Briefe, S. Fischer Verlag 1963 (= Mann, Wagner), 30

121 Zweig: Der Merker 1911, Heft 20/831/832
Bühnenweihfestspiel-Variationen: Car. 178

122 Strauss-Brief: Neues Wiener Journal 1. September 1912
Gedicht: Neues Wiener Journal 6. September 1912

123 Karikaturen: Kar. 177, 197

128 Nach 1913: Bayreuther Blätter 1914, I/III, 3

129 Hendrich-Postkarte und -bilder: Privatbesitz München

130 Büste: Die Musik, 5. Wagnerheft, 4. Jahrgang, Heft 10, 1904/05; Modell des Denkmals: Leipziger Illustrierte 15. 6. 33, 768; Denkmalssockel: Leipzig die Geburtsstadt Richard Wagners feiert den 125. Geburtstag des Meisters, Leipzig 1938, 29

131 Münchner Denkmal: Postkarte, Privatbesitz München
Kloss: Die Musik, 1. Februarheft 1902, 764

132 Rheingold-Sect: Praktischer Wegweiser für Bayreuther Festspielbesucher 1906, 177; Parsifal-Restaurant: ibid. 15;
Nachklänge: Richard Wagner-Gedenkstätte der Stadt Bayreuth

133/135 Heinrich Mann, Der Untertan, Berlin 1929, 331—339;© Aufbau-Verlag Berlin. Alle Rechte für die Bundesrepublik bei Claassen Verlag, GmbH, Hamburg 1958

138 Fahnenschwur: Privatbesitz Bayreuth; Konzert: Hajo Schedlich/Fred Oberhäuser, Lieb Vaterland magst ruhig sein, München 1962

139/141 Briefe: CH 339—341, 343/344
Chamberlain, Briefe, II, 250—253
CH 367/368, 370/371, 372/373

141 Deutschthum: Bayreuther Blätter 1919, IV/VI, 77

142/143 Hauptversammlung: Bayreuther Blätter 1919, VII/IX, 226;
Lichtenberg: Bayreuther Blätter 1925, I/II, 50;
Benedict: Bayreuther Blätter 1919, IV/VI, 136;
Wolzogen: Ibid. 130

144/146 Oswald Spengler, Der Untergang des Abendlandes, C. H. Beck Verlag München 1929, I, 372—375, 471—477

147/149 Ernst Bloch, Geist der Utopie, Verlag von Duncker & Humblot München und Leipzig 1918, 146—155; unveränderter Nachdruck der bearbeiteten Neuauflage der zweiten Fassung von 1923 im Suhrkamp Verlag Frankfurt/M. 1964 und 1973 (suhrkamp taschenbuch wissenschaft 35)

150/154 Ernst Bertram, Nietzsche. Versuch einer Mythologie, Berlin 1919, 146—149, 161—169, 285—287; Neuausgabe im Bouvier Verlag Herbert Grundmann Bonn 1965 (8. erweiterte Auflage)

154 Umschlagseite: Bayreuther Blätter 1919, VII/IX, 228
Briefanfänge: Harry Wilde, Rathenau in Selbstzeugnissen und Bilddokumenten (rowohlt monographie 180), Reinbek 1971, 90

160 Pfitzner-Sonett: Bayreuther Festspielführer 1924, 7

161 Grosz: George Grosz, Ecce Homo, Berlin 1923

162 Gobineau-Vereinigung: Bayreuther Blätter 1921, I/III, 52

165 Brief: Programmheft zur englischen Premiere von Siegfried Wagners Oper *Der Friedensengel* am 23. 11. 1975 in London

169 Chamberlain, Briefe, II, 124—126;
Offener Brief: Erich Ebermayer, Magisches Bayreuth, Stuttgart 1951, 179/180

170 Flugblatt: Paul Bülow, Adolf Hitler und der Bayreuther Kulturkreis, Leipzig 1933 (siehe Seite 213), 11—13

171/172 Rapp: Bayreuther Festspielführer 1924, 160—164;
Exlibris: Jost Hermand, Der Schein des schönen Lebens. Studien zur Jahrhundertwende, Athenäum Verlag Frankfurt/M. 1972, 111
Lienhard: Festspielführer 1924, 8/9

176 Fotos: Die Schönheit (siehe Seite 178/179), 267, 271

179 Fidus: siehe Angabe zu Seite 171, 115

181 Rosenberg: Das Programm, Blätter der Bayerischen Staatstheater Spielzeit 1937/38, 210

182 Guhr-Bild und Text: Die Schönheit, 280/281

182/183 Bild und Text: Bayreuther Land, Festspielnummer, Wahnfried, her. von Karl Meier-Gesees, Bayreuth 1928, 22—24

184 Gedenkspruch: Bayreuther Blätter 1924, III, 69;
Aufruf: Ring deutscher Jugend, Deutsche Kunstschau und Messe, 15. bis 29. im Nebelung (November) 1924, Berlin Petri-Gemeindehaus, C 19, Neue Grünstraße 19a, 4—7

186 Holl: Frankfurter Zeitung 3. 8. 1924
Stassen: Festspielführer 1924, Bildertafel 31

187 Seeger: Velhagen & Klasings Monatshefte, 40. Jahrgang, September 1925, 1. Heft, 32

188 Bayreuther Bund der deutschen Jugend e. V.: Festspielführer 1925, 176
Geleitwort von Otto Daube: Bayreuther Blätter 1926, III, 65

192 T. Mann: Mann, Wagner (siehe Angabe zu Seite 120), 51

193 Wagner und unsere Zeit: Mann, Wagner, 60

194 Gulbransson: Simplicissimus, 38. Jahrgang, Nr. 20, 13. August 1933

195 Protest: Münchner Neueste Nachrichten 16./17. April 1933
Erwiderung: Thomas Mann, Gesammelte Werke in dreizehn Bänden, S. Fischer Verlag Frankfurt 1974, XIII, 76/77

196 Loerke: Oskar Loerke, Tagebücher 1903—1939, her. von Hermann Kasack, Heidelberg/Darmstadt 1955, 270/271

196/197 Schuh: Neue Zürcher Zeitung 21. 4. 33
Brief: Mann, Wagner, 124

198/199 Briefwechsel: Münchner Neueste Nachrichten 6. 5. 33 und 1. 6. 33

202 Vossler: Briefwechsel Benedetto Croce — Karl Vossler, Suhrkamp Verlag Frankfurt/Berlin 1955, 338
Schuh: Neue Zürcher Zeitung 5. 7. 33

203/206 Antwort: Thomas Mann, Gesammelte Werke, XIII, 78—92

208/210 Mehring und Ossietzky: Die Weltbühne, Berlin, 21. 2. 33
Gulbransson: Olaf Gulbransson, Sein Leben erzählt von Dagny Gulbransson-Björnson, Neske Verlag Pfullingen 1967, 193

211 Toscanini-Brief und Eingabe: Richard Wagner-Gedenkstätte der Stadt Bayreuth

212 Foto: Bildarchiv Süddeutscher Verlag München
Bülow: Führer zur Reichstagung des Nationalsozialistischen Lehrerbundes Bayreuth 10.—13. Juli 1936, Im Auftrag der Reichswaltung des NSLB. bearbeitet von Eduard Rothemund, 33

217/218 Eßmann: ibid. 39—43; Foto: ibid. 40

223/226 Denkmalzeichnung und -fotos: Privatbesitz Frau Hanna Hipp, Kiefersfelden;
Hitlerfoto und Text: Bayreuther Festspielführer 1934, 59 (Bayreuthteil);
Text (223); siehe Angabe zu Seite 130 (Denkmalssockel), 30;
Goerdelerbrief: Privatbesitz Frau Hanna Hipp;
Brief 7. 1. 46: Firmenarchiv der Marmorindustrie Kiefer AG. Kiefersfelden

227 Foto: Bildarchiv Süddeutscher Verlag München

230 Geleitwort: Festspielfüher 1934, 13—15

231/233 Text: August Kubizek, Adolf Hitler — Mein Jugendfreund, Leopold Stocker Verlag Graz 4. Auflage 1975, 99—103, 140—142

232 Foto: Hitler bei den Bayreuther Festspielen 1936, Bildarchiv Süddeutscher Verlag München

236 Hubermann: Berta Geissmar, Musik im Schatten der Politik, Erinnerungen, Atlantis Verlag Zürich 1945, 128—131
Lorenz: Zeitschrift für Musik, April 1939, 355

237 Bloch: Ernst Bloch, Politische Messungen, Pestzeit, Vormärz, Suhrkamp Verlag Frankfurt/M. 1970, 319/320
Programm: aus dem Buch Seite 238, 29
Besucht Nürnberg: Festspielführer 1934, 51 (Bayreuthteil)

239 Breker: Bereitschaft, Sonderschrift des Oberkommandos der Wehrmacht Abt. Inland, „Dem deutschen Soldaten“, Gedichte von Helmut Dietlof Reiche mit Fotos von Arbeiten Arno Brekers, Volk und Reich Verlag Berlin o. J., 49

240/241 Emil Preetorius, Wagner, Bild und Vision, Berlin 1942, 41—45
Brief: Mann, Wagner, 167—169 (gekürzt)

242/244 Brief und Gutscheinheft: Privatbesitz München

245/246 Annette Kolb, König Ludwig II. von Bayern und Richard Wagner, Amsterdam 1947, 10, 34/35, 36/37, 39/40, 72—74, 62—65

246/247 Hans Rothe, Neue Seite, Nest-Verlag Lauf bei Nürnberg 1947, 38—41

248/249 Fotos: Bildarchiv Süddeutscher Verlag München
Spruchkammertexte: Wolfgang Seifert, Die Stunde Null von Neubayreuth, Westdeutscher Rundfunk Köln 1971, 13—15, 22/23
Brief: Privatbesitz Prof. Kurt Overhoff

250 Bayreuth: (Herbert Barth, Her.), Jahrbuch der Musikwelt, Bayreuth 1949, 506
Unser Dank: Programmheft zur Neunten Symphonie von Beethoven Bayreuther Festspiele 1951

252/254 Aufruf: Bayreuther Musikbriefe, Betrachtungen und Kommentare der Vereinigung für die werktreue Wiedergabe der Dramen Richard Wagners und der Schweizer Freunde Bayreuths, 5. Jahrgang, Nr. 1, Bayreuth Januar 1954, 12
Flugblatt: Privatbesitz Bayreuth
Weltdiskussion um Bayreuth, Ein Querschnitt durch die ersten Festspiele nach dem Kriege, im Auftrag der „Gesellschaft der Freunde von Bayreuth“ bearbeitet von Dr. Walter Eichner, Bayreuth 1952, 5, 6—8, 93—96, 132/134, 30—34

255/256 T. W. Adorno, Versuch über Wagner, Suhrkamp Verlag Berlin und Frankfurt 1952, 57—61, 194—198

256 Foto: Weltdiskussion um Bayreuth 1952, 133

258/259 (Wieland Wagner, Her.), Richard Wagner und das neue Bayreuth, Paul List Verlag München 1962, 231—235

259 Wotruba: Bayerisches Fernsehen München

260 Ring: Programmheft 1971 Werkraumtheater
Schultz: Frankfurter Opernhefte, Beilage „Die Meistersinger von Nürnberg“, 1972 (leicht gekürzt)

261 Interview: Nürnberger Nachrichten 29. Juni 1972 (leicht gekürzt)

262/263 Zuschauerbriefe und Antworten Wolfgang Wagners:
Archiv der Bayreuther Festspiele

264 Hacks: Peter Hacks, Oper und Drama, Sinn und Form, 25. Jahrgang, 1973, 6. Heft, 1247/48

265/266 Theater der Zeit, Organ des Verbandes der Theaterschaffenden der DDR, Jahrgang 28, 1973, Heft 6, 23—25

267/270 Gespräch: Ring-Programmheft Kassel 1974

271/272 Gregor-Dellin: Dreisprachige Broschüre über die Richard-Wagner-Stiftung Bayreuth

272 Nordbayerischer Kurier 28. Juli 1975

273 Nordbayerischer Kurier 25. Juli 1975

274 Neue Zürcher Zeitung 5. Dezember 1975

275 Die Familienbande: Wolf Siegfried Wagner, Die Geschichte unserer Familie in Bildern, Bayreuth 1876—1976, mit Beiträgen von Winifred Wagner, Gertrud Wagner, Nike Wagner, Rogner & Bernhard Verlag München 1976, 9
Stammbaum: Der Spiegel, 30. Jahrgang, Nr. 10, 1. März 1976, 140

276 Comics: (links oben) Detective Comics, Vol. 38, No. 442, Aug., Sept. 1974, Published bi-monthly by National Periodical Publications, 97
(links Mitte) National Lampoon, November 1971
(links unten) Walt Disneys Micky Maus, Heft 10, 5. März 1960, 13
(rechts oben) Der mächtige Thor, HIT Comics Nr. 208
(rechts unten) Yps 11, 8 (Yinni + Yan, Die unglaublichen Abenteuer des Yps-Fernsehteams!, Heute: Der Schatz der Nibelungen)

277 Zeichnung: Loriots Heile Welt, Diogenes Verlag Zürich 1973, 239/240
Foto: Bayreuth 1970, Rückblick und Vorschau, aufgenommen von Wilhelm Rauh, Bayreuth

Inhaltsverzeichnis

Vor 1876

1876 bis 1913

1914 bis 1933

1933 bis 1945

1945 bis 1976

Register

Dieses Register erhebt keinen Anspruch auf Vollständigkeit, sondern ist als Arbeitsregister für die Wirkungsgeschichte Richard Wagners gedacht. Die kursiv gesetzten Ziffern verweisen auf Abbildungen und Texte im Dokumentarteil.